组织与管理研究的实证方法

EMPIRICAL METHODS
IN ORGANIZATION AND
MANAGEMENT RESEARCH

조직 및 경영학 연구의 실증방법

한경사

조직 및 경영학 연구의 실증방법

역　자　황명호, 문정훈, 이정연, 오인수,
노현탁, 김광현, 한주훈

발행일　2016년 6월 13일

발행처　**한경사**

발행인　이계남

등록사항　제10-1951호 2000년 4월 14일

주　소　서울시 마포구 신수동 345-5 (3층)

전화번호　02_717_7264~5

팩스번호　02_717_7226

홈페이지　hankyungsa.co.kr

전자우편　hankyungsa@hanmail.net

ISBN　978-89-6844-122-6　93320

가　격　35,000원

차 례

| 편집자의 글 |

이 책은 2008년 중국에서 처음 출판 된 이래 독자의 사랑을 받아 왔다. 온라인 서점의 구매 후기는 좋은 평가로 넘쳐났고 편집부를 통해 받은 피드백 또한 매우 고무적이었다. 독자들의 이와 같은 열정적인 지지와 성원은 편집자들과 저자들에게 크나큰 위로와 기쁨을 선사한 동시에 한편으로는 시대적 사명도 함께 부여하였다. 따라서 조직 및 경영학 연구방법의 최신 연구 트렌드를 독자에게 생생하게 소개하기 위하여 편집자와 저자들은 이 책의 내용에 대해 과감히 수정하고 보강해야 한다는 데 의견을 같이 하였다. 특히, 일부 장과 절의 내용을 추가함으로써 이 책이 조직 및 경영학 연구방법을 보다 포괄적으로 소개하는 연구방법론 교재로 거듭날 수 있도록 노력하였다.

이러한 꿈은 1년간의 공동노력 끝에 드디어 현실이 되었다. 1판과 비교해 볼 때 2판의 가장 큰 특징은 페이지 수는 늘어난 반면 가독성은 크게 향상되었다는 점이다. 1판 내용에서 두 개의 장을 제외한 나머지 모든 장의 내용에 대해 20~40%를 수정 및 보강하였는데 이는 편집자와 저자들로부터 1차 수정 및 보강이 끝나면 다시 독자의 피드백을 받아 최종 수정을 한 후 원고를 마무리하는 절차를 거쳐 완성되었다. 특히 이 과정에서 중국 및 아시아의 경제 발전과 아시아 기업들의 급격한 부상은 전 세계 경영학자들로 하여금 동양 기업 경영의 특징과 성공 조건에 대한 깊은 관심을 불러 일으키게 하였고 심도 있는 이론적 연구의 필요성과 절박함도 피부로 느낄 수 있었다. 하지만 이와 같은 연구는 서양 학자들이 이미 개발한 기존 이론에 한두 개의 조절변수 혹은 매개변수를 추가하여 해결할 수 있는 문제들이 결코 아니다. 깊이 있는 맥락적 연구를 수행하기 위해서는 반드시 질적 연구방법을 적절히 사용해야 한다. 따라서 2판에서는 '질적 연구 및 자료분석 방법'(11장)과 '경영 및 조직의 맥락적 연구: 중국을 중심으로'(12장)라는 제목으로 두 장을 특별히 추가하였다. 이는 독자에게 이와 같은 질적 연구에 더욱 매진할 수 있도록 격려하는 데 그 목적이 있다. 물론 양적 연구의 최신 발전도 중요하며 빠뜨려서는 절대 안 되는 부분이다. 이런 차원에서 이 책은 '조절된 매개효과와 매개된 조절효과: 이론 구축 및 모형 검증'(20장)이라는 새로운 장을 추가하여 이 주제에 대해 심도 있게 논의하였다.

이와 같은 수정과 보강 외에 2판은 1판의 전체적인 틀을 그대로 유지하면서 네 개의 부와 22개의 장으로 나눠져 있다. 첫 번째 부분에서는 과학적 연구의 목적과 연구절차에 대해 서술하였다. 과학적 연구의 절차 및 연구설계(1장)로부터 시작하여 연구의 출발점이 되는 문제 제기(2장)에 대해 설명하였다. 그리고 경영학 연구에서의 이론 구축(3장) 나아가 중국경영학 이론 개발의 기회와 그 도전(4장)에 대해 소개하였다. 두 번째 부분에서는 조직 및 경영학 연구방법에 대해 구체적으로 설명하였다. 이 부분에는 실증연구의 설계 및 평가(5장), 실험연구 방법(6장), 유사실험연구(7장), 현장 연구에서의 설문지 조사 방법(8장), 경영학 연구에서의 2차 자료의 사용(9장), 현장 연구에서의 사례연구방법(10장), 질적 연구 및 자료분석 방법(11장), 그리고 경영 및 조직의 맥락적 연구: 중국을 중심으로(12장)가 포함되어 있다. 세 번째 부분은 주로 경영학 연구에 있어서 측정과 통계 방법을 포함한 특별 주제들에 대해 소개하였는데 이론적 구성개념의 측정(13장), 일차원 구성개념과 다차원 구성개념의 측정(14장), 구조방정식모델(15장), 조절변수와 매개변수(6장), 다수준이론모형의 구축 및 연구방법(17장), 조직의 사회적 자본에 대한 분석 및 측정(18장), 문화 간 비교연구방법(19장), 및 조절된 매개효과와 매개된 조절효과: 이론 구축 및 모형 검증(20장)이 포함되어 있다. 마지막 부분에는 이상 모든 내용을 종합하여 한 편의 연구 논문이 저널에 게재하는 전체 여정을 실제 사례를 통해 생동감 있게 설명하였다. 주로 연구 논문의 쓰기부터 시작하여 심사 과정(21장)과 논문을 게재하는 구체적인 경험(22장)에 집중하여 설명하였다. 이와 같은 네 부분의 내용을 통해 조직 및 경영학 연구의 전 과정을 포괄적으로 구현하고자 하였다.

이 책은 여러 훌륭한 학자의 공동 노력의 산물이다. 이 자리를 빌어 편집자로서 저자 한 명 한 명에게 이 책을 준비하는 과정에서 보여준 노력과 헌신에 깊은 감사를 표하고자 한다. 그들은 각 연구 분야에서 인정받은 최고의 학자일 뿐만 아니라 사명감을 갖고 헌신하는 봉사자들이었다. 그들은 학문에 있어 정교함에 정교함을 추구할 뿐 아니라 이번 글을 개선하기 위해서도 열정으로 끊임없이 노력해 왔다. 이 책의 많은 장과 절은 수없이 많은 수정을 거쳤는데 저자들의 끈질긴 노력과 프로 정신에 대해 탄복하지 않을 수 없었다. 이 외에 동료들의 지원에 대해서도 이 자리를 빌어 감사를 표하고자 한다. 특별히 Yufan Shang(서안교통대학교)와 Zhonghua Gao(중국인민대학교)가 영문 번역을 도와 주었고 Chen Zhao(청화대학교), Ang Gao(청화대학교), Jingzhou Pan(중국인민대학교), Kai Zhang(중국인민대학교), Xin Fan(중국인민대학교), Xuhong Li(복단대학교), Xin Wei(수도경제무역대학교), Wei He(화중이공대학교)와 Junchao Li(워싱톤대학교) 등은 이 책의 초고에 대한 빠른 피드백과 코멘트를 보내 주었으며 원고에 대해서도 자세히 감수하여 문제점을 수정해준 데 대해 깊은 감사를 드린다.

이 책이 많은 독자에게 연구에 대한 열정을 불러 일으키고 연구를 수행할 때 나침반 역할을 할 수만 있다면 이런 모든 노력이 결코 헛되지 않았다고 생각한다. 희망컨대 더 많은 학자가 중국 및 아시아의 기업 경영을 연구하는 시대적 큰 흐름에 참여하여 우리가 함께 축적한 새로운 경영학 지식을 통해 세계 경영학 이론과 문헌의 발전에 기여할 수 있길 기대한다.

2012년 3월
편집자 일동

| 역자의 글 |

동서양을 막론하고 흥미로운 연구를 통해 새로운 조직 및 경영학 지식을 발견하고 이론을 구축하여 경영학의 새로운 현상을 설명하고 예측하는 것은 조직 및 경영학을 연구하는 모든 학자의 꿈이다. 이 공동의 꿈을 실현하기 위하여 많은 중국 배경을 갖고 있는 경영학 연구자들의 공동 노력의 결과물 중 하나인 이 책을 한국 동료 연구자들에게 소개할 수 있게 된 것에 대해 매우 뜻깊게 생각한다.

비록 처음에는 한국에서 유학하고 있는 중국 유학생들의 조직 및 경영학 논문 지도에 있어 한국 교수들과 중국 유학생들이 겪는 애로 사항을 동시에 해결하기 위하여 시작한 프로젝트였지만 이 번역서가 갖고 있는 중대한 의미는 앞으로 이 책을 읽고 한중 경영학 연구 교류의 가교 역할을 하게 될 한국의 경영학자들과 한중 유학생들이 직접 평가해줄 것으로 기대한다.

급변하는 세계 정세와 금융 위기, 그리고 급속히 발전하는 신 기술들은 모든 영역에 있어 기존의 지식, 제도와 패러다임을 뛰어 넘어 새로운 현상을 설명하고 새로운 문제를 해결할 수 있는 새로운 길을 찾아 나설 것을 요구하고 있다. 이 시대적 사명을 감당하기 위해서는 동양과 서양을 뛰어 넘어 이론과 실천, 계층과 시장, 기계(인공지능)와 인간 등을 연결하는 것을 통해서만 실현할 수 있다. 이 과정에서 다국적 기업과 기업가 정신의 역할이 점점 더 강조되는 이 시대에 조직 및 경영학 연구에 매진하고 있는 경영학자들의 역할이 그 어느때 보다 더 중요해졌다.

특히 한국은 특수한 지정학적 위치로 말미암아 그동안 역사적으로 많은 어려움을 겪었지만 한국의 조직 및 경영학을 연구하는 학자들은 새로운 시대에 새로운 지식을 생성함에 있어 동양과 서양이 가장 역동적으로 만나고 복잡한 이해 관계가 얽히고설켜 있는 이 지정학적 위치로 인하여 오히려 "혜택"을 받을 것으로 조심스럽게 전망해본다. 그동안 많은 훌륭한 한국 경영학자들은 미국을 중심으로 하는 서양의 조직 및 경영학 지식 체계를 구축함에 있어 탁월한 연구 성과들을 보여 왔지만 아쉽게도 중국의 상품 시장만큼 크고 매력적이며 조직 및 경영학 학자들에게 새로운 경영 현상을 연구할 수 있는 자연 실험실과도 같은 중국 경영학 연구 시장에 대해서는 상대적으로 관심이 적었던 것도 사실이다. 같은 동양 유교문화를 공유한다는 측면에서 한국과 중국의 조직 및 경영학 연구 교류와 협력 공간은 매우 크고 그 교집합도 매우 클 것이다. 이와 같은 교류와 협력은 앞으로 동양과 서양을 아우르는 보편적인 조직 및 경영학 지식 생성에 기여할 뿐만 아니라 한국과 중국의 경영학 연구의 현지화에도 기여할 것으로 기대한다. 이미 일부 한국 경영학자는 국가 간 연구 협력을 통해 중국경영학연구국제학회(IACMR)에서 발간하는 *Management and Organization Review*(*MOR*)에 탁월한 연구 성과들을 성공적으로 게재하고 있다. 바라건대 이 역서의 출판을 계기로 한중 조직 및 경영학 학자들의 교류 협력이 활발하게 진행되어 더욱 흥미로운 연구 성과들을 볼 수 있길 기대한다.

이 번역서는 원서와 마찬가지로 많은 경영학 연구자의 공동 노력과 헌신의 산물이다. 이 자리를 빌어 가장 먼저 몇 개의 장을 초기 번역해준 고려대학교 경영대학 박사 과정에 있는 박설련(Xuelian Piao, 9장), 서울과학종합대학원의 황비(Fei Huang, 15장) 교수, 서울대학교 경영대학 박사 과정에 있는 김초월(Chuyue Jin, 17장)과 유단(Dan Liu, 18장), 청주대학교 인문대학 방화룡(Huanglong Fang, 19, 21장) 교수, 홍익대학교 상경대학 이용진(Rongzhen Li, 22장) 교수에게 깊은 감사를 표하고자 한다. 이들은 한국 최고의 경영대학에 유학을 와서 현재 박사 과정에 재학 중이거나 이미 박사학위를 받은 후 교편을 잡았으며 그들의 초기 헌신과 열정이 없었다면 이 책은 처음부터 좌절했을 것이다. 그 후로 진행된 기나긴 수정과 한국의 특성에 맞는 재구성 노력 과정은 역자들의 포기하지 않는 정신으로 수없이 많은 수정을 거쳐 드디어 출판하게 되었다. 하지만 번역 팀이 이와 같은 끈질기게 작업할 수 있었던 것은 바로 한경사 이계남 사장의 인내와 전폭적인 지원 덕분이었기에 다시 한 번 깊은 감사를 표하고자 한다. 마지막으로 원서의 편저자 중 한 분인 Xiao-Ping Chen 교수에게도 깊은 감사의 마음을 전하고 싶다. 처음부터 이 책의 번역을 흔쾌히 허락해주었고 긴 시간을 인내하면서 고비마다 지원을 아끼지 않았으며 팀이 좌절하고 의기소침 했을 때에도 격려를 아끼지 않은 덕분에 이처럼 어려운 "마라톤" 코스를 완주하여 종착점에 도착할 수 있었다.

하지만 이번 번역판의 출간은 종착점이 아니라 긴 여정의 첫걸음이다. 번역은 또 하나의 새로운 창작으로, 믿음직스럽고 독자가 쉽게 이해할 수 있어야 하며 우아한 언어를 사용하여야 하는데, 이 책은 아직 이와 같은 목표와는 거리가 너무 멀다. 많은 부족함과 문제점이 있음에도 불구하고 출판하는 이유는 시작할 때 언급했던 그 공동의 목표를 위해 한국의 독자들과 함께 이 책을 만들어가고 싶었기 때문이다. 그리고 이 책에 대한 애정어린 조언과 수정 의견을 통해 함께 이 책을 완성시킴으로써 공동의 목표 실현을 위한 방법론 기초를 제공하여 다함께 조직 및 경영학 연구의 열정을 다시 불태울 수 있길 기대한다.

2016년 5월
역자 일동

序

陈晓萍 (美国华盛顿大学福斯特商学院Philip M Condit讲席教授)

看到眼前这本韩文版的《组织与管理研究的实证方法》，我的心情非常激动。这是过去五年来黄明浩博士携手In-Sue Oh博士、Junghoon Moon教授和诸多韩国管理学者共同努力的心血结晶。我衷心希望本书的出版可以为韩国管理学者从事严谨的科学研究，从而提炼韩国企业和企业家的管理理论和智慧，并与世界分享这些智慧提供一点基础性的参考。

十多年前我们首次写作本书中文版的时候，就是带着如此的愿望。那时，中国经济迅速崛起，每年的GDP增长都在两位数以上，已经成为世界经济的重要组成部分。但是，关于中国企业管理研究的论文在国际一流期刊上发表的数量却是微乎其微。为了改变这种状况，我们一群在美国大学从教的华人学者发起成立了中国管理研究国际学会，并且创办了专业期刊《组织管理研究》，以发表高质量的与中国企业管理相关的研究论文。遗憾的是，当时从中国国内大学学者投稿的论文来看，无论是在理论构思上，还是实证方法上，都存在严重缺陷。为了迅速提升中国本土的学者和学生在研究方法上的层次和水平，学会举办了多次培训班，取得了非常良好的效果和影响。但美中不足的是，每次培训班可接受的人数有限，大部分人无法受益。因此，我们萌生了写作此书的愿望，终于在2008年出版了第一版，之后又在2012年出版了第二版。如今，这本书已成为中国大学管理学院教师和博士生几乎人手一册的必读宝典。而这些年中国学者在国际一流管理期刊上发表论文的数量也急剧陡增。

〈12쪽으로 연결〉

| 한국어판 번역서 출간을 기념하며 |

Xiao-Ping Chen (미국 워싱톤대학교 포스터 경영대학 Philip M Condit 석좌교수)

한국에서 곧 출판하게 되는 "조직 및 경영학 연구의 실증방법"의 한국어판을 보면서 나는 설레이는 마음을 금할 수가 없었다. 이는 지난 5년간 황명호 박사가 오인수 박사, 문정훈 교수, 그리고 많은 한국의 경영학자와 함께 공동으로 심혈을 기울여 탄생시킨 노력의 결정체이다. 나는 이 책의 출판이 한국 경영학자들이 탁월하고 엄밀한 과학 연구를 통하여 한국의 기업 및 기업가들의 경영 이론과 지혜를 정제하고 추출하여 더 나아가 세계와 공유하는 데 기초적인 참고 자료가 되기를 진심으로 바라는 바이다.

10여 년 전 우리가 이 책의 중국어판 머리글을 처음 쓸 때에도 지금과 똑같은 심정이었다. 그 시점은 중국 경제가 급속히 발전하기 시작하고 매년 GDP 성장률은 두 자리 수 이상을 유지하면서 세계 경제의 중요한 구성 부분으로 발전하였다. 하지만 중국 기업의 경영학 연구 논문들이 국제 탑 저널에서 게재되는 사례는 극히 드물었다. 이런 상황을 개변하기 위하여 미국 대학에서 교편을 잡은 중국인 교수들이 모여 마음을 합하여 중국경영학연구국제학회(IACMR)를 창립하고 전문 저널인 "조직 및 경영학 연구(*Management and Organization Review*)"를 발간하여 높은 수준의 중국 기업 경영과 관련된 논문들을 게재하기 시작하였다. 안타까웠던 점은 당시 중국 국내의 학자들이 투고한 논문들을 살펴 보면 연구의 이론적 구상뿐만 아니라 실증연구 방법에 있어서도 엄중한 결함들이 존재하였다. 따라서 중국 본토 학자들과 학생들의 연구방법 수준과 역량을 향상하기 위하여 학회에서는 여러 차례의 세미나를 조직하였는데 매우 좋은 효과와 영향력을 갖게 되었다. 그럼에도 불구하고 아쉬웠던 점은 매번 세미나에서 수용할 수 있는 인원수가 제한적이다보니 대부분의 사람들이 아직 혜택을 받을 수 없다는 점이었다. 이와 같은 문제를 해결하기 위하여 우리는 이 책을 쓰기 시작하였고 2008년에 제1판을, 2012년에는 제2판을 출간하였다. 지금 이 책은 거의 모든 중국대학의 경영학 교수와 박사 과정에 있는 학생이 연구를 함에 있어 반드시 소장하고 읽어야 하는 필독서가 되었으며 최근 몇 년 간 중국 본토 학자들이 국제 탑 저널에 발표하는 논문의 수도 따라서 급증하기 시작하였다.

〈13쪽으로 연결〉

本书的作者都是在企业管理研究领域有卓越成果的知名学者，曾经在国际一流期刊上发表过多篇论文和著述，有的还担任过主要管理期刊的主编或副主编。比如徐淑英女士曾是AMJ的主编，陈晓萍是现任的OBHDP主编，梁觉曾是JIBS的area editor，张燕曾是AMJ的副主编，廖卉曾是Personnel Psychology的副主编，也是现在OBHDP的副主编。这些学者有的专长于问卷研究法，有的精于实验研究法，有的精通案例研究法、二手数据分析法、跨层次设计和分析、跨文化研究法，等等。他们贡献的章节都是自己最熟悉和精通之领域的方法和内容，不仅描述方法本身，更将自己的研究体验融合进去，文笔生动、娓娓道来，使本书读起来不仅不枯燥，而且充满了探索和发现的乐趣。

我在此要再次感谢黄明浩博士、In-Sue Oh博士和诸多韩国学者多年来的不懈努力，终于使本书能与韩国读者见面。我也希望在不久的将来越来越多韩国管理学者的论文出现在国际一流的管理学期刊上，成为世界企业管理知识的一个重要组成部分。

2016年5月于美国西雅图

본 저서의 저자들은 기업 경영학 연구 분야에서 탁월한 성과를 이룩한 유명한 학자들로서 국제 탑 저널에 여러 편의 논문과 저서를 게재한 경험도 있고 일부 저자들은 세계 주요 경영학 저널의 편집장 혹은 부편집장을 맡고 있다. 예를 들어, Anne Tsui 여사는 *AMJ*의 편집장을 지낸 바 있고 Xiao-Ping Chen은 현재 *OBHDP*의 편집장이며 Kwok Leung은 *JIBS*의 지역 편집장을 지낸 바 있으며 Anthea Yan Zhang도 *AMJ*의 부편집장을 지난 바 있으며 *Hui Liao*는 *Personnel Psychology*의 부편집장을 지난 바 있으며 현재 *OBHDP*의 부편집장이다. 어떤 학자는 설문지 연구방법에 조예가 깊고 어떤 학자는 실험실 연구에 정통하며 또 어떤 학자들은 각각 사례연구방법, 2차 자료 분석방법, 다수준 연구설계 및 분석 방법, 문화 간 연구방법 등의 전문가들이다. 그들이 각각 기여를 한 장들은 그들 자신이 가장 익숙하고 정통한 분야의 방법과 내용들로서 설명 방법뿐만 아니라 본인의 연구 경험들을 문장에 녹여서 생동감 넘치는 문체로 아름답게 펼쳐 내려갔다. 때문에 독자들은 이 책을 읽는 것이 지루하게 느껴지지 않으며 새로운 지식을 탐색하고 발견하는 재미가 톡톡할 것으로 생각한다.

나는 이 자리를 빌어 다시 한 번 황명호 박사와 오인수 박사, 그리고 이 책에 기여한 모든 한국의 경영학자들이, 끈질긴 노력을 통해 끝내 이 책을 한국 독자들에게 선사한 것에 대해 깊은 감사의 뜻을 전하고 싶다. 또한 멀지 않은 미래에 더욱 더 많은 한국의 경영학자의 훌륭한 논문들이 국제 탑 저널에 게재되어 세계 경영학 지식의 중요한 구성 부분이 되기를 간절히 소망하면서 이 글을 마치고자 한다.

2016년 5월 미국 시애틀에서

| 머리말 |

어떻게 경영학 분야 탑 저널에 연구 논문을 게재할 것인가?

Anne Tsui (애리조나주립대학, 북경대학, 복단대학, 상해교통대학)

경영학 분야 국제 최고 수준의 저널에 논문을 게재하는 것은 최근 몇 년간 중국을 포함한 아시아 경영학자들의 큰 관심사 중 하나이다. 하지만 개인적으로는 이보다 과학적 연구의 방법 자체가 더 중요한 관심 주제가 되어야 한다고 생각한다. 과정과 결과는 밀접한 관계를 갖고 있기 때문에 우리는 다음과 같이 결론을 내릴 수 있다. 과학적 연구의 과정이 엄밀할 경우 논문은 최고 저널에 게재될 수 있고, 그 반대의 경우는 게재될 수 없다. 따라서 본인은 많은 사람이 관심을 갖고 있는 주제를 머리말의 제목으로 선택하였다. 즉 어떻게 경영학 분야 탑 저널에 연구 논문이 게재될 수 있는가에 대해 나눠보고자 한다.

잘 알려진 바대로, 국제 최고 저널의 원고 게재 비율은 10% 내외이다. 최근 몇 년간 *Academy of Management Journal*의 게재 비율은 6%밖에 되지 않는다. 엄격한 심사 과정을 통과한 논문들의 가장 중요한 특징은 바로 '엄밀함'이었다. 한 연구가 엄밀한지 여부를 판단하는 몇 가지 기준이 있다. 예를 들면, 방법, 논리와 이론의 엄밀성 여부, 연구의 신뢰도가 높은지 여부, 타당성의 유무 등이 있다. 본 저서의 주요 목적은 바로 여러분에게 경영학 분야의 엄밀한 연구방법론을 소개하는 데 있고, 이러한 방법들은 매우 유용한 도구처럼 연구의 과정과 결론의 엄밀성을 보장하는 데 큰 도움이 될 것이다.

경영학 분야 탑 저널

영문으로 된 최고의 경영학 저널은 A와 A−/B+ 두 개 등급으로 나눌 수 있다. 경영학계에 몸 담고 있는 동료 연구자들은 모두 A급 저널이 가장 중요한 저널이라는 것을 잘 알고 있고 누구든지 자신의 논문이 게재되기를 바라는 저널들이기도 하다. 여기서 몇 개의 중요한 저널을 간략히 소개하고자 한다.

먼저 소개할 저널은 *Academy of Management Journal*과 *Administrative Science Quarterly*이다. 저자는 *AMJ*의 편집장을 지냈던 적이 있어 특히 개인적으로 정이 가는 저널이기도 하다. *Administrative Science Quarterly*도 매우 뛰어난 저

널로서 그 영향력이 매우 크다. 여기서 말하는 영향력이란 바로 그 저널 논문들이 피인용되는 빈도를 가리켜 말한다. 인용(citation)이라는 단어의 의미를 잘 알고 있겠지만, 경영학 분야에서 *Administrative Science Quarterly*의 논문의 피인용 빈도수는 가장 높게 나타나고 있다. 투고 수량에 있어 *Academy of Management Journal*은 매년 약 1,000편 정도의 투고를 받고 평균 50~60편의 논문을 게재한다. *ASQ*는 해마다 약 250편 정도의 투고를 받고 평균 25편의 논문을 게재하는데 편수는 *AMJ*에 비해 상대적으로 적은 편이다. 이는 *ASQ*의 영향력을 고려하다 보니 일부 연구자는 자신의 논문이 *ASQ*의 수준에 못 미친다고 스스로 판단하고 감히 투고를 하지 못하고 있기 때문이라고 해석할 수 있다. 일반적으로 한 저널의 투고가 많을수록 좋은 논문을 찾아낼 수 있는 기회가 더 커지고 반대일 경우 그 기회가 적어진다. *Academy of Management Journal*은 미국경영학회(Academy of Management)에서 발행하는 저널로서 학자들의 연구 수준 향상을 도모하는 데 초점을 두어 회원과 비회원의 투고를 격려하고 있다. 따라서 많은 사람이 자신의 논문이 채택될 희망이 없더라도 과감하게 투고하여 전문가들의 의견을 얻어 논문 수준을 향상하려고 한다. *Academy of Management Review*는 주로 이론적 논문만을 게재하고 *Academy of Management Annals*는 미국경영학회의 새로운 저널 중 하나이며 2007년부터 매년 1차례 출간하는데 논문의 피인용률이 이미 상위 5위에 들고 있다.

*Journal of Applied Psychology*는 심리학 분야의 탑 저널이지만, 경영학 관련 논문들도 많이 게재하고 있는 편이다. *Journal of International Business Studies*는 국제경영 혹은 비교경영에 관련된 저널이고 *Strategic Management Journal*은 경영전략 분야에서의 최고 저널이다. *Organization Science*는 비록 20년이라는 짧은 역사를 갖고 있지만, 이미 그 수준이 매우 높다. *Personnel Psychology*의 지위도 점점 높아지고 있으며 피인용률은 이미 상위 20위에 들어섰다. *Research in Organizational Behavior*는 매년 한 번 출간하는데 비록 많은 사람이 이를 정식 저널로 인정하고 있지 않지만 이것의 영향력 또한 매우 크다. 최근에 발전 속도가 가장 빠른 저널로는 *Organizational Research Methods*로서 피인용률이 상위 10위에 들어섰다.

A−와 B+급 저널 중에서 *Journal of Management*는 매우 좋은 저널이다. 이 외에도, 예를 들어 *Journal of Cross-Cultural Psychology*, *Journal of Organizational Behavior*, *Journal of Management Studies*, *Leadership Quarterly* 및 *Organization Studies* 등 많은 좋은 저널이 있는데 이 자리에서 모두 소개할 수 없다. 한 가지 꼭 지적하고 싶은 것은, 경영학 분야에서 한 연구자가 상위에 있는 그 어떤 저널에 논문을 게재하였다 하더라도 이는 매우 어려운 일이기에 칭찬을 받기에 합당하다.

이 외에 본인은 이 지면을 빌어 특별한 저널 하나를 소개하고자 하는데 그 저널 이름은 *Management and Organization Review*(*MOR*)(組織管理研究)이다. 이는 중국 경영학연구국제학회(IACMR)의 회간으로서 전문적으로 중국 경영학 연구와 관련된 수준 높은 연구 논문들을 게재하는 저널이다. 본 저널은 세계적인 조직과 경영학 지식의 발전에 그 뜻을 같이 하고 주로 아래와 같은 세 가지 영역에서 경영학 지식에 기여할 수 있는 혁신적인 연구 논문들을 게재하고 있다. 첫째, 경영학의 기초연구, 둘째, 국제 경영과 비교 연구, 셋째, 중국 연구, 여기에는 중국회사, 그리고 중국에서 경영을 하고 있는 다국적 기업의 조직과 경영에 대한 연구가 포함된다. 본 저널은 2005년에 창간되어 7년의 짧은 시간을 통해 이미 중국 경영학 연구에 흥미를 갖고 있는 많은 학자로부터 인정을 받아 논문 다운로드 비율은 이미 여타 최고 저널들과 어깨를 나란히 하고 있다. 2008년에는 국제공인학술지(SSCI)에 포함되기도 하였다. 2010년 처음 측정된 영향력 지수(Impact Factor)는 2.806으로서 SSCI의 140개 경영학 저널 중에서 22위를 차지하게 되었는데 만약 자기 인용을 포함하지 않을 경우 그 순위는 15위까지 올라가게 된다. *Management and Organization Review*의 창간 편집장으로서 저널의 이처럼 빠른 발전 속도를 지켜보는 것은 여간 즐거운 일이 아닐 수 없다.

*Management and Organization Review*는 논문 리뷰어들을 격려하여 저자들의 연구와 논문 작성 수준을 향상시키고 돕자는 원칙하에 모든 논문에 대하여 종합적인 평가를 내리고 또한 그 것을 개선할 수 있는 건의를 제시하고 있다. 그러므로 리뷰 결과가 어떻든 간에 리뷰어는 모든 원고에 대해 제시한 건설적이고 발전적인 피드백과 코멘트를 제시하여 투고한 저자들의 연구와 논문을 개선하는 데 도움이 되도록 노력하고 있다. 이 외에 *MOR*는 투고자들에게 보다 빠른 피드백을 제공하고 있는데 일반적으로 원고를 받은 후 12주 내에 리뷰 결과를 받아볼 수 있다.

앞에서 20가지 저널을 소개한 이유는 크게 두 가지가 있다. 첫째, 연구를 하려면 문헌들을 읽어야 하는데 반드시 선택적으로 문헌을 읽어야 하고 별로 도움이 되지 않는 문헌을 읽는 것은 시간 낭비일 뿐이기 때문이다. 제안컨대 만약 영문 문헌을 보려면 적어도 상위 25위 안의 저널의 문헌을 읽기를 바란다. 왜냐하면 저널의 연구 논문이 만약 동료 리뷰어들의 리뷰 혹은 엄격한 심사를 거치지지 않는다면 연구의 엄밀성은 보장받을 수 없다. 만약 당신이 투고를 할 때, 인용한 문헌들이 주로 잘 알려지지 않은 그러한 저널의 논문들이라면 연구 논문의 설득력은 떨어질 수밖에 없다. 둘째, 시간과 노력을 절약할 수 있다. 때로는 어떤 주제에 관하여 이미 수백 편 나아가 수천편의 논문이 발표되었는데 어떻게 중요한 논문을 찾아낼 수 있을까? 가장 믿음직한 방법은 논문이 어떤 저널에 게재되었는가를 보는 것이다. 이렇게 하면 필요 없는 고민을 줄이고 시간을 절약할 수 있다.

왜 논문을 게재해야만 하는가?

연구 논문을 탑 저널에 게재해야 하는 이유는 다음과 같다.

첫째, 연구자라면 해당 연구 분야에 새로운 지식을 기여하는 것이 마땅하다. 연구의 목적은 새로운 지식을 생산해내는 것이기에 연구자의 주요 책임 또한 새로운 지식을 기여하는 것이다. 새로운 지식을 기여하기 위하여 우리는 연구를 하고 논문을 게재하는 것이다. 이런 시각에서 자신의 연구를 바라보고 그것을 개인의 목표로 설정한다면 연구를 진행할 때 자연스럽게 엄밀성에 대해 관심을 갖게 된다.

둘째, 연구자라면 해당 연구 분야에서 영향력을 형성해야 한다. 오직 연구 논문이 리뷰 절차를 거쳐 발표되었을 때 그 영향력이 형성되기 때문이다. 비록 때로는 연구 결과가 잘못되었을 때도 있지만 다른 연구자들이 이 점을 주의하고 논문을 인용할 때 그 잘못된 결론은 수정되고 개선될 수 있는 기회를 갖게 된다. 어떤 의미에서는 이 점은 도덕 윤리적인 문제와도 연관되어 있다. 만약 연구자가 분명히 논문에 문제가 있다는 것을 알지만 그의 대단한 문장 솜씨로 논문을 작성하여 다른 사람들을 설득하는 것을 통해 원래 게재가 거부되어야 할 논문이 게재되었다면 이는 도덕적으로 흠이 존재한다는 것을 보여준다. 지식은 실천을 돕는 데 사용된다. 경영 연구의 성과는 많은 교과서에 포함되게 되는데 만약 지식에 문제가 있다면 학생들을 잘못 가르치게 되고 결국에는 실천을 잘못 지도하는 심각한 결과를 낳게 된다. 따라서 이 이유는 제일 근본적인 이유로서 연구 논문은 반드시 새롭고 정확한 지식을 제공해야 하며 기존의 지식 체계에 기여할 수 있어야 한다.

논문을 게재하려고 하는 세 번째 동기는 바로 출세하려는 데 있다. 이는 결코 나쁜 동기라고 할 수 없다. 하지만 현재의 학술 환경에서, 특히 미국, 캐나다(중국과 한국도 예외가 아니나, 유럽은 좀 다를 수 있다)의 학술 환경에는 썩 건강하지 않은 추세가 존재한다. 그것은 바로 사람들이 논문을 게재하는 것을 연구의 유일한 목적으로 간주하는 경향이 강하다는 점이다. 이러한 목적을 이루기 위하여 그들은 아주 좋은 논문 한 편이 될 수 있는 소재를 두 편 내지 세 편의 논문으로 만든다면 논문의 수준이 떨어져 결국에는 B급 혹은 B-급 저널에 게재하는 결과를 초래하게 된다. 이런 논문이 다섯 편, 혹은 열 편, 내지 스무 편이 있다고 한들 *Administrative Science Quarterly* 혹은 *Academy of Management Journal*의 논문한 편보다 못하기 때문이다. 저자가 *Academy Management Journal* 편집장 시절에 발견한 바로는 아주 유명한 교수들도 이러한 잘못된 습관을 가지고 있었다. 그들은 한 논문을 *AMJ*에 투고하고 동시에 방법을 조금 수정하고 연구문제를 조금 바꾼 후 다른 논문으로 작성하여 또 다른 저널에 투고하는 것을 본 적이 있다. 한 번은 리뷰어가 본인에게 이와 같은 사실을 보고한 적이 있어 다른 저널에 직접 전화하여 그들에게 이러한 논문을 투고 받았는지 여부를 물었더니 있다는 답변을 받았다. 그래서 본인과 상대 저널의 편집장은 그 논문을 무조건 게재 거부 결정을 내렸던 적이 있었다.

혹시 어떤 사람들은 교수로서 정년과 승진의 필요 때문이라고 답할 수 있겠지만, 만약 연구자의 목표가 오직 정년이라면 그는 짧은 시간 내에 많은 논문을 발표하려고 노력할 것이다. 이렇게 되면 그의 많은 연구는 하면 할수록 점점 수준이 떨어지게 되어있다. 예를 들어, 다른 연구자들이 함께 공동연구를 제안했을 때 공짜라면 양잿물도 마신다고 단기간 내에 일정 수량의 논문을 발표하기 위하여 이런 사람들은 무조건 하겠다고 대답할 것이다. 하지만 이렇게 할 경우 연구 수준은 낮아진다. 왜냐하면 모든 주제에 대해 모두 조금씩 연구를 하다보면, 즉 이런 기회주의식 연구를 하고 자신이 진정 흥미를 갖고 있는 주제에 대해 연구를 꾸준히 하지 않는다면 연구와 지식의 누적성은 분명히 한계를 드러내게 된다. 또한 논문 게재만을 위하고 지식을 추구하지 않는다면 심리적 몰입(psychological involvement)은 매우 적어진다. 따라서 연구를 하는 재미가 없어지고 또한 흥미를 잃게 된다. 결국 연구를 하는 것이 힘들고 고된 일이 되어 하면 할수록 재미가 없게 된다.

자주 직면하는 또 다른 하나의 문제는 소위의 '지름길'을 택하는 방식이다. 예를 들어, 가설을 검증하는 과정이 매우 수고스러워 겨우 100개의 샘플 자료를 수집하였다. 연구의 기여도를 생각한다면, 우리는 당연히 더욱 많은 샘플을 수집해야 한다. 그러나 때로는 그렇게 힘든 일이라면 먼저 써서 투고해보고 보자는 식으로 생각하는데 이를 여기서 '지름길'을 택하는 방식이라고 한다. 만약 연구자가 스스로 본 연구 혹은 본 주제가 아직 완성되지 않았다면 급하게 투고해서는 안 된다. 저자는 논문을 게재하는 것은 단순히 수단에 불과하고 이는 단지 연구자가 같은 분야의 연구자들에게 자신이 이와 같은 연구를 수행하고 있다는 사실 및 새로운 결과를 알려 더욱 많은 새로운 지식을 기여하고 새로운 개념을 구축할 수 있다는 것을 알리는 데 그 목적이 있다고 생각한다. 절대 논문을 게재하기 위한 게재를 해서는 안 된다. 그럴 경우 손해가 매우 클 것이다.

논문을 게재하는 전술

1. 적합한 사람을 알아야 한다.

적합한 사람을 알아야 한다는 의미는 두 가지 측면에서 이해할 수 있다. 첫째, 만약 당신이 모 저널의 편집장의 좋은 친구라면 당신에게 기회가 더 많이 주어질 수 있을 것이다. 하지만 이러한 방식이 큰 도움이 되지 않을 수도 있다. 그것은 현재 모든 저널은 익명의 심사 제도를 도입하고 있기 때문에 사실 당신이 편집장의 친한 친구라 하더라도 별 도움이 되지 못할 것이다. 둘째, 좋은 사람과 협력하여야 한다. 어떤 사람들을 '좋은 사람'이라고 할 수 있을까? 소위 '좋은 사람'이라 함은 그의 조건 혹은 평판이 당신보다 좋다거나 그의 연구능력이 당신보다 뛰어나다는 의미이다. 그러므로 반드시 자신보다 기술이 뛰어난 상대와 시합을 해야만 본인도 진보할 수 있다. 같은 도리로 연구자는 자신보다 연구를 더 잘 하는 사람들을 찾아 자신의 연구 파트너로 선택하는 것이 첫 발자국이 될 것이다.

그렇다면 어떻게 자신보다 연구를 더 잘 하는 사람을 찾아 연구 파트너로 선택할 수 있을 것인가? 아마도 당신은 자신의 주위에서 풍부한 연구 경험을 갖고 있는 사람을 찾기 어려울 것이다. 하지만 이는 찾을 수 없다는 의미는 절대 아니다. 한 가지 방법은 학술회의에 참가하고 여러 저널(예를 들어 *AMJ*, *ASQ*)을 읽어 자신의 연구 분야에 어떠한 유명한 학자들이 있는지를 파악하는 것과 학회(예를 들어 미국경영학회 혹은 중국경영학연구국제학회)에서 조직하는 연회에 참가하는 것이다. 회의 중에 다른 연구자들의 소개로 그들과 자신의 연구문제를 논의하여 그들의 흥미를 이끌어내는 것이다. 만약 자신이 쓴 원고를 그들에게 보여준다면 그들은 당신을 더 잘 기억할 것이다. 같은 연구 분야에서는 연배가 있고 경험이 풍부한 교수들은 차세대 젊은 연구자들을 키우려고 하는 경우가 대부분이기에 젊은 연구자들에게 기회가 많이 주어지고 있다. 저자처럼 연구 경험이 상대적으로 많은 사람들과는 경우가 다르다. 만약 저자와 같은 연구자들이 원로교수들에게 원고를 보내 의견을 부탁하면 그들이 생각하기를 이미 이 분야에서 30년간 연구 경험을 갖고 있는 사람들의 문장을 과연 본인이 코멘트할 필요가 있는가에 대해 의문을 갖고 도와 주지 않을 것이다. 때문에 경험이 많은 사람 혹은 이 연구 분야에서 이미 성과가 있는 사람들을 찾아 그들과 함께 연구하는 법을 알아야 한다. 하지만 조교수한테는 연구 파트너가 반드시 교수일 필요는 없다. 조교수에게 가장 적합한 연구 파트너는 오히려 경험이 풍부한 조교수나 부교수가 될 것이다. 그것은 아직 정교수로 승진하지 않은 연구자들 대부분은 연구에 대한 열정이 살아있고 더욱 연구에 전념할 수 있기 때문이다. 연구자가 교수로 승진한 이후에는 일반적으로 많은 시간을 학술 연구와 관련이 없는 행정 업무에 투자하는 경우가 많다. 상대적으로 연구에 투입하는 노력은 어느 정도 영향을 받을 수밖에 없다.

또 다른 한 부류의 적합한 사람들이 있는데 도구적 목적을 갖고 있는 학자가 아니라 바로 좋은 연구를 하고자 하는 연구자들이다. 만약 당신과 함께 연구를 하는 파트너가 오직 실질적인 이익만을 위한다면 당신은 자연스럽게 그런 습관을 배우게 되며 이런 나쁜 습관이 가져다 주는 피해는 아주 오래간다. 이런 나쁜 습관을 갖게 되면 승진을 위하여 연구를 하기 때문에 논문이 아직 완성되지 않았음에도 불구하고 항상 서둘러 논문을 투고하게 되고 빨리 투고하는 습관이 길러지면 연구를 함에 있어서 엄밀하지 못하게 된다.

연구를 엄밀하게 한다는 것은 결코 일을 천천히 한다고 해서 반드시 정교한 작품이 나온다는 의미는 아니다. 연구의 모든 단계를 수행함에 있어 엄밀해야 한다는 것을 의미한다. 또 한 가지 질문은 당신은 동시에 여러 개의 연구를 어떻게 진행하고 있는가 하는 것이다. 가장 좋은 방법은 연구의 매 단계를 수행함에 있어 한 가지 연구에만 집중하는 것이다. 이런 의미에서 연구를 함에 있어서도 프로젝트 관리와 같이 연구 관리(research management)도 해야 한다는 것을 의미한다. 큰 규모의 연구, 작은 규모의 연구, 심사 중에 있는 연구, 작성 중에 있는 연구, 자료 수집 중에 있는 연구, 분석 중에 있는 연구 등으로 구분하여 관리하는 것이다. 만약 당신이 다섯 개의 연구를 동시에 진행하면서 다섯 개 모두 A급 저널에 게재하기를 원한다면 당신은 A급 저널이 요구하는 수준으로 목표를 정해야 한다. 하지만 뜻밖의 일이 발생할 수 있는데 예를 들면, 건강 상태가 악화되거나, 중간시험을 본다거나, 가정에 큰 일이 발생하는 등 불가피한 상황들이다. 이럴 경우 논문의 수준에 영향을 주어 결국에는 B급 저널에 투고하는 결과를 갖게 된다. 만약 당신의 목표가 처음부터 B급 저널이라면 최종 논문은 어디에 투고될 것 같은가? 아마 수준이 더 떨어지는 저널에 투고될 것이다. 따라서 목표는 반드시 높게 설정하여야 하고 목표를 달성하지 못해도 괜찮은데 그것은 한걸음 물러설 수 있는 여지가 있기 때문이다. 하지만 시작 자체가 낮다면 다시 수준을 향상한다는 것은 매우 어려운 일이기 때문이다. 당신의 목표는 최선을 다하는 것이고 만약 A급 저널의 요구를 맞출 수 없다면 적어도 B급 저널로 갈 수 있기 때문이다. 다시 말하면, A급 저널로 부터 유용한 코멘트를 받아 논문을 수정 후에 다시 B급 저널에 투고할 수 있기 때문이다.

2. 좋은 학교로 가야 한다.

어떤 학교가 좋은 학교일까? 많은 사람이 오해하기를 연구자들이 연구를 많이 하고 잘하는 것은 그들이 좋은 학교에 있기 때문이라고 생각한다. 사실 명문대학에서 공부를 하거나 가르치는 것은 좋은 점도 있고 나쁜 점도 있다. 좋은 점은 자원이 많고 유명한 교수도 많은 것이고 나쁜 점은 교육과 강의의 압력이 크다는 것이다. 유명한 교수들은 일반적으로 너무 바쁜 나머지 당신과 만나 이야기를 나누는 시간조차 낼 수 없을 것이다. 사실 연구하기에 가장 적합한 학교는 교육과 강의 압력이 적은 학교이다. 일반적으로 학자로서 또한 연구에서 성과를 내는 사람들은 적어도 자신의 절반 이상의 시간을 연구에 투자한다. 당연히 교육과 강의 또한 교수로서의 중요한 책임으로, 일주일 중 하루는 강의 준비하고 이틀은 강의를 하고 나머지 삼일은 반드시 연구에 투자하여야 한다. 절대 "시간이 날 때 연구해야지!"라는 생각을 해서는 안된다. 이렇게 되면 연구는 아마추어적인 여가 활동으로 변질되는데 여가 활동으로 연구를 한다면 절대 잘할 수 없을 것이다.

3. 하늘을 원망하지 말고 남을 탓하지 말아야 한다.

신에게 자신을 보호해달라는 기도는 때로 도움이 될 수도 있다. 하지만 하늘도 스스로 돕는 자를 돕는다. 스스로 노력을 하지 않는다면 신도 도와 주지 못할 것이다. 일부 사람은 현실을 도피하는 경향을 보이고 있다. 하루 종일 제도의 공정성 여부를 생각하고 아무개가 다른 아무개의 앞길을 가로막았다는 등의 불평으로 소중한 시간을 쓸모 없는 곳에 낭비를 하게 되면 연구를 해야 할 힘을 빼앗기게 된다. 누가 무엇이라고 하든 간에 심사 제도에 대해 신뢰를 갖는 동시에 자신감을 가져야 한다.

4. 최우수 논문을 모델로 삼아야 한다.

높은 수준의 연구를 하려면 게재를 위한 게재를 해서는 안 되고 반드시 모범적인 연구를 이해하고 모방하여 과학적 연구의 절차를 따르는 법을 배워야 한다. 소위 모범적인 연구를 모방한다는 것은 가장 좋은 연구로부터 장점을 배운다는 것을 의미한다. 이 부분에 대해서는 가장 좋은 방법은 높은 수준의 논문을 탐독하는 것이다. 그렇다면 어떤 연구가 높은 수준의 연구인가? 사실 탑 저널에 게재된 논문이라고 해서 꼭 가장 좋은 연구라고 할 수 없다. 최우수 논문은 게재된 연구 중에서 2차 심사를 거쳐 선택된 논문인데 이러한 논문들이 바로 수상을 한 논문(award winning papers)들이다. 몇 개의 저널에서는 이런 수상을 한 논문들이 있다. 예를 들면 *AMJ*의 한 위원회는 많은 유명한 교수로 구성되었는데 매년 그 전 해의 50~60여 편의 논문을 심사하여 그중에서 가장 우수한 논문을 선택하는데 그 논문들이 바로 최우수 논문(the best paper)들이다. 1987년부터 현재까지 이미 20여 편의 논문이 이 상을 받았다. 우리는 이미 이 논문들을 중국어로 번역 출판(쉬쑤잉, 장웨이잉, 2006)하였고 2판에는 최근 7년간의 최우수논문(장이츠, 쉬쑤잉, 2012)들을 담았다.

*ASQ*도 1993년부터 이와 같은 논문들이 게재되기 시작하였는데 평가 방식은 *AMJ*와 좀 다르다. *ASQ* 위원회는 5년 전에 게재한 논문을 심사하여 그 논문의 영향력을 평가한다. 영향력은 어떻게 평가하는가? 첫째, 논문의 피인용된 상황을 살펴본다. 둘째, 논문 자체를 평가하여 5년 전에 게재한 다른 논문과 비교해볼 때 가장 우수한지 여부를 판단하게 된다. 이런 표준으로부터 볼 때 *ASQ*의 평가 방법이 *AMJ*에 비해 더 우수하다. 그것은 *ASQ*가 그 논문이 당해 논문 중 가장 우수한지 여부뿐만 아니라 그 논문이 실제 영향력을 갖고 있는 논문인지 여부도 함께 고려하여 평가하기 때문이다.

연구를 잘 하는 것 외에 쓰기 능력 또한 중요한 역량 중 하나라는 점은 의심할 여지가 없다. 만약 *AMJ*와 *ASQ* 모두 최우수 논문들을 골라냈다면 우리는 반드시 가장 좋은 논문부터 시작하여 이러한 논문은 어떻게 작성되었는지를 살펴보아야 한다(*ASQ* 최우수 논문집도 번역출판 되었음. 쉬쑤잉, 장웨잉(2005)과 장이츠, 쉬쑤잉(2012) 참조). 예를 들어 만약 그 논문이 당신이 연구하고자 하는 주제와 비슷하다면 당신은 그 논문이 어떻게 시작을 하였는지, 어떻게 문제를 제기하였는지, 어떻게 문헌들을 취합하였는지, 어떤 이론으로 이 문제를 설명하고자 하는지, 그리고 어떤 방법을 통해 완성하였는지를 자세히 살펴볼 필요가 있다. 당신이 쓸 때는 위의 구절을 모방하여 쓸 수 있고 심지어 일부 구절은 "베껴" 쓸 수 있는데, 다섯 단어 이상 베꼈을 경우에는 반드시 내용의 출처를 설명하여야 한다. 2011년 3월에 *MOR*에서 연구 논문 게재에 관한 윤리 특간을 발간하여 이 부분에 관한 많은 논의를 진행하였다. 이 글은 무료로 다운로드 받을 수 있기 때문에 독자 여러분도 꼭 읽어보길 바란다.

투고 시 자주 범하는 잘못

투고가 거절당하는 가장 큰 문제는 과학적 연구 과정(scientific research process)이 엄밀하지 않았기 때문이다. 연구문제나 이론 및 가설(research question, theory and hypothesis)에 문제가 있을 수도 있고 혹은 타당성과 일반화(validity and generalizability)에 부족함이 있었을 수도 있다. 이런 문제는 예방할 수 있는 문제들이다. 연구자는 반드시 몇 가지 좋고 자주 사용되는 연구설계 방법과 그들이 갖고 있는 장단점들까지 잘 알고 있어야 한다.

자주 나타나는 논문이 거절당하는 사례 중, 90%의 실패 원인은 연구문제 자체를 잘못 제기하였거나 명확하게 제기하지 못한데 있다. 다른 사람이 당신의 논문을 읽었을 때 30페이지를 읽고도 논점이 어디에 있는지를 알아내지 못할 수도 있다. 문제를 명확하게 제기하지 못했거나 문제 자체가 중요하지 않거나 잘못 질문했을 경우 사람들은 읽고 나서도 흥미를 갖지 못한다. 만약 논문 중에 개념들이 너무 많고 혼란스러울 뿐 아니라 문장 자체가 매끄럽지 못하다면 논문의 신뢰도는 크게 낮아질 것이다. 소위의 이론이란 기본적으로 개념과 개념 간의 관계를 말하는 것이다. 따라서 논문 중의 개념은 반드시 매우 명확하여야 하고 너무 많아서는 안된다. 너무 많고 너무 복잡한 개념은 조작하기 어려우며 통제하기도 매우 어렵다. 소위의 이론이 없는 가설(hypothesis without theory)이란 한 문장에 매우 많은 가설이 있지만 이러한 가설에 이론적 기초의 부재 시 사람들은 가설과 가설 사이의 관계를 볼 수 없게 되는데, 이 또한 매우 큰 문제이다.

뿐만 아니라 연구자는 문헌을 자세히 읽어야 한다. 문헌에 대한 리뷰를 온전하게 하지 못했을 경우 리뷰어는 이 연구와 유사한 논문이 이미 게재되었으므로 해당 논문이 현재로서는 중복된 연구로서 새로운 지식에 대한 기여가 없기에 게재할 가치가 없다고 판단할 수 있다. 그리고 문헌 연구는 당신에게 어떤 이론들이 이 현상을 해석할 수 있는지를 알려준다. 한 연구에는 일반적으로 세 편에서 다섯 편 정도의 주요 참고문헌들이 있는데 그중 가장 중요한 논문은 일반적으로 본인이 하는 연구에 대해 매우 포괄적으로 정리를 해준다. 당신이 제기한 문제가 무엇인지? 이 문제가 왜 중요하고 왜 관심을 가질 가치가 있는지? 기존의 문헌이 이 문제에 대한 해석은 어떤 것인지? 왜 이런 해석이 이 문제를 해석함에 있어 충분한지? 깊이가 부족한지? 현재 당신이 이 연구를 통해 이 문제에 대해 답하고자 할 때 어떠한 다른 의견 혹은 새로운 아이디어가 있는지? 새로운 아이디어는 어떤 이론에 의하여 파생되었고 이 이론은 또한 어떻게 설명하였는지 등이 있다. 이렇게 되면 사고의 방향을 매우 분명하게 구상할 수 있고 연구의 전체 과정을 논문 한 편에 농축시킬 수 있게 된다. 이와 같은 논문이 심사를 받게 된다면 다른 사람들의 흥미를 불러일으킬 수 있게 된다. 논문은 한 편의 영화를 보는 것처럼 처음부터 매우 흥미로워야만 사람들로 하여금 읽는 재미를 느끼게 할 수 있다. 만약 논문이 횡설수설하고 주요 스토리마저도 부재한다면 다른 사람들은 이 논문은 읽어 봐도 아무런 도움이 되지 않고 배울 점도 없다고 생각할 것이다. 만약 아무런 내용도 없고 많은 결과 혹은 주장이 틀렸다면 다른 사람들은 당신 논문의 결론에 대해서도 동의할 수 없게 된다.

두 번째 문제는 연구 방법과 관련되어 있다. 여기서 첫 번째 문제는 연구의 주제와 가설이 연구에서의 측정 수준이나 단위와 제대로 매칭이 되지 않은 상황이다(level or unit measured does not match that hypothesis). 예를 들어 저자가 리더십을 연구할 때 질문하고 싶은 것은 최고 경영자가 기업 문화에 대한 중요성 문제이다. 그렇다면 연구의 수준은 무엇인가? 개인, 그룹 혹은 기업 수준인가? 이 연구에서는 기업 수준의 연구가 되겠다. 하지만 많은 사람이 연구할 때 직원에게만 "당신의 상사는 어떠한가?" 혹은 "기업의 문화는 어떠한가?"를 질문하여 측정을 할 경우 이는 모두 개인 수준에서의 측정이기에 연구문제와 측정 수준이 일치하지 않게 된다. 연구문제는 기업 수준인 반면에 연구의 대상은 개인 수준이었기 때문이다. 따라서 여기서는 연구자 자신이 연구문제와 이론의 구축에 있어 연구의 수준을 기업 수준에서 개인 수준으로 바꿨는데 이는 매우 큰 결함이다. 많은 연구가 이런 부분에서 비슷한 실수를 한다. 두 번째 문제는 측정과도 관련이 있다. 즉 측정과 구성개념이 매칭되지 않거나 혹은 일종의 무효(타당성이 없는) 측정(measures do not match constructs or invalid measure)이다. 이런 문제는 심리 테스트에서 자주 논의되기도 하는데 여기서 더 많은 이야기를 하지 않겠다. 세 번째 문제는 여러분이 다 아는 문제이기도 하는데 횡단면 자료(cross-sectional data)를 사용하여 인과관계 분석을 하는 것이다. 인과관계 가설(causal hypothesis)을 할 때, 가설과 이론은 연구설계에 영향을 줄 수 있다. 다시 말하면 많은 경우 종적(longitudinal) 연구설계를 사용하는 것이 매우 필요하다.

이 외에 불충분한 통제(inadequate control), 모델의 불완전한 식별(model underspecification) 등의 다른 문제들도 포함되어 있다. 때로 연구설계 중 통제변수를 잘 못 선택하거나 잘못 통제하는 경우가 있다. 만약 하나의 간단한 회귀모델 방정식으로 기업의 효과를 예측한다고 할 때 몇 가지 변수를 사용하여 기업의 효과를 예측할 수 있지만, 통제해야 할 변수가 잘못 선택되었을 수도 있다. 이 예에서 기본적으로 통제해야 할 변수는 무엇인가? 예를 들어 산업 유형일 것이다. 어떤 산업에서는 기업이 경영을 제대로 하지 않아도 돈을 벌 수 있다. 따라서 이런 연구에서는 만약 산업 유형을 통제하지 않았다면 결과의 신뢰도는 높지 않다. 당신은 연구의 설계자이기 때문에 반드시 세심하게 다른 어떤 해석이 가능한지를 살펴보고 이러한 해석가능한 요소들을 고려하여 통제해야 한다. 이 외에 표본 추출 계획의 부재(no sampling plan) 혹은 표본이 아주 미약한 증거만 제공할 때(weak justification for sample)는 샘플링 문제에 속한다.

또 하나의 문제는 동일방법편의 문제(common method variance problem)로서 연구 중의 독립변수와 종속변수가 동일한 측정 대상으로부터 측정하여 가상적인 상관관계(spurious correlations)를 발생시켜 두 변수 간의 실제 관계를 감추기도 할 뿐더러 독립변수와 종속변수의 관계에 대한 정확한 이해를 방해할 수 있다. 이 외에 단일 정보 제공자 혹은 회고성 자료 사용의 문제(single informant and retrospective recall)도 존재한다. 예를 들어, 중국 내륙에서 기업 성과에 관한 연구를 할 때 좋은 객관적 자료를 찾기가 어렵고 존재하는 자료 또한 신뢰하기 어렵다. 한 사람씩 물어봐도 오차가 존재하고 오차가 존재하면 다른 사람들은 연구 결과를 믿어주지 않는다. 때문에 반드시 두어 개 서로 다른 자료원을 사용한 결과 수렴되었을 때 신뢰도도 높아질 수 있다.

한 논문은 서론부터 시작하여 이론-연구문제-가설의 제시에 이르기까지 첫 번째 부분을 구성하고 두 번째 부분은 연구설계의 문제이며 세 번째 부분은 연구 결과에 대한 해석이다. 결과에 대한 해석에 있어 자주 직면하는 문제는 과도한 해석이다. 연구의 결론이 결과로부터 논증될 수 없음에도 불구하고 이렇게 해석을 한다면 지나친 해석이 된다. 다음으로는 일부 소홀함으로 인한 잘못들이 있는데 예를 들면, 양식이 맞지 않거나 문장 능력이 너무 낮을 경우가 그러한 예이다. 나아가 만약 논문 중에 가장 기본적인 데이터 자체가 잘못이 있다면 그것은 세심하지 않을 뿐 아니라 프로답지 못한 것이 된다. 한 논문은 처음부터 마지막까지 기본적으로 여러 문제에 직면할 수 있기 때문에 반드시 면밀하게 여러 번에 거쳐 검토하고 교정을 해야 한다. 비록 많은 시간이 들지만 매우 중요한 작업이 된다. 저자의 논문은 평균 20여 차례 수정을 거치는데 일반적으로 전문적인 영문 편집자에게 맡겨 문법을 수정하고 문장에 대해 윤색을 하여 더 이상 수정할 것이 없을 때에야 비로서 투고를 한다.

마지막으로는 기여 정도가 부족한 문제(insufficient value added contribution)인데 이는 어떤 연구가 기존의 지식에 대한 부가 가치가 높지 않고 새로운 기여도가 없는 경우를 말한다. 그렇다면 어떤 연구가 가치 있는 연구일까? 간단히 말해서 가치가 있다는 것은 이 연구가 어떤 분야의 문제에 대해 새로운 지식을 추가했다는 것을 말한다. 아주 좋은 비유가 있다. 어떤 사람이 논문을 게재하는 것을 일종의 대화에 참여하는 것에 비유를 했다. 전문 분야의 문헌에는 이런 종류의 주제에 대해 이미 많은 연구가 발표되었는데 우리는 각각의 논문을 하나의 담론으로 볼 수 있고 당신이 만약 논문을 한편 썼다는 것은 이런 담론에 참여하는 것으로 볼 수 있다. 당신이 이런 담론에 참여할 때 고려하는 점은, 우선 '본인의 화두가 다른 사람들이 들을 가치가 있다고 생각하는지?' '이런 담론에 참여하는 것이 다른 사람들에게 새로운 것을 배울 수 있는 기회를 제공하는지?' '말하고자 하는 내용과 주제가 명확한지?' '의미는 있는지?' 등의 질문이다. 이 외에 당신이 과연 어떤 연구 주제의 담론에 참여하는가는 당신이 어떤 연구문제를 선택하는가에 의해 결정된다. 우선, 자신이 어떤 문제를 제기하였는지를 이해해야 한다. 만약 당신이 기업 통제에 관한 문제를 이해하고자 한다면 먼저 관련 문헌들을 찾아 어떤 사람들이 이 문제에 대해 논의를 하였고 논문을 작성했는지를 보고 그들의 문헌을 자세히 읽어봐야 한다. 다음으로 이런 담론이 어떻게 진행되었는지를 살펴봐야 한다. 만약 당신이 "통제"에 대해 연구하고자 하는데 문장의 내용이 오히려 "문화" 문제에 대해 관심이 집중되었다면 당신의 연구 방향은 잘못 되었음을 의미한다.

하지만 어떻게 해야만 "옳은" 문제를 제기할 수 있을까? 옳은 문제를 제기하려면 어떤 점을 가장 중점적으로 고려하여야 하는가? 그것은 당신이 연구하는 주제의 주요 구성개념이 무엇인가에 달려있다. 하나의 연구문제 중에는 일반적으로 여러 개의 구성개념을 포함하고 있는데 과연 어느 것이 가장 중요한가? 예를 들어 "리더들은 어떻게 기업 문화 혹은 성과에 영향을 주는가?"라는 연구문제에는 세 개의 구성개념, 즉 리더, 문화, 성과가 존재한다. 만약 어느 것이 가장 주요한가를 묻는다면 어떤 사람은 "나는 기업에 대해 관심을 갖고 있다", 때문에 가장 주요한 구성개념은 기업이라 하고 어떤 사람은 "나는 문화에 대해 관심을 갖고 있다", 때문에 가장 주요한 구성개념은 문화이며 어떤 사람은 "나는 리더에 대해 관심을 갖고 있다", 때문에 가장 주요한 구성개념은 리더라고 하면서 대답이 다 다를 수 있다. 당신은 동시에 이 세 가지 대화에 참여할 수 없고 참여하더라도 너무 수고스럽고 중점도 존재하지 않는다. 때문에 만약 당신의 관심이 주로 리더의 의제에 있다면 리더에 관한 문헌들 속으로 들어가 리더와 기업 문화 혹은 기업 성과와의 관계에 대한 모든 문헌을 찾아내어 그들이 어떤 대화를 하였는지를 살펴 보고 그 대화에 참여하여 자신의 아이디어를 기여하여야 한다.

1부
과학적 연구의 목적과 연구절차

第一部分
科学研究的目的和过程

1장 – 과학적 연구의 절차 및 연구설계

第1章
科学过程与研究设计

2장 – 연구의 출발점: 문제 제기

第2章
研究的起点: 提问

3장 – 경영학 연구의 이론 구축

第3章
管理研究中的理论建构

4장 – 중국 경영학 이론 개발의 기회와 도전

第4章
建构中国管理学理论的机会与挑战

1 장

과학적 연구의 절차 및 연구설계

Anne Tsui (애리조나주립대학교, 북경대학교, 복단대학교, 상해교통대학교)
Amy Yi Ou (싱가폴국립대학교)

1.1 머리글 및 과학적 연구의 기본 개념

1.1.1 연구의 시작

많은 젊은 학자에게 있어 한 연구를 시작한다는 것은 마치 어두운 방에서 전등의 스위치를 찾는 것과 비슷하다. “어디서부터 시작해야 할지?” ”어떤 주제를 연구해야 할지?” ”어떤 자료가 필요한지?” ”문헌 연구를 얼마나 해야 충분한 것인지?” “어떤 이론을 사용해야 하는지?” 등 많은 문제가 있는데 저자들은 이 책이 바로 그 “전등의 스위치”가 되기를 바라고 있다. 스위치를 켜고나면 당신은 많은 사물을 볼 수 있게 될 것이다. 하지만 위의 문제들에 대한 해답은 결코 그렇게 간단한 것이 아니다. 이 책은 아래와 같은 중요한 문제를 중심으로 논의를 전개해 나갈 것이다. “어떻게 높은 수준의 연구를 진행하여 꿈에 그리던 저널에 논문을 게재하여 나의 연구 생애의 좋은 시작을 할 것인가?” 본 책은 독자에게 조금이라도 도움이 되어 위 문제에 대한 해답을 찾도록 돕고자 한다. 당연한 것은 그 과정에서 많은 선택이 기다리고 있다는 것이다. 연구는 단일하거나 선형적인 것이 아니기에 독자들은 아마도 자신의 흥미, 능력, 개성과 열정에 가장 적합한 하나 혹은 여러 개의 경로를 선택해야 될 것이다.

본 책이 소개하고자 하는 것은 경영과 조직을 연구하는 정상적인 과학적 패러다임으로서(Kaplan, 1964; Popper, 1968; Wallace, 1971) 이는 북미의 경영연구 패러다임이기도 하다. 세계적으로 지역에 따라 연구의 실행, 규범과 전통은 모두 조금씩 차이를 나타내고 있다. 하지만 본 책은 이러한 서로 다른 전통과 패러다임 간의 차이에 대해 비교하려고 쓴 것이 아니라 북미의 연구 방법론을 소개하려는 데 그 목적이 있다. 이는 이러한 패러다임이 조직과 경영 연구 중에서 주류에 속하는 패러다임으로서 현재 절대다수 탑 저널들(북미의 저널, 일부 유럽과 아시아의 저널들을 포함)이 따르고 있는 패러다임이기 때문이다. 이러한 패러다임이 아시아의 경영 및 조직을 연구함에 있어 가장 적합하다고 단정지어 말할 수 없다. 하지만 이는 우리에게 경영학 지식의 현 상태와 그 발전 과정을 이해하는 데 도움을 주고 우리들에게 현재 진행되고 있는 학술적 대화에 참여하여 우리로 하여금 북미의 학자들과 서로 협력하여 세계 탑 저널에 논문을 게재할 수 있게끔 도움을 줄 수 있을 것이다.

1.1.2 과학의 목적

과학의 목적은 진리를 추구하는 것으로서 자연과 사회 현상을 해석하고 예측하는 데 있다. 과학적 방법 중에서 얻게 되는 진리는 논리뿐만 아니라 증거도 포함하고 있다. 논리와 증거는 서로 상호 보완적이고 그 어느 하나라도 빠져서는 안된다. 증거(혹은 근거)가 없는 논리 혹은 논리가 없는 증거는 모두 과학적 방법 중의 절반을 나타낸다. 이 외에 과학은 지식을 창조하는 것이지 지식을 응용하는 것이 아니다. 과학은 어떤 연구 분야(예를 들어 줄기세포연구)의 좋고 나쁨이거나 어떤 연구 방법(예를 들어 정성적 방법 혹은 정략적 방법)의 우와 열을 가리는 논쟁을 해결할 수 없다. 과학적 연구는 정책의 수립 혹은 응용적 측면과는 구분되어 고려할 필요가 있다. 과학적 목적은 현상(예를 들어, 지구온난화, 전염병 등)에 대해 이해하고 해석하며 또한 예측을 하는 것을 말한다. 이와 같은 이유로 정책적 의사 결정을 통해 지식은 이러한 현상을 통제하고 개변하는 데 사용될 수 있게 된다.

비록 과학을 추구하는 것은 가치입장 및 정치적 고민과 상관없다고 하지만 과학의 궁극적 목적은 현재와 미래의 사회를 더 나아지게 하는 데 있다. 아인슈타인이 말했듯이, "인간 자체에 대한 관심은 시종일관 모든 기술적 노력의 목적이 되어야 한다. 나아가 인간의 노동과 상품의 분배를 어떻게 조직하야 하는지에 기울이는 것은 우리에게 아래와 같은 사실을 기본 바탕으로 하고 있다. 즉 과학적 사고방식이 인류에게 복지가 되어야지 저주가 되어서는 안된다."(Clark, 1984: 527)

1.1.3 지식 탐구의 네 가지 방법

과학의 기본적 목적은 혼돈의 세계에서 법칙을 탐색하여 사회와 자연세계에서 진리를 찾아내는 데 있다. 하지만 과학은 진리를 찾아내는 유일한 방법은 아니다.

지식을 탐구하는 첫 번째 방법은 전통이라 할 수 있다. 인류 역사가 시작할 때 많은 사람은 신화 혹은 조상으로부터 전해져온 지혜를 통해 진리를 알아냈다. 조상들이 우리에게 하나의 태양신, 달신 혹은 바다신이 있다고 전해줬고 또한 만약 한 사람이 일 년의 모 시점에서 달을 바라보면 돌로 변한다고 전하고 있다. 일부 사람은 만약 그들이 신(어떤 신이든지)의 가르침대로 살면, 그들은 천국에 들어가거나 혹은 다음 생에는 더 나은 삶을 살 수 있을 것으로 믿고 있다. 신을 믿는 사람들은 이런 표현을 진리라고 믿고 있는데 그것은 이런 내용이 신의 계시로부터 왔다고 생각하기 때문이다. 하지만 신을 믿지 않는 사람들에게는 이런 사람들의 행위가 일종의 미신으로 받아들여진다. 신의 존재 여부를 떠나 역사의 기원으로부터 오늘날에 이르기까지 종교는 많은 사람에게 영향력을 행사하였다. 실제적으로 일부 유명했던 과학자마저도 신은 자연계와 사회에서 과학적 방법으로 해석할 수 없는 많은 현상 중 하나라고 생각하고 있다(예를 들어, 아인슈타인도 신의 존재 가능성을 승인한 바 있다. Clark, 1984 참조).

지식을 탐구하는 두 번째 방법은 권위이다. 감기에 걸리거나 몸이 불편할 때 우리는 가사도우미나 운전기사의 의견보다는 의사의 견해를 믿는다. 허리케인이 어떻게 형성되고 지진이 언제 발생할 지에 관한 지식에 대해서 우리는 소설이나 만화보다 백과사전의 내용에 더욱 신뢰를 표하고 있다. 하지만 전문가의 지식에 대해서도 반드시 신중한 태도를 갖춰야 하고 무조건적으로 받아들이는 것은 삼가해야 한다. 우리는 의사들도 진찰 시 잘못을 범한다는 사실을 잘 알고 있다(Welch, Schwartz & Woloshin, 2007). 또한 새로운 증거나 자료가 나타남으로 인해 지식은 시대와 함께 발전하고 있다. 흥미로운 것은 대다수의 권위있는 전문가의 지식은 과학적 연구를 통해 얻어졌다는 점이다. 하지만 과학적인 방법으로 부터 얻은 지식으로도 이는 잠정적인(tentative) 진리에 불과하고 더욱 많은 연구를 통해 추가적으로 증명하고 논박할 필요성이 존재한다. 따라서 많은 사람에게 지식을 탐구하는 두 번째 방법은 어떤 분야의 전문가 혹은 책의 가르침을 받는 것이다.

아직 명확한 답안이 없는 문제에 대해서는 만약 어떤 사람이 좋은 논증을 제시하였다면 우리는 그러한 해석과 관점을 좀 더 믿을 것이다. 따라서 논리는 진리(혹은 잠정적인 진리라 할지라도)를 알 수 있는 세 번째 경로가 되겠다. 논리를 다른 말로 표현하자면 추론인데 이는 합리적이면서도 진실성이 높은 사회적 구축 과정(social construction)을 말한다. 소송 변호사의 가장 큰 장점이 바로 논리인데, 그들은 능수능란하게 자료들을 인용 혹은 보충하여 법관이나 배심원들에게 왜 원고는 죄가 있고 피고는 죄가 없는지를 설득력 있게 제시한다. 논리는 이론의 핵심이고 이론물리학의 기초이자 수학의 기초이기도 하다. 물리학은 논리를 통해 합리적이면서도 설득력 있는 논거를 통해 어느 특정 입자가 어떤 특정 조건에서 특정한 운동방식을 갖고 있는지를 설명한다. 이론은 바로 주어진 조건에서 어떤 한 현상 혹은 여러 현상 중의 사물에 대한 하나의 추측이다. 따라서 논리 혹은 이론은 지식을 탐구하는 또 하나의 방법이지만, 이 또한 잠정적인 진리에 불과하다. 만약 어느 사람이 새로운 이론을 구축하여 더욱 설득력 있는 해석을 제공한다면 원래의 이론이 뒷받침 하는 잠정적인 진리는 뒤엎어지게 된다. 하지만 논리와 경험세계가 일치하여야 한다. 단지 논리로서는 진리를 형성하기에 역부족이다. 과학적 연구의 목적은 바로 실증자료를 사용하여 논리의 정확성을 증명하는 데 있다.

그러므로 과학은 지식을 추구하는 네 번째 방법이 된다. "인식론"은 지식을 탐구하는 과학을 말하고 "방법론"은 진리를 어떻게 찾아내는지에 관한 과학이 되겠다. 때문에 본 책에서 우리가 설명하고 있는 인식론은 일종의 과학적 연구의 과정이고 본 책에서 사용하고 있는 방법론은 과학적 연구와 관련되어 있는 방법론을 가르켜 말한다. 지식을 탐구하는 과학적 경로에는 논리적 추론뿐 아니라 자료 혹은 실증적 관찰, 즉 실증과학(Popper, 1968)도 포함되어 있다. 과학적 과정을 거쳐 창조된 지식은 상대적으로 믿을 만하다고 할 수 있는데 그것은 논리(이론)뿐 아니라 자료(실증관찰)의 지지도 받고 있기 때문이다. 하지만 과학을 통해 구축된 지식도 잠정적인 진리라고 하는 이유는 새로운 논리(이론)가 나타날 가능성이 있고 새로운 자료 또한 초기의 논리를 뒤엎을 가능성이 존재하기 때문이다. 이것이 바로 지속적인 과학적 연구를 통해 새로운 이론과 새로운 관찰을 통해 지식을 갱신하는 과정이다.

1.1.4 현실을 바라보는 세 가지 관점

만약 과학적 목적이 진리를 탐색하는 것이라면 여기서 먼저 무엇이 현실(reality)인지에 대해 고민할 필요가 있다. 진리는 과학자가 현실에 대해 갖고 있는 관점에 의존하기 마련이다. 만약 과학자가 현실은 객관적으로 존재한다고 믿을 경우 이는 오직 하나의 진리밖에 없다는 것을 말한다. 만약 과학자가 동일한 현상에 대해 여러 개의 현실이 존재 가능하다고 생각할 때 여러 개의 진리가 있게 된다. 경영학과 같은 사회과학 분야에서 이 점은 특별히 중요한데 그것은 인류 경험이 사회현실에 매우 중요한 영향을 미치기 때문이다. 오직 하나의 현실밖에 없고 또한 이런 현실이 주관적 경험이나 해석으로부터 자유롭고 독립적이라는 관점을 우리는 전 근대적 관점(pre-modern view)이라고 한다. 이런 관점은 장미꽃의 아름다움은 객관적으로 존재하고 그 어떤 반대자의 관점은 모두 현실과 다르다는 것이다. 만약 조직이 품질관리(TQM)을 도입하였다면, 전근대적 관점을 갖고 있는 사람들은 품질관리는 조직 중의 모든 사람에게 동일한 현실이라는 가정을 갖고 출발하게 된다. 하지만 대다수 사람은 인류 경험은 다양성을 갖고 있다는 점에 동의하고 동일한 객관적 현상이라고 하더라도 여러 개의 현실과 다양한 해석이 존재한다고 생각한다. 장미꽃은 사람들에게 아름답거나 가시가 많다거나 심지어 추하다고 생각될 수 있다는 것인데 이는 이를 인식하고 있는 사람의 느낌이나 경험에 의존한다. 만약 사람들이 보편적으로 장미꽃이 아름답다고 인정할 때 우리는 또 하나의 가능한 현실, 즉 장미꽃이 아름답지 않다는 현실을 배제할 수 없게 되는데 이것이 바로 우리가 갖고 있는 근대적 관점(modern view)이 되겠다. 근대적 관점은 객관적 현실뿐만 아니라 이에 대한 주관적 경험의 다양성도 존재한다고 본다. 따라서 근대적 관점은 품질관리는 객관적으로 존재하지만, 그것을 도입하는 조직의 구성원 혹은 부서의 서로 다른 경험이 객관적 사실과 다르다는 기타 현실을 또한 받아들이고 있다. 만약 과학자가 현실은 완전이 경험하고만 관련되어 있다면(예를 들어 현상학) 우리는 이를 후 근대적 관점(postmodern view)이라고 한다. 후근대적 관점을 갖고 있는 사람들에게는 아름다움은 오직 관상하고 있는 사람의 눈에만 존재하지 아름다운 꽃 자체는 존재하지 않는다고 본다. 즉 여기서 아름다움은 무의미한 개념으로서 유의미한 것은 오직 꽃에 대한 주관적 생각과 해석이 된다. 이런 관점에 근거했을 때 품질관리는 철저히 주관적 경험에 속한다. 조직 구성원의 경험 이외에 근본적으로 객관적인 품질관리라는 사실은 존재하지 않는다고 본다. 조직문화에 대한 현상학적 연구방법(phenomenological approach)(예를들어 Smircich, 1983)이 바로 현실을 바라보는 후근대적 관점과 일치하다.

요약하자면 현실을 바라보는 전근대적 관점은 오직 하나의 현실을 받아들여 개인의 경험과는 관계없다고 보고 있으나, 근대적 관점은 하나의 객관적 현실과 그 현실에 대한 서로 다른 경험을 인정하기 때문에 객관적 현실과 주관적 경험은 병존한다고 이야기하고, 후근대적 관점은 객관적 사실은 존재하지 않고 오직 현실에 대한 인상과 주관적 경험만 존재하는데 이러한 현상과 경험 모두를 현실 혹은 진리로 보고 있다는 점에서 차이가 있다. 본 책에서 논의하게 될 과학적 방법은 근대적 관점에 기반을 두고 있다는 것을 강조하고 싶다. 우리가 선택하여 해결하고자 하는 난제와 방법들은 모두 우리가 객관적 현실에 대해서 더욱 관심을 갖는지 아니면 주관적 현실감에 대해 더욱 흥미를 느끼는지에 달려 있으며 또한 우리가 이해하려고 하고 해석하고자 하는 현상에 대해 갖고 있는 현실을 바라보는 관점에도 의존하고 있다.

1.1.5 규범과학의 패러다임

이론적 해석, 중요 사실의 확정 및 사실과 이론의 적합성은 과학의 기본적 패러다임을 구성하고 있는데 우리는 이를 규범과학(normative science)(Kuhn, 1962)이라고 부른다. 이론을 해석하고 사실을 찾아내며 사실과 이론을 매칭하는 것은 규범과학을 구성하는 세 가지 가장 중요한 활동이다. 규범과학은 일종의 실증과학으로서 자료, 증거 혹은 관찰은 이론을 지지하는 필요한 구성부분이다(Popper, 1968). 규범과학의 출발점은 관찰일 수도 있고 이론일 수도 있다. 공동의 패러다임에 근거한 연구는 같은 과학적 실천준칙과 표준을 따르게 된다. 따라서 기본준칙과 표준에 있어서는 반드시 의견을 함께 해야 하고 그것을 지켜야 하는데 이는 규범과학의 필요조건이고 장기적으로 견지해야 할 요구사항이기도 하다. 간단히 말해서 패러다임은 진리와 현실에 대한 서로 다른 가정과도 관련이 있는데 규범과학의 패러다임은 현실을 바라보는 근대적 관점에 기초를 두고 있다.

과학의 목적은 자연계 혹은 사회 중의 어려운 문제의 해답을 찾는 데 있다. 규범과학의 패러다임은 어려운 문제를 분석할 때 연구 주제, 이론, 분석도구와 방법의 선택을 결정하게 된다. 기존의 방법과 이론이 현상에 대해 만족할 만한 해석이나 이해를 제공하지 못할 때 새로운 이론 혹은 방법이 나타나며 이런 새로운 이론 혹은 방법은 새로운 패러다임의 시작이 될 수도 있다. 토마스 쿤(Kuhn, 1962)은 한 패러다임이 다른 패러다임을 대체하는 것을 과학의 발전이라고 불렀다. 우리는 왜 여기서 이와 같은 추상적인 개념에 대해 소개하는 것일가? 원인은 매우 간단하다. 우리는 규범과학이 갖고 있는 한계점을 신중하게 대처할 필요가 있다. 어느 특정 패러다임을 견지하고 있는 과학자는 기존의 이론과 방법을 사용하여 학계로부터 받아들여지기를 원한다. 특정 패러다임의 충실한 보호자인 리뷰어와 편집위원들은 새로운 이론, 논리 혹은 방법에 대해 의심하거나 참지 못하는 경우가 존재한다. 때문에 패러다임은 칼의 양날과 같다. 한 측면으로는 연구자에게 새로운 표준과 준칙을 제공하여 과학적 조사와 지식의 축적이 가능하도록 해주며, 다른 한 측면으로는 연구자가 새로운 이론을 발견하거나 새로운 방법을 발전하거나 혹은 새로운 문제를 제기하는 것을 못하게 하여 연구자의 가능성을 제한하기도 한다. 국제 저널에 논문을 게재하기 위하여서는 젊은 학자가 기존의 주류 연구 패러다임을 따르는 것이 필요하며 가장 이상적인 방식이라고 할 수 있다. 하지만 규범과학의 색안경만 갖고서는 우리는 중국인 혹은 아시아 특유의 현상들을 인식할 수 없고 또한 동양 특색을 갖고 있는 지식을 탐색할 수 없게 된다. 이 점에 대해서는 12장 "경영 및 조직의 맥락적 연구: 중국을 중심으로"에서 다시 자세히 논하도록 하자.

1.2 과학적 연구의 절차

과학적 연구 과정은 자연 혹은 사회 현상에 대한 시스템적이고 통제적이며 실증적이고 비판적인 조사로서 이는 이론에서 시작하고 이론에서 끝을 맺는다.

과학적 연구는 시스템적이다. 그것은 과학적 연구가 샘플의 대표성과 측정의 타당성을 결정할 때 이미 확립된 준칙과 표준을 사용하고 이론을 통해 연구설계를 지도하고 연구 결과를 해석하기 때문이다. 과학적 연구가 통제적이라는 의미는 연구자가 연구설계 과정 중에서 연구 상황에 의미 있는 요소뿐 아니라 효과적인 결론을 도출해내는 것을 방해하는 요소들을 배제하거나 통제하고 있음을 뜻한다. 과학적 연구의 비판적 의미는 연구자는 반드시 해석에 사용되는 타당성, 자료의 품질, 결과 및 해석의 신뢰도에 대해 회의적 태도를 가져야 함을 말한다.

1.2.1 과학적 연구절차에 포함된 두 가지 연구의 순환

과학적 연구 과정은 많은 활동과 관련되어 있는 끊임없이 순환하는 하나의 과정이다. 이 과정은 이론에서 시작될 수도 있고 이론에서 끝낼 수도 있다. 과학적 연구 과정은 연구자가 이미 하나의 의미 있는 연구 문제를 선택하였고 이미 관련된 문헌연구를 진행하였음을 가정하고 있다. 문제가 매우 중요하고 연구할 가치가 있다고 판단되지만 기존의 문헌이 이 문제에 대해 의미 있는 해답을 줄 수 없다면 연구 과정은 이론 혹은 관찰로부터 시작할 수 있다. 이론으로부터 시작하는 연구를 일반적으로 연역적 가설검증연구(deductive hypotheses testing study)라 하고 관찰로부터 시작한 연구는 귀납적 이론 구축연구(inductive theory building study)라고 한다. 〈그림 1-1〉에서 표시한 바와 같이 귀납적 연구 방법은 순환의 좌측에 있고 연역적 연구 방법은 순환의 우측에 있다. 순환의 상반 부분은 논리적 방법, 즉 귀납과 연역의 논리를 통해 이론화 과정을 실현하는 것을 말한다. 하반 부분은 실증적 방법, 즉 여러 연구 방법을 활용하여 가설을 검증하고 연구를 진행하는 과정을 의미한다.

가설검증을 하는 연구는 〈그림 1-1〉의 우측 부분의 과정을 따른다. 우선, 연역의 논리를 통해 이론을 가설로 전환해야 한다. 가설은 연구 문제에 대한 잠정적인 결론으로서 측정의 구성개념은 포함하고 있지만, 그들을 측정하는 측정 도구 자체는 포함하고 있지 않다. 예를 들어, 웨스트팔(Westphal, 1999)은 CEO와 이사회의 사회적 관계망이 기업 성과에 미치는 영향에 관해 흥미를 갖고 있었다. 본 연구 문제와 관련된 이론이 두 가지가 있는데 첫째는 대리인 이론이고 둘째는 사회적 자본이론이다. 대리인 이론에 근거하여 웨스트팔(Westphal, 1999)은 사회적 관계가 이사회의 감독기능을 약화시킨다고 보는 반면, 사회적 자본이론에 근거하면 사회적 관계가 이사회의 건의 기능을 강화하였다고 본다. 그는 또한 두 가지 기능 모두 기업 성과와 정의 상관관계를 갖는다고 가설하였다.

〈그림 1-1〉 과학적 연구절차의 구성요소

자료: W. L. Wallace, 1971.

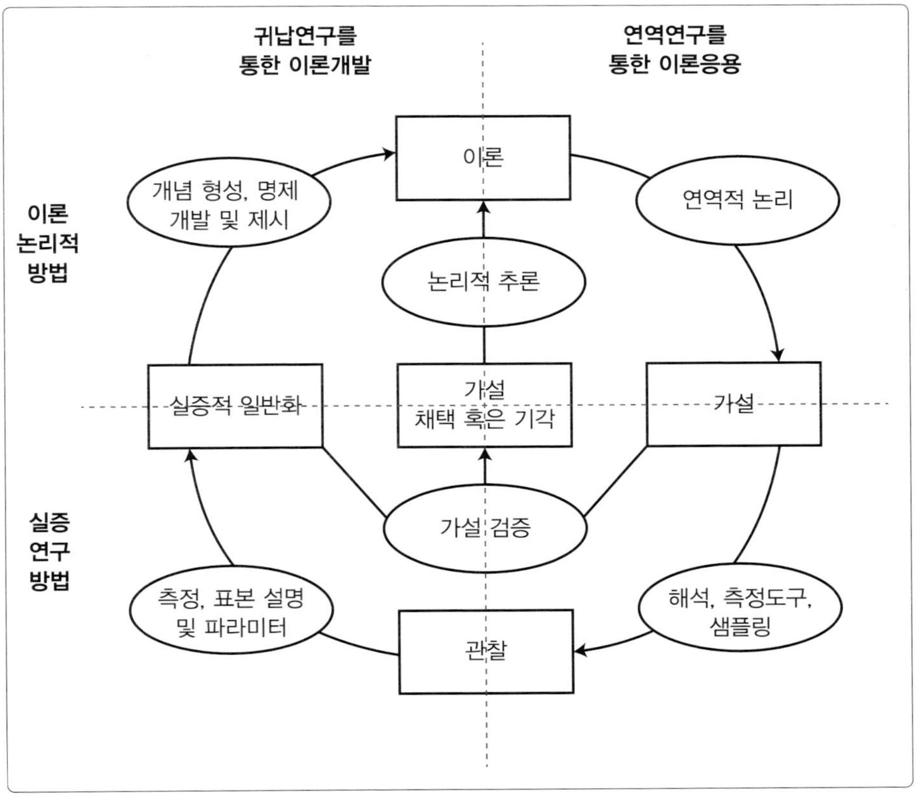

다음으로 연구가설은 연구설계를 결정할 수 있다. 이 부분에서 해야 할 일들은 주로 필요한 자료 혹은 관찰자료의 유형, 자료수집의 도구, 데이터 기록의 측정 도구 및 적합한 샘플링 등이 있다. 이 다음 가설은 관찰로 전환이 된다. 계속 웨스트팔(Westphal, 1999)의 연구를 예로 설명해보자. 그의 연구는 이사회의 감독 기능과 건의 기능에 관한 자료, CEO와 이사회의 관계 및 기업 성과에 관한 자료를 수집할 것을 요구하고 있다. 비록 경영전략 분야의 많은 연구가 Compustat와 같은 2차적 자료를 사용하지만, 설문조사 방법을 또 하나의 자료 수집 방법 중 하나로 본다. 이는 이사회의 구체 기능에 대한 정보는 기존의 데이터베이스에서 찾을 수 없기 때문이다. 웨스트팔(Westphal, 1999)의 연구 문제는 모든 이사회의 상장회사와 관련되어 있기 때문에 그는 미국 산업과 서비스업 회사의 Forbes 1000지수에서 랜덤하게 표본을 추출하였다.

다음으로 측정, 샘플에 대한 귀납적 이해, 파라미터에 대한 추정을 통해 관찰은 실증적 분석으로 전환된다. 웨스트팔(Westphal, 1999)의 연구에서는 우선 수집된 샘플에 대한 인구통계학적 분포와 특성을 제공하였다. 예를 들어 평균값, 표준편차와 상관계수 등이다. 다음으로 그는 자료에 대해 회귀분석을 진행하고 가설을 설정한 모든 관계에 대해 파라미터 추정을 진행하였다. 추정을 통해 이런 파라미터의 방향과 크기를 통해 관찰을 실증적 개괄로 전환시킬 수 있게 된다.

마지막으로 가설검증의 일치성, 즉 가설을 채택하거나 기각한다. 이 부분이 바로 논리적 추론을 통해 이론에 대해 실증하고 수정하거나 기각하는 과정이다. 웨스트팔(Westphal, 1999)은 앞에서 서술한 절차에서 얻은 파라미터 추정을 통해 가설검증을 하였다. 그는 파라미터가 통계적으로 유의미하며 방향도 가설과 일치함을 확인하였다. 따라서 그의 가설들은 모두 채택되었고 대리인 이론과 사회적 자본이론 모두 실증적으로 검증되었다.

이처럼 이론에서 시작하여 관찰자료의 수집을 통해 가설을 채택하거나 기각하는 과정을 연역법이라고 한다. 연역연구의 성과는 한 세트의 구성개념 간의 가설관계를 채택하거나 기각하는 것이다. 이런 결과는 이론을 개선하는 데 사용되거나 조사가 연구 문제를 완전히 대답하지 못할 때는 미래 연구 방향에 관한 건의사항 등을 제시할 수 있다.

연구는 관찰에서부터 시작하여 이론으로 끝을 맺을 수 있다. 이런 연구는 연구자가 난제 혹은 연구 문제를 해석함에 있어 적합한 이론을 찾지 못하거나 제시하지 못했을 경우 적합하다. 이때 연구자는 귀납적인 이론 구축의 연구를 한다. 그 성과는 이론 혹은 명제를 형성하여 의문점 혹은 문제에 대하여 가능한 해석 혹은 대답을 제공하는 것이다. 이 과정은 〈그림 1-1〉의 왼쪽부분의 프로세스를 따른다. 기존의 이론에서 해석을 찾을 수 없기 때문에 이론을 구축하는 연구는 관찰에서 시작하게 된다. 예를 들어, 콜리와 조이아(Corley & Gioia, 2004)는 조직의 정체성 변화에 대해 탐색하기 시작할 때 학계는 이 주제에 대해 일부 이론적 개념에 대한 인식에 머물러 있었다. 때문에 그들은 조직의 재구조화 과정을 사례로 분석하여 이 문제를 연구하였다.

다음으로 측정, 샘플귀납, 파라미터 추정을 통해 관찰자료를 수집하고 분석하여 이를 실증개괄로 전환시켰다. 한 눈에 보았을 때 이 과정은 가설검증연구의 과정과 매우 비슷하다. 하지만 가설검증 연구에서는 자료분석이 일반적으로 양적 통계방법을 사용하고 동시에 실증개괄로서 가설을 검증하여 결과는 가설을 채택하거나 기각하는 것이다. 반면에 이론 구축 연구에서는 자료분석 방법에 있어 일반적으로 질적 분석기법을 사용하는데, 예를 들어 컨텐츠 분석 방법 등이 있다. 콜리와 조이아(Corley & Gioia, 2004)의 연구에서 그들은 인터뷰자료와 회사문서에 대해 내용분석을 진행하였고 1차적 코드와 2차적 코드를 생성하였는데 이런 코드가 바로 실증적 개괄이 되겠다.

마지막으로 실증개괄은 개념, 명제와 명제조합을 형성하여 이론으로 전환된다. 생성된 코드로부터 콜리와 조이아는 추상적인 구성개념을 형성하여 조직정체성 변화과정에 관한 모형을 구축하였다. 이 모형에 근거하여 미래 실증검증이 필요한 명제들을 제시하였다.

이 과정이 바로 귀납법이다. 귀납연구의 결과는 해결이 곤란한 문제를 해석하고 새로운 이론적 통찰과 새로운 잠정이론을 형성하는 데 사용된다. 연구자는 최초 제기한 연구 문제에 대해 새로운 구성개념과 새로운 명제를 통해 해답하고 새로운 이론은 미래에 비슷한 혹은 관련된 문제를 해결하는 데 사용된다.

연역법과 귀납법은 3장 “경영학 연구의 이론 구축”에서 보다 자세히 설명할 것이다. 가설검증을 하는 자료수집방법에는 실험, 유사실험, 설문조사 및 2차 자료 등이 있다. 귀납법은 일반적으로 질적자료와 관련되어 있고 자료수집방법은 일반적으로 인터뷰, 참여관찰, 비 참여관찰 및 기록문서에 대한 분석 등이 있다. 사례연구 방법은 이와 같은 정성적 자료수집방법의 일종의 조합이다. 5장부터 12장까지 이런 방법에 관하여 보다 자세한 소개가 있을 것이다.

1.2.2. 이론 혹은 모형 중의 변수 유형

여기서 정리가 필요한 부분은 이론은 과학적 방법을 통해 구축한 지식의 중요한 요소이다. 이론은 한 현상이 무엇이고 어떻게 형성되고 왜, 언제 그리고 누구에게 등과 같은 문제에 대한 해답과 설명을 제공한다. 경영학과 조직의 주류 이론의 예로는 대리인이론(Jensen & Meckling, 1976; Fama & Jensen, 1983), 제도이론(DiMaggio & Powell, 1983), 자원의존이론(Salancik & Pfeffer, 1978), 사회연결망이론(Coleman, 1990; Burt, 1992; Granovetter, 1973) 및 사회교환이론(Blau, 1964) 등이 있다. 모든 이론에는 일련의 핵심적 구성개념(무엇)이 존재하고 이러한 구성개념 간의 관계에 대해 설명(이러한 ‘무엇’이 어떻게 관련되고)이 있다. 일반적으로 여기에는 이런 관계가 어떤 조건하(시간, 지점 및 인물)에서 가장 의미가 있는지도 포함되어 있다.

이론을 사용하여 하나의 혼란스러운 현상을 해석할 때(예를 들어 한 이론을 실증검증하는 것), 우리는 구성개념을 변수로 전환한다. 변수는 일정한 척도변화로 구성개념을 반영하는 지표(indicator)이다. 예를 들어 두 가지 변수 혹은 지표로 “몰입”이라는 구성개념을 측정하는 데 사용할 수 있다. 하나는 “심리적 지표”로서 예를 들어, “직원이 조직에 계속 남으려고 하는 정도”(1점에서 7점까지 변화하는 태도

〈그림 1-2〉
이론모형에서의 변수유형

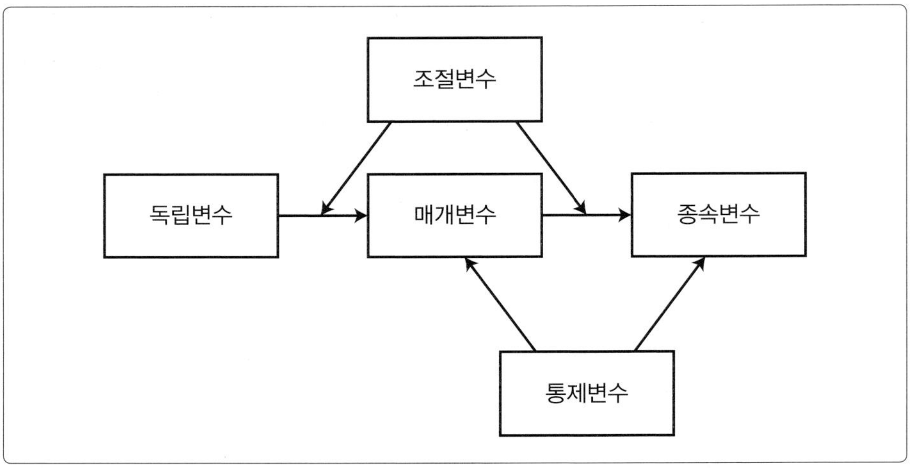

에 대한 측정 도구로서 1은 매우 약하고 7은 매우 강함을 나타 냄)이고 다른 하나는 "행위적 지표"로서 예를 들어, "결근의 총 횟수"이다. 결근한 횟수가 적을 수록 직원이 조직에 대한 "몰입"이 더 강하다는 것을 의미한다. 14장에서는 구성개념의 측정에 대하여 보다 자세한 설명을 하고자 한다. 여기서 여러분께 소개하고자 하는 것은 이론적 모델 중의 다섯 가지 유형의 변수이다. 즉 독립변수(independent variables), 종속변수(dependent variables), 매개변수(mediating variables), 조절변수(moderating variables)와 통제변수(control variables)인데 〈그림 1-2〉를 참조하길 바란다.

독립변수는 예측변수라고도 하는데 이는 종속변수의 가정된 원인 변수이다. 종속변수는 표준척도(criterion)라고도 하는데 이는 가정된 결과변수이다. 독립변수는 종속변수에 영향을 주거나 종속변수의 변화를 일으키는 변수로 가정된다. 통제변수는 종속변수에 영향을 미치지만 그 영향을 반드시 제거해야 하는 변수를 말한다. 이론적으로 독립변수와 통제변수는 모두 종속변수의 선행변수(antecedents)이다. 독립변수는 우리가 관심을 갖고 있는 변수이고 통제변수는 해당 연구에서 필요 없지만 또한 완전히 제거할 수 없는 선행변수이다(즉 무작위화가 불가능하거나 제거할 수 없다).

조절변수와 매개변수의 차이에 대해 이해하는 것은 매우 중요하다. 이 두 변수의 독립변수와 종속변수의 관계에 대한 영향은 다르며 이들의 존재를 검증하는 통계적 방법 또한 다르다. 조절변수는 독립변수와 종속변수 관계의 방향과 강도에 영향을 주는 범주형 혹은 연속형 변수이다(Baron & Kenny, 1986). 통계적으로 볼 때, 조절변수는 조절변수와 독립변수의 교차항(조절변수 × 독립변수)이 종속변수에 미치는 영향의 유의성 여부를 통해 발견할 수 있다. 매개변수는 독립변수와 종속변수 사이에 존재하는 변수이다(Baron & Kenny, 1986). 매개변수는 아래 조건들을 만족할 때 존재한다고 할 수 있다. (1) 독립변수는 매개변수의 변화에 유의하게 영향을 줘야 한다. (2) 매개변수는 종속변수의 변화에 유의한 영향을 줘야 한다. (3) 독립변수의 매개변수에 대한 영향과 매개변수의 종속변수에 대한 영향을 모두 통제했을 때 독립변수와 종속변수의 관계가 현저하게 낮아져야 한다. 16장 "조절변수와 매개변수"에서 매개효과와 조절효과를 어떻게 측정할 것인지에 대해 보다 자세한 소개를 하고자 한다.

한 이론은 반드시 독립변수, 종속변수, 매개변수와 조절변수 사이의 관계에 대해 자세히 설명하여야 한다. 이론은 이러한 변수들이 어떻게 그리고 왜 서로 연관되어 있는지에 대한 이유와 논리를 제공해준다. 이론화 과정 중에서 일반적으로 네모난 틀과 화살표를 통해 이런 변수들이 "왜", "어떻게", "언제" 그리고 "누구와" 관련되어 있는지를 사고하는 것을 표현하고 보조한다(Whetten, 2002). 이론과 이론적 논리가 없다면 네모난 틀과 화살표는 의미가 없다. 오직 연구자가 하나의 논리로서 이런 변수들을 선택한 이유와 그들이 어떻게 서로 연관되어 있는지를 설명할 수 있을 때 이런 관계를 검증할 수 있다.

1.2.3. 과학적 연구절차의 실행 매뉴얼

사람들이 〈그림 1-1〉의 네모난 틀, 타원, 그리고 화살표에 대해 어찌할 바를 모르고 있을 때 과학적 연구 과정은 보기에 매우 신비로운 존재로 다가온다. 본 책의 목적은 바로 이러한 과정이 더 이상 신비롭지 않고 저자들에게 적당한 도구를 제공하여 연구의 숲 속에서 방향을 잃지 않도록 하는 것이다. 여기서 우리는 독자들에게 하나의 간단하면서도 실용적인 과학적 연구 과정의 실행 가이드를 제공하고자 한다. 〈그림 1-3〉이 이 실행 가이드를 종합적으로 표현하고 있다.

과학적 연구 과정은 네 가지 절차를 가지고 있다. 첫 번째 절차는 연구 문제를 제기하는 것이다. 두 번째 절차는 문헌연구를 진행하는 것이다. 세 번째 절차는 적합한 이론을 찾고 가설을 제시하는 것이다. 네 번째 절차는 실증연구를 설계하고 진행하는 것이다. 연구가 귀납적 연구인지 아니면 연역적 연구인가에 따라 위의 네 가지 절차는 꼭 한 가지 단일한 방향으로만 진행되는 것은 아니다. 지금부터 보다 자세한 설명을 하도록 하자.

첫 번째 절차: 연구 문제 제기. 연구 문제는 어떤 현상 혹은 난제에 대한 호기심이다. 연구 문제는 두개 혹은 여러 개 변수 사이의 잠재적 관계에 대한 진술이

〈그림 1-3〉 과학적 연구절차의 실행 매뉴얼

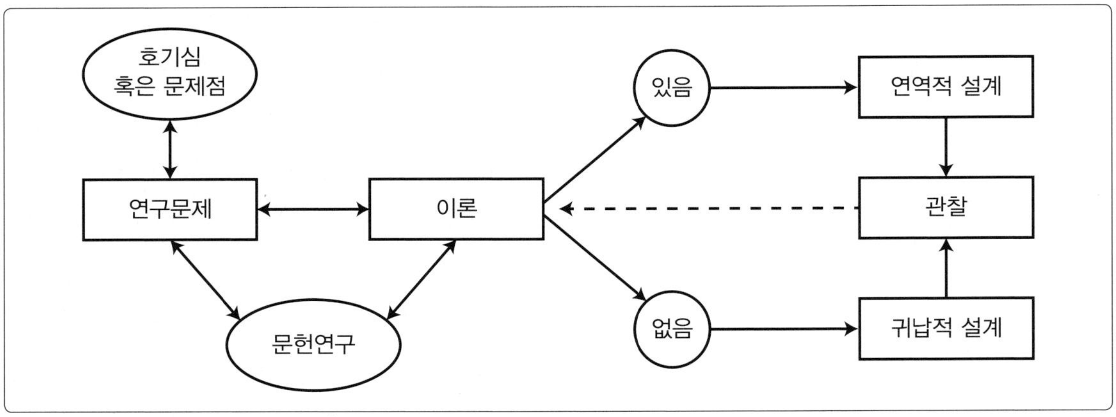

다. 이는 매우 분명한 어떤 답이 있는 것은 아니지만 실증적 검증을 진행할 수 있는 가능성을 제공해주기도 한다. 이는 매우 중요한 것을 발견할 수 있는 가능성을 갖고 있지만 여기에 가치 혹은 윤리적 판단은 포함되지 않고 있다. 연구 문제의 제기는 일반적으로 "무엇이? 왜? 언제? 어떻게?" 등 문제로부터 시작된다. 예를 들어, 첸(Chen, 1995)의 연구 중에서 그의 연구 문제는 "조직의 인센티브 분배의 선호에 있어 중국직원은 미국직원들과 어떻게 다른가?"이다. 2장 "연구의 출발점: 문제 제기"에서 어떻게 흥미로우면서도 중요한 연구 문제를 제기할 수 있는지에 대해 자세히 설명하도록 하자.

두 번째 절차: 문헌연구하기. 일단 흥미로우면서도 중요한 연구 문제를 갖게 되면 연구자는 광범위한 문헌 리뷰를 진행하여야 한다. 전면적으로 문헌을 리뷰하는 것은 연구자를 도와 연구 문제가 이미 해결되었는지 여부를 평가할 수 있다. 또한 일부 관련 이론들을 찾아 아직 해결되지 않은 문제들을 해결하도록 돕는다. 문헌에 대한 리뷰는 보다 정확한 구성개념을 제시하여 연구 문제를 개선하는 것을 돕거나 심지어 문헌의 부족 혹은 아직 검증하지 않은 명제들을 발견하는 것을 통해 연구 문제를 철저히 변화하여 보다 흥미롭고 중요한 문제로 만들 수 있다. 본질적으로, 첫 번째 절차와 두 번째 절차 사이에는 피드백 순환이 존재한다. 예를 들어, 웨스트팔(1999)은 이사회의 조직 구조가 기업 성과에 대한 영향에 관하여 연구하고자 하였다. 그는 이사회가 CEO의 사회관계에 대한 영향을 예측할 때 조직 거버넌스 중에서 주류이론인 대리인 이론과 사회연결망이론은 서로 충돌한다는 것을 발견하였다. 웨스트팔(1999)은 문헌 중의 이런 차이를 발견하고 자신의 연구를 상호 충돌되는 명제에 초점을 맞추게 되면서 자신의 직관과 다른 결과를 찾아낼 수 있었다.

세 번째 절차: 이론을 찾아 가설을 제시하기. 이론은 현상에 대해 "왜" 그리고 "어떻게"라는 문제에 대해 설명한다(Kaplan, 1964; Whetten, 2002). 가설은 연구 문제에 대한 잠정적 해답 혹은 결론이다. 이론에는 명확하게 정의된 구성개념과 명백한 논리를 사용하여 이런 구성개념이 왜 그리고 어떻게 연관되어 있는지를 설명한다. 기존의 이론은 연구 문제를 해답하고 의미가 있는 가설을 도출하는 데 매우 중요한 역할을 하고 있다. 가설은 구성개념 간의 가능한 관계에 대한 진술이다. 가설에는 측정 가능한 구성개념(예: 몰입)과 관련돼 있지만 측정 도구 자체(예: 결근율)는 아니다. 이런 가설은 연구자들의 연구설계와 자료수집 작업을 결정하게 된다. 예를 들어, 직원과 조직의 관계에 대한 연구에서 Anne Tsui(Tsui et al. 1997)는 사회교환이론을 응용하여 상호투자적 직원-조직관계가 왜 그리고 어떻게 직원의 최고의 직무 성과와 직무 몰입을 발생하는지를 설명하려고 가설을 도출하였다.

네 번째 절차: 실증연구 진행하기. 이 절차에는 연구설계, 자료수집 및 자료분석이 포함되어 있다. 연구설계는 연구자가 귀납적 연구를 진행하는지 아니면 연역적 연구를 진행하는지에 따라 다르다. 기존의 이론이 연구자를 도와 가설을 도출할 수 있다면 연역적 연구를 선택하고 이와 대응되는 연구설계는 실험 혹은 설문지 조사연구 등이 있다. 기존의 이론이 연구 문제에 만족할만한 답을 제시할 수 없을 때 귀납적 연구 방법을 택할 수 있는데, 예를 들어 사례연구 혹은 기타 질적 연구 방법(예: 인터뷰 혹은 민족지연구 방법 등) 등을 선택할 수 있다. 예를 들어, 몰입상승(escalation of commitment) 이론에 근거하여, 스토(Staw, 1976)는 실험을 통해 사람들이 한 세트의 정해진 행동에 대한 태도와 행위반응에 대한 가설을 검증하였다. 기존의 이론을 자기관리팀 중의 화합통제(concertive control)를 온전히 해석할 수 없기 때문에 바커(Barker, 1993)는 사례연구 방법을 사용하여 이 현상에 대하여 이론을 구축하였다. 따라서 귀납적 연구 방법 중에서 실증연구는 이론과 가설 앞에 있기 때문에 세 번째 절차와 네 번째 절차는 뒤바뀌어야 한다.

위에서 서술한 바를 종합하면, 과학적 연구 과정에는 네 가지 절차가 존재한다. 즉 연구 문제의 제기, 문헌을 리뷰하기, 이론을 찾아 가설을 도출하기와 실증연구를 설계 및 진행하기이다. 이 네 가지 절차는 꼭 한 가지 단일한 방향을 따라야 할 필요는 없다. 일부 절차 사이에는 서로 피드백 순환관계가 존재하고 기타 절차에 대해서는 절차 간 순서가 서로 뒤바뀔 수도 있다. 첫 번째 절차부터 세 번째 절차, 즉 연구 문제의 제기로부터 문헌에 대한 리뷰 그리고 이론과 가설에 이르기까지 문헌에 대한 리뷰와 연구 문제가 수정 혹은 간결화 할 수 있기 때문에 이는 문헌리뷰의 영역과 관심을 쏟는 이론에 영향을 줄 수 있다. 따라서 이런 절차 간에는 서로 왔다갔다 하는 순환이 존재한다. 세 번째 절차에서 네 번째 절차까지, 즉 이론가설로부터 연구설계 이 두 절차 또한 서로 뒤바뀔 수 있다. 기존의 이론으로 흥미로운 현상을 해결할 수 없을 때 연구자는 실증연구로부터 시작하여 관찰하고 그 다음에 명제 혹은 새로운 이론을 제기할 수 있는데 이것이 바로 귀납적 연구 방법이 되겠다.

1.2.4 연구설계의 두 가지 목표

연구설계는 조사의 계획과 구조로서 연구 문제의 해답을 찾는데 사용된다(Kerlinger and Lee, 2000). 연구설계는 반드시 두 가지 목표를 실현하여야 한다. 우선, 차이를 통제하고, 그 다음으로, 타당성을 확보하는 것이다.

한 연구에서 연구자는 최선을 다하여 세 가지 차이에 대해 통제를 하여야 한다. 즉 시스템적 변량의 극대화(maximize systematic variance), 외생변량의 통제(control extraneous variance)와 오차 변량의 극소화(minimize error variance)이다.

시스템적 변량은 종속변수의 차이로서 연구가설 중의 독립변수의 영향을 받는다. 시스템적 변량을 극대화하므로 우리는 독립변수가 종속변수에 대한 효과를 종속변수의 전체 변량에서 분리해냄으로써 가설 중의 구성개념 간의 관계를 지지할 수 있다. 시스템적 변량의 극대화는 표본의 선택 혹은 독립변수의 정확한 측정을 통해 실현할 수 있는데 각각의 방법은 모두 독립변수가 종속변수에 대해 최대의 효과를 갖도록 하는 데 초점을 두고 있다. 예를 들어 급여와 직장 만족도 사이의 관계를 연구할 때 만약 연구자가 선택한 샘플 중에 대부분 사람이 모두 직장에 대해 만족을 하고 혹은 더욱 나쁜 상황은 그들의 급여수준이 모두 비슷하다면 연구자는 예상된 결과를 얻을 가능성이 매우 낮게 된다.

외생변량은 외생적 혹은 연구 목적이 원하지 않는 다른 요소로 인한 변량을 말한다. 연구자들은 반드시 외생변량을 최소화하기 위하여 제거 혹은 격리하는 방법을 사용하여야만 우리가 해석하고자 하는 변수 간의 관계에 대한 다른 해석들을 배제할 수 있다. 외생변량의 통제는 무작위화, 참여자 매칭, 혹은 이런 변수를 통제변수로 사용하여 실현할 수 있다. 예를 들어, 혁신이 기업 이윤에 대한 영향을 연구한다면 반드시 기업의 규모와 산업에 대해 통제해주어야 한다. 비록 이 두 가지 요소는 연구의 초점이 아니지만, 그들 또한 기업 이윤에 영향을 주는 요인들이기에 통제할 필요가 있다. 이런 변수를 통제하면 연구자는 더욱 자신감 있게 연구의 결론, 즉 기업이윤의 변동은 혁신의 결과이지 기업 규모(대기업의 이윤이 더욱 높을 것임) 혹은 산업(일부 산업은 기타 산업에 비해 이윤이 높음)의 영향이 아니다라는 결론을 내릴 수 있다.

오차 변량은 무작위배정에 의하여 나타난 지표차이를 말한다. 오차가 최소화되어야만 시스템적 변량이 두드러지게 나타난다. 전형적인 무작위배정으로 인한 차이는 측정오차 혹은 연구자가 통제할 수 없는 미지적 요소들이다. 오차 변량의 최소화는 자료수집과정의 조건에 대한 통제를 통하거나 측정 도구의 신뢰도를 높이는 방법을 통해 실현할 수 있다. 예를 들어, 만약 회사의 시장가치를 측정하고자 할 때 만약 회사의 어느 하루의 주식 가격으로만 나타낸다면 이러한 측정은 신뢰도가 높지 않음을 미리 짐작할 수 있다. 그것은 같은 회사에 대해 서로 다른 시간대에 측정하였다면 완전히 다른 결과를 얻을 수 있기 때문이다. 요컨대 연구자는 연역적 연구 혹은 귀납적 연구를 설계할 때 반드시 위의 변량통제의 목적에 대해 자세히 알고 있어야 한다.

연구설계의 두 번째 목적은 실증연구의 타당도를 보증하는 것이다. 간단히 말하면 타당도란 연구 결과의 신뢰할 수 있는지 여부를 의미한다. 우리는 어느 정도까지 실증조사의 결과에 대해 신뢰할 수 있을까? 연구설계는 네 가지 타당도, 즉 구성개념 타당도, 내적 타당도, 통계적 결론 타당도와 외적 타당도를 확보하여야 한다(Cook & Campbell, 1979).

구성개념 타당도는 측정의 정확성을 말한다. 측정 도구에 포함된 의미가 구성개념의 정의와 일치하는지라는 물음에 대한 대답이다. 14장 "1차원 구성개념과 다차원 구성개념의 측정"에서 구성개념에 대해 자세히 논하도록 하자. 내적 타당도는 결과가 진정으로 가설에서 설정한 원인에 의해 초래된 것인가에 대한 해답이다. 결과가 혹시 가설에서 지정한 원인이 아니라 다른 기타 요인에 의하여 발생하지 않았는가, 연구설계에서 어떻게 내적 타당도를 개선할 것인가에 대해서는 6장 "실험실연구", 7장 "유사실험연구", 8장 "현장 연구에서의 설문지연구 방법", 9장 "경영학 연구에서 2차 자료의 사용문제"과 10장 "현장 연구에서의 사례연구"에서 더 자세히 논하도록 하겠다.

통계적 결론 타당도는 가설 관계에 대해 통계적 검증 방법으로 해석하는 데 대한 신뢰정도이다. 샘플이 너무 작거나, p값이 너무 크거나 통계검증해야 할 가설에 위배되는 등은 모두 결론의 신뢰도를 떨어뜨리는 결과를 초래한다. 오차에 영향을 주는 요소로는 예컨대 신뢰할 수 없는 측정 도구, 자료수집 과정 중에서의 영향조건 등도 통계적 결론 타당도에 모두 악영향을 미친다.

외적 타당도는 가정된 인과관계가 인과 변수에 대한 다른 측정 방법에도 적용할 수 있는지, 그리고 다른 유형의 사람, 환경과 시간에서도 일반화할 수 있는지를 말한다(Cook & Campbell, 1979). 샘플에서 유의한 인과관계를 발견하였을 때 연구자는 스스로에게 이런 결론이 이런 사람, 이런 환경과 시간에 적용되는지를 물어보아야 한다. 외적 타당도를 높이는 가장 효과적인 방법은 무작위 표본 추출을 사용하는 것이다. 하지만 환경적인 제약조건으로 무작위 표본추출을 진행하기 어려운 경우에 연구자는 본인의 표본이 모수에 대한 대표성을 갖고 있는지에 대해 분명하게 논의하여야 한다. 예를 들어, 만약 2003년 북경시 하이테크 기업을 표본으로 "연구강도"에 대해 연구를 하고자 한다면 연구자는 본인의 결론이 하이테크 기업 외의 기타 산업에도 적용할 수 있는지, 북경 이외의 도시에도 적용할 수 있는지, 2003년 이외의 기타 시간에도 똑같이 적용할 수 있는지에 대해 토론하여야 한다.

외적 타당도는 우리에게 연구 결론이 갖고 있는 맥락적 한계에 대해 분명히 할 것을 경고하고 있다. 예를 들어 사람, 환경, 시간 등 요인이 이론적 사고와 결합되었을 때 더욱 흥미롭고 더욱 중요한 연구들이 나타날 수 있다. 이런 맥락적 요인들은 독립변수의 선행요인(antecedents), 혹은 독립변수와 종속변수의 관계를 변화시킬 수 있는 조절변수일 수도 이다. 예를 들어, Farh, Earley와 Lin(1997)이 화인화교 사회의 맥락에서 조직시민행위와 조직 공정성의 관계에 관한 연구이다. 그들은 화인화교 사회에서의 조직시민행위의 차원은 서양맥락에서의 연구와 다르다는 결론을 얻었다. 따라서 국가적 수준에서 맥락은 조직시민행위의 결정변수가 된다. 그들은 또한 전통적 가치관이 비교적 낮은 사람에게는 조직시민행위가 분배공정성과 절차공정성과의 상관관계가 모두 매우 높게 나타난 것을 발견하였다. 때문에 전통적 가치관은 조직시민행위와 조직공정성과의 관계의 조절변수가 된다. 맥락적 요인을 고려하는 것은 중국경영학 문제를 연구함에 있어 매우 중요하다. 이 문제에 대해서는 본 책의 뒷부분에서 보다 자세히 설명하도록 하겠다.

1.3 과학적 윤리와 과학적 가치관

본 책의 초점은 과학적 연구를 실행하는 방법을 소개하는 것이다. 저자들은 본 책이 연구자가 높은 수준의 경영학 연구를 실행함에 있어 꼭 필요한 기능을 갖추기를 희망한다. 하지만 이 자리에서 우리는 방법론과는 거리가 먼 윤리 혹은 가치관이라는 요소에 대해 논하고자 한다. 이런 요소는 높은 수준의 연구를 진행하는 능력에 영향을 줄 뿐 아니라 더욱 중요한 것은 학자에게 학자로서의 삶에 대한 약속에 영향을 준다. 구체적으로 설명하면 가치관은 방법의 선택, 표준의 엄밀성과 과제의 선택에 영향을 주며 가장 근본적으로 학자로서의 삶의 의미와 성공의 정의에 대해서도 영향을 준다.

1.3.1 과학적 연구절차에서의 연구윤리 추구

탐색행위는 연구의 자율성(autonomy of inquiry) 원칙과 관련되어 있다(Kaplan, 1964). 이는 과학자가 그들이 흥미를 갖고 있는 또는 매우 중요하다고 생각되는 그 어떤 연구 주제에 대해 자유롭게 선택할 수 있다는 것을 의미한다. 하지만 과학자도 그들의 연구행위와 연구 결과에 관하여 과학계에 책임을 지고 있다. 학계는 받아들일 수 있는 방법과 엄밀한 표준에 대해 규칙을 제정하고 과학자들의 성과는 동료들의 심사 과정을 거쳐 평가 받아야 한다. 과학계 구성원으로서의 동료심사자 혹은 편집위원들은 연구 논문에서 보고된 지식이 진정한 지식에 근접하는지 여부, 지식을 생성하는 데 사용되는 방법이 이 학계에서 제정한 엄밀한 표준(일부 표준은 분명하고 다른 일부 표준은 그렇게 두드러지지 못함)에 미치는지 여부를 결정한다. 과학적 탐구의 규칙은 학계 내부에서 오지 외부에서 오지 않는다(Kaplan, 1964).

진리를 추구한다는 전제하에 연구자는 방법과 수단을 가리지 않고 무엇이든 마음대로 할 수 있을까? 예를 들어, 타인의 동의를 거치지 않거나 타인이 상황파악을 하지 못한 상황에서 연구자는 그들의 사적인 행위에 대해 관찰하여 타인의 사생활(Humphrey, 1970)을 침해할 수 있을까? 혹은 연구자는 피험자에게 그들이 다른 사람에게 고통을 가하는 공모자라는 사실을 믿게 하여 피험자의 심리적 스트레스(예: Milgram, 1963)를 조성할 수 있는지? 이런 행위는 윤리적 규범에 어긋나지 않는지? 이런 질문들이 있다. 학계는 공동적으로 연구 목적(지식, 진리)을 위하여 방법과 수단(지식을 추구하는 경로)을 가리지 않아서는 안 된다고 생각한다.

연구기관과 대학 및 서로 다른 과학 분야의 전문협회(의학, 공공연구, 경영 등)는 연구행위의 규칙을 이미 제정하였고 이러한 규칙들은 연구자들의 윤리적 행위에 지침을 제공하였다. 대학과 출연기관에서는 심사위원회를 구성하여 연구예산을 집행 혹은 과제를 허락하기 이전에 연구자가 윤리적 규칙을 지킬 것을 요구하고 있다. 경영학 분야의 연구자들은 학생이든, 직원이든, 아니면 조직 등 연구 대상의 권익을 보장할 의무가 있다. 중국경영학연구국제학회의 홈페이지(IACMR.org)를 방문하면 학회의 윤리강령 및 선언문을 명시하고 있다. 이는 심사와 편집 과정에서 연구 대상과 자료에 대한 규칙과 요구를 명확하게 설명하였다. 또한 연구 교류와 회의 참가와 관련된 전문적인 행위 표준도 포함되어 있다. 본 규칙은 연구와 전문활동 중의 윤리적 행위를 포함함으로써 모든 IACMR 구성원에게 적용된다. 본 책의 독자가 만약 흥미를 갖고 있다면 많은 전문 학회, 예들 들어 미국경영학회(AOM), 미국심리학회, 미국사회학학회 등의 웹사이트에서도 비슷한 규칙을 찾아 볼 수 있을 것이다.

여러분이 연구와 게재 과정 중에 나타날 수 있는 윤리적 문제를 더욱 정확하게 이해를 할 수 있도록 *MOR*에서는 저널 전체(2011년, 제7권, 제3기)를 사용하여 이 문제를 토론하였다. 이 논문들은 이미 중문으로 번역되었고 http://onlinelibrary.wiley.com/doi/10.1111/more.2011.7.issue-3/issuetoc에서 무료로 다운로드 받아 볼 수 있다.

독자는 이런 논문들을 읽어봄으로써 연구자가 자주 직면하게 될 문제들에 대해 이해를 할 수 있다. 어떤 기여를 하여야 논문에 기명권을 가질 권리를 갖게되는지, 자료결과에 근거하여 연구가설을 수정 혹은 제기할 수 있는지, 같은 자료를 사용하여 여러 편의 논문을 쓸 수 있는지, 타인의 연구 성과를 어떻게 그리고 언제 인용할 수 있는지, 심사 및 편집과정 중의 윤리 등이 이에 해당한다고 할 수 있다.

한 가지 황금규칙이라고 불릴만한 보편적 원칙인 "그러므로 무엇이든지 남에게 대접을 받고자 하는 대로 너희도 남을 대접하라"(마태복음 7:12)를 기억하라. 위대한 교육자이자 철학자인 공자도 "논어"에서 말했듯이 "내가 싫어하는 것을 남에게 베풀지 않는 마음"이다. 학자로서 우리 스스로 존중받으려고 하면, 우리도 우리 연구에 참여하는 사람, 우리에게 귀중한 의견을 주는 사람, 그들의 생활경험을 우리와 공유하는 사람, 그리고 그들의 연구 성과를 사용하도록 허락하는 사람들을 존중하여야 한다. 우리가 만약 자신의 노력이 다른 사람으로부터 진지한 대접을 받으려고 한다면 우리도 가장 엄밀한 태도로 우리의 연구에 임해야 한다. 우리는 절대 자료 처리에 있어서의 그 어떤 결함이나 누락을 허용해서는 안되고 결과에 대해 정확하지 않거나 왜곡된 해석을 하거나 기타 학자의 연구 논문의 합당하지 않은 혹은 출처가 없는 인용을 해서는 안 되며 기타 학자의 허락 혹은 동의 없이 그들의 지적 재산권을 사용하는 행위를 해서는 안된다.

다윈도, 잘못된 사실은 과학의 발전에 심각하게 손해를 입힐 수 있다고 말한 적이 있다. 건성건성하거나 꼼꼼하지 못한 연구 및 타인의 노력결과에 대한 고의적인 잘못된 사용은 모두 거대한 상처를 남길 수 있다. 이런 잘못이 나중에 발견되거나 수정되더라도 이런 상처는 메울 수 없다. 아인슈타인도 과학 중의 윤리적 행위에 대해 다음과 같이 언급한 바 있다. "인류의 가장 중요한 노력은 우리 행위의 도덕성을 위해 노력하는 것인데 우리의 내적 균형 심지어 우리의 존재 자체도 그것에 의존한다. 오직 우리의 행위가 도덕성을 갖췄을 때 생활에 아름다움과 존엄을 부여할 수 있게 된다."

1.3.2 과학적 활동에 대한 가치관의 영향

개인의 가치관도 연구 주제의 선택에 영향을 미친다. 예를 들어, 기업의 사회적 책임을 연구하는 학자의 가치적 경향은 "기업이 어떻게 해야만 이윤의 극대화를 실현할 수 있을까"라는 질문을 이해하는 데 애를 쓰는 학자와 다를 것이며 "기업의 오너(owner)만이 회사의 유일하고 합법적인 이해관계자"라는 설에 대해서도 동의하지 않을 것이다. 학자는 탐구의 자유를 누릴 수 있기에 그들은 그들이 흥미롭다고 생각하거나 중요하다고 생각되는 그 어떤 주제도 임의로 선택할 수 있다. 하지만 연구 주제의 선택은 기타 요소의 영향을 받을 수도 있다. 예를 들어, 연구 주제가 조작 가능한지, 환영받을 수 있는지, 쉽게 게재할 수 있는지, 혹은 실무에서 중요한지 여부 등이다.

사실 "엄밀한 연구"를 해야 하는지 아니면 "관련성 연구"를 할 것인가에 대해서는 학계에서 오래동안 논쟁이 있어왔다. 그것은 두 가지 연구경향이 서로 대립적 관계라는 가정을 갖고 있기 때문이다. 하지만 우리는 가장 엄밀한 방법을 사용하여 가장 실천적 가치를 갖고 있는 주제를 연구할 수 있다. 최근 몇 년 간 미국경영학회에서는 학자들에게 산업에 몸담고 있는 사람들과의 교류를 호소하고 있다. 점점 더 많은 학자는 실천적 가치를 지닌 문제(Tushman & O Reilly, 2007)를 연구할 뿐만 아니라 연구 결론의 실천적 시사점을 경영자들과 더 많이 소통하기 위한 노력을 하고 있다(McGahan, 2007). *AMJ* 2007년 9월호의 전체 편집자 포럼에는 경영학 연구에서의 실천과 학술의 결합 문제를 중심으로 토론이 진행되었다.

미국을 위시한 서구 사회의 연구자들과 마찬가지로 중국인 및 동아시아에서도 점점 더 많은 젊은 학자가 대학의 승진과 직무평가의 압력을 받고 있으며 따라서 반드시 많은 논문을 게재하여야만 한다. 때문에 일부 사람은 유행하는 주제를 선택할 수밖에 없고 기회주의식 연구를 진행하게 되고 어떤 주제에 대해서는 비록 흥미를 갖고 있더라도 게재하기 어려운 연구 주제는 회피하는 결과를 갖게 된다. 기회주의식 연구가 만약 좋은 과학적 성과를 낼 수 있다면 크게 비난할 필요는 없다. 하지만 유감스러운 점은 기회주의식 연구는 일반적으로 빨리, 대충 그리고 투기적으로 하다 보니 자세한 생각을 거치지 않고 단지 쉽게 논문을 게재하는 데 집중하는 경향이 있다는 것이다. 이는 종종 품질이 저하된 성과를 야기하는데, 다시 말하면 이런 기회주의식 연구는 내재적 흥미에 따라 진행한 것이 아니라 외적 보상에 따른 것이다.

어려운 주제를 회피하고 유행하는 주제를 추구하는 것 자체는 하나의 가치적 선택이다. 일반적으로 이런 선택은 새로운 지식에 그 어떤 기여도 없는 보잘 것 없는 연구를 생산할 수 있다. 본인의 건의사항은 자신의 신념을 견지해야 한다는 것이다. 선택의 자유가 있다면 또한 과학적 연구는 헌신을 요구하기 때문에 흥미에 따라 연구선택을 할 때만이 그 일이 의미를 가질 수 있다. 만약 우리가 어차피 일의 노예가 되어야 한다면 우리가 사랑하는 일의 노예가 되자.

중국경영학 관련 연구 중심으로 게재하는 *Management and Organization Review*는 지난 2009년 전체 저널(제5권 제1기)의 지면을 사용하여 중국경영학연구의 미래에 대해 논하면서 학자들에게 연구과제 선택에 있어서의 맹점들을 일깨워주었다. 이번 기의 논문들은 중국학자들이 지난 20년간은 해외의 이론과 방법을 배우는 데 집중하였고 국제 저널에 논문을 게재하는 목적을 달성하기 위하여 노력하여 왔다. 이런 연구 성과는 국제저널의 게재 요구에 부합할 지는 모르겠지만, 중국과의 관련성은 크지 않다. 미래의 중국경영학연구는 현대 중국 기업이 직면한 중요한 경영문제를 이해하고 해석하는 데 집중하여야 한다. 현상에서부터 오는 지식(기존의 문헌에서 오는 지식이 아니라)은 학술이론을 발전하는 데 도움이 될 뿐 아니라 경영의 실무능력을 향상하는 데도 유리하다.

1.3.3 학자로서의 삶에 대한 가치관의 영향

당신이 학술연구의 망망대해에 몸을 던졌을 때 우리는 아래와 같은 문제를 자세히 생각해보길 바란다. "당신이 연구를 하는 목적이 무엇인가?" 돈을 위해서인가, 아니면 명예를 위한것인가, 혹은 생각의 자유를 위한 것인가, 아니면 인류사회에 기여할 수 있는 기회를 갖기 위한 것인가. 당신이 갖고 있는 가치관은 개인 직업생애의 의의와 기여할 수 있는 가능성에 영향을 미친다.

학자로서의 삶은 당신을 백만장자로 만들지 못한다. 비록 중국인 학자의 급여수준도 갈수록 나아지고, 또 학자가 된다는 것은 명예가 있는 삶을 제공하는 것이 사실이지만, 이런 수입은 컨설턴트, 투자은행 혹은 주식시장의 투자 애널리스트들의 수입과는 비교할 수 없다. 학자에게 가장 큰 재산은 생각의 자유 및 호기심을 만족할 수 있는 기회에 있다. 학술연구에 종사한다는 것은 우리가 매일 엄격한 관리 감독을 받을 필요가 없다. 강의시간 외에 우리는 언제 어디서나 일을 할 수 있고 자유롭게 사고할 수 있으며 끝이 없는 호기심을 만족할 수 있는데 이것들이 바로 학자로서의 삶이 주는 중요한 보답이다.

학술의 길은 당신을 유명하게 하지 못한다. 적어도 하루아침에 유명하게 하지 못한다. 연구 성과의 게재 과정의 사후적 특징과 탑 저널에서의 경쟁은 학자로서의 삶에 성공보다는 실패의 경험을 더 많이 던져 준다. 때문에 우리는 자신의 강렬한 내적 격려와 함께 좋아하는 연구과제에 의지하면서 나중에 돌아올 보답을 기다릴 수 있어야 한다. 학자로서의 성공은 여타 다른 직업에서의 생애 성공과 비교할 때 스스로 다른 평가표준을 갖고 있다. 1986년 노벨화학상 수상자인 존 폴라니(John C. Polanyi)는 "과학계에서 우리는 전 세계에서 온 서로 지지하는 개체로서 우리의 목표는 진리를 우리의 개인적 이익 위에 놓는 것이다."라고 말했다. 2004년 노벨화학상 수상자인 아론 시카노버(Aaron Ceichnover)도 "한 과학자를 평가함에 있어 그가 받은 상장 혹은 명예에 근거해서는 안되고 인류의 생활품질을 어느 만큼 향상시켰는지에 근거하여야 한다." 다른 말로 말하면 성공은 기여를 성공으로 생각하는 사람들을 따라가는 것이지 개인의 명예나 개인의 수입에서 오는 것이 아니다. 이는 과학자의 성공 또한 그가 창조한 지식에서 오는 것이지 그가 발표한 논문의 개수에 의해 결정하는 것이 아니다.

논문을 게재하는 것은 하나의 수단으로서 과학적 연구의 새롭게 발견된 지식을 전파하는 데 있다. 우리는 "논문 발표의 수량에만 관심 있고 과학연구의 수준에 대해서는 무관심하는" 함정에 빠져 수단으로 목표를 대체해서는 안 된다. 숫자놀이는 이미 연구자들로 하여금 고의로 한 연구를 여러 편의 작은 논문으로 나눠 기회주의적 연구를 하도록 만든다.

듣건대 전등을 발명하고 개선한 에디슨은 실험에서 2,000번이나 실패하였다고 한다. 그에게 실패에 대한 느낌을 물어보았을 때 그는 다음과 같이 대답하였다고 한다. "이는 실패가 아니라 성공으로 향하는 2,000개의 발자국일 뿐이다." 실패에서 학습하고 또한 끊임없이 개선하는 능력이야말로 성공에 대한 또 하나의 합리적인 정의일 것이다.

과학의 가치 혹은 궁극적인 목표는 진리를 추구하고 우리 주위의 사물을 정확하고 효과적으로 이해하고 해석하기 위한 것이다. 그 궁극적인 목표는 여러 분야에서, 즉 기업 경영을 포함한 인류의 생활을 개선하는 데 있다. 과학을 통해 우리는 지식과 기술을 창조하여 인류의 생활을 더욱 아름답게 하는 데 돕고 있다. 경영학자에게 있어서는 과학이란 조직을 도와 효율성을 높이고 생산성을 향상하며 이윤을 증가하는 것뿐 아니라 조직이 어떻게 더 우호적인 고용주가 되고 직원에게 전도유망하고 수익성이 높은 직업을 제공하는 데 있다. 사회의 발전을 위하여 이러한 기여를 할 수 있다면 이것이 바로 학자로서의 삶에서 가장 의미가 있는 보답이 될 것이다.

1.4 맺음말

우리의 경영학 연구는 마치 지하에 깊이 매장되어 있는 거대한 다이어몬드 광산과도 같다. 보통 사람들은 충분히 깊게 파서 다이어몬드를 발견하기 전에 쉽게 포기한다. 하지만 만약 마음에 확고한 신념을 갖고 머리에 정확한 방향을 설정하고 옆에 서로 격려할 수 있는 파트너가 있으며 손에는 적합한 도구가 있다면 성공적 이야기를 창조할 가능성이 매우 높다. 본 책의 목적은 연구자들로 하여금 적합한 도구를 습득할 수 있도록 돕는 데 있다. 기타 사항은 연구자 스스로 준비하고 노력해야 할 것이다.

참 고 문 헌

Baron, R. M. & Kenny, D. A. (1986). The moderator-mediator variable distinction in social psychological research: Conceptual, strategic, and statistical considerations. *Journal of Personality and Social Psychology*, 51 (6), 1173-1182.

Barker, J. R. (1993). Tightening the iron cage-concertive control in self-managing teams. *Administrative Science Quarterly*, 38 (3), 408-437.

Blau, P. M. (1964). *Exchange and Power in Social Life*. New York: John Wiley & Sons.

Burt, R. S. (1992). *Structural Holes: The Social Structure of Competition*. Cambridge, MA: Harvard University Press.

Chen, C. C. (1995). New trends in reward allocation preferences : A Sino-U.S. com- parison. *Academy of Management Journal*, 38, 408-428.

Clark, R. W. (1984). *Einstein: The Life and Times*. New York: HarperCollins Publishers.

Coleman, J. (1990). *Foundations of Social Theory*. Cambridge: Belknap Press.

Cook, T. D. & Campbell, J. D. (1979). *Quasi-Experimentation: Design & Analysis Issues for Field Settings*. New York: Houghton Mifflin.

Corley, Kevin G. & Gioia, Dennis A. (2004). Identity ambiguity and change in the wa-ke of a corporate spinoff. *Administrative Science Quarterly*, 49, 173-208.

DiMaggio, P. and Powell, W. W. (1983). The iron cage revisited: Institutional isomorphism and collective rationality in organizational fields. *American Sociological Review*, 48, 147-160.

Farh, J. L., Earley, P. C. & Lin, S. C. (1997). Impetus for action: A cultural analysis of justice and organizational citizenship behavior in Chinese society. *Administrative Science Quarterly*, 42 (3), 421 -444.

Granovetter, M. (1973). The strength of weak ties. *The American Journal of Sociology*, 78 (6), 1360-

1380.

Jensen, M., and Meckling, W. (1976). Theory of the firm: Managerial behavior, agency costs and ownership structure. *Journal of Financial Economics*, 3, 305-360.

Kaplan, A. (1964). *The Conduct of Inquiry*. New York: Harper and Row.

Kerlinger, F. N. & Lee, H. B. (2000). *Foundations of Behavioral Research* (4th ed.). Orlando, FL: Harcourt College Publishing.

Kuhn, T. (1962). *The Structure of Scientific Revolutions*. Chicago: University of Chicago Press.

McGahan, A. M. (2007). Academic research that matters to managers: Zebras, dogs, lemmings, hammers, and turnips. *Academy of Management Journal*, 50 (4), 748-753.

Milgram, S. (1963). Behavioral study of obedience. *Journal of Abnormal Social Psychology*, 67, 371-378.

Popper, K. R. (1968). *The Logic of Scientific Discovery* (2nd ed.). New York: Harper.

Salancik, G. R. & Pfeffer, J. (1978). A social information processing approach to job attitudes and task design. *Administrative Science Quarterly*, 23, 224-

저 자 소 개

쉬쑤잉(徐淑英, Anne Tsui) 애리조나주립대학교(Arizona State University) 모토롤라 국제경영 명예퇴직교수(2003-2011), 북경대학, 복단대학과 상해교통대학 특별객좌교수, 남경대학 명예교수이다. *Academy of Management Journal*의 제14기 편집장을 역임하였고 미국 경영학회 및 제74기 학회 회장(2011~2012)으로서 중국경영연구국제학회(IACMR)의 창회 회장인 동시에 *Management and Organization Review*의 창간 편집장이기도 하다. 연구분야는 성과평가, 조직인구학, 고용 관계와 조직문화, 그리고 특별히 중국 상황에서의 경영학 연구에 대해 흥미를 갖고 있다. 탑 저널에 수십편의 논문을 게재하였고 그중 두 편은 각각 *Academy of Management Journal*의 최우수 논문과 *Administrative Science Quarterly*의 학술 공헌상을 받았다. 또한 국제경영 연구분야에서 피인용율이 상위 50명의 학자 중 한 사람이기도 하다.

어우이(歐怡, Amy Yi Ou) 싱가폴국립대학교(National University of Singapore) 조교수로서 연구분야는 전략 리더십, 조직 문화 및 문화 간 연구 등이 있다. 연구 성과는 *Journal of Applied Psychology* 및 *Academy of Management Journal*에 게재되었다. 2008년 미국 경영학회에서 수여하는 최우수 학생논문상을 받았고 2010년에는 중국경영연구국제학회에서 수여하는 2010년 Li Ning박사논문상 1등상을 받았다.

2 장

연구의 출발점: 문제 제기

Xiao-Ping Chen (워싱톤대학교)

머리글: 경영학 연구에서 문제 제기의 중요한 의미

경영학의 아버지 피터 드러커는 이렇게 말하였다. "경영학 연구자의 임무는 문제를 답하는 데 있지 않고, 문제를 제기하는 데 있다." 그의 탁월한 문제 제기에 기반을 둔 경영학적 관점은 잭 웰치, 앤디 그로브 등으로 하여금 기업 경영의 다양한 좋은 처방들을 창조해내는 데 도움을 주었고 그들이 기업가로서 위대한 성과를 거두도록 하였다. 이는 경영(학)에서 있어 문제 제기가 얼마나 중요한지를 잘 예증해 준다.

문제의 제기는 과학연구에 있어서도 같은 의의를 갖는다. 이는 연구의 방향뿐 아니라 연구의 결과까지 결정할 수 있다. 예를 들어 개인의 의사 결정에 관하여 제기한 문제가 "개인이 어떻게 의사 결정을 하여 최대의 이익을 달성할 수 있을 것인가?"라면 연구는 합리적 이성모형을 구축하는 방향으로 진척되고 동시에 여러 가지 이상적 상황을 가정하여 이런 이성모델을 완성시킨다. 경제학의 대부분의 이론이 이런 유형에 속한다. 그러나 제기한 문제가 "개인은 도대체 어떻게 의사 결정을 하는가?"라면 연구자는 개인의 의사 결정 과정을 관찰하는 방향으로 노력하게 되는데, 예를 들어 개인이 어떻게 정보를 수집하고 정리하며 취합하고 판단을 내리는 인지과정과 심리과정 중에 발생 가능한 다양한 심리적 편파(bias)와 제한적 합리성(bounded rationality) 등이 있다. 이런 문제의식 속의 연구 성과는 인류의 여러 가지 의사 결정 현상을 총괄한다. 예를 들어 카네만과 트버스키(Kahneman and Tversky, 1972, 1973, 1979, 1981, 1982)는 일반적 상황에서 개인의 의사 결정은 경제학적 합리적 이성모형에 기반한 주관적 효용이론(subjective utility theory)보다 직감(인사이트), 편법이나 편파 등에서 더 영향을 받는다는 것을 발견했다.

또 예를 들자면, 기업의 운영전략에 관하여 제기한 문제가 "어떤 전략이 기업의 신제품 개발에 도움이 될 것인가?"라면 연구의 중점은 신제품개발과 관련된 모든 방법과 수단을 찾는 데 있다. 예를 들어, R&D 부서를 창설하거나, 직원이 과감하게 새로운 방법과 프로세스를 테스트하는 것을 격려하며, 직원들이 실수를 하더라도 학습할 수 있는 기회를 허락하고, 부서 간 업무 팀(cross-functional team)을 구축하는 등이 있다. 최종 연구 결과는 마치와 사이먼(March & Simon, 1958)이 제기한 "활용(exploitation)과 탐색(exploration)"으로 돌아갈 가능성이 높다. 이는 모든 제품의 개발전략은 이 두 가지 방법의 또 다른 표현일 뿐이기 때문이다. 하지만 만약 제기한 문제가 "신제품 개발 단계가 아닌 제품의 다른 발전 단계에서 기업은 어떤 전략을 사용하여야만 성공할 수 있을까?"라면 연구자의 관심사항은 제품의 다른 발전시기에 기업이 사용 가능한 다양한 전략에 있고, 그 다음 전략별 성공율의 비교를 통해 결론을 내리게 된다. 이러한 연구의 결과는 포터의 "제품 개발기-차별화"와 "제품 성숙기-원가우위" 전략이 될 것이다.

문제 제기는 모든 과학연구의 첫걸음이 된다. 오직 사물에 호기심을 갖고 있고 여러 가지 현상에 대해 의문이 가득한 사람만이 탐색의 욕망이 있고 연구의 흥미를 느끼게 된다. 이런 의미에서 학술연구의 원동력은 문제의 해답을 찾는 것과 사물의 진상을 탐색하는 데 있다. 하지만 문제의 제기는 이러한 기나긴 여행을 시작하는 출발점이다.

2.1 어떤 문제가 좋은 연구 문제인가

문제 제기가 연구 과정과 결과에 미치는 중요성에 비추어 볼때, 연구를 시작하기 전에 우리는 반드시 좋은 연구 문제를 제시하여야 한다. 그렇다면 좋은 연구 문제의 여부를 어떻게 판단할 것인가? 많은 경영학의 톱 저널은 리뷰어들에게 어떤 논문의 수준에 대해 판단할 때 일반적으로 이와 관련된 항목들을 포함시키고 있다. 예를 들어, "연구 문제의 중요성", "연구 문제의 독창성과 흥미성", "연구 문제와 기존 이론간의 시사점", "연구 문제와 경영 관점의 시사점" 및 "연구 결과가 이론과 실무에 미치는 기여 정도"(예: *Organizational Behavior and Human Decision Processes*, *Academy of Management Journal*) 등이다. 아래 이러한 판단 표준과 구체적 함의에 대해 자세히 알아보도록 하자.

2.1.1 문제의 중요성과 독창성

본인이 평상 시 투고된 논문들을 읽을 때 발견한 것은 많은 저자가 자신의 연구 문제의 중요성과 독창성을 설명함에 있어 일반적으로 논문의 시작 부분에서 아직 누구도 이 문제를 연구하지 않았고 자신이 제일 먼저 깃발을 꽂은 사람이라는 점을 강조하고 있다. 비록 "제일 먼저"라는 말이 듣기에는 "새롭다"와 뜻이 비슷하지만, 자세히 살펴보면 아래에 제시한 이유로 연구 문제의 중요성을 설명하는 논리는 그리 좋은 것 같지는 않다.

첫째, 다른 학자들 누구도 이 문제를 연구한 적이 없다고 해서, 그것이 꼭 중요한 문제는 아니다. 정반대로 오히려 이 문제가 중요하지 않기 때문에 누구도 이 연구를 과거에 수행하지 않았을 수도 있다. 예를 들어 날씨가 직원의 업무 성과에 미치는 영향과 같은 문제는 지난 30년간 그 어느 학자도 이에 대해 연구를 진행한 적이 없었을 것이다. 왜 그럴가? 바로 이 문제가 중요하지 않기 때문이다. 대다수의 공장과 회사는 1년 사계절 동안 비가 오나 눈이 오나 작업 장소의 물리적 환경은 너무 큰 변화는 있을 수 없다. 때문에 날씨가 대부분 직원의 업무 성과에 미치는 영향은 말 그대로 미미할 것이기에 별로 연구할 가치가 없다.

다음으로 연구된 적이 없던 문제라고 해서 꼭 참신한 문제라는 보장은 없다. 이는 오래된 문제의 또 다른 모습일 뿐이고 본질은 이미 많은 이론에서 이미 설명되었을 수도 있다. 예를 들어, 직원에게 자유로이 복지 항목(개인휴가, 집단휴가, 유치원 입학비, 노인요양보호비, 초과생명보험 등)을 선택하도록 하는 등 직원에 대한 격려와 같은 문제는 보기에는 새로우나 사실은 조직행동학 중에 격려에 대한 최초연구의 복사판에 불과하며 이는 욕구위계 이론(Maslow, 1968), 리더-참여 의사 결정 이론(Vroom & Yetton, 1973), 기대이론(Vroom, 1964) 등 이미 존재하는 많은 이론으로 충분히 설명가능하다.

그럼 어떤 연구 문제를 새로우면서도 중요하다고 할 수 있는가? 알다시피 시장 경쟁이 치열한 오늘 날 그 어떤 회사에게 있어서도 가장 중요한 자원인 인재이다. 인재의 대체 불가능성으로 인하여 인적 자원은 한 기업이 독특한 경쟁우위를 형성하는 중요한 역량이다. 때문에 우수한 인재들이 회사를 떠나 다른 기업에 취직한다는 것은 그 기업에게 있어 뼈를 깎는 고통이 되는데 이는 왜 이렇게 많은 학자가 이 문제에 대해 서로 연구하려고 하는지에 대한 그 이유(Hom & Griffeth, 1995; Griffeth, Hom & Gaertner, 2000)가 된다. 때문에 이런 의미에서 중요한 연구 문제는 일반적으로 많은 학자에 의하여 연구되는 문제이고 바로 이미 많은 사람에 의하여 연구된 문제이기 때문에 낡은 것을 밀어내고 새로운 것을 만들어낸다는 것이 결코 쉬운 일은 아니다.

본인도 동료와 함께 이 문제에 대해 연구를 한 적이 있는데 이는 본인이 처음 설문 연구 방법을 사용하여 진행한 연구이다. 본인이 기존의 직원 이직에 관한 문헌에 대해 잘 알지 못하기 때문에 어떤 문헌을 읽기 전에 스스로의 사고를 통해 우수 직원 이직의 가능한 원인들을 정리해보고자 하였다. 며칠 후, 우리는 리스트 작성을 완료하였는데 위에는 수십 가지 항목들이 있었는데 여기에는 기존 직업에 대한 불만족, 상사와 동료간의 관계가 좋지 않음, 연봉과 복지처우가 이상적이지 않고 회사의 미래에 대해 전망이 밝지 않음 등이 있는데 적어도 하나는 기존의 연구에서 언급하지 않았을 것이라고 생각했다. 이러한 기대를 갖고 우리는 수십년 간 게재된 직원이직에 관한 문헌들을 살펴보았는데 정말 우리를 깜짝 놀라게 한 것은 우리가 열거한 모든 요인은 이미 학자들에 의하여 연구되었고 저널에 출판/게재된 상태였다. 이 발견은 우리를 실망시켰지만, 한편으로는 기쁜 마음도 들었다. 실망스러운 점은 이처럼 중요한 주제에 있어 선배 연구자들이 연구하지 않았던 기회를 찾는 것이 얼마나 어렵다는 것을 알게 된 것이고, 기쁜 점은 우리가 생각해냈던 그 많은 요인이 모두 선배 학자들도 역시 중요한 요인이라고 생각하였는 점이다. 즉 훌륭한 사람들의 생각은 대체로 같으니 즐겁지 아니한가?

따라서 우리는 이 문제에 대한 생각을 다시하기로 하였고 인지와 감정적 요인을 벗어나서 직원이직의 원인을 찾아보기로 결정하였다. 당시 우리는 조직시민행동에 대해 흥미를 갖고 있었는데 대부분의 이미 출판/게재 된 연구들은 조직시민행동를 하나의 종속변수로만 연구하여 왔다. 우리는 심층적으로 토론을 한 후 이는 직원이직을 예측하는 또 하나의 중요한 행동적 지표가 될 수 있다고 판단하였다. 그것은 한 직원이 주도적으로 기타 동료를 도우려고 하지 않거나 주도적으로 기업의 발전에 대해 관심을 갖지 않으며 온통 불평과 불만을 늘어놓고 이유없이 지각하거나 일찍 퇴근한다면, 이는 그 직원이 회사를 관두려고 마음 먹었을 가능성이 매우 높다는 것을 암시한다. 따라서 우리는 조직시민행동를 독립변수로 직원의 이직행동에 대해 어떻게 영향을 주는지를 보려고 결정하였다. 결과는 우리들의 가설을 검증하였고 조직시민행동은 직무만족도와 조직 몰입보다 직원이직행동를 예측함에 있어 더 효과적이라는 것을 발견하게 되었다. 후에 이 논문은 *Journal of Applied Psychology*에 게재되었다(Chen, Hui & Sego, 1998).

직원이직 문제에 대한 더욱 새로운 시각을 논하자면 나의 워싱톤대학교의 동료 리(Lee)와 미셸(Mitchell)의 연구를 논하지 않을 수가 없다. 그들은 지난 10여 년간 권태를 모르고 꾸준히 이 문제를 깊이 연구하였다. 그들은 이미 성과가 풍성한 분야에서 근본적 문제를 다시 묻기 시작하였다. "직원이 회사에 입사한 후 도대체 어떤 원인으로 인하여 이직할 생각 혹은 이직 행동이 발생하는가?" 그들의 분석은 모든 직원은 입사할 때 모두 일정한 기대를 갖고 있다. 만약 입사 후 발생한 모든 일이 본인의 기대와 근접했을 때 그들은 떠나려 하지 않았을 것이다. 하지만 만약 입사 후 발생한 사건(본인에게 혹은 타인에게 발생한)들이 그들의 원래 기대한 것과 거리가 멀 경우, 이 사건들은 "shock"을 형성하여 그들에게 충격을 줄 수 있다. 이런 충격하에 직원들은 자신이 대응할 수 있는 방법을 찾게 되고 그중 하나가 바로 이직이 된다. 그들은 기존의 학자들과 차별화하는 "직원이직의 전개모형(unfolding model of employee turnover)"을 제기하였고 서로 다른 유형의 충격과 경로에 대해 분석(Lee, Mitchell, Wise & Fireman, 1996; Mitchell & Lee, 1999)하였으며 실증연구를 진행하여 모형을 검증하였다. 이 부분의 연구가 일단락 된 후 그들은 워싱톤대학교에서 지낸 10여 년의 경력에서 영감을 얻어 직원이직 현상에 대해 반대로 접근하기 시작하여 아래와 같은 연구 문제를 제기하였다. "어떤 요인이 한 직원이 한평생 한 회사만 섬기게 하는가?" 이 문제로부터 시작하여 그들은 완전히 새로운 "직무 배태성(job embeddedness)" 개념(Mitchell & Lee, 2001; Mitchell et al., 2001)을 제시하고 실증연구를 통해 이 개념이 직원들이 조직내 잔류에 미치는 중요한 작용을 설명함으로써 완전히 새로운 연구 방향을 개시하여 일련의 연구 논문을 발표할 수 있게 되었다.

때문에 한 연구 문제의 중요성은 그 문제가 경영에서의 중요한 현상에 대한 우리의 이해를 얼마나 심화하는지 그 정도에서 나타나고, 그 독창성은 연구 문제가 중요한 현상을 바라보는 시각의 남다름에서 나타난다. 이는 이 연구 문제가 기존의 학자들에 의하여 이미 연구되었는지의 여부와 직접적인 연관성은 없다.

2.1.2 문제의 이론 및 실무와의 시사점

사실 하나의 중요하면서도 새로운 연구 문제는 반드시 이론과 실무의 시사점을 모두 갖춰야 가능하다. 여기서 이론적 시사점은 이 연구 문제가 어느 수준에서 기존의 어떤 이론으로 설명될 수 있는지를 말하기 때문에 기존의 이론과 연결고리를 가져야 한다. 하지만 동시에 기존의 이론이 이 문제에 대해 완전히 해답할 수 없기 때문에 연구자로 하여금 새로운 연구를 통하여 보다 적합한 논리와 해답을 찾아내도록 하여야 한다. 그러므로 이 연구 문제는 우리에게 기존의 이론을 확장하는 데 도움을 줄 뿐만 아니라 과거 이론 중의 결함을 보완하는 역할을 한다. 이러한 연구 문제는 이론적 시사점을 갖췄다고 할 수 있다.

연구 문제의 이론적 시사점을 나타내는 가장 자주 사용되는 방법은 기존의 문헌을 리뷰(literature review)하는 것이다. 하지만 문헌을 리뷰하여 이론적 시사점과 문제의 독창성을 나타내는 것은 많은 연구자에게 하나의 큰 도전으로 여겨진다. 우리가 논문을 읽을 때 자주 직면하는 문제가 몇개 있다. 첫째, 리뷰하는 문헌 자체가 너무 오래되어 연구자가 그 분야의 최신 연구 결과를 잘 파악하지 못하는 경우다. 이런 경우에 연구자는 다른 사람들이 이미 이 문제의 해답을 했음에도 불구하고 스스로 자신의 연구 문제가 기존의 이론에 기여를 했다고 착각하는 잘못을 하게 된다. 둘째, 리뷰하는 문헌이 편파되었을 경우이다. 이 경우 저자는 자신의 가설을 지지하는 문헌들만 인용하고 자신의 연구가설과 상반되는 내용의 문헌들을 등한시하여 자신의 가설을 실제보다 더 설득력 있게 보이려고 하는 오류이다. 하지만 논문 심사위원들은 일반적으로 이 분야에서의 전문가로서 이러한 오류를 한눈에 알아볼 수 있는 역량을 갖고 있다. 셋째, 단지 문헌을 리뷰하기 위하여 우격다짐으로 문헌을 리뷰하는 것이다. 해당 분야의 방대한 문헌들을 거침없이 리뷰를 하는데 비록 포괄적이긴 하지만, 현재 연구하는 문제와 직접적 시사점이 없어, 결국 보는 사람들로 하여금 요점을 잡지 못했다는 이미지를 준다. 이 외에도 여러 개의 이론을 이론적 근거로 연구하는 연구 문제에 대하여 가설을 설정하는 것인데 이 몇 개의 이론이 서로 모순되는 경우 최종적으로 현재의 연구 결과가 어느 이론에 대해 기여를 했는지를 파악할 수 없을 수 있다.

물론 문헌에 대한 리뷰는 어떤 의미에서 하나의 예술이라고 말할 수 있다. 이는 포괄적이면서도 균형 잡혀야 하고 간결하면서도 요점을 찔러야 한다. 또한 연구 문제와 관련된 기존 이론에 대한 가이드 역할을 할 뿐 아니라 기존 이론의 부족한 점 또한 지적하여야 한다. 하지만 그 어떤 경우에도 문헌리뷰를 통하여 연구 문제의 이론적 시사점을 구축하는 것은 매우 중요한 과제이다.

이와 동시에 경영학 분야 저널에서는 연구 문제와 실무적 시사점에 대해서도 매우 중요시 한다. 만약 어떤 연구 문제가 경영학 실무에 대하여 그 어떤 시사점 혹은 지도적 역할을 제시할 수 없다면, 그 논문을 경영학 분야 저널에 게재한다는 것은 매우 어려운 일이 된다. 하지만 이 문제에 대한 서술은 일반적으로 연구 결과의 토론 부분에 포함되는데 "왜 이 연구 문제를 선택하였는가"의 중요한 근거로 사용되지는 않는다. 일반적으로 연구 결과의 실제 현장에서 구체적 표현 형식과 사용 방식에 대해 선명하고 명확하게 서술할 수 있다면 실무적 시사점 또한 성립된다고 할 수 있다.

2.2 어떻게 좋은 연구 문제를 발견할 수 있을까

연구 문제는 일상생활에 대한 관찰, 일하는 과정에서 나타난 문제의 해결에 대한 고민, 자신의 경험에 대한 반성, 사회현상에 대한 깊은 연구, 또는 문헌에 대한 리뷰, 뉴스 리포트에 대한 반응, 전래동화에 대한 꼬치꼬치 캐묻음, 심지어 동료와의 잡담, 학생과의 대화 혹은 타인의 질문 등 다양한 경로를 통해 발견할 수 있다. 본인에게 경영학자로서 가장 즐거운 일은 스스로 흥미를 느낄 수 있는 그 어떤 주제라도 선택하여 권태를 느끼지 않고 끊임없이 연구할 수 있다는 점이다. 또한 이런 과정에서 자신의 호기심도 만족할 수 있을 뿐만 아니라 사회의 인정도 받을 수 있다는 것이다. 물론 여러 다른 학자는 연구 문제를 결정함에 있어 다양한 다른 방법들을 사용한다. 어떤 학자들은 자신이 흥미를 갖고 있는 문제 혹은 현상을 발견한 후 이 문제 혹은 현상에 대해 끝까지 쫓아가 공격적으로 연구에 임하여 십여년의 시간을 투입하여 문제의 진상을 철저하게 연구하며 절대 포기하지 않는다. 본인은 이런 유형의 연구 문제를 발견하는 방법을 "현상 지향법"이라고 부른다. 또한 학자들은 연구 방법 자체에 매혹되어 새로운 연구와 자료분석 방법이 나타날 때마다 이러한 연구 방법을 사용하여 다양한 현상을 분석하는데 본인은 이런 유형의 연구 문제를 발견하는 방법을 "방법론지향법"이라고 부른다. 물론 어떤 학자들은 흥미가 광범위하여 다양한 현상에 대해 정확한 인식과 투철한 견해가 있어 그들은 자신의 영감에 근거하여 연구 문제를 택하기도 하는데 본인은 이와 같은 연구 문제를 발견하는 방법을 "영감지향법"이라고 한다. 이 외에도 많은 학자는 문헌을 리뷰하는 과정에서 누락된 문제를 발견하여 연구를 시작하는데 이를 "문헌지향법"이라고 부르고자 한다. 서로 다른 학자들이 다른 연구 주제를 선택함에 있어 모두 짙은 개인적 색채를 지니고 있다. 성공의 확율을 놓고볼 때 모든 방법은 각자 성공한 사례도 있지만 실패한 사례도 존재한다. 따라서 위의 몇 가지 방법은 우리 모두가 참조할 만하다. 아래 본인은 좋은 연구 문제를 발견하는 경로에 대해 자세히 논하고자 한다.

2.2.1 현상중심 문제 제기: 꼬치꼬치 캐어 묻기

본인이 일리노이대학교에서 유학하던 시절, 나를 가르쳤던 교수님들, 예를 들어 제임스 데이비스(James Davis), 사뮤엘 코모리타(Samual Komorita)와 해리 트리안디스(Harry Triandis)는 연구 문제를 선택함에 있어 기본적으로 이 유형에 속해 있다. 그들은 어떤 현상에 흥미를 갖고 이 현상에 대해 다양한 연구 문제를 제기한 후 일생 동안 그 현상을 철저히 연구하는 데 시간을 보냈다. 예를 들어, 데이비스는 그룹의사 결정 현상에 깊은 흥미를 갖고 있다. 그것은 사람들의 사회생활과 직장생활에서 개인의 삶의 질과 직접적으로 관련된 많은 의사 결정은 다양한 위원회(그룹을 나타내는 한 가지 표현 방식)를 통하여 내려졌다는 것을 발견하게 되었기 때문이다. 예를 들어, 부동산분양위원회, 채용위원회, 직무평가위원회 등이 있다. 또한 점점 더 많은 현대 기업은 비교적 수평적인 조직구조를 사용하거나 부서 간 소그룹 혹은 프로젝트 팀의 방식으로 조직되고 운영되기 때문이기도 하다. 그럼 왜 이런 현상이 발생하였을까? 도대체 무슨 이유로 사람들은 그룹 방식으로 중요한 사항을 결정하는 것을 더 원하는 것일가? 그리고 그룹은 도대체 어떤 방식으로 의사 결정을 하는가? 개인와 비교했을 때 그룹의사 결정은 어떤 장단점이 존재하는가?

데이비스 본인은 수많은 위원회 회장 혹은 구성원으로 역할을 해오면서 그룹의사 결정 과정에서의 많은 재미있는 현상을 발견하게 되었다. 그는 또한 미국의 배심원 제도에도 매료되어 자주 법정에 드나들면서 다양한 사건의 심판과정을 방청 혹은 유심히 관찰하곤 하였다. 때문에 배심원의 의사 결정 과정에 대해 보다 깊은 이해를 갖고 있을 수 있었다. 그는 우선 그룹 구성원의 수는 의사 결정의 결과, 예를 들어, 토론의 시간의 길고 짧음, 의사 결정의 수준 등에 영향을 미치기 때문에 이 변수를 그룹의사 결정 연구를 시작하는 데 시금석으로 사용하기로 결정하였다. 동시에 그는 그룹의사 결정의 원칙 또한 어느 정도 의사 결정의 과정과 결과에 영향을 준다는 것을 발견하였다. 예를 들어, 다수결 원칙과 만장일치 원칙과 비교할 때 다수결 원칙은 그룹의사 결정의 과정을 더욱 가속화할 수 있지만, 때로는 그룹으로 하여금 일부 소수 구성원의 의견들을 홀대함으로서 의사 결정의 품질을 떨어뜨리는 결과를 내기도 한다. 때문에 그는 의사 결정의 원칙이라는 변수를 그룹의사 결정 연구에 포함시켰다. 이 두 변수는 매우 분명하여 전혀 복잡하지 않기 때문에 그는 이 변수들을 "쓰레기 변수(poopy variables)"라고 칭하면서 자신의 무료함을 자조하기도 하였다. 하지만 수년 간 이 두 변수에 대하여 연구를 진행한 결과, 심사숙고를 통해 그가 개인적으로 연구한 그룹의사 결정의 이론적 모형이 점차 그 모습을 드러내고 또한 성숙되어 갔는데, 그 이론이 바로 유명한 "사회의사 결정모델이론(theory of social decision scheme)"이다. 이 이론은 그룹의사 결정 과정을 묘사하고 서술하며 그룹 구성원이 토론 시작 전에 어떤 문제에 대한 관점을 시작값으로 하고 그룹 구성원의 수와 의사 결정 원칙을 중간 변수로 사용하여 그룹의 최종 의사 결정에 대한 예측을 시도하였다(Davis, 1973).

이 모델이 점점 많은 자료의 지지를 받은 후에 데이비스는 그룹의사 결정문제의 원초적인 관찰과 사고로 돌아와 다시 그룹의사 결정 중의 기타 과정 변수들이 의사 결정 결과에 미치는 영향에 대해 연구하고 토론하기 시작하였다. 그의 관찰 결과 중 하나는 만약 그룹의 리더가 사전에 그룹의 구성원들의 어떤 문제에 대한 기본적인 경향성을 알고 있고 이를 전제로 토론 절차에 대해 일정한 배치를 했을 경우 그룹의 최종 의사 결정은 사전에 통제될 가능성이 존재한다. 예를 들어, 6인으로 구성된 그룹에서 세 사람이 결의에 대해 지지 의견을, 나머지 세 사람이 반대 관점을 갖고 있을 때 만약 리더가 최종 결의가 통과되기를 원한다면 그는 의도적으로 지지하는 관점을 갖고 있는 구성원에게 먼저 의견을 발표하도록 할 수 있다.

이렇게 되면 네 번째 구성원이 발언할 차례가 되었을 때 앞에 세 사람이 모두 찬성을 표시하였기 때문에 원래 반대 의견을 가졌던 구성원은 자신의 태도를 바꿔(군중심리때문에) 지지의견을 표시할 가능성이 매우 높다. 따라서 자연스럽게 그룹의 최종 의사 결정은 결의가 통과되는 것으로 정해지게 된다. 반대로 만약 리더는 결의가 부결되는 것을 희망한다면 반대의견을 갖고 있는 구성원에게 먼저 발언할 수 있는 기회를 줄 수 있다. 이러한 관찰을 통해서 Davis와 동료들이 그룹의사 결정에 미치는 영향에 관한 일련의 훌륭한 연구들(예를 들어, "사전표결(straw poll)"이 최종 의사 결정결과에 미치는 영향, 의사 결정 순서의 강제적 결정이 의사 결정결과에 미치는 영향 등)을 진행할 수 있었다(Davis, et al., 1989, 1993, 1997).

그룹의사 결정의 과정 중 또 하나의 매우 중요한 과정은 구성원이 서로 정보를 공유하는 것인데 이 또한 왜 그룹 형식으로 의사 결정을 하는지의 중요한 원인이 된다. 즉 개인이 어떤 문제를 고려함에 있어서의 불완전성을 미연에 방지할 수 있다. 그럼 구성원들이 과연 토론 과정에서 정보를 공유하는가? 또는 어떻게 정보를 공유하는가? 비록 데이비스 본인은 직접적으로 이 문제를 연구하지 않았지만, 그의 학생 개리 스타서(Gary Stasser)는 이 문제에 매우 농후한 흥미를 가지고 끊임없이 사고하고 연구를 진행한 끝에 이를 그의 평생 연구 주제로 삼았다. 스타서는 실험실에서 다양한 그룹의사 결정 현상을 관찰한 끝에 다음과 같은 사실을 발견하였다. 그룹 구성원 간의 정보공유 정도는 우리의 일반적인 상상과는 거리가 한참 멀 수 있다는 것이다. 정보공유의 과정을 발견하기 위하여 그와 그의 연구생들은 일련의 실험을 설계하였는데, 예를 들어 의사 결정 과정 중 일부 정보를 모든 그룹 구성원에게 제공하고(공유된 정보(shared information)) 또 다른 일부 정보는 부분 구성원에게만 제공(독특정보 혹은 숨겨진 정보(hidden profile))한 후 모든 구성원에게 함께 자유 토론하여 그룹의사 결정을 하도록 하였다. 연구 결과 재미있는 것은 독특한 정보가 사람들이 흥미로워 하는 정보이고 토론에서도 사람들의 관심을 받을 것으로 예상되었지만, 그룹 구성원들이 가장 신바람나게 토론을 했던 것은 뜻밖에도 모두가 알고 있는 정보(즉, 공유된 정보)였다(Stasser & Titus, 1985).

이런 연구의 기초 위에서 그들은 그룹 구성원들이 왜 공유된 정보에 대해 선호하는지를 고민하기 시작하고 간단한 정보 샘플링 모형(information-sampling model)(Stasser & Titus, 1985)을 개발하였다. 이 모형은 공유된 정보에 대한 선호현상은 일반적으로 그룹 토론의 시작단계에서 나타나고 있다고 예측하였고 동시에 그룹 토론 과정 중에 일치된 의견을 내야 한다는 요구도 이런 현상의 발생을 가속화하였다. 다수 사람들의 의견이 그룹의 최종 의사 결정을 결정한다는 점도 자주 나타나는 현상이다. 이 외에 공유된 정보를 드러내는 사람이 다른 사람들에게 유식하고 재능이 있으며 신뢰가 있는 사람으로 인식된다. 하지만 구성원들이 일단 토론 전에 자신의 생각을 형성하였다면 새롭게 획득한 정보를 잘못되게 이해할 수도 있는데, 이는 사람들은 자신의 원래의 의견과 일치되는 방향으로 해석하는 경향이 있음을 시사한다. 이러한 예측분석은 이후의 많은 연구에 의해 증명되었다(Brodbeck et al., 2002; Kameda, et al., 2002; Karau & Kelly, 1992; Kelly & Karau, 1998; Wittenbaum et al., 1999).

때문에 그들은 계속하여 "도대체 어떻게 하면 이런 현상의 발생을 방지할 수 있을까?"라는 질문을 하게 된다. 이 문제로부터 시작하여 그들은 이런 현상의 발생을 방지할 수 있는 가능한 메커니즘과 상황 변수들을 발굴하기 시작하였다. 예를 들어, 토론시간을 연장했을 때 독특한 정보가 토론시간이 연장됨에 따라 더 많은 관심을 받는지의 여부(Larson et al., 1994), 그룹 리더에게 독특한 정보가 의사 결정에 미치는 가치를 강조하는 것(Larson et al., 1994), 혹은 어느 한 구성원에게 "반대의견자"의 역할을 하도록 하여 독특한 정보만을 제공하도록 하는 것(Brodbeck et al., 2002), 심지어 어떤 구성원들이 어떤 유형의 정보에 대해 책임지도록 명확하게 규정하고 이를 다른 모든 구성원에게 알리는 것(Stewart & Stasser, 1995) 등이 있다. 연구 결과는, 이런 방법들은 확실하게 독특한 정보에 대해 더 많은 토론을 하도록 하게 하며 그룹의사 결정의 질을 향상시킨다는 것을 발견하였다.

이로부터 알 수 있듯이 연구자의 어떤 현상에 대한 깊은 관찰과 사고는 일반적으로 좋은 연구 문제를 발견하도록 하고, 또한 연구가 끊임없이 심화되므로 현상 뒤에 숨어있는 진정한 원인을 발굴해내는 데 도움을 준다. 이것이 바로 좋은 연구 문제를 발견할 수 있는 중요한 방법 중 하나이다.

2.2.2 방법중심 문제 제기: 다수준, 종단적, 문화 간 연구 방법 채택하기

방법 지향적인 연구 문제는 주로 두 가지 형식과 관련되어 있다. 하나는 연구 방법 자체에 대한 흥미로부터 파생된 연구 문제이다. 이런 유형의 학자들은 기존의 연구 방법(자료수집방법과 자료에 대한 통계적분석 방법을 포함)이 갖고 있는 결함을 끊임없이 고민하고 더 좋고 오차를 더욱 감소할 수 있는 방법을 제시하여 기존 방법의 부족함을 해결하려고 노력하고 있다. 이런 측면에서 볼 때 포드사코프(Podsakoff)와 그의 동료들이 자료수집 과정에 존재하는 동일방법오차(common method error) 문제의 확인, 분석 및 관련 조치를 제시한 논문은 하나의 전형적인 사례가 되겠다(Podsakoff, MacKenzie, Lee & Podsakoff, 2003). 제프 에드워즈(Jeff Edwards)가 차이점수(difference score)의 분석 및 사용에 대한 문제점을 지적하고, 이를 해결할 수 있는 다양한 해결방안에 대한 토론은 또 하나의 전형적인 사례이다(Edwards, 2001). 물론 에드워즈와 램버트는 후에 개발한 조절된 매개모형(moderated mediation)과 매개된 조절모형(mediated moderation)의 연구설계와 자료분석 방법에 대한 토론도 역시 연구 방법 지향적인 연구 문제 제기의 모범적 사례가 된다(Edwards & Lambert, 2007)(본 책의 20장에서 자세히 소개함).

또 한 가지 연구 방법 지향적인 연구 문제 형성 방식의 중점은 최신으로 제시된 연구 방법을 응용하여 경영학 현상을 연구하는 것이다. 이런 방식은 현상 지향적 방법과는 다르다. 그것은 한 가지 현상에 대해 전문적으로 연구하는 학자가 관심을 갖는 것은 어떻게 하면 보다 정확하게 현상을 이해하고 해석할 수 있는가의 문제이다. 어떤 방법이든, 새롭거나 낡은 것이나 "초급"이거나 "고급"이거나 간에 이 현상을 이해하는 데 도움이 된다면 어떤 방법이든 모두 사용할 수 있다. 예를 들어, 여러분이 창업자의 열정이 벤처 캐피털의 투자를 받을 수 있는지 여부와 미래 회사의 발전에 어떤 영향을 미치는지에 대해 흥미를 갖고 있다고 가정하자. 아마도 다양한 연구 방법을 사용하여 이 문제를 해결하고자 할 수 있을 것이다. 우선 창업자의 열정이라는 구성개념의 내포적 함의와 외연을 정의하고 다음 질적 연구 방법(예를 들어 인터뷰와 설문지)으로 이 구성개념의 조작적 정의와 측정 도구를 개발할 수 있으며(Hinkin, 1995, 1998), 이를 기반으로 하여 실증연구 방법을 통하여 창업자 열정과 벤처 캐피털 투자 사이의 관계를 검증할 수 있다. 또한 실험실 연구 방법(lab experiment), 예를 들어 연기자에게 창업자 역할을 감당하게 하는데 한 연기자는 열정적으로 자신의 창업계획서를 설명하게 하고 다른 한 배우에게는 열정적이지 않게 똑같은 창업계획서를 설명하게 한 다음 투자자들의 투자결정을 관찰할 수도 있다. 현장 연구(field study) 방법을 사용할 수도 있다. 즉 창업자가 투자자에게 창업계획서를 설명할 때 그들의 열정 정도를 측정하고 투자자들이 최종투자를 결정한 프로젝트가 해당 창업자의 열정과 관계가 있는지의 여부를 확인한다. 여기서 말하는 방법은 현상을 이해하기 위해 존재하는 것이지 방법 자체는 연구 문제를 움직이는 원동력이 될 수 없다.

연구 방법을 사용하여 연구 문제를 제기하는 연구자들의 특징은 우선 어떠한 연구 방법에 흥미를 가지고 있고, 그 다음 이런 방법의 특징에서부터 출발하여 적합한 연구 문제를 선택하는 것이다. 예를 들어, 최근 비교적 "인기"있는 수준 간 연구 방법(cross-level or multilevel research)이 그 예이다. 만약 본인이 이 방법의 이론적 의의에 대해 의심할 여지가 없고(Hitt, Beamish, Jacson & Mathieu, 2007) 이 방법을 사용하기 필요한 연구 설계요구와 통계적 방법 및 소프트웨어에 대해 모두 익숙하다면(Raudenbush, Bryk, Cheong & Congdon, 2004) 나 자신도 이러한 연구 방법을 사용하기 위하여 연구 문제를 선택하게 될것이다. 예를 들어, 이 연구 방법을 사용하여 그룹 수준에서의 요인, 예를 들어 직원의 자율적 업무를 격려하는 그룹의 분위기(group support for autonomy)가 어떻게 직원의 개인요인, 예를 들어 자율적 경향성(autonomy orientation)과 함께 직원이 업무에 대한 열정과 그들의 창의성에 영향을 주는지(Liu, Chen & Yao, 2011)를 연구할 수 있다. 또는 이 연구 방법을 사용하여 조직 수준의 요인인 기업의 다양성 풍토(diversity climate)와 개인의 문화적 IQ 수준과 함께 어떻게 개인의 업무 성과에 영향을 주는지(Chen, Liu & Portnoy, 2012)를 연구할 수도 있다. 또는 기업의 경영층과 고성과인적 자원시스템 간의 상호작용이 직원의 서비스품질에 어떻게 영향을 미치는지 연구할 수도 있고(Liao, Toya, Lepak & Hong, 2009), 모욕적 상사행동(abusive leadership)의 효과는 어떻게 여러 조직 내 하위단계로 전달되어 최종적으로 직원의 업무창의성에 영향을 주는지도 연구할 수 있다(Liu, Liao & Loi, in press).

방법 지향적 방법을 사용하여 연구 문제를 찾는 것은 몇 가지 좋은 점이 있다. 우선, 적어도 방법론 측면에서 이 연구의 독창성은 보장을 받을 수 있고 엄밀성도 크게 문제가 되지 않는다(만약 저자가 엄격하게 방법의 요구사항에 따라 진행한다면). 다음으로는 한 가지 새로운 방법이 나타났을 때 사람들이 이 방법에 대해 아직 익숙하지 않기 때문에 상대적으로 게재될 가능성이 높아진다. 만약 우리가 현 시점에서 돌이켜 1980년대 경영학 영역에서 Meta분석 방법에 대한 인기과 그 시대에 게재된 논문을 보다보면 이런 경향을 쉽게 발견할 수 있을 것이다. 같은 도리로 2000년 이후 점점 더 많은 다수준 설계 및 분석 방법(위계적선형모형(hierarchical linear modeling, HLM))을 사용한 논문들이 게재된 것도 이러한 경향의 표현이다.

하지만 이런 방법으로 연구 문제를 찾는 데는 몇 가지 결함도 존재한다. 우선, 한 학자의 개인적 전문연구 분야를 확인하기 어렵게 된다. "유행하는" 방법의 변화에 따라 자신의 연구 문제를 개변한다면 자신 혹은 타인에게 쉽게 혼란을 줄 수 있으며 자신의 학자적 정체성(scholar identity)을 어떻게 정의해야 할지 확신이 가지 않는다. 다음으로 끊임없이 연구 방법의 가장 최신발전 상황을 주목하고 학습하여 자신이 사용하는 방법이 항상 최신(cutting edge)이 되게 하여야 한다. 이럴 경우 방법론을 습득하는 중에서 자신의 연구자로서의 정체성을 잃어버릴 가능성이 존재하고 극단적으로 방법론을 위한 방법론을 공부하게 되고, 연구에 대한 초심과 본질을 잊게 된다.

자세히 생각해볼 때 설문지 연구 방법에서 새로운 방법이 끊임없이 나타나고 실험실 연구 방법은 기본적으로 큰 변화가 없는 주요한 이유는 설문지를 통해 얻은 자료는 인과관계를 나타낼 수 없고 또한 자기보고형식의 자료이다보니 부득이하게 자료의 진실성에 대한 의문이 발생하게 된다. 이는 왜 기존의 방법론적 추세로부터 볼 때 다중 원천/방법(multi-source), 다수준 연구 외에 종단적인 자료수집방법이 인기를 얻고 있는지를 설명하는 이유이기도 하다. 물론 문화적 차이가 사람들의 인지에 미치는 차별적 영향을 고려해볼 때, 가능하다면 문화 간 자료수집도 추가하는 것이 바람직하다. 이는 물론 자료수집의 어려움을 크게 증가시킨다. 하지만 오직 이런 연구설계방법만이 설문지 연구의 신뢰도와 타당도를 향상시킬 수 있다.

2.2.3 영감중심 문제 제기: 깊이 사고하고 타인과 교류하기

대부분의 연구 문제는 개인의 관찰과 생각의 결과이다. 뜻이 있는 사람에게는 어떤 현상이든 연구 문제의 소재가 될 수 있다. 개인이 어떤 문제에 대한 깊이 있는 관찰과 생각은 이 사람이 그 문제에 대한 깊은 흥미 혹은 정열과 깊은 관련성을 갖고 있다. 본인은 학생들이 연구 문제를 선택할 때 매우 큰 고민에 빠지는 것을 자주 보게 된다. 연구 주제를 정하였다고 하더라도 이 주제와 관련된 연구 문제를 생각하고자 할 때 또 다시 고민하기 시작한다. 때로 학생들에게 농담으로, 만약 이 연구가 본인을 그렇게 힘들게 한다면 일찌감치 그만두는 것이 더 낫겠다고 말한다. 그것은 개인적인 생각으로는 그들이 연구를 위한 연구를 하는 기현상에 빠졌기 때문에 연구를 하는 것이지 마음속 깊은 곳으로부터 묻어나오는 연구 문제에 대한 사랑으로 연구하는 것이 아니기 때문이다. 만약 어떤 연구 문제에 대한 지속적으로 집중하는 열정이 없다면 일반적으로 이 문제에 대한 깊은 사고와 관찰을 할 수 없고 그렇다면 통찰력 있는 이론과 가설을 제기할 수 없으며 자연적으로 이 연구 분야에 기여하기 어렵게 된다.

본인은 이 자리에서 개인적인 경험을 공유하고자 한다. 중국에서 대학원 공부를 하던 시절인데 우연히 미국 노스웨스턴대학교 데이비드 메식(David Messick) 교수의 논문 한 편을 읽게 되었다. 실험실 실험방법을 채용한 그 논문은 조직 구성원이 자원적 딜레마에 처했을 때 어떻게 행동하는지, 또 그들이 과도하게 자원을 사용할 때 어떠한 리더십을 갖춘 인물이 나타나기를 기대하였는지를 설명하였다

(Messick et al., 1983). 이 논문을 읽은 본인은 자원적 딜레마의 추상성과 복잡성에 완전히 매료되어 아직도 빠져나오지 못했다. 당시 석사학위 논문을 쓰고 있었는데 본인은 조금의 망설임도 없이 사회적 딜레마 문제(social dilemma)를 연구 주제로 선정하고 스스로 생각하기에 매우 창의적인 실험을 설계하였다. 학교에는 실험실도 없고 피험자 풀(subjects pool)도 없는 상황에서 나의 생애에 처음으로 실험실 실험을 시작하게 된 것이다. 대강당을 하나하나씩 다니면서 피험자를 모집하고 또한 특별히 한 회의실을 빌려 실험실로 사용하였다. 매일 실험하기 전에 마음속에는 탐험을 하는 기쁨이 넘쳐났는데 지금 생각해보면 마치 꿈과도 같았다. 만약 마음속 깊은 곳에서 그 문제에 매료되지 않았다면 이런 일들은 절대 발생하지 않았을 것이다.

바로 이런 이유 때문에 일리노이대학교에 갔을 때 한 교수님이 마침 사회적 딜레마 문제를 연구하는 전문가라는 것을 알았을 때의 그 설레임은 아직도 잊을 수가 없다. 당시 나는 그 문제를 고민하지 않는 때가 없었다. 바로 사회적 딜레마 상황에서 개인의 이익 극대화와 조직의 이익 극대화 간의 선택에 있어 모순이 발생했을 때 도대체 어떤 방법으로 조직 구성원들을 설득하여 조직 이익의 극대화를 위해 헌신하도록 할 것인가라는 문제이다. 길을 걸을 때나 밥을 먹을 때나 잠잘 때나 수업을 할 때나 머리 속에는 항상 이 문제로 가득 차 있었는데 심지어 깊은 밤중에 잠에서 깨어났을 때도 이 문제에 관한 아이디어가 생각나기도 하였다. 그리고 특별히 재미있었던 것은 사물을 관찰함에 있어서도 점점 더 사회적 딜레마라는 시각으로 분석하기 시작하였고 그리고 이러한 시각으로 문제를 분석하는 심각성과 투철성도 차츰 발전하게 되었고 많은 문제에 대해 눈앞이 환해지는 깨달음을 갖게 되었다. 예를 들어, 팀의 협력 문제, 대기오염 문제, 과도하게 수림을 벌채하는 문제, 초원의 사막화 문제, 인구증가 문제, 탐욕부패 문제, 기업 간의 동맹과 경쟁의 문제, 그리고 국가 간의 전쟁 문제 등이 모두 사회적 딜레마적 시각에서 체득할 수 있는 문제이다. 이 문제에 대해 고민하는 것은 나의 두뇌가 자동적으로 프로그램화 되어있어 "내"가 하라고 알릴 필요도 전혀 없이 그 자체가 스스로 이미 작동하고 있었다. 바로 이런 "매혹됨"과 이 문제에 대한 깊은 사고가 나로 하여금 매우 많은 독특한 아이디어를 생각해낼 수 있게 하였고 나아가 이후 일련의 실험연구를 하여 이런 연구 결과를 좋은 저널에 게재할 수 있게 만들었다(Au, Chen & Komorita, 1998; Chen, 1996; Chen, Au & Komorita, 1996; Chen & Bachrach, 2003; Chen & Komorita, 1994; Zeng & Chen, 2003).

연구의 영감은 타인과의 소통과 교류에서도 얻을 수 있다. 여기에서의 타인은 세 가지 부류의 사람들을 말한다. 학부생과 대학원생 모두를 포함하는 여러분이 가르치는 학생, 여러분이 컨설팅을 제공하는 고객, 그리고 학계의 동료들이다. 이런 사람들과의 교류는 비록 방식이 다르고 내용도 다르고 역할도 다르지만 모두 여러분의 연구 주제에 영감을 가져다 줄 수 있다.

학생과의 교류. 비록 강의는 지식을 전수하는 시간이지만 만약 서로 호흡하고 상호작용하는 강의 방식을 사용한다면 수업시간에 논란이 되는 많은 문제에 대해 토론을 할 수 있고 토론 과정에서 생각과 아이디어의 불꽃이 튀어나와 새로운 시각과 생각을 발생시킬 수 있다. 특히 MBA 혹은 EMBA 수업을 할 때, 학생들이 일정 기간의 직장 경험을 축적하였기 때문에 경영관리에 대해 농후한 흥미를 가지고 있다. 따라서 평상시에도 더 많이 고민하고 수업에서 질문하는 내용도 매우 고민어린 것이고 실제적이다. 이런 고민 중에 일부는 이미 이론적으로 해석 혹은 해답할 수 있는 것도 있고 일부는 이론적으로 한 번도 논의된 적이 없는 것도 있다. 이런 고민과 문제에 대한 토론은 새로운 아이디어를 만들어내기도 하고 미래연구의 주제가 되기도 한다. 이와 동시에 자신이 연구에서 발견한 문제를 수업시간에 학생들과 토론하는 것은 서로의 시야를 넓힘과 동시에 연구자 자신의 관점을 증명해 보는 좋은 방법이 된다.

박사 과정 학생들과의 교류는 좋은 연구 주제를 생각해내는 데 더욱 도움이 되는 방법이다. 박사 과정 학생들은 기본적으로 연구에 대해 깊은 흥미를 갖고 있고 또한 관찰하고 생각하기 좋아할 뿐만 아니라 연구를 자신의 미래의 평생직업으로 간주하고 있다. 그들과의 교류는 일반적으로 "서로 말없는 가운데서도 의사가 잘 통하는" 느낌이 있고 쉽게 말이 맞아 여러 가지 생각과 아이디어들이 끊임없이 나오게 한다. 물론 나의 관찰에 의하면 지도교수와 박사 과정 학생 간의 관계는 중국의 대학과 미국의 대학이 많이 다르며 가장 두드러진 표현은 그들의 "지위" 차이에서 나타난다. 미국의 대학에서 지도교수와 박사 과정 학생은 상대적으로 평등한 지위에 있고 서로 "동지"로 대하고 문제를 토론할 때도 동등한 자격으로 대하며 누가 누구의 말을 들어야 한다는 이슈가 존재하지 않기 때문에 박사 과정 학생들은 감히 하고 싶은 말들을 다 한다. 이와 동시에 지도교수도 박사 과정 학생이 선택한 연구 문제를 존중하고 절대 자신의 연구흥미를 박사 과정 학생에게 강요하지 않고 그들에게 주제를 주어 연구시키기 않으며 최대한 그들 스스로 자신의 연구흥미를 배양하도록 한다. 박사 과정 학생이 지도교수의 연구 방향과 완전히 다른 연구 주제로 박사학위논문을 쓰려고 결정해도 지도교수와 박사 과정 학생 사이에 관계가 나빠지는 경우가 적고 오히려 그의 결정을 지지하고 그에게 방법론적인 지도를 해준다. 중국의 대학에서는 대부분 경우 이와 매우 다르다. 박사 과정 학생들은 대부분 피동적으로 지도교수가 주는 연구과제를 수행하고 자신의 연구흥미와 아이디어에 대해서는 자주 혼란스러운 상태에 처해 있다. 이런 상황에서 좋은 교류가 발생하기는 비교적 어려운 것 같다.

이 자리에서 본인과 박사 과정 학생과의 교류 상황에 대해 잠깐 이야기 하고 싶다. 미국에서는 일반적으로 교수에게 박사 과정 학생을 지도할 것을 강요하지 않고 학교에서도 박사 과정 학생을 할당해주지 않기 때문에 일반적으로는 모두 박사 과정 학생이 주도적으로 교수를 찾아와 스스로 교수의 연구팀에 참여하거나 자신의 아이디어에 대해 연구할 의사를 제기하고 교수의 지도를 희망한 후에 함께 일을 시작하게 된다. 이미 여러 명의 박사 과정 학생이 내가 연구하는 사회적 딜레마 문제에 홍미를 갖고 나의 연구에 참여하기를 희망하였다. 연구 관심사/홍미가 비슷하기 때문에 우리의 교류는 매우 쉬웠다. 따라서 나는 그들과 생각을 공유하기 시작하였다. 함께 어떻게 실험을 설계하여 우리의 가설을 검증할 것인지, 실험의 과업을 어떻게 선택할 것인지, 피험자를 어떻게 모집할 것인지, 구체적인 실험절차, 측정 도구는 어떻게 확정하고 실험을 마무리한 후 어떻게 자료를 분석하고 논문을 작성할 것인지 등의 문제에 대해 함께 토론을 하였다. 이런 협력은 매우 즐거웠고 또한 끊임없이 새로운 성과와 아이디어를 만들어냈다. 예를 들어 나와 댄 바흐라흐(Dan Bachrach)의 합작, 나와 야오씬(Xin Yao)의 합작은 모두 이런 사례에 속한다(Chen & Bachrach, 2003; Chen & Yao, 2004; Chen, Pillutla & Yao, 2009).

그 밖에 나는 주도적으로 박사 과정 학생을 찾아가 나의 연구에 참여하게 한다. 이는 일반적으로 박사 과정 강의를 마친 후에 발생한다. 수업 과정에 만약 학생이 나의 연구 분야에 대해 홍미를 가지고 있고 비교적 새로운 아이디어도 가지고 있으며 연구의 기초도 튼튼하다고 판단될 때의 경우이다. 예를 들어, 최근 몇 년 간 나와 함께 협력한 리우뚱(Dong Liu)과 야오씬(Xin Yao)은 매우 좋은 예에 속한다. 우리는 함께 토론하여 여러 개의 홍미로운 연구 문제를 만들어 냈다. 예를 들어, 열정이 창업자의 성공에 미치는 영향, 그리고 열정이 직원의 독창성에 미치는 영향 등이 있는데 이 문제들이 새로울 뿐 아니라 매우 중요하여 격려이론과 경영학의 실무에 모두 직접적인 시사점을 제시하고 있음을 알게 되었다. 우리의 열정에 관한 연구 결과는 *Academy of Management Journal*과 *Journal of Applied Psychology*에 게재되었다(Chen, Yao & Kotha, 2009; Liu, Chen & Yao, 2010). 박사 과정 중에 리우뚱(Dong Liu)은 창업자라는 주제에 홍미를 갖게 되었고 그의 박사학위 논문 또한 이 연구 분야로 결정하게 되었다.

고객과의 교류. 고객과의 교류는 자신의 연구로 하여금 실제 상황에 대해 고민하도록 하며 자신의 이론의 응용가치를 검증할 수 있게 해준다. 여기서 말하는 고객이란 학생 이외에 여러분이 봉사하는 대상을 말한다. 여기에는 정부, 연구기관 혹은 기업이 포함된다. 나의 관찰에 의하면 중국의 대부분의 교수는 기업컨설팅 프로젝트를 진행하고 있다. 예를 들어, 기업을 위해 기업의 거버넌스구조를 디자인해주거나 인적 자원 제도를 기획하거나 혹은 임금분배제도를 설계하는 등의 활동이다. 그리고 일부 연구개발을 중시하는 기업에서는 기업이 직면한 까다로운 문제들을 제기하고 교수들에게 기업에서 자료수집을 할 수 있도록 허락하고 그 기초 위에 해결방안을 제시하도록 한다. 이는 사실상 매우 좋은 기회이다. 그것은 회사가 직면한 문제가 아직 연구되지 않은 새로운 문제일 가능성이 매우 높고 회사를 도와 실제적인 문제를 해결하는 동시에 자신의 연구 문제도 해결할 수 있기 때문이다. 개인적인 생각으로는 학자로서 컨설팅 프로젝트를 수행하는 것은 단순히 실제 문제를 해결하는 데 머물러서는 안되고 더욱 중요한 것은 어떻게 이런 실제적 문제를 추상화하고 이런 추상화한 개념들 간의 관계를 발굴해내는 것이다. 이렇게 되면 일거양득이 되고 연구의 시간도 낭비하지 않을 수 있다.

나는 평소에 회사의 컨설팅 요청을 잘 받아들이지 않지만 일단 하기로 결정했을 대는 꼭 잘 활용할 수 있도록 노력하였다. 우리가 최근에 *Journal of Applied Psychology*에 게재한 문화적 IQ에 관한 논문(Chen, Liu & Portnoy, 2012)은 사실상 이런 컨설팅 프로젝트의 결과물이다. 당시 워싱톤주의 부동산협회의 관련 인사는 나에게 연락하여 새로 이민해온 고객을 타겟으로 부동산 매매 성공율을 향상할 수 있는 방법에 대한 컨설팅을 희망했다. 워싱톤주는 마이크로소프트, 보잉, 아마존과 같은 하이테크 기업들이 있기 때문에 이민자 수도 전 미국에서 가장 많으며 새로 이민해온 사람들에 있어 집을 사는 것은 매우 큰 문제이다. 그리고 이런 새로운 이민자들을 도와 성공적으로 집을 구매할 수 있게 하는 것은 부동산 회사가 관심을 갖고 있는 실제적인 문제이다. 새로운 이민자들이 문화적 장애를 갖고 있기 때문에 부동산 중개회사는 비교적 높은 문화적 IQ를 갖고 있어야만 성공할 수 있다. 따라서 우리는 이 기회를 이용하여 개인과 회사 수준의 문화적 IQ가 부동산 중개판매 성과에 미치는 영향을 연구하였는데 그 결과 문화적 IQ는 매우 중요한 역할을 하고 있음을 발견하고 문화적 IQ의 이론과 문헌에 작은 기여할 수 있었다.

최근 중국 기업의 다양성 및 그들이 처한 특수한 성장기는 중국 경영학 학자들에게 매우 좋은 연구의 장을 제공하였다. 현재 중국의 경제환경은 경영학자에게 연구의 황금시대를 열게 하였고 그들로 하여금 경영학 이론의 발전과 중국 기업의 성장을 위해 기여할 수 있는 기회를 제공하였다. 예를 들어, 중국 기업이 가지고 있는 다양한 지배구조 유형은 기업 거버넌스 구조가 어떻게 기업 성과에 영향을 주는가에 대한 연구에 풍부한 소재를 제공하였다. 예를 들어 서로 다른 지배구조를 가지고 있는 기업들이 경제적 지원과 인적 자원을 어떻게 획득하는지? 왜 어떤 기업은 다른 기업에 비해 글로벌 경쟁에 참여하기를 더 원하는가? 또 예를 들면, 점점 가열화되는 기업 간 인재 쟁탈전 현상이다. 현재 신문잡지 혹은 웹 사이트에서는 "아무개 최고 경영자가 이직했다"는 뉴스보도를 거의 매일 쏟아내고 있다. 개인적인 생각은 비록 직원의 이직은 경영학 연구에서 상대적으로 오래된 주제이긴 하지만, "집단이직"의 빈번한 발생은 하나의 시대적 특징과 메커니즘을 소유한 유일무이한 현상이다. 이 외에, 본인 생각에는 창업 현상도 중국 경영학 학자들이 관심을 가져야 할 중요한 현상이다. 그것은 민간 창업은 일부 경제발전에 있어 가장 성공한 성(省)의 성장동력(예를 들어, 강소성과 절강성)으로 역할을 해왔기 때문이다. 현재 점점 더 많은 민영기업은 전문 경영인을 채용하고 혹은 학자를 초빙하여 컨설팅을 하는데 이는 모두 그들이 경영을 얼마나 중요시하는지를 나타낸다. 이와 동시에 학자들에게 이런 기업을 연구할 수 있는 기회를 제공하였다.

동료와의 교류. 동료와의 교류는 생각의 불꽃을 불러일으키는 또 하나의 중요한 방법이다. 자세히 돌이켜보면 나의 여러 논문은 사실상 모두 동료와의 교류에서 나온 결과이다. 예를 들어 나와 천사오췐(Chao C. Chen)과의 협력인데 이는 바로 우리가 미국경영학회 연례회의 참가하는 중 나누었던 짧은 교류에서 시작되었고 몇십 분의 이야기를 나눈 후에 단번에 합의를 이뤄냄으로써 후에 *Academy of Management Review*에 게재한 논문이 탄생될 수 있었다(Chen, Chen & Meindl, 1998). 쯔엉밍(Ming Zeng)과 함께 쓴 *Academy of Management Review*의 논문(Zeng & Chen, 2003), 그리고 첸야루(Yaru Chen)와의 협력(Chen, Chen & Portnoy, 2009; Chen, Brockner & Chen, 2002)도 모두 이런 사례에 속한다. 내가 홍콩과학기술대학에 있을 때, 동료인 마단 필루사라(Madan Pillutala)는 나의 연구실을 지나갈 때마다 머물러 나와 몇 마디씩 이야기를 나누었는데 이야기를 하다보면 새로운 생각이 떠오르고 그가 이 생각들을 화이트보드에 쓰게 되면서 우리는 함께 실험을 하기로 결정하였다. 후에 이 연구 성과는 *Organizational Behavior and Human Decision Processes*에 게재되었다(Pillutala & Chen, 1999). 나와 리쑤(Shu Li)와의 협력은 호주에 회의차 갔을 때 시드니에서 만난 것이 시작이었다. 당시 시드니 오페라 극장 부근의 바닷가에서 산책하면서 "지역행동(territorial behavior)"의 국경을 넘은 표현 방식에 대해 이야기를 나눴는데 이는 후에 우리의 문화 간 경쟁행동에 관한 연구로 발전되었고, 나중에 *Journal of International Business Studies*에 게재되었다(Chen & Li, 2005).

2.2.4 문헌중심 문제 제기: 폭넓게 문헌 읽기

개인의 관찰과 생각에서 영감을 얻어 연구 문제를 발견하는 것 외에, 많은 사람이 기존의 문헌을 읽는 방법을 통해 어떤 분야의 최근 인기가 있는 연구 분야를 발견하거나 연구할 가치가 있는 주제를 발굴한다. 예를 들어, 조직행동학 분야에서 만약 최근 5년간 게재된 연구 논문을 검색해보면 다음과 같은 몇 개의 인기 있는 주제를 발견하게 될 것이다. 분배적 공정성(distributive justice), 절차적 공정성(procedural justice)과 상호작용적 공정성(interactive justice)을 포함한 공정성 이론(justice theory); 맥락적 행동(contextual behavior), 역할 외 행동(extra-role behavior), 그리고 팀 수준에서의 시민행동(group citizenship behavior); 리더십 행동에서 특히 변혁적 리더십 행동(transformational leadership theory). 또한 호혜행동(reciprocity)에 대한 연구도 차츰 활발해지기 시작하였다(Flynn, 2003a, 2003b, 2003c, 2005; Wu et al., 2006). 창조력과 혁신(creativity and innovation)에 관한 연구 및 문화 간 경영(cross-cultural management)의 연구는 이제 막 발전하는 단계에 들어섰다.

문헌에 대한 리뷰로부터 영감을 얻어 연구할 가치가 있는 문제를 발견하는 데는 몇 가지 좋은 점이 있다. 우선, 연구의 리스크는 상대적으로 낮다. 여기서 말하는 연구 리스크는 연구 주제가 기타 연구 동료의 인정 여부 그리고 논문에 게재될 수 있는 가능성을 가르켜 하는 말이다. 만약 연구 주제가 순수히 자신의 개인적 취미에 따라 선택하고 이런 유형의 문제가 지금까지 어떤 학자도 연구를 하지 않았을 경우, 이는 다른 사람들 모두가 이 연구 주제가 가치 있다고 생각하지 않았기 때문이다. 그러므로 스스로 매우 중요하다고 생각한다 하더라도 논문을 게재하기는 매우 어려운 일이 된다. 이 외에 이를 해석할 수 있는 또 한 가지 원인은 기존의 학자들이 누구도 이러한 생각을 하지 않았었는데(기존 학자들의 시각의 맹점) 여러분이 "예리한 안목으로 영웅을 알아본" 격이 된다. 그렇게 되면 여러분은 타인의 시각을 바꿔야 할 책임이 있고 논문을 게재하는것도 비교적 어렵게 된다. 하지만 현재 뜨겁게 토론을 하고 있는 문제 중에서 한 주제를 선택하여 연구를 한다면 본 주제는 자연적으로 "합법성(legitimacy)"을 갖게 되고 다른 사람들도 자연스럽게 여러분을 그들의 "대화"에 참여하게 한다.

문헌에 대한 리뷰로부터 연구 문제를 찾는 두 번째 좋은 점은 여러분이 연구를 위해 비교적 튼튼한 이론적 기초 및 연구 도구를 찾을 수 있고 맨땅에서 헤딩할 필요가 없다는 데 있다(starting from scratch). 이미 저널에서 자주 나타나는 연구 주제는 일반적으로 이미 일정한 이론적 기초를 갖추고 있기 때문에 이는 논문이 이론적 가이드가 부족할 수 있는 결함을 방지할 수 있게 된다. 본인도 중국 국내의 많은 선생과 학생이 작성한 논문들, 심지어 박사학위논문들도 읽는데 공통적인 결함이 바로 이론이 부족하다는 것이다. 많은 문장이 어떤 가설을 제시하기 전에 일반적으로 이론적 서술 혹은 기초가 없을 뿐 아니라 이론에서 가설로 이어지는 논리적 추론도 없이 일반적으로 갑작스럽게 가설을 제기하여 독자들로 하여금 어리둥절하게 한다. 만약 여러분의 연구 문제가 타인의 문헌적 기초 위에서 만들어진 것이라면 원래 이런 문장 중에 녹아있는 이론적 모델은 기본적으로 여러분의 연구의 이론적 기초가 되고 이론을 약간 수정한 것이거나 혹은 변수들 간의 연결을 추가하거나 제거한 것이어야 한다.

이 외에 문헌연구는 여러분에게 이 부류의 연구가 사용하는 일반적 방법을 이해할 수 있도록 하여 여러분의 연구가 따를 수 있는 길을 제시해준다. 예를 들어 조직시민행동은 일반적으로 설문지 방법을 사용하는데 연구자가 직접 기업에서 표본을 추출하여 연구를 진행하고 또한 서로 다른 표본을 사용하여 독립변수와 종속변수의 자료를 수집할 수 있다. 다시 말하면, 만약 여러분이 직원의 조직에 대한 몰입과 만족도가 그들의 조직시민행동를 결정하는 주요 요인이라고 예측한다면 여러분은 반드시 직원으로부터 그들의 조직적 몰입과 만족도에 관한 자료를 수집하여야 한다. 하지만 직원의 상사 혹은 동료로부터 직원의 조직시민행동에 관한 자료를 수집한 후 이 두 가지 서로 다른 자료로부터 얻은 변수 간의 상관관계를 계산하게 된다. 이렇게 함으로써 동일방법편파(common method variance)에 기인한 오차를 피할 수 있다. 동시에 문헌에서 사용된 방법에 근거하여 자신의 연구를 진행함으로써 연구가 게재될 가능성도 한층 높아지게 된다.

물론 문헌을 리뷰하는 기초 위에 자신의 연구 문제를 형성하는 것 또한 일부 부족한 점이 존재한다. 가장 큰 문제는 연구 주제가 창의성이 부족하고 "그냥 재탕"만 한다는 비난을 받을 수 있다. 예를 들어, 다른 사람들이 이미 몇십 년간 리더십 행동에 대해 연구하였는데 현재 내가 연구할 때는 큰 이론적 틀을 움직이지 말고 한 두 가지 변수만 추가하면 된다. 변혁적 리더십 행동에 관한 대부분의 연구는 모두 그것을 조직시민행동과 연관시키는데 나는 하나의 변수만 추가하였고 그 변수가 바로 직원의 최고 경영자에 대한 신뢰이다. 변혁적 리더십 행동은 직원의 최고 경영자에 대한 신뢰를 증가시킬 수 있고 바로 이런 신뢰가 직원으로 하여금 기업의 발전을 위해 기여가 되는 조직시민행동를 하게 만든다. 여기서 유일하게 추가된 것이 "신뢰"라는 매개변수이고 다른 틀은 그대로 두었다. 이런 연구는 비록 "점증가치(incremental value)"를 갖고 있지만 창의성은 미약하다고 할 수 있다.

문헌을 리뷰하는 것을 통해 연구 문제를 제기하는 또 하나의 위험은 이 주제가 "유행이 지났을 때", 여러분은 처음부터 다시 시작하여 새로운 주제를 찾아야 한다. 이렇게 되면 여러분 개인의 연구 흥미는 타인 혹은 학술계의 연구 트렌드의 변화에 따라 변하게 되고 따라서 자신의 연구 정체성과 궤적을 형성할 수 없게 되므로 자신의 연구에 개성이 부족하고 학술계의 "기회주의자"로 전락하게 된다.

본인은 이 자리에서 좋은 연구 문제를 찾아내는 네 가지 방법에 대해 논의하였다. 사실상 이 네 가지 방법은 서로 배척하는 관계가 아니며 또한 모든 가능성을 다 포괄하고 있는 것도 아니다. 연구 문제를 찾는 기타 수많은 방법이 존재한다. 개인적으로 연구에 뜻이 있는 사람이라면 몸을 돌리거나 머리를 들면 연구할 만한 문제를 찾아낼 수 있는데, 관건은 마음의 예민성과 시각의 독특성을 유지하는 것이 중요하다고 생각한다.

2.3 문제의 전환: 어떻게 일반적 문제를 연구 문제로 전환할 것인가

나 자신이 중국에서 처음 연구를 시작할 즈음에 거시적인 문제를 묻기를 즐겨하였다. 예를 들어, 우리나라는 어디로 가야 하는가, 국내 경영학의 출구는 어디에 있는가 등 "중차대한" 문제들인데 오직 이런 문제들만이 연구할만한 가치와 의미가 있다고 생각했다. 경영학 분야에서 큰 문제는 당연히 "우리나라는 어디로 가야 하는가?"가 아니라 "기업 성과에 영향을 주는 요인은 무엇인가?", "도대체 어떻게 하는 것이 직원의 업무 적극성을 향상시킬 수 있을 것인가?"와 같은 문제인데 질문 자체가 작으면 다른 사람들이 보잘 것 없다고 생각하는 것을 두려워하였다.

개인적 경험으로 볼 때 만약 내가 일리노이대학교에 가서 공부를 하지 않았다면 아마 이런 사고습관을 바꾸지 못했을 것이다. 일리노이대학교에 도착한 지 얼마 되지 않아 첫 학기에 한 세미나 수업이 있었는데, 이 수업은 학과의 모든 교수가 한 강의씩 돌아가면서 주로 자신의 연구 문제 및 몇년 간의 주요 연구 성과를을 소개하는 것이었다. 모든 교수가 강의한 내용들은 매우 독특하고 세밀하지만 또한 다른 교수와의 연구와 그 어떤 중복도 없다는 것을 발견하였다. 원래는 같은 큰 주제에 속한 내용들이라고 생각했는데 사실은 매 강의마다 그 내용이 모두 하나의 독립된 연구 분야이고 몇십 년간 축적되어 온 이론과 연구 성과들이었다. 그제야 이 수업이 나에게 얼마나 어려운 것인지를 깨달았고, 동시에 연구자는 이처럼 "자질구레한" 주제도 연구할 수 있다는 것을 알게 되었다. 예를 들어, 마틴 피쉬바인(Martin Fishbein)이 강의한 내용은 태도에 관한 연구이다. 태도에 대한 정의, 구성 부분, 영향 요인부터 시작하여 태도와 행동 간의 선후(인과)관계, 이론모형, 이론모형에 대한 실증연구 및 태도와 행동변화 간의 관계를 예측하는 계산공식에 이르기까지 한 강의시간에 그의 20여 년간 진행해온 연구를 설명해주었는데, 이때 나는 "태도"라는 문제 하나만으로도 한 사람의 평생의 연구 노력이 필요하다는 것을 알게 하였다. 연구의 깊이가 있을수록 그리고 상세할수록 이론에 대한 기여와 실제에 대한 시사점이 더 크다. 패트릭 로린(Patrick Laughlin)이 강의한 내용은 집단추론의 과정과 규칙인데 그는 전문적으로 한 집단이 일부 어려운 문제를 해결할 때 사람들은 어떻게 각자가 갖고 있는 단서들을 하나로 묶어 문제에 대한 가설을 형성하고 일부 현상이 발생할 때 앞서 제시한 가설을 증명 혹은 가설로 하여금 진리(문제의 진실한 답안)에 한 발자국씩 더 가까이 다가가 최종적으로 정확한 결론을 내리는지에 대해 연구해왔다. 그는 또한 자신만의 포커게임을 발명하고 전문적으로 집단추론의 과정을 연구하기도 하였다. 제임스 데이비스(James Davis)는 자신의 배심원에 대한 연구, 그룹의사 결정의 다양한 현상 및 자신의 사회의사 결정모델이론에 대해 소개하였다. 사뮤엘 코모리타(Samual Komorita)는 자신의 제휴형성이론(coalition formation theory)과 사회적 딜레마에 대한 연구, 그리고 피터 카네발(Peter Carnevale)은 자신의 협상에 관한 연구, 해리 트리안디스(Harry Triandis)는 자신의 집단주의-개인주의 연구, 찰스 홀린(Charles Hulin)은 직원의 이직에 관한 연구, 프리츠 드라스고(Fritz Drasgow)는 문항반응이론(item response theory), 자넷 스니젝(Janet Sniezek)은 사람이 의사 결정 과정에서의 과도하게 자신만만해지는 현상에 대한 연구 등을 이야기하였다. 내 기억으로 당시 나는 엄청난 충격을 받았고 장시간의 사고 끝에 깨달은 것은 "큰 문제"를 연구해야만 과학에 기여할 수 있는 것이 아니고 그러지 않아도 일류의 학자가 될 수 있다는 점이었다.

2.3.1 큰 것을 작은 것으로, 추상적인 것을 구체적인 것으로 전환하기

"크기만 하고 적당하지 않은" 문제를 조작 가능하고 연구 가능한 문제로 전환하는 관건은 한 개인과 하나의 연구의 한계성을 인식하는 데 있다. 한 개인은 한 연구에서 이처럼 큰 문제에 대해 해답을 제공할 수 없기 때문에 반드시 큰 문제를 분해하고 또 분해하여 문제에서 언급된 개념에 대해 정확하게 정의하고 조작하며 측정할 뿐 아니라 개념과 개념 사이의 관계를 실제 자료로 검증할 수 있어야 한다.

예를 들어, 만약 여러분이 앞서 이야기했던 "기업 성과에 영향을 주는 요인은 무엇인가?"라는 큰 문제에 흥미를 갖고 연구하고 싶다고 하자. 이 문제는 분명히 아주 많은 답안을 가지고 있고 또한 금융, 재무회계, 시스템 설비, 물류분석, 시장전략, 기술혁신, 기업전략, 기업경영 등 경영학의 모든 영역에서 연구를 시작할 수 있다. 기업경영 분야라고 해도 이는 거시경영 혹은 미시경영으로 나뉘고 거시경영 분야에서도 아주 많은 측면에서 이 문제를 바라볼 수 있다. 예를 들어 기업의 수평적 제휴의 시각에서, 기업제품혁신의 시각에서, 기업의 경영방법의 시각에서, 심지어 기업이 산업관계망에서의 위치 이 모든 것은 기업 성과에 영향을 미친다. 그리고 기업 자체의 나이, 규모의 크기, 소재지, 제품개발주기 등도 성과에 영향을 준다. 미시경영의 시각에서 기업의 조직구조, 운영 프로세스, 기업에서 직원을 선발하고 모집하며 교육하고 성과를 평가하고 봉급 분배 등 격려조치 및 기업의 경영스타일, 기업 문화 등도 모두 기업의 최종 결과에 영향을 미친다. 이렇게 볼 때 "기업 성과에 영향을 주는 요인은 무엇인가?"라는 문제를 해답하려면 한 개인이 평생의 시간을 가지고 연구하여도 모든 답을 찾아낼 수 없다는 것은 자명한 사실이다. 이런 상황에서 여러분은 오직 문제를 분해하여 자신이 착수하여 시작할 수 있는 분야를 확정하고 다시 그 분야 중 다양한 요인을 선택하고 나아가 기업 성과와 가장 밀접한 과계를 갖고 있고 대표성을 갖고 있는 변수를 선택하여 첫 번째 연구를 시작하는 것이 바람직하다. 만약 여러분이 기업의 리더행동이 기업문화의 형성에 매우 중요한 역할을 하고 기업문화는 또한 언제나 직원의 행동에 영향을 주며 직원의 행동은 기업의 최종적 성과에 중요한 영향을 미친다고 생각한다면 여러분은 리더행동에 대한 연구를 중심으로 자신의 연구를 시작할 수 있다. 그 다음 한 발자국씩 깊이 있게 연구를 하여 리더행동, 기업문화, 직원행동과 기업 성과, 이 네 개의 변수 간의 관계에 대해 철저하게 연구를 한 기초 위에 자신의 이론적 프레임워크를 구축할 수 있다.

문제를 이런 단계까지 분해를 했을 때 각각의 변수는 거의 모두 비교적 정확하게 정의를 내려질 수 있다. 물론 위의 네 가지 변수는 아직 비교적 추상적 측면에 머물러 있다는 것 또한 사실이다. 예를 들어, 리더행동은 기존의 연구에 따르면 이미 무수히 많은 종류의 표현 형식을 갖고 있다. 예를 들면, 업무 지향적 행동, 관계 지향적 행동(Fiedler, 1993); 지도형 행동, 자문형 행동, 설교형 행동, 권력부여 행동(House, 1978); 변혁적 행동, 거래적 행동(Bass, 1985; Burns, 1978); 최근 유행하고 있는 카리스마 리더(Conger & Kanungo, 1987, 1998), 서번트리더(Greenleaf, 1977), 제5단계 리더십(Collins, 2001)이다. 여러분은 이런 리더십 이론 중에서 하나를 선택하여 자신의 연구를 지도할 것인가 아니면 처음부터 다시 시작할 것인가? Anne Tsui, Wang과 Xin(2006)은 중국 내 기업의 리더에 대해 연구를 진행하였는데 중국 기업리더의 일부 독특한 행동 스타일을 발견하였으며 이러한 스타일에 대해 분류를 하고 이들이 자신이 소속되어 있는 기업의 성과와의 관계에 대해 살펴보았다. 그들은 기존의 리더십이론으로는 중국 기업의 리더행동을 해석할 수 없다는 한계를 분명하게 인식한 결과 처음부터 다시 시작하여 탐색적 연구를 시작하였다. 만약 여러분은 카리스마적 리더가 기업문화에 가장 큰 영향을 미친다고 생각한다면 카리스마적 리더의 이론을 자신의 연구기초로 선택하여 중국 기업에서의 표현과 영향을 예측해볼 수 있다.

현재의 연구 문제를 보다 구체적으로 바꿔보도록 하자. 예를 들면, “태도가 겸손하고 온화하여 쉽게 접근할 수 있는 리더 스타일이 더욱 효과적인가 아니면 군림하는 리더 스타일이 더욱 효과적인가?”, “태도가 겸손하고 온화하여 쉽게 접근할 수 있는 리더 스타일은 어떤 기업문화를 초래하는가?” “군림하는 리더 스타일은 어떤 기업문화를 형성하는가?” 기존의 연구에서 이러한 리더행동에 대한 언급이 없기 때문이 여러분은 이 두 가지 리더 스타일에 대해 정의를 해야 하는데 이렇게 분해를 하고나면 여러분의 문제는 아래와 같이 변화될 것이다. “태도가 겸손하고 온화하여 쉽게 접근할 수 있는 리더 스타일의 구체적인 표현은 무엇인가?” “군림하는 리더 스타일의 구제적인 표현 또한 무엇인가?” 다음 수집한 자료에 근거하여 이에 대응하는 높은 신뢰도와 타당도를 갖고 있는 측정 도구를 개발하고 정확하게 측정하여 이 두 가지 리더 스타일을 구별해낼 수 있다. 이와 동시에 여러분은 기업문화의 개념에 대해 명확하게 정의하고 적합한 측정 도구를 찾아내야 한다. 이 두 변수의 구체적인 조작적 측정도구를 확정한 다음에야 여러분의 문제에 대해 비교적 믿을만한 해답을 찾을 수 있다.

물론 가장 보고 싶었던 것은 리더 스타일이 다름에 따라 어떤 다른 기업문화를 조성하고 나아가 기업 성과에 미치는 서로 다른 영향일 것이다. 이때 기업 성과에 대해서도 정의하고 분해를 해야 한다. 기업의 성과는 매출액, 이윤율, 시장점유율 등 객관적 지표로 측정할 수 있고 또한 기존 직원의 기술수준, 성과표현, 직원 이직률, 직무 만족도, 직원 혁신의식 등 주관적 지표로 측정할 수도 있다. 선택한 지표가 다름에 따라 결론도 다를 수 있다. 따라서 대충 문제를 묻는 것과 구체적인 문제를 물어보는 것은 사유방식이 서로 다르다는 것을 반영한다. 실증연구를 하려고 한다면 오직 문제를 아주 구체적으로 질문해야만 진행할 수 있다.

2.3.2 문제를 연구변수와 가설로 전환하기

일반적 문제를 연구 문제로 전화하려면 또 하나의 중요한 절차가 있는데 그것은 바로 문제에 관련된 변수 및 이 변수들 사이에 존재 가능한 관계에 대해 확정지어야 한다.

현재 만약 나에게 그 누구도 연구한 적이 없는 문제가 있다고 하자. 즉 기업리더의 행동은 한 기업의 혁신역량에 영향을 줄 것인가? 우리는 이 문제를 어떻게 연구 변수와 가설로 전환할 수 있을까? 몇 개의 절차가 있는데 우선, 우리는 이 두 변수가 서로 관계가 있는지 여부를 확정지어야 한다. 만약 있다면 다음 문제는 리더행동은 어떻게 기업의 혁신역량에 영향을 주는가? "어떻게"라는 이 단어는 이런 영향이 발생하는 메커니즘에 대해 탐색하여 "블랙박스" 중의 변수의 진면모를 보여주는 것을 말한다. 기존의 연구 결과와 나 자신의 관찰과 생각에 근거하면 나는 리더행동이 기업의 혁신역량에 영향을 줄 때 아래와 같은 몇 개의 단계를 거쳐 실현된다고 본다. 우선, 리더행동 특히 혁신을 지지하는 행동(예를 들어 직원이 끊임없이 학습하는 것을 격려하고 자신의 사유습관에 끊임없이 도전하며, 직원들이 새로운 방법으로 문제를 해결하는 것을 격려하고 인센티브제도를 설립하여 직원이 합리적으로 개선할 수 있는 건의제기를 격려하는 등)은 기업에서 혁신의 분위기와 문화를 형성한다. 다음으로 이런 혁신문화는 직원으로 하여금 모험하기를 원하게 하고 또한 창조적이 되기를 원하게 한다. 결국 직원의 끊임없는 혁신은 전체 기업의 혁신역량에 직접적으로 영향을 주게 된다. 따라서 이 문제에는 아래의 몇개의 변수가 포함된다. (1) 혁신을 지지하는 리더행동, (2) 기업의 혁신역량, (3) 기업의 혁신 분위기, (4) 직원의 혁신행동이다. 매우 분명한 것은 이 연구에서 리더행동은 독립변수(independent variable)이고 기업의 혁신역량은 종속변수(dependent variable)이며 기업혁신의 분위기와 직원의 혁신행동은 두 개의 매개변수(mediating variables)인데 구체적인 것은 〈그림 2-1〉을 참조하기 바란다.

물론 이는 한 가지 가능성에 불과하다. 또 하나의 가능성은 혁신을 지지하는 리더행동이 직원의 혁신행동에 직접적으로 영향을 주는 것이다. 이와 동시에 우리는 같은 리더행동이라도 서로 다른 직원에게 다른 역할을 한다고 가설을 제기할 수 있다. 예를 들어, 리더는 직원에게 자신의 사유습관에 대해 끊임없이 도전할 것을

〈그림 2-1〉
리더의 혁신 지지 행동과 기업의 혁신역량 간의 다수준 매개와 조절모형

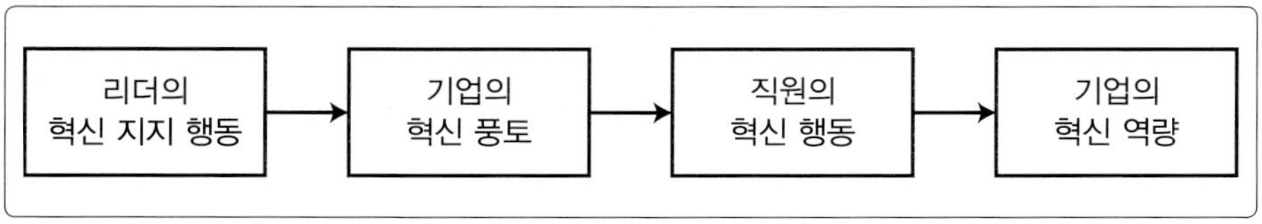

요구하고 직원이 개선해야 할 사항을 자주 지적하는 행동들은 다른 직원에게 다른 반응을 발생시킬 수 있다. "학습 지향형(learning goal oriented)" 직원들은 아주 자연스럽게 이런 리더행동을 받아들일 수 있는데 그것은 그들이 원래부터 사람은 끊임없이 학습하고 끊임없이 향상해야 한다고 생각하기 때문이다. 하지만 "성과 지향형(performance goal oriented)" 직원들은 이런 리더행동을 받아들이기 쉽지 않은데 그것은 리더가 그들에게 개선할 것을 요구한다는 것 자체는 그들의 능력에 대한 일종의 부정으로 받아들이기 때문에 매우 부정적인 뜻으로 해석되기 때문이다. 직원 개인이 이런 측면에서의 경향은 기존의 문헌에서는 "목표 지향성(goal orientation)"(Dweck, 1986, 1999)으로 불려왔다. 때문에 우리는 이 연구에 또 하나의 조절변수(moderating variable)를 추가할 수 있는데 바로 직원 개인의 "목표 지향성"이다. 이 연구의 변수 간의 관계가설은 〈그림 2-2〉로 표현할 수 있다.

연구변수와 그들 사이의 관계에 대해 확정한 후 우리는 이 연구의 주요가설들을 써낼 수 있게 된다.

- 가설 1a: 리더의 행동은 기업의 혁신 풍토에 직접적으로 영향을 미친다.
- 가설 1b: 리더의 행동은 직원의 혁신행동에 직접적으로 영향을 미친다.
- 가설 2: 직원의 혁신행동은 전체 기업의 혁신역량에 영향을 미친다.
- 가설 3: 리더행동과 직원의 혁신행동 사이의 관계는 기업의 혁신 풍토에 의해

〈그림 2-2〉
변수 간의 관계가설

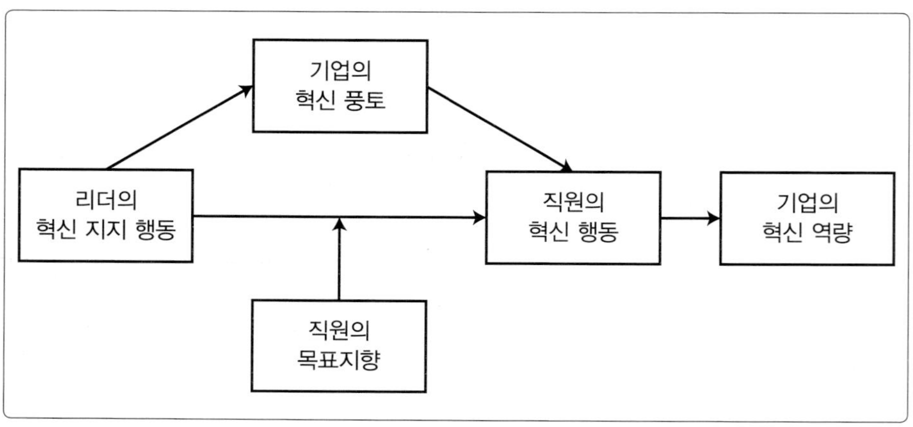

매개된다.

- 가설 4: 리더행동과 기업 혁신역량 사이의 관계는 직원의 혁신행동에 의해 매개된다.
- 가설 5: 직원의 목적 지향은 리더행동과 직원의 혁신행동 사이의 관계를 조절하고 직원의 학습목표 지향성은 위 둘 사이의 관계를 강화하고 직원의 성과목표 지향성은 둘 사이의 관계를 약화한다.

다음으로 제니퍼 챗맨(Jennifer Chatman)이 *ASQ*에 게재했던 논문 한 편을 보기로 하자. 그의 가장 기본적인 문제는 바로 직원의 가치관과 기업 가치관과의 부합성은 어떻게 실현되는가? 기업 가치관과 일치한 직원이 업무 태도가 더욱 적극적이고 표현도 더 좋고 주도적으로 이직하지 않을 것인가? 챗맨(Chatman, 1991)은 직원과 기업이 부합된 가치관을 유지하려면 우선 직원을 뽑을 때부터 잘 선택해야 하고 다음으로 뽑은 후에 동화/사회화를 시켜야 한다고 했다. 따라서 이 연구 중의 연구변수들은 다음과 같다.

- 독립변수: 모집과정에서의 선발 — 오직 기업과 비슷한 가치관을 갖고 있는 후보를 선발하고 조직에 가입 후에는 동화/사회화 — 활동에 참여가 많을수록 기업과 가치관을 공유할 가능성이 더 높다.
- 중간변수: 개인 가치관과 기업 가치관의 부합 정도.
- 종속변수: 업무 만족도, 업무 성과, 이직 의도.

변수와 변수 사이의 관계는 〈그림 2-3〉으로 표시할 수 있다.

구체적으로 가설의 형식으로 이런 변수 사이의 관계를 표현하면 다음과 같다.

- 가설 1: 직원 선발 과정에서 개인의 가치관에 대한 관심이 높을수록 직원과 기업 가치관의 부합 정도가 더 높다.

〈그림 2-3〉
변수와 변수 간의 관계

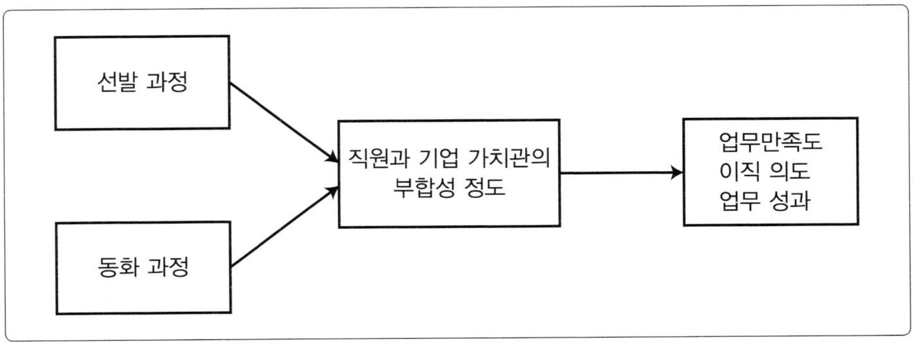

- 가설 2: 직원이 입사 후 기업의 사회화/동화 활동에 참여가 많을수록 직원과 기업의 가치관의 부합 정도가 더 높다.
- 가설 3a: 기업 가치관과의 부합 정도가 높은 직원일수록 직무 만족도가 더욱 높을 것이다.
- 가설 3b: 기업 가치관과의 부합 정도가 높은 직원일수록 업무 성과가 더욱 높을 것이다.
- 가설 3c: 기업 가치관과의 부합 정도가 높은 직원일수록 이직 의도가 더욱 낮을 것이다.

챗맨은 종적 연구 방법을 사용하여 8개의 회계사 사무소에서 1년의 간격을 두고 자료를 수집함으로써 기업의 다양한 사회화/동화 활동의 전개(예를 들어, 기업문화교육, 기업경축활동, 멘토제 등)와 이 기간 동안 직원 가치관의 변화 및 직원과 기업 가치관의 부합 정도의 변화를 관찰할 수 있었고 또한 이런 가설의 채택 여부를 검증하였다. 결과, 비록 대부분의 가설이 채택되었지만, 일부 가설은 자료의 지지를 받지 못해 기각되었다(자세한 내용은 원문을 참조하기 바람).

2.3.3 문제를 연구설계로 전환하기

연구 문제와 가설이 기본적으로 확정된 후 다음 단계는 적합한 연구설계를 선택하여 가설을 검증하는 것이다. 연구 방법의 선택은 주로 연구 문제와 가설에 의해 결정된다. 일반적으로 만약 연구가설의 변수 간의 관계가 인과관계라면 실험실 실험을 정교하게 설계하여 검증할 필요성이 제기된다. 그것은 실험으로 엄격한 통제를 통해 독립변수의 변화로 인하여 발생한 종속변수의 변화를 관찰할 수 있기 때문이다. 반면에 만약 연구가설의 변수 간의 관계가 단지 상관관계라면 설문지연구 방법, 문서연구 방법, 사례연구 방법 등 비 실험적 방법으로 검증할 수 있다. 본서의 마지막 장절은 이런 구체적인 연구 방법에 대해 자세히 설명하기에 여기서 더 이상 설명하지 않겠다. 간단히 연구 방법 선택의 기본 원칙에 대해 예를 들면서 설명하고자 한다.

원칙 1: 질적 방법으로 완전히 새로운 주제와 변수에 대해 연구하기. 만약 여러분의 연구과제가 기존에 누구도 연구한 적이 없을 때 여러분은 질적 연구 방법을 사용하여 처음부터 다시 연구를 시작할 필요가 있다. 내가 동료와 함께 진행한 창업자의 열정(entrepreneur passion)에 관한 연구가 바로 이런 경우이다. 우리는 우선 창업자 열정의 함의와 외연을 정의하고 이 구성개념이 기존의 구성개념(예를 들어 내재적 동기)과 다른 점을 파악하고 그것의 독특한 가치와 연구의의를 확정하였다. 우리는 창업자의 열정은 창업자가 자신이 창업하게 될 혹은 이미 창업한 회사에 대한 일종의 강열한 감정체험과 매혹되는 인지상태를 말한다고 정의했다. 이는 일반적인 내적 동기와 구별되며 매우 강한 목표 지향성도 있지만 개인 정체성(personal identity)과 더욱 밀접한 관계가 존재한다. 이런 정의에서 출발하여 우리는 인터뷰, 개방식 설문지 방법을 통해 관련된 조항들을 수집하고 이 구성개념을 정확하게 측정할 수 있는 측정 도구를 개발하였다. 이 측정 도구에 대한 신뢰도와 타당도에 대해 검증한 후 자료를 다시 수집하여 이 구성개념이 벤처 캐피털의 투자를 획득할 수 있는지 여부에 미치는 영향을 발견하였고, 이 구성개념이 창업 성공에 미치는 실무적 중요성을 검증하였다(Chen, Yao & Kotha, 2009).

직장 동료 사이의 인간관계에 대한 연구도 우리는 비슷한 방법을 사용하였다. 비록 기존의 문헌에는 관련 관계에 대한 연구가 많이 존재하지만, 대부분은 이론적 측면에만 머물러 있고 구체적인 측정 도구가 없었다. 도대체 어떤 관계를 "좋은 관계"라고 부르는가? 이 문제에 대해 나와 나의 동료는 질적인 방법으로 탐색을 진행하였다. 우리는 우선 좋은 관계에 대해 정의를 하고 다음 기업의 직원과 경영자에게 그들과 좋은 관계를 갖고 있는 동료 한 사람을 선택하고 예를 들어 그들이 어떤 행동을 자주 보이는지, 함께 어떤 일들을 하는지 등을 예를 들어 설명하라고 하였다. 수집한 조항에 대해 심사숙고하면서 정리한 후 우리는 아홉 가지 행동이 두 직장 동료 간의 좋은 관계를 설명하는 것을 발견하였다. 여기에 두 가지 차원(dimension)의 내용, 즉 도구적 차원과 감정적 차원을 포함하고 있다. 다음으로 우리는 어떤 행동이 직장 동료 간의 관계를 촉진할 수 있고 또는 파괴할 수 있는지라는 질문을 하고 똑같이 질적 연구 방법을 사용하여 이 문제를 연구하였다. 연구 결과 27가지 행동이 직장 동료 간의 관계를 직접적으로 증진하거나 파괴하는데 이 중에는 조직과 관련된 긍정적/부정적 행동 및 직무와 무관한 긍정적/부정적 행동들이 포함되었다(Chen & Peng, 2008).

원칙 2: 실험(experiment)연구 방법으로 인과관계의 가설을 연구하기. 연구변수 사이의 관계가 인과관계가 있을 때는 엄격하게 통제된 실험실 실험으로 연구를 할 필요가 있다. 예를 들어, 그룹의사 결정 과정에서 리더의 발언 순서가 의사 결정의 결과에 직접적인 영향을 미친다고 가설을 설정할 수 있다. 구체적으로 리더가 먼저 발언을 한 그룹에서 그룹 구성원이 의사 결정 결과에 대한 만족도가 낮고 리더가 후에 발언을 한 그룹에서는 그룹 구성원의 의사 결정 결과에 대한 만족도가 비교적 높다. 이 가설은 현실에서 검증하기 매우 어렵다. 그것은 리더의 발언 순서 이외에도 아주 많은 요인이 그룹 구성원이 의사 결정에 대한 만족도에 영향을 주고 있고 그 요인들은 실제 상황에서 통제할 수 없는 것이기 때문이다. 하지만 실험은 다르다. 우리는 실험실 상황에서 모든 요인이 같게 유지할 수 있고 오직 리더의 발언 순서만 변화시켜 이러한 변화가 그룹 구성원들이 의사 결정 결과에 대한 만족도에 어떤 영향을 미치는지 측정할 수 있다. 다시 말하면, 이 실험에서 유일한 독립변수는 그룹 리더의 발언순서이다. 가장 간단한 설계는 두 가지 실험 상황이다. 그룹 리더의 인선과 지위를 확정한 후 한 실험 상황에서 우리는 리더에게 제일 먼저 발언하도록 하고 다른 실험 상황에서는 리더에게 마지막에 발언하도록 설정하였다. 이와 동시에 만약 보다 체계적으로 리더 발언 순서가 그룹 구성원의 의사 결정 결과 만족도에 미치는 영향을 연구하려면 그룹 구성원수를 확정한 후에 여러 그룹을 설계하여 각 그룹별로 리더에게 처음으로, 두 번째로, 세 번째로 … 발언하게 하고 각 집단에서 의사 결정 결과 만족도를 측정하여 이를 비교할 수 있다.

원칙 3: 설문지 연구 방법/조사법으로 관련 가설을 검증하기. 대부분의 경영학 연구는 설문지 방법을 통해 이루어진다. 그것은 현실에서 변화하는 요인이 너무 많아 변수 간에 상관되는 관계를 구축하는 것이 우리가 현상을 이해하는 데 매우 큰 의의가 있기 때문이다. 설문지 연구 방법에는 일반적으로 두 가지 방법이 있다. 하나는 횡적 연구 방법(cross-sectional approach)이고 다른 하나는 종단적 연구 방법(longitudinal approach)이다. 횡적 연구 방법은 동일한 시간대에 연구의 모든 변수에 대해 큰 표본의 자료를 수집하는데 이런 표본은 일반적으로 부서, 기업, 그리고 나라까지 뛰어넘는다. 종단적연구 방법은 확정된 표본과 변수에 대해 서로 다른 시간대에 자료를 반복적으로 수집하는 것을 말한다. 시간은 관련 이론에 따라서 몇개월 혹은 몇년, 그리고 심지어 몇십년이 된다. 만약 한 연구에서 변수가 시간적차원과 관련이 없고 그 어떤 잠재된 인과관계 가설이 없을 경우 횡적연구 방법은 아마 가장 적합한 선택이 될 것이다. 예를 들어, 쎄지야린(Jia Lin Xie) 등이 국유기업직원의 업무복잡성, 스트레스 원천 및 그 해소방법에 대해 연구함에 있어 횡적연구 방법을 사용하였다(Xie et al, 2004). 하지만 만약 한 연구 중에 가설이 시간적 요소와 관련이 있거나 어떤 의미에서 잠재된 인과관계가 존재할 때는 종단적인 연구 방법을 선택할 필요가 있다. 예를 들어, 나는 리더행동과 직원의 이직 사이의 관계를 연구할 때 이직행동이 리더행동 다음에 나타나기때문에 종단적연구 방법을 사용하였고(Chen, 2004) Chatman은 직원의 가치와 기업의 가치의 부합성을 연구할 때 직원의 입사전과 후의 가치관의 변화가 이후 결과변수들과 관련되어 있기때문에 종단적연구 방법을 사용하였다(Chatman, 1991).

2.4 논문 프로포절의 작성

자신의 연구흥미/관심사, 연구 문제, 연구변수 및 변수와 변수 간의 관계에 대해 확정하고 이 기초하에 연구 방법까지 확정하였다면 논문의 프로포절의 작성을 시작할 수 있다. 프로포절은 연구 문제를 보고하는 공식적인 형식이고 주로 아래와 같은 내용들이 포함된다.

1. 서론: 왜 이 문제를 연구하는지? 이 문제에 대한 연구는 경영 현상 중에 어떤 흥미로운 현상을 이해하는 데 도움이 될 것인가? 이는 미래 경영이론과 실무에 어떤 중요한 의의를 갖고 있는가?
2. 문헌연구: 이 문제 혹은 이 문제와 관련된 분야에서 기존 연구의 축적이 있는지? 이 문제와 가장 관련된 이론적 근거/바탕은 무엇인지? 이 문제와 기타 경영학 개념의 관계는 무엇인지? 어떤 이론적 프레임워크를 사용하여 이 문제를 연구하였을 때 가장 독특한 시각을 제공하는지?
3. 가설의 설정: 문헌연구의 기초위에 엄밀한 논리적 추론과정을 거쳐 이 문제와 관련된 모든 연구개념(변수)들 사이의 관계를 구축하여 이 연구에 직접적인 가이드 역할을 하는 이론모델을 나타내며 동시에 변수 간의 관계에 대해 구체적인 가설을 설정하여야 한다.
4. 연구 방법: 표본의 특성, 변수의 조작적 정의 및 측정, 통제변수, 구체적인 연구방법(질적, 양적 등)과 절차, 가설검증의 구체적인 통계방법은 모두 자세한 설명이 필요하다.
5. 연구 결과의 의의: 가능한 연구 결과에 대해 토론하고 이 연구가 경영학 이론에 대한 기여 및 경영 실무에 대한 시사점 그리고 이 주제에 대해 미래에 연구가능한 주제들에 관련하여 제안해보는 것이 포함된다.

참 고 문 헌

Au, W. T., Chen, X. P. & Komorita, S. S. (1998). A probabilistic model of criticality in sequential public goods dilemma. *Organizational Behavior and Human Processes*, 75 (3), 274—293.

Bass, B. M. (1985). *Leadership and Performance beyond Expectations*. New York: The Free Press.

Burns, J. M. (1978). *Leadership*. New York: Harper & Row.

Brodbeck, F. C., Kerschreiter, R., Mojzisch, A., Frey, D. & Schulz-Hardt, S. (2002). The dissemination of critical, unshared information in decision making groups: The effects of prediscussion dissent. *European Journal of Social Psychology*, 32, 35— 56.

Chatman, J. A. (1991). Matching people and organizations: Selection and socialization in public accounting firms. *Administrative Science Quarterly*, 36 (3), 459—484.

Chen, C. C., Chen, X. P. & Meind, J. R. (1998). How can cooperation be fostered? The cultural effects of individualism-collectivism. *Academy of Management Review*, 23 (2), 285—304.

Chen, X. P. (1996). The group-based binding pledges as a solution to public goods problems. *Organizational Behavior and Human Decision Processes*, 66, 192—202.

Chen, X. P., Au, W. T. & Komorita, S. S. (1996). Sequential choice in a step-level public goods dilemma: The effects of criticality and uncertainty. *Organizational Behavior and Human Decision Processes*, 65, 37—47.

Chen, X. P. & Bachrach, D. G. (2003). Tolerance of free riding: The effects of defection size, defection pattern and social orientation. *Organizational Behavior and Human Decision Processes*, 90, 139—147.

Chen, X. P. & Chen, C. C. (2004). On the intricacies of Chinese guanxi: A process model of guanxi development. *Asia Pacific Journal of Management*, 21 (3), 305—324.

Chen, X. P., Hui, C. & Sego, D. J. (1998). The role of organizational citizenship beha-vior in turnover: Conceptualization and preliminary tests of key hypotheses. *Journal of Applied Psychology*, 83 (6), 922—931.

Chen, X. P. & Komorita, S. S. (1994). The effects of communication and commitment in a public goods dilemma. *Organizational Behavior and Human Decision Processes*, 60, 367— 386.

Chen, X. P., Lam, S. K., Naumann, S. & Schaubroeck, J. (2005). Group citizenship behavior: Conceptualization and preliminary tests of antecedents and consequences. *Management and Organization Review*, 1 (2), 273 —300.

Chen, X. P. & Li, S. (2005). Cross-National differences in cooperative decision making in mixed-motive business contexts: The mediating and moderating effects of vertical and horizontal individualism. *Journal of International Business Studies*, 36, 622—636.

Chen, X. P., Liu, D. & Portnoy, R. (2012). A multilevel investigation of motivational cultural intelligence, organizational diversity climate, and cultural sales: Evidence from U.S. rea estate firms. *The Journal of Applied Psychology*, 97 (1), 93— 106.

Chen, X. P. & Peng, S. (2008). Guanxi dynamics: Shifts in the closeness of ties between Chinese co-workers. *Management and Organization Review*, 1.

Chen, X. P., Pillutla, M. M. & Yao, X. (2009). Unintended consequences of cooperation inducing and maintaining echanisms in public goods dilemmas: Sanctions and moral appeals. *Group Processes & Intergroup Relations*, 12 (2), 241— 255.

Chen, X. P. & Yao, X. (2004). Re-Examine the communication effects in social dilemmas: Sustainability and explanations. Presented at the annual conference of Academy of Management, New Orleans.

Chen, X. P., Yao, X. & Kotha, S. (2009). Entrepreneur passion and preparedness in business plan presentations. *Academy of Management Journal*, 52 (1), 199—214.

Chen, Y. R., Chen, X. P. & Portnoy, R. (2009). To whom do positive norm and negative norm and negative norm of reciprocity apply? Effects of inequitable offer, relationship, and relationalself orientation. *Journal of Experimental Social Psychology*, 45 (1), 24—34.

Collins, J. (2001). *Good to Great: Why Some Companies Make the Leap and Others Don't*. New York NY: HarperBusiness.

Conger, J. A. & Kanungo, R. N. (1987). Toward a behavioral theory of charismatic leadership in organizational settings. *Academy of Management Review*, 12, 637— 647.

Conger, J. A. & Kanungo, R. N. (1998). *Charismatic Leadership in Organizations*. Thousand Oaks, CA: Sage.

Davis, J. H. (1973). Group decision and social interaction: A theory of social decision schemes. *Psychological Review*, 80, 97 —125.

Davis, J. H., Au, W. T., Hulbert, L. G., Chen, X. P. & Zarnoth, P. (1997). The effects of group size and procedural influence on consensual judgments of quantity: The example of damage awards and mock civil juries. *Journal of Personality and Social Psychology*, 73, 703— 718.

Davis, J. H., Kameda, T., Parks, C. D., Stasson, M. F. (1989). Some social mechanics of group decision making: The distribution of opinion, polling sequence, and implications for consensus. *Journal of Experimental Social Psychology*, 29, 326 —346.

Dweck, C. S. (1986). Motivational Processes affecting learning. *American Psychologist*, 41, 1040 —1048.

Dweck, C. S. (1999). *Self-Theories: Their Role in Motivation, Personality, and Development*. Philadelphia: Psychology Press.

Edwards, J. R. (2002). Alternatives to difference scores: Ploynomial regression analysis and response surface methodogy. In F. Drasgow & N. W. Schmitt (Eds.), *Advances in measurement and data analysis* (pp. 350—400). San Francisco: Jossey-Bass.

Edwards, J. R. (2001). Ten difference score myths. *Organizational Research Methods*, 4, 264—286.

Edwards, J. R. & Lambert, L. S. (2007). Methods for integrating moderation and media- tion: A general analytical framework using moderated path analysis. *Psychological Methods*, 12, 1—22.

Fiedler, F. E. (1993). The leadership situation and the black box of contingency theories. In M. M. Chemers and R. Ayman (Eds.). *Leadership Theory and Research*. San Diego : Academic Press.

Flynn, F., (2003a) . How much should I give and how often? The effects of genero- sity and frequency of favor exchange on social status and productivity. *Academy of Management Journal*, 46 (5), 539—553.

Flynn, F. (2003b). What have you done for me lately? Temporal changes in subjective favor evalutions. *Organizational Behavior and Human Decision Processes*, 91 (1), 38—50.

Flynn, F. & Brockner, J. (2003). It' s different to give than to receive : Predictors of givers' and receivers'reactions to favor exchange. *Journal of Applied Psychology*, 88 (6), 1034 —1045.

Greenleaf, R. K. (1977). *Servant Leadership*. New York: Paulist Press.

Griffeth, R., Hom, P., Gaertner, S. (2000). A meta-analytical update of antecedents and correlates of employee turnover: Research in the nineties with research implications for the next millennium. *Journal of Management*, 26, 463—488.

Hinkin, T. R. (1995). A review of scale development practices in the study of organizations. *Journal of Management*, 21 (5), 967 —988.

Hinkin, T. R. (1998). A brief tutorial on the development of measures for use in survey ques-tionnaires. *Organizational Research Methods*, 1 (1), 104—121.

Hitt, M., Beamish, P., Jackson, S. & Mathieu, J. (2007). Building theoretical and empirical bridges across levels: Multilevel research in management. *Academy of Management Journal*, 50, 1385—1399.

Hom, P. & Griffeth, R. (1995). *Employee Turnover*. Cincinnati Ohio : South-Western College Pub.

House, R. (1996). Path-Goal theory of leadership: Lessons, legacy, and a reformulated theory. *Leadership Quarterly*, 7 (3), 323.

House, R. J. (1971). A path goal theory of leader effectiveness. *Administrative Science Quarterly*, 16 (3), 321—339.

Kahneman, D. & Tversky, A. (1972). Subjective probability: A judgment of representativeness. *Cognitive Psychology*, 3, 430—454.

Kahneman, D. & Tversky, A. (1973). On the psychology of prediction. *Psychological Review*, 80, 237—251.

Kahneman, D. & Tversky, A. (1979). Prospect theory: An analysis of decision under risk. *Econometrica*, 47, 263 —291.

Kahneman, D. & Tversky, A. (1982). Psychology of preferences. *Scientific American*, 246, 161—173.

Kameda, T. (1991) . Procedural influence in small-group decision making: Deliberation style and assigned decision rule. *Journal of Personality and Social Psychology*, 61, 245— 256.

Kameda, T., Sugimori, S. (1995). Procedural influence in two-step group decision making: Power of local majorities in consensus formation. *Journal of Personality and Social Psychology*, 69, 865—876.

Kameda, T., Takezawa, M., Tindale, R. S. & Smith, C. M. (2002). Social sharing and risk reduction: Exploring a computational algorithm for the psychology of windfall gains. *Evolutionary Human Behavior*, 23, 11 —33.

Karau, S. J. & Kelly, J. R. (1992). The effects of time scarcity and time abundance on group performance quality and interaction process. *Journal of Experimental Social Psychology*, 28 (6), 542 —571.

Kelly, J. R. & Karau, S. J. (1999). Group decision making: The effects of initial preferences and time pressure. *Personality and Social Psychology Bulletin*, 25, 1342— 1354.

Larson, J. R. Jr., Foster-Fishman, P. G. & Keys, C. B. (1994). Discussion of shared and unshared information in decision-making groups. *Journal of Personality and Social Psychology*, 67, 446—461.

Lee, T. W., Mitchell, T. R., Wise, L. & Fireman, S. (1996). An unfolding model of voluntary employee turnover. *Academy of Management Journal*, 39 (1), 5—36.

Liao, H., Liu, D. & Loi, R. (2010). Looking at both sides of the social exchange coin: A social cognitive perspective on the joint effects of LMX and TMX relationship quality and differentiation on creativity. *Academy of Management Journal*, 53, 1090—1109.

Liao, H., Toya, K., Lepak, D. & Hong, Y. (2009). Do they see eye to eye? Management and employee perspectives of high performance work systems and influence processes on service quality. *Journal of Applied Psychology*, 94, 371 —391.

Liu, D., Chen, X. P. & Yao, X. (2011). From autonomy to creativity: A multilevel investigation of the mediating role of harmonious passion. *Journal of Applied Psychology*, 96 (2), 294—309.

Liu, D., Liao, H. & Loi, R. (in press). The dark side of leadership: A three-level investigation of the cascading effect of abusive supervision on creativity. *Academy of Management Journal*.

March, J. G. & Simon, H. A. (1958). *Organizations*. NY : Wiley.

Maslow, A. H. (1968). *The Psychology of Being*. New York: Van Nos/Trand Reinhold Company.

Messick, D. M., Wilke, H. Brewer, M. B., Kramer, R. M., Zemke, P. E. & Lui, L. (1983). Individual adaptations and structural change as solutions to social dilemmas. *Journal of Personality and Social Psychology*, 44, 294—309.

Mitchell, T. R. (1988). *People in Organizations*. McGraw-Hill.

Mitchell, T. R., Holtom, B. C., Lee, T. W., Sablynaki, C. J. and Erez, M. (2001). Why people stay: Using job embeddedness to predict voluntary turnover. *Academy of Management Journal*, 44, 1102—1122.

Mitchell, T. R. & Lee, T. (1999). The unfolding model of voluntary turnover: A replication and extension. *Academy of Management Journal*, 42, 450— 462.

Mitchell, T. R. and Lee, T. W. (2001). The unfolding model of voluntary turnover and eembeddedness: Foundations for a comprehensive theory of attachment. *Research in Organization Behavior*, 23, 189 —246.

Pillutla, M. & Chen, X. P. (1999). Social norms and cooperation in social dilemmas: The effects of context and feedback. *Organizational Behavior and*

Human Decision Processes, 78 (2), 81—103.

Podsakoff, P. M. & MacKenzie, S. B., Lee, J. & Podsakoff, N. P. (2003). Common me-thod biases in behavioral research: A critical review of the literature and recommended remedies. *Journal of Applied Psychology*, 88 (5), 879 —903.

Porter, M. E. (1980). *Competitive Strategy*. NY: The Free Press.

Raudenbush, S. W., Bryk, A. S., Cheong, Y. F. & Congdon, R. T., Jr. (2004). *HLM6: Hierarchical Linear and Nonlinear Modeling*. Chicago, IL: Scientific Software Inter-national.

Stasser, G. & Titus, W. (1985). Pooling of unshared information in group decision making: Biased information sampling during discussion. *Journal of Personality and Social Psychology*, 48, 1467—1478.

Stasser, G. & Stewart, D. D. (1992). Discovery of hidden profiles by decision-making groups: Solving a problem vs. making a judgment. *Journal of Personality and Social Psychology*, 63, 426—434.

Stewart, D. D. & Stasser, G. (1995). Expert role assignment and information sampling during collective recall and decision making. *Journal of Personality and Social Psychology*, 69, 619— 628.

Tsui, A. S., Wang, H. & Xin, K. R. (2006). Organizational culture in China : An analysis of culture dimensions and culture types. *Management and Organization Review*, 2 (3), 345—376.

Tversky, A. & Kahneman, D. (1981). The framing of decisions and the psychology of choice. *Science*, 211, 453—458.

Vroom, V. H. (1964). *Work and Motivation*. New York: Wiley.

Vroom, V. H. & Yetton, P. W. (1973). *Leadership and Decision Making*. Pittsburg : University of Pittsburg Press.

Wittenbaum, G. M., Hubbell, A. P. & Zuckerman, C. (1999). Multual enhancement: Toward an understanding of collective preference for shared information. *Journal of Personality and Social Psychology*, 77, 967—978.

Wu, J. B., Hom, P. W., Tetrick, L. E., Shore, L. M., Jia, L., LI, C. & Song, L. J. (2006). The norm of reciprocity: Scale development and validation in the Chinese context. *Management and Organization Review*, 2(3), 377 —402.

Xie, Y. L., Wang, X. H. & Lin, Y. C. (2004). Stress intensity factors for cracked rectangular cross-section thin-walled tubes. *Engineering Fracture Mechanics*, 71 (11), 1501—1513.

Zeng, M. & Chen, X. P. (2003). Achieving cooperation in multi-partner strategic alliances: A social dilemma approach to partnership management. *Academy of Management Review*, 28 (4), 587 —605.

Chatman，J. A. (2005),《个人与组织契合度：公众会计事务所里的甄选与融人》, 徐淑英、张维迎主编,《管理科学季刊最佳论文集》, 第 27—54 页, 北京：北京大学出版社。

저 자 소 개

천샤오핑(陳曉萍, Xiao-Ping Chen) 워싱톤대학교 포스터 경영학부(Michael G. Foster School of Business, University of Washington) 경영학 교수 및 학과장, *Organizational Behavior and Human Decision Processes* 편집장, 중영 두 가지 언어로 발행 되는 저널 '중국경영인사이트(*Chinese Management Insights*)'의 집행 편집위원이다. 중국경영연구국제학회(IACMR)의 두 번째 회장을 역임하였고 연구분야는 주로 협력과 경쟁, 문화 간 경영, 보답 행위, 창업자의 열정 및 중국인의 꽌씨 등이다. 저서로는 '문화 간 경영학', '인정의 단순화', '행복의 결정 요소' 등이 있다.

3 장

경영학 연구의 이론 구축

Chao C. Chen (Rutgers University)
Zhixue Zhang (북경대학교)
David Whetten (Brigham Young University)

머리글

과학연구의 중요한 목적은 이론을 구축하고 이를 검증하거나 기존의 이론을 발전시키는 데 있다. 이론을 구축하는 것은 과학적 연구 과정에 있어 중요한 일종의 지적이고 정서적이며 심미적인 활동이다. 구축된 이론의 수준과 강도는 과학연구자가 과학 분야에 대한 기여도와 영향력을 가늠하는 중요한 척도이기 때문이다. 일부 학자들이 경영학분야에 영향력 있는 이론의 부족을 비판함으로써 *Academy of Management Review*는 1989년에, *Administrative Science Quarterly*는 1995년에 각각 특집을 마련하여 이론 구축에 관한 문제를 논의하였다. 그럼에도 불구하고 학술연구 중의 기타 측면(연구설계, 연구 방법 등)에 비해 학자들의 어떻게 이론을 구축할 것인가에 대한 논의는 상대적으로 매우 적다. 심지어 많은 사람이 이론을 구축하는 것은 배울 수 있는 과학이 아니라, 개인적 특질이나 타고난 재능의 예술에 가깝다고 생각한다. 본 장에서는 이론 구축의 과정을 분석하여 연구자들 특히 젊은 연구자들에게 좋은 이론을 어떻게 구축하는지 이해를 돕고자 한다. 이를 위해 우리는 우선 이론과 이론 구축이 무엇인지를 설명하고 이론의 주요구성, 그리고 한 편의 실증 논문에서의 이론의 위치를 설명하며 마지막으로 이론 구축 과정의 주요 문제들을 논하고자 한다. 본 장의 내용을 작성하는 과정에 위 두 경영학 저널의 특집 중의 논문들의 관점을 참조하였고 또한 머튼(Merton, 1968), 글래서와 스트라우스(Glaser & Strauss, 1967) 등 학자들의 이론 구축에 관하여 게재한 중요한 연구 결과들을 적용하였다. 그리고 많은 연구들을 예로 인용하여 강력한 이론을 구축하는 방법을 설명하고자 하였다. 독자들은 본 장 뒷면에 열거한 주요문헌들을 통하여 이런 연구의 전문들을 살펴볼 수 있다. 이 연구들 중의 대부분은 중국 및 동아시아 지역 경영학 연구와 관련이 있다. 이렇게 우리가 익숙한 연구 내용들을 통하여 더 쉽게 이론을 구축하는 과정을 배울 수 있을 것이며, 또한 중국 및 동아시아 경영학 실천과 연관하여 이론 구축의 전략을 잘 설정할 수 있을 것이다.

3.1 이론과 이론의 구축

3.1.1 이론이란 무엇인가

머튼(Merton, 1968: p.39)은 이론을 “논리적으로 상호 연관되어 있는 동시에 실증적 검증을 거친 약간의 명제들의 집합”으로 정의하였고 바흐라흐(Bacharach,

1989: p.498)는 이론을 "한 개념과 변수가 구성한 시스템으로서 이 시스템 중 개념 간에는 명제를 통해 연결되고 변수 간의 관계는 가설을 통해 연계되어 있다"고 정의하였다. 아래에서 이론의 구성 및 이론을 구축하는 과정을 자세히 소개할 것이다. 여기서 명확히 해야 할 것은 추상과 조작적인 두 가지 수준에서 이론을 형성해야 한다는 것이다. 추상적 개념은 현실 세계에 직접적인 대조물(예를 들어 사회적 지위)이 없지만 조작적 개념은 현실 세계에서 관찰할 수 있다(예를 들어 정규교육을 받은 연도수). 추상적인 이론은 개념과 명제로 구성되어있고 조작적 이론은 변수와 가설로 구성되었다. 이론을 구축만 하고 검증하지 않는 개념적 논문 중의 이론에는 일반적으로 개념과 명제만 포함되고, 이론을 검증하기 위한 실증적 연구 중의 이론은 변수와 가설로 구성되어 있다. 이론을 구축하는 과정을 토론함에 있어 우리는 비이론적 연구보다 실증적 연구에 근거하여 설명하고자 한다. 대다수의 실증 연구들은 이론을 검증하는 입장에서 출발하여 주로 변수에 대해 명확하게 정의하고 개념과 명제에서 제기한 검증 가능한 가설, 그리고 이론의 추상과 조작의 두 가지 측면에 대해 일반적으로 명확히 구분되어 있지 않다. 때문에 비록 우리는 이론을 추상적 수준에서의 차이에 대해 인식하지만 우리의 논의 중에서는 개념과 변수 및 명제와 가설의 함의는 같은 의미로 사용된다. 그리고 우리는 이론 구축을 실증연구의 일부분으로 생각하고 이론을 한 편의 실증연구의 최종결과물로 생각하고 있다. 일부 학자는 전문적으로 이론적 논문을 작성하여 미래 실증연구를 자극 또는 제시하는데 예를 들어 *Academy of Management Review*에 게재된 연구들이 그 대표적인 사례들이다.

비록 우리가 본 장에서 토론하는 내용이 이론적 연구에도 적용되지만 이론적 논문과 실증적 논문은 중요한 구별이 있다. 대다수 이론적 연구들은 기존의 관련된 실증연구에 대해 리뷰하고 코멘트하지만 그들은 데이터가 필요없다. *Academy of Management Review*에 게재된 일부 이론적 문장들은 일부 새로운 자료를 보고할 때도 있지만 이 자료들은 대부분 초보적이고 시스템적이지 못하기 때문에 이런 자료로서는 한 이론을 엄밀하면서도 전면적으로 검증하기에는 역부족이다. 실증적 연구에서 설명하는 이론의 가치는 보고하는 자료와 불가분의 관계를 갖고 있다. 이 자료들은 이론이 성립되는 기초가 되거나 다수의 상황에서 이런 자료는 이론에 기반하여 하는 예측을 지지하는 근거가 된다. 본 장에서 우리는 주로 실증연구 배경에서의 이론과 이론 구축에 대해 논하고자 한다.

3.1.2 중층이론

우리가 보기에는 이론이라는 개념은 미국에서는 너무 세속화되었고 중국에서는 오히려 너무 신비화되었다. 미국의 대중언어에서 이론은 문제에 대한 해석, 예측 그리고 어떤 사건에 대한 추측 혹은 일상생활에서 발생가능한 사건에 대한 예측이 될 수 있다. 만약 어떤 이론이 정확하다고 증명되었을 때 사람들은 일반적으로 좋게 생각하지만 이론이 잘못되었다고 증명되었다 하더라도 그들은 그리 대단하지 않게 생각한다. 반대로 중국을 포함한 동아시아에서는 대중적 언어에서 이론은 일상생활에서 발생하는 사건에 사용하는 경우는 극히 드물다. 그들은 이론을 사회와 인성의 기본규칙에 대한 철학적 사고와 체계적인 관점으로 보는 경향이 강하다. 본 장에서 우리는 미국사람들처럼 이론을 사물에 대한 해석 혹은 예측의 관점 혹은 어떤 의견을 제시하는 모든 사람들이 이론가라는 관점과 다를 뿐 아니라 동시에 우리는 동아시아의 엘리트들처럼 이론을 위대하고 삼라만상을 망라하는 체계적인 원칙과 규칙이라만 생각하지도 않는다. 우리가 말하는 이론은 바로 머튼(1968)이 말하는 사회과학 분야에서의 중층이론(middle range theories)을 말하고 우리가 말하는 이론가는 실증연구를 통해 조직과 경영학 지식을 향상시키는 연구자들을 말한다.

우선, 중층이론이 무엇인가부터 밝혀보도록 하자. 중층이론은 거대이론(grand theories)과 미세이론(trivial theories)에 대응되는 개념이다. 미국에서 유행하는 이론에 대한 정의는 미세이론에 가깝고 중국을 비롯한 아시아에서 유행하는 이론에 대한 정의는 거대이론에 더 가깝다. 거대한 사회과학이론은 고도로 복잡하고 매우 추상적이며 체계적인 이론들로서 사회, 조직과 개인의 모든 수준을 포괄한다. 예를 들어, 맑스의 계급투쟁이론, 파슨스(Parsons)의 기능이론 및 호만스(Homans)의 사회교환이론은 모두 거대이론(Merton, 1968; Bourgeois, 1979; Wagner & Berger, 1985)으로 생각된다. 중국 도가(道家)의 음양이론도 일종의 거대이론에 속하며 이는 자연계와 사회 생활 중의 모든 사건을 충돌되면서도 서로 보충되는 음과 양이라는 두 가지 속성으로 구분하여 사물의 어떤 상태에 대해서도 음과 양의 두 가지 성분의 균형과 변화를 통해 해석할 수 있다(Fang, 2011; Li et al., 2009). 일반적으로 거대이론은 하나의 패러다임과 비슷하고 광범위한 의미에서 공유된 신념과 관점들을 대표하며 이런 신념은 세계의 기원, 본질 및 작동의 기본법칙과도 관련이 있다. 이와 같은 패러다임은 일반적으로 일종의 이론적 볼록렌즈를 제공하여 세계를 정의하고 검증하도록 한다. 사회과학에서 패러다임과 비슷한 이론은 경제학, 사회학과 심리학 등 학과의 차이에서 두드러지게 나타나며 이들은 연구자로 하여금 주의력을 아주 다른 것 같으면서도 서로 보완하는 과제에 집중하도록 하는데, 여기에는 공급과 수요관계, 사회규범과 구조 및 개인 간의 차이도 포함된다. 더 작은 범위에서 모든 학과의 일부 이론은 더 큰 범위의 현상과 상황 조건에 응용되고 있다. 독자들이 익숙한 게슈탈트 심리학(Gestalt psychology), 정체성 이론(identity theory), 혁신확산 이론(innovation-diffusion theory), 사회적 자본 이론(social capital theory), 자원의존 이론(resource dependence theory)와 대리인 이론(agency theory) 등이 있다. 이 이론들은 일반적으로 학술 연구 중에 통용되고 있는 참조 프레임워크의 역할을 하게 된다. 이런 이론들은 체계적으로 검증하고 개선하기 위한 것이 아니라 주로 응용되는 데 사용된다. 따라서 이와 같은 더 일반적인 이론은 조직과 경영의 새로운 중층이론을 구축하고 검증하는 기초가 된다.

머튼(Merton)은 미세 이론을 "작업가설(working hypothesis)"이라고 불렀다. 이는 일반 사람들이 일상 생활에서 구축해온 상식들이다. 예를 들어, 어떤 경영자의 부하가 아침 출근에 지각을 했고 마침 전날 밤에 TV에서 월드컵 축구경기를 라이브중계를 했다면 그 경영자는 부하가 늦잠을 자서 지각했다는 가설을 세웠을 것이다. 거대이론과 같이 미세이론도 검증가능한 가설이 아니라 기본적인 가정으로 사용된다.

우리는 이론이 관련된 현상의 전체성에 근거하여 거대이론과 미세이론의 차이를 구분할 수 있다. 거대이론은 가장 전체적이기 때문에 여기에는 상호연관된 법칙(명제와 가설)들이 포함되고 이런 법칙은 많은 다른 상황에서의 서로 다른 현상들과 관련이 있다. 반대로 미세이론은 오직 제한된 개념에만 집중하고 이런 개념은 오직 제한된 상황에서의 제한된 현상과 관계가 있다. 또한 이론의 추상정도에 따라 두 이론의 차이를 구분할 수 있다. 거대이론은 가장 추상적이고 개념과 가설 간, 명제와 가설 간의 거리가 가장 크기 때문에 관찰가능한 현상으로부터 그 뒤에 숨어있는 법칙을 식별하기 가장 어렵다. 미세이론은 그와 반대로 가장 구체적이고 이론과 관찰가능한 현상 간에 거의 구분이 가지 않는다. 중층이론은 이 두 극단 사이에 존재하며 이는 전체성과 추성 정도에 있어서도 중등 정도이다. 목적은 추상화된 학술개념으로 관찰한 특정조건 하의 현상 뒤에 숨어 있는 패턴을 나타내는 것이다. 따라서 중층이론은 경계가 존재하고 모든 현상이 아니라 오직 일부 현상에만 적용된다. 중층이론이 추구하는 것은 연구의 집중성(일부 현상과 현상의 일부 측면에 집중하는 것)과 전체성 사이에 균형을 찾고(DiMaggio, 1995) 나아가 정확성과 일반화 사이에서도 균형을 찾는 것이다(Osigweh, 1989).

조직 경영학 연구 분야의 학자에게 있어 중층이론을 구축하는 것은 일정한 도전성을 갖고 있으면서도 현실적인 선택이다. 그것은 조직은 경계를 갖고 있지만 조직 현상은 또한 고도로 맥락화되어 있기 때문이다(Anne Tsui & Zhixue Zhang, 2006). 그리고 아주 많은 사회 혹은 정치적 요인이 조직의 경영실천 중의 해결방안에 영향을 미치기 때문이기도 하다. 이런 특성은 조직연구자들로 하여금 실용적인 용어를 사용하여 이론을 구축하기 쉽고 조직 맥락중에 존재하는 구체적인 관계에 대한 발견을 통해 일부 미세이론을 구축할 수 있게 해준다. 중층이론을 구축하는 것은 매우 큰 도전이고 이는 학자의 용기, 지혜와 상상력(Weick, 1995)을 모두 필요로 한다. 하지만 몇개의 측면에서 보면 거대이론의 구축을 추구하는 것은 조직 경영학 연구자에게 있어 비현실적일 뿐 아니라 심지어 해로울 수 있다. 첫째, 머튼(Merton, 1968)과 부르주아(Bourgeois, 1978)가 주장한 것처럼 비록 거대이론을 구축하는 것이 과학연구의 궁극적 목표일 수 있지만 현재 사회학과 조직연구에는 아직 거대이론을 구축할 수 있는 충분한 지식적 축적이 이루어지지 않았다. 둘째, 사회과학에서의 거대이론의 구축은 서로 대립된 이데올로기 혹은 철학적 분파를 야기시켜 이론의 구축과 발전을 저해하였다(Wagner & Berger, 1985). 셋째, 사회과학은 물리학과 달리 독특성과 복잡성을 갖고 있기 때문에 추상적이면서 광범위한 이론은 일반적으로 현상에 대한 정확한 인식을 희생할 수 있을 뿐 아니라 이론의 거짓을 증명할 수 없을 수도 있다(Popper, 1959; Bacharach, 1989). 사회과학 중의 거대이론은 고도로 추상화되었기에 개념과 명제에 대해 조작화하여 변수 혹은 가설로 만들 수 없고 또는 서로 다른 학자들이 그에 대한 조작화가 완전히 다를 수도 있다. 이런 상황은 최종적으로 거대이론에 대해 검증할 수 없다는 결과를 초래한다. 반대로 중층이론의 두드러진 특징은 구축이후 검증할 수 있다는데 있다. 때문에 이와 같은 이론은 거대이론과 실증연구 사이의 중요한 교량 역할을 하게 된다.

3.2 중층이론의 구성요소

기존의 학자들의 중층이론에 대해 몇 가지 설명이 존재한다. "이론은 언어적 혹은 부합성 논제(명제)의 집합이다. 이론은 어떤 변수들이 중요하고 왜 중요한지를 식별해주고 또한 이런 변수들이 어떻게 서로 연관되어 있고 또한 왜 연관되어 있는지를 해명하며 어떤 조건에서 이런 개념이 서로 연관 혹은 연관되지 않는지를 똑똑하게 밝힌다."(Campbell, 1990) "이론은 왜라는 물음에 대답하는 것이다." (Sutton & Staw, 1995) 이론은 무엇이 무엇을 초래하고 왜 이렇게 되었는지에 대해 설명한다(Christensen & Raynor, 2003). 이론은 "일종의 어떤 조건가정과 한계에서 개념 간의 관계에 대한 서술이다"(Bachrach, 1989). 이론과 실천에 있어 해석은 매우 중요하다. 만약 우리가 한 조직이 아주 성공적이면 그 성공을 벤치마킹하려고 할 것이고 만약 어떤 조직이 잘 하지 못했을 경우 똑같은 실패를 회피하려고 할 것이다. 어떤 상황이든간에 우리는 모두 하나의 이론 — 무엇이 우리가 관찰한 결과를 초래했는지 — 에 대한 해석이 필요하다(Pentland, 1999).

위 학자들의 이론에 대한 정의에 기초하여 우리는 이론을 아래와 같이 정의하고자 한다. 하나의 개념과 그 관련 개념 간의 인과관계에 대한 논거로서 왜 어떤 결과가 특정 조건에서 발생하는지를 설명하는데 사용된다. 중층이론의 구축은 이런 중요한 요소들: 개념, 설정한 관계, 메커니즘 혹은 원칙과 제약조건들과 관련되어 있다.

이상 설명하였듯 이론은 현상을 설명하는 약간의 개념들 사이에 특정 조건하에 존재하는 관계에 대한 일종의 진술이다. 이론의 주요기능은 사물의 요점에 대한 서술을 통하여 사람들에게 많고 복잡한 현상 혹은 사건이 발생하는 맥락과 원인에 대해 설명하는 것이다. 때문에 하나의 좋은 이론은 반드시 관련된 개념을 논리에 부합되는 방식으로 함께 조직하고 이런 개념들 사이의 관계를 명확하게 설명하여 사람들이 현상이 어떻게 발생하고 어떤 조건에서 발생하며 왜 발생하는지를 이해하는데 도움을 제공한다.

그러므로 이론을 개념 혹은 변수로 구성된 시스템으로서 명제(proposition)를 통해 개념 간의 관계를 표현하고 가설을 통해 변수 간의 관계를 표현하는 것이다. 예를 들어, 듀빈(Dubin, 1976)은 이론은 현상을 구성하는 여러 단원(units), 각 단원 간의 상호작용 법칙(laws of interaction), 이론 성립의 제약조건(boundaries), 각 단원 간의 상호작용 표현의 시스템 상태(system states), 단원 간의 상호작용하는 명제 및 이 명제에 대해 검증하는 실증지표(an empirical indicator)와 가설 등이 포함된다고 생각한다. 듀빈(Dubin, 1976)과 훼튼(Whetten, 1989)의 관점에 근거하면 우리는 이론 구축에 반드시 무엇을(what), 어떻게(how), 왜(why), 누가(who), 이렇게 네 개의 부분이 포함되어야 한다고 생각한다. 명확히 말해서 이론은 단순히 기술하기 위한 것이 아니라 해석을 하기 위한 것이다. 단순히 두 사건이 관련 되어 있음을 제시하고 증명하는것과 한 사건이 사실상 다른 한 사건의 발생 혹은 정도를 설명할 수 있다는 이 두 가지는 서로 다른 것이다.

3.2.1 관련 개념

개념은 중층이론의 기본적 구성부분으로서 이들은 특정사물 혹은 현상에 대한 일종의 표현과 설명이다. 개념은 현상에 대해 추상적이기 때문에 그들은 직접 관찰될 수 없다. 개념은 특정사물 혹은 현상과 기타 사물 혹은 현상을 구별해내는 본질적 특성을 반영해낼 수 있다. 경영과 조직연구분야에서 자주 사용하는 개념에는 권력, 독특한 역량(distinctive competencies), 네트워크 중심도, 성취수요, 이해관계자 및 사회적 자본 등이 있다. 개념은 모두 독특한 내함(내용)과 외연(범위)을 갖고 있다. 개념의 정의는 개념이 설명하는 사물 혹은 현상의 일련의 독특한 속성을 열거한다. 정확하고 전체적인 정의는 개념이 기술하는 사물 혹은 현상이 현실 세계에서 정확하게 식별될 수 있도록 보장해준다. 예를 들어, 조직의 독특한 경쟁능력은 일종의 시장가치를 갖고 있으면서도 모방하기 어렵고 적합한 대체품이 없는 조직자원으로 정의한다.

개념의 외연은 개념의 적용범위의 크기를 말한다. 다른 말로 표현하면 이는 개념이 반영하는 사물이 "어떤 것들"인가를 반영한다. "조직(organization)"이라는 개념은 서로 다른 다양한 형식의 조직을 설명하는데 사용될 수 있다. 예를 들어 영리조직(예: 기업) 혹은 비영리조직(예: 정부)이다. 조직연구 문헌에서 이는 조직의 다양한 개념을 표시하는데 사용된다. 이 중에 사회학적 관점은 조직이란 대부분 경우는 선정된, 사전에 지명된 사회형식의 산물로 생각하지만 심리학적 관점에서 조직은 대부분 경우 개인으로 구성되었다고 본다. 따라서 형용사로 사용되었을 경우(예를 들어 조직동질감 혹은 조직윤리) "조직의(organizational)"라는 의미에 대해 자세히 설명을 하여야 한다. 또 다른 한 가지 흔히 나타나는 형식은 분석의 수준을 형용사로 특정 개념의 범위를 정의하는 것인데 예를 들면, 그룹이 아닌 조직의 리더, 조직이 아닌 개인의 정직성(integrity)이 있다.

위에 개념에 내포된 의미와 외연의 해석에서 나타나듯이 개념은 학술 저서중의 기본 명사에 속한다. 개념은 반드시 실증적 지시물이 있어야 하고 그들의 정의 또한 일반적으로 일상적 사용과 서로 중첩된다. 연구에서 학술개념을 사용하고자 하는 독자에게는 특정 학술 커뮤니티에서 사용되는 특정한 개념을 익숙히 하는 것은 매우 중요한 일이다. 이는 일반적으로 일련의 이미 게재된 서로 대량 인용되는 연구에서 잘 나타나 있다.

비록 우리 대부분의 논문은 동시에 개념과 변수에 모두 적용되지만 여전히 개념과 개념 사이의 관건적 차이에 대해서 지적할 필요가 있다. 특히 실증적 학술 연구에서 사용될 때의 차이점에 대해서는 더욱 그렇다. 변수와 개념은 동일한 사물 혹은 현상을 표현하는 다른 방식이다. 변수는 개념에 대한 일종의 조작화와 전화으로서 원래 추상적이던 개념으로 하여금 관찰될 수 있을 뿐 아니라 측정될 수 있게 한다. 모든 변수는 값을 부여할 수 있어야 한다. 예를 들어, "성별"은 하나의 변수로서 0으로 남을, 1로 여를 표시할 수 있다. "직업만족도"를 하나의 변수로 사용할 때 이는 어떤 종류의 측정 도구를 사용하여 측정할 수 있다. 그리고 수의 크고 작음(예를 들어 1은 낮음을 대표하고 5는 높음을 대표하는)을 통해 어떤 사람의 만족도를 나타낸다.

조직연구에서 여러개 다른 변수를 사용하여 같은 개념에 대해 조작화를 진행할 수 있다. 때문에 서로 다른 연구는 서로 다른 분석결과를 보고 하고 서로 다른 결론을 내릴 수 있다. 때로는 조직연구중의 일부 개념에 대해 조작화하기 어려울 때도 있다. 예를 들어, 직장 환경에서 상하급 간의 관계에 대해 연구할 때 연구자는 "권력"이라는 개념을 사용하고 싶을 것이다. 하지만 몇십년 간 사회과학자는 이런 연구에서 사용한 것은 모두 권력의 반대개념인 의존이다. 그것은 의존이라는 개념이 더욱 쉽게 조작적으로 정의할 수 있기 때문이다. 흔히 볼 수 있는 "네모와 화살표"그림에서 간단하게 "네모"로 개념을 표시할 수 있다. 이런 모형그림을 상상하고 개념은 중층이론의 기본 구성재료인 개념적 기초가 된다. 몇몇 그림 원칙은 독자들을 도와 그들의 모형중의 "네모"가 유용한 이론을 구축하는데 사용될 수 있도록 한다. 예를 들어, 가능한 관련 개념의 이름을 사용한다(자신이 마음대로 이름을 지어서는 안된다). 개념의 이름은 일반적으로 명사 혹은 두 세개의 명사로 구성한 어구(예를 들어 팀구성, 업무상호의존성, 조직규모)로 표현된다. 학술연구에서는 일상에서 사용하는 용어인 "타인의 평가" 대신에 "조직평판"과 같은 관련 문헌체계에서 이미 받아들여진 개념들을 사용하여야 한다. 그리고 모든 개념은 반드시 하나의 변수로 조작화가 가능하여야 하고(측정 가능하고 측정값은 높은 데서 낮은 값으로 혹은 "열기"와 "닫음"이 될 수 있는 등) 반드시 하나의 독립된 원인 혹은 결과가 되어야 한다. 중요한 점은 이런 원칙은 중층이론 구축 과정에서 광범위한 유형(예: 환경, 리더, 구조, 기술)의 사용 가능성을 제거하였다. 이런 광범위한 유형앞에 일부 형용사를 추가하면 일반적으로 구체적 변수로 조작화가 가능할 수 있게 된다. 예를 들어, 환경의 불확실성, 매력형 리더스타일 등이다. 기억해야 할 것은 연구에서 구축해야 할 중층이론은 검증받아야 하고 응용해야 하기에 모델 중의 "네모"(즉, 개념)를 자세히 생각하여 선택하고 명명하여야 한다.

중층이론을 구축할 때 일반적으로 완비성과 간결성 두 가지 표준을 고려하여야 한다(Whetten, 1989). 전자는 연구자가 어느 정도 관련된 요인을 이론에 포함할 수 있는지를 말하고 후자는 설명력을 증가할 수 없는 변수들을 제거하여 가능한 적은 개념으로 이론을 구축할 것을 보장한다. 연구자가 포함한 개념 혹은 변수가 많을수록 현상에 대한 해석능력은 더 완전할 가능성이 높다. 하지만 과학연구의 목적은 복잡한 가운데 간결함을 추구하고 정교한 이론으로 복잡한 현상을 해석하는 것이기 때문에 가장 좋은 연구는 가장 적은 개념을 사용하여 사물 혹은 현상에 대해 가장 포괄적인 해석을 하는 이론이다.

3.2.2 명제와 가설

이론을 구축하는 데 필요한 개념을 선택한 후 이어서 해야 질문은 이런 개념 간에 "왜" 그리고 어떻게 연계되어 있는지이다. 앞서 말했듯이 가설은 네모와 화살표로 표시하는 모형에서 연구자는 화살표를 통해 중요한 관계를 표시하고 명제 방식으로 그 관계를 나타낸다. 만약 우리가 네모(즉, 개념)를 한 이야기 속의 여러 캐릭터라고 할 때 화살표는 이 이야기의 줄거리와도 같다. 나아가 한 이야기는 관중들에게 캐릭터 간에 어떤 관계가 있는지도 설명해 주지만 왜 이런 관계를 갖고 있는지도 함께 설명해준다.

앞서 서술하였듯, 명제와 가설 간의 주요 구별은 명제는 추상적 개념 간의 관계와 관련되어 있지만, 가설은 명제에서 관련된 광범위한 관계를 더 구체적이고 조작 가능한 방식으로 표현하는 것이다. 따라서 주어진 명제를 검증한다는 것은 한 개념을 여러 가지 다양한 측정 방법으로 조작화한 가설을 검증할 것을 필요로 한다. 이런 차이의 존재로 인하여 데이터가 없는 이론적 논문, 예를 들어 *Academy of Management Review*에 게재된 논문들에는 오직 명제만 포함되어 있고 가설은 없다. 하지만 자료로서 어떤 이론을 검증하는 논문, 예를 들어 *Academy of Management Journal*에 게재된 논문들에는 가설이 포함되어 있는 반면 명제는 없다.

이론의 목적이 해석하는 것이고 관찰된 관계를 기술하는 것만이 아니기 때문에 서로 다른 "화살표"의 함의를 구분하는 것은 매우 중요하다. 예를 들어, 화살표가 대표하는 것이 인과관계인지 아니면 프로세스관계인지(Van de Ven, 2007), 조직 연구 영역 중의 많은 문헌은 일반적으로 모두 "인과관계(causality)"를 "필요한 전인조건", 즉, 관찰된 결과 이전에 발생한 조건(사건, 상태 등) 과 동등시 하는 경향이 있다. 이런 조건은 결과가 관찰될 수 있는 필요조건에 속한다. 비록 문헌중에 인과관계에 대해 다양한 처리방법이 있지만, 학자들은 보편적인 해석적 이론은 반드시 관찰한 관련된 간단한 보고 혹은 기술을 초월하여야 한다고 생각한다.

3.2.3 메커니즘 혹은 원리

개념의 정의, 즉 도식화된 모형에서 나타나는 “사각형”이 학자들에게 매우 중요한것과 같이 개념 간의 관계 혹은 “화살표”를 정의하는 것 또한 똑같이 중요하다. 단순히 일련의 명제 혹은 가설을 열거하는 것만으로는 이론을 구축할 수 없다. 그것은 원인변수 X와 결과변수 Y 사이가 단순히 상관관계이거나 이 관계가 공동으로 다른 그 어떤 명확하지 않은 변수의 영향을 받을 수 있는 가능성을 배제할 수 없기 때문이다. 우리가 앞에서 인용하였던 Christensen과 Raynor가 이론에 대한 정의에서 알 수 있듯이 “무엇이 무엇을 초래하고 왜 초래하였는지”는 “이론이 대답해야 할 왜라는 질문”을 강조하고 있다. “화살표”의 함의에 대한 관심은 “강”한 이론을 구축(Weick, 1989)하는 관건이다. 특정 관계 중의 “왜”라는 성분의 한 가지 방법은 아래와 같은 관례: “X는 Y를 야기하는데 그 이유는 …”를 사용하는 것이다. 이런 격식은 조직연구자들에게 각각의 관계 배후에 있는 경제, 사회, 문화 혹은 심리적 원인-결과(cause-effect)의 과정을 해석하도록 일깨워주는 역할을 한다. 데이비스와 마르퀴스(Davis & Marquis, 1995)도 학자들에게 조직 연구 중 중층이론의 잠재적 메커니즘에 대한 관심을 호소할 때 이와 같은 관점을 내비친적이 있다. 이런 상황하에 한 관계 중의 “왜”라는 성분과 “무엇이 무엇을 초래했는지”라는 성분은 중복된 측면이 존재한다. 예를 들어, 일부 사회과학 패러다임 중, 우리는 특정 X(전인)가 Y(결과)(예를 들어, 동기 → 성과; 격리 → 편견)를 해석할 수 있다고 말할 수 있다. 하지만 많은 경우에 “왜” 어떤 X요소가 어떤 Y결과의 필요한 전인요소인지는 결코 자명한 것만은 아니다(예를 들어, 기업 사회적 책임 → 기업재무성과). 이런 상황에서 “화살표” 배후에 존재 가능한 하나 혹은 여러 가지 원인과 결과 메커니즘을 명확하고 측정하는 것은 매우 필요하다.

이 분야 미국 최우수 실증 학술저널에서 갖고 있는 한 가지 기대는 실증연구는 반드시 이론적 기여를 해야 한다는 것이다. 이 표준에 대한 한 가지 해석방법은, 논문의 저자는 변수의 선택의 이유에 대해 이론적 설명을 해야 한다는 것이다. 이렇게 하려면, 한 가지 방법은 관련된 “거대한” 사회과학과 조직연구이론 중의 일부 메커니즘을 인용하여 측정 가능한 변수(“네모”)와 측정할 수 없는 변수(예: 화살표로 표시한 측정 불가능한 인과관계)로 이런 메커니즘을 나타내는 것이다. 이렇게 거대이론을 응용할 때 우리가 생각한 것은 거대이론은 검증을 거치지 않은 패러다임과 같은 역할을 한다는 것이다. 예를 들어, 만약 대리인 이론(agency theory)과 관련된 어떤 변수와 연구자가 관심 있는 결과변수와 유의한 상관관계가 존재하지 않는다면 이 시점에서 대리인이론의 제약조건을 논하는 것은 합리적이지만(예를 들어, 서양적 상황에서 탄탄한(robust) 상관관계가 중국적 상황의 일부 연구에서는 반대방향 혹은 강도가 현저하게 감소되는) 여기서 대리인이론이 "잘못되었다"라는 결론을 내려서는 안된다.

근본적으로 중층이론을 구축하는데 사용될 수 있는 세 가지 관계가 있다. 직접관계, 즉 그 화살표들이 두 개념을 직접 연결한 그림이 나타내는 관계인데 예를 들어 X->Y이다. 간접관계, 매개사슬을 포함한 관계로서 예를 들어, X가 Y에 대한 효과는 매개하는 한 개념을 "통하여" 발생하는데 우리는 그 개념을 Z매개변수라고 한다(X->Z->Y). 일부 표준화된 통계방법으로 특정 X와 Y 간의 매개수준에 대 검증할 수 있다. 하지만 대부분 생황에서는 중층이론은 "부분매개"가 아니라 "완전매개"의 관계를 제공한다. 세 번째 관계는 조절 역할이다. 강조해야 할 점은 조절변수(일단 Z조절변수라고 칭함)가 조절하는 것은 하나의 변수가 아니라 하나의 관계이다. 도형화된 모형에서 우리는 아주 쉽게 매개변수(Z는 X와 Y를 연결함)과 조절변수(Z의 화살표는 X →Y 화살표중간을 향하고 있음)를 구분할 수 있다.

한 가지 예를 통해 이 세 가지 유형의 관계에 대해 설명할 수 있다. 신과 저우(Shin & Zhou, 2003)가 리더 스타일, 직원 가치관과 직원의 창의성간의 관계에 대한 연구에서 변혁적(transformational) 리더 스타일은 직원의 창의력에 긍정적 영향을 미치는데 이는 주 효과이다. 변혁적 리더는 직원의 내재적 동기를 유발함으로써 창의성에 영향을 준다. 즉 내재적 동기는 변혁적 리더와 직원의 창의성 사이에서 매개 역할을 하게 된다. 이 외에 직원의 보수적 가치관은 변혁적 리더와 직원의 창의성 간의 관계를 조절한다. 즉 보수적 가치는 조절 역할을 갖고 있다. 주 효과, 조절 역할과 매개 역할을 종합하여 연구자는 조직 상황에서 직원의 창의성의 내재적 원리를 나타냈다. 한마디로 명제와 가설은 단지 현상 간의 관계를 기술하거나 혹은 어떤 모델을 표현하는데 이론은 또한 현상이 왜 발생하는지에 대해 합리적인 해석을 제공하여야 한다.

3.2.4 제약조건

통용되는 경영 혹은 조직의 중층이론은 존재한다 하더라도 매우 드물다. 다르게 표현하면, 중층이론을 구축하고 응용할 때 우리는 사전적 가정, 즉 그들이 적용 가능한 제약 조건들을 명확히 할 필요가 있다(Johns, 2006; Tsui, 2006; Whetten, 2009). 조작화의 측면에서 볼 때 만약 한 이론이 그의 "제약조건" 이외에 응용된다면 그 이론은 다른 표현 방식이 있을 것이다. 때문에 우리는 학자들이 어떤 이론을 구축 혹은 실증적으로 검증한 후 제약조건에 대해 논할 것을 격려하고 있다. 일반적으로 연구자들은 세 가지 상황인 사람, 상황과 시간을 명확히 하는 것을 통해 한 이론의 제약조건을 정의할 수 있다(Whetten, 1989). 예를 들어, 조립라인의 근로자들을 표본으로 구축한 직업만족도에 관한 모델은 지식기반 근로들에게도 적용할 수 있는지? 혹은 더 넓은 의미에서 서양상황에서 구축한 공정성 원칙이 중국에서도 적용되는지?

경영과 조직의 이론은 결코 통용되지 않는다는 사실을 명확하게 인정하고, 또한 유행하는 이론의 제약조건을 적극적으로 이해하는 것은 적지 않은 좋은점들이 있다. 여기서 우리는 아래와 같이 르윈(Lewin)의 유명한 주장인 "좋은 이론만큼 실용적인 것은 아무것도 없다"를 이해할 것이다. (1) 오직 좋은 이론만이 실용적이다. (2) 맥락화는 좋은 이론의 두드러진 특징이다. 이론을 개선하는 효과적인 방법은 이론이 적용되는 맥락적 조건을 이해하는 것이다. 따라서 이론 구축의 목적이 경영실천을 개선하는 것이든 아니면 조직연구의 이론과 도구를 풍성하게 하는 것이든, 맥락화는 "좋은" 이론의 필수속성 중 하나이다. 이 부분의 내용을 끝내기 전에 꼭 지적해야 할 내용은 마치 조직행위이론이 통용된다는 논리에 대해 의문이 생기듯이 이와 똑같이 중요한 것은 더욱 많은 상황에서 단일 사례에 근거하여 구축된 이론에 대한 검증이다. 다르게 표현하자면 비록 중층이론은 일반적으로 단일 사례연구를 통해 구축되지만 그의 효과는 이 연구의 상황에만 국한되어서는 안된다. 오직 여러 가지 상황하에서의 연구들이 충분히 많은 일치된 지지근거가 축적된 후에야 우리는 이 이론이 정확하고 유효하다고 할 수 있다.

우리는 현재 듀빈(Dubin, 1976)을 인용에 기초해 허즈버그(Herzberg, 1966)의 동기-위생 요인 이원론을 사용하여 그 이론의 구성을 설명하고자 한다. 요인 이원론은 개인행위에 영향을 주는 요인은 외재적 요인과 내재적 요인 두 가지로 나누어지고 개인의 외부환경에 대한 반응은 만족과 불만족 두 가지가 있다고 본다. 이 이론에는 외적요인, 내적요인, 만족과 불만족 네 개의 개념이 있는데 이 네 개념 간의 관계가 바로 요인 이원론을 구성한다. 이 이론의 기초에서 우리는 많은 명제를 제기할 수 있다. 예를 들어, 개인의 직업에 대한 최종태도는 만족수준과 불만족 수준의 합이 된다. 개인은 조직에 대해 무관심할 수 있는데, 이때는 만족뿐 아니라 불만족도 체험할 수 없을 수 있다. 즉 개인의 만족 수준과 불만족 수준은 서로 독립적이다. 조직상황에서 요인 이원론이 성립하는지 여부를 검증하려면 반드시 이런 명제들을 연구가설로 전환하여야 한다. 이를 위해 허즈버그는 직장환경 중의 외적요인을 위생요인으로 부르는데 여기에는 직원의 봉급, 기술지도, 인간관계, 회사정책과 행정관리, 작업환경 및 작업안전성 등이 있다. 이런 요인들은 모두 위생요인의 실증적 지표가 되거나 측정 가능한 변수로 전환 가능하다. 예를 들어 봉급의 높고 낮음은 당연히 측정 가능하지만 노동조건 같은 경우 직접 측정이 불가능한 경우도 있다. 때문에 이에 대해 반드시 더 구체화할 필요가 있는데 예를 들어 화장실과 휴게실의 쾌적함 정도거나, 직원에게 커피를 제조하는 룸을 제공했는지 여부, 작업 사이에 공동적으로 휴식하는 시간의 길고 짧음 등이 있다. 이처럼 허즈버그는 내재적요인(동기요인)을 성과, 인정, 책임 및 개인발전의 기회를 획득하는 측면에서 정의를 하고 이 모든 것이 더 구체적으로 조작화가 가능하고 측정 가능하다고 보았다. 이런 측정 가능한 조작화의 정의에 근거하여 연구자는 다양한 조직과 개인 상황에서 요인 이원론에서 얻은 가설의 정확성을 검증할 수 있게 된다. 학자들은 이미 어느 정도 요인 이원론의 제약조건에 대해 탐색을 했다. 예를 들어, 연구결과에 의하면 요인이원론은 경영자들(상대적으로 일반 직원에 비해)에게 더 적합하다는 것은 충분히 근거가 있는 생각이고 일반 직원들에게는 봉급과 직장 안전도가 매우 강한 동기부여를 하게 된다는 것이다.

3.3 이론의 개발과 이론적 기여

전문에서 언급했듯이 Administrative Science Quarterly와 Academy of Management Journal 등 영향력 있는 경영학 저널들이 실증 연구 원고에 대해 리뷰를 진행할 때 언제나 강조하는 것 중 하나가 바로 연구의 이론적 기여정도이다. 실증적 논문을 작성하는 저자는 다양한 방법을 통해 그들의 연구의 이론적 영향력을 향상시킬 수 있다. 영향력 있는 이론을 어떻게 구축하는지에 대한 소개를 하기 전에 우리는 학술 커뮤니티가 어떻게 이론 구축 과정에서 중요한 역할을 하는지에 대해 논하고자 한다.

3.3.1 이론의 사회적 구축

이론을 구축한다는 말을 꺼내면 사람들은 학자 개인이 창조적인 사고를 하여 어떤 이론을 제시하는 것을 생각한다. 이론을 구축하는 과정에서 학자는 반드시 상상력이 풍부하여야 하고 자신의 일련의 생각들을 끊임없이 시도하고 실험을 하여야 한다. 사실 이론을 구축하는 작업은 일종의 사회적 구축 과정이기도 하다. 다시 말하여 이론 구축은 연구 간의 사회적 상호작용과 상호 영향과 관련되어 있다. 연구자는 자신의 연구를 한편의 논문 작성을 통해 학술저널에 투고하고 저널에서는 동료들에게 이 논문에 대한 심사를 요청한다. 심사자들은 이 연구에 아주 많은 의견과 건의를 제기하고 때로는 제기한 문제가 연구자 본인이 당시 생각이 주도면밀하지 못했거나 전혀 생각지도 못했던 문제일수도 있다. 연구자는 심사자가 제출한 문제들에 대해 답을 하고 혹은 심사자의 의견과 건의에 근거하여 논문에 대해 수정을 통해 원고를 완벽하게 하거나, 더 많은 연구를 통해 원래 연구 중에 부족한 부분을 보충하기도 한다. 이런 전문가에 의한 평가 과정을 통하여 연구자의 이론은 더욱 합리적이고 엄밀하게 된다.

위에서 설명한 일반적인 정규 심사 과정 외에 연구자는 또한 비정규적인 심사를 통하여 연구의 수준을 향상할 수 있다. 즉 연구 원고를 학술저널에 정식 투고하기 이전에 연구자는 자신의 원고를 본인과 같은 분야의 연구에 종사하는 전문가들에게 보내어 그들에게 의견을 물어보는 것이다. 여기서 특별히 강조하고 싶은 것은 연구가 이론적 기여가 있게 하기 위하여 연구자는 반드시 연구설계와 자료수집 전의 연구준비단계부터 타인의 의견과 비평을 귀담아 들어야 한다. 미국 사회에는 나무랄데 없이 좋은 학술적 커뮤티티가 존재하며 동료들 간의 교류왕래는 매우 긴밀하고 정보소통 또한 매우 빈번하게 일어나기때문에 학자가 동료의 평가를 받기가 상대적으로 쉽다. 학자들도 동료의 의견을 듣는 것을 연구 혹은 이론을 구축하는 과정에서 매우 자연스러운 일환으로 생각한다. 하지만 동아시아 경영학계의 학술 커뮤니티는 이제 막 시작하는 단계에 있어 자국 내 동료 중에 누가 이미 혹은 지금 비슷한 연구에 종사하고 있다는 사실조차 알지 못하고 있다. 연구의 준비단계부터 동료의 평가를 얻을 수 없기 때문에 최종 연구에서 얻을 수 있는 이론적 돌파의 가능성은 더욱 작아지고 일부는 심지어 단지 기존 학자의 연구를 복제하는 수준에 그치기도 한다. 때문에 자신의 이론을 사회적으로 구축하고자 한다면 반드시 연구의 시작단계에서 적극적으로 학술커뮤니티와 동료들의 평가를 구하여야 한다.

우리가 말하는 이론의 사회적 구축은 두 가지 방법이 있다. 첫 번째, 학술적 동료들로부터 건의와 피드백을 구하는 것, 두 번째, 연구자 아이디어를 통한 상호간의 자극이다. 첫 번째 방법은 피드백을 구하기 위해서는 사회연결망을 구축해야 한다. 문헌을 읽거나 학술회의에 참가하거나 전문적인 학술단체의 활동 및 개인이 알고 있는 동료들과 함께 교류하는 등 다양한 방법이 있다. 이 과정에서 개인은 구성원들이 비슷한 분야의 연구에 종사하는 핵심적인 동료 그룹을 구축할 수 있다. 핵심 그룹 구성원들의 관점과 건의를 추구하는 것은 적합한 연구 문제를 확정하고 발견하며 적당한 이론적 시각을 발견하고 가치 있는 이론적 모형을 구축하며 나아가 연구의 증거들에 근거하여 하나의 명확하면서도 유창한 이야기를 엮어내는 데 도움이 된다. 핵심적인 동료 그룹은 어떤 사람들로 구성하여야 하는가? 규모는 얼마나 큰 것이 좋은가? 이는 연구 문제의 복잡한 정도에 따라 결정될 수 있다. 이상적인 상황은 당신이 자문하는 동료들이 비교적 높은 수준의 전문지식과 견식을 고루 갖추고 있어 당신과 그들의 교류를 통해 이 문제에 대한 이해가 크게 제고될 수 있어야 한다. 예를 들어, 만약 당신이 처음 어떤 전문가 평가를 하는 저널에 논문을 투고한다면 당신은 그 전에 먼저 이 저널에 원고를 게재한 경험이 있는 학자들로부터 피드백을 먼저 구할 필요가 있다. 하지만 만약 당신의 목표가 탑 저널에 논문을 게재하는 것이라면 당신이 자문하고자 하는 동료 전문가가 일반적인 학술저널에 논문을 게재했던 사람이면 안되고 탑 저널에 논문을 게재한 경험이 있는 학자들이어야 한다.

저자들은 자신이 일부 전문가들과 대화와 토론을 통해 사회적 구축을 시뮬레이션할 수 있다. 저자 본인이 조정역할 혹은 리더 역할을 맡고 기타 주요 인물(혹은 타인의 논문)은 서로 다른 관점과 생각을 대표하도록 한다. 이런 시뮬레이트 된 사회적 구축에서 이론적 문제를 제기하고 이에 대해 논쟁을 하고 해결하여야 한다. 문제를 해결한다는 것은 결코 모든 참가자들이 의견을 같이 하게 되었다는 뜻이 아니라 저자가 어떤 사항에 대애 어떤 입장을 갖게 되고 무슨 문제를 연구하기로 결정하였으며 어떤 특수한 관점을 선택하며 심지어 어떤 가설을 설정하였는지를 결정하게 되었음을 의미한다. 직접 문제의 토론에 개입하고 기존 문헌의 관점들을 모두 고려하는 방식으로 결정을 내리게 된다. 이런 의미에서 시뮬레이트된 사회적 구축 과정은 사실상 개인의 문헌리뷰와 가설형성과정이기도 하다. 한마디로 말하면, 사회적 구축을 말할 때 우리가 여기서 강조하는 것은 이론적 구축 과정이 결코 학자 개인이 "현실을 고려하지 않고 제 주관대로 해서는 안 되고" 보다 적극적으로 어떤 주제에 대해 지식과 정보를 갖고 있는 사람들로 하여금 참여할 수 있도록 적극 노력해야 한다.

우리가 생각하기에 이론을 구축하는 과정은 몇개의 중요한 활동, 즉, 연구 문제를 발견하고 선택하기, 이론적 측면에서의 해석 혹은 해결방안을 제기하기, 해석과 해결방안에 대해 평가와 선택을 하고 가장 적합한 해석 혹은 방안을 확정하며 나아가 실증적 자료에 근거하여 이론을 구축하는 등의 활동들이 포함된다. 아래부분에서 우리는 이 몇 가지 측면에 대해 하나하나 이야기해 보고자 한다.

3.3.2 연구 문제의 발견 및 선택

우리는 조직경영 분야의 연구에서 중층이론 구축을 강조한다. 이 목적을 달성하기 위하여 연구 문제는 중간 수준이여야 하는데 너무 추상적이거나 광범하여 거대이론을 야기해서는 안되고 너무 구체적이여서 미세이론을 초래해서도 안된다. 한 이론의 중요성은 일반적으로 연구자가 선택한 문제의 의의에 의해 결정된다. 때문에 중요하고 의미 있는 연구 문제를 선택하는 것이 매우 중요하다. 한 이론의 중요성을 평가하는 기준은 어떤 것이 있을까? 웨익(Weick, 1989: p.529)은 이론 구축을 아이디어 실험에 비유하고 만약 어떤 아이디어가 흥미롭고 진실되며 쉽게 알아볼수는 없지만 합리적이고 미묘할 경우 좋은 아이디어라고 생각하였다. 우리는 의미 있는 과제를 선택하는 것은 주로 두 가지 기준에 의해 진행된다. 하나는 진실이고 다른 하나는 흥미이다. 진실성 기준에 도달하려면 연구자가 고민해야 할 문제는, 실천적 의미의 측면에서 연구하는 문제가 어느 정도 질실성을 갖고 있는가?라는 질문이 포함되어 있고 흥미롭다는 기준을 만족하기 위하여 고민해야 할 문제는, "이론적 측면에서 이 문제가 흥미로운가?"라는 질문이다. 엄격한 실증주의의 관점에 근거하면 기술한 문제 및 구축하고자 하는 이론이 현실 세계를 가장 잘 표현 할 수 있어야 한다. 이 외에 응용성이 강한 과학적 탐구로서 이론은 실천과 긴밀히 연결되어야 하고 연구자는 외적 실천과 관련이 있거나 실무자에게 의미가 있는 문제들을 선택하여 연구를 진행하여야 한다. 사회과학자가 가장 추구하는 흥미롭다는 기준의 의미는 연구하는 문제가 기존의 지식의 진보에 잠재적인 기여를 하는 것을 말하고(예를 들어, Davis, 1971; Weick, 1989) 그들은 그런 더 흥미로운 문제, 개념과 가설을 좋아한다. 한 연구 문제가 흥미로운지 여부는 이 분야의 기존 이론의 부족과 결함을 극복할수 있는지여부에 의해 결정되며 따라서 이 분야에 새로운 지식을 추가할 수 있는 잠재성을 갖게 된다. 진실성 기준과 흥미성 기준의 차이는 진실성 기준이 외부지향적으로서 현실과의 연관성과 진실세계로부터의 검증에 관심을 갖고 있는 반면, 흥미성 기준은 내부지향적으로서 연구자의 상상력과 이 분야의 기존 이론과 연구의 관련성에 더욱 관심을 갖고 있다는데 있다.

우리의 관찰에 의하면 경영학자들은 실무와 관련된 문제들을 선택하는 경향이 있고 흥미로운 기준에 대한 관심이 상대적으로 부족하다. 동아시아의 경영학 연구자들에게 이런 경향이 더욱 강하게 나타난다. 이는 한편으로는 동아시아 경제체제의 변환과 기업 개혁이 직면한 전대미문의 도전과 새로 나타난 많은 문제가 급히 해답을 찾아야 하기 때문이고 다른 한편으로는 동아시아에서의 경영학 연구는 하나의 사회과학으로서 아직 역사가 짧으며 경영학 연구자들이 국제사회과학 연구자들과 충분한 교류가 부족하기 때문이기도 하다. 이 외에, 설사 많은 경영학자들이 흥미성이라는 표준을 받아들인다고 하더라도 그들은 단지 이 분야가 아직 연구되지 않았다는 점을 강조하며 새로운 분야라면 무조건 기여가 있다고 생각하고 있다. 비록 이는 어느 정도 일리가 있지만 연구의 새로움을 강조하는 많은 경우는 일반적으로 그들이 기존의 문헌에 대해 잘 알지 못하거나 기존의 연구에 대한 이해가 충분하지 않은데 있다. 대부분 경우, 표면적으로 볼 때 새로운 현상 같지만 사실상 이는 이미 앞서 연구되었던 문제의 또 하나의 표현 형식에 불과할 뿐이다. 반면에, 때로는 보기에는 자명한것처럼 보이는 현상 뒤에 일반적으로나 이론적으로 흥미로운 측면이 숨어있는 경우가 더 많다. 이 외에 기존의 학자들의 어떤 분야에 대한 연구가 없다는 것은 일반적으로 그 분야가 충분히 흥미롭지 않거나 이론적 기여가 너무 작기 때문이다. 따라서 단순히 기존에 어떤 분야에 대한 연구가 없다는 것만으로 그 연구의 이론적 의의를 구현할 수 없다.

연구자는 진실과 흥미, 이 두 가지 기준을 종합적으로 고려하여 연구 문제를 선택하여야 하는데 또한 현실과 너무 긴밀히 연결되는 것도 미연에 방지하여야 한다. 우선, 이론을 구축하는 것은 상상력과 창의성과 관련되어 있다. 너무 현실 세계에 근접해 있다보면 연구자들로 하여금 너무 빨리 흥미로운 개념과 명제들을 자신의 연구에서 배제할 수 있다. 다음으로, 현실과의 적합성을 너무 강조하며 구축한 이론도 그런 권력있고 세력이 있는 조직이나 인물과 일치성을 유지하게 되는 경향이 존재한다(Weick, 1989). 권세가 있는 사람은 학자가 연구에 종사하는 과정에 일반적으로 학자와 접촉할 수 있는 기회가 더욱 많고 게시하는 정보도 더욱 많기 때문에 만약 학자가 현장에서 떠나 독립적인 사고를 하지 않는다면 그들의 영향을 받아 현상에 대해 더 포괄적이고 더 합리적인 해석을 할 수 없다. 마지막으로, 사회현상과 너무 긴밀히 연결되어 있으면 연구자는 현실을 초월할 수 없고 현상에서 벗어날 수 없기에 더 추상적인 시각에서 현상의 본질을 이해할 수 없게 된다. 현상 속에 빠져들다 보면 사실에 입각하여 이해득실을 논하게 되고 구축된 이론도 일반적으로 매우 미세하고 보잘것 없는 것이 되어버린다. 학자가 실무자와 구별되는 중요한 특징 중 하나는 학자가 경영현상에 대해 깊이 있는 관찰과 이해를 한 후 이런 현실과 실천에서 잠시 떠나서 독립적으로 그 현상에 대해 이론적 사고를 하는 것이다. 그렇게 하지 않을 경우, "이 몸이 산에 있는 관계로 여산의 진면목을 알 수 없는" 결과를 초래하게 된다.

3.3.3 이론적 기여를 하는 방법

두 가지 방법, 실증과 이론에 근거하여 특정 이론의 과학적 기여도를 판단할 수 있다. 실증적 기여를 평가하는 주요 근거는 이론에 대한 자료의 지지정도이다. 기타 조건이 모두 같은 상황에서 더 많은 그리고 다양한 실증관측의 지지를 받는 이론의 기여도가 더 크다(Stinchcombe, 1968). 실증적 기여는 주로 이론의 검증, 즉 이론과 관련 자료간의 관계에 더욱 관심을 갖는다. 반면에 이론적 기여도를 평가할 때는 기타 관련된 이론을 참고하여 진행된다. 조직경영학 연구자들은 이론과 자료 간의 관계에 대해서는 더 많은 관심을 갖는 경향이 있는 반면 이론과 이론 간의 관계에 대해서는 관심이 부족하다. 우리는 이 두 가지 기여를 모두 고려해야 하지만, 이론적 기여도에 더욱 관심을 가질 필요가 있다고 생각한다. Wagner와 Berger(1985)가 개발한 이론발전에 대한 관점에 의거해 우리는 네 가지 이론발전의 방법을 서술하고자 한다. 이 네 가지 방법은 각각 아래와 같다. 정교화(elaboration), 확산(proliferation), 대립(competition)과 통합(integration)이다.

정교화는 연구자가 기존의 이론의 기초 위에 일부 새로운 구성부분을 추가하여 기존의 이론이 더 포괄적이고 구체적이며 정확하고 더 엄밀하여 이론의 해석력과 예측력을 강화하는 것을 말한다. 새로 구축된 이론은 결코 기존 이론의 가정과 원리를 도전하거나 위반하지 않고 이는 기존 이론이 기술하는 문제와 비슷하고 이론의 성립되는 실증적 자료 혹은 관찰 또한 비슷하다. 정교화의 방법을 사용하여 기존 이론을 발전시키는 일반적 방법은 조절변수를 추가하여 기존 이론 중의 명제 혹은 가설이 다른 조건하에 어떻게 다른지를 나타내는 것이다. 또 다른 방법은 기존의 이론 중 변수 사이에 매개변수를 추가하여 기존 이론의 두 개념 혹은 변수 간의 관계가 발생하는 과정을 드러내 보이는 것이다. 예를 들어, 기존의 연구들에서는 절차적 공정성과 개인이 얻을 수 있는 결과가 상호작용하여 개인이 조직의 의사 결정에 대한 반응에 영향을 미친다고 보았다. 다시 말하면 비록 개인이 얻을 수 있는 결과가 나쁘지만 조직이 내린 의사 결정이 절차적으로 공정하다면 개인의 태도 혹은 반응은 그렇게 소극적이지 않다는 의미이다(Brockner & Wiesenfeld, 1996). Kwong과 Leung(2002)은 반대로 이 두 변수의 상호작용은 개인과 의사 결정을 하는 사람 간의 관계의 영향을 받는다는 것이다. 다시 말하면 그들은 하나의 조절변수를 추가한 셈이다. 개인이 이런 관계가 그들에게 매우 중요하다고 생각할 때 위에서 기술한 상호작용은 유의하게 존재하고 개인이 그들과 의사 결정자의 관계가 전혀 중요하지 않을 때는 절차적 공정성과 결과의 좋고 나쁨 간에는 상호작용이 존재하지 않는다는 것이다. 그들은 바로 관계의 중요성이라는 조절변수를 추가하는 것을 통해 기존 이론에 기여한 것이다.

또 하나의 정교화 사례를 들자면, 학자들은 팀의 분산기억체계(transactive memory system, TMS)라는 개념으로 효과적인 팀의 작업 원리를 해석하는데(Wegner, 1987), 그들은 분산기억체계가 팀이 정보를 처리거나 또한 팀원들의 전문지식을 종합하고 조절하는 인지체계로서 팀원들로 하여금 서로 어떤 전문지식을 갖고 있는지 파악한 뒤 그 전문지식을 이용하여 복잡한 팀 업무를 완성한다고 생각한다. 기존의 학자들은 팀 구성원들 간의 교류와 소통은 분산기억체계의 형성(분산기억체계가 종속변수로서)에 영향을 미친다고 보고 또 다른 학자들은 현장 환경에서 분산기억체계가 독립변수로서 팀 성과에 대한 영향을 고찰하였다(예: Lewis, 2004). 장지학 및 그의 공동저자들은(Zhang, Hempel, Han & Tjosvold, 2007). 조직환경에서 분산기억체계의 발전은 필연적으로 팀 분위기, 종사하는 업무에 대한 의존성 및 팀 구성원의 목적에 대한 인지 등과 같은 팀 특성의 영향을 받고 TMS는 나아가 팀 성과에 영향을 준다는 것을 발견하였다. 그들은 분산기억체계가 팀의 혁신분위기, 업무의존성 및 팀 협력목적의 인지와 팀 성과 사이에서 완전한 매개 역할을 한다고 가정하고 204개 중국 하이테크 기업의 자료를 사용하여 분산기억체계의 매개 역할을 지지 하였다. 이 연구는 분산기억체계의 팀 특성과 팀 성과 간의 매개 역할을 들어내 보임으로서 분산기억체계문헌에 기여를 하였다.

이론적 기여를 하는 두 번째 방법은 확산인데 이는 연구자가 기타 분야의 이론에서 일부 혹은 어떤 아이디어를 참고하여 이를 새로운 분야에 응용하는 것을 말한다. 확산과 정교화의 구별은 전자는 기타 분야 혹은 학문의 이론을 새로운 분야의 현상에 응용하는 것이지만, 정교화는 같은 분야의 같은 현상에 초점을 갖고 있다는 점이다. 확산의 방법을 사용하여 이론을 구축할 때 연구자는 기존의 이론에 대해 큰 변화를 주지 않고 단지 그의 아이디어를 빌리면서 새로운 현상을 더 잘 해석할 수 있다. 하난과 프리먼(Hannan & Freeman, 1977)는 인구생태학을 조직연구에 응용하였는데 이는 사람들이 이론확산의 모범적 사례를 말할 때 자주 인용하는 사례이다. 인구생태학의 개념은 진화론과 자연선택이론에서 시작되었는데 이 이론은 환경에 더 잘 적응된 생물의 종은 살아남고 적응하지 못한 생물의 종은 소멸되었다고 본다. 하난과 프리먼은 이 이론을 기업의 탄생, 생존과 사망에 응용하였다. 그들은 조직의 생존은 조직이 노력하여 환경에 적응하는 것에 의해 결정되는 것이 아니라 환경의 선택에 의해 결정된다고 생각한다. 또한 많은 조직들은 조직 관성의 피해를 보고있고 이런 관성이 조직의 적응능력을 약화시켜 조직이 이미 혹은 현재 변화하고 있는 환경과 서로 용납할 수 없게 만들었다. 이런 조직들은 외부 환경에 더 잘 적응할 수 있는 조직들에 의해 대체되게 된다.

때로는 학자들이 다른 분야의 사상과 이론을 완전히 빌려 사용하지 않고 단지 그중의 어떤 사상 혹은 부분 사상을 참고한다. 예를 들어, 가드너와 아볼리오(Gardner & Avolio, 1998)는 희극의 관점을 응용하여 리더와 추종자들 간의 관계에 관한 이론을 구축하였다. 그들은 매력형 리더는 이미지 분장에 관심을 갖고 있는 배우이고 추종자는 관중이라고 생각한다. 리더와 추종자 간의 관계의 구축 과정은 희극처럼 서서히 펼쳐진다. 여기에는 설계, 극본의 작성, 무대에서 소개하기 및 공연의 단계(framing, scripting, staging, performing)로 나뉘어 진다. 가드너와 아볼리오는 희극의 개념을 체계적으로 응용하여 리더의 성과행위를 서술하고 또한 이런 행위를 결정하는 요인 및 이런 행위가 초래하는 결과를 기술하였다. 그들은 결코 정식적인 희극이론을 완전히 그대로 리더 현상에 이식하여 사용하지 않았고 희극의 효과가 어떻게 발생하는지 그 과정으로부터 영감을 얻었을 뿐이다. 이는 일종의 비유를 통한 이론적 확산이다.

세 번째 이론적 기여를 하는 방법은 대립이다. 이는 이미 완전히 구축되어 있는 어떤 이론에 대하여 새로운 이론을 제기하고 기존의 이론과 첨예하게 대치되는 해석을 하는 것을 말한다. 새로운 이론은 설득력있는 증거로서 기존 이론의 중대한 결함을 보여줌으로써 다른 해석을 제기하여 심지어 기존의 이론을 대체한다. 새로운 이론과 기존의 주류 이론과의 대립 정도는 서로 다를 수 있다. 때로는 새로운 이론은 단지 어떤 부분에서 기존의 이론에 도전하고 기존 이론의 기본원칙과 구조를 보류할 수도 있다. 와그너와 버거(Wagner & Berger, 1985)는 이런 상황을 이론적 형식변환이라고 하고 이론적 대립이라고 부르지 않았다. 대립이 치열한 이론 구축 과정에서 새로운 이론은 완전히 다른 시각 혹은 가정을 채택할 가능성이 매우 높으며 이를 통해 기존 이론의 시각과 가정의 부족에 도전하여 새로운 이론이 같은 현상에 대해 기존이론과 완전히 다른 예측을 하여 기존 이론을 대체할 수 있도록 한다.

마인들(Meindl)의 매력리더 이론(Meindl, 1990, 1995)이 바로 전형적인 사례이다. 전통적 리더학 연구, 특히 매력형리더와 변혁적 리더 연구에서는 보편적으로 리더 중심의 전형적인 사례를 채택하고 있다. 즉 리더십은 리더 자체 혹은 리더가 드러내는 일종의 품성 혹은 행위에 있으며 이는 부하 혹은 부하와 조직의 성과에 영향을 준다는 것이다. 하지만 마인들의 매력리더이론은 리더십은 부하들 속에 존재하고 부하들에 의해 생성되며 부하들이 주관적으로 구축하여 조직변화와 불확실성을 이해하는 개념이라고 주장하였다. 즉 리더십은 조직성과에 의해 결정되지 조직성과를 결정하는 것이 아니다. 이 이론은 리더십 분야에서 부하 중심의 연구들을 자극하여 전통적으로 리더중심의 리더이론의 부족함을 보충하였다(Samir et al., 2006).

또 하나의 대립 이론의 예는 사회연결망에 대한 연구 중 그라노베터(Granovetter, 1973)가 제기한 약한 연결 이론이다. 기존의 이론과 연구는 강한 연결이 약한 연결에 비해 더 큰 우위를 갖고 있다고 보지만, 그라노베터는 약한 연결의 우위는 그가 사람들에게 새롭고, 중복되지 않고 가치 있는 정보를 제공하여 개인으로 하여금 더 많은 서로 다른 사회연결망과 연계하여 개인의 역할, 유동성과 혁신성을 촉진하는 데 있다고 주장하였다.

네번째 이론적 기여방법은 두개 혹은 두개 이상 이미 구축되어 있는 이론의 기초위에 새로운 이론적 모형을 창조하는 것을 말하는데 이를 통합이라고 한다. 이론에 대해 통합을 할 때 우리는 앞서 소개한 정교화, 확산 혹은 대립 방법들을 사용할 수 있다. 혁식변화의 통합이론은 기존의 이론의 혁식변화 I는 일부 조건에서 성립되지만 혁식변화 II는 기타 조건에서 성립된다. 예를 들어, Xiao와 Tsui(2007)의 높은 승낙 조직 중 구조적 공백의 기능에 관한 연구는 기존의 구조적 혈이론에 대한 중요한 발전이다. 구조적 공백 이론(예: Burt, 1997)은 두 개 및 두 개 이상의 서로 연계가 없는 사람을 연결할 수 있는 중개자가 갖고 있는 사회적 자본이 더 많다라고 주장한다. 이런 사회적 자본은 중개자로 하여금 더 많은 정보와 기회를 제공하고 나아가 누구에게 더 많은 유익을 줄 수 있는지도 결정할 수 있다. 이에 반해 Xiao와 Tsui는 집단주의 문화에서 구조적 혈은 개인에게 더 많은 사회적 자본을 제공해주지 못한다고 주장하였다. 그들은 높은 승낙의 조직에서 중개자는 정보와 통제라는 두 가지 유익을 얻을 수 없다. 원인은 이런 조직에서 정보에 대한 통제를 통해 개인의 유익을 추구하는 행위 자체는 조직 내부 규범의 제한과 징벌을 받게 되기 때문이다. 이 외에 구적적 공백의 유익은 반드시 그 주변의 모든 사람들과 공유해야 하지 구조적 공백의 소유자에게 독식하게 해서는 안된다고 생각한다. Xiao와 Tsui가 추론하기를 저 승낙 조직과 비하면 고 승낙 조직 중의 구조적 공백과 직원의 생애 성과 간에는 정의 상관관계가 더욱 약하다. 그들은 네개의 높은 승낙 조직 중에서 얻은 자료를 통해 구조적 혈이 직원의 생애 발전에 도움이 되지 않을 뿐 아니라 오히려 해롭다는 결론을 얻었다.

이런 정교화의 통합 외에, 확산의 통합과 대립의 통합을 통해서도 이론적 혁신을 이루어낼 수 있다. 확산의 통합모형은 어떤 심층적 이론관계가 다른 상황에서도 모두 존재함을 해석할 수 있고, 대립의 통합이론은 서로 대립적인 이론 중의 어떤 구성성분을 흡수함으로서 하나의 더욱 엄밀한 이론을 구축하여 원래 대립되는 이론을 통합하거나 혹은 어떤 조건에서 서로 대립하고 어떤 조건에서는 서로 보충되는지를 명확히 할 수 있다. 한마디로 말하면 통합의 목적은 서로 대립되는 개념과 이론을 연계 혹은 통일함으로서 새로운 이론을 발전하는 것이다.

Chao C. Chen과 그의 공동저자들(Chen, 1995; Chen, Meindl & Hunt, 1997; He, Chen & Zhang, 2004)은 통합의 방법을 사용하여 중국 경영자와 직원들의 성과분배에 대한 선호에 대해 연구하였다. 그들이 제기한 문제는 아래와 같다. 개인주의와 집단주의 가치관은 사람들의 분배 공정성에 대한 지각에 어떻게 영향을 주는가? 구체적으로 중국기업 개혁의 배경에서 집단주의 가치관은 중국인이 노동에 따른 소득 분배방식에 대한 지지를 촉진할 것인가 아니면 저해할 것인가? 저자들은 문헌에 대한 리뷰를 통해 두 가지 이론이 이 문제와 직접적인 연관이 있음을 발견하였다. 문화이론은 집단주의자는 평등한 소득분배를 선호하지만 개인주의자는 공정한 소득분배를 선호하고 있다고 주장한다(예: Leung & Bond, 1984). 체계적 목적이론은 조직이 생산을 목적으로 할 때 사람들은 기여에 따른 분배방법을 선호하고 조직의 목적이 직원의 발전과 응집력일 때 사람들은 평등한 분배를 선호한다고 하였다(예: Deutsch, 1985). 두 가지 이론은 소득분배제도 개혁을 경험하고 있는 중국직원들의 선호에 대한 예측은 반대되는 결과를 낳는다. 문화이론의 중국인이 집단주의자이기때문에 그들은 낡은 평등분배의 소득분배 체계에 대한 개혁에 대해 저항할 것으로 예측하고, 반대로 체계적목적이론은 중국의 기업개혁은 성과지향을 강조하기 때문에 직원들은 소득분배제도에 대한 개혁을 더욱 지지할 것으로 예측하였다. Chen과 동료들은 이 두 가지 이론을 통합하여 하나의 동태적인 문화모형을 제기하여 경제목적의 우선성을 조직적 상황으로 하고 이런 배경하에 직원들의 소득분배 선호를 알아보았다. 그들은 집단주의 개념에 대해 확장하여 여기에 두 가지 차원이 존재한다고 보았다. 종적인 집단주의는 개인이 집단의 이익을 자신의 이익 위에 놓는 반면에 횡적인 집단주의는 개인이 소그룹 중의 기타 구성원 및 인간관계의 조화로움과 단결에 더욱 관심을 갖고 있다. 그들은 추론하기를, 횡적 집단주의자들에 비해 종적 집단주의자들은 분배의 선호에 있어 생산목적의 우선성과 영리에 더욱 민감하다. 목적 우선성과 종횡집단주의 사상을 통합함으로서 이 통합모델은 아래와 같은 가설들을 제기하였다. 미국직원들에 비하여, 중국직원들은 더욱 강렬한 경제/성과 지향을 나타내며 차별적 소득분배제도를 더욱 선호하고(Chen, 1995) 중국의 종적 집단주의자는 소득분배제도의 개혁을 지지하지만, 횡적 집단주의자들은 소득분배제도의 개혁을 반대할 것이며(Chen et al., 1997) 기업의 개혁이 소유제 개혁 문제와도 관련이 있기 때문에 생산목적의 우선성은 소유제개혁과 종적 집단주의자가 차별적 소득분배제도 사이에 매개 역할을 할 것이다(He et al., 2004). 이 가설들은 모두 실증적 자료들에 의해 증명되었다.

통합방법은 다중이론과 다수준 관점으로부터 크나큰 도움을 받았다. "관계"에 관한 문헌에 대한 종합적인 리뷰에 근거하여 천, 천과 후앙(Chen, Chen & Huang, 2011)은 관계연구는 세개의 이론적 관점으로 귀납될 수 있음을 발견하였다. 자아실용관(ego-pragmatic), 커뮤니티윤리관(community-ethical)과 유가(儒家)관계관이다. 천과 천(Chen & Chen, 2011)은 한 통합모델을 제기하여 개인과 개인의 관계(개인의 사회적 자본)은 어떻게 조직관계(집단의 사회적 자본)으로 전환되는지에 대해 논의하고 또한 개인적 요인(예: 리더의 신임과 조직의 인정)과 조직적 요인(예: 도덕리더와 정의 분위기)는 어떻게 이런 전환에 영향을 주는지에 대해서도 논하였다. 이 모형에서 저자는 다중이론과 다수준의 관점에서 개인 간과 회사 간의 관계에 대해 연구하였다. 자아실용관은 개인과 개인 간 그리고 회사와 회사 간의 일대일관계이고 커뮤니티 윤리관은 수준 간 관계의 전환을 해석하며 유기관계관은 인간관계특성과 커뮤니티 특성의 역할을 설명하였다.

이상 이론적 기여에 관한 네 가지 방법은 결코 서로 배타적이거나 완전히 분리된 것이 아니라 연구자들의 이론적 관점과 기존 문헌을 연결시키는 수단이 된다. 따라서 학자는 이론 구축의 어떤 측면에서 정교화의 방법을 사용하고 다른 측면에서는 대립 혹은 확산의 방법을 사용할 수 있다. 예를 들어, 경제학 중의 기대효용불변의 원칙은 이런 상황에 대해 어떤 방식으로 드러내거나 묘사되든간에, 이성적 의사 결정자가 하는 같은 상황에서의 선택선호는 응당 일치하고 안정적이여야 한다. 그러나 트버스키와 카네만(Tversky & Kahneman, 1981)은 아시아질병문제를 통해 아래와 같은 관점을 증명하였다. 즉 서로 다른 방식으로 같은 의사 결정 상황에 대해 묘사할 때 사람들은 전혀 다른 선택을 하는데 이를 프레이밍효과(framing effect)라고 부른다는 것이다. 그들은 피험자들에게 미국은 지금 어떤 질병의 발생 가능성에 대해 대비하는데 이 질병은 600명의 사망을 조성할 것이라고 예측하였다. 피험자들을 두 그룹으로 나누고 첫 번째 그룹의 피험자들로 하여금 이하 두 가지 선택 가운데 자신의 선호 방안을 선택하도록 하였다. 만약 A안을 채택하면 200

명을 구할 수 있고 만약 B안을 채택하면 600명을 구할수 있는데 가능성은 1/3이고 한명도 구할 수 없는 가능성은 2/3이다. 두 번째 그룹의 피험자는 아래의 두 가지 선택 가운데 자신의 선호방안을 선택하도록 하였다. 만약 A안을 선택하면 400명이 사망할 것이고 만약 B안을 선택하였을 때 한 사람도 사망하지 않을 가능성은 1/3이고 600명이 사망할 가능성은 2/3이다. 첫 번째 "정향프레이밍"의 조건에서 72%의 사람이 A안을 선택하였다. 즉 대다수 사람들의 선호는 확정적인 선택이다. 하지만 두 번째 그룹의 "부향프레이밍" 조건에서는 78%의 사람들이 B안을 선택하였다. 즉 대다수 사람들은 리스크를 선호하였다는 것을 말한다. 트버스키와 카네만은 대립의 전략을 채택하여 개인선호의 해석에 대해 새로운 관점을 제공하였다.

왕(Wang, 1996)은 위에서 서술한 기초에서 프레이밍 효과가 발생하는 조건과 메커니즘에 대해 하나의 통합된 이론을 제시하였다. 왕(Wang, 1996)은 진화심리학의 관점을 빌어 문제중에서 묘사한 질병으로 인한 사망인수가 프레이밍효과의 발생여부에 영향을 줄수 있다고 주장하였다. 그는 만약 사망인 수가 아주 적다면 예를 들어 6명 혹은 60명일 경우 사람들이 의사 결정을 할 때 자신과의 관계친밀도 심지어 늘 함께 지내는 친척과 친구를 고려하여 "생사존망을 같이하는" 책략을 채택할 가능성이 더 높다. 즉 정향이든 부향의 프레이밍 조건에서 사람들은 모두 리스크를 선택한다. 하지만 기술한 사망인수가 100보다 클 때 트버스키와 카네만이 발견한 프레이밍 효과가 발생함을 알 수 있다. 이어서 왕(Wang,2008)은 대학생과 최고 경영자들에게 각각 하나의 경영의사 결정 연습에 참가하게 하여 같은 의사 결정과업을 정향프레이밍(기회를 포함)과 부향프레이밍(위협을 포함)으로 설명하였다. 결과 대학생은 서로 다른 프레이밍 조건에서 내린 선택은 유의하게 서로 달랐지만, 최고 경영자들의 선택은 프레이밍 조건의 영향을 받지 않았다. 이 연구가 증명한 것은 프레이밍 효과가 발생하는 중요한 조건은 개인이 모호한 상황에서 의사 결정을 하는 것이다. 최고 경영자에 있어 그들은 풍부한 경영의사 결정의 경험이 있는 관계로 그들이 직면한 상황은 그들에게 있어 결코 모호한 것이 아니었기 때문에 프레이밍 효과는 발생하지 않았다.

3.3.4 이론 개발 과정의 연역법과 귀납법

귀납과 연역은 두 가지 서로 다른 논리적 추론방법이다. 연역은 추상적이고 일반적인 원칙을 구체적인 사례로 추론하지만, 귀납은 구체적 사건에 대한 총결을 통해 그 속에서 일반적인 규칙 혹은 원칙을 발견하는 것이다. 우리는 여기서 더이상

인식론, 철학 혹은 논리학의 시각에서 귀납과 연역과정의 차이에 대해 더 많은 기술을 하지 않고 주로 이론 구축 과정에서 귀납과 연역을 어떻게 사용되는지를 토론하고자 한다. 연역적 이론 구축은 주로 학자의 논리적 사고에 의존하는데 이러한 논문은 대부분 *The Academy of Management Review*와 같은 이론적 저널에 게재된다. 이런 저널에는 자료가 반드시 이론 구축 과정 중의 일부분이라는 것을 요구하지 않는다. 이론 구축과 이론검증은 명확히 구분된다. 이론을 검증하는 논문은 반드시 데이터가 있어야 하고 이론을 구축하는 논문은 데이터가 필요없다. 때문에 연역지향의 이론가는 주로 기존 이론을 리뷰하는데 많은 노력을 기울이고 그 가운데서 빈자리, 불일치 혹은 결함들을 발견하여 새로운 개념과 명제를 제시하여 이런 부족함을 보충하는 데 있다. 물론 그들은 기존의 실증연구에 대해서도 분석을 한다. 하지만 그들은 단지 이런 실증연구와 관련 이론을 결합하여 논의를 진행하고 이런 실증연구들만 검토하여 이론을 제기하지는 않는다.

반대로, 귀납 지향적 이론가들은 사회현상이 매우 복잡하며 인류에 대한 이해가 부족하기 때문에 이론은 현실에 깊이 뿌리를 내려야 하고 연구자는 적극적으로 현실에 밀착된 연구를 진행하고 체계적으로 자료를 수집하고 분석을 진행하여야 한다(Glaser & Strauss, 1967; Dougherty, 2001)고 주장한다. 이 학자들에게는 데이터가 없다면 이론도 있을 수 없고 데이터는 이론이 생성되는 유일한 원천이라고 생각한다. 그들이 말하는 데이터는 광의의 개념에서 말하는데 여기에는 정량적과 정성적 자료 모두 포함하고 또한 관찰, 인터뷰, 우편, 이야기, 사진과 당안 등 자료들도 포함하고 있다. 그들이 강조하기를 연구자는 연구하는 사회현상 속에 깊이 빠져들어가서 그중의 주요 사회행위자와 빈번하게 자주 왕래를 하여 사회현상에 대해 정확히 이해함으로써 이런 현상을 해석할 수 있는 이론을 구축해야 한다고 강조하였다.

지금까지 우리는 귀납과 연역의 구별에 대해 강조하였다. 사실상 두 방법은 이론 구축 과정에 동시에 존재하고 서로 중복되며 또한 서로 뒤엉켜있다. 연역지향적 연구자들은 결코 기존의 이론과 실증연구에만 의존하여 그들의 이론을 구축하지는 않는다. 연구 문제를 선택하고 개념과 가설을 구축하는 과정에서 그들은 아무 생각없이 개인의 경험과 관찰에서 깨우침을 받는다. 어떤 사람들은 표적집단면접법(focus group interview), 개인인터뷰 혹은 보관데이터 등 경로를 통하여 자신을 도와 개념을 제기하거나 개념과 명제에 대해 논증을 진행한다. 이런 상황에서 그들은 먼저 현상에 대해 접촉하고 이해를 한 후 일부 개념과 명제를 제기한다. 이런 방법은 어떤 측면에서 근거이론(grounded theory)의 방법으로 이론을 구축하는 과정과도 비슷하다. 그리고 일부 학자들은 사후에 어떤 이론을 구축하거나 선택하여 이미 수집된 자료를 이해하려고 한다. 다시 말하면, 그들은 결코 먼저 이론을 제기한 후 자료를 수집하여 이론을 검증하거나 수정하는 것이 아니고 사건이 끝나고 큰소리 치는 사람들처럼 더 좋은 이론을 찾아 손에 있는 자료를 이해하려고 한다. 요컨데 비록 연구 논문을 발표할때 주로 연역의 방식으로 이론을 구축하고 저자는 기존의 이론과 연구로부터 현재의 새로운 이론을 도출해내지만 사실상 이론을 구축하는 과정은 연역과 귀납의 과정의 끊임없는 상호작용과 관련이 있다. 근거이론의 방법을 사용하여 구축하는 과정도 이와 같은데 많은 근거이론적 방법을 사용하는 연구자들은 기존의 이론에 대해 전혀 이해하지 못하는 것은 아니다. 기존의 이론은 그들의 연구의 출발점이 되거나 혹은 그들은 수집된 자료를 기존의 이론적 프레임워크와 비교 할수도 있다. 때로는 초기 생각을 가다듬는 단계에서 어떤 개념 혹은 명제는 이미 모습을 드러내고 연역의 과정을 통해 진일보 자료를 수집하는 것에 영향을 주고 수집된 자료는 동시에 개념과 명제의 발전과 수정에 더 많은 증거를 제공하게 된다. 때문에 근거식 이론 구축 과정을 우리는 귀납과 연역의 윤회순환하는 과정으로 볼 수 있다. 우수한 연구자는 동시에 귀납과 연역의 두 가지 과정을 사용할 수 있는 능력을 소유해야 하고 동시에 이 두 가지 방법 사이에 서로 익숙하게 전환할 능력도 갖춰야 한다.

예를 들어, 한위란(韩玉兰, 2010)은 중국기업의 중간 관리자들에 대한 인터뷰를 통해 성공적인 경영자들은 업무 중 복잡다양한 문제를 처리할 때 보편적으로 "세심함"의 특징을 나타냈다. 기존의 연구들을 돌이켜 보면서 그는 이런 중간 관리자들이 나타내는 "세심함"과 심리학 연구에서의 "명상"에 대한 연구발견들(Brown & Ryan, 2003; Langer, 1989)과 불교사상 중의 "명상"의 표현과 공통점들이 있음을 발견하였다. 이어서 한과 짱(Han & Zhang, 2011)은 더 많은 중간 관리자들이 제공하는 구체적인 행위적 표현들을 근거로 경영명상 측정 도구를 만들고 실증연구를 통해 기존 명상의 측정 도구 및 관련 기타 개념들과 구분하여 진일보한 경영명상이라는 개념에 대해 명확히 하였다. 또한 그들은 경영명상이 경영자의 부서 업무성과와 성망효과에 대한 긍정적인 예측 역할에 더해 상황불확실성(역할충돌과 역할모호를 대체변수로 함)의 조절 역할도 함께 검증하였다. 한위란 등이 진행한 연구는 이론 구축 과정에서 귀납과 연역의 순환왕복의 특징을 잘 보여준다.

3.4 실증연구에서 이론에 대한 설명

허프(Huff, 1999)는 "연구(research)"와 "학술(scholarship)"에 대해 아주 의미 있는 구분을 하였다. 그에 따르면 연구는 사적인 행위가 될 수 있지만 학술은 공개적인 논의를 필요로 한다. 이러한 구분을 이론의 발전 중에 응용해보면 우리는 이론작품과 실증작품과 같이 발표하기 전에는 동료연구자들의 생각에 전혀 영향을 주지 않는다는 것을 의식할 수 있다.

효과적인 문장서술은 이론 구축의 매우 중요한 부분이다. 이 부분에서는 우리는 써튼과 스토(Sutton &과 Staw, 1995), 웨익(Weick, 1995)이 작성한 경영학 분야의 이론 구축에 관한 논문 중의 관점에 근거하여 서술해보고자 한다. 써튼과 스토는 논문 저자들이 쉽게 이론으로 착각하는 다섯 가지를 열거하였다. 하지만 웨익(Weick, 1995)은 써튼과 스토(Sutton & Staw, 1995)에 대한 평론에서 저자들에게 이 다섯 가지를 보류하고 나아가 이들을 더 잘 보완하여 이론의 한 부분으로 구축할 것을 건의하였다. 이 다섯 가지 이론으로 착각되는 것들은 참고문헌, 자료, 변수, 연구가설과 도표이다. 이 다섯 가지 자체는 이론이 아니다. 하지만 이들은 이론의 중유한 구성부분으로서 이론이 더욱 설득력 있도록 표현하는 효과적인 방법들이다. 한 연구자가 이 다섯 가지 측면에 대해 기술을 잘 하는가 여부는 이론에 대한 문자기술의 수준을 기본적으로 결정하게 된다. 지금부터 우리는 어떻게 효과적인 문자서술을 통해 이론을 구축할 것인지에 대해 논하고자 한다. 우리가 마지막 부분에서 강조하고 싶은 전체적인 논점은 아래와 같다. 즉 이론은 일부 사물로서 다른 일부 사물을 해석하는 것이다. 다시 말하면, 이론은 일부 사물 혹은 일부 사물간의 관계를 기술할 뿐만 아니라 또한 "이런 사물이 왜 그리고 어떻게 서로 연계되었는지?"에 대해서도 답을 해야 한다.

3.4.1 스토리텔링하기

많은 사회과학 연구자는 영향력 있는 실증연구 또는 이론연구는 모두 재미있는 이야기를 할 수 있다고 생각한다. 우리가 여기서 말하는 이야기를 한다는 것은 과학을 허구 혹은 단순히 자신의 학설을 그럴듯하게 꾸며되는 것을 말하는 것이 아니다. 한 편의 이론적으로 강한 논문은 흥미로운 연구 문제를 제기하고 갈증 및 긴장을 조성함으로서 문제의 설계를 복잡다단하게 하고 서로 다른 해석 혹은 해결방안 중에서 가장 합리적인 방법을 선택하여 최종 문제를 어떻게 해결되었다는 것을 밝힌다. 좋은 연구는 마치 이야기를 하듯이 그 이론을 기술하여 사람들에게 깊은 영향을 남겨준다.

웨익(Weick, 1993)의 조직인지붕괴에 관한 논문은 독자들에게 매우 놀라운 이야기와 그의 통찰력 있는 분석을 기술해주었다. 1949년 8월 5일, 16명의 젊은 소방대원들은 미국 몬타나(Montana)주의 만 굴치(Mann Gulch)지역에서 산불을 끄는 과정에서 13명이 순직하였다. 노먼 맥린(Norman Maclean)은 이 사고에 대해 체계적인 연구를 진행하여 1992년에 "불길 속의 젊은이"라는 책을 출판하여 사건 발생의 전 과정을 자세히 기록하였다. 웨익(Weick)은 이 사건과 조직이 어떻게 돌발위기 혹은 재난예방과 관련이 있는지를 살펴보았다. 그는 이 사건에 대해 다시 정리하고 분석한 후 아래와 같은 결론을 내놓았다. 소방대원들은 뜻밖의 불길 앞에서 그들 원래의 조직구조를 잃어버림으로써 위기앞에서 당시의 상황에 대해 이해하기 어려울 정도로 더욱 마음을 졸이고 당황하게 되었다. 비록 경험이 풍부한 한 명의 소방대원이 효과적인 탈출방법을 제기하였지만 이때 13명은 이미 정확한 판단력을 상실하고 그 반대방향으로 도망가다 결국에는 사망하게 되었다. 웨익(Weick)은 살아있는 것 처럼 생동하게 원래의 이야기를 다시 진술하면서 조직의 복원능력이 아래 네 가지 측면에서 온다고 주장하였다. 구성원의 즉흥적인 창조력 혹은 문제해결능력, 조직시스템이 붕괴되더라도 조직 구성원의 마음속에는 여전히 가상의 역할시스템이 존재하며 자신이 어떤 현상에 대해 진실로 잘 모른다는 점을 의식했을 대 학습의 개방적 태도를 유지하고 또한 서로 이해하는 상호작용들이다.

중국인들은 관계, 인정과 체면 때문에 모순과 갈등을 직접 대면하기를 두려워하는데 Zhixue Zhang과 그의 공동 연구자들은 이야기하는 방식을 통해 중국사람들의 갈등 처리방법에 관하여 기술한 일련의 연구를 진행하였다. 그들은 중국인들은 다른 사람들의 자신에 대한 생각을 매우 특별하게 신경을 쓰고 있기 때문에 사람들이 갈등에 직면했을 때 아래와 같은 생각을 갖고 있다. 만약 자신이 비교적 직접적인 방식으로 갈등을 처리하면 상대방은 자신에 대해 소극적인 생각을 갖게 될 것이고 이를 우리는 "부정적 기대"(negative anticipation)이라고 한다. 부정적 기대는 개인에게 직접적인 행동으로 갈등을 처리하지 않도록 한다. 처리하지 않는 갈등은 결코 스스로 사라지지 않는다. 대신 그 다음의 업부 환경에 널리 번지어 퍼짐으로 갈등은 심화된다. 연구자는 나아가 아래와 같은 발견을 항게 되었다. 즉 앞서 사람들이 직접 갈등을 대면하지 못하도록 한 그 "부정적 억측"은 사실은 하나의 인지적인 편차에 속하고 사람들이 만들어낸 것이라는 것이다. 이 기초위에 이어지는 연구(Zhang & Wei, 2009)에서는 상대방과 입장을 바꾸어 생각하면 이런 "부정적 억측"을 못하게 함으로서 사람들이 갈등을 더욱 직면할 수 있도록 돕는다. 그렇다면 어떤 요인들이 대부분 중국인들이 충돌을 만났을 때 이런 부정적 예상을 하도록 영향을 주었을까? 웨이와 짱(Wei & Zhang, 2010)은 개인이 표면적 조화를 유지하는 동기 및 권력거리에 대한 인정이 모두 사람들이 구체적인 갈등상황에서 부정적 기대가 나타나게 하고 갈등회피를 하게 만든다고 주장한다. 이런 메커니즘을 기업상황에 응용하여 웨이와 짱은 직원이 표면적 조화를 유지하는 동기와 권력 거리를 따르는 경향 모두 그들이 상사의 틀린 의사 결정을 할 때 감히 직언할 수 없게 하였다. Zhixue Zhang 및 그의 공동 저자들의 이와 같은 연구들은 가장 먼저 많은 사람들이 직설적이지 못하여 모순을 발생시킨다는 잘 아는 이야기를 기술한 다음 갈등회피의 메커니즘 및 영향요인들을 드러내고, 마지막으로 조직내 사람들이 대담하게 진언하지 못하는 비교적 보편적인 현상에 대해 성공적으로 해석을 하였다.

일반적으로 저자는 연구 논문의 서론 부분에서 독자들에게 뒤부분에서 기술하려는 문제와 이야기가 매우 흥미롭다는 점을 설득시킬 필요가 있다. 구체적으로 저자는 독자들에게 어떤 현상에 대해 연구를 하고 이 현상을 연구하는 것이 왜 중요한지, 그리고 이 현상을 연구함으로써 어떤 기여를 할 수 있는지 등을 알려야 한다. 연구 문제를 기술할 때 강한 이론지향성을 갖고 있는 저자는 일반적으로 처음부터 어떤 방법을 통해 문제를 서술하고 독자들의 주의력을 저자가 선택한 관련 이론의 관점으로 이끈다. 예를 들어, 판, 얼리와 린(Farh, Earley & Lin, 1997)은 그들이 대만에서 조직시민행위를 연구를 소개할 때 그들은 미국 주류 조직시민행위에 관한 연구를 전면적으로 리뷰하지 않았다. 반대로, 그들은 조직의 공정성과 문화 가치관에 대해 서술한 후에 조직공정성에 대한 자극은 조직시민행위에 영향을 미치고 이 관계 또한 사람들이 전통가치관과 현대가치관을 따르는지 여부에 영향을 받는다는 점을 지적하였다. 저자들은 이런 서술방법을 통하여 처음부터 저자들에게 설명하고자 하는 이야기를 명확하게 알려준다. 저자들의 간단한 소개를 읽은 후에야 독자들은 저자가 뒤에서 상세히 기술하고자 하는 내용에 흥미를 갖고 알려고 할 것이다.

한 연구 주제의 가치를 논증할 때, 저자는 어떤 현상이 자주 발생하거나 혹은 조직중의 행위, 과정과 결과에 중차대한 영향을 미친다는 점을 강조할 수 있다. 하지만 연구로 하여금 이론적 기여를 할수 있게 하려면 저자가 반드시 이 연구의 이론적 중요성을 설명하여야 한다. 때로는 저자가 서론에서 간단하게 그들의 연구가 기존의 문헌에 어떻게 기여할 것인가를 이야기하고 이어지는 문헌연구와 가설 부분에서 진일보된 이론적 기여를 설명할 수 있다. 하지만 일부 저자들은 그들이 새로운 표본 혹은 새로운 상황에서 어떤 이론을 검증하는 것을 기여로 생각하거나 혹은 어떤 새로운 발견을 기여로 서술하기도 한다. 하지만 한 편의 이론성이 강한 논문은 이론적 근거로부터 그 기여를 설명할 수 있어야 하고 어떤 새로운 표본 혹은 새로운 상황에서 이론을 검증하는 것은 이론적 기여의 근거나 기초가 될 수 없다. 저자는 우리가 앞서 제기한 네 가지 방법 중의 한 가지 혹은 여러 가지 방법으로 그들의 기여에 대해 설명할 수 있다. 지금부터 우리는 문헌연구와 가설 부분의 글쓰기에 대해 설명하고자 한다.

3.4.2 참고문헌의 제시 및 타인의 연구 성과 인용하기

만약 논문이 문헌적 기초가 없다면 이는 저자 개인의 의견 혹은 개인의 경험담밖에 되지 않는다. 기존의 연구들을 인용하는 것은 아래와 같은 효과를 거둘 수 있다. 저자는 타인의 기여에 대해 인정하고 존중하며 자신의 관점이 사람들에게 더 잘 받아들여지고 독자들이 더 많은 관련 분야의 문헌들을 읽을 수 있도록 유도할 수 있다. 비록 이런 일들이 모두 중요하지만 이들은 모두 자동적으로 이론의 강건성을 제고하지는 않는다. 이론의 강건성이란 개념과 가설 자체 및 개념과 가설 간의 관계를 지지하는 논리적 증거의 합리성을 말한다. 만약 이론의 강건성을 제고하려면 관건은 인용한 문헌에서 관점과 증거로서 저자 자신의 논거와 관점을 제고하여야 한다. 좋은 문헌 리뷰는 결코 이 분야의 기존의 모든 문헌들을 전면적으로 충실하게 소개하는 것을 말하지 않는다. 이는 저자에게 자신의 무대를 만드는 것을 도와 하나의 새로운 기여가 있는 이론모형을 구축하는데 있다. 우리가 특별히 "대체" 대신 "도움"이란 단어를 사용한 것은 저자가 경험이 풍부하지 않은 보잘것없는 사람이라 하더라도 인용되는 사람들은 명성이 높은 사람들이기 때문이다. 그러나 결국에는 저자 본인이 개념을 전개하고 이론을 구축하는 작업을 해야 한다. 저자는 충실하게 온전히 어떤 주제의 이론적 기원과 발전과정을 서술할 수 있겠지만 독립적인 관점이 부족한 관계로 수많은 문헌속에 파묻혀 합리적인 이론을 구축하지 못하게 된다. 개념을 정의하고 개념 간의 관계를 제기하는 과정에서 저자는 반드시 자신만의 입장이 있어야 하고 자신이 어떤 관점을 구축하고 있고 자신이 바로 이 관점의 발언자이며 자신이 기존의 연구 중의 관점들을 조합하여 새롭게 구축한 이론을 지지하였다는 것을 명확히 하여야 한다. 자신의 목소리를 일단 잃거나 혹은 완전히 기존 문헌속에 묻힌다면 저자는 강건한 이론을 구축할 수 없게 된다.

경영학 분야의 이론은 점점 많아지지만 학술저널에 게재할 수 있는 논문의 길이는 제한적이다. 이런 상황에서 저자는 어떤 문헌은 인용하고 어떤 문헌은 인용하지 않을지에 대해 결정을 내려야 한다. 경영학 분야에서의 한 가지 경향은 대다수의 저자들은 가장 권위있고 유명한 문헌들을 인용하는 것이다. 이런 경향은 "형식적인용"현상을 초래한다. 설사 저자가 토론하는 문제가 어떤 권위있는 문헌과 아무런 밀접한 관계가 없다고 하더라도 연구에서 여전히 이런 문헌을 인용하는 것을 말한다. 우리는 저자들에게 적합한지 여부를 문헌인용의 가장 중요한 표준으로 삼기를 건의하고자 한다. 다시 말하면 토론하는 문제와 가장 관계가 큰 연구들을 인용해야 한다는 것이다. 주제의 분야에 근거하여 문헌을 인용해야지 학자들의 명성이나 권위에 근거해서는 안된다. 저자의 관점과 관계가 가장 밀접하고 가장 설득력 있으며 관점이 간결한 문헌들은 저자가 우선적으로 선택해야 할 문헌들이다. 하지만 이론 구축의 사회적 현실을 고려할 때 다른 모든 상황이 동일한 경우, 저자는 그런 더 전통적이고 더 권위있는 작품들을 인용할 수 있고 또한 수준이 비교적 높은 학술저널의 논문들을 선택하여 인용하여야 한다. 이외에도 이 논문을 어떤 저널에 투고하고자 할 때 가능한 이 저널에 게재된 기존의 문헌들도 적당히 인용하는 것이 좋다.

3.4.3 실증연구의 결과를 인용하기

기존의 실증연구 결과를 인용하는 것은 연구가설을 논증하는 가장 일반적인 방법이다. 만약 이렇게 하는 것이 논리적 추론을 억제하거나 대체를 한다면 이는 이론 구축에 도움이 되지 않고 오히려 해가 된다. 사실과 자료 자체는 이론이 아니다. 그것은 사실과 자료에 대한 해석은 다양하기 때문이다. 부인할 수 없는 것은 연구중에서 피인용된 결과들 대부분은 이론에 근거하여 예측한 결론들이다. 하지만 이렇다 하더라도 저자들이 이런 발견들을 인용하는 목적은 새로운 이론모형을 구축하는데 있다. 그들은 반드시 구축하고자 하는 새로운 이론에 근거하여 기존에 이미 증명되었던 연구발견들에 대해 다시 검토하여야 한다. 때문에 저자는 과거의 실증적 발견외에 설득력 있는 이론적 관점을 구축하여야 한다. 그리고 사실과 자료가 스스로 말하게 해서는 안되고 기존의 연구발견들을 이용하여 개념 혹은 이론적 문제를 제기하거나 이런 발견들을 응용하여 가설을 구축하는 논리적 논증을 지지하여야 한다. 자료와 이론의 관계에 있어 반드시 해명해야 할 것은 과거의 실증

결과를 인용하는 것은 근거이론의 방법과는 다르다는 것이다. 후자는 이론 구축을 위하여 자료를 수집, 축적 및 분석을 한다. 근거이론의 방법에서는 자료는 이론 구축에 있어 핵심적 역할을 하다. 그럼에도 불구하고 민츠버그(Mintzberg, 1979: p. 584)의 다음 평가는 여전히 효과가 있다. "자료는 이론을 만들어낼 수 없고 오직 연구자만이 이론을 구축할 수 있다."

3.4.4 개념 간의 관계를 설정하기

개념은 이론의 기본요소로서 그 수준은 이론의 수준에 영향을 미친다. 본 책에서의 기타 장(절)에서 개념의 정의 및 측정에 대해 논할 것이다. 특별히 지적해야 할 것은 하나의 기술적인 개념적 프레임워크와 유형 그리고 관련된 조사자료를 제공하는 것 자체는 이론 혹은 이론의 주체를 구성하지 않는다 하지만, 많은 경영학 연구자들이 연구 논문에서 단순히 한 개념과 이 개념과 관련된 조사결과를 제공하고는 이를 이론이라고 착각하는 경우가 많다. 예를 들어, 어떤 연구에서는 새로운 프레임워크를 제공하여 서로 다른 유형의 소유제기업을 구분하고 다른 프레임워크는 서로 다른 조직문화를 구분하는데 사용하였다. 이 두 프레임워크가 얼마나 효과적이고 통찰력이 있든간에 이 두개의 고립된 프레임워크는 하나의 이론을 구성할 수 없다. 하지만 일단 저자가 소유제 유형과 기업문화 유형 간에 어떤 관계가 있다는 가설을 제기하고 왜 이 둘 사이에 이런 관계가 있는지를 해석하고 이런 관계가 기업의 경영실천 및 성과에 미치는 영향을 논의한다면 하나의 소유제와 조직문화와 관련된 이론은 탄생하게 된다. 예를 들어, 쉬, 짱, 왕, 씬과 우(Tsui, Zhang, Wang, Xin & Wu, 2006)는 리더의 모험성, 관계구축, 직원에 대한 관심, 비전제시 및 감시제어운영이라는 다섯 가지 측면에서의 표현으로 리더십을 강과 약 두 가지 유형으로 나눴고 또한 기업이 직원지향적, 고객에 대한 관심, 혁신에 대한 장려, 시스템관리 및 통제와 사회적 책임이라는 다섯 가지 측면에서의 표현에 근거하여 기업문화를 간과 약 두 가지 유형으로 나눴다. 저자들은 리더와 문화라는 개념에 대한 정의, 측정 도구의 개발 혹은 유형화에서 멈추지 않고 아주 강한 관성을 갖고 있는 기업(예: 국유기업)에서 리더의 강약과 문화의 강약이 합치될 가능성이 더 적다고 보았다. 또한 더 나아가 그런 불합치를 보이는 기업 직원과의 심층적 인터뷰를 통해 리더와 문화의 불합치의 메커니즘을 드러내 설명하였다. 이것은 이론이고 기존의 리더와 문화관계의 관점에 대해 새로운 기여를 하였다고 할 수 있다.

3.4.5 연구가설을 위해 추론하기

연구가설도 이론이 아니다. 그것은 연구가설이 단순히 두 개 혹은 두 개 이상의 변수 간의 관계에 대해 설명 혹은 예측만 하고 이런 관계에 대해 해석을 제공하지 않기 때문이다. 과학은 단순히 무엇인가라는 질문에 대해 설명 혹은 예측을 하지 않고 '왜?'라는 질문에 해석을 한다. 해석과 이유를 제공할 때 저자는 두 가지 측면에 초점을 맞출 수 있다. 우선, 왜 두 변수가 예측했던 그런 관계를 갖고 있는지에 대해 해석한다. 이는 연구자가 모든 변수의 의미 및 그들 간의 논리적 관계 혹은 인과관계에 호소해야 하기 때문이다. 이런 해석은 왜 두 변수가 다른 그 어떤 방식으로 관계가 발생하지 않고 예측했던 그런 관계가 존재하는지에 대해 해답할 필요가 있다. 다른말로 표현하면 저자는 존재 가능한 기타 가설에 대해서도 고려해야 하고 왜 기타 가설은 불합리한지를 설명하고 기타 가설 혹은 해석의 가능성은 배제해야 한다. 다음으로, 저자는 반드시 모든 연구가설을 연관지어 설명해야지 그들로 하여금 고립되게 해서는 안된다. 바로 연구가설 간의 관계가 이론의 핵심을 구성한다. 이론은 중국사람들이 자주 말하는 "그물의 벼리를 잡아 올리면 그물의 작은 구멍은 자연히 열린다"이고 변수는 "구멍"이고 이런 각각의 구멍을 연결시켜주는 것이 바로 "벼리" 혹은 각각의 연구가설을 "구멍"이라고 할 때 가설 간의 관계 배후의 원리와 논리가 바로 "벼리"가 된다. "벼리"는 독자들이 개념과 이론적 측면에서 "구멍"을 이해할 수 있게 해준다. 주의할 점은 "매우 강한 이론적 기초가 있는 논문은 일반적으로 한 두개의 개념적 진술로부터 시작하여 상세하고 확실한 사례를 구축하고 이런 진술은 간결하면서도 정곡을 찌른다."(Sutton & Staw, 1995: 377) 이 글의 의미는 개념과 이론 주제 자체는 복잡할 필요가 없다는 것이다. 하지만 그들은 반드시 통일성을 갖고 있음으로 이론이 사람들 기억에 남게 할 뿐 아니라 신복하게 할 수 있어야 한다.

3.4.6 네모그림을 사용하여 이론을 설명하기

경영학 논문에서 사람들은 일반적으로 네모그림을 사용하여 어떤 이론을 나타낸다. 네모그림은 네모와 화살표로 구성되었다. 네모는 개념 혹은 변수를 대표하고 화살표는 개념 혹은 변수 간의 관계를 나타낸다. 하나의 온전한 네모그림은 이론모형의 대략적인 맥락과 뼈대를 잘 표현해준다. 물론 네모그림 자체는 이론이 아니다. 네모그림만으로는 이론의 내용이 부족하기 때문이다. 하지만 잘 조직된 네모그림은 간단한 개념의 리스트 혹은 잘 조직되지 않은 그림보다 이론에 더 접근할 수 있다. 우리는 네모그림을 그리는 것을 변수구조를 설정하는 도구로 사용하여 이론모형의 구축과 이론의 표현을 더 쉽게 하는 두 가지 목표를 실현하는데 있다. 네모그림을 그리는 것은 사고 방식의 한 가지로서 특히 저자가 풍부한 아이디어와 비교적 많은 직관적 가설을 갖고 있을 때 네모그림은 그들을 도와 많은 아이디어들을 개념과 이론관계로 축약할 수 있도록 도와준다. 표현에 있어 네모그림은 직관적으로 변수 및 변수 간의 관계를 나타낸다. 변수 간의 관계에는 주효과, 매개효과, 조절효과 등이 포함된다. 만약 단지 문자로서 변수들간의 이런 관계를 서술한다면 독자들이 이해하기 어려울 것이다. 하지만 네모그림을 사용하면 독자들이 이런 관계를 쉽게 이해할 수 있다.

예를 들어, 해크만과 올드햄(Hackman & Oldham, 1976)의 직무특성모형은 핵심적 직무차원은 개인체험을 핵심적 심리상태로 이끌고 이는 다시 직원의 직무상태에 영향을 미친다는 것을 보여준다. 직무차원 중 기술의 다양성, 과업 정체성과 과업의 중요성은 직원으로 하여금 작업의 의미를 체험하게 하고 작업의 자율성은 직원들에게 작업 결과에 대한 책임을 느끼게 하며 마지막으로 작업 과정에서의 피드백은 업무활동의 실제 결과에 대한 인식을 초래한다. 이 세 가지 중요한 심리상태는 나아가 직원의 내재적 동기, 작업성과, 작업 만족도 및 결근과 이직 등 결과에 영향을 미친다. 해크만과 올드햄은 또한 위에서 서술한 관계는 개인의 상황에 대한 만족도, 지식과 기술 및 성장에 대한 욕구강도 등 개인 차이 변수의 조절을 받는다. 해크만과 올드햄은 〈그림 3-1〉에서 표시한 네모그림으로 이 복잡한 모형을 직관적으로 표현하였다.

또 예를 들어, 씬과 저우(Shin & Zhou, 2003)는 리더십, 직원의 가치관과 창조성 간의 관계에 대한 연구에서 아래와 같은 사실을 발견하였다. 즉 리더의 변혁적 리더십은 직원의 창의성에 긍적적 영향을 미치는데 이는 주효과이다. 변혁적 리더십은 직원의 내재적 동기를 유발하여 창의성에 영향을 미친다. 즉 내재적 동기는 변혁적 리더십과 직원의 창의성 사이에서 매개 역할을 한다는 것이다. 이 외에 직원의 보수적 가치관은 변혁적 리더십과 직원의 창의성 간의 관계를 조절한다. 즉 보수적가치관은 조절 역할을 하게 된다는 것이다. 본 연구는 동시에 주효과, 조절효과와 매개효과를 다루고 있다. 〈그림 3-2〉에서 표시한 네모그림처럼 본 연구의 이론적 프레임워크를 명확하게 표현할 수 있다. 이 네모그림에서 우리는 연구 중의 몇개 변수사이의 관계를 알아낼 수 있다. 변혁적 리더는 독립변수이고 직원의 창의성은 종속변수이며, 직원의 내재적동기는 독립변수와 종속변수을 연결하는 매개변수이고 보수적 가치관은 조절변수이다.

〈그림 3-1〉
해크만과 올드햄의 직무특성모형의 이론적 프레임워크

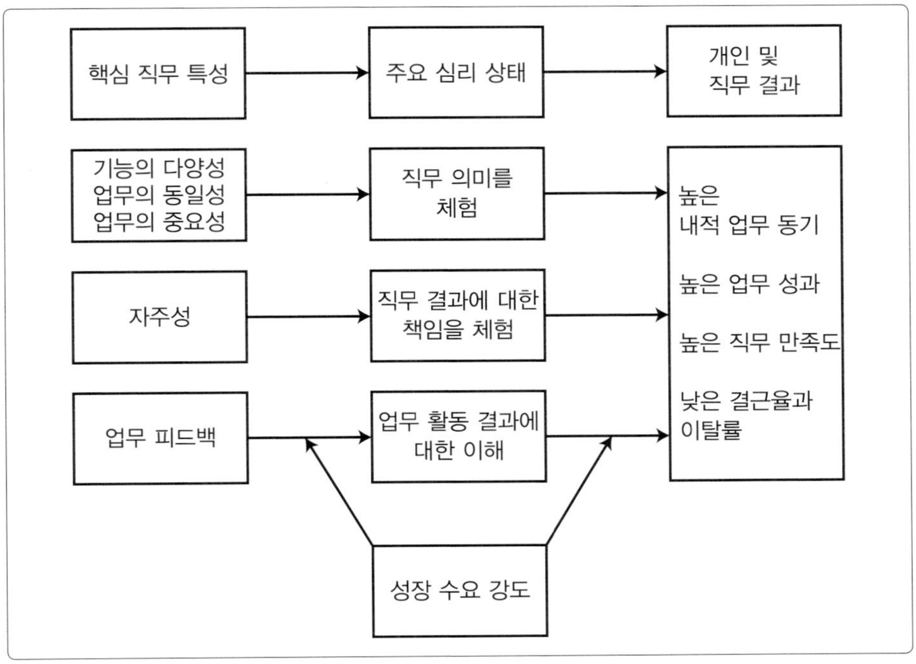

〈그림 3-2〉
씬과 저우 연구의 개념적 관계 프레임워크

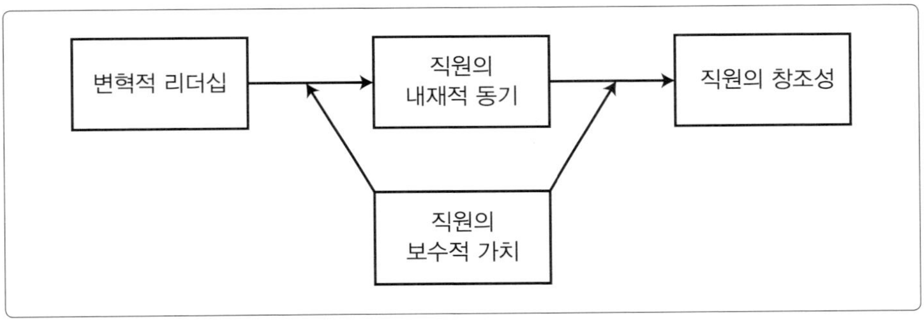

한 마디로, 네모그림은 연구자가 구축한 이론을 보다 직관적으로 나타낼 뿐 아니라 독자들이 이해하기 쉽게 하며 나아가 연구자들이 자신의 이론적 프레임워크에 대해 더 명석하게 사고하는데 도움이 되거나 훈련하기 좋은 도구이다.

3.4.7 마무리와 함께 이야기 이어가기

한편의 순수한 개념적 혹은 이론적 연구는 이론을 소개하고 나면 이야기는 끝난다. 물론 때로는 저자가 이 이론이 어떻게 검증되야 하는지에 대해 논할 때도 가끔 존재한다. 하지만 한편의 실증논문에 있어 자료, 자료분석 및 분석결과가 어떻게 제시한 가설과 이론을 지지하는지에 대해 설명이 없다면 이야기는 끝난것이 아니다. 그리고 설사 이런 내용들에 대해 보고하였다 해도 저자는 계속 이야기를 이어가면서 이 연구로 인하여 발생하는 미래에 연구가능한 새로운 문제들에 대해 논할 수 있다. 저자는 토론부분을 이용하여 새로운 연구 방향의 가능성에 대해 진일보 논의할 수 있다. 순수 이론적 논문에서의 이론 구축과는 달리 실증연구중의 이론적 구축은 앞으로 구축과 재구축을 계속 경험하게 되는데 이유는 연구자는 자료를 다시 점검할 수 있고 또한 동료들의 건의 또는 학술저널 편집위원의 요구를 받아들일 수 있기 때문이다. 많은 사람들은 사후에 이론을 구축하는 합법성에 의문을 갖고 있고 우리는 여기서 이 문제를 논할 생각은 없다. 하지만 우리 또한 관찰 혹은 자료가 이론을 주도하는 것을 주장하지 않는다. 즉 소위의 "사후의 제갈량"식의 이론 구축은 필요없다는 뜻이다. 우리는 건의하건데 근거이론의 방법을 사용하지 않고 이론을 구축하는 연구에 있어 저자는 자료를 수집하여 자신의 이론을 검증하기 전에 문헌을 리뷰하여 가설을 제기하여야 한다. 하지만 이는 이론이 일단 구축되면 반석과도 같이 그에 대해 그 어떤 수정이나 재건이 필요없다는 것을 의미하지 않는다. 이론지도를 받는 연구에서 수집된 자료가 이론가설과 완전히 일치하지 않을 때가 많다. 이는 보기에는 매우 홍미로운 이론 이야기가 너무 간단하고 너무 광범위하거나 너무 우회하고 혹은 최악의 경우 자료결과와 이론이 완전히 반대되는 결과를 낳게 된다. 만약 현재의 자료를 사용하여 이론을 만회하려면 저자는 이론에 대해 일부 수정을 할 수밖에 없고 이는 일부 변수와 가설을 버리거나 수정하고 제약조건을 추가하거나 혹은 새로운 가설을 제시하는 등이 포함된다. 우리 개인이 따를 서술 원칙은 수정후의 이론이 내부의 모든 요소들에 대해 논리적 측면에서 일관성이 있고 유창해야 할 뿐 아니라 이론과 자료 간에도 일치해야 한다는 것이다.

3.5 맺음말

기타 분야에서의 과학연구와 같이 조직경영학 연구의 중요한 목적은 이론을 구축하고 발전시키는 것이다. 경영학 연구의 수준이 높고 낮음을 평가하는 가장 중요한 표준은 바로 이 이론이 경영학 이론에 어느만큼 기여를 했는가이다. 머튼(Merton)의 이론에 대한 분류에 따라 본 장은 중층이론에 초점을 맞추었다. 머튼이 제시한 거대이론과 미세이론과 비교하면 중층이론은 일부 특정한 조건범위에 적용되고 중층이론은 구축된 후 체계적으로 검증할 필요가 있다. 개념은 중층이론의 기본적 요소로서 개념의 선택은 일반적으로 관련 거대이론 혹은 미세이론으로부터 깨달음을 받아 진행된다. 기존의 개념을 참고한다던가 아니면 새로운 개념을 만들든간에 연구자는 개념의 내적함의에 대해 명확히 정의함으로서 이 개념에 근거하여 측정 가능한 변수로 발전할 수 있어야 한다. 연구자는 일련의 개념 혹은 변수를 사용하여 구체적인 명제 혹은 연구가설을 형성한다. 연구자는 개념 혹은 변수 간의 어떤 관계가 존재하는 원리 혹은 논리를 상세하고 또한 명확하게 설명할 수 있어야 한다. 우리가 추천한 "X가 Y를 초래하는 이유는 …" 양식은 저자에게 "왜"라는 물음에 대답할 수 있고 이 문제를 해답하는 것이 이론 구축 과정의 핵심이라는 점을 깨우쳐 준다. 전체 이론에 포함되어 있는 일부 메커니즘은 이 문제를 해답하는데 도움이 된다.

본 장에서 우리는 이론적 기여를 할 수 있는 네 가지 방법, 정교화, 확산, 대립과 통합에 대해 논하고 또한 약간의 연구 모범사례를 사용하여 설명을 하였다. 연구자들은 이 방법중의 어떤 한 가지 혹은 여러 가지 방법을 사용하여 이론을 발전시킬 수 있다. 특별히 강조하고 싶은 것은 이론의 구축은 동료 연구자들과의 교류를 떠나서 존재할 수 없다. 연구를 진행하는 모든 단계 특히 준비단계에 있어 같은 분야의 기타 동료연구자들의 의견과 건의를 듣는 것은 매우 필요하다. 연구자에 있어 더 빨리 동료들의 피드백과 코멘트를 들을수록 연구가 이론적 기여를 할 수 있는 가능성은 높아진다.

연구 논문의 저자로서 연구자는 적절한 방식의 글쓰기를 통해 자신의 이론적 기여를 나타낼 수 있어야 한다. 저자는 논문의 첫 시작에 하나의 매우 흥미로운 문제를 제시하고 자신의 이론적 기여 혹은 독특한 시각을 두드러지게 하여야 한다. 이처럼 자신의 독특한 관점을 명확히 한 전제하에 기존의 연구들을 인용하여 자신의 관점을 지지하고 기존의 실증성과를 빌어 자신의 논리적 추론을 지지하며 그림과 도표를 사용하여 자신의 이론적 프레임워크를 명확하게 표현하고 논문의 토론 부분에서는 앞으로 진행할 수 있는 미래연구 방향에 대해서도 논하여야 한다. 우리는 이런 측면에서 일부 구체적인 건의사항을 제공하여 실증연구의 이론적 기여를 돋보이게 하였다.

이론적 구성을 명확히 하고 현실적 이론혁신을 이해하는 주요방법 및 적절한 글쓰기를 배우는 것 등은 모두 연구를 도와 이론을 구축하게 한다. 그러나 가장 중요한 것은 연구자가 경영현상에 대한 관찰과 분석, 그리고 끊임없이 현상에 대한 통찰력을 키우는 것이다. 바로 이점이, 비록 본 장에서 이런 부분에 대해 많은 논의를 하지 않았지만, 좋은 이론을 구축하는 가장 활력 있는 지적 원천이라는 것을 마지막으로 강조하고 싶다.

참 고 문 헌

Bacharach, S. B. (1989). Organizational theories: Some criteria for evaluation. *Academy of Management Review*, 14, 496—515.

Bourgeois, L. J. (1979). Toward a method of middle-range theorizing. *Academy of Management Review*, 4, 443-447.

Brockner, J. & Wiesenfeld, B. M. (1996). An integrative framework for explaining reactions todecisions: Interactive effects of outcomes and procedures. *Psychological Bulletin*, 120, 189—208

Brown, K. W. & Ryan, R. M. (2003). The benefits of being present: Mindfulness and its role in psychological well-being. *Journal of Personality and Social Psychology*, 84, 822—848.

Burt, R. S. (1997). The contingency of social capital. *Administrative Science Quarterly*, 42, 339—365.

Campbell, J. P. (1990). The role of theory in industrial and organizational psychology. In M. D. Dunnette & L. M. Hough (Eds.). *Handbook of Industrial and Organizational Psychology*. Palo Alto, CA: Consulting Psychologists Press.

Chen, C. C. (1995). New trends in rewards allocation preferences: A Sino-US compare-son. *Academy of Management Journal*, 38, 408—428.

Chen, C. C., Chen, C. C. (2011). Chinese guanxi: An integrative review and future directions. *Manuscript under review*.

Chen, X. P. & Chen, C. C. (2011). Chinese Guanxi: The good, the bad, and the con- troversial. In X. Huang & M. H. Bond (Eds.), *The Handbook of Chinese Organizational Behaviour: Integrating Theory*, Research and Practice, Edward Elgar.

Chen, C. C., Meindl, J. R. & Hunt, R. G. (1997). Testing the effects of horizontal and vertical collectivism: A study of rewards allocation preferences in China. *Journal of Cross-Cultural Psychology*, 28, 44—70.

Christensen, C. & Raynor, M. (2003). *The Innovator's Solution: Creating and Sustaining Successful Growth*. Boston: Harvard Business School Press.

Davis, G. F. & Marquis, C. (1995). Prospects for organization theory in the early twenty-first century: Institutional fields and mechanisms. *Organization Science*, 16, 332—343.

Davis, M. W. (1971). That's interesting. *Philosophy of the Social Sciences*, 1, 309—344.

Deutsch, M. (1985). *Distributive Justice*. New Haven: Yale University Press.

DiMaggio, P. J. (1995). Comments on "what theory is not". *Administrative Science Quarterly*, 40, 391—397.

Dougherty, D. (2002). Building grounded theory: Some principles and practices. In Joel A. C. Baum (Ed.), *Companion to Organizations* (pp. 849—867). Oxford: Blackwell Publishers.

Dubin, R. (1976). Theory building in applied areas. In D. Dunnette (Ed.), *Handbook of Industrial and Organizational Psychology*. Chicago: Rand McNally College Publishing Company.

Farth, J., Earley, P. C. & Lin, S. (1997). Impetus for action: A cultural analysis of justice and organizational citizenship behavior in Chinese society. *Administrative Science Quarterly*, 42, 421—444.

Gardner, W. L. & Avolio, B. J. (1998). Charismatic leadership: A dramaturgical perspective. *Academy of Management Review*, 23, 32—58.

Glaser, B. & Strauss, A. (1967). *The Discovery of Grounded Theory*. Chicago: Aldine.

Granovetter, M. (1973). The strength of weak ties. *American Journal of Sociology*, 18, 1360—1380.

Hackman, J. R. & Oldham, G. R. (1976). Motivation through the design of work: Test of a theory. *Organizational Behavior and Human Performance*, 16, 250—279.

Han, Y. L. & Zhang, Z. X. (2011). Enhancing managerial mindfulness: A way for middle managers to handle the uncertain situations. Paper presented at 2011 IACM annual conference, Istanbul.

Hannan, M. T. & Freeman, J. H. (1997). The population ecology of organizations. *American Journal of Sociology*, 82, 929—964.

He, W., Chen, C. C. & Zhang, L. H. (2004). Rewards allocation preferences of Chinese employees in the new millennium: Effects of ownership reform, collectivism, and goal priority. *Organization Science*, 15, 221—231.

Herzberg, F. (1966). *Work and the Nature of Man*. Cleveland: World Publishing.

Huff, A. S. (1999). *Writing for Scholarly Publication*. Thousand Oaks, CA: Sage.

Johns, G. (2006). The essential impact of context on organizational behavior. *Academy of Management Review*, 31, 386—408.

Kwong, J. Y. Y. & Leung, K. (2002). A moderator of the interaction effect of procedural justice and outcome favorability: Importance of the relationship. *Organizational Behavior and Human Decision Processes*, 87, 278—299.

Langer, E. J. (1989). *Mindfulness*. Reading, MA: Addison-Wesley.

Lee, Y. T., Han, A. G. Byron, T. K. & Fan, H. X. Daoist leadership, theory and application. In Chen, C. C. & Lee, Y. T. (Eds.), *Leadership and Management in China: Philosophies, Theories, and Practices*. New York: Cambridge University Press.

Leung, K. & Bond, M. H. (1984). The impact of cultural collectivism on reward allocation. *Journal of Personality and Social Psychology*, 47, 793—804.

Lewis, K. (2004). Knowledge and performance in knowledge-worker team: A longitudinal study of TMSs. *Management Science*, 50, 1519-1533.

Meindl, J. R. (1995). The Romance of Leadership as a follower-centric theory: A social constructionist approach. *Leadership Quarterly*, 6, 329—341.

Meindl, J. R. (1990). On leadership: An alternative to the conventional wisdom. *Research in Organizational Behavior*, 12, 159—203.

Merton, R. K. (1968). *Social Theory and Social Structure*. New York: Free Press.

Mintzberg, H. (1979). An emerging strategy of direct research. *Administrative Science Quarterly*, 24, 580—589.

Qsigwen, C. A. B. (1989). Concept fallibility in organizational science. *Academy of Management Review*, 14, 579—594.

Pentland, B. T. (1999). Building process theory with narrative: From description to explanation. *Academy of Management Review*, 24, 711—724.

Popper, K. (1959). *The Logic of Scientific Discovery*. New York: Harper & Row.

Schwab, D. P. (1980). Construct validity in organizational behavior. In B. M. Staw & L. L. Cummings (Eds.), *Research in Organizational Behavior* (Vol.2, pp. 3—43). Greenwich, CT: AI Press.

Shamir, B., Pillai, R., Bligh, M. & Uhl-Bien, M. (2006). *Follower-Centered Perspectives on Ledership: A Tribute to the Memory of James R. Meindl*. Greenwich, CT: In-formation Age Publishing.

Shin, S. J. & Zhou, J. (2003). Transformational leadership, conversation, the creativity: Evidence from Korea. *Academy of Management Journal*, 46, 703-714.

Stinchcombe, A. L. (1968). *Constructing Social Theories*. Chicago: University of Chicago Press.

Sutton, R. I. & Staw, B. M. (1995). What theory is not. *Administrative Science Quatterly*, 40, 371—384.

Tsui, A. S. (2006). Contextualization in Chinese management research. *Management and Organization Review*, 2, 1—13.

Tsui, A. S., Zhang, Z. X., Wang, H., Xin, K. R. & Wu, J. B. (2006). Unpacking the relationship between CEO leadership behavior and organizational culture. *Leadership Quarterly*, 17, 113—137.

Tversky, A. & Kahneman, D. (1981). The framing of decisions and the psychology of choice. *Science*, 211, 453—458.

Van de Ven, A. H. (2007). *Engaged Scholarship: A Guide for Organizational and Social Research*. Oxford, UK: Oxford University Press.

Wagner, D. G. & Berger, J. (1985). Do sociological theories grow? *American Journal of Sociology*, 90, 697—728.

Wang, X. T. (1996). Framing effects: Dynamics and task domains. *Organizational Behavior and Human*

Decision Processes, 68, 145—157.

Wang, X. T. (2008). Risk communication and risky choice in context: Ambiguity and am-bivalence hypothesis. In W. T. Tucker & S. Ferson (Eds.), *Annals of the New York Academy of Sciences: Strategies for Risk Communication: Evolution, Evidence, Experience*. Oxford, UK: Blackwell.

Wegner, D. M. (1987). Transactive memory: A contemporary analysis of the group mind. In B. Mullen & G. R. Goethals (Eds.), *Theories of Group Behavior*. New York: Springer-Verlag.

Wei, X. & Zhang, Z. X. (2010). Why don't they speak up? Reluctance to express prohibittive voice and its mechanisms. Paper presented at the 2010 Annual Meeting of the Academy of Management, August 6—10, Montreal, Canada.

Weick, K. E. (1989). Theory construction as disciplined imagination. *Academy of Management Review*, 14, 516—531.

Weick, K. E. (1993). The collapse of sensemaking in organizations: The Mann Gulch disaster. *Administrative Science Quarterly*, 38, 628—652.

Weick, K. E. (1995). What theory is not, theorizing is. *Administrative Science Quarterly*, 40, 385—390.

Whetten, D. A. (1989). What constitutes a theoretical contribution? *Academy of Management Review*, 14, 490—495.

Whetten, D. A. (1989). An examination of the interface between context and theory app-lied to the study of Chinese organizations. *Management and Organization Review*, 5, 29—55.

Xiao, Z. & Tsui, A. S. (2007). When brokers may not work: The culture contingency of social capital in Chinese high-tech firms. *Administrative Science Quarterly*, 52, 1—31.

Zhang, Z. X., Hempel, P. H., Han, Y. & Tjsvold, D. (2007). Transactive memory system links work team characteristics to performance. *Journal of Applied Psychology*, 92, 1722—1730.

Zhang, Z. X. & Wei, X. (2009). Conflict avoiding: Its malfunctioning, mechanism, and solution. Paper presented at the 2009 Academy of Management Annual Meeting, August 7—11.Chicago, Illinois.

Zhang, Z. X., Zhang, Y. & Wang, M. (2011). Harmony, illusionary relationship cost, and conflict resolution in Chinese contexts. In A. K. Y. Leung, C. Chiu & Y. Hong (Eds.), *Cultural Processes: A Social Psychological Perspective*. New York: Cambridge University Press.

张志学、魏昕 (2011), 《冲突回避: 弊端、缘由与解决方案》,《南京大学学报》, 6, 121—129。

徐淑英、张志学 (2006),《管理问题与理论建立: 开展中国本土管理研究的策略》,《南大商学评论》, 7, 1—18。

魏昕、张志学 (2010),《组织中为什么缺乏抑制性进言?》,《管理世界》, 10, 99—109。

韩玉兰 (2010),《中国情境下的意义建构: 中层管理者的管理觉知及其影响》, 北京大学2010年博士论文。

저 자 소 개

천사오췐(陳昭全, Chao C. Chen) 미국 Rutgers University 경영대학에서 경영학 및 국제경영 교수로 재직 중이다. 뉴욕주립대학교 버펄로캠퍼스(University at Buffalo, State University of New York)에서 조직 행위 및 인적 자원 관리 경영학 박사학위를 수여받았다. 연구분야는 문화 간 경영, 중국 기업의 경영, 사회적 정의 및 인센티브 제도, 기업 리더십 행위 등이 있다. 현재 *Journal of Trust Research* 부편집장과 *Management and Organization Review*의 자문편집위원으로 봉사하고 있다.

장쯔쉐(張志學, Zhixue Zhang) 북경대학교 광화관리학원(Guanghua School of Management, Peking University) 부학장, EMBA 센터장, 행위과학실험실 주임 및 조직경영학과 교수이다. 홍콩대학에서 사회심리학 박사학위를 받았다. 연구분야는 기업 경영과 문화, 협상과 충돌 관리, 팀워크 프로세스, 문화 간 행위와 경영 등이 있다. 현재 *Management and Organization Review*의 Senior Editor 이며 *Negotiation and Conflict Management Review*와 "심리학보(心理學報)" 편집위원회 위원이다.

David A. Whetten 미국 브리검 영 대학교(Brigham Young University) Jack Wheatley 조직 연구의 명예교수 및 교직원 발전센터 센터장이다. 현재 서안교통대학교, 대만정치대학교와 옥스퍼드 대학교의 방문 교수이고 옥스퍼드대학교 Jesus학원의 고급 방문 연구원이다. 학술 시리지 저작 *Foundations for Organization Science*의 편집장이고 *Academy of Management Review*의 편집장을 역임하기도 하였다. 1991년 미국경영학회의 회사(會士)이고 1994년 경영 학회에서 수여하는 봉사상을 받았고 2000년에는 미국 경영학회 회장을 역임하여 2004년 경영학회 *OMT* 분회에서 우수 학자상을 받았다.

4 장

중국 경영학 이론 개발의 기회와 도전

Kwang-Kuo Hwang (대만대학)

나는 20세기 80년대 초반부터 "사회과학의 현지화 운동"에 매진해 오면서 동양 사회에서 사회과학이 큰 발전을 이루지 못한 근본원인에 대해 비교적 깊은 이해를 가질 수 있었다. 나는 경영학이 만약 사회과학의 한 분야라면 경영학자들이 "중국 경영학 이론"을 구축해야 하는 이유도 다른 어떤 사회과학 분야에서 현지 이론을 구축해야 하는 이유와 전혀 다르지 않아야 한다고 생각한다. 따라서 본 장에서 나는 비교적 거시적인 관점에서 사회과학 현지화 운동 발생의 원인을 설명한 다음 사회과학 현지화 운동이 진정한 도약을 이루기 위해 반드시 세 가지 수준에서의 돌파가 필요함을 설명하고자 한다. 즉 철학적 성찰, 이론의 구축과 실증연구, 세 가지다. 이어서 나는 현지 경영학 이론의 구축 방법에 대해 논의하고 과학 철학의 시각에서 일부 실제 사례를 통해 중국 경영학 이론 구축이 고유한 도전과 기회를 소개하고자 한다.

4.1 사회과학의 현지화 운동의 발생 원인

1980년대 초, 중국 대만 지역의 사회과학계에서 "사회과학 현지화 운동"을 발기했을 당시 일본, 중국 홍콩, 필리핀, 인도, 한국, 멕시코 등 비 서양 국가와 지역의 일부 심리학자들도 약속이나 한듯이 동시다발적으로 "현지 심리학 연구"(예를 들어, Diaz-Guerrero, 1975; Enriquez, 1993; Kim & Berry, 1993; Legmay, 1984; Sinha, 1986; Yang, 1997)의 발전을 추진하고 있었다. 비 서양국가의 심리학자들로 하여금 "심리학 현지화 운동"을 시작하게 만든 직접적인 원인은 그들 생각에 서양 심리학자들이 개발한 심리학 이론 혹은 전형적인 연구들을 비 서양국가로 옮겨 왔을때 결코 현지의 심리학자들을 도와 현지 사회 사람들의 심리와 행위를 적절하게 설명하고 이해시킬 수 없다는 점을 확인했기 때문이다. 따라서 그들은 현지 사회에 적합한 심리학 이론과 전형적인 연구들을 발전시킬 필요성이 있다고 생각하였다.

심리학자들의 연구 대상은 사람이기 때문에 그들은 외래 이론 혹은 전형적인 연구들을 그대로 옮겨 왔을 때의 "불적합감"에 대해 일반적으로 비교적 깊은 체험이 있었을 것이다(Yang, 1997). 때문에 그들이 가장 먼저 어려움과 위험을 무릅쓰고 심리학 현지화 운동을 시작하였다. 사실상 "현지화"를 필요로 하는 분야는 심리학에만 국한되지 않고 모든 분야의 사회과학에 해당하는 이야기이기도 하다. 특히 경영학 분야에서 사회문화, 정치 및 경제제도 등 측면에서 유럽과 미주국가들과 다른 길을 걸어온 중국 사회에서 경영학 연구를 발전하려면 현지의 상황적 요인들을 고려하지 않을 수 없다(Rousseau & Fried, 2001; Tsui, 2004; Zhixue Zhang, 2010).

4.1.1 이론 개발의 어려움

심리학 현지화 운동의 발전과 더불어 세계 각지의 심리학자들은 심리학의 현지화 작업과정에서 형형색색 다양한 어려움 또한 직면하게 되었다. 우리는 하나의 실제 예를 들어 심리학 현지화 운동의 어려움을 설명하고자 한다. Michael Bond(2010)는 중국 심리학 핸드북(Handbook of Chinese Psychology)이라는 책을 출판하였는데 이 책은 모두 41장으로 구성되었고 수십 명의 중국 및 해외학자들을 동원하여 진행한 연구 분야 또한 삼라만상이어서 과거 수십 년간 중국인들 스스로 진행했던 모든 심리학 관련 연구들을 포함하고 있었다. 하지만 스페인 바르셀로나에서 교직에 있던 한 중국계 학자 Lee(2011)는 이 책을 깊이 탐독한 후 가차없는 경고를 하기 시작하였다. "이 책에는 분명한 구조가 없다. 전체 책의 목차를 자세히 읽어보기 전에는 이 책에 어떤 내용들이 포함되어 있고 어떤 특정 주제를 다루었는지를 전혀 분별해낼 수 없었다."(p. 271). 이외에도 "책 내용 전반에 걸쳐 이론 부재의 결함을 갖고 있다(There is a general lack of theory in the whole handbook)." 이런 이슈 중심적인 장절들은 중국인들이 이미 진행한 경험연구 발견에 대해 매우 자세한 리뷰와 보고를 하였다. 하지만 "오직 극소수의 몇개 장절에서만 중국인 심리학 현지화 이론을 제기하였다." 그리고 "비록 그들은 공개적으로 현지화 연구를 추진하여야 한다고 주장하지만 그들의 연구는 대부분 서양의 발견들을 지지 혹은 지지하지 않는 수준에 머물러 있었고 또한 집단주의, 권력차이와 같은 문화적 차원으로만 그들의 발견을 해석하고자 했다. 더욱 심한 것은, 본 책에서 인용한 많은 연구들도 주로 "중국과 서양"이라는 이원론적 접근방식으로 그들의 연구 발견을 설명하고 있기때문에 현실 세계의 더욱 세밀하고 정교한 복잡성은 파악할 수 없게 된다"(p.271-272)

Lee(2011)는 이 책에서 Hwang과 Han(2010)이 공동 연구한 "유교사회에서 도덕과 체면"은 극소수 "화인 현지 심리학이론"을 제기한 장절 중 하나이다. 이는 본 저자가 주장하는 "관계주의"를 예비 가설로 하여 "문화를 포섭하는 심리학 이론"을 구축해야 한다는 관점을 대표한다. 이런 주장을 하게 된 그 이유를 설명하기 전에 먼저 집고 넘어가야 할 문제가 있는데 그것은 "비서양국가의 학자들에게 있어 이론을 구축하는 것이 왜 이렇게 어려운가?"라는 질문이다.

4.1.2 소박한 실증주의

이 문제에 관하여 본인은 현대 사회과학의 근본은 서양문명에서 발전되어 왔다고 본다. 서양의 문예부흥 운동이 발생한 후 과학은 아주 빠른 속도로 발전하기 시작하였고 특히 18세기 산업형명이후 그 발전 속도는 더욱 빨라졌다. 서양과학의 발전과 과학철학의 변화와 발전은 서로 본체와 응용의 관계를 갖고 있다. 즉 서양과학자들은 서로 다른 분야에서 연구에 종사하고 있을 때 항상 일부 사상가들은 그 과학자들이 구축한 지식에 대해 철학적인 성찰을 함으로 인하여 소위의 과학철학(philosophy of science)이 형성되었고 과학철학은 다시 과학자들이 진행하고 있는 연구를 지도하는 역할을 해왔다.

비서양국가의 사회과학 연구자들이 현지화 운동을 추진함에 있어 여러 가지 어려움에 봉착하게 된 근본적 원인은 그들이 서양의 사회과학을 학습함에 있어 서양과학철학의 발전과 변화에 대해 그에 걸맞는 이해가 결핍하고 일종의 "소박한 실증주의(naïve positivism)"적 심리상태를 소유하고 있었기 때문이다. 연구를 함에 있어 이런 "소박한 실증주의"적 심리상태는 그들에게 서양과학의 전형적 사례를 모방하여 연구를 진행하도록 한다. 하지만 이런 방법으로는 현지사회과학이론을 구축하기에는 역부족이다. 때문에 현지사회과학이 진정한 발전을 이룩하려면 반드시 세 가지 수준, 철학적 성찰반성, 이론의 구축과 실증연구에서 돌파하여야만 한다(Hwang, 2004, 2005). 더 분명하게 말하자면 현지 사회과학자들은 반드시 근대 과학철학의 발전과 변화에 대해 그에 걸맞는 이해를 갖고 있어야 하고 이 기초위에 현지사회에 부합되는 이론을 구축하고 이를 통해 실증연구를 지도할 수 있게 하여야 한다.

이런 견해에 기초하여 본인은 2001년에 "사회과학의 이치"(Hwang, 2001)라는 책을 출판하여 20세기에 실증주의, 포스트 실증주의, 구조주의, 해석학과 비판이론을 주장한 17명의 서양 과학철학자들이 존재론, 인식론과 방법론에 대한 주요 관점을 소개함으로써 화인 사회과학 연구자들이 근대과학철학의 발전과 변화를 이해하는 것을 돕고자 하였다. 다음 절에서는 과학철학이 실증주의에서 포스트 실증주의로 발전된 후 존재론, 인식론과 방법론 등 측면에서 발생한 거대한 변화, 그리고 사회과학 연구가 갖고 있는 함의에 대해 논하고자 한다.

4.2 과학 철학의 패러다임 변화

4.2.1 실증주의

18세기 산업혁명이 발생한 후 과학기술의 발전은 유럽에 과학주의(scientism) 풍조가 팽배하게 하였고 많은 사람들로 아여금 과학이 인류의 모든 문제에 대한 답을 갖고 있고 또한 모든 문제를 해결해 줄 것으로 믿게 만들었다. 19세기에 와서 프랑스 과학자 콩트(Auguste Comte, 1978-1857)가 가장 먼저 "실증주의(positivism)"라는 단어를 제시하고 일종의 극단적 경험론의 입장을 제창하여 정당한 과학적 방법은 형이상학적인 추측과 보이지 않는 실체로 자연의 규칙을 해석하고자 하는 모든 시도를 버려야 하고 대신 과학적 지식은 사실을 수집하고 그 들간의 상관관계를 찾아 내어 세상에 대한 정확한 기술을 해야 한다고 주장하였다(Comte, 1855, 1974).

20세기 초, 물리학자 에른스트 마흐(Ernst Mach, 1838-1916)는 물리적 현상론(physical phenomenalism)을 제기하면서 아래와 같은 주장들을 하였다. 즉 현상은 유일한 진실이고 지식의 내용은 오감적 경험에만 국한되어야 한다. 그리고 과학의 목적은 실험을 통하여 사물을 지배하는 법칙을 드러내는 것이다. 소위의 "현상뒤에 숨어있는 진실"은 모두 인류가 상상해낸 것이고 형이상학적인 것이며 모두 과학의 범주에서 배제하여야 한다. 때문에 경험의 주도성(primacy of experience)을 인식하고 또한 "의미 있는 서술(meaningful statements)"을 경험의 범위 내에 한정하기만 하면 우리는 개념 구축을 지지하는 심층적 "실재"를 찾아나 설 이유도 더 이상 없어지게 된다(Kolakowski, 1972, 1988).

마흐(Mach)의 사상은 유럽 학술계에 심각하고 거대한 영향을 미쳤다. 20세기 초, 수학자, 물리학자와 사회학자들은 비엔나에서 비정기적인 모임을 가져 과학철학의 문제를 토론하여 실증주의 철학이 수학 및 이론물리학에 적용할 때 직면하게 될 어려움을 해결하기를 희망하였다. 1928년 비엔나 서클의 슐리크(Schlick, 1882-1936)의 조직하에 "에른스트 마흐 학회(Ernst Mach Society)"를 만들고 다음해 출판된 "과학의 세계관: 비엔나 서클"이란 책에서 크게 명성을 떨치게 되었다.

4.2.2 논리철학논고

비엔나 서클의 발전초기 비트겐슈타인(Luwig Wittgenstein, 1889-1951)이 출판한 「논리철학논고(論理哲學論考)」는 서클의 이후 발전에 중대한 영향을 미쳤다. 이 책의 내용은 주로 "언어의 그림이론"과 "진리함수론" 두 개의 큰 부분으로 나뉜다(그

〈그림 4-1〉
「논리철학논고」에서 세계와 언어 간의 관계

자료: 陳榮波(1982: 70).

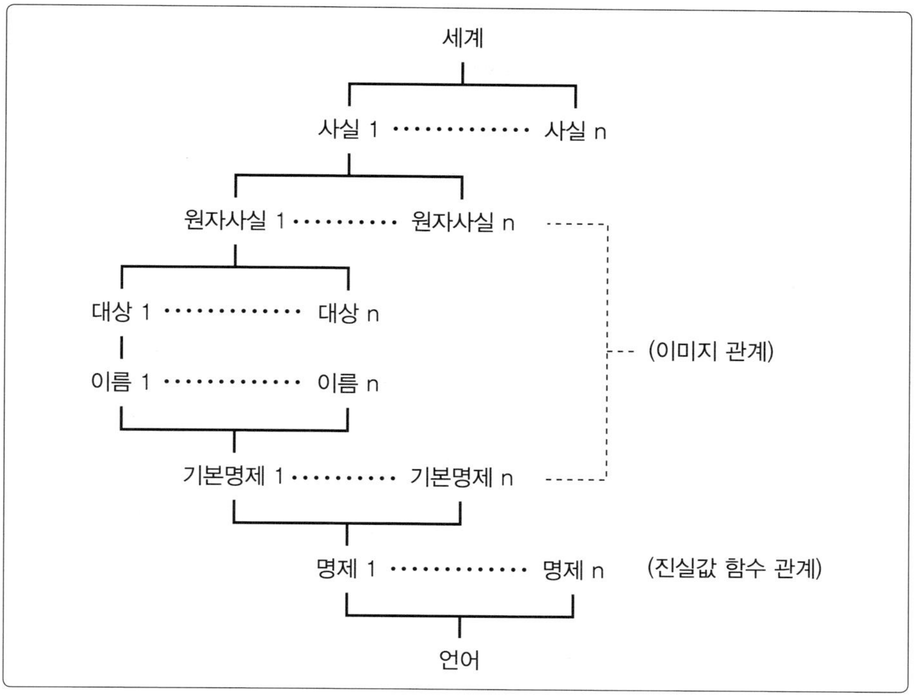

림 4-1 참조). "언어의 그림 이론"은 과학의 주요 임무는 언어를 사용하여 정확하게 세상을 설명하는데 있다고 주장한다. 현실 세계는 사실, 원자 사실과 간단한 사물 등 세 개의 층차로 조성되었고 이에 대응하는 언어에는 명제, 요소 명제와 간단한 형식 등 세개의 층차가 존재한다.

"간단한 대상(single object)"은 세계를 구성하는 실체이자 원자사실, 사실 나아가 세계의 궁극적 구조적 요소로서 어떤 일이 발생하여도 이는 변하지 않는다. 원자 사실은 간단한 대상(사물, 실체)의 일정한 형식의 조합으로서 많은 간단한 대상이 일정한 시간과 공간 내에서 결합된 상태이다. 이런 조합이 분산되면 이 사물도 함께 소멸되게 된다. 하지만 간단한 대상 자체는 소멸되지 않고 이는 기타 다른 대상과 조합하여 새로운 사물을 형상하게 된다.

언어는 세상을 묘사하는 그림과도 같다. 모든 명제는 사실을 설명하는 그림이다. 그림은 사실을 설명하고 그들의 모든 구성 부분과 외부 현상의 모든 구성 부분은은 반드시 일대일의 대응관계가 존재하여야 한다. 비트겐슈타인은 이런 대응관계를 "그림관계(pictorial relationship)"라고 불렀다.

언어와 사실 뒤의 깊은 곳에는 일정한 논리 구조가 숨어있다. 이런 구조를 밝혀내는 유일한 방법이 바로 논리 분석이다. 우리가 언어와 현실 사물에 대해 동시에 논리 분석을 진행한다면 결국 우리는 양자 간에 대응되는 논리 구조가 존재한다는 사실을 발견하게 될 것이다.

이러한 논리 구조를 밝혀낸다면 우리는 이를 이용하여 명제를 구성하여 세상의 사실에 대해 설명할 수 있다. 비트겐슈타인은 이런 설명 방식을 "논리구조그림"이라고 불렀다.

4.2.3 논리적 실증론

"원자사실"을 설명하는 언어는 "명제"를 구성하는 기본 단위이고 비트겐슈타인은 이를 "요소 명제(elementary proposition)"라고 부른다. 비트겐슈타인의 조기 철학사상 중에서 요소 명제는 매우 중요한 지위를 차지하고 있다. 비록 우리는 언어를 사용하여 세상을 설명할 수 있지만, 이 중 오직 "요소 명제"만이 세상과 직접적으로 연관되어 있다. 하나의 요소 명제는 한 사물의 상태(state of affair)를 대표한다. 그들의 진위는 다른 명제에 의하여 결정되지 않고 사실에 의하여 결정된다. "언어의 그림이론"에 근거하면 우리는 실험 혹은 기타 실증연구 방법을 사용하여 상황 혹은 "원자사실"의 존재 여부를 판단하여 요소 명제의 진과 위도 함께 판명할 수 있다. 그 다음 우리는 논리적 부호 간의 "진리함수"관계를 이용하여 "참"의 "요소명제"들을 "명제"로 결합하면 이는 과학자들이 "세계"를 설명하는 "언어"가 된다. 이 것이 바로 일반 사람들이 말하는 "과학 지식"이다. 다른 말로 말하면, 근대 과학의 두 가지 가장 중요한 구성부분이 있는데 첫 번째는 실험을 핵심으로 하는 "실증" 연구 방법이고 두 번째는 "논리"인데 비엔나 서클의 구성원들은 이와 같은 이유 때문에 이런 주장을 "논리적 실증론(logical positivism)"이라고 부른다(Ayer, 1932/1959).

"논리적 실증론"은 "논리를 과학의 체계에 도입함으로써 지식을 구축하는 방법적 측면에서 실증론자에 비해 한걸음 크게 앞서 나갔다. 이는 존재론에 있어 "소박한 실증론"이라는 극단적 경험주의를 사용하여 오직 오감이 체험한 "사실"(fact)만이 유일한 "실재(reality)"라고 생각하고 있다 (Schilick, 1932/1959). 벙법론적 측면에서, 그들은 실증연구(특히 실험연구)방법을 사용하여 "요소명제"를 검증할 것을 주장한다. 따라서 비엔나 서클의 창시자인 Schilick은 매우 유명한 말을 남기게 되는데 바로 "한 명제의 의미는 바로 그 명제를 검증하는 방법에 있다."이다(Schilick, 1936). 인식론적 측면에서 그들은 논리적 추론을 강조하고 그 어떤 형이상학적 개념을 사용하여 이론을 구축하는 노력들을 반대하고 있다.

4.2.4 진화론적 인식론

비엔나 서클의 적극적인 추진하에 논리적 실증론은 한때 널리 성행하여 20세기 중엽 국제 과학계에서 가장 높은 위상을 갖고 있는 과학 철학으로 발전하였다. 하지만 과유불급이라고 그 시대에 포스트 실증주의의 발전은 실증주의 과학 철학에 대해 강열한 의문을 갖게 만들었다. 포스트 실증주의의 대표 이론은 칼 포퍼(Karl Popper, 1902-1994)가 제시한 진화론적 인식론(evolutionary epistemology)이다. 1919년 유럽 학술계에 매우 큰 사건이 발생하였다. 영국 천문학자 에딩턴이 일식 과정을 관측한 결과가 아인슈타인의 일반상대성이론 중의 "빛이 휘어진다는" 기발한 구상을 지지하게 되면서 유럽에서 상대성이론 바람을 거세게 불러 일으켰다. 바로 그 당시 비엔나 대학에서 청강을 하던 포퍼는 그의 인생에 중대한 영향을 미친 질문을 갖기 시작하였다. 즉 뉴톤의 만유인력 법칙이 오래동안 수백만 번의 검증을 거쳐왔음에도 불구하고 왜 단 한번의 실패로 인하여 그 권위가 흔들리게 되었는가?

당시 아인슈타인의 겸손한 태도는 포퍼에게 매우 강열한 인상을 남겼다. 아인슈타인은 공개적으로 상대성 이론은 자신의 "추측"에 불과하고 또한 만약 에딩턴의 관측 결과가 그의 예측을 부정하였다면 일반 상대성 이론 또한 부정되어야 한다고 주장하였다!

아인슈타인의 학문에 대한 태도는 젊은 포퍼에게 매우 매력적으로 다가왔고 결국 그로 하여금 한평생 과학 철학에 대한 연구에 매진하게 하였다. 1932년 그는 "과학적 발견의 논리"라는 책을 통해 과학적 방법은 이성적 비판을 기초로 하는 연역적 추론 과정이라고 주장하였다. 과학자는 특정 문제에 대해 가설 혹은 추측을 제기하고 다시 사실에 근거하여 검증을 하며 검증 과정에서 기존의 가설과 추측에 대해 끊임없이 수정하여야 한다(Popper, 1934/1959).

우리는 포퍼가 제시한 네 단계 그림을 통해 그의 진화론적 인식론을 설명할 수 있다.

$$P1 \rightarrow TT \rightarrow EE \rightarrow P2$$

P는 문제(problem), TT는 잠정적 이론(tentative theory), EE는 오류 제거(error elimination)을 말한다. 만약 이 그림으로 보편적인 시도 및 오류를 설명한다면 그림 속의 TT는 TS(잠정적 혹은 임시적 해결책(tentative solution))으로 바뀔 수 있다. 다음, 그는 위의 도식을 〈그림 4-2〉의 형식으로 수정하여 이 그림이 보편적 형태의 그림으로 세상에 알려졌다.

수정을 거친 포퍼의 보편적 형태의 그림에 대해 설명하면 아래와 같다. 과학자

〈그림 4-2〉
포퍼의 네 단계 그림

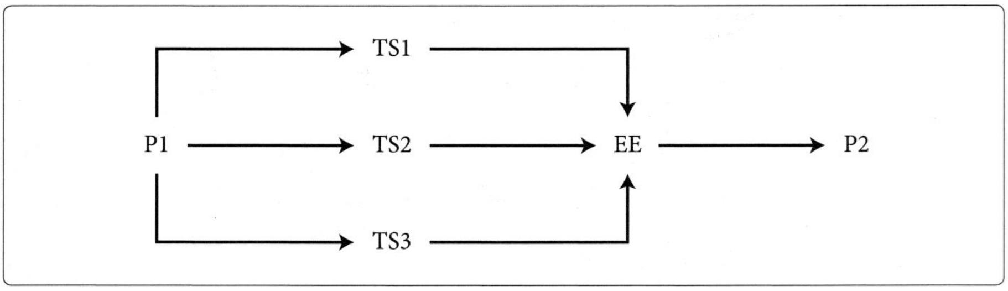

의 연구가 좌절에 직면하거나 그의 기존의 지식이 곤경에 빠졌을 때 과학자는 이 문제의 상황에 대해 잠정적인 해결 방안을 제기하게 된다. 이런 해결 방안은 하나가 아닐 수 있고 꼭 정확하다고 할수도 없기 때문에 반드시 잘못된 해결 방안들을 배제하고 아직 부정적 판단을 받지 않은 해결 방안만 보류한다. 이렇게 살아남은 해결방안은 새로운 문제에 직면하게 되고 이렇게 끊임없이 무한 반복하게 된다.

4.2.5 과학 철학의 패러다임 변화

과학 이론의 경우, 문제의 제기는 일반적으로 아래 세 가지 다른 상황에서 나타난다. (1) 이론과 관찰 혹은 실험의 결과가 불일치할 때, (2) 이론적 시스템 내부의 서로 모순되는 현상이 발생했을 경우, (3) 서로 다른 두 이론이 모순되고 충돌할 때이다. 이런 상황에서 과학자는 잠정적인 이론을 제기할 수 있다. 물론 이렇게 제기된 잠정적 이론을 진리라고 할 수 없고 이 또한 뒤를 이은 관찰 혹은 실험에 의한 반증 가능하여야 한다.

진화론적 인식론과 논리적 실증론의 과학 철학은 존재론이나, 인식론, 나아가 방법론적 측면에서 모두 전혀 다른 양상을 나타낸다. 인식론적 측면에서 진화론적 인식론은 논리적 실증론처럼 "언어의 그림이론"을 사용하지 않고 오직 세계 이미지를 정확하게 묘사하는 것으로 만족하며 이론을 구축하여 사람들이 관찰 가능한 사실 혹은 현상을 해석할 것을 주장하고 있다. 하지만 존재론적 측면에서 진화론적 인식론은 과학자는 사실과 현상을 이해하기 위하여 이론을 구축할 때 반드시 여러 가지 형이상학적 개념을 제기하여야 하는데 이와 같은 형이상학적 가설 구축은 허구한 것이 아니라 일종의 "실재"라고 주장한다. 때문에 이와 같은 존재론의 주장을 일반적으로 "과학적 실재론(scientific realism)"이라고 부른다.

과학적 이론이 과학자에 의하여 구축되고 이는 결코 "세계의 이미지를 묘사한 것"이 아니기 때문에 진화론적 인식론은 방법론적 측면에서 "반증론(falsificationism)"을 주장하며 나아가 과학자의 주요 임무는 명제를 "증명"하는 것이 아니라 이론 중의 명제에 대해 "반증"하는 것이라고 생각한다. 그들은 하나의 과학적 이론은 반드시 "반증가능성(falsificability)"을 갖추고 있어야 하며 만약 한 이론의 진술 혹은 명제가 실증 방법으로 검증하기 어렵다면 그것은 결코 "과학"이라고 부를 수 없다라고 본다.

4.2.6 소박한 실증주의적 연구

과학 철학은 실증주의에서 포스트 실증주의로 바뀌는 것은 과학 연구에 있어 매우 중요한 의미를 갖고 있다. 많은 비서양국가의 과학 연구에 종사하는 사람들은 일반적으로 이러한 과학적 전향이 학술 연구에 어떤 의미를 갖고 있는지 이해하지 못하고 있고 대신 일종의 "소박한 실증주의"의 마음 자세로 실증 연구에 종사하고 있다. 많은 사람들은 서양 학자들이 구축한 하나 또 하나의 이론들 속에는 그 어떤 "진리"가 숨어있다고 생각하고 그들은 해외 최신 저널에서 연구 주제를 찾은 후 외국의 "가장 적합한" 이론 모델을 사용하며 외국의 측정 도구를 본국의 문자로 번역을 한 후 본국의 피험자들을 대상으로 "복제형" 학술 연구를 진행하고 있는 현실이다. 일부 사람들은 서양 이론도 무시하고 자신의 상식에 근거하여 "대담하게 가설을 제시하고 조심스럽게 검증"하는 방식으로 마음대로 몇 개의 가설을 만들어 낸 후 소위의 "실증연구"를 수행하기도 한다. 또한 일부 사람들은 가설도 없이 "그물을 쳐서 고기를 잡거나" 혹은 "기관총으로 새를 쏘는" 방법을 사용하여 동시에 많은 변수에 대한 측정을 한 후 열 몇개의 교차분석표를 만들어 "사실"을 구현하여 "데이터가 스스로 사실을 설명"하도록 한다. 컴퓨터가 발달한 후에는 일부 사람들은 통계 기술에 대한 의존도가 더 높아져서 단순히 복잡한 통계를 사용하여 자료를 처리하면 "이론적 모델"이 나타난다고 생각하는 경우가 더 많아졌다.

1980년대 초, 씨아우씬후앙과 짱쑤리(萧新煌和张笠云, 1982)은 "국가과학위원회", "연구발전심사위원회", "경제건설위원회" 및 기타 기관의 위탁을 받아 완성한 15개의 경험 연구들을 리뷰하였다. 결과 그들은 실증론적 규범의 관점에서 볼 때 이런 연구들에는 아주 많은 "공동의 결함"을 갖고 있다고 지적하였다. 이들은 대부분 이론적 기초가 결핍하고 "이론적 추리"가 없을 뿐 아니라 "논리적 추론과정"도 없어 이론적 프레임워크와 연구 설계 사이의 연결 고리도 찾을 수 없었다. 많은 연구자들은 단지 수집하여 온 설문 자료들을 간단한 통계분석(예를 들어, 백분비, 도수분포, 교차분석)을 수행하고 일련의 도표로 표현한 후 다시 자료 성격에 대해 중복적으로 설명하면 끝났다고 생각한다. 측정한 변수가 너무 많아각 독립변수가 종속변수에 대한 설명력 또한 너무 낮아 사회과학 연구의 "간결함"의 요구에도 부합되지 않을 뿐만 아니라 이와 같은 연구를 통해 이론을 구축한다는 것은 불가능한 일이다. 많은 연구자들은 나아가 "당연한" 상식을 사용하여 연구 결과에 대해 해석하려고 하는데 예를 들면, "동서양 문화이 차이", "전통과 현대의 차이", "사회적 변혁의 영향" 등이다. 두 저자는 이와 같은 연구들은 단지 "사실 자료의 집합(a collection of facts)"에 불과하고 "생각이 없는 경험주의(mindless empiricism)"의 수작이며 근본적으로 "경험 연구"를 "성숙 과학"의 단계로 승화시킬 수 없다고 주장한다.

4.3 사회과학이론 구축의 기회

만약 비서양의 사회과학자들이 과학 철학이 "포스트 실증주의"로 변화하고 진화하는 것이 사회과학 연구에 있어 어떤 의미를 갖고 있는지를 이해하고 있다면 현지 사회에 적합한 다양한 사회과학 이론(경영학 이론을 포함하여)을 구축 함에 있어 오히려 많은 기회가 존재한다는 것을 깨달았을 것이다. 앞 절에서 이야기 했듯이 포퍼의 진화론적 인식론에 근거하여 과학적 문제를 생성하는 중요한 맥락 중 하나가 바로 "이론과 관찰 혹은 실험의 결과의 불일치"이다. 사실상 비서양의 사회과학자들이 서양의 사회과학 이론이 그 어떤 "진리"를 대표한다는 것을 맹목적으로 믿지만 않는다면 그들은서양의 사회과학 이론 혹은 전형적인 연구들을 그대로 비서양 사회로 옮겨왔을 때 발생하는 "이론과 관찰 결과의 불일치" 현상을 쉽게 발견할 수 있을 것이다.

4.3.1 서양 사회학 지식의 예비가설

이에치쩡(叶启政, 1987/1991)에 의하면 유럽과 미국을 중심으로 구축된 사회학 지식은 몇 가지 기본 가정위에 구축되어 있다. 우선, 사회과학이 관심 있는 것은 사람이 태어나서부터 죽을 때까지 사회에서 활동하는 그 기간이다. 이는 "전생"이나 "내세"에 대해 관심이 없고 단지 보통사람들이 일상생활에서 사회적 상호 관계에 대해 갖고 있는 기본 가치 혹은 인지 태도를 받아들이고 이에 근거하여 사회생활에 대해 개념적인 재건작업을 진행한다.

이와 같은 "세속적 현세관"으로부터 우리는 두 번째 가설을 파생시킬 수 있는데 즉 "소유 만족관"이다. "소유 만족관"의 기본 관점은 모든 사람은 욕망을 갖고 있음으로 인하여 사회의 가장 중요한 의미는 최고로 유리한 조건을 제공하여 사람들의 욕망을 만족시키는데 있다. 세 번째 가설을 엽계정은 "외화 구조관"이라고 부르는데 구체적으로 욕망의 무제한성은 사람과 사람 간의 투쟁을 야기할 수 있기 때문에 이런 충돌을 해결하고 질서를 유지하기 위해서는 사회에 하나의 권위 주체가 사회적 질서를 유지하는 매개로 존재해야 한다는 것이다. 이러한 매개체의 구체적인 형식은 "공화국(commonwealth)" 혹은 "국가(state)"가 될 수 있는데 이들은 개인의 의지와 독립된 "통치권(sovereignty)"을 소유하고 있다.

이와 같은 세 가지 가설은 사실상 서양 사회학의 가설뿐 아니라 서양 사회과학(경영학을 포함하여)의 공동 예비 가설이기도 하다. 이러한 예비 가설의 구축은 서양에서 "개인주의"적 문화 전통에서 만들어졌고 이러한 예비 가설에 기초하여 구축된 서양 과학이론이 비 서양사회에 적용할 수 있는지 여부는 사실상 매우 중요하고 큰 문제이다.

4.3.2 에틱 혹은 문화보편적 접근방법

문화 간 심리학의 시각에서 볼 때 서양 과학의 예비 가설들을 무시하고 서양 사회과학자들이 발전하여 온 전형적인 연구들이 모든 사회에 보편적으로 적용된다고 보는데 이를 "강압식 객관적" 연구 방법(imposed etic approach)이라고 부른다(Berry, 1989). 이처럼 맹목적으로 서양의 전형적인 연구들을 그대로 옮겨옴으로 인하여 발생하는 문제는 쉽게 발견할 수 있다. 하지만 이러한 문제점들이 바로 현지 심리학발전을 추진하는 주요 원인이 되기도 하였다. 일부 문화 간 심리학자들은 한 가지 "파생적 객관적" 연구 방법(derived etic approach)을 취하여 비서양사회까지 포함하는 일종의 보편적으로 적용되는 전형적인 연구를 발전시켜 이를 서로 다른 사회에서 연구에 적용하도록 노력하였다. 그중 가장 유명한 사례가 바로 "개인주의와 집단주의(individualism/collectivism)"에 관한 연구이다.

호프스테드(Hofstede, 1980)는 IBM사 인사 부서에서 연구에 종사했던 심리학자다. 그는 다국적 기업의 인사 관리에 도움이 되기 위하여 업무 태도와 가치관을 측정하는 측정 도구를 개발하여 IBM회사의 40여 개 국가에 흩어져 있는 자회사의 직원들을 대상으로 많은 실증연구 자료를 수집하였으며 국가를 단위로 요인 분석을 실시한 결과 4개의 차원을 발견하게 된다. (Hofstede(1991)는 후에 Michael Bond의 건의를 받아들여 설문에 유가(儒家)다이나믹관(Confucian dynamism)이란 항목을 추가하고 이름을 "장기지향(long term orientation)"으로 명명하였다). (1) 개인주의/집단주의, (2) 남성적/여성적, (3) 권력의 격차거리(power distance);,(4) 불확실성 회피이다.

이 네 가지 차원에서 40개 국가는 각각 자신의 위치를 찾을 수있었고 특히 그들이 “개인주의/집단주의” 차원에서의 분포가 많은 연구자의 관심과 이목을 집중시켰다.

“문화의 결과”라는 제목을 가진 연구 보고서가 발간된 후(Hofstede, 1980) 많은 심리학자들은 이 주제에 대해 끊임없이 연구하여 왔다. 이 후 20년간 그들은 20여 가지 “개인주의/집단주의” 측정 도구를 개발하여 관련 연구를 진행하였고 많은 실증연구 자료를 축적하게 되었다(Oyserman, Coon & Kemmelmeier, 2002).

4.3.3 집단주의/개인주의 이론에 대한 재고

얼핏 보기에는 이러한 “파생적 객관적” 연구 방법은 서로 다른 문화들을 공정(cultural fair)하게 대하는 방법처럼 보인다. 하지만 프리드메이에르, 차카랏과 슈와츠(Friedlmeier, Chakkarath와 Schwarz (2005)는 이와 반대로 이러한 연구 방법은 사실상 환원주의(reductionism)라는 전제 조건위에 세워진 것으로 이는 세계 각 지역의 문화적 차이는 하나의 본질적으로 불변(qualitative invariant)하는 문화 변수(cultural variable)로 환원될 수 있다는 가정을 하고 있다.

더 명확하게 이야기 하면 “개인주의/집단주의”에 관한 연구에 종사하는 심리학자들은 유럽 계 미국인의 심리적 특징을 중심으로 그들이 기타 문화적 종족에 대한 이미지를 구축하고 있었다. 유럽계 미국인들은 “개인주의/집단주의” 차원에서의 한 극을 차지하고 그들의 문화 및 심리적 특징은 전 세계 기타 종족에게 참조 좌표가 되고 후자는 이 차원에서 서로 다른 위치에 처하게 된다. 기타 종족의 문화는 그 자체가 모호하고 반드시 미국인을 빌려 비교하여야만 자신의 심리적 특징을 뚜렷하게 이해할 수 있게 된다. 때문에 피스크(Fiske, 2002)는 “개인주의/집단주의” 연구 방법에 대해 아래와 같이 비판하였다. 개인주의는 미국인이 자신의 문화를 정의한 문화적 특징의 총합이다. 집단주의는 미국인이 대조를 이루는 타인(antithetical other)의 이데올로기의 특징에서 추상화하여 구축한 것이고 이는 미국인이 “자신들은 그런 사람이 아니다”라는 이미지에 근거하여 상상해낸 기타 세계 문화가 된다(p. 84).

오이스만 등(Oyserman et al., 2002) 사람들은 구체적인 자료를 제공하여 조기 심리학자들이 이해하고 있는 “개인주의”와 “집단주의”에 대해 설명하였는데 이들은 근본적으로 성격이 다른 두 가지 행위 범주에 속해 있었다. 그들은 집단주의라는 구성개념의 정의와 측정 도구의 내용에는 상당이 큰 이질성(heterogeneity)이 존재하는데 이와 같은 문화적 차이는 문화가 사람들과 타인이 발생하는 연결과 연결방식에서의 다면적 성격(multifaceted nature)을 잘 보여준다. 그들은 기존의 관련 문헌에 대해 철저히 리뷰를 한 후 아래와 같은 주장을 하게 된다.

> "미국 및 서양 심리학은 개인주의에 기초하여 인간의 본성에 대해 이해하려고 노력하여 왔다. 이런 방법은 우리가 기존의 개인주의를 인간의 본성 이해의 기초로 하는 방법과 다른 또 하나의 아직 발전이 필요한 집단주의를 기초로하는 연구 방법 사이를 구분할 수 있는 역량이 있는지에 대해 질의를 받게 한다(pp.44-45)."

쉬마크, 오이시와 다이너(Schimmack, Oishi & Diener, 2005)는 관련 문헌 중의 자료들을 리뷰하고 다시 분석한 후 아래와 같은 결론을 얻게 된다. 즉 개인주의의 구성개념의 정의는 명확하고 측정 도구 또한 깊은 의의를 갖고 있으며 문화차이를 가늠하는 하나의 효과적이면서도 중요한 차원이다. 하지만 집단주의의 의미는 상대적으로 모호하고 변화가 많아 그 측정 도구의 타당성 또한 결정하기 어렵다. 때문에 그들은 문화 간 심리학자에게 있어 집단주의를 다시 평가해야 할 필요성이 있다고 생각한다.

"과학 혁명"의 시각에서 보면(Kuhn, 1969), 서양 심리학의 전형적인 연구들을 그대로 비서양 사회에 옮겨왔을 때 이론과 일치하지 않은 많은 "이상한 사례"를 발견했을 경우 기존의 이론은 "위기"상황에 처해 있고 "혁명"의 기회를 기다리고 있음을 알 수 있다. 하지만 만약 현지 심리학자들이 "소박한 실증주의"식의 "경험 연구"에만 젖어 있고 이론 구축의 노력을 경주하지 않는다면 서양의 기존 이론을 발전시킬 수 없게 된다. 이러한 "소박한 실증주의"식의 연구를 많이 하여 아무리 "백화제방"이 되더라도 이는 서양이론에 대해 위협이 되지 않는다.

본인 생각에는 만약 "문화를 포섭한 심리학"을 구축하려면 우리는 반드시 Richard Shweder가 제시한 하나의 주요 논점을 고려하여야 한다. 그는 문화 심리학에서의 기본 원칙을 "하나의 생각, 다양한 심리 상태; 획일성이 없는 보편성(One mind, many mentalities, universialism without uniformity)"(Shweder, Goodnow, Hatono, LeVine, Markus & Miller, 1998: 871)에 있다고 강조하였다. 소위의 하나의 "생각"은 "인류의 인지 과정에서 실제 혹은 가능한 개념적 내용의 총체(totality of actual and potential conceptual contents of human cognitive process)"(Shweder, 2000:210)를 말한다. 이는 주로 생물학적 요소에 의해 결정된다. 소위의 다양한 "심리 상태"는 인지되거나 활성화된 "생각"의 부분집합(that cognized and activated subset of mind)을 말하고 일부 특정한 개인이나 그룹은 이에 집중하고 소유하였기 때문에 이를 문화 심리학의 연구 대상으로 삼을 수 있다.

이 원칙에 근거하면 우리는 "집단주의"에 관한 연구에 대해 반성할 필요가 있다. 우리가 고민해야 할 문제는 만약 "집단주의"가 비서양문화를 설명할 수 있는 적합한 개념이 아니라면, 우리는 어떤 개념으로 그것을 대체할 수 있을까? 더욱 정확하게 이야기하면, 우리는 과연 어떤 이론을 사용하여야만 인류사회에서 상호작용하는 보편적 생각을 설명할 수 있을까?

4.3.4 "인정과 체면"의 이론모형

본인이 구축한 "인정과 체면"의 이론 모형(Hwang, 1987)에서는 상호 작용하는 양측을 "청원자(petitioner)" 및 "자원 배분자(resource allocator)"로 정의하였다. "청원자"가 "자원 배분자"에게 그가 배분 가능한 자원을 자신에게 유리하게 배분할 것을 청원할 때, "자원 배분자"가 마음 속으로 하는 첫 번째 의사 결정은 "관계 판단"이고 그가 고민하는 문제는 "그와 나 사이는 어떤 관계일가?"이다.

〈그림 4-3〉에서 "관계"를 대표하는 네모는 "감정적 성분"을 대표하는 그림자 부분과 "도구적 성분"을 대표하는 흰색부분으로 구성되었다. 소위의 "도구적 성분"은 생물체로서의 개인이 선천적으로 다양한 욕망이 있고 이러한 개인적 욕망은 일반적으로 생활에서 반드시 타인을 도구로 여러 가지 자원을 획득하여 만족하게 된다. 이러한 "도구적 성분"은 사람과 사람사이의 "감정적 성분"과 일반적으로 뒤섞여 있다. 이 두 가지 성분의 많고 적음에 따라 그림3에서는 하나의 실선과 하나의 점선을 사용하여 "관계"를 세 가지 유형으로 나눴다. 즉 "감정적 관계", "혼합형 관계"와 "도구적 관계"이다. "감정적 관계"는 일반적으로 가정에서의 인간 관계를 말하고, "혼합형 관계"는 개인과 가정관계 외 친숙한 관계를 말하는데 이 둘 사이는 하나의 가로선으로 나눴는데 이는 둘 사이에 상당히 명확한 심리적 거리감이 있음을 나타낸다. 가족 외의 사람은 "가족의 구성원"이 되기 매우 어렵기 때문이다. "도구적 관계"는 개인이 어떤 자원을 획득하기 위하여 낯선 사람과 맺은 관계를 말하는데 그와 "혼합형 관계"사이에는 하나의 점선으로 나눴다. 있는 "관계형성의 노력"을 통해 원래 "도구적 관계"에 속해있던 사람들이 이러한 심리적 거리감을 극복하고 쌍방이 "혼합형 관계"로 바뀔 수 있는 가능성을 나타낸다. 유교문화 전통의 영향 하에 개인은 "수요법칙", "인정법칙"과 "공평법칙" 등 세 가지 서로 다른 거래법칙에 근거하여 세 가지 서로 다른 관계를 형성하고 있는 사회적 대상과 상호작용하는 경향이 크다.

〈그림 4-3〉 '인정과 체면'의 이론모형

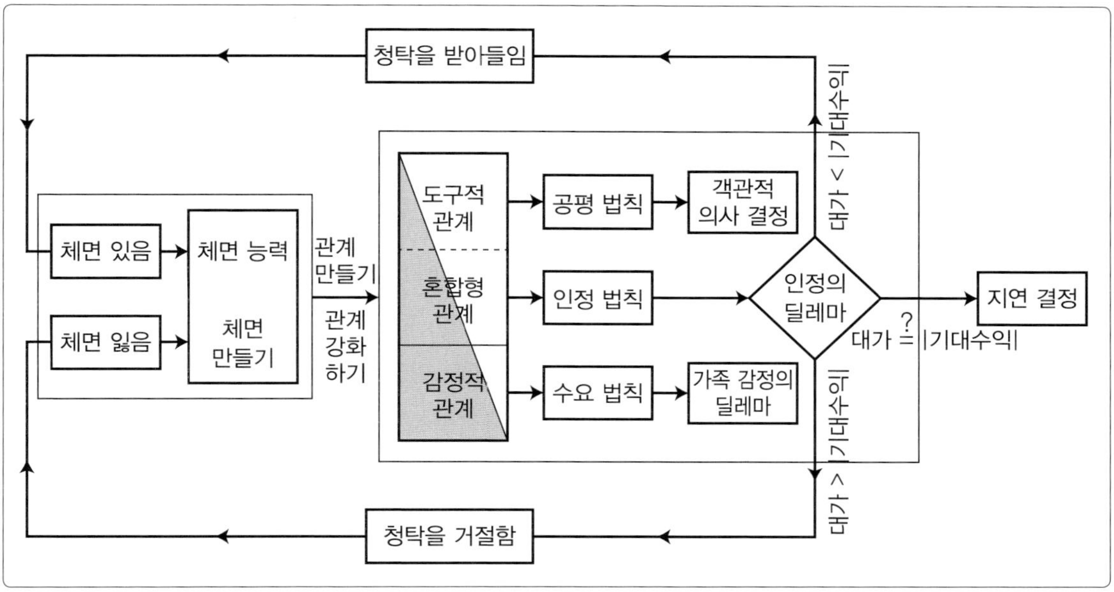

「유교관계주의: 철학적 성찰, 이론 구축과 실증 연구」라는 저서(후앙꽝구어(黄光国), 2009)에서 본인은 한편으로 "인정과 체면"의 이론적 모형을 어떻게 구축하는지를 설명하고 이를 프레임워크로 사용하여 유교 사상의 내재적 구조를 분석하였다. 동시에 다른 한편으로는 기존의 중국을 비롯한 유교 문화권의 도덕적 사고 방식에 관한 연구들을 사후 이론으로 분석한 다음 윤리학의 관점에서 유교윤리의 속성을 추출하였다. 이어서 "관계주의"라는 전제조건하에 일련의 마이크로 이론들을 구축하여 유교사회에서의 사회적 교환, 체면적 개념, 성취동기, 조직행위, 충돌해결을 설명하여 이를 관련 실증연구를 통합하는데 사용하였다. 과학 철학의 시각에서 볼 때, 이렇게 구축한 일련의 이론들은 "유교 관계주의"의 "과학적 연구 강령 (scientific research programme)(Lakatos, 1978)" 혹은 연구 전통(Laudan, 1977)을 구성하게 된다.

4.4 화인화교 사회의 기업조직형태

이상의 실제 사례에서 알 수 있듯이 서양의 과학 철학의 역사에 대한 일정한 이해가 있다면 현지 사회과학이론을 구축하든지 아니면 실증 연구에 종사하든지 간에 모두 수많은 연구 기회를 갖게 된다. "관계주의"의 문화는 유교문화 전통에서 파생되었기 때문에 당연히 화인화교의 기업조직에서 나타나기 마련이다. 우리는 또 하나의 예를 사용하여 현지 심리학의 "에믹 혹은 문화특수적" 접근 방법을 사용하여 어떻게 중국경영학 이론을 구축하는지를 설명하고자 한다.

유교문화 전통의 영향을 받은 화인화교들이 경영하는 기업 혹은 기업 조직에서 타인과의 상호 작용 함에 있어 기업의 조직 형태는 어떤 특징을 나타내고 있는가? 기존의 많은 현장 연구(field study)는 거듭 아래와 같은 사실을 확인해주었다. 즉 대만의 가족기업은 가족 관계를 통해 자금을 모아 기업을 창업하고 있고 그 조직 원칙은 관계적 네트워크를 기반으로 조직 내에서 상호 협력하는 동시에 조직 간에 협력 관계를 형성한다(Silin, 1976; Greenhalgh, 1988; 쎄구어시웅, 1989; 커쯔밍, 1993; 천찌에쉬엔, 1994). 쩡워이웬(2003)은 기존의 관련 연구들을 리뷰를 한 후 다음과 같은 결론을 내리게 되었다. 즉 사실상 화인 사회에서의 기업 조직형태는 한 가지 형태가 아니라 여러 가지 다른 형태가 존재한다. 그는 기업 내의 경영권과 소유권이 "통합" 혹은 "분리" 및 시장 환경이 "경쟁" 혹은 "과점"이라는 두 차원에 따라 화인 사회중의 기업을 크게 네 가지 유형으로 나눴다(표 4-1 참조). 대만의 기업들은 대부분 자유 시장에서의 중소형 가족기업이다. 이런 기업의 특징 중 하나가 바로 소유권과 경영권의 통합이다. 기업 내의 직원과 사장은 어느 정도의 친족 관계를 갖고 있는데 사회학자들은 일반적으로 이를 전통적 사회연대라고 부른다. 이는 대만에서 가장 일반적인 기업 형태이고 내부 운영규칙은 전통적 유교윤리의 영향을 크게 받는 대신 국가의 간섭은 매우 적게 받는다. 이와 같은 유형의 기업에서 직원과 사장은 비록 어떤 전통적 사회 연대를 갖고 있지만, 이들이 완전경쟁시장에서 그들의 작업조건은 노동법의 보장을 받지 못하고 있다. 문화인류학적 시각에서 보면 이 부류의 기업은 다시 두 가지 유형으로 나눌 수 있다.

4.4.1a 부계제

문화인류학에서 부계제도(patrilinealism)는 혈통과 조상의 유산의 계승 제도에서 부계제도를 채택하는 것을 말한다. 부계제도의 가족기업은 세계 각지에서 아주 흔하

〈표 4-1〉
중국인 사회의 기업 조직 유형

자료: 쩡워이위엔(2003:22).

		경영권 및 소유권	
		통합: 전통권위식 (전통적 사회연대 유)	분리: 전문경영자식 (전통적 사회연대 무)
시장 환경	경쟁	1. 부계, 족장	3. 시장독점
	과점	2. 가장	4. 과점시장

게 찾아볼 수 있고 특히 화인인 사회에서 더욱 선명하게 나타난다. 대만 중소기업 중의 노동 관계는 일반적으로 직원이 기업 가족의 구성원이거나 혹은 기업주와 어떤 혈연관계로 나타난다(Orru, Biggart & Hamilton, 1997). 화인 기업은 "계보 중심주의"와 "신분 관계"를 구조의 기초로 하고 유럽과 미국 기업은 "개인주의"와 "계약정신"에 기초를 두고 있다(陈其南, 丘淑如, 1984). 부계제도의 "계보"에 의하면 아버지는 기업의 소유권과 경영권을 전문경영인에게 넘겨주지 않고 대신 자신과 직접적인 혈친 관계를 갖고 있는 아들에게 물려주게 되어 있다. 일본의 기업들은 비록 가족을 강조하고 있지만, 메이지유신 이전에 일본의 평민은 성씨가 없기 때문에 그들의 가업의 계승법칙은 단일계승제로서 장자에 국한하지도 않을뿐 아니라 혈친이 아니어도 괜찮기 때문에 화인들과 매우 다르다. 대만의 화인들은 모든 자식들이 균등하게 나누는 제도로서 기업의 설립자가 한 혈통으로 물려줄 뿐 아니라 기업 그룹의 책임자는 일반적으로 모든 아들에게 각각 하나의 자회사를 만들어 물려 줌으로써 그들이 분가 후에 자신의 한 계통을 이루어 그 계통에서의 주인이 되도록 한다. 때문에 대만의 기업 그룹들은 대부분 수평적 다각화를 많이 하고 수직적 통합은 상대적으로 적게 하는편이다(Hamilton, 1996).

부계제도 기업의 경영층은 비록 전통적 사회 연대에 대해 중시하지만 일선 직원과 경영자 사이에는 혈연관계를 필요로 하지 않고 있는데 직계 혈친관계는 더욱 찾아보기 힘들다. 같은 기업 내의 직원들은 그들이 기업주와의 관계가 멀고 가까움에 따라 다른 대우를 받게 되어 소위의 "차례와 순서 구조"를 형성하게 된다. 부계제도의 개념은 전통적 농업 사회에서 유래되었는데 부계제도를 채택하고 있는 중소형 가족기업들은 현대사회의 자유시장에서 필연적으로 시작의 혹독한 경쟁에 직면하게 된다. 때문에 대만의 가족기업의 기업 경영은 관계를 통해 장시간의 초과 업무와 어려운 업무를 지탱하고자 한다. 사장 부부는 일반적으로 "직원들과 함께 일하고 형제자매처럼 그들을 대하며 … 그들 스스로 주인이라고 생각하지 않고 자신을 직원으로 생각하며 일반 직원들보다 더 열심히 더 긴 시간 근무한다(谢国雄, 1989: p.48)." 대만의 사장들은 일반적으로 "솔선수범"하여 자신의 기술적 수준으로 부하들에게 요구하고 부하들은 "주인의 안색을 업무 평가의 표준으로 생각한다." 대만 기업들은 " '사람들이 목숨 걸고 일한 결과'이지 제도적 합리화의 결과가 아니다(천찌에쉬엔, 1994: pp.59-60)." 이런 상황에서 사장 가족이 아닌 직원들은 사장이 직원들에 대해 너무 엄격하다고 생각하기 대문에 기업이 확장할 때 만약 사장의 핵심 "주요 멤버"에게만 의존하고 제도화된 인센티브 시스템이 부재할 경우 이와 같은 노사일체의 노력하는 상황은 유지하기 힘들게 된다. 이 같은 상황에서 사장은 일반적으로 " '주식을 나눠 함께 책임'지는 방식으로 직원들을 붙잡는다(柯志明), 1993: p. 144)."

4.4.1b 족장제

족장제도(patriarchicalism)의 원래 의미는 가족 혹은 부족의 권력이 남성 장로 혹은 아버지 손에 있다는 것을 말한다. 막스 베버(Max Weber, 1978: pp. 1006-1069)에 의하면 "족장제도의 지배 기초는 족장이 가정(household)에 대한 권위(authority)"에 있다." 관료 제도와 비교할 때 부하가 상사에 대한 지지는 모두 마음으로 규범에 대한 복종에서 시작한다. 하지만 관료제에서는 규범이 추상적인 합법성과 개인이 갖고 있는 전문성의 훈련에 근거하지만, 족장제도에서의 규범은 전통이나 개인이 족장에 대한 충성에서 나타하게 된다. 족장의 지배는 자연적 개인 관계를 기초로 하고 이는 공동 생활과 의존 중에서 발생하기 때문에 법률의 제한을 받지 않는다(Weber, 1978: pp. 1006-1007).

"족장제도"라는 개념이 말하는 노동 제도는 중소기업에서 사장(업주 혹은 공사 청부업자)은 연장자의 입장에서 친족 관계 혹은 같은 고향에서 온 직원들을 챙기게 된다(Deyo, 1989). 대만 기업에서 이는 친구 혹은 친구와 직원의 소개에 따라 "내부 채용"을 통해 들어온 "보증인이 있는 직원"들이다(柯志明), 1993). 베버의 개념에서 보면 혈친은 족장제도의 필요조건이 아니라 이는 부계제도의 필요조건이다. 중국 대륙의 개혁개방의 초기에 향진기업들은 일반적으로 권위가 있는 지방 당정 수장이 책임지고 직원들은 주로 가족과 지역적 연대에서 채용하게 되는데 이 또한 족장제도의 예가 된다(Vogel, 1989). 이러한 향진기업은 대부분 당지부서기 겸 촌장이 앞장 서 목숨 걸고 이루어 낸 결과이다. 향진기업들이 발전 한 후 만약 나아가 렴가의 "외지 노동자"들을 고용하기 시작한다면 더 이상 족장제도의 체제 아래 있지 않다.

4.4.2 가장제

가장제도(paternalism)는 인자한 가족재산 제도이다. 이 개념은 전통 식의 권위에 대한 복종 및 직원 복지의 제공을 말한다. 이는 사회학적 개념이고 문화인류학의 개념이 아니다. 가장제도의 목적은 노조 운동을 완화하여 업주가 노동자들에 대해 완벽하게 지배하도록 하는데 있다. 이러한 기업은 일반적으로 고립되어 있고 단일 기업을 중심으로 하는 회사 도시(company town)(Ackers, 1998)에 자리를 잡고 있다.

회사는 현지에서 매우 높은 명성을 갖고 있고 회사의 권위는 직장, 휴가, 종교 활동에서부터 비밀적인 직원 가정 생활에 이르까지 모든 것을 관리한다. 직원은 경제적으로 뿐 아니라 생활에서도 회사에 의존한다. 회사의 성격이 특수하고 노동자의 공급 원천이 제한되어 있기때문에 이와 같은 기업의 노동 시장은 완전경쟁시장이 아니라 과점시장이다. 업주는 스스로 도덕적인 멘토로 칭하면서 전통적인 업무 이념을 견지하고 노조에 대해 적대적인 입장을 취하는데 이는 글로벌화의 다원 사회의 추세와는 부합되지 않는 것이다.

제2차 세계대전 이후부터 20세기 1990년대까지 중국대륙과 대만의 국유 사업은 모두 가장제도 형태라고 볼 수 있다. 국가 혹은 정부는 대 가장을 대표하고 일반적으로 남성의 권위를 소유하고 있다고 보면 된다. 부계제도와 족장제도의 기업들은 필연적으로 자유 시장의 충격과 도전을 받게 되지만, 국유기업은 국가의 권력을 빌어 시장을 독점하여 장기적인 보호를 받을 수 있다. “철밥통”과 “큰 가마밥”이 직원들의 생활에 대해 보장하고도 남음이 있기 때문에 동기 부여가 되지 못하여 전통적 가장의 권위는 산만한 직원들을 관리하는데 어려움을 겪게 된다. 중국 대륙의 학자 리페이린(李培林), 찌앙쇼씽(姜晓星)과 짱치즈(张其仔)(1992)는 “모애주의”로서 대륙 국유기업 중의 여러 가지 현상을 설명하여 가장제도의 “부애주의”와 구별하였다. 국가의 과도한 보호아래 있는 국유기업들은 마치 어머니의 과잉 사랑을 받고 자란 아이처럼 여러 가지 특권을 누리고 있을 뿐만 아니라 어머니(국가)의 편애를 받아 엄중하게 손해보는 것도 내버려 두게 된다. 일부 국유기업은 심지어 세수, 이윤 상납 및 청부 기준량 등 면에서 끊임없이 국가와 협상을 하게 되는데 이것이 바로 일부 학자들이 설명했던 기업의 전형적인 “응석 부리기”이다(리페이린, 찌앙쇼씽, 짱치즈, 1992: p.285).

가장제도의 특징은 노사 관계에 있어 상하관계 간의 전통적인 복종을 강조하고 사장은 반드시 직원들의 복지를 챙겨야 하는 것이다. 챙겨야 할 범위와 정도는 사장의 권한과 책임에 있지 직원들이 노조를 통해 쟁취할 수 있는 것이 아니다. 때로는 정부가 노동자들의 권익을 중시하고 있음을 보여 주기 위하여 공공사업에서 강력하게 노조의 활동을 지지하는 경우도 존재한다. 이 상황에서 기업은 오직 노조와 평화 공존하여 노조로 하여금 유익한 기능을 행사하게 하여 기업의 협조자가 되게 하는 길 밖에 없다. 노조는 노동자들이 회사의 의사 결정에 참여할 수 있는 제도이기도 하다. 노사 분쟁이 발생했을 때 정부는 최선을 다해 노사 양측이 서로 대립하는 것이 아니라 협력하는 방법을 취할 수 있도록 노력한다. 그것은 이런 유형의 기업들의 경영권과 소유권이 분리되어 있어 경영계층의 고용적 지위가 비교적 모호하여 경영 계층과 노동자들이 하나가 되기 쉽다. 공공사업이 과점 시장의 유리한 지위를 갖고 있기 때문에 정부의 간섭과 노조의 보호하에 노동력은 시장에서 경쟁하지 않고도 노동자들의 노동권은 상당한 정도에서 보장받을 수 있게 된다. 하지만 글로벌화의 세계적인 추세하에 정부도 부득이 국유사업의 민영화의 전략을 취할 수밖에 없다. 대만 뿐 아니라 중국 대륙에서도 이러한 유형의 기업 조직은 날로 줄어드는 추세에 있다.

4.4.3 시장독점제

시장독점제도(market despotism)과 독점시장제도는 문화인류학적 개념이 아니라 경제학적 개념이다. 시장독점제도는 시장경쟁에서 노동자들이 완전하게 시장의 제약을 받는 것을 말한다. 특히 노동집약적인 산업에서 노동자들은 주로 농촌과 해외로부터 온 이민자들이다(Burawoy, 1985). 시장독점제도와 부계제도 혹은 족장제도하에 있는 대다수의 중소기업들은 대부분 완전 경쟁의 노동 시장에 처해 있으며 그들 간의 가장 큰 차이점은 시장독점제도의 소유권과 경영권의 분리에 있다. 즉 전문경영인의 경영하에 노동자는 고용주의 전통적인 사회적 연대가 부족하게 되는데 이는 디요(Deyo, 1989)가 말하는 보장 없는 노동자 혹은 "슈퍼무산계급"이다(표 4-1 참조).

"시장독점제도"는 보편적으로 하이테크 기업에 존재하고 경영학계에서 일반적으로 이를 "인적 자원 관리(HRM)"라고 부른다. 국제화, 자유화, 기술 경쟁의 압력에 대응하고 대기업의 "연봉중시", "종신계약", "정년퇴직" 등 제도의 역사적 부담으로부터 자유롭기 위해 HRM은 다양한 전략을 사용하여 직원에 대한 지배를 강화하고 단결을 분산할 뿐 아니라 자주적인 노조의 힘도 파괴하는 것을 마다하지 않는다. 이러한 전략에는 목표 관리(MBO), 생산 주기(production circle), 생산 위원회(production commettee), 직업 생활 품질 개선 프로젝트(quality of work life projects), 성과급, 보너스, 이윤 공유(profit sharing), 순배당금(lumpsum bonus)과 같은 성과급(performance-base compensation) 등이다. 이런 방법들은 노조가 전면적으로 일치된 봉급 개선요구를 하는 것을 방지할 수 있을 뿐 아니라 부분적 저 효율의 직원들이 봉급을 올릴 때 무임승차하는 기회를 제거할 수도 있다.

4.4.4 독점 및 과점 시장제

독점 및 과점 시장제도(monopoly or oligopoly market)는 대기업이 풍부한 자본과 기술

독점으로 인하여 제품 시장에서 지배적 지위를 차지하는 것을 말한다. 유럽과 미국 국가에서 대기업의 노동자들은 큰 노조의 구성원이기도 하여 여러 가지 복지 보장을 누리고 있다(Baran & Sweezy, 1966; Edwards, 1979). 전후, 유럽과 미국의 다국적 기업은 일반적으로 독점 자본(monopoly capital)과 과점 시장을 통해 시장을 분할하고 이윤은 높이고 노동원가는 낮추는 방법을 사용하여 큰 노조의 압력을 대처하였다. 대만뿐 아니라 혹은 개혁개방 정책을 실시한 후의 중국 대륙에도 많은 유럽과 미국의 다국적 기업들이 투자하러 가는데 현지에서도 독집(과점)시장제도의 기업 조직을 만들었다. 하지만 제품생명주기, 기술 변화의 가속화, 무역 자유화 및 글로벌화의 시대적 흐름속에서 서양의 대기업들은 자신의 과점적 우위를 잃어버릴 가능성이 높아졌다. 결과는 대기업의 인수합병이 빈번하게 발생하고 다운사이징도 발생하며 노조는 더이상 기업과 협상할 수 있는 힘을 갖고 있지 않아 과점시장제도는 시장독점제도로 바뀌게 된다.

4.5 화인화교 대형 민영기업의 삼환문화구조

〈표 4-1〉은 사회학의 시각에서 화인 사회의 여러 가지 서로 다른 유형의 기업 조직을 분석하였다. 일반적 상황에서 한 기업 조직은 하나의 제도의 속한다. 중국인이 경영하는 민영 기업의 대부분은 부계제도 혹은 족장제도에 속하고 국유 기업은 가장제도에 속한다. 하지만 중국인의 중소기업이 점차 대기업으로 발전한 후에는 중국인의 관계주의의 영향하에 그 조직 및 경영형태는 생각보다 많이 복잡하다. 쩡뭐쉰(郑伯埙, 1995)의 연구에서는 대만의 대형 가족기업에서 기업의 사장은 직원 관계의 멀고 가까움, 충성도와 재능이 다름에 따라 직원에 대해 "차별적 관리"를 실시하여 서로 다른 근무 체제를 형성하였다. 다시 말하면, 한 기업 내에 동시에 세, 네 가지 서로 다른 체제가 존재한다는 뜻이다. 쩡뭐쉰과 린지아우(1998)의 연구에서도 대형 가족기업의 최고의 소유층과 경영의사 결정층은 기업주와 관계가 가장 가까운 사람들로서 주로 그의 가족 및 소수의 그와 친밀한 관계를 갖고 있는 "자기 사람"들이다. 중간 관리계층은 주로 기업주의 측근이 될 수 있는 "자기사람"들로서 가족은 매우 드물다. 하지만 일선에서는 기업주와 특수관계가 없는 일반직원("낯선 사람" 혹은 "남")들이다. 이와 같은 멀고 가까운 관계와 그들이 부르는 세 가지 기업 문화, "감정(책임)지향적 가족문화", "은의 恩義(인정(人情))지향적 차례와 순서문화"와 "도구(이익)적 제도문화"가 서로 대응된다. 쩡뭐쉰(郑伯埙)과 린지아우

〈그림 4-4〉 화인화교 대형 가족기업 내 삼환문화구조

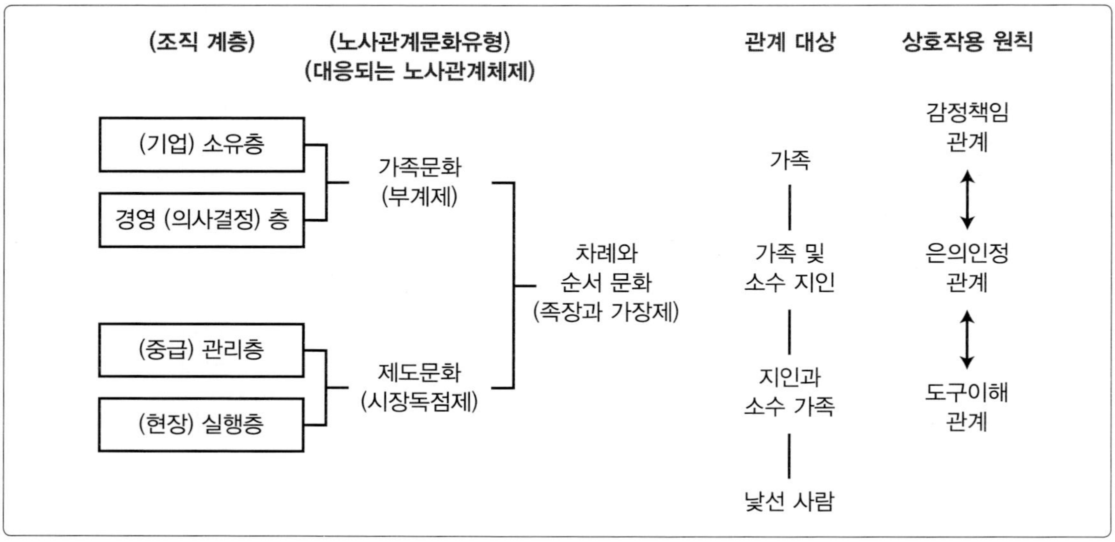

(林家五)(1998)는 가족문화는 소유층과 경영층에서 중첩될 수 있고 차례와 순서문화는 경영층과 관리층에서 중첩될 수 있으며 제도문화는 관리층과 집행층에서 중첩될 수 있어 이 세 가지 문화는 서로 얽히고 혀 “삼환문화구조”를 형성하게 된다(그림 4-4 참조).

쩡웨이웬(郑为元, 2003)은 가족 문화는 “부계제도”와 비슷하고 차례와 순서문화는 황광국(1988: 12)이 말한 혼합 관계와 인정 법칙과 같이 “족장제도”와 “가장제도”와 비슷하며 제도문화가 고수하는 것은 공사분명히 하거나 혹은 “인정과 체면”의 이론모델에서 언급한 도구적 관계와 “인정사정”없는 “공평”원칙(Hwang, 1987)이 있는데 그 예가 바로 부라보이(Burawoy, 1985)의 “시장독점제”이다. 이러한 이론적 모델 중의 “수요법칙”에 있어, 사회의 가족기업을 경영함에 있어 기업은 그와 피고용자의 멀고 가까운 관계를 고려해야 할 뿐 아니라 그의 재능과 그가 갖고 있는 인적 네트워크가 기업주의 것고 달라야 한다. 때문에 이런 유형의 기업 조직의 경영은 “가족문화”의 영향을 받지만 그래도 “수요법칙”을 완전하게 적용시킬 수 없다.

쩡뤄쉰과 린지아우(1998)의 연구는 인류학의 가족 개념에 기초하여 구축된 계층제와 고용체제 간의 관계를 명확히 하였다. 부계제도는 사장의 직계비속 관계를 갖고 있는 직원들에게 적용되고 나머지 직원들은 관계의 멀고 가까움에 따라 각각 다른 제도에 속하게 된다. 일반적인 근로자는 기업이 시장에서의 경쟁 지위에 따라 시장독점제도 혹은 독점시장제도로 나뉘고 이는 동서문화 혼합된 상태로서 중국인 대형기업 조직의 가장 큰 특징이라고 할 수 있다.

4.6 사회과학이론 개발의 도전

토마스 쿤은 그의 「과학혁명의 구조」라는 책에서 다음과 같은 주장을 펼쳤다(Thomas Kuhn, 1969). 즉 규범과학(normal science) 상태에서 하나의 과학적 커뮤니티는 일반적으로 일정한 패러다임의 지도하에 과학 연구에 종사하여 그 영역이 직면한 어려운 문제들을 해결하는데 이러한 활동들을 그는 "퍼즐 게임(puzzle-solving)"이라고 불렀다. 하지만 그 어떤 패러다임도 모든 진리를 설명할 수 없기 때문에 규범과학의 발전과 함께 과학자들은 일부 "이례(anomaly)"들, 즉 패러다임의 예상에 어긋나는 현상들을 직면하게 된다. 예외 사항의 출현 빈도가 높아질수록 과학자들은 그들이 따르고 있는 패러다임이 위기에 처해 있고 더 많은 문제들을 해결하는데 한계가 있음을 느끼게 된다. 따라서 그들은 방법을 찾아 기존의 패러다임에 대해 이론적으로 혹은 개념적으로 조정을 하거나 심지어 새로운 패러다임을 발전시켜 기존의 패러다임을 대체하도록 한다. 이러한 "패러다임 시프트(paradigm ship)의 과정이 바로 소위의 "과학혁명(scientific revolution)"이다.

이러한 시각에서 보면 현지사회과학 이론을 구축하여 관련 연구를 발전시키는 과정은 사실상 하나의 "과학혁명"을 불러일으키는 것과 다를바 없다. 더 명확하게 말하자면, 비서양 사회의 학자들은 서양 국가에서 발전한 사회과학 이론과 연구패러다임을 비서양 사회에 옮겨 와서 연구를 진행할 때 필연적으로 많고많은 "이례"들을 발견하게 되는데 이때 그들은 새로운 "과학혁명"의 필요성을 느끼게 되고 현지사회과학 이론 및 연구패러다임을 발전시키게 된다.

하지만 이러한 "과학혁명"은 정치혁명처럼 발생하기만 하면 사회 대중들의 관심과 이목을 집중시키는데는 한계가 있다. 극소수의 예를 제외 하고는 하나의 새로운 과학이론과 패러다임이 나타난 후에도 장기적인 검증과 도전을 이겨내야만 그 지위가 공고해진다.

「심리학의 과학혁명 방안」이라는 책에서(黄光国, 2011), 본인은 많은 예를 들어 아래와 같은 주장을 한 바 있다. 즉 비록 20세기 80년대부터 시작하여 세계 각지에 모두 현지심리학연구에 종사하는 사람들이 있었지만 절대다수의 현지심리학자들은 "소박한 실증주의"의 연구 스타일을 채택하여 실증 연구의 자료를 수집하는데 노력하여 서양 심리학의 이론적 맥락에서 현지사회의 사람들이 서양 국가와 어떻게 다르다는 것을 설명하고자 하였다. 마치 리(Lee, 2011)가 중국심리학 핸드북(Handbook of Chinese Psychology)(Bond, 2010)에 대한 리뷰를 한 것 처럼, 하나의 연구 흐름이 획득한 자료들이 너무 분산되어 구조성이 결핍할 때 이는 "심리학 실천들이 하나의 남용과정(abuse of psychological practices)(Marsella, 2009)"으로서 비서양 문화의 주체성을 표현할 수 없게 된다. 때문에 본인은 이러한 주장과 실천들을 강력하게 반대하고 「유교관계주의」를 사례로 비서양 국가의 현지 심리학자들은 "문화를 고려한 심리학이론(cultural-inclusive theories of psychology)"구축에 심혈을 기울여야 한다는 것을 마지막으로 다시 한 번 강조하고 싶다.

참 고 문 헌

Ackers, P. (1998). On paternalism: Seven observations on the uses and abuses of the concept in industrial relations, past and present. *Historical Studies in Industrial Relations*, 5, 179—193.

Baran, P. A. & Sweezy, P. M. (1966). *Monopoly Capital*. New York: Monthly Review Press.

Berry, J. M. (1989). Imposed etice-emics-dervied etics: The operationalization of a compelling idea. *International Journal of Psychology*, 24, 721—735.

Bond, M. H., (2010). *The Oxford Handbook of Chinese Psychology*. New York, NY: Oxford University Press.

Burawoy, M. (1985). *The Politics of Production: Factory Regimes under Capitalism and Socialism*. London: Verso.

Comte, A. (1855/1974). *The Positivistic Philosophy*. H. Martineau. Trans. And condensed. New York: AMS Press.

Deyo, F. C. (1989). *Beneath the Miracle: Labor Subordination in the New Asian Industrialism*. Berkeley: University of California Press.

Diaz-Guerrero, R. (1975). *Psychology of the Mexican: Culture and Personality*. Austin: University of Texas Press.

Edwards, R. (1979). *Contested Terrain: The Transformation of Workplace in the Twentieth Century*. New York: Basic Books.

Enriquez, V. (1993). Developing a Filipino psychology. In U. Kim & J. Berry, *Indigenous Psychologies: Research and Experience in Cultural Context*. Newbury Park, CA: Sage.

Fiske, A. P. (2002). Using individualism and collectivism to compare cultures—A critique of the validity and measurement of the constructs: Comment on Oyserman et al. (2002). *Psychological Bulletin*, 128(1), 78—88.

Friedlmeier, W., Chakkarath, P. & Schwarz, B. (2005). *Culutre and Human Development: The Importance of Cross—Cultural Research for the Social Science*. New York: Psychology Press.

Greenhalgh, S. (1988). Families and networks in Taiwan's economic development. In E. Winckler & S. Greenhalgh (Eds.), *Contending Approaches to the Political Economy of Twaiwan. Armonk*. NY: M. E. Sharpe.

Hamilton, G. G (1996). Organization and market processes in Taiwan's ca[ota: ost economy. *American Journal of Sociology*, 96, 999—1006. Also in Orru, Baggart and Hamilton (Eds.) (1997), 237—293.

Hofstede, G. (1980). *Culture Consequence: International Differences in Work-Related Values*. London and Beverly Hill: Sage.

Hofstede, G. (1991). *Cultures and Organizations: Software of the Mind*. London: McGraw-Hill.

Hwang, K. K. (1987). Face and favor: The Chinese power game. *American Journal of Sociology*, 92(4), 944—974.

Hwang, K. K. (2004). The epistemological goal of indigenous psychology. In Bernadette N. Setiadi, A. Supratilnya, Walter J. Lonner & Ype H. Poortinga (Eds.), *Ongoing Themes in Psychology and Culture*, 169—186.

Hwang, K. K. (2005). A philosophical reflection on the epistemology and methodology of indigenous psychologies. *Asian Journal of Social Psychology*,

8(1), 5—17.

Hwang, K. K. & Han, K. H. (2010). Face and morality in Confucian society. In M. H. Bond (Ed.), *Handbook of Chinese Psychology* (2nd., pp 479—498). Hong Kong: Oxford University Press.

Hwang, K. K. (2012). *Foundations of Chinese Psychology: Confucian Social Relations*. New York: Springer.

Kim, U. & Berry, J. (1993). Introduction. In U. Kim & J. Berry (Eds.), *Indigenous Cultural Psychologies: Research and Experience in Cultural Context*. Newbury Park, CA: Sage.

Kolakowski, L. (1972/1988). *Positivist Pholosophy*. Harmondsworth: Penguin Books.

Kuhn, T. (1969/1990). *The Structure of Scientific Revolutions*. Chicago: The University of Chicago Press.

Lagmay, A. V. (1984). Western psychology in the Philippines: Impact and response. *International Journal of Psychology*, 19, 31—44.

Lakatos, I. (1978/1990). Popper on demarcation and Induction. *The Methodology of Scientific Research Programmes*. Cambride University Press.

Laudan, L. (1977/1992). *Progress and Its Problems: Toward a Theory a Theory of Scientific Growth*. London: Routledge & Kegan Paul.

Lee, Y. T. (2011). Book review (Review of the Book The Oxford Handbook of Chinese Psychology. *International Journal of Cross Cultural Management*, 11(2), 269—272.

Marsella, A. J. (2009). Diversity in a global era: The context and consequences of differences. *Counseling Psychology Quarterly*, 22, 119—135.

Orru, M. Biggart, N. W. & Hamilton, G. G. (Eds.) (1997), *The Economic Organization of East Asian Capitalism*. Thousand Oaks, CA: Sage.

Osyerman, D., Coon, H. M. & Kemmelmeier, M. (2002). Rethinking individualism and collectivismEvaluation of theoretical assumptions and meta-analyses. *Psychological Bulletin*, 128(1), 3—72.

Popper, K. (1934/1959). *The Logic of Scientific Discovery*. London: Hutchinson.

Popper, K. (1972). *Objective Knowledge: An Evolutionary Approach*. Oxford: Oxford University Press.

Rousseau, D. M. & Fried, Y. (2001). Location, location, location: Contextualizing organizational research. *Journal of Organizational Behavior*, 22, 1—13.

Schimmack, U., Oishi, S. & Diener, E. (2005). Individualism: A valid and important dimension of cultural differences. *Personality and Social Psychology Revies*, 9, 17—31.

Schlick, M. (1936). Meaning and verification. *The Philosophical Review*, 45, 339—369.

Schilick, M. (1932/1959). Positivism and Realism. In A. J. Ayer (Ed.), *Logical Positivism*. New York: The Free Press (Reproduced in R. Boyd, P. Gasper & J. D. Trout (Eds.), *The Philosophy of Science*, Cambridge, MA: MIT Press.

Shweder, R. A. (2000). The psychology of practice and the practice of the three psychologies. *Asian Journal of Social Psychology*, 3, 207—222.

Shweder, R. A., Goodnow, J., Hatano, G., LeVine, R., Markus, H. & Miller, p. (1998). The cultural psychology of development: One mind, many mentalities. In W. Damon (Ed.), *Handbook of Child Psychology: Theoretical Models of Human Development* (Vol. I, pp.865—937). New York: Wiley.

Silin, R. H. (1976). *Leadership and Value: The Organization of Large-Scale Taiwanese Enterprises*. Cambridge, MA: East Asian Research Center, Harvard University.

Sinha, D. (1986). *Psychology in a Third World Country: The Indian Experience*. New Delhi: Sage.

Tsui, A. S. (2004). Contributing to global management knowledge: A case for high quality indigenous research. *Asia Pacific Journal of Management*, 21, 491—513.

Vogel, E. (1989). *One Step ahead in China: Guangdong under Reform*. Cambridge, MA: Harvard University Press.

Weber, M. (1978). *Economy and Society*. Eds. by

Guenther R. & Claus W., Tr. By E. Fischoff et al. Berkeley: University of California Press.

Yang, K. S. (1997). Indigenous compatibility in psychological research and its related problems. *Indigenous Psychological Research in Chinese Societies*, 8, 75—120. (In Chinese).

李培林、姜晓星、张其仔 (1992),《转型中的中国企业: 国有企业组织创新论》, 济南: 山东人民出版社。

柯志明 (1993),《台湾都市小型制造业的创业、经营与生产组织—以五分埔成衣制造业为案例的分析》, 台北: 中央研究院民族学研究所。

陈介玄 (1994),《协力网路与生活结构: 台湾中小企业的社会经济分析》, 台北: 联经出版公司。

陈其南、邱淑茹 (1984),《企业组织的基本形态与传统家庭制度—中国、日本和西方社会的比较研究》,《工商时报》编,《中国式管理》, 台北: 时报。

黄光国 (1988),《儒家思想与东亚现代化》, 台北: 巨流图书公司。

黄光国 (1991),《儒家思想中的正义观》,《国家科学委员会研究汇刊: 人文及社会科学》, 第1卷第1期, 64—76。

黄光国 (2001),《社会科学的理路》, 台北: 心理出版社。

黄光国 (2001/2006),《色会科学的理论》, 台北: 心理学出版社。

黄光国 (2009),《儒学关系主义: 哲学反思、理论建构与实证研究》, 台北: 心理学出版社。

黄光国 (2011),《心理学的科学研究方案》, 台北: 心理学出版社。

黄光国 (2011),《论 "含摄文化的心理学"》,《本土心理学研究》, 36, 79—100。

叶启正 (1987/1991),《对社会学一些预设的反省》,《制度化的社会逻辑》, 台北: 东大图书公司。

郑伯埙 (1995),《差序格局与华人组织行为: 台湾大型民营企业的初步研究》,《中央研究院民族学研究所集刊》, 86, 29—72。

肖新煌、张笠云 (1982),《对中国社会学研究经验的初步反省: 现实建构、理论与研究》, 瞿海源、肖新煌编,《社会学理论与方法研讨会论文集》, 台北: 中央研究院民族所。

谢国雄 (1989),《黑手党头家—台湾制造业中的阶级流动》,《台湾社会研究季刊》, 第2卷第2期, 11—54.

张志学 (2010),《组织心理学研究的情境化及多层次理论》,《心理学报》, 第42卷第1期, 10—21。

저 자 소 개

황꽝구어(黃光國, K. K. Hwang) 미국 하와이대학교 사회심리학 박사, 현재 대만대학 심리학과 (Department of Psychology, National Taiwan University) 교수, 동양과 서양의 문화를 결합하는데 노력해왔고 과학철학을 기초로 현지 사회심리학의 발전을 도모하였다. 저서로는 "지식과 행위: 중화문화전통의 사회심리학적 해석", "나로드니키 대만패망론", "교육개혁의 문제점이 무엇인가?", "사회과학의 이치", "일중양헌: 양안의 평화적관계의 출발점", "유가관계주의: 철학적 반성, 이론적 구축 및 실증연구", "자신을 돌아보고 자신으로부터 점검: 현대사회 중의 교양" 등이 있고 중영문 학술 논문 백여 편을 발표하였고 대만 "국가과학위원회" 최우수 연구상을 세 차례 수여받았고 우수연구상을 십여차례 수상하였다. 대만 "국가과학위원회" 특별연구원, 아세아 심리학회 회장직과 대문 "국가과학위원회" 탁월한 책임연구원을 역임하였다. 현재 양안교류기금회 고문과 대통령부 국책고문, 대만대학교 종신교수, 대만대학교 강좌, 우수인재강좌 및 "교육부국가강좌"교수, 아세아 현지 및 문화심리학회 회장직을 수행하고 있다.

2부
경영학 연구 방법

第二部分
管理学的研究方法

5장

실증연구의 설계 및 검증

머리글

본 장에서는 주로 실증연구 중의 연구설계에 대해 소개하고자 한다. 한마디로 정의해보면 연구설계(research design)란 연구 프로젝트 구조와 과정에 대한 전반적 계획이다. 일반적으로 연구 문제의 성격이 대체로 연구설계의 방향을 결정하게 되지만, 때로는 연구설계도 실증연구의 출발점이 될 수 있다. 즉 문헌에 대한 연구와 정리를 통해 연구자는 기존 문헌 중의 문제와 부족함을 발견하고 이런 결함을 해결할 수 있는 방법을 찾아낸다. 이를 기초로 연구 문제를 제기하고 그에 맞는 실증연구를 설계한다. 이런 연구설계를 통해 연구자는 한 연구의 여러개의 구성부분을 유기적으로 결합할 수 있는데 여기에는 문헌연구, 문제제기, 자료수집, 자료분석 및 결론내리기 등이 포함된다. 때문에 연구설계는 연구 프로젝트의 하나의 핵심 과정이다.

좋은 연구설계는 연구에서 사용되는 변수들을 하나의 명확하고 일관성 있는 체계에 포함시켜 연구자가 제기한 문제에 답을 제공할 수 있다(Daft, 1983). 엄밀한 연구설계는 연구 결론의 타당도를 보장할 수 있다. 많은 연구 논문들은 바로 잘못된 연구설계 때문에 연구의 수준이 저하되는 결과를 초래한다. 다프트(Daft, 1995)는 자신이 *Academy of Management Journal*과 *Administrative Science Quarterly*에서 논문 리뷰어 시절의 경험을 되돌아 본적이 있다. 그는 최종 게재 거부를 당한 연구 논문 중 약 20%가 연구설계가 잘못되었기 때문이다. 마찬가지로 그루나우(Grunow, 1995)는 303편의 영어와 독일어로 발표된 실증논문들을 고찰한 결과 19.9% 논문들만이 그들이 처음 제기했던 연구 문제를 답하였고 나머지 기타 논문들은 연구 문제를 제기한 후 "길을 잃은" 것 같았다. 그들의 결함은 연구의 각 부분들 사이에 효과적인 연결이 부족했기에 연구 결론은 연구 문제를 효과적으로 답할 수 없었다. 여기서 우리는 논리가 엄밀한 설계는 높은 수준의 연구를 실행하는 필요조건이라는 사실을 쉽게 알 수 있다.

간단하게 요약하자면, 연구설계의 핵심은 우리가 하나의 연구를 완성할 때 전체적인 논리가 명확한지 연구 프로젝트의 각 부분의 연결이 분명한지 여부에 달렸다(Royer & Zarlowski, 2001). 본 책에서 이어지는 장에서 독자들은 계속하여 실험실연구(6장), 유사실험연구(7장), 현장 연구에서의 설문지연구 방법(8장), 2차 자료분석(9장)과 질적 연구(10, 11장)를 공부할 수 있을 것이다. 이 다섯 가지 연구 방법은 연구설계의 각도에서 보면 우열의 구분이 존재하지 않는다. 연구자에게 있어 연구를 설계할 때 해야 할 일은 특정 연구 문제에 가장 적합하고 가장 경제적인 연구 방법을 선택하는 것이다. 본 장에서는 주로 실증연구의 일반적 과정에 대해 서술하고 연구설계의 목적과 자주 사용되는 연구유형을 소개하고 실증연구의 우열을 평가하는 타당도 지표 및 연구설계를 분석 시 통제해야 할 요인들을 논의하고자 한다.

5.1 실증연구의 본질

5.1.1 사회과학에서의 실증주의 경향

1950년대부터 실증주의(positivism)의 사상은 처음부터 사회과학에서 아주 중요한 역할을 하여 왔다. 자연과학으로부터 인사이트를 얻은 실증주의 전통은 객관적 현상과 추상적 이론 사이에서 상호의존의 관계를 강조하여 왔다(Comte, 1988). 실증주의의 연구 패러다임에 근거하면 모든 사회과학 이론의 구축은 반드시 관찰된 사실에 근거하여야 한다. 마찬가지로 만약 관련 이론의 지도가 없다면 우리가 현상에 대한 관찰은 혼란스럽고 아무런 효과도 없었을 것이다. 실증주의자들은 연구자의 책임은 객관적으로 이미 존재하는 여러 가지 사회현상을 관찰하고 최종 수량화의 표현 방식으로 사회현상의 운행규칙들을 설명해야 한다고 주장한다.

실증주의 전통은 객관적 규칙과 사실(fact)은 현실에 존재하기 때문에 우리는 과학적인 측정을 통하여 연구 대상을 수량적으로 표현함으로써 변수 간의 인과관계를 관찰, 해석하고 예측할 수 있다고 주장한다. 하지만 이 가설은 근대 회의주의자들의 날카로운 질의를 받게 되었다. 예를 들어, 매키(Mackie, 1977)는 모든 사회과학연구는 강한 주관주의적 색채를 지니고 있기 때문에 모든 가치적 판단 또한 사람들의 보편적이고 주관적 염원을 사회생활에 반영하여 최종적으로 사회적 규범을 형성한다고 보았다. 따라서 사회과학 중 소위의 진리와 지식은 모두 주관적으로 구축된 것이고 세상에는 보편타당한 가치적 체계는 존재하지 않는다. 하나의 객관적인 세계가 존재하지 않고 또한 연구자 본인의 주관적 색채를 피면할 수 없기 때문에 우리는 세계를 진정 객관적으로 설명할 수 없다. 때문에 회의주의자들은 사회현상에 대한 모든 인지와 연구는 모두 잘못되었다고 생각한다.

이러한 비판에 대해 듀이(Dewey)를 대표로 하는 자연경험주의(natural empiricism) 철학가들은 실증주의의 인식론체계를 다시 수정하였다(Boyles, 2006). 듀이에게 있어 소위의 지식은 연구의 종착점이 된다. 인류가 지식을 획득하는데까지 시간을 필요로 하기 때문에 지식을 소유했다는 것은 우리 연구의 종결을 의미한다. 지식

자체에 비해 상대적으로 우리는 지식을 획득하는 과정이 신뢰할만한지와 엄밀한지 여부에 더욱 관심을 보여야 한다. 우리가 연구에서 얻은 결론은 "근거있는 주장(warranted assertion)"으로 이해되어야 한다. 우리의 현상세계에 대한 모든 해석은 증거의 지지를 필요로 하고 동료들의 검증도 견디어 낼 수 있어야 하는데 이것이 바로 지식의 축적과정 중의 하나의 중요한 특징이 된다. 동시에 우리가 사회현상에 대한 감지(perceiving)와 인지(knowing)는 모두 하나의 큰 "상황" 속에서 발생하기 때문에 진리의 여러 가지 상황은 헤아릴 수 없을 정도로 많다. 때문에 포퍼(Popper, 1977)는 연구에서 가설을 제기하고 검증하는 과정은 일종의 반증(falsification)의 과정이라고 하였다. 한 연구에서 우리가 가설을 지지하는 증거를 얻어내는 것은 이 세상을 알아가고 지식을 획득하는 과정 중의 매우 작은 한 걸음일 뿐이고 이는 단순히 변수 간의 인과관계를 부정하는 것은 잘못되었다는 것을 설명한다. 하나의 복잡한 사회시스템에 대한 검증으로서 우리가 얻어낸 증거들은 변수 간에 인과관계가 필연적으로 존재한다는 것을 증명하기까지는 거리가 멀다. 우리가 한 연구에서 모든 잠재적 외생변수들을 통제할 수 없고 가능한 모든 샘플을 조사할 수 없기 때문에 하나의 이론적 가설은 실증연구에서 지지를 받는 것(혹은 일시적으로 채택하는 것)이고 증명(proof)될 수는 없다.

이러한 인식론적 사상과 일치한 것은 현대경영학의 실증연구의 대부분은 실험 혹은 설문조사를 통해 자료를 얻고 통계분석의 기초 위에 연구 결론을 얻는다는데 있다. 실증연구에서 우리는 연구 결론의 신뢰성에 대해 강조하고 있다. 즉 변수 간의 인과관계를 추론할 때 우리는 기타 가능한 모든 대체가설(alternative explanation)들을 제거함과 동시에 기타 무관하지만 종속변수와 독립변수 사이의 관계에 영향을 미칠 수 있는 외생변수(extraneous variables)에 대해 효과적으로 통제하여야 한다. 바로 실증연구에서 결론의 신뢰성에 대한 강조 및 인과관계 추론의 복잡성으로 인하여 우리는 연구에서 전체적 설계의 역할에 대해 강조할 필요가 있다. 일반적으로 실증주의에서 주창하는 연구 방법의 대부분은 사전에 구축한 연구가설 혹은 명제를 검증한다. 만약 획득한 자료분석 결과가 연구가설의 예상과 일치할 경우 가설은 채택가능하다고 보고 일단 가설의 판단과 상반된 결과를 발견했을 때는 연구가설을 기각할 수 있는 이유가 존재하게 된다. 실증연구의 전통에서 우리의 지식은 끊임없이 질의하고 끊임없이 갱신하는 과정에서 한걸음씩 발전하게 된다.

5.1.2 실증연구의 일반적 절차

실증주의 사상의 영향에 근거하여 과학연구의 주요 목적은 변수 간의 인과관계에 대해 논의하는 데 있다. 가장 간단한 실증연구 과정은 〈그림 5-1〉의 모델로 설명할 수 있다. 〈그림 5-1〉에서 선 a는 두 추상적 구성개념 X와 Y 사이의 이론적 관계를 대표한다. 우리가 검증해야 할 연구가설은 바로 변수 X와 Y 사이에 인과관계의 존재 여부이다. 하지만 현실 세계에서 우리는 이런 추상적인 구성개념(X와 Y)을 직접 관찰할 수 없기 때문에 우선 그들을 우리가 측정 가능한 변수로 조작화할 필요성이 있다(즉, 그림 중의 x와 y). 〈그림 5-1〉의 선 b_1과 b_2는 조작화 과정을 대표한다. 추상적인 구성개념을 측정 가능한 조작적 지표로 전환하는 것을 통해 우리는 한 연구가설을 실증연구가 가능한 구체적인 문제로 전환할 수 있게 된다. 다음으로, 우리는 자료를 수집하고 적합한 통계방법을 사용하여 측정 변수 x와 y 사이에 통계적으로 유의한 관계(선 d가 표시하듯이) 가 존재하는지를 검증할 수 있다. 만약 통계적 유의한 관계를 발견하지 못했다면 연구가설을 기각하고 귀무(영)가설(null hypothesis)를 채택하며 구성개념 X와 Y 사이에 인과관계가 존재하지 않는다고 추론할 수 있다. 만약 통계적 검증을 거쳐 우리는 x와 y 사이에 유의한 관계가 존재한다는 것을 발견하였다면 X와 Y 사이에 존재 가능한 인과관계를 추론하기전에 여러 가지 x와 y 사이의 유의한 관계를 초래할 수 있는 대체 모든 해석들을 제거하여야 한다. 자세한 논리적 사고 및 검증을 한 후 만약 우리가 측정 변수 x와 y 사이에 확실히 유의한 인과관계가 존재한다면(선 c가 표시하듯이) 우리는 연구가설을 채택할 수 있고 X와 Y 사이에 인과관계가 존재 가능하다는 것을 추론할 수 있다. 마지막으로, 우리는 연구의 샘플 및 연구의 특정 시공간(시간, 공간, 연구참여자 등 상황요소를 포함)이 얻은 연구 결론에 대한 영향을 고려하고 이러한 연구 결론이 기타 상황에서도 성립될 수 있는지를 추론하여야 한다. 이것이 바로 실증연

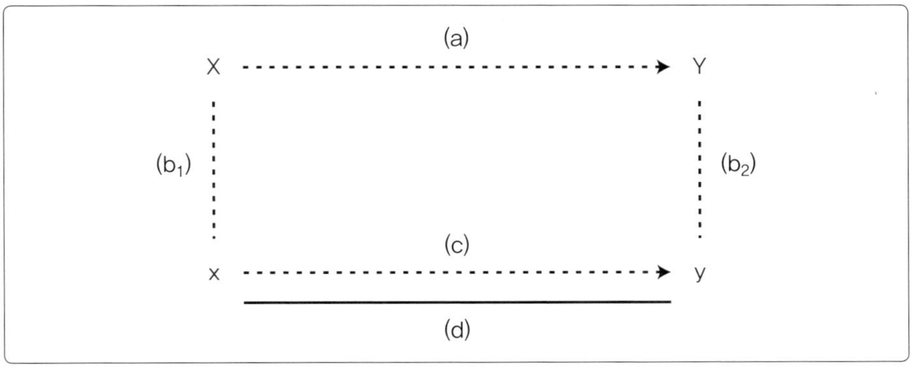

〈그림 5-1〉
실증 연구의 일반적 절차

자료 Schwab, 1999.

구의 일반적 과정이다.

위의 설명에서 발견할 수 있는 것은 실증연구는 하나의 복잡한 추론과정이다. 이는 연구자가 사전에 연구의 문제, 측정의 조작적 과정, 통계분석의 방법 및 연구 샘플의 대표성에 대해 상세한 계획을 하는 것을 말한다. 이렇게 얻은 연구 결론이야 말로 생명력이 있고 시련을 이겨낼 수 있으며 우리가 진행한 연구는 높은 수준의 학술연구로 인정받을 수 있다.

5.1.3 실증연구에서의 자료수집

앞 절에서 설명하였듯, 자료의 수집은 실증연구가 기존의 연구 패러다임과 구별되는 중요한 특징 중 하나이다. 일반적으로 연구자의 자료는 세 가지 소스가 있다. 우선, 연구자는 외부에서 직접 관찰가능한 사건을 자료의 소스로 한다. 그 어떤 보조 도구도 필요없는 상황에서 외부의 정보를 숫자로 전화하는 것이다. 거시적인 전략경영 분야에서 우리의 기업행동에 대한 자료수집은 대개 이런 방식에 의존한다. 예를 들어 총자산수익률(Return On Assets)과 자기자본이익률(Return On Equity)을 사용하여 기업 성과를 측정하는 등이다. 미시적 조직행동연구에서도 이런 측정방식이 적지 않다. 예를 들어 올드햄과 커밍즈(Oldham & Cummings, 1996)는 직원들이 특허를 획득 혹은 특허를 신청한 수를 사용하여 그들의 창조력의 지표를 측정하였고 그린버그(Greenberg, 2002)는 피험자가 실험중에서 도둑질한 돈의 숫자로서 그들이 불공정 대우를 받았을 때의 행동 반응을 측정하였다. 다음으로, 연구자가 직접 관찰할 수 없는 대상(예를 들어, 직원의 태도, 동기 등)에 직면했을 경우에는 측정 도구의 도움을 빌릴 수밖에 없다. 예를 들어, 직원이 설문문항을 답하는 것을 통하여 태도의 수자적 설명을 실현하게 된다. 마지막으로, 우리는 측정 도구를 다른 사람들이 관찰할 수 있는 행동을 측정하는 데 사용할 수 있다. 예를 들어, 상사가 부하의 업무성과와 행동, 실험자가 피험자의 행동에 대해 기록하는 등이 있다. 이러한 세 가지 수집방식을 통하여 우리는 객관세계와 추상적 구성개념이 실증연구에서 일대일 대응관계를 실현할 수 있게 된다. 위에서 제기한 세 가지 자료의 소스는 아래 〈그림 5-2〉의 형식으로 표현할 수 있다.

여기서 지적해야 할 사항은, 비록 실증주의자들은 외부세계에 대한 객관적 설명에 매진하고 있지만 연구가 의존하고 있는 자료는 일반적으로 주관적인 색채를 지니고 있다. 위에서 열거한 세 가지 자료수집 방법 중에서 첫 번째 방법이 보기에는 객관적이나 이러한 객관적 지표는 우리의 이론적 구성개념들을 온전하게 측정하기

〈그림 5-2〉
실증연구에서 자료의 원천

자료: Baumard & Ibert, 2001.

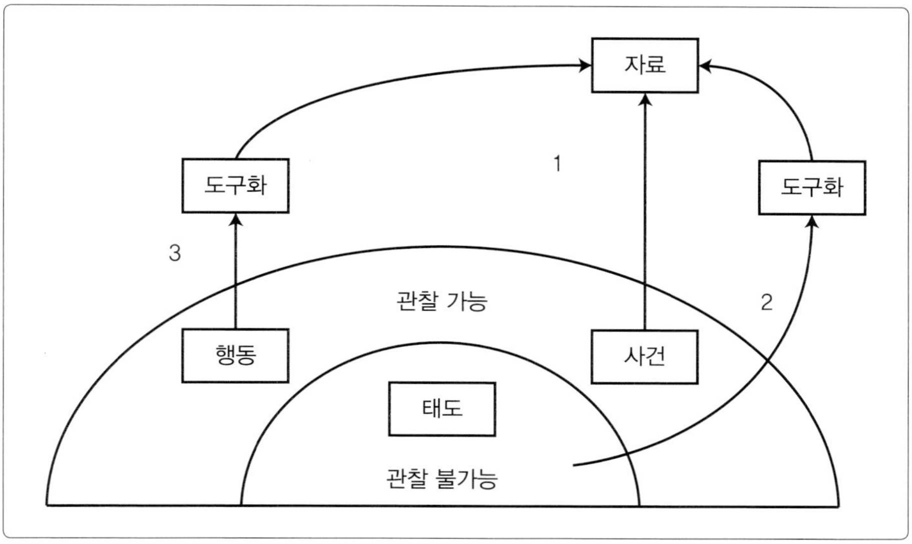

매우 어렵다. 예를 들어, 총자산수익율과 자기자본이익률로 기업 성과를 측정할 때 우리는 결과에서 기업의 지속 가능한 경쟁성과에 대해 판단할 수 없게 된다. 하지만 실제 조작과정에서 연구자는 일반적으로 많은 선택 가능한 지표 가운데서 연구변수에 가장 적합한 지표를 선택한다. 뒤의 두 방법에 대해서 연구자가 직면한 측정오차의 원인은 더욱 많다. 예를 들어, 동일부서의 두 직원이 기업의 월급개혁정책을 설명하거나 다른 동료의 조직시민행동(organizational citizenship behavior, OCB)에 대해 평가할 때, 양측이 제공하는 정보는 매우 큰 차이를 보일 수 있다. 다시 말하면 그들이 공동으로 경험한 사건에 대해 우리는 두 가지 매우 다른 자료를 얻을 수 있다는 뜻이다. 이런 결과를 조성한 원인은 대략 두 가지가 있다. 양측이 월급개혁 혹은 다른 동료와의 거래과정에서의 경험 자체가 다르거나 양측이 같은 사건을 우리가 필요로 하는 자료로 "번역"하는 과정에서 차이가 발생했기 때문이다.

실증연구의 본질 및 연구 과정으로부터 볼 때, 한 사람이 외부 사건의 요인을 어떻게 해석하는가에 영향을 주는 요인은 매우 많아 우리는 근본적으로 하나의 실증연구에서 모든 가능한 변수를 포함시키기에는 불가능하다. 도한 우리의 연구 대상은 일반적으로 직접 관측할 수 없고 간접적인 방식을 통해서만 자료를 수집하고 변수에 대해 수량적 조작화를 진행하여야 한다. 우리가 오차를 갖고 있는 측정 도구를 사용하여 하나의 복잡한 사회시스템을 연구할 때 이런 실증연구는 매우 큰 도전에 직면하게 된다. 경영학연구에서 외부세계에 대해 객관적이고 정확한 설명과 판단을 실현하기 위하여 우리는 우리의 연구설계에 대해 특별히 강조를 해야 하며 우리의 연구 과정이 잘 통제되어 변수 간의 인과관계에 대해 분명한 결론을 얻어 마지막에 우리의 연구 문제를 효과적으로 대답하여야 한다.

5.2 실증연구에서 연구설계의 역할

5.2.1 연구설계의 목적과 절차

연구설계는 전체 연구 과정의 실행 계획이다. 일반적으로 연구설계는 세 가지 기본적인 목적이 있다. (1) 연구 문제를 효과적으로 답하기. 실증연구에서 연구 문제는 일반적으로 연구가설의 형식으로 나타나고 연구설계의 목적은 수량화 분석을 통하여 가설에서 언급한 구성개념 간의 관계에 효과적인 검증을 제공하여 연구자의 이론적 예측이 관찰자료의 지지를 받았는지 여부를 판단하게 된다. (2) 실증연구의 타당도 요구 만족하기. 연구설계는 우리로 하여금 연구 과정을 합리적으로 배치하여 연구의 수준을 제고할 수 있다. 연구의 결론의 타당도는 이를 얻어내는 방식과 방법에 의존한다. 엄밀한 연구설계를 통하여 우리는 이론적 구성개념의 조작화의 수준을 보장하고 자료 유형에 따라 정확한 통계방법을 사용하여 여러 가지 대체해석이 인과결론에 대한 영향을 최대한도로 제거하고 표본에 대한 합리적인 선택을 통하여 연구의 외적 타당도를 높이며 결국 연구 결론의 타당도도 함께 보장하여야 한다. (3) 연구에 관련된 다양한 변량들을 통제하기. 연구설계를 통하여 우리는 연구 문제와 필요한 자료의 유형에 근거하여 적합한 연구 방법을 선택하여 종속변수의 변화를 초래하는 다양한 변량, 즉 체계적 변량(systematic variance), 외생 변량(extraneous variance)와 오차 변량(error variance)에 대해 효과적으로 통제할 수 있다. 종속변수의 변량에 영향을 줄 수 있는 다양한 요인들을 통제함으로 연구 결론의 엄밀성과 신뢰도를 높일 수 있다.

연구설계는 하나의 연구 프로젝트의 전체 청사진으로서 로이어와 잘로스키(Royer & Zarlowski, 2001)는 그림과 도형으로 연구설계의 일반적 과정을 설명하였다(그림 5-3 참조). 〈그림 5-3〉에서 보면 한 연구에 대해 전체적으로 설계할 때 연구자는 일반적으로 일곱개 절차의 고민을 하게 되는데 여기에는 연구 주제 확정하기, 문헌에 대한 리뷰와 탐색적 인터뷰를 통해 연구가설 개발하기, 표본추출 방법, 측정 도구(조작화) 및 이런 요인들이 통계분석에 대한 영향 등을 확정하는 것이 포함된다. 연구자는 자료를 수집하기 전에 반드시 이런 요인들을 진지하게 고민하여야만 연구 문제를 효과적으로 해답할 수 있고 연구의 수준을 보장할 수 있다.

〈그림 5-3〉

연구조사의 과정

자료: Royer & Zarlowski, 2001.

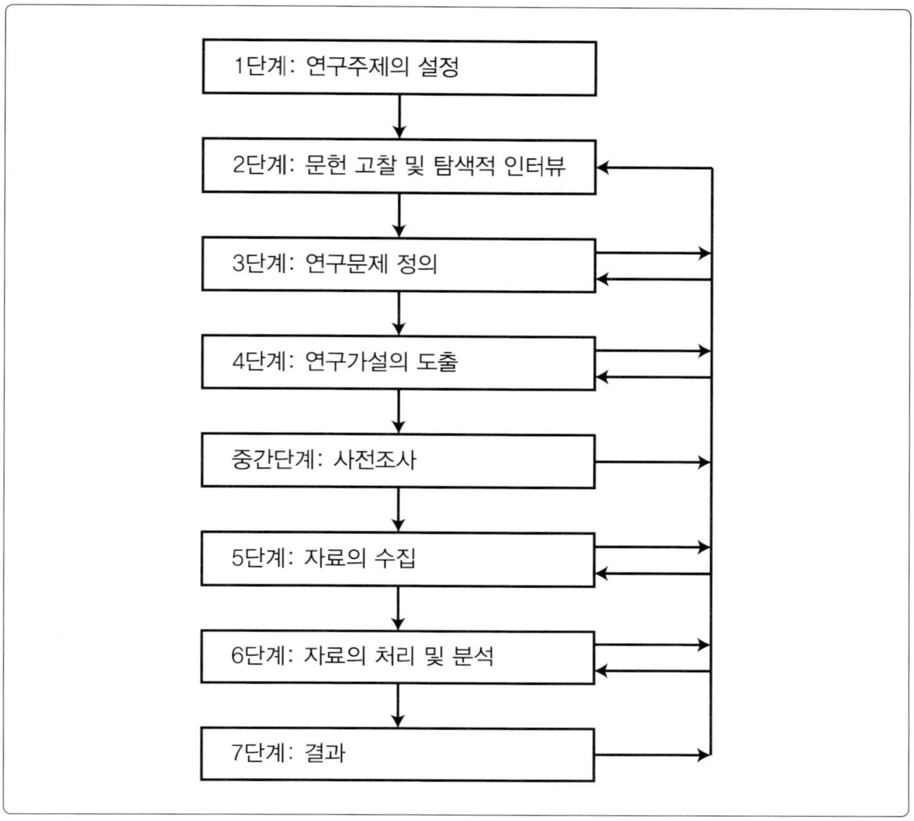

〈그림 5-3〉에서 우리가 특별히 지적해야 할 부분은 연구설계는 하나의 끊임없이 순환하고 반복하는 동태적인 과정이지 결코 고정불변하거나 한번 고생하면 영원히 편해지는 그런 정태적인 과정이 아니다. 전체적인 기획으로서의 연구설계를 실제로 집행할 때에 초기 연구에 대한 구상이 주도면밀하지 못하여 더 이상 계속할 수 없고 조정이 필요할 뿐 아니라 또한 연구자가 대상에 대한 이해의 깊이에 따라 개변될 가능성도 있다. 최근에 수집한 자료, 동료들의 평론, 최근에 읽은 문헌 혹은 자료수집할 수 있는 새로운 기회 모두 연구자의 흥미에 변화가 발생하여 원래의 연구설계를 개변할 수 있다. 마이어(Meyer, 1982)의 연구가 바로 좋은 예이다. 그는 처음 시작할 때에는 샌프랜시스코의 병원들을 샘플로 하고 병원의 환경, 마케팅전략, 조직구조와 조직 프로세스 간의 관계에 대해 연구하고 토론하고자 하였다. 하지만 연구기간에 현지의 보험회사가 갑자기 약 4000여 명의 의사들과 계약을 파기하고 의사들에게 개인적인 명의로 회사와 새로운 계약을 체결할 것을 요구하였다. 하지만 이렇게 될 경우 보험료는 원래의 384%로 상승한다. 이 사건은 대 규모의 의사들의 파업을 야기시켰고 이 파업은 약 한달 동안 지속되어 병원의 업무에 큰 영향을 미쳤다. 마이어는 신속하게 이 것은 조직적응을 연구할 수 있는

절호의 기회라는 점을 파악하고 자신의 연구 계획을 수정하여 다시 유사실험을 설계하여 자신의 연구를 진행하여 한편의 뛰어난 박사학위논문을 완성하게 되었다.

이 예에서 마이어는 연구상황의 변화에 근거하여 자신의 원래 연구설계를 뒤엎고 다시 새롭게 연구 주제를 확정하고 사용해야 할 연구 방법을 제때에 조정하였다. 이러한 조정은 마이어가 연구현상에 대해 민감성과 연구 문제에 대한 깊은 이해를 반영해준다. 마이어의 예는 하나의 특별 사례일 수 있다. 우리는 일상적인 연구중에서 일반적으로 자신의 연구 계획을 완전히 뒤엎는 것은 불가능한 일일 것이다. 하지만 이 예는 우리에게 계획을 집행할 때 연구자는 시종일관하게 연구 문제와 연구상황에 대한 민감성을 유지해야 함을 일깨워주고 있다. 연구 계획을 제때에 수정함으로써 연구 문제와 연구상황 사이의 만족스러운 짝을 이루는 것은 높은 수준의 실증연구를 완성하여 경영현상을 효과적으로 분석하는 필요조건 중 하나이다(상황적 연구에 관한 내용은 12장 참조).

5.2.2 연구 방법의 선택

연구 계획을 확정할 때 우리는 문제의 성격에 따라 적합한 연구 방법을 선택하여 효과적으로 자료를 수집할 필요가 있다. 본 책에서 우리는 차례로 다섯 가지 주요 연구 방법에 대해 논하고 있다. 그것은 실험연구, 유사실험연구, 설문지방법, 2차 자료 및 질적 연구이다. 자료수집의 방법으로서 이 다섯 가지 연구 방법은 우열의 구분이 존재하지 않고 단지 연구자 자신이 연구 문제에 대한 이해에 따라 선택할 필요가 있다.

실험연구에서 독립변수는 주로 연구자에 의해 통제 혹은 조작된다. 실험연구를 진행할 때 연구자는 피험자들을 무작위로 독립변수의 수준이 다른 실험그룹과 통제그룹에 배정하고 독립변수의 조작이 종속변수의 변량에 대한 영향을 관찰한다. 동시에 다양한 상황요인들을 통제하는 것을 통하여 연구자는 가설의 인과관계에 대해 분명하게 관찰하여 연구 결론의 타당도를 확보할 수 있다. 따라서 연구자는 주로 변수 간의 인과관계에 대해 관심을 갖고 연구 결론에 대한 다양한 대체해석의 영향을 제거할 필요가 있을 때 실험연구는 가장 좋은 선택이 될 것이다.

하지만, 때로는 객관적 조건과 자원의 제약으로 인하여 연구자는 피험자를 무작위로 실험그룹과 통제그룹에 배정할 수 없을 수 있다. 이때에 연구자는 유사실험설계를 사용하여 연구의 타당도를 어느 수준에서 계속 확보할 수 있다. 실험연구와 달리, 연구자는 유사실험설계에서 피험자에 대해 무작위배정의 방법을 사용하지 않고 자연적인 상황에서 관찰을 진행한다. 연구자가 피험자와 주위환경의 영향에 대해 통제를 하지 않았기 때문에 독립변수는 외부상황의 영향을 쉽게 받는다. 때문에 실험연구에 비해 유사실험설계의 결함은 무작위배정으로 혼합변수와 대체해석을 제거할 수 없기 때문에 내적 타당도가 좀 낮다. 하지만 유사실험설계는 연구조건에 대한 요구가 낮고 유연하고 다변할 수 있기 때문에 얻은 결론은 더 넓은 범위에 적용할 수 있다.

연구자가 자주 사용하는 세 번째 방법은 설문지방법이다. 설문지방법의 특징은 빠르고 효과적이며 비용이 적게 든다. 설문지방법이 피조사자에 대한 방해가 비교적 작기 때문에 기업과 직원들의 지지를 쉽게 받을 수 있다. 하지만 피조사자에 대해 실험 과정을 진행할 수 없기 때문에 연구자는 비교적 큰 규모의 샘플을 확보하여야만 독립변수의 충분한 변량을 확보할 수 있다. 설문지 방법의 연구 타당도를 제고하기 위하여 우리는 연구 문제에 근거하여 조사에 기타 관련 변수의 측정 도구를 추가하여 통계분석을 진행할 때 이런 변수들을 통제변수로 넣어 독립변수와 종속변수의 인과관계에 대한 대체 해석의 가능성을 제거할 수 있다.

이상 세 가지 연구유형 중, 연구자와 피험자/피조사자는 모두 직접적인 관계가 발생하고 피험자와 피조사자들이 직접 연구자에게 자료와 데이터를 제공하고 그 자료가 바로 어떤 연구 문제를 해답하는 데 사용된다. 하지만 만약 직접적인 방법으로 자료를 획득할 수 없다면 우리는 2차 자료에 대해 수집하고 분석할 수 있다. 유사실험설계는 설문지 방법과 같이 2차 자료의 직접적인 원천은 연구자의 통제 밖에 있다. 따라서 연구자는 연구 대상에 대해 무작위로 배정할 수 없다. 다양한 혼합변수를 통제하기 위하여 연구자는 그들에 측정 코딩을 하여 통계모형을 사용하여 이 변수들을 통제하여 연구의 타당도를 높인다. 앞에서 설명한 세 가지 방법에 비해 2차 자료의 객관성과 복제 가능성(replication; reproducibility)은 비교적 높은 편이다. 만약 연구 대상이 개인가 아니라 기업, 지역, 국가거나 혹은 연구의 프로젝트에 비교적 큰 규모의 샘플을 필요로 하거나 나아가 연구 문제가 시간적으로 비교적 길 때 2차 자료를 사용하여 연구하는 것을 시도해볼 수 있다.

마지막 연구유형은 질적 연구이다. 앞서 이야기한 네 가지 정량적 연구 방법과는 달리 질적 연구는 연구자와 연구 대상이 비교적 깊은 접촉을 통해 진행된다. 연구 과정에는 발생가능한 방해로 인하여 기업 혹은 직원들의 지지를 얻기가 쉽지 않다. 때문에 질적 연구의 샘플 수는 보편적으로 작고 또한 자주 편의 샘플링(convenience sampling) 방식으로 획득한다. 동시에 자료의 원천이 연구자의 통제를 받지 않기 때문에 연구 결론에 대해 반복하여 검증할 수 없다. 연구 과정에 대한 통제

정도도 비교적 낮기 때문에 질적 연구는 변수 간의 인과관계에 대한 추론이 엄밀하기가 매우 어렵다. 하지만 이는 연구하는 현상에 대해 중층기술(thick description)을 진행할 수 있다. 일반적으로 이는 자료수집방식으로서 기타 연구수단에 대한 보충이 될 뿐 아니라 새로운 이론과 새로운 개념을 만들어가는 요람이 되기도 한다.

우리가 강조한 것처럼 여라가지 연구 방법 자체는 우열의 구분이 존재하지 않는다. 연구유형의 선택은 연구 문제의 성격과 연구자가 결과에 대한 기대에 의하여 결정된다. 연구설계 단계에서 많은 초보자들은 연구 방법과 자료분석의 복잡성에 치중한 나머지 연구 방법과 연구 문제의 적합성에 대해서는 홀대하는 경우가 있다. 많은 사람들은 연구 방법의 복잡정도가 논문수준의 높고낮음을 대표한다고 착각하고 있고 따라서 "유행되는 연구 방법"을 추구하는데 사실 이는 잘못된 것이다. 너무 복잡한 연구 방법은 연구자의 연구현상 자체에 대한 범주를 확정하거나 설명을 대체할 수 없다. 연구자는 자신의 연구 문제에 대한 분석의 기초위에 연구 문제와 가장 적합하고 자신이 가장 잘 하는 연구 방법을 선택하여야 한다. 따라서, 연구 방법을 선택할 때, 독자들에게 아래와 같은 몇 가지 문제를 고려할 것을 제안하고 싶다(Royer & Zarlowski, 2001):

- 이 방법이 나의 연구 문제를 해답하기에 적합한가?
- 이 방법은 예상된 연구 결과를 얻어낼 수 있는가?
- 이 방법을 사용하려면 어떤 조건들이 필요한가?
- 이 방법 자체는 어떤 제한점이 존재하는가?
- 어떤 다른 연구 방법이 현재의 연구 문제에 적합한가?
- 현재 선택한 방법이 다른 방법보다 적합한가? 적합하다면 그 이유는?
- 나는 이 방법을 잘 알고 있는가? 아니라면, 나는 이 방법을 배울 수 있는가?
- 나는 기타 방법을 사용하여 연구현상에 대한 관찰을 향상할 필요가 있는가?

5.2.3 연구 문제와 연구 방법의 적합도

연구설계의 목적과 방법에 대해 각각 이해를 한 후 우리는 나아가 실제 사례를 통하여 이 두 가지를 어떻게 결합할 것인가에 대해 논하고자 한다. 연구의 타당도를 확보하고 연구의 효율과 수준을 높이기 위하여 우리는 연구 문제에 근거하여 연구설계를 하고 연구 문제에 적합한 연구 방법을 선택하여야 한다. 만약 문제의 성격을 무시하고 마음대로 연구 방법을 선택한다면 일반적으로 연구설계에 오류가 발생하게 된다. 예를 들어, 연구설계에서는 가설을 검증하는 수준(예를 들면, 개인, 그룹, 기업, 산업수준 등)을 어떻게 선택해야 하는지에 대해 고민해야 하고 우리는 연구 문제에 초점을 두고 자세하게 연구를 설계하여야 한다. 만약 연구 문제로부터 벗어난다면 우리의 실증연구는 연구수준에서 전도되어 연구의 수준에 영향을 미치게 된다. 아래 우리는 하나의 실제사례를 통하여 연구설계와 연구 문제간의 관계를 알아보도록 하자.

기업에게 있어 성과의 기복은 자주 있는 일이고 성공과 실패는 일반적으로 교차적으로 나타난다. 실패는 성공의 어머니기에 기업은 실패로부터 교훈을 섭취하지만 성공의 경험은 기업에게 무엇을 가져다 줄 것인가? 오디아, 로크와 스미스(Audia, Locke & Smith, 2000)는 기업의 과거의 성공은 기존의 전략을 유지하는 결과를 초래하고 이런 유지전략은 기업의 앞으로의 발전에 있어서는 칼의 양날과 같다. 외부환경이 안정적일 때, 기존의 전략을 유지하는 것은 경영 리스크를 낮추고 기업의 역량을 충분히 발휘하는데 도움이 되고 외부환경이 역동적일 때, 기존의 전략을 유지하는 것은 기업에게 새롭게 전략을 수립하는 것을 어렵게 하여 기업 구조조정의 속도를 늦추는 결과를 낳는다. 이와 같은 명제를 검증하기 위하여 오디아 등은 관련된 문헌에 대해 리뷰를 하여 이 문제의 연구는 두 가지로 나눌 수 있음을 발견하였다. 한 가지 연구흐름은 성공의 경험이 기업의 현재 전략의 견지에 어떻게 영향을 주는지에 대해 관심을 갖고 다른 한 가지 연구흐름은 기업이 현재전략에 대한 견지가 미래의 성과에 어떻게 영향을 미치는지에 대해 논하고 있다. 이 두 가지 연구흐름을 종합한 기초위에 그들은 가설1을 제시하였다. 즉 환경이 갑자기 변하면 더 많은 성공경험을 갖고 있는 기업은 기존의 전략을 더 견지할 것이며 이런 견지는 기업의 경영성과를 훼손할 것이다. 이 과정에서 기업의 전략결정자 개인의 심리적 과정은 매개 역할을 할 것이다. 따라서 그들은 가설 2를 제시하였다. 즉 기존의 성공경력이 미래의 성과에 대한 영향을 해석할 때, 여섯 가지 개인심리과정 변수가 매개 역할을 한다. (1) 기존 성공에 대한 만족도, (2) 현재 전략의 효과성에 대한 자신감, (3) 자기효능감(self-efficacy), (4) 개인목표, (5) 정보수집의 양, (6) 정보수집의 종류 등이다.

이상 서술에서 알다싶이 이 두 가설은 서로 다른 수준의 문제일 뿐 아니라 서로 다른 이론으로 부터 발전되었다. 가설 1은 주로 외부환경이 갑자기 변화했을 때 기업의 성공적 경험이 어떻게 그들의 전략적 선택과 미래의 성과수준에 영향을 주는지에 초점이 가있다. 연구자는 실험실연구 혹은 설문지연구 등 방법으로는 이런 연구변수들을 조작할 수 없다. 때문에 오디아 등은 2차 자료의 수집을 통하여 가설검증의 요구를 비교적 잘 만족시켰다. 1970년대 말, 미국정부는 미국항공기업과 트럭운송기업 두 산업에 대한 행정규제를 해제함으로써 산업경쟁 상황의 급격한 변화를 가져왔다. 오디아 등은 25개의 항공기업과 125개의 트럭운송기업이 산업변혁 기간의 관련자료를 수집하고 회귀분석을 통해 가설을 채택하는 결과를 얻었다.

가설 1과는 달리, 가설 2는 심리과정변수의 매개 역할과 연관되어 있는 이런 개인변수는 2차 자료의 수집방식으로는 절대 얻을 수 없다. 때문에 오디아 등은 미국의 이동통신산업에서 발생한 사건을 근거로 하나의 비지니스 게임을 설계하여 이 가설을 검증하였다. 실험에서, 피험자들은 한 이동통신회사의 CEO 역할을 모의하도록 하여 그 목적은 시장의 리더가 되는 것이다. 실험은 모두 피험자들이 두 가지 단계에서 13차례 전략적 의사 결정을 하게 된다. 매번 의사 결정을 한 후 연구자들은 의사 결정의 수준에 따라 피험자들에게 경영 성과에 대해 피드백을 준다. 첫 단계에서는 모두 8차례 전략적 선택이 있고 이때 이동통신회사의 경쟁은 네 개 구역에만 한정되게 하고 정부는 매개 구역에 20개의 경영허가를 발급하도록 하였다. 이 단계에서는 시장이 전체가 안정적으로 제고되었고 모든 회사가 수익을 발생하였다. 연구자는 성과에 대한 피드백과 함께 피험자들에게 정부의 산업규제가 해제되어 경쟁이 더욱 가중될 수 있음을 리마인드 해주었다. 여덟 번째 의사 결정이 내려진 후 연구자는 피험자의 여섯 가지 심리상태를 측정하였다. 두 번째 단계가 시작한 후 연구자는 피험자에게 핸드폰 산업의 구역규제가 해제되어 구역 간 경쟁이 허락되었음을 공지하였다. 동시에 시장이 포화됨에 따라 산업증가율은 이전의 30%에서 12~14%로 낮아졌다. 이런 상황에서 연구자는 피험자에게 다섯 차례의 전략적 선택을 계속하도록 하고 의사 결정의 수준에 따라 그들의 성과와 표현을 판단하도록 하였다. 2차 자료의 분석에서 얻은 결과와 같이 그들은 기존의 의사 결정의 성공은 피험자들이 두 번째 단계에서 기존과 같은 방법을 견지하도록 하고 이런 견지는 기업의 경영성과의 하락을 초래하게 되었다. 동시에 그들은 개인의 심리과정이 기존의 성공 경험이 전략유지에 대한 영향을 완전 매개하고 있음을 발견하고 또한 예전의 성공 만족도, 자기 효능감 및 정보 수집의 유형에 관건적 작용을 하고 있다.

오디아와 그의 동료들 연구에서는 그들의 주 관심사는 회사의 기존의 성공경험이 어떻게 기업가 개인의 심리요소에 대한 영향을 통해 나아가 기업의 성과에 영향을 주는가였다. 따라서, 그들은 연구의 초점을 각각 기업 수준과 개인 수준에 두었고 또한 서로 다른 연구 방법을 통하여 연구 문제를 효과적으로 해답하였다. 이상 분석을 통하여, 우리는 효과적인 연구설계는 반드시 상응하는 연구 문제에 기반을 두어야 함을 알 수 있다. 연구 문제가 다름에 따라 우리는 다른 연구 방법을 선택하여야 하고 다른 연구 설계를 채택하여야 한다.

5.2.4 데이터 자료의 수집과 분석

연구 문제와 연구 방법 간의 관계에 대해서 살펴본 후 이제 우리는 연구설계가 데이터 자료 수집과 분석에 대한 영향에 대해 논의하고자 한다. 연구 문제, 연구 방법, 변수측정 및 통계분석은 상호 보완적이고 긴밀히 연결되어 있는 서로 다른 절차들이다(Pedhazur & Schmelkin, 1991). 연구에서 우리는 우선 구체적인 연구 문제를 명확히 하여야 하고 연구 문제에 적합한 연구 방법을 선택하여야 한다. 다음으로, 우리는 그에 맞는 자료수집 방법과 통계분석 방법을 사용하게 된다. 만약 연구 문제를 확정하는 것이 연구의 구체적 현상을 확정하는 것이라면 자료수집 및 분석 방법의 설계는 반드시 어디서 자료를 수집하고 어떻게 수집된 자료를 처리해야 하는지에 대한 설명이 된다.

연구 방법을 선택하는 문제와 비슷한 맥락에서 볼 때, 우리는 자료분석의 방법 자체에는 결코 우열을 가릴 수 없다. 데이터 자료분석은 연구 문제에 대한 해답을 찾기 위해 존재하고 연구 설계에 따라 진행되어야 한다. 만약 연구 문제, 측정 도구와 자료분석 간의 관계를 정리하지 못했다면 우리가 도출해낸 결론은 단순히 변수의 측정과 분석 수준의 관계에 대해서만 설명하지 결코 우리의 연구 문제를 효과적으로 해답할 수 없다(Klein, Dansereau & Hall, 1994). 자료분석 방법에 대한 선택은 연구이론과 설계의 요구에 부합되어야 한다. 예를 들어, 직무 만족도가 성과에 대한 영향을 논의할 때, 만약 우리가 직원의 만족도와 직원의 성과 간 관계를 이해하고자 한다면 측정과 분석은 개인의 수준에서 진행되어야 한다. 하지만 만약 연구 문제가 그룹의 사기저하가 그룹의 성과에 대한 영향이라면, 우리의 분석은 그룹 수준에서 진행되어야 한다. 경영학 연구에서 우리는 대부분 개인 수준에서만 자료 수집이 가능하다(예를 들어, 직원 사기에 대한 측정). 하지만 우리가 변수에 대한 측정과 분석이 반드시 그룹을 단위로 진행되어야만 우리가 원하는 연구 문제에 대한 해답을 찾을 수 있다. 만약 그룹의 사기저하가 직원의 성과에 대한 영향을 연구하려면, 상황이 달라진다. 그것은 그룹의 사기저하는 그룹 수준의 변수지만, 직원의 성과는 개인 수준의 변수이다. 이와 같은 경우 우리는 수준 간 연구와 분석을 진행하여야 한다(이 주제는 16장에서 논의). 앞에서 이야기했던 오디아 등의 사례에서도 우리는 연구 문제가 조직의 전략수준과 관련되었을 때 그들의 데이터 소스는 2차 자료이고 분석단위는 기업이 된다. 하지만 연구 문제가 매개변수인 심리변수와 관련될 때 그들의 데이터 소스는 실험이고 분석 단위는 개인 수준이 된다.

지금까지 우리는 어떻게 연구설계를 통하여 연구 문제, 연구 방법, 데이터 자료의 수집과 분석 간의 관계를 통합하는지를 살펴보았다. 우리는 연구설계의 내재적 논리에 근거하여 단계별로 연구설계가 해야 할 역할에 대해 논의하였으며 특히 연구설계의 엄밀여부는 연구 중의 모든 절차의 상호관계에 영향을 미치며 결국 연구 문제를 명확하게 해답할 수 있는지 여부를 결정하게 된다. 하지만 여기서 반드시 집고 넘어가야 할 점은, 연구설계과정은 정태적이 아니라 동태적이라는 점이다. 우리가 제시한 분석절차는 결코 영원히 변하지 않는 것이 아니다. 이는 연구의 진행에 따라, 우리는 원래 생각했던 연구설계의 부족함에 대해서도 인식할 수 있고 혹은 새로운 연구 문제를 발견할 수도 있다. 다프트(Daft, 1983)에 의하면 연구자체는 연구자의 능력과 경험과 관련 있다. 능력과 경험의 축적은 일반적으로 학습과정을 통해 획득하는 경우가 많다. 연구설계의 품질과 연구자 기존의 경험은 연구 문제에 대한 이해 및 자체의 창조력과 불가분의 관계를 갖고 있다. 따라서 연구설계 자체는 하나의 학습과정이고 연구자는 이러한 과정으로부터 경영학의 내재적 논리와 타당도 요구를 인식하고 실천과정에서 끊임없이 연구설계에 대해 조정하고 개선해나가야 한다.

5.3 실증연구의 타당도 검증

앞에서 우리는 실증연구에서 연구설계의 목적, 작용과 과정에 대해 소개하였다. 그렇다면 우리는 한 연구가 연구 문제를 효과적으로 해답하였는지 여부를 어떻게 평가할 수 있는가? 실증연구의 일반과정과 결합해볼 때, 우리는 아래의 네 가지 타당도 지표를 통해 연구설계의 품질에 대해 평가할 수 있다. 즉 구성개념 타당도(construct validity), 통계적 결론타당도(statistical conclusion validity), 내적 타당도(internal validity)과 외적 타당도(external validity)(Cook & Campbell, 1979). 연구의 타당도를 향상하고 연구의 결론의 신빙성을 확보할 수 있는지 여부는 우리가 한 연구가 타당한지 그리고 얻어낸 결론이 신빙성 있는지를 평가할 수 있는 관건적 요소이다.

5.3.1 구성개념의 타당도

구성개념의 타당도는 변수 측정의 정확성을 가리키며 이에 대한 평가는 우리가 구성개념에 대해 조작할 때 변수측정의 내용과 구성개념의 정의 사이의 일치성 정도를 나타낸다. 다시 말하면, 경영학에서 많은 구성개념은 직접 관찰할 수 없기 때문에 우리는 다양한 조작방법과 수단을 통하여 이를 수량화 추정이 가능한 지표체계로 전환할 필요가 있다. 이런 전환 과정에서 우리의 구성개념에 대한 측정은 불가피적으로 여러 가지 오차를 도입하게 된다. 이와 같은 오차는 이론적 수준에서 올수도 있고(예를 들어 측정 지표 자체가 완벽하고 정확하게 구성개념의 이론적 함의를 반영할 수 없음) 또한 조작화 과정에서 나타날 수 있다(측정 과정에서 구성개념과 무관하게 발생하는 무작위 오차가 존재함). 이런 오차는 측정 지표가 이론적 구성개념 반영에 대한 정확성을 낮추게 한다(그림 5-1에서 선 b_1과 b_2는 구성개념과 측정 지표 간의 대응관계를 나타냄). 만약 측정 지표와 이론적 구성개념 간에 대응관계가 정확하지 않다면 이로부터 얻은 결론은 편차가 발생하게 된다. 즉 최종 통계적 검증에 의하여 변수 간의 관계가 유의하게 나타났다고 해도 이는 구성개념 간에 인과관계가 존재한다고 추정할 수 없으며 이와 같은 연구에 대해 우리는 구성개념 타당도가 낮다고 평가한다.

이상 토론에서 알 수 있듯이, 구성개념은 하나의 높은 수준의 연구에 있어 가장 중요한 지표이다. 연구 설계에서 연구자의 목적은 가능한 측정 과정 중의 편차를 감소하여 변수와 구성개념 간의 대응정도를 향상하는 것이다. 이와 같은 중요성을 감안하여 13장에서 측정 과정 중의 구성개념의 타당도 문제에 대해 보다 자세히 논의하고자 한다. 본 장에서는 어떻게 이론과 실제 측정의 두 가지 측면에서 구성개념의 타당도를 향상할 수 있는지에 대해 간단히 논하고자 한다. 우선, 추상적인 구성개념을 분석하는 시각에서 연구자는 이론적 구성개념을 정확하게 정의하고 그의 내부적 구조를 명확히 할 필요가 있다. 구성개념은 추상적 이론에 의해 형성하고 실제 세계에서는 직접 관찰할 수 없기 때문에 그에 대한 관찰과 측정은 반드시 정확한 정의설명에 근거를 두어야 한다. 만약 정확한 정의가 없다면, 연구자가 측정 과정에서 여러 가지 무작위 오차를 제거하였다고 해도 획득한 데이터가 이론적 구성개념을 정확하게 대표할 수 없기 때문에 통계분석을 통해 얻은 결론은 효과적으로 연구 문제를 답할 수 없게 된다.

둘째, 변수 측정의 시각에서 연구자는 적합한 측정방식을 선택하여 측정오차를 통제하여야 한다. 예를 들어, 문헌조사에서 우리는 한 구성개념이 여러 가지 측정 도구가 존재함을 자주 발견하게 된다. 연구에서 어떤 측정 도구를 선택하는가의 문제는 항상 초보 연구자를 곤란하게 만들곤 한다. 예를 들어, 조직시민행동의 측정에 있어서 서양의 맥락에서 개발한 문화보편성(etic) 측정 도구도 있지만, 전문적으로 중국의 국정에 근거하여 개발된 문화특수성(emic) 측정 도구도 존재한다. 측정 시 어떻게 선택하여야 하는가? 우리의 해답은 우선 엄격한 심사 과정을 갖고 있는 높은 수준의 저널에 발표된 측정 도구를 선택하여야 하고 다음으로 구체적인 연구 문제에 따라 연구상황에 가장 알맞는 측정 도구를 선택하여야 한다. 연구자가 관심하는 문제가 중국의 경영학 실천의 특수성에 있을 때, 문화적 특수성을 갖고 있는 측정 도구를 사용함으로 더욱 많은 정보를 확보할 수 있다. 만약 연구자의 관심사항이 일반적인 보편적 현상이고 단지 중국의 샘플로부터 가설을 검증하고자 한다면 문화적 보편성을 갖고 있는 측정 도구를 우선적으로 선택해야 할 것이다. 이러한 표준에 따라 우리는 변수측정의 품질을 보증할 수 있을 뿐 아니라, 측정 도구와 연구 문제, 연구의 맥락 간의 매칭정도를 높여 변수의 조작적 구성개념의 타당도를 확보할 수 있게 된다.

5.3.2 통계적 결론의 타당도

통계적 결론의 타당도는 가설관계에 대해 통계적 추론을 할 때 우리가 사용한 통계적 검증방법 및 내린 통계적 결론이 정확한지 여부를 말한다. 〈그림 5-1〉에서 통계적 결론의 타당도를 설명하는 선은 d이다. 실증연구에서 통계적 검증의 본질은 표본추출의 방식을 통해 변수 간의 관계에 대해 일반화적 추론을 하게 된다. 우리가 통계적 검증을 통하여 얻은 연구 결론은 모두 어느 정도의 확율적 기초위의 귀무가설(null hypothesis)에 대해 내린 결정이다. 따라서 어떤 연구 결론도 모두 통계적 결론의 타당도 문제에 직면하게 된다. 일반적으로, 통계적 결론을 내릴 때 네 가지 가능성이 존재한다. 즉 정확한 귀무가설을 채택하거나, 잘못된 귀무가설을 기각하거나, 정확한 귀무가설을 기각하거나, 잘못된 귀무가설을 채택하는 것이다. 앞에 있는 두 가지 상황은 정확한 판단이고 뒤에 두 가지 상황은 연구자가 내린 잘못된 결정이기에 연구의 통계적 결론의 타당도에 직접적으로 영향을 미친다. 세 번째 상황은 "거짓 양성(false positive)"로서 우리는 일반적으로 1종 오류(type I error) 또는 알파 오류라고 부른다. 즉 두 변수 간에 관계가 존재하지 않음에도 불구하고 통계적 결과에 의하여 귀무가설을 기각하고 두 변수 사이에 유의미한 관계가 존재한다는 결론을 내리는 경우이다. 네 번째 상황은 "거짓 음성(false negative)"으로서 우리는 일반적으로 2종 오류(type II error) 또는 베타 오류라고 부른다. 즉 두 변수 간에 유이미한 관계가 존재함에도 불구하고 우리는 귀무가설을 채택하여 그들간에 관계가 없다고 판단하는 경우이다. 정확한 귀무가설을 기각하든지 아니면 잘못된 귀무가설을 채택하든간에 모두 통계적 결론의 타당도를 훼손하여 타당도를 잃게 한다. 이 두 가지 통계적 에러를 야기하는 요인들은 매우 많다. 예를 들어, 샘플 사이즈가 너무 작아서 통계적 검증력이 결핍하거나, 통계적 검증의 기본적 가정들을 무시하여 통계방법의 선택에 잘못을 범하는 경우, 측정 설문지와 실험 조작의 신뢰성 결핍, 피험 샘플의 변량이 너무 큰 경우 등이다. 이러한 요인들에 대한 상세한 설명은 Cook과 Campbell(1979)의 설명을 참조하길 바란다.

우리는 실증연구에서 두 가지 에러 중의 한 에러에 대해 보다 주의를 기울일 필요가 있다. 즉 우리는 줄곧 전혀 존재하지 않는 인과관계를 잘못되게 받아드리는 것을 회피함으로써 후속 연구와 경영학 실천에 영향을 줘 왔다. 그중 가장 선명한 사례로는 바로 우리가 동일방법편파(CMB: common method variance or bias)에 대한 태도이다. CMB는 변량 간의 관계를 확대하여 우리가 연구 결론을 잘못되게 채택하여 1종 오류가 발생하도록 한다. 비록 연구에 의하여 이처럼 개인의 인지에 의거한 방법분산(method varince)은 변수 간의 관계를 필연적으로 유의미하게 변화시키지 않는다는 것이 밝혀졌다(Crampton & Wagner, 1994). 즉 동일방법편파가 잠재되어 있는 연구 결과를 기각할 경우 2종 오류를 범할 가능성이 높다. 하지만 1종 오류를 범하는 것을 회피하기 위하여 현재 주류 경영학 저널에서는 동일방법편파가 잠재된 논문들을 게재하기를 꺼려하는 현실이다.

연구자들은 줄곧 정확한 통계검증방법, 엄격한 검증표준과 무작위 표본추출방법 등의 선택을 통하여 1종 오류를 줄이고 연구 결론의 엄밀성을 확보할 수 있을 것으로 생각하여 왔다. 하지만 대학교에서 연구 논문의 게재에 대한 중시정도가 높아짐에 따라 많은 연구자가 자료분석 중에 덮어놓고 유의미한 결과만 추구하고 지지 받지 못한 가설은 일반적으로 기각하게 되는데(Leung, 2011) 이는 객관적으로 실증연구 결과 중 1종 오류의 증가를 토래하였다. 시몬스, 넬슨, 시몬손(Simmons, Nelson & Simonsohn, 2011)은 이와 같은 현상이 발생하는 원인은 연구자가 실증 연구에서 누리고 있는 자유도 때문이라고 보고 있다. 예를 들어, 더 많은 데이터를 수집해야 하는지 여부, 어떤 통제그룹을 선택하여 비교해야 하는지, 어떤 통제변수를 선택하며 어떤 측정 도구를 사용하여야 하는지 등이다. 이와 같은 자유는 연구자에게 선택적으로 통계결과를 보고할 수 있는 공간을 허락하였다. 하나의 유의미한 연구 결과 배후에 더욱 많은 보고되지 않은 채택되지 않은 가설의 분석결과가 있다는 것을 고려할 때, 우리가 한 연구 결론을 받아드릴 때 범하는 1종 오류의 가능성은 우리의 통계적 유의수준(즉, 일반적으로 5%의 유의수준)보다 훨씬 높다. 장기적으로 이런 현상이 발생할 경우, 이는 필연적으로 우리 연구 결론의 중복 가능성과 신뢰도 및 경영학 연구의 엄밀성과 학과 명예에 영향을 미치게 된다. 때문에 모든 연구자는 자신의 연구 과정을 규범화할 책임이 있고 유의한 결과만을 추구해서는 안 되고 반드시 진실되고 포괄적으로 연구 결과를 보고하여 함께 연구 결론의 과학성과 검증가능성을 보호하여야 한다.

5.3.3 내적 타당도

연구설계 수준에 대한 세 번째 평가표준은 내적 타당도이다. 내적 타당도는 측정 변수 간의 인과관계 추론의 신뢰도이며 평가 방법은 측정 변수 간의 통계적 관계가 아니라 인과관계의 실제 존재여부이다. 〈그림 5-1〉에서 우리는 선 c로 실증연구의 내적 타당도를 나타낸다. 만약 우리가 종속변수 y의 경우 독립변수 x의 변화에 따라 변화하고 두 변수 사이에 유의미한 관계가 존재함으로 인하여 이로부터 둘 사이에 인과관계가 존재한다고 추론하기전에 연구자는 이러한 결론이 기타 모든 가능한 대체해석을 제거하였는지 여부부터 물어보아야 한다. 일부 외생변수의 존재 가능성은 우리가 x와 y의 관계를 설명할 때 편차가 발생할 수 있게 한다. 예를 들어, 경영학 역사에서 가장 유명한 호손실험에서, 연구자는 감독방식의 변화, 상호작용 시간의 증가를 통해 계전기 조립실험에 참가한 직원들의 효율이 15% 향상된 사실을 확인하고 인간관계의 개선이 작업 능률 향상의 주 원인이라고 판단하였다. 캐리(Carey, 1967)는 이와 같은 결론에 대해 자신의 관점을 제시하였다. 그는 외부경제형세의 호전과 고용관계의 개선으로 인하여 실험기간에 호손공장 5,500명의 직원들의 효율 또한 평균 7% 향상된 것을 발견하였다. 따라서, 외부경제 요인이 직원들의 작업 효율에 대한 영향을 통제한 후, 인간관계 요인이 직원들의 작업 효율을 어느정도 향상할 수 있는지에 대해서는 의문을 표할 수밖에 없다. 이 사례에서 볼 수 있듯이, 만약 연구하는 경영현상과 관련 문헌에 대해 충분한 이해가 없다면 우리의 연구설계 방안은 대체 해석과 관련된 구성개념을 소홀히 할 수 있는 가능성이 다분하다. 나아가 최종적으로 변수 간의 관계를 모호하게 하며 명확하게 해석할 수 없어 연구의 내적 타당도에 영향을 미치게 된다.

내적 타당도를 영향주는 요인은 주로 독립변수 외의 다양한 혼입변수(confounding variable)들이다. 이들의 존재는 우리에게 독립변수와 종속변수 간의 관계에 대해 명확한 결론을 내릴 수 없게 한다. 쿡과 캠벨(Cook & Campbell, 1979)은 유사실험연구에서 자주 나타나는 혼입변수들을 정리한 바 있다. (1) 우연한 사건(history): 연구기간에 발생한 사건들은 모두 피험자에게 영향을 주고 나아가 종속변수의 변화를 야기할 수 있는 가능성을 갖고 있다. (2) 성숙 효과(maturation): 관찰된 효과는 독립변수의 변화에 의하여 발생한 것이 아니라 피험자가 연구의 진행과정에 조사대상자의 특성(예를 들어 더 총명해지거나, 더 건강해지거나 더 경험이 있는 등)이 변화로 인하여 발생했을 경우이다. (3) 시험효과(testing effect): 한 연구에서 동일한 측정이 여러번 발생했을 때 관찰 가능한 효과를 말한다. 특히 연구 후기에 피험자가 시험 내용에 대해 너무 익숙하여 나타나는 효과를 말한다. (4) 평균으로의 회귀(statistical regression): 연구자가 사전측정 점수에 의해 피험자를 분류할 때 만약 측정의 안정성이 낮아 여러 가지 랜덤 오차가 존재하여 사전 측정에서 비교적 높은 점수를 맞은 피험자가 사후 측정시 점수가 낮아지고 사전 측정에서 낮은 점수를 맞은 피험자는 오히려 점수가 올라가는데 이 같은 경우 이런 변화 자체를 독립변수의 효과로 보는 것은 분명히 잘못된 것이다. (5) 자기선택효과(self-selection bias): 관찰된 효과는 피험자가 능력 혹은 특성 측면의 차이에 의하여 나타난 것이다. 만약 무작위 표본추출방식 혹은 무작위로 피험자로 나눌 수 없는 경우, 이와 같은 결과에 대해 경계를 높여야 한다. (6) 실험대상의 탈락(mortality): 만약 연구기간 중에 피험자가 퇴출 혹은 탈락했을 경우 관측된 종속변수의 변화는 표본의 변화에 의해서 나타났을 가능성이 높다. (7) 측정 도구의 변화(instrumentation): 관찰된 효과는 사전과 사후 측정 도구의 변화에 의해 발생했을 가능성을 말한다. 연구자들은 측정내용에 대해 너무 익숙한 나머지 그들의 평가 표준을 바꿀 가능성이 매우 높다. 주의해야 할 점은 이러한 요인은 연구에서 서로 독립적이지 않고 서로 상호작용이 발생할 가능성이 높아 변수 간의 관계를 더욱 모호하게 하는 경향이 있다. 예를 들어, 표본을 잘 못 선택하면 연구 표본에 체계적 오차가 발생하는데 이런 오차는 연구의 진행과정에 따라 점점 더 확대되는 경향이 존재한다. 연구자는 이러한 요인들이 실증연구 중에서의 역할에 대해 경각심을 높이고 관련 조치를 취하여 통제할 필요성이 있다.

연구자가 연구설계 중의 모든 외생변수들을 고려하고 혼입변수와 변수 간의 인과관계에 대한 대체해석을 제거하였다 하더라도 연구의 내적 타당도를 확보할 수 없다. 인과관계의 방향성 문제는 또 하나의 중요한 문제이기 때문이다. 예를 들어, 조직의 지원과 조직시민행동 간에 유의미한 관계가 있다는 것을 발견하였지만, 우리는 이러한 관계가 조직의 극진한 보살핌으로 인하여 직원들의 조직시민행동이 향상되었는지 아니면 직원들의 충성된 표현이 최종적으로 조직의 지지를 얻게 되었는지를 알기 어렵다. 만약 변수 간의 선후 관계에 대해 구분하지 못하면 우리는 인과관계의 방향을 판단하기 어렵게 된다. 실험연구에서는 연구자가 독립변수와 종속변수 변화의 순서에 대해 명확하게 판단할 수 있기 때문에 이런 문제를 회피할 수 있다. 하지만 횡단/동시측정 자료(cross-sectional data)를 사용하는 많은 설문지 연구에서는 독립변수와 종속변수가 같은 시점에서 수집된 것이기에 인과관계 방향성 문제에 더 많이 노출되는 것 또한 사실이다.

내적 타당도에 영향을 미치는 이런 요인들에 대하여 연구자는 주로 두 가지 측면에서 예방하고 통제할 수 있다. 한 측면에서는, 변수 간의 이론적 연관성을 강화하는 것을 출발점으로 하여 개념적 측면에서 독립변수와 종속변수 간의 인과관계에 대해 명확히 하는 것이다. 동시에 기존의 문헌에서 어떤 변수들이 가설 검증에서 혼입변수로서 측정해야 하며 통계적 검증과정에서 통제해야 한다. 다른 측면에서는 적합한 연구 방법을 선택하는 방법이 있다. 예를 들어, 만약 연구자가 자신의 연구 가설이 기타 혼입변수의 영향을 매우 쉽게 받는다고 판단 되면 실험을 통해 무작위적 방법을 통해 연구의 내적 타당도를 향상시킬 수 있다. 만약 연구자가 인과관계 방향이 명확하지 않는 것이 매우 중요한 문제라고 생각되면, 실험연구 방법 혹은 종적설계의 방식으로 연구 변수 간의 관계를 명확히 할 수 있다. 최근, 리앙, 파와 파(Liang, Farh & Farh, 2012)는 두 단계의 패널 자료(panel data)를 사용하여 심리적 메커니즘과 조언/어드바이스행동 간의 관계에 대해 검증하였다. 심리적 변수와 외현적 행동 간의 관계는 연구자들을 어렵게 하는 문제였다. 이 연구에서 연구자들은 변수들 간의 자기상관, 역관계를 통제한 후 가설의 인과관계를 검증함으로써 변수 간의 인과관계가 명확하지 않는 문제를 잘 해결할 수 있었다. 관심을 갖고 있는 독자들은 그들의 연구설계를 보다 자세히 참고하길 바란다. 이 외에, 본서의 6장부터 11장에서도 서로 다른 연구 방법 중 연구의 내적 타당도를 향상하는 방법에 대해 각각 논의하였다.

5.3.4 외적 타당도

외적 타당도는 연구의 결론을 어느정도 기타 그룹, 시간과 상황에 일반화할 수 있는 능력을 말한다. 일반적으로 연구 결과는 하나의 표본과 하나의 시점에서 얻어낸 것이다. 만약 연구자가 사용한 연구표본과 측정 도구 등이 매우 큰 특수성이 존재한다면 연구 결과는 기타 상황에 적용할 수 없을 가능성이 매우 높다. 예를 들어, 대학생의 표본으로부터 얻은 연구 결론을 기업의 CEO들에게 일반화할 수 없다. 외적 타당도 지표는 우리에게 연구 결론이 처한 상황의 한계를 정확히 인식해야 할 필요성을 일깨워준다. 만약 연구의 표본에서 유의미한 인과관계를 발견했을 때 스스로 이 결론이 이 사람들, 이러한 환경과 시간 내에만 유효한지를 질문해볼 필요가 있다. 만약 그렇다면, 그 연구의 결론은 필요한 외적 타당도가 부족하다고 볼 수 있다.

외적 타당도가 고려하는 것은 연구 결론이 기타 상황에서의 중복 가능 정도이기때문에 응용적 실증연구에 있어서는 매우 중요한 평가지표가 된다. 외적 타당도에 영향을 주는 요인들은 주로 아래와 같다. (1) 연구표본의 선택: 일반적으로 연구의 표본은 연구 결론의 외적 타당도를 영향주는 가장 중요한 요인이 된다. 예를 들어, 현재의 많은 경영학 연구들은 과도하게 MBA학생들을 의존하는데 이러한 피험자 그룹은 자체의 특수성으로 인하여 우리가 얻은 결론을 다른 표본으로 일반화하기에는 매우 큰 어려움이 뒤따른다. (2) 연구환경 자체가 특수성을 갖고 있어 우리가 얻은 결론을 목표 모집단에 일반화 할 수 없게 한다. 예를 들어, 실험연구에서 만약 실험에 참가하는 사람들이 사전에 연구의 목적을 알았다면, 그들은 역할연기의 마음상태로 실험에 임했을 가능성이 높기때문에 이와 같은 응답이나 표현에 근거하여 얻어낸 결론은 외적 타당도가 낮다고 할 수밖에 없다. 따라서, 연구자는 상대적으로 높은 대표성을 갖고 있는 표본을 선택함으로써 연구의 외적 타당도를 높여줄 필요가 있다. 표본이 모집단에 대한 대표성은 외적 타당도를 영향주는 중요한 요인 중 하나이다. 추출한 표본이 모집단을 잘 대표할 때 표본으로부터 얻어낸 결론은 모집단에 일반화하기 쉽게 된다. 하지만 만약 연구의 목적이 서로 다른 모집단에서 연구가설을 검증하는 것을 포함하고 있다면 여러 모집단에서 각각 표본추출하는 방식으로 연구 결론의 외적 타당도를 검증할 수 있다.

외적 타당도가 부족하다는 사실이 연구 결론과 이론의 발전에 있어 꼭 나쁜 일이라고 볼수는 없다. 만약 우리가 연구 결론의 적용범위에 대해 인식한다면 때로는 새로운 연구의 시작이 될 수도 있다. 현재 점점 더 많은 경영학 연구가 이와 같은 상황요인(예를 들어, 사람, 환경, 시간)이 연구 결론에 대한 영향에 대해 관심을 갖기 시작했다. 이러한 상황요인은 때로는 독립변수의 선행변수가 될 수 있고 때로는 독립변수와 종속변수의 관계를 체계적으로 변경하는 조절변수가 될 수도 있다(상세한 내용은 본서의 16장과 20장을 참고하길 바람). 만약 이러한 상황요인과 이론적 사고가 결합될 경우 매우 흥미로운 연구가 될 가능성이 높다. 예를 들어, 파, 얼리, 린(Farh, Earley & Lin, 1997)은 대만의 조직시민행동의 차원은 서양적 상황에서의 연구 결과와 다르다는 점을 발견하였다. 다시 말하면, 기존의 연구 결론은 상황의 제한성을 갖고 있을 가능성이 있고 서로 다른 문화적 맥락은 조직시민행동에 영향을 주는 중요한 변수가 될 가능성을 제기하였다. 과연 예상대로, 전통성(traditionality)이 낮은 사람에게 있어 조직시민행동은 분배적 공정성과 절차적 공정성과 모두 높은 상관관계를 갖고 있고, 전통성이 상대적으로 높은 사람들에게 있어서는 조직시민행동은 분배적 공정성과 절차적 공정성과의 상관관계가 낮게 나타났다. 이 연구에서는 표본의 특성을 나타내는 개인의 전통성 변수가 조직시민행동과 조직의 공정성 간의 조절변수가 되었다.

본 절에서 우리는 주로 실증연구의 설계 품질을 평가할 수 있는 네 가지 타당도 지표에 대해 논의하였다. 즉 구성개념 타당도, 통계적 결론 타당도, 내적 타당도와 외적 타당도이다. 반드시 지적하고 넘어가야 할 사항은 그 어떤 연구설계에서도 연구자는 객관적 조건의 한계와 연구 방법의 제한성으로 인하여 일반적으로 동시에 네 가지 타당도 지표 모두 확보할 수 없다. 다시 말하면, 한 연구에서 동시에 네 가지 지표를 모두 만족시키는 것은 거의 불가능한 일이다. 연구 결론의 총체적 타당도 수준을 확보하기 위하여, 연구자가 사용할 수 있는 방법은 여러 연구를 통해 하나의 연구 문제를 해결하는 것이다. 예를 들어, 오디아 등의 연구에서 그들은 우선 2차 자료를 사용하여 연구가설을 검증하였다. 이와 같은 방법은 높은 외적 타당도를 갖고 있지만, 내적 타당도가 낮은 결함을 갖고 있다. 때문에 그들은 이어서 개인 수준에서 한차례의 모의 실험을 진행하여 연구 결론의 신뢰성을 검증하고 심리과정변수의 매개 역할까지 함께 검증하였다. 이와 같은 실험연구는 높은 내적 타당도를 갖고 있는 반면에 비교적 낮은 외적 타당도를 갖고 있다. 이처럼 두 가지 방법을 결합함으로써 그들의 연구 결론은 두 가지 타당도의 요구를 모두 잘 만족시킬 수 있었다. 동시에 구성개념에 대한 명확한 정의와 정확한 측정, 그리고 적절한 분석 방법의 선택을 통해 그들의 연구 결론은 높은 구성개념 타당도과 통계적 결론 타당도까지 갖춘 좋은 연구로 평가할 수 있다.

5.4 실증연구에서의 변량 통제

연구 품질을 평가하는 타당도 지표에 대해 이해를 하였다면, 이제 우리는 연구설계 단계에서 어떻게 자신의 연구 과정을 과학적이면서도 합리적으로 설계하여 우리의 연구가 이와 같은 타당도 지표의 요구를 만족할 수 있는지를 논의할 필요가 있다. 이 문제에 대해 우리가 고민해야 할 주요 문제는 어떻게 자신의 연구가설에 근거하여 종속변수의 변이에 영향을 주는 다양한 요인들을 효과적으로 통제하여 연구 결론의 신뢰성과 과학성을 제고하는가 하는 것이다. 일반적으로, 우리는 연구에서 주로 세 가지 변이에 대해 관심을 갖고 있다. 즉 체계적 변량, 외생적 변량과 오차 변량이다(Kerlinger & Lee, 2000). 우리는 우선 이 세 가지 변량 간의 관계에 대해 살펴보도록 하자.

5.4.1 연구에서의 변수 변량

우리는 일반적으로 같은 기업 내에서도 직원의 만족도는 아주 큰 변량을 갖고 있고 같은 산업에서도 기업의 경영 성과 또한 매우 큰 차이를 갖고 있다. 이와 같은 개인 혹은 기업 간의 변이는 우리가 경영학 연구에서 해석해야 할 변량들이다. 연구설계의 목적은 적절한 독립변수를 선택하여 종속변수의 변이에 대해 설명하는 것에 있다. 예를 들어, 우리는 개인의 소득 수준으로 직원들의 만족도 변이를 설명할 수 있다. 하지만 실제 상황에서는 종속변수의 변화는 독립변수의 영향을 받을 뿐만 아니라 기타 많은 요인의 영향을 받는다. 예를 들어, 만족도는 조직상황, 개인의 기대와 성격 특징 등 요인의 영향을 동시에 받을 수 있다. 우리는 일반적으로 이와 같은 요인들을 외생변수라고 하는데 다시 말하면 독립변수 외에 종속변수에 영향을 주는 요인들을 가르키는 말이다. 외생변이 외에 종속변수를 영향주는 요인은 오차 변량이다. 오차 변량이 발생하는 원인은 서로 다른 다양한 무작위적 요소, 예를 들어, 피험자가 측정시의 심리상태, 당시의 환경 등이 있다. 외생변이와는 달리 오차 변이가 종속변수에 대한 영향은 랜덤변량에 있고 체계적 변량과는 관련이 없다. 우리는 이와 같은 변수 사이의 관계를 〈그림 5-4〉로 표시했다.

변이의 시각에서 볼 때, 연구설계의 가장 주요한 문제는 어떻게 종속변수의 변이를 처리하느냐에 있다. 한 연구에서 오직 독립변수에 의하여 발생하는 종속변수의 변이만이 연구가설의 검증에 도움이 된다. 연구설계 단계에서, 우리는 일반적으로 변량에 대해 분할하는 방법으로 우리의 사고를 돕기도 한다. 변량에 대한 분할을 통해 연구자는 오차가 발생하는 원인을 명확히 할 수 있고 연구의 타당도에 영향을 주는 요인도 밝혀낼 뿐 아니라 세 가지 변이에 대한 통제를 통해 변수 간의 인과관계를 명확히 할 수 있다. 간단히 요약하면, 변량 분할 및 통제의 방법은

〈그림 5-4〉
종속변수의 변량을 구성하는 여러 가지 요인

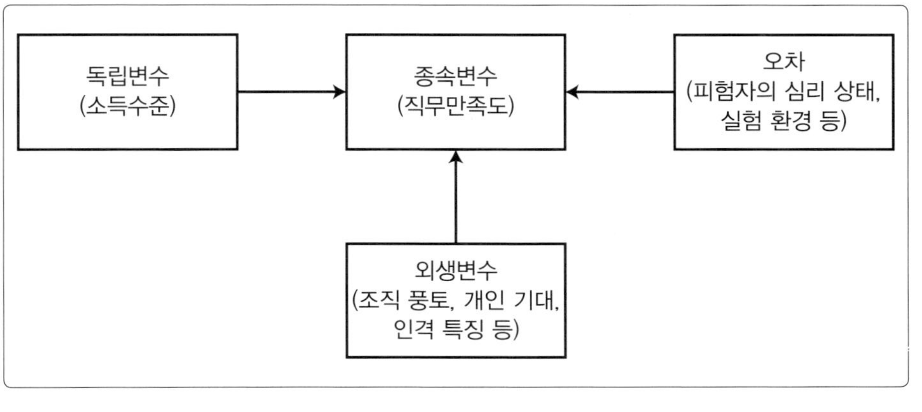

체계적 변량의 극대화(maximizing systematic variance), 외생변수의 통제(controlling extraneous variance)와 오차 변량의 극소화(minimizing error variance)이다. 우리는 차례로 어떻게 연구 설계를 통해 연구 중의 세 가지 변이에 대해 통제할 것인지를 논하고자 한다.

5.4.2 시스템 변량의 최대화

시스템적 변이는 독립변수의 변화에 의해 나타나는 종속변수의 변이를 말한다. 연구를 설계함에 있어, 우리는 선택한 독립변수가 종속변수에 유의미한 영향을 미칠 것을 희망하기 때문에 연구자는 독립변수가 종속변수에 대한 영향의 극대화를 실현해야 한다. 시스템적 변이가 종속변수의 변이에서 차지하는 비중이 매우 크다는 것은 연구에서 독립변수의 영향이 선명하게 나타날 수록 우리는 우리의 가설을 지지하는 근거를 찾을 가능성이 더욱 높다는 것을 설명한다. 시스템적 변이의 극대화를 실현하기 위해서는 우리가 연구설계 단계부터 가설 검증에 필요한 표본, 독립변수에 대한 조작 및 측정 방식에 대해 충분히 생각을 해보아야 한다. 예를 들어, 소득 수준과 직무 만족도 사이의 관계에 대해 연구할 때 만약 선택한 표본에 대부분 사람들이 모두 직무에 대해 만족을 하거나 더욱 심한 상황은 그들의 봉급이 모두 비슷하다면 연구자가 가설을 지지하는 근거를 확보할 가능성은 매우 낮아진다.

변량의 성격이 다름에 따라 연구설계에서 변량을 컨트롤하는 방법도 다르다. 우리는 경영학 중의 변수를 대개 두 가지 유형으로 나눌 수 있다. 즉 가변변수(active variable)와 속성변수(attribute variable)이다. 전자는 설계과정에서 컨트롤할 수 있고 변화할 수 있는 변수이다. 이 유형의 변수에 대해서, 우리는 실험연구 방법을 사용하여 이에 대해 조작하여 실험그룹과 통제그룹의 피험자가 처한 상황이 유의미한 차이를 나타내도록 하는 것이다. 이렇게 되면 우리는 시스템적 변량을 극대화하여 독립변수의 조작으로 인하여 나타나는 피험자의 반응을 관찰할 수 있는 기회를 갖게 된다. 예를 들어, Stajkovic, Locke와 Blair(2006)는 실험연구 방법을 사용하여 잠재의식목표동기(subconscious goal motivation)가 목표설정효과에 대한 영향을 연구하였다. 이 실험에서 연구자는 피험자에게 다섯개의 단어를 제시하고 그들에게 그 중의 네개 단어를 사용하여 문법이 정확한 구절을 만들도록 하였다. 실험그룹에서는 피험자가 완성해야 할 20개 구절 중에는 대부분 성취와 관련된 단어들, 예를 들어, 완성, 노력, 달성, 장악, 성공 등을 포함하였고 반면에 통제그룹에는 연구자가 선택하여 사용한 단어들은 대부분 성취와 무관한 것들이었다. 이와 같은 점화

(priming)의 방법을 통해 연구자는 구체적인 업무를 완성하기전에 피험자로 하여금 자기도 모르는 사이에 서로 다른 동기수준에 처하여 종속변수에 영향을 미치는 시스템적 변이를 만들어 냈다.

하지만 많은 연구에서 연구자들이 관심 있는 변수들은 변화할 수 없거나 조작하기 어려운 경우가 많다. 우리는 이런 유형의 변수를 속성변수라고 부른다. 이런 유형의 변수에 대한 조작은 표본의 선택을 통해 실현할 수 있다. 예를 들어, 파, 해켓과 리양(Farh, Hackett & Liang, 2007)은 권력간격(power distance)과 개인의 전통성이 중국직원에 대한 영향을 고찰하였다. 그들은 사회교환이론에서 출발하여 두 가지 문화 가치관이 직원이 조직의 지지를 인지한 후의 반응을 조절한다는 가설을 제시하였다. 즉 높은 권력간격과 높은 전통성을 갖고 있는 직원은 자신의 역할제한을 더 많이 받아 그들의 업무에 대한 태도와 행동은 조직적 지지의 영향을 적게 받는 반면, 낮은 권력간격과 낮은 전통성을 갖고 있는 직원들은 교환과정에서의 대등성을 더 중요시 하는 경향을 보여 주며 그들이 기업의 태도와 행동은 조직적 지지의 영향을 더 많이 받는 것을 나타났다. 이 연구에서 분명한 것은 우리가 조사대상자의 문화적 가치관을 조작할 수 없다는 사실이다. 이런 속성변수의 효과를 효과적으로 검증하기 위하여, 그들은 표본의 선택과정에서 가능한 결과에 영향을 줄 수 있는 시스템적 변이를 극대화하였다. 즉 한 기업이나 MBA학생들을 대상으로 설문을 진행한 것이 아니라 27개의 서로 다른 회사에서 직원들을 선택하여 자료를 수집하였다. 연구 설계 단계에서부터 표본의 이질성을 중요시 하여 그들은 조사대상자들이 이런 속성변수(즉, 권력간격과 개인 전통성)의 차이를 확보하였는데 이는 연구 중에서 그들의 조절 효과를 관찰하는 데 도움이 된다.

위의 예에서 볼 수 듯이 표본의 선택은 가변변수의 변량통제에 중요한 역할을 하고 있다. 27개의 서로 다른 기업에 대한 조사를 통하여 그들은 인지된 조직의 지지라는 관건적인 변수에 대해 매우 효과적으로 측정할 수 있었다. 만약 그들의 표본이 동일한 회사 혹은 그룹에서 추출했다면 직원들이 경험하는 기업의 문화, 리더십 스타일과 경영정책이 기본적으로 비슷하기 때문에 조사대상들 사이에서 조직지지에 대한 평가의 차이는 오직 개인의 차이에서 오게 된다. 표본의 동질성은 체계적 변량의 극대화라는 설계 요구를 실현할 수 없도록 만든다. 따라서, 연구설계의 단계에서 연구자는 어떻게 연구 문제의 성질에 따라 서로 다른 배경에서 연구표본을 추출하여 연구의 시스템적 변량을 제고할 것인가를 고려하여야 한다.

5.4.3 외생변량의 통제

외생변량은 우리가 관심을 갖고 있는 종속변수에 대해 체계적으로 영향을 준다. 동시에 연구 중의 독립변수(연구가설의 잠재적인 대체해석이 됨)에 대해서도 영향을 준다. 하지만 이들은 우리의 연구 목적과는 무관한 변수들이다. 다시 말하면, 외생변량을 발생하는 변수들은 기타 연구에서는 매우 좋은 독립변수가 될 가능성이 있지만 우리의 연구에서는 관심의 초점에 속하지 않는다. 때문에 우리는 종속변수에 대해 영향을 미칠수 있는 이와 같은 외생변수에 대해 효과적인 통제를 하여 그 효과를 최소화, 상쇄허가나 독립변수의 효과로부터 격리시켜야 한다. 오직 일정한 통제수단을 통해서만 무관한 변수들이 종속변수에 대한 영향을 제거할 수 있으며 우리는 독립변수가 종속변수에 대한 영향을 올바르게 판단하고 해석할 수 있다. 만약 외생변량에 대해 효과적으로 통제할 수 없다면, 유의한 관계를 발견해 놓고도 우리는 이 관계가 과연 독립변수가 종속변수에 대한 영향인지 아니면 기타 통제하지 않은 외생변수의 영향인지를 판단할 수 없게 된다. 연구 설계 단계에서 관건적인 외생변수를 정확하게 확정하고 그에 대해 효과적인 통제를 할 수 있는지 여부는 한 연구자의 설계능력과 관련문헌에 대한 이해정도를 판단하는 좋은 평가지표가 된다.

외생변수를 통제하기 위하여 우리는 연구설계 방안 중 아래와 같은 세 가지 방법을 사용할 수 있다. 우선, 우리는 연구 모형의 수정을 통하여 외생변수를 연구 설계에 포함하여 그 효과들을 독립변수의 효과들과 구분하는 방법이다. 예를 들어, 우리가 업무 만족도가 업무 성과에 대한 영향에 관한 연구에서 우리는 개인 역량의 방해를 제거하기 위하여 우리는 두 변수를 모두 연구모형에 포함할 수 있다. 특히 실험연구 방법에서, 우리는 두 변수를 연구설계 중의 분석요인으로 2×2 팩토리얼 실험을 설계할 수 있다. 그들의 주 효과와 상호작용 효과에 대한 분석을 통하여 두 가지 요인이 직원의 성과에 대한 영향을 구분할 수 있다.

다음으로 모형에 대한 수정은 연구의 초점을 모호하게 할 수 있기 때문에 우리는 표본추출의 방법(예를 들어, 무작위화, 참여자 적합도 등)을 사용하여 외생변량의 통제를 실현할 수 있다. 일반적인 통제방식은 세 가지가 있다. (1) 제거법: 서로 다른 독립변수를 선택하는 것과 달리, 연구자는 동질적인 외생변수에 대한 선택을 통하여 그들이 종속변수에 대한 영향을 제거할 수 있다. 예를 들어, 우리는 소득 수준이 개인의 만족도에 대한 영향에 대해 알고 싶지만, 성별 또한 만족도 수준에 영향을 미칠 수 있다. 이 상황에서 우리는 남성 혹은 여성 중에서 표본을 추출할 수 있다. 이처럼 동질성을 갖고 있는 표본은 우리로 하여금 외생변량의 영향을 제거할 수 있도록 한다. (2) 무작위 배분법. 만약 피험자로 하여금 무작위로 서로 다른 실험그룹과 통제그룹에 분배한다면 우리는 외생변수와 종속변수 사이의 연관성을 단절시킬 수 있고 그에 대해 효과적으로 통제할 수 있다. 이때 얻은 연구 결과는 외생변수로서 설명하기 어렵다. (3) 매칭법. 이 방법은 외생변량에 대해 서로 매칭 처리를 하여 서로 대등한 연구 조건을 만들어 외생변수를 통제하는 방법이다. 예를 들어, 만약 한 조직혁신의 효과에 대해 고찰하려면 우리는 혁신을 하지 않은 기업을 통제그룹으로 선택할 수 있다. 비록 연구자는 무작위로 어떤 기업이 혁신 혹은 혁신하지 않았는지를 배분할 수 없지만, 연구자는 혁신기업과 비슷한 기업(예를 들어, 과학기술의 특성, 제도, 공장설립기간 등)을 통제비교대상으로 선택함으로써 비교를 통하여 혁신 후 발생한 실제효과에 대해 명확하게 알아낼 수 있다.

마지막으로, 만약 우리가 연구 대상에 대한 조작을 할 수 있는 조건이 없을 경우 통계적 통제(statistical control) 방법을 통하여 외생변량을 통제할 수 있다. 우리는 외생변수와 독립변수 및 종속변수를 함께 측정을 하고 통계분석 과정에서 그들의 효과를 제거할 수 있다. 예를 들어, 혁신전략이 기업의 경영 성과에 대한 영향을 분석할 때 우리는 기업의 규모와 산업의 특징을 통제해야 한다. 비록 이 두 요인은 연구의 관심사항은 아니지만, 기업의 성과와 전략적 선택에 영향을 준다. 오직 이런 변수를 통제하여야만 기업의 이윤의 변동이 혁신의 결과이지 기업의 규모(대기업의 이윤이 상대적으로 높음)나 산업(일부 산업이 기타 산업에 비해 이윤이 높음)의 영향이 아니라는 결론을 자신있게 내릴 수 있다. 통계적 통제의 조작은 간편하기 때문에 연구자들이 외생변수를 통제할 때 자주 사용하는 방법이고 특히 설문지 연구나 2차 자료 연구에서 많이 사용된다.

연구자들은 일반적으로 가설검증하기 전에 만약 통제변수가 종속변수에 대한 영향을 먼저 제거한다면 독립변수가 종속변수에 대한 영향이 더욱 명확해진다고 생각한다. 하지만 이러한 상황은 연구자가 변수 간의 관계에 대한 이해부족으로 인하여 일반적으로 일방적인 바람으로 남는 경우가 많다. 스펙터와 브라닉(Spector & Brannick, 2011)는 연구자들에게 통제변수를 사용하기전에 통제변수의 역할 그리고 가설 검증에 대한 가능한 영향에 대해 명확하게 정의할 필요가 있다고 건의한다. 그렇지 않을 경우 연구 결론을 더욱 모호하게 할 수 있기때문이다.

5.4.4 오차 변량의 최소화

오차 변량은 무작위적 요인으로 인하여 발생하는 종속변수의 변이이다. 이 부분은 무작위적 성격을 갖고 있기에 외생변량처럼 측정 과정에 체계적인 오차를 발생하지 않는다. 가장 전형적인 무작위 변량은 측정오차(일시적인 부주의, 짧은 정서파동 등) 혹은 연구자가 통제할 수 없는 미지의 요인이다. 우리는 오차를 최소화하려고 하는데 그 목적은 가능한 체계적 변량을 두드러지게 하기 위한데 있다. 일반적으로 오차 변량과 외생변량이 종속변수의 변량에 대한 영향은 쉽게 구분할 수 없다. 이 두 부분이 발생하는 종속변수의 변량의 합이 바로 우리가 통계분석 시 부르는 잔차(residual), 즉 독립변수가 설명할 수 없는 변량부분이 된다. F검증을 할 때, 우리는 종속변수의 변이를 두 부분으로 나눈다. 하나는 독립변수에 의해 형성된 그룹 간 차이(between group variance)이고 다른 하나는 외생변량과 오차가 함께 형성한 잔차이다. 만약 우리가 가능한 측정오차를 줄일 수 있다면, 이는 통계검증에서의 F값을 향상시켜 유의미한 결과를 얻을 가능성을 높여준다.

오차 변량은 무작위 요인에 의하여 형성된 차이이기때문에 그에 대한 처리방법 또한 개인 차이와 측정오차 두 가지를 감소하는 것을 나타난다. 우선, 피험자의 개인차이를 감소시킨다. 독립변수의 변량의 극대화를 보장함과 동시에 가능한 기타 개인적 차이가 종속변수에 대한 영향을 감소시킨다. 사람과 사람 사이의 차이가 적을수록 개인적 차이로 인하여 발생한 오차 변량 또한 더 작아진다. 다음으로는 측정오차를 줄이는 방법이다. 측정오차를 통제하기 위하여 우리는 한편으로 측정의 정확성을 높이거나 측정의 신뢰도(13장에서 전문적으로 측정의 신뢰도에 대해 논함)를 향상한다. 다른 한편으로는 측정환경에 대해 효과적으로 통제한다. 상황에 대한 통제는 측정이 보다 더 정확할 수 있도록 한다. 예를 들어, 실험 과정에 가능한 실험자의 차이를 줄인다. 예를 들어 성별이나 말하는 어투들을 가능한 비슷하게 사용하여야 한다. 즉 녹음 테이프를 사용하여 안내말씀의 속도나 소리 자체를 가능한 표준화하여야 한다. 설문조사 시 가능한 실내 환경, 설문지 응답의 시간 등 요인들을 일치하도록 하여야 한다.

위의 토론에서 우리는 연구 설계 단계에서 변량에 대한 통제는 매우 중요하다는 사실을 깨닫게 된다. 종속변수에 대한 예측을 실현하기 위하여, 우리는 가능한 독립변수의 변량을 제고하여야 하고 가능한 종속변수와 관련 있는 외생변수와 무작위 오차에 대해 통제하여야 한다. 외생변량과 무작위 오차의 존재는 독립변수가 종속변수에 대해 해석할 수 없는 변량(즉, 변량 잔차)의 증가를 초래하여 결국에는 우리가 독립변수의 효과를 검증하는 통계적 검증력(statistical power)를 낮추는 결과를 초래한다. 만약 외생변수가 동시에 독립변수와도 관련이 있다면 더욱더 대체 해석이 가능해져 연구 결과 해석의 어려움을 야기한다.

5.5 맺음말

사회과학은 한 분과로서의 경영학 연구는 방법론적 측면에서 매우 많은 도전에 직면해 있다. 연구 방법의 제한으로 인하여 우리는 연구변수에 대해 직접적인 측정을 할 수 없다. 인간의 조직활동 자체의 복잡성 또한 우리로 하여금 변수 간의 인과관계에 대해서도 명확한 정의를 내릴 수 없게 한다. 동시에 경영학 자체의 특성은 연구자로 하여금 기업에 깊이 관여하게 하고 기업의 직원과 좋은 관계를 유지하여 연구에 필요한 자료를 획득할 것을 요구한다. 하지만 일반적으로 이는 연구자 자체의 역량과 역할을 벗어난 요구이기도 하다. 우리는 아직 정확하지 않은 도구를 사용하여 복잡한 시스템 중은 여러 관계에 대해 설명해야 하지만 우리는 또한 자신 마음대로 필요한 정보를 수집할 수 없는데 이것이 바로 경영학 연구가 직면한 실제 어려움이자 도전이다. 이러한 제한성과 어려움은 연구설계가 전체 연구 프로젝트에서의 중요성을 더욱 부각시켜 준다. 따라서 한 연구 프로젝트를 시작할 때 우리는 연구설계의 중요성을 특별히 강조하여 연구의 타당도에 영향을 주는 어려 요인들을 충분히 이해하고 연구 과정중에 발생하는 여러 가지 변량에 대해 효과적으로 통제하여 궁극적으로 연구 문제를 효과적으로 해답할 수 있어야 한다.

참 고 문 헌

Audia, P. G., Locke, E. A. & Smith, K. G. (2000). The paradox of success: An archiveal and laboratory study of strategic persistence following radical environmental change. *Academy of Management Journal*, 43, 837—853.

Boyles, D. R. (2006). Dewey's epistemology: An argument for warranted assertions, knowing, and meaningful classroom practices. *Educational Theory*, 56, 57—68.

Baumard, P. & Ibert, J. (2001). *What approach with which data? In R. A. Thietart, Doing Management Research: A Comprehensive Guide*. London: Sage Publications.

Carey, A. (1967). The Hawthorne Studies: A radical criticism. *American Sociological Review*, 32, 403—416.

Crampton, S. M. & Wagner, J. A. (1994). Percept-Percept inflation in micro-organization-al research: An investigation of prevalence and effect. *Journal of Applied Psychology*, 79, 167—176.

Comte, A., Ferre, F. (Tr.) (1998). *Introduction to Positive Philosophy*. Indianapolis: Hackett Publishing Company, Inc.

Cook T. D. & Campbell D. (1979). *Quasi-Experimentation: Design and Analysis Issues for Field Settings*. Boston: Houghton Mifflin Company.

Daft, R. L. (1983). Learning the craft of organizational research. *Academy of Management Review*, 8, 539—546.

Daft, R. L. (1995). Why I recommended that your manuscript be rejected and what you can do about it? In L. L. Cummings and P. J. Frost (Eds.), *Publishing in the Organizational Sciences* (2nd edition). Thousand Oaks, CA: Sage.

Farh, J. L., Earley, P. C. & Lin, S. C. (1997). Impetus for action: A cultural analysis of justice and organizational citizenship behavior in Chinese society. *Administrative Science Quarterly*, 42, 421—444.

Farth, J. L., Hackett, R. D. & Liang, J. (2007). Individual-Level cultural values as moderators of perceived organizational support employee outcomes relationships in China: Comparing the effects of power distance and traditionality. *Academy of Management Journal*, 50, 715—729.

Greenberg, J. (2002). Who stole the money, and when? Individual and situational determinants of employee theft. *Organizational Behavior and Human Decision Processes*, 89, 985—1003.

Grunow, D. (1995). The research design in organization studies. *Organization Science*, 6, 93—103.

Kerlinger, F. N. & Lee, H. B. (2000). *Foundations of Behavioral Research*. Fort Worth, TX: Harcourt College Publishers.

Klein, K. J., Dansereau, F. & Hall, R. J. (1994). Levels issues in theory development, data collection, and analysis. *Academy of Management Review*, 19, 195—229.

Leung, K. (2011). Presenting post hoc hypotheses as a priori: Ethical and theoretical issues. *Management and Organization Review*, 7, 471—479.

Liang, L., Farh, C. I. C. & Farh, J. L. (2012). Psychological antecedents of promo- tive and prohibitive voice: A two-wave examination. *Academy of Management Journal*, 55, 71—92.

Mackie, J. L. (1997). *Ethics: Inventing Right and Wrong*. Penguin.

Mayer, A. D. (1982). Adapting to environmental jolts. *Administrative Science Science Quarterly*, 27, 515—537.

Oldham, G. R. & Cummings, A. (1996). Employee creativity: Personal and contextual factors at work. *Academy of Management Journal*, 39, 607—634.

Pedhazur, E.J. & Schmelkin, L.P. (1991). *Measurement, Design, and Analysis: An Integrated Approach*. Hillsdale, NJ: Lawrence Erlbaum.

Popper, K. (1977). *The Logic of Scientific Discovery*. London: Hutchison.

Royer, I. & Zarlowski, P. (2001). Research design. In R. A. Thietart, *Doing Management Research: A Comprehensive Guide*. London: Sage Publication.

Schwab, D. P. (1999). *Research Methods for Organizational Studies*. Mahwah, NJ: Lawrence Erlbaum Associates.

Simmons, J. P., Nelson, L. D. & Simonsohn, U. (2011). False-Positive psychology: Undisclosed flexibility in data collection and analysis allows presenting anything as significant. *Psychological Science*, 22, 1359—1366.

Spector, P. E. & Brannick, M. T. (2011). Methodological urban legends: The misuse of statistical control variables. *Organizational Research Methods*, 14, 287—305.

Stajkovic, A. D., Locke, E. A & Blair, E. (2006). A first examination of the relation- ships between primed subconscious goals, assigned conscious goals, and task performance. *Journal of Applied Psychology*, 91, 1171—1180.

저 자 소 개

판징리(樊景立, Jiing-Lih Farh) 홍콩과학기술대학 경영학과(Department of Management, Hong Kong University of Science and Technology) 명예교수이고, *Management and Organization Review* 편집장이며, 중국경영학연구국제학회(IACMR) 부회장이다. 연구 분야는 중국인(華人)문화와 관련된 조직행동 주제, 예를 들면, 조직 리더십, 기업 문화, 직원 가치관, 조직시민행동 등이 있다.

량지엔(梁建, Jian Liang) 홍콩과학기술대학교에서 조직 경영학 박사학위를 받았고 현재 상해교통대학교 안타이경제 및 경영대학(Antai School of Economics and Management, Shanghai Jiao Tong University) 부교수로 재직 중이다. 연구 분야는 직원의 자발적 행위, 경영행위, 조직 중의 사회교환관계, 중국 경영의 맥락적 문제 등이 있다.

천쯔쥔(陳志俊, Zhi-Jun Chen) 홍콩과학기술대학교 조직 경영학과에서 박사학위를 받았고 현재 상해재경대학 국제경영학원(School of International Business Administration, Shanghai University of Finance and Economics) 조교수로 재직 중이다. 연구 분야는 경영 행위, 직원의 자발적 해위, 문화 간 경영 등이 있다.

6장

실험연구 방법

Yan Zhang (싱가폴 국립대학교)
Fei Xu (상해교통대학교)
Christopher Hsee (시카고대학교)

6.1 연구의 유형

과학적 연구 방법은 그 종류가 매우 많지만, 언제나 이론과 자료가 서로 깊이 연관되어 있다. 따라서, 연구 방법은 대체적으로 이론과 자료의 관계에 근거하여 연구를 세 가지로 분류할 수 있다. 첫 번째, 자료는 있는데, 이론이 없는 연구(data without theory), 두 번째, 이론은 있는데 자료의 지지가 없는 연구(theory without data), 세 번째, 이론도 있고 자료도 있는 연구(theory with data)이다.

우선 첫 번째 연구 유형에 대해 살펴보도록 하자. 예를 들어, 조사를 통해 "중국인은 쌀밥, 차, 팥만두를 좋아하고, 미국인은 감자, 커피, 치즈케이크를 좋아한다"는 사실을 발견하였다고 하자. 비록 이와 같은 현상을 발견하였더라도, 어떤 이론도 우리를 위해 왜 중국인과 미국인의 음식문화가 이렇게 다른지에 대해 설명해주지 못한다. 또한 이런 자료로는 중국인과 미국인의 다른 음식에 대한 선호를 예측할 수 없을 뿐 아니라 다른 국가 사람들의 음식에 대한 선호에 대해서도 예측할 수 없다. 이런 연구는 자료는 있지만 이론의 지도가 없는 연구에 속한다.

다음은 두 번째 연구 유형이다. 만약 한 사람이 받은 보너스와 그가 받게 될 인센티브 사이의 관계를 설명할 수 있는 이론이 있다고 가정하자. 이제 이 이론에 근거하여 연구 모형을 만들었다. 연구 모형에는 많은 보기에 그럴듯한 파라미터가 있고 보너스와 인센티브 사이의 관계를 완전히 수량화하여 얼핏 보기에는 얼마만큼의 보너스가 어느 만큼의 인센티브를 일으키는지를 정확하게 예측할 것 같다. 하지만 문제는 이 이론과 모형이 과연 맞는지 여부를 검증할 수 있는 자료를 구할 수 없다는데 있다. 다시 말하면, 이와 같은 가설 혹은 예측이 현실 생활 중에서 성립되는지 여부를 확인할 수 없다. 이런 연구가 바로 이론만 있고 실증자료의 지지가 없는 연구 유형에 속한다. 지적해야 할 부분은 우리가 여기서 말하는 실증자료는 바로 현실 중에서 관찰해 얻은 자료를 말하지 자신의 모형에서 계산해낸 자료를 말하는 것이 아니다.

아쉽게도 많은 경영학 및 경제학에서의 연구는 대부분 위에서 설명한 두 가지 유형의 연구에 속한다. 첫 번째 유형의 논문은 일반적으로 많은 표와 많은 사실들로 가득하지만 이들은 단지 자료 수준에만 머물러 있고 이론 수준까지 올라가지 못하는데 경영학의 많은 연구가 이 유형에 속한다. 두 번째 유형의 논문은 이와 정반대로 오직 이론적 모형만 있고 실증이 없는데 경제학의 많은 연구가 이 유형에 속한다. 이상 두 가지 유형의 연구는 모두 잘못된 것이므로 본받아서는 안 된다. 즉 본받아야 할 연구는 바로 이론뿐 아니라 자료의 지지도 받는 세 번째 연구 유형이다. 예를 들어, 한 이론에 의하면 사람들이 타인의 선호도를 예측할 때 일반적으로 자신의 선호를 다른 사람에게 강요하는 경우가 많다. 이에 근거하여 우리는 많은 예측을 해볼 수 있다. 예를 들어, 중국인이 자신이 중국요리를 좋아하기 때문에 미국 사람들이 중국 요리를 즐겨 먹는 비율을 높게 평가할 수 있다. 다음으로, 이 이론의 정확여부를 검증하기 위하여 우리는 중국인에게 먼저 그들이 중국요리를 좋아하는지 여부를 먼저 물어보고 다음으로 그들에게 중국 요리를 좋아할 수 있는 미국인의 비율을 예측하라고 한다. 동시에 미국인들에게는 중국요리를 좋아하는지 여부를 물어봄으로써 중국요리를 즐겨먹는 미국인의 진정한 비율을 확보하게 된다. 이런 방식으로 자료를 획득하고 나아가 통계적인 방법으로 이론과 자료가 서로 부합되는지 여부를 검증하게 된다. 만약 자신의 이론에 근거하여 보너스와 인센티브에 관한 모형을 구축했다고 하자. 자신의 연구모형이 정확한지 여부를 검증하기 위하여 한 그룹의 사람들을 찾아 그들에게 서로 다른 액수의 보너스를 준 다음에 그들의 인센티브 수준을 본다. 다음으로, 보너스의 액수를 자신의 모형에 넣으면 모형은 사람들의 인센티브 수준을 예측할 수 있게 된다. 모형에서 예측한 인센티브 수준과 위의 조사에서 얻은 진정한 수준을 대조해보면 자신의 이론적 모델이 실제에 부합하는지 여부를 알 수 있게 된다. 이러한 방법으로 우리는 이론뿐 아니라 자료의 지지까지 받는 연구를 완성하게 된다. 한 연구는 오직 이론적 지도와 자료의 지지 모두 갖췄을 때 검증을 이겨낼 수 있다.

6.2 이론과 가설

그렇다면, 과연 이론이란 무엇인가? 이론이란 어떤 현상을 설명하고 예측하는 일련의 가설들의 집합이다(Schweigert, 2006). 일반적으로 이미 발생한 사건을 설명하거나 미래에 발생 가능한 사건을 예측한다. 우리는 자료를 사용하여 미검증된 이론을 지지하거나 이론으로 현재의 자료를 설명하기도 한다.

가설은 독립변수와 종속변수 사이의 관계에 대한 진술로서 어떤 현상을 설명하는데 사용된다. 여기서 현상이 바로 종속변수이고 이런 현상을 초래하는 원인이 바로 독립변수가 된다. 예를 들어, 만약 당신의 가설이 "큰 사이즈의 모니터를 사용하면 직원들의 업무적극성을 제고할 수 있다"라면 직원의 업무 적극성은 종속변수가 되고 모니터 사이즈는 독립변수가 된다. 이제부터 "모니터와 적극성"의 예는 이 부분의 나머지 내용 속에 쭉 사용될 것이다. 우리는 이 예제를 사용하여 가설과 관련된 일부 개념에 대해 설명할 것이다. 다음으로 우리는 가설의 좋고 나쁨을 판단하는 방법에 대해 논할 것이다.

독립변수

독립변수란 무엇인가? 독립변수(independent variable)는 바로 당신이 가설에서 어떤 현상의 변화를 일으키는 혹은 실험 중에 실험자가 조작할 수 있는 변수를 말한다. "모니터와 적극성" 사례에서는 모니터 사이즈가 바로 독립변수이다. 실험자는 모니터의 사이즈를 조작하여 모니터 사이즈가 직원의 업무 적극성에 영향을 주는지 여부를 검증할 수 있다.

모니터 사이즈는 서로 다른 치수로 표시할 수 있다. 이처럼 독립변수는 일반적으로 서로 다른 값을 갖게 되고, 매 값을 독립변수의 수준이라고 한다. 이는 유한과 무한으로 나눌 수도 있고 이산과 연속으로 나눌 수 있다. 어떤 독립변수는 유한한 이산적 수준을 갖고 있다. 모니터 사이즈가 바로 그 예다. 우리가 시장에서 구매 가능한 모니터 사이즈는 몇 개의 제한된 치수만 있고 그 사이즈 또한 연속적으로 변화할 수 없다. 하지만 어떤 독립변수는 연속성을 갖고 있다. 예를 들어 온도가 바로 연속적 변수의 예이다. 일반적으로 실험 중에서 우리는 연속변수의 모든 값을 측정할 수는 없다.

종속변수

종속변수(dependent variable)는 당신의 가설에서 예측되는 변수 혹은 실험자가 독립변수의 변화에 따라 변화하는 변수를 말한다. "모니터와 적극성" 예에서는 직원의 업무 적극성이 바로 종속변수이다.

만약 독립변수와 종속변수 간의 관계에 대한 설명을 이론적 수준까지 올린다면 일반적으로 그들 간에 인과관계가 존재한다고 생각한다. 예를 들어, 만약 "친구가 많은 사람이 친구가 적은 사람보다 행복하다"라는 가설이 있다고 하자. 이 가설은 단순히 상관관계에 대한 가설인데 친구의 많고 적음과 행복수준의 높고 낮음의 관계에 대한 진술이다. 하지만 이 가설은 친구의 많고 적음과 행복수준의 높고 낮음 사이에 인과관계 여부의 존재에 대해서는 설명한 바가 없다. 친구가 많기 때문에 사람들이 더 행복한 것인지? 아니면 행복하기 때문에 더 많은 친구를 사귈 수 있는 것인지? 상관관계에 대한 가설은 이와 같은 문제에 대답할 수 없다.

인과관계는 이론의 구축에 있어 매우 중요하다. 위의 예를 갖고 설명하자면, 친구의 많고 적음이 행복수준에 영향을 주는지 아니면 정반대인지를 밝혀내면 우리는 어떤 요인이 사람들의 행복 수준에 영향을 주는지를 알게 된다. 나아가 왜 이런 요인들이 사람들의 행복수준에 영향을 주는지도 연구할 수 있게 된다. 동시에 그러한 인과관계를 밝혀냄으로써 우리는 우리의 행복수준을 향상시킬 수 있도록 실질적인 제안을 할 수 있다.

몇 가지 간단한 가설의 형식

독립변수의 개수의 측면에서 볼 때 가장 간단한 가설은 독립변수가 하나인 가설이다. 독립변수가 하나인 가설에서 더욱 간단한 상황은 이 독립변수가 오직 두 가지 수준을 갖고 있을 경우이다. 예를 들어, 모니터 사이즈가 큰 사이즈와 작은 사이즈로 나뉘는 경우이다. 만약 단지 모니터 사이즈가 큰 것과 작은 것이 업무 적극성에 대한 서로 다른 영향을 알고 싶다면 독립변수 또한 두 개 수준으로 정하면 충분하다.

여기서 주의해야 할 점은, 많은 초보연구자들은 일반적으로 독립변수가 적어도 두 개 수준 이상 이어야 한다는 점을 쉽게 지나치는 경우가 많다는 것이다. "큰 사이즈의 모니터를 사용하면 업무 적극성이 향상한다"라는 가설이 이야기 하는 것은 사실상 "큰 사이즈의 모니터를 사용하는 직원의 업무 적극성이 작은 사이즈의 모니터를 사용하는 직원보다 높다"라는 의미이다. 여기서 모니터 사이즈는 독립변수이고 "큰 것"과 '작은 것"이라는 두 개의 수준으로 나눌 수 있다. 만약 당신의 가설이 "여성은 사람을 상대하는 직업을 좋아한다"라면 이는 하나의 가설을 구성한다고 보기 어렵다. 그것은 여기의 모든 요인은 오직 하나의 수준을 갖고 있기 때문이다. 여기서 우리는 이 가설을 "여성은 일반적으로 남성에 비해 사람을 상대하는 직업을 더 좋아한다"라고 바꾸면 하나의 온전한 가설로 바뀔 수 있고 여기서 성별은 독립변수로서 두 개의 수준을 갖게 된다. 혹은 위의 같은 가설을 "여성은 기계를 상대하는 직업보다 사람을 상대하는 직업을 더 좋아한다"라고 바꿀 수도 있는데 여기서는 직업 유형이 독립변수가 된다.

만약 모니터 사이즈와 업무 적극성 사이에 비선형의 관계의 존재여부에 대해 알고 싶다면 좀 더 많은 값을 취할 필요가 있다. 예를 들면, 이런 비선형 관계에 대한 연구의 가설은 다음과 같이 변경할 수 있다.

"모니터 사이즈가 작을 때 사람들의 업무적극성은 낮은 반면 좀 더 큰 모니터 사이즈는 직원들의 업무 적극성을 향상시킬 수 있다. 하지만 모니터 사이즈가 어느 정도 커지면 업무 적극성도 더 이상 향상되지 않는다."

이 가설을 검증하기 위하여서는 모니터 사이의 값을 최소 세 개의 값을 취해야 한다. 즉 작은 사이즈, 중간 사이즈와 큰 사이즈이다.

이처럼 독립변수의 수준은 마음대로 결정하는 것이 아니라 연구의 가설에 근거하여 확정하게 된다. 많은 경영학과 심리학 연구에서 연구자들은 종속변수가 독립변수의 변화에 따라 높아지는지 낮아지는지에 주로 관심을 갖고, 독립변수와 종속변수 간의 관계가 과연 선형함수관계인지, 지수함수 관계인지 혹은 멱(冪)함수 관계인지에 대해서는 큰관심을 두지 않는다. 그러한 경우에는 일반적으로 두 개의 독립변수의 수준을 취하면 충분하다. 예를 들어, 연구 가설이 "직원 간에 서로 아는 시간이 길수록 서로 도와주는 경우가 더 많다"라고 하자. 이상적인 상황이라면 직원 간에 서로 아는 기간은 하나의 연속적인 독립변수이기 때문에 취할 수 있는 값이 매우 많다. 하지만 만약 당신의 관심이 오직 "서로 아는 기간이 직원 간 서로 돕는 상황을 증가시키는가?"에 있다면 아는 기간은 두 개의 값을 취해도 충분하다.

만약 하나의 가설에 두 개 혹은 그 이상의 독립변수가 있다면 우리는 이런 가설을 다중 독립변수 가설이라고 부른다. 예를 들어, "업무 기간이 짧은 직원은 큰 사이즈의 모니터를 사용하는 것이 작은 사이즈의 모니터를 사용하는 것보다 업무 적극성이 높지만, 업무 기간이 긴 직원은 사이즈가 크든 작든 업무 적극성의 차이가 없다"는 가설이 있다고 하자. 이 사례가 바로 두 개의 독립변수가 있는 가설이다. 한 독립변수는 모니터 사이즈이고 다른 한 독립변수는 업무 기간이다. 이처럼 우리는 독립변수를 세 개, 네 개, 혹은 더 많은 수로 늘릴 수 있다.

독립변수의 시각에서 보면, 우리는 한 개 이상의 종속변수를 가질 수도 있다. 그렇다면 어떤 상황에서 여러 개의 종속변수가 필요한가? 때로는 다른 그 어떤 주요 종속변수와 매우 비슷한 종속변수를 추가하는데 이는 단지 다른 측면에서 실험의 타당성을 강화하려는데 있다. 때로는 이론 자체로부터 독립변수가 두 개 이상의 종속변수에 대한 영향에 관심을 갖는 경우도 존재한다.

6.3 좋은 가설이란

좋은 과학연구의 전제 조건은 좋은 가설을 제기하는 것이다. 연구자에게는 가설의 검증이 중요하긴 하지만, 그보다 먼저 좋은 가설을 제시하는 것이 우선시되어야 한다. 이 부분에서는 어떤 가설을 좋은 가설이라고 하는지에 대해 중점적으로 논의하고자 한다. 많은 유명한 연구가 고전이 된 이유는 그 연구의 가설이 매우 중요하면서도 기존의 연구에서 잘 해결하지 못한 문제에 잘 답했기 때문이다. 본능적으로 좋은 가설을 세우는 연구자들이 그 영역에서 훌륭한 학자가 되기 마련이다. 따라서 좋은 가설을 제기할 수 있다는 것은 과학적 연구에서 가장 매력적이면서도 가장 도전적인 과제라고 할 수 있다.

그럼 과연 어떤 가설을 좋은 가설이라고 할 수 있을까? 좋은 가설은 아래의 몇 개의 조건을 만족시켜야 한다.

좋은 가설은 반드시 반증 가능(falsifiable)하여야 한다. 이론적으로 한 가설은 자료에 의해 정확여부를 검증받을 가능성을 갖고 있어야 한다. 예를 들어, "뜻 있는 사람에게 길이 있다"는 우리가 반증할 수 없는 가설이다. 이 가설은 뜻과 성공과의 관계에 대해 설명하였지만, 우리는 뜻과 성공에 대해 정확하게 정의를 내릴 수 없기 때문에 이 가설이 과연 정확한 것인지 아니면 잘못된 것인지를 증명할 수 없다. 만약 한 사람이 성공하지 못했다면, 우리는 그가 뜻이 없었기 때문이라고 쉽게 얘기할 수 있고 만약 한 사람이 성공했다면 우리는 그가 뜻이 있었기 때문이라고 할 수도 있다. 때문에 이 가설이 반증 가능한 가설이 되게 하려면, 우리는 반드시 "어느 정도의 뜻"이 있어야 우리의 가설에서의 "뜻이 있다"라는 조건을 만족할 수 있는지에 대한 명확한 정의가 있어야 한다. 같은 이유로 우리는 성공에 대해서도 반드시 명확한 정의를 내려야 한다. 아니면 한 사람은 항상 자신이 성공했다고 할 수 있는데 관건은 그의 성공이 우리의 가설에서 성공에 대한 정의에 부합되는지 여부를 보아야 한다.

좋은 가설은 또한 이론적 중요성(theoretically important)을 갖고 있어야 한다. 연구자는 타인의 이론적 기초 위에서 그들의 이론에 대해 개선하거나 나아가 기존의 이론이 해결하지 못한 새로운 가설을 제시할 수 있어야 한다. 따라서 좋은 가설을 제시하려면 다른 사람들이 이미 이룩한 성과들에 대해 알아야 하고 거인의 어깨에서 문제를 생각할 수 있어야 한다.

좋은 가설은 실무적 중요성(practically important)도 갖고 있어야 한다. 다시 말하면 좋은 가설은 실용적 가치를 갖고 있어야 하고 현실 생활중의 중요한 문제를 해답할 수 있어야 하며 현실생활에 대해 시사하는 바가 있어야 한다. 일부 학술연구는 거액의 연구 예산을 낭비하지만 그 연구 성과는 학술적으로만 의미가 있고 사람들의 현실생활에 아무런 영향을 미치지 못하는 경우도 있다. 좋은 연구는 소속되어 있는 학술적 커뮤니티의 울타리를 초월하여 현실 세계에 직접 혹은 간접적으로 응용되어야 한다.

한 가설이 실무적 중요성을 갖고 있는지 여부를 평가함에 있어 우리는 장기적이고 발전적인 시각으로 연구를 바라보아야 한다. 당장 보기에는 어떤 연구가 현실생활에 기여할 수 없지만, 만약 앞으로 우리의 미래생활에 중요한 영향을 미친다면 이러한 연구 또한 실무적으로 매우 중요하다고 할 수 있다. 우리가 말하는 가설이 실무적으로 중요하다는 의미는 현실생활 중의 실제 문제를 현재 해결할 수 있는 역량 혹은 잠재적 역량 모두를 말한다. 뉴턴의 3대 법칙은 그 시대의 현실생활에 바로 큰 영향을 미치지 못하였지만, 후세의 생활에 대한 영향과 기여는 가늠하기 어려울 정도로 크다.

좋은 가설은 간결(simple)하여야 한다. 경험이 없는 연구자들이 공동으로 범하는 오류는 자신의 모델에 여러 개의 독립변수를 추가하여 이 변수들 간의 관계를 살펴보는 것이다. 하지만 독립변수의 증가와 함께 이 변수들 간의 관계는 점차 복잡해지는데 이는 궁극적으로 종속변수의 변화에 대한 합리적인 예측 또한 더욱더 어렵게 하는 경향이 있다. 예를 들어, 한 연구자가 날씨와 성과 간의 관계에 대해 연구하고자 한다. 하지만 그는 성별, 문화, 수면, 나이 등 변수들도 모두 성과와 관련이 있음을 알고 있다. 만약 그가 자신의 가설에 이와 같은 모든 요인을 포함한다면 가설은 매우 복잡하게 될 것이고 이는 결국 이론적 그리고 실무적 중요성을 상실하게 된다. 그것은 그 상황에서의 종속변수의 변화는 너무 많은 독립변수의 영향으로 인하여 너무 복잡하게 되었기 때문이다. 의심할 여지가 없는 것은 실제 상황에서 종속변수에 영향을 주는 요인들은 우리 가설 중에 언급한 독립변수보다 훨씬 많다는 사실이다. 하지만 좋은 가설은 모든 요인을 나열하는 것이 아니라 몇 개의 가장 중요한 요인을 추출해내는 것이다. 만약 너무 많은 영향요인들을 모두 포함하려고 한다면 그 연구는 초점과 중점을 잃게 되고 결국에는 기타 대상 혹은 상황에 일반화하는 데 어려움을 겪게 된다.

그리고 좋은 가설은 파생성(fertile)을 갖고 있어야 한다. 다시 말하면, 한 가설로부터 기타 많은 구체적인 가설을 도출할 수 있어야 한다. 예를 들어, A양과 B양이 있는데 A양은 못생겼고 B양은 예쁘게 생겼다고 가정하자. 현재 그녀들이 다투고 있을 때 가장 구체적인 가설을 "A양이 B양을 질투한다"라고 한다면 이 가설은 파생성을 가졌다고 하기 어렵다. 이 가설로는 다른 사람이나 상황에 적용할 수 있는 새로운 가설을 도출할 수 없기 때문이다. 만약 여기에 이어서 "못생긴 사람은 잘 생긴 사람을 질투한다"라는 가설을 제시한다면 이 가설은 앞서 언급한 가설보다 파생성이 높다고 할 수 있다. 우리는 이 가설을 다른 사람에게 적용할 수 있기 때문이다. 만약 당신이 계속 가설을 개선하여 "한 사람이 한 영역에서 약하게 보인다면 다른 영역에서 승부욕을 불태울 가능성이 높다"는 가설을 제시하였다고 하자. 이 가설 또한 파생성이 더 높은 가설이라고 할 수 있다. 우리는 이 가설을 기타 사람뿐 아니라 다른 많은 영역에 까지 확장할 수 있다(위 예제는 March와 Lave의 *An*

*Introduction to Models in the Social Science*라는 책에서 발췌하였다. 독자들이 알기 쉽게 하기 위하여 본 저자는 원 예제에 대해 조금 수정하였음).

좋은 가설은 또한 흥미(interesting)로워야 한다. 다시 말하면 좋은 가설은 독자들에게 놀라움을 선사할 수 있어야 한다. 논문을 읽은 후 독자들은 일반적으로 세 가지 반응을 보여준다. 첫 번째 반응은 이 논문을 읽지 않아도 그 결론에 대해 알 수 있기 때문에 시큰둥해하는 반응이다. 이 연구를 하지 않은 이유는 딱히 할 만한 가치를 느끼지 못했기 때문이다. 예를 들어, "수면이 부족한 상황에서 사람들의 성과는 수면이 충분한 상황에서보다 낮다"와 같은 가설은 바로 이러한 유형에 속한다. 두 번째 반응은 이 논문을 읽지 않았다면 사실이 이렇다는 것을 생각지 못하는 경우이다. 논문을 읽은 후 독자들은 "왜 이런 생각을 하지 못했을까?"라는 질문을 하게 된다. 대부분의 좋은 연구 논문들이 이 유형에 속한다. 예를 들자면, 우리가 앞서 언급했던 "사람들은 자신의 관점을 다른 사람에게 강요하기를 좋아한다"와 같은 연구들이다. 이와 같은 논문을 읽으면 사람들은 무엇인가 깨달음이 생기고 일리가 있고 창의적이라는 평가를 하기 마련이다.

마지막 반응은 논문의 내용은 확실히 정확하지만 만약 이 논문을 읽지 않았다면 사실이 이렇다는 사실을 모를 뿐만 아니라 읽은 후에도 논문에서 이야기하는 내용이 정확하다고 믿기 어려운 경우이다. 코페르니쿠스가 제시한 지구가 태양을 중심으로 돈다는 지동설이 좋은 사례이다. 당시의 상황에서는 많은 사람이 설혹 그의 논문 내용을 완전히 이해했다고 하더라도 그들을 설득시키지는 못했을 것이다. 하지만 현재 우리는 코페르니쿠스가 정확하다는 사실을 알고 있다. 이런 경지에 이르는 연구가 많지는 않지만 바로 이런 연구들이 일반적으로 역사에 남는 고전적 연구가 되는 경우가 많다.

심리학에서 밀그램(Milgram)의 복종실험이 바로 좋은 예가 될 수 있다. 스탠리 밀그램교수는 1960년대에 일련의 실험을 통해 사람들이 권위에 대한 과도한 복종 현상에 대해 연구하였다. 그는 뉴 헤이번시에 광고를 실어 남성들을 모집하여 예일대학 밀그램 실험실에서 "기억과 학습에 관한 연구"라는 실험에 참가하도록 하였다. 모든 피험자가 실험실에 도착했을 때 그는 실험실에 이미 두 사람이 있음을 발견하게 된다. 한명은 실험실 작업복을 입은 실험인원이고 다른 한 사람은 월리스(Wallace)라 하는 중년남자였다. 실제 월리스도 사전에 입을 맞춘 실험인원이지만 피험자는 그 사실을 모르고 그들은 월리스도 그들과 같이 실험에 참가하는 피험자로 생각하고 있었다. 작업복을 입은 실험자는 실험에 참가한 사람들에게 이 실험은 징벌이 학습 효과에 대한 영향을 검증하는데 관한 것이라고 설명한다. 실험 때마다 두 사람이 참가하게 되고 한 사람은 "교사"의 역할을 다른 한 사람은 "학생"의 역할을 하게 된다. 만약 "학생"이 잘못 대답했다면 "교사"는 학생에게 징벌을 해야 한다. 다음으로 피험자는 윌리스와 함께 추첨을 하여 누가 교사역할을 누가 학생역할을 할지를 결정하게 된다. 하지만 사실 추첨하는 것 또한 사전에 디자인하여 항상 윌리스가 학생이 되도록 하였고 피험자들은 항상 "교사"의 역할을 추첨하도록 하였다.

실험자는 윌리스의 몸에 전극을 연결하고 "교사"로 하여금 한 기계 앞에 앉도록 한다. 이 기계에는 많은 버튼이 있는데 각 버튼은 서로 다른 전압을 대표하고 있다. 어떤 버튼을 누르면 그 버튼에 해당하는 전압이 윌리스에게 전달되는데 이것이 바로 징벌 내용이었다. 버튼은 15볼트에서 최고로 450볼트까지 있고 버튼 옆에는 "가벼운 충격", "중간 정도의 충격"에서 "위험: 엄중한 충격"이라고 적어놓았고 400볼트 이상의 버튼 옆에는 큰 X를 적어 특별경고를 해놓은 상태이다.

"학생" 역할을 하게 된 윌리스는 실험에서 일부 단어를 주고 그에게 어떤 단어들이 한 그룹에 포함되어야 하는지 대답하도록 하였다. 만약 잘못 대답하면 "교사"는 윌리스에게 전기충격을 주도록 했다. 첫 번째 전기충격은 가장 낮은 15볼트에서 시작하고 두 번째는 30볼트, 이처럼 점점 올라간다. 실험 중 윌리스는 사실상 전기충격을 전혀 받지 않도록 설계하였지만 "교사"는 이 사실을 모른다. 실험에서 윌리스가 계속 틀리면서 전기충격은 계속 강해진다. 150볼트 이후 윌리스는 비명을 지르면서 실험을 그만둘 것을 요구한다. 이때 많은 "교사"은 실험을 그만할 것을 요구한다. 그들이 윌리스의 건강을 걱정해서였다. 하지만 실험자는 항상 "계속 하십시오. 모든 책임은 제가 지도록 하겠습니다."라고 대답하도록 했다.

사실 이 실험은 사람들이 실험자에게 복종하여 윌리스에게 더 높은 전압의 전기충격을 주는지 여부를 검증하는 것이었다. 실험 결과, 실험자는 매우 간단한 단어 혹은 말인 "계속 하십시오."를 사용하여 피험자에게 실험을 계속하도록 요구하여 약 65%의 사람이 실험자에게 복종하여 최종 450볼트의 버튼을 누르게 된다. 실험 결과는 사람들의 예상과는 크게 달랐다. 실험 결과가 나왔지만 사람들은 그래도 65%나 되는 사람들이 윌리스에게 450볼트나 되는 전기충격을 가했다는 사실을 믿을 수 없었다.

한 가설이 사람들에게 세 번째 반응을 불러 일으키는 것은 하늘에 별따기이다. 하지만 연구자로서 가능한 첫 번째 유형의 연구를 회피하고 세 번째 유형의 연구를 하기 위해 노력하여야 한다.

6.4 실험실 연구

가설을 제기하고 나면 그 가설이 정확한지의 여부를 검증하여야 한다. 현재 과학의 발전과 더불어 이미 가설을 검증하는 많은 방법이 이미 존재한다. 따라서 지금부터 사회과학에서 가장 일반적인 세 가지 가설검증방법을 소개하고 다음으로 그들의 장단점에 대해서 소개하고 마지막으로 실험실 연구 방법에 대해 중점적으로 설명하고자 한다.

6.4.1 관찰연구

예를 들어, 다음과 같은 가설이 있다고 하자.

"같은 업무에 있어 돈을 지급하지 않는 것이 지급하는 것보다 사람들의 참여의 적극성을 더욱 높여준다."

그럼 어떻게 이 가설을 검증할 수 있을까? 한 가지 가능한 방법은 자연적으로 발생한 자료들을 수집하여 분석하는 것이다. 이 방법을 관찰연구(observational study)라고 한다. 예를 들어, 일부 국가에서 헌혈은 무상이다. 하지만 다른 일부 국가에서는 헌혈에 대해 일정한 보상이 따른다. 그렇다면 우리는 이 두 국가에서 헌혈자의 비율이 각각 얼마인지를 관찰하면 된다.

새로운 연구를 시작하는 초기에 이와 같은 연구는 매우 유용한 것이다. 자연적으로 생성된 자료들을 수집하면 연구자가 자신이 연구하고자 하는 연구 문제에 대해 이해할 수 있다. 예를 들면, 만약 업무에서 직원들 사이에 서로 돕는 관계가 어떻게 형성되는지에 대해 연구하고자 한다면 우선 일부 기업에서 직원들 간에 서로 돕는 행위에 대해 관찰을 먼저 실시하는 것이 연구자가 관건적 요인을 찾는 데 큰 도움이 될 것이다.

관찰연구의 장점은 연구의 시작 단계에만 국한되는 것이 아니다. 만약 한 연구가 주로 실험실에서만 진행되었다면 실험실에서 자료를 획득한 후 다시 현실에서 현지 연구를 하는 것은 실험실에서 얻은 연구 결과가 자연환경에서도 발생가능한지 여부를 증명하는 데 도움이 된다. 예를 들자면, 실험실 환경에서 여자 직원이 남자 직원에 비해 동료들의 도움을 더 쉽게 받는다는 것을 발견하였다고 하자. 그렇다면 실제 업무환경에서도 그럴 것인가? 이때 실제 관찰연구는 이 문제에 대한 해답을 찾도록 돕는다.

하지만 이런 '자연상태', 즉 현장/현실의 자료 또한 나름의 한계점을 갖고 있다. 우선, 자연상태의 자료는 가설과 무관한 많은 요인의 영향을 받는다. "헌혈과 보상"의 사례에서 알 수 있듯이 한 국가에 헌혈을 장려하는 분위기나 전통이 있는지의 여부, 헌혈이 건강에 미치는 영향에 대한 사람들의 인식 등은 모두 헌혈인구가 전체인구에서 차지하는 비율에 영향을 주게 된다. 이런 요인들의 영향 때문에 우리는 헌혈인구비율의 높고 낮음은 보상여부에 의한 결과인지 아니면 기타 다른 요인의 영향인지를 구분할 수 없게 한다. 다음으로, 자연 발생된 자료는 오직 두 변수간의 상관관계를 설명할 뿐 두 변수 간의 인과관계는 설명할 수 없다. 만약 우리가 사람들의 '즐거운 정도'에 관한 자료를 수집하였고 동시에 이 사람들의 친구의 많고 적음에 대한 자료도 수집하였다고 하자. 우리는 자료에 대한 분석을 통하여 전체적으로 볼 때 친구가 많은 사람이 친구가 적은 사람보다 더 즐겁다는 것을 알 수 있다. 하지만 이 자료들만으로는 과연 사람들이 친구가 많기 때문에 더 행복한 것인지 아니면 사람들이 더 행복하기 때문에 더 쉽게 더 많은 친구를 사귀는지에 대해 확인하지 못한다. 다시 말하면, 이와 같은 자연상태의 자료들만으로는 "두 변수는 서로 상관관계를 갖고 있다"라는 결론은 내릴 수 있지만 두 변수 간의 인과관계에 대해서는 확정지을 수 없다.

이상의 이유로 인하여 연구자는 일반적으로 자연상태의 자료를 수집하지 않고 실험을 통해 가설에 대한 검증을 진행한다. 실험은 대체적으로 두 가지 유형으로 나눌 수 있다. 한 가지는 현장 실험이고 다른 한 가지는 실험실 실험이다.

6.4.2 현장 실험

현장 실험(field experiment)은 자연환경, 즉 현장/현실에서 통제된 실험을 말한다. 실험자는 자연환경에서 독립변수에 대한 조작을 통하여 독립변수의 변화가 종속변수에 대한 영향을 검증함으로써 독립변수와 종속변수 간의 인과관계를 발견하는 것이다. 위의 예시에서, 보상 여부가 헌혈 적극성에 대한 영향에 대한 검증을 할 때 실험자는 두 병원을 선택하여 현장 실험을 할 수 있다. 한 병원에서는 실험자는 헌혈하는 사람들에게 일정한 금액의 보상을 주고 다른 한 병원에서는 실험자들에게 그 어떤 보상도 주지 않았다. 다음으로 연구자는 보상이 있는 것과 없는 두 상황에서 각각 얼마나 많은 사람들이 헌혈에 참가하였는지에 대해 기록할 수 있다.

하지만 이와 같은 현장 실험의 방법도 관찰연구처럼 매우 많은 관련 없는 요인들의 영향을 받기 쉽다. 예를 들어, 한 병원의 주변에는 대부분 노인들이 거주하지만 다른 한 병원은 주로 젊은이들이 거주하는 구역에 위치하였다고 하자. 이 경우 젊은이들이 노인들보다 헌혈에 참가할 가능성이 더 높다. 혹은 한 병원의 직원들의 태도가 매우 좋은 반면 다른 한 병원의 직원들의 태도가 나쁠 경우에도 사람들의 헌혈 적극성에 영향을 주게 된다. 이와 같은 관련 없는 요인들이 헌혈의 적극성에 영향을 주기 때문에 우리는 보상과 헌혈적극성 간의 관계에 대해서는 설명할 수 없다. 때문에 현장 실험을 제대로 실행한다는 것은 매우 어려운 일이다.

6.4.3 실험실 실험

해당 실험이 독립변수와 종속변수 간의 인과관계를 잘 검증할 수 있다는 점을 보장하기 위한 더 좋은 방법은 실험실 실험(lab experiment)을 진행하는 것이다. 실험실 실험은 기타 요인들을 엄격하게 통제하고 오직 독립변수에 대해서만 변화를 주어 종속변수의 변화를 측정하는 것이다. 예를 들어, 실험에 참가하는 사람들을 모두 실험실에 모이게 하고 그들을 무작위로 보상이 있는 그룹과 보상이 없는 그룹 두 실험 상황으로 나눈다. 보상이 있는 그룹 사람들에게는 만약 헌혈에 참가하면 금전적 보상을 준다고 하고 보상이 없는 그룹의 사람들에게는 헌혈은 무상이라고 이야기 한다. 다음 우리는 실험에 참가한 사람들에게 현재 조건에서 헌혈에 참가할 가능성을 대답하도록 한다.

일반적으로 실험실 실험에서 하나의 독립변수는 여러 개의 값을 취할 수 있는데 이를 독립변수 수준이라고 한다. 이런 가능한 값의 상황들이 바로 실험그룹이 된다. 위의 실험에는 두 개의 실험 그룹이 포함되어 있다. 하나는 헌혈 보상이 있는 그룹이고 다른 하나는 헌혈 보상이 없는 그룹이다. 독자들은 뒤의 내용에서 실험그룹이라는 개념을 자주 접하게 될 것이다.

많은 경우 하나의 가설과 관련된 독립변수는 연구자가 조작할 수 있는 것이 아니다. 예를 들어, 성별, 종족, 나이 등이다. 만약 "남자는 여자보다 업무 중 날씨의 영향을 더 쉽게 받는다"는 가설이 있다고 하자. 이러한 가설을 검증하기 위하여서는 한 그룹의 남자와 한 그룹의 여자를 각각 우리의 실험에 참가하도록 하여야 한다. 이때 한 사람이 남자인지 아니면 여자인지는 실험자의 통제를 받지 못하기 때문에 우리는 실험 중에서 모든 피험자들에 대한 무작위 배분을 실현할 수 없다. 즉 우리는 피험자들에 대해 독립변수를 조작할 수 없다. 이처럼 피험자를 실험 그룹들에 무작위 배분을 할 수 없는 실험을 유사실험이라고 하는데 이 내용은 7장에서 자세히 소개할 예정이다.

6.4.4 현장 실험과 실험실 실험과의 비교

모든 연구 방법은 각자 나름의 장점과 단점을 갖고 있기에 단순하게 어떤 방법이 다른 방법보다 좋다고 말할 수 없다. 하지만 특정 연구 수요와 조건에서 어떤 연구 방법이 더욱 적합하다고는 말할 수 있다.

현장 실험의 주요 한계점은 아래와 같다. 현장 실험은 현실의 자연적인 환경에서 발생하기 때문에 자연생성된 자료와 마찬가지로 실험 결과에 영향을 미칠 수 있는 잠재적 변수들을 잘 통제할 수 없기 때문에 내적 타당성이 상대적으로 낮다. 한 실험의 내적 타당성(internal validity)는 종속변수의 변화가 과연 어떤 수준에서 독립변수의 변화에 의하여 발생하는지를 확인할 수 있는 정도를 말한다(Cook & Campbell, 1979). 예를 들어, 앞서 이야기했던 보상이 있는 그 병원 주위에 주로 노인들이 살고 있고 다른 한 병원의 주위에는 젊은이들이 살고 있었는데, 실험 결과는 보상이 없는 그 병원에 사람들이 더 적극적으로 헌혈한 것으로 나타났다. 하지만 그 원인은 젊은이들이 헌혈할 가능성이 더 높기 때문이지 사람들이 보상을 받기 싫어서가 아니다. 이와 같은 문제는 세심하게 설계한 현장 실험을 통하여 실험자가 예측가능한 다양한 영향요인들을 가능한 제거할 수 있다.

현장 실험과 비교했을 때 실험실 실험은 실험 과정과 각종 요인과 변수들을 효과적으로 통제할 수 있기 때문에 연구자들은 알고 있는 영향요인들을 가능한 제거할 수 있다. 따라서 내적 타당성이 비교적 높다. 또한 실험실 실험은 설계가 자유롭고 실험비용도 비교적 낮다. 하지만 실험실 실험도 뚜렷한 결점을 갖고 있다. 먼저, 실험실 실험에서 연구자들은 특수한 실험환경과 조건들을 인위적으로 창조하여 피험자와 실험 과정이 모두 하나의 "비자연상태"에 처하게 만든다. 이 외에 실험실은 규모와 경비 등의 제한을 받을 뿐 아니라 피험자의 표본추출의 어려움으로 외적 타당성이 비교적 낮다. 외적 타당성(external validity)은 어떤 수준에서 실험의 결과가 자체 피험자와 실험환경에서부터 다른 피험자와 실험환경으로 일반화 가능한 정도를 말한다(Cook & Campbell, 1979). 실험자는 그들이 얻은 실험 결과가 보편적인 현상을 대표할 것을 희망하지, 단순히 실험에 참가한 사람들에게만 적용되는 것을 바라지 않는다. 따라서 실험의 중복 가능성(replicability)이 매우 중요한데, 이는 실험 결과가 다른 피험자와 실험환경에서 중복적으로 검증가능한지를 말한다. 만약 한 실험 결과가 어떤 학교의 학생들에게만 유효하다면 이와 같은 연구 결과는 필연적으로 이론적 중요성을 갖추지 못하게 된다. 이와 같은 상황에서 현장 실험의 장점이 더욱 돋보이게 된다. 즉 내적 타당성이 높다는 전제하에 현장 실험은

〈표 6-1〉
실험실 실험과 현장 실험 간의 주요 장단점 비교

구분	실험실 연구	현장 연구
피험자가 실험 참가 인지 여부	있음	없음
현실 상황에 근접한 정도	낮음	높음
외생변수의 개입 가능성	적음	많음
인과관계 검증 능력	좋음	나쁨
실험 비용	낮음	높음

그 실험 환경이 자연상태 그대로이기 때문에 실험 표본이 상대적으로 대표성을 갖고 있어 높은 외적 타당성을 확보하게 된다. 실험실 실험과 현장 실험의 주요 장단점은 아래 〈표 6-1〉을 참조하길 바란다.

한 실험에서 내적 타당성과 외적 타당성 모두 높다면 더 바랄 것이 없을 것이다. 하지만 대부분의 상황에서 내적 타당성과 외적 타당성은 서로 모순되며 동일한 실험에서 두 가지를 모두 만족시키기에는 어려움이 따른다. 두 가지를 모두 만족하기 어려운 상황에서 만약 한 연구의 초점이 두 변수 간의 인과관계에 있다면 실험실 실험이 더 나은 선택이 될 수 있는데 그것은 실험실에서 우리는 다양한 방법과 수단으로 무관한 요인들의 영향을 제거할 수 있기 때문이다. 사실상 내적 타당성이 높은 것은 외적 타당성이 높은 필요 불충분조건이 된다. 필요한 상황에서 우리는 우선 실험실에서 가설에 대해 검증을 하여 독립변수와 종속변수의 인과관계를 명확히 한 다음 자연환경에서 현장 실험의 방법으로 다시 실험을 하여 이 가설의 외적 타당성을 확보할 수 있다.

그렇다면 우리는 어떻게 실험의 내적 타당성을 확보하여야 하는가? 실험실 실험에서 한 실험자가 주의해야 할 기본사항은 어떤 것이 있을까?

6.5 실험설계의 기본원칙

타당성에 대해 이야기하기 전에 우리는 먼저 실험설계의 두 가지 기본 원칙, 무작위화(randomization)와 복제 가능성(replication)에 대해 논하고자 한다. 일반적으로 피험자의 선택과 측정 등 여러 측면에서 언제나 실험오차가 존재하기 마련이다. 때문에 우리는 실험자료에 대해 통계분석을 함으로써 타당성 있는 결론을 도출하게 된다. 이 두 가지 원칙은 통계분석의 기초이자 타당성 높은 실험의 초석이 된다.

실험재료(피험자 포함)의 무작위화는 각 실험그룹 간의 배분에 있어 피험자의 실험 순서 등이 무작위로 배치된 경우를 말한다. 만약 이런 요인들 이 무작위로 진행되었다면 우리는 이를 완전 무작위화(complete randomization)라고 부른다. 그리고 피험자가 무작위적으로 여러 실험그룹에 배분되는 과정을 무작위 배분(random assignment)이라고 부른다. 무작위 배분이란 한 피험자가 여러 실험 그룹에 배분될 기회가 균등하고 무작위로 진행됨을 말한다. 우리는 컴퓨터의 여러 통계 소프트웨어 혹은 간단한 난수 생성기를 통해 무작위 조작을 진행할 수 있다.

실험을 할 때 왜 무작위 배분을 해야 하는가? 무작위화는 우선 통계분석의 가장 기초적인 요구사항이다. 통계 분석에서는 관측값과 오차와 같은 기초 통계량이 독립성을 갖는 무작위 표집이어야 한다. 다시 말하면 오차의 크기는 관측값의 크기에 독립성을 갖고 있어야 한다. 무작위 표집일 경우 오차는 독립적인 무작위 표집으로 간주될 수 있고 종속변수에 체계적인 영향을 미치지 못한다. 더 중요한 것은 무작위 표집은 외생 변수 특히 통제되지 않는 혼입변인(confounding variable)의 영향을 감소 혹은 제거할 수 있다는 점이다. 보상이 헌혈에 미치는 영향을 연구하는 예에서 알 수 있듯이 피험자들에 대한 무작위 배분은 피험자들의 평균 연령이 보상 그룹과 무 보상 그룹 간 대체적으로 같게 나타났다. 만약 무작위 배분을 하지 않았다면 연령이 30세 이상인 피험자와 30세 이하의 피험자가 각각 보상 그룹과 무 보상 그룹에 배분되는 상황이 발생할 수 있다. 이 경우 연령은 하나의 외생변수로서 실험 결과에 영향을 주게 된다. 실험 결과 보상이 없는 실험 그룹이 더 적극적으로 헌혈하는 것으로 나타날 수 있지만 이 결론은 설 자리를 잃을 수밖에 없다. 여기서 더 높은 헌혈 적극성은 보상이 아닌 연령에 의해 발생했을 가능성이 높고 보상에 의한 것이 아닐 수 있기 때문이다. 표본의 크기가 충분히 클 때 피험자를 무작위로 두 실험 그룹에 배분하면 이런 상황을 기본적으로 제거할 수 있다. 다시 말하면 표본의 크기가 충분히 클 때 피험자를 무작위 배분하는 것은 피험자의 연령과 같은 변인이 체계적인 변량을 발생시킬 가능성을 크게 낮출 수 있다.

유념해야 할 부분은 무작위 배분은 반드시 모든 실험 그룹 사이에 진행하여야 한다는 점이다. 다시 헌혈의 예를 통하여 설명하자면 처음에 연구자는 두 개의 실험 그룹을 형성한다. 보상이 있는 그룹과 무 보상 그룹이다. 연구자는 피험자를 두 실험 그룹 사이에서 무작위 배분을 진행하였다. 하지만 후에 연구자는 보상의 형태를 금전이 아니라 선물의 형태일 때 헌혈의 적극성에 영향을 주는지 여부를 알고 싶다는 것을 깨닫게 되었다. 따라서 연구자는 추가적으로 피험자들을 모집하여 그들을 선물 보상그룹에 배분을 하고 이 세 그룹의 헌혈 인원 수를 비교하였다. 하지만 이렇게 하는 것은 잘못된 방법이다. 그 것은 이 세 그룹의 피험자들이 무작위로 배분된 것이 아니기 때문이다. 연구자는 반드시 처음부터 다시 실험을 진행하여 하고 세 개의 실험 그룹에 피험자를 무작위로 배분을 진행하여야 한다. 여기서 이렇게 스스로 자신을 괴롭힐 필요가 있냐고 질문할 수도 있다. 하지만 만약 연구자가 오직 선물 보상 그룹을 실험그룹으로 한다면 이 그룹의 피험자들이 연구자가 처음 실험에 참여한 피험자들과 체계적인 오차를 발생시켜 실험 결과에 영향을 미칠 수 있다. 예를 들어, 선물 보상 그룹의 피험자가 모두 젊은이로 구성될 수 있는데 이렇게 되면 이 그룹의 피험자는 전체적으로 기타 다른 두 실험 그룹에 비해 젊기 때문에 연구 결과 또한 정확하지 않기 마련이다.

복제는 같은 조건에서 실험을 독립적으로 반복 실행함으로써 비슷한 실험 결과를 얻는 것을 말한다. 우선, 복제는 실험자에게 실험 오차에 대해 추정할 수 있게 해준다. 이러한 추정은 실험자를 도와 테스트 결과가 통계적으로 유의한지 여부를 판단할 수 있게 한다. 다음으로, 통계분석의 성격에서 알 수 있듯이 한번의 테스트에 비해 여러 번 복제하는 것은 연구자들로 하여금 보다 정확하게 표본의 평균을 추정할 수 있도록 한다. 통계 분석은 일정한 양의 자료를 갖추어야만 일정한 신뢰도를 갖게 되는데 복잡한 실험 설계일수록 더욱 그렇다. 마침 복제는 일정한 양의 자료를 제공한다. 복제 가능한 실험일 수록 높은 신뢰도를 갖는다. 특별히 유념해야 할 부분은 복제와 반복 측정은 서로 다르다는 것이다. 반복 측정은 단순히 측정의 시각에서 정확도를 높이는 것이지만 복제는 피험자가 실험의 처음부터 마지막까지 피험자가 받는 영향을 모두 다시 측정하는 것이다. 예를 들어, 운동과 심장박동수의 관계에 대해 연구를 할 때 피험자가 운동 후에 심장박동수를 측정하고 일정 시간 휴식 후에 같은 운동을 하고 다시 측정하는 것은 복제이고 피험자가 운동 후에 두 연구자가 각각 오른손과 왼손을 통해 동시에 심장박동수를 측정하는 것은 반복 측정에 해당한다.

6.6 실험의 타당성 문제

실험 과정에서 어떤 실험 방식 혹은 사건은 실험의 타당성에 영향을 주는데 이런 실험 방식 혹은 사건을 타당성에 대한 위협요인(threats to validity)이라 부른다. 일반적으로 내적 타당성 혹은 외적 타당성에 직접적으로 영향을 주는지를 기준으로 내적 타당성에 대한 위협요인(threats to internal validity)과 외적 타당성에 대한 위협요인(threats to external validity)으로 나눈다. 예를 들면, 만약 어떤 요인이 오직 한 실험 그룹의 피험자들에게만 영향을 주고 다른 실험 그룹의 피험자들에게는 영향을 주지 않는다면 이를 내적 타당성에 대한 위협요인으로 볼 수 있다. 반대로 만약 모든 실험 그룹에 같은 영향을 준다면 이는 외적 타당성에 대한 위협요인으로 간주한다. 아래 설명하는 과정에서 필요에 따라 예를 들면서 이와 같은 상황을 설명하고자 한다.

내적 타당성에 대한 위협요인을 우리는 일반적으로 혼입변인(confounding variable)라고 부른다. 혼입변인은 통제 받지 않은 관련이 없는 변인이다. 이러한 변인이 측정 결과에 체계적인 편차를 발생하여 종속변수의 변화가 독립변수의 변화에 의해 발생한 것인지 아닌지를 확정할 수 없게 한다.

6.6.1 내적 타당성을 위협하는 요인

표본 선정의 편중(selection bias). 피험자가 주관적 의도 혹은 객관적인 조건의 영향을 받아 서로 다른 실험그룹에 들어가는 것을 말한다. 이런 자발성 배후에 숨겨져 있는 어떤 요인들이 측정효과에 영향을 줄 수 있다. 피험자에 대한 무작위 배분은 이러한 문제를 해결할 수 있다. 표본 선정의 편중 오차를 회피할 수 없는 상황에서는 아래와 같은 특별한 처리 방법이 효과적일 수 있다. 예를 들어 Heckman이 "Shadow prices, market wages, and labor supply"라는 논문에서 제시한 표집편차에 대한 처리 방법이다.

실험자 편차(experimenter bias). 실험자 자신의 행위로 인하여 발생하는 편차이다. 예를 들면, 만약 실험을 주관하는 사람이 사전에 검증하고자 하는 가설에 대해 알고 있다면 실험하는 과정에서 의도적으로나 무의식중에 하는 어떤 행동들이 서로 다른 실험 상황에 있는 피험자들의 반응에 영향을 줄 수 있다. 이 외에 일부 주관적 자료에 대해 코딩을 할 때 실험 코딩을 하는 사람은 검증하고자 하는 가설을 사전에 알기 때문에 주관적 자료에 대한 코딩이 어떤 경향성을 지닐 수 있다. 이는 모두 실험의 최종 결과에 영향을 미친다. 실험자 편차를 제거하기 위하여 일반적으로 실험을 주관하는 사람에게 실험이 검증하고자 하는 가설에 대해 알지 못하도록 한다. 또한 가설을 제시한 연구자 본인은 실험을 주관하는 역할을 감당할 수 없도록 하고 검증하고자 하는 가설에 대해 무지한 사람에게 실험을 실시하도록 하여야 한다.

성숙 효과(maturation). 우리는 심리적으로나 생물학적으로나 점차 나이들어 간다. 성숙 효과는 이러한 "나이듦"이 실험에 영향을 주는 것을 말한다. 일반적으로 실험의 주기가 매우 클 때 이러한 영향에 대해 고려하게 된다. 피험자가 아동일 때 특히 이런 영향에 대해 유의하여야 한다. 예를 들어, 어떤 연구 결과에 의하면 아무런 치료를 받지 않더라도 대다수 대학생들은 6개월 내에 심리적 우울증에서 벗어날 수 있다. 만약 대학생을 대상으로 신약실험을 하였는데 측정 결과 약을 복용한 대학생이 6개월 내에 심리적 우을증에서 벗어났다고 하자. 이는 신약의 치료효과로 보기 어렵다. 이런 문제를 해결하기 위하여 무작위로 통제그룹을 형성할 수 있다.

실험 대상의 탈락(mortality). 실험 중 일부 피험자가 실험에서 탈락 함으로써 측정 결과에 영향을 주는 것을 말한다. 예를 들어, 피험자가 갑자기 외부로 파견을 나가게 되어 실험에 계속 참가할 수 없는 경우이다. 이 피험자가 기타 실험을 완료한 피험자들과 어떻게 다른지를 모르기 때문에 이 상황이 실험 결과에 어떤 영향을 미쳤는지를 해석하는 것은 매우 어려운 일이다. 이런 상황을 피하기 위해서는 정식으로 실험을 시작하기 전에 사전 측정을 하여 피험자들의 특성을 파악하여야 한다. 하지만 동시에 이런 사전 측정이 내적 타당성에 줄 수 있는 영향에 대해 주의하여야 한다. 무작위 배분은 일부 상황에서 이 문제를 해결하는데 어느 정도 도움이 될 것이다.

시험 효과(testing). 사후 측정(posttest) 전에 관련성이 높은 사전 측정(pretest)를 하게 되면 피험자가 실험에 대해 더 익숙해지고 민감해 짐으로써 측정의 성적을 높이는 결과를 초래하는 것을 말한다. 이런 상황에서는 통제 그룹을 추가할 필요가 있다.

통계적 회귀현상(statistical regression). 극단적인 그룹에 대해 연구할 때에는 측정값의 변화가 일반 집단에 비해 매우 큰 경우가 많다. 이때 극단적 그룹의 피험자들을 두 번째 측정했을 때에 평균값에 접근하는 현상이 바로 통계적 회귀현상이다. 예를 들어, 어떤 측정에서 점수를 95점 이상을 받은 집단(100점 만점)을 다시 측정했을 경우 피험자의 점수는 평균값에 접근할 가능성이 높다. 이러한 극단적인 그룹에 대한 연구를 회피하는 것도 가능한 방법이다. 그럴 수 없을 경우에는 피험자들을 무작위로 배분하거나 통제그룹을 추가하는 방법이 있다.

상호작용 효과(interaction). 두 가지 혹은 그 이상의 타당성 위협 요인이 동시에 영향을 미치는 경우를 상호작용 효과라고 한다. 예를 들어, 실험자가 실험 목적을 알기 때문에 스스로 피험자에 대해 그룹을 나눈다면 표본 선정 편중과 실험자 편차 간의 상호작용 효과에 속한다.

6.6.2 외적 타당성을 위협하는 요인

대표성 부재 표본(non-representative sample). 표본(sample)으로서의 피험자들이 모수(population)를 대표할 수 없는 상황을 말한다. 예를 들어, 중국의 TV 광고가 소비자 구매 의도에 대한 영향에 대해 연구할 때 만약 자동차 광고가 구매 의도에 대한 영향에 대해서만 연구를 하였다면 이러한 연구는 대표성을 잃게 된다. 사실 매우 많은 요인들이 표본의 대표성을 잃게 만든다. 표본의 대표성을 확보하는 것은 외적 타당성을 보증하는 초석이 된다.

호손 효과(Hawthorne effect). 연구자가 있을 때 피험자의 긴장 등 여러 심리적 원인으로 인하여 피험자의 표현이 평상시와 다르게 나타나는데 이는 자연스럽게 결과의 외적 타당성에 영향을 주게 된다. 만약 이러한 차별이 측정 결과에 매우 큰 영향을 미친다는 사실을 모를 경우 어떻게 처리해야 하는가? 한 가지 쉬운 방법은 또 하나의 통제 그룹을 사용하는 것이다. 이 통제 그룹은 실험 그룹과 마찬가지로 관찰되지만 측정을 받을 필요는 없고 다만 호손 효과 여부를 알아내기 위하여 존재한다. 만약 연구자의 가설에 두 개의 실험그룹이 필요하다면, 특별한 이유 외에는 일반적으로 두 그룹 모두 호손 효과의 영향을 받는다. 또한 이 경우 그 두 그룹이 받는 영향도 거의 비슷하다. 따라서 만약 연구자가 두 그룹 간의 구별에 대해서만 관심이 있고 각 그룹의 절대값에 대해 관심이 없다면 통제 그룹을 추가할 필요가 없다. 호손효과는 두 그룹 자료의 절대값에만 영향을 주고 두 그룹의 자료의 상대값에는 영향을 주지 않기 때문이다. 하지만 호손 효과가 연구자가 검증하고자 하는 행위를 완전히 덮어버릴 가능성이 있기 때문에 통제 그룹을 추가하더라도 연구자는 이론적으로 예측했던 결과를 얻을 수 없다. 이런 경우 연구자들은 어떻게 호손 효과를 제거할 것인가에 대해 고민하여야 한다. 예를 들면, 피험자로 하여금 그들이 정상적인 환경에서 어떤 정상적인 행위를 한다는 느낌을 갖게 하기 위하여 피험자가 볼 수 없는 곳에서 그들을 관찰하는 방법을 생각해 볼 수 있다.

수요 특성(demand characteristics). 피험자는 실험에 참여할 때 자연스럽게 실험자가 검증하고자 하는 의도를 추측하게 된다. 이처럼 실험 중에 피험자로 하여금 추측하게 하는 근거들을 수요 특성이라고 부른다(Schweigert, 2006). 피험자가 가설에 대해 추측을 하면 그러한 추측은 실험 중 그들의 행위에 어느 정도 영향을 주기 마련이다. 일부 피험자들은 그들이 가설에 대해 추측한 것을 근거로 의도적으로 가설과 일치한 행위를 하기도 하고, 또 다른 피험자들은 고의적으로 그들의 추측과 상반되는 행위를 보여주기도 한다. 예를 들어, "모니터 크기와 적극성" 연구에서 피험자가 실험자가 검증하고자 하는 가설이 "모니터 크기가 클 수록 업무 적극성이 더 높다"라는 것을 알아 냈다면 그들의 업무 적극성이 모니터 크기와 관련 없는데도 그들은 실험자의 가설과 일치한 행위를 하려고 노력할 수도 있다. 이 경우 사실 그들이 진정 원하는 것은 회사의 경영층이 실험 결과를 보고 그들에게 더 큰 모니터를 사주는 것일 가능성이 크다. 또 다른 예를 들자면, 만약 피험자들이 실험자가 검증하고자 하는 가설이 "처벌이 많을수록 업무 성과가 높을 것이다"라는 것을 추측하였다고 하자. 이 경우 처벌을 받는 것을 좋아하는 사람은 없으므로 피험자들은 의도적으로 자신의 업무 성과를 낮출 가능성이 매우 높다. 이는 고의적으로 가설과 상반되는 행위를 하는 경우에 속한다. 그들의 행위가 가설과 일치하든 상반되든 간에 실험 결과의 타당성은 영향을 받게 된다. 때문에 수요 특성을 낮춰 피험자들이 실험의 가설을 추측하지 못하도록 노력하여야 한다. 엄밀하게 설계된 실험은, 일반적으로 실험자의 진실된 의도를 비교적 성공적으로 숨겨 피험자가 진실된 실험 의도를 추측하여 자신의 행위를 조정하는 것을 사전에 방지할 수 있다.

플라시보 효과(placebo effect). 피험자가 실험을 받지 않았더라도 효과적인 피드백을 보여주는 경우를 말한다. 가장 전형적인 예가 바로 신약실험이다. 만약 실험자가 피험자에게 실제로는 비타민 C를 주면서 그들이 먹은 약이 진통제라고 했을 때, 피험자들은 진통이 많이 사라졌다고 느낄 가능성이 높다는 것이다. 이는 비타민 C가 진통을 억제한 것이 아니라 사람들이 그들이 먹은 약이 진통제라 생각하고 심리적으로 아픔을 적게 느꼈기 때문이다. 이를 플라시보 효과 혹은 위약효과라고 한다. 그렇다면 만약 한 피험자가 진짜 진통제를 먹은 후 통증이 감소되었을 때 이 진통제가 효과가 있다고 할 수 있겠는가? 그렇지 않다. 그러한 통증의 감소도 피험자가 약을 먹은 후 '느낌상' 더 좋아진 것일 수 있기 때문이다. 그럼 진통제의 진실된 효과는 어떻게 측정할 수 있을까? 우선 하나의 통제그룹이 필요하다. 통제그룹의 피험자들에게 진통제를 먹는다고 알려주면서, 실제로는 그들에게 비타민 C를 준다. 만약 실험 그룹의 자료가 통제그룹에 비해 더 잘 나왔을 경우 연구자는 진통제가 효과 있다는 결론을 내릴 수 있다.

호손 효과, 수요 특성, 플라시보 효과 등은 하나의 공통된 특징이 있는데 그것은 실험대상자들이 실험받고 있음을 의식하고 있다는 점이다. 따라서 측정의 피드백이 실험에 참여 하지 않을 때와 다르게 나타나는 것이다. 때문에 어떤 사람들은 이러한 특징을 갖고 있는 요인을 반응성 효과(reactivity)라고 부른다. 피험자로 하여금 자신이 실험에 참여하고 있다는 사실을 모르게 하는 것이 가장 좋은 방법이지만 만약 현실적으로 어려울 경우 적어도 피험자가 실험의 목적에 대해 알게 해서는 안 된다.

6.7 가설을 어떻게 실험 설계로 전환할 것인가

이 부분에서는 우선 실험에서 어떻게 가설을 조작 가능하고 측정 가능한 대상으로 전환하는가를 소개하고 다음으로 실험 과정에서 피해야 할 문제를 설명하고자 한다.

우선, 실험에서 어떻게 한 변수에 대해 정의하는지 또한 조작적 정의(operational definition)란 무엇인지에 대해 살펴보도록 하자. 일반적으로 변수는 추상적인 개념인 경우가 많은데 연구자는 이를 구체적으로 조작 혹은 관찰 가능한 형식으로 전환할 필요가 있다. 실험자가 조작하고 평가할 수 있는 해당 변수에 대한 조작 가능한 형식을 조작적 정의라고 한다(Cozy, 2001). 조작적 정의가 있다면 기타 연구자는 상대적으로 쉽게 어떤 실험을 반복할 수 있다(Elmes, Kantovitz & Roediger, 1999). 한 변수에 대한 정의가 잘 되었다는 의미는 조작 가능할 뿐 아니라 변수를 정확하고 효과적으로 대표할 수 있다는 의미이다. 예를 들어 콜 센터 직원들의 효율을 전화를 받는 횟수로만 정의하고 품질에 대하여서는 소홀히 한다면 분명 문제가 생길 것이다.

한 변수에 대해 조작적 정의를 내린다는 것은 실험 설계에 있어 매우 도전적인 부분이기도 하다. 변수의 추상성의 정도가 다름에 따라 조작적 정의를 내리는 어려운 정도도 다르다. 예를 들어 근무시간은 상대적으로 구체적인 변수이기 때문에 연구자는 시간 수로도 근무시간을 평가할 수 있다. 하지만 업무 적극성은 비교적 복잡하고 추상적인 변수로서 많은 요소와 관련이 있다. 예를 들어 한 직원이 매주 몇 시간 초과 근무를 하기를 원하는지, 어려운 업무를 받아들이기 원하는지 여부, 예정보다 빨리 업무를 완성하는 등 항목들이 존재한다. 연구자는 업무 적극성의 특정 한 부분으로 업무 적극성에 대해 조작적 정의를 내릴 수 있다. 관건은 반드시 먼저 이 변수에 대해 효과적으로 평가하고 조작할 수 있는 방법을 고안해내야 구체적으로 실험을 실행할 수 있다는 것이다.

만약 정서의 업무 효율에 대한 영향에 대해 알고 싶을 경우 우선 실험에서 연구자가 필요로 하는 정서를 어떻게 생성할 것이고 소위 '업무 효율'을 어떻게 측정할 것인가에 대한 대답을 먼저 해야 한다. 예를 들어, 만약 연구자가 슬픈 정서는 즐거운 정서에 비해 상대적으로 업무 효율이 낮다는 가설을 세웠다고 하자. 실험에서 어떻게 사람들에게 슬픈 정서와 즐거운 정서를 갖도록 할 것인가? 어떤 연구자는 매우 간단하게 대답할 수도 있을 것이다. 즉 피험자가 오면 그들에게 오늘 즐거운지 여부를 물어보고 즐겁다고 대답한 사람은 즐거운 정서 그룹에 배정하고 즐겁지 않은 사람들을 슬픈 정서 그룹에 배정하는 것이다. 하지만 이와 같은 방법은 잘못되었다. 이와 같은 배정 방법은 피험자를 무작위 배분 원칙이 아니라 그들의 정서에 따라 배분한 것이기 때문이다. 한 가지 가능한 방법은 피험자들을 무작위로 두 그룹에 배분하고 각각 두 그룹의 사람들에게 그들의 과거 경험을 회상하게 하는 것이다. 한 그룹은 즐거운 경험을, 다른 한 그룹은 슬픈 경험을 회상하게 하면 연구자는 실험에 참가 대상으로 하여금 두 가지 서로 다른 정서를 생성하게 할 수 있다. 그 다음, 연구자는 피험자들에게 부품 수를 세는 것과 같은 특정 업무를 하게 하고 그들이 규정된 시간 내에 얼마나 완성하는지를 살펴본다. 과거 경험에 대한 회상과 부품 수를 세는 것은 정서와 업무 효율에 대한 조작적 정의에 해당한다. 일반적으로 만약 연구자가 한 가설에 근거하여 대응되는 변수의 조작적 정의를 내릴 수 없다면 이 가설은 반증할 수 없게 된다.

실험 설계에서 조작적 정의를 형성하는 과정에서도 타당성을 확보하는 것은 항상 고려해야 할 문제이다. 그중 가장 중요한 것은 연구자의 조작적 정의는 반드시 연구자가 평가하고 조작하려고 하는 변수에 대한 평가 혹은 조작이어야 하고 다른 기타 변수에 영향을 주어서는 안 된다는 것이다. 이것은 좋은 실험 사례의 가장 핵심적인 부분이다.

독립변수의 시각에서 보면 조작적 정의는 일반적으로 아래와 같은 세 가지 문제가 존재한다. 사람들에게 과거 경험을 회상하는 방법을 통해 슬프거나 즐거운 정서를 생성하는 조작적 정의를 예를 들어 설명해보도록 하자. 우선, 이 방법도 잘못된 방법일 가능성이 크다. 즐겁거나 슬픈 경험에 대해 회상을 한다고 하여 피험자가 현재 상황에서 즐겁거나 슬픈 정서를 갖는다고 보장할 수 없기 때문이다. 그렇다면 이 경우 만약 업무 효율이 두 실험 그룹 사이에 다르게 나타났다고 하여 정서가 업무 효율에 영향을 미친다는 결론을 내린다면 그것은 잘못된 것이다. 그것은 두 그룹에 있는 피험자의 정서는 실제로는 차이가 없고 사실은 기타 다른 어떤 요인이 업무 효율의 차이를 발생시켰을 것이기 때문이다.

다음으로, 경험을 회상하는 방법이 효과적으로 피험자의 현재의 정서를 대변하였다고 하여도 생성된 정서가 연구자가 희망하는 정서가 아닐 수 있다. 예를 들어 슬픈 기억에 대한 회상은 피험자로 하여금 더 슬프게 한 것이 아니라 더 소극적이게 할 수 있다. 이 경우 만약 이 그룹의 피험자의 업무 효율이 낮게 나타났다고 하더라도 슬픈 정서가 업무 효율의 저하를 초래했다는 결론을 내릴 수는 없다. 여기에는 소극적인 정서가 작용했을 가능성이 더 크기 때문이다.

마지막으로, 가장 일반적이면서도 회피할 수 없는 문제가 있다. 그것은 조작적 정의가 연구자가 변화하려고 하는 요인 뿐만 아니라 연구자가 원하지 않은 요인까지 변화시키는 경우이다. 예를 들어, 슬픈 경험에 대한 회상은 피험자로 하여금 현재 더 슬프게 느끼게 할 뿐 아니라 더 소극적이 되게 할 수 있다. 그렇다면 만약 이 그룹의 피험자들이 업무 효율이 낮게 나타났을 경우 과연 슬픔에 의한 것인지 아니면 소극적 정서에 의한 것인지에 대해 알 수 없기에, 이 실험 또한 연구자의 가설에 대해 검증을 해줄 수 없다. 이런 상황은 리뷰어들이 실험에 대해 자주하는 질문 중 하나이다.

이상에 열거한 이유들 때문에 일반적으로 주관적인 조작적 정의는 하나 혹은 여러 개의 질문을 통해 조작적 정의의 효과 여부와 동시에 기타 요인에 대해 영향을 주는지 여부를 검증한다. 실험은 "조작 점검(manipulation check)"의 절차를 포함하고 있는데 그 주 목적은 연구자가 조작한 것이 연구자가 조작하려고 하는 변수에 대해 효과적으로 개변시켰는지를 점검하는 것이다. 조작적 정의가 기타 다른 관련 없는 변수에 영향을 주지 않았다는 점을 확보하기 위하여, 일부 실험에서는 영향 받을 가능성이 높은 변수도 함께 측정을 하고 이 변수 들이 영향을 받았는지 여부를 확인하기도 한다. 연구자는 변수가 비교적 추상적이고 계량화하기 어려울 때에는 조작적 정의를 내리는 것에 매우 신중하여야 한다.

종속변수에 있어 가장 중요한 것은 조작적 정의가 종속변수를 정확하게 측정하는 것이다. 예를 들어, 가설의 종속변수가 사람들이 목표를 달성하기 위하여 얼마나 큰 동기가 있어야 하는가라고 하자. 이 종속변수를 측정하기 위하여 피험자로 하여금 아래와 같은 질문에 답하도록 할 수 있다. "당신은 당신의 목표를 달성하는 것을 얼마나 원하고 있습니까?" 이는 좋은 조작적 정의라고 할 수 없다. 이는 마치 다이어트 중인 사람에게 "당신은 10kg 다이어트 하는 것을 얼마나 원하고 있습니까?"라는 질문과 똑같다. 피험자 모두 "매우 원하고 있다"라는 답을 할 것이다. 하지만 "다이어트를 원하는 것"은 "당신이 다이어트를 행동으로 옮기는데 얼마나 큰 동기가 필요한가"라는 질문과 다르다. 이와 같이 문제의 선택에 있어 신중하여야 할 필요가 있다.

많은 경우, 만약 한 실험에서 주관적 종속변수를 비교적 객관적인 방식으로 측정할 수 있다면 이러한 실험은 리뷰어들로부터 많은 환영을 받는다. 예를 들어, 연구자는 사람들이 매일 운동에 참가하는 시간을 다이어트 목표를 실현하기 위한 동기로 측정할 수 있다. 이와 같은 객관적인 조작적 정의는 일반적으로 "행위 측정(behavioral measure)"이라고 부른다. 좋은 실험은 항상 주관적인 조작적 정의를 행위측정과 결합시킨다. 행위 측정은 한 이론의 실제 응용을 증명할 수 있을 뿐 아니라 주관적 조작적 정의에 비해 피험자들이 더 쉽게 이해할 수 있게 해준다. 물론 많은 경우 한 변수에게 적합한 좋은 행위 측정 방식을 찾는 것은 쉬운 일이 아니다. 예를 들어, 연구자의 종속변수가 '즐거운 정도'일 때. 이 변수 자체는 매우 주관적인 개념이기 때문에 하나의 행위 방식으로 측정하는 것도 그만큼 어려워진다. 연구자는 사람들이 웃는 횟수를 측정할 수는 있겠지만 이 방법으로는 사람들이 진정한 즐거운 정도를 정확하게 측정할 수 없다.

앞에서 제기한 문제들 외에 특히 주의 해야 할 점은 변수에 대해 조작을 고려할 때 유리천장 효과(ceiling effect)와 바닥 효과(floor effect)를 회피해야 한다는 것이다. 실험과정에 때로는 모든 자료가 가능한 범위에서 최고 점수에 집중되는 상황이 발생하는데 이를 유리천장 효과라고 한다. 예를 들어, 만약 연구자가 더 많은 보너스는 더 높은 업무 적극성을 불러 일으킨다는 가설을 검증하고자 한다. 연구자는 피험자들을 모집하고 그들에게 만약 그들이 5분 동안 부품을 세는데 동의하면 그들에게 각각 20위안을 지불하고 다른 한 그룹 피험자들에게는 5분 동안 부품을 세는데 동의하면 그들에게 각각 40위안을 지불하겠다고 한다. 다음으로 연구자는 모든 사람들에게 그들이 부품을 세는 업무에 참여할 의도가 얼마나 높은지를 대답하게 한다. 결과 연구자는 20위안을 주든 40위안을 주든 부품을 세겠다는 가능성은 모두 95% 좌우였다. 그렇다면 이 것이 연구자의 가설이 성립되지 않는다는 것을 의미하는가? 꼭 그렇다고 할 수 없다. 그것은 연구자의 결과가 유리천장 효과의 영향을 받았을 가능성이 매우 높기 때문이다. 다시 말하면 20위안을 주는 상황에서 피험자들은 이미 부품 세는 일에 참여할 가능성이 매우 높기 때문에 그들에게 돈을 좀 더 준다고 해도 그들이 참여할 가능성을 크게 향상시킬 수 없다는 것이다. 만약 그렇다면, 연구자는 20위안의 보상금을 낮추면 되는데 예를 들어 5위안으로 낮출 수 있다. 물론 퍼센트라는 측정 방식으로는 업무 적극성을 구분할 수 없기 때문에 연구자는 다른 방법으로 종속변수를 측정할 수도 있다. 예를 들어, "만약 당신에게 40위안을 주면 당신은 몇 분동안 부품을 셀 수 있는가?"라는 질문을 할 수 있다. 이러한 방법을 통해 유리천장 효과를 극복할 수 있다. 바닥 효과는 유리천장 효과와 대응되는 개념이다. 이는 모든 자료가 가능한 범위에서 가장 밑단에 집중되는 상황을 말한다. 이에 대한 처리 방법 역시 유리천장 효과를 해결하는 방법과 비슷하다. 우리는 실험 과정에서 이와 같은 두 가지 상황이 발생하는 것을 가능한 회피하여야 한다. 그렇지 못할 경우 실험 결과를 해석함에 있어 연구자들은 독립변수가 과연 종속변수에 영향을 미치지 않기 때문인지, 독립변수가 적절한 수준에 설정되지 못해서인지, 아니면 종속변수를 적절하게 측정하지 못했기 때문인지를 단정지을 수 없다.

연구자들의 첫 실험 설계는 완벽하지 않을 수 있다. 특히 복잡하거나 변수가 상대적으로 추상적인 상황에서는 더욱 그렇다. 때문에 때로는 실험자들은 사전에 소수의 피험자들을 통해 "파일럿 연구(pilot study)"를 하여 소규모 범위에서 실험을 하여 생각 밖의 문제가 발생하는지의 여부를 확인한다. 측정의 목적을 더 잘 실현하기 위하여 파일럿 연구가 끝난 후에는 실험에 참가한 피험자들은 종속변수와는 관련이 없지만 실험 설계와는 관련이 있는 질문들에 대답하여야 한다. 예를 들어, "당신은 연구자들이 실험에 대해 명확하고 알기 쉽게 설명하였다고 생각하는가?" "당신은 실험 과정에서 이해하는 데 어려움을 겪었는가?" 등의 질문이다. 실험자는 피험자들의 의견을 받음으로써 어떤 부분을 개선해야 하는지를 알 수 있다. 때로는 피험자들에게 실험하는 과정에서 바로 의견을 진술할 것을 요구할 수도 있다. 이렇게 하면 피험자들의 반응을 통해 실험자는 정식 실험에 대해 필요한 수정을 하여 전체 정식 실험이 정식으로 시작하기 전에 발생 가능한 문제점들을 최소화할 수 있다.

실험 결과에 대한 이해

실험이 끝나고 자료 수집도 완성되면 연구자들은 자료에 대해 분석을 하게 된다. 만약 자료에 대한 분석 결과가 연구자의 가설과 불일치하는 경우는 어떻게 해야 하는가? 이는 연구자의 가설이 잘못되었다는 것을 의미하는가? 너무 빨리 결론을 지을 필요는 없다. 우선, 어떤 상황에서 가설과 일치하지 않은 결과를 얻었는지를 먼저 살펴보는 것이 필요하다.

물론 가설이 잘못되었을 가능성을 배제할 수 없다. 하지만 이는 유일한 해석이 아니다. 또 하나의 가능성은 연구자의 실험 설계가 잘못되었을 가능성이다. 예를 들어, 피험자들이 연구자의 안내에 대해 정확하게 이해하지 못하거나 피험자들이 실험 후기에 많은 피로를 느끼면서 문제를 제대로 대답하지 않았을 가능성 등의 이유가 있을 수 있다.

이 외에 이 상황에서 다음과 같은 질문에 대해 생각해 볼 필요가 있다. "실험 과정에 혼입변인이 없었는지?" 혼입변인의 영향을 제거하는 것은 신뢰성 있는 자료를 획득하는 매우 중요한 부분이다. 때문에 연구자는 통제해야 하는 변수가 제대로 통제되었는지? 통제해야 할 또 다른 변수들이 존재하는데 연구자가 고려하지 않았는지? 표본의 크기가 무작위 배분을 통해 랜덤 오차를 제거하였는지? 실험을 주관하는 인원이 모든 피험자들에게 공정하면서 경향성이 없었는지? 등의 질문에 대답해볼 필요가 있다.

혼입변인 외에 조작적 정의가 효과적인지 여부를 고려하여야 한다. 예를 들어, 연구자가 "즐거움"과 "슬픔"에 대한 조작적 정의를 '사람들에게 즐거운 음악과 느린 음악을 들려주는 것'으로 정의하였다고 하자. 만약 이 음악들이 피험자들로 하여금 "즐거움"이나 "슬픔"을 느끼게 만들지 못했다면 연구자는 조작적 정의를 바꿔야 할 것이다. 이 외에 앞서 언급했듯이 변수의 조작적 정의를 내릴 때 연구자들은 적절한 범위 내에서 값을 취하여 유리천장 효과와 바닥 효과가 발생하는 것을 회피하여야 한다. 만약 연구자가 이 두 효과가 발생하여 두 실험 그룹 사이에 차이가 존재하지 않을 가능성이 있다면 조작적 정의를 개선하여 실험을 다시 해야 한다.

6.8 실험설계

아래 부분에서는 중점적으로 어떻게 실험을 설계하여 가설에 대해 검증하는지에 대해 설명하도록 한다. 실험의 설계의 상당 부분은 연구자의 가설에 의하여 결정된다. 연구자의 가설에 몇 개의 독립변수가 있고 각각의 독립변수가 몇 개의 수준에 있는지가 매우 중요하다. 만약 연구자의 가설에 오직 하나의 독립변수만 존재한다면 실험은 가장 간단한 그룹 간 설계(between-subjects design) 혹은 그룹 내 설계(within-subjects design)가 된다. 만약 연구자의 가설에 두 개 혹은 두 개 이상의 독립변수가 존재한다면 실험 설계는 팩토리얼 디자인(factorial design)이어야 한다. 물론 팩토리얼 디자인은 그룹 간 설계가 될 수 있고 그룹 내 설계도 될 수 있으며 그룹 간 그룹 내 혼합 설계도 가능하다. 지금부터 이 세 가지 설계에 대해 하나씩 소개하고자 한다.

6.8.1 그룹 간 설계

실험을 설계함에 있어 가장 먼저 고려해야 할 점은 어떻게 실험대상자들을 서로 다른 독립변수 수준의 실험그룹으로 배분하는지에 대한 문제이다. 두 가지 배분 방식이 존재한다. (1) 서로 다른 피험자를 서로 다른 값에 배분한다. (2) 모든 피험자에게 모든 가능한 값을 갖도록 한다.

소위 '그룹 간 설계'란 서로 다른 실험 그룹에 참가하는 사람들이 서로 다르다는 의미이다. 즉 위에서 말하는 첫 번째 배분 방식이다. 만약 연구자가 다음과 같은 가설을 제시하였다고 하자.

"어떤 물건에 대해 한 사람이 소유한 후 팔 때 원하는 가격이 그 물건을 소유하기 전에 원하는 지불 가격보다 높다."

이 경우 연구자는 아래와 같은 실험을 설계할 수 있다. 피험자들을 무작위로 두 그룹으로 나누고 한 그룹에는 각각 하나의 컵을 나눠 주고 다른 그룹에는 컵을 나눠주지 않는다. 그 다음, 컵을 갖고 있는 사람들에게는 만약 이 컵을 판다고 했을 때 구매자가 얼마 지급해야 팔겠는가를 대답하게 하고 컵을 갖고 있지 않은 사람들에게는 만약 이와 같은 컵을 사려면 그들이 어느 정도의 금액을 지불할 의사가 있는지를 대답하도록 한다. 이와 같은 실험이 바로 피험자를 배분하는 첫 번째 방식으로서 전형적인 그룹 간 설계 실험이다.

또 다른 예를 들면, "긍정적인 피드백이 부정적 피드백보다 직원의 업무 성과를 더 향상 시킨다"는 가설을 제시하였다고 하자. 연구자는 무작위로 두 그룹으로 배분하고 한 그룹에게는 긍정적인 피드백을 제시하고 다른 한 그룹에게는 부정적 피드백을 제시한 후 이 두 그룹의 업무 성과가 비교해보면 된다. 위의 예와 같이 만약 한 그룹의 피험자들이 긍정적인 피드백을 받았다면 그들은 부정적인 피드백을 받을 수 없고 반면에 부정적인 피드백을 받은 사람들은 긍정적인 피드백을 받을 수 없다. 다시 말하면 모든 사람은 오직 하나의 실험 그룹에 속하게 된다. 이러한 설계를 그룹 간 설계라고 한다.

앞에서 사용하였던 "모니터 크기와 적극성" 연구도 그룹 간 설계의 예에 속한다. 한 그룹의 직원에게는 큰 모니터를 제공하고 다른 한 그룹의 직원에게는 작은 모니터를 제공한 후 그들의 업무 적극성을 각각 측정하는 방법이다. 만약 독립변수의 수준이 두 개 이상일 경우 우리는 두 개 이상의 실험 그룹을 갖게 된다. 예를 들어, 모니터 사이즈가 클 수록 업무 적극성이 높지만 모니터 크기가 어느 정도 커지면 더 이상 업무 적극성에 영향을 미치지 않는다. 때문에 연구자들은 세 개의 실험그룹, 즉 14인치 모니터를 사용하는 그룹, 19인치 모니터를 사용하는 그룹과 25인치 모니터를 사용하는 그룹으로 나눌 수 있다. 다음으로 각 그룹 직원들의 업무 적극성을 측정하면 된다. 분명한 것은 서로 다른 그룹의 사람들은 서로 다른 크기의 모니터를 사용해야 한다는 것이다. 이 또한 그룹 간 설계에 속한다. 단지 더 많은 실험 그룹이 포함되었을 뿐이다.

서로 다른 실험 그룹의 피험자 간에 개인적 차이가 존재할 수 있기 때문에 연구자들은 배분할 때 가능한 피험자들에 대해 무작위 배분을 하여 이러한 차이를 제거해야 한다.

6.8.2 그룹 내 설계

그룹 간 차이를 감소시키는 또 하나의 방법은 우리가 위에서 제시한 피험자를 배분하는 두 번째 실험설계 방법인 '그룹 내 설계'이다. 그룹 내 설계란 피험자들로 하여금 어떤 독립변수의 모든 가능한 상황에 참여하게 하는 것이다. 그룹 내 설계에 있어 모든 피험자들은 모든 실험 그룹에 참여하게 된다. 피험자 간의 개인적 차이는 모두 실험 그룹 내에서 발생하기 때문에 무작위 배분이 필요 없다.

다시 "모니터 크기와 업무 적극성" 연구를 예로 들어 설명하도록 하자. 연구자는 모든 사람들에게 작은 사이즈의 모니터를 제공하고 그들의 업무 적극성을 측정할 수 있다. 일정 기간 지난 후에는 모든 사람들의 모니터를 좀 더 큰 사이즈의 모니터로 교체한 후 그들의 업무 적극성을 측정할 수 있다. 다음에 이 두 상황에서 사람들의 업무 적극성을 비교할 수 있다. 모든 사람들이 두 가지 모니터를 모두 사용하였기 때문이 이와 같은 실험 설계를 그룹 내 설계라고 한다.

한 가지 비교적 일반적인 그룹 내 설계는 사전-사후검사 설계(pretest-posttest design)이다. 예를 들어, 연구자가 "알콜 음료를 마시는 사람들은 반응 속도가 낮다"라는 가설을 제시하였다고 하자. 이 경우 연구자는 우선 피험자들의 알콜 음료를 마시기 전의 반응 속도를 먼저 측정한 다음, 같은 사람들에게 알콜 음료를 마시게 하고 같은 측정을 다시 하여 그들의 반응 속도를 기록할 수 있다. 이와 같은 설계를 사전-사후검사 설계라고 한다.

6.8.3 그룹 내 설계와 그룹 간 설계의 선택

자원이 충분한 상황에서 많은 실험자들은 그룹 간 설계를 사용하는 경향이 있다. 그룹 간 설계는 상대적으로 보수적인 설계인데 이는 그룹 간 설계에서는 한 실험 그룹이 다른 실험 그룹에 영향을 주는 상황이 발생하지 않기 때문이다. 일반적으로 그룹 간 설계의 수요 특성은 그룹 내 설계에 비해 명확하지 않다. 만약 한 피험자가 두 실험 그룹에서의 문제를 대답했을 경우 그는 상대적으로 쉽게 이 두 문제에 대해 비교할 수 있기에 실험자의 의도를 더 쉽게 추측하여 자신의 행위를 조절할 수도 있다. 이렇게 되면 실험 결과의 진실성에 영향을 주게 된다. 예를 들어, 그룹 내 설계 방법으로 알콜 음료가 반응 속도에 미치는 영향에 대해 검증하려고 할 경우 알콜 음료를 마지기 전과 후에 똑같이 측정을 하기 때문에 피험자들은 알콜 음료가 그들에게 미치는영향을 검증하려는 연구자의 의도를 쉽게 파악할 수 있다. 이렇게 되면 피험자들이 자신들의 반응 속도를 빠르게 하든 느리게 하든 간에 실험의 결과에는 모두 편차가 발생하기 마련이다. 만약 그룹 간 설계일 경우 수요 특성의 영향은 상대적으로 작게 나타난다. 물론 그룹 내 설계에서 연구자들은 몇 가지 실험 설계 기법으로 수요 특성의 영향을 감소시킬 수 있다. 예를 들면, 연구자들은 피험자들로 하여금 알콜 음료를 마시기 전과 후에 서로 다른 측정을 하게 할 수 있다. 모두 수학문제를 풀게 하지만 문제 자체는 다를 수 있다. 이 같은 경우 피험자는 실험자의 진정한 의도를 파악하기 어려워지기에, 실험자가 어떤 문제에 진정 관심이 있는지를 분별하기 어렵게 된다. 하지만 그룹 내 설계에서 수요 특성의 영향을 감소시킬 수는 있지만 그룹 간 설계야 말로 수요 특성을 감소시키는 더 간편하고 신뢰성 있는 실험 설계 방식이다.

그룹 내 설계의 또 다른 문제는 이월 효과(carryover effect)가 발생 가능한 것이다. 예를 들어, 연구자가 긍정적인 피드백과 부정적인 피드백의 업무 성과에 대한 영향을 측정하고자 한다. 만약 그룹 내 설계를 사용하면 사람들이 먼저 긍정적인 피드백을 받은 후 그들의 업무 성과를 측정하고 다음에 다시 부정적인 피드백을 받은 후 또 다시 업무 성과를 측정해야 한다. 종속변수에 대한 측정 자체가 모든 피험자로 하여금 같은 측정에 참가하기 때문에 피험자는 두 번째 측정에 참가할 때 상대적으로 점수가 높게 나타날 가능성이 높다. 하지만 여기에는 피드백이 성과에 미친 영향 때문이 아니라 그저 사람들이 첫 번째 측정에서 얻은 일부 경험을 두 번째 측정에 사용하여 점수를 높였을 가능성이 존재한다. 이러한 이월 효과를 학습 효과(practice effect)라고 한다. 반대로 만약 피험자가 똑같은 측정이 반복됨에 따라 흥미를 잃고 대충 응답을 했을 경우에는 성적이 낮아질 수도 있다. 이 또한 피로 효과(fatigue effect)라는 또 다른 이월 효과이다. 연구자들은 실험 과정에서 가능한 학습 효과와 피로효과를 제거하여야 한다. 이월 효과를 제거하는 가장 일반적인 방법은 피험자들로 하여금 종속변수를 측정하는 다른 문제들을 응답하게 하는 것이다. 만약 연구자가 피험자의 서로 다른 환경에서의 기억력을 측정하려면 그들로 하여금 같은 것을 외우게 하지 말고 비슷한 난이도의 다른 문제를 외우게 하는 것이다.

만약 모든 피험자들에게 같은 순서로 모든 실험 그룹을 경험하게 할 경우 이월 효과가 쉽게 발생 할 것이다. 이런 상황이 시험 결과에 미치는 영향을 줄이기 위하여 연구자들은 ABBA 역균형법(ABBA counterbalancing)을 사용하여 실험을 설계할 수 있다. 계속하여 피드백과 성과의 관계에 대한 가설을 예로 사용하면 연구자는 모든 피험자들에게 긍정적 피드백 → 부정적 피드백 → 부정적 피드백 → 긍정적 피드백(ABBA)과 같은 순서를 적용해볼 수 있다. 긍정적 피드백을 첫 번째와 네 번째 위치에 두어 어느 정도 학습 효과를 제거할 수 있다. 하지만 만약 연구자의 독립변수가 세 개의 값을 갖는다면 위 방법은 현실적으로 어려워진다. 세 개의 값의 순서 조합은 여섯 가지가 되는데, 이 경우 '3(3개의 가능 값) × 6(6개의 가능한 순서 조합) = 18 개' 실험 그룹을 갖춰야 하기 때문이다. 이는 비현실적이다.

이런 상황에서 우리에게 주어진 다른 방법이 없을까? 피험자들을 무작위로 서로 다른 실험 순서에 배정할 수 있다. 이와 같은 방법을 상대균형화(counterbalancing method) 실험이라고 한다. 두 개의 값을 갖고 있는 독립변수일 경우 이 두 값의 순서 배열은 오직 AB와 BA라는 두 가지 상황만이 존재한다. 연구자는 무작위로 절반의 피험자를 선택하여 AB의 순서에 배정하고 나머지 절반은 BA의 순서로 실험을 진행하도록 한다. 예를 들면, 절반의 사람들은 먼저 긍정적인 피드백을 받고 나머지 절반의 사람들은 먼저 부정적인 피드백을 받게 된다. 주의해야 할 점은 상대균형화 실험에서 순서는 그룹 간 변수라는 점이다. 쉽게 할 수 있는 것은 ABBA역균형법은 일반적으로 독립변수가 두 개의 값을 취하는 경우에만 적용되지만 상대균형화 실험방법은 독립변수가 두 개 혹은 두 개 이상의 값을 갖는 경우에도 적용된다.

하지만 그래도 문제는 존재한다. 독립변수가 취할 수 있는 값이 증가함에 따라 가능한 순서도 따라서 증가하기 때문이다. 예를 들면, 3개의 독립변수의 값은 6가지 순서가 되고, 4개의 독립변수의 값은 24가지 가능한 순서가 되며, 5개의 독립변수의 값은 심지어 120가지 가능한 순서가 된다. 때로는 독립변수 값의 배열순서의 가짓수가 실험에 참가한 사람 수보다 많은 경우도 발생한다. 이러면 무작위로 피험자를 서로 다른 실험순서에 배정하는 방법도 사용할 수 없게 된다.

이런 상황에서 연구자들은 완전한 상대균형화를 실현할 수 없게 된다. 연구자들은 불완전한 균형법을 사용할 필요가 있다. 이 경우 모든 값이 나타나는 빈도 수를 같게 할 뿐 아니라 이런 값이 출현 가능한 위치의 횟수도 같아야 한다. 예를 들어, A, B와 C라는 세 개의 독립변수 값을 갖는다고 하자. 그렇다면,이 세 개의 값이 첫 번째, 두 번째와 세 번째 에 나타나는 횟수가 같아야 한다. 이와 같은 불완전 역균형 방법을 라틴 스퀘어 설계라고 한다.

〈표 6-2〉에서 연구자들은 네 개의 실험그룹의 라틴 스퀘어 설계를 보여주고 있

〈표 6-2〉
네 개의 실험 그룹의 라틴 스퀘어 설계

		순서			
		첫 번째	두 번째	세 번째	네번째
피험자 번호	1	A	B	C	D
	2	B	C	D	A
	3	C	D	A	B
	4	D	A	B	C

다. 이 표에 의하면 실험에 참여할 필요한 인원은 4배수이다. 예를 들면, 만약 12명의 피험자가 있다면 피험자 1, 피험자 5와 피험자 9는 모두 첫 번째 실험 순서를 따르고 피험자 2, 피험자 6과 피험자 10은 두 번째 실험순서를 따른다. 같은 방법으로 피험자를 계속 배분할 수 있다. 이와 같은 배분방법의 복잡성으로 인하여 이 방법에 관심을 갖고 있는 독자들에게 기타 관련 서적을 참고할 것을 권하고 지면상 더 자세히 들어가지 않도록 하겠다. 예를 들면, 로저 커크(Roger E. Kirk, 1994)가 편집한 실험설계: 행위과학의 과학적 절차(*Experimental Design: Procedures for the Behavioral Science*)에서 라틴 스퀘어 설계에 대해 자세히 소개하고 있다.

이 외에 추가적으로 설명하면 때로는 조건의 한계로 말미암아 역균형법 혹은 라틴 스퀘어설계방법 모두 사용할 수 없을 수 있다. 때문에 실험에서 실험 결과에 영향을 줄 수 있는 요인을 제거하거나 통제할 수 없을 경우가 있다. 이와 같은 상황에서는 실험을 진행한 후 공변량분석(ANCOVA) 혹은 부분상관 등의 통계적 방법을 사용하여 결과에 영향을 주는 요인을 분석하여 기타 외생변수에 대한 통제를 실현할 수 있다. 이와 같은 사후통계 기법을 통하여 외생변수를 통제하는 방법을 통계적 통제(statistical control)라고 한다.

이 외에도 여러 개의 종속변수의 상황 혹은 종속변수를 여러 질문을 통해 측정하는 상황이 존재한다. 예를 들어 "슬픈 정서에 있는 직원에 비해 기쁜 정서에 있는 직원의 업무 효율이 더 높다"는 가설을 세웠다고 하자. 연구자는 두 가지 테스트를 할 수 있다. 하나는 타자 테스트를 통해 피험자의 타자속도를 측정하고 다른 하나는 틀린 글자 찾아내기 테스트인데 찾아낸 틀린 글자의 비율을 측정하는 것이다. 이 두 가지 테스트는 모두 업무 효율을 평가하기 위해 실시되는 것이다. 일반적으로 실험을 실행하는 사람은 피험자로 하여금 두 가지 테스트를 모두 하도록 한다. 이때 실험자 또한 전달효과에 직면하게 된다. 이러한 전달효과를 제거하기 위해서는 위에서 설명한 역균형법을 사용할 수도 있다. 주의할 것은 이때 사용하게 될 역균형법은 각각의 실험 그룹 내에서 사용해야 한다. 다시 말하면 기쁜 정서의 실험

그룹에서 절반의 사람은 먼저 타자 테스트를 하고 다음 틀린 글자 찾아내기 테스트를 하는 반면 다른 절반의 사람은 그 반대 순서로 테스트를 진행한다. 슬픈 정서의 실험그룹에서도 마찬가지이다. 한 실험 그룹에서 하나의 순서를 사용하고 다른 실험그룹에서 다른 순서를 사용해서는 안 된다.

물론 그룹 간 설계가 항상 그룹 내 설계보다 좋다면 우리는 그룹 내 설계에 대해 공부할 필요가 없다. 그룹 내 설계 또한 나름의 장점을 갖고 있다. 그룹 내 설계의 주요 장점은 피험자의 그룹 간 차이가 존재하지 않기 때문에 그룹 내 설계를 통해 더 쉽게 유의한 효과를 발견할 수 있다는 점이다. 만약 연구자들이 그룹 내 설계에 대해 불리한 요인들을 잘 통제할 수 있다면 그룹 내 설계도 좋은 선택이 될 수 있다.

6.8.4 팩토리얼 디자인

지금까지 이 장은 하나의 독립변수만 포함된 그룹 내 설계와 그룹 간 설계만 소개하였다. 그보다 좀더 복잡한 설계는 일반적으로 하나 이상의 독립변수가 포함된 상황이다. 이처럼 하나의 실험에서 동시에 두 개 혹은 두 개 이상의 독립변수를 조작하는 실험을 팩토리얼 디자인(factorial design)이라고 한다.

만약 한 연구자가 "사람들이 서로 비슷한 배경을 갖고 있는지의 여부가 타인의 행위를 이해하는데 어떤 영향을 미치는지"에 대해 연구한다고 하자. 이 경우 그 연구의 가설은 다음과 같다. "만약 한 사람이 좋은 행위를 하였을 때 이 사람과 비슷한 배경을 갖고 있는 사람은 그 사람의 표현이 본인의 주관적 의도에 의한 것으로 생각하고 비슷한 배경을 갖고 있지 않는 사람들은 그렇게 생각하지 않는다. 반면에 만약 한 사람이 좋지 않은 행위를 했을 때 그 사람과 비슷한 배경을 갖고 있지 않는 사람들에 비하여 비슷한 배경을 갖고 있는 사람들은 그 사람의 표현이 본인의 주관적 의도에 의한 것이 아니라고 생각한다." 이 가설에는 두 개의 독립변수가 존재하는데 하나는 비슷한 배경을 갖고 있는지의 여부, 다른 하나는 평가받은 행위의 좋고 나쁨이다. 이 가설에서의 종속변수는 사람들이 한 사람의 행위가 주관적 의도에 의한 것이라고 생각하는 정도이다.

때문에 이와 같은 팩토리얼 디자인에서는 동시에 여러 개의 가설을 검증해야 한다. 이를 통해 비슷한 배경을 갖고 있는지의 여부가 사람들이 다른 사람들의 행위를 이해하는데 미치는 영향을 알아볼 수 있을 뿐 아니라 다른 사람 행위에 대한 좋고 나쁨의 평가가 사람들이 그 행위에 대한 이해에 미치는 영향에 대해 살펴 볼 수도 있다. 배경의 영향을 검증할 때에는 연구자들이 행위의 좋고 나쁨의 평가의 영향을 소홀히 하고 같은 이유로 좋고 나쁨의 평가의 영향을 볼 때에는 비슷한 배경을 갖고 있는 여부의 영향을 소홀히 할 수 있다. 이렇게 분석하여 얻은 효과를 주효과(main effect)라고 한다.

하지만 두 개의 독립변수를 동시에 고려하여 그들 간의 조합이 종속변수에 대한 영향을 분석할 수도 있다. 이렇게 분석하여 얻은 효과를 상호작용 효과(interaction effect)라고 한다. 팩토리얼 디자인을 사용하는 이유는 연구자들이 실험의 결과가 상호작용 효과가 존재하는 것을 예측할 수 있기 때문이다. 물론 연구자의 관심 사항이 상호작용 효과가 아닐 경우 팩토리얼 디자인을 사용할 필요가 없고 가장 간단한 단순실험설계를 사용하면 된다.

지금까지 설명한 예에서는 상호작용 효과를 예측할 수 있었다. 사람들의 '좋은 행위'를 이해함에 있어 행위자와 비슷한 배경을 갖고 있는 사람일수록 비슷한 배경을 갖고 있지 않은 사람에 비하여 행위자의 행위가 그의 주관적 의도에 의한 것이라고 생각하는 경향이 높을 수 있다. 하지만 사람들의 '나쁜 행위'를 이해함에 있어서는 주관적 의도에 의한 것이 아니라고 생각하는 경향이 높다. 그렇다면 어떻게 실험을 진행할 것인가? 우리는 모든 피험자를 무작위로 4개의 그룹으로 나눌 수 있다.

비슷한 배경을 갖고 있는 사람이 타인의 '좋은 행위'를 이해하는 상황: 피험자들에게 다음과 같은 상황을 상상하도록 한다. 그들에게 한 동료가 있는데 피험자는 이 동료와 잘 아는 사이는 아니지만 그와 함께 신입사원 교육에 함께 참가한 경험이 있다. 그런데 그 동료는 절대 지각한 적이 없다.

비슷한 배경을 갖고 있지 않은 사람이 타인의 '좋은 행위'를 이해하는 상황: 피험자들에게 아래와 같은 상황을 상상하도록 한다. 그들에게 한 동료가 있는데 피험자는 이 동료와 잘 아는 사이는 아니다. 피험자는 이 동료와 회사에 입사할 때 회사의 다른 부서에서 각각 신입사원 교육을 받았다. 이 동료는 절대 지각한 적이 없다.

비슷한 배경을 갖고 있는 사람이 타인의 '나쁜 행위'를 이해하는 상황: 피험자들에게 다음과 같은 상황을 상상하도록 한다. 그들에게 한 동료가 있는데 피험자는 이 동료와 잘 아는 사이가 아니지만 그와 함께 신입사원 교육에 함께 참가한 경험이 있다. 이 동료는 지난 달 5번 지각하였다.

비슷한 배경을 갖고 있지 않은 사람이 타인의 '나쁜 행위'를 이해하는 상황: 피험자들에게 다음과 같은 상황을 상상하도록 한다. 그들에게 한 동료가 있는데 피험자는 이 동료와 잘 아는 사이는 아니다. 피험자는 이 동료와 회사에 입사할 때 회사의 다른 부서에서 각각 신입사원 교육을 받았다. 이 동료는 지난 달 5번 지각하였다.

다음으로 연구자들은 첫 번째 그룹과 두 번째 그룹에게 아래와 같은 질문에 답하도록 한다. "당신은 당신의 동료가 절대 지각하지 않는 행위가 그의 자기 자신에 대한 비교적 높은 요구 때문이라고 생각하는 정도가 얼마인가?" 피험자는 1부터 11 사이에서 매기는데 11은 "완전히 자기자신에게 비교적 높은 요구가 있었기 때문이다"를 나타내고 1은 "전혀 자기자신에게 비교적 높은 요구가 있었기 때문이 아니다."를 나타낸다.

연구자들의 실험 결과가 아래 표3에서처럼 나타났다고 하자.

연구자들이 모든 행과 열의 평균 값을 구하면 〈표 6-3〉의 한계 평균값(marginal average)을 갖게 된다. 한계 평균값은 하나의 독립변수는 무시하고 단순히 다른 한 독립변수의 어떤 값을 갖는 상황에서의 평균값을 구한다. 예를 들면, 한계 평균값이 "7"은 타인의 행위를 이해하는 두 번의 측정 과정에서 사람들의 주관적 의도가 지각하지 않는 행위에 대한 영향 정도가 7이라는 의미이다. 같은 맥락에서 사람들이 지각하는 행위에 대한 주관적 의도의 영향 정도는 4.5가 된다. 계속해서 지각 여부를 떠나 비슷한 배경을 갖고 있는 사람들의 주관적 의도가 타인의 행위에 대한 영향 정도는 6이고 비슷한 배경을 갖고 있지 않는 사람들의 주관적 의도가 타인의 행위에 대한 영향 정도는 5.5이다.

이제 위의 자료에 근거하여 그린 그림(그림 6-1)을 보도록 하자. x축은 비슷한 배경이 있는지 여부를 표시하는 독립변수이고 y축은 행위 의도에 대한 판단이라는 종속변수이고 다른 하나의 독립변수인 "행위의 좋고 나쁨"은 서로 다른 형태의 선으로 표시하였다.

두 개의 독립변수가 있지만 x축은 하나밖에 없기 때문에 연구자들은 반드시 어떤 독립변수를 x축으로 사용할 지에 대해 결정해야 한다. 일반적으로 이는 가설의 표현 형식에 의하여 결정된다. 위의 예에서 보면 연구자들은 먼저 행위의 좋고 나쁨을 고정하고 배경이라는 독립변수를 바꾸는 것으로 결정하였기 때문에 연구자

〈표 6-3〉
실험 결과

		배경		
		비슷한 배경	비슷한 배경 아님	한계 평균값
행위	지각 안함	9	5	7
	지각	3	6	4.5
	한계 평균값	6	5.5	

〈그림 6-1〉
자료의 2차원 도표 — 배경을 x축으로

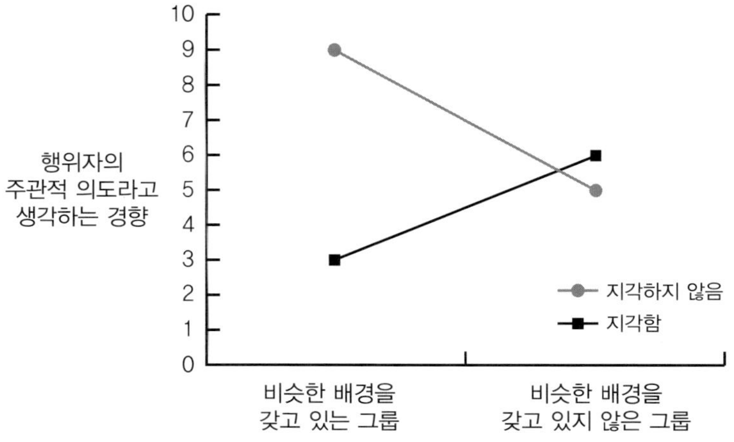

들은 배경이라는 독립변수를 x축으로 사용하였다. 〈그림 6-1〉에서 보듯이 한 사람의 좋은 행위에 대해서 그와 비슷한 배경을 갖고 있는 사람들은 비슷한 배경을 갖고 있지 않은 사람들에 비해 그것이 행위자의 주관적 의도라고 생각하는 경향이 더 크다. 하지만 한 사람의 나쁜 행위에 대해서는 비슷한 배경을 갖고 있지 않은 사람들이 비슷한 배경을 갖고 있는 사람들에 비해 본인의 주관적 의도에 의한 것이라고 판단하는 경향이 더 크다.

하지만 만약 행위의 좋고 나쁨을 x축으로 하면 연구자들은 아래와 같은 〈그림 6-2〉를 얻을 수 있다.

〈그림 6-2〉를 비교적 쉽게 이해하는 방법은 다음과 같다. 배경이 비슷한 사람들에게 있어 사람들은 타인의 좋은 행위가 주관적 의도에 의한 것이라고 생각하기 쉽고 나쁜 행위는 주관적 의도에 의한 것이 아니라고 생각한다. 배경이 비슷하지 않은 사람들에게 있어 행위의 좋고 나쁨은 사람들의 주관적 의도에 대한 추측에 영향을 미치지 않는다.

많은 경우, 그림은 사람들에게 보다 직관적으로 상호작용 효과의 존재 여부를 알려준다. 일반적으로 만약 두 선이 평행이라면 실험 결과가 상호작용 효과가 없다고 추측할 수 있고 두 선의 기울기가 큰 차이를 보여준다면 실험 결과가 상호작용 효과가 존재한다고 추정할 수 있다. 다음 그림은 가능한 몇 가지 상황이다. 지적해야 할 것은 상호작용 효과는 주 효과의 존재를 그 전제로 하지 않는다는 점이다. 〈그림 6-3〉에서 볼 수 있듯이 이 그림에서는 한계 평균값이 같기 때문에 주 효과가 존재하지 않는다는 것을 설명해주지만 두 선의 기울기 차이가 너무 크다. 따라서 이 결과는 상호작용 효과가 존재하는 것으로 결론지을 수 있다.

<그림 6-2>
자료의 2차원 도표 — 지각 여부를 x축으로

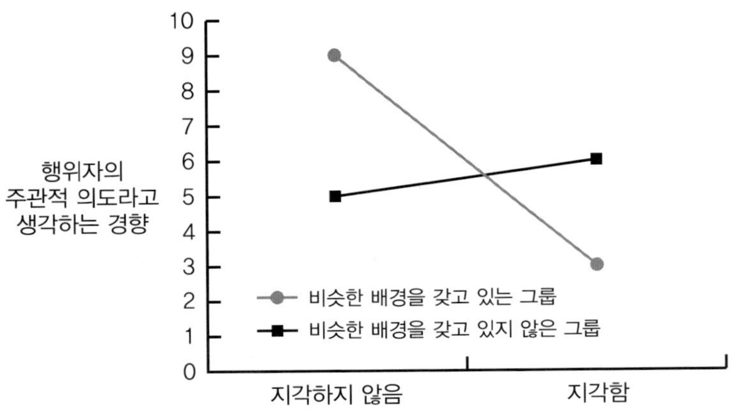

실험 결과가 상호작용 효과의 존재여부를 검증하는 일반적인 방법은 ANOVA (analysis of variance) 분석 방법이다.

지금까지 사용한 이 예제는 하나의 전형적인 그룹 간 팩토리얼 디자인(between-subjects factorial designs)에 속한다. 반드시 명확히 해야 할 부분은 팩토리얼 디자인과 그룹 간 설계, 그리고 그룹 내 설계 사이에는 서로 모순되거나 배척하는 관계가 아니라는 점이다. 팩토리얼 디자인은 단순한 그룹 간 팩토리얼 디자인일 수도 있고 그룹 내 팩토리얼 디자인일 수도 있으며 심지어 그룹 간 그룹 내 혼합 형 팩토리얼 디자인일 수도 있다.

우선 그룹 간 그룹 내 혼합형 팩토리얼 디자인에 대해서 살펴 보도록 하자. 만약 연구자들에게 현재 두 그룹의 사람들이 있다고 하자. 첫 번째 그룹 사람들에게 우선 아래와 같은 상황을 상상하도록 한다. 그와 함께 신입사원 교육에 함께 참가한 경험이 있는 어떤 동료는 절대 지각한 적이 없다. 이때 피험자에게 그 동료가 지각하지 않는 것은 그 동료가 자신에 대한 높은 요구 때문이라고 생각하는 정도가 얼마인지 답하도록 한다. 다음에는 그에게 그와 신입 사원 교육에 함께 참가하지 않은 동료가 지각하지 않았을 때 같은 질문을 하도록 한다. 다른 그룹의 사람에게도 같은 질문에 대한 답을 두 번 하도록 하는데 이번에는 피험자들에게 동료가 지난 달 5번 지각하였다고 생각하게 한다. 이 같은 상황을 그룹 간 그룹 내 혼합형 팩토리얼 디자인이라고 한다. 여기서 비슷한 배경을 갖고 있는지 여부는 그룹 간 변수에 속하고 동료의 행위라는 변수는 그룹 내 변수에 속한다. 같은 피험자가 두 동료에 대해 각각 상상을 하고 각각 종속변수에 대한 질문을 대답한 경우이다.

만약 한걸음 더 나아가 피험자로 하여금 모든 실험 그룹을 다 경험하게 한다면

〈**그림 6-3**〉 상호작용의 예

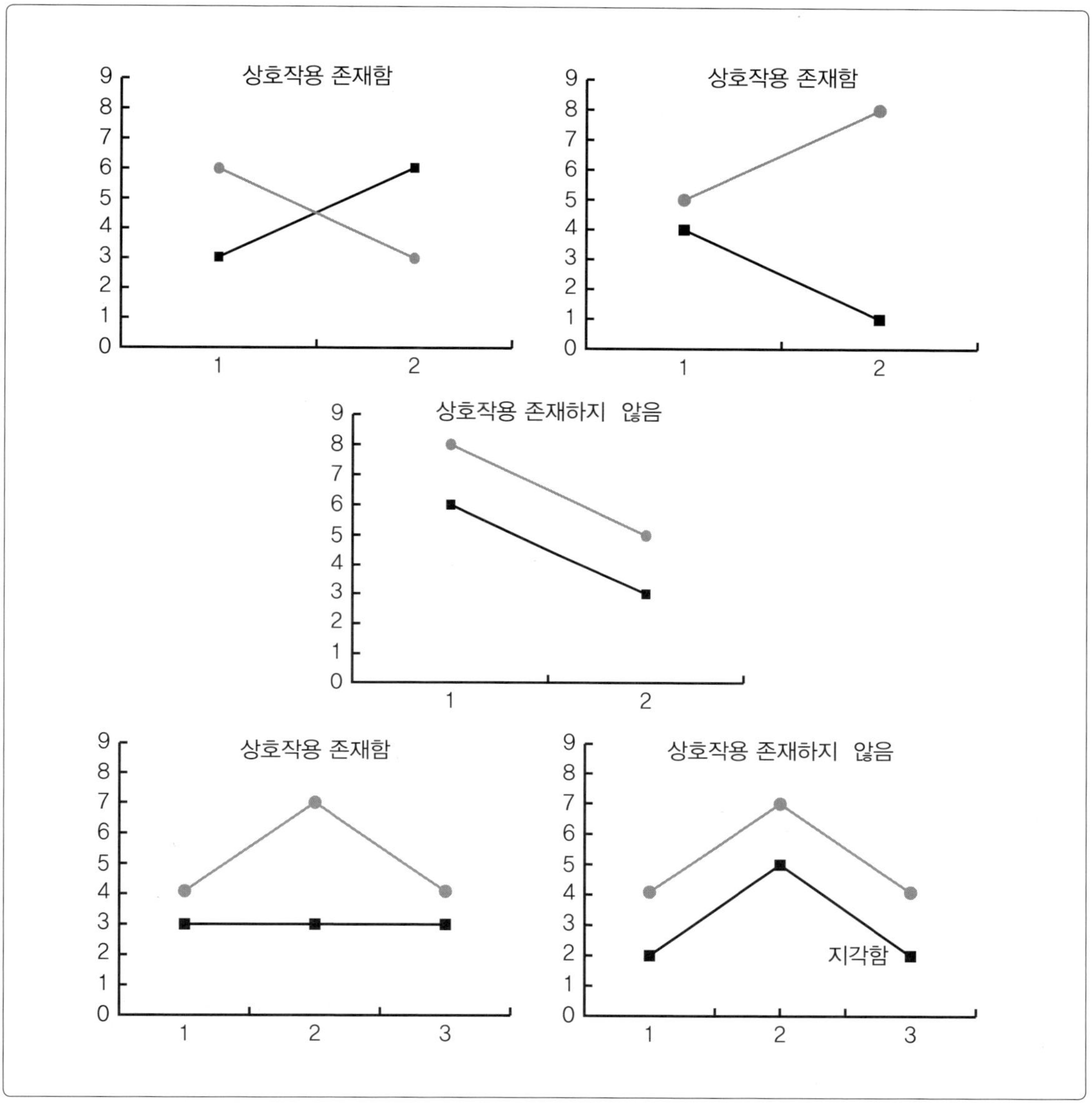

이는 완벽한 그룹 내 팩토리얼 디자인이 된다. 그룹 내 팩토리얼 디자인을 선택할지 아니면 혼합형 팩토리얼 디자인을 선택할지는 실험자에 의해 임의로 결정되는 것이 아니다. 이는 연구자의 가설과 실험 조건에 의하여 결정된다. 다만 위의 예에서 분명한것은 완전한 그룹 내 팩토리얼 디자인은 결코 좋은 선택이 될 수 없다는 것이다. 이는 이월 효과가 발생 가능할 뿐 아니라 피험자가 실험자의 의도를 예측하기 매우 쉽기 때문이다. 만약 연구자들이 각각의 실험 그룹 사이에 서로 영향을 미치지 못하도록 하여 혼입변인의 영향을 감소하려면 그룹 간 디자인이 가장 적합하다.

물론 그룹 내 팩토리얼 디자인과 혼합형 팩토리얼 디자인도 나름대로 좋은 점들이 존재한다. 예를 들어, 어떤 경우에는 가설이 확인하고 싶은 대상은 그룹 내 변수의 변화일 수 있다. 이 상황에서는 그룹 내 팩토리얼 디자인 혹은 혼합형 팩토리얼 디자인을 채택하는 것이 맞다. 예를 들어 연구자가 만약 사람들의 서로 다른 시점에서의 기분의 변화 및 아침 식사 여부가 기분에 대한 영향을 검증하고자 한다고 하자. 구체적으로는 "오후 시간이 오전보다 기분이 더 좋은지 그리고 아침식사 여부와 시간(오전과 오후)이 사람들의 기분에 대해 상호작용 효과가 존재하는지"를 연구하고자 한다. 이 경우 가설 자체가 같은 독립변수가 같은 그룹의 사람에게 발생하는 변화를 비교하기 때문에 시간 변수는 가능한 그룹 내 변수로 하는 것이 좋다. 아침 식사 여부도 물론 하나의 그룹 간 변수인데 그것은 사람들에게 동시에 아침식사를 하게 하고 또 하지 않게 할 수 없기 때문이다.

만약 한 팩토리얼 디자인에 두 개의 독립변수가 존재한다면 대응되는 상호작용을 two-way 상호작용(two-way interaction)이라고 한다. 나아가 만약 연구자들이 두 개 이상의 독립변수가 있다면 이러한 설계를 높은 차원의 디자인(higher-oder design)이라고 한다. 위의 배경과 행위 간의 상호작용의 예에서, 만약 시간이라는 독립변수를 추가하여 각각 아침과 저녁에 사람들이 어떻게 타인의 행위를 이해하는지를 측정하도록 한다면 연구자들은 2×2×2 높은 차원 설계를 해야 하고 모두 8개의 실험 그룹을 형성하게 된다. 세 개의 독립변수가 있는 설계에서 만약 세 개의 독립변수가 각각 A, B와 C라고 하면 이 실험에는 A, B와 C에 대응되는 세 개의 주 효과가 나타나고 A와 B, A와 C, 그리고 B와 C 사이에 세 개의 two-way 상호작용 효과가 발생하며, 마지막으로 A, B와 C 세 개의 독립변수 사이에 하나의 3중 상호작용 효과도 존재한다. 높은 차원의 설계를 함에 있어 연구자들의 가설이 관심을 가지는 것은 다중 상호작용 효과이다. 그렇지 않다면 높은 차원의 설계를 채택할 필요가 없다.

주의해야 할 점은 이것이 몇 차원의 상호작용 효과인가는 연구에 포함된 독립변수의 개수에 의해 결정되지 독립변수의 수준에 의해 결정되는 것이 아니라는 점이다. 〈그림 6-3〉에서 그림 D와 그림 E가 바로 two-way 상호작용 효과를 설명하는 예이다. 두 그림에는 두 개의 독립변수만 있기 때문이다. 비록 그중 한 독립변수의 값에는 세 개의 수준이 있지만 이 역시 하나의 two-way 상호작용 효과에 속하지 3중 상호작용효과로 볼 수 없다. 따라서 위에서 이야기한 모든 독립변수는 모두 두 개의 값을 갖는 상황이다. 실제 많은 경우 독립변수는 두 개 이상의 값을 갖게 된다. 이 경우에도 두 개의 독립변수만 존재한다면 비록 필요로 하는 실험 그룹 수가 늘어나지만 상호작용 효과는 역시 two-way 상호작용 효과에 속한다. 요컨대 실험 설계에는 여러 개의 독립변수가 존재하고 모든 독립변수는 여러 수준의 값을 취할 수 있으며 독립변수는 그룹 내 변수일 수 있고 그룹 간 변수일 수도 있다.

연구에서 가장 일반적인 경우는 two-way 상호작용 효과이다. 여기서는 독립변수의 개수가 증가함에 따라 실험 결과에 대한 해석이 점점 어려워진다. 많은 경우 연구자들은 4중 상호작용 효과가 과연 어떤 의미를 갖고 있는지 이해하기 힘들어 한다. 지나치게 많은 독립변수는 문제를 이해하는데 혼란을 야기하고 이론적 중요성에도 도움이 되지 않는다. 이때 가능한 하나의 실험 설계 기법이 있는데 바로 연구자들의 관심 밖에 있는 다중 상호작용 효과를 블록 혼입변인(confound with block)으로 동일시 하는 것이다. 이러한 기법의 핵심은 하나의 블록 내의 요소가 다중 상호작용 효과와 같은 영향을 받는 것이다. 이와 같은 블록의 영향과 다중 상호작용효과는 모두 연구자들의 관심 밖이지만, 실험 결과에 영향을 주는 요인으로 함께 고려하여 그러한 영향들을 공통으로 하나의 블록의 영향으로 간주하는 것이다. 구체적인 원리와 방법은 더글라스 몽고메리(Douglas C. Montgomery, 2005)의 논문을 참조하길 바란다.

6.9 맺음말

본 장에서는 우선 연구의 유형 및 어떤 가설이 좋은 가설인지에 대해 소개하였다. 다음으로, 실험실에서 어떻게 가설을 검증하는지를 설명하였다. 실험실의 실험에서 구체적으로 그룹 간 설계, 그룹 내 설계와 팩토리얼 디자인, 이 세 가지 가장 일반적인 실험설계방법과 그들의 장단점에 대해 정리하였다. 실험 설계에는 많은 개념들이 관련되어 있는데 주의해야 할 사항이 많다. 좋은 연구에는 좋은 가설뿐만 아니라 믿음을 줄 수 있는 인상 깊은 실험설계가 필요하다. 실험 설계 자체는 과학이지만, 또한 하나의 예술이기도 한다.

참 고 문 헌

Cook, T. D. & Campbell, D. T. (1979). *Quasi-Experimentation: Design and Analysis Issues for Field Settings*, Chicago: Rand McNally.

Cozby, P. C. (2001). *Methods in Behavioral Research*, Mountain View. CA: Mayfield Publishing.

Douglas C. Montgomery (2005). *Design and Analysis of Experiments* (sixth edition). New York: John Wiley & Sons.

Elmes, D. G., Kantowitz, B. H. & Roediger, H. L. (1999). *Research Methods in Psychology*. Pacific Grove, CA: Brooks/Cole Publishing.

March, J. G. & Lave, C. A. (1975). *An Introduction to Models in the Social Sciences*. New York: Harper & Row.

Schweigert, W. A. (2006). *Research Methods in Psychology*. Long Grove, IL: Waveland.

저 자 소 개

장옌(張岩, Yan Zhang) 미국 시카고대학교 Booth 경영대학을 졸업하고 현재 싱가폴국립대학교 마케팅학과 조교수로 재직 중이다. 연구분야는 심리학적 연구방법으로 사람들의 행위 의사결정을 연구하며 구체적으로 소비자 행위, 주관적 행복 및 사회적 인지 등이 있다.

쉬페이(徐飛, Fei Xu) 상해교통대학교 경영전략 교수, 중국 혁신창업학회 부회장 겸 전문가위원회 주임, 중국경영학회 조직 및 전략전문위원회 부주임, 중국 기업경영 연구회 부이사장, 상해시 행위과학학회 회장이다. 저서로는 "전략경영", "기업전략경영", "二象对偶空间与管理学二象论", "중소기업창업경영", "경영학 중의 위대한 사상들", "비지니스 모델 3.0: 변혁시대의 경합" 등 저서와 역서가 있다. 주요 연구분야는 전략 경영, 전략 동맹, 혁신과 창업경영, 혁신적 사유, 문화 간 전략적 리더십 등이 있다.

씨카이위엔(奚愷元, Christopher Hsee) 예일대학교 박사, 시카고대학교 경영대학(University of Chicago, Booth School of Business) 명예교수로서 행복학, 행위의사결정, 행위경제학 연구에 몰두하였고 이러한 학과를 중국에 소개한 초기 학자 중 한 사람이다.

7 장

유사실험연구

Simon Lam (홍콩대학)

머리글

실험 대상을 실험집단과 통제집단으로 무작위로 배정하는 것은 일반적으로 현실성이 없고 실행 불가능하다. 일부 연구 설계는 순수실험(true experiment)보다 내적 타당성(internal validity)이 낮을 수 있지만 어느 정도까지 여전히 인과추론(causal inference)을 할 수 있는데 이런 설계를 유사 실험(quasi experiment)이라고 한다. 유사 실험과 순수 실험의 다른 점은 전자가 실험 대상을 실험집단과 통제집단으로 무작위로 배정하지 않는다는 데 있다.

비록 실험실 실험이 많은 장점을 갖고 있지만 가장 많이 지적되는 단점은 실험실에만 국한되어 진행된다는 점인데, 이로 인하여 직원과 조직의 실제 환경을 효과적으로 반영하지 못하는 결과를 초래한다. 그러나 순수 실험도 항상 실행 가능한 것은 아니다. 그것은 연구자가 일부 관건 변수(key variables)들을 통제하기 어렵기 때문이다. 예를 들어, 만약 연구자가 인사관리의 방법, 승진과 비자발적 유실과 같은 변수를 효과적으로 통제할 수 없다면 무작위 배정집단(random assignment group)인 통제집단과 실험집단을 구분하기 어렵다. 유사실험설계는 순수실험설계의 많은 장점들을 갖고 있다. 외적 타당성(external validity)이 높고 설정 환경하의 인과추론을 효과적으로 연구하는 동시에 연구자가 무작위 배정집단과 실험집단 사이의 분별을 통제하는 것을 완화하며 독립변수(independent variables)에 대한 조작을 완화한다. 유사실험설계는 종종 환경 속에서 일어나는 독립변수의 자연변화를 포함시키는 것이지 통제하는 것이 아니다.

통제집단의 설계없이 유력한 인과추론을 얻고자 한다면 실험집단별 결과를 해석할 때 다른 가능한 해석의 타당성이 낮을 수밖에 없다.

연구 토론하고자 하는 문제에 따라 유사실험설계는 연구자가 현장에서 실험대상을 융통성 있게 조율하고 통제할 수 있기에 실험 과정의 자연결과(natural consequence)에 근거하여 진실에 가장 근접한 해답을 추정한다.

7.1 조직시민행동과 서비스 품질의 관계에 관한 유사실험연구

먼저 유사 실험 일례를 보도록 한다.

지금까지 서비스 분야에서는 모두 일선 직원을 위한 교육 프로그램을 설계하여 고객의 만족도(customer satisfaction)를 향상시킨다. 하지만 그 효과는 아주 제한적이다. 2001년, 한 다국적 은행이 수행한 유사실험연구에서 흥미로운 결과(Hui, Lam &

Schaubroeck, 2001)를 보였다. 연구자는 주의력을 교육 프로그램의 특징으로부터 참여자 자신의 특징으로 돌리고 아울러 교육과정에서 서비스품질담당(service quality supervisor)의 중요성을 강조하였다. 서비스품질담당은 서비스품질 교육과정에서 양성하는 변혁 주도자(change agent)를 뜻한다. 연구자는 이런 담당자의 선발방식을 연구하고 '조직시민행동'을 갖춘 직원을 변혁 주도자로 선출하는 것이 과연 더 효과적일지에 대하여 토론하였다.

7.1.1 연구소개 (I)

'조직시민행동'은 '자발적인 개인행동으로서 공식적인 보상제도의 격려를 받지 않았지만 전체적으로 조직의 효능을 향상하는 데 도움이 되는 개인적인 행동'으로 정의된다. 직원이 '조직시민행동'을 갖고 있는지 여부를 어떻게 식별하고 이런 훌륭한 모범직원을 서비스품질담당으로 선발할 것인가? 본 연구에서는 연구자가 은행 매니저에게 8가지 항목을 포함한 '이타주의 척도(altruism scale)'를 이용하여 지점 직원의 '조직시민행동'을 조용히 관찰하고 직원들이 다른 사람을 기꺼이 돕거나 적극적으로 일하는지 등에 대하여 판단하도록 요구하였다. 연구자는 이 다국적 은행의 유사한 지점 43곳 중에 3곳을 선별하고 무작위로 실험집단과 통제집단으로 배정하였다. C지점에서 '조직시민행동'을 보인 카운터 직원 6명이 서비스품질담당으로 지정되었다. B지점에서는 무작위로 선출한 카운터 직원 6명을 서비스품질담당으로 지정하였다. A지점은 비교하는 통제집단으로 서비스품질담당 직원이 없다. 이 12명의 담당 직원들은 서비스품질을 개선하기 위한 교육을 받게 된다.

첫 번째 가설은 몇 가지 널리 알려진 사회심리학 사실을 기반으로 한다. 즉 같은 또래 친구의 영향은 개인행동을 효과적으로 변화시킨다는 것이다. 따라서 연구자는 조직의 서비스품질 개선훈련을 진행할 때 정의된 '조직시민행동'을 갖추고 있는지를 불문하고 일부 일선 직원을 서비스품질을 개선하는 주도자로 육성하는 것이 능률을 향상하는데 도움이 된다고 가정한다.

두 번째 가설은 한층 더 나아가 '조직시민행동'을 갖춘 직원을 변혁 주도자로 선정하여 연구를 수행한다. 동료들 중에 그들은 '믿을 수 있는' 영향력 원천(credible source of influence)이 될 수 있기에 연구자는 그들을 변혁 주도자로 삼아 교육결과가 더욱 목표에 부합(conformance)하고 효과(effectiveness)적으로 나타날 것을 기대한다.

서비스품질 개선교육 결과, 관련 서비스표준치에 의하면 고객만족도(customer satisfaction), 직원의 자기평가(employee self-ratings)와 책임자평가(supervisor ratings) 면에서 B

지점과 C지점의 득점은 모두 A지점보다 높게 나타났다. 따라서 첫 번째 가설의 추론은 지지된다. 일선 직원을 동료들 사이에서 변혁 주도자로 함으로써 보다 설득력이 있고 효과적으로 서비스품질을 향상할 수 있다는 것이다.

위에서 추정한 바와 같이 '조직시민행동'을 갖춘 직원이 교육을 받은 후 효율적인 변혁 주도자가 된다. C지점의 득점이 A지점과 B지점보다 월등히 높다. 여기는 고객만족도, 직원의 자기평가와 책임자평가가 포함되며 이로부터 두 번째 가설이 효과적인 추론(valid inference)임을 한층 더 입증한다.

7.1.2 은행지점장과 인사담당자 간의 모의대화

다른 다국적 은행의 지점 매니저와 인사 담당자가 이 유사 실험의 방법과 타당성에 관하여 치열한 토론을 벌였는데 우리는 여기서 어떤 요인이 유사 실험에서 결정적인 요인인지 엿볼 수 있다(이하 BM은 은행 매니저, HR은 인사 담당자).

HR: 매니저님, 이는 단지 유사 실험에 불과합니다! 그들은 분명히 환경요인에 대하여 통제를 하지 않았을 텐데 어떻게 환경요인이 결과에 영향을 미치지 않았다는 것을 증명할 수 있죠?

BM: 잠깐 짚고 넘어가자면 보고서 결과에 명백히 A지점, B지점과 C지점의 카운터 직원의 연령, 교육 수준과 연봉에 현저한 차이가 없음이 언급되어 있습니다. 이 직원들의 개인적인 배경도 유사하고 실험을 시작할 때 그들이 동료들과 교제하는 방식 또한 다를 바 없습니다.

HR: 물론 이 점이 타당성을 향상한다지만 여전히 실험실 연구 결과처럼 순수하지 않기에 다른 환경적 요인(confounding environmental factors)이 결과에 영향이 미칠 것이고 편차를 발생시킬 것입니다.

BM: 물론 그런 가능성도 있습니다. 하지만 연구자가 이미 유사한 지점 3곳을 무작위로 3개 집단으로 배정하여 관찰하지 않았습니까?

HR: 분명 무작위 방법으로 실험(random assignment to treatment)을 구성하였습니다. 하지만 독립변수(independent variable)들은 어떻게 하죠? 한 직원은 '조직시민행동'을 갖춘 직원으로 둔갑하고 다른 한 직원은 건성으로 시늉만 하는 역할을 하도록 지정할 수는 없습니다.

BM: (웃음을 참지 못하고) 예: 맞습니다. 그래서 이는 우회하는 방식입니다. 저는 이번 유사 실험이 충분한 타당성이 있어 자체 '조직시민행동' 교육패턴을 구축하는데 동의하도록 나를 설득할 수 있는지 알고 싶습니다. 그들은 도대체 어떻게 선발한 직원을 교육시키죠?

HR: 이는 다른 의문 하나를 제기하도록 하는데요. 독립적 경영 컨설턴트들(independent management consultants)이 3주 동안 12명 카운터 직원을 교육시키는데요. 제 질문은 그들이 무의식적으로 적극적으로 C지점의 '조직시민행동'을 갖춘 직원을 교육할 수도 있다고 봅니다. 왜냐면 이 직원들이 필히 과정토론에 적극적으로 참여할 것이고 교육자는 자연적으로 무작위로 배정된 B지점 직원을 소홀이 하여 결과적으로 '현저한 차이'를 나타낼 수도 있다는 것입니다.

BM: 저는 교육자들이 참여자들의 소속지점, 지위와 능력에 대하여 전혀 모로는 상황이라고 봅니다.

HR: 좋습니다. 저도 이점은 인정합니다. 그런데 피교육자들은 어떤가요? 만약 복권 추첨식처럼 무작위로 선출된 일원이라는 것을 알게 되면 저는 아마도 … 하지 않을 것입니다. 흥!

BM: 진정하세요! 너무 그렇게 의심만 하지 마시구요. 유사 실험의 설계는 더 높은 타당성을 요구합니다. 연구자가 하는 것은 이중맹검(double blind) 실험입니다. 즉 교육자들은 자신들이 실험에 참여하고 있다는 사실을 모르고 피교육자들은 본인과 다른 사람의 신분과 역할에 대하여 더더욱 모릅니다. 바꾸어 말하자면 이는 마치 블랙박스 영화(matrix movie)를 보는 것과 같이 게임 참여자들은 모두 자신이 게임에 참여하고 있다는 사실을 모릅니다.

HR: 일리가 있습니다, 매니저님! 이중맹검 설계는 본 유사 실험에 더 설득력을 부여하게 됩니다. 게다가 실험실에서는 이렇게 실제 상황을 좀처럼 만들 수 없거니와 '흰 두루마기'와 '흰 장갑'으로 우리 직원을 교육시킬 수 없습니다.

BM: 이것이 바로 유사실험설계의 미묘한 부분입니다. 통제하고 선택해야 할 요인들을 통제하고 선택할 수 있으며 동시에 '실험대상자'는 그들이 처한 환경에서 무의식적으로 게임에 참여합니다.

HR: 매니저님, 용서하세요! 저의 완고하고 조심스러운 논리적인 사고방식은 저로 하여금 실험 과정에 존재하는 통제할 수 없는 환경요인(uncontrollable circumstances)이 혹시 실험의 내적 타당성을 손상시키지 않는지 질문하지 않을 수 없습니다.

BM: 신중함은 결코 죄가 아닙니다. 참여자들은 확실히 무작위로 A지점, B지점과 C지점으로 배정할 수 없습니다. 더구나 우리도 신이 아닌지라 직원 개개인의 직무태도를 무작위로 지정할 수 없는데 이는 내적 타당성을 위협하기에 사람들은 결과의 유효성(valid)에 대하여 의문을 제기할 것입니다. 따라서 가정한 추론은 무기력하게 되는 거죠. 하지만 똑똑한 연구자는 그들이 할 수 있는 데까지 최선을 다하였습니다. '통제집단'-A지점을 이용하여 비교하는데 지점에는 서비스품질담당과 교육도 없습니다. 이런 방법은 실험의 구성 타당성(construct validity)을 향상하는데 도움이 되며 순수 관찰연구(observational studies)에 비교하여 이는 유사 실험의 또 다른 장점입니다.

HR: 알겠습니다. 때문에 우리는 이런 결론을 얻을 수 있죠. 교육 특히 '조직시민행동'의 직원들에게는 … 이 될 수도 …

BM: 잠깐만요. 내적 타당성에 존재하는 위협(threats)은 여전히 인과진술(causal statements)에 어느 정도 저해될 수 있고 유사 실험은 여전히 진정한 실험실 연구가 아니며 우리는 단지 합리적인 추론을 할 수밖에 없습니다. 말하자면 이런 교육과 '조직시민행동'을 갖춘 직원을 서비스품질담당자로 선출하는 것이 서비스품질을 현저하게 개선하고, 또한 일관된 서비스를 제공하게 할 것입니다. 우리가 분명히 해야 할 것은 어떤 유사 실험도 자연 발전 과정과 연관되면 그 누구도 인과관계(cause and effect)를 확실하게 결론지을 수 없다는 것입니다. 이렇게 하면 당신의 '신중하고 조심스러운 논리적인 사고방식'을 만족시킬 수 있습니까?

HR: 아주 좋습니다. 매니저님. 유사 실험 관련하여 저도 아직 배울 내용이 많습니다. 보아하니 비즈니스 범주에서 이는 가장 효과적이면서도 실행 가능한 연구 방법인 것 같습니다. 이 과정에서 우리는 다른 시간에서 신중하게 측정하고 최대한 독립변수를 통제하고 이중맹검 설계를 구성하여 최고의 타당성을 확보해야 합니다.

BM: 예: 잘 이해하였습니다. 이제 제가 자신의 '조직시민행동' 교육패턴을 구성하도록 허락하시겠습니까? (미소)

위의 사례에서 유사 실험이 실제 실험설계처럼 그렇게 엄밀하지는 않지만 인과추론에 영향을 끼치는 일부 요인에 대하여 여전히 통제할 수 있다는 것을 확인할 수 있다. 유사실험설계에서 우리는 여러 가지 방식을 통하여 혼동성 환경요인이 결과에 미치는 영향을 최소화하여야 한다. 유사실험설계에서 우리가 할 수 있는 것은 오직 합리적인 추론이지 엄밀한 의미에서 인과진술은 아니다.

7.1.3 유사실험설계에서의 타당성 문제

인사 담당자가 주목한 유사실험설계에 영향을 되는 타당성 문제에 있어서 연구자는 모든 잠재적인 외적 혹은 전혀 상관없는 요인(extraneous factors)을 조심스럽게 최대한 통제하여 실험 결과가 사실을 정확하게 반영하지 못하는 것은 피해야 한다. 유사 실험은 실제 환경에서 진행하기 때문에 '피실험자'가 환경과 접할 때 연구자는 보이지 않는 모든 제3변수(third variables)의 효과를 제거할 수는 없다.

전통적인 실험방식의 사용. 일부 방법은 외적 타당성을 효과적으로 향상한다. 실험자가 이중맹검 설계와 같은 전통적 실험방식을 이용함으로써 참여자와 집행자가 실험 과정에서 유발하는 반응과 감정의 효과를 배제할 수 있다. 다른 한 가지 자주 사용되는 도구로는 통제집단이다. 연구자가 거의 모든 면에서 실험집단과 동일하고 단 실험요소에 가입하지 않은 한 집단을 도입하여 개성차이를 제거 후 두 집단의 결과를 비교하면 연구하고자 하는 요인에 대하여 합리적인 추론을 내릴 수 있다.

측정방식. 다른 한 가지 널리 사용하는 방식은 바로 시계열측정(time-series measurement)이다. 만약 장기적인 연구라면 최대한 실험 전과 실험 후에 여러 차례 자료를 수집하고 실험집단과 통제집단이 표출하는 상이한 추이(trends)에 근거하여야만 유사 실험으로 보다 설득력 있는 추론을 내릴 수 있다. 위에서 소개한 바와 같이 은행의 유사실험연구에서 은행 지점 3곳의 직원배경이 유사한지 확인하기 위하여 서비스품질담당을 유입하기 전에 그들의 행동이 일관성 있는지 반복적으로 측정할 수 있다. 교육 전후의 자료를 수집하여 자연추이(natural trends) 또는 직원의 불일치성 평가가 결과구성에 미치는 영향을 줄일 수 있다.

'유의성' 측정(test of significance). 연구자는 통계학의 유의성 측정을 이용하여 유사실험에서 채취한 자료를 분석할 수 있다. 예를 들어, P값(P-value)으로 결과가 유의성을 띄고 있는지 측정함으로써 그 타당성을 증명할 수 있다. 이는 평균치의 회귀분석으로 사용될 뿐만 아니라 연구자는 가설연구를 통하여 타당성을 높일 수도 있다. 독립변수 간의 상태분포와 서로 관련성이 없다는 것을 측정하는 가설연구가 바로 그런 예다.

충분한 조치를 동원하여 실험방법과 자료수집이 모두 완벽하게 '순수'함을 확보할 수 있다면 유사 실험은 설득력 있는 추론을 취득할 수 있기에 가정한 이론을 입증하는 동시에 비즈니스경영을 위한 연구혁신에 꽤 효과적인 제안과 예리한 통찰력을 제공할 수 있다. 그러나 유사 실험이 현실 환경에서 진행하기 때문에 예측할 수 없는 환경요인이 분명히 존재할 것이고 인위적으로 완벽하게 통제할 수 없다는 것을 명심해야 한다.

설령 앞에서 언급한 모든 유의사항이 만족되더라도 여전히 내적 타당성을 좌우하는 위험요소를 완전히 제거할 수 없다. 다른 유사 실험과 같이 '조직시민행동' 연구는 실험자들이 가지고 있는 고유의(이미 존재하는) '조직시민행동'이나 지점이 받는 외부 환경요인의 영향을 통제할 수 없다. 비록 구성 타당성을 약화시키는 대부분 요인이 없다고 하더라도 현실 환경에서 수행하는 유사 실험으로서는 그 인과관계를 당연시하고 단정할 수 없다. 물론 유사 실험이 일반적인 관찰연구보다는 효과적인 건의와 유력한 추론을 얻을 수 있지만 연구자는 실험실 설계처럼 그렇게 통계수치상으로 정밀한 인과진술(causal statement)을 얻을 수 없다.

7.2 통제위와 승진반응에 대한 유사실험연구

비즈니스 연구의 다른 한 가지 사례로 홍콩의 어느 글로벌 은행에서는 유사실험설계를 이용하여 개인의 인격 구조(personality construct)가 어떻게 그들의 승진반응에 영향을 미치는지 탐구하였다(Lam & Schaubroeck, 2000).

7.2.1 연구소개 (II)

승진자격을 갖춘 카운터 직원 360명이 있는데 그들 성격에 근거하여 '내적 통제위(internal locus of control)' 또는 '외적 통제위(external locus of control)' 두 부류로 분류되었다. 승진발표 전과 승진 후 3개월 동안 연구자들은 이 직원들의 직무태도와 행동에 대하여 관찰하고 18개월 후 다시 한 번 측정하였다. 연구자들이 흥미를 가졌던것은 '내적 통제위'과 '외적 통제위'의 사람들이 승진 후 직무태도와 행동 면에서 변화를 표출하는 지속기간이 어떻게 다른가 하는 것이다.

한 사람의 '통제 위치(locus of control)'는 '사람이 행동과 결과 간의 관계강도를 어떻게 이해하는가에 영향을 주는 가장 중요한 성격변수'로 정의된다. '내적 통제위'의 사람은 '외적 통제위'의 사람보다 그들이 받은 보상이 개인행동의 결과라고 믿는데 반면 '외적 통제위'의 사람은 이런 보상을 기회나 다른 예측 불가한 원인으로 돌린다.

연구자는 한 사람의 성격상 경향이 어떻든 승진은 직원이 '단기'내 더 나은 직무태도와 행동을 나타내는 원동력이 된다고 가정한다. 여기서 '단기'는 승진 후 3개월 내의 태도를 의미한다.

연구자는 '외적 통제위'의 승진자가 나타내는 개선은 아마 일시적이라고 가정하는데 그 이유는 승진이유가 그들의 양호한 직무태도라고 생각하지 않기 때문이다. 반면 '내적 통제위'의 승진자가 나타내는 개선은 아마 일정 기간에 걸쳐 장기적으로 지속될 것이라고 보는데 왜냐하면 자신의 행동으로 인하여 보상을 받았다고 인식하기 때문이다. 따라서 두 번째 가설은 다음과 같다. 18개월 후 '외적 통제위'의 사람은 원래 직무태도와 행동 기준(baseline)으로 되돌아가고 '내적 통제위'의 사람은 직무태도평가가 지속적으로 나아질 것이다.

환경요인을 효과적으로 통제하기 위하여 연구자는 실험대상자 승진 전과 승진 후의 연봉, 직무충실도(job enrichment)가 모두 동일하도록 확보한다. 왜냐면 이와 같은 제3변수가 승진 후 긍정적인 태도에 지속적으로 영향을 미칠 수 있고 행동변화의 결과가 오히려 이런 요인에 의해 혼동될 수 있기 때문이다. 제3변수를 통제하는 것은 아주 중요한 사항이다. 연구자들이 측정하고자 하는 것은 이런 실질적인 보상이 없어도(예를 들어 연봉인상, 사회지위 상승, 도전적인 직무 배정) 승진 그 자체만으로도 직무만족도(job satisfaction)를 향상시킬 수 있다는 것이다.

연구 결과의 타당성을 높이기 위하여 연구자는 승진을 거부한 직원들을 통제집단으로 하여 승진결정으로 인한 행동의 변화를 비교한다.

이 연구는 아주 흥미로운 결과를 도출하였다. 직원의 태도와 행동을 신중하게 평가한 결과 연구자의 두 가지 가설이 모두 정확하다는 것이 입증되었다. 모든 승진자는 승진 후 3개월 내 직무태도와 행동 면에서 개선을 보였는데 '내적 통제위'의 승진자는 18개월 후까지 지속되었으며 '외적 통제위'의 승진자는 18개월 후 원래 수준으로 되돌아갔다. 승진하지 않은 직원들은 전 과정에서 어떤 변화도 나타내지 않았다. 따라서 연구자는 다음과 같은 결론을 도출할 수 있다. 비록 단기간 내 모든 승진자들에게 개선이 있었지만 개인의 '인격구조 통제위(personality construct locus of control)'가 승진자의 장기적 행동에 영향을 끼칠 것이다.

7.2.2 유사실험연구설계

단일 집단 — 사후 측정만 있는 설계

이 설계에서는 통제집단도 없고 사전 측정도 없이 단지 피조사자 실험 후의 변화를 관찰하는 사후 측정만 한 차례 이루어진다.

$$X \quad O_1$$

여기서 X는 피조사자가 실험을 받는 것이고 O_1은 사후 측정관찰을 의미하며 좌측에서 우측으로 시간순서를 나타낸다. 사전 측정이 없는 상황에서 사람들은 과정에서 변화 발생여부를 확인하기 어려우며 더구나 통제집단이 없기 때문에 실험을 거치지 않은 결과가 과연 어떠할지도 알기 어렵다.

단일 집단 — 사전사후 측정을 모두 수행하는 설계

이 설계는 피조사자가 실험 전과 실험 후 모두 관찰을 받게 된다. 추가된 사전 측정 연구는 그 전의 설계를 근거로 구성한다. 다음과 같이 한 집단은 일차 사전 측정(O_1)을 받은 후 실험(X)을 진행하며 같은 측정방식으로 사후 측정(O_2)을 받는다.

$$O_1 \quad X \quad O_2$$

만약 참여자들이 해당 실험을 받아 본 적이 없으면 결과가 어떻게 될까? 그래서 사전 측정연구를 추가할지라도 이 설계가 제공하는 자료와 피조사자의 행동에 미치는 실험적 영향을 추론하는 이론적 근거는 여전히 매우 부족하다.

사후 측정과 통제집단을 도입하는 설계

보통 실험에 이론적 근거를 제공함으로써 인과관계를 추론하는 전통방식으로는 관련실험을 받지 않은 통제집단을 추가하고 이 통제집단은 최대한 실험집단과 비슷해야 한다. 시간순서에 따르면 실험 전에 이 통제집단을 구성(비무작위 배정)해야 한다. 여기서는 통제집단 하나와 사후 측정만 하는 집단을 설계한다.

$$\frac{NR\ X\ O_1}{NR\ O_2}$$

때로 이 설계가 환영받는 이유는 사전 측정을 하게 되면 종종 참여자들의 민감도를 부추겨 그들의 사후 측정 점수에 영향을 미치게 되기 때문이다.

사전사후 측정과 통제집단을 도입하는 설계

여기서는 실험집단과 통제집단에 모두 사전 측정이라는 선행변수를 추가하여 비교하며 두 집단은 조별로 사전사후 측정 정보를 수집한다.

$$\frac{NR\ Q_1\ X\ O_2}{NR\ Q_1\ O_2}$$

사전 측정을 진행하고 통제집단을 이용하여 비교하면 어떤 위험요인들이 타당성을 좌우하는지 비교적 쉽게 알 수 있으며 사전 측정의 차이가 실질적으로 존재할 경우 피조사자를 선택하는 과정에서 편차가 있었을 수도 있다.

이중 사전 측정, 사후 측정과 통제집단을 도입하는 설계

두 집단은 서로 다른 시간에 각각 동일한 사전 측정을 진행한다. 2차 사전 측정과 사후 측정은 두 집단 모두 같은 지연시간에 진행하는 것이 가장 좋다.

$$\frac{\text{NR } Q_1\ Q_2\ \text{X } O_3}{\text{NR } Q_1\ O_2\ Q_3}$$

이중 사전 측정은 연구자가 실험 과정에서 존재할 수 있는 편차를 파악하는데 도움이 된다. 여기서 편차는 실험이 초래하는 영향이 이미 O_1과 O_2의 분석에서 나타나고 유사한 편차가 마찬가지로 O_2와 O_3에서도 나타날 수 있다고 가정한다. 그렇기 때문에 O_1과 O_2의 비율와 O_2와 O_3의 비율에 변화가 없으면 연구자는 이중 사전 측정평가로 선택한 피조사자를 이용할 수 있다.

사전사후 측정과 통제집단을 도입하고 서로 역할 호환하는 설계

연구자는 두 번째 단계 실험에 통제집단을 도입하는데 초기에 이 통제집단은 실험을 진행하지 않는다.

$$\frac{\text{NR } Q_1\ \text{X } Q_2\ O_3}{\text{NR } Q_1\ O_2\ \text{X } Q_3}$$

뒤의 집단은 첫 번째 단계에서 주로 통제하는 역할을 하는데 두 번째 단계에서는 역할을 바꾸어 실험집단으로 변한다. 이와 같이 상호 역할을 교체하는 설계는 아주 효과적인 방법이다. 두 집단이 각각 다른 시기에 역할 전환을 통하여 실험을 진행하는 시간적 순서를 모의하여 얻은 결과는 서로 해석할 수 있다.

통제변수와 통제집단 도입

위의 승진 관련 연구소재는 2000년 *AMJ*로부터 발췌하였고 이 연구에서는 유사실험설계에서 주의할 사항과 특징에 대하여 상세하게 설명하였다. '조직시민행동'에 관한 연구에서 언급한 장점은 다음 실례에서도 충분히 나타난다. 현장 환경의 응용, 즉 카운터 직원이 처한 지점과 근무환경에 대하여 연구자가 '실험대상자'의 반응을 관찰하면서 가설을 검증할 수 있기에 그 연구 결과는 더욱 설득력이 있으며 실제 상황에 가깝다. 실험대상자는 본인이 관찰받고 있다는 사실을 인지하지 못한다. 반면 실험실 연구 대상이 이점에 대하여 잘 알면, 이로 인해 오히려 행동이 자연스럽지 못하거나 노력하여 기대치에 도달하고자 하는 결과를 초래할 수 있다. 하지만 유사 실험에서도 연구자들이 극복해야 할 여러 가지 문제점이 있다.

자연장소에서의 혼동변수(confounding variables). 물론 승진은 구체적이고 보이는 일이지만 조직 내부에 혼재하여 여러 가지 많은 일과 동시 발생하고 또한 이는 연구자가 연구하고자 하는 유일한 독립변수이다. 우리가 어떻게 오직 이 요인에 의하여 초래하는 행동변화만 추출하고 기록하고 다른 가능한 요인에 의하여 유발하는 반응을 제거할 수 있을 것인가?

유사실험설계에서 연구자가 최대한 결과에 영향을 미치는 환경과 관련된 제3 변수를 통제함으로써 결과의 타당성을 높인다. 이 예에서 연구자들은 최선을 다하여 승진 외 직무태도와 행동개선을 초래하는 다른 환경요인을 제거하였다. 예를 들면 승진, 연봉상승이나 직무 충실도를 높인 새로운 직위를 부여하는 것이다. 이런 요인들은 모두 승진자의 개선을 유발할 수 있기에 승진의 순수반응을 가릴 수 있다.

순수 실험실연구와 비교하여 유사실험설계의 장점은 관련된 현장 환경을 이용하는 것이다. 하지만 연구 중에 존재하는 다양한 혼동변수가 결론의 타당성을 위협할 수 있다는 사실을 반드시 고려하여야 한다. 연구자들의 의무는 이런 독립변수를 통제하고 그 영향을 최소화하여 합리적으로 받아들일 수 있는 결과에 이르는 것이다.

내적 타당성 문제. 위에서 서술한 '조직시민행동' 예와 같이 우리는 현실적으로 무작위로 직무태도를 피조사자 개개인에게 배정할 수 없고 이 승진 예에서 우리는 누가 승진할 것인지 무작위로 지정할 수도 없다. 이는 단연코 비합리적이다. 이런 허점을 제거하더라도 그 내적 타당성은 여전히 의문을 받게 된다. 연구자가 환경으로부터의 혼동변수를 최대한 통제하기 위하여 노력하지만 연구자는 승진자와 비승진자 두 표본의 유사 정도가 충분히 통계학적 요구에 만족한다고 보장할 수 없다. 승진자와 비승진자의 심리와 배경 등 내적 요인이 승진 전과 승진 후의 태도차이를 초래할 수 있기에 연구자가 승진이 행동변화를 초래하는 유일한 요인이라고 단정하는데 어려움을 겪는다. 전혀 결함이 없는 실험실연구와 비교하여 이는 유사 실험의 주요 한계점이다.

그러므로 앞의 예와 같은 결론을 얻을 수 있다. 유사 실험은 인과결과를 얻을 수 없으며 실험과 결과의 관계추론밖에 얻을 수 없다. 왜냐면 다른 가능한 혼동변수와 상호작용 효과를 완전히 제거할 수는 없기에 연구자는 최대한 통제를 통하여 연구 결과의 타당성을 높일 수밖에 없다. 그 명칭에서 알 수 있듯이 유사 실험은 실험실연구와 관찰연구 사이에 속한다. 통제에 있어서 전통적인 실험실연구처럼 100% '순수'할 수 없으며 타당성에 있어서 유사실험설계는 통제집단을 이용하고 존재 가능한 혼동변수를 통제하는데 이는 확실히 현장관찰보다 장점이 있다. 종합적으로 말하면 착실한 연구자에게 있어서 실제 환경(realistic setting)을 이용하여 시장(marketplace)을 모의하는 것은 아주 중요하기에 유사실험설계는 비즈니스를 연구하는데 신뢰할 수 있으면서 실행 가능한 방법이다. 그리고 어느 정도 신중하고 의심적인 태도로 관점을 논증하는 것도 필수적이다.

7.3 맺음말

위에서 서술한 두 가지 예에서 강조하는 바와 같이 엄밀하게 진행되면 유사 실험은 현재 가장 실용적인 시장분석 방법으로서 비즈니스 결정에 효과적으로 보조할 수 있다. 정확성을 높이기 위하여 통제집단을 도입하고 어느 정도 무작위화하며, 이중맹검과 혼동변수를 충분히 통제함으로써 연구자들이 효과적으로 추론하는데 도움이 된다. 보다 정밀한 인과관계를 진술할 수 있다면 이런 실험의 연구 결과는 행동실험실에 참고자료로 제공할 수 있으며 이 분야의 더 많은 연구를 자극할 것이다. 비록 유사실험설계가 통제범위에서 완벽하지 못하지만 실제 환경에서 특정 요인의 관계를 관찰하는 데 충분하며 이는 실험실연구에서는 불가능하다.

유사 실험이 비즈니스연구에서 중요한 강세를 엿볼 수 있으며 또한 그 자체의 한계도 무시할 수 없다. 마지막으로 연구자는 이런 형식의 연구 설계가 정보를 수집하여 특정문제를 해결하는데 적합한지 스스로 결정해야 한다. 그리고 이런 방법은 단지 가장 효과적인 추론을 한다는 것을 확실히 기억하기 바란다.

참고문헌

Hui, C., Lam, SSK, and Schaubroeck, J. (2001). Can good citizens lead the way in proving quality service? A field quasi-experiment. *Academy of Management Journal*, 44, 988—995.

Lam, SSK and Schaubroeck, J. (2000). The role of locus of control in reactions to being promoted and to being passed over: A quasi-experiment. *Academy of Management Journal*, 43, 66—78.

저자소개

린청구앙(林誠光, Simon Lam) 홍콩대학교 경영대학(School of Business, Hong Kong University) 경영학 교수이다. 연구 성과는 *Academy of Management Journal*과 *Journal of Applied Psychology* 등에 게재되었고 연구 분야는 조직행동, 전략과 창업 등이다.

8장

현장 연구에서의 설문지 조사 방법

Jia Lin Xie (토론토대학)

머리글

설문지 조사 방법(이하 설문지법으로 약함)은 경영학의 정량 연구에서 가장 보편화된 방법으로 그 실용성은 주로 다음과 같다.

1. 적절히 실행된다면 설문지법은 가장 빠르고 효과적인 자료 수집 방법이다.
2. 척도의 신뢰도와 타당성이 높고 자료 표본이 많다면 양질의 연구 자료를 수집할 수 있다.
3. 설문지법은 피조사자에 대한 간섭이 비교적 적어서 설문에 참여하는 조직과 직원들의 호응을 얻기 쉽고 활용도가 높다.
4. 비용이 적게 들고 현장 연구에서 가장 경제적인 자료 수집 방법이다.

현장 연구에서의 설문지법은 다음 가설 조건을 근거로 한다.

1. 대부분의 참여자가 설문지의 모든 문항을 진지하게 읽고 답한다.
2. 대부분의 참여자가 설문 문항에 제대로 답할 수 있는 충분한 능력을 가지고 있다.
3. 대부분의 참여자가 진실하고 솔직한 답을 제공한다.

다음으로는 설문지 자체의 질이 참여자의 설문 응답 태도와 행동에 미치는 영향을 언급할 것이다. 의사전달이 정확하지 못하거나 문구가 서로 모순되는 설문지는 응답자로 하여금 연구에 대한 신뢰를 상실하여 대충 답하게 된다. 장황한 설문지는 응답자를 지치고 싫증나게 하여 공란을 비워 두고 답하지 않거나 어떤 유형의 문제에 대하여 동일하게 답을 선택하여 설문지를 빨리 끝내려고만 하는 결과를 초래할 수 있다. 이런 경우는 모두 설문응답의 질을 저하시킨다. 또한 질 낮은 답안지는 연구의 질에도 직접적으로 영향을 미친다. 그렇기 때문에 위에서 진술한 가설조건을 현실화하려면 연구자가 설문지 설계에 많은 공을 들여야 한다.

8.1 설문지 설계

8.1.1 기존 측정 도구 사용

현대 조직행위론은 이미 몇 십 년 역사를 가지고 있으며 심리학, 사회학 등 관련 분야와 연원이 깊다. 이 긴 역사 속에서 수많은 연구자가 각고의 노력으로 연구에 전념하고 반복적으로 논증하면서 방대한 실증연구를 수행하여 많은 연구척도를 만들었다. 이런 척도는 현장 연구를 수행하는 데 있어서 중요한 기준과 방법을 제공한다. 예컨대, Hackman과 Oldman (1975, 1980)이 직무설계와 직무효능 및 직원태도와의 관계를 연구하는 과정에서 직무특성 모델(job characteristic model)을 제시하였다. 그들은 어떤 직무든 다음 다섯 가지 핵심 직무특성으로 기술할 수 있다고 밝혔다. 이는 바로 기능 다양성, 과업 전체성, 과업 중요성, 직원 자율성과 업무 피드백이다. 이 다섯 가지 특성의 수치가 높을수록 직무의 복잡도는 높다. 복잡한 직무설계는 직원들에게 직무에 대한 의미, 책임감을 부여하며 효과적인 피드백도 얻을 수 있다. 또한 일련의 핵심 심리상태는 직원의 동기부여, 만족도와 직무 효율성도 개선할 수 있다.

직무특성 모델로부터 파생하는 것이 직무진단 설문지(job diagnostic survey, JDS) (Hackman & Oldman, 1980)이다. JDS에는 직무특성 모델이 내포하는 모든 변수척도를 포함하는데 여기에는 독립변수-다섯 가지 핵심 직무특성(기능 다양성, 과업 전체성, 과업 중요성, 직원 자율성과 업무 피드백), 중간변수-직원의 핵심심리상태를 측정하는 세 가지 변수(동기부여, 책임 및 피드백), 네 가지 종속변수(직무 격려, 성장 충족도, 종합 만족도와 직무 효율성) 그리고 여러 개의 조절변수(예컨대 직원 성장 욕구, 능력 등)가 있다.

직무진단 설문지가 처음 만들어지고 지금까지 30여 년 동안 수많은 질의, 측정과 토론을 거쳤다. 비록 학계에서는 다섯 가지 핵심 직무특성이 직무성격을 전면적으로 평가하는 지 여부에 대하여 여전히 서로 다른 견해들을 가지고 있지만 직무진단 설문지가 직무설계와 직원에게 미치는 영향을 측정하는 가장 권위적인 척도 중의 하나라는 사실은 의심할 여지가 없기에 학계에서 광범위하게 중요시되고 인정받았다.

기존 측정 도구 사용의 유효성

기존의 측정 도구를 사용하는 것은 다음과 같은 장점이 있다.

1. **기존 문헌에서 많이 사용되는 척도는 보통 비교적 높은 신뢰도와 타당성이 있다.** 척도의 가치는 그 척도의 신뢰도와 타성성에 달렸다. 연구 결과에 있어서 신뢰도와 타성성의 중요성은 13장에서 중점적으로 소개한다. 기존의 척도 특히 조직행위론 문헌에서 반복적으로 자주 사용되는 척도는 흔히 비교적 높은 신뢰도와 타당성을 가진다. 바꾸어 말하면 이런 척도는 자주 다른 연구자에 의하여 다른 연구 환경과 집단 속에서 사용된 경험이 있다. 반복적인 응용으로 이런 척도가 대표하는

개념과 변수(타당성)를 적절하게 측정할 수 있게 되고 또한 이런 변수의 안정성과 정확도(신뢰도)도 증명된다. 신뢰도와 타당성은 척도 성숙도의 표지로 성숙된 척도를 사용한다는 것은 그만큼 위험이 낮다.

2. 문헌에서 반복적으로 사용된 척도는 인정도가 높다. 학술 분야에서 연구자가 기여하는 주요 방식은 바로 논문발표다. 유명 학술지에 게재된 논문이라면 분명히 엄격한 전문 심사 과정을 거쳤다. 논문심사 과정에서 논문에 사용된 척도의 신뢰도와 타당성은 하나의 중요한 기준이 된다. 한 가지 확실한 것은 신뢰할 수 없는 척도를 사용하여 신뢰할 수 있는 연구 결과를 결코 생산할 수 없으며 논문도 일류 학술지에 게재할 수 없다. 즉 높은 수준의 국제 학술지에 게재하는 실증논문은 반드시 상세하고 확실한 현장 연구를 근거로 이루어져야 하고 상세하고 확실한 현장 연구는 반드시 신뢰성 있는 척도에 의거해야 한다. 이렇게 되면 하나의 선순환이 이루어진다. 권위 있는 학술지에 게재한 실증논문은 일반적으로 수준 높은 척도를 사용하며 이런 논문의 발표는 이와 같은 척도의 권위성을 한층 강화하고 더 많은 연구자들이 이런 척도를 사용하게 된다. 이런 척도의 반복적인 사용은 질적 향상에 도움이 되어 이를 사용하면 일류 학술지에 더욱 쉽게 채택된다. 이런 순환과정에서 반복적으로 사용된 척도는 학술 분야에서 점점 브랜드효과를 발휘하여 학자들이 사용하고 학계에서 인정받게 된다.

많은 학자가 현장 설문지 조사를 수행하기 전에 어떻게 기존의 신뢰할 수 있는 척도를 이용할 것인가를 먼저 고심하는데 이는 아주 보편적인 현상이다. 인생은 결코 긴 것이 아니며 학술연구 기간도 제한적이다. 옛 사람들이 이룬 소중한 정신적 자산과 학술 기법을 답습하여 이용할 수 있다면 본인이 다시 척도를 설계하지 않아도 된다. 그렇지만 한편으로 우리는 기존의 척도를 이용함에 있어서 산재하는 여러 가지 한계를 분명히 해야 한다.

기존의 측정 도구를 사용하는 한계성

1. 문화적 한계성. 조직행위론에 대한 체계적인 연구는 서양에서 기원되었으며 대다수 기성 이론과 척도는 서양의 조직행동현상에 대한 관찰과 정리에 의하여 이루어졌다. 이런 이론은 서양 사람들의 직무태도와 행동을 설명하는데 유용하다. 이것을 다른 문화 환경에서 응용하려면 실용성과 실행 가능성을 세심하게 검토할 필요가 있다. 예를 들면, 조직행위론의 많은 개념이 개인의 자기인지(자기개념)와 밀접한 관계가 있다. 비교 문화연구는 문화와 자기와의 관계를 증명하였다. 마르쿠스와 키타야마(Markus & Kitayama, 1991)는 비교 문화관련 수많은 연구문

헌을 회고한 기초에서 문화적 가치는 사람의 인식, 감정과 격려에 중요한 영향을 미친다고 보고하였다. 개인주의 가치관(individualism)을 가진 사람은 개인의 독립성(independence)을 중요시하며 집단주의 가치관(collectivism)을 가진 사람은 사람과 사람들 간의 상호의존을 중요시한다.

호프스테드(Hofstede, 1992), 트리안디스(Triandis, 1990) 및 기타 많은 비교 문화연구 학자들은 북미인의 가치관은 개인주의를 중심으로 한다고 밝혔다. 이로부터 북미에서 기원한 조직행위론은 개인발전, 개인의 독립성, 개인욕구의 충족과 개성차이를 존중한다는 결론을 내릴 수 있다. 무리 단체에 대한 연구에서도 무리의 개체 차이에 주목한다.

모두 알다시피, 동양의 전통문화와 서양은 아주 큰 차이가 있다. 빠르게 발전하고 있는 현대화로 일정한 수준에서 문화의 차이를 단축할 수 있지만 (Egri & Ralston, 2004; Ralston, Pounder, Lo, Wong, Egri & Stauffer, 2006) 민족문화의 함축된 의미와 그것이 사람의 심리상태와 행동에 미치는 영향은 여전히 간과할 수 없다. 동양 국가의 국민을 대상으로 조직행위론 연구를 수행하는 과정에서 수시로 유교권 문화의 특성, 서양이론과 척도의 한계성에 주시해야 하며 서양이론에 대하여 통달하고 확실하게 이해하여 서양적 척도에 대하여 신중하고 융통성 있게 활용하여야 한다.

2. 시간적 한계성. 앞에서 우리는 '척도의 구축 → 측정 → 발표 전달 → 심층 측정 → 성숙화 과정'에 대하여 언급하였다. 보통 이 과정은 아주 긴 시간이 걸리며 이 과정에서 많은 환경요인들이 변화할 수 있기에 척도의 지속가능성은 도전을 받게 된다. 직무진단 설문지는 1970년대에 나타나서 1980년대에 성숙기에 들어섰다. 1980년대 후반 정보화 기술의 신속한 발전과 더불어 1990년대는 더더욱 정보화 기술의 혁명적인 발전을 거쳤다. 첨단기술의 신속한 발전과 광범위한 응용으로 많은 새로운 직무와 직종의 탄생과 함께 원래 있던 많은 직종이 사라졌다. 어떤 직무와 직종은 아직 도태되지는 않았지만 많은 특성변화(예를 들면 전산화 조작)가 발생하였다. 직무특성 모델의 다섯 가지 핵심 직무특성이 과연 현존 직장의 직무성질을 전면적으로 예측하고 해석할 수 있는가? 현존 직장에서의 직무 다양화는 30년 전과 비교하여 장족의 발전이 있는가? 이 기간 동안 발전추이를 특성모델로 기술할 수 있는가? 이런 문제들은 이론적이면서 실증적이다. 기존의 척도를 사용할 때 이 척도로 측정하는 개념이 시대에 뒤떨어진 것은 아닌지? 근거로 하는 환경이 변화된 것은 아닌지? 동일 개념에 대하여 새로운 척도가 있는지? 새 척도가 과거의 척도와 어떤 관련성과 상호 보완성이 있는지 등 이런 일련의 문제를 항상 고려해

야 한다.

3. **언어적 한계성.** 서양의 기존 척도를 사용할 때 번역의 정확도는 연구자들이 부딪치게 되는 하나의 시련이다. 비교 문화연구 방법론 전문가는 이에 대하여 많은 건의를 제공하였는데 그중 '역 번역(back translation)'(Brislin, 1980)은 이미 널리 알려진 방법이다.

역 번역 즉 서로 다른 연구자 집단이 각각 동일한 척도를 번역한다. 예를 들면, 한 집단이 영어를 우리말로 번역하고 다른 집단은 우리말을 다시 영어로 번역하면서 두 집단의 연구자들이 함께 이중번역 중에서 나타난 차이를 검토함으로써 문제를 해결한다. 역 번역의 중점은 번역에서 발생하는 주관적인 편차를 줄이는 것이고 따라서 번역 정확도를 높인다. 여기서 한 가지 지적할 점은 설령 가장 엄격한 역 번역 또는 삼중번역이라 할지라도 척도번역에서 존재하는 객관적 장애를 철저하게 해결할 수는 없다는 것이다.

객관적 장애의 원인 중 하나는 바로 용어의 외연이다. 용어마다 원래 의미와 외연이 있다. 의미는 구체적으로 대표하는 내용이고 외연은 이 용어와 관련된 맥락과 개념이다. 아무리 훌륭한 번역가도 용어의 외연을 '번역'하기 어렵다. 이는 사람들의 외연에 대한 이해가 사람에 따라 문화에 따라 다 다르기 때문이다. 우리는 '체면'이란 말을 들었을 때 '체면을 세워주다', '체면을 깎다', '체면이 서다', '체면이 깎이다', '체면을 잃다', '억지로 체면을 유지하다' 등 극히 다양한 상상을 할 수 있다. 이런 체면과 관련된 외연적 내용은 우리의 문화, 생활, 주위환경에 대한 관찰과 이해에서 유래한다. '체면'을 영어로 번역하면 'face'이다. face라고 하면 아주 정확한 번역인데 서양 사람들이 face에 대한 외연적 이해는 동양 사람들에 비해 많이 부족하다.

척도번역에서 존재하는 다른 객관적 장애는 어의학적 차이에서 초래한다. 다양한 언어는 표현의 세밀한 정도와 방식방법에 모두 차이가 있다. 한자 문화권의 언어에 비해 영문은 더 직접적이고 간략한 언어이다. 어떤 영어 용어를 한자권 언어로 번역하면 흔히 여러 가지 의미를 선택할 수 있다. 예를 들면, 'ambition' 은 사전에서 '포부', '패기', '원대한 포부', '야심', '지나친 욕망', '열망' 등 다양한 해석이 있는데 이런 다른 의미는 응답자에게 전혀 다른 느낌을 준다. '원대한 포부'와 '야심', '지나친 욕망', '열망'은 서로 아주 다른 의미를 갖고 있으며 '원대한 포부', '열망' 은 긍정적인 표현이고 '야심', '지나친 욕망'은 부정의 의미를 뜻한다. 원래 중립적인 영문 용어를 번역했을 뿐인데 의외로 이렇게 많은 가능성이 있을 수 있으므로 연구자들이 여러 가지 가능한 의역에서 선택의 기로에 처한다. 연구자는 이런 선택

과정에서 어쩔 수 없이 개인의 주관의향을 가미하게 된다. 이런 주관의향을 일으키는 것은 번역에서의 객관적 장애에서 기인한다.

기존 측정 도구 사용 시 유의 사항

첫째, 연구자는 척도의 적합성(applicability)에 대하여 검토해야 한다. 이 점은 비교문화 연구에서 각별히 중요하다. 적합성은 다음과 같은 측면으로부터 분석할 수 있다.

1. 개념적 적합성. 선택한 서양의 척도가 전면적이고 정확하게 측정하고자 하는 개념을 측정할 수 있는가?
2. 문화적 적합성. 선택한 서양의 척도가 동양 국가의 직원들에게 널리 이해되고 받아들여지는가?
3. 표본의 적합성. 선택한 서양의 척도가 동양 국가의 서로 다른 집단에서 보편적으로 응용할 수 있는지 아니면 특정 집단에만 적합한지? 만약 후자라면 연구자는 이 척도가 자신이 연구에서 집중적으로 다루는 집단에 적합한지 자세히 검토해야 한다.

적합한 척도를 찾아내는 것은 초보 연구자에게 있어서 상당한 난제다. 이 난제를 해결하는 관건은 참고문헌을 숙독하는 것이다. 보편적으로 관련 문헌에 대하여 익숙할수록 척도를 선택하는데 유리하다. 관련 문헌을 참고하면서 자연히 다른 학자들은 어떻게 내가 관심 갖는 변수를 측정하였는지 파악할 수 있다. 본 장의 앞부분에서 진술한 바와 같이 문헌에서 높은 지위를 차지하는 척도는 보통 높은 수준의 신뢰도와 타당성을 갖고 있다. 이런 척도로부터 착수하여 깊이 파고들어 문헌을 수집하고 나아가 효능과 널리 사용되는지 여부를 파악할 수 있다. 이를 바탕으로 가장 성숙하고 학계에서 널리 사용되는 척도를 선택한다. 만약 여러 개 척도가 모두 널리 사용되고 있다면 연구과제와 가장 잘 어울리고 적합한 척도를 선택해야 할 것이다.

둘째, 연구자는 척도의 실행 가능성(feasibility)을 검토해야 한다. 고도로 정보화된 사회에서 아주 쉽게 척도를 얻을 수 있다. 하지만 주의할 점은 모든 척도가 무상으로 사용할 수 있는 것이 아니라는 것이다. 연구자는 적극적으로 척도 창안자와 연락하여 사용허가를 받아야 한다. 절대다수의 창안자는 척도 사용을 흔쾌히 승낙하는 편이다. 만약 척도사용이 유료이고 그 비용을 지불하는 것이 내키지 않으면 소유자에게 다른 대체 가능한 무료 척도가 있는지 자문할 수 있다.

셋째, 일단 척도가 결정되면 연구자는 척도의 모든 문항(item)을 최대한 그대로 사용하고 임의로 삭제해서는 안 된다. 씨에, 로이와 천(Xie, Roy & Chen, 2006)은 문화와 개성이 자기평가에 미치는 영향에 대하여 조사하였는데 그들은 참여자의 문화 가치관념-개인주의(individualism)와 집단주의(collectivism)를 측정할 때 트리안디스(Triandis)와 갤펀드(Gelfand)의 척도 중 16개 문제를 모두 사용하였다. 본 프로젝트에서 문화 가치관념이 중요한 변수이기에 가능한 전면적으로 측정하여야 한다. 동시에 트리안디스(Triandis)와 그의 동료들은 개인주의와 집단주의 두 가지 가치관에서 각각 수직(vertical), 수평(horizontal) 두 가지 가치취향 분포를 보여 결론적으로 총 네 가지 가치취향(vertical individualism, horizontal individualism, vertical collectivism, horizontal collectivism)을 형성한다고 밝혔다. 트리안디스(Triandis)와 갤펀드(Gelfand)의 16개 문제로 네 가지 변수를 측정하는데 네 개 문제로 하나의 변수를 측정하는 셈이다. 연구자가 제멋대로 문제를 삭감하면 이 네 가지 특이한 가치취향을 정확하게 조사하기 어렵다. 같은 연구 프로젝트에서 씨에, 로이와 천(Xie, Roy & Chen, 2006)은 자기평가 관련 개성요인을 측정할 때 척도에 내포한 문제를 선택적으로 이용하였다. 그들은 자기애적 성격검사(Narcissistic Personality Inventory, NPI)(Raskin & Hall, 1979)에서 5개 문제를 골라서 자기우월감(self-perceived superiority)을 측정하고 4개 문제로 자기표현욕망(exhibitionism)을 측정하였다. 이는 NPI가 상당히 길고 정교하기에 두 가지 개성 요인을 측량하는 데 있어서 9개 문제로도 이미 요구를 충족하기 때문이다. 주의할 점은 그들이 문제를 삭감할 때 조심스런 이론인증과 측정을 거쳤다는 것이다. 연구자가 기존 척도에 포함한 문제를 삭감하고자 한다면 극히 신중을 기해야 한다. 문제를 삭감함으로써 그 척도의 내용과 신뢰도에 영향을 미칠 가능성이 크다. 이론적으로 합리성이 있는 경우를 제외하고는 임의로 삭감해서는 안 된다. 설령 이론적 근거가 있는 삭감이라도 삭감 후의 신뢰도와 타당성에 대하여 반드시 세밀하게 측정하고 확인해야 한다.

주지하는 바와 같이 설문지 설계의 중요한 원칙은 정확성과 간략함이다. 절대로 간략함을 추구하기 위하여 정확도를 포기해서는 안 된다. 서너 가지 이하의 문항으로 변수 하나를 측정하는 것은 아주 무리이다. 연구자가 아주 적은 문항으로 응답자의 답안을 평가하고 관찰하기 어렵기 때문이다. 너무 적은 문항으로는 응답자 사이에 존재하는 차별과 응답자 자신의 안정성(cross-subject variance and within-subject consistency)을 안정적이고 정확하게 평가하기도 어렵다. 따라서 높은 수준의 신뢰도에 도달하기 상당히 힘들다.

또한 연구자는 번역의 질을 보증해야 한다. 양질의 번역은 척도의 질을 보증하기에 척도를 번역하는 사람은 두 가지 언어에 능통하면서 경영학 학술분야에도 정통한 이중 전문가여야 한다. 더 중요한 것은 번역자가 진지하고 책임성을 가지고 번역 업무에 열정이 있어야 지 대충 얼버무려서는 안 된다.

만약 기존 번역본이 있는 척도이고 그 번역본이 상당한 신뢰도가 있다는 것이 증명되었으면 기존의 번역본을 사용할 수 있다. 예를 들어, Tsui과 Lau(2002)가 편집한 「중국 기업경영에 대한 선도적 연구」의 대부분 실증연구에서 사용된 척도는 중국어 번역본이다. *MOR*은 이미 학술지에 게재한 논문 중에서 사용한 중국어 척도를 사이트에 등록하였다. 연구자는 http://www.iacmr.org의 '자원' 홈페이지('Resource' page)에 방문하여 필요한 척도를 검색할 수 있다. 이와 같이 발표된 척도는 상당한 번역 품질과 확증된 신뢰도를 가지고 있다. 이는 중국어로 조사하는 사용자에게 소중한 중국어 척도 소스를 제공한다.

8.1.2 자체 측정 도구 설계

어떤 경우에 연구자가 반드시 척도를 스스로 설계해야 하는가?

경영학 연구에 있어서 다음 두 가지 경우일 때 종종 연구자들이 설문지 척도를 스스로 설계하게 한다.

1. 기존의 척도가 연구의 요구를 충족하지 못한다.
2. 연구 목적이 어떤 서양에서 기원된 개념의 비교 문화적 응용 가능성을 측정하고자 한다.

다음은 이 두 가지 상황에 대하여 각각 간략하게 소개한다.

1. 기존의 척도가 연구의 요구를 충족하지 못한다. 조직행위론의 발전은 아주 복잡한 과정으로 관련 개념의 개발, 이해, 측정, 분석과 확정이 순차적으로 발전할 뿐만 아니라 서로 보완하고 완성시킨다. 이 과정에서 기존의 개념과 척도로 연구 목표를 좀처럼 충족할 수 없다.

동양에서의 '관계'라는 개념은 아주 복잡한 사회현상 중의 하나이다. '관계'는 인류 진화의 역사와 동시 발생한다. 그러나 경영학에서 '관계'에 대한 체계적인 연구는 약 20년에 불과하며 '관계'에 대한 학술연구는 분명 아직 초기단계에 있다.

예를 들어, Tsui와 Farh(1997)의 '관계'에 대한 개념과 중국인 환경에서의 응용성에 대하여 깊이 있게 분석하였다. '관계' 개념으로부터 착수하여 그들은 영문과 중문으로 된 문헌 중에 '관계' 개념에 대한 확실한 정론이 없다는 것을 밝혔다.

중국 전통문화에 입각하여 '관계'의 문화적 근원을 분석하였는데 공자 학설의 '윤(伦)'에서 중국 전통문화가 '관계'에 대한 해석을 정의하였다고 제시하였다. Tsui와 Farh(1997)는 나아가 중국과 서양의 관련 문헌을 비교하여 중국인문환경에서 '관계'의 특질을 분석하였으며 인간관계를 고도로 중요시하는 중국사회에서 흔히 '관계'는 개인목표를 달성하기 위한 수단만이 아니라 '관계' 자체가 바로 추구하는 목표라고 지적하였다.

이로부터 '관계'의 개념에 있어서 그 의미, 외연은 모두 문화적 차이가 있다는 것을 알 수 있다. 중국 특유의 인문환경에서 '관계'의 전후시말(前后始末)을 연구하려면 서양의 기존이론, 개념과 척도에만 의존하는 것으로는 분명히 충분하지 않다. 심지어 부적절하다. 연구자는 반드시 현장조사부터 동양 국가의 특수 사정과 사람들의 상황에 맞는 새로운 척도를 설계해야 한다.

2. 연구 목적이 서양의 어떤 개념의 응용 가능성을 측정하고자 한다. 다른 한 부류의 연구는 서양에서 기원한 개념과 관련 변수의 비교 문화 응용 가능성을 측정하는 데 초점을 둔다. 예를 들면, 파, 얼리와 린(Farh, Early & Lin, 1997)의 조직시민행동(organizational citizenship behavior, OCB)에 대한 연구가 있다. 서양 경영학은 OCB의 형성, 내용, 내포된 차원(dimensions), OCB와 기타 변수와의 관계에 대하여 이미 상당히 깊이 있는 연구가 이루어졌지만(예컨대 Borman & Motowidlo, 1993; George & Brief, 1992; Organ, 1998; Van Dyne, Cummings & Parks, 1995) OCB의 비교 문화적 응용성에 대한 연구는 아주 한정적이다. 따라서 다음 문제들이 제기된다. OCB 개념 및 이와 기타 조직행동론 변수와의 상호관계가 서양의 특유한 현상인지 아니면 보편적으로 대표성 있는 현상인지? 특정 문화나 국가에 속한 사람들의 마음속에 OCB는 어떤 개념인지? OCB가 그들에게 어떤 특점들이 있는지?

Farh 등의 연구는 상기 문제를 탐구하고 중국인을 대상으로 하는 OCB 현지 척도의 개발에 역점을 두고 있다. 연구는 세 절차로 이루어진다.

첫 번째, 대만의 한 대학 MBA경영발전 프로젝트 과정에 있는 학생 109명을 초청하여 그들이 생각하는 OCB사례를 진술하도록 하여 총 1,512개 OCB에 대한 진술을 수집하였다. 연구보조원 3명이 이 사례들을 분류하여 OCB관련 60개 종류로 정리하였다. Jiing-Lih Farh 등은 한 마디로 매 종류를 요약하였는데 이렇게 하여 60개 문제를 포함한 OCB 현지 척도를 탄생시켰다. 이 척도는 Likert의 7등급을 사용하며 1은 '전혀 동의하지 않는다'이고 7은 '전적으로 동의한다'이다.

두 번째, 다른 방법으로 경영자 75명으로 구성된 표본으로 위에서 형성된 OCB 현지 척도를 검정한다. 일련의 상관관계 분석과 요인분석을 통하여 Jiing-Lih Farh

등은 관련성이 별로 없는 4개 문제를 삭제하여 척도 문제를 56개로 줄였다. 요인분석 결과 이 56개 문제는 5개 서로 다른 차원에 속한다. 요인해석을 바탕으로 Jiing-Lih Farh 등은 다시 척도문제를 22개로 줄여 요인 한 개당 4~6개 관련 OCB문제들이 내포된다.

세 번째, 일선 관리자 22명으로 구성된 표본으로 22개 항목을 포함한 OCB 척도를 측정하였다. 파(Farh) 등은 Lisrel 구조방정식 해석프로그램을 이용하여 척도의 5차원 안정성을 검사 측정하고 최종 2개 문제를 삭제하여 보다 나은 모델의 적합도를 달성케 한다.

위의 세 절차 조작을 거친 후 Jiing-Lih Farh 등은 20개 문제를 포함한 OCB 중국현지 척도를 개발하였다. 이 척도의 구축은 중국과 동양 배경으로 OCB 연구를 위한 조건을 마련하였다. 이 척도에 포함되는 일부 항목과 차원이 서양의 문헌과 아주 유사하다. 이는 OCB의 내용에는 문화차이가 없다는 것을 설명한다. 한편 서양문헌에서 중국 특징이 있는 OCB 내용(인간관계 조화)을 보기 드물다. 일부 서양문헌에서 언급한 OCB 내용이 이 중국 현지 척도에서는 나타나지 않았다. Jiing-Lih Farh 등의 연구에서 OCB 기본개념은 보편성이 있다고 보고 OCB의 구체적인 내용에 있어서는 비교 문화 보편성도 있으며 문화적 특성도 있다고 설명하였다.

위에서 언급한 OCB는 사회에 유익하고 조직의 행동에도 유익하다. 하지만 다른 한 유형의 행동은 완전 반대로 의도적으로 조직행동규범에 위배한다. 예를 들면, 기업자산 절도, 헛소문을 퍼뜨리고 말썽을 일으키거나 지각조퇴 등이 있다. 서양의 조직행위론은 이런 부류의 행동을 비생산적 행동(work counterproductive behavior, CWB)라고 지칭한다.

로툰도와 씨에(Rotundo & Xie, 2008)는 중국의 CWB 인지와 표현에 대한 연구를 하였는데 아래 여러 절차로 나눈다.

첫 번째, 160여 명의 중국 내 경영자들이 첫 프로젝트에 참여하였다. 연구자가 그들에게 CWB관련 폭넓은 정의와 두 가지 사례를 주고 CWB관련 전형적인 다섯가지 예를 적으라고 요구했다. 참여자들은 총 800여 개 CWB사례를 제공하였다. 연구자는 유사한 행동을 종류별로 분류하여 서로 겹치지 않는 CWB 66개를 개발하였다.

두 번째, 30명의 중국 내 경영자들이 두 번째 프로젝트에 참여하여 CWB행동의 차원분포(dimensionality)를 조사하였다. 그 전에 연구자는 이미 CWB 66개를 작은 카드에 기록하였다. 참여자들은 독립적으로 이 카드들을 행동의 유사성에 근거하여 조합하고 5~13가지로 분류하는데 몇 가지로 할지는 스스로 결정한다.

세 번째, 연구자는 다차원분석법(multidimensional scaling, MDS)을 이용하여 두 번째 프로젝트에서 도출한 조합결과에 대하여 통계분석을 수행한다. 결과로부터 중국 직원이 보고한 CWB은 크게 두 개 차원(dimension)과 네 개 상선(quadrants)에 속하며 많은 CWB이 서양 문헌에서 보고한 내용과 아주 흡사하다.

파, 얼리와 린(Farh, Early, Lin, 1997)과 로툰도와 씨에(Rotundo & Xie, 2008)의 연구가 주목한 것은 확연하게 다른 근로자 행동이지만 연구 방법은 다소 비슷한 부분이 있다. 예를 들면, 그들은 모두 행동사례의 응모로부터 착수하여 광범위하게 소재를 수집하고 이를 바탕으로 척도를 정밀하게 선택, 분류, 작성하였다. 그들이 연구를 시작하면서 행동사례를 응모할 때 참여자들에게 OCB나 CWB 관련 폭넓은 정의와 몇몇 사례를 제공하고 이를 기점으로 일상 업무에서 관찰한 OCB나 CWB 사례를 제공하도록 한다. OCB와 CWB의 개념과 정의가 서양의 조직행위론에서 기원한 것을 감안하여 그들의 연구 목적은 개념자체를 창작하는 것이 아니라 서양의 개념이 중국에서의 구체적 표현을 측정하고자 한다. 다시 말해 그들의 연구과제는 'OCB나 CWB가 중국에서 내용은 어떠하며 분류는 어떠한가? 사람들이 OCB나 CWB에 대한 지각은 어떠한가'이다. 그 연구취지는 OCB나 CWB가 중국에서의 개념과 정의를 탐구하고 중국 사정에 적합한 OCB나 CWB척도를 개발하는 것이다.

설문지 설계 시 유의사항

1. 설문지 설계 전의 의사 결정. 실증연구를 수행하는 데 있어서 중요한 원칙은 바로 연구 방향, 이론적 기초, 연구가설에 대한 검토가 반드시 연구 방법의 설계 이전에 이루어져야 한다. 설문지를 작성하기 전에 연구자는 반드시 다음과 같은 의사 결정을 해야 한다.

(1) 설문지에서 어떤 변수를 조사하고자 하는가? 이 결정을 하기 전에 설문지가 수용할 수 있는 질문의 수를 충분히 고려해야 한다. 이를 바탕으로 연구내용의 중점을 명확히 하고 중점을 부각시켜 지면이 지나치게 긴 설문지를 만드는 것을 회피해야 한다.

(2) 설문지에서 변수관계는 어떠한가? 전형적인 조직행위론 설문지는 보통 독립변수, 종속변수와 근로자의 배경자료에 대한 조사를 포함한다. 또 많은 설문지는 조절변수도 종종 포함하는데 주의할 점은 변수의 비중을 균형적으로 조율해야 한다. 직원 만족도와 직원 조직몰입을 조사하는 설문지에서는 독립변수(직원 만족도)와 종속변수(조직몰입)를 동시에 정확하게 측정해야 한다. 어떤 연구자는 관심

있는 변수에만 많은 심혈을 기울여 많은 문항으로 이런 변수를 측정하는 반면 다른 변수의 척도 수준을 측정하는 데 소홀히 하는 경우가 있다. 불균형한 설문지도 연구 결과를 도출하지만 변수관계를 정확하게 조사하기는 어렵다.

(3) 설문지에 포함하는 변수는 어떤 구조인가? 사람들의 심리상태와 행동추이는 복잡하기 때문에 많은 조직행위론의 변수는 다차원 변수를 갖는다. 서양 문헌에서 조직몰입이라는 변수는 최소한 세 차원이 있고 직무만족도 차원은 더 많다. 연구자가 척도를 설계하기 전에 반드시 조사변수가 내포하는 차원과 본 연구에서 어떤 차원을 측정하는지 검토해야 한다. 이를테면 직무만족도의 차원은 직무성격 자체, 연봉, 상사, 동료, 근무환경, 미래 개인발전 등을 포함한다. 연구자는 연구현실에서 출발하여 특정 차원에 대하여 구체적으로 분석하고 결정을 내려야 한다.

2. 척도의 등급. 스티븐스(Stevens, 1951)는 설문지 척도를 크게 명목(nominal), 서열(ordinal), 등간(interval), 비율(ratio) 네 가지로 구분할 수 있다고 제시하였다. 지난 몇 십 년 동안 척도의 분류에 대하여 연구 방법론적으로 많은 확장과 보완(Pedhazer & Schmelkin, 1991; Whitley, 1996) 과정을 거쳤다. 간략하게 설명하고자 여기서는 스티븐스(Stevens, 1951)의 분류법을 사용하기로 한다.

(1) 명목척도. 명목척도는 연구자가 연구표본을 조별 분류하는 데 도움이 된다. 예를 들면, 참여자의 성격을 측정할 때 참여자는 남자와 여자 두 부류로 나누는데 이 두 부류에 대한 설문지 조사가 끝난 후 다음 통계분석을 위하여 결과를 숫자 1과 2(또는 0과 1)로 번호 처리한다.

명목척도로 측정한 변수는 서로 대립되고 상호배타적이다. 다시 말해 참여자가 남자이든지 여자이든지 서로 겹치는 답안이 있을 수 없다. 명목척도는 남자와 여자 외에 제3의 선택이 없기 때문에 이 또한 전체적으로 배타성을 가진다.

명목척도는 설문지법의 네 가지 척도 중에서 가장 기본적인 척도이다. 이 척도는 연구자에게 특히 백분율과 빈도 면에서 가장 기본적인 연구 자료를 제공한다. 만약 표본 하나에 120명의 참여자가 있고 그중에 여자가 50명이면 명목척도로 측정한 이번 설문지에서 41.67%가 여성임을 알 수 있다.

(2) 서열(정렬)척도. 서열척도는 변수를 분류할 뿐만 아니라 순서관계를 부여한다. 연구자는 서열법으로 응답자들의 질문에 대한 중요성 선호도를 파악할 수 있게 한다. 예를 들면, 직원들에게 있어서 서로 다른 직무특성의 중요도를 연구할 때 연구자는 서열법을 이용할 수 있다.

당신에게 있어서 아래 5개 직무 특성이 갖는 중요도를 표기하시오. 가장 중요한 직무 특성 항목을 1로, 두 번째 중요한 직무 특성 항목을 2로 이런 방식으로 1, 2, 3, 4, 5순위를 정한다.

직무 특성	중요도 순위
직무는 다음과 같은 기회를 제공한다.	
1. 타인과의 교제	________
2. 다른 테크닉 사용	________
3. 시작부터 끝까지 프로젝트를 온전히 완성	________
4. 타인에 대한 배려	________
5. 독립적 업무	________

서열법으로 참여자 중 직무가 제공하는 타인과 교제하는 기회가 가장 중요하다고 생각하는 사람이 몇 퍼센트이고 독립적으로 업무를 수행하는 것이 가장 중요하다고 여기는 사람이 몇 퍼센트인지 파악할 수 있다. 때문에 서열법은 명목법보다 더 많은 정보를 제공한다.

(3) 등간척도(Likert 척도). 등간척도는 위에서 설명한 두 가지 척도와는 많이 다르다. 왜냐면 설문지 조사에 산술계산을 도입하기 때문이다. 명목법은 자료 분류를, 서열법은 자료 순위를 강조한다. 이 두 가지 척도 모두 수량화되지 않은 것이다. 그러나 등간법은 전형적인 수량적 방법(quantitative method)으로 연구자로 하여금 자료를 분류하고 정렬할 뿐만 아니라 일련의 수리통계를 유도할 수도 있다.

등간척도는 홀수단위를 위주로 한다. 6개 짝수단위를 사용하는 사람도 있지만 대다수 연구자는 5개나 7개 홀수단위를 선택한다. 전형적인 Likert 5등급 척도에서 1은 보통 '적극 반대'를 5는 '적극 찬성'을 표시한다. 〈표 8-1〉에서 1은 '전혀 중요하지 않음'을 5는 '아주 중요함'을 표시한다.

등간척도의 가장 큰 특징은 두 척도 사이의 간격이 일정하다는 것이다. 즉 위의 척도에서 1과 2의 차이는 4와 5의 차이와 동일하다는 뜻이다. 등간척도는 명목법과 서열법의 장점을 종합하고 등급의 간격이 일정하다는 장점이 있다. 이 장점이 아주 중요한 것은 연구자가 이 척도를 사용하여 일련의 수량분석(예를 들면 신뢰도, 회귀분석, 선형 및 비선형 분석 등)을 수행할 수 있기 때문이다. 그래서 등간법은 조직행위론의 설문지 실증연구에서 아주 효과적인 수법으로 가장 널리 응용되

〈표 8-1〉 리커트 5점 척도 예시

직무특성	전혀 중요하지 않음	중요하지 않음	보통	중요함	매우 중요함
직무는 아래와 같은 기회를 제공한다.					
1. 타인과의 교제능력	1	2	3	4	5
2. 다양한 기술 사용능력	1	2	3	4	5
3. 시작부터 끝까지 프로젝트를 온전히 완성하는 능력	1	2	3	4	5
4. 타인에 대한 봉사정신	1	2	3	4	5
5. 독립적 업무 수행능력	1	2	3	4	5

는 척도이다.

등간법의 잠재적 문제는 척도의 시발점(origin point)이 임의적이란 것이다. 즉 연구자가 임의로 척도의 시작점 값을 결정할 수 있지만 0으로부터 시작하는 기점을 정할 수 없다. 아래에서 설명하는 비율법 척도는 이 문제를 효과적으로 해결할 수 있다.

(4) 비율척도. 비율척도는 등간척도의 많은 장점을 가지고 있다. 다른 점은 비율척도는 절대적 0 시작점이 있기에 등간척도가 시점에서 존재하는 임의성을 가지지 않는다. 다음은 비율척도의 예제다.

> 같은 반 동기생과 비교하여 나의 평균 학습 성적이 반에서 아마 이 정도일 것이다(적당한 위치에 동그라미를 치세요).
>
> 0% 10% 20% 30% 40% 50% 60% 70% 80% 90% 100%
>
> 최저 중간 최고

위에서 서술한 여러 가지 척도의 특징을 종합했을 때 다른 척도가 없는 장점을 가지고 있기 때문에 네 가지 설문지법 중에서 비율척도는 가장 유효한 방법이다. 비율 척도는 연령, 수입 등 변수를 측정하는 데 많이 사용된다.

〈표 8-2〉에서는 네 가지 척도의 특징과 효능을 정리하였다(Sekaran, 1994).

3. 질문지 작성

(1) 개방형 질문과 폐쇄형 질문. '당신이 업무에서 가장 신난다고 생각하는 다섯 가지를 쓰시오.' 이는 개방형 질문(open-ended)으로 참여자가 구속 받지 않고 연구자에게 그들의 업무에서 일어나는 신나는 사건, 상황과 느낌 등을 토로할 수 있다.

개방형 질문은 연구자의 이성적인 사고의 시작과 발전에 도움이 된다. 연구자

〈표 8-2〉 네 가지 척도의 특징과 효과

척도	특징					
	구별성	정렬성	자료 간격	특이 시발점	척도 중심 경향	자료분포의 측정
명목	있다	없다	없다	없다	모드	–
서열	있다	있다	없다	없다	중위수	사분위수
등간	있다	있다	있다	없다	산술평균	평균값
비율	있다	있다	있다	있다	대수평균	변수계수

가 어떤 현상에 대하여 감성적이고 일반적인 파악만으로 더 많은 1차 자료를 얻고자 할 때 개방형 질문이 아주 효과적이다. 하지만 개방형 질문에 대한 응답을 즉시 통계자료로 전환할 수 없다. 또한 응답자가 개방형 질문을 답하는 데 더 많은 시간이 소요된다.

폐쇄형(closed) 질문은 참여자가 일련의 선택 항목 중에서 하나를 택하게 한다. 앞에서 기술한 Likert 척도는 폐쇄형 질문에서 자주 사용된다.

연구자가 어떤 현상에 대하여 이미 상당히 이성적인 이해와 예측이 있고 예측한 관계를 위한 수리적 근거를 찾고자 할 때 폐쇄형 질문이 가장 경제적이고 효과적이다. 폐쇄형 질문은 체계화되고 즉시 통계자료로 전환 가능한 자료를 수집하는 데 도움이 된다.

(2) 긍정적 질문과 부정적 질문. 많은 연구 방법론 전문가는 설문지에 일부 부정적 질문을 추가할 것을 건의하는데 이는 응답자가 정말 성실하게 문제에 대답하는지 측정하기 위한 것이다. 예를 들면, 직원의 자기효능감(self-efficacy)을 측정하는 척도에서 개발자는 본래의 의미와 정반대인 문장을 같이 사용하였다(표 8-3 참조).

질문 1은 긍정적으로 자기효능감을 측정하는 것이며 질문 2는 부정적 측면에서 측정하는 것이다. 응답자가 질문 1에 답할 때 6이나 7을 선택했다면 질문 2에 답할 때는 낮은 점수(1 또는 2 또는 3)를 선택하는 것이 정상이다. 만약 두 질문에 모두

〈표 8-3〉 직원 자기효능감 측정 도구 예시

	적극 반대	반대	어느 정도 반대	보통	어느 정도 찬성	찬성	적극 찬성
1. 일단 어떤 일을 하기로 결정하면 나는 바로 시작하고 최선을 다한다.	1	2	3	4	5	6	7
2. 자신을 위한 중요한 목표를 설정하지만 거의 실천하지 못한다.	1	2	3	4	5	6	7

7로 답한다면 그 응답지는 내적 일관성이 부족하다. 따라서 이 응답자가 문제를 제대로 이해하지 못했거나 자세하게 읽어보지 않았다고 추측할 수 있다.

특정 변수를 측정할 때 긍정적 질문과 부정적 질문이 모두 있으면 응답자가 주의력을 집중하여 자세히 질문사항을 읽도록 경고하는 데 도움이 된다. 그러나 부정식의 질문을 잘 못 설계하면 혼동되어 척도의 신뢰도를 저하시킬 수 있다. 연구자는 자료수집 후 부정적 질문의 응답을 반대로 정보화 처리(reversed coding)(Whitley, 1996)할 것을 꼭 명심해야 한다.

(3) 설문지 표지 설계. 설문지 표지는 응답자에게 중요한 정보를 제공하기에 표지 설계가 아주 중요하다. 또한 응답자에게 이 설문지에 대한 첫인상을 남겨준다. 표지에는 다음과 같은 정보를 기술해야 한다.

- 설문지 관련 연구 목적
- 설문의 주요 요구사항(예를 들면 모든 질문에 다 답할 것)
- 응답자에 대한 연구자의 약속(자료 기밀 유지, 응답자와 연구 결과의 공유 여부 등)
- 응답자에 대한 감사
- 연구자의 연락처

4. 질문지 설계할 때 피해야 할 현상

(1) 이중 의미를 가지는 질문을 사용하지 않는다. 가끔 연구자는 무의식적으로 두 변수의 인과관계 진술을 한 질문에 포함시켜 질문이 이중 의미를 갖게 된다. 예를 들어, '당신은 360도 피드백이 좋은 경영방법이고 직원의 동기부여를 향상시킬 수 있다고 생각합니까?'가 이중 의미를 띈 질문이다. 만약 응답자가 7(적극 찬성)을 선택했다면 응답자가 도대체 360도 피드백 자체에 동의한다는 건지 아니면 그것이 동기부여 역할에 동의하는지 확인할 방법이 없다. 연구자가 의도적으로 직원들이 느끼는 360도 피드백에 대한 체득과 효과를 파악하고자 한다면 적어도 두 가지 질문으로 나눠서 각각 평가해야 한다.

(2) 유도질문을 피해야 한다. 연구자 본인이 어떤 가치관과 취향을 가지고 있든 반드시 객관적이고 중립을 유지해야 한다. 척도를 설계할 때 자신의 가치취향을 문제에 개입하여 응답자의 호응을 얻고자 하는 것을 피해야 한다.

(3) 응답자가 기억을 더듬어야만 해답할 수 있는 질문을 피해야 한다. 가끔 연구자는 응답자에게 이미 발생한 지난 일을 상기하게 한다. 이런 부류의 질문을 작성할 때 반드시 주의해야 할 점들이 있다. 첫 째, 모든 사람이 탁월한 기억력을 가

지고 있는 것이 아니기 때문에 응답자가 설문지 문항과 관련된 장소, 사건과 결과에 대하여 잘 기억하지 못할 수도 있다. 둘 째, 응답자가 지난 일을 어렴풋이 기억하고 있긴 한데 이런 모호한 기억(hazy memory)은 종종 편견이 섞인 대답을 초래할 수 있다. 셋째, 응답자는 연구자를 위하여 어떤 사건을 기억해야 할 책임과 의무를 부담하지 않기에 이런 형식의 질문에 대하여 반감을 유발할 수 있다. 그렇기 때문에 연구자는 응답자의 기억에 의존하는 문제를 최대한 줄여야 한다. 만약 꼭 사용할 필요성이 있다면 기억기간을 단축해야 한다. 예컨대 '지난 3년 동안 매년 평균 결석일수는 며칠 정도입니까?'는 정확하게 답하기 힘든 질문이다. 이를 '지난 반년 동안 결석일수는 며칠 정도입니까?'라고 바꿔서 질문한다면 훨씬 나을 것이다. 하지만 직원에게 지난 반년 동안 결석일수를 기억하게 하는 것은 다른 방면의 유실을 불러일으킬 수 있다. 만약 이 직원이 지난 반년 어떤 특별한 이유로 결석을 많이 한 경우라면 그의 답은 일관적인 결석률을 정확하게 나타낼 수 없다. 이런 상황에 맞추어 연구자는 지난 반년 동안 결석률이 예년과 거의 비슷한지(또는 지난 반년 동안 응답자가 부득이하게 많은 결석을 하게 된 중대 사건이 있었는지) 여부를 확인하는 통제조건 질문 하나 정도 추가할 수 있다.

(4) 응답자가 사회적 정향성(social desirability)을 충족하기 위하여 답하는 것을 피해야 한다. 모든 사회에는 대중들의 인정을 받는 도덕기준과 행위규칙이 있는데 개개인은 타인으로부터 환심을 사고자 하는 동기와 행위를 다소 가지고 있다. 설문지의 질문이 대중들의 인정을 받는 도덕기준과 행위규칙에 연루되면 응답자는 자연적으로 자기보호 또는 자기 서비스동기를 발동하게 되어 자신의 솔직한 생각을 드러내지 않고 사회적 정향성의 각도에서 질문에 답한다. 이것이 바로 소위 사회적 정향성 반응 편향(social desirability response bias)이다. 예를 들면, '장애를 가진 사람을 노동력에 포함시켜야 한다고 생각합니까?'와 같은 질문에서 어느 누가 '포함시켜선 안 된다.'라고 답할까? 우리 사회, 문화와 받은 교육은 장애인의 평등한 권리를 인정하게 한다. 응답자의 솔직한 생각이 사회규칙과 다르다고 이를 공개적으로 승인하지는 않는다. Paulhus(1991)는 사회적 정향성을 충족하기 위한 왜곡된 응답은 두 가지 형식으로 나타나는 경향이 있다고 밝혔다. 하나는 진실하지만 과대한 정면적인 자기표현(an honest but overly positive self-presentation)이고 다른 하나는 이미지 관리(impression management), 즉 의도적으로 자기의 의견이나 행위를 바꿔 남의 환심을 사는 것이다. 연구자로서 우리의 의무는 설문지 조사에 참여자들이 솔직한 답을 하도록 노력하는 것이다. 이렇게 하기 위해서 사회적 정향성과 직접적으로 관련된 질문을 피하고 이로 인한 편향을 줄여야 한다.

8.2 설문지 조사 방법의 유효성 제고

8.2.1 설문지 조사 방법의 유효성 제고 방법

설문지법은 유연성, 편의, 신속하고 경제적인 여러 가지 장점이 있어 경영학 정량 연구에서 가장 보편적인 자료 수집 방법이다. 그리고 설문지 조사법에 많이 의존하는 것이 상당히 보편화된 현상이다. 많은 논문의 마지막 장에 다음과 같은 저자의 자기 반성하는 표현을 심심찮게 볼 수 있다. '본 연구의 약점 중 하나는 모든 자료가 한 설문지 조사로부터 얻었으며 따라서 동일방법편의가 연구 결과에 미치는 영향을 피할 수 없어 예측한 인과관계를 확정할 수 없다.'

동일방법편의(common method variance)는 측정 방법의 단일성(측정 변수가 대표하는 관계가 아님)에 의해 야기된 변이를 말한다. 자료 수집 과정에서 독립변수, 종속변수 및 기타 변수를 측정할 때 동일한 자료출처인 참여자의 자기보고에서 수집한다면 동일방법편의 문제가 발생하게 된다. 흔히 사람들은 동일방법편의를 설문지법의 선천적인 취약점이라고 보는데 사실 동일방법편의의 발생은 설문지법 자체의 과오가 아니라 우리가 설문지법에 지나치게 의존한 결과이다. 지적할 것은 연구자가 설문지법을 사용할 때 동일방법편의를 충분히 막을 수 있다. 이는 최대한 동일 설문지로부터 모든 자료를 수집하는 한계를 뛰어넘어 설문지법의 유효성을 높여야 한다.

한계를 뛰어넘고 설문지법의 유효성을 높이는 방법은 대체로 세 가지로 나눌 수 있다.

첫 번째 부류, 다 부수 다 시점 설문지법. 적어도 서로 다른 두 시간대, 똑같은(혹은 유사한) 설문지 두 부를 가지고 동일 연구표본을 대상으로 조사 자료를 수집한다.

두 번째 부류, 다 집단 설문지법. 어떤 연구 문제에 초점을 맞춰 적어도 서로 다른 두 집단(예를 들면 관리자와 직원)에 대하여 조사 자료를 수집한다.

세 번째 부류, 다원적 자료 종합법. 최소 두 개 이상 서로 다른 자료출처로부터 자료를 수집하다.

상기 진술한 첫 번째와 두 번째 부류는 설문지법의 범주에 속하며 이미 많은 학자들에게 사용되었다. 다음은 세 번째 부류인 다원적 자료 종합법에 중점을 두고 소개한다.

8.2.2 멀티소스 자료를 사용한 종합적 방법

다원적 자료 종합법의 특징은 연구가 자기 보고 자료(self-reported data)와 비자기 보고 자료(non-self-reported data)에 대한 종합적인 수집과 분석을 기초로 이루어진 것이다.

자기 보고 자료는 주로 설문지법에서 유래한다. 비자기 보고의 자료 원천은 아주 광범위한데 다음 세 개 경로를 포함한다.

1. 조직으로부터 얻는다(직원의 직무 태도, 결석, 직무 특성 분석 등)
2. 사회로부터 얻는다(정부의 통계 수치, 사회 공유 자료 등)
3. 표본으로부터 얻는다(연구표본의 비자기 보고 자료: 생리건강자료, 행위자료 등)

기업과 사회로부터의 자료는 객관적으로 존재한다. 연구자는 자신의 연구 필요성에 근거하여 이 두 가지 주요 경로를 활용할 수 있다. 기업과 사회의 자료는 획득하기 쉽다는 특점이 있다. 그러나 그들의 연구 프로젝트와 무관하게 독립하는 존재성격은 이런 자료를 연구의 수요와 밀착시키기 어렵게 된다.

표본의 비자기 보고 관련 자료는 보통 존재하지 않기에 연구자는 반드시 자신의 노력을 통하여 수집해야 한다. 연구자가 겪게 되는 어려움은 흔히 이런 자료를 획득하기 어렵다는 것이다. 그러나 어떤 특정한 연구 프로젝트의 실제 상황에 맞게 처리하고 수집한 것이기에 연구자는 더 세심하게 변수를 선정하고 자료수집 프로그램을 설계하며 자료수집 과정을 총괄함으로써 이런 자료가 연구의 목적에 충분히 만족하기를 기한다.

아래 부분은 다원적 자료 종합법의 세 가지 유형에 대하여 소개한다. 간략한 설명을 위하여 저가 직접 참여했던 연구 프로젝트 경험을 바탕으로 각 유형에 대한 간단한 예를 든다.

묘점법

묘점법의 핵심은 비자기 보고 자료를 이용하여 객관적인 '초점'을 조성하고 이를 기준으로 주관적인 심리현상을 연구한다는 것이다. 묘점법은 비교 문화연구에 대하여 특히 유용하다. 이는 심리현상의 외적 표현은 보통 환경의 제약을 받기 마련인데 이런 제약이 비교 문화적 환경에서 특히 돋보인다. 객관적인 '초점'이 있기에 연구자가 설문지법에서 얻은 주관적 자료를 더욱 잘 활용하고 분석하여 연구의 질적 수준을 높일 수 있다.

주지하는 바와 같이 자기비호는 모든 인류가 갖고 있는 심리현상이다. 이런 경향으로 인하여 사람들은 흔히 자신의 능력과 성과를 과대평가 — 자기관대경향(self-leniency tendency) — 하게 된다. 현존하는 문헌에서 자기관대경향 관련 연구는 대부분 단일 설문지법이나 앞에서 언급한 다 집단 설문지법(연구자는 참여자에게 자신능력에 대하여 평가하게 하고 그 자기평가와 타인의 평가를 비교하여 참여자들의 자기비호경향 여부를 검정한다)에 기인하다.

씨에, 로이와 천(Xie, Roy & Chen, 2006)은 문화와 개성이 자기평가에 미치는 영향에 대하여 조사하였다. 그들은 설문지법을 이용하여 중국 대륙, 홍콩, 대만, 일본, 캐나다의 1,687명 참여자들의 자기평가, 문화 가치관, 개성 등 일련의 변수에 대하여 측정하였다. 이와 동시에 참여자 각각의 인지능력도 측정하였는데(Raven, Raven & Court, 1991) 이를 객관적인 묘점으로 하여 참여자의 자기평가로부터 자기관대경향을 고찰하였다. 이 연구에서는 참여자의 자기 보고에 대한 인지능력과 자기평가능력 측정결과를 포함한 수많은 변수를 통하여 자기비호 심리현상을 측정하고 분석하였다. 객관적인 자료를 측정할 수 없더라도 일련의 결과는 얻을 수 있다. 그러나 연구가 단일 주관적인 자료에 근거한다면 그 결과는 결코 공동 방법 변이의 영향을 받을 것이고 예측한 인과관계를 정확하게 정할 수 없다. 따라서 자기 보고 자료와 비자기 보고 자료의 종합적 수집과 분석에 근거하여 연구한다면 그 연구 결과가 보다 명확하고 소상하고 풍부하며 설문지법의 유효성을 향상시킬 것이다.

공동 측정법

공동 측정법의 핵심은 자기 보고와 비자기 보고 자료를 이용하여 동일 변수를 측정하여 주관적과 객관적인 자료에 대하여 공동 측정, 상호 보완하는 목적을 달성한다. 공동 측정법을 사용하면 단일 자료원천에 의존하여 파생하는 여러 가지 병폐를 효과적으로 회피할 수 있다. 특히 동일방법편의 문제가 더욱 그러하다.

씨에와 존스(Xie & Johns, 1995)는 직무설계와 직원 심리건강과의 관계에 대하여 연구하였다. 그들은 직무의 복잡도와 직원의 정서고갈 및 초조심리 사이에 U형 포물선 관계일 것이라고 예측하였다.

다시 말해 지나치게 복잡하거나 단순한 직무는 모두 직원의 심리건강에 부정적인 영향을 미친다는 것이다. 이 연구 표본에는 143종의 직무에 종사하는 캐나다 직원 418명이 포함되며 복잡한 직무에 종사하는 직원(고위 관리자)과 단순 직무에 종사하는 직원(조립라인 노동자)을 망라한다.

이 연구의 독립변수인 직무 복잡도는 세 가지 독립된 자료로부터 얻는다. (1)

직원의 자기 보고(Hackman & Oldman, 1980), (2) 직함 편람(Roos & Treiman, 1980), (3) 직업 영예 편람(Treiman, 1977). 연구자는 표본이 제공한 자신이 종사하는 직종의 정보에 근거하여 직함 편람과 직업 영예 편람에서 그 직종의 복잡도를 가늠하는 지표를 찾아 데이터베이스에 입력하여 직무 복잡도의 다원적 자료를 구축한다.

이 연구 결과에서 세 가지 독립된 자료로부터 확인한 복잡도 변수가 모두 직원의 정서고갈과 U형 포물선 관계를 나타낸다는 것을 알 수 있다. 여기서 중요한 계시를 제공한다. 우선, 세 가지 독립원천의 자료를 근거로 한 연구 결과는 단일 자료원천에 의한 결과보다 더 신뢰도가 높다. 왜냐하면 외적 타당성이 있기 때문이다. 다음, 직원이 자기 보고한 직무 복잡도와 전문가가 두 편람에서 측정한 동일 직무 복잡도는 서로 상관된 관계를 보이며 아주 유사한 예측성을 띤다. 이런 결과는 자신이 종사하고 있는 직무에 대한 직원 주관인식의 정확성과 설문지법의 중요성을 과소평가해서는 안 된다는 것을 제시한다. 핵심은 설문지법의 사용에 있어서 주관성을 낮추고 자기 보고와 비자기 보고 자료를 가지고 동일 변수에 대하여 공동으로 측정하여 효과적으로 목표에 도달하는 것이다.

연장법

연장법의 핵심은 비자기 보고 자료를 이용하여 연구범위를 확장하는 것이다. 여기서 자기 보고와 비자기 보고의 자료가 측정하는 것은 같은 변수가 아니며 큰 구성개념에서의 서로 다른 구성 부분이다.

직원의 건강은 아주 거대한 구성개념이다. 조직행위론 분야에서 절대다수 직무 스트레스와 직원의 건강에 관한 연구는 심리건강을 결과변수로 한다. 이는 한편 심리학이 조직행위론의 기초과학이고 다른 한편으로는 설문지법을 이용하여 쉽게 심리건강 자료를 수집할 수 있기 때문이다.

씨에, 사우브록과 램(Xie, Schaubroeck & Lam, 2008)이 직원들을 대상으로 스트레스와 건강에 대한 수직적 추적연구에서 직원의 건강자료는 세 가지 독립원천에서 얻었다. (1) 직원의 자기 보고(정서 고갈과 같은 심리 건강 지표, 상부 호흡 기관 감염의 발병과 같은 생리 건강 지표), (2) 면역계 통지표(면역 글로불린 A, 면역 글로불린 D), (3) 혈압. 연구자가 참여자 496명에 대하여 3년간 추적하였으며 참여자마다 각각의 설문지, 혈액 샘플, 혈압을 수집하고 기업으로부터 그들과 관련된 직무태도와 결석 자료를 수집하여 직원의 직무, 건강과 행위에 대하여 비교적 완벽한 데이터베이스를 구축한다. 이런 자료는 연구자에게 직원의 건강에 관련된 새로운 지식과 지각을 제공한다. 이런 지식과 지각은 직원 건강에 대한 연구범위를 확대하는 데 상당히 도움이 된다.

이런 연구에 종사하는 연구자는 상당한 노력을 바쳐야 한다. 노력과 정비례하는 것은 이런 노력이 연구자에게 많은 영감을 불어 넣는다는 것이다. 사람의 건강은 매우 복잡한 종합체로 심리건강은 그중 일부분에 지나지 않는다. 다른 건강지표들 사이의 관계는 아주 복잡하다는 것을 확인하였다. 더구나 건강은 동태적이고 연속적인 과정이며 자료로 수집되는 것은 단지 정적인 순간현상이다. 그래서 천진난만하게 비자기 보고 자료가 있다고 하여 연구의 객관성을 가진다고 간주할 수 없다. 주관적 객관적 자료를 종합적으로 응용하기 위해 연구자가 많은 심혈을 기울이고 각고의 노력으로 반복적으로 모색하며 실패를 두려워하지 않고 자기 자신을 초월해야 한다.

요약

묘점법, 공동 측정법, 연장법은 다원적 자료 결합법에 속하며 공통적인 특점은 여러 원천으로부터 자료를 수집한다. 묘점법은 객관적인 자료로 점을 표기하고 이를 기점으로 주관적인 심리현상을 연구한다. 공동 측정법은 자기 보고와 비자기 보고 자료로 동일 변수에 대하여 측정하여 연구 결과를 위한 외적 타당성 근거를 제공한다. 연장법은 연구자가 자신의 연구 분야와 확산연구의 범주를 초월하도록 한다.

8.3 맺음말

이상으로 이 장에서는 실증연구 중의 설문지법을 중점적으로 소개하였다. 설문지 하나는 이렇게 평범하고 일반적이지만 극소수의 사람들만 그중에 얼마나 많은 연구자의 심혈이 함축되어 있는지 제대로 이해할 수 있다. 설문지의 질의 높고 낮음은 하늘과 땅 차이다. 설문지 조사법의 힘을 빌어서 경영학 연구에 종사하고자 한다면 아래 제안 사항들이 도움이 될 수도 있다.

- 설문지를 작성하기 전에 연구 목적과 연구가설을 확립하고 연구변수를 결정한다.
- 기존의 척도를 사용하려면 그 척도의 적용성과 실행 가능성을 검토한다.
- 서양의 척도를 번역하려면 번역 질을 보증하고 사전 측정을 한다.

- 자체 척도를 설계한다면 변수와 적용하는 척도를 자세하게 검토하고 자료 분별도가 높은 척도를 사용한다. 예컨대 등간법과 비율법이 있다.
- 이중의미의 문구, 유도성 문구 또는 기억에 의존해야만 답할 수 있는 질문을 피하고 응답자가 사회적 정향성에 만족하기 위한 답을 제출하는 동기를 회피해야 한다.
- 이해하기 쉬운 언어로 질문지를 작성하고 너무 길지 않는 것이 좋다.
- 가능하다면 직접 설문지를 배부하고 취합한다.
- 연구도덕원칙 하에 실증연구의 모든 절차를 실시한다.

다원적 자료 종합법을 채택하고자 한다면 아래 유의사항을 참고하기 바란다.

- 이 연구에서 어떤 이론문제를 해결하려고 하는가?
- 다른 출처의 자료를 사용하는 것이 상기 문제를 해결하는데 어느 정도 도움이 되는가?
- 이 연구에 있어서 무엇이 가장 이상적인 비자기 보고 자료인가?
- 과연 내가 수집하려는 비자기 보고 자료의 특성에 대하여 잘 이해하고 있는가? 그 장점과 단점은 무엇인가?
- 과연 내가 어떻게 이 비자기 보고 자료를 수집하여 그 신뢰도와 타당성을 보증할 것인가?
- 과연 내가 어떻게 이 비자기 보고 자료를 분석해야 할지 아는가?
- 과연 내가 비자기 보고 자료를 수집하고 분석하는 과정에서 부딪치는 난관과 도전에 대한 준비가 충분한가?

참 고 문 헌

Alreck, P. L. & Settle, R. B. (2004). *The Survey Research Handbook*. Boston: McGraw-Hill.

Borman, W. C. & Motowidlo, S. J. (1993). Expanding the criterion domain to include elements of contextual performance. In N. Schmitt & W. C. Borman and Associates (Eds.), *Personal Selection in Organizations*. San Francisco, CA: Jossey-Bass Publishers.

Brislin, R. (1980). Translation and content analysis of oral and written material. In Triandis, H. C. and Berry, J. W. (Eds.), *Handbook of Cross-Cultural Psychology* (Vol. 2, pp. 389-444). Boston: Allyn and Bacon.

Egri, C. P. & Ralston, D. A. (2004). Generation cohorts and personal values: A compareson of China and the United States. *Organization Science*, 15, 210-220.

Farth, J. L., Earley, P. C. & Lin, S. (1997). Impetus for action: A cultural analysis of justice and organizational citizenship behavior in Chinese society. *Administrative Scien-ce Quarterly*, 42, 421-444.

George, J. M. & Brief, A. P. (1992). Feeling good-doing good: A conceptual analysis of the mood at work organizational spontaneity relationship. *Psychological Bulletin*, 112, 310-329.

Hackman, J. R. & Oldman, G. R. (1975). Development of the job diagnostic survey. *Journal of Applied Psychology*, 60, 159-170.

Hackman, J. R. & Oldman, G. R. (1980). *Work Redesign. Reading*. MA: Addison-Wesley.

Markus, H. R. & Kitayama, S. (1991). Cultural and the self: Implications for cognition, emotion, and motivation. *Psychological Review*, 98, 224-253.

Organ, D. W. (1988). *Organizational Citizenship Behavior: The Good Soldier Syndrome*. Lexington, MA: Lexington Books.

Paulhus, D.L (1991). Measurement and control of response bias, in Robinson, J. P., Shaver, P. R., and Wrightsman, L. S. (Eds.), *Measurement of Personality and Social Psychology Attitudes*. San Diego: CA: Academic Press.

Pedhazer, E. J. & Schmelkin, L. P. (1991). *Measures, Design, and Analysis: An Integrated Approach*. New Jersey: Lawrence Erlbaum.

Ralston, D. A., Paunde, J., Lo, C. W. H., Wong, Y., Egri, C. P. & Stauffer, J. (2006). Stability and change in managerial work values: A longitudinal study of China, Hong Kong, and the U.S.A. *Management and Organization Review*, 2, 67-94.

Raskin, R. N. & Hall, C. S. (1979). A narcissistic personality inventory. *Psychological Reports*, 45, 1, 55-60.

Raven, J. G., Raven, J. & Court, J. H. (1991). *Manual for Raven's Progressive Matrices and Vocabulary Scales*. Oxford Psychological Press.

Roos, P. A. & Treiman, D.J. (1980). DOT scales for the 1970 census classification. In A. R. Miller, D.J. Treiman, P.S. Cain & Roos (Eds.), *Work, Jobs, and Occupations: A Critical Review of the Dictionary of Occupational Titles*. Washington, DC: National Academic Press.

Rotundo, M. & Xie, J.L. (2008). Understanding the domain of counterproductive work behaviors in China. *International Journal of Human Resource Management*, 19, 856-877.

Sekaran, U. (1984). *Research Methods for Managers: A Skill Building Approach*. New York: Wiley.

Stevens (1951). Mathematics, measurement, and psychophysics. In Stevens, S. S. (Ed.), *Handbook of Experimental Psychology*. New York: Wiley.

Treiman, D.J. (1997). *Occupational Prestige in Comparative Perspective*. New York: Academic Press.

Tsui, A. S. & Farth, J. L. (1997). Where Guanxi matters: Relational demography and Guanxi in the Chinese context. *Work and Occupation*, 24, 56-79.

Tsui, A. S. & Lau, C. (2002). (Eds.), *The Management of Enterprises in the People's Republic of China*. Boston: Kluwer Academic Publishers.

Triandis, H. C. (1990). Cross-Cultural Studies of Individualism and Collectivism. Nebraska Symposium on Motivation, 1989, in the *Series on: Theory and Research in Motivation*, 37, 41-133.

Triands, H. C. & Gelfand, M. (1998). Converging measurement of horizontal and vertical individualism and collectivism. *Journal of Personality and Social Psychology*, 74,118-128.

Whitley, B. E. (1996). *Principles of research in behavioral science*. London: Mayfield Publishing Company.

Van Dyne, L., Commings, L. L. & Parks, J. M. (1995). Extra-Role behaviors: In pur- suit of construct and definitional clarity (A bridge over muddied waters). In B. M. Staw & L. L. Cummings (Eds.), *Research in Organizational Behavior* (Vol. 17, pp. 215-285). Greenwich, CT: JAI Press.

Xie, J.L., Roy, J. P. & Chen, Z. G. (2006). Cultural and individual differences in self-rating behavior: An extension and refinement of the cultural relativity hypothesis. *Journal of Organizational Behavior*, 27, 341-364.

Xie, J. L. & Johns, G. (1995). Job scope and stress: Can job scope be too high? *Academy of Management Journal*, 38, 1288-1309.

Xie, J. L. Schaubroeck, J. & Lam, S. (2008). Theories of job stress and the role of traditional values: A longitudinal study in China. *Journal of Applied Psychology*, 93, 831-848.

저 자 소 개

쎄지야린(謝家琳, Jia Lin Xie) 토론토대학교 로트만 경영대학(Rotman School of Management, University of Toronto), 조직행동학 교수 및 Magna경영학 교수이다. 캐나다 몬트리올 康科迪亚大学MBA와 경영학 박사학위를 수여 받았다. 조직행동학에서 주연구 분야는 작업설계, 작업 스트레스, 문화 간 조직행동와 중국식 경영학 등이 있다. 중국 내에서 일부 작업 스트레스와 건강과의 관계에 관한 연구를 진행하여 많은 성과를 내었다. 경영학 지식의 국제화에 힘을 썼고 2000년부터 미국경영학회 국제위원회 구성원으로서 주경 교수와 함께 중국경영학연구국제학회의 공동 회장을 맡고 있다.

9장

경영학 연구에서 2차 자료의 사용

Changhui Zhou (북경대학교)

머리글

아무리 솜씨 좋은 주부라 할지라도 쌀이 없으면 밥을 지을 수 없다는 말이 있듯이, 경영학 연구자에게 만약 양질의 데이터가 없다면 아무리 좋은 이론적 아이디어가 있더라도 한 편의 실증 논문을 완성하기 어렵다. 저자는 북경대학에서 근무하는 십여 년 동안 동료 교수들이 연구에 필요한 데이터를 구하는 것이 어려워 불평하는 것을 많이 봐왔다. 특히 해외에서 유학을 다녀온 동료들의 불평은 더 큰데, 이는 어쩌면 당연한 현상이다. 북미에서는 기업들이 학술연구의 가치를 높게 인정하기 때문에 학술 연구에 협력을 잘해주다 보니 설문조사를 통하여 데이터를 취득하는 성공률이 일반적으로 높다. 그러나 모든 국가가 다 그런 것은 아니며, 특히 미시적 측면의 경영학 연구에 비하면 거시적 경영학 연구를 수행할 때 데이터 구하기가 더 어려운 편이다. 왜냐하면 이런 부류의 연구, 예를 들어 기업 전략에 관한 연구의 경우, 기업 수준의 자료를 필요로 하며 심지어 CEO 혹은 기업 경영진이 직접 설문을 응답해야 하는 경우도 많은데, 이는 설문 자료의 취득성을 크게 제한한다. 어떤 동료 학자가 과거 중외 합자기업 문제에 대하여 연구를 진행한 적이 있는데, 그는 중외 합자기업의 리스트를 얻어서 표본추출 프레임(sampling frame)를 구성하였으며 표준적 통계 방법을 따라 그중의 1,000개 기업을 추출하여 설문 조사의 대상으로 정하고 사전에 설계된 설문을 발송하였지만 결국 네 개의 기업만 응답하였다. 이러한 자료 취득의 어려움 때문에 일부 연구자는 정부 등 관련 기관의 힘을 빌어 설문을 발송하고 회수하는 방법을 고려하고 있지만, 학술 연구가 관련 기관의 지지를 얻을 수 있는 경우가 많지 않다. 대신 정부를 위한 용역과제에서 '프리 라이딩'의 방식으로 설문을 실시하고 자료를 수집하기도 한다. 하지만 이렇게 했을 경우, 비록 회수율은 보장되긴 하지만, 정부 기관의 설문 설계에 대한 간섭은 물론이고 기업이 설문을 응답하는 동기가 자발적이지 않아서, 수집되는 데이터 품질을 평가하기 어려운 것이 사실이다.

이상의 내용은 설문조사와 같은 1차 자료를 획득하는 연구 방법의 중국내 유효성에 대해서 의심하거나 무시하려고 하는 목적으로 쓰인 것은 결코 아니다. 대신 아래와 같은 관점을 도출하고자 하는 데 그 목적이 있다. 즉 비록 중국에서 양질의 1차 설문자료를 확실하게 취득하기가 하늘에 별따기라지만 이는 결코 중국이 데이터의 사막이라는 것을 의미하지는 않는다. 내가 봤을 때 중국은 오히려 곳곳에 데이터 금광이 숨어 있는 곳이라고 말할 수 있다. 여기서 말하는 데이터 금광은 바로 2차 자료를 말한다. 따라서 본 장에서는 경영학 연구에서의 2차 자료의 사용에 초점을 두었는데 일반적으로 2차 자료는 거시적 수준의 경영학 연구에 주로 사용된다. 예를 들어, 거시적 수준의 경영학 연구는 일반적으로 경영전략 연구, 조직이론 연구, 국제경영 연구, 기업가정신 연구, 창업 연구 등과 관련된다. 본 장에서 토론하는 내용은 모두 거시적 수준의 경영학 연구이고 주요 독자 대상도 대부분 이런 분야에서 연구에 종사하는 동료들일 것이다.

이 책을 읽고 있는 일부 연구 동료들도 2차 자료의 접근성에 있어서 중국은 해외와 비교할 수 없다고 생각할 것이다. 예를 들어, 북미 지역에는, 건전하고 효과적인 사회통계 제도 및 일부 정보에 적용되는 공표 제도, 그리고 성숙한 산업 협회와 전문적인 데이터 서비스회사, 나아가 자유롭고 발달된 출판 산업의 존재로 인하여 2차 자료가 풍부할 뿐만 아니라 접근하기도 매우 쉽고 이용하기도 편리하다. 이는 부정할 수 없는 사실이다. 중국 같은 경우, 정부에서 구축한 2차 자료 데이터베이스, 특히 본 장에서 주로 다루는 구조화된 2차 자료 자체도 아직 제한적이다. 하지만 중국에서 2차 자료가 확실히 금광인 것은 여전히 사실이다. 단지 데이터가 대부분 "광석"의 형태로 존재하다 보니, 뜻있는 사람들이 이를 탐색하고 식별하며 개발하기를 기다리고 있다. 연구자들은 골드러시하는 사람과 마찬가지로 "사금을 찾아 나서"야 한다. 비록 "사금을 이는" 과정이 쉽지는 않지만 결과적으로 설문조사 방법보다 그 수집 과정이 용이하고 보다 통제 가능성이 높다.

물론 2차 자료의 가치는 1차 자료의 대체제로만 국한되지 않는다. 아래 문장에서 강조하는 바와 같이 2차 자료는 1차 자료보다 여러 측면에서 장점을 보여주고 있다. 다시 말하면 일부 연구문제에 있어서는 2차 자료를 사용하는 것이 1차 자료를 사용하는 것보다 낫다. 심지어 일부 연구문제는 반드시 2차 자료를 사용해야 하는 경우도 있다.

9.1 2차 자료의 정의 및 범위

소위 2차 자료(secondary data)는 1차 자료와 비교해서 부르는 명칭이다. 1차 자료(primary data)는 일반적으로 몇 가지 특징을 갖고 있다. (1) 1차 자료는 연구자 혹은 연구자의 교육과 위탁을 받은 보조 연구자(혹은 전문연구서비스기관)가 연구자의 문제설계에 따라 직접 피조사자로부터 자료를 수집하여 형성한다. (2) 1차 자료는 연구자 본인의 연구과제에 직접 사용된다. (3) 1차 자료 수집 과정에 연구자는 일반적으로 연구 대상과 직접적인 접촉을 한다. (4) 1차 자료는 일반적으로 연구자 본인이 소유한다.

1차 자료에 비교하면 2차 자료는 일반적으로 다음과 같은 특징을 보여준다. (1) 원자료(raw data)는 다른 사람(혹은 기관)이 수집한다. (2) 원자료의 수집은 다른 목적을 위한 것이지(연구의 목적이 될수도 있고 다른 행정 목적 혹은 기타 목적이 될 수 있음) 특별히 그 어떤 연구를 위하여 설계한 것이 아니다. (3) 연구자가 2차 자료 사용 시 일반적으로 자료 수집 연구 대상과 직접적인 접촉을 하지 않는다(예를 들어, 인터뷰, 관찰 혹은 설문지 배포 및 수집). (4) 일반적으로 공공 및 공개된 채널을 통해 획득할 수 있다.

자주 접하게 되는 공개출판 혹은 공표된 상장회사 자료, 특허 자료, 산업기업 기초통계자료, 세계은행에서 제공하는 국가 및 도시 연감자료, 유엔 다국적기업국에서 제공하는 각국의 해외직접투자(FDI)의 유입과 유출자료 등은 모두 위에 열거한 특징을 갖고 있는 2차 자료에 포함된다. 더욱 일반적인 것은 신문, 잡지 등은 모두 2차 자료를 수집할 수 있는 소스가 될 수 있다.

보편적 의미에서 2차 자료의 최초 수집 과정은 1차 자료의 수집 과정을 포함한다. 예를 들어, 상장회사 자료는 많은 경제학, 금융학, 회계학과 경영학 학자에게 있어 전형적인 2차 자료이다. 하지만 각각의 상장회사는 공표제도에 따라 표준 제작된 표에 관련 자료와 정보를 입력하는데, 이러한 과정은 본질적으로 설문지를 작성하여 1차 자료를 수집하는 과정과 차이가 있다고 볼 수 없다.

중국공업상업연합회는 일부 학자들을 초청하여 중국기업가 조사 연구과제에 참여시키고 그들로 하여 전문가 그룹을 형성하여 공동으로 설문지를 설계하도록 하였다. 본 저자의 동료가 바로 이 전문가 그룹에 참여하여 특정 연구 문제의 설계를 책임지게 되었다. 그는 전문가 그룹의 다른 구성원들을 설득하여 본인이 진행하고 있는 학술연구를 본 설문지에 끼워 넣기로 하였다. 물론, 앞서 이야기했듯이 이와 같은 "무임승차"는 설문지 설계에 있어 타협할 점이 많다. 그것은 다양한 연구문제를 하나의 설문지에 포함시켜야 하는데 설문지 지면은 필경 제한적이기 때문에, 특정 연구문제의 모두 내용을 완전하게 반영시키는데 어려움이 있다. 다행스러운 것은, 비록 설문지 설계에서 타협을 하긴 하였지만 그래도 이와 같은 기회를 통해 소중한 큰 샘플 사이즈의 설문지 자료를 구할 수 있다는 점이다. 이 자료는 본 저자의 동료에게 있어서는 1차 자료이다. 하지만 이 자료는 공개되어 많은 경영학자들에 의하여 사용되기 시작하면서, 이러한 마치 "삼라만상을 포함한" 중국공업상업연합회회의 자료는 2차 자료로 변신하게 된다. 독자들도 문헌연구를 하다면 이와 같은 2차 설문지 자료를 사용한 연구들을 발견하게 된다.

사람들은 일반적으로 "마이닝"이라는 단어로 2차 자료의 사용을 표현하기도 한다. 많은 사람은 2차 자료의 마이닝은 자료에 기반(data driven)을 둔 연구에 속한다고 주장하면서 중요하게 생각하지 않는다. 하지만 저자는 생각이 다르다. 한편으로 2차 자료의 사용은 완전히 이론에 기반(theory driven)을 둘 수도 있는데, 앞으로 설명하게 될 여러 편의 우수한 논문들이 바로 대표적인 예이다. 다른 한편으로 자료에 기반(data driven)을 둔 것이라고 해서 중요하지 않다고 할 이유도 없다. 모든 자료는 어떤 형식이든 간에 우리가 처해 있는 이 세상에 대한 이미지(image)라고 볼 수 있다. 연구자는 사전에 갖고 있는 어떤 이론적 창의력과 상상력으로 어떤 2차 자료의 학술적 가치를 알아 보았을 수 있고 반면에 자료에서 새로운 이론적 통찰력을 갖게 됨으로써 상상력의 영역을 확장했을 수 있다. 따라서 "마이닝"은 연구자와 자료 간의 상호작용 과정, 혹은 한 연구자가 자료와의 "소통"을 통해 통찰력을 얻어 나가는 과정이라고 볼 수 있다.

내가 아는 한, 샘플 사이즈가 비교적 큰 설문지 자료는 대부분 연구자 혹은 그들의 공저자들에 의해 여러 차례 "리마이닝"을 거쳐 사용된다. 1차 자료에 대한 이와 같은 "특정" 사용 방식은 대부분의 경우 기존의 이론적 모델 밖에서 상상의 공간을 추구하는 노력인데 이는 본질적으로 "2차 자료"의 사용과 별반 차이가 없다. 우리는 문헌 연구 중 일부 연구논문들은 하나의 설문지 자료에 기초하여 작성되었음을 쉽게 발견할 수 있는데 이 자료는 어떤 저자에게는 1차 자료에 해당하지만 다른 기타 저자들에게 있어서는 2차 자료에 속한다.

조직 경영학 연구문헌에서 2차 자료의 사용은 일반적으로 몇 가지 형식에 속한다. 첫째, 기본적 자료 소스와 형식으로 사용된다. 둘째, 보완적인 자료 소스로서 실증 배경에 대한 이해와 파악을 높이기 위한 것이며 혹은 선택한 샘플 자료의 신뢰성에 대한 확인을 위해 사용되기도 한다. 셋째, 설문지 자료의 보충 정보로서, 예를 들어 2차 자료로부터 ROA와 ROE 등 객관적 성과지표를 획득함으로써 설문지 자료를 통해 수집된 주관적 성과지표를 보완하기 위해 사용된다.

본 장에서는 주로 첫 번째 형식, 즉 2차 자료가 기본적인 자료 소스와 형식에 대해 논하고자 한다. 이는 또한 두 가지로 나눌 수 있는데 한 부류는 사례연구 방법의 자료수집 방식이다. 예를 들어, Mintzberg와 Walters(1982)가 연구한 것은 한 리테일 · 프랜차이즈 회사의 60년 간의 기업 성장사인데 이를 위해 저자들은 몇 십년에 걸친 미디어 자료와 회사 내부의 기록들에 대해 체계적인 취합, 정리 및 분석을 진행하였다. 다른 한 부류는 기존의 비교적 큰 사이즈 샘플의 2차 자료를 사용하여 이론에 기반을 둔 가설검증을 하는 방식이다. 본 책에는 사례 연구방법에 대해 전문적으로 소개하는 장이 있기에 본 장에서는 2차 자료를 사용하여 비교적 큰 사이즈의 샘플에 대해 가설검증을 하는 연구에 초점을 두었다. 이와 같은 측면에서 2차 자료는 두 가지 유형으로 나눌 수 있다. 첫 번째 유형은 상장회사 데이터베이스처럼 이미 매트릭스 형태로 정리되고 준비 된 양적 자료(quantitative data)로서, 이러한 자료는 사용이 편리하다. 다른 한 유형은 신문이나 잡지처럼 문서형태로 존재하는 질적 자료(qualitative data)로서, 연구자들이 추가적인 가공을 통해서 정리 및 추출을 거쳐야만 사용될 수 있다.

다음으로 본 저자는 우선 일부 전형적인 예를 통해서, 2차 자료가 거시적 조직 경영학 연구 문헌에서 사용되어 온 전통과 기여점에 대해 리뷰하도록 한다. 이어서 작은 편의 샘플을 사용하여 최근 경영학 저널에 발표된 몇 편의 논문을 대상으로 간단한 분석을 진행해 보았다. 이로써 2차 자료 사용의 분포적 특징, 장점 및 사용시 주의해야 할 점들에 대해 초보적인 이해를 돕고자 한다.

9.2 2차 자료의 전통과 기여점

거시적 수준에서의 경영학 연구는 경제학과 사회학 등 분야에서 주로 2차 자료에 의존하는 전통을 이어 받았다. 조직이론 분야의 문헌들을 살펴보면 2차 자료를 사용한 예는 셀 수 없을 정도로 많다. 예를 들어, Baum과 Oliver(1996)는 조직 생태학과 사회학의 제도이론의 관점에서 조직의 창립(organizational founding) 문제에 대해 연구하였는데 그들이 실증 분석에서 사용한 자료는 1971년 1월부터 1989년 12월까지 토론토 도시 지역의 유아 주간 간호센터에서 수집한 2차 자료이다. 그들의 자료는 두 가지 소스로 구성되었는데 하나는 토론토 도시 지역의 커뮤니티정보센터(Community Information Center of Metropolitan Toronto)에서 제공하는 "토론토 도시 지역의 주간 간호학교 리스트(Directory of Day Cares and Nursery Schools in Metropolitan Toronto)"인데 이 자료는 주간 간호센터 관련 모든 정보를 포함한 연감이고, 다른 하나는 캐나다 온타리오주의 커뮤니티와 사회 봉사부(Ministry of Community and Social Services)가 제공하는 주간 간호기구와 업무 정보시스템(Day Nurseries Information System)이다. 이 시스템에는 모든 주간 간호센터의 경영권 기록과 일부 기타 정보를 포함되어 있었다. 저자들은 이 두 가지 2차 자료 소스를 통합하여 실증 샘플과 적당한 분석 변수들을 확보하였다. 이 두 가지 데이터 소스는 모두 2차 자료 소스이고 자료 성격상 위 문장에서 제시한 네 가지 기준에 완전히 부합한다.

경영전략 연구 분야에서 PIMS 자료의 기여는 매우 대표적인 사례이다. PIMS자료는 사실 최초로는 제너럴 일렉트릭(General Electronic)사에서 발기한 "시장 전략의 수익 영향력(Profit Impact of Market Strategies)" 프로젝트에서 시작하다보니 간단히 PIMS라고 부른다. 이 프로젝트는 기업의 전략과 성과 간의 관계를 심도있게 연구하고 이해하기 위하여 시작되었는데 후에 전략기획협회(Strategic Planning Institute)로 이관되어 이 협회에서 조정 및 관리를 하고 있다. Hambrick, MacMillan과 Day(1982)의 설명에 따르면 약 200개 회사가 매년 PIMS 프로젝트에 대략 2,000개 사업 부문(business unit)과 관련된 정보를 제출한다. 이와 같은 정보는 기업이 처한 환경, 전략 및 성과와 관련된다. 결과적으로, 이렇게 장기적으로 그리고 체계적인 취합과 정리를 통하여 구축한 PIMS자료는 환경, 전략과 성과의 관계에 대해 연구하는 소중한 자원이 되었다. 후에 PIMS 자료가 학술계에 개방되었는데, 전략경영 연구자들에게 있어 이는 정보가 매우 풍부하고 소중한 2차 자료이다 보니 일정 기간 동안 매우 큰 인기를 갖게 되었다. 또한, 이 데이터베이스를 기반으로 한 연구들이 지속적으로 진행되면서 이와 같은 연구 성과들은 전략경영학의 발전, 특히 조기 이 분야의 발전에 매우 중요한 추진역할을 하였다.

국제경영학 연구분야에서의 2차 자료의 기여점도 매우 크다. 외국인직접투자(FDI)와 다국적 기업 행위는 국제경영 연구에서의 중요한 주제이다. 하지만 이 측면의 연구의 기초 작업은 1960~1970년대 하버드대학에서 진행되었다. 이 중, Raymond Venon 교수가 설립하고 책임지고 있는 "하버드 다국적기업 프로젝트"는 특히 더 중요한 역할을 하였다. 1965년 당시 하버드에서 교편을 잡고 있던 Raymond Vernon 교수가 이 프로젝트의 총책임자가 되었는데 이 프로젝트의 목적은 미국과 전 세계 다국적 기업들의 글로벌 경영행위를 더욱 잘 이해하는 데 있었다. 이를 위해 Vernon 교수의 연구팀은 하나의 체계적인 표본추출 프레임을 구축하기로 결정하고 적어도 6개 국가 이상에서 직접 투자 혹은 경영을 하는 대기업을 선택하고 이 기업들의 재무, 경영, 생산, 마케팅 등 정보들을 체계적으로 수집하기 시작하였다. 1976년에 이르러 그들의 데이터베이스에는 이미 수백 개 기업의 체계적인 자료를 구축하게 되었는데 이는 당시 거의 유일한 다국적 기업의 투자 및 경영에 관한 큰 샘플의 데이터베이스였다. 1976년까지 이 데이터베이스를 사용하여 수행된 학술 연구성과에는 19개의 전문서적, 28편의 박사학위 논문과 184편의 학술저널 논문이 포함된다.

이와 같은 예는 문헌에서 쉽게 찾아볼 수 있다. 예를 들어, 합자기업을 연구하는 문헌에서 자주 사용되는 웨스트온타리오대학의 아이비 비즈니스 스쿨에서 구축한 "Toyo Keizai 일본 기업의 대외직접투자 데이터베이스"가 있다. Toyo Keizai는 일본의 전문 데이터베이스 회사로서 이 회사는 다양한 데이터를 체계적으로 수집, 정리 및 출판을 하는데 그중 하나가 바로 일본기업의 글로벌 투자 및 운영에 관현 연간 정보를 모아 편집하여 해마다 종이 형태로 출판하고 발행을 한다. 1994년 Paul Beamish교수와 박사 과정 학생은 이 데이터베이스의 가치를 주목하고 일일이 손으로 자료를 입력하여 종이형태의 자료를 전자 형태의 자료로 전환한 후 추가적인 코딩을 통해 이론 분석에 사용될 수 있는 일련의 변수를 구축하였다. 그 후, Beamish 교수와 그의 다른 한 박사 과정 학생, 즉 현재 싱가포르국립대학에서 교편을 잡고 있는 Andrew Delios 교수는 이 데이터베이스에 대해 지속적인 업데이트, 보완 및 수정을 진행해왔다. Beamish 교수의 통계에 의하면 2007년 9월까지 아이비(Ivey) 스쿨의 교수와 박사 과정 학생(학위를 받은 학생과 재학 중인 학생 모두 포함)들이 이 데이터베이스의 자료를 활용하여 총 72편의 학술저널 논문을 발표하였고 4권의 전문서적을 출판하였으며 관련 서적의 17개 장을 완성할 수 있도록 하였다.

2차 자료의 사용과 학술적 기여에 대한 기본적인 이해를 돕기 위하여 필자는 2007년부터 2011년까지 전략경영 연구분야의 4개 주요 학술저널에 대해 고찰하였다. 이 4권의 학술 저널은 각각 *Strategic Management Journal(SMJ)*, *Academy of Management Journal(AMJ)*, *Organization Science(OS)*와 *Journal of International Business Studies(JIBS)*이다. 〈표 9-1〉은 각 저널에서 2차 자료를 사용한 논문이 전체 실증연구논문에서 차지하는 비율을 정리하였다. 전반적으로 보았을 때, 2차 자

〈표 9-1〉 주요 경영학 저널에 게재된 논문 중 2차 자료 사용 통계 (2007~2011)

연도	SMJ			AMJ			OS			JIBS		
	실증 논문의 총편수	2차 자료 사용 논문 편수	비율	실증 논문의 총편수	2차 자료 사용 논문 편수	비율	실증 논문의 총편수	2차 자료 사용 논문 편수	비율	실증 논문의 총편수	2차 자료 사용 논문 편수	비율
2008	70	53	0.757	54	35	0.648	41	27	0.659	68	43	0.633
2009	66	54	0.818	56	28	0.5	42	30	0.715	66	43	0.652
2010	63	56	0.889	62	37	0.597	56	36	0.643	65	47	0.724
2011	53	48	0.906	36	20	0.556	51	35	0.687	45*	31	0.688
전체	252	211	0.837	208	120	0.577	190	128	0.674	199	133	0.672

*2011년 JIBS 제5기는 사례연구 전문지로서 본 통계에 반영하지 않음.

료의 사용 비율에 있어 네 개의 저널 중 *AMJ*가 가장 낮은 반면 *SMJ*가 가장 높았으며 *OS*와 *JIBS*는 가운데를 차지하였다. *AMJ*는 거시적 및 미시적 경영학 연구를 균형있게 발간하는 학술저널인 반면에 *SMJ*는 전문적으로 전략경영 분야의 연구논문을 게재하는 학술저널이라는 사실이, 왜 *SMJ*의 2차 자료 사용 비율이 매우 높게 나타났는지를 잘 설명해준다. 또한 2007년부터 2011년까지 *SMJ*에서의 2차 자료 사용비율은 해마다 급격히 상승하는 추세를 보여주고 있는데, 특히 2011년에는 심지어 90.6%까지 이르렀다. 이는 *SMJ*에 매 10편의 전략경영 분야 실증연구논문이 게재될 때마다 이 중 9편은 2차 자료를 사용하여 가설검증을 진행했다는 것을 의미한다. 이는 전략경영 연구분야에서 2차 자료가 학술적 기여에서 차지하는 주도적 위치를 충분히 설명해주고 있다.

필자가 이 자리를 빌어 이 작은 "연구조사" 결과를 보고하는 데는 또 다른 뜻이 있다. 또 하나의 2차 자료의 사용 방법의 예를 보여주는 것이다. 그것은 이 분석 자체가 2차 자료를 사용한 내용인데 이는 앞서 서술한 2차 자료의 네 가지 조건에 완전히 부합된다. 비록 필자는 여기서 단순히 기술적 통계분석만 진행하였지만 충분히 이미 게재된 저널의 논문들로 2차 자료를 구성하여 특정 이론적 가설을 검증할 수 있는데 이 때 반드시 이론적 시각이 있어야 이러한 이야기가 가능하다. 사실 이는 자연스럽게 "어떻게(how to)" 2차 자료를 사용할 것인가라는 문제를 제기하도록 하는데 이 부분은 아래의 "시각, 방법, 내공"이라는 절에서 전문적으로 설명하고 해석하도록 한다.

9.3 문서 형식의 질적 자료

문헌연구를 해보면 많은 논문들이 사용한 2차 자료는 앞에서 필자가 리뷰한 이미 게재된 논문들과 마찬가지로 원자료의 형태는 사실상 문서자료들이다. 이 자료들을 우리는 질적 자료라고 하는데 이 자료들은 직접 SPSS 혹은 STATA 등 통계 소프트웨를 사용하여 읽을 수 있는 매트릭스 구조의 양적 자료와는 다르다. 여기서 몇 편의 논문을 예로 설명해보도록 하자.

첫 번째 예는 Nadkarni와 Narayanan이 2007년 SMJ에 게재한 논문이다. 이 연구에서 저자들은 산업발전 속도, 전략적 동태성 및 경영자 인지라는 세 가지 분야의 문헌들을 서로 결합하여 산업발전 속도(industry clockspeed)가 전략적 스키마(strategic schema), 전략적 유연성(strategic flexibility)과 기업성과 3자 간의 관계에 대한 조절작용을 연구하였다. 저자들은 산업발전 속도를 제품 업데이트, 프로세스 혁신 및 산업 내 조직 행위와 구조 변화라는 세 가지 속도로 정의하였다. 전략적 유연성은 기업이 변화를 예지하고 자원배분과 전략적 행위라는 두 가지 측면에서 변화에 따라 조절할 수 있는 역량을 말한다. 전략적 스키마는 최고 경영자의 인지, 논리, 지식체계와 사유구조를 반영하는데 최고 경영자들은 이와 같이 자아 인지와 정보처리 방식을 구현하는 전략적 스키마를 통하여 전략적 의사결정을 내리고 전략적 행동을 실행한다. 저자들은 복잡성과 집중도는 전략적 스키마의 주요 특징이라고 주장하고 일련의 가설을 제기하였는데 아래와 같다. 산업발전의 속도는 전략적 다이내믹과 기업 성과 간의 관계를 조절한다; 전략적 스키마의 복잡성은 전략적 다이내믹의 제고를 촉진하는데 이는 산업발전 속도가 빠른 산업에서는 기업 성과의 제고를 촉진하는 역할을 한다; 전략적 스키마의 집중도는 전략적 안정성을 촉진하는데 산업발전의 속도가 느린 산업에서 이는 기업 성공의 관건이 된다.

분명한 것은 이 연구의 실제적 검증에 있어 두 가지 관건이 있다. 하나는 적합한 연구 배경, 즉 상응하는 적합한 샘플을 선택하여 산업발전 속도의 조절작용을 돋보이게 하는 것이고 다른 하나는 전략적 스키마라는 이론적 개념을 어떻게 측정하는 가의 문제이다.

연구 배경과 샘플 선택에 있어서 저자들은 우선 학술 문헌에 따라 산업 발전 속도의 측정 표준을 확정하였으며 이 표준에 따라 1980~1990년 Compustat 데이터베이스에서 7개의 고속(도) 발전 산업과 7개의 저속(도) 발전 산업(네자리 SIC 번호 기반)을 식별하였으며 이렇게 그들은 모두 178개의 고속발전 산업내 기업, 154개의 저속발전 산업 중의 기업 자료를 취득하였다. 추가적 샘플 스크리닝을 통하여(주로 기업 다각화 정도, 기업 성숙과정 및 연보의 진실 정도가 결과에 대한 영향 등 요소들을 통제하기 위함) 저자들은 최종 고속발전 산업에서 124개의 기업과 저속발전 산업에서 101개의 기업을 최종 선택하였다.

두 번째 관건 문제를 해결하기 위하여 저자들이 선택한 방법은 상장회사 연보에서 CEO가 주주총회에 보내는 편지를 읽는 방법을 통하여 "전략적 스키마", 즉 CEO의 인지를 반영하는 변수를 식별하고 측정하였다. 저자들은 연보 정보를 이용하여 인과관계 진술을 식별하고 인과관계 개념을 구축하며 개념에 대하여 코딩하고 분류하는 방식을 통하여 인과관계의 맵(causal map)을 구축하였다. 나아가 저자들은 이와 같은 코딩 뒤의 숨어 있는 개념과 개념 간의 연계를 점과 선으로 보고 사회연결망 분석을 이용하여 점, 선, 및 집중도 등 지표에 대하여 기술적 개발을 하여 "전략적 스키마"의 복잡성과 집중성이라는 두 개의 구체적 차원에 대하여 정량적으로 측정하였다. 이렇게 저자들은 본 연구의 하나의 핵심기술 문제, 즉 전략적 스키마의 측정문제를 "순조롭게" 해결하였다. 특히, 구체적인 식별, 코딩과 계산 과정은 아주 번거로운데, 가능한한 정확성을 보장하기 위하여 저자들은 반드시 충분한 인내심을 갖고 최선을 다해야 한다.

두 번째 예도 *SMJ*에 게재 된 연구인데 논문제목은 Commanding Board of Director Attention: Investigating How Organizational Performance and CEO Duality Affect Board Members Attention to Monitoring(Tuggle, Sirmon, Reutzel, & Bierman, 2010)이다. 본 논문은 기업지배구조 중의 감독 문제를 고찰하였다. 논문의 주제는 아주 간단하다. 즉 이사회의 최고 경영층에 대한 감독이 일관되지 않고, 특히 경영 조건과 상황에 따라 변한다는 내용이다. 저자들은 회사의 성과가 전년 동기의 성과대비 하락할 경우 이사회의 최고 경영층에 대한 감독의 강도는 높아질 것이고 반대일 경우 낮아진다는 가설을 설정하였다. 만약 이사회의 이사장과 CEO가 동일한 사람, 즉 CEO 듀얼리티가 존재할 경우 이사회의 감독의 강도는 약화될 것이다. 이와 같은 가설들을 검증하기 위하여 저자들은 이사회의 회의 기록을 원자료로 사용하여 이사회가 최고 경영층을 감독하는 "주의력"을 식별하고 코딩을 하였다. 원자료에는 총 18개 산업의 178개 상장회사의 1994년부터 2000년까지의 이사회 회의기록이 포함되었다. 저자들은 연구방법 부분과 4페이지나 되는 부록을 통해 그들이 왜 이와 같은 자료를 사용하는지, 어떻게 자료를 접근하였는지, 코딩은 어떻게 하고 변수에 대한 구체적인 측정은 어떻게 했는지를 매우 자세하게 설명하였다. 최종 그들이 구성한 패널 데이터는 979개 관측치를 포함하였다.

세 번째 예 역시 *SMJ*에 게재된 논문인데 제목은 She'-E-Os: Gender Effects and Investor Relations to the Announcements of Top Executive Appointments(Lee & James, 2007)이다. 본 논문은 기업 최고 경영층의 임용과 파면 공고와 주주들의 반응 간의 관계를 연구하였다. 저자들이 특별히 관심을 보인 것은 성별 요인이 이 관계에 대한 영향이다. 저자들은 일련의 이론적 가설을 제기하였는데 아래와 같다. 우선 최고 경영층에 여성 대표의 부족 및 사람들이 성 역할 정체성과 업무 성격 사이의 고정관념 효과로 인하여, 여성이 CEO의 직위에 임명될 경우 부정적 기대와 평가가 클 것이다(가설 1). 동시에 미디어의 관심을 더 많이 받게 되는데(가설 2), 대부부의 관심과 보도는 성별 요인을 더 많이 강조할 것이다(가설 3). 여성 CEO가 전체 CEO에서 차지하는 비율에 비해 여성 최고 경영진(top management team)이 전체 최고 경영진에서 차지하는 비율보다 높기 때문에, 이는 여성이 최고 경영진에 임명되었을 때 얻게 되는 부정적 효과가 여성이 CEO에 임명되었을 때의 부정적 효과

보다 작을 것이다(가설 4). 최고 경영진에서 여성의 비율이 상대적으로 크기 때문에 이 수준에서는 성별이 주식시장의 반응에 유의미한 차이를 일으키지 않을 것이다(가설 5). 그리고 내부 임용자는 회사에 대한 이해 및 인지 측면에서 우위를 갖고 있기 때문에 여성 내부 임용자는 여성 외부 임용자에 비해 보다 긍정적인 주식시장의 반응을 불러일으킬 것이다(가설 6).

위에서 열거한 이론적 가설들을 검증하기 위하여 저자들은 1990년 1월 1일부터 2000년 12월 31일까지 "월스트리트저널(Wall Street Journal)", 뉴스 서비스, 신문 및 기타 출판물로부터 3,072건의 임명 공고 샘플을 검색 및 추출하였다. 일련의 샘플에 대한 추출과정을 거친 후 저자들은 1,624건의 공고를 최종 선택하였는데 이 가운데 529건이 CEO 직에 임명에 관한 공고이다. 이와 같은 공고에 포함된 정보를 기반으로 저자들은 피임명자의 성별(1은 여성을 0은 남성을 대표)과 피임명자가 내부 임명자인지 여부(1은 내부, 0은 내부 임명자가 아님)를 식별해냈다. 이는 본 연구의 두 개의 독립변수가 된다. 저자들은 문서 자료에 대한 열람, 추출 및 코딩을 통해 일부 통제변수들을 구성하였는데 예를 들어 임명원인, 산업 내 인사(industry insider) 및 직전 경험(previous experience) 등이다. 임명원인을 놓고 보면, 만약 전임자가 부득이한 이유로 사직하거나 혹은 낮은 성과, 회사 구조조정, 회사의 피인수 등 비상 상황이 원인이라면 1로 표시하고 만약 이와 같은 비상 상황에 의한 것이 아니라면 0으로 표시한다.

미디어 보도가 CEO 혹은 최고 경영진에 대한 관심정도 및 관심 내용의 차원을 식별하고 측정하기 위하여 저자들은 CRA(Centering Resonance Analysis) 분석 방법을 사용하여 문서 내용분석을 진행하였다. CRA 분석은 Crawdad라는 소프트웨어를 통해 완성하였다. 이 소프트웨어는 단어들이 단어 네트워크 중에서의 매개 중심성(betweenness centrality)을 통해 조작화하여 가장 영향력 있고 가장 중요한 단어를 측정하였다. 연구 결과, 임명 공고가 발표된 후 보도 편수의 통계 결과는 남성 CEO는 2.41편, 여성 CEO는 2.77편으로 나타났지만, T검증 결과 차이가 유의하지 않은 것으로 나타난 것으로 보아 여성이 CEO에 임명되었다고 해서 미디어의 관심을 더 많이 받는다고 할 수 없다. 하지만, 보도의 내용에 대해 CRA분석을 수행 한 결과 여성 CEO의 보도가 성별 요인을 보다 많이 강조한다는 사실을 확인하였다. 예를 들어 여성 CEO에 대한 보도에서는 성별 요인을 반영하는 "여성"과 "가족" 등 단어가 영향력이 가장 큰 10개 단어 리스트에 포함되었지만, 남성 CEO에 관한 보도에서 영향력이 가장 큰 10개 단어 리스트에는 성별 요인과 관련된 단어가 포함되지 않았다. 그리고 여성 CEO와 여성 최고 경영진의 영향 차이에 대한 연구 결과는 저자들의 가설을 지지하였다. 즉 여성 CEO에 비해 여성 최고 경영진의 임명이 주식시장에 미치는 부정적 효과가 낮았다. 그 것은 최고 경영진에서 여성의 비율이 상대적으로 높기 때문에, 이 수준에서 여성과 남성의 임명은 주식 시장의 반응에 유의한 차이를 불러일으키지 못했다.

네 번째 예는 Ming-jer Chen과 그의 공저자들이 기업 간 동태적 경쟁(competitive dynamics)에 관한 일련의 연구들이다. 경쟁적 공격과 반격에 관한 연구에서 그들도 문서 내용분석 방법을 사용하여 질적 형식의 2차 자료를 양적 형태의 자료로 전환하는 방법을 통해 연구를 수행하였다. 공동으로 구축한 하나의 자료를 활용하여 그와 공저자들은 *SMJ*와 *AMJ* 등 여러 조직 및 경영학 탑 저널에 기업의 경쟁적 행위에 관한 여러편의 논문을 게재하였는데 정말 생산적이라고 할 수 있다. Chen과 Miller(1994)의 기술과 설명에 의하면 그들이 선택한 연구 배경은 미국 국내항공산업인데 이와 같은 선택을 하게 된 이유는 다음과 같다. (1) 산업내 비교적 높은 경쟁이 존재한다. (2) 산업의 경계가 명확하다. (3) 산업내 경쟁자들이 대부분 단일사업 기업이다 보니 사업 부문(business level) 경쟁이 회사 수준(corporate level)의 간섭이 상대적으로 적다. (4) 산업 내 비교적 풍부한 공공정보 소스가 존재한다. 저자들이 최종 선택한 것은 50년의 역사를 자랑하는 항공산업 전문 잡지 Aviation Daily인데 그 이유는 이 잡지가 가장 완전하고 상세한 항공산업 내 경쟁 정보를 제공하고 있기 때문이다. 저자들은 1979년 1월 1일부터 1986년 12월 31일까지의 모든 잡지들을 리뷰하는 것을 통하여 "공격적 행동"과 "보복성 반응"이라는 두 변수를 식별하고 코딩을 진행하였다.

저자들은 기존의 학술문헌에 대한 리뷰를 통해 아래와 같은 경쟁적 행동들을 "공격적 행동"으로 분류하였다. 즉 가격 인하(price cuts), 판촉활동(promotional activities), 제품 혹은 서비스 변경(product line or service changes), 유통 채널의 변경(distribution channel alterations), 시장 확장(market expansions), 수직적 통합(vertical integration), 인수와 합병(mergers and acquisitions) 및 전략적 제휴(strategic alliances)이다. "보복적 행위"를 식별하고 코딩하기 위하여 저자들은 Aviations Daily 잡지에서 아래와 같은 키워드들을 검색하였다. 즉 "in responding to", "following", "match", "under the pressure of"와 "reacting to"이다.

이와 같은 단어들을 찾은 후 저자들은 거꾸로 추리하는 방법으로 일련의 행위 중의 "초기 행동(initial action)"을 추적하였다. 다음으로 공격과 보복반응의 상호관계를 확인하였다. 이와 같은 방법으로 저자들은 총 780개의 공격적 행동과 222개의 "반응(response)" 행동을 식별해냈다. 이와 같은 과정에서 저자들은 일부 변수를 식별하고 코딩을 완성하였다. 예를 들어 반응이 있는지 여부(1은 반응이 있음, 0은 반응이 없음)와 반응의 지연(response delay), 즉 잡지에서 보도한 "행동" 시간과 "반응" 시간 사이에 차이 나는 일수이다.

위에서 소개한 몇 편의 연구의 공동 특징은 사용한 2차 자료의 원 형태가 문서형식이다 보니 문서 내용분석 방법 혹은 구조적 내용분석 방법(structured content analysis)을 통해 필요한 변수 정보를 식별, 추출 및 코딩하는데, 이와 같은 분석방법은 일반적으로 키워드, 주제(theme), 어떤 주장(assertion) 혹은 스토리텔링을 식별한 후 코딩을 통해 양적 자료 형태로 전환한다.

9.4 매트릭스 구조화된 양적 자료

문헌에서 볼 수 있듯이 이미 구축한 매트릭스 구조화된 양적 형식의 2차 자료를 사용하는 경우가 대부분이다. 하지만 Nadkarni와 Narayanan(2007), Lee와 James(2007) 및 Chen과 Miller(1994)처럼 수동적인 방법으로 문서 자료를 처리하여 자료를 분석하고 리뷰하는 것은 시간적 측면이나 인력 측면에서 모두 매우 소모적이다. 이론적으로 볼 때, 위의 몇몇 연구자들이 수행한 자료 수집과 처리 작업은 완전히 일부 전문적인 데이터 서비스 기구에서 완성할 수 있는데 바로 많은 전문적 데이터 서비스 회사가 존재하는 이유이기도 하다.

필자가 리뷰했던 저널 논문 샘플 중에서 Sampson(2007)이 사용했던 데이터는 SDC(Securities Data Company)에서 구매한 것이다. SDC가 바로 전문적인 데이터 서비스 회사인데 이 회사의 직원들은 글로벌 범위에서의 인수합병, 합자와 전략적 제휴와 같은 공고정보를 추적하여 추출하고 코딩을 통해 매트릭스 구조화된 양적 형식의 데이터베이스를 구축했다. 많은 연구자들은 SDC의 자료와 비슷한 데이터베이스를 사용하고 있다. 분명한 것은 이와 같은 자료들은 연구자들에게 많은 편의를 제공해준다는 점이다.

하지만 SDC와 같은 자료 소스는 몇 가지 문제점도 있는데 주로 다음과 같다. (1) 모든 자료가 반드시 기업의 자체 보고에 기반을 뒀다는 보장이 없다. (2) 자료가 체계성, 전면성과 객관성을 꼭 보장한다고 할 수 없다. (3) 비록 데이터 서비스 회사에서는 가능한 많은 양적 지표를 제공하겠지만, 진행 중인 연구를 위해 특별 설계하거나 맞춤형 자료가 아니다보니, 변수 자료들이 하고자 하는 연구와 적합하지 않아 종종 적용성이 떨어진다. (4) 자료의 수집, 변수의 식별과 추출 과정에 많은 직원이 관여하다 보니 자료의 일관성, 정확성과 신뢰성이 모두 문제가 발생할 수 있다.

Anand와 Khanna(2000)가 발표한 전략적 제휴의 가치창조와 관련한 논문에서 그들은 이와 같은 문제점들을 지적하였다.

> The data on alliances entered into by firms are drawn from the Strategic Alliance data base of the Securities Data Company (SDC). Such deals include agreements or contracts entered into various stages of the value chain. SDC obtains information from publicly available sources, including SEC filings, trade publications and international counterparts, and news and wiresources. Although the data base goes back to 1986, SDC appears to have initiated systematic data collection procedures for tracking such deals only around 1989; hence, the deal sample prior to 1990 is far from comprehensive. Even over the 1990-1993 sample period, the data clearly would not track all deals entered into by U.S. firms, owing to inadequate corporate reporting requirements.

그러므로 이와 같은 자료를 사용할 때에는 연구자는 특별히 조심해야 하고 샘플의 선택, 추출, 검증과 교정함에 있어 엄격하게 관리해야 한다. 이런 점에서 Anand와 Khanna(2000)은 우리에게 매우 좋은 본을 보여주었다. 저자들은 그들이 어떻게 일련의 절차를 통해 자료에 대해 검증을 하고 추출하여 계약 유형, 산업 분류와 제휴 일자 등 정보의 정확성을 확보하였는지를 자세하게 서술하였다. 계약 유형 자료의 정확성을 어떻게 확보하였는지를 예로 사용하였는데 그들은 논문에서 아래와 같이 설명하였다.

> We were able to find information about the contractual type of the alliance from non-SDC-sources on about 80 percent of the deals. From reading of the descriptions of the agreements in Lexis-Nexis, the SDC data on contract type is quite accurate. In some cases, however, alliances are classified in a unique category when in fact the underlying deal appears to be more complex and encompasses more than one type of contract. For example, the transfer or exchange of technology in a licensing deal was, in a few cases, also accompanied by the setting up of a joint venture for purposes

> of research or marketing. However, such cases are not observed frequently in the data.
>
> For joint ventures, SDC provides additional information on whether these are entered into the R&D stage or marketing stage. We classify these as research joint ventures and marketing joint ventures, respectively. The remaining joint ventures mostly involve cooperation exclusively in manufacturing, hence we classify these as production joint ventures.

이와 같은 예는 우리에게 매우 중요한 시사점을 주는데 특히 엄밀한 학자로서 우리는 "주어진"의 데이터베이스에 접근 가능할 때 이 자료들이 충분히 "깨끗"하고 신뢰성이 있다고 당연시해서는 안되며 반드시 추가적인 노력을 통해 선택한 샘플과 변수 지표들의 타당성과 신뢰성을 확보하여야 한다.

SDC에서 제공하는 2차 자료와 비교할 때, 상장회사의 자료와 특허 자료는 자료의 체계성, 신뢰성과 "깨끗함"에 있어 그 수준이 훨씬 높다.

상장회사는 공개된 회사(public firms)로서 법규에 따라 반드시 기업의 조직, 전략, 운영과 재무 등 자료들을 정직하게 사실대로 공개해야 하기 때문에, 상장회사 데이터베이스 자료는 체계성과 객관성을 갖추고 있다. 동시에 상장회사의 자료들은 산업 간, 연도 간 자료들이며 기타 2차 자료 데이터베이스와 쉽게 연결할 수 있는 등 장점들이 있어 실증 검증에 매우 유용하다. 예를 들어, Tong과 Reuer(2007)는 리얼 옵션(real option)의 시각으로 다국적 기업의 다국정도(mutinationality)가 기업 리스크에 미치는 영향을 연구하였다. 그들은 우선 Compustat에서 SIC 번호가 3000과 3999 사이에 있는 제조업 기업을 선택한 다음 다른 데이터베이스 Directory of International Affiliations(1985-1996)와 결합하여 표본추출 프레임을 확정하였다. 그리고 이 두 데이터베이스에서 다국정도(mutinationality), 기업자산, 기업ROA, R&D, 영업수입, 재고, 비용 등 지표에 관한 정보를 추출하였다. 이 외에도 그들은 다른 2차 자료로부터 기타 변수들을 구축하였는데, 예를 들어 그들은 Kogut와 Singh(1988)의 방법으로 Hofstede의 문화적 차이에 대해서 문화거리(cultural distance)라는 변수를 생성하였다.

특허 자료도 공공 자료 자원에 속한다. 기존의 실증연구들은 대부분 미국의 특허 자료를 사용한다. 연구자들은 미국 특허청 웹사이트에서 특허 자료를 구할 수 있다. 주의할 것은 여기서 말하는 "미국 특허"는 미국국가특허청에 신청하여 권리를 부여받은 특허이기 때문에 미국 이외의 기타 국가와 지역에서 신청했을 가능성이 충분히 존재한다. 미국 특허가 사랑을 받는 원인은 주로 아래와 같은 세 가지가 있다. (1) 자료 취득의 편리성. (2) 미국은 현재 세계의 기술선진국가일 뿐만아니라 많은 기술과 제품의 최대 시장이기도 하다. (3) 정보가 풍부하고 자료 구조가 질서 정연하며 자료 유지 시스템과 자료 형태가 사용하기에 편리하게 구축되어 있다.

원시적인 특허 자료는 사실상 수많은 특허 문서들이다. 〈표9-2〉가 바로 한 특허 문서의 요약부분을 보여 주고 있다. 특허 자료가 연구에 대한 가치 때문에 이미 전문적인 연구기구와 데이터 서비스 회사(예를 들어 NBER와 CHI Research Company)는 이 자료들을 개발하여 매트릭스 구조화된 양적 형태의 특허 데이터베이스를 제공하고 있다. 기존의 특허 데이터베이스는 기본적으로 〈표 9-2〉의 일부 관건적인 정보와 정보 사이의 관계를 양화(量化)하여 구성한 것이다.

특허는 법률적 권한부여에 속하며 심사 표준은 완전히 기술 발명의 창의성에 기반한다. 따라서 특허 자료는 조직 간, 산업 간, 국가 간과 기나긴 시간흐름 속에서도 높은 비교 가능성을 갖추고 있다. 〈표 9-2〉에서 볼 수 있듯이 특허 자료에는 아래와 같은 식별 가능한 정보들이 존재한다. 즉, 특허번호, 기업, 시간, 지점, 기술분야와 인용문헌 등이다. 특허번호는 한 특허에게 있어 "주민등록증"과도 같은 역할을 하고 기업의 명칭은 다른 기타 데이터베이스와 연결할 때 사용한다. Kotabe(2007)는 바로 특허 자료와 Compustat 및 Forbes Top 100 국제회사 데이터베이스를 성공적으로 결합하여 연구를 하였다. 시간, 지점과 기술분야는 모두 샘플 추출과 통계분석에 있어 매우 중요한 차원에 속하며, 물론 특허 자료에서 현재 가장 광범위하게 사용되는 부분은 문서에 포함되어 있는 인용(citation) 정보이다. 〈표 9-1〉에서 References Cited 제목아래 열거한 미국 특허, 외국특허와 기타 참고문헌은 모두 인용문에 속한다.

연구자들이 가장 많이 사용하는 인용문도 미국 특허이다. 그것은 특허번호를 통하여 하나의 동일 데이터베이스에서 아주 쉽게 서로 연관시키고 기술적 처리를 통해 필요한 변수를 형성할 수 있기 때문이다. Jaffe와 그의 공저자들은 1993년 *Quarterly Journal of Economics*에 게재한 논문, Jaffe et al.(1993)은 특허 자료를 사용하는 문헌에서 가장 많이 인용되는 "클래식" 논문이다. 이 논문에서 그들은 특허는 발명과 혁신의 결과로서 인류지식의 결정체를 대표하며 특허 간의 인용은 어떤 측면에서 이와 같은 지식은 재 창조과정에서 "스필오버 효과(spillover effect)"로 생성된 연결(linkage)에서 발생하였음을 나타낸다. 이와 같은 새로운 관점은 후속 연구자들이 특허 자료를 깊이 연구하는 데 크나큰 통찰력을 제공해주었다.

Kotabe et al.(2007)의 논문이 바로 그 예이다. 이 논문의 주요 설명변수들은 모

〈표 9-2〉 미국 특허 문서 요약 정보 예시

United States Patent 4,937,250
Bowman, et al. June 26, 1990

Alpha-heterocycle substituted tolunitriles (Abstract omitted)

Inventors:	Bowman; Robert M. (Summit, NJ); Steele; Ronald E. (Long Valley, NJ); Browne; Leslie J. (Aesch, CH)
Assignee:	Ciba-Geigy Corporation (Ardsley, NY)
Appl. No.:	164696
Filed.	March 7, 1988
Current U.S. Class:	514/341; 514/399; 546/272.4; 546/272.7; 548/345.1;
Intern'l Class:	A61K 031/415; C07D 401/06
Field of Search:	546/278 548/335 514/341,399

References Cited

U.S. Patent Documents

3290281 Jul., 1963	Weinstein et al.	534/567.
3852056 Dec., 1974	Draber et al.	71/76.
4281141 Jul., 1981	Merritt et al.	548/342.
4562199 Dec., 1985	Thorogood	548/335.
4657921 Apr., 1987	Frick et al.	514/383.
4689341 Aug., 1987	Diamond et al.	514/399.
4728645 Mar., 1988	Browne 514/214.	
4766140 Aug., 1988	Hirsch et al.	514/397.

Foreign Patent Documents

0003796 Sep., 1979	EP.
2821829 Nov., 1979	DE.
2041363 Sep., 1980	GB.

Other References

Ikuchi et al., Chem. Abstr. vol. 87:201329j (1977).
Oiji et al., Chem. Abstr. vol. 87:53093k (1977).
Mason et al., Biochemical Pharmacology, vol. 24, p. 1087 (1985).
Abstract of SU 1355-126A (1987).
Abstract of EP 106060A (1984).

Primary Examiner: Fan; Jane T. Attorney, Agent or Firm: Gruenfeld; Norbert

주: 서술의 편의를 위하여 격식을 약간 조정하였음.

두 특허 인용문 자료를 통해 구축한 것이다. 예를 들어, 저자들은 해마다 회사가 갖고 있는 특허 신청의 인용문에 원산지가 본국인 인용문이 차지하는 비율로 국내 지식이전을 측정하였다. 그들은 또한 지식복잡성이라는 새로운 변수를 구축하였는데 이는 한 특허가 신청부터 권한부여까지 소요된 연도수로 측정하였다(여기에 내포된 가정은 한 특허가 특허 심사원의 책상에 머무는 시간이 길수록 지식의 복잡성도 더 높다는 것이다). 다른 하나의 변수는 국제지식분산도(international knowledge dispersion)인데 구축 방법은 다음과 같다. 만약 한 미국의 다국적 기업이 어느 해에 특허 총수가 8건인데, 이 중에 5건는 발명지가 일본이고 1건는 발명지가 이태리일 경우, 국제지식분산도의 점수는 2가 된다(구체적인 계산 방법은 논문을 참조하길 바람).

특허 인용문 자료를 이용함에 있어 Ahuja와 Lampert(2001)은 더 큰 창의성을 보여주었다. 이 논문의 종속변수는 혁명적 발명(breakthrough inventions)이고 세 개의 독립변수는 각각 신흥 기술(emerging technologies), 참신 기술(novel technologies)과 선도 기술(pioneering technologies)이다. 종속변수를 구성하기 위하여 저자들은 우선 기업이 속해 있는 산업(화학산업)의 모든 특허를 그들의 피인용 회수에 따라 정렬한 후 1%에 속하는 특허들을 혁명적 발명으로 정의하였다. 다음으로 저자들은 하나의 샘플 기업의 이와 같은 유형의 특허를 연도에 따라 합하면 종속변수의 값을 얻을 수 있다. 몇 개의 독립변수를 구성하는 과정은 아래와 같다.

- 참신 기술: 한 기업의 특허 기록을 살펴 보면, 특허의 기술적 분류를 비교해볼 때 만약 최근 3년 내 한 특허가 신 기술에 분류, 즉 이 기업의 특허가 예전에 분류된 적이 없던 기술 분류에 분류되면 이를 "참신 기술" 정보로 한다. 저자들은 연도별로 이런 유형의 새로운 기술분류 수를 취합하여 최종 관측값으로 하였다.
- 신흥 기술: 우선 각각의 특허가 인용한 특허의 평균 "연령"을 계산하고 연도 별로 인용 특허의 평균 연령이 3보다 작은 특허 수를 취합하여 얻은 총 값을 신흥 기술의 관측값으로 한다.
- 선도 기술: 연도별로 한 기업이 전혀 다른 기타 특허를 인용한 적이 없는 특허 수이다.

9.5 2차 자료의 장점

이상 몇 편의 논문에 대한 리뷰를 통해 우리는 2차 자료의 사용에 대해 초보적인 인식을 형성하였다. 이와 같은 논문들을 통해 우리는 2차 자료의 사용이 다음과 같은 장점을 갖고 있다는 것을 알 수 있다.

9.5.1 2차 자료는 표본 크기가 일반적으로 매우 크고 심지어 시간적 폭을 갖고 있어 패널 데이터를 획득할 수 있음

우리는 만약 1차 자료를 활용하는 연구방법을 사용하면 연구자의 개인적 자원 제한성(시간, 경비와 인력)으로 인하여 일반적으로 매우 큰 샘플 사이즈를 갖고 있는 자료를 구성하기 어려울 뿐만 아니라 시간적 폭을 갖고 있는 종단적 자료를 샘플링하는 것은 더욱 어렵다. 반면에 2차 자료는 샘플 사이즈와 시간적 폭 면에 있어 뚜렷한 장점을 갖고 있다. Short et al.(2007)는 Compustat에서 1,165개의 단일 사업에 종사하는 기업을 추출하여 샘플로 사용하였는데 샘플은 12개 산업(4 digit)과 시간적 폭은 1991년부터 1997년으로 하였다. 저자들은 이러한 샘플에 기반하여 기업 수준에서, 전략적 그룹 수준에서, 산업 수준에서의 어떤 요인들이 기업의 단기와 장기 성과에 영향을 미치는지를 연구하였다. Morrow et al.(2007)는 Compustat에서 178개의 단일 제품 제조에 종사하는 기업의 1982년부터 1994년 사이의 자료를 선택하여 성과가 하락하는 기업들이 어떤 전략적 행동을 통해서 투자자들의 기대를 만족하는지를 분석하였다. Kotabe et al.(2007)는 특허 자료에 기반하여 56,027개의 관측 포인트를 포함한 샘플에 대해 분석을 진행하였다.

2차 자료가 이와 같은 장점을 갖게 되는 이유는 일반적으로 자원과 실력 있는 데이터 서비스 기구에서는 체계적으로 수집하고 장기적으로 데이터베이스를 유지관리하기 때문이다. Compustat 데이터베이스 같은 경우, 이는 미국의 유명한 신용등급평가기관인 스탠더드푸어사(Standard & Poor's)에서 발행하는데 북미지역 위주의 회사운영 및 재무상황 자료를 수집하고 저장한다. Compustat 북미판 데이터베이스에는 20년에 가까운 미국과 카나다 25,000개 기업의 자료를 수집하고 저장하였는데 이 중 12,000여 개의 기업은 NYSE, NASDAQ, Toronto Stock Exchange 등 주식시장에 상장한 회사들이다. 데이터베이스의 자료 소스는 회사의 연간 재무제표, 계절 재무제표 및 회사에서 요구에 따라 미국증권거래위원회에 제출하는 10-K 표, 그리고 기타 여러 가지 기업의 경영활동과 관련된 공개자료들이다. 이와 같은 자료들을 체계적으로 수집, 정리 및 통합함으로써 Compustat의 자료는 정보가 풍부하고 영향 범위가 넓으며 데이터가 체계적이고 "깨끗"하며 객관적이고 신뢰성이 높은 등 특별한 장점이 많아 학자들의 사랑을 많이 받는다. 이는 왜 필자가 작은 편의 추출한 샘플에 대한 분석에서도 Compustat 자료를 사용한 논문이 대부분을 차지했는지를 놀라워할 필요가 전혀 없다.

9.5.2 2차 자료는 일반적으로 높은 수준의 객관성을 갖고 있음

일반적으로 연구자에 의해 다용되는 2차 자료 데이터베이스는 조직의 특징, 기업 경영활동 상황과 객관적인 성과지표(objective indicators) 자료 위주로서 기본적으로 주관적 판단을 포함하지 않으며 혹은 주관적 판단의 영향을 비교적 적게 받는다고 볼 수 있다. 이와 같은 정보들은 일반적으로 비교적 높은 객관성을 나타낸다. 만약 인터뷰나 설문지를 통해 지나간 행동 정보를 얻고자 한다면 정확성이나 객관성이 인터뷰를 받는 사람이나 설문지를 응답하는 사람의 개인적 요인, 정보에 대한 인지 정도, 갑자기 누락하거나 이성적 반추 경향, 맞춰주는 심리상태 등의 영향을 크게 받게 된다. 이 문제를 Chen과 Miller(1990: 90)는 그들의 논문에서 다음과 같이 설명하였다.

> As the journal aims to report airlines' announcements and objective actions as they occur, it suffers very little from the distortions of post hoc rationalization.

따라서 2차 자료를 설문지 조사연구를 통해 수집한 자료와 비교해볼 때 일반적으로 비교적 높은 객관성을 갖고 있다. 앞에서 든 몇개의 사례 중 Chen과 Miller(2004)의 경쟁적 공격과 반응, 그리고 Lee와 James(2007)의 최고 경영진 임명 공고 정보 모두 객관적 정보에 속한다.

만약 우리가 연구하는 기업가 혹은 최고 경영팀의 인지가 변화한다면 사례연구조사 혹은 설문지 방법은 모두 인터뷰를 받는 사람 혹은 설문지를 응답하는 사람의 기억 편차로 인하여 타당성에 문제가 발생할 수 있다. 만약 우리가 비교적 완정한 역사적 자료, 예를 들어 어떤 기업가의 역사적 강연기록 혹은 Tuggle et al.(2010)의 연구에서 사용한 회의기록 자료들을 구할 수만 있다면 코딩방법을 통해 기업가 혹은 최고 경영팀의 서로 다른 시기의 인지를 파악해낼 수 있을 것이다.

9.5.3 2차 자료는 높은 수준의 가복제성을 갖고 있어 실증연구가 보다 강한 "타율성"을 갖도록 함

만약 우리가 번거로움을 두려워하지 않는다면 앞에서 열거했던 모든 연구를 다시 수행할 수 있을 것이다. 만약 논문에서 기술한 방법에 따라 동일한 2차 자료 소스에서 같은 절차를 따라 샘플을 구성할수 있다면 우리는 원래 논문의 엄밀성과 신뢰성을 평가할 수 있게 된다. 간단히 말하면 2차 자료는 높은 수준의 복제 가능성을 갖고 있다.

전략경영 연구문헌 중 이와 같은 전형적인 이야기가 있는데 혹시 2차 자료의 복제 가능성이 학술연구를 촉진하는 특별한 의미를 설명할 수 있을 것이다. Amihud와 Lev(1981)는 아래와 같은 논점을 제기하였다. 즉 산업 간 인수합병 행위는 경영자가 자신의 "고용 리스크"를 감소하기 위한 것이다. 저자들은 Compustat 데이터베이스를 사용하여 1960년대 309개 기업의 산업 간 인수합병 행위에 대해 연구를 진행하였는데 실증결과 그들의 가설을 지지하였다. 그들의 이 연구는 다각화 전략과 기업의 지배구조 수준에서의 대리인 비용과 연결시켰는데 이 관점과 실증결과는 향후의 연구에 지대한 영향을 미쳤다. 하지만 17년 후 Lane, Cannella와 Lubatkin(1981)은 Amihud와 Lev(1981)의 연구가설과 결론을 다시 검증해야 할 필요성을 제기하였다. 우선, 이 들은 Amihud와 Lev(1981)의 논문과 동일한 자료를 사용하여 연구 자체를 복제한 다음 1980년대의 자료를 사용하여 다시 검증하였는데 두 검증 결과 모두 Amihud와 Lev(1981)가 얻은 결론을 지지하지 않았다. 이와 같은 새로운 연구발견을 기반으로 Lane 등은 산업 간 인수합병은 매우 복잡한 조직 및 경영학 현상으로서 단지 대리인 이론만으로는 그 안에 포함된 복잡한 현상의 인과관계를 설명할 수 없다고 주장하였다. 그들은 동시에 그들의 연구결과는 Amihud와 Lev(1981)의 연구 결과와의 뚜렷한 차이는 Amihud와 Lev(1981)가 다각화에 대한 적당하지 않은 측정 및 합병 분류에 대해 세심하지 않은데서 원인을 찾을 수 있다고 하였다. 이와 같은 질의에 대해 Amihud와 Lev(1981) 두 저자는 1999년 SMJ에 논문을 발표하여 자신들의 관점을 다시 한 번 강조하였다. Lane과 공저자들도 다시 논문을 발표하여 Amihud와 Lev(1981)의 연구는 금융경제학 연구의 시각에서 가설, 방법, 논리와 해석이 전략경영의 연구방법과는 다르다고 주장하였다(Lane et al., 1999). 2005년, Boyd 등 세명의 학자는 SMJ에 논문을 발표하여 이 학술적 논쟁에 대해 종합적인 평론을 진행하였다. Boyd et al.(2005: 367)는 아래와 같은 평론하였다.

> … empirical work plays a critical role in confirming, or challenging, a particular perspective. Contributing to the advancement of the field, there has been a small research stream that critiques empirical research in strategic management. Regardless of the topic, these reviews have been consistently critical of the rigor of strategic management research.

이와 같은 전형적인 이야기는 우리로 하여금 학술적 논쟁은 유익하다는 점을 일깨워줬다. 하지만 Lane et al.(1998, 1999)과 Amihud & Lev(1981, 1999)의 논쟁의 성과는 부분적으로 2차 자료의 고도의 복제 가능성에 "공을 돌려야" 한다. 이론적으로 볼 때 2차 자료를 사용한 그 어떤 실증논문도 만약 논문이 자료의 선택과 변수의 설정에 대한 설명이 명확하다면 모두 복제할 수 있다. 하지만 이런 측면에서 1차 자료를 사용하는 논문에 있어 원래의 1차 자료를 소유하고 있는 연구자가 자료를 공유하기 전에는 우리가 그 연구의 "원형"을 복제한다는 것은 불가능한 일이다. 물론 반드시 설명해야 할 점은 통계적인 원리로부터 출발하면 서로 다른 샘플이라도 일정한 "품질"과 연구 설계의 요구를 만족한다면 이론 문제에 대한 타당성과 설득력은 모두 같다. 다르게 표현하자면, 과학적 연구의 실증 기초는 효과적인 샘플이지, 완전히 똑 같은 샘플을 요구하는 것은 아니다. 때문에 1차 자료에 기반을 한 연구도 사실은 "복제" 가능하다. 하지만 2차 자료가 갖고 있는 고도의 복제 가능성은 향후 연구발전을 위해 추가적인 이점을 제공한다. 이러한 이점은 복제한 연구의 발견이 이전의 문헌 연구보고와 서로 다른점을 발견하였을 때 특별히 더욱 두드러지게 나타난다. 따라서 1차 자료에 기반한 복제연구는 2차 자료의 복제연구에 비해 더욱 도전적이지 않다.

9.6 2차 자료 사용에 있어 "시각, 방법, 내공"

많은 학생이 필자에게 다음과 같은 질문을 한다. "만약 어디에서나 2차 자료의 금광이 존재한다면 왜 나에게는 보이지 않는 건가? 설사 눈에 보인다 하더라도 우리는 어디서부터 어떻게 그 자료를 효과적으로 사용해야 할지를 모른다."

앞서 필자가 많은 지면을 할애하여 대표성을 갖고 있는 연구논문들에 대해 리뷰하고 원문에서 자료와 방법에 대한 묘사와 설명을 다시 반복한 이유는 사물의 본질 그대로 보여주기 위한 데 있다. 필자의 생각에는 위에서 설명한 연구들은 모두 최고의 연구사례에 속하며 우리에게 어떻게 2차 자료를 식별, 추출 및 효과적으로 사용할 것인가에 대해 많은 시사점을 던져준다. 만약 꼭 추가적으로 자료를 정제할 것을 요구한다면, 필자는 "시각, 방법, 내공"으로 2차 자료의 사용의 묘미를 요약하고 싶다.

소위 "시각"이란 이론적 렌즈(theoretical lens)를 통해 2차 자료를 포착, 식별 및 선택 활용 하는 것을 말한다. 서로 다른 이론적 렌즈를 통하면 서로 다른 물건을 보게 된다. 렌즈가 없다면 아무것도 볼 수 없다. 예를 들어, 같은 상장회사의 자료라 하더라도 어떤 사람에게 있어서는 제도적 영향과 대리인 문제이고 또 다른 사람에게는 CEO 교체 임명으로 보이며 심지어 어떤 사람은 인수합병으로 보인다. 같은 특허 자료이지만 어떤 사람은 혁신을 보고 어떤 사람은 리얼 옵션 이론(real options theory)이 보이는 가 하면 또 다른 사람은 지식의 유동으로 보기도 한다.

앞서 필자는 간단한 기술통계를 통해 네 개의 학술저널에 게재된 논문들의 2차 자료 사용 분포에 대해 정리하였다. 필자는 사실 어떤 이론적 시각, 즉 이론적 렌즈를 선택하여 연구논문 형태로 존재하는 2차 자료에 대해 다시 바라보고 코딩할 수 있다. 예를 들어, 본인은 사회연결망(social network) 시각과 학습 시각(learning perspective)을 결합하여 어떠한 연구자들이 2차 자료 사용에 대해 경향성이 있고 나아가 어떻게 2차 자료를 사용하는지 관한 가설을 설정할 수 있다. 만약 이런 경우, 필자는 나의 표본추출 프레임 내에서 모든 연구자들을 식별해야 할 뿐만 아니라 연구자들이 발표한 논문에서 2차 자료 사용 여부 혹은 어떻게 2차 자료를 사용하는지(예를 들면, 원시적 질적 2차 자료를 찾아 코딩하는 방법으로 자신의 2차 자료를 구축하는지 여부)를 코딩하여야 한다. 필자는 또한 기타 정보 채널(예를 들면, 모든 저자들이 논문 게재 당시 근무하는 대학과 학과, 그 전에 근무했던 대학과 학과, 그리고 박사학위를 받은 대학과 학과)들을 통해 모든 연구자들에 관한 사회연결망 자료를 추출하고 구축해야 할 것이다. 심지어 필자는 약한 연결(weak ties)과 강한 연결(strong ties), 그리고 네트워크 중심성, 밀도 혹은 구조적 혈(structural hole) 등 변수들을 코딩해야 할 것이다. 물론 필자는 다른 이론적 렌즈를 사용할 수 있는데 예를 들어 Tuggle 등(2010) 연구자들처럼 "집중력"에 대해 연구할 수도 있다. 그리고 필자는 "지식, 습관과 신뢰가 탐색 경향성에 어떻게 영향을 주는지"에 대한 가설을 제기할 수도 있는데, 즉 2차 자료를 사용하는 연구자는 1차 자료를 사용하는 연구자에 비해 연구문헌 중에서 2차 자료에 기반한 실증연구논문을 더 많이 인용하는 경향성을 갖고 있다. 혹은 2차 자료를 사용하는 연구자는 1차 자료를 사용하는 연구자에 비해 연구범위를 확장하는 새로운 탐색에 대한 경향성이 더 크다는 등 가설이 될 수 있다.

그렇다면 어떻게 해야 한 쌍의 강력하면서도 투시력을 갖춘 "천리안"을 가질 수 있을까? 이 문제에 대한 가장 좋은 해답은 Karl Weick의 비유에서 찾을 수 있을 것이다. Weick(1989)은 연구를 함에 있어 필요한 것은 절제된 상상력(disciplined imagination)이라고 했다. 그는 연구의 과정을 배가 밤에 바다에서 항해하는 것에 비유하면서 이와 같은 탐색과정에서 배에게 필요한 "절제된 상상력"은 레이더를 통해 해결한다. 레이더를 통해 시그널을 발송하고 다시 반사되어 오는 신호를 수신한 후 신호에 대해 분석 및 조절을 거쳐 다시 행해의 방향을 선택한다. 학자들에게 있어 레이더 시스템은 이론적 훈련, 문헌 리뷰의 축적 및 연구의 내공이다. 이론적 "레이더"가 없이는 우리는 중요한 문제를 제기하는 능력(ability to ask critical questions)조차 없게 되면 마치 배가 레이더 시그널을 발신할 수 없는 것처럼 눈에 보이는 것은 캄캄한 밤하늘밖에 없을 것이다.

레이더라는 밝은 눈이 있다면 나아가 레이더의 조작방법, 그리고 포착한 신호를 분석하고 해독할 수 있는 즉 여기서 말하는 "2차 자료"를 필요로 한다. 이 것이 바로 소위의 "방법", 즉 방법론(methodology)이다. 만약 방법이 틀리면 반드시 문제가 발생한다. 또한 만약 프로세스 및 절차가 맞더라도, 충분히 심혈을 기울이지 않거나 엄밀하지 않으면, 문제는 또한 발생하게 된다. 본 장의 앞 부분에서 여러 편의 논문에 대해 자세히 기술한 것은 그들의 이론적 구축, 자료 소스의 선택 및 코딩에 있어 얼마나 총명하게 했는지를 보여 주기 위한 것이 아니라 훌륭한 연구자들은 어떻게 신중하게 2차 자료를 처리하고 어떻게 실사구지하며 최대한 오류가 없애도록 노력하는지를 보여주기 위한데 있다. 예를 들어, 연구자들은 항상 자료의 신뢰성과 정보의 식별, 추출 및 코딩의 정확성을 추구하고 노력해야 한다. Chen과 Miller(1994)의 연구에서 저자들은 이렇게 한 적이 있다.

> To further establish the accuracy of the information published in Aviation Daily, a random sub-sample of 20 moves was drawn, of which 17 (85%) were found and confirmed in their details by other major business publications and newspapers. It is normal that Aviation Daily would be more exhaustive in its reporting of airline competitive exchanges as it is a more specialized industry periodical. (p. 91)

Nadkarni와 Narayanan(2007)은 더 많은 분량(거의 2 페이지에 가까운 지면)으로 그들이 어떻게 CEO가 주주들에게 보내는 편지들을 읽는 것을 통해 전략 기획 정보를 신뢰성있게 추출하였는지를 설명하였다. 그들은 항목마다 정확성의 문제(즉 내용 편차, 시간 편차와 귀인편차(attribution bias))에 관하여 그들이 이와 같은 문제가 발생하지 않도록 혹은 편차를 가장 낮은 수준으로 낮추기 위한 기술적 절차를 통해 상세하게 설명하였다.

> We checked the time lag in reporting changes in corporate strategic actions for a subset of 30 firms randomly drawn from our sample. We collected the announcements, in the Wall Street Journal in 1990 and 1992, of 15 specific

> corporate strategy events (such as change in top management, mergers, acquisitions, and divestitures) made by the 30 firms in our subsample. We identified the 15 corporate strategy events from the literature on strategic management (Hitt et al., 2002). We then compared the date of an announcement in the Wall Street Journal with the mention of the event in the annual report. A time lag existed if a firm did not report an event in the annual report in the same year it was announced in the Wall Street Journal. For each company, we calculated the percentage of 'lagged' events. None of the 30 firms had time lags for more than 15 percent of the events in either 1990 or 1992. Thus time lag was not a major problem for our sample. (p. 253)
>
> To assess the attribution bias, we standardized performance of the 30 randomly selected firms by computing the z-scores (sales, ROI, and net income) based on the mean performance of all firms in a single industry (having a specific four-digit SIC code) for the years 1990 and 1992. Next, we classified the causes of major organizational outcomes identified in the CEO's letter as either internal or external. Internal causes included organizational strategic actions, structures, and processes affecting firm performance, whereas external causes were macroeconomic (recession and war) and industry-specific (industry sales, foreign competition, industry decline, and competition). We then calculated a ratio, external causes divided by internal causes, and correlated this ratio with the industry-specific z-scores of performance of the 30 firms. We found no significant correlation between the ratio of external to internal causes of organizational outcomes and sales (0.14, n.s.), ROI (0.17),and (0.24, $p < 0.10$). Thus, attribution bias wasnot a major problem for our sample. (p. 253)

Weick은 레이더의 비유를 빌어 연구자가 어떠한 연구 방법을 사용하든 간에 단지 환경의 대표값(representation of environment)만 취득할 수밖에 없다는 점을 설명하고자 하였다. 2차 자료, 어떤 형식으로 존재하는 2차 자료든 간에 그 역시도 우리의 연구 대상의 대표일 뿐이다. 우리가 연구하는 목적은 2차 자료라는 표면 형상을 통해 그 어떤 본질을 밝히는데 있지만, 우리가 완전히 틀렸을 수도 있다. 최대한 실수를 줄이기 위한 근본적인 해법은 첫째, 우리 자신의 이론적 "레이더 시스템"과 소프트웨어 시스템을 체계적으로 지속적으로 업데이트하여야 한다. 둘째, 우리의 "레이더" 조작 방법과 "레이더 시그널"을 수신, 처리 및 해독 방법을 영원히 끊임없는 개선을 추구하여 타협을 하지 않고 영원히 방법상의 엄밀성을 추구하여야 한다.

마지막으로, 소위의 "내공"은 인내심이 있어야 하고 시간과 노력을 아끼지 말아야 한다는 의미이다. 오직 이렇게 했을 때 우리는 금광에서 순도가 최고로 좋은 금을 캐낼 수 있다. 이는 소박하면서 영원한 진리이기에 이 자리에서 추가적인 설명은 하지 않겠다.

9.7 2차 자료 사용에 있어 특별히 주의해야 할 문제점

2차 자료 사용에 있어 특별히 주의해야 할 점은 다음과 같다.

1. 절대 "주어진" 2차 자료 사용의 편리성만을 추구하여 엄숙한 학술 연구를 숫자 놀이와 "논문제조공장"으로 만들어서는 안된다.
2. 아무런 원칙도 없이 2차 자료의 한계에 타협해서는 안 된다. 타협할 경우 이론은 이론대로 실증은 실증대로 서로 분리함으로써 연구의 발견과 해석이 연결되지 않는다.
3. 맹목적으로 2차 자료의 분석에만 매달리고 경영 실무에 대해서는 무관심해서는 안 된다. 그것은 현실 세계에 뿌리를 내리지 않으면 연구는 무미건조 해지기 때문이다.

앞서 우리는 SDC자료, Compustat 자료와 특허 자료를 사례로 "주어진" 2차 자료의 거시적 수준에서의 경영학 연구에서의 응용을 설명하였다. 필자가 선택한 예제들은 모두 2차 자료 사용의 많은 장점을 설명하였다. 하지만 반드시 지적해야 할 점은 2차 자료가 얼마나 풍부하고 체계적이며 "깨끗"하든 간에 "타고 난" 결점들도 동시에 갖고 있는데 그대로 지나쳐서는 안 된다.

첫 번째는 변수 지표의 적합도 문제이다. 2차 자료에 포함되어 있는 경제, 기술 혹은 지리와 인문 정보는 경제학이나 사회학 연구에게는 매우 적합하다. 하지만 조직 및 경영학 연구에 있어서 우리는 일반적으로 "전략변수" 혹은 "행위변수"를 필요로 하는데 이는 일반적으로 2차 자료에 있어 부족한 부분이다. 많은 연구자들은 2차 자료를 얻었지만 그래도 자신의 이론적 개념에 적합하는 변수 지표를 찾기 어려워 하고 있다. 많은 경우 연구자들은 부득이하게 타협을 하여 이론적 개념과 일정한 관련은 있지만 적합도가 높지 않은 기존의 지표를 대리 지표(proxy indicator)로 사용하기도 한다. 위에서 열거한 특허 인용문을 사용하여 지식 흐름을 측정하는 논문이 바로 이 같은 경우이다. 하지만 대리 지표는 너무 터무니 없어서는 안 된다. 절제된 상상력은 중요하지만 과도한 상상은 좋지 않다. 그렇지 않을 경우 너무 많은 터무니 없는 대표 지표들을 양산될 것이고, 많은 저자들은 이 모든 책임을 자료의 한계로 해석하게 될 것이다. 필자는 만약 자료의 한계가 너무 클 경우 더 이상 사용해서는 안 된다고 생각한다.

두 번째는 변수 지표의 정확성 문제이다. 엔론 사건(Enron Incident)은 우리에게 상장회사라 하더라도 자료를 거짓 리포팅을 할 수 있다는 점을 상기시켜 주었다. 물론 우리는 이와 같은 사례는 극 소수라고 믿고 싶다. 만약 단순히 소수의 문제라면 이는 우리가 일반적으로 큰 샘플 사이즈의 자료에 기반을 두고 가설 검증이 신뢰성이 있다는 것도 믿을 수 있게 된다. Compustat의 자료의 신뢰성은 이미 광범위하게 인정받고 있지만 기타 다른 데이터베이스도 항상 우리에게 이와 같은 낙관적인 태도를 갖도록 하기 어렵다. 일반적으로 2차 자료의 사용 오차의 원인은 다음과 같이 몇 가지가 존재한다.

- 기업 자체 보고 자료는 때로 주관적 및 객관적인 원인으로 오차가 발생함
- 전문기관 혹은 데이터 서비스 회사직원이 자료를 수집하고 처리 시 발생하는 우연 오차
- 전문기관 혹은 데이터 서비스 회사직원이 자료를 수집하고 처리 시 발생하는 시스템 오차
- 연구자가 2차 자료를 사용할 때 발생하는 오차

여기서 특허 인용문 자료를 사용하여 처음 세 가지 오차에 대해 설명하고자 한다. 미국의 법률의 의하면, 특허의 신청은 반드시 이 발명이 혜택을 받았던 모든 특허문헌(즉 소위의 선행 기술(prior art))들을 열거하여야 한다. 논리적으로 볼 때, 한 발명의 권한 부여는 이 발명품의 참신성에 근거하는데 이와 같은 로직은 특허 신청인에게 인용문을 적게 신고하는 경향성을 갖도록 하는데 이유는 인용문이 많으면 많을 수록 신청하는 특허 발명의 참신 정도가 떨어지기 때문이다. 물론 인용문을 적게 신고하는 기타 이유가 존재할 수도 있다. 즉 발명자가 이미 권한 부여를 한 일부 특허들이 존재한다는 사실을 근본적으로 모르는 경우인데 사실 이와 같은 특허들이 이 발명이 인용해야 할 특허 문헌에 속한다. 다시 말하면 자기 보고 오차가 발생할 수 있다. 이와 같은 이유로 미국의 특허심사제도에는 전문적인 특허심사원을

설정하는 것이 매우 필요해졌다. 심사원은 자신의 지식, 경험 및 특허 데이터베이스 검색의 편리성에 근거하여 특허 신청자가 열거하지 않았지만 본 특허와 기술적 관련이 있는 기존의 특허들을 스스로 판단하여 추가한다. 하지만, 이 또한 다른 자료 노이즈(noise)를 초래한다. 첫째, 심사원 간의 업무 수준의 차이로 인하여 어떤 특허는 보충울 많이 하고 어떤 특허는 보충을 적게 하는 상황이 발생 함; 둘째, 심사원이 추가한 일부 인용문을 발명인이 전혀 모를 수도 있기 때문에 이와 같은 인용문으로 실제 발생하는 지식 이전을 "측정"한다면 측정의 오차를 반드시 초래할 것이다.

네 번째 오차는 앞에서 소개를 했던 Lane et al.(1998)와 Amihud와 Lev(1981)의 논쟁에서 이미 매우 자세하게 설명하였다. 연구자는 2차 자료 사용 시 편차가 발생할 수 있는데 이와 같은 편차는 매우 엄중한 결과를 초래한다. 따라서 2차 자료를 사용하는 정확한 태도는 반드시 엄밀하고 실사구시하는 원칙으로 한치의 소홀함을 가져서도 안된다. 위에서 열거한 몇 편의 논문들은 우리에게 연구는 단순히 간단한 회귀분석을 통해 통계결과를 보고하는 것이 아니라는 점을 알려준다. 논문이 보고하는 통계적 결과는 문헌과 학술 발전에 있어 매우 중요하다. 하지만 이는 절대 과학적 연구의 본 모습이 아니다. 필자는 의도적으로 기나긴 원문을 그대로 보여주는 것도 연구자들이 번거로움을 뒤로하고 자료에 대해 엄격히 체크하는 태도를 보여주기 위한 것이고 이와 같은 "번거로움을 뒤로 하는" 설명의 배경에는 사실 많은 복잡하고 반복적이며 어려운 자료의 수정과 정리과정이 있다는 것을 특별히 강조하기 위한 것인데, 이것이야말로 과학적 연구의 진면목이고 중요한 과정이다.

9.8 중국에서의 2차 자료 사용 및 맺음말

본 장의 머리글에서 필자는 이미 중국 상황에서의 2차 자료의 자원은 매우 풍부하여 심지어 자료의 금광이라고 부르기도 했다. 하지만 현재 상태를 보면 중국 본토의 연구자들이 2차 자료를 사용함에 있어 손발이 묶여 있다보니 진정한 사금자는 찾기 힘들다. 대부분 이미 게재된 거시적 수준의 경영학 연구논문들이 사용한 자료는 상장회사 자료이다. 중국의 상장회사 자료는 유지 관리의 체계성, 정보 지표의 완전성과 신뢰성, 그리고 접근의 편리성에 있어 가장 훌륭하며 중국 본토에서 사용 가능한 기타 자료 소스가 비교할 수 없을 정도로 좋은 2차 자료이다. 물론 여기서 말하는 상장회사 자료의 몇 가지 측면 중 하나는, 이러한 자료가 점차적으로 향상되는 과정에 있고 중국 자본시장이 점차 성숙되어 가는 과정을 반영한 것이다. 최근 몇년 간, 관리감독 제도의 완성도와 감독 수준이 날로 높아짐에 따라 상장회사 정보의 신뢰성도 매우 크게 향상되었다.

상장회사의 "홍일점" 현상은 두 가지 문제점에 관심을 불러일으킨다. 하나는 상장회사 자료의 발굴이 초래한 연구의 "좁고 옅은" 현상이고, 다른 하나는 기타 공공자료 자원의 개발과 이용 문제이다.

첫 번째 문제를 놓고 보면, 대량의 이미 발표된 논문들은 주로 금융과 회계학 연구 분야에 집중되어 있다. 조직 및 경영학 연구분야에서의 연구는 주로 기업의 지배구조 문제에 집중되고 소수의 연구만 다각화와 인수합병과 같은 전략 문제를 다루고 있다. 연구 문제의 중복, 연구 폭의 좁음, 연구를 맛보기 식으로 하여 깊이가 없고 절대다수의 연구들은 기본적으로 서양에서 이미 검증된 이론적 가설을 복제하는 수준에 머물러 있으며, 중국 특징을 반영한 새로운 이론적을 깊이 발굴할 수 있는 수준의 연구는 아직도 찾기 힘들다.

두 번째 문제를 놓고 보면, 아직도 대량의 중국 본토의 2차 자료 자원들을 추가적으로 개발하고 이용할 수 있는 여기가 크다는 점을 보여준다. 물론, 중국 본토에서는 특허 자료 처럼 소중한 일부 자료 자원의 가치에 대한 인식이 부족하고 질적 형태로 존재하는 2차 자료 자원은 아직도 황무지에 속한다. 중국의 경영현상을 연구하는 학자들은 아마 필자가 앞에서 소개한 몇 편의 질적 자료의 사례에서 영감을 받았을 수 있을 것이다. 인터넷을 플랫폼으로 하는 정보화 시대에 우리는 사실상 2차 자료의 바다에 던져져 있다.

우리는 중국 및 동양의 경영학 연구자들이 다양한 이론적 렌즈를 기반으로 보다 많은 2차 자료 자원의 가치를 식별하고 개발하며, 연구방법에 따라 "3D" 작업을 마다하지 않음으로써 중국 및 동양의 경영학 연구발전에 기여할 수 있기를 기대한다.

참 고 문 헌

Ahuja G. & Lampert, CM. (2001). Entrepreneurship in the large corporation: A longitudinal study of how established firms create breakthrough inventions. *Strategic Management Journal*, 22, 521—543.

Amihud Y. & Lev, B. (1981). Risk reduction as a managerial motive for conglomerate mergers. *Bell Journal of Economics*, 12, 605—617.

Amihud Y. & Lev, B. (1999). Does corporate ownership structure affect its strategy toward diversification? *Strategic Management Journal*, 20 (11), 1063—1069.

Anand, B. N. &Khanna, T. (2000). Do firms learn to create value? The case of alliances. *Strategic Management Journal*, 39 (5), 295—315.

Baum, J. & Oliver, C. (1996). Toward an institutional ecology of organizational founding. *Academy of*

Management Journal, 39 (5), 1378—1427.

Boyd, B. K., Gove, S. & Hitt, M. A. (2005). Consequences of measurement problems in strategic management research: The case of Amihud and Lev. *Strategic Management Journal*, 26, 367—375.

Chen, M. & Miller, D. (1994). Competitive attacks, retaliation and performance: An expectancy-valence framework. *Strategic Management Journal*, 15 (2), 85—102.

Jaffe et al. (1993). Geographic localization of knowledge spillovers as evidenced by patent citations. *Quarterly Journal of Economics*, 108 (3), 577—598.

Kotabe, M., Dunlap-Hinkler, D., Parente, R. & Mishra, H. (2007). Determinants of cross-national knowledge transfer and its effect on firm innovation. *Journal of International Business Studies*, 38 (2), 259—282.

Lane P. J., Cannella, A. A. & Lubatkin, M. H. (1998). Agency problems as antecedents to unrelated diversification: Amihud and Lev reconsidered. *Strategic Management Joural*, 19 (6), 555—578.

Lane P. J., Cannella, A. A. &Lubatkin, M. H. (1999). Ownership structure and corporate strategy: One question viewed from two different worlds. *Strategic Management Journal*, 20 (11), 1077—1086.

Lee, P. M. & James, E. H. (2007). She'-E-Os: gender effects and investor reactions to the announcements of top executive appointments. *Strategic Management Journal*, 28, 227—241.

Mintzberg, H. & Waters, J. A. (1982). Tracking strategy in an entrepreneurial firms. *Academy of Management Journal*, 25 (3), 465—499.

Nadkarni, S. & Narayanan, V. K. (2007). Strategic Schemas, Strategic flexibility, and firm performance: The moderating role of industry clockspeed. *Strategic Management Journal*, 28, 243—270.

Tong, T.W. & Reur, J. (2007). Real options in multinational corporations: Organizational challenges and risk implications. *Journal of International Business Studies*, 38 (2), 215—230.

Weick, K. E. (1989). Theory construction as disciplined imagination. *Academy of Management Review*, 14 (4), 516—531.

延伸阅读

Ahuja G. & Lampert, C.M. (2001). Entrepreneurship in the large corporation: A longitudinal study of how established firms create breakthrough inventions. *Strategic Management Journal*, 22, 521—543.

Guggle, C. S., Sirmon, D. G., Reutzel, C. R., and Bierman, L. (2010). Commanding board of director attention: Investigating how organizational performance and CEO duality affect board members'attention to monitoring. *Strategic Management Journal*, 31, 946—968.

저 자 소 개

저우창후이(周長輝, Changhui Zhou) 현재 북경대학교 광화관리학원(Guanghua School of Management, Peking University) 전략경영학 교수 및 전략경영학과 학과장이다. 연구 분야는 중국기업의 성장전략과 다국적기업의 중국에서의 전략의 진화 과정 등이다. 2011년에는 국가 "최우수청년" 기금을 받았다.

10 장

현장 연구에서의 사례연구

Bor-Shuian Cheng (대만대학)
Minping Huang (원지대학)

당신은 어떻게 물고기 한 마리에 대하여 알 수 있는가?
만약 전문가의 의견을 자문할 수 없고
어류 관련 지식도 찾아 읽을 수도 없고
현미경과 같은 도구도 사용할 수 없다고 규정하면
……
→ 당신에게 두 눈, 두 손과 물고기 한 마리가 있다는 것을 잊지 마세요!

(Louis Agassiz as Model-Weick, 2007, p.14)

머리글

19세기 하버드 대학의 동물학 수업을 수강하고 있다고 상상해보자. 하루는 Louis Agassiz 교수가 양철통 하나를 손에 들고 교실로 들어오는데, 그 안에는 물고기 한 마리가 헤엄치고 있다. 교수님이 학생들에게 방법을 강구하여 이 생물에 대하여 연구하고 그 결과를 보고하라는 과제를 낸다. 그런데 교수의 허락 없이 학생들은 전문가에게 자문을 구하거나 어류 관련 전문 서적을 찾아 본다거나 그 어떤 기타 도구를 사용해서는 안 된다는 규정도 함께 했다. 면담보고에서 들은 것은 오직 교수가 학생들에게 끊임없이 '너는 보았느냐? … 너는 무엇을 보았느냐? … 너는 아직 자세히 보지 못했구나! …' 이런 말을 되풀이하는 것이다. 끝내 학생들이 매우 괴로워하면서 교수에게 도대체 어떻게 이 연구를 해야 하는지 좀 더 가르침을 줄 것을 요구했다. 그때 Louis Agassiz는 이런 말을 한다. '너는 두 눈, 두 손과 물고기 한 마리를 가지고 있다!' (Weick, 2007)

이 짤막한 이야기는 사례연구의 특성, 과정 심지어 처음 사례연구를 접하는 연구자들의 고뇌를 대체로 남김없이 묘사하고 있다. 일찍이 19세기 말 20세기 초 이전, 사회과학자들은 이미 사례연구를 사용하여 관련 지식을 구축하였다. 인류학 면에서 페이샤오퉁(费孝通)의 스승이신 말리노프스키(Malinowski)는 1차 세계대전 동안 태평양의 한 작은 섬(Trobriand)에서 숨어서 지낼 때 관찰에 참여하는 방식으로 도민에 대하여 사례연구를 수행하여 일련의 저명한 인류학 저작을 출판하였다. 예를 들어, 「서태평양의 항해자(*Argonauts of the Western Pacific*)」(Malinowski, 1922)가 그중 한 권이다. 사회학 면에서 프랑스 학자 Flederic Le Play 는 19세기 중엽, 가정이 사회의 기본 구성단위라고 생각하고 맞벌이 가정을 관찰사례로 하여 특징을 찾고자 시도하였다. 이 방법은 미국의 사회학 연구에도 영향을 미쳤는데 시카고학파가 그 중심에 서있었다(Hamel, 1993). 심리학 면에서 프로이드(Freud)의 정신질환자에 대한 심리분석 그리고 심리분석학파가 다루는 환자사례의 분석연구는 모두 아주 중요한 전형적인 사례들이다. 지금에 이르기까지 사례연구는 이미 당대 사회과학의 중요한 연구형식 중 하나로 자리잡았다(Yin, 1989).

많은 베테랑 연구자가 강조한 바와 같이 역사적으로 수많은 중대한 연구 성과가 보통 처한 그 시대의 맥락을 반영한다. 사례연구 방법에 있어서도 이런 견해는 성립한다. 시대적 배경으로 인하여 지금 사례연구는 이미 많은 연구자의 중시를 받고 응용되고 있다. 많은 중요한 경영학 정기 학술지에서 사례연구법을 응용한 논문도 해마다 증가하고 어느 정도 연구 정당성도 이루었다. 그중 구체적인 예는 조직경영학 분야의 최상급 정기 학술지 *AMJ*를 들 수 있다. 연이어 '편집장의 말' 칼럼에서 관련 토론을 등재하였는데 질적 연구(Gephart, 2004), 근거이론 형성(Suddaby, 2006), 연구다양성 탐구(Weick, 2007), 단일 사례연구의 설득력 향상(Siggelkow, 2007) 및 다 사례연구를 이용하여 구축한 이론(Eisenhardt & Graebner, 2007) 등 의제들이 망라된다. 이런 현상은 지금 시대 배경의 몇 가지 추세를 반영한다. 우선, 연구자가 경영의 다원화와 복잡함을 터득하고 복잡성을 고찰하는 적합한 연구법 응용의 필요성을 느낀다. 그중에서 사례연구로 현상의 다양성(richness; Weick, 2007)을 파악하여 현상에 대하여 심층 기술(thick description)(Tsui, 2007; Tsui, Nifadkar & Ou, 2007)이 가능하기에 가장 적합한 방법 중의 하나가 된다. 다음, 여러 가지 연구 방법은 각각 장단점이 있기 때문에 당대 사회과학계에서 다원 연구 방법론(multiple methodologies)의 관점을 강조한다. 여러 가지 질적, 양적 방법을 겸용하여 동일 문제를 탐구함으로써 연구 결과의 견고성(robustness)을 강화한다고 본다. 이런 상황에서 다른 연구 방법과 확연히 다른 점은 사례연구가 아주 중시를 받는 것이다. 그 다음, 전순환 접근(full-cycle approach)의 점진적인 유행이다. 전순환 연구는 연구자가 귀납법과 연역법을 모두 사용하여 과학적 연구순환을 통하여 한 문제를 탐구하여 유력하고 견실하며 유추성이 있는 이론을 형성한다. 연구순환 과정에서 이론구성이든 이론검증이든 불문하고 사례연구는 모두 무시할 수 없는 일환이다. 마지막으로, 경영학 연구혁명의 파도 아래 많은 연구자는 현지 문화특색이 돋보이는 경영학 지식을 대상으로 반드시 근거이론 연구방식을 통하여 심층연구를 하여 내적 및 외적 타당성을 갖춘 현지이론(Elsenhart, 1989; Whetton, 2002)을 내세울 것을 지적하였다. 그리하면 현지의 특유 현상을 파악할 수 있는 사례연구는 더욱 성행하게 될 것이다.

상기 추이 아래 사례연구는 점점 환대를 받게 될 것이다. 하지만 사례연구가 환대를 받긴 하지만 사례연구를 하는 것은 그렇게 쉬운 일이 아니며 더구나 여러 가지 함정이 있다. 사례연구를 설계하고 수행할 때 반드시 신중을 기해야만 오류를 피할 수 있다. 그렇지 않으면 그 수혜를 받기도 전에 피해를 보게 된다. 본 장의 목적은 사례연구의 의의와 종류, 타당성 요구, 연구설계, 연구절차 및 이론 구축과 가설검증의 의미에 대하여 설명하고자 하며 이 연구법의 특색과 장단점을 해부하여 이 연구 방법을 익히고 이를 근거로 경영학 지식을 창조하는 데 있다.

10.1 사례연구의 정의

비록 사례가 중시를 받고 있지만 사례연구는 난이도가 높은 과학연구 방법 중의 하나이다(Yin, 1989). 그 이유는 연구사례를 구하는 과정도 상당히 어려우며 전체 연구 과정과 결과의 객관성 결함을 제외하고 사례연구는 자주 오해를 받아 본연의 의미가 흐려지기 때문이다. 예를 들면 사례연구를 사례교육으로 간주하여 탐색적 연구에 한정시키고 사례연구와 사례기록의 다른 점을 구분하지 못하거나 사례연구를 민족지연구와 같은 질적 방법으로 취급하는 등 오해들이 있다. 이런 오해를 파악함으로써 무엇이 진정한 사례연구인지 이해하는데 도움이 될 것이다.

10.1.1 사례연구가 아닌 것은?

사례교육은 경영학 교육에서 상당히 중요하면서 필수적인 한 고리이다. 사례교육이 최대한의 효과를 발휘할 수 있는지 여부는 개별 사례의 질에 따라 결정된다. 따라서 양질의 사례를 제공하는 것이 사례교육의 성공에 있어서 중요한 조건이다. 하지만 사례교육의 검토와 저술은 사례연구가 아니다. 교육용 사례는 실무적인 문제의 반영에 초점을 두고 반드시 시사성이 있어 학습자들의 학습동기와 흥미를 불러일으키고 사고를 북돋우며 열렬한 토론을 이끌어 내어 문제 해결방식을 공유할 수 있어야 한다. 때문에 교육용 사례의 성질과 치밀함을 강조하고 증거를 강구하는 사례연구와는 서로 다르다. 교육사례에서 때로는 효과적으로 특정관점을 진술하기 위하여 사례자료를 신중하게 수정하여 더 흥미진진한 대화를 유도할 수 있다. 그러나 사례연구를 수행함에 있어서 이런 방법은 절대 금지된다. 모든 연구자는 여러 가지 연구절차의 요구를 엄격하게 고수하고 엄밀하고 확고한 연구증거를 펼쳐야 한다(Yin, 1989).

두 번째 오해는 사례연구가 일종의 탐색도구로서 본격적인 연구수행 전의 예비 연구(pilot study)에 지나지 않는다는 인식이다. 따라서 현상의 초보적인 묘사에 주안점을 두기에 명제 개발(proposition development) 또는 가설 검증(hypothesis testing)(Platt,

1992)에 사용할 수 없다는 이런 견해도 일종의 오해이다. 사실, 사례연구가 탐색기능을 갖고 있을 뿐만 아니라 묘사성과 해석기능도 가지고 있다. 예컨대, 조기 시카고대학의 사회학교수 Whyte(1943) 의 고전「길거리 사회: 이탈리아 빈민의 사회구조(*Street Corner Society: The Social Structure of an Italian Slum*)」에서 길거리 유랑민의 사회구조에 대하여 조사하였다. 이 연구는 비록 전형적인 사례연구이긴 하지만 상당한 탐색성과 묘사기능을 가지고 있을 뿐만 아니라 유추능력도 상당하다-다른 거리, 다른 시대에서 진행한 유사연구에서도 거듭 이 연구의 발견을 반복하였다. 그리고 Yan과 Grey(1994)의 중미합자기업의 협상권, 관리통제 및 합자성과에 대한 조사, Ross와 Staw(1993)이 미국의 Shoreham 핵발전소의 공급낭비에 대한 공약승격관련 연구에서 모두 사례연구 방법으로 기존의 이론모형을 검증하였다. 이로부터 사례연구로 이론을 구축하고 가설을 검증할 수 있으며 따라서 연구사례가 결코 단순히 탐색적이고 선도적인 연구가 아님을 나타낸다.

다른 한 가지 오해는 사례연구와 사례기록의 다른 점을 구분하지 못한다. 기업진단, 교육지도, 임상심리 또는 사회사업을 불문하고 모두 핵심 사례를 둘러싸고 탐구하는 것이기에 자체 특성과 당면문제를 폭로하고 사례와 관련된 자료를 광범위하게 수집하여 '증상에 맞게 약을 쓰는' 문제 해결방법을 제기하고 필요한 고문, 의논, 지도 및 진료협조를 제공해야 한다. 이런 사례기록의 취지는 사례를 설명하고 문제를 해결하는 것이고 사례에 대하여서도 충분히 파악하였지만 사례연구와는 상당한 차이가 있다. 전자는 사람을 돕고 문제를 해결하는 것을 목적으로 하고 후자는 연구하고 이론을 구축하고 검증하는 것이 목적이다.

마지막 오해는 사례연구를 민족지연구와 같은 질적 연구와 혼동하여 사례연구가 관찰에 참여하는 한 가지 유형이고 장기적으로 야외 관찰을 요하며 관찰에 의한 질적 증거(Kidder & Judd, 1986)를 강조한다고 여긴다. 그러나 사례연구는 단지 야외에서 조사하는 자료수집기법에 지나는 것이 아니고 장기적으로 야외 관찰을 꼭 해야 하는 것도 아니라 연구과제에 따라 자료수집방법이 결정된다. 때로는 도서관을 벗어나지 않고 전화방문만으로도 양질의 사례연구를 할 수 있다. 또한 수집하고 분석한 자료도 항상 질적 자료인 것도 아니다. 양적 자료도 종종 수집하고 분석하는 중점이 된다. 그리고 사례연구가 일정 기간 연구 진행 후 연구과제를 바꿀 수 있지만 통상적으로 필드에 진입하기 전 명확한 문제인식이나 이론방향이 확립하는데 이는 민족지연구와 같은 질적 연구가 필드 진입 후 가까스로 어떤 문제에 대하여 논할 것이지 점점 명확하거나 현지에 발을 담근 후에야 문제가 서서히 드러나고 수시로 문제방향을 조정하는 것과는 사뭇 다르다. 때문에 사례연구는 민족지연구도 아니고 참여관찰과 같은 질적 연구 방법과 동일시할 수 없다.

이상의 사례가 모두 사례연구가 아니라면 그럼 무엇이 사례연구인가?

10.1.2 무엇이 사례연구인가

무엇이 사례연구인가? 그 정의는 어떠한가? 사례연구를 응용하여 사회과학을 연구하는 학자들이 적지 않지만 직접 사례연구에 대한 정의는 별로 없다. Jennifer Platt(1992)은 소수 중의 예외다. 그녀는 미국의 사례연구의 방법론 사조를 진지하게 회고하여 정의를 내리고자 시도하였다. '사례연구는 일종의 연구설계논리로서 반드시 상황과 연구 문제의 적합성을 고려해야 한다'고 인정하였다. 그 정의에 의하여 Yin(1989)이 나아가 확대하여 설계논리가 일종의 실증적 탐구(empirical inquiry)라고 강조하였고 당면 현상이 실제생활에서의 상황을 조사하는데 특히 현상과 장소의 경계가 명확하지 않고 분명하게 구분할 수도 없을 때 이런 탐구방책을 자주 사용한다. 바꾸어 말하면, 현상과 실제 맥락을 항상 확실하게 구분할 수 있는 것이 아니기에 자료를 수집하고 분석할 때 아주 특색이 있다. 이를테면 다중증거원천에 의존하며 서로 다른 자료가 반드시 삼각검증(triangulation) 방법으로 수렴하여 일치한 결론을 도출해야 한다. 보통 사전 발전(prior development)하는 이론명제나 명백한 문제의식을 가지고 자료수집 방향과 자료분석 초점을 인도한다.

요컨대 하나의 연구방법으로서 사례연구는 아주 완벽한 연구 방법이다. 또한 특유의 설계논리, 특정한 자료수집 및 독특한 자료분석 방법도 포함한다. 따라서 사례연구는 단지 자료 수집방법이나 자료분석 방법이 아니고 연구설계의 특징도 아니며 세 가지를 모두 포괄하는 상세하면서 완벽한 연구방책이다(Yin, 1989). 이 연구방책은 연구 문제의 성질과 관련이 있다. 연구과제의 목적이 '어떻게 변화하는가?', '왜 이렇게 변했는가?', '결과는 어떤가?' 등 문제를 해답하는데 있다면 사례연구는 가장 적합한 방법이다. 일반적으로 다른 연구 방법과 비교하여 사례연구는 사례에 대하여 심층묘사와 체계적인 파악을 할 수 있다. 그리고 동태적인 상호작용 과정과 처한 상황맥락에 대하여 지배할 수 있기에 비교적 전면적이고 완전한 관점을 얻을 수 있다(Gummessen, 1991). 이 외에 무릇 연구자가 정확하고 직접적이며 체계적으로 통제할 수 없는 변수 또는 실제 생활현상을 토론하고 조사하거나 몇 분간의 실험으로 추적하고 종결하지 못한 자라면 사례연구를 사용하기 가장 적절한 시기이다. 사례연구는 당시 사건의 검시를 중점적으로 하기에 사건의 조종에 개입하지 않아 생활사건의 총체성과 의미 있는 특징을 보존할 수 있다. 때문에 사례연구는 연구자가 새로운 깨달음(insight)을 얻는데 상당한 도움이 된다(Bryman, 1989).

일반적으로 사례연구는 크게 탐색적(exploratory), 기술적(descriptive), 인과적(causal) 사례연구, 이 세 가지로 나눈다(Yin, 1994). 탐색적 사례연구는 연구자가 개별특성, 문제성질, 연구가설 및 연구도구에 대하여 잘 알지 못할 때 진행하는 초보적인 연구로서 정식 연구를 위한 기반을 마련한다. 기술적 사례연구는 사례의 특성과 연구 문제에 대하여 일정한 인식이 있는 기초에서 더 자세한 묘사와 설명을 통하여 연구 문제에 대한 이해를 높인다. 마지막으로 인과성 사례연구는 현상의 인과관계를 관찰하고 다른 현상 간의 정확한 함수관계를 파악하는 것이다. 어떤 사례연구이든 모두 연구의 엄밀성과 신뢰성 기준을 강구하여야 하며 이런 요구는 양적 연구의 타당성과 신뢰도 개념과 아주 유사하다.

10.2 사례연구의 수준 평가

사례연구를 수행할 때 일부 후 현대 경영학 연구자들이 연구 결과가 제시하는 의의와 사회구성 사실에 상당한 역점을 두고 연구 방법의 엄밀성과 복제성은 그다지 중요하게 생각하지 않는다. 과학법칙을 준수하는 연구자라면 반드시 과학적 연구에서의 타당성과 신뢰도 요구를 엄격하게 지켜야 한다. 단지 다소 조정하여 양적 연구와 조금 다르다. 물론 엄격히 말해서 과학연구에서의 타당성과 신뢰도도 일종의 사회구성으로 그 법칙은 과학연구 사회집단이 구축한 것이며 서로 통하는 바가 있다. 이 장에서는 여전히 과학적 연구법칙을 준수하여 사례연구에서 준수해야 할 표준에 대하여 토론한다. (1) 구성개념 타당성, 토론하고자 하는 개념에 대하여 정확한 조작적 측정을 수행한다. (2) 내적 타당성, 인과관계를 구성하여 어떤 조건이나 요인이 다른 조건이나 요인을 야기하고 다른 상관없는 요인의 간섭을 받지 않는다는 것을 설명한다. (3) 외적 타당성, 연구 결과로 유추할 수 있는 범위를 밝힌다. (4) 신뢰도, 연구의 복제성을 자세하게 설명한다. 예를 들면, 자료수집을 반복적으로 실시하여 같은 결과를 도출할 수 있다(Lee, 1999).

10.2.1 구성개념 타당성

연구가 구성개념 타당성을 갖추도록 하고 정확한 개념을 고찰하기 위하여 사례연구에서 여러 가지 효과적인 방법을 사용하여 실행할 수 있다. 이를테면, 다중자료원천의 삼각검증, 증거사슬 구축, 정보제공자에 대한 심사 및 악마의 변호인(devil's advocate)의 도전 등의 방법(Eisenhardt, 1989; Yin, 1994)들이 있다. 우선, 다중자료원천의 삼각검증(또는 다각도 검증)에 있어서 연구자는 여러 가지 증거원천을 사용하여야 하며 여러 원천으로부터 얻은 증거는 상호 단점을 보완하고 서로 완성시켜야 한다. 이런 원천은 보통 문서(편지, 보고서, 보도, 개인 필기 등), 기록부(회사자료, 정부기록, 현행 데이터베이스 등), 면담, 현장관찰, 행사참여 및 인공도구 수집 등이 될 수 있다. 다른 방법으로 유사한 자료와 증거를 얻을 수 있다면 사례연구 중의 고찰은 구성개념 타당성을 띄게 된다. 이런 방법은 분명 양적 연구의 수렴 타당성(convergent validity)과 흡사하다.

다음, 증거사슬을 만들어 수집된 자료가 연관성을 가지고 일정한 논리에 부합하기에 독자들이 다시 연관성 있는 논리를 구축할 수 있고 향후 발전을 예측할 수 있다. 논리가 정연하고 일관될수록 구성개념 타당성이 더 높게 된다. 이 방법은 양적 연구의 논리적 관계망(nomological network)의 구축과 유사하다.

마지막, 중요 정보제공자에 대한 심사. 중요한 정보제공자에 대한 심사보고와 자료를 통하여 연구자의 개인 편향만이 아닌 보고에서 토론하고자 하는 현상을 반영하도록 한다. 이로부터 연구자 개인의 선택적 지각으로 인하여 발생하는 부적절한 해석을 회피할 수 있다. 그리고 자료, 증거 및 결론에 도전하는 악마의 변호인을 배정하여 자료수집, 분석 및 결과와 보고에 대하여 엄격한 평가를 내리도록 하여 연구자의 맹점이나 편견을 감독하고 수집자료가 연구 구성개념을 반영하게 한다. 이런 변호인은 보통 반대 의견을 가진 사람으로 대립된 관점을 제공하기에 개인편견이나 집단사고의 발생을 막을 수 있다.

10.2.2 내적 타당성

내적 타당성에 대하여 연구자는 반드시 종속변수의 변화가 독립변수의 변화에서 기인한다는 것을 확인해야 한다. 인과관계 이외의 해석을 줄이기 위하여 사례연구자는 패턴 조합(pattern matching), 해석구축 및 시간계열 등 설계를 사용하여 연구를 수행하고 내적 타당성을 높일 수 있다(Yin, 1989). 패턴조합으로 자료와 이론의 적합 여부를 검증하고 각 구성개념 간의 관계를 고찰하며 매칭되면 증거로 제공한다. 예를 들면, 성질이 서로 다른 비동등(nonequivalent) 종속변수를 예측할 수 있고 다른 결과가 없이 유사한 결과가 나왔다면 비교적 강한 인과추론을 얻을 수 있다. 마찬가지로 성질이 서로 다른 독립변수도 같은 예측을 할 수 있다면 이 인과관계가 안정적이고 견실하다고 유추할 수 있다(Campbell, 1975; Yin, 1989). 이런 사고방식에 근거하여 수집한 각종 자료로 모두 원래 추론한 관계를 확정하면 원래 도출한 명제나 가설을 수긍할 수 있다. 그렇지 않으면 수정을 더해야 한다. Ross와 Staw(1993)의 Shoreham 핵발전소 사례에서 이런 방법을 사용했다. 실제 발생한 사례의 독립변수(지속투자에 영향을 주는 각종 선행요인)로 이 발전소의 손실이 55억 달러(종속변수)에 달하는 이유를 설명하고 약속승격(escalation of commitment)의 이론모형을 검증한다. 결과는 모형에서 파생한 일부 가설 은 맞고 일부는 맞지 않다. 연구자는 이 사례결과에 의거하여 원래의 발전이론모형을 수정하였다.

내적 타당성을 높이는 두 번째 방법은 해석을 구축하는 것이다. 먼저 연구자는 가능한 이론을 진술하고 일련의 명제를 제기한다. 그리고 이론과 명제가 경험자료와 서로 부합한지 검시하고 이론과 명제를 수정한다. 이어서 상기 과정을 반복하여 양자가 접근할 때까지 계속한다. 이런 과정은 금속제련과 아주 비슷하다. 연구는 조금씩 생각을 정련하고 가능한 대립적 가설을 받아들이고 마지막에 비교적 훌륭한 해석을 한다. 이런 반복적(iterative) 조율 과정을 통하여 내적 타당성을 높인다.

세 번째는 시계열 설계(time series design)를 이용하여 관찰하고자 하는 변수나 사건이 시간적으로 선후순서를 나타내는지 분석하고 그중의 인과관계를 다시 추론한다. 일부 변수나 사건은 항상 먼저 발생하고 후속 변수나 사건의 발생 또는 변화를 초래한다. 즉 변수들 사이에 시간적 인과관계가 있음을 추론한다. 경험자료도 이런 인과관계가 있다는 것을 증명하면 내적 타당성 증거로 제공할 수 있다.

10.2.3 외적 타당성

연구자들이 보통 한 시점과 한 장소에서 단일 유형의 사례에 대하여 연구하기에 이 연구 결과를 다른 유형의 사례 또는 다른 시간과 장소에도 적용할 수 있는지 반드시 검토하여 연구 결과나 이론의 유추능력을 판단하고자 한다. 결과와 이론의 유추범위가 광범위할수록 해석할 수 있는 조직현상이 많을수록 그 결과와 이론은 더 강한 힘을 가진다(Cook & Campbell, 1979).

사례연구의 외적 타당성을 논할 때 보통 분석적 일반화(analytical generalization)를 사용하지 통계적 일반화(statistical generalization) 개념은 잘 사용하지 않는다(Bryman, 1989). 통계적 일반화는 표본추출통계에 의거하여 대표성이 있는 표본을 선택하고 확률론의 원칙에 의하여 이 표본의 연구 결과를 모집단으로 유추하여 연구 결과의 보편성을 설명한다. 그러나 분석적 일반화는 사례에서 얻은 결과를 향후의 사례에서 반복적으로 발견하여 이 사례에 도출한 결과가 확실히 존재함을 증명한다. 이런 일반화가 근거로 하는 것은 한 사례와 법칙의 상사논리(case-law like logic)로 이론적합이나 구성개념 적합(fit)의 방식을 통하여 연구의 외적 타당성을 판단한다 (Eisenhardt, 1989; Yin, 2003). 분석적 개념은 마치 의사들이 말한 "나는 그를 안다. 그는 나의 '환자'이다. 나는 모든 환자에게서 그의 모습을 볼 수 있다"(Van Den Berg, 1972)와 같다. 그래서 사례연구의 결과가 다른 사례에서 있어서 보편성이 있는지 판단하려면 다른 시간, 장소에서 여러 차 사례연구를 행하여 결과가 다른 상황, 시간과 장소에서의 형태를 판단해야 한다. 이에 대하여 사례연구의 외적 타당성이 양적 연구의 생태학적 타당성(ecological validity) 개념과 아주 흡사하다.

10.2.4 신뢰도

사례연구의 신뢰도는 연구 과정의 믿음성이고 모든 과정이 반드시 반복 가능해야 한다. 따라서 아주 상세한 사례연구 계획안(protocol)을 준비하고 향후 다른 연구자가 다시 연구할 수 있어야 한다. 또한 반드시 연구 데이터베이스를 구축하여 다른 연구자가 이어서 다시 분석할 수 있어야 한다(Yin, 1994). 연구 계획안은 특정한 연구 과정, 의거한 자료수집 및 분석원칙을 설명할 뿐만 아니라 최소한 다음 내용을 포함해야 한다. (1) 연구목적과 토론의제, 예를 들어 연구목적, 문제 등 배경, (2) 연구장소와 연구절차, 예를 들어 연구장소에 대한 상세기술, 정보원천, 연구자의 보증서 등, (3) 연구 문제, 예를 들어 특정한 구체적인 문제, 면접조사 일정과 내용, 대상, 자료분석방식과 과정, (4) 연구보고서의 구조, 예를 들어 연구 결과, 대화를 구성하고 진행하는 이론 및 결론 도출방식 등.

상세한 연구 계획안을 제외하고 연구 데이터베이스도 구축해야 한다. 이 데이터베이스는 적어도 연장연구기록, 참여관찰기록, 면접녹음, 관찰영상, 작성원고, 기록부 자료 및 자료분석기록 등이 포함되어 다른 연구자가 재검토하고 다시 분석할 수 있게 해야 한다. 이런 상세한 문자기록과 자료문서는 사례연구의 신뢰도를 강화한다.

사례연구의 검증표준, 위협(threat)요인 및 처리방식은 〈표 10-1〉과 같다. 종합하자면 사례연구자는 체계적으로 자료수집하고 신중하게 읽으며 연구하고 엄밀하게 분석하여 연구설계와 과정이 논하는 문제와 개념에 적합하고 타당성, 신뢰도 요구에 충족하도록 한다.

〈표 10-1〉 사례연구의 타당성과 신뢰도

검증 표준	위협요인	방법	절차
구성개념 타당성 측정하고자 하는 개념을 정확하게 측정	조작적 정의 및 측정 방법은 구성 개념을 반영하지 못하고 다른 구성 개념도 반영하지 못함	다양한 자료출처 근거자료 사슬 파악 자료제공자 심사	자료수집 자료수집 자료분석
내적 타당성 관찰하는 변수나 사건의 인과관계	다른 인과해석 존재 또는 인과관계가 오염됨	유형 비교 해석 확립 시계열 분석	자료분석 연구설계/ 자료분석 자료분석
외적 타당성 연구 결과가 갖는 일반화 범위	결론이 특정한 범위에만 적용할 수 있음	다 사례 복제 분석유추	연구설계 자료분석
신뢰도 연구절차의 반복 및 복제	반복적인 실행으로 동일한 결과를 얻지 못함	상세한 연구 계획서 사례연구데이터베이스	연구설계/ 자료수집 자료수집/자료분석

10.3 사례연구의 실행절차

연구자들이 사례연구의 집행절차에 대하여 같은 의견을 가지고 있지 않지만 연구절차는 반드시 반복하고 또 반복하는 과정을 드러내야 하며 고정된 순서를 꼭 따라야 하는 것은 아니다. 그러나 사례연구는 여전히 일정한 진행 프로세스가 있고 몇 개 단계로 나눠지는데 매 단계에서 처리하는 문제와 진행활동 내용도 다 다르다. 여기서 Eisenhardt(1989)의 틀에 근거하여 사례연구 과정을 시작, 연구설계와 사례 선정, 연구도구와 방법선정, 자료수집, 자료분석, 가설형성, 문헌대화 및 마무리 등 여덟 절차로 나누고 크게 준비, 집행, 대화 등 세 단계(표 10-2 참조)로 귀결할 수 있다. 이 단계와 절차를 구분할 수 있고 선후 순서가 있지만 실제 연구를 수행할 때 각 절차가 서로 회로 순환관계가 될 수 있고 꼭 직선으로 추진하는 것이 아니다. 때문에 유사한 자료를 수집하고 분석하는 것을 반복적으로 진행해야 한다.

10.3.1 준비단계

준비단계는 연구자가 현장에 투입하여 자료수집하기 전에 수행하는 활동이다. 연구범위의 확정, 연구설계와 사례 선정, 연구 방법과 도구 선정 등이 포함된다. 소위 '장인이 일을 잘 하려면 먼저 도구를 잘 다듬어야 한다'는 것처럼 준비단계에서 세밀하게 사고하고 준비가 충분할수록 사례연구에서 성공하는 확률도 크다.

〈표 10-2〉 사례연구의 실행 절차

절차	활동	원인
준비단계		
시작	• 연구범위 확정 • 가능한 선도적 개념 색출	• 집중하기 위해 노력함 • 구성개념 측정을 위한 기초 제공
연구설계와 사례 선정	• 이론과 가설의 구속을 받지 않고 연구설계 수행 • 특정 집단에 집중 • 이론추출, 비무작위 추출	• 이론과 연구유연성 유지 • 기타 변이를 억제하고 외적 타당성 강화 • 구체 이론의 의의를 갖춘 유용사례에 초점을 둔다. 개념유형의 이론복제와 파생적 사례를 보완한다
연구도구와 방법선정	• 다원 자료수집방식 사용 • 연구도구 정제, 질적, 양적 자료 파악 • 다수의 연구자	• 삼각검증을 통하여 연구기반 강화 • 증거종합 • 다양한 관점 및 의견을 채택 함
실행단계		
자료수집	• 현장기록을 포함하여 반복적으로 자료 수집하고 자료 분석 함 • 탄력있고 임기응변의 자료수집방법 사용 함	• 실시간 분석, 수시로 자료수집을 조율 함 • 연구자가 파악하고 떠올린 주제와 특이한 특성을 설명 함
자료분석	• 사례 내 분석 • 발산 방식으로 다른 사례와의 공동 패턴 찾기	• 자료에 대하여 익숙하고 초보적인 이론 구축을 수행 함 • 연구자가 첫인상에서 탈피하여 여러 시각에서 증거를 관찰하기
가설형성과 이론화	• 각 구성개념에 대하여 지속적으로 증거를 점검 함 • 각 사례의 논리 재현을 뛰어넘고 표본복제는 아님 • 변수관계의 원인이나 "왜"의 증거를 찾기	• 구성개념 정의, 타당성 및 측정을 정교화하기 • 증명, 파생 및 이론을 정교화하기 • 내적 타당성 구축
대화단계		
문헌대화	• 모순되는 문헌과 비교 • 유사한 문헌과 비교	• 내적 타당성을 구축하고 이론적 수준을 향상하고 구성개념 정의를 강화 함 • 유추능력을 향상하고 구성개념의 정의를 개선하여 이론적 수준을 높임
종료	• 최대한 이론적 포화를 실현(theoretical saturation)	• 개선된 한계효용이 점점 떨어질 때 연구를 종료한다

자료: Eisenhardt (1989)으로부터 수정.

1. 시작

사례연구를 시작할 때 연구자는 반드시 어떤 연구 문제를 논하려고 하며 주요 구성개념이 무엇인지 확정해야 한다. 사례연구에서 검증하고자 하는 이론이 꼭 뚜렷하지 않아도 연구자 스스로 반드시 명확한 방향과 뚜렷한 중점을 따라 자신이 체계적으로 자료를 수집하고 문제에 답할 수 있도록 지침이 되어야 한다. 그렇지 않으면 초점을 잃어 별로 중요하지 않고 아무 쓸모도 없는 자료만 잔뜩 수집하게 된다. 다시 말해, 오직 문제의식이 명확해야만 연구자가 어떤 연구설계를 사용하고 어떤 연구사례를 선택하며 어떻게 자료를 수집할 것인지 등 중요한 사항들을 장악하게 된다. 연구설계에 있어서 연구의제가 분명해야 어떤 사례유형을 채택할 것인지, 여러 가지 사례를 선택할 것인지 아니면 단일 사례만 선택할 것인지, 분석단위는 뭐로 하고, 어떻게 관심 있는 변수와 사건을 고찰할 것인지, 어떤 방식으로 체계적인 자료수집을 할 것인지를 결정할 수 있다. 이런 후속 연구활동들이 일정한 방향을 따르고 엄밀하게 진행할 때 사례연구의 타당성과 신뢰도를 확보할 수 있다.

설령 이렇다고 해도 사례연구를 수행할 때 시작부터 끝까지 문제의 방향이 고정불변하는 것은 아니다. 사실 사례연구 진행과정에는 보통 유연성이 가득하다. 예를 들면, 일정 기간 동안 연구를 진행한 다음 문제와 방향이 서로 편차를 보이거나 수집한 자료와 예측이 상당한 차이가 발생하면 문제와 방향을 변경할 수 있다. 적잖은 연구자(예컨대 Bettenbausen & Murninghan, 1986; Gersick, 1988)들이 연구를 시작하고 나서 어떤 새로운 문제가 더 흥미롭고 이론적 혁신에 더 적합하다고 판단하여 연구초점을 이론검증(theory-testing)에서 이론 구축(theory-building)으로 전환한다. Bettenbausen 등 (1986)의 사례연구처럼 원래는 집단결정이 어떻게 동맹 형식에 영향을 미치는지 관찰하려고 하였으나 나중에 각 집단의 특성이 더 주목을 이끌어 연구초점을 동맹에서 집단적 규범의 형성으로 방향을 바꿨다.

이론 구축을 목표로 하는 사례연구에 있어서 이론과 가설도 흔히 사전계획에 없던 것이다. 그 이유는 첫 시작부터 이론과 가설에 제약되면 스스로 틀을 만들고 안에 가두는 격이 되어 기정된 이론개념에 구속되어 상상력을 제대로 발휘할 수 없기에 다른 가능한 이론을 그려낼 수 없다. 따라서 이런 사례연구는 기존의 이론을 그대로 쓰는 것을 권장하지 않고 비교적 큰 연구공간과 유연성을 남겨둬야 한다. 물론 이런 유연성이 아무런 목적 없이 임의로 발산하는 것이 아니라 일정한 제한이 있으며 연구 방향과 과제의 큰 틀을 벗어나지 말아야 한다.

2. 연구설계

일반적으로 연구자는 분석차원(level of analysis)과 사례 수량에 근거하여 연구설계를 진행하고 사례연구의 유형을 구분할 수 있다(Yin, 1993). 분석차원은 연구자가 흥미를 갖는 분석대상의 차원을 말한다. 조직경영 분야에서 분석차원은 개인, 부문, 조직, 또는 산업이 될 수 있는데 이는 연구자의 요구에 따라 정한다. 사례 수는 연구자가 연구하고자 하는 사례의 양이다. 분석단위와 사례 수의 다소에 따라 네

〈그림 10-1〉
사례연구설계

자료: Yin(1989)으로부터 수정.

	단일사례설계	다사례설계
단일수준 분석	첫 번째 형식 (예: 쩡부어쉰, 1995)	세 번째 형식 (예: 쩡부어쉰, 2005; Yan and Gray, 1994)
다수준 분석	두 번째 형식 (예: Barker, 1993)	네 번째 형식 (예: Zbaracki, 1998)

가지 사례설계방식을 나눌 수 있다. 네 가지 사례설계방식은 〈그림 10-1〉에 표시한 것처럼 첫 번째 단일사례 단일차원, 두 번째 단일사례 다차원, 세 번째 다사례 단일차원, 네 번째 다사례 다차원이다.

첫 번째 형식의 단일사례 단일차원설계는 사례가 하나이고 차원도 하나이다. 예를 들면, 고위 지도자 사례설계에서는 연구 대상이 한 사람이고 분석차원도 개인 위주로 한다. 쩡부어쉰(1995)는 한 가족기업경영자를 대상으로 관찰하고 가부장식 경영형식을 구축하는 것이 바로 한 사례이다. 두 번째 단일사례 다차원설계는 사례수가 하나이고 분석차원은 여러 개이다. 이 설계는 조직연구에서 흔히 볼 수 있는데 한 가족을 사례대상으로 하고 분석차원에는 개인, 단체, 부문 및 사업부 등이 포함된다. 예를 들면, Barker(1993)의 자주경영단체관련 연구처럼 동시에 직원과 경영자 모두 면접을 진행하고 단체운영 및 회사 전체의 제도적 변혁을 관찰하여 분석한다. 세 번째 다사례 단일차원은 첫 번째 설계를 복제하는 것으로 분석차원은 하나이고 여러 개 사례가 있다. Yan & Gray(1994)처럼 합자기업의 통제형식연구에서 네 개 합자기업의 고위 경영자에 대하여 각각 심층 면접한다. 또는 쩡부어쉰(2005)가 수행한 여러 기업의 고위 담당자에 대하여 가부장식 경영관련 논의는 모두 일종의 다사례 단일차원설계이다. 네 번째 다사례 다차원은 두 번째 설계를 복제하는 것으로 연구사례수가 하나 이상이고 분석차원도 하나가 아니다. 예를 들면, 다른 조직의 제도가 각 계층 직원에 대한 영향을 토론이 이 형식이다. Zbaracki(1998)은 TQM 슬로건과 실제 연구에서 제도가 다른 5개 회사의 고위 담당자와 일반 직원으로부터 자료를 수집하여 연구구성을 반영하는데 이도 한 예이다.

일단 분석차원의 다소를 따지지 않고 사례수에 있어서 과연 단일 사례설계와 다 사례설계가 어떻게 다르고 적용상황이 어떠한가? 일반적으로 단일 사례연구가 비교적 잘 적용되는 것은 다음 세 가지 목적성을 가졌을 경우이다. 첫째, 비판적 사례로 기존의 이론에 도전하거나 검정하는 것이 목적이다. 둘째, 특수성 사례로 사례마다 자체 특성이 있어 개별적으로 토론할 필요가 있으며 새로운 이론형식을 구축하거나 구 이론의 유추능력을 확대한다. 셋째, 보완성 사례로 어떠한 원인이나 요인으로 예전 연구자가 일부 중요한 현상을 관찰하지 못하였지만 지금 기회가 되어 다시 관찰하여 과거연구의 부족한 부분을 보완한다. 간략히 말해서 단일 사례연구는 기존의 현상에 대하여 탄탄한 기술을 제공할 수 있기에 어떤 연구 문제에 대한 독자들의 흥미(motivation)를 자극하고 현존하는 이론을 돌이켜(inspiration) 보게 하거나 어떤 현상을 더 명백하게 폭로하고 나타낸다(illustration). 따라서 다 사례연구와 비교하여 기업이 단일 사례연구로 이론을 구축하는 것은 다소 기반이 취약한 것처럼 보인다. 하지만 적절하게 조작하면 단일 사례연구도 상당히 설득력이 있는 방법이다. 적절한 예증만으로 현존 이론의 결함이나 새로운 연구 방향을 충분히 반영할 수 있기 때문이다(Siggelkow, 2007).

다 사례설계는 여러 항목 실험처럼 단일 사례설계에서 얻는 결론보다 더 유력하고 소비되는 시간, 투자자금과 노력도 비교적 많다. 주요 장점은 한 연구에서 정면과 반면 증거를 동시에 찾을 수 있는 것 외에 한 개념이 서로 다른 상황에서 운영결과를 논의할 수 있다는 점이다. 하지만 다 사례설계에서는 사례 선정에 아주 신중해야 하는데, 반드시 사례들 간의 연관성을 고려하여 상관없는 사례들을 짜맞추는 상황을 피해야 한다. 다음으로 분석도 비교적 복잡하다. 단일 사례분석 외에 사례간의 비교도 수행하여 유사점과 다른 점을 살펴보아야 한다. 구체적으로 말하면, 단일 사례분석을 수행할 때는 주로 단일 사례를 대상으로 하고 모형이 적합한지 분석한다. 하지만 다 사례분석을 수행할 때는 각 주제를 비교하고 다방으로 긍정적 증거와 대립된 증거를 찾아서 서로 교정하고 점검하여 보다 탄탄한 이론과 명제를 형성하게 된다. 간단히 말하면 다 사례연구설계는 연구자가 비교하여 어떤 연구발견이 다른 사례에서 보편적으로 존재하는지 여부를 확인하는데 도움이 된다. 또한, 다 사례연구의 발견이 서로 다른 사례자료를 기반으로 하기에 보통 구축한 구성개념 관계가 더욱 엄밀하다. 게다가 서로 다른 사례 사이에 차별성이 있을 수 있기에 다 사례연구는 연구자가 연구 문제에 초점을 맞춰 더 광범위한 탐구와 사고를 촉진시킨다. 따라서 단일 사례연구와 비교하여 다 사례연구로 이론을 구축하는 것이 통상 보다 엄밀하고 일반화하며 검증 가능한 이론을 얻을 수 있다(Eisenhardt & Graebner, 2007).

사례 선정

일단 연구설계의 유형을 확정하면 사례 선정문제를 고려할 수 있다. 사례 선정에 있어서 연구자는 선정표준과 선별과정을 결정해야 한다. 이론을 검정하는 사례연구에서 통계적 추출개념으로 선택할 수 있는 경우를 제외하면 대부분 사례연구는 이론적 추출(theoretical sampling) 방식으로 진행한다. 요컨대, 통계적 추출은 연구 대상이 뚜렷한 모집단(母群)이 있고 무작위방식으로 대표성 있는 표본을 추출하여 연구용으로 사용한다. 그러나 이론적 추출은 통계개념으로 선택하는 것이 아니라 이론에 근거한다(Glaser & Strauss, 1967). 예를 들면, 이론을 확장하기 위하여 비교적 극단적인 사례를 선정하고 이론을 다시 나타내기 위하여 조건이 유사한 사례를 선정하며 이론검증을 위하여 이론요건에 적합한 사례를 선정할 수 있다. 그래서 이론적 추출의 목적은 의도적으로 독특한 보완 또는 비판적 사례를 선택하여 구성개념 간의 관계를 나타내거나 연장하는 것이다. 통계추출처럼 모집단을 대표할 수 있는 표본을 추출하여 연구 대상으로 하는 것과 다르다.

이론적 추출의 원칙에 근거하더라도 사례 선정을 집행하는 것이 쉬운 일은 아니다. Siggelkow(2007)가 한 단일 사례연구설계 중 사례 선정에 관한 아주 적절한 묘사가 있다. '사람 말 하는 돼지 한 마리 찾을 수 있다면 동물이 사람 말하는 가능성을 논하는 글을 쓸 가치가 충분히 있다.' 즉, 연구자가 단일 사례로 독자의 흥미를 불러일으키거나 다른 사람을 설득하려면 가장 중요한 것은 바로 수중에 사람 말을 할 줄 아는 돼지 한 마리가 있는지부터 확인하는 것이다. 요컨대, 단일 사례연구설계에서 이론적 추출은 통상적으로 특이한 극단적인 사례를 선택하고 또한 연구자가 가까이서 접근할 수 있는 기회가 있어 독특한 현상에 집중하여 조사할 수 있다. 상대적으로 다 사례연구설계에서의 이론적 추출은 비교적 복잡하다. 여기서 고려하는 것은 개별 사례의 독특성이 아니라 한 조의 사례가 이론발전에 있어서의 잠재적인 공헌이다(Eisenhardt & Graebner, 2007). 따라서 다 사례연구에서 이론발전의 요구에 따라 연구자가 성질이 유사한 사례, 상반되고 극단적인 사례를 선택하거나 사례 선정으로 다른 가능한 해석을 제외시켜 한 현상 중 각 구성개념 간의 가능한 관계를 정리하는 데 도움이 된다.

앞에서 진술한 몇 가지 연구사례로 이론적 추출의 의미를 진일보 설명한다. 쩡보위쉰(1995)이 가부장식 경영형식을 구축할 때 의도적으로 권위적 가장조건에 부합하고 실질적으로 경영권을 장악한 가족기업경영자를 선택하였으며 회사위치, 관찰 난이도 및 상호협력 가능성 등 요인들도 고려하였다. Barker(1993)이 자기관리팀의 통제를 논할 때도 연구구성개념에 근거하여 직무설계를 인사관리부서가 하던 것이 자기관리팀이 하는 것으로 전환한 회사를 선택하여 연구사례로 정하고 자기관리팀의 통제범위의 형성 과정을 관찰하였다. 결과 자기관리팀의 통제가 전통적인 인사관리부서보다 더 엄격하다는 것을 발견했다. 이 밖에 Zbaracki(1998)가 전면적 질적 경영(total quality management, TQM)을 촉진하는 회사의 제도적 요구, 조직 슬로건 및 기술적 현실관계를 논할 때 마찬가지로 이론적 추출방식을 사용하고 Scott(1987)의 기술환경과 제도환경차원에 근거하여 사례를 선정하고 선별하였는데 목적은 각 사례간의 차별성을 확보하는 것이었다. 마지막으로 국방설비도급업자, 식당, 병원, 제조회사 및 정부기관 다섯 개 사례를 선택하여 사례대상으로 하였다. 이런 대상은 각각 기술과 제도적 역량의 차이를 반영하고 다시 각 사례가 TQM을 실시하는 실제 상황과 슬로건을 비교하였다. 반대로 Yan과 Gary(1994)는 합자기업의 경영통제와 합자성과 간의 관계를 검증하기 위하여 일부러 성질이 서로 유사한 네 합자기업을 선택하는데 모두 중미합자 제조산업이며 합자관계가 모두 5년 이상 유지되었다. 목적은 각 사례 간의 같은 구성형식을 확보하여 연구변수 간의 명확한 관계를 구축하도록 한다.

3. 연구 방법과 도구 선정

통상 사례연구에서 다원적 방법으로 자료를 수집하는데 이런 방법은 일반적인 양적 연구법을 제외하고 대부분 각종 질적 방법을 포함한다(De Vaus, 1996). 적잖은 서적에서 양적 방법관련 논의가 많지만 잠시 제쳐둔다. 질적 연구 방법에는 통상 심층 면접, 직접 관찰 및 기록부 서류를 가져다 조사하는 등 방식이 있다(Patton, 1987). 심층 면접에서 또 비구조화 면접과 반구조화 면접 두 가지로 세분한다. 비구조화 면접은 응답자가 자신이 하고 싶은 말을 다 할 수 있다. 사전 완벽하게 준비한 면접조사표 없이 단지 회의록으로 면접 진행을 점검하고 누락된 의제가 있는지 점검한다. 비구조화 면접에서는 연구자가 면접조사표를 준비하고 조사표 내용에 따라 조목조목 질문하고 자료를 수집한다. 직접관찰은 참여관찰과 비참여관찰 두 가지로 구분한다. 참여관찰에서 연구자는 조사대상의 활동현장에 들어가서 조사대상의 모든 행위를 조사하고 상호 작용하기도 한다. 비참여관찰에서 관찰자는 방관자로서 보통 관찰진행에 개입하지 않는 방식이다. 서류조사에 관해서는 연구자가 연구 주제와 관련된 각종 자료를 수집하고 탐독하는 것을 말한다. 각종 서류는 편지, 회의록, 의사 일정, 회의 기록, 공문, 기획서 및 언론보도 등이 있으며 조사대상의 동의 하에 개인 편지 또는 일기도 자료원천으로 확인할 수 있다.

이 세 가지 방법이 각각 장단점(표 10-3 참조)이 있기 때문에 여러 가지 방법으

〈표 10-3〉 세 가지 자료 수집 방법의 장단점 비교

연구 방법	장점	단점
면접	• 목적이 명확하고 연구 주제에 맞음 • 심도 있는 해석을 얻을 수 있음	• 중요문서를 쉽게 얻을 수 없음 • 완벽하지 못할 때 편향이 발생함 • 원저자의 편견을 반영함 • 피조사자의 기억 착오 또는 고의로 면접자의 의도에 호응
관찰	• 직접적이고 실시간으로 사건을 볼 수 있음 • 사건발생 시의 상황을 조사할 수 있음 • 인간 행위와 동기에 대한 통찰력 있는 이해가 있음	• 시간과 노력이 많이 듦 • 선택적 상황이 편향될 수 있음 • 개입된 영향
아카이브 자료	• 반복적으로 검시함 • 사례활동에 개입하지 않음 • 명확한 자료와 명백한 세부사항 • 광범위하여 여러 사람, 일, 시간, 장소, 사물을 두루 포함	• 문제가 잘못되면 실수를 범함 • 사용권한이 제약됨

자료: Yin(1994)으로부터 수정.

로 겸용하여 자료 수집하는 것이 상당히 중요하다. 또한 서로 장단점을 보완하고 시너지 효과를 발생한다. 물론 양적 자료와 질적 자료를 같이 수집하고 상호 보완할 수 있다. 이는 Mintzberg(1979)이 양적 자료와 질적 자료의 보완관계를 논할 때 강조한 바와 같이 '이론 구축은 현상에 대한 풍부한 묘사에 의존한다. 이런 묘사는 고정불변의 양적 자료가 아닌, 질적 일화자료(anecdotal data)에서 유래하고, 양적 자료라면 흔히 한정된 변수에 제한되어 모든 가능한 관계를 처리하지 못한다. 연성의 질적 자료는 상세한 고려가 가능하며 부족한 부분을 보충한다. 반대로, 질적 자료가 생동하고 풍부하지만 정확하지 못하여 양적 자료의 보완에 의존한다.

그 밖에 사례연구에서 다수 연구자(multiple investigators), 다중자료원천(multiple data sources) 관점을 강조하는 편이다. 다수 연구자의 장점은 연구자의 창의성을 강화한다. 연구자마다 각자의 장점이 다르기 때문에 여러 지혜를 모아 더 좋은 성과를 이룰 수 있고 자료수집, 분석 및 해석에 대하여 보다 넓은 견해를 가진다. 또한 상상력을 충분히 발휘하고 새로운 체득이나 깨달음(insight)을 얻을 수 있다. 다음으로 여러 연구자들이 일치한 결론을 얻는다면 연구 결과 또한 비교적 쉽게 수렴하여 연구자의 결론에 대한 확신을 한층 높인다(Eisenhardt, 1989). 그래서 적지 않은 연구자들은 팀 형식으로 사례연구를 진행한다. 현장 면접을 예로 들면 어떤 연구자는 면접을 담당하고 다른 연구자는 기록하고 또 어떤 연구자는 관찰을 수행하여 서로 협력하여 면접이 보다 상세하고 개인의 편견을 회피하게 한다. 자료 분석할 때 여

러 연구자들이 같이 책임지고 열렬한 집단토론을 거쳐 모호한 부분들을 정리하고 점차 공통된 인식에 도달하게 된다. 그리고 일부 인원을 마귀변호사 역할로 지정하고 자료수집, 분석 및 해석에 대하여 비판적인 평론을 제기하여 연구의 타당성과 신뢰도를 강화한다. 또한 다중자료원천의 개념도 다수 연구자 개념과 유사하다. 자료원천이 광범위할 때 서로 단점을 보완하고 수집한 자료가 사사로운 견해를 가지지 않고 비교적 높은 신뢰성이 있다. 총체적으로 여러 가지 방법, 여러 명의 연구자, 다원적 방법은 사례연구에 있어서 자주 볼 수 있는 선택이다.

10.3.2 실행단계

충분한 준비를 마친 후 현장에 투입하여 친밀한 관계(rapport)를 조성한다. 연구자와 연구 대상은 서로 신임하여야만 자료수집을 시작하고 분석을 수행하며 가설을 형성할 수 있다. 이 단계에서 자료 수집, 분석 및 가설형성은 모두 끊임없는 반복적인 과정이지 일직선으로 주구장창 추진하는 것은 아니다.

1. 자료수집

Glaser와 Strauss(1967)는 사례자료의 수집, 코딩과 분석은 통상적으로 서로 겹쳐져 있고 서로 분립되어 있는 것이 아니며 양적 연구에서 수행하는 자료 수집과 분석프로세스와 아주 다르다고 지적하였다. 사례연구에서 자료 수집과 분석은 보통 서로 겹쳐져 있다. 이 과정에서 연구자는 예민한 이론적 촉각을 유지해야 하므로 현장기록(field note)이 지극히 큰 도움이 된다. 현장 기록은 조사할 때 발생하는 각종 사항들을 기록하여 연구자가 이를 바탕으로 심층 사고를 할 수 있다. 연구자가 사고해야 할 것은 무엇이 사람에게 인상을 남기는 심각한 사건인가? 이런 사건이 왜 발생하는가? 이 사건에서 연구자가 배울 점은 무엇인가? 이 사건과 이미 경험한 사건과 다른 점은 무엇인가? 그 특이한 점이 무엇인가? 이런 사고를 통하여 자신의 마음가짐과 융통성을 개방하고 수시로 자료수집 범위와 심도를 조정한다. 필요하다면 새로운 문제를 추가하거나 새로운 자료 수집 방법을 채택하여 점진적으로 나타나는 문제를 처리할 수 있다. 그리고 정기적으로 또는 필요할 때 팀 회의를 소집하여 자료 수집 상황을 토론하면서 연구자간들의 의견을 공유하여 다음 단계 자료 수집의 방향과 방법을 결정하는 데 참고로 한다(Eisenhardt, 1989).

이 과정에서 연구자는 자기의 선호와 성격 경향에 대하여 냉정하게 판단하여(쩡부어쉰, 1995) 개인의 편견을 개입되어 영향을 주지 않게 해야 한다. 연구 대상, 정보제공자 및 기타 관련인원과 원활한 협력을 위하여 연구자는 양호한 상호 협동 능력을 갖추어야 한다. 동시에 열린 생각과 공감을 가지고 시야를 확대하여 문제에 맞게 추상적, 체계적 및 반성적인 사고를 진행해야 한다. 더 중요한 것은 이론적 민감도(theoretical sensitivity)를 가지고 현상이나 사건배후의 이론적 의미를 관찰하고 관련되거나 무관한 사물을 꿰뚫어 볼 수 있어야 한다. 또한 자료 수집 방법이 많고 각각 장단점이 있기에 연구자는 여러 연구 방법에 대하여 정통하고 익숙하여 그 장단점에 대한 명확한 인식이 있어야 한다. 총체적으로, 자료 수집할 때 자료와 분석이 보통 겹쳐서 진행하기에 체계성과 유연성을 가져야 하며 연구자는 열린 마음가짐을 가지고 이론에 대한 민감도를 유지해야 한다.

2. 자료분석

자료분석은 사례연구의 핵심이자 가장 명백하게 설명하기 어려운 부분이다. 이유는 단약을 만드는 과정과 같아서 천 페이지이상 되는 기록과 자료 중에서 명주실을 뽑고 주옥을 가려내어 꽃이 활짝 피게 하듯 창의성 있는 결론을 얻는다는 것이 진정 쉬운 일은 아니다(Miles & Huberman, 1984; Strauss & Corbin, 1990). 이렇다고 해도 사례연구에서 자료분석은 일정한 절차가 있다. 연구자가 신중하게 연구절차에 다라 연습을 많이 하면 여전히 어느 정도 수준의 결과를 얻을 수 있다.

간단히 말하면 사례 내에서 자료분석은 다음 몇 가지 절차를 포함한다. (1) 본문(text) 구성. 면접, 관찰 및 서류 등 자료를 옮겨 적거나 발췌한다. (2) 코딩종류 개발. 연구자가 매 단락의 내용을 자세히 읽어보고 전체 문장의 주제를 참조하여 매 단락을 한 개 또는 두 개 단위로 분해하여 한마디로 요약하여 코딩화한다. 동시에 분석해 낸 소단위를 내용과 성질의 접근 정도에 따라 정리하고 자연유형을 형성한다. 초보적인 이론이 있으면 이론에 근거하여 종류를 구축한다(Yan & Gray, 1994). (3) 관련 주제 제기. 매 자연유형의 내용과 유형별 가능한 관계에 대하여 자세하게 사고하고 가능한 논리적 관계에 따라 배열하여 명명한다. 이어서 전 단계에서 부적절한 부분이 있었는지 논리에 맞지 않는 결과가 있는지 검토하고 있으면 수정한다. 수정할 때 한편으로 부적절한 소단위를 이동시키고 다른 한편으로 원래 분류하지 못한 소단위를 추가한다. (4) 자료집중 및 가설검증. 초보적인 가설을 하거나 재검토가 나타나서 자료주제와 초보적 가설 간에 서로 대화를 통하여 자료와 가설의 적합상황을 파악하여 가설(혹은 명제)을 접수 또는 거절하는 근거로 한다. (5) 심층 구조 묘사. 모든 자료, 맥락 및 이론명제를 통합시켜서 이론구조를 구축하고 향후 진일보 연구를 위한 기반을 마련한다. 혹은 검정하고자 하는 이론과 대화하여 수정한다(Carney, 1990;Strauss & Corbin, 1990). 사례 내부 자료분석 절차와

〈그림 10-2〉

사례 내의 자료분석절차 및 심화 순서

자료: Carney(1990), 쩡부워쉰(2005)로부터 수정.

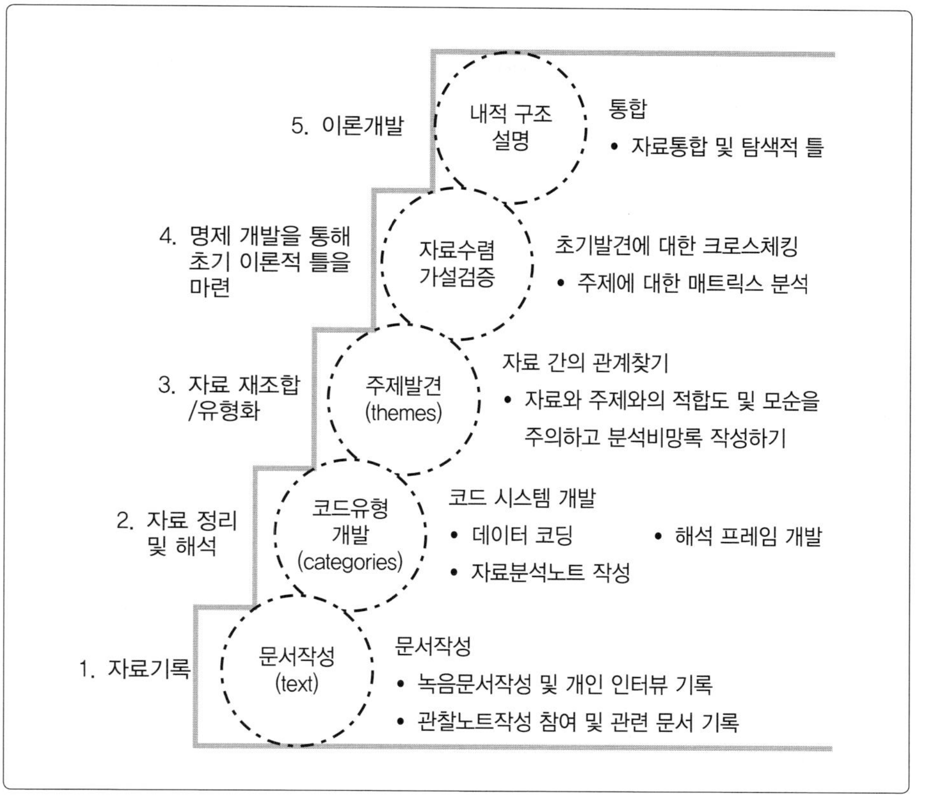

심화과정 관련하여 〈그림 10-2〉를 참조하기 바란다.

사례 내부 분석 외에 다 사례연구를 수행함에 있어서 사례들 간의 다른 점을 파악하기 위하여 사례간의 비교도 진행해야 한다. 사례를 비교할 때 단일 사례내부 분석을 이미 거쳤기에 쉽게 기성 의견이 발생하여 정보처리 편향을 초래할 수 있다. 또는 중요한 정보를 놓쳐 잘못된 결론을 도출할 수 있다. 그렇기 때문에 다 사례연구를 수행할 때 열린 생각과 다각도 사고방식으로 다방면으로 정면과 반면 증거를 모색해야 한다. 통상적으로 이런 비교를 두 가지로 나눌 수 있는데 하나는 연구종류에 근거하여 사례간의 비교이고 다른 하나는 사례의 모든 성질에 의거하여 전방위적 비교이다.

연구 종류의 비교에 있어서 연구자는 연구 방향과 종류에 근거하여 사례를 분류하고 그룹 내 유사성(intragroup similarity)이나 그룹 간 차이(intergroup difference)를 비교할 수 있다. 예를 들면, Bourgeois와 Eisenhardt(1998)는 연구하는 사례를 발기인경영 또는 전문경영이자 경영, 높은 성과 혹은 낮은 성과, 1세대 제품 혹은 2세대 제품, 대형회사 혹은 소형회사 등 형식에 근거하여 구분하고 어떤 사례종류(규모크기, 제품세대)의 전략적 의사 결정(strategic decision making) 형식이 뚜렷하지 않지만 다른 종류(성과의 높고 낮은)에서는 종류 내의 유사성과 종류 간의 차별특성을 보이는 것을 발견했다.

전방위적인 비교에 대해 말하자면 연구자가 사례를 짝지어 모든 특점을 전면적으로 비교하여 모든 유사점과 다른 점을 나열하는 것이다. 이런 방식을 통하여 보기에 유사한 사례가 다른 특점을 가지고 있고 또 얼핏 다른 사례 같지만 오히려 유사한 특점을 가진다는 것을 발견한다. 상기 비교를 통하여 간단한 분석구조에서 새로운 종류와 방향각도를 추가하여 문제와 구성개념에 대하여 진일보 파악할 수 있다. 예를 들어, Eisenhardt와 Bourgeois(1988)는 원래 CEO 권력차이가 사례의 전략적 의사 결정에 영향 미치는 주요 원인이라고 봤지만 짝으로 사례비교를 실시하여 의사 결정속도도 중요한 요인 중 하나라는 것을 발견했다. 어쨌든 다 사례분석은 일련의 증거를 찾아서 견고한 내적, 외적 타당성 기초를 제공하든지 아니면 이로부터 참신한 관점과 연구구조를 발전시키는 것이 목적이다.

3. 가설형성과 이론화

자료분석 과정을 거친 후 모든 주제와 문제 간의 관계가 차츰 나타나게 된다. 이어서 체계적으로 비교를 수행하여 자료주제, 주제 간의 관계와 구성개념 사이의 적합 정도를 살피고 하나씩 가설을 형성하고 검증하여 이론을 구축해 나간다. 물론, 비교하기 전에 먼저 자료의 구성개념의 타당성을 검토하고 자료가 모든 토론 개념을 대표할 수 있는지 살펴서, 한편으로 구성개념을 정제하거나 다시 정의함과 동시에 다른 한편으로 구성개념의 타당성 증거를 제공해야 한다. 모든 자료가 어떤 유형의 구성개념 증거를 보인다면 구성개념의 타당성이 확실히 존재한다고 단정할 수 있다. 때문에 일부 연구자는 구성개념 행렬방법을 이용하여 어떤 구성개념 아래의 자료증거를 발췌하여 사례연구의 구성개념 타당성을 표명한다(Miles & Huberman, 1984).

다음으로 내적 타당성을 살피는 것인데 구성개념 사이의 관계가 각 사례가 제공하는 증거와 적합한지 고찰해야 한다. 적합하다면 뒷받침할 수 있는 정보를 제공하는 것이다. 반대로 적합하지 않으면 뒷받침할 수 없는 증거가 된다. 이 과정이 비록 전통적인 양적 연구에서의 가설검증과 아주 유사하지만 여전히 차이점이 있다. 사례연구에서 가설은 반복적으로 나타나는 논리에 근거하여 일련의 사례로 하나씩 검시하는 것이지 조합하는 것이 아니다. 이런 방법은 여러 차 실험을 진행한 것과 마찬가지로 매 사례마다 뒷받침되는 것과 안 되는 증거를 제공할 수 있다. 수많은 사례가 모두 가설을 뒷받침하는 경우, 어떤 관계에 대한 확신이 더욱 강화된다. 그렇지 않고 뒷받침이 되지 못하면 가설을 수정하는 기회를 제공하거나 완전히 다른 참신한 가설을 제기한다. 상기 과정을 거쳐서 사례연구의 내적 타당성을 확보할 수 있다.

그 밖에 연구자는 '왜' 각 개념 사이에 이런 확실한 관계가 존재하는가? 그 이유는 무엇인가? 하는 문제를 알고자 할 것이다. 이렇게 되면 이론기초의 제기와 연관되기에 관계 배후의 원인에 대한 진일보 사고가 필요하다. 예를 들어, Barker(1993)가 모 기업의 조직운영과정을 관찰한 결과 자주경영단체의 통제가 더 긴밀하게 된 이유는 바로 협력통제(concerted control)에 기인한다는 것이다. 실질적인 이성과 형식적인 이성을 섞어서 '공공적 이성'시스템을 형성함으로써 그 작용을 발휘한다. 다시 말하면 가설이 형성되는 과정에서 연구자가 수행하는 측정이 일정한 구성개념 타당성을 갖추고 있는지 반복적으로 검시하고 점차 나타나는 관계가 안정적이고 가설과 일치 여부를 확인함으로써 내적 타당성을 점검하고 각종 관계의 배후에 존재하는 이유나 이론적 근거가 무엇인지 파악하여 이론을 발전시키고 구축해야 한다. 이런 사항들에 대한 검시를 통하여 엄밀하고 설득력 있는 증거를 제공하게 된다.

총체적으로 시행기간 내 어떠한 자료수집과 분석전략을 사용하든 자료와 분석의 질 모두를 추구해야 한다. 우선, 자료는 다원적이고 편견을 피해야 한다. 다음, 자료분석은 모든 관련 증거를 기초로 하고 최대한 가능한 모든 증거를 수집하여 면밀하게 검시해야 한다. 그 다음, 분석이 철저해야 하고 모든 중요한 대립된 가설을 포괄하여 진일보 분석을 위한 기초를 마련하고 이를 근거로 원래 가설을 수정해야 한다. 마지막으로, 연구목적에 밀착하여 분석함으로써 논의하고자 하는 주요 문제에 대하여 답하고 또는 가장 중요한 면을 처리하여 지나치게 확산되어 문제의 초점을 두리뭉실하게 하는 것을 피해야 한다(Yin, 1993). 전 과정에서 이론화가 가장 어려운 단계라는 것에 의심할 여지가 없다. 훌륭한 사례연구라면 기술적(记述) 내용에만 잔뜩 입각할 것이 아니라 개념적 계발도 줄 수 있어야 한다(Siggelkow, 2007). 즉 한 사례연구에서 기술적 자료를 빼버리고 독자들이 여전히 문장의 논리적인 논술로 설득된다면 이는 이론화 작업의 성공여부를 판단하는 하나의 방식으로 이 사례연구의 승인 받을 가능성을 대폭 향상하게 될 것이다. 이 밖에, 다 사례연구로 이론화 작업을 추진할 때 고충은 흔히 동시에 일반화와 정밀화 및 간소화에 대한 이론적 요구를 아울러 살필 수 없는 것이다. 예를 들면, 어떤 사례가 다른 사례보다 더 흥미진진하여 연구자가 도출한 이론해석이 이 사례와 밀접하게 연결되고 다른 사례와의 연결이 상대적으로 느슨하게 된다. 이러한 문제에 관하여

Weick(2005)는 단일 이론가가 완성할 수 없는 일을 통상 여러 명으로 구성된 이론가 집단은 달성할 수 있다고 건의한다. 연구자 여러 명이 단체로 삼각검증의 실시를 통하여 이론이 일반화, 간결화 및 정밀화하는 목표에 접근하는데 도움이 된다.

10.3.3 대화단계

시행 기간 내의 자료수집, 분석, 가설형성 및 이론화 작업을 일단락 지은 후 연구자는 기존의 전문가 지식을 사례연구에 포함시켜야 한다. 연구자가 반드시 사례와 관련된 연구 주제의 주장과 쟁점에 대하여 익숙하고 현존 문헌과 대화를 진행해야 한다. 혹은 뒷받침하는 증거를 제공하여 문헌의 응용범위를 넓히거나 반증자료를 제공하여 문헌에 대하여 수정의견을 제기한다.

1. 문헌 대화

문헌 대화의 주요목적은 도출하게 될 연구 결과와 기존의 이론 혹은 개념과 비교하여 이론 또는 구성개념의 진화를 촉진하는 것이다. 비교하는 내용에는 보통 기존의 문헌과 어떤 유사한 점이 있는지, 어떤 다른 점이 있는지 이 두 가지 항목이 포함된다. 유사한 점에 관련하여 연구 결과가 과거의 연구와 비슷하거나 현존 이론을 뒷받침할 경우 보다 유력한 증거임을 표시하고 이론이 갖춘 내적 타당성이 더 견고하고 외적 타당성이 더 강력하며 구성개념의 신뢰도와 정당성이 더 높다는 것을 의미한다. 예를 들면, 쩡부어쉰과 그 팀원(쩡부어쉰, 2005; 쩡부어쉰, 판찡리, 쩌우리팡, 2006)이 중국계 조직의 가부장식 경영형식을 논의할 때 다른 많은 사례에서도 이런 경영형식을 발견하였으며 따라서 가부장식 경영이 중국계 사회에서의 보편성을 확신하였다. Ross와 Staw(1993)은 형식일치(pattern matching) 방식을 사용하여 약속한 승격이론을 검정하고 다수 가설이 뒷받침된다는 것을 발견하였다.

상이 혹은 모순되는 점에 관해서는 기존의 문헌과 모순되는 연구 결과는 연구자가 더 깊이 원인을 파고 들어 다른 사고의 창을 제공하여 이론이나 구성개념에 대하여 진일보 수정할 수 있도록 한다(혹은 중대한 돌파를 이루거나 중요한 조절요인을 파악한다). 따라서 때론 모순된 증거가 오히려 뒷받침하는 증거보다 더 가치가 있다. Eisenhardt(1989)도 연구자가 모순된 증거를 소홀히 하면 연구자에 대한 독자의 신뢰가 떨어지게 된다. 그 이유는 독자가 연구 결과에 편향이 있어 내적 타당성이 부족하거나 연구 결과가 오직 소수 몇몇 특별한 사례에만 한정되어 외적 타당성을 제고할 수 없다고 느낄 수 있기 때문이다.

보다 중요한 것은 모순된 증거는 종종 연구자가 더 면밀하게 고려하도록 압박하여 새로운 관점 제기하고 현상에 대하여 진일보 통찰하여 현존 이론의 유추범위에 대하여 더 심도 있는 이해를 할 수 있다. 예를 들면, Eisenhardt와 Bourgeois(1988)의 사례연구에서는 중앙집권이 종종 조직정치를 야기하고 이 결과가 과거에 주장한 '지방분권이 종종 조직정치를 야기한다'는 결론과 서로 모순되는 것을 발견했다. 이 모순되는 문제를 파악하기 위하여 연구자가 더 깊이 분석하였는데 더 중요한 원인-지방분권이든 중앙집권이든 막론하고 권력이 지나치게 집중되거나 분산되면 사람들의 경쟁을 유발하기 쉬워 집단 내부의 좌절분위기를 심화하고 사리사욕과 조직정치를 조장하게 된다. 다시 말하면, 권력지배와 조직정치가 U형 곡선관계를 나타내며 권력집중이든 권력분산이든 모두 조직정치를 낳게 된다. 오직 권력배치가 균형을 이룰 때 협력을 촉진하고 조직내부의 정치게임을 약화시킬 수 있다. 이상의 사례로부터 모순된 결과에 대하여 더 깊이 있게 상세한 분석을 통하여 이론의 명확성을 높이고 확실한 유추범위를 파악할 수 있다.

2. 종료

언제 사례연구를 종료할 수 있는가? 이 문제는 두 가지 중요한 고려사항과 관련된다. 하나는 현실적인 고려이고 다른 하나는 연구관련 고려이다. 이상적인 경우라면 연구에 현실적인 제약이 없으면 가장 완벽하나 보통 사례연구에 시간과 노력이 많이 들어 시간이 허용되지 않고 경비도 다 쓰고 사례가 더 이상 협조하지 않을 때 보통 사례연구를 종료해야 한다. 만약 현실 조건이 모두 만족하다면 사례연구의 종료는 두 가지 조건에 따라 결정한다. 하나는 사례에서 제공하는 정보가 포화상태인지 다른 하나는 이론을 개선하는데 있어서 자료의 폭이 한정적인지 이다. 전자는 사례를 더 추가하는 필요성이 있는지 관련되고 후자는 이론과 자료의 일치분석을 더 진행해야 하는 등 문제와 관련이 있다.

정보 포화에 관하여 새로 추가된 사례가 더 많은 정보를 제공하지 못하거나 연구자가 새 사례로부터 더 많은 지식을 습득하기 어렵다면 바로 사례를 종료하는 시기이다(Glaser & Strauss, 1967). 분명 이 원칙이 아직 구체적이지 못하기에 경험이 풍부한 연구자들은 사례 수집범위를 4~10개로 하는 것이 가장 적절하다고 건의한다. 사례가 4개 미만일 경우 사례가 너무 적은 관계로 조직이나 경영의 복잡도를 파악할 수 없어서 탄탄하고 유용한 이론을 구축할 수 없으며 사례가 10이상이면 자료가 너무 방대하고 번잡하여 처리 불가능하거나 분석 난이도도 높아져서 어디서부터 어떻게 착수해야 할지 모르게 된다(Eisenhardt, 1989).

이론과 자료의 일치 분석에 대해 말하자면 이리저리 반복적인 분석이 점점 포화되어 갈 때, 이론 혹은 개념이 자료와 부합도가 아주 제한적일 때 자료분석을 종료할 수 있다. 즉 연구자가 보통 사례연구의 증거를 검시하는데 이론가설과 명제를 수정하고 새로운 관점에 근거하여 증거를 검시하여 이 과정을 반복적으로 수행한다. 개선과 수정사항이 아주 제한될 때 자료분석을 종료할 수 있다. 사실 이 과정이 논문 초고의 수정 과정과 아주 유사하다. 수정공간이 점점 제한되고 개선의 폭도 점점 좁아질 때 종료할 수 있다. 마지막으로, 주요 이야기 줄거리 혹은 문제초점에 근거하여 연구목적, 연구 과정 및 연구 결과를 진술하고 사례보고서 혹은 관련논문을 작성한다. 이에 대하여 보고서 혹은 논문은 조리정연하고 중요한 주제가 있고 작문이 생동하여 독자를 매료하고 계속 읽어 내려가게 하여 깊은 인상을 남기게 하는 것이 바람직하다.

10.4 사례연구에서 발생 가능한 문제점과 해결방법

사례연구 방법을 잘 집행함으로써 때때로 연구자가 놀랍고 영향력 있는 연구결과를 도출하는데 도움이 된다. 최근 인용되는 빈도가 아주 높은 논문(예: Dutton & Dukerich, 1991) 혹은 최우수논문으로 선정(예: Ferlie, Fitzgerald, Wood & Hawkins, 2005)된 논문, 가장 흥미로운 논문(예: Elsbach & Kramer, 2003) 모두 사례연구 방법을 응용한 걸작이다. Yin(1989)이 '생동, 매혹, 매력, 이는 모두 사례연구에서 이루기 힘든 특징이다. 오직 연구자가 연구에 심취하고 연구 결과를 널리 전파하도록 할 때 쉽게 이룰 수 있다. 사실, 훌륭한 사례연구자는 보통 자신의 연구결론이 전세계를 경악하게 할 것이라고 확신하는 이런 열정이 전 과정을 관통하여 사례연구가 반드시 정상으로 향하게 하는 원동력이 될 것이다!'(145쪽)라고 강조한 바 있다. 그러나 일반적으로 흔히 볼 수 있는 양적 모범, 이론 검증하는 연구 논문과 비교하여 발표할 수 있는 연구사례논문을 한편 작성하는 것이 훨씬 난이도가 높다는 것은 두 말 할 것도 없다. Eisenhardt와 Graebner(2007)이 사례연구 논문의 투고과정에서 연구자가 자주 질의를 받는데 다행인 것은 이런 문제는 사실 사전의 양호한 연구설계와 능숙한 논문 작성기법에 의지하여 하나씩 극복하고 해결할 수 있다고 밝혔다. 이런 흔히 나타나는 질문과 해결방법은 아래와 같다.

1. 왜 귀납추세의 논문을 작성하려고 하는가?

사례연구 방법을 사용하여 이론 구축작업을 진행할 때 통상적으로 연구자가 반드시 논문 시작부터 왜 이론을 검증하는 연구가 아닌 이론 구축관련 연구를 하는지 독자를 열심히 설득해야 한다. 이는 보편적으로 존재하는 숨은 가설이다. 사례를 이용하여 이론을 구축하는 연구가 그렇게 정확하지 않고 객관적이지 않으며 엄밀하지도 못하다고 여기기 때문이다. 그래서 연구자의 최우선 의무는 이 연구 문제의 중요성을 정리하고 왜 이 문제를 해답할 수 있는 이론이 없는지 혹은 기존 이론으로 해답이 불충분하다거나 심지어 적절하지 않다라는 것을 지적해야 한다. 이 점에서 심사자를 성공적으로 설득하지 못하면 논문은 아마 시작부터 퇴고의 운명을 맞게 될 것이다.

2. 사례가 대표성이 없다면 어떻게 이 연구 결과를 유추할 것인가?

사례연구는 가장 대표성 있는 사례를 선택해야 한다고 일부 심사자들이 잘못 알고 있기에 이런 문제에 대한 해답은 어떻게 이론추출의 의의를 해석할 것인가와 연관된다. 따라서 연구자가 이론추출은 연구변수 간의 관계를 나타내는데 특별히 적합한 사례를 선택하는 것이 원칙이며 이 연구에서는 사례 선정이 흔하지 않은 현상을 나타내고 기타 사례의 발견을 반복 검증하며 기존 지식과 모순되는 발견을 나타내거나 지금 발생하고 있는 현상과정을 드러내는 것에 근거하여 구체적으로 이루어졌음을 설명해야 한다. 이런 사례연구를 통하여 이론을 검증하는 것이 아니라 이론을 구축하는 것이 목적이기에 사례의 이론적 의의가 고려의 중점이지 이론의 대표성과 유추성은 아니다.

3. 연구 결과가 단지 응답자의 해석의미를 돌이키는 것에 지나지 않는지?

사례연구에서 면접법은 자주 사용되는 자료 수집 방법 중 한 가지 방법으로서 응답자의 느낌, 태도 혹은 보기 드문 현상에 초점을 맞춰 효과적으로 풍부하고 완벽한 자료를 수집할 수 있다. 그러나 면접에서 얻은 결과에 대하여 자주 의혹을 받는데 특히 응답자가 이미지 포장하거나 해석의미를 돌이키는 문제가 발생할 수 있기에 이런 실증 자료의 신뢰도가 도전을 받게 된다. 이 문제의 해결은 사전에 양호한 연구설계에 의지하여 자료수집에서 발생하는 실수를 줄여야 한다. 구체적인 방법은 여러 응답자로부터 자료를 수집하고 주목하는 현상에 대하여 잘 아는 응답자를 선택하거나 다른 자료 수집 방법과 배합할 수 있다. 예를 들면, 관찰법 등, 이 모든 것이 연구자가 효과적으로 다른 관점, 신뢰할 수 있는 실증자료를 얻는 데 도움된다.

4. 풍부한 이야기는 어디 있는가?

사례연구 논문을 작성할 대 연구자는 종종 선택해야 하는 경우가 있다. 즉 '좋은 이야기' 혹은 '좋은 이론'을 나타내야 한다. 단일 사례연구 논문을 처리할 때 비교적 쉽게 이론발전 과정에서 이야기의 풍부한 묘사와 완전성을 같이 유지할 수 있다. 그러나 다 사례연구 논문에서는 이론 구축과 자료분석이 서로 밀접하게 맞아(well-grounded theory) 떨어지게 해야 하고 다른 한편으로 이야기의 다양성을 유지하려면 아주 어려운 과제다. 괜찮은 전략은 이론 구축을 몇 단락 혹은 몇 가지 명제로 나눠서 진행한다. 이렇게 하면 연구자가 매 단락에서 각 사례의 묘사자료를 제공하여 사례연구의 서사성을 풍성하게 할 수 있다. 그리고 모든 단락을 연결하고 통합하여 전체 이론의 구축을 드러낸다. 이 밖에 다 사례연구에서 각 이론명제가 모든 사례자료에 의하여 뒷받침되길 기대하는 것은 거의 불가능에 가깝다. 따라서 연구자가 표와 그래프를 적절하게 잘 사용하여 관련 실증자료와 이론발전 관계를 종합정리가 가능하면 사례연구 논문의 이론적 치밀성과 묘사적 다양성을 모두 갖추는데 아주 큰 도움이 될 것이다.

5. 왜 이런 방식으로 당신의 이론을 나타내려고 하는가?

사례연구와 대규모 가설검증연구와 가장 큰 차이는 대체로 초보자가 직접 참고하여 어떻게 이론을 구축했는지 설명할 수 있는 보편적으로 인정하는 논문 작성양식이 없다는 것이다. 사실상 같은 논문을 두고 다른 연구자가 각자 선호하는 전개방식이 따로 있다. 그렇기 때문에 비교적 안정된 방법은 서로 다른 방법을 같이 사용하여 이론을 작성하는 것인데 논문투고 초기에 특히 그러하다. 예를 들면, 논문의 소개하는 단락에서 먼저 구축이론의 윤곽을 설명하고 본문에서는 다른 명제와 실증자료로 이론을 서술하며 결론 토론부분에서는 탄탄한 실증을 기초로 이론이 구축되었음을 나타내야 하며 동시에 관련 이론의 의미와 쟁점을 빠짐없이 토론해야 한다. 많은 다 사례연구의 걸작은 저자가 어떻게 한 편의 논문에서 다른 방식을 사용하여 이론을 진술하는지 시범을 보여준다. 예를 들면 Gilbert (2005), Maurer와 Ebers(2006) 등 있는데 독자들이 관심 있다면 진일보 참고하여 읽어볼 수 있다.

10.5 높은 수준의 사례연구 실제사례

사례연구를 깊이 파악하는 데 좋은 방법 중의 하나는 높은 수준의 사례연구 논문을 탐독하는 것이다. 여기서 세 가지 실례를 들어 다른 유형의 사례연구에서 저자가 어떻게 문제를 제기하고 연구설계를 수행하여 연구목적과 연구의 질을 달성하는지 설명하도록 한다. 앞의 두 실례는 경영학 주요 학술지 *ASQ*에 발표한 최우수논문이고 세 번째 실례는 *AMJ*에 발표한 논문이다. 첫 번째 실례는 James Barker(1993)의 협력통제(concretive control)연구인데 일종의 탐색적 사례연구에 속하며 이론 구축을 목적으로 한다. 두 번째 실례는 Mark Zbaracki(1998)의 TQM 슬로건과 실제연구로 기술적 사례연구에 속하며 마찬가지로 이론 구축이 목적이다. 세 번째 실례는 Aimin Yan과 Barbara Gray의 중미합자기업(joint venture)의 형상과 통제에 관한 연구로 인과적 사례연구에 속하며 이론검증이 주 목적이다.

10.5.1 사례1: 자율관리팀에서의 조화적 통제

1. 연구 문제

이 연구는 관료조직이 자주경영단체로 편향할 때 발생하는 협력통제관련 의제를 토론한다. 통제는 Max Weber시대부터 이미 조직이론 중에서 핵심적인 의제이다. 전통적으로 통제는 간결, 기술 및 관료 세 가지 전략이 포함된다(Edward, 1981). 당대에서는 네 번째 협력통제전략이 탄생했다. 협력통제는 협상, 교류, 그룹 구성원 공동 가치관 및 규범 형성을 통하여 그룹 행위를 통제한다. 이것이 새로운 통제전략이기에 연구자가 다음 몇 가지 문제에 대하여 탐구하고자 한다. (1) 협력통제가 관료통제보다 우월한가? (2) 협력통제는 어떻게 형성하는가? (3) 협력통제의 정당성은 어떻게 얻는가? 자주경영단체를 대상으로 그룹통제의 구축부터 성숙까지 발전하는 과정을 고찰-자주경영단체를 선택하는 이유는 이 그룹이 협력통제 중의 한 범례이자 사람들이 이런 그룹의 규범형성과 규칙의 구축에 대하여 잘 알지 못하기도 하다.

2. 사례 선정

이상의 문제를 파악하기 위하여 연구자는 한 소형 통신제조회사를 선정하여 사례를 연구하고 ISE회사라고 칭한다. ISE는 음성전송용 회로기판을 생산하고 직원이 150명이며 그중 90명은 생산직에 종사하고 나머지는 기타 업무를 담당한다. 직원의 배경 또한 현지 작업계층의 특징을 잘 반영한다. 이 회사는 1988년부터 생산구조를 변경하여 관료조직을 자주경영단체로 전향했다. 일정 기간 혼란한 시기를 지나서 1992년에 점차 그룹 규범을 형성하고 구체적인 규칙을 만들었다. 따라서 ISE는 연구자의 질문에 답할 수 있는 적합한 대상이다. 그리고 연구자가 ISE의 부총재와 서로 아는 사이이고 그룹 문제에 대하여 서로 공통적으로 흥미가 있기에 연구자가 현장에서 관찰하는 데 도움이 된다.

3. 자료수집

ISE사의 부총재의 세심한 배려와 소개를 바탕으로 연구자가 1990년 연초 회사에 참여하여 자료를 수집하였는데 그 때 ISE의 변혁은 이미 2년 동안 진행되었다. 첫 6개월 동안 연구자는 주로 공장 사정을 파악하고 그룹 공장구성원 및 관리행정 인원을 대상으로 면담을 실시했다. 그리고 각 생산단계에서의 직원의 직무행위를 관찰하고 그들이 어떻게 직무를 수행하고 왜 그렇게 일하는지 그들의 생각을 들어봤다. 이 기간 동안 각 그룹 중의 주요 정보제공자(informant)를 양성하고 직원에 대한 심층 면접계획안을 세웠다.

그 밖에 연구자는 매주 진행할 면접, 관찰시간표를 정하고 매주마다 반나절씩 면접을 진행했다. 통상적으로 오전, 오후를 교차하여 어떤 날은 오전, 어떤 날은 오후에 진행하고 저녁 무렵에는 교대로 관찰도 수행했다. 물론, 주간 시간표는 일체 고정불변한 것이 아니고 상황에 따라 다소 조정된다. 예를 들면, 중대 사건이 발생한 경우 면접 횟수를 늘리고 연구자의 업무가 많이 바쁜 시기에는 2주에 한 번씩 면접하는 걸로 조정한다.

6개월 뒤, 연구자가 자료 수집범위를 확대하여 주요 정보제공자의 심층 면접과 관찰을 포함하여 회사 회의록, 전표, 회사 통신 및 내부조사 등 자료를 수집했다. 자료 수집작업을 일단락 지은 후 연구자는 현장에서 나와 자료, 기록 및 필기를 분석하고 수정을 거친 연구 문제를 제기하였다. 이렇게 하여 조사구조의 수정을 계속하여 다시 문제를 제기하고 더 많은 자료를 수집하고 그것을 가지고 다시 분석하고 기록하며 재수정 등 작업을 반복적으로 수행했다. 연구자도 그룹과 회사의 회의에 참석하고 관찰하며 회의내용을 기록하여 자연적으로 발생하는 그룹 간 교류사례를 수집한다. 그리고 한 그룹에 대하여 4개월 동안 추적조사를 실시하고 일부 비생산직과 ISE에서 이직한 사람들을 대상으로 면담을 진행했다. 그 밖에 그룹 지도자와 그룹 구성원에 대하여 그룹이 어떻게 의사 결정을 하고 문제를 해결하며 일상 업무를 수행하는지 등 개방형 질문을 제기하여 면담자에게 답을 구하여 아주 중요한 핵심사례를 추출하였다. 자료 수집과정에서 연구자는 관찰자의 각도라는데 변함이 없다. 자료 분석을 마친 후 연구자는 총 275연구시간과 37차 심층 면접을 실시하였고 매번 면접은 45분 내지 2시간으로 이루어졌다.

4. 자료분석

자료를 분석할 때 본질적인 문제로부터 착수하여 'ISE의 새로운 그룹의 통제실무는 무엇인가? 이 통제와 과거의 방법은 어떻게 다른가?'하는 문제를 제기하여 통제의 주제가 나타나도록 한다. 자료와 대화를 마치고 점차 분석구조를 수정하여 구조가 보다 세밀하고 심화된다. 이와 같은 반복적인 과정을 거쳐서 연구자는 점점 이 사례에 대하여 익숙하게 된다. 요약하여 말하면 이 과정에서 연구자가 보통 개념과 자료간 대화하는 방식을 이용하여 예리하게 이론과 자료가 서로 잘 맞는지 다시 돌이켜본다(Jorgensen, 1989). 예를 들어, 연구자가 이런 질문을 할 수 있다. '그룹 간 상호교류에서 공통된 가치인식은 어떻게 발생하는가? 각 그룹은 이미 새로운 의사 결정규칙과 전제조건을 발전하였는가? 어떻게 발전시킨 것인가? 중요한 주축이나 주제가 자료로부터 나타나면 연구자는 면접 혹은 다른 자료 수집 방법을 동원하여 정리하고 각 주제간의 관계와 형태를 착실하게 파악하였다. 위에서 기술한 분석 과정에서 연구자는 협력통제의 특성을 묘사하고 이 특성이 어떻게 ISE의 자주경영단체에서 점차적으로 뚜렷하게 나타나는지 파악하고 이를 서로 다른 단계로 구분하여 진술하였다.

5. 신뢰도와 타당성

분석구조와 자료의 유효성 및 신뢰도를 확보하기 위하여 연구자는 여러 가지 방법으로 얻은 자료를 교차 검증한다. 자료원천은 주로 현장 기록, 민족지관찰, 직원과 중요정보제공자와의 면접 및 관련 객관적인 자료들을 통하여 자료의 일관성을 고찰한다. 그리고 자료분석을 진행할 때 현장면접과 관찰에 참여하지 않았거나 연구구조에 대하여 잘 모르는 동료도 같이 분석에 가담하여 연구 결과의 엄밀성과 정확성을 제고하고자 한다.

6. 연구 결과

연구자는 자주경영단체의 협력통제의 발전을 세 단계로 나눠서 서술한다. 첫 단계에서 주요 내용은 공통가치를 응집하는 것이다. 전통적 생산구조를 자주경영단체로 전환하는 초기의 혼란하고 엉망인 상태에서 공통가치로 응집할 때까지 계속한다. 요점은 상부에서 비전을 제시하여 그룹전체 가치관의 지침이 되고 구성원들은 어떻게 비전과 그룹가치관에 부합되는 직무행위를 표현할 것인가 상의하는 것이다. 그룹 가치관이 어떻게 권위가 서게 되고 경영자의 부재 시의 공백을 메워서 가치관이 실질적 이성에서 형식적 이성으로 전환한다. 마지막으로 그룹 가치와 형식적 이성이 집단행위를 위한 지침이 된다. 다음 단계에서 나타나는 규범규칙은 가치관을 행동지침으로 한 자연적인 발전이며, 규범이 보다 구체적이며 뚜렷하고 확실하여 상호 작용하는데 이롭다. 따라서 그룹업무를 위한 규범규칙이 조금씩 나타나고 규칙은 점점 이성적이며 그룹 구성원 스스로 자신에 대한 내화작용을 통하여 영향력을 발휘하게 된다. 규칙이 점점 안정적으로 되면 마지막으로 규칙강화 단계에 접어든다. 이때 구성원들이 이미 공식적인 규칙의 운영에 습관되어 구성원 스스로가 주인이 되고 자신의 노예가 된다. 위에서 서술한 세 단계에 근거하여 분석하면 연구자가 협력통제의 결과에 대하여 논의하고 다음 결론을 얻는다.

협력통제는 직원을 Weber의 이성적 규칙의 철조망에서 석방시키지 못하고 오히려 이 철조망이 더 견고하고 강력해지도록 만든다. 협력통제는 동료들의 압력과 이성적 규칙을 섞어서 새로운 철조망을 만들어내고 이 철조망의 쇠막대는 거의 보이지 않기 때문에 사람들은 여전히 철조망 속에 갇혀 있다(Barker, 1993, pp. 435-436)

10.5.2 사례2: 품질경영의 슬로건과 실제

1. 연구 문제

이 연구는 사람들의 TQM에 대한 논쟁에서 유래한다. 일부 사람들은 TQM이 조직효능을 향상하는 효과적인 방법이라고 생각하고 또 일부 사람들은 TQM이 단지 경영 유행의 일종으로 겉만 화려하지 실속이 없다고 생각한다. 왜 TQM에 대하여 이렇게 완전히 다른 과점이 있는지는 논의할 가치가 있는 의제이다. 그리고 과정으로부터 봤을 때 TQM이 어떻게 명확한 정의가 있고 비교적 완벽한 기술개발(기술 TQM)에서 일종의 모호하고 사람들의 의혹을 받는 수법(수사적 TQM)으로 변화한 것인지? 이런 문제에 답하기 위하여 연구자는 TQM의 도입, 사용 및 유지 과정에 대하여 조사하여 제도화 과정에서 어떻게 TQM의 기술적 장점을 제도적 현실로 전환시켜서 TQM이 점점 모호하고 점점 신뢰받지 못하게 되었는지 등 문제와 관련하여 조사하고자 한다. 총체적으로 이 연구의 목적은 제도적 요구, 조직의 수사 및 기술적 현실 간의 관계를 주로 고찰하고 한 진화 형식을 구축하여 해석하고자 한다.

2. 사례 선정

이 연구는 이론적 추출 방식에 의거하여 서로 다른 다원적 사례를 찾아 분석하여 연구 결과의 보편성을 제고하고자 한다. 각 사례의 차별성을 확보하기 위하여 연구자는 Scott(1987)의 기술 환경과 제도 환경의 구분 방법에 근거하여 사례를 고고, 고저, 저고 및 저저 네 가지 유형으로 분류하고 이에 따라 연구 사례를 선정한다. 이 연구에서 고고 조합이 두 개 사례(국방 시설 도급업자와 병원)를 내포하는 것 외에 나머지 유형은 각각 사례가 하나이며 제조회사(고저형), 정부기구(저고형) 및 식당(저저형)이다. 이 조직들은 모두 TQM을 도입하여 몇 년간 적용한다.

3. 자료 수집

연구자가 반구조화 면접, 기록부 서류(내부 출판물, TQM통신, TQM교육용 매뉴얼, 조직 내부 TQM기록), 행사 관찰 및 TQM교육참여필기 등 여러 가지 방식으로 자료를 수집한다. 면접에서는 최대한 각 사례의 내부 상하 각 계층의 인원을 포괄하여 눈덩이 굴리는 것처럼 응답자가 추천하는 방식으로 표본 규모를 확대해 나간다. 면접조사표는 사전 조사 후 심사 숙고하여 설계한 것으로 조사하고자 하는 문제를 반영할 수 있기를 기대한다. 정식 면접조사표에는 여러 폐쇄형 질문과 개방형 질문을 포괄하고 사용된 TQM도구, TQM실시 배경, TQM정의 및 TQM 실시 체감 등이 포함된다. 면접 시간은 45분 내지 120분이며 보통 평균 약 90분이다. 면접을 진행할 때 두 가지 정보에 대하여 특별히 유의해야 한다. 하나는 조직 구성원이 TQM을 어떻게 취급하는가? 다른 하나는 조직이 어떻게 TQM을 추진하고 그들의 설명과 실제 상황에 대하여 파악한다. 매번 면접이 끝나면 많은 현장 기록을 남기고 국방시설도급업자를 제외하고 모두 녹음을 한다. 최종 69회 면접을 행하여 수 백 페이지에 달하는 현장 면접 기록과 천 페이지 가량 되는 텍스트를 남겼다.

기록부 서류 수집 면에서 내부자료(TQM에서 사용한 자료 포함)는 조직의 TQM시행 상황을 묘사한다. 이것으로 연구자가 각 사례 구성원의 느낌, 그들의 TQM도구에 대한 이해와 TQM참여 정도를 파악할 수 있다. 연구자는 세 사례에서 TQM표준을 정의한 교육 매뉴얼을 얻을 수 있었다. 이 매뉴얼에는 조직이 TQM참여자에게 전수해야 할 필수 지식을 나열한다. 연구자는 현장에 가서 참여자들이 어떻게 TQM을 사용하고 있는지 관찰하고 한 사례의 TQM교육에 적극적으로 참여하여 TQM교육과정을 체험하고 조직구성원이 TQM교육과 자료에 대한 견해를 조사한다. 동시에 이런 자료를 통하여 면접 자료와 교차 검증하여 자료의 정확도를 높이고 어느 한 쪽으로 치우치지 않도록 한다.

4. 자료분석

이 연구는 TQM과 수사(슬로건), 현실적인 주제를 둘러싸고 분석한다. 수사는 TQM가설을 구축, 전파 또는 유지하는 일련의 서술을 뜻하며 여기에는 TQM의 제의, TQM실시 주장 및 여러 조직에서 TQM 사용하는 증거 등이 포함된다. 그러나 현실적인 정의는 조직이 TQM을 추진할 때의 실제 상황, 사용한 각 종 모형과 도구, 예를 들면 통계 제품 관리의 기본 요인, 분석도구 및 정신적 파동 등 기술이다. 논의하는 구성개념과 방향, 차원이 보다 명백 해지기 위하여 연구자는 네 가지 도구로 나눈다. 기술수준의 높고 낮음에 따라 순서를 정하고 기술수준이 낮은 순서로부터 높은 순서에 따라 각각 일반 TQM수법(최저), 새로운 일곱 가지 도구(다음으로 낮음), TQM의 일곱 가지 도구(그 다음으로 높음) 및 통계와 실험설계(최고)이다(Zbaracki, 1998).

정확한 정의와 차원을 정하고 연구자는 귀납법 연구에서 묘사한 표준 방법에 근거하여 이론을 구축한다. 우선, 요약한 구조를 제기하고 수사와 현실 사례를 분석한다. 1차적인 결과에 의하면 일부 결과가 상당히 일치하게 나타난다는 것을 확인할 수 있다. 이를 테면 모든 조직에 모두 성공한 사례가 있고 모든 조직에 다 TQM을 일상 업무에 융합하는데 어려움이 있다든가 업무 수요와 합리화한 TQM이 서로 모순되는 경우를 포함한다. 마지막 결과에서는 TQM을 실시한 현실과 슬로건 사이에 서로 격차를 보인다. 따라서 후속 분석에서는 연구자가 수사와 현실을 구분하여 TQM도입과 발전 및 조직 구성원의 사회구조변화에 대하여 고찰한다. 심층 자료분석을 통하여 연구자는 진화한 관점으로 자료를 분석하기로 결정하고 Weick(1979)의 합리화(sense making)모형과 Miner(1994)의 진화모형에 의거하여 TQM도입을 변화, 선정 및 유지 세 연속과정으로 구분한다. 이 구조를 이용하여 TQM을 추진할 때 조직의 수사와 현실에 대하여 조사하고 도입부터 유지까지 어떻게 진화하는지 분석한다. 이론 구조와 실증 자료 사이에서 반복적으로 왔다갔다하면서 비교적 일관성 있는 발견을 도출한다. 연구자가 조직 구성원의 자료에서 일관성 있는 결과를 얻어서 더 높고 광범위한 조직 차원에 대하여 분석하고 자료에 근거하여 이론 구조를 끊임없이 갱신하여 자료와 이론이 점점 맞물리게 한다. 이어서 TQM의 가동(혹은 변화)단계에서 다음 단계의 선택으로 넘어가고 마지막으로 유지 단계에 이른다.

5. 신뢰도와 타당성

연구 결과의 타당성과 신뢰도를 제고하기 위하여 연구자는 삼각검증 방법으로 자료를 수집하고 분석을 진행한다. 자료 출처는 반구조화 면접, 조직 내부 출판물과 TQM통신, TQM교육 매뉴얼, 조직 내부의 TQM기록, TQM활동관찰 및 모 조직의 TQM교육에 참여한 기록을 포함한다. 이런 여러 가지 정보의 출처를 통하여 그리고 자료 간의 교차 검증과 비교를 통하여 연구 자료의 정확성을 제고하고 보다 일관되고 견고한 분석결과를 얻는다.

6. 연구 결과

이 연구는 우선 분석결과에 근거하여 'TQM 도입'의 진화 모형을 구축한다. 이 모형은 TQM의 도입을 변화, 선정 및 유지 세 개 연속과정으로 세분하고 각 절차는 다시 더 작은 세 개 과정(여전히 변화, 선정 및 유지로 명명)으로 세분화하고 수사와 현실로 구분한다. 변화과정에 대하여 말하면 TQM의 도입은 조직이 '변혁'의 암시와 단서가 필요하여 TQM을 시작하게 하고 선택과 유지하는 순환을 이루게 된다. 연구자료로부터 수사가 이런 의도적인 변혁을 추진하는 과정에서 핵심 지위에 있다는 것을 표명한다. 수사는 TQM을 추진하는 논술, 성공사례의 강조 등이 포함되며 조직 구성원들이 TQM의 장점을 이해하고 믿게 한다. 이 단계에서 수사는 TQM현실과 동등하고 차후의 기술적 TQM창조를 위한 조건을 마련한다. 그러나 이상한 점은 수사가 TQM활동을 촉진하지만 TQM 중 지식과 기술 성분을 걸러 내어 직원들이 이해할 수 없게 만들고 미래에 대하여 두려움이 생기게 된다. 증거에서 나타난 바와 같이 5개 조사대상조직 중에서 4개 조직이 TQM을 도입하는 가동과정에서 벌써 TQM의 기술적 부분을 걸러냈다.

선택 과정에 접어든 후 TQM 가치를 받아 들인지 얼마 안 되는 경영자는 다른 직원도 받아 들일 수 있도록 설명해야 한다. 그래서 전담부문이나 위원회를 설치하고 교육 프로그램을 제공하여 문제해결조직을 결성한다. 이 과정에서 수사는 TQM 실시결심 표현, TQM 성공사례 강조, TQM 관련 매뉴얼 배포 등이 포함된다. 이때 TQM을 찬성하는 수사가 우월한 지위에 있고 반대하는 자들은 아주 무기력한 것처럼 보인다. 이런 상황은 나중에 직면할 좌절을 위한 복선을 남긴다. 현실적 측면에서 경영층은 여러 가지 방법을 고안하여 직원들이 기술적 TQM을 사용하도록 권장한다. 예를 들면, 평가지표의 제정, 직원들에 대한 TQM 참여 요구, TQM 고문의 개입 및 TQM 교육 등 방법이 있다. 이상적으로 이런 TQM을 촉진시키는 현실로 순조롭게 그리고 효과적으로 TQM을 실시하는데 충분하지만 그래도 저항요소들이 존재한다. 이를테면 경영자와 직원이 TQM의 복잡도에 대하여 잘 이해하지 못하여 얼핏 새로운 실험을 추진하는 것처럼 보인다. 경영자도 직원이 TQM기술을 접할 때의 어려움을 과소 평가하여 중요한 도구 사용을 현실화시키지 못하게 된다. 마지막으로, TQM이 원래의 조직 활동과 통합할 수 없어 일상 업무에 융합될 수 없다. 이상 여러 가지 현실적인 저해요소로 TQM 추진 활동이 갈림길에 서게 된다.

선택 과정을 거친 후 이어서 유지 과정을 시작한다. 조직구성원이 이미 TQM에 대한 경험이 쌓이고 그러나 사람마다 경험이 다 많이 다르기에 TQM에 대한 수사는 서로 다른 견해가 나타난다. 이 단계에서 주로 현실이 수사를 결정한다. 경영자에게 있어서 항상 긍정적인 정보만 입수하기에 그 수사는 TQM의 좋은 면으로 기울기 마련이다. 그러나 다른 구성원에게 있어서 완전히 다른 인상이 있을 수 있어 열정이 점점 식어진다. TQM을 추진하는 현실은 비교적 흔히 나타나는 두 가지가 있다. 하나는 TQM 집단의 효과로서 성공할 때 기쁘지만 실패할 때는 자신감이 산산이 무너진다. 다른 하나는 TQM 도구와 전문용어의 사용인데 많이 사용할수록 TQM의 추진 범위가 깊고 넓다는 것을 의미한다. 반대일 경우 매우 얕고 좁다. 수치로부터 식당과 병원에서 TQM 추진하는 것이 가장 표면적이고 슬로건도 가장 많다고 나타났다.

유지 과정의 마무리단계에서 TQM에 대하여 전혀 경험이 없었던 조직구성원은 이미 조금씩 알게 되고 실천하고 자신만의 견해를 형성하여 자기만의 스토리를 갖게 된다. 성공을 강조하는 경영자에 관하여서는 그 수사가 TQM에 대하여 업적을 찬송하고 과시하려고 하는 욕망이 있을 수 있다. 그래서 TQM을 전체 조직으로 확대할 때 이런 TQM에 대한 왜곡적 서술로 인하여 알맞지 않거나 지나치게 낙관될 수 있다. 그러나 많은 직원들에게 있어서 경영자의 수사와 자신과의 경험이 서로 맞지 않아 회의가 더 크게 된다. 특히 시작할 때 적극 찬성하고 자신만만하던 직원이 더 큰 상실감을 느끼게 된다. 이때 수사가 비록 TQM의 추진을 촉진하지만 이미 TQM의 기술적 현실에서 이탈하여 TQM의 기술적 제한을 무시하게 된다. 물론 인원 유동도 TQM의 지속적인 추진에 영향이 되는데 특히 TQM추진을 주장하는 CEO가 이직하고 TQM에 대하여 잘 알지 못하는 고위 경영자로 교체하면 TQM은 허울만 남게 된다.

요점을 말하자면 이 연구의 연구자가 다섯 사례로부터 'TQM 도입' 관련 진화모형을 귀납하여 TQM의 수사와 현실 간의 교차 발전하는 동태적인 과정을 설명하고 조직에서 TQM도입을 결정하고 그 도입이 제도화할 때까지의 공백을 채운다. 이 연구는 제도론이 오랫동안 견지해온 시간이 지남에 따라서 제도화 방법이 최초 착상한 기술적 본질을 이탈하더라도 보기에는 모든 것이 합리적으로 보인다는 관점을 실증하였다. 그래서 연구자가 정중하게 '우리는 반드시 엄숙하게 경영실천에서의 사회구조를 취급하고 경영실천에서의 기술적 본질에 대하여 반드시 자세히 고찰해야 한다!'고 호소한다.

10.5.3 사례3: 중미합자기업의 협상권, 경영통제 및 성과

1. 연구 문제

세계화의 충격으로 글로벌 합자기업이 점점 많아지고 연구자의 주목을 받게 된다. 그러나 이 방면의 연구가 심도(depth)와 범위(scope) 모두 부족한 점이 많다. 동시에 측정과 개념상의 문제로 인하여 현존 이론 형식이 종종 일관된 결과를 얻을 수 없게 된다. 그렇기 때문에 이 연구는 합자자 간 협상 관점(inter partner negotiations perspective)을 채택하여 다 사례연구의 방식으로 합자기업의 형성을 논의하고 합자쌍방의 협상권, 경영 통제 및 합자 성과 간의 관례를 고찰한다.

다 사례연구를 채택하는 이유는 이런 방식이 과거 합자연구에서 부재하는 장점을 발휘할 수 있기 때문이다. 첫째, 풍부한 현상 묘사를 제공할 수 있고 협상권, 경영 통제 및 합자 성과 간의 관계에 대하여 진일보 통찰(insight)할 수 있다. 두 번째, 합자기업 형성의 동태적인 과정을 파악하고 변화와 진화를 알아볼 수 있다. 세 번째, 합자기업쌍방의 관점을 동시에 파악하고 쌍방의 해석을 같이 고려할 수 있다. 네 번째, 개발도상국 합자자의 관점을 깊이 있게 논의하고 중국 경험을 제공하며 현존하는 선진국 관점을 위주로 하는 합자기업문헌을 더 다양화하게 한다.

연구 문제에 따라 연구자는 Yin(1989)의 이론검증방법에 근거하여 먼저 기존문헌을 회고하고 초보적인 이론 구조를 제기(그림 10-3 참조)하여 선험적 이론 명제(priori theoretical propositions)를 발전시키고 다시 분석적 회귀(analytic induction)를 사용하여 합자기업의 협상권, 통제 및 성과의 이론 모형을 검증한다.

2. 사례 선택

이 연구는 네 가지 기준으로 사례를 선택한다. 첫째, 사례를 제조업 합자회사에 제한하여 큰 성질 격차로 변이가 발생하는 것을 피한다. 둘째, 반드시 전형적인 중미합자회사여야 한다. 셋째, 설립한지 일정 기간이 된다. 예를 들면, 적어도 1987년 이전 설립하여 비교적 장기적인 합자성과자료를 얻을 수 있다. 넷째, 양호한 정보제공자(informant)가 있어 합자 쌍방의 자료를 동시에 수집하여 연구를 수행하는데 유익하다.

3. 자료수집

이 연구는 면접과 기록부 서류를 통하여 자료를 수집한다. 면접에 있어서 사전에 설계한 면접조사표를 근거로 중미합자 최고 경영자와 사장과 같은 정보제공들을 대상으로 심층 면접을 진행한다. 이런 사람들은 대부분 합자를 추진할 때 협상

〈그림 10-3〉
합자기업의 권력 및 통제의 초기 모형

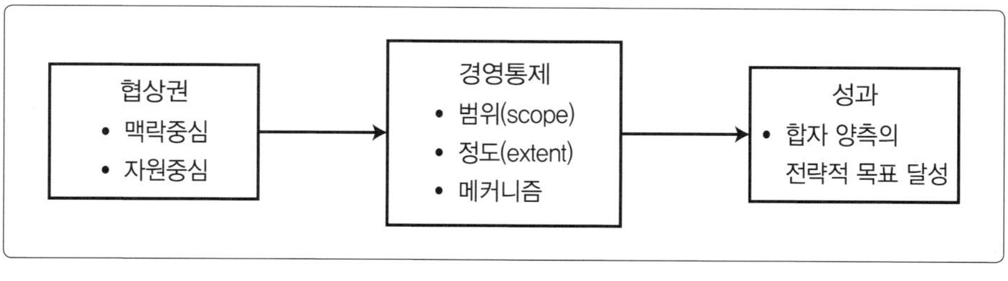

회담에 참여하거나 합자기업의 초기단계를 경험한 사람들이다. 면접은 평균 3시간씩 이루어지고 사람마다 적어도 한번씩 일부는 두 번 이상 면접한 경우도 있다. 정보제공자의 반대가 없는 한 면접은 모두 녹음 처리한다. 면접은 1991년 5월부터 1992년 1월 사이에 이루어졌다. 기록부 서류에 있어서 연구자는 합자기업 쌍방의 기록 자료 20쪽 이상을 각각 수집한다. 이런 자료는 계약서, 합자 기업과 모기업의 조직구조, 회사홍보물과 연간경영보고 및 신문잡지보도 자료 등이 포함된다.

4. 자료분석

원시 자료의 코딩은 전형적인 내용분석(content analysis) 방식을 통하여 코딩한다. 우선, 초보적인 이론 구조의 주요 변수와 종류에 따라서 코딩한다. 여기서 종류는 협상 상황, 합자 쌍방의 전략목표, 초기 공헌, 경영구조, 운영 변화 및 쌍방의 전략적 목표 달성도가 있다. 다음, 기존 문헌에 근거하여 하위 구분(subcategory)을 정한다. 예를 들면, 초기 공헌 중의 제품설계, 특수 설비 및 생산 지식 재분류 '기술(technology)' 종류를 들 수 있다. 마지막으로 하위 구분 중에서 다른 출처의 자료가 일치하지 않으면 다른 자료 출처를 증가시키거나, 정보제공자의 의견을 참고하여 조정한다. 이런 삼각검증방식을 통하여 자료의 신뢰도를 향상한다. 자료의 코딩은 두 연구자가 책임지고 먼저 두 사람은 코딩 구조를 구축하고, 한 사례를 공동으로 분석하고, 이어서 한 사람이 다른 세 사례의 코딩을 담당하고, 다른 한 사람은 점검한다(auditing).

자료 분석은 분석적 귀납(analytic induction)법으로 진행하고 사례 종류 비교를 통하여 점차 기존 이론을 정제한다. 특히 예외 사례의 분석에 중점을 두고 기존 결론을 수정한다. 절차는 다음과 같다. 첫째, 해석하고자 하는 현상에 대하여 대략적인 범위를 정한다. 둘째, 현상에 대하여 가설적 해석을 제기한다. 셋째, 한 사례를 분석하고 가설이 사례의 사건과 적합한지 살펴본다. 넷째, 서로 적합하지 않으면 다시 가설을 수정하거나 현상에 대하여 재정의한다. 다섯째, 일부 사례들을 고찰한 후 부분적으로 명확한 결론을 얻을 수 있다. 여섯째, 상기 과정을 반복하여 보편성이 있는 관계를 구축할 때까지 계속한다. 특이한 사례가 있으면 현상을 다시 정의하고 가설을 수정한다. 일곱째, 적용범위 밖의 사례를 고찰하여 최종 가설을 이 사례에 적용할 수 있는지 확정하고 진일보 증거를 제공한다.

5. 신뢰도와 타당성

이 연구에서 자료 수집이나 자료의 코딩과 분석을 불문하고 연구자가 모두 삼각검증으로 자료의 정확도와 분석의 엄격성을 제고한다. 자료 출처는 면접 자료와 기록부 서류가 포함되며 코딩과 분석은 정보제공자와 연구자의 점검을 통하여 일관성과 정확도를 확보한다.

6. 연구 결과

이 연구는 기존 연구를 상당한 정도로 심화하여 더 많은 정보를 장악할 뿐만 아니라 통합 모형(integrated model)(그림 10-4 참조)을 제기하여 합자 쌍방의 협상권, 경영 통제 및 합자성과 간의 관계와 동태 과정을 묘사한다. 주요 변수에 있어서 이 연구에서는 기존의 변수 범위를 확대하여 새로운 변수를 포함시킨다. 예를 들면, 주요 변수인 협상권과 관련하여 이 연구는 나아가 두 가지 맥락 요인을 제기하고 대체 가능 방안과 전략적 중요성 및 일곱 가지 자원 요소, 기술, 경영 재능, 글로벌 서비스지원, 현지 지식, 제품 가맹 판매, 재료 취득 및 자금 등이 포함된다. 동시에 변천(change), 조절 요인(moderators)을 포함시켜 변수 간의 동태 과정과 가능한 제약 상황에 대하여 자세히 설명한다. 마지막, 통합 모형에 근거하여 나아가 검증하는 다섯 가지 명제를 제기하였는데 협상권과 경영 통제의 긍정적 관계, 경영 통제와 합자성과의 관계, 조절 요인의 작용, 환경변화와 협상권과의 관계 및 합자 성과가 협상권에 미치는 영향 등이 있다. 따라서 글로벌 합자 연구의 시야를 한층 확대하게 된다.

이 세 가지 사례연구의 연구 문제, 목적과 종류, 연구설계 및 연구 결과를 종합하고 비교하면 〈표 10-4〉에서 정리한 것과 같다.

〈그림 10-4〉
합자 기업의 권력 및 통제 통합 모형

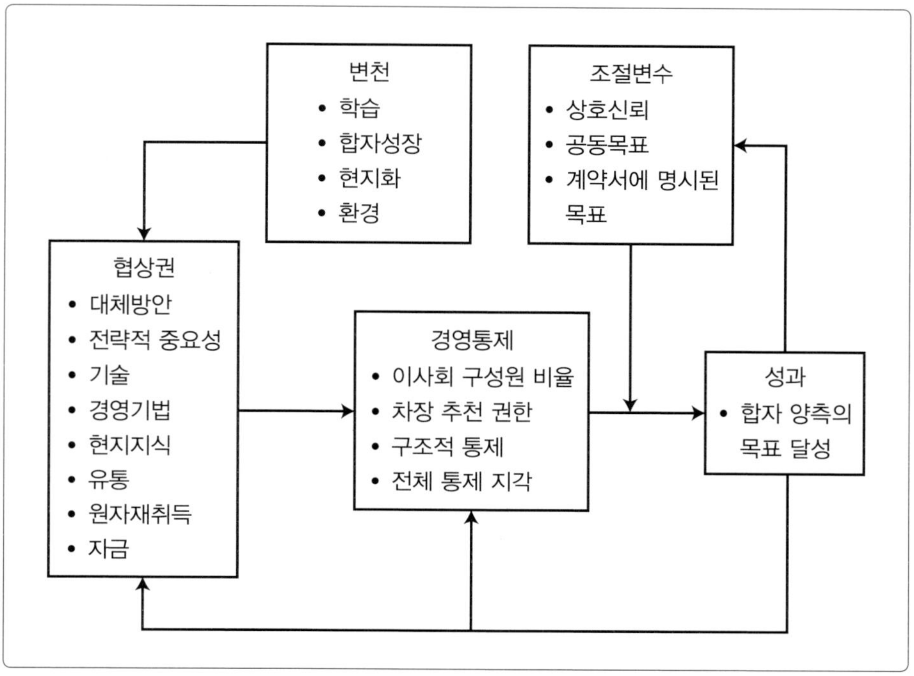

〈표 10-4〉 세 사례연구 실례의 종합

사례	목적과 유형	연구 문제	연구설계	연구 결과
Barker (1993)	이론 개발 현상탐색	협력통제가 어떻게 형성하는가? 어떻게 정당성을 얻는가? 관료통제보다 우월한가?	단일 사례연구, 다차원분석; 소형통신제조회사: 조직변경 2년 경과; 각 계층 인원 : 심층 면접, 관찰참여, 기록자료;	협력통제는 동료압력과 이성규칙과 섞여서 새로운 통제 구속을 만들어 낸다
Zbaracki (1998)	이론 개발 과정묘사	TQM이 어떻게 명확하게 정의한 기술수법으로부터 실속 없는 조직 슬로건으로 전락하는가?	다 사례연구(차별성) 다차원분석; 기술과 제도환경에 근거하여 구분, 5개 조직 선정 : 국방, 병원(고곡), 제조업(고저), 정부(저고), 식당(저저; 각 계층인원반구조화 면접, 내부기록, 관찰, TQM 교육 참여 필기	제도론의 장기적인 관점을 드러낸다. 시간이 경과함에 따라 제도화 방법이 점점 최초 착상한 기술적 본질에서 이탈한다.
Yan & Gary (1994)	이론검증 인과관계 검증	합자기업형성과정에서 합자쌍방의 협상권, 경영통제 및 합자성과 간의 관계는 무엇인가?	다 사례연구(동일 구성형), 단일차원분석; 네 합자기업: 중미합자, 제조업, 5년 이상 연혁;고위경영자: 심층 면접, 기록자료	합자자의 협상관점에서 출발하여 통합모형 및 다섯 가지 명제를 제기하고 협상권, 경영통제 및 합자성과 간의 관계 그리고 존재 가능성이 있는 조절요인을 설명하며

10.6 맺음말

하버드 대학 Louis Agassiz 교수의 수업에서 한 학생이 교수에게 자신의 경험을 다음과 같이 보고했다. "방법이 없는 상황에서 나는 하는 수없이 손으로 그 물고기를 만져 보고… 그랬더니 내가 손가락으로 이 물고기의 이빨 개수와 그 배열 방식을 계산하고 있다는 것을 문득 느꼈다. 갑자기 어떤 생각이 뇌리를 스쳤고 아 내가 이 물고기에 대하여 묘사할 수 있구나! 이렇게 하고 나서야 내가 이 생물에 대하여 아주 새로운 발견을 했다는 것에 스스로 많이 놀랐다." Louis Agassiz 교수는 만족한 표정을 드러내고 "그래, 연필은 가장 좋은 눈이다!"(Weick, 2007)라고 말하였다. Louis Agassiz 교수가 준 계시와 같이 훈련된 눈과 간단한 연구 도구를 가지고 연구자가 조금씩 현상 속으로 깊이 파고 들어가 자신을 놀라게 할만한 발견을 찾을 때까지 연구를 수행하여 마침내는 사례연구의 진정한 가치가 원래 본 것에 대하여 다시 인식하고 원래 보지 못한 것들을 보고 원래 볼 수 없던 것을 드러나게 하는 것이라는 것을 터득한다(샤오루이린, 2006).

당신은 어떻게 물고기 한 마리에 대하여 알 수 있는가?
→ 당신에게는 두 눈, 두 손 그리고 물고기 한 마리가 있다.
그리고 연필은 가장 좋은 눈이다 !

(Louis Agassiz as Model-Weick, 2007, p.14)

참 고 문 헌

Barker, J. R. (1993). Tightening the iron cage: Concretive control in self managing teams. *Administrative Science Quarterly*, 38, 408-437

Bettenhausen, K. & Murnighan, J. K. (1986). The emergence of norms in competitive decision making groups. *Administrative Science Quarterly*, 30, 350-372.

Bourgeois, L. & Eisenhardt, K. (1988). Strategic decision processes in high velocity environments: Four cases in the microcomputer industry. *Management Science*, 34, 816-835.

Bryman, A. (1989). *Research Methods and Organisation Studies*. London: Allen & Unwin.

Campbell, D. T. (1975). Degrees of freedom and the case study. *Comparative Political Studies*, 8, 178-193.

Carney, T. F. (1990). *Collaborative Inquiry Methodology*. Winsor, Ontario: University of Winsor.

Cook, T. D. & Campbell, D. T. (1979). *Quasi-Experimentation: Design and Analysis Issues for Field Settings*. Chicago: Rand McNally.

De Vaus, D. A. (1996). *Surveys in Social Research*. London: UCL Press.

Dutton, J. E. & Dukerich, J. M. (1991). Keeping an eye on the mirror: The role of image and identity in organizational adaptation. *Academy of Management Journal*, 34, 517-554.

Edward, R. C. (1981). The social relations of production at the point of production. In M. Zey-Ferrell & M. Aiken (Eds.), *Complex Organizations: Critical Perspectives*. Glenview, IL: Scott & Foresman.

Eisenhardt, K. M. (1989). Building theories from case study research. *Academy of Management Review*, 14 (4), 532-550.

Eisenhardt, K. M. & Bourgeois, L. J. (1988). Politics of strategic decision making in high velocity environments: Toward a mid range theory. *Academy of Management Journal*, 31, 737-770.

Eisenhardt, K. M. & Graebner, M. E. (2007). Theory Building from cases: Opportunities and challenges. *Academy of Management Journal*, 50, 25-32.

Elsbach, K. D. & Kramer, R. M. (2003). Assessing creativity in Hollywood pitch meetings: Evidence for a dual process model of creativity judgments. *Academy of Management Journal*, 46, 283-301.

Ferlie, E., Fitzgerald, L., Wook, M. & Hawkins, C. (2005). The nonspread of innovations: The media ting role of professionals. *Academy of Management Journal*, 48, 117-134.

Gersick, C. (1988). Time and transition in work teams: Toward a new model of group development. *Academy of Management Journal*, 31, 9-41.

Gephart, R. P. (2004). Qualitative research and the Academy of Management Journal. *Academy of Management Journal*, 47, 454-462.

Gilbert, C. G. (2005). Unbundling the structure of inertia: Resource versus routine rigidity. *Academy of Management Journal*, 48, 741-763.

Glaser, B. & Strauss, A. (1967). *The discovery of grounded theory: Strategies of qualitative research*. Chicago: Aldine.

Gummesson, E. (1991). *Qualitative Methods in Management Research*, London: Sage.

Hamel, J. (1993). *Case Study Methods*. Newbury Park, CA: Sage.

Jorgensen, D. L. (1989). *Participant Observation: A*

Methodology for Human Studies. Newbury Park, CA: Sage.

Kidder, L. & Judd, C. M. (1986). *Research Methods in Social Relations* (5th ed.). New York: Holt, Rinehart & Winston.

Lee, T. L. (1999). *Using Qualitative Methods in Organizational Research*. Thousand Oaks, CA: Sage.

Lee, T. L. (1999). *Using Qualitative Methods in Organizational Research*. Thousand Oaks, CA: Sage.

Malinowski, B. (1922). *Argonauts of the Western Pacific*. London: Routledge.

Maurer, I. & Ebers, M. (2006). Dynamics of social capital and their performance implications: Lessons for biotechnology start ups. *Administrative Science Quarterly*, 51, 262-292.

Miles, M. & Huberman, A. M. (1984). *Qualitative Data Analysis*. Beverly Hills, CA: Sage.

Miner, A. S. (1994). Seeking adaptive advantage: Evolutionary theory and managerial action. In J. A. C. Baum & J. V. Singh (Eds.), *Evolutionary Dynamics of Organizations*. New York: Oxford University Press.

Mintzberg, H. (1979). An emerging strategy of "direct" research. *Administrative Science Quarterly*, 24, 580-589.

Patton, M. Q. (1987). *How to Use Qualitative Methods in Evaluation*. Newbury Park, CA: Sage.

Platt, J. (1992). "Case Study" in American methodological thought. *Current Sociology*, 40, 17-48.

Ross, J. & Staw, B. (1993). Organizational escalation and exit: Lessons from the Shoreham Nuclear Power Plant. *Academy of Management Journal*. 36 (5), 701-733.

Siggelkow, N. (2007). Persuation with case studies. *Academy of Management Journal*, 50, 20-24.

Scott, W. R. (1987). *Organizations: Rational, Natural and Open Systems* (2nd ed.). Englewood Cliffs, NJ: Prentice-Hall.

Strauss, A. & Corbin, J. (1990). *Basics of Qualitative Research: Grounded Theory Procedures and Techniques*. Newbury Park, CA: Sage.

Suddaby, R. (2006). What grounded theory is not. *Academy of Management Journal*, 49, 6330642.

Tsui, A. S. (2007). Taking stock and looking ahead: MOR and Chinese management research. *Management and Organization Review*, 3 (3), 327-334.

Tsui, A. S., Nifadkar, S. S. & Ou, A. Y. (2007). Cross-National, cross-cultural organizaitonal behavior research: Advances, gaps, and recommendations. *Journal of Management*, 33 (3), 426-478.

Van Den Berg, J. H. (1972). *Different Existence: Principles of Phenomenological Psychology*. Pittsburgh, PA: Duquesne University Press.

Weick, K. E. (1979). *The Social Psychology of Organizing* (2nd ed.). Reading, MA: Addison-Wesley.

Weick, K. E. (2007) The generative Properties of richness. *Academy of Management Journal*, 50 (1), 14-19.

Whetten, D. A. (2002). Constructing cross-context scholarly conversations. In A. S. Tsui & C. M. Lau (Eds.), *The Management of Enterprises in the People's Republic of China*. Boston: Kluwer.

Whyte, W. F. (1943). *Street Corner Society: The Social Structure of an Italian Slum*. Chicago: University of Chicago Press.

Yan, A. & Gray, B. (1994). Bargaining power, management control, and performance in United State-China joint ventures: A comparative case study. *Academy of Management Journal*, 37 (6), 1478-1517.

Yin, R. K. (1984/1989). *Case Study Research: Design and Methods*. Beverly Hills, CA: Sage.

Yin, R. K. (1993). *Applications of Case Study Research*. Newbury Park, CA: Sage.

Yin, R. K. (1994). *Case Study Research: Design and Method* (3rd ed.). London: Sage.

Zbaracki, M. J. (1998). The rhetorie and reality of total quality management. *Administrative Science Quality*, 43, 602-636.

郑伯埙 (1995),《家长权威与领导行为之关系：一个台湾民营企业主持人的个案研究》,《中央研究院民族学研究所集刊》，79，105–159.

郑伯埙 (2005),《华人领导：理论与实际》, 台北：桂冠图书公司.

郑伯埙, 林资葶等译,《管理学大师中的大师》, 台北：五南图书出版公司.

郑伯埙, 樊景立.周丽芳 (2006),《家长式领导：模式与证据》, 台北：华泰文化公司.

肖瑞麟 (2006),《不用数字的研究》, 台北：台湾培生教育出版股份有限公司.

저 자 소 개

쩡부위쉰(鄭伯壎, Bor-Shuian Cheng) 대만대학교 심리학과 및 연구소 특임교수이다. 대만대학교 심리학회 이사장, 대만대학교 심리학과 학과장 및 연구소소장직을 역임하였다. 또한 "현지 심리학 연구"의 편집장과 협력 편집장, *Asian Journal of Social Psychology* 부편집장, 그리고 대만 "국가과학위원회" 심리학 총무 역할을 수행하였다. 연구 분야는 중국인 맥락에서의 조직행동, 리더십, 팀워크 과정, 조직 문화 및 조직 혁신 등이 있다.

후앙민핑(黃敏萍, Minping Huang) 대만원지대학교(Yuanze University) 경영대학 부교수로서 "조직과 경영학 저널"의 객좌 편집장을 역임하였다. 연구 분야는 매력적 리더십과 부하 가치의 적합도, 팀웍 경영, 및 화교사회 맥락에서의 조직행동 등이 있다.

11장

질적 연구 및 자료분석 방법

Deborah Dougherty, Yun Su, Ken Chung (럿거스대학)
중문 번역: Yufan Shang (서안교통대학)

머리글

질적 연구(qualitative study)의 목적은 현실 생활 중 사회적 현상의 기본 특징을 분별하는 것이다. 예컨대, 조직학습, 기술개발, 구조화(structuring) 혹은 전략화(strategizing) 등이 이에 속한다. 질적 연구 방법론을 적용할 때 연구자는 관심 있는 현상에서 나타나는 어떤 특징의 근원을 해명하여 이 현상을 파악하고자 한다. 즉 현상의 본질적 특징을 알고자 한다. 이 장은 질적 분석의 이런 원칙을 파악하는 것을 목적으로 한다. 즉 어떻게 질적 자료를 분석할 것인지에 초점을 둔다. 지금까지 이루어진 질적 연구에서 이 방면에 대한 기술이 아주 미흡하다. 많은 서적과 문헌에서 서로 다른 질적 연구 방법을 기술하였다. 민족지연구(예: Van Maanen, 1996; Smith, 2006), 사례연구, 과정연구, 심층면접, 서술적 분석(narrative analysis) 혹은 참여자관찰(participant observation) 등이 그 예이다. 이와 동시에 여러 서적과 문헌에서는 어떻게 연구현장에 진입하고 어떻게 각종 면접을 실시하는지 그리고 서로 다른 인식론에 근거한 연구 방법은 무엇인지 소개하였다. 그러나 Dougherty가 편집자, 평론가와 저자의 경험으로 봤을 때 질적 연구는 자세하고 전면적으로 관련 자료를 분석하지 못한다는 것이 중요한 결점이다. 즉 질적 연구자가 연구현상의 기본특징을 이해하지 못하고 학술적 가치가 제한된 일반적인 묘사만 제공하는 데 그칠 수 있다는 점이다. 이 장의 내용을 통하여 질적 연구자들이 이런 심각한 문제를 피하는데 도움이 되길 바란다.

우리는 근거이론구축(grounded theory building, GTB)에 더 치중하는데 이는 특정한 한 가지 방법이 아니라 정량적/질적 분석을 수행하는 한 가지 방법이다. 근거이론 구축의 목적은 어떤 특정한 현상에 대하여 새로운 혹은 개선된 이론을 모색하는 것이기에 자료분석의 중요성을 특별히 강조한다. 우리는 세 가지 서로 보완하는 방면으로부터 출발하여 질적 자료분석을 이해하는 방법을 개발했다. 첫 번째 부분, 왜 누구나 질적 연구를 하고자 할 수도 있는지 설명하고 GTB의 세 부분인 근거, 이론, 구축으로 총체적인 방식을 규정한다. 근거(grounded)는 질적 연구의 취지문제와 필요한 자료의 유형을 제기한다. 이론(theory)은 연구목적과 제기한 연구 문제의 유형을 강조한다. 구축(building)은 이런 연구가 하나의 지속적인 노력의 과정이고 이 과정에서 새로운 주제가 끊임없이 나타나며 따라서 연구 문제가 다시 새롭게 구성된다. 두 번째 부분, GTB의 자료분석에 대한 설명을 통하여 새로운 이론이 어떻게 어렵게 체계적으로 자료 중에서 구축되어 가는지 전개하고자 한다. 이 장 제2, 제3저자의 연구를 예로 설명한다. 세 번째 부분, 어떻게 전면적으로 연구를 작성하는지 토론하고 한 문장에서 보고연구와 특정연구를 전개하는 것이 어떤 다른 점이 있는 판별한다.

11.1 근거이론 개발의 기본 원칙

11.1.1 왜 질적 연구를 해야 하는가

아래에서 표시한 바와 같이 질적 연구는 혼잡(messy)하고 예측하기 어렵고 주관적이며 제대로 완성하기 아주 어렵다. 왜 사람들이 이렇게 어려운 일을 하려고 하는가? 사실 모든 진정한 과학은 다 각기 특징이 있다. 과학자들은 반드시 분명하게 가치 있는 좋은 문제를 제기하고 문헌을 두루 조사하고 연구를 설계하고 실시하여 결과가 갖는 의의를 명확하게 해야 한다. 생명과학에서의 결과도 통상 그렇게 명확하지 않다(Grinnell, 2009). 현존하는 이론이 완벽하지 못하고 명확한 가설을 제공하지 못할 때 질적 연구가 특별히 유용하다. 그래서 그 주요 목적은 구성개념을 형성하고 상세하게 진술하며 기존 이론을 정교화(refinement)하는 것이다(Ragin, Nagel & White, 2004).

기존 이론을 재구성하고자 하는 이유는 다음 몇 가지가 있다. 첫째, 현상에 근거한 이론은 조직생존을 좌우하는 기술, 문화, 정치와 경제의 새로운 복잡성을 반영하고 이런 복잡하고 새로운 특성을 발굴하고 검정할 필요가 있다. 둘째, 동일 현상에 대하여 여러 연구에서 서로 충돌하거나 그다지 일치하지 않는 결과를 얻기 마련인데 이런 상충되는 결과는 현존 이론을 더 개선할 필요성이 있다는 것을 예시한다. 셋째, 사회가 끊임없이 발전하기에 30년 전의 일부 행위에 대하여 아주 적절하게 해석할 수 있는 이론도 지금에 와서 더 이상 적용할 수 없게 되었다. 예를 들면, 1960~1970년대에 확립한 조직구조이론은 공식적인 직무역할과 관계의 정보처리를 강조하지만 지금은 선진화한 컴퓨터 시스템이 많은 정보처리를 담당하게 되어 직무역할과 관계 사이에 질적인 변화가 일어났다(Zamuto et al., 2007). 기존의 등급과 기능으로 지금의 조직역할과 관계를 제대로 해석할 수 없다. 넷째, 다른 사회는 서로 다른 운영규칙이 존재하기에 모 사회문화 속에서 도출한 이론이 다른 사회문화의 유사한 행위를 해석하는 데 적용하기 어렵다.

질적 연구로 연구 대상의 의의에 대하여 더 잘 분석할 수 있기 때문에이론을 개발하는 데 분명 도움이 된다. 그렇기 때문에 현재 질적 연구가 점점 널리 받아지는 것도 그리 놀랄만한 일이 아니다(Prasad & Prasad, 2002). *AMJ*에서 진행한 한 조사(Bartunek et al., 2006)에 의하면 과거 100년 동안에 질적 연구 방법론을 이용한 수많은 흥미로운 논문이 발표되었다고 한다. 훌륭한 질적 연구는 학자들에게 지대한 영향을 줄 수 있는 기회를 제공한다.

11.1.2 근거, 이론과 개발 개념이 어떻게 질적 방법을 구축하는가

1. 근거

'근거'는 경험을 바탕으로 하는 연구로서 조직의 실질과 복잡한 일상생활의 현실 속에 뿌리를 내린다는 개념이다. 질적 연구는 실증성연구로서 사실을 기초로 하고 관찰할 수 있고 실제로 존재하며 이해할 수 있는 현상에 대하여 연구한다(Neuendorf,2002). '실증'은 계량적 자료(numbers)를 의미하는 것이 아니며 모형구축 혹은 유사한 방법에 있어서 수치는 사실상 진실현상의 실질적 관찰이 아니기에 실증적 연구라고 할 수 없다. 동료가 때로 저자에게 언젠가 '실증'연구를 행할 계획이 없냐고 질문하는데 이는 동료들이 질적 연구에 대하여 과학적으로 이해하지 못했다는 것을 보여준다! 근거는 사실 두 가지 방면을 포함하는데 하나는 연구하기로 결정한 주제이고 다른 하나는 이 주제를 연구할 때 필요한 자료 유형이다. 다음은 이 두 가지 내용에 대하여 설명한다.

질적 연구 주제(subject matter)는 조직현상을 내포한 사회적 실천으로 구성한 뒤얽히고 복잡한 네트워크를 포함한다. 질적 연구의 목적은 이런 복잡한 사회적 실천의 상호작용에 대하여 파악하는 것이다. 질적 연구의 결과는 한 특정현상에 대한 참신한 이해가 될 수 있으며 간결하고 명확할 것을 강구한다. 이런 복잡한 사회실천에 대하여 간결하고 선명한 이해를 하자면 질적 연구자들이 특정한 사회적 배경 아래에서의 이런 복잡한 사회현상들의 상호작용을 자세하고 조사하고 실천에 대하여 해석해야 한다. 참여자가 특정 상황에서 이해하듯이 연구자는 독자들이 이런 실천을 볼 수 있고 이해하도록 해야 한다(Denzin & Lincoln, 1994). 질적 연구는 결코 상호작용이나 고정 불변의 상황을 유지하려고 하지 않는다. 그렇지 않으면 연구자가 그 효과를 검증할 수 없게 된다. 질적 연구자는 '신뢰', '지식' 혹은 '창의'와 같은 '사회행동'의 기본 구성을 찾고자 한다. '사회행동(social action)'은 특정 상황에서 일반인들에게 보편적 의의를 가지는 사고 혹은 행동 양식(Denzin & Lincoln, 1994)을 의미한다. 질적 연구는 웨버(Weber, 1924, 1978)의 참여자들의 상황 상호작용에 대한 심층 파악에 근거한다. Geertz(1973)은 한 연구자가 세밀한 차이도 구분할 수 있어야 한다고 주장하는데, 예를 들면 눈짓 하는 것과 눈을 깜빡거리는 것

(between a wink and a blink) 사이의 차이를 분별하는 것이다.

질적 연구는 두 가지 중요한 가정에 기초한다. 첫 번째 가정은 사회현상이 고도로 상황화한 것이므로 현실적인 상황이 지극히 중요하다는 점이다. 사람들은 먼저 행동을 계획하고 조금도 주저하지 않고 실행해가는 것이 아니다. 반대로 사람은 자신이 처한 상황과 맞물리는 부분의 계획에 따라 이끌려 간다(Suchman, 1987). 사람들은 특정 환경에서 특별한 단서를 서술함으로써 다음 목표를 선택하고 그 의무에 의미를 부여한다. 이는 사람들이 어떻게 그런 특정 상황에 대처하고 어떻게 보는가를 이해하는데 필수적이다.

그럼 이렇게 질문할 수 있을 것이다. "한 상황의 어떤 특별한 부분에 대한 고찰이 어떻게 우리의 새로운 이론 구축에 대한 생각을 유발하지요?" 그 해답은 바로 이런 고찰은 사회행동을 심층적으로 탐구하여 모든 의제가 어떻게 상호작용하는지 파악하게 한다. 예를 들면, Weick(1993)이 만은대협곡재해(Mann Gulch Disaster, 삼림화재로 소방대원 13명이 순직) 사건을 분석할 때 이 특이한 사건의 상황에서 사람들의 사고와 행동에 대하여 심도 있게 탐구했다. 이런 깊은 탐구를 통하여 조직이 어떻게 해체되고 이런 해체의 사회적 조건은 무엇이며 조직이 어떻게 하면 더 회복력을 갖게 되는지 해석할 수 있는 일반화한 이론을 하나 제기했다. Weick가 이 사건의 독특한 특징을 발굴하였기에 그가 제기한 구조와 의의 간의 관계에 관련된 이론에서 예견할 수 없는 많은 상황을 고려했다. 그의 이론은 우리로 하여금 이런 혹은 다른 예측 불가능성에 변화가 일어날 때 구조가 어떻게 해체되는지 사고하게 한다.

질적 연구의 두 번째 중요한 가정은 사람은 비범한 능력을 소유한 사회개체라는 것이다. 많은 사람이 객관세계의 복잡성에 직면해도 여전히 침착함을 잃지 않고 일상생활에 대처한다! 질적 연구자가 따르는 것은 일종의 폭넓은 인식론이지 간단한 실증주의가 아니다. 여기에 상호주의(Clarke, 2005), 구축주의(Lincoln & Guba, 1985) 혹은 해석주의(Dougherty, 2002)의 인식론 입장이 포함된다. 비록 사람들이 신봉하는 철학관이 다 다르지만 이런 인식론에 대한 이해는 인류의 기본적인 신념과 독립적으로 행사하는 능력에 의존하며 이들은 확정되는 것이 아니다(Mead, 1934). Wrong(1961)는 예를 들어서 신중한 연구자는 사람들이 행동할 때 전혀 사회적 규범을 고려하지 않는다고 가정하지 않으며 사람들이 어떤 경우에도 철저하게 사회규범을 준수한다고도 가정하지 않는다. 사실, 사람들은 그들의 사회 단서에 대한 다른 견해를 기준으로 상응하는 반응을 한다. 우리는 사람들이 대응할 수 있고 또 어떤 상황에서 자신이 더 잘 또는 남보다 뛰어나게 객관적 현실 속의 여러 가지 상황을 대응할 수 있을지 어떻게 이를 달성하고 또 왜 할 수 있었는지 스스로 질문할거라고 예상한다.

필요한 자료 유형. 질적 자료는 반드시 특정 상황에서의 복잡한 사회행동을 포착해야 한다. 많은 질적 자료가 '텍스트'형으로 되어 있는데, 이를 테면 면접, 관찰, 사진, 이야기, 편지와 이메일, 영상, 기록이나 녹음 모두 텍스트에 속한다. 풍부한 텍스트를 통하여 연구자는 사람들이 무엇을 하고 무슨 사고를 하는지 그리고 어떻게 그런 이야기와 묘사로 특정 사회구조를 형성하는지 알 수 있다(Dougherty, 2002). 질적 자료를 수집하는 방법은 민족지, 관찰참여, 개방형 혹은 비구조화 면접, 참여자 이야기를 게시하는 텍스트기록 등을 분석하는 방법이 있다. 사람들이 생성한 의미가 단기적 공간적 조직배경에 의존하기에 자료는 이런 의미와 배후에 있는조직의 특징을 반영할 수 있어야 한다. 그러나 특정 종류의 자료가 다른 종류의 자료보다 더 전면적으로 어떤 특징을 나타낼 수 있기에 서로 다른 종류의 자료가 겸용하면 도움이 된다(Fielding and Fielding, 1984). 이런 자료는 연구자가 자료와 연구 대상인 사회행동을 선명하게 합리적으로 연결시켜 자료의 개방성을 구성하게 된다.

Barley(1986)의 직무구조에 대한 기술적(技术) 영향 관련 연구는 여러 가지 종류의 자료를 사용한 좋은 일례다. 그가 관찰한 두 병원의 방사선 전문의(radiologists)와 기술자(technicians)가 각각 의학적 검사에 종사한다. 그의 자료는 일련의 기록자료, 면접과 현장 관찰로 구성된다. 기록자료와 면접은 방사선 전문의의 역사와 제도화 상황을 제공하고 현장 관찰은 두 직종 내부 또는 직종 사이의 일상적인 사회적 역할과 관계를 나타낸다. 그는 400여 개 방사선 검사를 관찰하고 이 검사에서 관련 인원의 대화, 행위와 참여자의 해석을 기록했다. 이와 같은 풍부한 자료는 연구자가 방사선 전문의와 기술자간의 잠재적인 행위(각본으로 칭함)를 정리할 수 있도록 근거자료를 제공한다. 예를 들면, 명령지시와 실시, 방향 탐색, 비밀전수, 이런 각본이 시간경과에 따라 나타나는 모형추적이 포함된다. 이런 분석으로부터 기술이 어떻게 제도화된 직무역할을변화시키는지 관련된 이론을 발전시켰다.

다른 한 예는 실천적인 지식이론(실천 공유, 실천 속에서 터득한 방법 포함)에 근거하여 사회행동에 대하여 관찰할 필요가 있다. 이 방법은 사람들이 연속적으로 공유하는 학습, 참여와 가치생성 등 실천적 활동 속에 지식이 존재한다고 강조한다. Nicolini(2011)의 현장 관찰에 의하여 원격 의료간호의 집행실천을 제시하였다. Nocolini는 그들이 환자를 돌보고 회복상황을 모니터링하는 초기, 중기 및 말기의 실천에 주목했다. 한 환자의 병세에 대한 파악이 여러 주체(예: 의사, 간호사와 환자), 여러 가지 행동(예: 전화감시호출, 생물학지표와 투약량 검사)과 여러 사건(예: 치료시간, 부작용 사고) 사이 곳곳에 분산되어 있음을 발견했다. Nocolini는 이로부터 한 사회현상을 파악하기 위하여 이 현상이 일어나는 여러 가지 조건, 교차점과 순간으로부터 접근해야 하며 우리는 이런 과정을 앎(knowing)이라고 하고 완전한 앎(knowing)의 과정은 실질적으로 다른 조건, 순간에 대한 장악으로 조성된다고 결론을 도출했다.

현장 관찰을 통하여 연구자는 어떤 특정 상황 속에서 참여자들 사이의 사회적 상호작용 그리고 언어적 비언어적 교류에 주목한다. 면접법을 이용하여 연구자가 사람들이 일하는 이유와 직무관련 이야기에 주목한다. 예를 들면, Dougherty(1992)은 제품개발에 참여하는 인원들을 대상으로 면접을 실시하고 제품에 대하여 묘사하고 업무 중에서 개발과정과 관련된 이야기를 보고하게 하며 다른 사람과의 관계에 대하여 토론한다. 개방식 면접을 통하여 사람들이 제품을 개발하는 이유와 회사의 어떤 분위기가 어떻게 개발과정에 영향을 미치는지 포착하였다. 그들의 대화로부터 사회모형이 확연히 드러난다. 예를 들면, 부문 간 각자 '사고영역'에 존재하는 해석적 장애가 고객의 요구와 제품설계 잠재력 사이의 서로 다른 관점을 야기할 수 있다는 것이다. 현장 관찰이든 면접이든 연구자가 사회행동에 초점을 맞추고 동시에 이런 사회행동의 다양한 형식에 대하여 탐구함으로써 우리에게 조직이 어떻게 사람들의 생활을 형상화하는지 보여준다.

사람들이 질적 자료를 처리할 때 종종 두 가지 실수를 범한다. 첫 번째, '질적' 자료와 연구 본질 사이의 차이를 혼동한다. 텍스트(text) 종류의 자료를 사용한다고 이 연구 프로젝트가 하나의 질적 연구라는 것을 의미하지 않으며 풍부한 텍스트는 많은 연구 의도와 연구설계의 자료원천이고 이런 연구에는 이론검증과 정량화 방법도 포함한다. 예를 들면, 내용 분석(Krippendorff, 2004) 혹은 절대적 자료분석(categorical data analysis)(Agresti, 1990) 방법에서도 텍스를 사용하지만 많은 이런 유형의 연구에서는 사전에 이미 확정한 구조와 방법으로 한 가지 이론을 검증하는 것이지 새로운 이론을 형성하는 것이 아니다. 사람들이 가끔 질적 방법으로 그들의 업무를 나타내는데 이는 설령 사전에 확정한 분류 방식을 이용하여 자료를 처리하더라도 그들의 자료가 텍스트 자료이기 때문이다.

두 번째 실수는 충분히 많은 자료를 수집하지 못하는 것이다. 자료 수량에 대하여 명확한 규정은 없지만 만약 한 연구가 면접을 바탕으로 한다면 Dougherty는 적어도 100명을 대상으로 면접을 진행해야 한다고 본다. 이 수치는 많은 사람을 놀라게 한다. 특히 어떻게 하면 면접 횟수를 줄이고 비교적 적은 면접으로도 충분하다고 변명 시도하는 사람에게 더욱 그러하다. 그러나 현실적 상황으로 봤을 때 질적 연구는 확실히 더 많은 자료를 요구한다. 이는 이상적인 자료수집은 전체 연구 과정을 관통하기 때문이다. 연이은 프로세스는 '이론적 표본추출(theoretical sampling)'이다. 이론적 표본추출은 사람들이 자료 수집할 때 이론을 근거로 하고 분석 과정에서 나타남을 의미한다. 연구자가 주제를 표현하고 반영할 수 있는 새로운 사건을 분별하고 사건과 관련된 새 자료를 수집한다. 사람들이 연구를 수행할 때 여러 가지 상호 교류할 수 있는 복잡한 행동이 발생할 수 있기에 30~40번 면접으로 모든 관련된 동태적 변화를 포착할 수 있다고 사람들에게 확신을 주기 어렵다.

2. 이론

'이론'이란 개념은 연구목적, 질문하고자 하는 문제를 식별하고 동시에 구체적인 작업절차를 형성하는 과정과 결과를 뜻한다. 모든 연구자는 현존하는 이론에 근거하여 그들의 연구구성을 유도하고 설정한다. 자신이 무엇을 원하는지 알기 전에 우리는 아무것도 찾을 수 없다. 이론은 우리가 가고자 하는 길을 밝히는 데 도움이 된다(Bailyn, 1977). 이론을 확립하기 위하여는 한 사회적 현상에 대하여 보다 깊이 이해하고 개념 사이의 관계를 형성하여 혼동을 야기하기 쉽고 일관성 없는 사건의 현상에 대하여 판별하고 분석하며 설명하고 해석해야 한다(Strauss & Corbin, 1998). 거듭 주장한 바와 같이 반드시 자료에 대하여 가치 있는 문제를 제기함과 동시에 이론은 우리가 가치 있는 질문에 대하여 반복적으로 강조하는 데 도움이 된다. 학문에 종사하는 사람들은 어떤 조직실천이나 문제, 모 연구자가 2년 동안 진행한 현장 기록, 현행 이론과의 대화연결이 원활하지 못한 발견 등 서술을 그다지 좋아하지 않는다. 모두가 관심 가지는 것은 호기심을 자극하는 배경에서 이루어진 연구가 어떻게 사람들에게 이론을 확장하고 재구성하게 하며 한 연구가 어떻게 더 전면적으로 사회적 행위를 명확하게 밝혔는지 바로 그런 부분이다.

연구 목적 확정. 수많은 질적 연구 논문에 대한 심사 과정에서 많은 질적 연구가 아직 명확하게 이론을 묘사하지 못하고 이론에 대한 기여도도 명확히 밝히지 못했다는 지적을 받는다. 이런 연구는 거의 항상 저널에 게재되지 못한다. 그들이 온전하게 연구 혹은 기금신청을 작성할 때 질적 연구자는 다른 연구자와 마찬가지로 반드시 기존 이론이 어떻게 연구 문제를 규정하는지 해석하고 우리가 이미 알고 있는 현상과 지금 연구 중인 현상과 어떤 관련이 있는지 요약 서술해야 한다. 지금 자신이 하고 있는 연구가 전인미답이라는 변론을 받아들일 수 없다. 물론 전례가 없기에 바로 당신이 지금 그 연구를 하고 있다. 우리는 이미 많은 이론을 가지고 있기에 이 연구 문제와 적합한 이론이 없다고 하는 논리도 수긍할 수 없다. 그러나 질적 연구자가 왜 기존 이론에 연구 문제가 필요로 하는 명확하고 세밀하며 동태적인 해석이 부족한지 설명해야 한다. 연구자는 이 현상에 대하여 우리가 모르지만 꼭 알아야 할 것이 무엇인지 왜 우리가 그것을 필요로 하는지 해석하고 이런 새로운 문제를 해석하는 것이 이 영역에서 왜 중요한지를 밝혀야 한다. Golden-Biddle과 Locke(2007)는 연구자라면 우선 기존 학자들의 이 이론에 대한 대화를 묘사할 수 있어야 하고 자신의 연구가 어떻게 이 대화를 변화시키는지 해석해야 한다.

그러나 질적 연구와 양적 연구가 운영이론 면에서 완전히 다르다. 양적 연구는 확실한 이론을 이용하여 특정한 관계를 예측한다. 질적 연구는 현존하는 이론을 강화하기 위한 것이 아니라 일정한 정도에서 이론을 재구성하고자 한다. 그러나 이렇게 하는 것이 간략화한다는 것을 의미하지 않는다. 질적 연구를 수행할 때 반드시 관련 이론에 대하여 깊이 이해하여 좋은 연구를 전개하도록 해야 한다. 질적 연구는 '어떻게'와 '왜'라는 문제를 밝히려고 시도한다. 이 중에 여러 가지 가능성이 존재하기에 학자들이 관련 이론을 분별하기 쉽지는 않다. 학자들은 자신이 사용한 것이 어떤 이론인지 알고 고찰하고자 하는 과정을 분별해야 한다. 예를 들면, 의사결정을 내리고 권한을 얻으며 실천 속의 단절을 뛰어넘고 또는 변혁에 대응하여 마지막에 이런 연구논제를 구축하는 데 사용한 이론문제를 종합한다. 이론은 연구 문제 자체에 적합해야 한다.

질문하고자 하는 문제의 파악. 모든 연구는 연구 문제를 분명히 해야 한다. 좋은 질적 연구라면 항상 아주 흥미롭고 사람들을 매료시키는 문제점을 제기한다. 통상적으로 질적 연구 문제는 위 문장에서 언급한 바와 같이 어떻게', '왜'와 관련된다. 예를 들면, 설명자가 '어떤 공정 고장으로 인하여 '도전호' 항공기가 폭발하였는가?' 라고 질문할 것이 아니라 응당 '왜 이런 고장이 용납되고 또 규범화되고 시스템화되어 끝내 사고발생을 피할 수 없었는가?'라고 질문해야 한다(Vaughan, 1996). 근거이론 구축은 연구의 구성개념적 특징의 정성적 문제를 서술하는데 사용되며 한 변수의 정도나 결함을 표현하는 정량적 문제가 아니다. 근거이론 구축자는 구성개념 간의 관계, 그들이 언제(어떤 범위 내에서) 관련되고 어떻게 작용(후속적인 연관) 하는지 이해하려고 한다. 다른 정성적 연구처럼 근거이론연구는 단일 차원분석에 만족하지 않고 모 현상을 초래한다는 것을 밝히려고 한다. 예컨대 집단행동 배후의 미시적 요인과 거시적 구조 사이를 연결하는데 존재하는 잠재적인 메커니즘이 연구될 수 있다. 이론은 우리가 문제를 발견하고 구축하는데 도움이 되며 기존 이론의 한계는 오히려 더 좋은 문제를 제기하게끔 한다.

연구 결과로서의 이론. 연구 결과새로운 이론이 개발되거나 기존 이론이 개선되어야 한다. 지속적인 이론 구축 과정(continuous theory building process)에서 제기한 개별 이론이 실제 현상을 더 잘 해석하듯이 이론은 연구 과정에서 변화가 발생한다. 최종 이론은 분석 과정에서 탄생하는데 이는 가장 확실하고 조리가 명확하게 문제제기에 답한다.

3. 구축

근거이론 구축 과정에서 구축한 점은 모든 자료에 대한 분석을 거쳐서 새로운 또는 개선된 이론을 도출하는 과정이다. 구축은 구성개념으로 자료를 반복적으로 연결하고 동시에 자료 분석으로부터 연구 문제에 대한 개념적 이해를 도출하는 과정이다. GTB의 세 가지 측면과 일반적인 양적 연구와 달리 구축은 이 세 가지 원인 중 가장 다른 점일 것이다. 첫째, 이론 구축은 분명 비선형적이고 점차 나타나는 과정에서 상당 기간 동안 연구를 전개해야 한다. 그러나 양적 연구는 이상적으로 곧장 해답에 향한다(가설이 지지되거나 지지되지 못함). 둘째, 구축하는 과정을 예측할 수 없다. 이유는 연구자가 언제 연구가 종료될지 모르기 때문이다. 보다 가능성이 높은 것은 나타난 조사결과에 순응하기 위하여 연구 문제에 변환이 일어날 수 있고 이로 인하여 이론의 구조도 같이 변화한다. 셋째, GTB의 구축은 작업 중에서 가장 어려운 부분이다. 100번 면접한 자료를 수집한다거나 일 년 동안 현장작업을 펼치는 것은 모든 노력 중 아주 작은 부분에 불과하다. 자료 분석 과정이 어쩌면 몇 년 동안 지속될 수도 있기 때문이다.

근거이론 구축은 하나의 체계화되고 또한 탐색적인 과정이다. 우리는 '3C'로 구축 과정을 종합하는데 각각 인지 과정(a cognitive process), 연속적 비교(constant comparison)와 코딩(coding)이다. 첫 번째 'C'는 인지과정으로서 '연구자가 연구를 추진함에 따라 개념에 대한 이해를 개발하는 동시에 연구에 필요한 자료가 완전히 개념화 과정에 포함된다'(Bailyn, 1977). 이미 형성된 개념을 검정하는 과정과 다른 점은 인지과정은 연구자의 초기 관념을 펼쳐서 자료 중에서 새로운 개념(concept)과 관계를 구상하게 한다(Bailyn, 1977). 연구자는 이론에서 실증으로, 다시 실증에서 이론으로 돌아가는 연구와 사고과정을 끊임없이 반복한다. 근거이론 구축으로부터 계속 새로운 가설이 수립되고 적절한 방법론을 개발하여가설을 검증하고 가설을 수정한다(Straus & Corbin 1998). 한 인지과정으로서의 구축이 단도직입적인 것이 아니다. 연구자가 한 연구 문제에서 시작해서 새롭게 구성한 개념과 관계로 다른 한 예리한 문제를 보다 적절하게 해석하는 것이다. 구축은 하나의 지속적인 인지과정이고 그 과정에서 연구자는 항상 열린 관념을 유지하고 새로운 가능성의 발견을 허락해야 한다.

두 번째 'C'는 연속적 비교이다. 자료를 분석하려면 연구자는 자신이 가지고 있는 자료 중에서 유사하거나 상이한 사건의 다른 사례를 비교하고 대조할 것이다. 이런 자료비교를 위하여 연구자는 방대한 사례를 수집해야 한다. 이런 사례는 이론 추출과정에서 수집한 것으로 연구 중에서 구축된 이론의 추출이다. 자료비교에 의하여 한 연구의 가능한 분류 상태(possible properties)와 한 가지 분류가 다른 분류와 다른 원인이 나타난다. 예를 들어, Dougherty 와 Dunne(2011)는 두 부류 사람들의 약품개발작업에 대하여 비교하였다. 한 부류는 전통적 실험실에서 물리적 추출을 통한 '치료' 과학자이고 다른 한 부류는 컴퓨터로 작업하고 부호와 대량의 데이터베이스를 다루는 소위 '디지털' 과학자로 불리는 사람들이다. 이런 비교에서 근본적인 세부사항을 나타냄으로써 실천 중에서 단열된 부분을 연결시키는 이론이 형성된다. 즉 서로 다른 두 가지 방식의 앎(knowing)이 서로 충돌하는 것이 아니라 협력적일 수 있다. 이론적 차이가 있는 사회행동사례간의 지속적인 비교로 이론을 구축한다. 이런 과정은 자료에 대한 끊임없는 질문을 통하여 실현된다. 즉 먼저 이 자료에 무슨 일이 발생했는가, 한동안 지난 후 또 다시 이 사례와 다른 사례와의 차이는 무엇인가 질문한다. 동시에 이런 차이가 왜 유용하거나 뚜렷한지 질문한다.

세 번째 'C'는 '코딩'이다. 코딩은 한 가지 자료의 분할, 구성개념 및 통합하는 분석 과정을 통하여 이론을 형성하는 과정을 말한다(Strauss & Corbin, 1998). 질적 코딩은 내용분석이 아니다. 전형적인 내용분석은 사전에 확정한 종류로 자료를 분류하는 것이기에 이론을 검정하는 연구기법의 한 가지이며 이론을 구축하는 것이 목적이 아니다(Neuendorf, 2002). 일반적으로 코딩은 연구자가 자료에 개입하여 얻는 개념과 분류이며 이에 바로 연이어 자료수집을 위하여 진행하는 이론추출인데 최초 코딩에서 식별된 개념을 최대한으로 개발하게 된다. 구성개념과 분류가 내적으로 일치한 이론줄거리에 통합될 때 일단 자료의 주요 모형이 포착되면 구축과정을 종료하게 된다.

Strauss(1987), Corbin과 Strauss(1998)는 세 가지 코딩방법에 대하여 기술했다. 개방형 코딩(open coding), 축 코딩(axial coding) 및 선택적 코딩(selective coding), 이 세 가지가 서로 겹치고 차례대로 전개된다. 이론의 구축은 개방형 코딩에서 시작하여 사람들이 어떤 텍스트에 밀착하여 주목하는 그 시점에 발생한다. 개방형 코딩은 어떤 1차 자료에 대한 철저한 탐색에서 시작하여 이 부분 자료가 나타내는 의미를 이해하고자 시도하고 한 구성개념을 식별하여 자료가 어떻게 될 것인지 묘사하고 일정 기간이 지난 후 이런 분류나 주제의 일부분이 다른 방식으로 재현하여 사람들은 그런 표현종류의 특성과 차원에 대하여 사고하기 시작하고 최대한 이 분류를 확실하게 표현하고자 한다.

축 코딩(axial coding)은 자료에서 도출되는 특성 분류에 주목하여 이를 정제하고 그 특성(properties)을 규정한다. 축 코딩에서 연구자가 한 가지 분류가 다른 종류의 분류와 어떻게 상호작용하는지 고려한다. 선택적 코딩(selective coding)은 가능한 핵심 분류가 확정된 후 시작하고 연구자가 왜 다른 분류와 이 핵심분류가 관련되는지 체계적으로 분석하는 것으로서이론을 통합하고정제하는 것이 목적이다. 일단 코딩과정이 완료되면 연구자는 자료에서 발견한 구성개념과 종류를 통합하여 온전한 이론줄거리를 형성하도록 한다. 구축 과정의 결과는 구성개념을 발견하는 것이며 더 높은 차원의 추상이다. 다음 부분에서는 두 가지 비교적 긴 사례로 근거이론의 이런 원칙을 나타낸다.

11.2 자료분석: 코딩과 코딩 과정

두 가지 연구사례를 들어 질적 연구 방법을 설명하기로 한다. 첫째 사례는 Yun Su의 연구인데 개방형 코딩을 강조한다. 둘째 사례는 Ken Chung의 연구이며 축 코딩과 선택적 코딩을 강조한다. Yun Su의 연구가 시작할 때 Ken Chung의 연구는 마무리단계로 연구 결과를 작성하고 있었다. 이 두 가지 사례를 서술하기 전에 먼저 몇 가지 관점을 강조하여 총체적으로 분석하는데 도움이 되고자 한다. 첫째, 우리의 연구 문제에 주목한다. 곧 밝히게 될 텐데 질적 자료는 아주 풍부하여 여러 가지 사회적 행위를 표현할 수 있으며 연구 문제는 우리가 문제의 복잡성을 처리하는데 도움이 된다는 것을 명심해야 한다. 둘째, 자료에 충실하고 다른 사람이 무엇을 고려하여 자료를 정리하는지 추측하지 말고 정신적 분석치료법으로 다른 사람을 분석하지 말아야 한다. 처음에는 피조사자가 공포를 느끼고 곤혹스러워 하거나 솔직하지 못할 것이라고 추측하는 등 잘못된 가정을 가질 수도 있다. 자신의 추측을 자료에 강압해서는 안 된다. 이런 추측은 연구자의 머릿속에 있지 자료에 있는 것이 아니기에 자료에 충실해야 한다. 셋째, 다른 한 사람이 자료코딩 작업을 도우면 설령 가끔이라도 아주 큰 도움이 될 것이다. 사람이 많을수록 보다 다양한 견해를 연구에 반영할 수 있다.

코딩은 자료를 다루는 과정이기에 연구자가 자료를 읽고 자료에 관련된 더 많은 문제를 제기하고 기록하고 자료 중의 스토리를 비교하여 관점과 자료 사이의 연관을 찾아내는 등 과정을 통하여 연구 주제를 둘러싼 상관 개념과 연구 문제를 구축해 나간다. 코딩은 단순히 의미를 해석하는 것이 아니라 자료를 개념수준으로 향상시키는 과정이다. 이는 반복적인 과정으로 자료와 개념 간의 관계가 즉시 나타나는 것이 아니라 연구자가 여러 번 자료를 읽어야 한다. 연구자는 몇 조의 자료를 조사한 후 예를 들면 면접이나 관찰방법으로 자료를 수집한 다음에 개방형 코딩을 시작해야 한다. 그 이유는 코딩은 곧 흥미로운 주제와 문제를 나타내고 자료에 대한 분석과 차후의 자료수집을 유도하게 될 것이다.

코딩을 하기 전 먼저 텍스트를 한 번 살펴보고 이 연구에 대한 기본적인 인식을 가져야 한다. 즉 어떻게 연구 문제를 묘사하고 현존하는 텍스트에서 기본지식을 찾을 수 있는지 확인해야 한다. 이런 일람으로 연구의 기초적인 과정을 시작하여 이론위치에 머물게 한다. 또한 개방적인 태도를 유지하고 자료와 일치하도록 한다. 반복적으로 자료를 읽고 이론과 문제를 사고하는 것과 마찬가지로 텍스트에서 연구 주제 혹은 모형도 반복한다는 것을 발견할 것이다. 코딩으로 이런 연구 주제나 모형에 대하여 일정한 이름을 부여하여 텍스트를 간편하게 이해할 수 있도록 한다. 이렇게 하여 추상적인 이론과 실제 현상 사이에서 전환한다. 일단 주제가 분명해지면 축 코딩으로 이런 주제의 차원과 특징을 명확하게 할 수 있다. 다음 부분에서는 이 장 내용을 위하여 수집한 정량적 자료코딩과정에 대하여 전개할 것이다.

11.2.1 Yun Su의 연구: 개방형 코딩

Yun Su의 논문 제목은 '기초연구과학자의 학술지식발전과 약물발견과정 사이의 관계'이다. 논문은 기초연구를 이용하여 새로운 생물제약제품(약물, 치료방법)을 개발하는 것에 관한 것이다. 그가 곤혹스러워 한 것은 학술지식이 이런 혁신과정에 중요한 견해를 제공한다는 것을 잘 알지만 학술지식이 공업지식과의 공유와 소통 면에서는 그다지 잘 이루어지지 못한다는 점이다(Pisano, 2006). 현존 문헌에서는 기초연구가 네 가지 방법으로 생물제약혁신에 대하여 기여하며 대부분 기초연구가 성과에 대한 질적 연구와 검정이지 공업과 학술과학자가 지식을 공유하고 공동으로 창조하는 사회적 과정에 초점을 두는 것이 아니라고 표명했다. Yun Su

이 주목한 것은 실천 속에서의 이론지식으로 간단히 말하면 실천지식이다. 지식이 단지 소유하거나 교환할 수 있는 것이 아니라 반대로 지식은 지속된 과정으로 이해할 수 있으며 사람들의 업무에 배태되어(embedded) 있다고 밝혔다(Orlikowski, 2002). 지식은 매일 계속되는 일상의 실천 속에 존재하며 특히 사회와 물리적 환경 속에서 사람과 세계가 상호작용한 산물이다. (Lave & Wenger, 1991)

Yun Su의 연구 문제는 학술적 지식이 어떤 사회적 실천을 통하여 약물혁신과정에 진입할 수 있는지 혹은 약물혁신과정에 흡입되는지 조사하는 것이다. 학술과학자의 사회적 실천이 어떻게 이런 전환을 저해하거나 실천하는지 파악하는 시도를 했다. Yun Su이 맨 처음에 '저해 혹은 촉진'을 사용하여 자신의 연구 문제를 확장했다. 기존 문헌에는 이런 사회적 실천에 대한 직접적 관찰이 아주 드물게 포함되어 그는 현실 속에서 지식을 전달할 수 있는 실천을 식별하고 파악하고자 한다. 그리고 지식혁신에 있어서 아직 예견하지 못한 다른 방법과 경로에 대하여 개방적인 관점을 가진다. Yun Su의 자료에는 작업과 약물발견관련 학술과학자의 면접, 회의관찰 및 이런 전환연구회의와 관련된 돌파단계의 관찰(전환연구는 기초연구와 생물제약의 응용연구 사이의 허점을 보완)을 포함한다.

명칭에서 짐작할 수 있듯이 개방형 코딩은 1차 자료의 일부분을 선택하여 이 부분 자료를 대표할 수 있는 개념을 추출한다. 개방형 코딩의 목적은 자료를 펼쳐서 가능한 주제를 많이 찾아내는 것이다. 코딩은 기술적으로부터 주제적, 분석적, 해석적에 이르기까지 모두 연구자가 어떻게 자료나 텍스트를 이해하는지 보여주는 추상적 표현이다. 아래의 사례에서 Yun Su가 진행한 일부 면접에서 발췌한 내용으로 개방형 코딩을 보여준다. 피조사자는 의학부의 교사로 소속대학의 전환연구센터에서 일하고 또 현지 한 고등학교 자원봉사자 선생님이기도 하다. Yun Su는 이 사람에게 문헌에 일부 학술과학자는 기초연구에 종사하고 또 일부는 상업적 연구에 적극적으로 참여하는 실천자라고 표명한다고 알려준다. 그리고 Yun Su는 그에게 자신이 이 두 과학자에 대한 다른 견해를 소개하라고 한다.

> **피조사자:** 의학부에서 일하는 사람과 생물학 연구 분야에 종사하는 사람 사이에 확실히 차이가 있습니다. 동료 중에 일부는 내과의사이고 일부는 저와 같은 업종에 종사하는 사람들입니다. 우리는 연구세미나, 학술지클럽, 토론회 등에 참여합니다. 저의 업무일정을 보신다면 매일 할 일이 있습니다. 즉 어떻게 자신의 관점을 다른 사람들과 논의합니다(and that's how you bounce off your ideas). 그러나 그들 모두 아주 우호적인 동료들이지만 가끔은 자신의 발병을

누설되지 않도록 부득이하게 조심스러울 수밖에 없습니다. 법률적으로 변호사와 기술이전 사무실이 말하는 것처럼 심지어 자기 아내에게도 자신의 발명을 언급하지 말아야 한다고 합니다. 비록 지면으로 된 것이 아니고 슬라이드를 사용하더라도 당신이 발명을 공개토론으로 내놓으면 법적으로 이미 누설을 의미하기에 조심할 수밖에 없습니다. 예를 들면 만약 저가 '이런 단백질의 흑색 띠가 점점 골격으로 변하고 있다'라고 말해요. 내가 언제 이 계열이 무엇이라고 말했던가요? 아니요, 저는 단지 '한 흑색 띠'라고 말했을 뿐인데 당신은 이 흑색 띠가 도대체 무엇일가 미치도록 고민하지만 결코 무엇인지 생각해낼 수 없습니다. 그래서 말할 때 정보를 드러낼 때 무엇을 누설했는지 아주 조심해야 합니다. 한 회의에서 다른 사람이 강연을 요청해달라고 할 때도 모든 문을 닫게 각별히 조심하고 자신의 결과만 보여줘야 합니다. '지금 내 손에는 골격을 조성할 수 있는 어떤 물건이 있다.' 이것이 특허보호를 받는 발명이기에 아쉽지만 비밀에 대하여 해석할 수 없습니다.

그가 계속하여 말한다.

피조사자: 동료로부터 피드백을 받습니다. 그는 아마 이렇게 말 할 것입니다. '너는 어떻게 이것이 골격세포와 관련된 연구인지 알았니? 아마 뇌세포를 죽일 수도 있다. 만약 그것을 동물세포에 이식시켜 골격을 형성할 수 있지만 뇌세포를 죽일 수도 있기 때문이다'. 이는 아주 좋은 아이디어 맞죠? 그래서 저는 이 피드백을 채택하여 실험을 설계해요. 일부 뇌세포를 뇌세포 아래에 두고 어떤 결과가 발생하는지 관찰합니다. 그래서 한 가지 발명은 다른 사람의 피드백이나 자신의 지식으로부터 시작할 가능성이 높습니다. 이렇게 하여 더 많은 골격을 형성할 수도 있습니다. 만약 뇌세포 위에 둔다면 아마 더 많은 뇌세포가 분열되어 나올 수 있어 뇌암을 유발할 수 있으나 우리는 모릅니다. 맞죠? 그래서 우리는 실험을 설계하고 진행합니다. 대부분 상황은 당신의 경험과 지식에서 옵니다. 이런 관점을 탐색할 때 사고맥락을 확장할 수 있는데 저 같은 경우에도 많은 관점이 여러 가지 방면으로부터 이루어졌습니다. 예를 들면, 고등학생을 가르치는데 그들은 가끔 아주 좋은 생각들을 갖고 있어요. 그럴 때마다 우리는 시도해봅니다. 이런 것들이 바로 한걸음 한 걸음 문제를 해결해나가는 방식입니다.

다음은 Yun Su가 이상의 두 단락에서 얻은 개방형 코딩목록이다. 개방형 코딩의 목적은 한 자 한 자 자료를 발굴하고 표시하여 최대한 많은 종류를 얻는 것이라는 것을 명심하기 바란다. 이런 초보적인 개방형 코딩은 서술적인 내용이며 어떤 상황에서는 '내부적' 혹은 피조사자의 개인적인 말이다.

1. 의학부와 당신이 일하고 있는 생물학 연구분야는 확실히 차이가 있다
2. 내과의사와 생물의학연구자와 함께하는 업무환경, 일부는 그의 동료이다
3. 연구세미나, 학술지클럽 및 토론회에 참석한다
4. 친구와 동료에게 발명을 누설하는데 조심하고 신중함을 유지한다
5. 법적으로 합법이다
6. 변호사와 기술이전사무실
7. 공공장소에서 정보누설과 강연발표
8. '한 흑색 띠'
9. 조심스럽게 모든 문을 닫는다
10. 회의와 보고에서 결과 전시한다
11. 비밀
12. 발명특허보호
13. 동료의 피드백
14. 그래서 피드백을 채택하여 실험을 설계하여 일부 뇌세포를 뇌세포 아래에 두고 어떤 변화가 일어나는지 관찰한다
15. 피드백 혹은 자신의 지식
16. 대부분 상황에서 결론은 경험과 지식에서 온다
17. 관점을 구한다
18. 한 걸음 한걸음 문제를 해결한다

발췌문을 참고하고 연구 문제를 기억하는 것처럼 연구자는 연구 문제의 여러 각도에서 자료를 읽어야 한다. 예를 들면, 이 발췌문을 볼 때 Yun Su가 이렇게 질문한다. '자료는 어떤 피조사자의 사람들과 교류하는 사회적 실천을 반영하는가? 그가 내과의사, 기술이전사무실 및 기타 사람들과 교류할 때 어떤 지식을 얻는가? 그의 실천이 어떻게 새로운 지식을 얻는 데 도움이 되는가?' 텍스트를 볼 때 이런 문제를 염두에 둠으로써 잠재적인 주제와 그 특점을 발굴하는데 유익하다. 동시에 자료와 개념 간 관념의 개념화 과정에 대하여 느낄 수 있다. Yun Su는 실천함으로써 앎에 이른다(knowing-in-practice)는 관점을 채택하기에 일련의 중복된 행위와 지식의 상호작용을 얻기를 기대한다(Yanow, 2003; Orlikowski, 2002).

인용문 첫 부분에서 피조사자가 종종 사람들과 소통하는 것은 주로 동료와의 소통임을 보여준다. 이는 그가 업무환경에서 아주 적극적이며 자발적이고 여러 종류의 지식을 습득하려는 의지를 보여준다. 1번 항목은 피조사자의 말을 그대로 인용한 것으로 의학부와 생물학 연구분야에 확실한 차이가 있으며 그런데 정확히 어떤 차별인지는 말하지 않고 왜 다른지도 언급하지 않았다. 따라서 이는 개방형 주제로 계속 탐색할 수 있다. 이어서 내과의사와 생물의학연구자와 같이 일하는 환경에 처한다고 말한다(2번 항목), 실천 속에서 진리가 탄생한다는 시각에서 보면 내과의사와 생물의학 연구자는 서로 다른 종류의 지식을 장악하고 있으며 내과의사는 환자와 직접 접촉하는 방식을 통하여 자신의 지식을 응용하지만 생물의학연구자는 자신의 연구행위를 통하여 자신의 지식을 응용한다(예를 들어, 학술논문 탐독, 자료편집, 실험모형 설계 및 실시). 어쩌면 이런 실천 속의 차이가 Yun Su에게 다른 종류의 지식을 보였는지도 모른다. 이 또한 지식을 창조하는 사회적 행위이다. 그는 이런 것들이 바로 '어떻게 자신의 관점을 탐색하는지' 나타낸다고 말한다. 그가 모든 사람과 논의하고 피드백을 얻었는지 아니면 자신의 관점에만 주목하는 건지 혹은 업무배경에서 자신이 보기에 핵심인지 아닌지 하는 문제에 주목하는지는 우리는 잘 모른다.

인용문 두 번째 부분에서는 피조사자가 공개토론에서 자신의 발명과 관련된 지식을 발표하는 데 얼마나 조심하고 신중한지 해석한다. 4번 항목부터 12번 항목까지는 발명 정보를 누설하지 않도록 조심하는 것에 관한 것이다. 이것도 지식창조와 전파에 영향이 되는 사회적 실천이며 또는 일련의 사회적 실천이라고 말할 수 있다. 5번 항목과 6번 항목은 피조사자가 변호사 그리고 대학의 기술이전사무실과 소통한 경험이 있으며 발명과 특허를 보호할 수 있는 법률지식을 얻었다는 것을 나타낸다. 대학의 기술이전사무실은 다른 하나의 사회적 환경으로 피조사자가 거기서 특허와 기술이전에 관련된 새로운 지식을 습득한다. 이어서 피조사자가 또 회의에서 보고할 때 발명 관련 정보를 발표하는 때도 결과만 발표하는 등 아주 조심한다고 말했다. 즉 골격을 형성한다 하지만 다른 사람에게 어떻게 골격을 형성하는지는 말하지 않는다. '흑색 띠'는 아마도 골격을 형성하는 자신의 특허지식을 암시하는 방식일 것이며 어떻게 골격을 형성하는지 알리는 것은 아니다. 종합하면 피조사자의 지식과 사회적 실천이 약물혁신과 관련된 해석을 할 수 있다. 예를 들면, 피조사자가 여러 가지 지식을 공유하는 실천에 참여하여 여러 유형의 지식(예: 내과의사, 생물제약연구 및 법률)을 접할 수 있다. 피조사자의 '조심스러운 지식발표'도 의미심장하다. 어쩌면 여러 가지 방법이 지식의 공유를 저해하고 혹은 지적

재산권 정책에 의하여 형성된 일종의 사회적 거름망으로서 회사와 대학의 과학자가 공동으로 지식을 창조하고 공유하는 것을 보호하고 인솔하는 데 적용된다.

두 번째 인용 부분에서 피조사자가 자신이 어떻게 동료의 피드백으로부터 수혜를 받는지 설명했다. 그는 단지 특허지식의 결과만 언급했지만 동료로부터 '아마 골격을 형성할 수 있다. 그러나 뇌세포를 죽일 수도 있다'라는 건의를 받았다. 14번 항목은 피조사자가 피드백을 바탕으로 적극적으로 연구를 추진했다는 것을 나타낸다. 그는 무슨 실험을 하고 어떻게 실험하는지 결정할 수 있는 융통성을 갖고 있다. 제약회사의 과학자가 허가된 서류수속이 있어야만 실험을 추진할 수 있기 때문에 더 깊이 탐색하는 것이 아주 흥미로울 수 있다. 이 밖에 피조사자가 '때로는 피드백으로 때로는 자신의 지식과 경험을 기반으로 한다'(15번 항목과 16번 항목)고 말한다. 차후의 탐색은 두 가지 해석이 있을 수 있다. 먼저, 동료의 건의사항이 테스트해볼 가치가 있는지 고려한다. 따라서 다른 사람과 현재 관점의 실천과 사고과정에 대하여 교류하면 문제해결을 이끌어 내는데 도움이 된다. 다음으로, 그는 반드시 자신의 실험과 경험을 바탕으로 판단을 내려야 한다고 강조한다(15번 항목과 16번 항목). 두 번째 해석은 그가 타인과 함께 하는 것이 아니라 반드시 독립적으로 판단을 내려야 한다는 것이다. 정확한 이유는 모르지만 다른 사람이 언급했던 것처럼(Knorr Cetina, 1999; Merton, 1973) 아마도 그도 자신의 기술발명의 기밀유지를 위해서 또는 학술과학자의 독자적으로 작업하는 경향 때문일 수도 있다. 이런 가능성에 대하여 더 많은 자료로 탐색할 수 있다. 예를 들면, 특허가 없는 과학자를 대상으로 면접을 진행하여 그들의 협동 능력이 더 강한지 살펴볼 수 있다.

소수 자료에 초점을 맞추는 일부 개방형 코딩은 아마 다른 종류의 사회적 실천과 마찬가지로 다른 종류의 지식이 필요하다고 강조할 것이다. 연구 과정의 핵심은 개방적인 마인드를 유지하고 한편 연구 문제에 집중하여 가능한 많은 주제나 종류를 취득하는 것이다. 여기서 요약한 해석은 모두 현상의 가설과 추측에 관련한 것이며 다른 자료를 통하여 검증 받을 수 있다. 혹시 수개월 동안 개방형 코딩을 시도하고 여러 면접이나 기타 자료의 비교대조를 검토하여 자신의 가설에 대하여 연구할 수 있다. 예를 들면, Yun Su는 다른 학술과학자에 대한 면접을 통하여 텍스트를 얻고 타인에게 자신의 관점을 표현할 때 유사하거나 상이한 방식이 있는지 일부 관점에 대한 기밀유지 및 피드백을 얻고 응용하는지 조사할 수 있다. 이전의 일부 코딩은 제거되고 일부는 또 새로운 종류로 전환할 것이다. Yun Su는 자신의 연구 문제를 개선하고 실천을 기반으로 하는 관점에 관련이론을 깊게 융합시킨다. 다른 이론은 이 시각으로부터 실천 속에서 나타나는 지식의 다른 면에 주목하기 때문이다. 분석 과정은 컴퓨터 프로그램을 이용하여 진행한다. 그러나 연구자는 반드시 자료와 밀접하게 작용하여 문제를 제기하고 개념화 과정에 참여해야 한다. 자동화한 질적 코딩을 진행해서는 안 되지만 촉진할 수는 있다.

11.2.2 Ken Chung의 연구: 축 코딩과 선택적 코딩

축 코딩과 선택적 코딩의 사례는 '조직운영의 제도적 환경이 중대 사건 후 어떻게, 왜 변화가 일어나는가? 혹은 변함이 없는가?'라는 Ken Chung의 논문에 나타나 있다. 그는 일부 환경사고를 비교하였는데 이런 사고는 모두 독성화학물질이 지하, 공기와 수원에 침투되어 근처의 토지를 오염시키고 사람들이 병에 걸리게 되는 것과 관련된다. 이런 사고는 사람들의 생명에 모두 치명적인 악영향을 미친다. 그러나 그중에 오직 하나만 새로운 환경보호법 법안을 출범시켜 중요한 제도변혁을 이루어냈지만 나머지 몇 개는 그렇지 않다. Ken Chung은 사례연구 방법을 사용하여 뉴욕 러브 운하 사고(Love Canal in New York State)와 뉴저지주의 유사한 사고(Legler 사고)를 대조하였다. 러브 운하 사고는 미국의 아주 중요한 환경보호법을 출범시켰으나 Legler 사고는 그러지 못했다. Ken Chung은 제도적 이론을 도입하였는데 특히 제도운영 그리고 사람들이 어떻게 제도를 구축하는지 등을 포함한다(Lawrence & Suddaby, 2006). Ken Chung의 연구에서는 이런 환경사고를 다룬 텍스트기록에서 추출한 기록자료(신문, 정부보고, 서적 등 포함)를 대량으로 사용하였다.

이 예를 드는 목적은 연구 문제가 어떻게 축 코딩과 선택적 코딩에 따라 점차 발전하고 변화하며 사고가 어떻게 중대한 제도변혁을 초래하는지를 해석하는 이론의 수립을 설명하고자 하는 데 있다. 이 사례는 두 가지 중요한 교훈을 제공한다. 첫째, 인식론 연구는 반드시 연구 문제와 서로 부합해야 한다. 즉 질적 연구를 수행할 때 반드시 정량적인 문제를 제기해야 한다. 인식론 방면의 변화가 어떻게 연구 문제의 급격한 변화를 야기하는지 보여줬다. 둘째, 어떻게 보다 정교한 연구 문제를 제기하여 새로운 구성개념의 발생을 촉진하는가? 여기에는 '방해 받은 생활(disrupted life)'이라고 불리는 한 사례가 있다.

부적합한 인식론(잘못된 문제): 이 프로젝트는 아주 간단한 한 문제로부터 시작한다. 즉 두 환경사고 사이에 어떤 차이점이 있는가? 이 문제의식하에 Ken Chung은 유사하거나 다른 사고의 특점을 감별하는 시도를 한다. 이 문제 뒤의 인식론은 기능주의로 사고의 다른 특점이 다른 사고결과를 초래한다고 가정한다. Ken Chung은 4~5개월 시간을 투자하여 코딩과 분석 작업을 수행했다. 그런데 최종적으로 상호작용 인식론(interactionist epistemoogy)을 기반으로 하는 연구 문제가 더 많다는 것을 발견한다. 상호작용 인식론은 근거이론의 구축과 더 잘 부합한다. 기능주의 인식론 연구 문제는 연구자가 사전에 미리 검정특점을 규정하여 연구목적과 연구취지 및 근거이론 구축의 분석 방법을 등한시한다. 반대로, 근거이론의 구축은 자료에 강요하는 것보다 사고와 연관된 당사자의 해석으로 본질적인 특징을 찾고자 한다. 비록 다른 연구 방법에서 기능주의 인식론을 사용하는 것이 어쩌면 더 적절할 수 있지만 문제는 이 프로젝트는 근거이론 연구에 적합하지 않다는 점이다.

인식론과 연구 문제의 동시 전환은 얼마간 계발성 있는 발견을 초래한다. 초기 기능주의자의 시각으로부터 Ken Chung은 측정 차원(dimensions of scale)을 구축하여 러브 운하사건과 Legler 사고를 구분하고자 시도하였다. 그러나 놀랍게도 당사자의 머릿속에 아무런 척도가 없다는 발견을 한다. 그들 중 단 한 명도 사고의 영향을 받지 않았다. 예를 들어 평론하거나 한 사고가 다른 사고보다 더 심하다 또는 약하다고 표현한 사례가 없었다. Ken Chung은 기호 상호작용론(symbolic interaction theory)으로 전향한다. 기호 상호작용론으로 연구 문제를 당사자의 주장으로 돌리고 사회행위는 사고로 인하여 사람들에게 초래한 의의로 구성되고 그 의의는 특정 행위의 영향을 받기에 당사자가 누구인지 그들의 주장이 무엇인지 신중하게 조사해야 한다. 구체적인 주장은 당사자가 타인의 모든 행위를 설득하는 것을 말한다. 연구 문제와 이론적 배경을 수정하고 Ken Chung은 당사자가 무엇을 하였는지 조사하여 그들의 주장을 이해하려고 하였다. 결과는 당사자가 어떻게 다른 사람에게 새 법안 제정의 필요성을 설득하는지 해석했다.

방해 받은 생활이라는 개념의 코딩개발: 이 연구에서 분석하고 형성되는 가장 중요한 개념은 바로 '방해 받은 생활'이다. 방해 받은 생활은 사고에서 유해 화학물질의 피해로 고통을 받는 주민들이 제기한 두 가지 주요 주장 중의 하나이다. 그 개념은 Strauss와 Corbin(1998)가 사용한 축 코딩과 분석으로 도출한 결과이다. 축 코딩은 개념과 관련종류 및 차원을 하나로 조합하여 형성하는 코딩이다. 방해 받은 생활의 개념은 두 가지 종류로 구분하며 각각 일상생활이 파괴되고 폐기물로부터 고통을 받는다.

자료를 조사할 때 당사자와 행위를 전형적인 코딩으로 할 것이다. 그러나 자료에서도 나타나듯이 일부 행위는 마땅히 포함하지 말아야 한다. 한 가지 중요한 사실은 사람들이 러브 운하에 위치한 자기 집에서 떠나올 때 일상의 가사일을 처리하지 않았다는 것이다. 주민들이 그렇게 하지 않은데 대한 한 기자의 해석이 있는데 다음과 같다.

> 올해 Leonard Whitenight 가 러브 운하근처에 위치한 화원에 꽃을 심지 않았고 잔디도 가꾸지 않았다. … Whitenight 부인이 집을 청소하는데 벽에 검은 색의 얼룩은 저염수가 지반에 침투되었다는 것을 설명한다.

이 자료에서 Whitenight가 꽃을 심지 않았다고 했지만 벽에 검은 색 얼룩과 저염수가 지반에 침투한 부분에 관련해서는 잘 모른다. 과연 그들이 평상시처럼 자주 청소하지 않은 것인지 아니면 검은 색 얼룩과 저염수가 지반에 침투하지 않은 것인지 또 그렇지 않으면 더 자주 청소하려고 시도하였는지 알 수 없다.

이 부분 자료는 코딩에 도전장을 던진다. 어쩌면 채택되지 않은 무수한 행위들이 있을 수 있기에 연구자가 채택되지 않은 행위에 대하여 코딩하는 것은 아무런 의미도 없어 보인다. 자료에도 상기와 유사한 채택되지 않은 행위사례가 많다. 예를 들면, 애들이 학교에 가지 않는다(학교가 문을 닫았기 때문이다). 학교에 가는 것이 허용될 때 버스로 그들을 집 근처의 학교로 데려다 준다. 코딩 각도에서 보면 애들이 친구들과 같이 앉아서 점심을 먹지 않고 익숙한 학교에서 그들을 아는 선생님이 자기들의 이름을 불러주지 않으며 그들의 부모 또는 형제자매와 같이 집에 가지 않는다고 지적할 수 있다.

Legler 사고의 자료에도 이러한 당사자가 하지 않은 행위의 사례를 포함한다. Legler에서 지방정부 위생국은 주민들에게 비위생적인 물을 사용하지 말고(이전에 사용한 수원) 용량이 44갤런인 녹슨 통에 담긴 물을 사용하라고 지시한다. 이 물은 사용 전에 먼저 끓이고 어린이들은 분무분사기 근처에서 놀면 안 된다(거기도 여전히 오염된 물). 그리고 채택된 행위에 대한 상세코딩은 다음 절차에서 거의 언급하지 않는 상황을 나타낸다.

한 차례 사고를 거쳐 Ken Chung은 관건은 관례 타파라는 것을 의식하여 새로운 코딩방법을 고안하여 범주에 속하는 것들을 파악한다. 관례를 타파하는 것은 과거의 일상생활에서 정상적으로 행하는 행위가 계속할 수 없다는 것이다. 따라서 Ken Chung은 한 코딩으로 러브 운하의 아이들이 걸어서 멀리 있는 학교에 가는 이 사실을 나타내지 않고 코딩으로 습관적으로 학교에 가는 규칙을 깨는 것을 표현했다. 여기서 두 단문이 있는데 관례 타파를 보여주고 있다.

Vianna 박사는 운하 근처에 거주하는 주민들에게 정원에서 나는 어떤 야채도 먹지 말라고 건의한다. 한 여자아이의 아버지가 아주 불쾌하게 "보세요, 저희 집 애가 발에 화상을 입었어요. 정원에 놀 수 없게 되었어요. 이웃집의 개가 정원에서 코에 화상을 입었어요. 우리도 정원에서 식사를 할 수 없게 되었어요."라고 말한다.

바람이 부는 방향에 따라 어떤 냄새가 난다. 쓰레기 매립장을 개방하기 전에 마당을 만들었는데 그러면 뒤뜰을 사용할 수 있어요. 내년 여름이면 우리는 여기에 있을 수 없어요. 여름이 되면 창문을 열 수 없어 실내에 에어컨을 설치했어요.

관례의 타파를 연구의 핵심차원으로 하면 여러 가지 장점이 있다. 이론적 각도에서 보면 관례와 관례를 타파하는 것은 인생가치의 중요한 근원이다. 특히 관례를 타파하는 것은 대중의 마음을 움직이는 명료한 표현이다(Goffman, 1959). 사고 발생지의 주민에게 있어서 관례를 타파하는 것은 관찰자(근처의 다른 주민과 대중, 신문기자, 국가기구와 정부 대표)에게 영향을 주기 위한 것이다. 이와 같은 관례를 타파하는 행위는 하나의 주장으로서 사고가 초래한 안 좋은 상황에 대하여 다른 사람들이 인식하도록 설득한다. 근거이론 구축의 코딩각도에서 보면 관례를 타파하는 것이 기본적인 차원으로서 관찰에서 얻은 경험적 자료를 기반으로 하고 자료로부터 사람들이 더 이상 전형적인 행위를 하지 않는 방식을 포착한다. 가장 중요한 것은 관례를 타파하는 것이 구조와 대리인(structure and agency) 사이의 상호작용을 강조하는데 이는 질적 연구에서 필요한 부분이다.

관례 타파는 사람들이 현존 사회적 구조에 독립하여 자신을 표현할 수 있다는 것을 나타낸다. 관례는 사회적 구조가 사람들을 구속하는 형식이다(DiMaggio & Powell, 1991; Feldman, 2000; Nelson & Winter, 1982). 일반화 행위는 저지받을 때까지 항상 지속된다(Jeopperson, 1991). 그러나 관례를 타파하는 것은 행위가 구조에 단독적으로 결정되는 것이 아님을 명백하게 보여준다. 행위도 사람들이 현실 상황을 해석할 때 발생한다(Blumer, 1998; Thomas, 1923). 관례를 타파함으로써 사람들이 부적합한 제도화의 속박에서 벗어나게 한다. 이런 이탈은 사람들이 어떻게 제도적 환경을 변혁하는지 핵심관점이 된다.

관례 타파를 중심으로 수행한 코딩은 Ken Chung이 보다 상세한 연구 문제를 개발하여 기구와 대리인 사이의 관계를 심층적으로 탐구하게 한다. 이 프로젝트는 사고가 어떤 방식으로 기구변혁을 초래하는지 이 핵심문제의 지도 하에 전개한다. 그러나 관례를 타파함으로써 Ken Chung은 대리인이 어떻게 기성 구조를 타파하는지에 대하여 조사하는 데 주목한다. 자료분석에서 다음과 같은 해답을 제공한다. 즉 일부 당사자가 자신의 일상적 관례가 더 이상 불가능하여 부득이하게 다른 방식을 시도해야 한다고 제기했다.

방해 받은 생활 개념의 두 번째 범주는 폐기물에 둘러싸여 곤경에 처하는 것이다. 이 범주는 몇 개의 코딩으로 구성되며 서로 상호 연관되는 총체이다. 이런 범주가 어떻게 나타나는지 한번 살펴본다. 많은 경우, 자료는 내적 코딩을 나타낸다. '나는 그냥 떠나고 싶다', 이는 한 현지주민의 말을 인용한 것인데 그와 가족이 러브 운하 옆에서 27년이나 넘은 세월 동안 빈궁한 생활과 엉망이 된 건강상태로 인하여 아주 낙담하고 있었다. Leonard Whitenight와 그의 아내는 그들의 염색체가 파괴되었다는 사실을 통보 받는다. 듣기로 그들이 장기적으로 독성화학물질과 접촉하였기 때문이라고 한다. 그들의 딸 Debbie도 자주 인후감염을 앓았지만 적절한 치료를 받은 적이 없다. 그들의 집이 마침 독성화학물질 지하배수구 위에 있다는 것을 발견했다. 다른 주민과 마찬가지로 Whitenights는 '나는 그냥 떠나고 싶다'라고 말한다. 그가 이런 방식으로 위험, 공포, 낙담, 분노와 건강악화상태에서 벗어나고자 하는 마음을 표현하였고 이런 소망이 지속되었는지 오래다.

'나는 그냥 떠나고 싶다'는 코딩이 그 지역을 떠나고 싶은 희망을 대표하지만 한편 사람들은 경제적 제약으로 떠날 수 없다. 대중들이 독성화학물질의 확산으로 인한 피해를 점점 의식해 나감에 따라 주민들도 이에 따른 집값 하락을 우려하기 시작한다. 오염된 지역에서 집을 사고자 하는 사람이 없기 때문에 집은 이미 팔리지 않는다. 주민들은 계속 악화되는 생리적 심리적 건강의 영향을 받으면서 끊임없이 악화되는 경제적 상황의 영향도 받게 된다.

다른 한 조의 코딩은 지역침범 관점과 관련된다. 사람들은 물리적 그리고 사회적 지리위치에 의한 관계를 형성하는데 '집'이 이런 지역적 의식을 반영한다 (Gieryn, 2000). 특히 우리 스스로가 사건이 어느 방향으로 나아가야 하는 문화적 편견을 가질 때 일이 원래 기대했던 방향으로 진척되지 않을 때 혼란이 일어난다 (Douglas, 1994). Ken Chung은 이런 이론으로부터 영감을 받아 지역적 침범을 와해시키는 주장으로 내세울 것을 의식한다. 다음 사례는 한 주민이 독성 화학 물질이 어디까지 침투되었는지에 대하여 별로 놀라지 않고 후속 행위로서 그 지역을 떠난다. 자료에서 쓰레기는 어디에 버리지 말아야 하고 그런 행위는 마땅히 바로잡아야 한다고 나타낸다.

Brown(신문기자)의 보도에 의하면 러브 운하가 제99번가와 제 97번가 사이에 위치한다고 말하는데 나는 그 뜻이 우리 아이가 학교에 다니고 내가 그들을 데리고 헬스센터에 가거나 그네를 타는 그런 곳이라고 생각하지 않는다. … 나중에 제99번가의 학교가 확실히 그 위에 있다는 것을 발견했을 때 나는 몹시 경악했다. 내 아들이 그 학교에 다니고 … 나는 한 가지 조사를 하기로 결정한다.

주민들은 떠날 수 없고 탈출할 수도 없고 거기에 갇혀서 쓰레기에 둘러 싸여있다. 그들의 생명은 무서운 질병에 의하여 소진되고 있다. 그들이 계속 머문다면 기다리고 있는 것은 불확실한 미래일 뿐이며 정부나 다른 사람의 도움 없이 그들이 떠날 수 있을지 모른다. 거기의 주민들은 외부의 생활과 단절된 느낌을 받는다. 의사도 확실한 진단을 내리지 못하고 증상도 어떤 특정 오염물에 귀인할 수 없으며 정서적 불안으로 그들의 건강은 날로 악화되고 있다(Auyero & Swistun, 2008; B개주 & Mikkelsen, 1990; Edelstein, 1988:17; Vyner, 1988:16). Ken Chung은 이 범주를 '쓰레기에 둘러 쌓이다'라고 명명한다. 이 표찰로 당시 거기에 거주하는 주민들의 느낌을 포착했다. 이런 쓰레기에 둘러 쌓인 느낌은 의미가 더 광범위한 배경으로 직접적으로 관찰할 수 없다. 그러나 당사자가 처한 즉각 상황을 통하여 반영할 수 있다(Weber, 1924, 1978:8-9). 따라서 쓰레기에 둘러싸인 이런 범주가 각종 잠재적인 코드를 하나로 통합하여 원하지 않은 곳에 포위되고 고립되는 느낌을 부여한다.

쓰레기에 둘러싸인 이런 코딩으로 Ken Chung이 다른 당사자를 대상으로 더 상세한 문제를 조사할 수 있게 한다. 당사자들이 원래의 구조를 타파하는 방식(예를 들어 관례 타파)을 모색할 필요가 있다는 것을 발견했다. 왜 당사자가 저런 방식이 아닌 이런 방식을 선택하는지 질문하는 사람도 있을 것이다. 쓰레기에 둘러싸인 이 코딩에서 비록 부적합한 곳으로 변했지만 일부 주민들이 살던 곳을 떠날 수 없기에 자료, 코딩, 분석과 나타난 이론이 연구 문제에 따라 계속 진화한다는 것을 설명한다. 이는 주민들의 한 주장에 대한 더 심층적인 해답 즉 다른 사람을 설득하여 제도적 환경에 대한 변혁시도를 보여준다.

정리하면, 이 사례는 한 환경사고의 연구에서 가져 온 것으로 근거이론분석에서 연구 문제는 중요한 두 단계를 거친다는 것을 설명한다. 첫째, 연구자가 인식론과 연구 문제의 일관성를 확보해야 한다. 둘째, 코딩과정에서 자료와 이론 사이에 집중력을 끊임없이 전이하여 이런 방식을 통하여 새로운 이론으로 원래 추상적이던 연구 문제를 연구자가 연구할 수 있는 보다 자세하고 구체적인 문제로 전환하게 한다. 코딩의 발전에 따라 코딩이 관례 타파처럼 새로 나타난 범주를 뒷받침한다는 것을 알 수 있다. 그러나 이는 현존하는 이론에도 적용된다. 구조와 당사자 사이의 상호 영향이 바로 그런 경우다. 이런 범주가 점차 형성된 주제와 밀접하게 연계되고 이런 주제는 한 줄거리를 따라 '방해 받은 생활' 개념을 형성한다. 이 과정은 결국 연구자가 왜 환경규정제도가 Legler사고하에서는 수립되지 않고 러브 운하 사고에 의하여 수립된 원인을 충분히 해석할 수 있게 된다. 중요한 제도의 변혁은 통상 지위가 지극히 높고 특수 기능을 가진 자나 큰 권력을 가진 사람과 관련된 일(Battilana et al., 2009)이라고 생각하기 마련인데, 이 연구가 기여하는 관점은 바로 러브 운하 주변의 주민처럼 일반인이 생활 곤경에 처할 때에도 대리인을 앞세워 기존의 구조에 도전할 수 있다는 것이다.

11.3 모두 기록하라

마지막으로 일단 핵심 모형에 대하여 파악했다면 연구하고자 하는 현상의 자료에 대해 어떻게 된 것인지 모두 기록해야 한다. 아쉬운 것은 질적 연구 작성도 하나의 도전이다. 사실은 분석 과정에서의 발견을 작성하는 것이다. 자신의 생각이 어떻게 된 것인지 적고 회의록과 보고형식으로 관점을 표명하여 피드백을 구축하고 이로써 연구 결과를 심화하고 명확하게 한다. 이 부분에서는 연구 결과 작성 과정에서 핵심 난점을 극복하는 방법에 대하여 간단하게 소개한다. 이 장에서 연구에서 발견한 새로운 또는 개선된 이론에 관하여 소개했고 어떻게 그리고 왜 이런 분야에서 이론에 대하여 정제하고 간결화가 중요한지 설명한 것을 기억하기 바란다. 새롭거나 개선된 이론이 없으면 이 연구분석에 만족하지 못할 것이다. 초기에 작성하는 몇 편의 논문은 현재 자신의 사상들 사이에 존재하는 차이를 느끼게 할 것이다.

작업을 종료해도 된다는 것을 느낀다. 연구의 완성은 연구 결과에 대한 표현이며 회의 혹은 학술지에 제출하여 심사받는 과정이다. 아마 미스터리, 심층 문제나 확답이 없는 것은 내놓으려고 하지 않을 것이다. 최초 자신이 완성했다는 것을 느낄 때는 바로 자신이 이런 것들을 가지고 있다고 확신할 때이다. 예를 들어 사람들이 흥미로워하고 흥분하고 세밀한 문제에 대하여 재미있고 감동시키는 해답을 찾았을 때이다. 해답은 바로 당신이 개발한 이론이다. 이 이론으로 자료에서 핵심모형을 포착하고 아주 흥미로운 방식으로 현존 이론을 확장하고 수정한다. 당신이 제출한 결과가 이런 기본적인 요소를 갖춘다면 동료들이 이 이론의 확실성과 질에 대하여 검토할 것이며 더 훌륭하고 간결하게 완성되도록 촉진제가 된다(Golden-Bidle과 Locke(2007)의 질적 연구에 관한 근사한 관점 참조 요망).

연구 결과로부터 추출한 몇 편의 논문: 앞에서 소개한 두 편의 박사 논문처럼 큰 연구는 아주 흥미로운 발견이 있을 수 있다. 이런 발견은 사회적 행위의 다른 측면, 다른 차원이 될 수 있고 혹은 전혀 다른 문제에 대하여 해답할 수도 있다. 연구에서 얻은 모든 결과를 한편의 논문에 포함시키고자 하는 것은 잘못된 생각이다.

연구 결과의 다른 측면은 한편의 논문에서 언급할 수 있으나 심도 있게 논의할 수 없다. 한편의 논문은 하나의 주제, 하나의 핵심문제, 한 가지 해답을 갖고 있다. 물론 이렇게 하는 것의 어려움은 어떻게 연구를 통합하고 서로 연관되면서도 다른 측면을 발견하는 것이다. 그러나 정말 확실한 발견을 얻는다면 어떻게 해야 할지 알 것이다. 모든 논문은 전달하고자 하는 특정이론의 발생을 초래하는 자료수집, 분석 과정, 이론을 설명할 수 있는 방대한 자료제시, 어떻게 자료를 수집했는지 그리고 자료가 무엇을 나타내는지 등에 대하여 충분히 논의해야 한다. 모든 논문은 특정한 미스터리, 핵심문제 및 영향 받거나 확장하는 관련이론에서부터 시작한다.

연구 과정과 작성 과정의 차이점 구분: 논문이 연구의 과정을 담아낸다는 생각은 잘 못된 것이다. 적어도 질적 연구와 첨단 분야 과학은 이러하다(Grinnell, 2009; Knorr Cetina, 1999). 연구 논문은 연구 성과를 보고하는 것이지 연구 과정이 아니다. Grinnell(2009:72)이 설명한 것처럼 과학자는 흔히 논문에서 정연한 해석으로 그들의 실험실에서의 무질서한 생활을 대체한다.

통상적으로 서론과 결론 부분은 연구와 관련된 논리에 맞는 내적 일관성이 있는 해석을 제시한다. 이런 해석과 실제 발생한 과거의 사건은 많이 다르다. 일련의 실험이 완성될 때 작업 배후에 숨겨져 있는 기본원리가 이미 변했거나 그 전의 생각을 버렸거나, 전의 발견도 나중의 발견에 근거하여 재해석한다.

Grinnell가 지적한 바와 같이 과학 논문의 모든 절차는 모두 과학적 방법이 된다. 다른 점은 근거이론 구축이 각별히 중요하다는 점이다. 이 과정에서 우리는 어떤 이론을 구축하고 싶지만 문장 첫머리에서는 그것이 도대체 무엇인지 알 수 없으며 연구가 다루는 문제는 연구를 시작할 때 관심 있는 문제에 대하여 수차 수정한 뒤에 나타난 결과이며 심지어 완전히 다른 문제일 수도 있다. 마치 한 권의 책처럼 긴 보고도 연구자가 연구 과정에서 다른 우회곡절의 경험을 포함할 수도 있지만 연구 결과에 주목하지 결과가 어떻게 발견된 것인지에 집중하지 않는다(Vaughan, 1966; Knorr Cetina, 1999).

논문은 반드시 연구 과정의 종료를 새 이론의 시작으로 해야 한다. 만약 모든 사건에 아주 신중하다면 쉽게 새로운 이론을 구축할 수 있을 것이다. 자료와 이론 사이를 드나들면서 어떻게 초기 작업에서 연구 결론을 얻어야 할지 잘 알기 때문이다. 자료를 탐색하고 새로운 자료를 수집하며 문제를 해결하는데 적어도 2, 3개월 심지어 몇 년이 걸릴 수 있다. 이렇게 하는 것은 아주 바람직하다. 하지만 이 방대한 과정의 모든 세부사항을 듣고자 하는 사람은 없다. 반대로 당신이 무엇을 발견했고 연구 결과가 일상 경험에 잘 부합하고 반영한다고 확신하는지에 대하여 알고 싶어 한다. 따라서 연구 과정을 보고하는 것이 아니라 발견점들과 그 중요성을 보고해야 한다. 문장에서 제기한 이론을 뒷받침할 자료수집, 자료분석 및 자료분석이 이론을 지탱하는지 등에 대하여 자세하게 설명해야 한다.

이론은 당신의 개성이다. 일부 질적 연구자들은 미지의 사물을 연구할 때 이론을 피하라고 건의하는데 사실은 직접 이 분야에 뛰어 들어 민감한 통찰력을 보여줘야 한다. 상기 생각이 잘못이라고 하는 이유는 아래와 같다. 우선, 우리 두뇌 속에 이미 있는 이론은 우리가 관찰하는 객관적 현실에 영향을 준다. 우리는 현실 속에서 하나의 순수한 창구가 아니다. 먼저 이론을 서술하면 자신이 무슨 생각을 하는지 또 기여하고자 하는 이론대화의 요점을 확실하게 할 수 있다. 동시에 우리는 개념모형과 당신의 자료발굴 및 분석 과정에서의 개념모형을 비교할 때 새로운 관점을 보게 된다. 다음, 우리는 이미 아주 많은 보편적 이론이 있기에 그중에서 연구현상과 관련된 일반적 이론을 찾지 못한다는 것은 타당하지 않다. 적합한 이론이 없다고 하면 당신이 아직 적절한 문헌조사를 하지 않았다는 것을 설명한다. 마지막으로, 연구자로서 처음부터 이론을 고려하지 않는다면 다른 사람이 발견한 내용만 발견하게 될 것이다. 예를 들어, 2년 동안 계속 되는 혁신적인 현지조사에서 이런 결론을 도출하게 될 것이다. 리더십은 아주 중요하다 혹은 사람들이 모호성을 처리할 때 난항을 겪는다. 이런 내용은 우리가 이미 알고 있는 것들이다. 자료를 이용하여 이론에 대하여 돌이켜 봄으로써 유용한 문제를 제기할 수 있다. 예컨대, 지도자가 어떤 경우에 가장 큰 역할을 하는가? 왜 그러한가? 혹은 어떤 상황에서 사람들이 더 철저하게 모호성을 처리할 수 있는가? 왜 그러한가?

당신의 연구 주제에 관심을 가지는 다른 연구자를 찾는 것이 바람직하다. 이는 유용하고 건설적인 피드백을 얻기 위함이다. 비록 일부는 아직 그렇지 않는 상황이나, 지금 대부분 학술지에서 질적 연구를 게재하려고 노력한다. 이런 학술지에 발표한 논문, 부편집장과 다른 편집부 구성원에 질적 연구자가 포함하는지 유의한다. 만약 없다면 당신이 기대했던 도움을 받을 수 없기에 이런 학술지에 투고하지 말기 바란다. 유감이지만 많은 양적 연구자가 질적 연구자에 대하여 잘 알지 못한다. 그러나 중요한 문제는 그들은 자신들이 잘 알지 못한다는 사실을 모른다. 이런 논문 심사자가 성의껏 도움을 제공하지만 당신이 간단하게 이룰 수 없는 양적 연구를 하도록 요구할 것이다. 당신의 연구 주제에 관심이 있는 사람이라면 당신의 연구 결과에 많을 관심이 있기에 조언을 하겠지만 그것은 결코 당신의 연구 방법이 아니다. 당신이 참여하는 학술단체에서 연구 주제에 관심을 갖는 연구자를 찾을 수 있을 것이며 이런 단체도 널리 존재한다.

11.4 맺음말

현장 연구를 거치지 않은 연구자가 근거이론의 구축 과정을 제대로 이해할 수 없다는 것은 분명하다. 이 장에서는 질적 연구 방법의 개념적 요지만 개략적으로 제공했다. 이 방법에 흥미를 가진다면 이런 유형의 연구와 관련된 논문이나 서적을 읽어 보고 심지어 한두 과목 이수하여 질적 연구의 여정을 시작하게 할 수 있다. 사무실에서 나와 서로 뜻이 맞는 연구자를 찾아서 함께 현지에서 다른 사람들은 어떻게 일하고 리더하는지 관찰하며 관심 있는 현상 속으로 직접 참여하라!

종합하면 본 장의 요점은 아래와 같다.

1. 관심 있는 조직 경영 과제의 복잡한 실제 상황에 뿌리를 내리고 특별히 연구가치가 있는 문제를 발견한다. 예를 들면, 왜 그런 현상이 존재하는가, 그 과정은 어떻게 전개해 나가는가, 외부의 큰 환경과 어떤 연관이 있는가? 풍부한 텍스트 자료를 최대한 수집하여 연구 문제를 반영하도록 한다.
2. 이론을 중요시한다. 우선은 기존이론으로 관심 있는 현상을 파악하고 당신의 연구를 통하여 우리에게 개선되거나 참신한 이론을 제공하여 그 현상을 해석하라. 필히 먼저 현상과 관련된 모든 이론에 대하여 개괄적으로 서술한 다음에 왜 일부 이론은 유용하고 일부는 단지 표상적인 현상해석인지 설명해야 한다. 지금 이 현상을 해석할 수 있는 그 어떤 이론도 없다고 말하지 말라. 사실 부분적으로 현상을 해석할 수 있는 많은 이론이 항상 있기 때문이다. 당신의 이론적 총론과 자료분석에서 현존하는 이론으로는 당신이 연구하고자 하는 현상에 대하여 해석할 수 없는 몹시 흥미로운 미스터리라는 것을 보여줘야 한다.
3. 체계적으로 자료를 분석하고 탐색하는 과정을 통하여 참신한 혹은 개선된 이론을 구축해야 한다. 이 과정이 어쩌면 아주 긴 시간이 필요할지도 모른다. 더구나 자료수집과정도 시간이 필요한 것은 두말 할 것도 없다. 자료와 이론 사이에서 반복적으로 탐색해야 하기 때문이다. 끊임없이 자료와 이론적 가설을 비교하고 이론을 수정함으로써 새로운 이론을 찾아간다. 간단하면서 놀라울 만한 해답을 발견했을 때라야 탐색작업을 일단락 지을 수 있다. 이 해답이야말로 조직경영을 위한 새로운 시각을 제공할 수 있는 이론이다.

참 고 문 헌

Agresti, Alan. (1990). *Categorical Data Analysis*. New York: Wiley.

Auyero, Javier & Swistun, Debora. (2008). The social production of toxic uncertainty. *American Sociological Review*, 73 (3), 357-379.

Bailyn, Lotte. (1997). Research as a cognitive process: Implications for data analysis. *Quality and Quantity*, 11 (2), 97-117.

Barley, Stephen R. (1986). Technology as an occasion for occasion for structuring: Evidence from observations of CT scanners and the social order of radiology departments. *Administrative Science Science Quarterly*, 31 (1), 78-108.

Bartunek, Jean M. , Rynes, Sara L. & Ireland, R. Duane (2006). What makes management research interesting, and why does it matter? *Academy of Management Journal*, 49 (1), 9-15.

Battilana, Julie, Leca, Bernard & Boxenbaum, Eva (2009). How actors change institutions: Towards a theory of institutional entrepreneurship. *Academy of Management Annals*, 3, 65-107.

Blumer, Herbert. (1998). *Symbolic Interactionism: Perspective and Method*. Berkeley, Calif: University of California Press.

Brown, PhIL & Mikkelesen, Edwin J. (1990). *No Safe Place: Toxic Waste, Leukemia, and Community Action*. University of California Press.

Clarke, Adele. (2005). *Situational Analysis: Grounded Theory after the Postmodern Turn*. Thousand Oaks, Calif: Sage Publications.

Denzin, Norman K. & Lincoln, Yvonna S. (Eds.) (1994). *Handbook of Qualitative Research*. Thousand Oaks, CA: Sage Publications.

DiMaggo, Paul & Powell, Walter W. (1991). The iron cage revisited: Institutional isomorphism and collective rationality in organizational fields. In W. W. Powell & P. DiMaggio (Eds.), *The New Institutionalism in Organizational Analysis*. Chicago, IL: Uni-versity of Chicago Press.

Dougherty, Deborah. (1992). Interpretive Barriers to Successful Product Innovation in Large Firms. *Organization Science*, 3 (2), 179-202.

Dougherty, Deborah. (2002). Grounded theory research methods. In J. A. C. Baum (Ed.), *Companion to Organization*. Oxford, UK: Blackwell Publishers.

Dougherty, Deborah and Danielle Dunne (2011). Digital science and knowledge boundaryes in complex innovation. *Organization Science*, forthcoming.

Douglas, Mary. (1984). *Purity and Danger: An Analysis of Concepts of Pollution and Taboo*. London: Routledge.

Edelstein, Michael R. (1988). *Contaminated Communities: Coping with Residential Toxic Exposure*. Boulder, CO: Westview Press.

Feldman, Martha S. (2000). Organizational Routines as a Source of Continuous Change. *Organization Science*, 11 (6), 611-629.

Geertz, Clifford. (1973). *The Interpretation of Cultures: Selected Essays*. New York: Basic Books.

Gieryn, Thomas F. (2000). A space for place in sociology. *Annual Review of Sociology*, 26, 463-496.

Goffman, Erving. (1959). *The Presentation of Self in Everyday Life*. New York: Double-day Anchor Books.

Golden-Biddle, Karen and Karen Locke (2007). *Composing Qualitative Research* (2nd ed.).Thousand Oaks, CA: Sage.

Grinnell, Franklin (2009). *Everyday Practice of Science*. Cambridge: Oxford University Press.

Jepperson, Ronald L. (1991). Institutions, institutional effects, and institutionalism. In W. W. Powll & P. DiMaggio (Eds.), *The New Institutionalism in Organizational Analysis*. Chicago, IL: Univerisity of Chicago.

Knorr Cetina, Karen (1999). *Epistemic Cultures: How the Sciences Make Knowledge*. Cambridge, Ma: Harvard University Press.

Krippendorff, Klaus. (2004). *Content Analysis: An Introduction to Its Methodology* (2nd ed.). Thousand Oaks, CA: Sage Publications.

Lave, Jean and Etienne Wenger (1991). *Stiuated*

Learning: Legitmate Peripheral Paticipation. Cambridge: Cambridge University Press.

Lawrence, Thomas B. & Suddaby, Roy. (2006). Institutions and institutional work. In S. R. Clegg, C. Hardy, T. B. Lawrence & W. R. Nord (Eds.), *Sage Handbook of Organization Studies*. London: Sage Publishers.

Lincoln, Yvonna S. Guba, Egon G. (1985). *Naturalistic Inquiry*. Beverly Hills, Calif.: Sage Publications.

Mead, George Herbert. (1934). *Mind, Self and Society from the Standpoint of a Social Behaviorist*. Illinois: University of Chicago Press.

Merton, Robert (1973). *The Sociology of Science*. Chicago Ill: University of Chicago Press.

Nelson, Richard R. & Winter, Sidney G. (1982). *An Evolutionary Theory of Economic Change*. Cambridge, Mass. , Belknap Press.

Neuendorf, Kimberly (2002). *The Content Analysis Guidebook*. Thousand Oaks, CA: Sage.

Nicolini, Davide. (2011). Practice as the Site of Knowing: Insights from the Field of Te lemedicine. *Organization Science*, 22 (3), 602-620.

Orcolini, Davide. (2011). Practice as the Site of Knowing: Insights from the Field of Telemedicine. *Organization Science*, 22 (3), 602-620.

Orlikowski, Wanda (2002). Knowing in practice: Enacting a collective capability in distributed organizing. *Organization Science*. 13 (3), 249-273.

Pisano, Gary P. (2006). *Science Business: The Promise, the Reality, and the Future of Biotech*. Boston, Mass: Harvard Business School Press.

Prasad, Anshuman & Prasad, Pushkala. (2002). The coming of age of interpretive organizational research. *Organizational Research Methods*, 5 (1), 4-11.

Ragin, Charles, Jean Nagel and Patricia White (2004). *Workshop on the Scientific Foundations of Qualitative Research*. Arlington VA: National Science Foundation.

Smith, Dorothy (2006). *Institutional Ethnography as Practice*. Roman and Littlefield.

Strauss, Anselm & Corbin, Juliet (1998). *Basics of Qualitative Research* (2nd ed.). Thou-sand Oaks, CA: Sage.

Srrauss, Anselm L. (1987). *Qualitative Analysis for Social Scientists*. New York: Cambridge University Press.

Suchman, Lucy (1987). *Plans and Situated Actions: The Problem of Human Machine Communication*. Cambridge: Cambridge University Press.

Thoms, William Isaac. (1923). *The Unadjusted Girl*. Boston: Little, Brown and Company.

Van Maanen, John. (1979). On the Understanding of Interpersonal relations. In W. Bennis, J. Van Maanen, E. H. Schein & F. Steele (Eds.), *The Understanding of Interpersonal Relations*. Homewood, IL: Dorsey Press.

Vaughan, Diane. (1996). *The Challenger Launch Decision: Risky Technology, Culture, and Deviance at NASA*. Chicago: University of Chicago Press.

Vyner, Henry M. (1988). *Invisible Trauma: The Psychosocial Effects of Invisible Environmental Contaminants*. Lexington, MA: Lexington Books.

Weber, Max. (1924/1978). *Invisible Trauma: The Psychosocial Effects of Invisible Environmental Contaminants*. Lexington, MA: Lexington Books.

Weber, Max. (1924/1978). *Economy and Society* (G. Roth & C. Wittich, Trans.). Berkel-ey, CA: University of California Press.

Weick, Karl E. (1993). The collapse of sensemaking in organizations: The mann gulch disaster. *Administrative Science Quarterly*, 38 (4), 628-652.

Wrong, Dennis H. (1961). The oversocialized conception of man in modern sociology. *American Sociological Review*, 26 (2), 183-193.

Yanow, Dvora (2003). Seeing organizational Learning: A"cultural"view. In Davide Nicolini, Dvora Yanow and Silvia Gheraldi (Eds.), *Knowing in Organizations: A Practice-Based Approach*, M. E. Sharper.

Zamuto, Raymond, Terri Griffith, Anne Majchrzak, Deborah Dougherty, and Samer Faraj (2007). *Information Technology and the Changing Fabric of organization Science*, 18 (5), 749-762.

저 자 소 개

Deborah Dougherty Rutgers University 경영대학 교수이다. MIT Sloan 경영대학에서 경영학 박사학위를 취득하고 논문과 관련 저서가 50여 편이 있다. 현재 연구 분야는 복잡한 도전, 혁신, 과학을 기초로 한 혁신과 조직혁신 등이 있다.

쑤윈(蘇筠, Yun Su) Rutgers University 박사 수료 중이다. 연구 분야는 약물의 발견 과정 중에서 학문과 산업 간의 관계이고 연구논문들은 주로 과학자가 약품 관련 지식과 노하우에 대한 것이다. 콜럼비아 대학교에서 사회학 석사학위를 받았고 뉴욕대학교에서 경제학 석사학위를 받았다.

쩡잉지엔(鄭英建, Ken Chung) Rutgers University 박사 수료 중이다. 연구 분야는 기업의 이익 및 이해관계자들 간의 경쟁과 수요가 어떻게 나타나고 또한 영향을 주는 역동성에 있다. 박사학위논문 주제는 환경오염사고에 대한 손해배상 방법에 대해 논의하고 기업의 환경경영 전략을 개선하는 데 있다.

12 장

경영 및 조직의 맥락적 연구: 중국을 중심으로

Anne Tsui (애리조나주립대학, 복단대학, 북경대학, 상해교통대학)
Liangding Jia (남경대학)

12.1 머리말

중국의 경영 및 조직과 관련된 체계적인 연구는 1979년 개혁 개방 후부터 시작되었다. 과거 30여 년 동안 중국 경영학 연구자들은 규범적인 과학적 연구 방법에 대한 학습, 연구 합법성의 획득 및 국제 학술지에 논문을 게재하는 등 노력들을 해왔다. 하지만 현재 진행되고 있는 중국 경영학 관련 연구들을 살펴보면 서양 이론을 모방하고 추종하는 특징이 두드러지게 나타나고 있고 기존 이론의 발전과 응용에 머물면서 기존 관점을 복제하는데 급급한 나머지 중국 맥락에서의 경영 현상에 대한 통찰력 있는 연구는 보기 드물다. 맥락의 적합성을 무시하고 단순히 엄밀성만을 추구하는 연구 방식은 중국경영 관련 지식의 발전을 제약할 뿐만 아니라 심지어 기존 지식의 발전과 응용에도 도움이 되지 않는다. 이와 같은 엄밀한 방법으로 얻을 수 있는 것은 단지 터무니 없는 결론일 뿐이다.[1] 본 장의 주요 목적은 연구자들이 연구의 엄밀성에 대해 관심을 갖는 동시에 현대화 과정에 있는 중국 환경에서 맥락적 연구들을 수행함으로써 연구의 적합성을 향상에 매진할 것을 권장하는데 있다. 맥락적 연구를 수행함에 있어서 연구자들은 우선 맥락에 대한 정의를 분명히 하고 연구하고자 하는 현상의 수준과 의미, 그리고 맥락 등 다양한 요인들에 대하여 탐구해야 한다. 이 장에서는 중국 경영학 연구의 엄밀성과 적합성을 동시에 향상시킬 수 있는 네 가지 방법에 대하여 중점적으로 소개하고자 한다.

12.2 중국 경영학연구 현황

지난 30여 년 동안 전 세계에 흩어져 있는 중국 경영학자들은 규범적이고 과학적인 연구방법을 배우는 데 주력해왔다. 그리고 국제 탑 저널들(예를 들면 *AMJ*, *Academy of Management Review*, *Journal of Applied Psychology*, *Personnel Psychology*와 *Journal of International Business Studies*)에 논문을 게재하기 시작하면서 중국 경영학자들은 연구자 신분의 합법성을 확보할 수 있었다(Tsui, 2009). 그러나 그들의 연구는 일반적으로 기존 이론을 그대로 응용하거나 조금만 수정하고 기존의 측정 방법과 자료수집 방법을 그대로 사용한다. 이와 같은 연구 노력들은 기존의 지식에는 기여할지 몰라도 중국 또는 기타 아시아 맥락에서의 경영 실천에

1 본 글린나우와 티가든(Von Glinow&Teagarden, 2009: p. 82)은'제3종 오류'라고 칭했다.

새로운 마인드와 통찰력을 제공할 수 없다(Leung, 2007; Tsui, 2006a, 2007; White, 2002).

Tsui의 연구팀(Tsui, Schoonhoven, Meyer, Lau & Milkovich, 2004)은 2000년 1월부터 2003년 6월 사이에 발표된 106편의 중국 경영학연구 논문들에 대해 메타분석을 진행한 결과 오직 두 편의 논문만 새로운 이론을 개발하여 연구하고자 하는 중국 경영 현상에 대한 설명을 시도했다고 밝혔다. 더 최근의 수행된 리뷰 연구논문에서 Jia의 연구팀(Jia, You & Du, 2012)은 1981년부터 2010년 사이에 여섯 개 서로 다른 학술지에 발표된 302편의 중국 맥락과 관련된 실증연구 논문들을 분석한 결과 그중 14편의 논문만 개념의 정의와 측정, 개념 간의 관계 구축 및 내적 논리적 설명에서 맥락의 역할을 충분히 고려한 것으로 나타났다.

이 몇 편의 리뷰 연구논문에서 중국 특유의 현상을 부각하는 새로운 개념은 시장 전환(market transition), 네트워크 자본주의(network capitalism)와 관계(guanxi) 세 개만 발견할 수 있었다. 그중 시장 전환 개념은 중국경제의 전환기적 특성과 연관성이 높지만 그것도 일반 이론에 속하며 맥락특정이론은 아니다. 네트워크 자본주의는 경제 전환 시기에 인간 관계가 왜 중국기업들이 사회적 자원을 취득하는 중요한 원천인지, 어떻게 그 역할을 발휘하는지에 대하여 설명하였다. 관계는 개체(혹은 에이전트의 개인 관계를 통해 연결한 회사) 사이의 특수한 연결을 말한다. 비록 관계의 개념이 조직과 개체 수준에서의 연구에 응용되고 있지만(Luo et al. (2011)의 단원분석 논평 참조) 그 어떤 수준에서도 아직 완전한 관계 이론을 개발하지는 못했다(Smith, 2011). 비록 중국 경영학 연구의 역사가 30여 년을 넘기고 있지만 아직까지 일반화된 중국 경영 또는 특정한 중국 경영 혹은 조직 행위를 설명하는데 참고할 수 있는 경영학 지식은 많지 않다.

일반적으로 학자들은 주로 기존 이론의 응용에만 집중하고 새로운 이론의 개발이나 특정 맥락에 대한 설명에 기울이는 노력은 보기 드물다. 국제 탑 저널들도 탄탄한 이론을 기반으로 엄밀한 방법으로 수행한 실증적 연구를 더 선호한다(Daft & Lewin, 1990; Hambrick, 2007; Leung, 2007; Oxley, Rivkin & Ryall, 2011). 어떤 연구 문제를 선정하고 어떤 이론과 측정 방법을 사용하여 논문을 작성하는 문제 관하여 논문 심사자와 편집위원,그리고 저자까지 포함하여 약속이나 한듯이 서로의 견해나 행동이 놀라울 정도로 일치하다. 새로운 이론을 개발하는 시도는 리스크가 더 크다. 따라서 위험을 기피하는 저자들은 주류 범위 내 익숙한 영역에서만 연구를 하면서 리스크를 회피하고자 한다. 그들의 연구는 단 기존 이론에 매개변수나 조절변수를 추가하는 데 한정되어 있다. 이런 연구 노력은 서양의 주류 이론의 지위와 생명력을 굳건히 하는데 도움이 되며 서양의 주류 연구방식에서 이탈하는 것을 피한다.

기존 규범에 안주하고 동일시 하는 태도는 우리가 주류 형식과 다른 맥락을 이해하는데 불리하게 작용한다(March, 2005; Tsui, 2007). 국제 탑 저널에에서 요구하는 엄밀성 표준을 만족시키면서하며 중국과 관련된 연구를 게재할 수 있겠지만 이와 같은 연구는 실제 중국 경영을 설명할 수 있는 중요한 지식을 제공할 수 없다. 최악의 경우, '형식은 변했지만 내용은 변하지 않는' 수법은 심지어 중국 경영 관련 허위 정보와 허위 지식을 양산하는 결과를 낳게 만든다.

하지만 희망이 넘치는 시대에 살면서 희망을 잃어서는 안된다. 30여 년의 개발형(exploitation) 연구의 축적을 통해 학자들은 탐색형(exploration) 연구에 대하여 더 큰 자신감을 갖기 시작했다. 중국의 발전은 새로운 개념, 이론, 견해를 발전시키고 탐색하기 위한 광활한 공간과 자연적인 실험실을 제공한다. 학자들은 마땅히 활력이 넘치는 중국 맥락에 대한 연구 기회를 탐색하고 새롭고 효과적인 지식을 만들어 인류 사회에 기여해야 한다. 중국 맥락에서의 회사 경영과 직원 행위는 많은 연구문제를 제시해주고 있다. 예를 들면, 일부 학자(예: Farh & Cheng, 2000; Redding, 1990)의 연구에 의하면 중국의 지도자가 권위적이고 가부장적 기질이 있다고 밝혔다. 이어서 탐구해야 할 문제들은 아래와 같다. 권위적 리더십에 대하여 직원들의 성과는 어떻게 다른가? 관련 문화연구에 의하면 권력거리지수가 높은 문화 속에서의 권한 부여는 그 역할이 미미하다(Hui, Au & Fock, 2004). 그런데 왜 일부 중국 회사는 여전히 제일 낮은 수준에 이르기 까지 권한을 부여하는데 애를 쓰는가? 중국 회사의 상사와 직원은 창의력을 어떻게 정의하는지? 그들의 창의력에 대한 이해는 또 어떻게 회사의 혁신에 영향을 주는가(Morris & Leung, 2010)?

학술적 관점이든 실천적 관점이든 간에 우리는 중국 맥락에서의 조직 행위에 대한 효과적인 설명을 할 수 있어야 하며 중국의 조직행위를 효과적으로 설명할 수 있는 이론을 개발하여야 한다. Barney와 Zhang(2009)은 '경영의 중국 이론(Chinese theory of management)' — 중국 경영의 이론(theory of Chinese management)이 아닌 — 관점을 제기한 적 있다. 이는 중국의 독특한 경영 실천을 설명 함과 동시에 엄밀성과 적합성 표준도 충족하는 새로운 이론을 의미한다. 그럼 우리는 어떻게 '경영의 중국 이론'을 발전할 것인가? 맥락화(contextualization)와 현지화 연구(indigenous research)에서 시작하였다. 2009년 *Management and Organization Review* 제1차 편집위원 포럼에서 중국 경영을 위하여 효과적인 인식을 가져다 줄 수 있는 이 두 가지 방법(맥락화와 현지 연구)에 대하여 심도 있는 논의를 가졌다. 이 장에서는 맥락화 방법에 대하여 집중적으로 논의하고자 한다. 비록 Smith(2011)가 많은 중국 특색의 개념, 예를 들면 관계, 체면, 가부장제 경영스타일 등은 꼭 중국에서만 볼 수 있는 개념들이 아닐 수 있겠지만 이런 개념들은 중국의 조직행위를 이해하는데 아주 유용하다고 밝혔다. Boisot, Child와 Redding(2011)은 다양성의 발현은 자연적 현상이며 나라와 나라 간의 차이는 보다 더 자세한 검토를 통해서만 알 수 있다고 본다. 그리고 자세하고 구체적인 검토는 오직 현지화 연구 방법에서만 실현 가능하다. Leung(2009)이 지적한 것처럼 나라 간의 다른 점과 공통점을 찾아 최종적이고 포괄적이며 보편성이 있는 조직 행위 및 경영 이론 개발을 시대하기 위한 첫 발이자 필요한 절차가 바로 현지화 개념과 이론을 찾아내는 것이다.

12.3 맥락의 의미 및 영향

이 부분에서는 먼저 '맥락'의 의미에 대하여 토론하고 그 다음 맥락이 조직 현상에 영향을 미치는 세 가지 경로에 대하여 설명하고 마지막으로 맥락화에 대한 정의를 내리고 중국 경영연구의 엄밀성과 적합성을 향상하는 데 있어서 맥락화의 역할에 대하여 자세하게 설명할 것이다.

12.3.1 맥락의 의미

'맥락'이란 무엇인가? 기존의 연구(예: Child, 2000; Johns, 2006; Rousseau & Fried, 2001; Tsui, 2004, 2007)로부터 우리는 맥락이 단지 외부 환경을 뜻하는 것이 아니라 개체 내부에도 존재한다는 것을 알 수 있다. 예를 들면, 개체가 외부 세계와 환경을 이해하는 총체적인 경향성, 판단, 의사 결정의 논리, 사고 방식 개인 특징 등이다. 미시적인 개체 수준과 거시적 환경 수준(예: 국가) 사이는 중위 혹은 부문 수준(meso or sector level)이고 맥락에는 또한 경영자의 경쟁 행위와 전략 선택에 영향을 줄 수 있는 산업 혹은 지방 특징들을 포함한다. 그리고 회사 내부의 일부 특징들도 포함하는데 예를 들면, 리더십, 팀 규범, 경영 실천과 기타 팀 혹은 직원의 태도, 지각(perception) 또는 행위에 영향을 줄 수 있는 요인들이 있다.

거시적 혹은 국가 수준에서의 맥락은 문화, 정치, 법률 체계, 기술 발전이 처한 단계 및 경제 체제를 포함한다. 맥락은 또한 권력 관계의 제도화와 조직화 방식(예를 들면, 누가 권력을 장악하고 있는가? 그들이 직위와 권력을 이용하여 무엇을 하는가? 그들은 어떻게 책임을 지고 있는가? 권력을 남용할 때는 또한 어떠한가?).

그 밖에 이런 거시적 맥락에는 역사적, 지리적 및 생태적 요인도 포함된다. 즉 시공간의 변천을 거쳐 형성된 오늘날 모든 맥락 요인들이 포함된다고 보면 된다. Johns(2006)는 이산(discrete)으로 중위 수준 맥락(meso context)을 지칭하고 포괄(omnibus)이라는 용어로 거시적 맥락을 지칭하였다. 이 두 가지는 개체는 외부적인 것이지만 인지, 감정 혹은 주관적 수준은 개체 내부적인 것이다. 이와 같은 주관적 맥락은 이산 맥락에 배태되고 또 이산맥락이 포괄 맥락에 배태되어 있다. 따라서 사회적 공리(Leung & Bond, 2004)와 같이 주관적 수준의 의미 체계, 주된 소통 방식, 신앙 체계는 이산 맥락에(예를 들면, 조직 문화 혹은 산업 규범)까지 근원을 찾아 거슬러 올라 갈 뿐만 아니라 포괄적 맥락에서도 그 근원을 찾아볼 수 있다(예를 들면, 경제, 정치, 지리 혹은 역사적 특점 등).

상기의 맥락 차원 및 내포하는 의미 요인은 서로 고립되어 존재하는 것은 아니다. 상호 의존하고 배태되는 특성은 우리에게 이런 맥락을 고찰 함과 동시에 더 좋은 이론화 과정을 제공하고 나아가 맥락으로 인하여 발생하는 효과와 반응에 대해 보다 유력하고 정확한 추론을 제공할 것을 요구하고 있다. 일부 문헌에서(Shapiro, Von Glinnow & Xiao, 2007; Von Glinow, Shapiro & Brett, 2004) 다중 맥락화(polycontextualization)란 보다 전체적으로 맥락 속의 현상을 이해하기 위하여 그 맥락 속의 여러 차원을 동시에 고찰해야 한다는 것을 의미한다. Tsui, Nifadkar와 Ou(2007)는 '통합 형태(configuration)'를 통하여 국가의 문화적 다층적 특징의 영향을 분석하는 방법을 제안하였다. 다중 맥락화와 구조적 방법은 제도이론의 최신 발전과 일치하며 모두 다중 맥락의 공동 작용을 파악해야 하는 필요성을 강조하고있다. Ostrom(2005; 2010)은 제도적 다중중심주의(institutional polycentricism)란 개념을 소개하여 권력이 여러 개 '중심'에 존재하는 현상을 설명하였다. 예를 들면, 국가나 지방 정부의 입법과 집행기관, 지방 정부의 각 부문, 산업 규범, 현지 전통과 지역 사회 등이 있다. 이런 공식적 혹은 비공식적 규칙이 현지의 신앙, 지식과 환경 중에 배태되어 있다. 〈그림 12-1〉은 맥락의 세 가지 수준, 즉 주관적, 이산적 및 포괄적 수준을 요약하였다. 〈그림 12-2〉는 각 맥락 수준 중에서의 부분 요소들을 나열하고 이들이 개인와 팀이 직무를 수행하는 과정 중의 이 행위에 영향을 줄 수 있다.

12.3.2 맥락의 영향

중국 혹은 기타 새로운 환경에서 조직 경영을 연구할 경우 어떻게 맥락 요인을 고려해야 하는가? 구체적으로 말하면 맥락은 어떻게 사회적 현상에 영향을 미치는

〈그림 12-1〉
맥락의 세 가지 수준

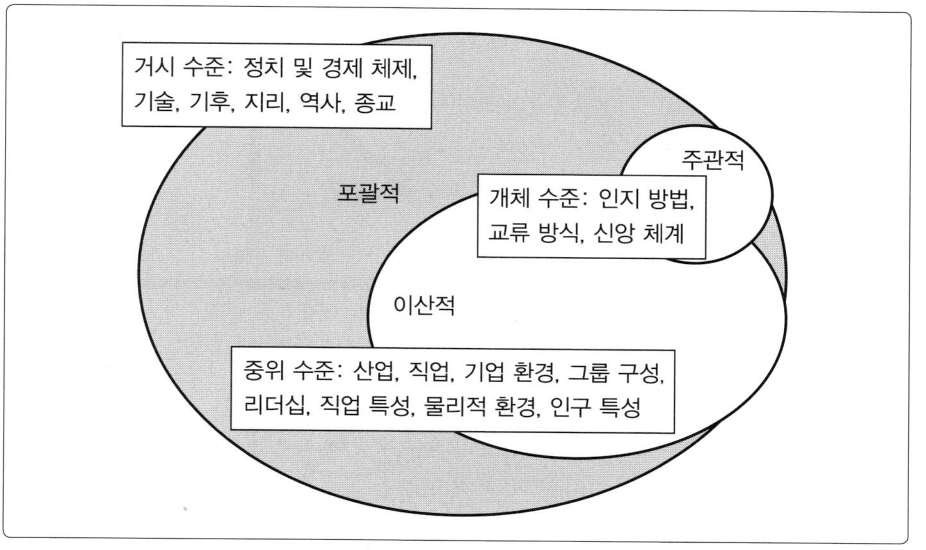

〈그림 12-2〉 맥락이 조직 행위에 미치는 영향: 부분적 도표

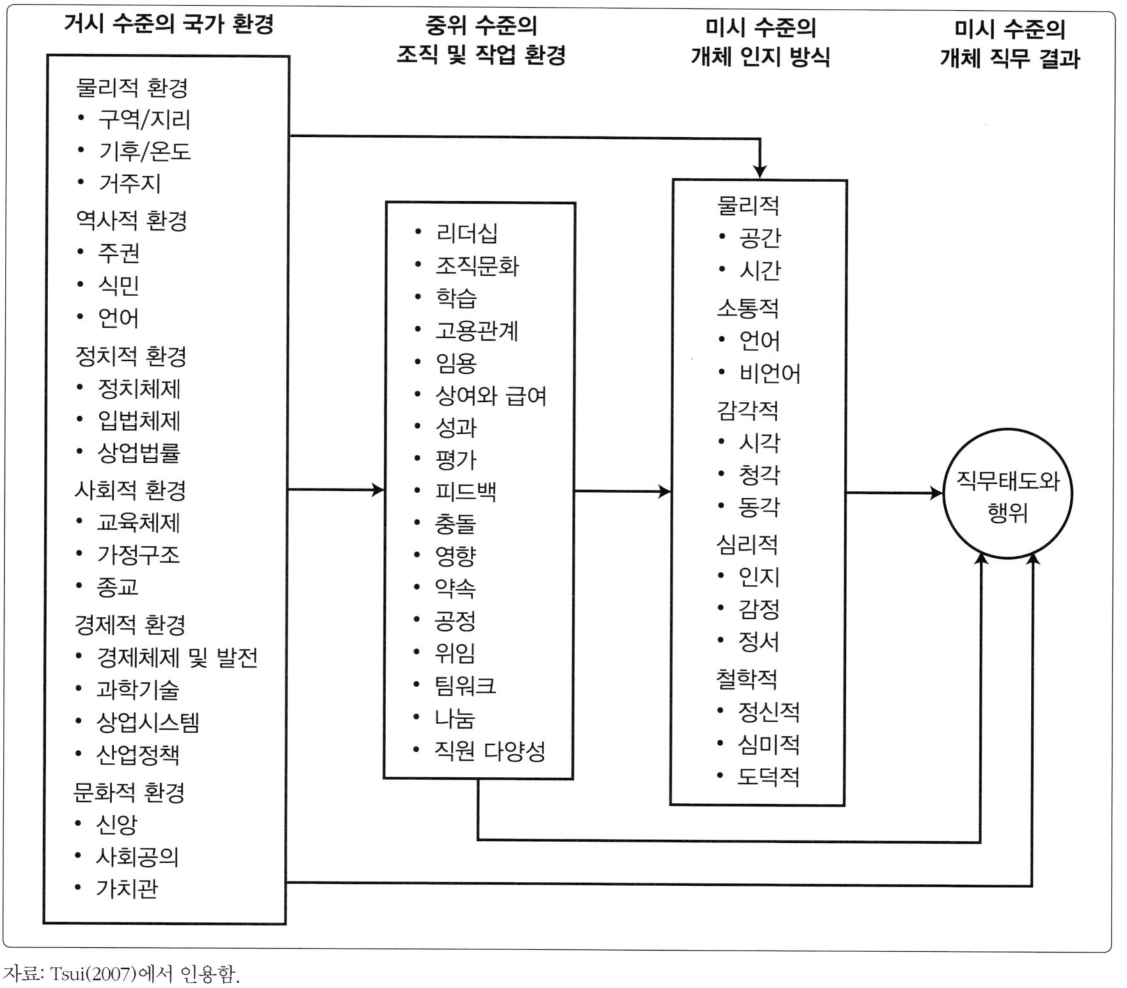

자료: Tsui(2007)에서 인용함.

〈그림 12-3〉
맥락이 조직 행위 현상에 미치는 다중 영향

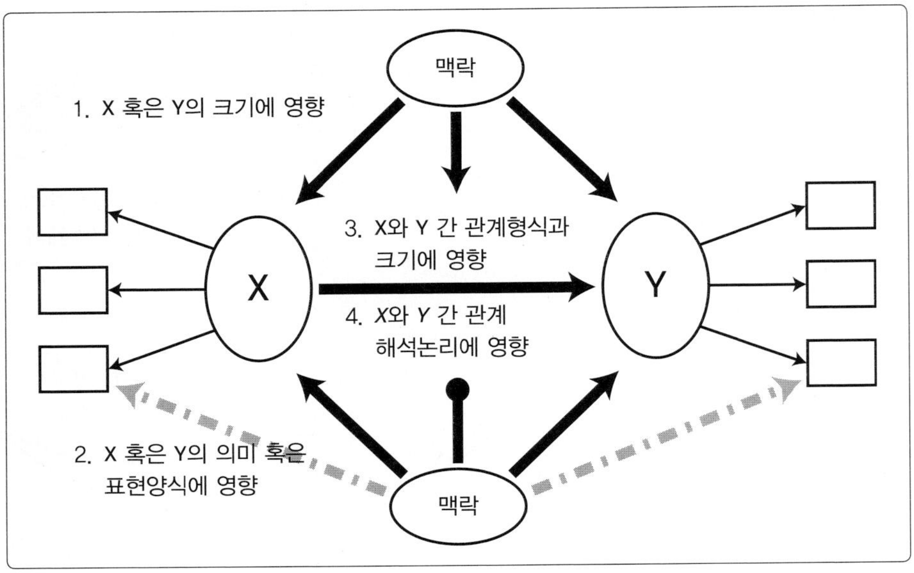

가? 우리는 맥락이 아래와 같은 여러 측면에서 영향을 행사한다고 본다. 현상의 정도와 크기 혹은 높고 낮음(예를 들면, 직무 만족도), 현상의 의미 및 그 표현 형식(예를 들면, 리더십, 권한 부여), 현상 간 관계의 형식 혹은 크기(예를 들면 권한 부여 리더십과 직무 만족도와의 관계) 그리고 현상 간 관계에 대한 해석논리 등이다. 〈그림 12-3〉은 각 현상을 구성개념으로 볼 때 상기 네 가지 영향을 표시한다.

현상의 정도와 크기 혹은 높고 낮음. 맥락은 직무 만족도, 조직 몰입, 이타적 행위, 그룹 밖 신임, 권한 부여에 대한 반응 등과 같은 사회적 현상의 차이를 초래하게 된다. 한 지역의 경제 발전, 문화적 규범과 기대치 및 그 의미 시스템은 모두 맥락에 속한다. 예를 들면, Ralston 등(2006)이 12년 간 진행한 연구를 통하여 중국 대륙과 중국 홍콩 지역 및 미국의 경영자의 직무 가치관 변화를 관찰한 결과 중국 대륙과 중국 홍콩지역의 경영자의 직무 가치관이 점차 비슷한 방향으로 수렴하는 추세(경제적 가치관 차원에서 점점 유사해짐)이지만 한편 이 경영자들과 미국의 경영자들의 직무 가치관의 발전 추세와는 점점 확산되는 추세를 보여줬다(사회적 가치관은 점점 달라짐). Ralston 등은 직무 가치관이 다른 것은 사회 문화적 차이 및 사회경제 개혁으로 인한 변화가 그 원인이라고 설명했다. 일반적으로 구체적 현상의 서로 다른 표현에 대하여 연구할 때 종종 그룹 간 비교를 사용하여 연구를 설계하여야 한다. 저자는 맥락 요인(예를 들면, 문화적 가치관, 경제 발전, 정치 제도 등)을 통해 관찰한 다른 점들을 설명한다. 이와 같은 요인은 국가가 될 수도 있고 아니면 직접 측정할 수도 있다(Li & Bond, 2010; Tsui et al., 2007).

현상의 의미 및 그 표현 형식의 다름. 서로 다른 문화는 서로 다른 의미 체계를 가지고 있기 때문에 다른 문화 속의 사람들은 리더십, 성과, 창조력 및 전략적 유효성 등 현상에 대해서도 서로 다른 이해를 가지고 있다(Fu et al., 2004). Brodbeck 등 (2000)은 GLOBE 연구 데이터베이스에서 22개 유럽 국가의 6,052명의 중층 관리자 데이터를 사용하여 뛰어난 리더십과 관련된 개념은 문화에 의하여 결정된다는 것을 발견하였다. 이와 마찬가지로 den Hartog, House, Hanges, Dorfman, Ruiz-Quintana와 GLOBE협회(1999)는 매력적 혹은 변혁적 리더십의 여러 측면이 모두 뛰어난 리더십에 긍정적인 영향을 미친다는 사실이 일반적인 견해 임을 발견하였다. 그러나 다른 여러 가지 리더십 특성에서는 모두 국가적 특수성이 나타났다. Farh와 그의 동료들(1997, 2004)의 연구에 의하면 중국 대만 지역과 중국 대륙 지역의 조직시민행동의 구성개념의 차원과 측정 지표가 미국에서 최초 개발한 척도와 다소 다르게 나타났다. Tsui 등(2006b)도 중국의 기업 조직문화와 서양의 기업 조직문화 사이에 서로 다른 차원이 있다고 발표한 적 있다.

두 현상 간 관계의 형식과 크기의 다름. 맥락은 또 현상 간 관계의 형식과 크기의 다름을 초래한다(예를 들면, 피드백이나 공정성 지각에 대한 직원들의 반응). Leung, Su와 Morris(2001)의 연구를 예로 들면 그들은 미국의 조사 대상과 비교해 볼때 상사의 질책에 대한 중국 조사 대상의 반응이 그다지 부정적이지 않다는 것이다. Lam, Schaubroeck과 Aryee(2002)의 연구에서는 미국에서 개체의 공정성 지각과 직무 결과(예를 들어, 결근과 성과)사이의 관계가 중국 홍콩지역의 개체들보다 더 강하게 나타난다. 그것은 조사 대상자들이 서로 다른 권력 거리의 문화에 속해 있기 때문이다. 미국은 권력거리지수가 낮은 사회이지만 중국 홍콩지역은 권력거리지수가 높은 사회다. 만약 두 사회만 비교하면 개체수준의 과정을 조절하는 국가 수준의 구성개념(예를 들어, 문화)을 명백하게 설명할 수 없다. 이렇게 하기 위해서는 적어도 10개 국가의 개체 표본이 있어야 한다. 예를 들어, Fu 등(2004)의 연구 보고에서 이 정도의 표본으로 신념(예: 운명 통제)과 독단적 영향 전략의 유효성 사이의 관계를 고찰하였다.

두 현상 간 관계의 해석논리의 다름. 맥락은 현상 간의 관계 배후에 있는 사회, 경제 혹은 심리적 해석 메커니즘에 대해서도 영향을 미칠 수 있다(예를 들면, 개인의 사회적 네트워크가 어떻게 사람들 사이의 신뢰에 영향을 미치는지). Luo (2005)는 중국 전통 문화 속의 '보답'의 개념을 도입하여 사람들 사이에 신뢰를 쌓는 동태적 상태를 해석하고 '차례와 순서패턴'(Fei, 1948)의 사상을 바탕으로 두 가지 유형의 신뢰로 구분하였다. 하나는 특수 신임(particularistic trust)으로 특정 개체에 해당하며 다른 하나는 일반 신임(general trust)으로 보편적인 개체(조직 및 그 조직 내부의 동료)에 해당한다. 그의 연구에서는 또 특수 신임이 개인의 사회적 네트워크와 일반 신임 사이에서 매개 역할을 한다는 것을 발견했다.

문화 간 비교 특히 국가 간 연구에서 취급하는 맥락은 주로 국가적 수준이다. 그러나 국가 수준의 문화 가치관, 신앙, 사회 공리와 인지 스타일은 아마 개체의 인지수준에서 발현될 수 있다(Hofstede, 1980; Schwarz, 2008). 따라서 문화 간 비교 연구는 문화에 대한 개념 해석이든 아니면 자료에 대한 분석이든 간에 모두 국가적 수준 혹은 개체적 수준에서 전개하거나 두 가지를 병행하여 진행할 수 있다. 중위 수준의 연구를 수행할 때에도 국가 맥락과 매우 밀접한 관계가 있다.

12.3.3 맥락화의 정의

맥락화란 현상에 대하여 실증 연구를 진행할 때 연구 현상들이 존재하는 맥락 안에서 서로 관련 되거나 의미 있는 요인들을 분별하여 고찰하는 것을 뜻한다. 각별히 유의해야 할 점은 연구자가 기존 이론을 이용하여 새로운 맥락 중의 현상을 해석하고자 한다면 반드시 맥락화의 과정을 진행할 것을 권장한다. 이렇게 하게 되면 이론 자체가 완전히 다른 맥락에서 개발되었다고 하더라도 새로운 맥락에서의 현상을 설명하는 것 자체만으로도 효과적인 지식을 얻을 수 있도록 보증한다. 맥락화는 기존 이론을 강화하고 정확도를 높이며 예측 능력 또한 향상시킨다. 심층 맥락화(deep contextualization)(Tsui, 2007)는 더욱이 효과적인 이론을 발전시켜 새로운 맥락 속의 특이한 현상들을 해석할 수 있다.

12.4 네 가지 맥락화 방법

다음으로 많은 연구자가 이미 많은 논의를 진행했던 문제에 대해 살펴보고자 한다. 언제 맥락화를 하고 무엇을 맥락화해야 하는 가? Rousseau와 Fried(2001)는 맥락화의 세 가지 수준을 강조하였다. 즉 (1) 맥락에 대한 중층 해석(thick descriptions), (2) 맥락의 작용에 대한 직접적 분석, (3) 맥락 간 일반성과 특수성을 구분하여 비교 연구를 전개하는 것을 말한다. Tsui(2006a)는 맥락화하는 방법에 대해 좋은 안내 지침을 다음과 같은 4단계로 구체적으로 제공하였다. (1) 연구하고자 하는 현상을 선정한다. (2) 이론을 발전시킨다. (3) 자료를 측정한다. (4) 연구 방법을 설계한다. 그리고 Whetten(2009)은 아래와 같은 두 가지 제안을 제기하였다. (1) '맥락화 이론(contextualize theory)'은 한 가지 이론을 식별하는 경계조건을 말하며 새로운 맥락에서 이 이론을 적용할 때에는 이론 예측을 어떻게 조절할 것인지 확정하여야 하는데 이런 연구를 '이론적 기여(contribution of theory)'라고 부른다. (2) '이론화 맥락(theorize about context)'은 잠재적인 새로운 이론을 개발하여 개체와 회사의 행위를 보다 효과적으로 예측할 수 있다. 그는 이런 연구를 '이론에 대한 기여(contribution to theory)'라고 불렀다.

비록 학자들이 상기 여러 가지 안내 지침들을 제시하였지만 이미 발표한 중국 경영 관련 연구들을 살펴보면 진지하고 세밀하게 맥락적 요인들을 성공적으로 고찰하지 못했고 맥락화 자체도 수행하지 못했다. Tsui 등(2007)은 조직행위 관련 99개 다국적 연구를 리뷰 조사하였는데 크기, 의미 혹은 관계가 서로 다른 맥락 간 비교 연구를 진행할 때 대부분(54%)은 국가를 대리 변수(proxy)로 사용한 반면에 이론의 지지를 받고 있는맥락 속에서 영향을 미치는 구체적 요인들을 측정하지 않았다는 것을 발견했다. 맥락은 여러 수준에서 존재함으로 국가를 대리 변수로 하여 도출한 연구 결과는 어떤 해석적 의미도 가지지 않는다. 이와 같은 이유로 맥락화 과정에서 밖으로 드러 나는 일부 방법들은 아무런 가치가 없을 뿐만 아니라 심지어 잘 못된 결론을 내리게 할 수 있다.

Li와 Tsui(2002)의 리뷰 논문에서는 1984년부터 2000년 사이에 발표된 국제 학술지 20권에 포함된 226편의 중국 관련 연구 논문들에 대하여 분석하고 연구한 결과 대부분 영향력이 있는 논문들은 모두 매우 뚜렷한 맥락화 특징을 나타내고 있음을 발견하였다.Jia, You와 Du(2012)의 연구에 의하면 맥락화 정도와 논문의 피 인용 횟수는 정의 상관관계를 갖고 있음을 발견하였다. 이런 논문(예를 들어, Boisot & Child, 1996; Earley, 1993; Leung & Bond, 1989; Nee, 1989, 1991, 1992, Xin & Pearce, 1996)들의 이론 모형들에는 확실하게 맥락을 독립변수로 아니면 조절변수로 포함시켰다. 이런 심층적인 맥락화는 맥락에 대한 깊은 이해가 있어야 하며 또한 그 맥락 속의 요인으로 현재 연구 현상을 설명하는데 유용한지 아니면 적합한지? 만약 그렇다면 이런 작용이 어떻게 일어나는지를 자세하게 살펴보아야 한다(Bond & Muethel, 2011).

맥락화의 관건은 맥락과 현재 현상을 분석하는 이론과의 상호 작용을 파악하는데 있다. 이와 같은 혼란스러우면서 호기심을 자극하는 현상을 설명하기 위하여 맥락을 근거로 삼아 사용하는 이론에 대해 수정 할 필요가 있는가? 또는 새로운 이론을 확립할 필요가 있는가? 다음은 네 가지 맥락화 방법에 대하여 설명하고자 한다. 각 방법은 모두 연구의 엄밀성과 적합성을 개선하고 가치 있는 연구 결과를 도출하는 가능성을 높여 줌으로써 연구 결과가 지식 체계와 중국의 경영실천에 기여할 수 있도록 하는 것이 주요 목적이다.

12.4.1 방법 1: 맥락자유적 현상에 대한 연구의 맥락화

맥락자유(context-free)란 한 현상이 서로 다른 종류의 맥락 속에서도 모두 의미가 있으며 유사한 표현 형식이 있는 것을 뜻한다. 연구하는 현상이 맥락과 무관하다면 왜 맥락 연관성(context-relevant)이 있다고 보는가? 그 대답은 아주 간단하다. 맥락을 이해하지 못했다면 연구자가 어떻게 이 현상이 맥락과 무관하다는 것을 알 수 있단 말인가? 따라서 한 현상이 맥락자유 여부 혹은 이 연구가 보편적 지식을 도출하는지 여부는 모두 연구자가 관련된 맥락(이론이 생성한 원래 맥락과 이론을 응용하는 새 맥락)에 대하여 얼마나 깊이 파악했는지에 따라 결정된다.

이런 유형의 연구들은 통상적으로 우선 보기에 아주 보편적인 현상 하나를 제공한다. 예를 들면, Tsui 등 (1995, 1997)은 미국의 20세기 80년대 후반 그리고 90년대 초반의 직원과 조직의 관계에 대하여 연구하였다. 이 연구에 대한 관심은 제너럴 일렉트릭, IBM 등 과거 몇 십 년 동안 안정적인 일자리를 제공해 왔던 대기업들이 대규모 인원 감축에 감행하게 된 현상에 대한 관찰로부터 시작하였다. 이와 동시에 회사는 직원들에게 더 많은 노력을 하도록 하고 더 많은 책임을 부담하기를 요구하여 원래 장기적 상호 투자 형식의 고용 정책이 준 계약 형식 혹은 단기적 경제 교환 형식으로 전환하게 되었다(Tsui & Wu, 2005). Tsui와 그의 동료들은 경쟁이 치열한 네 개의 업종에서 10개 회사의 85가지 직무 유형이 다른 직원들에 대하여 조사를 하였다(Tsui, Pearce, Porter & Tripoli, 1997). 연구 결과 경쟁이 치열한 업종, 즉 고용 관계의 변화가 가장 뚜렷한 맥락에서 네 가지 유형의 직원과 조직 간의 관계가 있다는 것을 발견하였다. 그중 상호 투자형식의 관계가 직원과 조직 몰입 및 업무 성과를 가장 용이하게 향상시켰다.

상기 연구를 진행한 시기와 대개 비슷할 무렵, 중국이 경제 및 기업 개혁을 시작하여 안정적이고 장기적인 고용 관계(속칭 '철밥통')에 큰 변화가 일어나면서 단기적 고용 계약으로 전환하기 시작하였다(Wang, Tsui, Zhang & Ma, 2003). 외자기업들이 대거 몰려들었고 민간 기업의 급 부상도 신형 고용 관계를 탄생시키는데 한 몫을 했다. 고용주의 기대와 인센티브의 변화에 근거하여 중국 관련 연구에서도 미국 맥락에서 나타난 네 가지 고용 관계를 검증하였다(Hom et al., 2009; Wang et al., 2003; Zhang, Tsui, Song, Li & Jia, 2008). 그 밖에 교환 이론(Blau, 1968)이 예측한 것과 일치하게 상호 투자형식의 직원-조직 관계에서 회사 성과, 조직에 대한 직원들의 신뢰 및 조직에 대한 직원의 몰입 등을 포함한 최상의 결과물을 가진다고 밝혔다.

위에서 언급한 고용 관계에 관한 연구들은 모두 미국이라는 맥락에서 진행된 연구 결과를 단순히 복제만 한 것이 아니다. 예측변수를 기업 수준으로 상승시키고(Wang et al., 2003) 결과변수를 신뢰 관점으로 확장하였으며(Zhang et al., 2008) 사회적 교환 이외의 기타 다른 매개 메카니즘을 찾아서(Hom et al., 2009) 이론을 한층 발전시켰다. 이런 연구의 목적은 이론을 수정 확장하거나 현상의 이론적 외연을 검증하는데 있지만 새로운 맥락에서 이 현상의 적합 정도는 기존 맥락에서의 이론 개발의 적합 정도에 뒤지지 않는다. Hom 등(2009)의 연구에서 도출한 이론에 대한 수정에는 사회적 교환 외에 직무 배태성도 상호 투자형식 고용 관계가 고용인 몰입에 미치는 역향을 중개한다. 그들의 목적은 '중국의 경영자를 통하여 직원-조직 관계의 가치를 평가하게 하고 … 따라서 미국과 일본에서 발견된 사회적 교환의 매개 역할 증거를 일반화'하게 하는 것이다(278쪽). 그들은 '중국 기업을 표본으로 직무 배태성에 대한 연구를 통해 전 세계의 직원 유지와 관련된 지식을 증가하고 중국 기업에서 특수 인재를 유지하는 전략을 밝혀 냈고 서양의 종족중심주의 직원 유동 모형과 상호 보완한다.'(278쪽).

새로운 맥락에서 맥락 자유형 현상에 대한 연구의또 다른 한 사례는 Fu, Tsui, Liu와 Li, (2010)의 리더의 가치관에 관한 연구이다. 부하 직원들은 변혁형 지도자에게 개인 이익이 아닌 집단 복지에 관심을 가지길 기대하기 때문에 변혁형 리더십을 가진 상사가 자아 초월적 가치관이 결여할 때 그 부하는 부정적인 반응을 보이게 된다고 한다. 저자들은 파슨스의 행위 이론(action theory; Parsons, 1937)에 근거하여 리더의 외적 표현과 내적 가치관이 일치하지 않을 때 부하 직원들의 반응을 설명하였다. 그들은 이런 영향이 보편적으로 존재한다고 보았다. 하지만 중국에서 '사람들이 리더의 집단주의 경향에 대하여 보다 높은 기대를 하기에 자기 이익에 중심으로 행동하는 리더는 존중 받지 못할 것이다'(224쪽). 따라서 '다른 맥락과 비교해볼 때 중국은 비교적 이상적인 맥락을 제공하여 리더가 사회적 기대에 부응하지 못할 때(그들의 개인적 가치관을 근거하여) 변혁적 행위에 대한 부하의 반응을 검증할 수 있다(224쪽). 중국이라는 맥락은 행위-가치관의 불일치의 영향을 확대한다. 이 연구의 결론은 비록 중국 맥락에서 연구를 진행하였지만 '연구 결과는 다른 지역의 리더에게도 아마 적용될 것'이며 그리고 이 연구의 발견은 '부하가 리더에 대한 집단 가치관을 기대하는 그 어떤 사회에도 적용할 수 있을 것'이다(249쪽). 하지만 이와 같은 추측 또한 모두 검증을 거쳐야 한다.

상기 연구에서 밝힌 바와 같이 설령 맥락 자유형 현상에 대해 분석하거나 보편적 이론을 응용할 때에도 모두 현상의 맥락적 배경(contextual background)을 이해하고 고려해야 한다. 맥락적 배경과 관련된 지식은 연구자로 하여금 맥락의 역할을 보다 더 명확하게 정리하고 설명하도록 하며 그리고 어떤 특정 연구 주제를 선택할 때 '왜 중국을 선택하는가?'하는 문제에 해답할 수 있게 된다. 맥락은 분석되어야 하는 현상의 일부분이 아니고 현상을 설명하는 이론의 일부분도 아니다. 연구자가 새로운 맥락에서 어떤 일반성 이론을 검증할 때 많은 사람들이 맥락과 무관하다고 가정을 하는 착오를 범한다. 사실 맥락의 연관성은 그 현상이 맥락 속에서의 가치, 내용 및 중요성(예를 들어 고용 관계, 리더 가치관에 대한 사회적 기대)에 있다. 이 현상이 가치가 있고 아주 중요하며 환경에 따라 변화하지 않는다고 결론을 내리기 전에 먼저 맥락에 대하여 깊은 지식이 있어야 한다.

12.4.2 방법 2: 맥락 배태적 현상에 대한 연구의 맥락화

위 절에서 언급한 것처럼 맥락이 한 현상의 의미나 수준의 크기를 변경할 수 있으며 또한 현상 간의 관계 강도뿐 아니라 심지어 작용하는 방향도 개변할 수 있다. 맥락 배태적(contex-embedded) 현상은 다른 맥락에서 서로 다른 표현 형식을 나타내는 것을 가리킨다. 표현 형식에는 크기, 높이, 의미 혹은 관계 등을 포함한다. 맥락 배태적 현상을 연구할 때 맥락의 작용은 이론적인 것으로 통상 조절변수의 역할로 나타나지만 독립변수나 매개변수 역할로 나타날 수도 있다. 맥락 배태적 현상을 연구하는 것은 맥락 민감형(context-sensitive) 연구의 범주에 속한다. 이는 두 가지 이상의 맥락에서 맥락 비교연구를 해야 한다(Tsui, 2004). 맥락 비교연구는 항상 기존 이론에서 출발하고 새로운 맥락에서 이 이론을 수정하고 확장한다. 대부분 맥락 비교연구에서는 얼마간 맥락화 과정을 언급하는데 이는 서로 다른 예측 결과를 맥락의 함수로 보기 때문이다.

Chen(1995)의 연구에서는 미국과 중국 직원의 상여금 배분 선호도를 비교하여 아주 좋은 맥락 배태적 연구 사례를 제공하였다. 중국 맥락에 대한 충분한 이해를 바탕으로 Chen은 상여금 배분 규정에 대한 중국의 선호도에 대하여 직감에 반하는 가설을 제기하였다. 그는 경제 개혁 및 '평균 배분(큰 가마밥: 일을 많이 하든 적게 하든 간에 모두 하나의 큰 가마밥을 먹는 현상)', '철밥통'을 타파했다는 것은 중국 직원들이 상여금의 분배에 있어서 물질적이든 아니면 감정적이든 간에 모두 평등 법칙(equality)보다 공정 원칙(equity)을 선호할 것이다라고 추론하였다. 그러나 미국 직원들은 감정적 상여에 있어서는 평등법칙을 선택하하는 반면에 물질적 상여를 함에 있어서는 공정 원칙을 채택하는 것으로 나타났다. 그리고 Chen은 중국 직원의 상여금 배분 경향의 문화적 가치관에서 경제적 목표가 주도적 지위를 차지한다는 것을 발견했다. 저자가 만약 중국의 경제 개혁과 그 영향에 대한 깊은 인식이 없었다면 중국의 조직 행위에 대하여 이와 같은 통찰력을 가지지 못했을 것이다.

Earley(1993)의 연구에 의하면 중국의 관리자(높은 집단주의 경향)들은 단독으로 혹은 그룹 밖(out-group)에서 일할 때의 성과가 그룹 내(in-group)에서 일할 때보다 못하게 나타났다(사실상 모든 참여자는 단독으로 일하지만 실험 설계는 그들이 그룹 내 혹은 그룹 밖에서 일하는 느낌을 받도록 하였다). 미국의 관리자(높은 개인주의 경향 혹은 낮은 집단주의 경향)들은 그룹 내와 그룹 밖에서 일을 할 때 그들이 단독으로 일하는 것보다 성과가 못한 결과가 나왔다. 이 연구에서 개인의 문화적 가치관, 즉 개인주의 또는 집단주의 성향이 그룹 신분과 성과 간의 관계를 변경시켰다.

다른 또 하나의 문화 간 비교 연구에서 Brockner 등 (2000)은 일련의 실험을 진행하였는데 참여자들에게 거래나 협상을 모의하게 하였다. 시리즈 연구를 통하여 다음과 같은 결과를 확인하였다. 참여자가 거래나 협상 결과에 대한 만족도와 참여자가 유사한 거래나 협상을 지속하고자 하는 기대 정도 사이의 정의 상관관계는 참여자가 지각한 거래나 협상 과정에 대한 공정 정도에 따라 감퇴한다. 그리고 상호 의존적 자기해석 경향(interdependent self-construal)이 있는 중국 대륙과 중국 대만 지역 표본에서는 이와 같은 약화 작용이 더 심하게 나타났다. 그러나 독립적 자기해석 경향(independent self-construal)을 보이는 미국과 캐나다 표본에서는 이와 같은 약화 작용이 작게 나타났다. 실험에서 국가를 자기해석 경향의 대리변수로 사용했을 뿐만 아니라 참여자의 독립적 자기해석 경향의 정도를 측정하였다. 그들은 또 자기해석 경향의 매개를 통하여 국가가 문화적 대리변수로서 조절변수 그 역할을 발휘할 수 있다고 밝혔다.

Chen(1995), Earley(1993)와 Brockner 등(2000)의 연구에서 예측변수와 결과변수가 동일하다. 그러나 서로 다른 맥락에서의 표본들은 서로 다른 형태의 변수 관계를 가진다. 저자는 맥락 변수를 사용하여 변수 사이의 관계 변화를 설명하고자 했다. Chen의 연구에서의 맥락 변수는 경제개혁이다. 연구자가 만약 경제개혁 및 '평균 분배', '철밥통' 현상 타파에 대한 이해가 부족하였다면 아마 단순한 일반적인 문화적 추론을 형성했을 것이다. 예를 들면, 중국이 집단주의 경향을 보이는 나라

이기 때문에 중국 사람들은 평등의 법칙을 선호한다는 가설을 세웠을 것이다. 얼리(Earley)의 연구에서의 맥락 변수는 집단주의이며 문화적 맥락이 개체의 자아에 대한 구성개념을 형성하고 이런 구성개념은 어떤 직무 맥락을 조절하는 방식으로 직무에 영향을 미친다고 보고 있다. Brockner 등의 연구에서는 맥락 변수가 자기해석적 문화 특징이다. 사회교환 과정에서 서로 다른 자기해석 경향(개체 독립과 상호 의존)은 사회교환 과정과 교환 결과에 대한 사람들의 이해에 영향을 주게 되어 사람들이 이와 같은 유사 교환 활동을 지속하고자 하는 기대 정도에도 영향을 미치게 된다.

Earley(1993)의 연구는 맥락이 어떻게 개체 특성과 상호 작용하고 개체의 반응에 영향을 주는지를 자세하게 설명했다. Mok와 Morris(2010)의 연구는 이런 개인-맥락의 상호작용을 더욱 명확하게 밝혀 냈다. 연구자가 서로 다른 맥락에서 이중문화 정체성의 통합 정도(bicultural identity integration)가 다른 아시아계 미국인의 창의력 수준에 미치는 영향에 대하여 고찰하였다. 이중문화 정체성은 개체가 두 가지 문화를 어느 정도에서 개체 정체의 근원으로 받아들이는가를 뜻한다. 예를 들면, 미국에 거주하는 중국인이 두 가지 문화 가치를 동시에 받아 들여 자신을 미국인이자 중국인으로 여기는 것이다. 고도의 이중문화 정체성이 있는 그런 사람들은 미국에 있든 중국문화 환경에 있든 모두 어색한 느낌 없이 현지의 문화적 규범에 근거하여 자신의 행위를 조절할 수 있다. 그렇지만 비교적 낮은 이중문화 정체성을 가진 사람은 자신을 한 가지 문화 신분의 사람으로만 간주한다. 그들은 자신의 주류문화 신분과 다른 환경 속에 처할 때 현재 처해 있는 문화 맥락에 위배되는 행동을 하게 된다. 예를 들면, 이중문화 정체성이 비교적 약한 중국 사람이 미국 맥락에서 표현은 중국사람에 더욱 가깝다. 따라서 그들의 행위 반응은 개인 특성과 맥락의 공동 작용의 결과이다. 실험에서 Mok와 Morris는 맥락을 미국 맥락 혹은 아시아 맥락으로 조작하여 미국 맥락에서 이중문화 정체성이 약한(미국인신분 정체성에 비하여 중국인신분 정체성이 더 강한) 중국인 개체는 강한 이중문화 정체성을 가진 중국인 개체보다 창의력 수준에서 낮게 나타났다.

상기 연구로부터 맥락이 동일 자극에 대한 반응을 변화시킬 수 있다는 것을 보여준다. 비록 분석하는 자극과 반응의 유형은 변화가 없지만 반응의 내용 자체는 맥락에 따라 다르게 나타난다. 이와 같은 다른 점은(예를 들어, 성과 수준) 아마 서로 다른 맥락에서(예를 들어, 개인주의와 집단주의) 개체가 자극물에 대하여 다른 의미를 부여(예를 들어, Earley(1993)의 연구에서의 그룹작업 배치)하기 때문이다. 개인주의자에게 있어 그룹 작업은 개인의 자유도를 줄이고 개체가 결과에 대한 조작 가능성이 낮아짐을 의미한다. 이런 연구에서 맥락의 구체적인 한 측면인 그룹작업배치에 있는 사람에 대한 개체주의 가치관 수준이다. 이런 연구는 이론가정의 예측 타당성을 감소하거나 증가하는 조건을 찾았기에 이론의 적용 범위를 확장한다.

그러나 유감스러운 것은 대부분 문화 간 비교 또는 맥락 배태형 연구는 모두 국가를 하나의 대리 변수로 하는 경향이 있다. 맥락 중의 국가 수준 또는 개인 수준차원의 문화적 요인에 대하여 직접 측정하지 않는데(Brockner 등 (2000)의 연구는 예외) 사실 이런 요인들이야말로 서로 다른 현상들을 이론적으로 설명할 수 있는 원인일 수 있다(Tsui et al.,2007). 맥락이 다차원적이고, 구조적이며, 다양화하고 다중심적인 것을 감안하면 국가를 대리 변수로 맥락을 설명하고자 하는 것은 실로 두리뭉실하고 무기력한 방법이다. 맥락속의 많은 요인들은 모두 우리가 관찰한 변이에 대한 설명 변수가 될 수 있다. 이런 요인들을 포착하지 못하면 연구가 이론을 풍성하게 하고 발전하는데 기여를 할 수 없게 된다. 요컨대 문화 간 비교 또는 맥락 배태적 연구를 수행할 때 연구자는 맥락에 대한 깊은 이해가 필요하며 또한 이론과 가설에서 제기한 맥락적 요인에 대하여서는 직접 측정하는 것이 바람직하다.

위에서 토론한 것은 맥락이 조절변수로서 나타나는데 사실 맥락은 독립변수나 매개변수로서 맥락 배태적 연구에 사용될 수 있다. Luo와 Chung(2005)의 연구가 바로 맥락을 독립변수로 사용하여 분석한 좋은 사례 중 하나이다. 그들은 중국 대만 지역의 제도 전환 전과 후 두 시기에 100개 기업 그룹의 특정 관계(particularistic ties)(가정 연대와 친구 연대)가 기업 성과에 미치는 영향에 대하여 연구하였다. 우선, 중국 사회는 보통 자신의 사회적 관계를 하나의 동심원으로 보고 가장 가운데는 혈연과 가족 구성원이고 가장 바깥쪽은 '낯선 사람'이고 중간층은 '지인' 즉 친구, 전우와 동료 등이다. 그들은 이에 근거하여 기업 그룹 내부의 관계를 가정 연대, 친구 연대와 일반 연대로 구분한다. 그들의 연구에 의하면 전환 시기에 기업 그룹 내부의 가정 연대와 친구 연대는 기업의 성과를 향상하는데 유익하지만 일반 연대는 뚜렷한 효과가 없다. 성과에 대한 가정 연대의 촉진 작용은 U형 관계를 형성하는데 즉 일정한 극치에 도달하면 오히려 불리한 효과가 나타난다. 이 연구에서 이러한 관계 논리를 설명하는 이론은 제도 이론과(Powell & DiMaggio, 1991) 거래비용 이론(Williamson, 1985)이지만 연구자들이 맥락(여기서는 사회적 관계)에 대하여 깊이 이해하고 있었기에 사회적 관계를 세분하고 설명하여 전환 시기에서의 차별성 작용과 역할에 대하여 연구하였다.

맥락을 매개변수로 사용한 사례는 Zhou, Wu와 Luo(2007)의 태생적 국제화(born global) 중국 중소기업의 국제화 성과에 대한 연구이다. 중국 사회에서 관계는 사실상 호혜, 신임과 상호 의존의 시스템(Boisot & Child, 1996; Redding, 1990; Tsui, Farh & Xin, 2000)으로서 관계 네트워크를 통하여 해외시장 진출 기회, 건의와 경험 교훈, 관계망에서 추천하는 신뢰 등 정보를 획득할 수 있는 장점이 있어 중소기업이 국제화 과정에서 장애 요인을 극복하고 원가를 낮출 수 있다. 따라서 사회관계망을 중소기업 국제화와 그 성과 관계의 매개변수로 보고 중국 동부지역의 중소기업을 표본으로 이 가설을 검증하였다.

연구 모형에서 맥락을 독립변수 혹은 매개변수로 하는 것은 연구자가 맥락에 대한 깊은 이해가 있어야 가능할 뿐만 아니라 연구자가 적절하고 적합한 개념으로 맥락을 구체적으로 설명하고 이런 변수들을 직접 측정도 가능해야 한다.

12.4.3 방법 3: 단일 맥락에서 맥락 민감적 현상에 대한 연구의 맥락화

맥락 민감적(context-sensitive) 현상은 꼭 맥락 간 비교 연구를 필요로 하지 않는다. 단일 맥락 속에서 이 맥락에 대한 깊이 있는 이해는 우리에게 서로 다른 맥락에서 발전시킨 이론이 얼마나 보편성이 있는지 이해하는데 도움을 준다. 모든 이론은 맥락 민감적이다. 그것은 어떤 이론이든 모두 특정한 맥락에서 발전한 것이며 다른 맥락에서의 적용여부는 모두 검증이 필요하다. 대리 이론(Jensen & Meckling, 1976)과 구조적 공백 이론(Burt, 1992)이 바로 아주 좋은 예이다. 양자는 모두 미국 현상에 대한 관찰에 근거하고 아주 강한 미국적 문화가설을 바탕으로 한다. 강한 맥락 가설을 가진 이론에 있어서 새로운 맥락에 효과적으로 적용하기 위해서는 맥락화 과정이 관건이라고 볼 수 있다.

대리인 이론은 맥락이 아주 강한 이론으로서 '대리인'(고용된 경영자)과 '의뢰인'(회사 소유자)의 목표가 불 일치한 문제에 주목한다. 이론은 두 이익 집단의 목표가 다르다고 가정하고 양자 모두 자기 중심적이고 제한된 합리주의와 모험 기피형이라고 가정한다(Eisenhardt, 1989). 더욱 강한 가설의 조건은 자기이익 추구형은 심지어 일부 경영자로 하여금 '사기, 거짓, 절도' 등 활동을 통하여 자기의 이익과 목적을 만족시키는 행위를 하도록 한다(Williamson, 1975). 비록 인간 본성의 관점에서 이와 같은 가정 자체에 대하여 의문을 제기한 학자도 있지만(Ghoshal, 2005; Perrow, 1986) 대리인 이론의 회계학, 경제학, 사회학, 마케팅, 전략 및 조직 행위론 등 연구 영역에서의 광범위한 응용(Eisenhardt, 1989)은 미국 맥락에서의 학자들은 이러한 가설을 대체적으로 받아들인다는 것을 나타낸다. 그것은 미국의 헌법은 (개인의) 행복을 추구하는 권리를 보호하기 때문에 그들에게 있어서 이는 그리 놀랄만한 일이 아니다. 따라서 이기주의는 받아들일 수 있으며 적어도 용납할 수 있는 일종의 가정이다.

대리인을 제외하고 위탁인도 이기주의자이다. 따라서 조직 분석에 적용할 때 이러한 이기주의의 가정에서 파생되는 것 중에 하나는 소유자 모두가 투자 수익의 최대화를 추구한다는 것이다. 그러나 사람들이 어느 수준에서 대리인과 의뢰인의 이기주의 가설에 대해 수긍하는지는 각자가 처한 맥락에 달려 있다. 맥락 속에 있는 제도적 배치와 문화적 가치관은 이기주의, 이성, 모험에 대한 태도에 대한 가설을 무효로 만들거나 현실과 동떨어지게 한다.

Su, Xu와 Phan(2008)은 일부 맥락은 서로 다른 의뢰인들이 동일한 이익 경향을 갖고 있다는 가설에 대하여 이의를 제기하는 것을 발견하였다. 특히 중국에서 '지분 집중은 통상적으로 기업에 대한 국가 통제를 반영하지만 미국적 맥락에서의 지분 집중은 회사가 연금 기금, 공동 기금, 회사와 은행과 같은 기관 투자자의 소유를 의미한다.'(20쪽). 중국 국유기업의 이사는 국가를 대표하며 그들은 '자신의 역할고 작용에 대해 강력한 이상적 이미지를 만들어 낸다.'(22쪽). 그들의 이익은 개인 투자자와 비 정부 부문 주식 보유자의 이익과 다르다. 비 국가부문의 이사에게 있어서 경영자와 국가 이익을 일치시키게 하는 역량은 제한적이다. 중국의 제도적 환경에 대한 깊은 이해를 갖고 있음으로 저자는 아래 가설을 제기한다. 소유권 집중도(강한 국가 소유제)와 경영층 임금 수준, 이사회 규모 및 독립 이사 숫자 사이에는 곡선 관계가 존재한다.

강한 맥락이론의 다른 하나의 좋은 예는 바로 사회연결망이론에서의 구조공백(Burt, 1992)인데 '개방된 시장이 있고 자유 경쟁과 개인주의 경향의 서양wjr 맥락은 구조공백 이론의 기초가 된다'(Burt, Hogarth & Mich명, 2000). 이 맥락에서 개인 네트워크에 구조 공백이 많은 개체가 사업에서 성공할 가능성이 더 높다. 그들이 구조공백이 적은 개체들보다 더 많은 독특한 정보와 자원을 소유하기 때문이다. 이런 자원에 대한 독점은 일종의 힘의 원천이 된다. 경쟁적인 직업 시장도 이기적이고도 전략적으로 이와 같은 자원을 활용하는 행위를 기대함과 동시에자연스럽게 받아들인다. 그러나 집단주의 사회와 고도의 약속문화의 조직에서는 경쟁 행위를 배척하고 협력 행위에 집착한다. Xiao와 Tsui(2007)가 지적한 바와 같이 '비슷한 시장 문화를 가진 시장과 조직에서 구조 공백을 갖고 있는 중개인은 물 만난 물고기가 될 것이고 집단주의 경향의 환경에서는 맥락의 핵심 가치관과 일치하는 행위를 중요시한다'(2쪽).

따라서 Xiao와 Tsui(2007)은 '집단주의 국가 문화 및 고도의 약속 수준의 조직에서 구조 공백의 장점을 실천하기 비교적 어렵다. 후자는 집단주의의 조직 수준에서의 표현 형식'(2쪽)이다. 저자는 협력을 중요시하는 맥락에서 개체의 사회연결망 중의 구조 공간이 사업 발전에 부정적인 영향을 발휘하는데 이는 서양적 맥락에서 관찰된 긍정적 영향과 정반대라고 가설한다. 이 가설은 국가 수준과 기업 수준에서 모두 이미 검증되었다.

상기 두 연구에서는 모두 강한 맥락 가설을 가진 이론의 보편성이 제한적임을 나타낸다. 이와 같은 이론의 효과적인 적용을 위하여서는 원래 이론이 내포하는 맥락 가설 그리고 그 이론을 새롭게 적용하는 맥락에서의 가설의 타당성에 대하여 모두 깊이 있는 이해가 필요하다. 맥락 민감 이론의 맥락화에서는 원래 맥락에서 나타난 인과관계와 다르거나 심지어 상반되는 결론을 얻을 수 있다. 이는 이론과 새로운 맥락에서 효과적인 지식을 발전시키는데 모두 중요한 기여를 한다. Tsui(2004)의 연구는 더 많은 사례를 제공하였는데 맥락에 민감한 현상을 분석할 때 맥락화 과정이 어떻게 이론적 가설을 개선하는지 잘 설명한다.

12.4.4 방법 4: 연구 방법의 맥락화

조직 및 경영학 연구에서 보통 조사, 실험, 정성적 면접, 사례연구와 기존 데이터베이스(예: 회사직원 기록)등 2차자료를 활용하는 방법으로 연구를 진행한다. 중국에서 경영학 연구를 전개할 때도 주로 이와 같은 방법들을 사용하고 큰 변화가 존재하지 않는다. 그러나 Farh, Dobbins와 Cheng(1991)의 논문에서는 중국 사람들이 자신을 평가할 때 미국 사람들보다 더 겸손하다고 한다. 그렇다면 서양적 맥락에서 개발한 측정 도구와 자료 수집 절차에 대하여 중국 사람들은 어떤 반응이 보일까? 여기에 대한 정보는 아직 매우 적은 편이다. 예를 들면, 중국 사람들의 체면, 관계, 권위 복종에 집착하는 성향이 그들이 설문조사나 면접할 때의 대답에 어떻게 영향을 미치는가?

Tsui(2006a)은 연구자가 중국의 피 조사자에게서 자료를 수집할 때 이런 문화적 특징을 고려하여 새로운 또는 개선된 자료 수집 방법과 관찰 방법을 개발해야 한다고 호소하였다. 마찬가지로 Cavusgil과 Das(1997)도 연구자들이 적절한 추출 방식을 사용하는데 유의하고 맥락에 민감한 자료 수집 절차와 맥락 관련 인센티브 방식을 사용하여 문화 간 비교 조사연구의 회수율을 향상할 것을 권장한다. Tsui(2004)는 새로운 맥락에서 양질의 현지 연구를 추진하는데 사용할 수 있는 몇 가지 필요한 방법론 영역을 제안하였다. 비록 위에서 언급한 여러 가지 호소가 있지만 중국 경영학 연구의 방법론 문제에 초점을 맞춘 탐색은 아주 많이 부족하다.

개념의 측정 방법 측면에서는 약간의 진전이 있다. Farh, Cannella와 Lee(2006)는 직역, 수정, 맥락화 및 탈 맥락화 등 네 가지 척도 개발을 위한 효과적인 방법을 제안한다. 이 연구에서는 각 방법의 핵심적 가설, 장단점 및 그것이 중국 경영학 연구에서의 중요한 역할에 대하여 서술하였다. 저자는 이미 발표된 논문을 예로 사용하면서 여러 가지 방법들을 효과적으로 사용하는 방법과 경우에 대하여 자세하게 설명했다.

번역(translation) 방법이 효과적인 측정 기준에 도달하려면 개념과 척도의 동등성을 확보하는 것이 아주 중요하다. 이는 번역과 역번역이 가능하다면 사용한 용어를 수정하지 않고 글자, 단어, 어의의 접근을 확보하는 것을 포함한다. 수정(adaptation)은 원시 언어 척도를 변경하여 새로운 맥락에 적용하게 하는 것인데 '문항의 용어를 수정하고 부적절한 문항 제거 및 새 문항 추가'가 포함된다(Farh et al., 2006:306). 이 두 가지 방법에서 기존 척도의 의미와 차원은 여전히 자체의 완전성을 유지한다. 수정 과정은 기존 지표(문항)의 적합성을 보장하고 구성개념과 차원 외에 존재하는 맥락 관련 지표를 분별한다.

탈맥락화(de-contextualization)는 보편적으로 적용할 수 있는 연구 방법을 개발하고자 한다. Wong과 Law(2002)가 제기한 감성 지수 측정과 같이 이 측정은 연역법을 사용하고 홍콩 표본에 근거하여 개발하였고 이어서 서로 다른 5개 표본에서도 검증되었다. 척도 개발과 검증 과정에서 저자는 전혀 홍콩 맥락을 언급하지 않았는데 이는 분명히 탈맥락화한 개발 방법임을 잘 나타낸다. 이 척도가 과연 모든 맥락에서 모두 적용할 수 있는지는 더 검증할 필요가 있다. 이와 유사하게 Tang 등(2006)은 29개 국가/지역의 29개 표본 자료로 '배금(love of money)' 척도의 측정 등가성에 대하여 평가했다. 이 연구에서 연구 방법의 맥락 등가성을 평가하는 통계적 절차를 설명하는 데 그 목적이 있지만 구성개념 측정이 '여러 문화 집단에 걸친 글로벌 연구에서 모두 완벽하게 차이점이 없거나 일치하다'(p.314)고 기대하는 것은 비현실적이라고 저자가 덧붙였다.

맥락화 방법는 맥락 민감성 연구와 가장 관련이 있다. Farh, Earley와 Lin(1997)이 대만에서 개발한 조직시민행위(OCB) 척도가 바로 가장 좋은 예이다. 저자들은 Hinkin(1995)이 제기한 척도 개발과 검증 절차에 따라 OCB의 대만 본위(emic) 차원을 얻었으며 서양의 문화와 유사한 에틱(etic) 차원도 검증했다. 이 밖에 맥락화의 OCB 척도를 사용함으로써 그다지 전통적이지 않은 직원과 비교하여 전통적인 대만 직원이 조직의 불공정을 느껴도 여전히 일정한 조직시민행위를 보인다는 것을 확인했다. 이 연구는 측정 과정에서의 맥락화의 가치를 나타내며 맥락(직원의 전통성)이 지각한 조직의 불공정과 조직시민행위 사이에서 발휘하는 조절작용을 자세하게 설명했다.

12.5 맺음말

맥락화는 연구 도구이자 연구 철학이며 결국은 맥락의 객관적 현실에 대해 깊이 이해하고 이 맥락 속의 중요한 문제를 해결하는 것에 있다. 이런 이해와 갈망을 가진 연구자는 효과적인 지식을 더 잘 발전시키고 이론과 실천을 위하여 공헌한다. 지금 까지 중국 경영학 연구자들은 합법성을 획득하기 위하여 대부분 문헌에서만 문제를 발견하고 일부는 심지어 맥락을 무시해야 한다고 여기면서 맥락을 이론을 풍성하게 하거나 연구의 영향력을 강화하는 일종의 자원으로 보지 않았다.

30여 년의 탐색과 학습을 거쳐 중국 경영학 연구는 지금 조금씩 성숙해져 가고 있다. 학자들은 실용적 연구를 탐색적 연구로 전환하는 중요성, 중국 특유의 경영 실천을 탐색하고 설명해야 하는 필요성, 그리고 일반적인 경영 실천에 유익한 유용한 지식 창조의 필요성에 대하여 점점 인식을 함께 하고 있다. 과학 연구의 목적은 결국 문제를 분석하고 사회에 유익한 지식을 창조하는 것이다. 과학계에서는 엄밀하지 못한 연구는 무효한 지식을 생산할 뿐 아니라 연구 윤리와도 모순된다는 점을 보편적으로 인식을 함께 하고 있다. 그러나 적합성이 결여된 연구는 아무리 엄밀하게 연구를 하였다 하더라도 연구 도덕에 치명적인 손해를 입히게 한다. 맥락화는 엄밀성과 적합성을 동시에 충족시키는 연구를 가능하게 할 뿐 아니라 효과적이며 유용한 지식도 생산한다. 과학자가 진정 사회에 유익한 연구에 뜻이 있다면 그들의 연구는 반드시 맥락 현실과 밀접하게 결합하여야 한다. 그 이유는 오직 맥락속의 현실만이 우리가 검증할 수 있으며 적합하며 효과적인 이론을 개발하는 데에도 도움이 된다(Glaser & Strauss, 1967).

참 고 문 헌

Barney, J. B. & Zhang, S. (2009). The future of Chinese management research: A the- ory of Chinese management versus a Chinese theory of management. *Management and Organization Review*, 5, 15-28.

Blau, P. M. (1968). Interaction: Social Exchange. In D. I. Sills (Eds.), *International Encyclopedia of the Social Sciences* (Vol. 7, 452-458). New York: Macmillan & Free Pr- ess.

Boisot, M., Child, J. & Redding, G. (2011). *Working the system: Toward a theory of cultural and institutional competence. The Handbook of Chinese Organizational Behavior: Integrating Theory, Research and Practice*. Edward Elgar, In press.

Boisot, M. $ Child, J. (1996). From fiefs to clans and network capitalism: Explaining China's emerging economic order. *Administrative Science Quarterly*, 41, 600-628.

Bond, M. H. & Muethel, M. (2011). Doing better research on organizational behavior in Chinese cultural settings: Suggestions from the notebooks of two fellow-travelers. *Management and Organization Review*, in press.

Brockner, J., Chen, Y-R., Mannix, E. A., Leung, K. & Skarlicki, D. P. (2000). Cul- ture and procedural fairness: When the effects of what you do depend on how you do it. *Administrative Science Quarterly*, 45, 138-159.

Brodbeck, F. C., Frese, M., Akerblom, S., Audia, G., Bakacsi, G., Bendova, H. et al. (2000). Cultural variation of leadership prototypes across 22 European countries. *Journal of Occupational and Organizational Psychology*, 73, 1-29.

Burt, R. S. (1992). *Structural Holes: The Social Constuction of Competition*. Cambridge, MA: Harvard University Press.

Burt, R. S., Hogarth, R. M. & Michaud, C. (2000). The social capital of French and American managers. *Organization Science*, 11, 123-147.

Cavusgil, S. T. & Das, A. (1997). Methodological issues in empirical cross-cultural research: A survey of the management literature and a framework. *Management Interna-tional Review*, 37, 71-96.

Chen, C. C. (1995). New trends in reward allocation preferences: A sino-U.S. compareson. *Academy of Management Journal*, 38, 408-428.

Child, J. (2000). Theorizing about organization cross-nationally. In J. L. Cheng & R. B. Peterson (Eds.), *Advances in International Comparative Management*, (Vol.13, pp.27-76). Stamford, CT: JAI Press.

Daft, R. L. & Lewin, A. Y. (1990). Can organization studies begin to break out of the normal science straight jacket? An editorial essay. *Organization Science*, 1, 1-9.

Den Hartog, D. N., House, R. J., Hanges, P. J., Dorfman, P. W., Ruiz-Quintana, A. & GLOBE Associates. (1999). Culture specific and cross-culturally generalizable impli-cit leadership theories: Are attributes of charismatic/transformational leadership university endorsed, *Leadership Quarterly*, 10, 219-256.

Earley, P. C. (1993). East meets west meets mid-east: Further explorations in collectivistic versus individualistic work groups. *Academy of Management Journal*, 36, 319-348.

Eisenhardt, K. M. (1989). Agency theory: An assessment and review. *Academy of Management Review*, 14, 57-74.

Farh, J. L., Cannella, A. A. J. & Lee, C. (2006). Approaches to scale development in Chinese management research. *Management ana Organization Review*, 2, 301-318.

Farth, J. L. & Cheng, B. S. (2000). A cultural analysis of paternalistic leadership in Chinese organizations. In J. T. Li., A. S. Tsui & E. Weldon (Eds.), *Management and Organizations in the Chinese Context*. London: Macmillan.

Farth, J., Dobbins, G. H. & Cheng, B. S. (1991). Cultural relativity in action: A com- parison of self-ratings made by Chinese and U.S. workers. *Personnel Psychology*, 44, 129-147.

Farth, J. L, Earley, P. C. & Lin, S. C. (1997). Impetus for action: A cultural analysis of justice and organizational citizenship behavior in Chinese society. *Administrative Science Quarterly*, 42, 421-

444.

Farth, J. L., Zhong, C. B. & Organ, D. W. (2004). Organizational citizenship behavior in the People's Republic of China. *Organizational Science*, 15, 241-253.

Fei, H. T. (1948). *Peasant Life in China*. London: Routledge & Kegan.

Fu, P. P., Kennedy, J., Tata, J., Yukl, G., Bond, M. H. and 10 other co-authors. (2004). The impact of societal cultural values and individual social beliefs on the perceived effectiveness of managerial influence strategies: A meso approach. *Journal of International Business Studies*, 35, 284-305.

Fu, P. P., Tsui, A. S., Liu, J. & Li, L. (2010). Pursuit of whose happiness? Executive leaders' transformational behaviors and personal values. *Administrative Science Quarterly*, 55, 222-254.

Ghoshal, S. (2005). Bad management theories are destroying good management practices. *Academy of Management Learning & Eduction*, 4, 75-91.

Glaser, B. G. & Strauss, A. L. (1967). *The Discovery of Grounded Theory: Strategies of Qualitative Research*. Chicago, IL: Aldine.

Hambrick, D. C. (2007). The field of management's devotion to theory: Too much of a good thing. *Academy of Management Journal*, 50, 1346-1352.

Hinkin, T. R. (1995). A review of scale development practices in the study of organizations. *Journal of Management*, 21, 967-988.

Hom, P. W., Tusi, A. S., Wu, J. B., Lee, T. W., Zhang, A. Y., Fu, P. P. et al. (2009). Explaining employment relationships with social exchange and job embeddedness. *Journal of Applied Psychology*, 94, 277-297.

Hofstede, G. (1980). *Cultural's Consequences: International Differences in Work-Related Values*. Beverly Hills, CA: Sage.

Hui, M. K., Au, K. & Fork, H. (2004). Empowerment effects across cultures. *Journal of International Business Studies*, 35, 46-60.

Jensen, M. C. & Meckling, W. H. (1976). Theory of the firms: Managerial behavior, agency costs and ownership structure. *Journal of Financial Economics*, 3, 305-360.

Jia, L., You, S. & Du, Y. (2012). Chinese context and theoretical contributions to man-agement organization research: A three-decade review. *Management and Organization Review*, in press.

Johns, G. (2006). The essential impact of context on organizational behavior. *Academy of Management Review*, 31, 386-408.

Lam, S. S. K., Schaubroeck, J. & Aryee, S. (2002). Relationaship between organizational justice and employee work outcomes: A cross-national study. *Journal of Organizational Behavior*, 23, 1-18.

Leung, K. (2007). Glory and tyranny of citation impact: An East Asian Perspective. *Academy of Management Journal*, 50, 510-513.

Leung, K. (2009). Never the twain shall meet? Integrating Chinese and Western management research. *Management and Organization Review*, 5, 121-129.

Leung, K. & Bond, M. H. (1989). On the empirical identification of dimensions for cross-cultural comparisons. *Journal of Cross-Cultural Psychology*, 20, 133-151.

Leung, K. & Bond, M. H. (2004). Social axioms: A model for social beliefs in multicultural perspective. *Advances in Experimental Social Psychology*, 36, 119-197.

Leung, K., Su, S. & Morris, M. W. (2001). When is criticism not construvtive? The role of fairness perceptions and dispositional attributions in employee acceptance of critical supervisory feedback. *Human Relations*, 54, 1155-1187.

Li, L. M. W. & Bond, M. H. (2010). Does secularism promote happiness? The moderating role of societal development. *Social Indicators Research*, 99, 443-453.

Li, J. T. & Tsui, A. S. (2002). A citation analysis of management and organization research in the Chinese context: 1984 to 1999. *Asia Pacific Journal of Management*, 19, 87-107.

Luo, J. D. (2005). Particularistic trust and general trust: A network analysis in Chinese organizations. *Management and Organization Review*, 1, 437-458.

Luo, X. M. & Chung, C-N. (2005). Keeping it all in the family: The role of particularis-tic relationships in business group performance during institutional transition. *Administrative Science Quarterly*, 50, 404-439.

Luo, Y., Huang, Y. & Liu, S. C. (2011). Guanxi and organizational performance: A meta-analysis. *Management and Organization Review*, in press.

March, J. G. (2005). Parochialism in the evolution of a research community: The case of organization studies. *Management and Organization Review*, 1, 5-22.

Mok, A. & Morris, M. W. (2010). Asian-Americans'creative styles in Asian and Ameri-can situations: Assimilative and contrastive responses as a function of bicultural identi-ty integration. *Management and Organization Review*, 6, 371-390.

Morris, M. W. & Leung, K. (2010). Creativity east and west: Perspectives and parallels. *Management and Organization Review*, 6, 313-327.

Nee, V. (1989). A theory of market transition: From redistribution to markets in state socialism. *American Sociological Review*, 54, 663-681.

Nee, V. (1991). Social inequalities in reforming state socialism: Between redistribution to markets in state socialism. *American Sociological Review*, 56, 267-282.

Nee, V. (1992). Organizational dynamics of market transition: Hybrid forms, property rights, and mixed economy in China. *Administrative Science Quarterly*, 37, 1-27.

Ostrom, E. (2005). *Understanding Institutional Diversity*. Priceton University Press.

Ostrom, E. (2005). Beyond markets and states: Ploycentric governance of complex economic systems. *American Economic Review*, 100, 641-672.

Oxley, J. E., Rivkin, J. W. & Ryall, M. D. (2011). The strategy research initiative: Recognizing and encouraging high-quality research in strategy. *Strategic Organization*, 8, 377-386.

Parsons, T. (1937). *The Structure of Social Action: A Study in Social Theory with Special Reference to a Group of Recent European Writers*. New York: McGraw-Hill.

Perrow, C. (1986). *Complex Organizations* (3rd ed.). New York: Random House.

Powell, W. W. & DiMaggio, P. J. (1991). *The New Institutionalism in Organizational Analysis*. Chicago: University of Chicago Press.

Ralaston, D. A., Pounder, J., Lo, C. W. H., Wong, Y. Y., Egri, C. P. & Stauffer, J. (2006). Stability and change in managerial work values: A longitudinal study of China, Hong Kong, and the U.S. *Management and Organization Review*, 2, 67-94.

Redding, G. (1970). *The Spirit of Chinese Capitalism*. De Guyter: Berlin.

Redding, G. (2008). Separating culture from institutions: The use of semantic spaces as a conceptual domain and the case of China. *Management and Organization Review*, 4, 257-289.

Rousseau, D. M. & Fried, Y. (2001). Location, location, location: Contextualizing organizational research. *Journal of Organizational Behavior*, 22, 1-13.

Schwartz, S. H. (2008). *Cultural Value Orientations: Nature and Implications of National Differences*. Jerusalem: Israel Science Foundation.

Shapiro, D. L., Von Glinow, M. A. & Xiao, Z. (2007). Toward Polycontextually sensitive research methods. *Management and Organization Review*, 3, 129-152.

Smith, P., (2011). Chinese management theories: Indigenous insights or lessons for the wider world? In X.Huang & M. H. Bond (Eds.), *The Handbook of Chinese Organizational Behavior: Integrating Theory, Research and Practice*. Edward Elgar, In press.

Su, Y., Xu, D. & Phan, P. H. (2008). Principal-Principal conflict in the governance of the Chinese public corporation. *Management and Organization Review*, 4, 17-38.

Tang, T, L.-P., Sutarso, T., Akande, A., Allen, M. W., Alzubaidi, A. S., Ansari, M. A. et al.(2006). The love of money and pay level satifaction: Measurement and functional equivalence in 29 geopolitical entities around the world. *Management and Organization Review*, 2, 423-452.

Tsui, A. S. (2004). Contributing to global management knowledge: A case for high qua lity indigenous research. *Asia Pacific Journal of Management*, 21, 491-513.

Tsui, A. S. (2006a). Contextualization in Chinese management research. *Management and Organization Review*, 2, 1-13.

Tsui, A. S., Wang, H. & Xin, K. R. (2006b). Organizational culture in the PRC: An ana-lysis of culture dimensions and culture types. *Management and Organization Review*, 2, 345-376.

Tsui, A. S. (2007). From homogenization to pluralism: International research in the aca-demy and heyond. *Academy of Management Journal*, 50, 1353-1364.

Tsui, A. S. (2009). Editor's introduction-autonomy of inquiry: Shaping the future of em-erging scientific communities. *Management and Organization Review*, 5, 5-14.

Tsui, A., Farh, J.L. and Xin, K. (2000). Guanxi in the Chinese context. In J.T. Li, A. Tsui & E. Weldon (Eds.), *Management and Organization in the Chinese Context*. Mac-millan: London.

Tsui, A. S., Nifadkar, S. S. & Ou, A. Y. (2007). Cross-National, cross-cultural organization behavior research: Advances, gaps, and recommendations. *Journal of Management*, 33, 426-478.

Tsui, A. S., Pearce, J. L., Porter, L. W. & Hite, J. P. (1995). Choice of employee-organization relationship: Influence of extennal and internal factors. In G.R. Ferris (Ed.), *Research in Personnel and Human Resource Management*, 13, 117-151. Green- wich, CT: JAI Press.

Tsui, A. S., Pearce, J., Porter, L. & Tripoli, A. (1997). Alternative approaches to the employee-organization relationship: Does investment in employee pay off? *Academy of Management Journal*, 40, 1089-1121.

Tsui, A. S., Schoonhoven, C. B., Meyer, M., Lau, C. M. & Mikovich, G. (2004). Organization and management in the midst of societal transformation: The People's Pepublic of China. *Organization Science*, 15, 133-144.

Tsui, A. S. & Wu, J. B. (2005). The new employment relationship versus the mutual investment appproach: Implications for human resource management. *Human Resource Management*, 44, 115-121.

Von Glinow, M. A., Shapiro, D. L. & Brett, J. M. (2004). Can we talk, and should we?Managing emotional conflict in multicultural teams. *Academy of Management Review*, 29, 578-592.

Von Glinow, M. A. & Teagarden, M. B. (2009). The future of Chinese management re- search: Rigour and relevance redux. Management and Organization Review, 5, 75-89.

Wang, D., Tsui, A. S., Zhang, Y. & Ma, L. (2003). Employment relationships and firm performance: Evidence from an emerging economy. *Journal of Organiational Behavior*, 24, 511-535.

Whetten, D. A. (2009). An examination of the interface between context and theory app-lied to the study of Chinese organizations. *Management and Organization Review*, 5, 29-55.

White, S. (2002). Rigor and relevance in Asian management research: Where are we and where can we go? *Asia Pacific Journal of Management*, 19, 287-352.

Williamson, O. E. (1975). *Markets and Hierarchies: Analysis and Antitrust Implications*. New York: Free Press.

Williamson, O. E. (1985). *The Economic Institutions of Capitalism: Firms, Markets, Relational Contracting*. New York: Free Press.

Wong, C. S. & Law, K. S. (2002). The effects of leader and follower emotional intelligence on performance and attitude: An exploratory study. *Leadership Quarterly*, 13, 243-274.

Xiao, Z. X. & Tsui, A. S. (2007). When brokers may not work: The cultural contingency of social capital in Chinese high-tech firms. *Administrative Science Quarterly*, 52, 1-31.

Xin, K. R. & Pearce, J. L. (1996). Guanxi: Connections as substitutes for formal institu-tional support. *Academy of Management Journal*, 39, 1641-1658.

Zhang, A. Y., Tsui, A. S., Song, L. J., Li, C. P. & Jia, L. D. (2008). How do I trus thee? The employee-organization relationship, supervisory support, and middle manager trust in the organization. *Human Resource Management*, 47, 111-132.

Zhou, L. X., Wu, W-P. & Luo, X. M. (2007). Internationalization an the performance of born-global SMEs: The mediating role of social networks. *Journal of International Business Studies*, 38, 673-690.

저 자 소 개

쉬쑤잉(徐淑英, Anne Tsui) 애리조나주립대학교(Arizona State University) 모토롤라 국제경영 명예퇴직교수(2003~2011), 북경대학, 복단대학과 상해교통대학 특별객좌교수, 남경대학 명예교수이다. *Academy of Management Journal*의 제14기 편집장을 역임하였고 미국경영학회(Academy of Management) 제74기 회장(2011-2012)으로서 중국경영학연구국제학회(IACMR)의 창회 회장인 동시에 *Management and Organization Review*의 창간 편집장이기도 하다. 연구 분야는 성과 평가, 조직 인구학, 노사관계와 조직 문화, 그리고 특별히 중국 상황에서의 경영학 연구에 대해 흥미를 갖고 있다. 탑 저널에 수십 편의 논문을 게재하였고 그중 두 편은 각각 *Academy of Management Journal*의 최우수 논문과 *Administrative Science Quarterly*의 학술 공헌상을 받았다. 또한 국제경영 연구 분야에서 피인용률이 높은 상위 50명의 학자 중 한 사람이기도 하다.

지아량띵(賈良定, Liangding Jia) 남경대학교(Nanjing University) 경영학 교수 및 박사지도교수이고 "남경대학비지니스리뷰"의 집행 편집장이다. 연구 분야는 중국 상황에서의 고용관계 및 직원의 창조성, 기업가 가치관과 기업분화, 그리고 최고 경영그룹과 기업 전략 등이 있다. 연구 논문 중 2 편은 각각 미국경영학회 2009년과 2011년 최우수논문집에 수록되었다.

3부
경영학 연구에서의 측정 및 통계 방법

第三部分
管理学研究中的测量统计方法

13장

이론적 구성개념의 측정

Jian Liang (상해교통대학)
Jiing-Lih Farh (홍콩과학기술대학)

13.1 측정 및 경영학 연구

경영학 연구는 보통 연구문제의 형성으로부터 시작한다. 현상에 대한 이해와 문헌조사를 통하여 연구자가 연구문제에 대한 자신의 견해를 제기하고 구체적인 연구가설을 형성하며 이를 바탕으로 연구 계획을 작성하여 관련정보를 수집하고 분석한다. 연구 계획에는 통상 다음 내용들이 포함된다. (1) 연구문제의 성질과 요구되는 표본유형이다(예: 개체, 집단 혹은 조직). (2) 해석에 사용하는 변수-독립변수를 조작하거나 측정한다. (3) 결과의 변화 즉 종속변수의 변화를 관찰한다. (4) 결론에 영향을 미치지만 주요 연구관심사에 속하지 않는 변수 즉 외생변수를 통제한다. (5) 적당한 통계적 방법을 통하여 자료를 분석하고 결론을 도출한다. 이 과정에서 이론과 현상을 근거로 하는 개인의 견해를 검증 가능한 가설명제로 전환한다. 변수측정을 통하여 변수 간의 상호관계에 대하여 직관적 계량적 추론을 할 수 있다. 그렇기 때문에 관련변수에 대한 정확한 측정이 대체로 연구결론의 신빙성을 결정하게 된다.

Stevens(1968)는 측정을 아래와 같이 정의한다. 연구자가 일정한 규칙에 근거하여 수량적 방식으로 연구 대상이 갖고 있는 어떤 특징이나 행위에 대하여 묘사하는 것이다. 이 과정에서 사용한 도구를 척도 혹은 검사라고 한다. 측정에 있어서 가장 우선적으로 요구되는 것은 할당한 수치로 측정대상의 특징을 정확하게 반영할 수 있어야 하며 할당한 수치와 측정대상의 특징들이 일대일 대응관계를 이루어야 한다는 점이다. 가장 직관적인 사례는 중량 측정이다. 게이지에 물체의 중량과 일대일 대응하는 수치가 꼭 하나 있다. 이런 직관적인 수치를 통하여 연구자가 복잡한 사회적 현상을 탐구할 수 있으며 수치 계산을 통하여 변수 간의 관계를 추출하여 최종 직관적이며 가치 있는 결론을 도출한다.

경영학 연구에서 연구 대상에 대한 측정은 보통 실험조작과 설문지 두 가지 방식이 있다. 실험이나 유사 실험에서 대부분 피조사자 주변 환경을 변경하는 방식으로 독립변수에 대한 측정을 한다. 예를 들면, 물리적 환경(온도, 조명 등) 조작, 역할 요구(예: 업무 직책 등), 정서 상태(예: 여러 가지 기분 유도 등)등을 변경할 수 있다. 비실험적 방법 연구에서 개념에 대한 측정은 주로 여러 가지 형식의 척도를 사용한다. 이 책의 6, 7장에서 이미 실험적 조작에 대하여 논의하였다. 이 장에서 우리는 주로 설문지법을 활용할 때 측정의 질적 문제에 집중하여 토론하다. 설문지법의 측정문제를 둘러싸고 이 장에서 주로 측정의 질에 대한 평가, 척도 개발의 일반적 절차 그리고 중국 경영학 연구에서의 척도 개발 방향과 문제점 등 세 가지 방면에 집중적으로 논의할 것이다.

13.2 측정 질에 대한 평가

측정은 경영학 연구의 목적이 아니라 연구자들이 변수 간의 관계를 논의하는 수단이다. 모든 측정은 특정한 연구목적에 기여한다. 이론은 연구자들이 변수의 어떤 특징을 측정해야 하는지 결정할 뿐만 아니라 또한 어떻게 측정해야 하는지를 결정한다(Pedhazur & Schmelkin, 1991). 측정에서 연구자는 학술적인 언어로 연구하고자 하는 대상을 추상하고 요약하며 이런 학술적 개념을 조작화하여 계량화한 지표로 만들어야 한다. 측정의 질을 보증하기 위하여 구성개념의 조작화 과정에서 다음 두 가지 문제에 대하여 각별히 고심해야 한다. 즉 우리가 선택한 측정 지표와 목표 구성개념과의 관계는 무엇인가? 그것이 정확하고 완전하게 구성개념에 대한 측정을 완성할 수 있는가?

13.2.1 이론적 구성개념 및 측정 지표

경영학 이론이나 가설은 변수나 개념 간의 관계를 논하는 것이다. 그러나 절대다수의 경영학 개념은 보통 직접적으로 관찰할 수 없는 것들이다. 예컨대 인격, 성취동기, 조직구조, 핵심역량 등이 바로 그렇다. 우리는 '개념'이란 단어로 이런 특질이나 속성을 묘사하고 추상한다. 이런 구성개념은 외부 현상에 대한 일종의 고도로 정확한 요약일 뿐만 아니라 연구자들 사이에서 효과적인 소통이 이루어지는데도 도움이 된다. 측정의 목적은 연구자가 이런 이론적 구성개념에 대한 이해와 정의를 토대로 추상적인 개념을 구체화하고 적합한 측정 지표를 발굴하여 이런 구성개념이 나타내는 현상에 대하여 과학적인 묘사, 구분, 해석 및 예측하는 것이다. 이것이 바로 우리가 흔히 말하는 조작화 과정이다.

앞에서 언급했듯이 여러 가지 경영 현상의 측정은 보통 직관적인 것이 아니라 현상과 연결된 지표체계를 통하여 추론한다. 경영학 연구에서 반영 지표(reflective indicator)와 조형 지표(formative indicator) 두 가지 측정 지표로 이론적 구성개념을 측정할 수 있다. 이 두 가지 지표를 구분할 때 고려하는 것은 이론적 구성개념과 측정 지표의 내적 관계이다(Edwards, 2011). 반영 지표모형에서 측정 지표는 이론적 구성개념의 외적 표현 형식으로 인식한다. 구성개념에 변화가 있을 때 측정 지표도 같이 변화가 발생한다. 객관 현실주의적 전통과 일치하며 반영 지표모형은 이론적 구성개념이 현상계의 객관적 실제를 나타낸다고 보고 우리가 사용한 여러 가지 측정 지표는 이런 객관 존재의 각 종 외적 표현 형식이다. 공통 인수(common factor)의 존재로 인하여 측정 지표 사이에 공통 변이가 존재한다. 반영 지표가 구성개념의 어떤 표현 형식일 뿐이고 우리가 사용하는 측정 지표는 여러 가지 인지적 제한의 제약을 받기 때문에 측정 과정에 종종 오차를 동반하게 된다(Edwards, 2011). 따라서 여러(하나가 아닌) 측정 지표를 사용하여 한 가지 공통적인 이론구성개념을 반영해야 한다. 비록 이론적으로 봤을 때 이런 측정 지표는 서로 고도로 일치하고 임의의 두 개 지표의 내용을 호환할 수 있지만 다중 지표는 각자의 오차를 제거하는데 유리하여 측정 결과가 보다 객관적 현실에 접근하도록 한다. 이것이 바로 DeVellis(2003)에서 말한 '유용한 중복(useful redundancy)'이다. 〈그림 13-1〉의 A 모형이 바로 이런 관계를 나타낸다.

경영학 문헌에서 인지된 조직 지원(perceived organizational support)(Eisenberger, Huntington, Hutchison & Sowa, 1986)이 바로 이런 개념이다. 직원이 감지하는 조직 지원에 영향을 주는 것은 아마 여러 가지 방면이 있을 것이다. 예를 들면, 직원복지 중시, 직원에게 의미 있는 직무 제공, 직원의 근무 환경 개선, 직원 성장에 대한 관심 등이 있다. 직원에게 있어서 이런 행위는 모두 기업이 고용관계를 처리할 때 가장 기본적인 출발점과 동기를 대표한다. 따라서 그들이 이런 기업행위를 해석할 때 상당한 높은 일관성이 있다. 이런 이론적 전제가 있으므로 연구자가 직원들에 대한 기업의 모든 지원활동을 열거할 필요 없이 일부 핵심적 지표만 사용하여 한 가지 개념에 대한 측정(예: 직원에 대한 기업의 중시, 직원생활에 대한 배려 등)(Eisenberger, Fasolo & Davis-La-Mastro, 1990)을 완성할 수 있다.

반영 지표와 다르게 '조형 지표'는 측정 지표가 이론적 구성개념의 서로 다른 측면을 설명하고 이런 지표의 통합으로 구성개념의 가치가 존재한다고 본다(Edwards, 2011). 다시 말해 조형 지표모형은 측정 지표가 객관적이고 어떤 측정 오차도 없으며 이론적 구성개념이 주관적 구축에 의해 형성된 것이라고 본다. 조형 지표는 일정한 조합을 통하여 하나의 총체로서 구성개념의 의미를 결정한다. 따라서 구성측정 모형에서 구성개념은 각 측정 지표의 일정한 비중 조합을 통하여 한 주요 성분(principal component)이 형성된다. 반영 지표모형의 가설과 달리 이는 객관적으로 추론하여 연역한 것이 아니다. 측정에 모 지표가 빠지게 되면 구성개념에 대한 이해와 측정이 불완전하게 된다. 〈그림 13-12〉의 B모형은 이런 관계를 나타낸다. 흔히 보는 예를 들어 사회경제적 지위(social economic status)가 바로 교육 수준, 급여소득, 가정배경 등 측정으로 평가된다. 이런 지표는 서로 다른 측면에서 한 사

〈그림 13-1〉
반영 지표 및 조형 지표와 구성개념 사이의 관계

자료: Edwards, 2011.

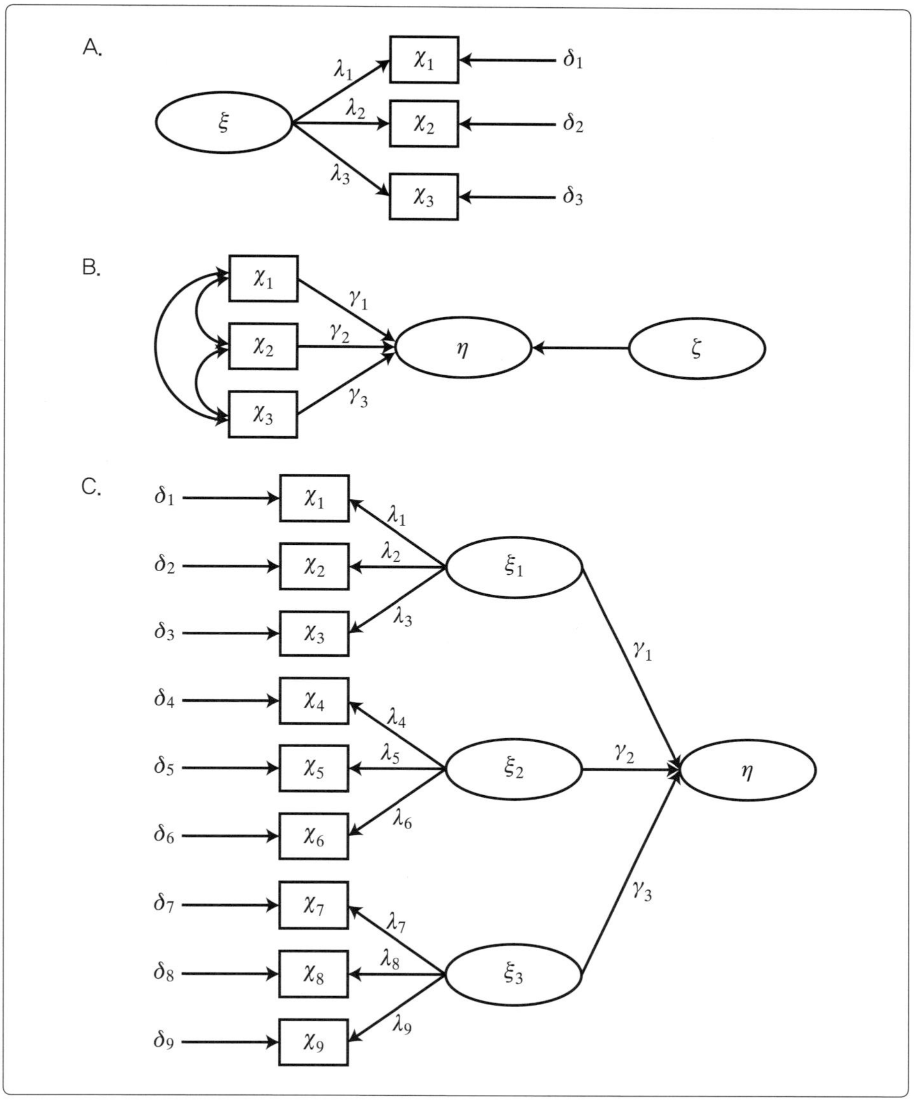

람의 사회경제적 지위를 결정한다. 흔히 보는 다른 한 예는 직무만족도에 대한 측정이다. 이 개념에 대하여 측정할 때 보통 한 직원이 회사의 각 방면에 대한 만족도 수준(예: 회사, 책임자, 동료, 소득 등)의 통합을 통하여 이루어진다. 예를 들면, 직무기술지수(job descriptive index)(Smith, Kendall & Hulin, 1969)에 바로 과제, 상사, 급여, 승진과 동료 등 다섯 방면의 체험을 종합하여 한 직원의 만족도수준을 반영한다.

실증연구에서 어떤 지표를 선택하여 구성개념에 대한 측정을 실시하든지 이것이 바로 직면하게 될 최우선 문제임이 틀림없다. 상대적으로 반영 지표모형이 더욱 실증주의 인식론 전통에 가깝고 조형 지표를 사용함에 있어서 많은 문제점이 있기에 측정의 질에 영향을 줄 것이다(Edwards, 2011): (1) 개념의 모호성. 구성개념의 측정은 일정한 조합방식을 통하여 이루어지므로 보통 명백하게 이론적 구성개념을 해석할 수 없다. 예를 들면, 측정에 의한 두 직원의 만족도 점수가 같지만 측정점수의 출처는 완전히 다를 수 있다. (2) 신뢰도 점수를 평가하기 어렵다. 조형 지표가 구성개념의 다른 특징들을 대표하기에 연구자가 조작화 과정에서 이들의 이질성을 더 강조하여 신뢰도 점수를 평가할 수 없게 된다. 이 특징은 심지어 일부 척도의 낮은 신뢰도에 대한 핑계거리가 된다. (3) 통계가 정확하지 않다. 조형 지표는 구성개념을 형성하는 원인으로 어떤 측정오차도 없다고 여기는데 이런 가설은 분명 변수측정의 정확성을 과대평가하는 것이다. 그리고 고전적 측정 모형에 적합하지 않기에 구조방정식모델에서 조형 지표모형에 대하여 분별할 수 없게 한다. (4) 구성개념 타당성(construct validity)을 추정하기 어렵다. 구성 타당성은 이론적 구성개념과 변수측정 사이의 일치 정도(이 개념에 대한 상세 논술은 이 장 뒷부분 참조)를 말한다. 구성개념에 대하여 확실한 인식을 할 수 없기에 보통 변수 간의 양적 관계를 통하여 구성개념 타당성을 추정한다. 관측한 관계가 우리의 기대치에 부합하면 이 개념에 대한 조작이 타당성을 가진다고 본다. 조형 지표의 이질성으로 인하여 모든 지표에 적합한 외적 변수를 찾아서 그 사이의 논리적 관계를 검증하기는 매우 어렵다. 다른 외적 변수를 사용하면 서로 다른 결론을 얻게 될 가능성이 높다. (5) 인과관계가 모호하다. 조형 지표가 구성개념의 일부분으로 각 지표는 일정한 조합을 통하여 하나의 전체적인 구성개념을 형성한다고 보기에 측정 지표와 구성개념 간의 관계는 인과관계가 아니라 전체와 부분의 관계에 더 가깝다. 이런 문제점에 겨냥하여 Edwards(2011)는 조형 지표의 사용을 자제하라고 제안한다. 만약 연구에서 꼭 이런 지표를 요구한다면 이질성 지표를 다른 차원으로 분해하는 방법을 고려하여 1차원 구성개념을 다차원 구성개념(14, 15장 참조)으로 만들고 반영 지표로 각 차원에 대하여 측정하여 구성개념으로 하여금 적절한 측정을 달성하도록 한다. 〈그림 13-1〉의 모형 C를 통하여 이런 모형과 구성모형의 구분을 관찰할 수 있다.

상기 논의로부터 연구자가 두 가지 지표 중 한 가지를 사용하여 목표 구성개념에 대한 측정을 완성할 수 있다. 이 두 가지 지표는 각각 목표 구성개념에 존재할 수 있는 다른 외적 표현 형식을 묘사하였고 구성개념 자체의 성질과 무관하다. 반드시 반영 지표나 조형 지표를 통하여 측정해야 하는 구성개념은 없다. 예를 들면, 우리가 말한 사회경제적 지위와 직무만족도는 충분히 반영 지표를 통하여 측정할 수 있다. 조형 지표가 여러 가지 문제점이 있기에 연구자가 이런 지표를 사용하는 것을 권장하지 않는다. 이를 토대로 이어서 토론할 측정관련 문제도 대부분 반영 지표와 관련된다. 독자들이 특수한 연구의 수요에 의하여 측정에서 조형 지표를 사용하고자 한다면 MacKenziee, Podsakoff와 Podsakoff(2001)을 참조하기 바란다.

13.2.2 구성개념 타당성

5장에서 실용 연구는 여러 가지 지표를 사용하여 관심 분야의 경영 현상에 대하여 측정해야 한다고 강조했다. 따라서 반드시 개발한 척도에 대한 평가를 통하여 연구 대상을 안정적이며 효과적으로 반영하도록 해야 한다. 이 측정에서 이론적 구성개념과 측정척도 사이의 일치 정도를 구성개념 타당성(construct validity)(Schwab, 1980)이라고 부른다. 측정의 질에 대한 평가는 주로 한 척도의 구성개념 타당성을 평가하고 이로부터 측정하고자 하는 이론적 구성개념을 어느 정도로 측정하는지 평가한다.

일반적으로 다음 세 가지 경우 척도의 구성개념 타당성에 영향을 줄 수 있다. 연구자의 조작적 정의에 오차가 발생했거나 측정내용이 대상 개념을 충분히 반영하지 못했거나 척도의 신뢰도가 부족한 경우이다. 〈그림 13-2〉는 이런 영향 요인과 구성개념 타당성 간의 관계를 설명하고 있다

〈그림 13-2〉에서 위쪽 원이 내포하는 구역은 이상적인 상황에서 척도에 포함되는 변이를 표시한다. 즉 목표 개념 자체가 대표하는 객관적 형상이며 이 구성개념에 대하여 정확하게 측정할 때 응당 얻게 되는 변이가 된다. 그러나 〈그림 13-2〉에서 아래 쪽 원이 내포하는 구역은 실제 측정에서 측정이 정확하지 못하여 일어난 변이이다. 한 척도의 구성개념 타당성은 두 원이 겹치는 부분에 의하여 결정된다.

〈그림 13-2〉
척도의 구성개념 타당성 및 그 영향 요인

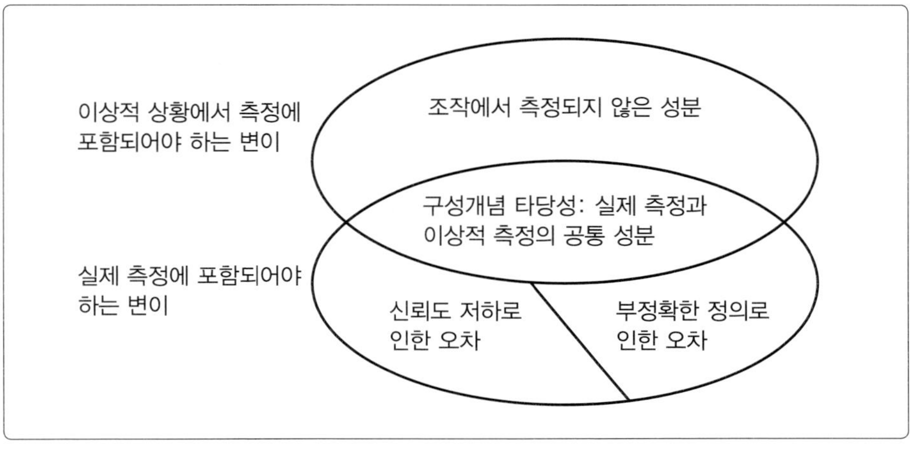

겹치는 부분이 클수록 척도의 구성개념 타당성이 더 높다. 실제 측정에서 척도가 구성개념이 측정해야 할 성분(즉 겹치는 부분이 부족하다)을 완전하게 포함시키지 못하면 이론적 구성개념을 충분히 반영하지 못한다고 하고 '결핍(deficiency)'이 있다고 한다. 예를 들면, 중국 경영배경에서 조직시민행동(OCB) 개념에는 인간관계의 조화 성분을 포함하지만 서양에서 개발한 척도에는 이런 성분을 찾아볼 수 없다. 이때 만약 서양의 척도를 사용한다면 중국조직에서 OCB 개념이 포괄해야 할 내용을 충분히 반영하지 못한다(Farh, Earley & Lin, 1997; Farh, Zhong & Organ, 2004 참조요망).

실제 측정에서 구성개념이 정의하지 않는 성분을 포함한다면 이 측정이 '오염(contamination)'되었다고 한다. 척도의 '오염'은 일반적으로 두 가지 가능성이 있다. (1) 측정에서 나타난 확률적 오차변이(random error variance). 일반적으로 척도점수에 포함하는 확률적 오차 성분이 클수록 이 척도의 신뢰도도 떨어지고 실제 측정 결과도 신뢰할 수 없다(잠시 뒤에 신뢰도에 대하여 상세한 논의를 할 것임). (2) 척도의 내용에 목표 구성개념 외의 다른 체계적 변이(systematic variance) 포함. 이 부분 변이는 주로 연구자가 이론적 구성개념을 조작할 때 정밀하지 못한 경우 발생한다. 우리가 흔히 사용하는 조직 몰입 척도(organizational commitment)(Mowday & Steer, 1979)가 바로 이런 경우이다. 이 개념의 조작적 정의는 다음 세 가지 측면을 포함한다. 조직목표와 가치관에 대한 납득, 기업의 발전을 위하여 열심히 일하고자 함, 조직의 구성원 신분을 계속 유지하고자 함. 이 중에서 세 번째 측면은 우리가 자주 사용하는 이직 의도(turnover intention)와 아주 깊이 연관된다. 조직 몰입을 측정할 때 이직 의도 내용을 포함하면 측정상의 혼동을 일으키게 된다. 이 점을 감안하여 지금 연구자들은 보통 조직 몰입 척도를 사용할 때 이 부분 내용을 제외시킨다.

위의 논의에 근거하여 척도 개발에 있어서 꼭 지켜야 할 세 가지 원칙을 얻는데 어려움이 없을 것이다. 첫째, 목표 구성개념을 상세하게 정의함으로써 척도의 내용이 최대한으로 구성개념의 여러 가지 성분을 포괄한다. 둘째, 분명한 측정 지표를 개발하여 관련되는 개념의 영향을 최소화한다. 셋째, 측정 과정에 미치는 무작위 요인의 영향을 통제한다. 예를 들면, 측정 시의 물리적 환경, 피조사자의 기분 등이 있다. 이런 목표를 실현하기 위해 척도의 구성개념 타당성을 확보하고 척도 개발과정의 모든 조작절차에 대하여 유의해야 한다.

13.3 척도 개발의 일반적 절차

앞에서 서술한 바와 같이 척도의 구성개념 타당성은 측정 결과에 대한 추론에 근거하여 얻어진다. 구성개념 타당성이 있는 척도를 개발하기 위해서는 이론적 구성개념과 측정 지표/항목(indicator/item) 사이의 고도의 일치를 이루어야 한다. 이렇게 하기 위하여 연구자는 일련의 연구절차를 거쳐서 척도의 구성개념 타당성을 단계적으로 검증해야 한다. 이 과정에서 뒷받침하는 증거를 많이 도출할수록 목표 구성개념에 대한 적절한 측정과 예측을 보증할 수 있다. 다음 절에서는 척도 개발의 각 절차와 매 절차에서 유의할 사항에 대하여 상세하게 논의할 것이다

13.3.1 구성개념 설명

척도 개발에 있어서 우선적인 과제는 측정하고자 하는 목표 구성개념에 대하여 정확하게 정의를 내리고 구성개념의 이론적 경계를 명백하게 설명하는 것이다. 한 가지 좋은 구성개념 설명(construct explication)이라면 연구현상의 핵심적인 특징에 대하여 설명해야 한다. 이는 양질의 척도를 개발하는 전제조건이다. 아주 정밀한 정의가 없으면 개발한 척도가 필연적으로 모호하고 각종 오차가 있을 것이다. 또한 한 구성개념은 다른 연구자 모두가 이해할 수 있고 그것이 내포하는 이론적 경계에 동의할 때 그 구성개념 타당성을 추론할 수 있으며 이 개념에 근거한 발견이 경영학적 의의가 있는지 토론할 수 있다. 그러나 연구자는 보통 척도를 개발할 때 구성개념에 대한 설명의 중요성을 소홀히 하는데 그들 대부분은 변수명칭을 거론한 것으로 정의가 되었다고 생각한다(MacKenzie et al., 2001). 그렇다면 어떻게 충분하고 적절한 구성개념 설명을 발전시킬 수 있는가?

표현의 측면에서 보면 좋은 정의는 반드시 정확하고 간결해야 하며 난해하고 이해하기 어렵거나 애매한 표현 나아가 비유 또는 상징적 언어는 사용하지 말아야 한다. 좋은 정의는 중복정의 방법, 즉 유사한 단어들로 개념 정의하는 방법을 사용하지 않아야 한다. 이 밖에 좋은 정의라면 또한 목표 구성개념의 아래와 같은 다섯 가지 측면의 특징에 대하여 집중적으로 해석해야 한다.

첫째, 목표 구성개념의 성질을 명확하게 정의해야 한다. 한 구성개념에 대하여 정의할 때 그 구성개념에 대응하는 현상에 대하여 상세하게 정의를 내려야 한다. 예를 들면, 측정해야 할 구성개념이 객관적인 조직특징인지 아니면 이런 특징에 대한 피조사자의 주관적 지각인지 등을 명확히 해야 한다. Schwab(1980)은 많은 연

구자들이 종종 구성개념의 성질에 대하여 충분히 설명을 하기도 전에 벌써 척도 지표의 개발을 시작하여 아주 많은 혼란을 불러일으킨다고 지적했다. 이 때문에 MacKenzie 등(2001)은 척도를 개발하기 전 연구자는 측정하고자 하는 구성개념이 어떤 성질에 속하는지 설명해야 한다고 제안한다. 예를 들면, 생각(예: 인지, 가치관, 행위의도 등), 감정(예: 태도, 정서 등), 감지(예: 공정감, 조직지원체감 등), 행위(예: 조직시민행동, 리더행위 등), 결과(업무효과, 조직성과 등) 혹은 고유 특질(예: 역량, 개성/조직 특징, 개체차이 등) 성질들이 있다. 이런 사고는 우리가 측정 목표를 명확히 하여 적합한 측정 지표를 개발하는 데 큰 도움이 된다.

둘째, 목표 구성개념과 기타 유사한 구성개념의 차이가 무엇인지 명확하게 해석해야 한다. 검사개발 전 측정하고자 하는 구성개념과 기존의 구성개념 간의 구별에 대하여 상세하게 설명하여 어떤 내용들을 구성개념에 포함해야 하고 어떤 내용들을 제외시켜야 하는지 분명하게 해야 한다. 예를 들면, 윤리적 리더십(ethical leadership)에 대하여 측정할 때 Brown, Trevino와 Harrison(2005)은 윤리적 리더십과 변혁적 리더십, 진정성 리더십(authentic leadership) 및 영적 리더십(spiritual leadership)과 같은 다른 리더십 유형과의 다른 점과 같은 점에 대하여 자세하게 논술했다. 이런 노력으로 척도의 구성개념 타당성을 향상시킬 수 있어 쉽게 다른 연구자에 납득되거나 응용될 수 있다.

셋째, 이론적 구성개념의 차원을 확실하게 확인한다. 구성개념의 차원은 경영현상을 묘사할 때 연구 대상이 처한 차원으로 우리가 연구결론을 얻고자 하는 차원이기도 하다. 예를 들면, 직원의 조직공정성 인식이 이직 의도에 미치는 영향에 대하여 파악하고자 할 때 우리가 관심 갖는 개념은 개체 차원에 있다. 그러나 부문의 공정성 분위기의 작용에 대하여 관심 갖는다면 주목하는 개념은 단체/집단 차원에 있다. 만약 개념을 개체 차원에 정의한다면 측정에서 조직공정에 대한 개체의 인지와 판단을 반영해야 한다. 측정에서 '나는 … 생각한다'는 판단을 사용해야 하며 자료원천은 개체 직원이 되어야 한다. 개념 정의가 단체/집단에 있으면 측정에서 반드시 그 집단 내의 모든 구성원들의 조직공정에 대한 공유평가를 반영해야 한다. 이때 측정의 지향 대상을 바꿔서 구성개념의 차원을 반영해야 한다(Chan, 1998). 측정에서 '우리는 … 생각한다'는 문구로 매 직원의 의견을 구해야 한다. 비록 자료원천이 개체 직원이지만 연구자는 일관성이 있는 증거를 바탕으로 매 직원의 평점을 합산하여 최종 개념차원과 적합한 검사점수를 형성해야 한다. 이로부터 구성개념에 대한 정의와 설명이 측정차원 그리고 어떻게 적절하게 연구 자료를 수집하고 분석을 할 것인지 결정한다(Klein, Danserau & Hau, 1994). 그렇기 때문에 척도 개발의 첫 발은 연구자가 연구의 구성개념이 어느 차원에 속하는지 명확하게 설명해야 한다. 이는 실증연구에서 개념을 정의하는 필수적인 부분이다.

넷째, 구성개념을 설명할 때 그것이 내포하는 내적 성분을 확인해야 한다. 구성개념의 내적 성분은 우리가 어떻게 측정 지표나 항목, 지표의 수 및 지표의 추상화 정도를 설정하는데 영향이 될 수 있다. 동질성 측정 지표로 목표 구성개념에 대한 측정을 완성할 수 있다고 확신하면 이 측정하고자 하는 구성개념을 1차원(unidimensional)으로 정의한다. 그러나 이런 조작을 실행할 수 없다면 목표 구성개념의 내적 의미를 자세하게 고려해야 한다. 다차원(multidimensional) 구성개념을 분명하게 하고 각 이질성 차원에 대하여 적절한 측정 지표를 개발한다. 따라서 구성개념의 내부 구조를 명확하게 하는 것도 조작과정에서 필수적인 절차이다. 이 책의 14장에서 1차원 구성개념과 다차원 구성개념에 대하여 상세한 논술할 것이다.

다섯째, 구성개념의 내부 구조를 분명히 한 다음, 목표 구성개념과 밀접하게 연관되는 종속변수와 결과변수에 대하여 설명한다. 구성개념을 개발하고 그것에 대하여 측정하는 최종 목적은 바로 구성개념과 변수 간의 관계를 탐구하는 것이다. 앞에서 언급한 바와 같이 측정점수와 기타 변수 간의 관계도 우리가 구성개념의 타당성을 고찰하는 주요 근거가 된다. 이 목표에 보다 충실하기 위해 목표 구성개념과 기타 구성개념 간의 관계를 설명해야 한다. 이는 연구가설, 척도 구성개념의 타당성을 추론을 구성하는 필수적인 성분이다.

이론적 구성개념의 설명에 있어서 좋은 사례는 바로 Organ(1988)의 조직시민행동(OCB)에 대한 정의다. Organ은 우선 OCB를 '자발성을 띈 개인적 행위이다. 조직 내부에서 공식적인 보상제도 하에서 정식 혹은 직접적으로 이런 행위를 인정하지는 하지 않지만 이런 행위를 통합하면 회사 전체의 효과적인 운영을 촉진한다.'(1988:4)고 정의한다. 이 정의를 바탕으로 Organ은 나아가 OCB가 일종의 친사회적 행위(pro-social behavior)로서 일상 업무에서 보통 다섯 가지 표현 형식으로 설명했다. 즉 책임감(conscientiousness), 이타주의(altruism), 선수정신(sportsmanship), 예절(courtesy) 및 시민미덕(civic virtue)이다. 이 사례에서 Organ은 OCB가 일종의 개인의 구체적인 직무행위이며 일반적인 성과개념과 구분된다고 분명히 밝혔다. 또한 이는 1차원이 아닌 다차원 표현 형식이다. 전반적 효과로 볼 때 이는 기업의 운영효과에 적극적인 역할을 한다. 이런 구성개념 설명은 OCB의 구성개념 경계를 명백하게 설명하여 그와 해당하는 척도 개발을 위하여 아주 좋은 기반을 마련한다.

13.3.2 측정 항목 생성

구성개념의 경계를 확정한 다음 이를 바탕으로 조작화 작업을 진행할 수 있다. 일반적으로 연역법(deductive approach)와 귀납법(inductive approach)이 있는데, 두 가지 다른 사고방식에 따라 측정 지표/항목을 발전시킬 수 있다. 연역법 척도 개발모형에서 연구자는 기존의 문헌을 취합하는 것으로 구성개념에 대한 명확한 정의를 내리고 측정 지표가 내포해야 할 범위를 확정할 수 있다. 이 전제 아래 연구자가 개념에 대한 이해를 통하여 개발하거나 기존의 측정 항목을 개편할 수 있다. 척도 항목은 기본적으로 구성개념에 대한 연구자의 이해를 토대로 개발한다. 따라서 이는 일종의 '위에서 아래로'의 척도 개발모형이다(Hinkin, 1998). 연구자의 주요의무는 문헌에 대한 상세파악을 하고 목표 구성개념의 이론적 경계를 확립하여 이를 기반으로 적합한 측정 항목을 개발하는 것이다.

귀납법에서는 통상적으로 연구자가 목표 구성개념의 구체적인 내용, 내부 구조 및 개념조작에서 필요한 핵심 측정 지표에 대하여 잘 모른다. 이런 상황에서 연구자는 정성적 방법을 통하여 구성개념의 내용과 구조에 대하여 이해하고 기존 문헌과 결부하여 측정 지표를 도출한다. 이는 '아래서 위로' 형식의 척도 개발모형이다(Hinkin, 1998). 귀납법을 응용하여 척도를 개발할 때 연구자는 여러 가지 방법을 동원하여 구성개념 내용과 관련된 묘사를 수집하고 이런 내용적 묘사와 적합한 사례를 광범위하게 구하고 이를 바탕으로 선별, 분류하여 초보적인 척도를 개발한다. 따라서 연역법과 비교하여 연구자가 척도 항목을 개발할 때 더 많은 노력을 기울여야 한다. 그러나 개발한 척도 항목이 직접 피조사자로부터 온 것이기에 연구맥락에 어울리는 척도를 개발하는 데 유리하다. 그러므로 최근 몇 년간 이런 방법이 많은 주목을 받고 있다.

강조할 점은 연역법이든 귀납법이든 모두 연구자가 양질의 척도를 개발하는 데 도움이 된다는 것이다. 연구자가 연구 대상에 대한 이해 정도에 따라 선택할 수 있다. 실제 응용에서 이 두 가지 개발 방향에 대하여 설명하기 위해 최근 몇 년간 *AMJ*에 발표한 몇 가지 새로운 척도를 정리하고 그 개발절차에 대하여 분석하여 독자 여러분께 참고로 제공한다. 〈표 13-1〉은 우리가 정리한 결과를 열거한 것이다. 보시다시피 연구자가 척도 항목을 개발할 때 대부분 두 가지 방법을 결합하여 사용했다. 그들은 한편 면접 등 방법을 통하여 연구문제와 관련된 사건(incident)을 수집하고 다른 한편으로 과거의 관련연구에 근거하여 척도 항목을 개발한다. 이런 방식은 척도의 내용 타당성을 보증하고 또한 척도 응용에 있어서 연구맥락과 더

〈**표 13-1**〉 척도 항목 개발 사례

구성개념	저자	구성개념 정의	설문지 항목의 형성 과정	항목 형성 방법
촉진성 건의와 억제성 건의	Liang, Farh & Farh, 2012	촉진성 건의는 기업 효율을 향상하기 위해 제기한 새로운 관점과 방법이며 억제성 건의는 조직에서 효율을 저하시키는 문제에 대하여 제기한 예방성 관점과 조치.	• 문헌탐독을 통하여 촉진성 건의 25항과 억제성 건의 16항을 수집하고 정리. • 과거의 정성자료를 정리함으로써 촉진성 건의 38항, 억제성 건의 18항 수집. • 내용이 중복된 항목을 삭제하고 박사연구원 10명에게 항목과 정의의 적합 정도를 평가하게 하여 최종 대표성이 있는 항목 12개로 간추림. • 239명의 표본 분석을 통하여 질적으로 적합하지 않는 제목을 삭제하여 최종 10항으로 간추림.	연역법과 귀납법
제품 개발과 탐색	Voss, Sirdeshmukh & Voss, 2008	제품 개발은 현존 제품 능력의 기초에서 철저한 변혁을 하는 것이며 제품 탐색은 현존 제품 능력에 대하여 마케팅과 적절한 개선을 말함.	• 모 분야의 전문가 24명을 대상으로 소그룹 면접을 통하여 그 분야에서 혁신, 개발과 모험 시도에 대하여 토론하고 그 분야에서의 제품 개발과 탐색의 구체적 표현 형식 파악. • 전문가 의견과 구성개념 정의에 근거하여 저자가 최초의 항목을 발굴하고 관리자 4명에게 그 선명도, 타당성과 완전성에 대하여 평가하게 함. • 관리자의 피드백을 바탕으로 최종 6개 항목으로 확정.	귀납법
직무 역할 성과	Griffin, Neal & Parker, 2007	직무성과는 직무내용을 위주로 하는 업무 숙련도, 불확실한 환경에 대한 적응성과 적극성	• 기존 척도를 수집하고 정리하여 척도 항목 개발 • 연구자의 이해와 개념 정의에 근거하여 자체적으로 항목 개발. • 상기 두 원천을 통합하여 40개 항목으로 정리하여 9차원에서 성과 모형을 측정. • 사전 테스트를 수행하고 탐색적 요인 분석을 통하여 적절하지 않는 항목을 삭제하고 최종 27개로 확정.	연역법
약속에 근거한 인사 관리 실천	Collin & Smith, 2006	공통으로 장기적인 조직-직원교환 관계의 확립을 기초로 한 인사관리실천	• 기존 문헌을 정리하고 이전 사람들의 연구에서 관련 항목을 찾아서 수정. • 인사 매니저 3명이 상기 항목의 적용성에 대하여 평가하여 16개 항목, 3차원 형성. • 요인 분석과 신뢰도 분석을 통하여 최종 16개 항목 보류.	연역법
창의적 자기 효능감	Tierney & Farmer, 2002	창의력 소유에 대한 개체의 신념	• 문헌 조사를 통하여 1차 항목 데이터베이스 구축 • 각 부문에 종사하는 46명 피조사자가 문제의 선명도를 검사하고 13개로 줄임 • 직원 233명이 13개 항목에 답하고 탐색적 요인 분석을 통해 최종 3개 보류.	연역법

〈계속〉

〈표 13-1〉 척도 항목 개발 사례 〈계속〉

구성개념	저자	구성개념 정의	설문지 항목의 형성 과정	항목 형성 방법
사회적 파괴	Duffy, Ganster & Pagon, 2002	타인이 적극적인 대인관계, 직업성공 및 좋은 평판을 이루고 유지하는 것을 방해하는 행위	• 관련 문헌으로부터 초보적인 검사 항목을 얻어 수정하고 조정하여 직장에서의 사회파괴행위에 적합한 항목 형성. • 소그룹 토론(focus group interview)을 통하여 피조사자가 직장에서 소극적인 사회적 행위를 반영하는 사례를 나열하게 하고 수정. • 두 가지 원천을 종합하여 72개 항목을 얻고 탐색적 요인 분석과 확인 요인 분석을 통하여 최종 26개 항목 확정.	연역법과 귀납법
직무 삽입	Mitchell, Holtom, Lee, Sablynski & Erez, 2001)	개체가 현 근무처에서 떠나는 것을 저애하는 여러 가지 현황 요인	• 구성개념 정의에 따라 일부 객관적 지표를 사용하여 삽입도를 평가하는 방법을 선택한다. 예를 들면, 혼인상황, 자녀수, 주택 소유권, 근무연한 등 요인. • 전통적으로 측정하는 척도를 수정하여 얻은 항목. • 저자가 구성개념에 대하여 토론하고 구성성분을 설명하고 새 항목 생성. • 두 잡화상과 한 병원에 대한 면접을 통하여 정의와 어울리는 항목 개발. • 사전 조사연구를 통하여 항목을 검증하고 최종 6차원을 포함한 40개 항목으로 취합.	연역법과 귀납법

접근하기에 척도를 개발할 때 참고할 가치가 있다.

어떤 척도를 사용하여 개발하는 맥락이든 연구자의 목표는 충분히 많은 측정 항목/지표를 개발하여 구성개념의 이론적 경계를 충분히 포괄하게 하는 것이다. 따라서 측정 항목을 형성하는 단계에서 연구자가 개념정의의 의미와 어울리며 충분히 많은 측정 항목이나 지표를 개발해야 한다. 이 목표를 달성하기 위해 Clark와 Watson(1995)은 척도 항목을 개발하는 두 가지 원칙을 제안했다. (1) 측정 항목/지표는 목표 구성개념이 포괄하는 범위보다 광범위해야 한다. (2) 충분한 확신이 없는 경우 측정 항목/지표에 최종 별로 중요하지 않다고 증명되는 혹은 목표 구성개념과 아주 관련이 없는 내용도 일부 포함시킬 수 있다. Clark와 Watson(1995)이 이와 같은 두 가지 원칙을 제안하는 것은 이 단계에서 개발한 측정 항목/지표로 측정하고자 하는 현상을 충분히 구현할 수 없으며 차후의 어떤 심리 측정의 정량적 분석도 전혀 도움이 안 되기 때문이다. 그러나 무관한 측정 항목을 정량적 분석 방법을 통하여 수시로 삭제할 수 있다. 따라서 측정 항목을 개발함에 있어서 개념의 내적 의미를 십분 반영하는 것이야말로 우리가 고수해야 할 가장 중요한 원칙이다.

13.3.3 내용 타당성 평가

지표 데이터베이스를 개발한 다음 연구자의 임무는 이런 지표에 대하여 심리학적 측정 방법에 의한 평가를 수행하여, 목표 구성개념의 실제를 반영하지 못하고 오해하기 쉬운, 측정의 질에 문제가 되는 항목을 제거해야 한다. 이 과정에서 우선적으로 평가해야 할 것은 측정 지표의 내용 타당성이다. 내용 타당성(content validity)은 척도 내용이 어느 정도로 연구자가 측정하고자 하는 구성개념을 반영하거나 대표하는가를 나타낸다(Haynes, Richard & Kubany, 1995). 간단히 말하자면 우리가 개발한 척도가 내용적으로 평가하려는 구성개념을 십분 반영하지 못한다면 척도의 내용 타당성은 문제가 될 수 있다. 다음 세 가지 상황에 각별히 주목을 요한다. (1) 구성개념의 내용을 반영하는 일부 척도지표를 누락하였다. (2) 구성개념 내용과 무관한 일부 지표를 포함시켰다. (3) 전반적인 내용 구성에 있어서 각 성분의 비율이 균형을 잃어 측정점수로 이론적 구성개념을 진실하게 반영할 수 없게 된다(Haynes et al., 1995). 구성개념의 측정에 있어서 그것의 모든 측면과 의미를 포괄했을 때 사용한 척도가 내용 타당성을 구비했다고 말한다.

척도의 내용 타당성은 구성개념 타당성을 확립하는 필수 전제조건이다. 높은 내용 타당성을 가진 척도는 우리가 고찰하고자 하는 구성개념의 핵심 요소들을 포함한다. 내용 타당성이 있는 척도를 개발하기 위하여 연구자는 반드시 일정한 이론적 틀에 따라 연구범위를 완전하게 포괄할 수 있는 측정 지표를 선택함으로써 척도가 충분한 내용 타당성을 갖게 해야 한다. 일반적으로 연구자는 대부분 정성적 방법을 통하여 척도의 내용 타당성을 평가한다. 정성적 평가 방법은 어떤 전문가 집단이 모 구성개념의 측정이 그들이 인식하고 있는 구성개념에 부합하는지 주관적으로 판단하는 것을 의미한다. 예를 들면, Organ, Podsakoff와 MacKenzie(2006: 296)는 Van Dyne와 LePine(1998)이 개발한 건의행위 척도의 내용 타당성에 대하여 비판한 적이 있다. Van Dyne와 LePine(1998)은 건의행위를 '설령 타인의 반대가 있더라도 변혁을 위하여 창의성 제안을 제기하고 현행 프로세스에 대한 수정의견을 제기한다.'고 정의하고 이에 근거하여 6개 항목을 개발하여 이 구성개념을 측정했다. Organ은 Van Dyne와 LePine(1998)가 개발한 항목이 너무 광범위하여 직원의 건의행위를 특정하여 지칭할 수 없다고 한다. 예를 들면, 어떤 항목(예: '그 동료는 부서업무의 질에 영향 주는 사무에 참여한다', '그 동료는 그룹에 영향이 미치는 사무에 참여하도록 다른 사람들을 부추긴다')은 직원이 그룹과 관련된 여러 가지 일에 참여하는 넓은 의미를 가리킨다. 그러나 이런 참여는 단지 관련 회의, 사람들의 생각을 적극적으로 경청하고 실시에 참여하는데 국한되며 반드시 건의를 제기하는 방식으로 실천하는 것은 아니니다. 어떤 항목(예: '나의 건의가 부서의 어떤 문제점에 대하여 도움이 되는지 아주 잘 안다.'은 단순히 건의만이 아니라 행위결과를 지나치게 강조한다. 이런 평가에 의거하여 Organ 등은 Van Dyne와 LePine(1998)이 개발한 검사 척도가 각 종 심리 측정의 요구에 충족하지만 측정의 내용에 대하여 수정해야 한다고 본다.

일반적으로 정성 평가에서 다음 세 가지 측면에 초점을 둬야 한다. 첫째, 각 측정 지표에 대표성이 있는지 검토해야 한다. 즉 이런 지표가 구성개념 중의 어떤 한 측면적인 내용을 적절하게 나타내는지 검토해야 한다. 둘째, 모든 측정 지표가 연구 대상의 이론적 경계를 모두 포괄하는지 측정 지표와 구성개념 정의가 일대일 대응이 되는가를 고려해야 한다. 셋째, 측정 지표의 비례배분이 구성개념의 각 요소들의 중요성을 반영하는가 또한 중요하다. 측정 지표가 너무 적거나 혹은 너무 많이 한 가지 요소에만 집중해서는 안 된다.

최근 몇 년간 연구자들도 어떻게 하면 정량적인 각도에서 척도의 내용 타당성을 논할 것인가에 대하여 논의하기 시작했다. 여기서는 두 가지 비교적 간단하고 실행하기 쉬운 방법을 추천한다. 첫 번째 방법은 측정 항목과 구성개념 정의의 적합 정도를 직접적으로 평가한다(Schriesheim & Hinkin, 1990). 이런 방법에서 연구자는 한 피조사자 그룹에게 구성개념의 의미와 측정 지표를 읽고 하나씩 적합관계를 평가하게 한다. 마지막에 피조사자의 정확한 배합판단에 비례하여 측정 지표의 내용 타당성을 확정한다. 만약 측정 지표가 측정하고자 하는 모든 구성개념에서 득점이 60%이상이면 그 측정 지표는 양호한 내용 타당성을 가진다고 본다. 이로부터 어떤 지표가 비교적 명확하게 측정하는 구성개념을 반영하는지 판단할 수 있기에 포함해야 하고 어떤 지표는 측정하고자 하는 구성개념을 반영하지 못하기에 응당 삭제해야 한다는 것을 연구자가 판단할 수 있다. 이런 방법은 간단하고 조작하기 쉬워서 평가자가 인지적으로 구성개념 정의와 측정 지표 간의 관계를 판단하면 되기에 보통 대학생들도 감당할 수 있다. 두 번째 방법은 측정 항목의 분별에 대하여 평가하는 방법으로 내용 타당성의 정량 평가를 실시한다(Hinkin & Tracey, 1999). 첫 번째 방법과 유사하게 이런 방법도 대학생을 피조사자로 하면 된다. 그러나 조사는 반드시 Likert 척도로 측정 지표와 목표 구성개념 및 유사한 개념과의 적합도를 평가해야 한다. 이 방법의 기본 가설은 목표 구성개념에서의 척도의 득점이 다른 구성개념에서의 득점보다 월등하게 높아야 한다. 측정하고자 하는 목표 구성개념에서의 득점이 다른 구성개념보다 월등히 높으면 이 측정 지표는 내용 타당성이 있다는 것을 증명한다. 따라서 이런 방법은 최종적으로 분산분석 과정이 필요하며 모 측정 지표의 각 구성개념에서의 득점을 비교하여 그 내용 타당성을 판단한다. 지적할 점은 비록 최근 연구자들이 여러 가지 내용 타당성을 검증하는 정량적 분석 방법을 제기하였지만 이런 방법은 단지 타당성이 빈약한 측정 지표만 찾아냈지 척도의 내용적 결함은 찾지 못했다. 내용 타당성을 평가할 때 이런 정량적 방법에 지나치게 의존하지 말아야 한다.

13.3.4 내부 구조 검증

측정할 때 각 지표에 대한 피조사자의 반응에 근거하여 검사 점수를 얻어 이 점수를 측정하고자 하는 구성개념에 대한 평가로 해야 한다. 이 점수를 얻기 전에 반드시 이런 측정 지표가 확실히 동일 이론적 구성개념을 반영하는지 검토해야 하는데 이때 얻은 관측치야 말로 가치가 있다. 측정 지표의 1차원 특성(uni-dimensionality)은 측정이론에서 가장 기본적이고 핵심적인 가설이다(Gerbing & Anderson, 1988). 검사 척도를 개발하기 전, 주로 탐색적 요인 분석(exploratory factor analysis, EFA)과 확인 요인 분석(confirmatory factor analysis, CFA)을 통하여 검사의 내부 구조를 평가한다.
탐색적 요인 분석은 척도 개발에 자주 사용하는 방법이다. 척도의 내부 구조에 뚜렷한 이론적 예측이 부족하거나 처음으로 관련 측정 지표를 사용하는 것이라면 측정 지표가 측정하고자 하는 이론적 구성개념을 반영할 수 있는지 확실하게 판단할 수 없으므로, 연구자는 통상 모든 지표를 같이 측정하여 득점에 대하여 요인 분석하고 거기서 얻은 요인 부하 값으로 구성개념의 좋고 나쁨을 판단한다. 같은 차원을 측정하는 모든 지표를 취합하면 그 요인 부하가 클수록(보통 0.4보다 크다) 다른 차원에서의 요인 부하가 작을수록 이 검사의 내부 구조가 보다 선명하고 전체적 구성개념 타당성이 높다는 것을 의미한다. 탐색적 요인 분석을 통하여 측정내용과 연관이 없는 지표(예: 요인 부하가 아주 낮다) 또는 연구자의 예상에 맞지 않는 지표(예: 반대 방향 요인 부하가 발생하거나 최대 부하 값이 측정하는 요인에서 나타나지 않을 때 등)를 발견할 수 있다. 이런 정보에 근거하여 연구자가 내부 구조를 분별하여 어떤 지표는 제거하고 또 어떤 차원에서는 지표를 추가해야 하는지 알 수 있다. 불합격한 지표를 삭제한 다음 자료를 다시 수집하고 요인 분석 과정을 수행하여 진일보 내부 구조를 검사해야 한다.

탐색적 요인 분석은 아주 강한 이론적 지도를 요구하지 않는다. 따라서 개발 초기에 사용하기 적당하다. 검사와 구성개념 간의 관계에 대하여 명확한 예측이 있을 때 확인 요인 분석을 사용해야 한다. 탐색적 요인 분석과 비교하여 확인 요인 분석은 두 가지 아주 뚜렷한 장점이 있다. 첫째, 확인 요인 분석에서 연구자는 검사에 포함하는 구성개념 숫자 및 구성개념과 측정 지표 사이의 관계에 대하여 아주 뚜렷한 예측이 있다. 그러나 탐색적 요인 분석에서는 연구자가 검사에 포함하는 몇 가지 구성개념 및 구성개념과 측정 지표 사이의 관계에 대하여 불확실하기에 보통 각 지표와 각 구성개념이 일정한 연관이 있다고 가설한다. 둘째, 확인 요인 분석은 측정오차를 제거한 상황에서 검사 지표와 가설 모형의 부합 정도(model fit)를 관찰함으로써 측정 구조를 판단한다. 만약 추측한 모형이 추출자료와 잘 맞물린다면 검사의 구성개념 타당성이 뒷받침된다고 본다. 따라서 확인 요인 분석 과정은 보다 정밀하고 가설 검증성격을 띤 통계적 방법이다. 탐색적 요인 분석에서 구성개념의 숫자, 구성개념과 측정 지표 간의 관계는 종종 통계량에 근거하여 주관 판단을 해야 한다. 경영학 연구에서 연구자가 척도를 편성할 때 구성개념과 검사 사이의 관계에 대하여 아무것도 모른다는 것은 상상할 수 없다. 그렇기 때문에 척도의 내부 구조를 검증할 때 새로운 검사를 개발하는 것이 아니라면 탐색적 요인 분석 방법을 사용할 것이 아니라 확인 요인 분석프로세스를 선택하여 검사의 척도구조를 검증해야 한다.

13.3.5 내적 일관성 및 안정성 평가

척도는 내용 구조가 개념정의와 예측에 적합해야 할 뿐만 아니라 반드시 안정적으로 그리고 정확하게 관심을 끄는 구성개념을 측정해야 한다. 측정에서 '신뢰도'로 검사결과의 일관성, 안정성 및 신빙성을 평가하고 전체 검사결과에 미치는 측정오차 영향을 추측한다. 미국의 심리학회는 신뢰도를 '측정 결과가 오차영향을 받지 않는 정도'라고 정의한다(American Psychological Association, 1985:19). 측정에서 측정오차의 크기로 한 검사의 신뢰도를 평가한다. 신뢰도는 실제 점수와 측정에서 얻은 점수와의 비율이라고 할 수 있다. 측정에서 확률적 오차(random error)가 클수록 측정에서 얻는 점수와 실제 점수 사이에 격차가 크며 그 결과는 신뢰도가 떨어지고 신빙성이 없다. 양호한 신뢰도를 가진 척도는 확률적 오차가 너무 크면 안 된다.

한 구성개념의 실제 점수와 구체적인 측정에서 나타나는 오차는 모두 직접적으로 측정할 수 없기에 척도의 신뢰도계수를 직접 계산할 수 없으며 오직 간접적인 방법으로 그에 대하여 추측할 수 있다. 선택할 수 있는 방법은 아래 몇 가지가 있다. 첫째, 효과가 같지만 완전히 같은 것이 아닌 두 척도를 개발한다. 각 피조사자는 동시에 두 척도에 답해야 한다. 측정 결과 간의 상관계수가 클수록 그 척도의 신뢰도계수가 높다는 것을 나타낸다. 이런 방법은 연구자가 두 가지 척도를 개발해야 하고 피조사자도 더 많은 시간과 노력을 투자하여 측정을 완성시켜야 하기에 실행에 옮기기 어려우며 피조사자의 반감을 불러일으킬 수 있어서 경영학 연구에서 그다지 자주 사용하지 않는다.

둘째, 척도의 내적 일관성을 평가한다. 즉 측정 지표 간의 동질성을 평가하는 것이다. 흔히 사용하는 평가방식은 세 가지가 있다. (1) 반분 신뢰도(split-half reliability)는 측정에 사용하는 척도 내용을 동등하게 절반으로 나누고(예: 홀수 그룹과 짝수 그룹) 각자 독립적으로 채점한 다음 이 두 조의 항목득점의 연관성을 계산하여 신뢰도계수를 추론한다. 이런 방법은 연구자가 대량의 항목을 개발해야 하는데 교육측정기구에서 많이 사용하고 변수 간의 관계를 주로 추론하는 경영학 연구에서는 실용적이 않다. (2) 쿠리 신뢰도(Kuder-Richardson formulas 20 and 21; KR-20, KR21). 이는 진위 판별형 문제(예: 정답은 1점, 오답은 0점으로 계산하는 이분 채점법)에 대한 신뢰도 평가 방법이다. 옳지 않으면 틀리는 이원 측정방식은 많은 변수 정보를 잃게 되어 지금은 별로 사용하지 않는다. (3) 우리가 가장 자주 사용하는 평가지표는 Likert 척도를 위한 Cronbach's α(Cronbach, 1951)이다. 이 경우 여러 지표를 응용하여 목표 구성개념에 대하여 측정하고 분산분석방식으로 측정한 득점에서 구성개념 자체로 형성된 공통 변화량과 피조사자 개체차이로 발생하는 변화량으로 구분한다. 이렇게 하여 척도의 신뢰도계수를 평가한다. 이런 신뢰도계수를 아래 수학적 공식 (1)로 나타낸다.

$$\alpha = \frac{k}{k-1}\left[1 - \frac{\Sigma\,\sigma_i^2}{\Sigma\,\sigma_i^2 + 2(\Sigma\,\sigma_{ij})}\right] \qquad (1)$$

공식 (1)에서 $\Sigma\,\sigma_i^2$은 측정 지표 혹은 항목 i의 변화량을 나타내고 $\Sigma\,\sigma_{ij}$는 측정 지표 혹은 항목 i과 j 간의 공통 변화량을, k는 척도가 내포하는 지표/항목 수를 나타낸다. 이런 지표가 전혀 연관성이 없을 때 그들의 공통 변화량은 0이고 척도의 신뢰도도 0이다. 측정 지표 간의 연관성이 높을수록 그들의 공통 변화량도 크며 척도의 신뢰도도 따라서 높아진다. 일반적으로 Nunnally(1978)의 표준을 인용하여 Cronbach α의 값이 0.7보다 같거나 클 때 충분하다고 본다. 그러나 Lance, Butts와 Michels(2006)는 이는 사실 Nunnally에 대한 일종의 오독이라고 제기했다. 최초의 논술에서 Nunnally(1978)는 신뢰도 요구와 검사사용 목적과 일치해야 한다고 강조한다. 연구 초기에 측정의 목적은 연구모형의 실행 가능성에 대하여 검증하는 것이기에 시간과 정력을 절약하기 위해 척도 신뢰도가 0.7에 달하면 된다. 그러나 일반적인 기초연구나 응용성격을 띤 연구에서는 신뢰도 0.8을 요구한다. 중요한 의사 결정에 측정 점수를 적용할 경우 신뢰도는 0.9 이상이어야 한다. 이로부터 측정에서 확률적 오차가 변수 간의 연관성을 떨어뜨리기에 변수추측의 표준오차(standard error)를 증가한다. 통계적 결론의 타당성을 보증하기 위하여 측정에서 신뢰도 계수에 대한 연구자들의 요구가 높다. 우리의 연구는 대부분 변수의 인과관계를 추론하는 것이 목적이므로 탐색적 연구에서 요구하는 0.7이 아닌 신뢰도계수 0.8을 요구한다.

신뢰도 계수의 임계 값을 강조함과 동시에, 내적 일관성 계수가 높을수록 좋은 것이 아니란 것을 유의해야 한다. 척도를 개발할 때 연구자는 내적 일관성과 내용 완전성 사이에 균형관계를 이루는데 유의해야 한다. 통상적으로 척도의 내적 일관성 계수가 지나치게 높으면 구성개념 타당성에 유리하지 않을 뿐만 아니라 오히려 내적 타당성을 약화시킨다(Clark &Watson, 1995). 지나치게 중복되는 측정 지표 혹은 항목은 비록 척도의 신뢰도계수를 보증하지만 연구자가 척도를 개발할 때 목표 구성개념의 내용을 충분히 선별하여 사용하지 못했음을 의미한다. 초보자들은 비교적 이상적인 내적 일관성 계수를 얻기 위하여 보통 내용적으로 부합하는 개념 정의의 측정 지표를 많이 삭제하는 경우가 있다. 이런 내용 완전성을 대가로 내적 일관성을 달성하는 방식은 문제가 될 수 있다. 연구자가 이상적인 내적 일관성 계수를 얻을 수 없을 때 측정 지표의 내용이 명확한지, 수량이 충분한지 등 부분을 우선적으로 검토해야 한다. 만약 이런 검토로 효과가 없으면 구성개념의 내용에 대한 분석에 결함이 있을 가능성이 높다. 이때 기존 문헌과 귀납자료에 근거하여 구성개념의 내부 구조를 세밀하게 정리하고 원래 1차원 구조를 다차원 구조로 확대시키는 것을 고려할 수 있으며, 이를 바탕으로 이질성 지표를 중점으로 측정 항목을 개발해야 한다. 이렇게 함으로써 내용의 완전성을 포기하는 것이 아니라 측정의 정밀도를 높여서 신뢰도계수를 향상시길 수 있다.

셋째, 두 시점에 같은 검사를 사용하여 한 그룹참여자를 대상으로 측정을 실시한다. 두 번 측정에서 얻은 결과의 상관계수가 바로 검사 재검사 신뢰도(test-retest reliability)이다. 두 번 측정에서 얻은 결과의 상관성이 높을수록 검사 재검사 신뢰도 높기에 척도의 안정성이 높다고 볼 수 있다. 내적 일관성 신뢰도계수는 다중측정 지표의 응용을 통하여 피조사자의 각 항 지표에서의 득점 일관성을 평가하여 얻어진다. 검사 재검사 신뢰도계수는 두 개 이상의 시점에서 피조사자를 대상으로 중복측정을 통하여 검사결과의 안정도를 평가한다. 현재 경영학 연구가 인과관계 추론의 엄밀성에 보다 중점을 둔다. 그래서 연구 설계에서 변수의 시간차원을 고려할 필요가 있다. 이때 척도의 내적 일관성 계수만 평가하는 것으로 부족하고 이 지표들의 측정 안정성에 대한 평가가 바로 측정오차를 추측하는 필수적인 절차가 된다. 그러나 연구자는 검사 재검사 신뢰도가 종종 일부 간섭을 받게 되는 사실을 인지해야 한다. 예를 들면, 피조사자가 특정한 문제를 기억하고 있어서 처음 측정과 동일한 답을 하여 과대평가한 신뢰도계수가 발생하며 또는 측정기간에 변수에 변화가 일어나 신뢰도가 낮게 평가될 수 있다. 그렇기 때문에 연구문제의 성질에 따라 적절한 연구를 설계를 하는 것이 검사 재검사 신뢰도에서 가장 핵심적인 연결고리이다.

13.3.6 수렴 타당성과 판별 타당성

척도의 내부 구조 및 측정오차에 대한 분석을 통하여 측정의 질을 분석하고 측정요구에 부합되지 않는 지표를 삭제하는 데 도움이 된다. 그러나 이 두 단계에서 정량적 분석은 척도의 구성개념 타당성을 보증하는 한 가지 필수 조건이지 충분 조건은 아니다. 예를 들면, 1차원 개념을 측정할 때 요인 분석과 내적 일관성 신뢰도분석을 통하여 모든 측정 지표가 잠재변수에서의 요인비중이 모두 상당히 높고 측정오차도 작다는 것을 알 수 있다. 잠재변수는 직접 관측할 수 없기에 이런 지표가 생성하는 잠재변수들이 다른 유사한 구성개념이 아니고 바로 우리가 측정하고자 하는 이론적 구성개념이라는 것을 확인할 방법이 없다. 특히 동일한 방법이나 동일 피조사자에서 측정 결과를 얻는다면 그 측정 결과가 우리가 관심 가지는 이론적 구성개념을 반영하는 것인지 아니면 동일한 측정 방법으로 인하여 공통방법오류가 발생한 것인지 확인할 수 없다. 이런 의혹을 해소하기 위하여 Campbell과 Fiske(1959)는 수렴 타당성(convergent validity)과 판별 타당성(discriminant validity) 개념을 제기했다. 수렴 타당성은 다른 방식을 이용하여 동일 구성개념에 대하여 측정하여 얻은 점수가 동일 구성개념을 반영하기에 서로 상당히 연관된다. 예를 들면, 직원의 직무능력을 평가할 때 필기 시험 혹은 구두 시험이든 얻은 점수는 상당히 일치해야 한다. 그러나 판별 타당성은 다른 방식으로 다른 구성개념에 대하여 측정할 때 관측된 수치들을 구분할 수 있어야 한다. 즉 다른 방식으로 두 가지 구성개념(예: 초조와 내성적)을 측정할 때 그들 사이의 연관성이 다른 방식으로 동일 특성을 측정했을 때 점수보다 높으면 안 된다.

수렴 타당성과 판별 타당성을 검증할 때 보편적으로 사용하는 통계적 방법은 Campbell과 Fiske(1959)이 제기한 다특성 다방법모델((multi-traits multi-menthods, MTMM)이다. MTMM은 다른 방법으로(예: 자기평가법 vs 동료채점법, 조사법 vs 관찰법 등) 동시에 두 가지 이상 특성에 대하여 측정한다. 다중 특성, 다중 측정 방법으로 얻은 상관 행렬을 MTMM 행렬이라고 한다. MTMM을 응용하여 수렴 타당성과 판별 타당성을 추론할 때 주요 근거는 변수 간의 상관 행렬이다. 모 척도와 다른 방법을 사용하여 같은 특성에 대하여 측정할 때 만약 얻은 상관계수가 MTMM 중의 다른 상관계수보다 높으면 그 척도가 비교적 좋은 수렴 타당성을 가진다고 추론할 수 있다. 또한 이 상관계수가 다른 방법으로 다른 특성에 대한 측정값의 상관계수보다 높으면 연구하는 특성과 기타 특성이 측정으로 구분할 수 있다고 본다. 수렴 타당성과 판별 타당성과 관련된 증거를 확보하고 나서 우리가 관측한 수치는 주로 구성개념 자체에서 오며 다른 측정방식으로 인한 변이가 아니라고 볼 수 있다.

Law, Wong과 Song(2003)은 MTMM을 사용하여 그들이 개발한 정서 지능(emotional intelligence) 척도를 검증하였다. 이 연구에서 그들은 각각 학생 표본과 직원 표본을 사용하였다. 그들이 행한 학생 표본에 대한 측정을 통하여 어떻게 MTMM 방법으로 척도의 수렴 타당성과 판별 타당성을 검증하는지 설명하도록 한다. 그들은 두 가지 측정방식(학생 자기평가와 학부모평가)을 사용했으며 여섯 가지 특성(학생의 정서 지능과 다섯 가지 개성 특징)에 대하여 측정했다. 표2는 학생 표본에 의하여 얻은 MTMM행렬이다. 〈표 13-2〉에서 가는 선 삼각형 안의 수치는 이질특성-동일방법(heterotrait-monomethod)에서 얻은 상관계수로 이 상관계수는 공통측정 방법이 측정 결과에 미치는 영향을 추측하는 데 도움이 된다. 굵은 선 삼각형 안의 수치는 동일특성-이질방법(monotrait-heteromethod)에서 얻은 상관계수이다. 이 예제에서 학생들의 자기평가와 학부모들이 평가한 정서 지능 상관계수가 0.28로 그리 높지 않지만 통계적 유의도 수준에 도달하기에 이 측정이 어느 정도 수렴 타당성을 가진다는 것을 나타낸다. 굵은 선 삼각형 안의 밑줄 친 수자는 이질특성-이질방법(heterotrait-heteromethod)으로 얻은 상관계수다. 이 상관계수가 모두 0.28보다 작은데 척도의 판별 타당성을 위한 증거를 제공한다.

MTMM방법으로 인하여 수렴 타당성과 판별 타당성이 구성개념 타당성을 검증하는 하나의 필수절차가 된다. MTMM방법은 경영학 실증연구에서 강조하는 추론증거, 상호검증(Triangulation) 사상을 충분히 반영한다. 그러나 이 방법 또한 연구설계에서 있어서 상당히 높은 요구를 제기한다. 연구자는 보통 여러 표본, 다양한 측정방식을 사용해야만 MTMM 행렬을 구할 수 있다. 따라서 연구자들은 새로운 척

〈**표 13-2**〉 여섯 가지 특성 × 두 가지 방법 MTMM 상관 행렬

Method and trait	M	SD	Self Rating						Parent Rating					
			EI	NEURO	EXTRA	OPEN	AGREE	CON	EI	NEURO	EXTRA	OPEN	AGREE	CON
Self Rating														
EI	3.60	0.46	(0.78)											
NEURO	3.67	0.93	−0.39	(0.77)										
EXTRA	4.74	0.94	0.15	−0.08	(0.80)									
OPEN	4.93	0.95	0.30	−0.12	0.45	(0.82)								
AGREE	5.21	0.74	0.26	−0.36	0.29	0.14	(0.83)							
CON	5.04	0.77	0.55	−0.46	0.10	0.27	0.47	(0.86)						
Parent Rating														
EI	3.57	0.45	**0.28**	−0.12	0.00	0.01	0.02	0.22	(0.81)					
NEURO	3.56	0.98	−0.18	**0.34**	0.04	−0.02	−0.18	−0.20	−0.30	(0.79)				
EXTRA	4.65	1.04	0.06	−0.02	**0.37**	0.21	0.02	−0.02	0.00	0.08	(0.83)			
OPEN	4.28	1.10	0.15	−0.04	0.14	**0.32**	−0.10	0.08	0.15	0.08	0.55	(0.85)		
AGREE	5.34	0.88	0.07	−0.14	0.01	−0.02	**0.20**	0.14	0.16	−0.16	0.28	0.09	(0.85)	
CON	5.13	0.95	0.17	−0.11	−0.13	−0.02	0.05	**0.34**	0.42	−0.21	0.11	0.24	0.58	(0.90)

주: EI=emotional intelligence, NEURO=neuroticism, EXTRA=extraversion, OPEN=openness, AGTEE=agreeableness, CON=conscientiousness, 대각선 위쪽 숫자는 계수 α 값이고 기울기 표시한 숫자는 이질특성-동일방법 삼각형에 속하며 밑줄로 표시한 숫자는 이질특성-이질방법 삼각형에 속하고 굵기 표시한 숫자는 동질특성-이질방법의 결과를 나타낸다.

자료: Law, Wong과 Song, 2003.

도를 개발할 때 MTMM방법을 사용한다. 일반적인 연구에서 우리는 대부분 구조방정식모형(structural equation modeling, SEM) 기법을 사용하여 수렴 타당성과 판별 타당성을 검증하는 수법으로 한다. Fornell과 Larcker(1981)는 계산을 통한 추출 변이량(variance extracted) 방식을 통하여 수렴 타당성과 판별 타당성에 대한 추측을 제안했다. 구성개념 타당성 측정을 검증하는 선결조건으로 가설이론모형이 추출수치와 잘 맞물려야 하고 측정 지표가 측정하고자 하는 구성개념에서의 요인 부하량이 높아야 하며 확률적 오차의 영향수준을 낮게 해야 한다. 이를 바탕으로 Fornell과 Larcker는 추출 변이량 계산공식을 다음과 같이 제기한다.

$$\text{추출 변이량} = \frac{\sum_{i=1} \lambda_{yi}^2}{\sum_{i=1} \lambda_{yi}^2 + \sum_{i=1} \mathrm{Var}(\varepsilon_i)} \tag{2}$$

공식 (2)에서 분자는 측정 지표가 대응하는 잠재변수의 인자부하(λ)의 제곱 합, 분모는 인자부하 제곱 합에 대응하는 확률적 오차를 더한 것이다. 따라서 추출변이를 계산하기 전에 관찰한 척도를 다른 관련 척도와 함께 검증적 요인분석을 수행하여 이런 계수를 도출해야 한다. 공식 (2)로부터 추출 변이량 평가는 잠재변수로 관측하는 변이량 크기를 해석하는 것이다. 추출 변이가 클수록 확률적 오차는 작아지고 측정 지표는 잠재 변이량을 잘 나타낼 수 있다. Fornell과 Larcker는 추출 변이량이 보통 0.50보다 낮으면 안 된다고 보는데 만약 0.50보다 낮게 되면 그 척도의 수렴 타당성과 판별 타당성은 문제가 될 수 있다.

단지 적합한 양호 모형이 있는 것으로 부족하며 연구자는 척도와 다른 척도 사이의 판별 타당성에 대하여 검증해야 한다. 추출 변이계산을 토대로 Fornell과 Larcker는 잠재변수와 기타 변수의 상관계수(LISREL 결과의 phi 행렬에서 찾을 수 있다)를 관측할 수 있으며 이로부터 그 척도의 판별 타당성을 추론할 수 있다고 제안한다. 추출분산이 잠재변수 지간의 상관계수의 제곱보다 크면 이 잠재변수에 대한 측정을 다른 척도와 구분할 수 있다는 것을 증명하며 반대일 경우 그 척도의 판별 타당성이 너무 낮다는 것을 의미한다.

위의 소개로부터 수렴 타당성과 판별 타당성을 검증할 때 MTMM 방법으로 얻은 증거가 아주 강한 설득력이 있지만 설계자체가 상당히 복잡하고 조작하는 것도 어렵다. SEM 방법을 응용하면 비교적 직접적이고 표본에 대한 요구도 상대적으로 낮기에 새 척도를 개발하지 않은 상황에서 연구모형의 각 변수를 측정하는 판별 타당성을 검증하는 데 적용한다. 최근의 많은 연구에서 이런 방법을 사용하여 변수측정의 질을 보고한다(예: Wang, Law, Hackett, Wang & Chen, 2005; Liang, Farh & Farh, 2012). 일반적으로 변수 간의 인과관계를 토론하기 전에 이런 변수들이 측정상 정확한지 구분 가능한지 궁금해 한다. 변수 간의 수렴 타당성과 판별 타당성은 우리가 그들 사이의 인과관계를 추론하는 필수 전제이다. 이 책의 15장에서 구조방정식모형에 대하여 상세하게 토론하였으니 관심이 있는 독자들은 계속 읽어보고 SEM 개념과 실제 조작에 대하여 습득할 수 있다.

13.3.7 법칙적 관계망 구축

수렴 타당성과 판별 타당성은 주로 측점점수로 목표 구성개념의 이론적 의미를 충분히 반영할 수 있는지 고찰한다. 구성개념 타당성을 검증하는 과정에서 변수들 간의 인과관계를 빌려서 추론할 수 있다. 척도 개발과정에서 논리적 분석과 문헌 조사를 통하여 변수들 간의 관계에 대하여 이론적 예측에 맞는 가설을 하고 변수 간의 법칙적 관계망(nomological network)을 구축할 수 있다. 관측 자료에 대한 통계적 분석을 통하여 이런 관계에 대하여 유의도 검증을 할 수 있다. 새로 개발한 척도를 사용하면 이론적 예측과 일치한 변수관계를 얻을 수 있어 새 척도가 구성개념 타당성을 가진다고 추정할 수 있다. 법칙적 관계망의 구축은 변수의 인과관계 속에서 구성개념 타당성의 높낮이를 추정하는데 치중하지 단순히 측정 지표나 항목의 질을 평가하는 것이 아님을 엿볼 수 있다.

앞에서 언급한 사례에서 대부분 연구자들이 이런 방면의 증거를 제공한다. 예를 들면, Organ은 OCB가 일종의 자발성 개인행위이며 기업 전체의 성과를 향상하는데 유익하다고 본다. 따라서 연구자가 개성특징, 직무만족도, 조직공정성 등 변수에 대하여 OCB의 선행요인으로 해석하고 개체의 업무성과와 조직성과로 OCB 결과를 관찰한다(Organ et al., 2006). 그러나 Law 등(2003)은 학생들의 생활 무기력, 직원의 과제 성과, 직무 헌신(job dedication)과 대인관계 촉진(interpersonal facilitation)으로 서로 다른 환경에서의 정서 지능을 검증했다. 이런 예는 연구자가 변수 법칙적 관계망을 구축하는 방식으로 타당성이 이미 검증된 구성개념과 척도로 새로운 척도(예: OCB와 정서 지능)의 구성개념을 검증한다. 이 또한 우리가 구성개념 설명단계에서 목표 구성개념의 유래, 상관변수와 결과변수에 대하여 자세하게 설명이 필요한 이유이며 이런 모든 이론적 작업이 척도의 구성개념 타당성을 검증하는 데 기반을 마련한다.

13.4 중국 경영학 연구에서의 척도 개발 방향

중국 경영학 연구에서 척도를 응용할 때 보통 두 가지 문제에 직면한다. 첫째, 우리 스스로 새로운 척도를 개발해야 하는지 아니면 해외 연구에서 이미 사용한 척도를 번역, 수정하면 되는지? 둘째, 측정한 구성개념과 그 표현 형식이 다른 문화를 뛰어넘어 모두 보편적 적용 가능성이 있는지 아니면 중국 경영맥락의 특수한 영향을 받아서 측정 검증하는 내용에 맥락과 관련된 요인을 통합해야 하는지? 이 두 질문에 대한 해답은 분명 연구자의 척도 개발과정에 직접 영향을 미친다. 이로부터 Farh, Cannella와 Lee(2006)는 중국 경영연구에서 척도 개발 방향을 네 가지로 나눈다(표 13-3 참조). 네 가지 방향은 다음과 같다. (1) 직접번역 방향. 이런 사고방식은 문화적 적용성의 원칙을 강조하여 외국의 척도를 직접 중문으로 번역한다. (2) 수정 방향. 외국의 척도를 번역하는 과정에서 중국 맥락에 적절하지 않는 부분을 수정하여 우리의 연구배경과 일치하도록 한다. (3) 탈맥락화 방향. 이런 사고는 중국 경영연구에서 여러 문화적 맥락에 광범위하게 적용할 수 있는 척도를 개발하는 것이다. (4) 맥락화 방향. 이런 사고는 중국 경영맥락의 특수성을 정확하게 반영하고 묘사할 수 있는 척도를 개발하는 데 주력하는 것이다.

이상 종합한 네 가지 사고는 모두 중국 경영연구에서 아주 중요한 역할을 발휘했다. 이들은 척도를 개발할 때 적용하는 지도원칙이 완전히 다르며 실제로 각자의 장단점이 있다. 표4는 이 네 가지 사고방식의 핵심가설, 장점 및 한계성에 대하여 총 정리하였다. 다음은 이 네 가지 사고방식에 대하여 하나씩 토론하여 독자들이 자신의 연구문제에 근거하여 적당한 개발 방향을 선택하여 질 높은 척도를 개발하기 바란다.

〈표 13-3〉
중국 경영 연구에서의 네 가지 척도 개발 방향

자료: Farh, Cannella와 Lee, 2006.

		문화적 특수성에 대한 예측: 문화 적용 가능성	문화적 특수성에 대한 예측: 문화 특수성
검사의 유래	기존의 검사 사용 또는 수정	직접번역 방향 (translation)	수정 방향 (adaptation)
	새로운 검사 개발	탈맥락화 방향 (de-contextualization)	맥락화 방향 (contextualizaition)

〈표 13-4〉 중국 경영 연구에서 네 가지 척도 개발 방향: 가설, 장점 및 한계

측정 개발 방향	핵심 가설	주요 장점	주요 한계
직접번역	• 서로 다른 문화적 배경에서 목표개념의 정의, 측정내용 및 측정에서 사용하는 지표 모두 동일하다 • 번역하는 서양의 척도가 질 높고 문화적 편향이 없다	• 시간 및 자본 절약 • 연구 결과에 대하여 직접 문화 비교 가능하다	• 번역할 때 검사의 어의적 동등성을 실현하기 힘들다 • 서양 문헌에서 아무런 문화적 편향이 없는 검사를 찾기 어렵다
수정	• 서로 다른 문화적 배경에서 목표개념의 정의와 측정내용 모두 동일하다 • 번역한 서양 척도는 질 높다	• 상대적으로 시간과 힘을 절약한다 • 연구 결과에 대하여 비교문화 소통이 용이하다	• 비교문화연구가 어렵다 • 너무 많이 수정하면 새로운 도구가 되어 중국 배경에서 그 타당성을 다시 검증해야 한다
탈맥락화	• 측정하는 개념을 여러 문화적 배경에 적용할 수 있거나 문화적 배경의 영향이 작다 • 심리적 측정 지표가 양호한 검사 부족하다	• 널리 적용할 수 있는 검사 개발이 가능하다 • 연구 결과에 대하여 비교적 쉽게 비교문화 소통을 할 수 있다	• 비교적 긴 개발시간과 높은 자본을 요구한다 • 측정 지표는 상당히 높은 추상수준을 요구하므로 내포한 문화적 환경의 특수성을 제약한다
맥락화	• 측정하는 개념과 문화적 환경을 갈라놓을 수 없다 • 심리적 측정 지표가 양호한 검사 부족하다	• 중국 배경에 매우 적합한 검사를 개발할 수 있다 • 직접 중국 경영배경에 적합하고 응용할 수 있는 지식을 발전한다	• 비교적 긴 개발시간과 높은 자본을 요구한다 • 개발한 검사는 지역적 한계성이 있다 • 비교문화연구와 소통이 어렵다

자료: Farh, Cannella와 Lee, 2006.

13.4.1 직접 번역 방향

직접 번역법(translation approach)은 외국의 연구자가 개발하고 사용하는 척도를 직접 중문으로 번역하여 중국 경영연구에 응용하는 것을 말한다. 이런 척도를 개발할 때 중국 맥락에서의 적용 가능성 문제를 고려하지 않기에 직접 번역법을 응용할 때 다음 두 가지 가설을 전제조건으로 한다. (1) 서로 다른 문화적 배경에서 측정하고자 하는 이론적 구성개념이 동등하다. 적어도 우리가 연구를 실시하는 지역(중국)과 척도의 근원지가 동등하다. 구성개념의 동등성(construct equivalence)에 관하여 문헌에서는 서로 다른 서술방식이 따로 있다. 여기서 우리가 강조하는 것은 주로 구성개념의 정의, 척도 내용 및 구체적인 측정 지표가 다른 문화배경에서의 동등성을 말한다. (2) 번역하는 척도는 엄격한 절차에 따라 개발하여 다른 문화배경(특히 중국 배경)에서의 구성개념 타당성을 추론하는 충분한 증거가 있다. 직접 번역법은 구성개념 타당성의 검증과정을 생략하기 때문에 우리는 번역하는 척도가

검증된 것이며 다른 문화적 배경의 측정 과정에서 큰 편차가 없도록 반드시 보증해야 한다.

중국 경영학 연구가 상대적 뒤처져 있어서 중국 맥락에서 엄격한 절차에 따라 개발한 척도가 부족하므로 직접 번역법이 현재 연구에서 가장 흔히 볼 수 있다는 것을 알 수 있다. 직접 번역법을 사용하는 두 가지 가설을 만족하면 엄격한 번역을 거쳐서 비교적 타당성이 높은 척도를 사용하면 척도 개발에 소요되는 시간, 노력과 자원을 절약할 뿐만 아니라 우리의 연구 결과를 가지고 외국의 발견과 교류하는데 유리하며 공동으로 경영이론의 발전을 이끌고 나갈 수 있다. 그러나 중국과 서양의 심층적 문화차이가 양쪽 언어의 차이로 구현되어 연구자가 외국의 척도를 번역할 때 많은 애로사항에 직면하게 된다. 이런 문제점을 잘 해결하지 못하면 연구결론의 신빙성에도 큰 타격을 입히게 된다.

동서양 문화의 현저한 차이로 인하여 가끔 두 가지 언어에 대한 적절한 번역이 어렵다. 지금 보편적으로 응용하는 번역방식으로 먼저 척도를 중문으로 번역하고 내용에 대하여 익숙하지 않는 다른 사람이 다시 중문을 최초 언어로 번역한다(Brislin, 1980). 그러나 번역 과정에서 측정 내용을 다시 번역하는 문제가 걸리기에 연구자가 첫 단계에서 왕왕 지나치게 지면 의미에 집착하여 번역한 문구가 적당한지 별로 주목하지 않는다. 예를 들면, Ang 등(2007)이 개발한 문화 지능(cultural intelligence) 척도를 번역할 때 이런 경험이 있었다. Ang 등의 영문 항목은 다음과 같다.

> I change my verbal behavior (e.g., accent, tone) when a cross-cultural interaction requires it.

이것을 중문으로 번역하는데 한 박사연구생의 최초 번역은

> **비교문화 소통이 필요할 때 나는 나의 언어행위(예: 액센트, 어조)를 달리 한다.**

그리고 다른 한 박사연구생이 위의 중문 표현을 다시 영문으로 번역한다.

> I will change my verbal behaviors (e.g., accent, intonation) when it is necessary in cross-cultural interaction.

위의 결과로부터 최초의 번역이 기본적으로 측정 항목 어의의 동등성을 달성했다. 그러나 이 문장이 매끄러운 중문은 아님이 분명하다. 확실하게 원래 뜻을 전달하기 위해 우리는 최초의 중문번역을 다음과 같이 수정한다.

비교문화 소통을 할 때 나는 상황에 따라 나의 어조(예: 말투, 어투)를 조절한다.

이 예제에서 우리는 번역된 중문을 다시 원래 영문으로 번역될 수 있는가에 지나치게 신경 쓴 나머지 연구자가 번역할 때 종종 선택한 것이 가장 자연스럽고 매끄러운 표현 형식이 아니다. 실제는 우리가 일상생활에서 모두 이런 문제에 직면한다. 중국과 서양의 언어습관의 차이로 측정 항목 번역이 때때로 난해하고 이해하기 어렵다. 이런 항목은 참여자들이 그 뜻에 대한 오해를 야기하고 해답동기를 떨어뜨리며 심지어 반발 심리를 불러일으켜 자료수집의 질에 영향이 된다.

다음으로 연구자가 겪는 두 번째 어려움은 번역 과정에서 오직 어의의 동등성만 실현하고 다른 문화배경에서 목표 구성개념이 동일하지 않는 문제를 해결하지 못한다(Hambleton & Patsula, 1998; Harkness, 2003). 외국의 연구에서 발표한 척도가 대부분 비교연구의 목적으로 사용하지 않기 때문에 이런 설문지에는 서양 문화에 적합한 모종 특징이 포함될 수 있다. 만약 이런 특징을 단순히 번역하는 방법으로 우리의 연구에 도입하면 측정 상 오차를 발생하게 된다. 그리고 중국 경영 맥락에서 중요한 요인이 서양에서 개발한 척도에 의하여 제대로 구현되지 않을 수도 있다. 비교적 객관적인 측정에서 이런 우려가 그다지 영향이 크지 않겠지만(예: 조직구조, 전략과 성과 등) 심리적 판단성격에 의거하는 개념(예: 동기, 약속과 조직공정 등)에 영향이 될 수 있다. 그것은 사람들이 이런 개념에 대한 이해가 그들이 속한 사회와 문화적 맥락과 긴밀하게 연관되어 있기 때문이다. 그렇기 때문에 중국 맥락에서 목표 구성개념의 표현 형식에 대하여 심도 있는 이해를 하기 전에 분별없이 서양의 척도를 번역하거나 사용하는 것은 때론 아주 어리석고 실행 불가능한 방법이다.

13.4.2 수정 방향

직접 번역법의 단점을 극복하기 위하여 서양의 척도에 대하여 부분적 수정을 하는 방식으로 중국 경영학 연구맥락에 적용할 수 있게 한다. 비록 수정법(adaptation approach)이 직접 번역법과 동일하게 모두 새 척도와 원래의 개념정의 및 검사내용 간의 동등성을 보장하여야 하지만 수정법을 적용할 때 연구자는 사용한 지표나 항목이 다른 문화적 배경에 보편적으로 적용할 수 있다는 생각을 고집하지 않는다. 그들은 보통 어떤 현장연구(예: 소그룹 면접법 등)를 통하여 중국 배경에서의 검사

내용 적용 수준을 고찰하고 필요에 따라 적용할 수 없는 내용에 대하여 수정한다. 예를 들면, 항목 글자 수정, 부적합한 지표 삭제, 새 지표 추가 등과 같이 수정한다.

수정법을 응용할 때 연구자는 서양의 척도를 번역할 뿐만 아니라 이런 척도의 어떤 면을 수정할지 확인해야 한다. 그러나 수정하는 목적은 척도가 대표하는 구성개념이 중국 배경에서 동등성을 실천할 수 있도록 확보하는 것이다. 이는 연구자가 일련의 사전 작업(예: 전문가 그룹 토론 혹은 소그룹 면접법)을 통하여 중국과 서양의 문화적 차이가 검사내용에 미치는 영향을 판단해야 한다. 예를 들면, Tsai(2001)이 판매원의 긍정적 정서(displayed positive emotions) 표출에 대하여 측정할 때 대만의 30개 신발 가게 책임자와 직원에 대하여 면접을 실시하여 서양 문헌에서 언급한 네 가지 지표(예: 인사, 감사 표시, 미소와 눈빛으로 고객과 접촉)외에 현지 직원이 나타낸 긍정적 정서에는 다른 두 가지 지표(예: 고객에게 잠시 대기하도록 요청, 재치 있고 듣기 좋은 어투)도 포함해야 한다고 밝혔다. Gong, Huang과 Farh(2009)가 판매원의 창의적 성과에 대하여 측정할 때 서양의 척도를 직접 번역하여 사용하지 않고 우선 소그룹 면접을 실시하여 판매 업무에서 창의적 성과의 표현 형식을 파악하고 최종 세 가지 항목을 추가하여 측정의 맥락화를 실천하였다. 이 두 사례에서 연구자는 원래의 개념정의를 변경하지 않은 상황에서 새 지표를 추가하여 의도적으로 연구의 배경요인을 자신의 측정에 통합하여 연구 맥락에서 척도의 구성개념 타당성을 보증할 수 있었다.

수정법에서 연구자가 중국 맥락에 근거하여 원래 척도내용을 수정한다. 수정한 검사에서 보통 측정내용에 대한 중국에서 적용상황을 주목할 뿐, 비교문화문제에는 별로 주목하지 않기에 수정한 설문지와 최초의 설문지가 내용적으로 반드시 일치해야 하는 것은 아니다(Hambleton & Patsula, 1998). 따라서 새로운 척도에서 얻은 연구 결과를 외국의 결론과 직접 비교할 수 없다. 측정 지표를 너무 많이 수정하면 연구에서 사용하는 척도와 최초 외국에서 개발한 척도 사이에 큰 차이를 나타나므로 앞에서 논의한 절차에 따라 그 구성개념 타당성에 대하여 다시 검증할 필요가 있다. 직접 번역 방법이든 수정 방법이든 연구자의 출발점은 모두 국외에 기존 척도이다. 이렇게 함으로써 시간과 노력을 절약하고 비교적 높은 효과를 얻을 수 있다. 그러나 목표 구성개념을 위한 양질의 척도 혹은 새로운 경영학 개념을 제기하기 위해 중국의 표본에 의존하여 새로운 척도를 개발해야 한다.

13.4.3 탈맥락화 방향

새로운 척도를 개발할 때 연구자는 보통 두 가지 선택이 있다. 바로 문화적 보편성과 문화적 특수성이다. 문화적 보편성은 연구자가 자신이 측정하는 구성개념이 여러 문화적 배경에 적용하거나 문화적 배경이 척도의 내용에 영향을 이루지 못한다고 생각하여 연구배경, 문화를 초월하는 보편적으로 적용할 수 있는 척도를 개발하는데 힘을 쏟는다. 문화적 특수성은 연구자가 자신이 측정하는 구성개념에 맥락적 제한이 있거나 어떤 배경에서 특정한 경영현상에 속하기에 구성개념에 대하여 조작할 때 사용하는 척도 도구도 분명히 맥락적 특징을 가진다고 믿는다. 우리가 말하는 탈맥락화 방향(de-contextualization approach)는 연구자가 척도를 개발하는 첫 번째 선택이다. 이런 방향에서 연구자는 중국 경영 맥락의 특수성이 척도내용에 영향이 미치지 않고 조작과정에서 연구배경을 중성화 처리한다. 척도 개발과정에서 맥락과 관련된 항목의 사용과 연구를 회피하여 배경 요인의 영향을 감소하고 여러 문화배경에서 척도 자체의 적용 가능성을 높인다.

최근 두 탈맥락화 사례는 Wong과 Law(2002)이 개발한 정서지능 척도 및 Liang, Farh와 Farh(2012)이 제기한 촉진성 제의와 억제성 제의 척도이다. 개발과정에서 Wong과 Law 는 먼저 기존의 연구에서 수준이 높고 경제적으로 실용성이 있는 정서지능 척도가 부족하다고 지적했다. 이런 입장을 기반으로 기존 문헌에서 정한 정서지능에 대한 정의에 근거하여 홍콩 표본으로 새로운 척도를 개발했다. Liang, Farh과 Farh은 촉진성 제의와 억제성 제의 개념을 제안하고 기존 문헌 및 정보귀납을 결합하여 건의 척도를 다시 수정하였다. 이 두 사례에서 연구자는 구성개념 내용에 대한 중국 맥락적 요인의 영향을 언급하지 않았다. 경영학 연구에서 이는 아주 전형적인 수법이다.

탈맥락화 개발방향은 문화를 초월하는 보편성을 띤 이론적 구성개념에 적용할 수 있다. 이런 구성개념의 정의 및 외적 표현 형식은 외부의 맥락적 영향에 민감하지 않다. 그러나 주의할 점은 사회과학연구에서 많은 구성개념이 초기에는 문화적 배경영향을 받지 않는다고 여기던 것이 나중에 가서 문화적 한계성이 증명되는 경우가 있다. 연구의 맥락에 대하여 심층 파악을 하기 전에 목표 구성개념의 성질 및 그것이 연구맥락과의 관계를 확정할 수 없다(이 책의 12장 참조). 양질의 척도를 개발하기 위하여 연구자는 자신이 측정하는 이론적 구성개념이 정말 맥락을 초월하는 보편성이 있는지 확인해야 한다. 이런 작업은 측정 내용의 외적 적용성과 관련될 뿐만 아니라 척도의 이론적 가치에도 영향된다.

13.4.4 맥락화 방향

맥락화는 우리가 관심 있는 경영현상을 연구할 때 연구문제와 연관되고 의미 있는 맥락적 요인을 분별하고 통합하고 구성개념의 내용과 척도 개발과정에 포함시키는 것을 말한다. (이 책의 제12장 참조). 맥락화 방향(contextualization approach)의 핵심사상은 바로 다른 문화적 배경에서 다른 척도를 사용하는 것이 가장 정확하게 척도의 관련 구성개념을 측정하여 사람들의 행위를 해석하고 예측할 수 있다는 것이다(Sinha, 1997). 이런 관점을 가진 연구자는 통상 경영학에서 다중 개념이 문화적 환경과 밀접하게 연관된다고 생각한다. 따라서 현지의 경제, 문화, 역사적 배경에 대한 이해 전제하에 이런 배경에서의 사람들의 심리와 행위를 정확하게 측정할 수 있다. 이는 사회과학 종사자들이 사고 분별없이 서양에서 개발한 구성개념 및 척도를 맹목적으로 답습하는 현상에 대한 우려를 반영한다.

중국 배경에서 측정 맥락화는 20세기 1970년대의 심리학계에서 시작한다. 양구오취 선생님의 지도아래 대만의 사회심리학 연구자는 현지 개념과 관련된 일련의 검사척도를 개발하였다. 그중에 전통성-현대성, 사회 방향, 체면, 조화, 인정과 인연(Yang, 1997) 이 포함된다. 이 중에서 개인 전통성 척도는 최근 중국사회의 전환배경에서도 많은 경영학자의 주목을 받는다(예: Chen & Aryee, 2007; Farh et al., 1997' Farh et al., 2007; Spreitzer, Perttula & Xin, 2005; Xie, Schaubroeck & Lam, 2008). 홍콩과 중국 대륙의 심리학계에서도 이 방면에 대한 유익한 탐색을 수행하였는데 예컨대 장묘칭 교수를 비롯한 연구팀은 중국인 개성특징 평가-'중국인격평사척도(Chinese Personality Assessment Inventory, CPAI)'(Cheung et al. 1996)를 개발했다. CPAI는 서양의 인격 설문지와 동일한 일부 척도차원(예: 신빙성 요인 등) 그리고 일부 중국 문화적 배경과 관련된 차원(예: 대인관계 방향 요인 등)도 포함된다. 이 두 연구에서 연구자는 척도를 개발하기 전 모두 여러 가지 방식을 통하여 목표 구성개념의 의미 및 중국사회에서 각종 표현 형식에 대하여 파악하였다. 예를 들면, 이전의 연구문헌을 종합하고 중국의 잡지, 신문 및 문학서적을 참조하여 여러 가지 형식의 면접과 개방형 조사 등 실시한다. 이런 노력으로 하여 중국 맥락에 대한 연구자의 인식을 심화하고 또한 개발된 척도에서도 구체적으로 체현된다.

경영학 분야에서 중국인 연구자들도 다양한 맥락화된 척도를 개발하였다. 예를 들면, 고용관계, 경영스타일, 책임자 충성, 조직시민행동 및 조직문화 등이 있다. 이 중에 일부분 연구는 이미 Anne Tsui와 려우중민(2002)이 공동 편찬한 「중국 기업경영의 선도적 연구」에 수록되어 있다. 이런 연구에서 연구자는 통상적으로 먼저 중국의 피조사자에게 구성개념의 초보적 정의를 보여주고 개방형 설문지 혹은 면접 형식으로 구성개념과 관련된 행위묘사 또는 지표를 수집한다. 이런 자료의 내용에 대하여 분석을 완성하여 진일보 귀납한다. 마지막으로 연구자는 종류별 묘사에서 대표성이 있는 조목을 선별하여 최초의 척도를 조성한다. 요인 분석을 통하여 척도의 내부 구조를 도출한다. 이런 현지화한 척도는 우리의 연구가 연구표본과 중국 경영의 실제 문제에 보다 밀접하게 다가가게 한다.

맥락화 개발방향에서 연구자가 우선 검사내용에 대한 맥락 요인영향을 파악해야 하므로 이런 척도 개발은 대부분 '아래서 위로(bottom-up)'의 귀납법에 따른다. 이런 특징이 있기에 우리는 이런 사상이 부딪치게 되는 여러 가지 난관에 각별히 이해해야 한다. 첫째, 맥락화 척도를 개발할 때 측정 내용의 완전성에 주목해야 한다. 중국은 자원이 풍부한 다원화 사회이다. 최근 신속하게 발전하는 현대화 과정에서 각 지역, 각 연령층의 직원은 보통 상이한 직무가치관과 직무태도를 가지고 있다(Liu, 2003; Schlevogt, 2001; Egri & Ralston, 2004). 그렇기 때문에 귀납법을 이용하여 맥락화 척도를 개발할 때 내용의 완전성이 연구자에게 있어서 아주 현실적인 도전이다. Lee(2002)는 중국의 연구자들에게 이런 척도가 다른 표본에서 적용성문제에 주목할 것을 환기시켰었다. 특히 지금 연구들은 지나치게 MBA 학생들을 주요 자료수집의 원천으로 의존해서 이런 우려가 한층 더 심해진다. 따라서 맥락화 척도를 개발함에 있어서 표본의 대표성에도 주목해야 한다. 그렇지 않으면 귀납법에 기준하여 개발한 척도가 어쩌면 모 집단, 모 지역에서 적용할 수 없게 된다. 검사내용도 다른 중국 표본에서 반복 및 검증할 수 없다.

둘째, 맥락화 척도를 개발할 때 연구 대상의 복잡한 정도에 따라 적절한 정보수집방법을 선택해야 한다. 연구자가 다음 다섯 가지 방법으로 자료를 수집할 수 있다. 즉 핵심 사건법(critical incident), 포커스 그룹 인터뷰(focus group interview), 개연 면접법(personal interview), 개방형 설문지법(open-ended survey)과 2차 자료법(secondary data). 연구대상에 관한 심층 묘사(thick description)을 제공하는데 있어서 이런 방법들 사이에 뚜렷한 차이가 있는 것이 확실하다. 따라서 연구현상의 본질적 특징에 근거하여 선택적으로 이런 방법들을 이용해야 한다. 예를 들면, 조직시민행동을 연구할 때 개방형 설문지를 사용하여 직원들에게 행위사례를 들게 할 수 있다(예: Farh et al., 1997; Farh et al., 2004). 그러나 아주 복잡한 조직현상(예: 조직규범과 문화)을 연구함에 있어서 피조사자가 간결한 문구로 현상에 대하여 묘사를 하기 어렵기에 이때는 개인 혹은 포커스 그룹 인터뷰를 선택하여 피조사자들 마음속의 목표 구성개념에 대한 의미 및 표현 형식에 대하여 심층적으로 파악할 수 있다.

셋째, 귀납법으로 맥락화 검사를 개발할 때 피조사자의 정보에 지나치게 의존하지 말고 이런 정보에 대하여 심층 가공하고 다듬는데 유의해야 한다. 즉 피조사자의 정보가 우리의 구성개념 정의와 측정내용을 주도하게 하지 말고 피조사자의 정보를 바탕으로 이 현상에 대한 해석을 제기하고 목표 구성개념의 내용구조를 귀납하고 맥락화 척도를 개발하는 것을 이끌고 발전시켜야 한다.

13.5 결론

이 장에서 측정의 개념, 척도의 구성개념 타당성 그리고 양질의 척도를 개발하는데 유의할 사항들을 소개했다. 마지막으로 중국 경영학 연구에서 자주 사용하는 개발방법에 대하여 각각 평가하고 일부 건의와 사고를 제공하였다. 이 장을 마무리하면서 다시 강조하고 싶은 부분은 양질의 척도를 개발하는 것은 단번에 이루어지거나 한 번의 고생으로 끝이 아니란 것이다. 경영학 연구에서 한 가지 중요한 개념의 정의와 측정은 연구현상에 대한 인식의 심화에 따라 끊임없이 수정해 나가면서 점점 완벽한 경지에 이르도록 노력해야 한다. 특히 현재 중국사회에서 사람들의 신념과 행위가 사회의 전환에 따라 계속 변화가 발생하고 있다. 연구자는 자신이 사용하는 이론적 구성개념 및 해당 측정 지표를 주기적으로 평가하고 개선함으로써 이런 도구로 연구하고자 하는 경영현상을 충분히 반영토록 해야 할 의무가 있다.

참 고 문 헌

American Psychological Association. (1985). *Standards for Educational and Psychological Testing*. Washington, D.C.: Author.

Ang, S., Van Dyne, L., Koh, C., Ng, K. Y., Templer, K. J., Tay, C. & Chandrasekar, N. A. (2007). Cultural intelligence: Its measurement and effects on cultural judgement and decision making, cultural adaptation and task performance. *Management and Organization Review*, 3, 335-371.

Brislin, R. W. (1980). Translation and content analysis of oral and written material. In H. C. Triandis & Berry, J. W. (Eds.), *Handbook of Cross-Cultural Psychology* (Vol. 1, pp. 389-444). Boston: Allyn & Bacon.

Brown, M. E., Trevino, L. K. & Harrison, D. A. (2005). Ethical leadership: A social learning perspective for construct development and testing. *Organizational Behavior and Human Decision Processes*, 97, 117-134.

Campbell, D. T. & Fiske, D. W. (1959). Convergent and discriminant validation by the multitrait multimethod matrix. *Psychological Bulletin*, 56, 81-105.

Chan, D. (1998). Functional relations among constructs in the same content domain at different levels of analysis: A typology of composition models. *Journal of Applied Psychology*, 83, 234-246.

Chen, Z. X. & Aryee, S. (2007). Delegation and employee work outcomes: An examination of the cultural context of mediating process in China. *Academy of Management Journal*, 50, 226-238.

Cheung, F. M., Leung, K., Fan, R. M., Song, W. Z., Zhang, J. X. & Zhang, J. P. (1996). Development of the Chinese personality assessment inventory. *Journal of Cross-Cultural Psychology*, 27, 181-199.

Clark, L. A. & Watson, D. (1995). Constructing validity: Basic issues in objective scale development. *Psychological Assessment*, 7, 309-319.

Collins, C. J. & Smith, K. G. (2006). Knowledge exchange and combination: The role of human resource practices in the performance of high technology firms. *Academy of Management Journal*, 49, 544-560.

Cronbach, L. J. (1951). Coefficient alpha and the internal structure of tests. *Psychometrika*, 16, 297-334.

DeVellis, R. F. (2003). *Scale Development: Theory and Application* (2nd ed.). Sage Publications.

Duffy, M. K., Ganster, D. C. & Pagon, M. (2002). Social undermining in the workplace. *Academy of Management Journal*, 45, 331-351.

Edwards, J. R. (2011). The fallacy of formative measurement. *Organizational Research Methods*, 14, 370-388.

Egri, C. P. & Ralaton, D. A. (2004). Generation cohorts and personal values: A comparison of China and the United States. *Organization Science*, 15, 210-220.

Eisenberger, R., Huntington, R., Hutchison, S. & Sowa, D. (1986). Perceived organizational support. *Journal of Applied Psychology*, 71, 500-507.

Eisenberger, R., Fasolo, P. & Davis Lamastro, V. (1990). Perceived organizational support and employee diligence, comitment, and innovation. *Journal of Applied Psychology*, 75, 51-59.

Farh, J. L., Cannella, A. A. Jr. & Lee, C. (2006). Approaches to scale development in Chinese management research. *Management and Organization Review*, 2, 301-308.

Farh, J. L., Earley, P. C. & Lin, S. C. (1997). Impetus for action: A cultural analysis of justice and organization citizenship behavior in Chinese society. *Administrative Science Quarterly*, 42, 421-444.

Farh, J. L., Hackett, R. & Liang, J. (2007). Individual Level cultural values as moderators of perceived organizational support-employee outcome relationships in China: Comparing the effects of power distance and traditionality. *Academy of Management Journal*, 50, 715-729.

Farh, J. L., Zhong, C. B. & Organ, D. W. (2004). Organizational citizenship behavior in the Peoples Republic of China. *Organization Science*, 15, 241-253.

Fornell, C. & Larcker, D. F. (1981). Evaluating structural equation models with unobservable variables and measurement error. *Journal of Marketing Research*, 18, 39-50.

Gerbing, D. W. & Anderson, J. C. (1988). An updated paradigm for scale development incorporating unidimensionality and its assessment. *Journal of Marketing Research*, 25, 186-192.

Gong, Y., Huang, J. C. & Farh, J. L. (2009). Employee learning orientation, transformational leadership, and employee creativity: The mediating role of employee creative self-efficacy. *Academy of Management Journal*, 52, 765-778.

Griffin, M. A., Neal, A. & Parker, S. K. (2007). A new model of work role performance: Positive behavior in uncertain and interdependent contexts. *Academy of Management Journal*, 50, 327-347.

Hambleton, R. K. & Patsula, L. (1998). Adapting tests for use in multiple languages and cultures. *Social Indicators Research*, 45, 153-171.

Harkness, J. (2003). Questionnaire translation. In Harkness, J., Van de Vijver, F. J. R. & Johnson, P. P. (Eds.), *Cross-Cultural Survey Methods*. John Wiley & Sons, Inc.

Haynes, S. N., Richard, D. C. & Kubany, E. S. (1995). Content validity in psychological assessment: A functional approach to concepts and methods. *Psychological Assessment*, 7, 238-247.

Hinkin, T. K. (1998). A brief tutorial on the development of measures for use in survey questionnaires. *Organizational Research Methods*, 1,

104-121.

Hinkin, T. R. & Tracey, J. B. (1999). An analysis of variance approach to content validation. *Organizational Research Methods*, 2, 175-186.

Klein, K. J., Danserau, F. & Hau, R. J. (1994). Level issues in theory development, data collection, and analysis. *Academy of Management Review*, 19, 195-229.

Lance, C. E., Butts, M. M. & Michels, L. C. (2006). The sources of four commonly reported cutoff criteria: What did they really say? *Organizationla Research Methods*, 9, 202-220.

Law, K. S., Wong, C.-S. & Song, L. J. (2004). The construct and criterion validity of emotional intelligence and its potential utility for management studies. *Journal of Applied Psychology*, 89, 483-496.

Lee, T. (2002). The management of people in Chinese enterprises. In Tsui, A. S. and Lau, C. M. (Ed.), *The Management of Enterprises in the People's Republic of China*. Boston: Kluwer Academic Publishers.

Liang, J. Farh, C. I. C. & Farh, J. L. (2012). Psychological antecedents of promotive and prohibitive voice: A two-wave examination. *Academy of Management Journal*, 55, 71-92.

Liu, S. (2003). Culture within culture: Unity and diversity of two generations of employees in state-owned enterprises. *Human Relations*, 56, 387-417.

MacKenzie, S. B., Podsakoff, P. M. & Podsakoff, N. P. (2011). Construct measurement and validation procedures in MIS and behavioral research: Integrating new and existing techniques. *MIS Quarterly*, 35, 293-334.

Mitchell, T. R., Holtom, B. C., Lee, T. W., Sablynski, C. J. & Erez, M. (2001). Why people stay: Using job embeddedness to predict voluntary turnover. *Academy of Management Journal*, 44, 1102-1121.

Mowday R. T. & Steer, R. M. (1979). The measurement of organizational commitment. *Journal of Vocational Behavior*, 14, 224-247.

Nunnally, J. C. (1978). *Psychometric Theory* (2nd ed.). New York: McGraw-Hill.

Organ, D. W. (1988). *Organizational Citizenship Behavior: The Good Soldier Syndrome*. Lexington, MA: Lexingtou Books.

Organ, D. W., Podsakoff, P. M. & MacKenzie, S. B. (2006). *Organizational Citizenship Behavior: Its Nature, Antecedents, and Consequences*. Thousand Oak: Sage.

Podsakoff, P. M., MacKenzie, S. B., Podsakoff, N. P. & Lee, J. Y. (2003). The mismeasure of man (agement) and its implications for leadership research. *Leadership Quarterly*, 14, 615-656.

Pedhazur, E. J. & Schmelkin, L. P. (1991). *Measurement, Design, and Analysis: An Integrated Approach*. Hillsdale, N.J.: Lawrence Erlbaum Associates.

Schlevogt, K. A. (2001). Institutional and organizational factors affecting effectiveness: Geoeconomic comparison between Shanhai and Beijing. *Asia Pacific Journal of Management*, 18, 519-551.

Schriesheim, C. A. & Hinkin, T. R. (1990). Influence tactics used by subordinatiors: A theoretical and empirical analysis and refinerment of the Kipnis, Schmidt, and Wilkinson subscales. *Journal of Applied Psychology*, 75, 246-257.

Schwab, D. P. (1980). Construct validity in organizational behavior. *Research in Organizational Behavior*, 2, 3-43.

Sinha, D. (1997). Indigenizing psychology. In Berry, J. W., Poortinga, Y. H. & Pandey, J. (Ed.), *Handbook of Cross-Cultural Psychology: Theory and Method*. Boston: Allyn & Bacon.

Smith, P. B. & Bond, M. H. (2003). Honoring culture scientifically when doing social psychology. In Hogg, M. A. & Cooper, J. (Eds.), *Sage Handbook of Social Psychology*. London: Sage.

Smith, P. C., Kendall, L. M. & Julin, C. L. (1969). *The Measurement of Satisfaction in Work and Retirement: A strategy for the Study of Attitueds*. Chicago: Rand McNally.

Spreitzer, G. M., Perttula, K. H. & Xin, K. (2005). Traditionality matters: An examination of the effectiveness of transformational leadership in the United States and Taiwan. *Jounal of Organizational Behavior*, 26, 205-227.

Stevens, S. S. (1968). Measurement, statistics, and the schemapiric view. *Science*, 161, 849-859.

Tierney, P. & Farmer, S. M. (2002). Creative self-efficacy: Its potential antecedents and relationship to creative performance. *Academy of Management Journal*, 45, 1137-1148.

Tsai, W. C. (2001). Determinants and consequences of employee displayed positive emotions. *Journal of Management*, 27, 497-512.

Voss, G. B., Sirdeshmukh, D. & Voss, Z. G. (2008). The effects of slack resource and environmental threat on product exploratioon and exploitation. *Academy of Management Journal*, 51, 147-164.

Wang, H., Law, K. S., Hackett, R. D., Wang, D. & Chen, Z. X. (2005). Leader-member exchange as a mediator of the relationship between transformational leadership and followers performance and organizational citizenship behavior. *Academy of Management Journal*, 48, 420-432.

Wong, C. S. & Law, K. S. (2002). The effects of leader and follower emotional intelligence on performance and attitude: An exploratory study. *Leadership Quarterly*, 13, 243-274.

Xie, J. L., Schaubroeck, J. & Lam, S. S. K. (2008). Theories of job stress and the role of traditional values: A longitudinal study in China. *Journal of Applied Psychology*, 93, 831-848.

Yang, K. S. (1997). Theories and research in Chinese personality: An indigenous approach. In Rao, H. S. R. & Sinha, D. (Eds.) *Asian Perspective on Psychology*. Thousand Oaks, CA: Sage.

徐淑英, 刘忠民(2002),《中国企业管理的前沿研究》, 北京: 北京大学出版社.

저 자 소 개

량지엔(梁建, Jian Liang) 홍콩과학기술대학교에서 조직 경영학 박사학위를 받았고 현재 상해교통대학교 안타이경제 및 경영대학(Antai School of Economics and Management, Shanghai Jiao Tong University) 부교수로 재직 중이다. 연구 분야는 직원의 자발적 행동, 경영행동, 조직 중의 사회교환관계, 중국경영의 맥락적 문제 등이 있다.

판징리(樊景立, **Jiing-Lih Farh)** 홍콩과학기술대학 경영학과(Department of Management, Hong Kong University of Science and Technology) 명예교수이고, *Management and Organization Review* 편집장이며, 중국경영학연구국제학회(IACMR) 부회장이다. 연구 분야는 중국인(華人)문화와 관련된 조직행동 주제, 예를 들면, 조직 리더십, 기업 문화, 직원 가치관, 조직시민행동 등이 있다.

14장

1차원 구성개념 및 다차원 구성개념의 측정

Kenneth Law (홍콩중문대학)
Jiang Yan Jane (남경대학)

머리글

경영과학은 추상적인 구성개념을 이용하여 경영현상을 이론화하는 것이다. 여기서 '구성개념'은 경영현상을 연구하기 위해 개발한 추상적 개념을 의미한다. 추상적이라면 현실 세계에서 '구성개념'을 직접적으로 볼 수 없기 때문에 연구자들은 현실 세계에서의 일부 지표(indicator)로 이러한 추상적 개념을 측정해야만 한다. 예를 들면, 설문지 조사법의 심리척도가 바로 흔히 보는 지표이다. 지표로 구성개념을 나타내는 방법에는 여러 가지가 있는데 그중에서 가장 자주 사용하는 두 가지 방법은 조형 지표(formative indicator/causal indicator)와 반영 지표(effect indicator/reflective indicator)이다. 이 장은 다른 종류의 지표로 1차원 구성개념(unidimensional construct)을 측정하는 방법에 대하여 토론한다.

다차원 구성개념(multidimensional construct)의 측정은 1차원 구성개념 측정과 유사하다. 이와 마찬가지로 조형 지표와 반영 지표로 다차원 구성개념을 측정할 수 있다. 다른 점은 다차원 구성개념을 측정할 때 지표와 구성개념 간의 관계에 주목할 뿐만 아니라 차원과 전체 구성개념 간의 관계에 대하여 명확하게 정의해야 한다. 다차원 구성개념의 차원과 전체 구성개념 간의 관계는 잠재요인모형(latent model), 합병모형(aggregate model) 및 조합모형(profile model) 세 가지가 있다. 이 장은 세 가지 관계에 대하여 상세하게 설명한다. 마지막 부분에서는 경영학 연구에서 다차원 변수의 몇 가지 응용에 대하여 논의한다.

14.1 1차원 구성개념

14.1.1 구성개념이란

경영과학은 추상적인 개념을 이용하여 이론적 형식을 통해 경영현상을 나타낸다. 사실 경영관리에서 모든 개념은 다 각자 하나의 구성개념이다. 비록 구성개념이 한 가지 개념이지만 '또 다른 차원의 의의가 있으며 한 구성개념을 창조하고 사용하는 것은 연구에서 어떤 특정한 목적을 위한 것이다'(Kerlinger, 1986: 27). Nunnally와 Bernstein(1994)은 구성개념은 변수의 한 종류이며 '이는 구체적이고 관찰할 수 있는 것이 아니라 추상적이고 잠재적이다'(p.85)라고 한다. 경영학 연구자들이 많은 구성개념을 확립하는 이유는 이러한 구성개념이 경영현상을 개념화하는 데 유용하기 때문이다. 이과계열 학생들은 일부 자연과학의 구성개념 예를 들어 중력, 온도, 전기장, 속도 및 비열 용량에 대하여 아주 익숙하다. 경영과학에서도 이와 같이 자주 사용하는 조직 몰입(organizational commitment), 직무만족도(job satisfaction), 조직지원지각(perceived organizational support), 상사-부하 교환(leader-member exchanger, LMX) 및 조직동일시(organizational identification) 등 구성개념들이 있다.

구성개념에는 아래 몇 가지 특징이 있다는 것을 유의해야 한다.

1. 구성개념은 연구자가 만들어낸 것이다.
2. 구성개념은 추상적이며 직접적으로 관찰할 수 없다.
3. 구성개념은 이론 및 모형과 연관된다.
4. 구성개념은 뚜렷하고 분명해야 한다.

가열 정도가 다른 물의 차고 뜨거운 느낌이 다르지만 현실에서는 그 느낌을 묘사할 수 있는 실질적이고 관측 가능한 사물이 없다. 이러한 현상을 묘사하기 위하여 연구자는 '온도'를 사용한다. 온도는 과학자가 물리와 화학적 현상을 연구할 때 발명한 추상적인 개념이다. 마찬가지로 경영학 연구자들은 '조직 몰입'개념을 만들고 그것으로 소속 조직에 대한 직원의 의존 관계를 나타낸다. 여기서 강조하는 것은 현실 세계에는 '조직 몰입'이라는 것이 구체적으로 존재하지 않으며 연구자들이 연구를 위하여 만들어낸 것이라는 점이다. 이론을 발전시키기 위하여 일부 변수를 구성하고 이와 같은 특수한 변수를 '개념'이라고 일컫는다.

개념은 이론을 구축하는데 사용된다. 만약 '온도'를 사용하여 관찰된 현상에 대하여 해석하는 그 어떤 이론도 없다면 이 개념은 무의미하게 된다. '조직 몰입'이란 개념을 제기하는 것은 조직의 다른 직원과 비교하여 일부 직원이 조직에 더 강한 심리적 의존도를 나타내는 현상을 발견했기 때문이다. 구성개념은 사람들이 만들고 착상한 것이기에 연구자가 순수하게 환상해낸 것으로 사실 자체의 진상을 전혀 반영하지 못할 수도 있다. 예를 들면, 음파는 공기를 매개로 전파한다는 것을 모두 다 알고 있다. 이 관점을 바탕으로 물리학자들은 '에테르'(ether)개념을 제기하여 우주에 보편적으로 존재하는 보이지 않는 물질을 상정하고, 이로써 광파와 전기파가 우주에서 어떻게 전파하는지 해석하고자 하였다. 그러나 이 개념은 나중에 잘못된 것이라고 증명되었다. 지금 우리는 광파와 전기파가 어떤 매개도 없는 진공에서 전파한다는 것을 알고 있다. 따라서 이론적으로 '에테르'개념이 불필요하다. 이렇게 보면 구성개념은 이론에 사용되어, 관찰된 현상을 잘 해석하고 예측할 때 비로소 유용하다고 할 수 있다. 경영학 연구에서도 마찬가지이다.경영학의 한 가지 구성개념이 이론의 구축에 사용되고, 그 이론이 경영현상을 해석하고 예측할 수 있으면, 경영학 연구에 있어서 그 구성개념은 의미가 있다. 그 반대일 경우, 경영현상을 해석하고 예측하는데 어떤 구성개념이 필요하지 않으면 그 특정 이론에 있어서 쓸모가 없다.

어떤 것이 유용한 구성개념인지 예를 들어 설명하도록 한다. 20세기 80년대 중반, Bandura는 '집단적 효능(collective efficacy)' 개념을 제기했다. 그 최초의 기원은 '자기 효능감' 구성개념으로서, 그것의 집단 차원으로의 확산과 연장으로서 집단이 성공적으로 특정 과제를 수행하거나 특정 성취를 달성하는 능력에 대한 집단 구성원들의 공통 신념을 가리킨다(예: Bandura, 1997; Poddard, Hoy & Woolfolk Hoy, 2000). 그 형성과정을 보면 집단적 효능은 집단의 상호작용과 집단적 인식과정을 거쳐 구축되고 이는 자기 효능감의 형성과정과 완전히 다르다. 또한 집단적 효능이 개체의 효능감과 낮은 상관관계를 가지는 것도 이 두 가지 구성개념이 상당히 서로 독립적이라는 것을 의미한다. 그밖에 교육, 지역사회, 정치, 스포츠, 공업 및 조직행위 등 분야의 연구에서 집단적 효능 개념이 모두 주목 받고 널리 사용되는데 이는 기존의 개념으로 해석하고 예측할 수 없는 현상에 대하여 이 개념을 통하여 해석하고 설명할 수 있기 때문이다. 따라서 '집단적 효능'이 유용한 개념이라고 말할 수 있다.

마지막으로 구성개념은 반드시 뚜렷하고 분명해야 한다. 예를 들면, 조직 몰입과 조직동일시 기초에서 새로운 구성개념 '조직관계(organization relationship)'를 제기할 수 있는데 이것으로 직원과 조직의 전체적 관계를 요약할 수 있다. 이 개념의 함의가 아주 광범위하고 개괄적이어서 어쩌면 매우 높은 예측능력이 있고 많은 조직현상을 해석할 수 있을 것이다. 그러나 여기서 가장 큰 문제는 개념이 확실하지 않고 측정하기 힘들다는 것이다. '직원과 조직의 관계'라는 것이 무슨 뜻인가? 우리가 논의하는 것은 어떤 관계인가? 이것은 직원과 조직의 공식적인 계약관계일 수도 있고 지면으로 기록되지 않은 심리적 계약도 포함될 수 있다. 조직관계의 의미에는 기존 구성개념, 예를 들어 조직지원지각, 조직-구성원 교환, 조직 몰입, 조직 동일시, 충성, 이직 의도 등을 포함할 수도 있다. 이렇게 보면, 이 구성개념은 확실한 경영이론을 형성하거나 조직현상을 해석하기 힘들기 때문에 좋은 구성개념은 아닌 것 같다.

14.1.2 구성개념의 측정

경영 구성개념은 모두 추상적이고 관측할 수 없기 때문에 만약 직접 관찰할 수 있는 측정 방법이 없다면 구성개념들을 표현할 수 없기 때문에 그러한 구성개념들을 연구에 적용할 수 없다. 앞에서 온도관련 예를 들었는데, 온도 자체는 물리학의 추상적 개념이다. 만약 온도 개념은 있지만 직접적으로 관측하고 측정할 수 없다면 온도에 관한 그 어떤 연구도 할 수 없게 된다. 그래서 온도계로 온도를 측정하는 것이다. 비록 온도(구성개념) 개념이 추상적이고 직접적으로 관측할 수 없지만 온도계(측정)에서 표시하는 수치는 객관적이고 구체적이다. 이렇게 되면 사람들은 온도계 수치로 측정대상의 온도를 나타내고 온도와 다른 변수 사이의 관계를 연구할 수 있다.

개념을 측정함에 있어서 아주 많은 방법들이 있을 수 있으며, 각 방법들이 모두 완벽하지 않을 지라도 이러한 방법 모두 어느 정도에서 해당 구성개념을 나타낸다. 이러한 측정 방법을 그 구성개념의 '지표'라고 부른다. 따라서 한 구성개념은 여러 개 지표가 있을 수 있다. 예를 들면, 한 사람의 사회 경제적 지위(socio-economic status, SES) 혹은 사회계층(social class)은 관찰할 수 없는 구성개념이다. 그러나 개인의 '연소득'으로 그의 사회 경제적 지위와 사회계층을 나타낼 수 있다. 그래서 연소득이 바로 사회 경제적 지위란 추상적 구성개념의 관측할 수 있는 지표가 된다. 이와 유사하게 조사과정에서 한 직원을 대상으로 아래에서 진술 내용에 대한 찬성 여부를 질문하고 응답으로 그 사람의 이직 의도(turnover intention)를 측정할 수 있다.

	반대				찬성
나는 이 회사를 떠나고 싶다는 생각을 자주 한다.	1	2	③	4	5

이 진술에 대한 직원의 선택을 '이직 의도'란 추상적 구성개념의 관측 가능한 지표로 삼을 수 있다. 만약 이 직원이 5를 선택한다면 '이 회사를 떠나고 싶다는 생각을 자주 한다'는 것을 나타내며 이직 의도(구성개념)가 아주 높다는 것을 의미한다. 구성개념과 그 지표 간의 관계는 〈그림 14-1〉로 표현할 수 있다.

〈그림 14-1〉
구성개념 – 측정 관계도

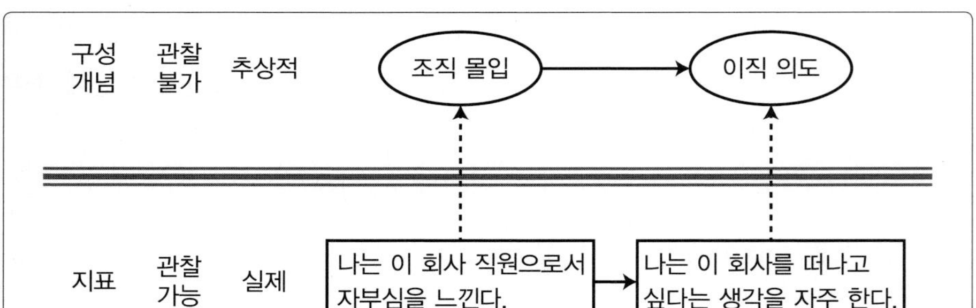

〈그림 14-1〉에서 조직 몰입(organizational commitment)과 이직 의도는 모두 관측할 수 없는 추상적인 구성개념들이다. 조사에서 '이 회사 직원으로서 자부심을 느낀다.'(이 항목의 득점을 x_a라고 표기)는 항목과 '나는 이 회사를 떠나고 싶다는 생각을 자주 한다'(이 항목의 득점을 x_b라고 표기)는 항목은 각각 두 구성개념의 지표이다. 예를 들면, Likert 5등급 척도로 측정하여 직원 A의 답이 x_a=3과 x_b=5라고 가정한다. 그러나 실제로 직원 A의 진실한 조직 몰입(θ_a 로 표시)이 4이고 이직 의도도 4일 수 있다. 여기서 관측 수치와 실제 수치의 차이는 측정의 확률적 오차에 의하여 발생된다. 아래 측정 모형을 사용하여 관측 수치와 실제 수치의 관계를 나타낸다.

$$\theta = x + \varepsilon \tag{1}$$

직원 A의 조직 몰입과 이직 의도를 〈표 14-1〉과 같이 나타낸다.

수식 (1)을 '측정 모형'으로 하고 관측할 수 있는 것은 오직 지표 값(I열) 뿐이기에 이것으로 직원의 조직 몰입과 이직 의도를 파악한다.

	반대				찬성
이 회사 직원으로서 자부심을 느낀다.	1	②	3	4	5
나는 이 회사를 떠나고 싶다는 생각을 자주 한다.	1	2	③	4	5

II열과 III열은 모두 상상한 숫자로서 모형을 구축하여 구성개념과 지표 간의 관계를 나타낸다. 수식 (1)은 가장 간단한 측정 모형이다. 오차 항목이 정규분포(평균치 0, 표준차 σ)를 보일 때 고전 측정 모형(classical measurement model)이라고 한다.

$$x = \theta + \varepsilon \quad (\theta = \text{실제 수치}, x = \text{관측 수치}, \varepsilon \sim \mathrm{N}(0, \sigma)$$

θ와 ε는 모두 관측할 수 없는데 왜 관측 수치 x를 알 수 없는 두 변수로 분해하는가? 그 원인은 다른 방법을 통하여 θ와 ε 값을 추측한다. 가장 간단한 방법은 바로 다중 지표로 '척도'를 형성하여 x, θ, ε 값을 평가한다. 예를 들면, 다음 세 가지

〈표 14-1〉
직원 A의 조직 몰입과 이직 의도

	I	II	III
	지표	구성개념	오차
	(관측가능)	(관측 불가)	(관측 불가)
	관측 수치(x)	실제 수치(q)	확률적 오차(e)
조직 몰입	3	4	+1
이직 의도	5	4	−1

항목(지표)으로 직원 A의 이직 의도를 측정할 수 있다.

	반대				찬성
(x_1) 나는 이 회사를 떠나고 싶다는 생각을 자주 한다.	1	2	③	4	5
(x_2) 나는 이 조직에 남아서 일하고 싶지 않다.	1	2	③	4	5
(x_3) 나는 아마 내년에 다른 일을 찾을 것이다.	1	2	③	4	5

세 가지 항목(지표) 모두 동일 구성개념을 측정하는 것이므로 이들의 평균치를 계산하여 확률적 오차를 줄일 수 있다. 수학식으로 나타내면 다음과 같다.

$$x_1 = \theta + \varepsilon_1$$
$$x_2 = \theta + \varepsilon_2$$
$$x_3 = \theta + \varepsilon_3$$

세 가지 항목의 평균치를 구하면 '$x = (x_1+x_2+x_3)/3 = \theta+(\varepsilon_1+\varepsilon_2+\varepsilon_3)/3$'이 된다. 항목이나 지표수의 증가로 오차 평균치도 점점 작아질 것이다. 이와 같은 오차는 모두 확률적 오차이기 때문에 매 항목에 대한 측정에서 확률적 오차는 0보다 크거나 작을 수 있다. 고전 측정 모형에서 확률적 오차항목이 측정의 '신뢰도(reliability)'를 결정한다. 한 가지 측정 방법이나 측정 지표에 아주 큰 확률적 오차가 존재한다면 그것은 신빙성이 없고 즉 신뢰도가 낮다. 하지만 여러 지표의 평균치를 계산하는 것으로 확률적 오차항목을 줄일 수 있다. 따라서, 여러 지표로 한 구성개념을 측정하는 방법을 적용하면 그 측정의 신뢰도를 높일 수 있다.

사실 여기서 논의하는 방법은 사회과학연구에서만 적용하는 것이 아니다. 자연과학자가 물리적 구성개념을 측정할 때도 동일한 방법을 사용한다. 예를 들면, 실험실에서 한 과학자가 물 한 컵의 온도(구성개념)가 어떻게 되는지 알고자 온도계(지표)로 온도를 측정한다. 이 과학자가 한 번 측정한 수치만 사용한다면 이 값에 확률적 오차가 존재할 가능성이 크다. 만약 그가 동일한 온도계로 여러 번 측정하여 그 결과의 평균치를 채택하면 이 물의 온도에 대한 평가가 더 높은 신빙성을 갖게 된다

그렇다고 고전 측정 모형이 유일한 측정 모형은 아니다. 앞에서 언급했듯이 이는 관측 수치와 실제 수치 사이의 관계를 나타낼 수 있는 모형 중 한 가지일 뿐이다. 예를 들어 과학자가 A 온도계를 가지고 물의 온도를 측정하되 여러 번 측정한 결과를 기록한다고 하자. 그리고 다시 B 온도계를 가지고 또 여러 번 측정하여 각각 수치를 기록한다. 이때 다음 수식으로 물의 온도를 측정하는 측정 모형으로 사

용할 수 있다.

$$x_{ik} = \theta + T_k + \varepsilon_{ik}$$

여기서, x_{ik}는 k개 온도계로 제i차 측정한 수치
θ는 수온의 실제 온도
T_k는 k번째 온도계의 고정 편차(예: A 온도계로 측정할 때 매번 실제 온도보다 1℃씩 높을 수 있다)
ε_{ik}는 k번째 온도계로 제i차 측정할 때의 확률적 오차.

위의 측정 모형을 조사연구에 적용할 수 있는가? 예를 들면, 설문지에서 여러 항목으로 직원 A의 조직 몰입에 대하여 측정하고 A의 친한 동료에게 동일 설문지로 A에 대하여 평가하게 하는 방법을 구상할 수 있다. 이렇게 하면 직원마다 자기평가 점수와 동료평가 점수 두 가지 점수를 확보하게 된다. 위에서 설명한 온도 예와 비교하여 온도계는 바로 평가자(직원 A의 동료)이다. 모형에서 평가자의 요인도 함께 포함시킬 수 있다. 예를 들면, 5등급 자기평가 방법으로 조직 몰입을 측정하면 아마 안정적인 편차작용(예: 실제 수치보다 0.5 높다)이 있을 수 있다. 이 방법은 고전 측정 모형보다 복잡하기에 사용할 때 반드시 어떤 방법 통하여 평가자로 인한 초래하는 고정 편차(즉 위의 사례에서 한 온도계의 고정편차)에 대하여 평가해야 한다.

이 밖에 다른 한 가지 측정 모형은 동종 측정 모형(congeneric measurement model)이다. 이는 고전 측정 모형과 유사한데 단지 매 항목 모두 어느 정도로 실제 점수를 반영한다는 가설을 추가한다. 다시 말하면 일부 지표는 구성개념의 진실 값을 더 정확하게 반영한다. 수학적으로 동종 측정 모형을 표시하면 각 지표의 진실 값 정확 정도에 근거하여 각각 가중치를 정한다.

$$x_1 = \lambda_1\theta + \varepsilon_1$$
$$x_2 = \lambda_2\theta + \varepsilon_2$$
$$x_3 = \lambda_3\theta + \varepsilon_3$$

$\lambda_1, \lambda_2, \lambda_3$은 각 지표의 비중이다($\lambda_1, \lambda_2, \lambda_3$의 범위는 0과 1 사이이며 1은 구성개념의 진실 값을 완전히 반영하는 것을 말하며 0은 구성개념의 진실 값을 전혀 반영하지 못한다는 것을 의미한다. 즉 비중이 클수록 이 지표로 측정하고자 하는 구성개념을 더 잘 반영한다는 것을 의미한다). 개념적으로 이러한 비중은 각 지표의 구

성개념 측정에 대한 타당성을 나타낸다. 그래서 고전 측정 모형은 사실상 동종 측정 모형의 간소화 형식이다(λ값이 같다고 설정할 때). 즉 고전 측정 모형은 각 지표들이 모두 동일 수준으로 구성개념을 대표한다고 가정한다. 동종 측정 모형은 구조방정식 모형(structural equation modeling, SEM)에서 기본 측정 모형이다.

유의할 점은 동종 측정 모형에 따라 구성개념을 측정하는 두 지표가 완전히 동등한 것은 아니며 즉 서로 대체할 수 없다는 것이다. 이는 한 지표가 다른 지표보다 더 구성개념 자체를 잘 반영하기 때문이다(즉 λ가 더 높다). 사실 고전 측정 모형이든 동종 측정 모형이든 구성개념을 측정하는 두 지표의 동등 여부는 측정 과정에 대한 연구자의 가설에 따라 결정된다. 그림 2에서 표시한 것처럼 각 지표로 구성개념 전체를 측정하는데 각 지표의 측정오차가 다를 뿐이라고 가정하면(가설 1) 연구자가 어떤 지표를 사용하든 상관없다. 하지만 각 지표가 구성개념의 부분적 내용만 측정한다면(가설 2) 각 지표로 구성개념 중 서로 다른 부분을 각각 측정하는 것이기에 첫 번째 지표(x_1)로 두 번째 지표(x_2)를 대체할 수 없다. 이와 같은 이유로, 기존의 성숙한 척도(엄격한 신뢰도 타당성 검사를 거친 척도)를 사용하여 구성개념을 측정할 때, 가능한 한 원래 척도의 완전성을 유지하고, 주관적으로 관심 있는 항목만 골라서는 안 된다.

14.1.3 반영 지표

지표와 구성개념 간의 관계에 대하여 고전 측정 모형에서는 특수한 가설을 한다. 즉 각 지표가 동일 구성개념을 반영하는 정도가 다르다는 것이다. 정도가 다르다고 하는 것은 각 지표의 측정오차가 다 다르기 때문이다.

〈그림 14-2〉
구성개념 – 측정의 두 가지 모형

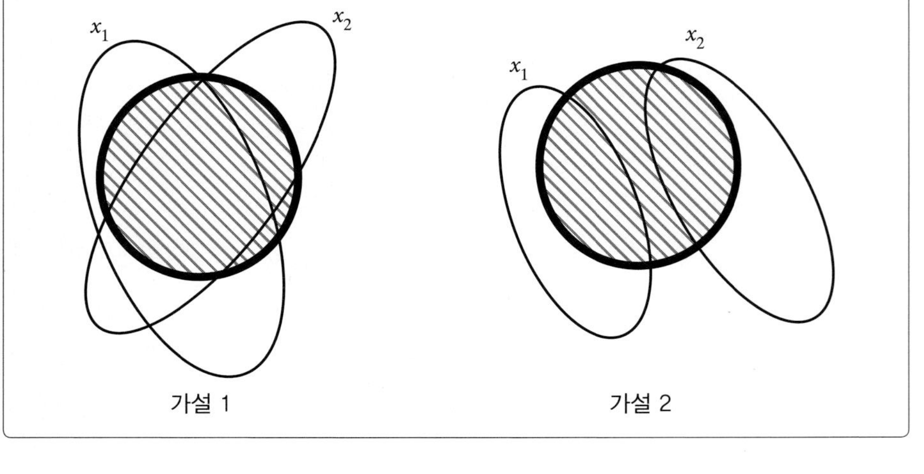

$$x_1 = \theta + \varepsilon_1 \quad (2)$$

$$x_2 = \theta + \varepsilon_2 \quad (3)$$

$$x_3 = \theta + \varepsilon_3 \quad (4)$$

즉 첫 번째 항목 x_1('나는 이 회사를 떠나고 싶다는 생각을 자주 한다')에서 직원 A의 득점이 바로 이직 의도를 반영하는 진실 값(θ)이다. 이와 유사하게 두 번째 항목 x_2(즉 '나는 이 조직에 남아서 일하고 싶지 않다')의 득점도 그의 이직 의도를 반영하는 진실 값(θ)이다. 여기서 주의! 두 항목을 보면 직원 A의 이직 의도를 반영하는 진실 값이 동일하다. 어느 한 시점에서 직원 A의 이직 의도를 반영하는 진실 값은 하나이며 x_1과 x_2가 모두 이 진실 값을 추측한다. 이와 같은 경우 x_1, x_2, x_3 모두 같은 이직 의도 진실 값에 대한 반영과 효과라고 한다. 이러한 종류의 항목 지표를 '반영 지표(reflective indicator)' 혹은 '효과 지표(effective indicator)'라고 한다.

반영 지표에는 아래 특징이 있다.

1. 명칭에 나타나듯이 효과 지표는 추상적 개념의 '효과'이다. 즉 반영 지표는 보이지 않는 구성개념에서 의하여 야기된다. 수식 (2), (3), (4)에서 x_1, x_2, x_3 모두 동일 잠재변수 θ의 효과를 나타낸다.
2. 하지만 '효과(effect)'와 '결과(outcome)'를 혼동해서는 안 된다. 직원의 높은 이직 의도 (구성개념 A)가 만약 조직 몰입(구성개념 B)수준이 상대적으로 낮아서 초래한 것이라면 직원의 이직 의도는 조직 몰입의 결과이다. 여기서 인과관계는 구성개념 A와 구성개념 B사이에 발생하며 이 두 가지 구성개념은 모두 직접적으로 관찰할 수 없다. 반영 지표(예: 나는 이 조직에 남아서 일하고 싶지 않다)와 그것이 대표하는 구성개념(이직 의도)간의 관계는 관측 가능한 지표와 관측 불가능한 구성개념과의 관계이다. 따라서 반영 지표는 그것이 대표하는 구성개념에서 발생하는 결과가 아니다.
3. 위에서 말한 '가설 1'을 응용하면 각 지표는 편차 없이 한 가지 구성개념을 충분히 반영할 수 있다. '무편차(unbias)'는 우리가 한 가지 지표(예: x_2)로 직원 A에 대하여 무한반복측정을 실시하고 모든 측정값의 평균치가 직원 A의 이직 의도 진실 값과 동일하다는 뜻이다. 이는

   만약 $x_2 = \theta + \varepsilon_2$

   $E(x_2) = E(\theta) + E(\varepsilon_2)$

   $E(x)$는 x의 기대치 $= E(\theta) = \theta$ (θ는 상수이고 ε_2는 무작위 값임)

동일한 이치로 다른 지표를 사용하여 무한반복측정을 실시해도 우리가 측정하고자 하는 구성개념을 충분히 반영할 수 있다. 여러 개 지표로 확률적 오차를 줄여야 하는 것은 대부분 조사에서 한 번만 측정하기 때문이다.

4. '가설 1'에 근거하여 정의로부터 보면 반영 지표들 사이는 상당히 연관되어야 한다. 반영 지표들 사이에 연관성이 낮으면 필경 문제가 있다. 이들 모두 한 가지 구성개념 θ를 반영하기 위한 것이기 때문이다. 오차 항($\varepsilon_1, \varepsilon_2, \varepsilon_3$)이 0에 가까울 때 반영 지표의 상관계수는 1에 접근한다. 고전 측정 모형에서 반영 지표들 사이의 연관성이 높을수록 측정 과정에서 확률적 오차부분은 더 작으며 반영 지표는 측정하고자 하는 구성개념을 보다 정확하게 나타낸다.

경영학 연구에서 대부분 지표는 반영 지표이다. 예를 들면, Graen과 UhlBien(1995)이 제기한 LMX 구성개념에 대한 측정에는 7가지 항목이 포함된다. '상사가 나의 직무상 문제점과 요구에 대하여 많이 알고 있다고 생각한다', '나는 상사를 아주 신임한다. 상사가 자리에 없더라도 그를 대신하여 상사의 의사 결정을 변호하고 해석할 것이다', 이런 것들 모두 '상사-부하관계'가 양호할 때 나타나는 효과들이다.

수식 (2), (3), (4)에서 $\varepsilon_1, \varepsilon_2, \varepsilon_3$은 모두 확률적 오차이며 정의상 모두 진실 값 θ과 관련이 없다. 수식 (2), (3), (4)를 토대로 다원 상관분석(multivariate correlation analysis) 공식에 근거하여 x_1의 분산(혹은 모든 응답자의 '나는 이 회사를 떠나고 싶다는 생각을 자주 한다'에 대한 응답 분산) 및 x_2와 x_3의 분산을 다음과 같이 표시할 수 있다.

$$\sigma_{x1}^2 = \sigma_\theta^2 + \sigma_{\varepsilon 1}^2$$
$$\sigma_{x2}^2 = \sigma_\theta^2 + \sigma_{\varepsilon 2}^2$$
$$\sigma_{x3}^2 = \sigma_\theta^2 + \sigma_{\varepsilon 3}^2$$

상기 방정식은 x_1, x_2, x_3의 공통분산 부분이 다른 응답자의 이직 의도 진실 값에 대한 분산(σ_θ^2)이라는 것을 아주 명확하게 나타낸다. 벤다이어그램(Venn diagram)으로 이와 같은 분산들의 관계를 표시할 수 있다. 만약 각 원들이 하나의 지표를 반영한다면 〈그림 14-3〉을 얻을 수 있다.

세 가지 지표(x_1, x_2, x_3)로 직원의 이직 의도(θ)를 측정하고 직원들의 이직 의도 실제 분산을 세 가지 지표의 공통 분산부분으로 평가할 수 있다. 요인 분석 용어로 말하자면 이직 의도 실제 분산은 변수 x_1, x_2, x_3의 공통 변이량(communality)으로 나타낼 수 있다.

〈그림 14-3〉
반영 지표도

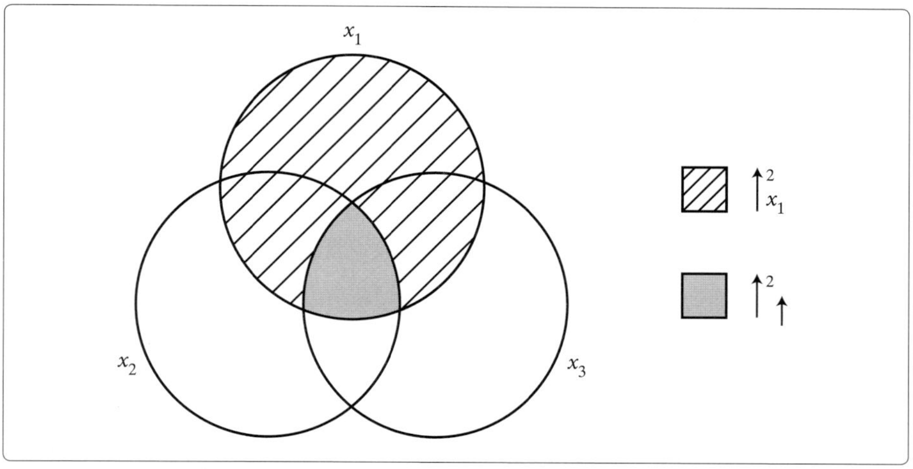

만약 고전 측정 모형이 아닌 동종 측정 모형을 적용하면 지표와 이직 의도 진실값 사이의 관계는 아래 방정식 (5), (6), (7)로 나타낼 수 있다.

$$x_1 = \lambda_1\theta + \varepsilon_1 \quad (5)$$

$$x_2 = \lambda_2\theta + \varepsilon_2 \quad (6)$$

$$x_3 = \lambda_3\theta + \varepsilon_3 \quad (7)$$

이 중에서 x_1, x_2, x_3은 모두 관측할 수 있는 지표이며 $\lambda_1, \lambda_2, \lambda_3, \varepsilon_1, \varepsilon_2, \varepsilon_3$과 θ는 모두 미지수로 추측해야 한다. 구조방정식모형 프로그램(예: LISREL. AMOS 혹은 EQS)을 사용하여 $\lambda_1, \lambda_2, \lambda_3, \sigma^2_{\varepsilon 1}, \sigma^2_{\varepsilon 2}, \sigma^2_{\varepsilon 3}$과 σ^2_θ 모두 추측할 수 있다. 사실 방정식 (5)~(7)에서 구성개념의 실제점수와 지표 사이 관계는 흔히 사용하는 확인 요인 분

〈그림 14-4〉
확인 요인 분석과 반영 지표

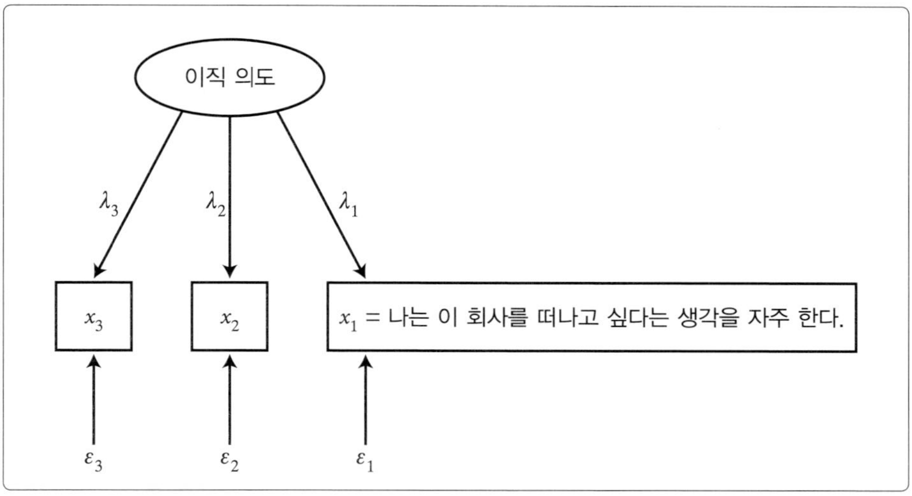

석모형으로 나타낼 수 있다는 것을 알 수 있다. 이는 〈그림 14-4〉와 같다.

동종 측정 모형을 채택하면 직원 A의 이직 의도의 진실 값은 세 가지 척도 x_1, x_2, x_3의 공통 요인에 대한 요인점수(factor score)를 통하여 추측할 수 있다.

고전 측정 모형	동종 측정 모형
$x_1 = \theta + \varepsilon_1$	$x_1 = \lambda_1\theta + \varepsilon_1$
$x_2 = \theta + \varepsilon_2$	$x_2 = \lambda_2\theta + \varepsilon_2$
$x_3 = \theta + \varepsilon_3$	$x_3 = \lambda_3\theta + \varepsilon_3$

현실적으로는 오직 관측 가능한 x_1, x_2, x_3만 볼 수 있다. 그럼 어떻게 지표와 구성개념 간의 관계를 나타내는 모형이 '고전 측정 모형'인지 아니면 '동종 측정 모형'인지 알 수 있는가? 앞서 설명한 이직 의도 사례에서 고전 측정 모형을 사용하면 구성개념의 진실 값은 세 가지 지표를 단순히 평균하는 것으로 얻을 수 있다. 그러나 동종 측정 모형을 사용하면 구성개념의 진실 값은 지표 이면의 잠재적 요인의 요인점수로 평가할 수 있다. 그렇다면 도대체 x_1, x_2, x_3의 평균치 혹은 잠재적 요인의 요인점수 평균치 중에서 어떤 것으로 직원의 이직 의도의 진실 정도를 평가해야 하는가?

이 질문에 대한 답한 아주 직접적이다. 고전 측정 모형은 사실상 동종 측정 모형의 한 특별한 형태이다. 즉 동종 측정 모형에서 λ_1=λ_2=λ_3일 경우 이것이 바로 고전 측정 모형이 된다. 이렇게 보면 동종 측정 모형이 고전 측정 모형보다 더 바람직하다. 많은 지표 이면의 공통 요인의 요인점수로 연구하고자 하는 구성개념을 나타내는 것이 아마 더 바람직할 것이이기 때문이다.

그러나 이 방법에도 한 가지 문제점이 있다. 다른 표본으로 연구를 수행할 때 표본오차로 인하여 요인부하(수학적으로 λ의 역수)도 같이 변하기 때문이다. 예를 들면, 한 표본에 직원 A, B와 C가 포함되고 다른 한 표본에는 직원 A, D와 E가 포함된다. 이 두 개 표본으로 모두 x_1, x_2, x_3 지표 이면의 공통 요인을 얻어서 요인부하를 추측할 수 있으나 두 표본에서 얻은 추측치는 아마 다를 것이다. 이렇게 요인점수로 직원 A의 이직 의도를 평가하면 두 표본에서 다른 결과가 나타날 것이다. 이는 이론적으로 합리적이지 않다. 같은 시기 직원 A가 다른 직원들과 표본을 이룰 때 이직 의도의 진실 값에 대한 추측치가 서로 다르다니! 만약 고전 측정 모형을 사용하여 직원 A의 이직 의도 진실 값에 대하여 추측하면 결과는 아주 안정적이다. 어떤 표본에서든 직원 A의 이직 의도 진실 값에 대한 평가는 모두 동일하다(항상 $[x_1, x_2, x_3]/3$이다). 이와 같이 반영 지표의 진실 값을 평가할 때 '모든 반영 지표의 평균치'와 '모든 반영 지표 이면의 공통 요인의 인자득점'을 채택하는 것은 전통적으로 모두 납득할 수 있는 방법들이다.

14.1.4 조형 지표

비록 연구에서 사용하는 대부분의 지표가 반영 지표이지만 다른 경우도 있다. 예를 들면, 사회 경제적 지위를 측정하는 데 사용되는 것은 위에서 말한 반영 지표가 아니다. 사회 경제적 지위는 한 사람의 사회계층, 재산 혹은 경제 지위를 나타내는 구성개념이다. 사회 경제적 지위의 두 가지 지표는 소득 수준과 교육 수준일 수 있다. MacCallum과 Browne(1993)은 한 사람의 소득 수준과 교육 수준이 사회 경제적 수준의 반영이나 결과가 아니라고 주장한다. 오히려 소득 수준과 교육 수준이 한 사람의 사회 경제적 지위를 결정한다는 것이다. 이러한 지표는 반영 지표(혹은 효과 지표)와 상반된 특징을 가지고 있으며 우리는 이를 '원인 지표(causal indicator)' 혹은 '조형 지표(formative indicator)'라고 한다. 구성개념과 그 조형 지표 간의 관계를 아래 수학적 관계식으로 표시할 수 있다.

$$\theta = \gamma_1 x_1 + \gamma_2 x_2 + \zeta$$

'사회 경제적 지위'란 구성개념을 예로 하여

θ는 직접 관찰할 수 없는 '사회 경제적 지위'

x_1은 개인의 소득 수준

x_2는 개인의 교육 수준

γ_1은 사회 경제적 지위(θ)를 좌우하는 소득 수준 (x_1)의 비중

γ_2는 사회 경제적 지위(θ)를 좌우하는 교육 수준 (x_2)의 비중

ζ는 확률적 오차.

다른 한 가지 조형 지표의 사례는 '사회 재적응(social readjustment)'(Holmes and Rahe, 1976) 구성개념이다. 이 구성개념은 한 사람이 스트레스를 받는 생활변화에 직면할 때 필요한 재적응을 의미한다. 이 구성개념을 측정하는 '사회 재적응척도(social readjustment rating scale, SRRS)'에는 비중이 다른 생활변화사건 총 43개를 포함한다. 예를 들면, 배우자 상실, 결혼, 임신, 자녀가 집을 떠나 독립함, 혹은 퇴직 등이 있다. 또 다른 예를 들면, '환경적 불확실성(environmental uncertainty)'은 기업전략에서의 한 가지 구성개념으로 기업환경의 통제 불능을 나타낸다. 이러한 구성개념을 측정하는 데는 많은 방법들이 있는데 여기서는 Lukas, Tan 과 Hult(2001)의 연구에서

사용한 방법을 예로 든다. 그들이 사용한 측정에는 복잡성, 동태성, 적대성 세 가지 차원이 포함된다. 각 차원은 또 조형 지표 4개로 측정한다. '복잡성'은 기업이 경쟁, 기술, 법규와 국제적 발전수준에 대한 예측능력을 평가한다. '동태성'은 고객, 기술, 법규와 공급업체의 변화상황을 측정한다. '적대성'은 고객, 경제, 사회문화적 요구 및 국제적 발전이 회사에 미치는 영향을 측정한다. '복잡성'차원을 예로 환경이 복잡하여 일련의 경쟁, 기술, 법규 등 방면의 표현이 나타나는 것이 아니라 반대로 이 몇 가지 방면의 불확실성으로 기업이 직면하는 전반적 환경의 복잡성을 구성한다는 것을 알 수 있다.

그동안 조직과 경영연구 분야에서는 조형 지표모형이 널리 사용되지 않았다. 조형 지표로 측정하는 현존하는 구성개념들은 대부분 사회학, 심리학 및 시장연구와 전략연구에서 개발한 것들이다. 조형 지표모형이 널리 사용되지 않는 원인은 대체로 세 가지가 있다. 첫째, 평가할 때 반영 지표보다 조형 지표가 조금 더 복잡하여 많은 연구자들이 전체 프로세스에 대하여 익숙하지 못할 수 있다. 둘째, 경영학 연구에서 요인분석의 유행으로 인하여, 연구자의 우선적인 관심은 종종 반영 지표에 집중된다. 셋째, 반영 지표로 측정하는 구성개념의 구조에 대하여 탐색적 요인분석 혹은 확인 요인분석으로 검증이 가능하고 다른 어떤 구성개념과 연루되지 않는다. 조형 지표의 구성개념을 검증함에 있어서, 반드시 다른 결과 구성개념을 포함해야 하는 문제와 연관되기에 구성개념 자체의 구조와 이 구성개념과 다른 구성개념 간의 관계는 서로 갈라놓을 수 없다. 이러한 한계 또한 조형 지표모형이 널리 보급되지 않는 일정한 제약(이 점에 관하여 나중에 상세하게 진술)요인이 된다.

위의 사례로부터 조형 지표(원인 지표)의 다음 특징들을 알 수 있다.

1. 명칭에서 나타나듯이 조형 지표는 측정대상의 관측 불가한 구성개념을 '구성한다'. 다시 말하면 관측할 수 없는 구성개념은 바로 이와 같은 관측할 수 있는 지표로 이루어진다. 이러한 관계는 반영 지표와 구성개념 간의 관계와 정반대이다.
2. 반영 지표가 구성개념의 결과가 아닌 것과 마찬가지로, 조형 지표(원인 지표) 역시 측정하고자 하는 구성개념의 원인이 아니다. 한 개인의 사회 경제적 지위가 그 부모의 사회 경제적 지위에 상당히 의존할 때 부모의 사회 경제적 지위(구성개념 A)가 개인의 사회 경제적 지위(구성개념 B)의 원인이라고 볼 수 있다. '인과관계'가 직접적으로 관측할 수 없는 두 가지 구성개념 사이에서 발생하고 조형 지표와 측정하는 구성개념은 관측 가능한 지표와 관측 불가한 구성개

념의 관계이므로, 조형 지표는 구성개념의 원인이 아니라 단지 한 구성개념을 공통으로 반영할 뿐이다.

3. 앞서 언급했듯이 각 반영 지표는 모두 잠재적인 구성개념에 대한 편견이 없는 충분한 평가다. 이와 비교하여 각 조형 지표는 모두 '불완전하게' 그리고 '편파적으로' 그들이 표현하고자 하는 구성개념을 반영한다. 그 이유는

$$\theta = \gamma_1 x_1 + \gamma_2 x_2 + \zeta$$

단지 x_1(예: 소득 수준)만으로 한 사람의 사회 경제적 지위를 측정한다면 아무리 수백 번 측정하더라도 여전히 구성개념에 대한 평가에 편차가 발생할 것이다. 사회 경제적 지위는 x_1(소득 수준), x_2(교육 수준) 및 기타 일부 지표로 같이 구성되기 때문이다. 한 가지 지표라도 평가 과정에서 누락되면 구성개념에 대한 평가에는 편차가 생기기 마련이다. 수학식으로 이를 나타내면 다음과 같다.

만약 $\theta = \gamma_1 x_1 + \gamma_2 x_2 + \cdots + \gamma_k x_k + \zeta$ (k는 조형 지표의 개수)
비로소 $E(\gamma_1 x_1 + \zeta) = \gamma_1 E(x_1) + E(\zeta) = \gamma_1 E(x_1) \neq 0$

다시 말하자면 반드시 모든 조형 지표들을 모아서 구성개념을 함께 평가해야 한다. 앞에서 언급한 여러 개 반영 지표를 사용하는 목적이 신뢰도를 높이는 것이라면 조형 지표에서 각 지표는 구성개념의 진실 값을 평가하는데 있어서 없어서는 안 된다.

4. 반영 지표와 달리 조형 지표들 사이의 관계에 대하여서는 특별한 요구가 없다. 엄격히 말하면 조형 지표들 사이에는 아무런 관계가 없어도 된다. 사회 재적응 척도(SRRS)를 예로 들면 '배우자를 잃다'는 지표와 '임신'지표는 아무런 연관이 없을 수 있다. 물론 한 사람이 동시에 배우자를 잃고 임신할 수 있지만 양자 간에 꼭 어떤 필연적 관계가 있는 것이 아니다.

조형 지표모형에서 진실 값의 분산을 아래와 같이 표시한다.

$$\theta = \gamma_1 x_1 + \gamma_2 x_2 + \cdots + \gamma_k x_k + \zeta$$
$$\sigma_\theta^2 = \gamma_1^2 \sigma_{x_1}^2 + \gamma_2^2 \sigma_{x_2}^2 + \cdots + \gamma_k^2 \sigma_{x_k}^2 + \sum_{j,k} \sigma_{x_j x_k} + \sigma_\zeta^2$$

따라서 조형 지표모형에서 진실 값 분산은 모든 지표의 분산의 가중치의 합에 모든 공통 분산을 더한 것이다. 이러한 관계를 대략적으로 〈그림 14-5〉로 표시할 수 있다.

〈그림 14-5〉
조형 지표도

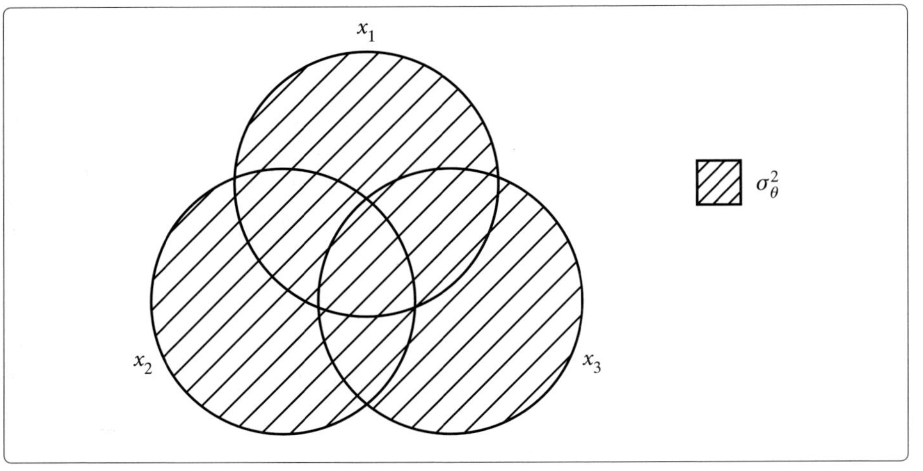

〈그림 14-6〉
조형 지표와 반영 지표

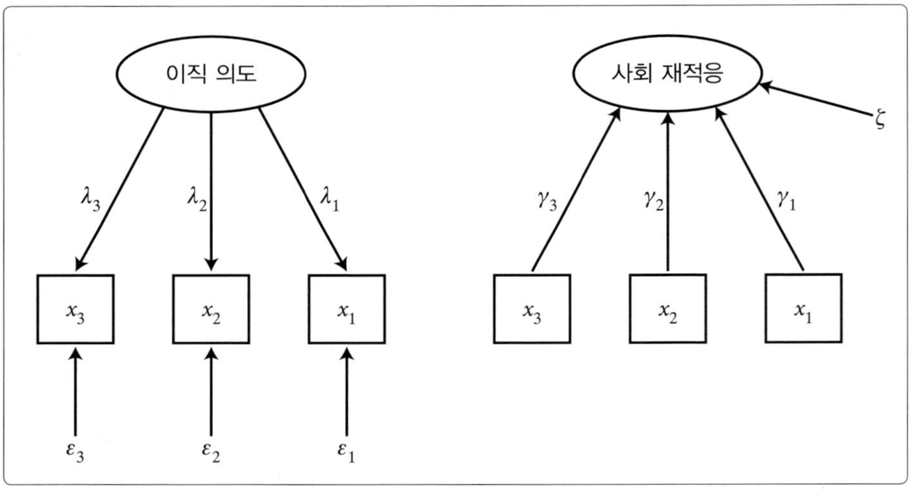

〈그림 14-7〉 반영 지표와 구성개념 지표

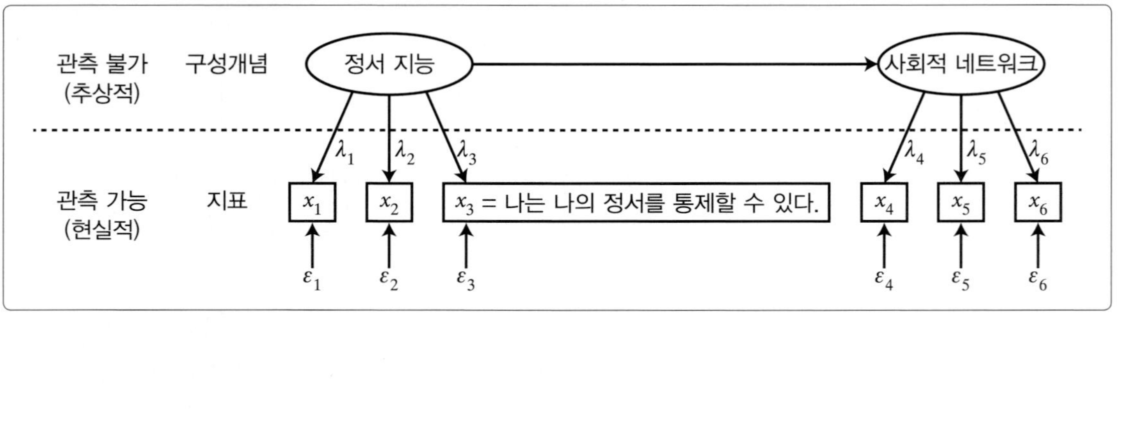

조형 지표와 그것이 반영하는 구성개념 간의 관계는 반영 지표와 완전히 상반된다.

〈그림 14-6〉은 반영 지표와 결과의 구분 및 조형 지표와 원인의 구분을 나타내며, 〈그림 14-7〉은 두 구성개념 사이의 관계, 즉 정서지능과 사회적 네트워크를 나타낸다. '나는 나의 정서를 통제할 수 있다'는 측정항목은 정서지능의 한 가지 반영 지표이며 '사회적 네트워크'는 정서지능의 한 가지 결과이다. 여기에서 사회적 네트워크(η)는 정서지능(ξ)의 결과이고 x_3은 정서지능의 반영 지표이며 그들 사이에 두 가지 주요 차이점이 있다. 우선, η는 관측할 수 없는 구성개념이다. 오직 '구성개념'만이 정서지능(다른 구성개념)의 효과가 될 수 있다. 이에 비해서 x_3은 관측할 수 있는 지표이고 구성개념이 아니다. 다음으로, η는 정서지능과 완전히 다른 개념이다. x_3 자체가 바로 정서지능이다. 이는 관측할 수 없는 변수인 정서지능의 관측 가능한 지표이다.

마찬가지로 그림 8은 한 사람의 '모험정신'이 '사회 재조정(social readjustment)'의 원인이 될 수 있으며 모험을 즐기는 사람의 사회 재조정 기회가 더 많을 것이라는 것을 의미한다. '이사'와 '전직'은 '사회조정'의 조형 지표이다. '모험정신'과 '사회 재조정' 모두 구성개념이라는 것을 다시 한 번 강조한다. 여기서 '모험정신'은 '사회조정'과는 다른 별개의 구성개념이다. '이사'와 '전직'은 지표이며 그들은 '사회조정'에서 지칭하는 같은 이다. 유일하게 다른 것은 '이사'와 '전직'이 지표이고 '사회조정'은 관측할 수 없는 구성개념이라는 점이다.

14.1.5 조형 지표와 반영 지표로 구성개념 평가

앞서 설명한 바와 같이 반영 지표로 구성개념을 평가할 때 채택하는 것이 바로 일반적인 확인적 요인분석모형이다. 구조방정식모형에서 확인적 요인분석모형을

〈그림 14-8〉 조형 지표와 구성개념 관계

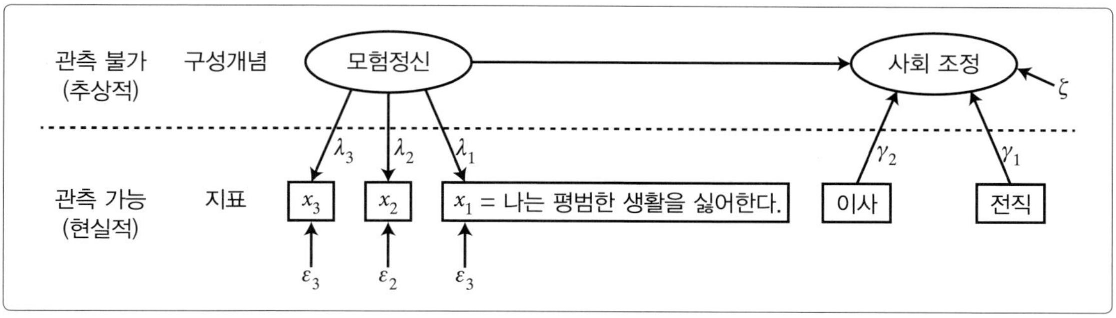

〈그림 14-9〉
조형 지표와 구성개념 관계

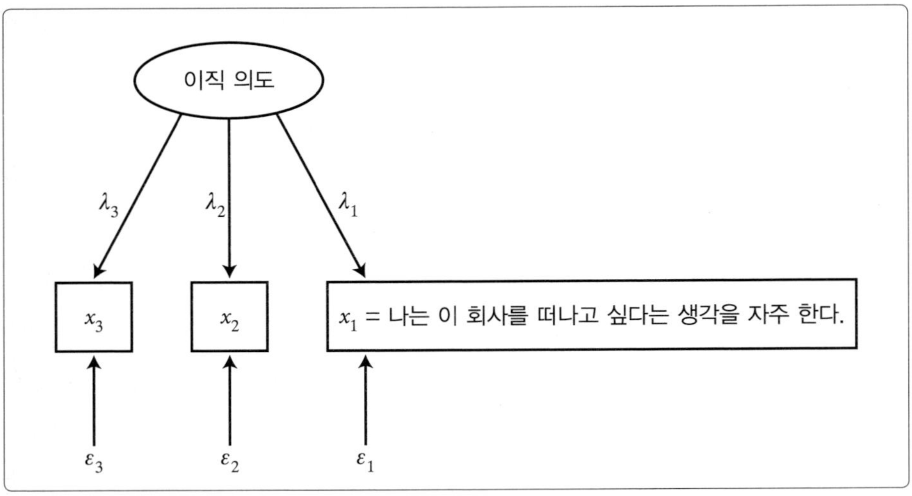

사용하며 관측할 수 있는 반영 지표를 통하여 관측할 수 없는 구성개념을 추측해낼 수 있다. 이 절차는 흔히 사용하는 구조방정식모형 프로그램인 LISREL, AMOS, EQS와 RAMONA에서 아주 간단하게 실현할 수 있다. 다만 요인모형이 정확하고 식별 가능(model identified)하며 지표에 문제가 없으면 지표로 직접 구성개념을 추측할 수도 있다. 예를 들면, 반영 지표를 통하여 '이직 의도'를 측정할 때, 세 가지 지표에 대하여 아주 손쉽게 확인 요인분석을 실시할 수 있고 그것들에 숨겨진 요인점수로서 관측할 수 없는 구성개념인 '이직 의도'에 대하여 추측할 수 있다(그림 14-9 참조). 한 구성개념이 적어도 3개 반영 지표에 의하여 측정된다면 확인적 요인분석모형은 보통 식별 가능하다.

이에 비해서 조형 지표로 구성개념을 추측하는 것은 좀 다르다. 조형 지표 모형에서 지표와 측정하고자 하는 구성개념의 관계를 아래 수학식으로 표현할 수 있다.

$$\theta = \gamma_1 x_1 + \gamma_2 x_2 + \cdots + \gamma_k x_k + \zeta$$

이 수식에서 $\theta, \gamma_1, \gamma_2, \cdots, \gamma_k$와 ζ은 모두 미지수다. 오직 $x_1, x_2, \cdots, x_k$만 관찰 가능한 변수이다. 이론적으로 정해진 $(x_1, x_2, \cdots, x_k)$ 관측치에서 $(\theta, \gamma_1, \gamma_2, \cdots, \gamma_{1k}, \zeta)$의 값 선정은 무수한 가능성이 있다. 즉 단독적인 조형 지표 모형은 식별할 수 없다. 모형이 식별 가능하려면 모형에 적어도 구성개념에서 출발한 구조경로가 두 가지 이상 포함되어야 한다. 다시 말하자면 조형 지표 모형에서 변수를 추측해내려면 적어도 그 구성개념의 두 가지 결과변수가 필요하다. 〈그림 14-10〉의 예는 조형 지표가 어떻게 식별 가능하게 되는지 나타낸다. 사회조정 개념에 대한 측정 모형이 단독으로 존재할 때에는 식별할 수 없다. 그것에 두 결과변수, 생활만족도와

〈그림 14-10〉
측정 모형과 조형 지표

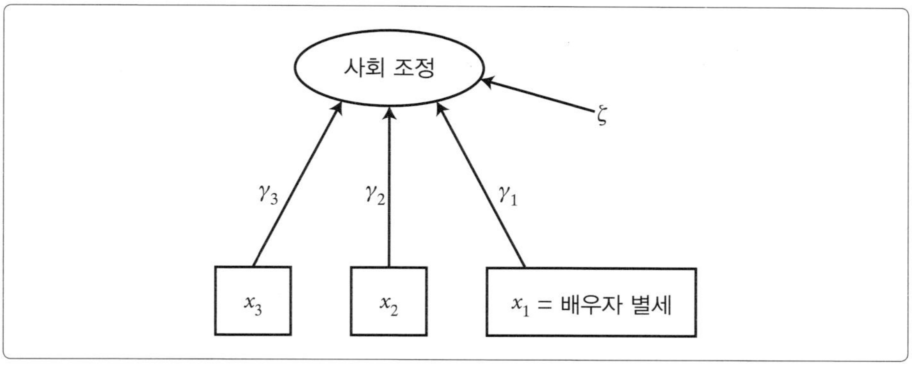

〈그림 14-11〉
구조 방정식의 조형 지표와 반영 지표

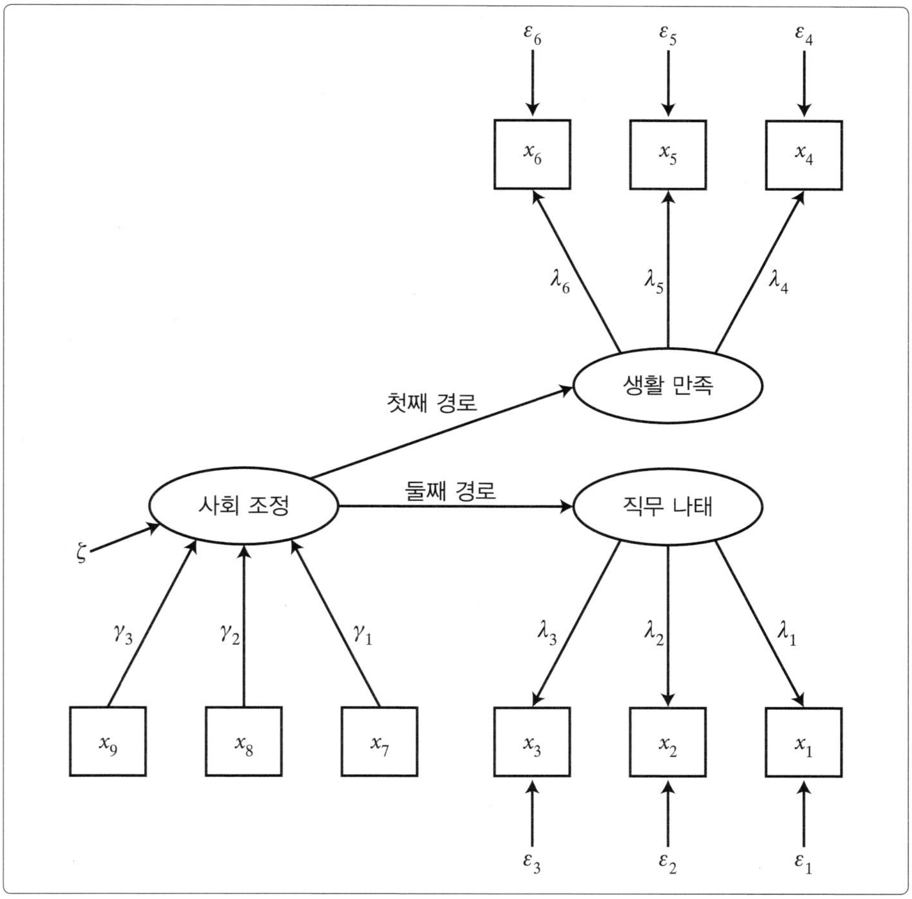

직무나태를 추가하여, 세 가지 구성개념으로 조성된 완전한 모형에서 비로소 연구하고자 하는 사회조정을 추측할 수 있다(그림 14-11 참조).

다음 한 마디로 두 가지 모형의 평가 방법의 차이를 요약할 수 있다.반영 지표로 구성개념을 측정할 때, 측정 모형만 가지고 추측해 낼 수 있지만, 조형 지표로 구성개념을 측정할 때는 측정 모형과 구조모형 모두 포함해야만 추측이 가능하다. 이때, 구조모형에서 측정하고자 하는 구성개념 외에 최소한 구성개념의 다른 두 가지 결과변수가 있어야 한다.

14.1.6 조형 지표와 반영 지표의 다른 문제점

조형 지표는 새로운 개념은 아니다. 그러나 경영학 연구자들이 이것에 아직 익숙하기 않기에 우리들이 접하는 많은 구성개념은 대부분 반영 지표를 사용하여 측정한다. 고전 측정 모형, 동종 측정 모형 및 확인 요인 분석의 유행에 따라 이러한 경우는 더 늘어났다. 언제 조형 지표를 사용하고 어떻게 제대로 사용할 것인가 하는 문제에 대하여 유의할 부분이 아주 많은데 여기서는 몇 가지만 강조한다.

1. 언제 어떤 종류의 지표를 사용해야 하는가?

조형 지표를 사용할 것인가 아니면 반영 지표를 사용할 것인가는 하나의 이론적 문제이다. 예를 들면, 사회조정 개념(Holmes & Rahe, 1967)의 제기는 아래 전제를 토대로 한다. 개인의 생활 속에서 발생하는 좋고 나쁜 일(예: 가족 구성원의 건강상태의 변화, 친한 친구의 별세, 직장에서 직책변화, 새 가족 구성원, 결혼 등)은 개인에게 심리적 스트레스를 가져다 주는데, 이와 같은 스트레스로 인하여 심리적인 질병 혹은 정신건강 문제를 유발할 수 있다. 정의에 따라 논리에 맞는 방법으로는 개인이 경험한 중대 사건을 측정하고 그것들을 한데 모아서 사회조정을 측정하는 것이다. 편의를 위하여 이러한 종류의 구성개념을 '구성형 구성개념(formative constructs)'라고 한다.

구성형 구성개념과 다르게 일반 지능(general mental aptitude)(혹은 g요인)에 대한 정의는 개체가 각종 외적으로 나타나는 역량 이면의 잠재적 요인이라고 한다. 따라서 이론적으로 구성개념 지표로 GMA를 측정하는 것은 적절하지 않다. 이러한 종류의 구성개념을 '반영형 구성개념(reflective constructs)'라고 한다. 반영형 구성개념의 또 다른 예시는 외향적 성격 특징이다. 이론적으로 외향적 인격은 여러 지표의 함수조합이라고 정의하기 어렵다. 대신 일부 외향적 성격의 특징 표현을 지표로 하는 것이 훨씬 용이하다.

그러나 많은 구성개념에 대한 정의에서 보면 어떤 지표로 측정하는 것이 더 적절한지 이에 대하여 분명하게 언급하지 않은 것 같다. 구성형 구성개념도 좋고 반영형 구성개념도 가능할 것 같은 종류의 구성개념을 '양면형 구성개념(ambivalent constructs)'라고 한다. 양면형 구성개념의 한 예는 판매자의 업적이다. 한 가전 판매자의 성과를 여러 제품(예: 에어컨, 냉장고, tv 등)을 판매한 결과의 가중치의 합이라고 정의할 수 있다. 또 다른 합리적인 방법은 직속 상사가 그의 여러 측면의 태도에 근거하여 점수(예: 제품판매 수준, 수량, 고객만족도 등)를 매기는 것이다. 전자는 조형 지표를 사용하고 후자는 반영 지표를 사용한다. 여기서 알 수 있듯이, 이러한 구성개념이 도대체 구성형, 반영형 아니면 양면형인가 하는 문제는 우리가 어떻게 정의하는가에 달렸다. 일부 구성개념은 반드시 합산하는 방식으로 정의(구성형 구성개념)해야 하고, 또 일부 구성개념은 잠재적 인자(반영형 구성개념)로 정의해야 하며 또 다른 종류의 구성개념은 두 가지 방법으로 다 정의(양면형 구성개념)가 가능하다. 다만, 다른 방식으로 정의를 내릴 때 개념자체가 이미 변화되었을 수 있다는 것을 유념해야 한다.

반영 지표로 구성개념을 측정하는 척도가 있는데, 새로운 척도를 개발하여 조형 지표로 동일한 구성개념에 대하여 측정해도 되느냐는 의문이 생길 수 있다. 위에서 논의한 내용을 이해했다면 바로 해답이 나온다. 우선, 연구하는 구성개념의 성질이 구성형에 속하는지, 아니면 반영형에 속하는지 파악하고 나아가 그 성격에 근거하여 이에 해당하는 척도를 개발한다. 만약 양면형 구성개념이면 우리가 어떻게 정의하느냐에 따라 어떤 종류의 지표로 측정할 것인지 결정된다. 앞서 말했듯이 '구성개념'은 관측법칙을 반영할 수 있는 모형과 이론을 구축하는데 편의를 위하여 연구자가 만들어낸 것이다. '구성개념'을 어떻게 정의할지는 연구자가 결정해야 한다다. 그러나 연구자가 정의한 구성개념이 적절한지, 정확한 이론을 구축하여 현실을 묘사하는 데 유효한지는 연구자의 창의력과 이를 뒷받침하는 자료에 따라 달라진다.

2. 반영 지표와 조형 지표를 동시에 사용하여 동일 구성개념을 측정할 가능성은 없는가?

앞서 판매자의 성과 사례로 설명했듯이 이도 저도 아닌 구성개념에 대하여서는 반영 지표와 조형 지표 두 가지 모두 사용할 수 있으며 어느 것을 선택할지는 그에 대한 정의에 달렸다. 그렇다면 반영 지표와 조형 지표를 동시에 포함한 척도로 구성개념을 측정할 수 없을까? 이는 개념적으로도 방법적으로도 다 가능하지만 이론적으로 그렇게 할 필요가 없다. 이론적으로 구성개념은 조형 지표가 아니면 반영 지표로 표현된다. 한 구성개념을 조형 지표로 측정하면 이론적으로 보아 다시 반영 지표를 추가할 필요가 없다. 반대일 경우도 마찬가지다. 요약하자면, 한 구성개념을 조형 지표로 측정해도 좋고 반영 지표로 측정해도 좋지만, 이들 두 가지를 동시에 한 척도에 넣어서 사용하지는 않는다.

3. 구성형 구성개념을 위한 척도의 개발과정은 어떤 다른 점이 있는가?

Hinkin(1998)은 자신의 글에서 이런 말을 했었다. "척도를 개발하는 첫 단계는 구성개념을 측정하는 항목 지표를 얻는 것이다. 항목 지표를 수집함에 있어서 성공비결은 뚜렷한 이론적 기초가 있어서 측정하고자 하는 구성개념이 포함하는 내용을 표현하는 것이다."(p.105). Hinlin이 지적한 것은 반영 지표를 개발하는 데 자주 쓰는 절차이다. 조형 지표로 구성한 척도를 개발할 때도 여전히 유사한 절차를 거쳐야 한다고 본다. Hinlin(1998)의 반영 지표에 관한 개발과정을 빌려서 조형 지표를 개발하는 절차에 대하여 설명한다.

- 절차 1: 조형 지표를 형성하는 첫 단계는 반영 지표와 유사하다. '뚜렷한 이론적 기초가 있어서 측정하고자 하는 구성개념이 포괄하는 내용을 표현'하는 것은 첫 절차에서 가장 중요한 관건이다.
- 절차 2: 두 번째도 반영 지표와 유사하다. 연구자는 목표지표에 대한 사전연구(pilot study)를 위하여 자료를 수집한다. 그러나 구성형 구성개념의 단독 측정모델은 식별할 수 없으며 연구자가 측정 구성개념의 두 가지 결과변수를 별도로 추가하여 같은 구조모형을 공동으로 구축해야만 식별이 가능한 모형이 된다는 것에 유의해야 한다.
- 절차 3: 구성형 구성개념의 척도개발 세 번째 단계는 지표 축소(item reduction)다. 이때 구조방정식모형을 사용하여 새로운 구성개념의 측정지표와 두 가지 결과변수에 대하여 같이 분석한다. 여기서 적재값(즉 람다)이 뚜렷하지 않거나 비교적 작은 지표들은 선별하여 삭제한다.
- 절차 4: 반영 지표와 유사하게 조형 지표에 대하여 한 가지 교차검증표본으로 나머지 조형 지표의 안정성을 검증해야 한다. 안정적인 적재값을 유지하는 조형 지표는 최종 구성개념의 측정지표로 삼을 수 있다.

4. 구성형 구성개념의 척도 신뢰도를 어떻게 평가할 것인가?

반영 지표에 있어서 가장 흔히 사용되는 신뢰도 평가 방법은 내적 일관성(알파계수)과 재검사 신뢰(test-retest reliability)이다. 앞서 논의한 것처럼, 반영형 구성개념에 있어서 추상적인 구성개념이 그와 관련된 측정항목을 '생성'시키는데, 이때 측정항목의 신뢰도를 논의하는 것이 적절하다. 그러나 조형 지표는 반드시 이렇지는 않다(Bollen and Lennox, 1991; Cohen et al., 1990; MacCallum and Browne, 1993).

한 구성형 구성개념의 여러 지표들 사이에는 서로 양의 관계가 존재할 수도, 부의 관계가 존재할 수도, 혹은 서로 아무런 관계도 존재하지 않을 수 있다(Bollen and Lennox, 1991, p.307). 그렇다면 전통적인 평가 방법으로 이러한 지표들 사이의 상관관계에 대하여 검증하는 것이 별 의미가 없다. 따라서 구성형 구성개념의 척도에 대하여 재검사 신뢰도는 보다 타당한 신뢰도 평가 방법이다. 부하를 평가할 때 구조방정식모형에 기타 결과변수를 추가하는데 다른 결과변수를 사용함으로써 다른 조형 지표부하가 발생하기에, 재검사 신뢰도를 평가할 때 반드시 완전히 동일한 구조방정식모형(즉 완전히 동일한 결과변수)을 사용해야 한다.

만약 재검사 신뢰도를 검증할 수 있는 여러 개의 표본이 없으면 또 다른 방법으로 구성형 구성개념의 척도 신뢰도를 평가할 수 있는데, 그것이 바로 오차 분산 크기이다. 조형 지표의 측정 모형을 아래 식으로 표시할 수 있다.

$$\theta = \gamma_1 x_1 + \gamma_2 x_2 + \cdots + \gamma_k x_k + \zeta \text{ (다중 상관계수제곱 = } R^2\text{)} \quad (8)$$

위 식에서 오차 항목(즉 ζ)은 조형 지표가 구성개념의 진실 값을 반영하는 정도를 나타낸다. 극단적인 경우, ζ가 0일 때 위 식에서 R^2은 1이다. 즉 모든 조형 지표들이 어떤 확률적 오차도 없이 공통으로 측정하고자 하는 구성개념을 측정할 수 있다는 뜻이다. 오차 없이 구성개념을 측정한다면 이 측정의 신뢰도는 1이라고 말할 수 있다. 따라서 이론적으로 SEM 분석으로 식 (8)의 R^2을 얻어 조형 지표 신뢰도에 대한 한 가지 검증으로 할 수 있다.

14.2 다차원 구성개념

14.2.1 다차원 구성개념과 1차원 구성개념의 차이점

다차원 구성개념과 각 차원 사이의 관계는, 1차원 구성개념과 각 지표의 관계와 유사하나 두 관계를 비교하면 아래 두 가지의 차이점을 찾아 볼 수 있다.

(1) 앞에서 논의한 것처럼 1차원 구성개념은 관측할 수 없고 추상적이다. 그러나 지표는 관측할 수 있고 구체적이다. 이에 비하여 다차원 구성개념과 각 차원은 모두 관측할 수 없는 개념들로서, 추상적인 경영현상을 요약한다. 조직 몰입(organizational commitment)의 3차원 구성개념을 예제로 그 차이를 설명한다. Meyer과 Allen(1991)의 이론적 바탕으로 Meyer, Allen과 Smith(1993)은 '직원의 조직 몰입에는 세 가지 주제가 있다. 즉 조직에 대한 정서적 의존에서 비롯한 충성, 조직

을 떠남으로 인한 자본소모를 고려하여 계속 남아서 충성, 책임감 혹은 도덕적 구속에 의한 충성'이다(p.539). 따라서 조직 몰입의 세 가지 형식은 각각 정서적 몰입(affective commitment), 지속적 몰입(continuous commitment)과 규범적 몰입(normative commitment)이다. 조직 몰입의 세 가지 차원구조를 검증하는 연구에서 Meyer, Allen과 Smith는 측정 도구를 개발하였는데 각각 6개, 6개, 5개 지표(항목)로 세 가지 몰입형식을 측정한다. 예를 들면, '정서적 몰입 척도'에서 한 예로 '이 조직이 나 개인에 있어서 중대한 의의가 있다', '지속적 몰입 척도'에서 한 예는 '내가 원해도 지금은 이 조직을 떠나는 것이 아주 곤란하다', '규범적 몰입 척도'에 의 한 예는 '내가 지금 이 조직을 떠난다면 죄책감을 느낄 것이다'가 있다. 이 예제로부터 조직 몰입이 관측할 수 없는 무형의 추상적인 개념이며 그 세 가지 차원도 마찬가지로 관측할 수 없고 무형이며 추상적이며 오직 각 차원에서 측정에 사용하는 항목만 구체적이고 관측 가능한 지표이다.

(2) 다차원 구성개념과 각 차원의 관계는 1차원 구성개념과 지표와의 관계보다 복잡하다. 1차원 구성개념을 측정하는데 조형 지표와 반영 지표 두 가지 가능한 방법이 있다고 앞서 언급했다. Law, Wong과 Mobley(1999) 및 Law와 Wong(1999)은 모두 다차원 구성개념과 각 차원의 세 가지 가능한 관계에 대하여 논의했다. 이 세 가지 관계에서 두 가지는 1차원 개념과 각 지표와의 구성관계, 반영관계와 유사하며 세 번째 관계는 오직 다차원 구성개념과 차원 사이에 존재한다. 다음은 세 가지 관계에 대하여 하나씩 논의한다.

14.2.2 다차원 구성개념의 세 가지 유형

1. 잠재요인모형

다차원 구성개념과 각 차원 사이에 존재하는 첫 번째 관계는 1차원 구성개념과 반영 지표 사이의 관계와 유사하다. 이러한 다차원 구성개념을 '잠재요인형 다차원 구성개념(latent multidimensional constructs, LMC)'라고 한다. LMC의 각 차원은 모두 동일 구성개념의 다른 표현들이다. 다시 말해 LMC의 각 차원은 모두 동일한 다차원 구성개념을 나타내는 서로 다른 방식이다. 수학적으로 LMC는 각 차원 이면의 잠재 요인(혹은 공통 요인)이라고 나타낼 수 있다. LMC의 전형적인 사례는 일반 지적 능력(general mental ability, GMA)이다. Spearman이 1927년에 지능 이중 요인 이론(two-factor theory of mental intelligence)을 제기할 때 GMA를 많은 지적 활동(예: 국어능력, 숫자계산능력, 기억과 추론능력 등) 이면의 공통 요인이라고 서술했다. 또 다른 사례는 성격의 5요인 모형(Five Factor Model of personality)(McCrae & Costa, 1989 참조)인데, 이에 따르면 성격특징 뒤에는 외향성, 사교성, 정서 안정성, 경험 개방성 및 책임감으로 각자의 성격을 요약할 수 있는 다섯 가지 가장 주요한 성격특질이 있다. 이 다섯 가지 가장 주요한 성격특질은 모든 성격 뒤에 있는 잠재 요인이다.

조직시민행동(OCB)을 예로 LMC의 특징을 설명한다. Organ(1988:4)은 OCB를 '직원의 자발적이며 조직의 공식적인 임금제도에서 명확하거나 직접적인 보상이 없지만 전체적으로 조직운영과 효능을 향상하는데 유익한 모든 개인적인 행동'이라고 정의한다. OCB 제기 초기에는 1차원 구성개념으로 정의되었다. Smith, Organ과 Near(1983)은 '이타'와 '복종' 두 개 차원이 포함된다고 보고 다른 일부 학자들은 5차원이 포함된다고 한다. 즉 (1) 이타 행위(altruism), 자발적으로 나서서 다른 사람의 업무상 문제점 해결을 기꺼이 돕는다. (2) 근면함과 정직함(conscientiousness), 자발적으로 조직이 요구하는 업무의 최저수준을 초월한다. (3) 시민도덕(civic virtue), 조직에 대한 깊은 관심을 보이고 자발적으로 조직의 문제를 자신의 문제처럼 여기고 조직과 관련된 사무에 적극적으로 참여한다. (4) 공손함과 예의(courtesy), 조직의 다른 동료들과 부정적인 충돌이 발생하지 않도록 자발적으로 조치한다. (5) 선수정신(sportsmanship), 조직의 상황이 여의치 않을 때 직원이 자발적으로 수긍하고 복종하며 불평이 없다.

만약 OCB가 LMC의 한 경우라면 OCB와 다섯 차원 사이의 관계는 응당 아래와 같아야 한다.

이타 행위 $= \omega_1 \times \text{OCB} + \delta_1$ (ω은 가중치, δ는 오차)

근면함과 정직함 $= \omega_2 \times \text{OCB} + \delta_2$

시민도덕 $= \omega_3 \times \text{OCB} + \delta_3$

공손함과 예의 $= \omega_4 \times \text{OCB} + \delta_4$

선수정신 $= \omega_5 \times \text{OCB} + \delta_5$

요인 분석 용어로 말하면 OCB를 5차원 공통성(commonality)으로 정의할 수 있다. 이러한 차원 자체도 직접적으로 관측할 수 없는 추상적 구성개념이란 것을 유념해야 한다. 이와 같은 추상적 차원을 측정하기 위하여 각 차원에 대하여 관측 가능한 지표를 개발해야 한다. 예를 들면, 세 항목으로 '이타 행위'를 측정할 수 있다.

$x_1 = \lambda_1 \times$ 이타 행위 $+ \varepsilon_1$ (x_1: 그는 자주 동료 사이의 분쟁을 화해시킨다)

$x_2 = \lambda_2 \times$ 이타 행위 $+ \varepsilon_2$ (x_2: 그는 병이나 사적인 사유로 결근한 동료를 대신하여 업무를 처리하는 것을 달갑게 생각한다)

$x_3 = \lambda_3 \times$ 이타 행위 $+ \varepsilon_3$ (x_3: 그는 동료가 업무상 문제를 해결할 수 있도록 기꺼이 나서서 돕는다)

따라서 잠재요인형 다차원 구성개념인 OCB를 평가할 때 두 절차가 포함된다. 첫 단계는 OCB의 각 차원의 지표를 사용하여 각각 차원에 대하여 평가한다. 두 번째 단계는 다섯 차원 뒤의 잠재 요인을 평가한다.

이상은 각 차원 뒤의 2차 잠재 요인을 평가하는 방법으로 잠재요인형 다차원 구성개념을 평가하였는데 이것이 유일한 방법은 아니다. 물론 관련 항목으로 직접 잠재요인형 다차원 구성개념 자체에 대하여 측정할 수 있다. 앞에서 언급한 조직 몰입 사례로 설명한다. 먼저 조직 몰입이 한 가지 잠재요인형 다차원 구성개념이며 정서적 몰입, 지속적 몰입 및 규범적 몰입 세 차원으로 구성된다고 가정한다. 먼저 Meyer, Allen과 Smith(1993)의 척도로 세 차원에 대하여 측정하고 다시 조직 몰입을 3차원 이면의 '2차 잠재 요인(second-order factor)'으로 하여 평가한다. 이는 전적으로 타당한 방법이다. 그리고 Mowday, Porter & Steers(1982)가 개발한 15개 항목을 내포한 조직 몰입 척도(organizational commitment questionnaire, OCQ)로 조직 몰입을 직접 측정할 수 있다. 이 척도에는 다음과 같은 문항이 있다. '다른 조직에서 동일한 직무를 담당하더라도 지금 맡은 것처럼 즐겁지는 않을 것이다'. 만약 측정 방법이 합리적이라면 구성개념에 대한 이 두 가지 측정은 일치해야 한다.

위의 토론을 통하여 구성개념(위의 사례에서는 조직 몰입)에 대한 측정은 지표 측면(지표를 합병하여 차원이 이루어지고 차원을 합쳐서 구성개념 형성)에서 달성할 수 있으며 또한 구성개념 측면에서 직접 측정할 수도 있다는 것을 알 수 있다. 그러면 이와 같은 질문을 할 수도 있을 것이다. '왜 두 가지 다른 측면에서 동일 구성개념에 대하여 측정할 수 있는가?' 이는 바로 구성개념을 다른 측면에서 정의할 수 있기 때문이다. 다른 측면에서 정의하는 동일 구성개념이라면 바로 그 다른 측면에서 측정할 수 있다. 이는 Chan(1998)이 제기한 복합모형(composite model)과 분석 차등(level of analysis) 원리와 유사하다. Chan(1998)의 제안에 따라 고급 구성개념을 측정할 때 '직접 일치 모형(direct consensus model)'을 사용할 수 있고 '참조전이모형(referent-shift-model)'을 사용할 수도 있다. 직접 일치 모형에서 고급 변수의 의의는 이미 저등급 개체의 일치된 의견에 포함되어 있다. Chan의 예제(p.237)에서는 '분위기에 대한 개인의 느낌을 심리적 분위기의 조작적 정의로 할 수 있다. 그러나 한 조직에서 여러 개체의 응답 평균치만이 조직 분위기의 조작적 정의로 삼을 수 있다'. 참조전이모형에서 일관성을 평가하기 전에 참조물의 전이가 있는데 새로운 참조지점으로 조합하여 더 높은 등급의 구성개념을 표현한다. Chan(p.238)은 '조직 분위기(organizational climate)' 사례를 들어 참조전이모형을 해석하였다. 그는 '지금 연구자가 관심 갖는 것은 분위기에 대한 매 개인 자신의 느낌(심리적 분위기)도 개체가 느끼는 합병(예: 조직 분위기)도 아니라, 개체가 느끼는 조직의 다른 사람들이 지각하는 분위기가 어떤 것인지, 조직의 매 개인이 다른 사람들의 느낌에 대한 판단이 일치하는지'라고 보았다. 따라서 직접 일치 모형에서 연구자는 모든 응답자에게 '당신이 느끼기에 이 조직의 분위기는 어떠한가?'라고 질문하고 그리고 모든 응답을 취합하여 회사의 조직 분위기를 나타낼 수 있다. 이 두 가지 측정 방법은 완전히 다르지만 모두 조직 분위기에 대한 효과적인 평가 방법이다. 이와 유사하게 잠재요인형 다차원 구성개념에 대하여 평가할 때 '직접 구성개념 전체를 평가'하거나 '구성개념의 여러 차원을 통하여 평가'하는 것 모두 효과적인 방법이다.

그렇다면 어떤 상황일 때 연구자가 다차원 구성개념을 직접적으로 평가해야 하는가? 또 언제 각 차원을 통하여 평가해야 하는가? 우리는 두 가지 방법 모두 가능하다고 본다. 그 이유는 아래와 같다.

우선, 어떤 구성개념의 성격이 다차원적이라고 해도, 연구자는 가끔 전체적인 구성개념에만 관심이 있을 수 있다. 그렇다면 해당 구성개념을 1차원 구성개념으로 처리해도 문제가 없다. 예를 들면, 인류의 정신적 지능(general mental ability, GMA)은 1차원 구성개념이다. 그중에 기억 능력, 추상적 사고능력, 언어 능력, 추리 능력 등 여러 가지 능력이 포함된다. 그러나 많은 연구자가 정신적 지능에만 관심이 있다. 이러한 경우 한 가지 검사로 직접 GMA에 대하여 측정하면 된다.

다음, 한 가지 척도로 다차원 구성개념을 측정할 때, 일반적으로 구성개념의 여러 차원들이 내용 타당성(content validity)을 보증하기 위하여 이미 포함되어 있다. 앞서 언급한 조직 몰입 설문지(OCQ)가 바로 아주 좋은 사례이다. 다차원 구성개념을 직접 측정하는 것과 각 차원을 통하여 측정하는 방법 모두 유사한 내용범위를 포괄하기에 두 가지 방법의 유일한 차이는 평가 과정에서 각 차원이 구성개념을 구성하는 방식이다. 구성개념을 직접 측정하면 사실상 모든 지표 이면의 1차 잠재요인(first-order latent factor)를 사용하는 것이다. 각 차원을 통하여 측정하면 여러 개 지표의 2차 잠재요인로 그 다차원 구성개념을 표현하는 것이다. 각 차원의 지표수가 같다고 가정하면 두 가지 방법에서 유일하게 다른 점은 바로 구성개념을 정의하는 각 차원의 상대적 중요도(혹은 부하)이다. 앞에서 말한 OCB모형을 예로 들어보자.

차원과 다차원 구성개념의 관계:

$$이타\ 행위 = \omega_1 \times OCB + \delta_1 \tag{9}$$

지표 항목과 차원의 관계:

$$x_1 = \lambda_1 \times 이타\ 행위 + \varepsilon_1 \tag{10}$$

(9)식을 (10)식에 대입하면

$$x_1 = \lambda_1 \times (\omega_1 \times OCB + \delta_1) + \varepsilon_1$$

$$x_1 = \lambda_1 \times \omega_1 \times OCB + \lambda_1 \times \delta_1 + \varepsilon_1 \tag{11}$$

1차 인자로 OCB를 표시하면 바로 다음과 같다.

$$x_1 = \kappa_1 \times OCB + \delta_1) + \nu_1 \tag{12}$$

주: $\kappa_1 = \lambda_1\omega_1$, $\nu_1 = \lambda_1 + \varepsilon_1$

식(11)과 식(12)의 유일한 구분은 식(11)에서 오차 항이 XXX의 함수이고 식(12)에서는 완전히 무작위적이라는 점이다. 잠재요인형 다차원 구성개념의 각 차원들 사이에 보통 아주 높은 연관성이 있으므로 λ의 차이는 그다지 크지 않다. 따라서 이 두 가지 방법으로 얻은 평가결과의 차이도 별로 크지 않을 것이다.

2. 합병 모형

두 번째 다차원 구성개념은 합병형 다차원 구성개념(aggregate multidimensional construct, AMC)이다. 잠재요인형 다차원 구성개념이 동일 다차원 구성개념의 다른 표현이라고 하면 합병형 다차원 구성개념은 다차원 구성개념의 다른 조성부분이라고 할 수 있다. 수학적으로 AMC를 각 차원의 함수라고 정의할 수 있다. 아래의 논의에서는 설명을 간략하게 하기 위해 AMC가 각 차원의 선형함수라고 가정한다. 여기서 논의하는 내용을 AMC가 각 차원의 복잡함수일 경우에도 적용할 수 있다. AMC의 전형적인 예로 직무만족도가 있는데, Locke(1969)와 Lawler(1983) 모두 직무의 전반적 만족도를 월급, 직무자체, 직속 상사, 승진 및 동료 등 방면의 만족도에 대한 간단한 합계(즉 비중이 동일한 선형 조합)이라고 정의한다. AMC의 다른 한 예는 직무 동기부여이다. Hackman과 Oldham(1976)은 근무자에게 있어서 직무의 다섯 핵심특징이 직무 동기부여에 영향이 된다고 제기하였다. 이는 각각 기능 다양성, 직무 완전성, 직무 중요도, 자율성 및 피드백이다. Hackman과 Oldham은 직무 동기부여 잠재점수(motivation potential score, MPSS)에 대하여 명확하게 조작적 정의를 내렸다.

기능 다양성 직무 완전성 직무 중요도 자율성 직무 피드백

$$\text{MPS} = \left(\frac{\text{기능다양성 + 직무완전성+ 직무중요도}}{3}\right) \times \text{자율성} \times \text{직무 피드백}$$

따라서 한 가지 직무의 동기부여 잠재력은 다섯 차원의 비선형 조합으로 이루어진다.

또 다른 사례를 보자. Organ(1998)의 연구가 OCB가 잠재요인형 다차원 구성개념인지 합병형 다차원 구성개념인지 분명하게 정의하지 않았기에 여기서 합병형 다차원 구성개념으로 하여 분석해보아도 무방하다. 앞의 사례와 비교하여 합병형 다차원 구성개념의 성질을 설명해 보자. OCB가 합병형 다차원 구성개념이면 다섯 차원과의 관계는 아래와 같을 것이다.

$$\text{OCB} = \gamma_1 \text{이타 행위} + \gamma_2 \text{근면정직} + \gamma_3 \text{시민도덕} + \gamma_4 \text{공손예의} + \gamma_5 \text{선수정신}$$

이 정의와 앞의 OCB를 잠재요인형 다차원 구성개념과 비교하여 그 차이점을 살펴볼 수 있다. 합병모형에서 다차원 구성개념은 각 차원들을 일정한 방식으로 조합한 산출물 혹은 결과이며 잠재요인모형에서 다차원 구성개념은 각 차원이 발생하는 원인이다.

합병형 다차원 구성개념과 각 차원의 관계를 〈그림 14-12〉로 나타낸다(직무 만족도를 예로 함).

〈그림 14-12〉는 한 가지 중요한 원칙을 시사한다. 이 부분에서 논의하는 '잠재

〈그림 14-12〉
합병형 다차원 구성개념과 각 차원의 관계

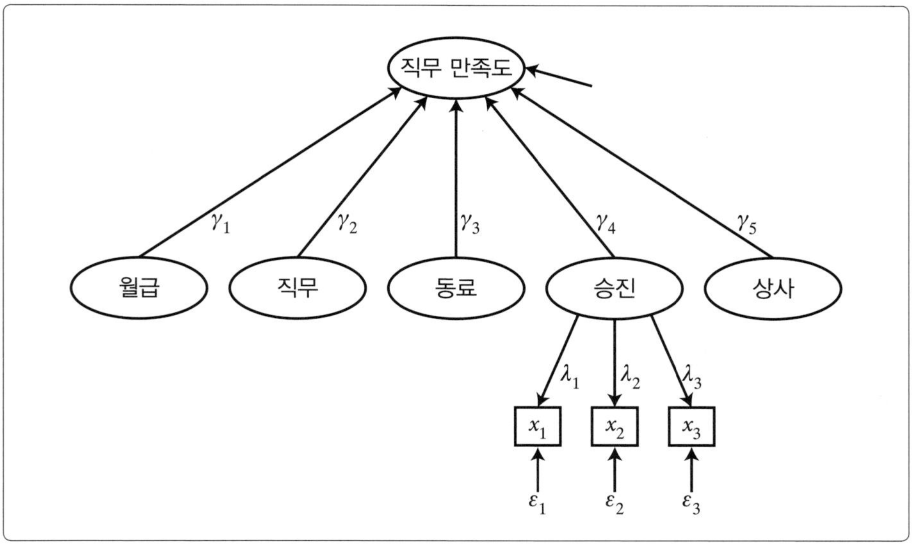

요인형 다차원 구성개념인가 합병형 다차원 구성개념인가' 문제는 앞에서 이미 논의했던 '조형 지표와 반영 지표'의 문제와 비슷하지만 아무런 상관이 없다. 거듭 강조하지만 잠재요인형 다차원 구성개념과 합병형 다차원 구성개념은 다차원 개념과 차원 사이의 관계를 가리킨다. 조형 지표와 반영 지표는 추상적 구성개념과 관측 가능한 구체적 지표와의 관계이다. 〈그림 14-12〉에서 직무 만족도는 AMC로서 월급, 직무 자체, 동료, 직속 상사 및 승진 다섯 방면의 만족도를 포함한다. 그러나 각 차원(예: 〈그림 14-12〉에서 승진 만족도)은 모두 반영 지표 혹은 효과 지표로 측정할 수 있다. 이와 유사하게 다차원 변수가 각 차원 이면의 공통 요인로 정의되더라도 여전히 반영 지표 혹은 효과 지표로 이러한 차원들을 측정할 수 있다.

개념적으로 우리는 LMC를 각 차원의 공통성으로 정의한다. 즉 오직 각 차원의 공통변이만 LMC의 실제 변이량으로 간주되고 각 차원의 특이한 변이량은 오차 변이량(주의: 이러한 오차변이는 시스템적 변이이며 신뢰도 정의에서 말하는 확률적 변이와 혼동하지 말 것)으로 간주한다. 합병모형에서는 이와 다르다. 모든 차원의 모든 변이량을 다차원 구성개념의 실제 변이량으로 고려한다. 이와 같은 관계를 〈그림 14-13〉과 〈그림 14-14〉로 나타낸다.

LMC는 탐색적 요인 분석(exploratory factor analysis) 혹은 확인 요인 분석(confirmatory factor analysis)으로 간단하게 평가할 수 있으나 AMC에 대한 평가는 조금 복잡하다. 앞서 말했듯이 AMC와 각 차원의 관계는 다음 수식으로 표시한다.

〈그림 14-13〉 다른 유형의 다차원 구성개념

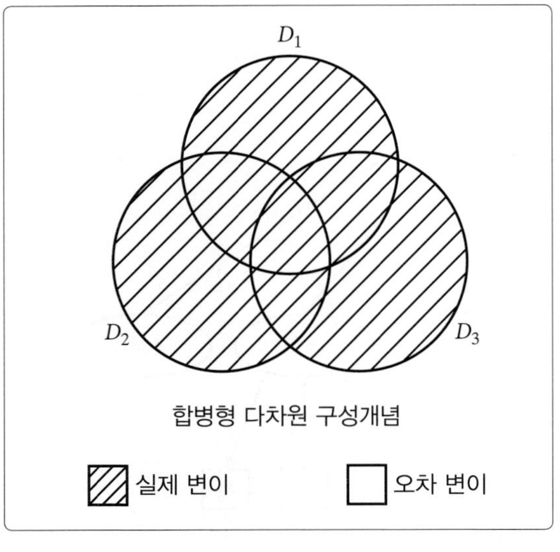

〈그림 14-14〉 AMC와 반영 지표

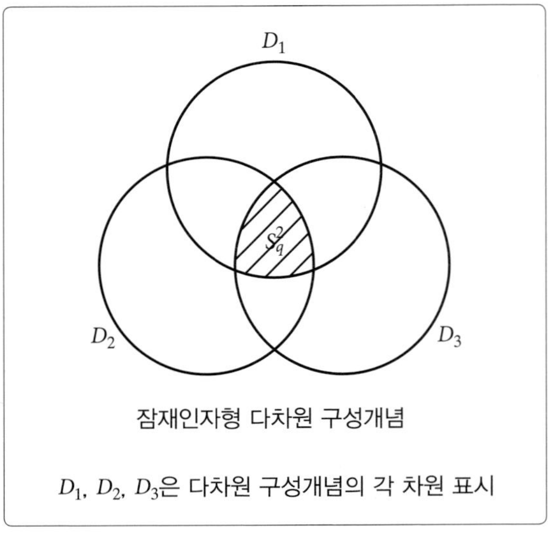

$$\text{AMC} = \sum_{i=1}^{k} \gamma_i \times \text{차원}_i$$

AMC와 각 차원의 관계를 선형방정식으로 한정하더라도 정해진 차원을 선형조합으로 AMC를 구성하는 방식은 무수하게 많다. 물론 이론에 근거하여 AMC를 구성하는 차원의 가중치를 확정할 수 있다. 예를 들면, Locke(1969)와 Lawler(1983)는 직무 만족도의 다섯 차원으로 전체적 직무 만족도란 구성개념을 구성할 때, 응당 같은 가중치를 부여해야 한다고 주장했다. 이와 유사하게 Hackman과 Oldham(1976)도 분명하게 아래 비선형 방정식을 제시하여 다섯 차원이 어떻게 다차원 구성개념 '직무 동기부여 잠재력'을 조성하는지 설명한다.

$$\text{MPS} = \left(\frac{\text{기능다양성 + 직무완전성+ 직무중요도}}{3}\right) \times \text{자율성} \times \text{직무 피드백}$$

그러나 해당 이론에서 각 차원을 합성모형에 따라 전체적 구성개념을 구성해야 한다고 설명했지만 여전히 각 차원과 합병형 다차원 구성개념 간의 관계함수를 확실하게 알 방도가 없다. 이 경우 실증적 자료로 차원과 전체 구성개념과의 함수관계를 평가할 필요가 있다. 또한 각 차원과 전체 구성개념과의 함수관계를 평가할 때,모형변별(identification)문제가 연루된다. 아래 방정식에서 γ_1는 임의 값을 취할 수 있고 방정식은 고정 값이 없다. 따라서 다른 변수가 있어야만 합병형 다차원 구성개념에 대하여 평가할 수 있다.

$$\text{AMC} = \sum_{i=1}^{k} \gamma_i \times \text{차원}_i$$

한 잠재요인를 예측할 때 두 변수(3개가 가장 좋음)가 필요하듯이 AMC에서 두 가지 경로(즉 두 가지 결과변수)를 개발해야만 예측한 모형이 식별 가능한 모델이 된다(MacCallum & Browne, 1993). 다시 말해 LMC에 대하여 단지 각 차원으로 평가하면 되지만 AMC를 평가할 때는 반드시 그 결과변수를 사용해야 한다.

OCB를 예로 모형식별문제를 해석하도록 한다. OCB를 LMC로 정의하면 관련 구성개념의 의미론적 네트워크(nomological network)에 대하여 알 필요 없이 요인 분석을 통하여 요인 적재값 및 LMC와 각 차원의 관계를 평가할 수 있다. 그러나 OCB를 AMC로 정의하면 최소한 OCB의 두 가지 결과변수가 있어야만 각 차원과 OCB의 관계를 평가할 수 있다. 이것을 〈그림 14-15〉에 표시하였다.

그렇다면 하나의 다차원 구성개념이 잠재요인형인지 합병형인지 구분할 때,

〈그림 14-15〉 LMC와 AMC의 모형 평가

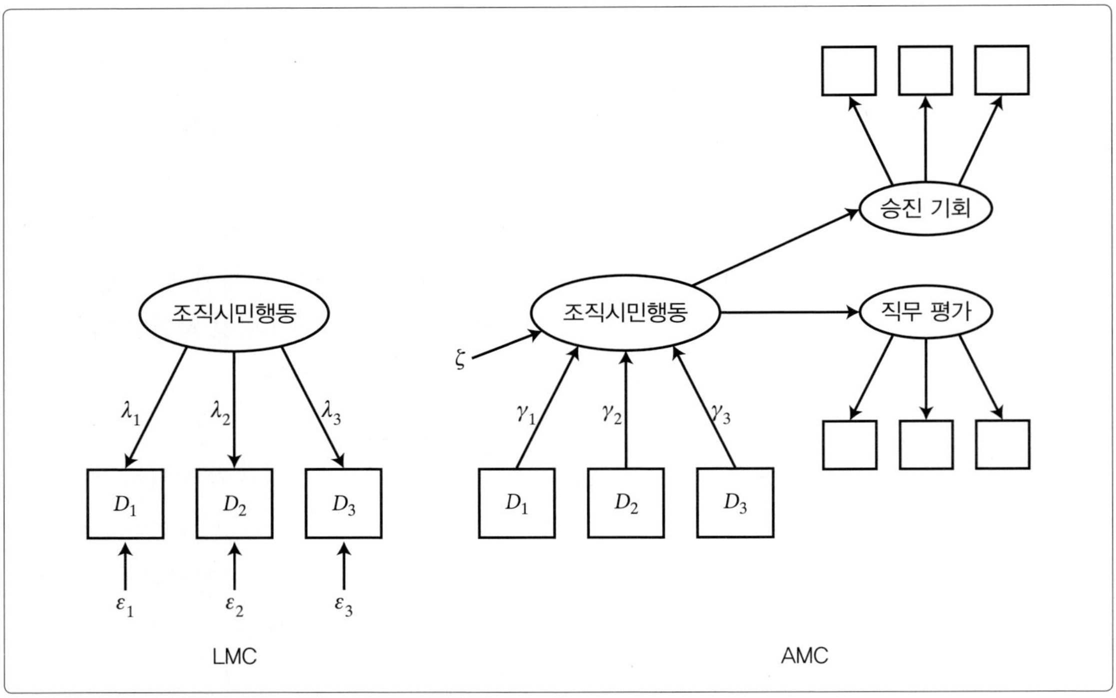

도대체 이론과 실증적 자료 중 어디에 근거해야 하는가? Edwards(2001)는 다차원 구성개념의 유형을 정하는 것은 실증의 문제라고 보았고, Law, Wong과 Mobley(1998)는 이론에 근거하여 다차원 구성개념의 유형을 정해야 한다고 주장한다. 우리는 이 두 가지 견해에 필연적인 모순이 있다고 보지 않는다. 모든 과학 원칙은 모두 실증에서 검증할 수 있어야 한다. 여기서 구성개념 유형에 대한 확정도 마찬가지다. 한 다차원 구성개념이 합병형으로 정의되었으나 실증적 검증에서 모형의 적합도가 아주 낮게 나타나면 원래 정의가 타당한지, 이론적으로 다른 가능한 정의 방식이 있는지 재고해야 한다. 이론의 발전 과정에서 이론의 제기, 실증검증과 이론 수정은 순환 반복되는 과정으로 다차원 구성개념의 발전 또한 마찬가지다. 따라서 먼저 이론적 기초에서 다차원 구성개념을 정의하고 실증적 자료로 검증할 것을 제안한다. 만약 자료가 그전에 제기한 구성개념의 정의와 구조를 뒷받침하지 못하면 다른 방식을 고려한다. 그리고 이론 제기를 자료검증 전에 두는 원칙을 지켜야 한다. 설령 잠재요인형일 수 있고 합병형일 수도 있는 다차원 구성개념일지라도 구성개념의 이론적 정의를 먼저 제기하고 실증적 검증을 행해야 한다. 반복적인 검증을 거치지 않고 단지 자료로 이론을 구축하는 방식은 아주 위험하다.

3. 조합모형

또 하나의 다차원 구성개념은 잠재요인형으로도, 합병형으로도 정의할 수 없다. 예를 들면, Tsui 등 (1997)은 조직에서 네 가지 가능한 고용관계가 존재한다고 제기했다. 이 네 가지 고용관계는 두 가지 차원이 서로 교차되어 구성된다. 그 두 가지 차원은 각각 직원에게 기업이 '제공하는 유인(provided inducements)'과 기업이 직원에 대한 '기대하는 헌신(expected contributions)'이다. '제공하는 유인'은 고용주가 직원의 행동을 유도하고 격려하기 위하여 행하는 노력이다. 예를 들어 직원들에게 좋은 교육기회, 직업개발자문, 취업보장 등을 제공하는 것을 말한다. '기대하는 헌신'은 고용주가 직원들에게 기대하는 행동으로 예를 들어 성과목표 달성, 업무 표준화 등이 있다. 만약 변수를 두 등급으로 나누면 '직원-조직 관계'개념은 2차원 구성개념으로 정의할 수 있으며 두 가지 차원은 각각 '제공하는 유인'과 '기대하는 헌신'이다. 이로써 직원-조직 관계를 네 가지로 나눌 수 있다. (1) '유인'과 '기대'가 모두 높을 때 '상호 투자형(mutual investment)', (2) '유인'과 '기대'가 모두 낮을 때 '준현물 계약형(quasi-spot)', (3) '유인'이 높고 '기대'가 낮을 때 '과잉 투자형(overinvestment)', (4) '유인'이 낮고 '기대'가 높을 때 '과소 투자형(underinvestment)'. 만약 한 직원이 '상호 투자형'관계의 조직에서 업적이 뛰어나고 '준현물 계약형' 조직에서 업적이 낮다고 가정하면 먼저 조직이 어떤 유형에 속하는지 구분하는 기준을 확인해야 한다. 분명한 것은 만약 '유인'과 '기대' 두 차원이 모두 작용을 한다면 그중 한 개 잠재요인만 가지고 직원-조직 관계 구성개념을 나타낼 수 없다는 것이다. '유인'과 '기대' 두 가지 차원을 합해서 직원-조직 관계를 나타내는 것도 적절하지 않다. 사실 이 구성개념의 가장 좋은 표현방식은 바로 조합형 다차원 구성개념(profile multidimensional constructs, PMC)이다.

다차원 구성개념의 잠재요인모형은 각 차원 이면의 공통 요인로 전체적 구성개념을 나타내며 합병모형에서 전체적 구성개념은 각 차원이 다른 방식으로 조합된 것이다. 여전히 직원-조직 관계를 PMC로 하고 두 가지 차원으로 구성된 네 가지 조합을 〈그림 14-16〉과 같이 표시한다.

〈그림 14-16〉에서 각 점들은 하나의 기업이며 회색 점은 A사의 x_1 '제공하는 유인'과 x_2 '기대하는 헌신'이 모두 높은 경우를 나타낸다. 즉 직원에게 많은 유인을 제공함과 동시에 직원들도 조직에 많이 투자하기를 기대한다. 그러므로 이 기업은 상호 투자형에 속한다. 하지만 동일 유형이라도 어느 정도 격차가 있다. 어떻게 이 정도를 판단할 것인가? 먼저 상호 투자형의 정도에 대하여 정의를 내리고 나서 다음 단계의 연구를 계속할 수 있다. 예를 들면, 만약 우리가 한 기업의 상호 투자형

〈그림 14-16〉
두 가지 차원으로 구성한 네 가지 조합

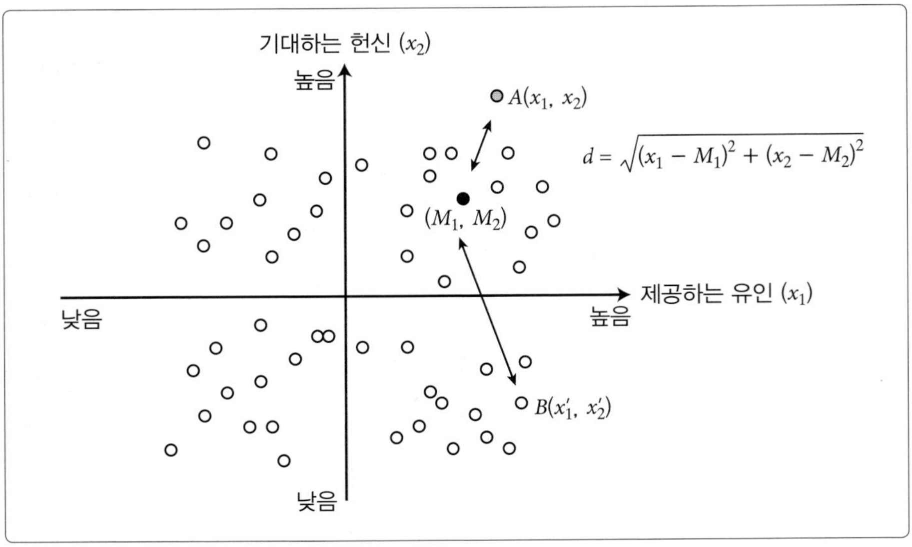

관계의 정도가 기업의 생산성 혹은 수익률과 어떤 직접적인 연관이 있는지 연구하고자 한다고 가정해보자. 그렇다면 A사와 B사 어느 쪽이 더 상호 투자형 직원-조직 관계에 가까운가? 한 가지 가능한 방법은 군집 분석(cluster analysis)을 통하여 표본에 있는 모든 업체를 네 그룹으로 분류하는 것이다. 이를 '중력법(gravity approach)'이라고 일컫는다. 네 그룹의 중심 혹은 도심(centroid)을 네 가지 직원-조직 관계의 조작적 정의로 사용할 수 있다. 예를 들면, 상호 투자형 그룹(제1 상한)의 중심이 (M_1, M_2)이면 A사의 상호 투자형 조직 수준의 정도를 점(x_1, x_2)과 점(M_1, M_2)의 유클리디언 거리(Euclidean distance)로 정의하고 아래 수학식으로 표시할 수 있다.

$$d = \sqrt{(x_1 - M_1)^2 + (x_2 - M_2)^2}$$

d는 A사의 상호 투자형 관계성격을 갖는 정도를 표시한다.

다른 한 가지 방법은 두 변수를 두 부류로 간단히 분류하는 것이다. 이를 '가상코딩법(dummy coding approach)'이라고 일컫는다. '제공하는 유인'차원의 중간 값(median)을 기준으로 모든 기업을 고득점 그룹과 저득점 그룹으로 분류하고 다시 '기대하는 헌신' 차원의 중간 값으로 모든 회사를 고득점, 저득점 그룹으로 나눈다. 이렇게 하면 모든 회사를 네 부류로 나누게 된다. 첫째 부류는 두 차원이 모두 높고 둘째 부류는 '제공하는 유인'이 높으며 셋째 부류는 '기대하는 헌신'이 높고 넷째 부류는 두 차원 모두 낮다. 이와 같이 네 부류 기업을 정하고 연구자가 이론을 토대로 가설을 제기할 수 있다.

위에서 토론하는 구성개념은 PMC이다. PMC의 주요 특징은 구성개념 자체가 모든 차원 이면의 공통 요인가 아니며 각 차원의 선형함수도 아니라는 점이다. PMC는 하나의 전체적인 구성개념으로서 각 차원이 표시하는 특징을 조합한 것이다. PMC의 또 다른 전형적인 사례는 조직문화이다. Tsui, Wang과 Xin(2006)은 조직문화를 '내적 통합 가치관'과 '외적 적응 가치관' 두 차원으로부터 분석할 수 있다고 주장한다. '내적 통합 가치관'은 화합, 표준화, 소통, 직원발전, 직원의 헌신, 리더십과 공동비전 등을 포함하며 '외적 적응 가치관'은 결과와 품질, 고객지향, 창의성과 결과지향 등을 강조한다. 조직문화의 이 두 가지 가치관은 서로 독립적이다. 이들을 같이 조합하면 네 가지 조직문화 유형을 생성할 수 있다. 내적 통합과 외적 적응이 모두 높다(유형 I); 내적 통합이 높고 외적 적응이 낮다(유형 II); 내적 통합이 낮고 외적 적응이 높다(유형 III); 내적 통합과 외적 적응이 모두 낮다(유형 IV). Tsui, Wang과 Xin(2006)은 중국의 외자기업을 첫째 유형에 귀속하기 쉽다고 본다. 중국의 현지 기업은 아마 셋째 유형의 조직문화를, 국유 기업의 조직문화는 넷째 유형이 될 가능성이 높다.

PMC가 다차원 구성개념의 일부 서로 관련된 차원들을 단순히 짜깁기한 것이 아니라는 것에 유의해야 한다. 예를 들면, Greenberg(1993)와 Colquitt(2001)는 조직 공정성의 네 가지 유형을 구분하였다. '분배 공정성(distributive justice)'은 자원배치 결과에 대한 공정성 인식을 의미한다. '절차 공정성(procedural justice)'은 자원 분배와 의사 경절에서 사용하는 절차, 과정에 대해 공정하다고 느끼는 인식을 의미한다. '정보 공정성(informational justice)'은 분배 절차의 결정요인에 관하여 당사자가 정당한 정보와 해당 해석을 받았는지, 조직이 어떤 형식의 절차 혹은 특정 방식으로 분배하는 원인에 대한 설명여부를 의미한다. '상호작용 공정성(interactional justice)'은 집행단계 혹은 결과결정에 있어서 권위나 상사가 부하에게 예의를 갖추는가, 상대방의 존엄성을 고려하는가, 상대방을 존중하는가 하는 등의 부분을 반영한다. 만약 어떤 연구자가 한 가지 모형을 제기하여 네 가지 공정으로 일부 결과변수(예: 직원의 조직 몰입)에 대하여 예측하고자 한다면 아마 이 네 가지 공정성과 직원의 조직 몰입의 관계에 대하여 각각 연구하고, 최종적으로는 어떤 공정성 유형이 직원의 조직 몰입과 관련이 있다 혹은 없다라고 결론을 내릴 것이다. 이 경우, 이 연구자는 조직공정을 PMC로서 연구하지 않았을 것이다. 한 구성개념을 PMC 유형이라고 부르는 것은, 그것이 전체적 다차원 구성개념을 반드시 일련의 조합방식으로 나타내었고, 이 조합에 구성개념의 각 차원들이 각각 대표하는 특징을 포함했기 때문이다. 이와 비슷하게 한 연구자가 간략하게 다섯 요인 모형(five factor model, FFM)(Costa &

McCrae, 1985) 중의 정서적 안정성, 외향성, 사교성, 경험 개방성 및 책임감 등 5차원 각각의 업적에 대한 영향을 연구한다면 사실상 여전히 다차원 구성개념의 조합 모형을 사용하지 않은 것이다. 첫 번째 사례에서 연구자가 네 가지 공정성의 구체적 조합형식에 대하여 정의를 내리면 그가 조직 공정성을 PMC로 하여 연구했다고 말할 수 있을 것이다. 예를 들면, 상호작용 공정성과 정보 공정성은 비교적 높고 분배 공정성과 절차 공정성이 상대적으로 낮은 '조합'일 수 있다. 다시 말하자면, 직원이 상사의 자원분배방식에 대하여 아주 긍정적이지만 조직의 공식적인 자원분배과정과 결과는 불공정하다고 느낄 수 있다. 연구자가 이러한 조합 유형의 느낌이 직원에게 어떤 영향을 주는지 파악하고자 한다면 조직 공정성을 하나의 PMC로 보고 연구했다고 단정할 수 있다. 이와 유사하게 연구자가 다섯 가지 성격특징으로 구성한 몇 가지 구체적인 조합형식을 상세하게 정의하면 다섯 가지 성격요인을 PMC로 연구했다고 말할 수 있다.

이에 비하여 Myers-Briggs의 성격유형 지표(Myers-Briggs type indicator, MBTI)(Myers, 1962)가 바로 PMC의 한 가지 대표적인 사례이다. MBTI는 개인의 성격을 4차원으로 분류한다. 이는 각각 외향(E)-내향(I) 차원, 느낌(S)-직감(T) 차원, 정서(F)-사고(T) 차원, 및 판단(J)-지각(P) 차원이다. MBTI 시스템은 이들을 단순히 상호 연관되는 성격특징 차원으로 처리하지 않고, 16가지의 서로 다른 성격 유형 조합을 형성한다. 각 유형에는 각자의 특징이 있다. 예를 들면, ISTJ형 사람의 행동은 내성적이고 자신에게 영향을 주는 외부환경에 주목하며, 감각방식을 통하여 정보를 얻는 경우가 더 많고, 사고를 통하여 의사 결정을 내리고, 판단형식으로 일하고 계획을 작성하고 결정을 내리며 경영 통제하는 것을 선호한다. 반면, ISTP형 사람은 앞의 세 가지 특징은 동일하지만 사고 분야의 차이로 인하여 다른 성격특징을 표출한다. ISTP형 사람은 지각방식으로 일하는 것을 선호하고 환경에 대하여 이해하고 적응하고자 하며 여지를 남기는 쪽으로 기울며 여유 있고 자유로운 생활방식을 선호한다. MBTI 모형은 이러한 방식으로 16가지 성격유형이 가지는 특징에 대하여 각각 서술하였다.

마찬가지로 한 기업의 성과가 어떠한지 고려할 때 재무성과(예: 재산수익률(ROA), 투자 수익률(ROI)), 사업성과(예: 시장점유율, 생산성), 사회적 성과(예: 기업의 사회적 책임) 및 경영성과(예: 직원 이동률, 직원 만족도 등) 등을 고려해야 한다. 따라서 기업의 성과도 다차원 구성개념으로 서술할 수 있다. 어떤 연구자가 '기업의 일인당 평균 교육예산이 기업의 성과에 미치는 영향'에 대하여 관심을 가진다고 가정하고, 그 혹은 그녀가 위에서 언급한 네 가지 방면의 성과를 모두 종속변수로 하여 모형에 포함시키더라도 여전히 기업 성과를 다차원 구성개념으로 연구하지 않았을 수 있다. 조합모형으로 기업 성과에 대하여 정의하고자 한다면 우선 이론적으로 일부 구체적인 성과유형을 반드시 분명하게 하고 각 유형이 어떻게 네 가지 방면의 성과로 조성되었는지 설명해야 한다. 예를 들면, 일부 기업을 '노동착취형 기업(exploitative organizations)'로 정의할 수 있다. 이러한 기업은 재무성과와 사업성과에만 집착하고 사회적 성과와 경영성과를 등한시한다. 또한 일부 기업들은 '밀폐형 기업(closed organization)'이라고 한다. 이와 같은 기업들은 경영성과만 고려하고 재무성과, 사업성과와 사회적 성과를 등한시한다. 이러한 방식으로 서로 다른 유형의 기업을 정의하면 이와 같은 기업유형과 관련된 이론을 구축하고 검증할 수 있다. 앞서 언급한 내용들을 종합하면, 여러 차원을 내포한 구성개념이 각 차원이 대표하는 특징들을 다른 조합방식으로 형성한 유형을 형성할 때 이 구성개념은 진정한 PMC가 된다.

세 가지 유형의 구성개념을 논의한 다음 독자들이 두 가지 질문을 제기할 수 있다. 첫째, 이 세 가지 다차원 구성개념모형이 생각해낼 수 있는 전부인가? 아니면 다른 유형의 다차원 구성개념이 또 존재하는가? 둘째, 모든 다차원 구성개념을 세 가지 중 한 가지로 반드시 정의해야 하는가? 간단하게 처리하여 다차원 구성개념을 각 차원에 대한 총괄이라고 보고 각 차원과 전체 구성개념의 관계를 분명하게 하지 않아도 되지 않을까? 아래는 이 두 가지 문제에 대하여 논의한다.

우선, 다차원 구성개념의 이론 제기자로서 우리는 세 가지 다차원 구성개념모형이 모든 유형의 구성개념을 포괄한다고 본다. 그러나 경영은 사회과학이다. '과학'의 핵심적 특징 중 하나는 바로 반증 가능성이다. 자연과학에서 많은 이론이 발전해온 것도 모두 새로운 발견이 지속적으로 원래의 이론에 도전하고 그럼으로써 이론의 수정이 이루어져 왔기 때문이다. 예를 들면, 아인슈타인이 상대성 이론을 제기함으로써 뉴턴의 운동법칙은 도전을 받았다. 아직까지는 이 세 가지 유형에 속하지 않는 다차원 구성개념을 보지 못했다. 그러나, 우리도 다차원 구성개념의 유형이론을 한층 더 발전시킬 수 있는 새로운 발견이나 구성개념이 나타나기를 기대한다.

다음은 다차원 구성개념에 대한 정의의 필요성이다. 이 문제에서 우리의 입장은 아주 분명하다. 연구자가 요약한 단어 혹은 색인으로 일련의 상관된 구성개념(즉 차원)을 서술하고자 하는 것은 전적으로 가능하다. 그러나 요약한 단어 혹은 색인이 확실하게 정의되기 전에는 구성개념이라고 할 수 없을뿐더러 구성개념으로서 연구에는 더더욱 사용할 수 없다. 예를 들면, 개인주의, 권력 거리, 생활의 양과 질(혹은 남성화/여성화) 및 불확실성 회피와 같은 변수를 한데 모아 '국가 문화'(national culture)(Hofstede, 1984)라고 통칭하는 것은 전적으로 합리적이다. 이와 같은 방식은 이러한 변수들을 언급할 때 간단하고 총체적인 설법이 있게 한다. 그러나 이와 같은 총괄적인 묘사로는 '국가 문화'라는 단어가 구성개념이 되게 할 수 없다. 일단 이러한 일련의 상호 연관된 구성개념 혹은 차원을 총괄하는 개괄적 색인을 '사이비 다차원 구성개념(pseudo multidimensional constructs)'이라고 한다. '기업문화'와 '기업 성과'는 모두 '사이비 다차원 구성개념'의 가장 전형적인 사례다. 이와 같은 사이비 다차원 구성개념의 특징은, 이들 모두가 진정한 다차원 구성개념이 아니고 일련의 구성개념의 개괄적 색인에 지나지 않는다는 점이다. 그러나, 이들은 종종 연구자들에게 과학적 다차원 구성개념으로 잘못 사용되기도 한다. 바로 그렇기에 '사이비' 다차원 구성개념이라고 불리는 것이다. 기업 성과를 예로 상세하게 설명하도록 한다.

Curkovic, Vickery와 Droge(2000)은 문장에서 다음 가설을 제기한다.

> 품질관리 실시 계획(quality-related action programs)과 기업 성과는 양의 상관관계이며 이러한 관계는 아마 (a) 직접적인 작용, (b) 간접적으로 '품질 성과'를 통하여 작용한다. (c) 두 가지 영향 모두 있을 것이다.

기업 성과는 이 연구의 가설에서 종속변수로 사용되고 있다. 이는 연구자가 이미 기업 성과를 한 가지 과학적 구성개념으로 간주한다는 것을 의미한다. 측정 가능한 구성개념만이 가설에 포함시킬 수 있기 때문이다. 정의에 근거하여 가설은 반드시 검증할 수 있어야 한다. 색인이 아직 분명하게 정의되어 있지 않기에, 가설 또한 검증할 길이 없으므로 총괄적 색인과 기타 구성개념 간의 관계에 관한 가설을 제기하는 것은 무의미하다.

Curkovic, Vickery와 Droge는 기업 성과를 한 구성개념으로 보고 연구에서 기업 성과를 측정하는 여섯 가지 방법을 사용했는데 세전 자산수익률(세전 ROA), 세후 자산수익률(세후 ROA), 투자수익률(ROI), 투자수익률증가(ROI증가), 시장점유율, 시장점유율 증가를 포함한다. 위의 가설에서 제기한 매개효과는 〈그림 14-17〉로 나타낸다.

'품질 성과' 중의 한 가지 내용은 '품질기준 도달(conformance to specification)'이다. 연구과로부터 ROI 는 기업 성과의 6개 측정지표에서 유일하게 '품질기준 도달'과 뚜렷하게 상관되는 성과지표이다. 다시 말해 '품질기준 도달'은 기타 5개 성과지표(세전 ROA, 세후 ROA, ROI증가, 시장점유율, 시장점유율 증가)와 전혀 관계가 없

〈그림 14-17〉
기업 성과를
PMC로 함

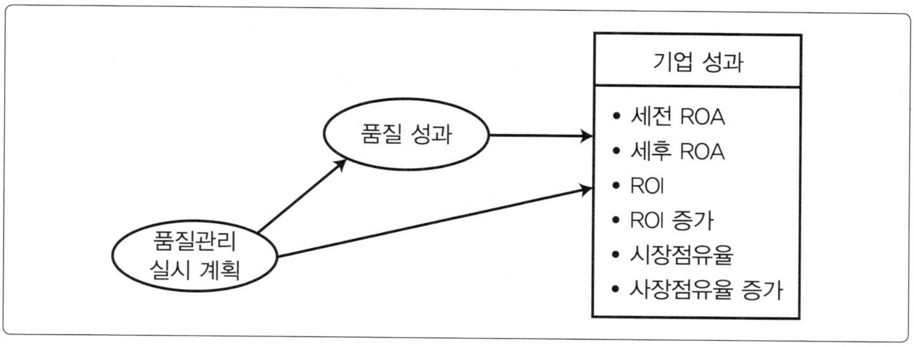

다. 그러나 연구자는 그들의 마지막 토론에서 이런 결론을 제기하였다.

이러한 결론은, 품질관리 실시계획의 사용은 품질기준 도달에 영향을 미치며 나아가 회사의 ROI에도 영향이 되는 영향작용 '경로'가 존재함을 나타낸다.

이 글의 저자는 연구 결과를 사실대로 보고했다. 연구 자료가 '품질관리 실시 계획 → 품질 성과 → ROI'을 이루는 연쇄반응을 확실히 지탱하기 때문이다. 우리가 알고자 하는 것은 이런 연구 결과를 어떻게 해석할 것인가이다. 6개 기업 성과 지표에서 어느 하나가 돋보이는 결과를 보일 때 바로 '품질기준 도달이 기업 성과에 영향을 준다'고 결론 지을 수 있는가? 간단히 말해서 이는 '기업 성과'와 6개 성과차원의 관계를 어떻게 정의하는가에 달렸다. 앞에서 논의한 세 가지 모형 중 한 가지로 기업 성과라는 구성개념을 정의하면, 각 기업을 위한 '기업 성과'의 값을 계산할 수 있으며, 아울러 전반적 기업 성과 수준이 품질기준 도달과 관련이 있는지 검증할 수 있다. 그러나 현재 상황에서 이는 별로 가능하지 않다. 기업 성과가 '사이비 다차원 구성개념'이고 기업 성과 색인이 각 차원과의 관계도 불확실하기 때문이다.

앞의 내용을 종합하면, 만약 제기한 가설에 다차원 구성개념을 포함한다면 검증 가능한 가설이 되게끔 하기 위해 전체적 구성개념과 각 차원의 관계를 우선적으로 정의해야 한다. 그렇지 않으면 그 구성개념과 관련 구성개념의 이론적 네트워크에 속하는 다른 구성개념에 대한 과학적인 결론을 얻을 수 없다. '조직시민행동'이라는 다차원 구성개념과 , 그 한 가지 원인으로서 '책임자에 대한 직원의 신임(trust in supervisor)'을 예로 들어보자. '조직시민행동' 이라는 전체적 구성개념과 그것의 각 차원(예: 이타적인 행위, 근면함과 정직함, 시민도덕, 공손함과 예의바름, 감투정신)의 관계에 대하여 정의하기 전에는 아래 가설은 비과학적이다.

가설 1: '책임자에 대한 직원의 신임'과 '조직시민행동'은 양의 관계이다.

이는 '조직시민행동'이란 구성개념에 대한 다차원 정의와 조작적 정의가 전무하기 때문이다. 우리가 가지고 있는 것은 오직 '조직시민행동'의 5개 차원에 대한 자료뿐이다. 반대로 조직시민행동의 차원에 관한 다음의 가설은 아주 과학적이다.

가설 2: '책임자에 대한 직원의 신임'과 '이타 행위'는 양의 관계이다.

'이타 행위'에 대한 아주 정확한 이론과 조작적 정의가 있기 때문이다. '가설 1'을 과학적인 가설로 바꾸려면 연구자가 '조직시민행동'의 조작적 정의를 찾아야 한다. 예를 들면, 조직시민행동의 이론에 근거하여 '잠재요인모형'으로 '조직시민행동'이 다차원 구성개념이라는 것을 정의하면 '조직시민행동'은 이타 행위, 근면정직, 시민도덕, 공손예의, 스포츠정신 이면의 잠재요인가 되며 요인 분석으로 이 다섯 차원의 공통 요인를 분석하여 '조직시민행동'을 반영할 수 있게 되며 '가설 1' 또한 검증 가능한 가설이 된다. 반대로 '책임자에 대한 직원의 신임'과 '조직시민행동'의 다섯 차원의 상관계수를 각각 계산하는 것으로는 '가설 1'을 검증할 수 없다.

(3) 마지막 문제는, 만약 이런 사이비 다차원 구성개념의 각 차원을 통합할 수 있는 이론적 기초가 없거나, 연구자가 각 차원을 통합하는 총체적 구성개념에 대하여 관심이 없으면 어떻게 해야 하는가이다. 이때 연구자는 계속 연구를 계속하고 차원 측면에서 가설을 제기하고 검증할 수 있다. 그러나, 이 경우 그 혹은 그녀는 이런 연구에서 구성개념 전체에 대한 어떤 연구결론도 내릴 수 없다. 이는 다차원 구성개념과 각 차원의 관계를 정의하기 전에 이 다차원 구성개념과 기타 구성개념의 관계를 논의하는 것은 무의미하기 때문이다. 예를 들면, 우리는 기존의 연구로부터 네 가지 조직 공정성이 있다는 것은 알고 있다. 만약, 이 네 가지 조직 공정성을 통합하여 형성한 조직 공정성에 대한 총체적 구성개념에 관심이 없으면 '조직 공정감'을 총체적 구성개념으로 하여 가설이나 연구결론에 포함시켜 기타 구성개념과의 관계에 대하여 논의할 수 없다. 예를 들면, 연구자가 단지 절차 공정성과 분배 공정성이 직원의 이직 의도에 미치는 영향을 연구하여 '조직 공정성'(총체적 구성개념으로 함)이 직원의 이직 의도에 영향이 된다는 결론을 내리면 이는 비과학적이다. 조직 공정성을 총체적 구성개념으로서 과학적으로 정의하지 않았기 때문이다.

설령 사이비 다차원 구성개념의 모든 차원에서 각각 유사한 결과를 얻더라도 차원 측면의 결론을 총체적 구성개념으로 확장할 수 없다는 것을 유념해야 한다. 역시 조직 공정성으로 예를 들어, 한 연구자가 어떤 연구에서 〈그림 14-18〉과 같은 결과를 밝혔다고 가정해보자.

〈그림 14-18〉 두 가지 측정 모형

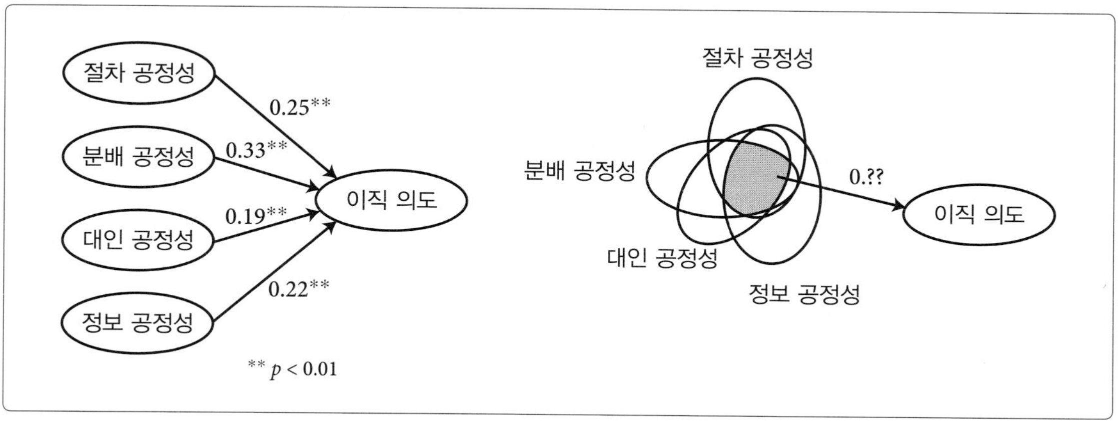

〈그림 14-18〉에서 좌측은 조직 공정성의 모든 차원이 직원의 이직 의도에 모두 현저한 작용이 있다는 것을 보여준다. 그러나 이것으로는 조직 공정성이란 총체적 구성개념과 이직 의도 사이의 관계에 대한 어떤 결론도 내릴 수 없다. 이는 여전히 조직 공정성의 총체적 구성개념과 네 가지 조직 공정성 차원 사이의 구체적 관계에 대하여 모르기 때문이다. 이 관계를 확실히 하기 전에는, 각 차원에서 발견한 결론에 근거하여 총체적 구성개념에 대한 결론을 지을 수가 없다. 그림 18의 우측은 아주 간단한 예로 왜 이렇게 결론을 내리지 못하는지 설명한다. 조직 공정성을 네 가지 공정형식 이면의 한 잠재요인로 정의하면 조직 공정성이 잠재요인형 다차원 구성개념이 된다. '조직공정이 직원의 이직 의도에 영향이 되는지 여부' 문제는 '네 차원의 공통 요인가 직원의 이직 의도에 영향되는지 여부'와 해당하다. 우측 그림에서 네 가지 공정성 모두 이직 의도에 뚜렷한 영향을 미칠지라도 그것의 공통 요인 부분(LMC)이 반드시 이직 의도와의 뚜렷한 관계를 의미하지는 않는다. 이는 네 차원 중에서 이직 의도와 상관되는 그 부분이 '공통 변이부분'인지 아니면 '각자 독립적인 변이부분'인지 확인할 수 없기 때문이다. 이 문제에 대한 상세 토론은 Wong, Law와 Huang(in press)의 문장을 참조하기 바란다. 요약하자면, 다차원 구성개념과 각 차원 사이의 관계가 확정되지 않은 상황에서 총체적 구성개념과 기타 구성개념 사이의 관계에 대하여 결론 내리는 것은 아주 위험한 일이라는 것이다.

맺음말

이 장에 첫머리에서 먼저 구성개념이란 무엇인가에 대해 개괄적으로 논의하고,

이어서 몇 가지 측정 모형에 대하여 논의했다. 측정 모형은 관측할 수 있는 측정지표로 추상적 구성개념을 측정할 때 발생하는 오차를 처리하는데 사용한다. 다른 측정 모형을 통하여 연구자가 측정 과정에서 발생하는 확률적 오차에 대하여 추측하는데, 이는 곧 측정의 신뢰도를 가리킨다. 또한 고전 측정 모형과 동종 측정 모형에 대하여 소개하고 조형 지표와 반영 지표의 개념을 도입하였다. 구성개념에 대한 정의는 반영 지표와 조형 지표 둘 중에서 어느 것으로 측정하는 것이 더 적절한지 결정한다. 조직행위와 인력자원 관련 연구에서 구성개념의 90% 이상은 모두 반영 지표로 측정한 것이다. 이 장의 소개를 통하여 연구자가 필요할 때 조형 지표를 사용하여 연구하고자 하는 구성개념을 측정하기를 희망한다.

반영 지표와 조형 지표는 추상적 구성개념과 구체적 지표 사이의 관계를 다룬다. 반영 지표는 동일 구성개념이 다른 방식으로 나타나는 효과이다. 이에 비하여 조형 지표는 구성개념을 형성하는 원인이다. 반영 지표와 결과를 혼동하거나 조형 지표와 원인을 혼동하지 말아야 한다. 한 구성개념의 결과 혹은 원인도 응당 한 가지 구성개념이야 한다. 예를 들면, 조직 몰입이 직원의 이직 의도를 유발하는 한 가지 원인일 수 있다. 여기서 조직 몰입과 직원의 이직 의도 모두 추상적이고 관측 불가능한 구성개념이다. 그러나 반영 지표와 조형 지표는 모두 지표로서 구체적이고 관측할 수 있으며 추상적 구성개념을 측정할 수 있다. 우리는 이러한 구체적이고 관측 가능한 지표를 사용하여 추상적 구성개념을 표현하거나 측정한다.

다차원 구성개념과 각 차원 사이의 관계는 어느 정도는 1차원 구성개념과 각 지표 사이의 관계와 유사하다. 다차원 구성개념의 차원은 동일 잠재적 구성개념의 다른 반영일 수 있다. 이를 잠재요인형 다차원 구성개념이라고 한다. 다차원 구성개념의 각 차원이 또한 구성개념 전체의 결정적 요인일 수 있다. 이를 합병형 다차원 구성개념이라고 한다. 이때 두 가지 유형의 구성개념을 다차원 구성개념의 원인이나 결과와 혼동하지 않도록 주의해야 한다. 정의에서 보면 다차원 구성개념의 각 차원은 여전히 동일 구성개념의 일부분이다. 잠재요인형 다차원 구성개념에서 각 차원은 전체 구성개념의 결과가 아니다. 각 차원은 모두 동일 구성개념의 일부분이며 어떤 한 구성개념의 결과라면 반드시 또 다른 한 구성개념이기 때문이다. 일반 지능(혹은 g 요인)을 예로 들면 일반 지능은 잠재요인형 다차원 개념이며 언어능력은 일반 지능의 한 가지 결과가 아니라 그것의 한 차원이다. 언어능력과 일반 지능은 모두 동일 '지능'의 구성개념이다. 마찬가지 원리로 합병형 다차원 구성개념에서 각 차원도 그들이 속하는 다차원 구성개념의 원인이 아니다. 예를 들면, Hackman과 Oldham(1976)의 관점에서 다차원 구성개념의 합병모형에 근거하여

기능 다양성은 직무 자율성과 한 직무의 잠재 동기부여와 연관된다. 그러나, 기능 다양성이 잠재 동기부여의 원인은 아니다. 반대로 그것은 모두 동일 구성개념인 잠재 동기부여를 나타내며, 단지 기능 다양성은 그중의 한 차원을 나타낼 뿐이고, 잠재 동기부여는 구성개념 전체를 나타내는 것이다.

또한 상기의 논의에서는 다차원 구성개념 전체와 각 차원 사이의 세 번째 관계, 즉 조합모형을 소개했다. 유의할 점은 조합모형은 다차원 구성개념의 각 차원의 구체적 조합방식이라는 점이다. 조합모형에서 각 차원과 구성개념 전체 사이의 관계는 분명하게 정의된다. 이렇게 함으로써 연구자는 각 차원의 득점을 토대로 전체 구성개념의 값을 계산할 수 있다.

'사이비 다차원 구성개념'에 관한 토론으로 이 장을 마무리했다. 다차원 구성개념의 잠재요인모형, 합병모형과 조합모형을 비교하여 사이비 다차원 구성개념을 사용할 때, 연구자가 단 한 가지 개괄적 색인으로 일련의 상관되는 구성개념을 반영한다는 것을 엿볼 수 있다. 예를 들면, '문화'가 바로 이러한 색인이다. 이는 흔히 다른 문화적 차원을 대표할 때 사용된다. 예컨대 개인주의, 권력 거리 등이 있다. 그러나 이런 색인과 그것의 '차원'사이의 관계가 이론적으로 명확하게 정의되지 않았으므로, 이와 같은 사이비 다차원 구성개념과 각 차원 사이의 진정한 관계는 확인할 수 없다. 따라서, 이런 사이비 다차원 구성개념으로는 관련된 어떤 가설이나 이론도 제기할 수 없다. 우리는 연구자들이 이와 같은 구성개념에 관한 연구를 지속하기 전에 먼저 다차원 구성개념의 세 가지 유형 중의 한 가지로 분명하게 정의를 내리고 이 다차원 구성개념과 각 차원 사이의 정확한 관계를 확정한 다음 관련 구성개념에 대한 과학적인 연구를 수행하기를 강력하게 추천한다.

참 고 문 헌

Bandura A. (1997). *Self-Efficacy: The Exercise of Control*. New York: Freeman and Company, Freeman and Company.

Chan, D. (1998). Functional relations among constructs in the same content domain at different levels of analysis: A typology of composition models. *Journal of Applied Psychology*, 83 (2), 234-246.

Colquitt, J. A. (2001). On the dimensionality of organizational justice: A construct validation of a measure. *Journal of Applied Psychology*, 86(3), 386-400.

Costa, P. T. & McCrae, R. R. (1985). *The NEO Personality Inventory Manual*. Odessa, FL: Psychological Assessment Resources.

Curkovic, S., Vickery, S. & Droge (2000). Quality-Related action programs: Their impact on quality performance and firm performance. *Decision Sciences*, 31 (4), 5\885-905.

Edwards, J. R. (2001). Multidimensional constructs in organizational behavior research: An integrative analytical freamework. *Organizational Research Methods*, 4 (2), 144-192.

Greenberg, J. (1993). The social side of fairness: Interpersonal and informational classes of organizational justice. In R. Cropanzano (Ed.), *Justice in Workplace: Approachign Fairness in Human Resource Management*. Hillsdale, NJ: Erlbaum, 79-103.

Gibson, C. B., Randel, A. E., & Earley, P. C. (2000). Understanding group efficacy: An empirical test of multiple assessment methods. *Group and Organization Management*, 25 (1), 67-97.

Hackman, J. R. & Oldham, G. R. (1976). Motivation through the design of work: Test of a theory. *Organizational Behavior and Human Performance*, 16, 250-279.

Hinkin, T. R. (1998). A brief tutorial on the development of measures for use in survey questionnaires. *Organizational Research Methods*, 1 (1), 104-121.

Holmes, T. H. & Rahe, R. H. (1976). The social readjustment rating scale. *Journal of Psychosomatic Research*, 1, 213-218.

Hofstede, G. (1984). *Culture's Consequences: International Differences in Work-Related Values*. Newsbury Park: Sage.

Kerlinger, F. N. (1986). *Foundations of Behavioral Research* (3rd ed.), Fort Worth: Harcourt Brace Jovanovich College Publishers.

Law, K. S., Wong, C. S., & Mobley, W. H. (1998). Towards a taxonomy of multidimensional constructs. *Academy of Management Review*, 23 (4), 741-755.

Law, K. S. & Wong, C. (1999). Multidimensional constructs in structural equation analysis: An illustration using the job perception and job satisfaction constructs. *Journal of Management*, 25 (2), 143-160.

Lawler, E. E. III (1983). Satisfaction and behavior. In R. M. Steers & L. W. Porter (Eds.), *Motivation and Work Behavior* (3rd ed.), New York: McGraw-Hill.

Locke, E. A. (1969). What is job satisfaction? *Organizational Behavior and Human Performance*, 4, 309-336.

Organ, D. W. (1988). *Organizational Citizenship Behavior: The Good Soldier Syndrome*. Lexington, MA: Heath.

MacCallum, R. C. & Browne, M. W. (1993). The use of causal indicators in covariance structure models: Some practical issues. *Psychological Bulletin*, 114 (3), 533-541.

McCare, R. R. & Costa, P. T., Jr. (1989). The structure of interpersonal traits: Wiggins circumplex and the five-factor model. *Journal of Personality and Social Psychology*, 56, 586-595.

Meyer, J. P., Allen, N. J., & Smith, C. A. (1993). Commitment to organizations and occupations: Extension and test of a three-component conceptualization. *Journal of Applied Psychology*, 78 (4), 538-551.

Meyer, J. P. & Allen, N. J. (1991). A three-component conceptualization of organizational commitment. *Human Resource Management Review*, 1, 61-98.

Mowday, R. T., Porter, L. W., & Steers, R. M. (1982). *Employee-Organization Linkages: The Psychology of Commitment, absenteeism, and Turnover*. New York: Academic Press.

Myers, I. B. (1962). *The Myers-Briggs Type Indicator Manual*. Princeton, NJ: Education Testing Service.

Nunnally, J. C. & Bernatein, I. H. (1994). *Psychometric Theory* (3rd ed.). New York: McGraw-Hill.

Podsakoff, P. M., MacKenzie, S. B., & Hui, C. (1993). Organizational citizenship behaviors and managerial evaluations of employee performance: A review and suggestions for future research. In G. R. Ferris (Eds.), *Research in Personnel and Human Resources Management*. Greenwich, Connecticut: JAP Press.

Smith, C. A., Organ, D. W., & Near, J. P. (1983). Organizational citizenship behavior: Its nature and antecedents. *Journal of Applied Psychology*, 68, 653-663.

Spearman, C. (1927). *The Abilities of Man*. New York: Macmillan.

Tsui, A. S., Pearch, J. L., Porter, L. W., & Tripoli, A. M. (2007). Alternative approaches to the employee-organization relationship: Does investment in employees pay off? *Academy of Management Journal*, 40 (5), 1089-1121.

Tsui, A. S., Wang, Hui, Xin, K. R. (2006). Organizational culture in china: An analysis of culture dimensions and culture types. *Management Organization Review*, 2 (3), 345-376.

Wong, C. Sl, Law, K. S., & Huang, G. (in press). On the importance of conducting construct level analysis for multidimensional constructs in theory development and testing. *Journal of Management*.

저 자 소 개

뤄썽치앙(羅勝强, Kenneth Law) 홍콩중문대학교 경영학과(Department of Management, Chinese University of Hong Kong) 명예교수, 연구 분야는 조직행동의 연구방법, 리더십 행동, 기업시민행동와 정서지능 등이 있다.

찌양옌(姜嫣, Jiang Yan Jane) 남경대학교 경영대학(School of Business, Nanjing University) 전임강사, 홍콩중문대학 박사이다. 연구 분야는 주로 새로운 직원의 조직사회화, 리더십 행동, 팀워크 및 경영학 연구방법론이 있다.

15 장

인과관계이론의 구축 – 구조방정식모델

Gordon Cheung (홍콩중문대학교)
Linda Wang (미시건주립대학교)

15.1 구조방정식 모형이란

통계학의 관점에서 이른바 모형이란, 계량적인 방식으로 관찰변수(observed variables)와 잠재변수(latent variables) 간의 관계를 설명한 것이다. 오늘 여러분에게 소개하고자 하는 구조방정식 모형(structural equation modeling, SEM)은 관찰변수와 잠재변수 및 잠재변수와 잠재변수 간의 가정관계를 검증하는 다변량 통계분석 방법이다. 즉 수집한 데이터를 통해 이론적으로 세운 가정 모형을 검증하는 것이다. 그래서 SEM은 일종의 이론모형 검증의 통계방법이다.

이론연구 중에는 수많은 변수가 관여하게 되는데, 우리에게 가장 익숙한 회귀방정식은 일반적으로 1개 종속변수(dependent variable)와 여러 개 독립변수(independent variable) 간의 관계를 단지 한번만 해석할 수 있을 뿐이다. 반면에 여러 회귀방정식을 포함한 구조방정식으로는 여러 개의 종속변수와 독립변수 간의 복잡한 관계를 동시에 분석해낼 수 있다. 즉 전통적인 통계방법으로는 변수 간의 관계를 여러 차례 처리해야 하는 반면에, 구조방정식으로는 한번에 동시에 분석해낼 수 있다는 사실을 알 수 있다. 그에 따라 연구의 정확성도 한층 향상되는 것은 당연하다.

15.2 구조방정식 모형의 장점

구조방정식의 장점을 간단히 설명하면 다음과 같다.

(1) 기존의 경영관리, 사회, 교육, 심리학의 연구에서 발견된 수많은 변수는 직접적인 측정이 불가능한 것으로 일반적으로 구인이라 칭한다. 가령 인간의 태도, 인지력, 심리 등의 변수를 우리는 잠재적 변수라고 부른다. 전통적인 방법으로는 관찰변수를 통해 간접적으로 잠재적 변수를 측정한다. 예를 들어 설문지 답안의 평균값을 잠재변수의 수치로 삼는다. 전통적인 방법은 바로 설문지의 평균값으로 구인을 반영한 뒤 회귀방정식으로 계산한다. 하지만 이러한 관찰이 가능한 변수는 대량의 측정오차를 포함하여 회귀모형의 매개변수 추정에 영향을 미친다. 일반적으로 설문지를 통해 얻는 관찰변수는 참값과 측정오차로 이루어진다. 두 개 변수(bi-variate)가 있는 경우에, 임의 오차가 각 매개변수 간의 상관성에 미치는 영향은 다음의 공식으로 표시할 수 있다.

$$r_{xy} = r^*_{xy} \sqrt{r_{xx} r_{yy}}$$

여기서 r_{xy}는 X와 Y의 관찰점수의 상관계수이고, r^*_{xy}는 X와 Y 참값의 상관계수, r_{xx}는 X의 신뢰도이고, r_{yy}는 Y의 신뢰도이며, $1-r_{xx}$는 X의 측정오차이고, $1-r_{yy}$는 Y의 측정오차이다. 그중에 r_{xx}와 r_{yy}의 최대치에서 1을 제하면 $r_{xy} \leq r^*_{xy}$의 결론을 얻을 수 있다. 두 개 변수의 상황에서 만약에 r_{xy}=0.64라는 것을 안다면, r_{xx}와 r_{yy}에서 각각 0.8을 제하면, 이상의 공식을 응용하여 r^*_{xy}=0.8이라는 계산을 환원할 수 있다. 이러한 방식을 감약교정(adjustment for attenuation)이라고 한다. 그렇다면 변수가 여러 개(multi-variate)일 경우는 어떻게 해야 할까? 독립변수의 개수가 하나 이상일 때는 측정오차로는 매개변수 간의 상관성 영향을 예측할 수가 없다. 커질 수도 있고 작아질 수도 있기 때문에 감약교정을 할 수가 없다. 이때 구조방정식을 이용한다면 측정오차의 값을 정확하게 계산할 수 있다. 잠재변수 간의 구조관계를 분석할 때 구조방정식은 임의의 오차를 없애 전체 측정의 정확성을 크게 향상시켜준다.

(2) 우리가 설문지 혹은 기타 관찰변수로 잠재변수를 측정할 때, 관찰변수와 잠재변수 간의 관계에는 일정한 가정이 있다. 즉 그 관찰변수로 잠재변수를 측정한다고 가정하는 것이다. 우리는 검증성 요인분석으로 관찰변수와 잠재변수의 가정관계가 데이터와 일치하는지를 판단할 수 있다. 만일 우리의 가정이 정확하다는 사실이 증명되면 그 수렴 타당성(convergent validity)도 증명된다. 판별 타당성(discriminant validity)은 각 잠재변수 간의 상관계수가 1보다 현저하게 낮은지 여부에 따라 판단할 수 있다.

(3) 구조방정식은 다수의 종속변수 간의 관계를 동시에 계산할 수 있다. 특히 매개효과(mediating effect) 연구에 응용할 수 있다. 가령, 조직 이론에서 변수 A가 변수 B에 직접적인 영향을 미치는 것이 아니라 중간에 변수 C를 매개체로 삼는다고 가정해보자. 이때 구조방정식으로 이러한 문제를 종합적이고 타당하게 분석할 수 있다.

(4) 연구 과정에서 우리는 다중(다차원)구인(multi-dimensional/mega construct)의 측정 문제에 부딪치곤 한다. 그렇다면 다중구인이란 무엇인가? 다중구인은 서로 다른 개념을 포함하고 있는 통합적인 요인이다. 예를 들면, 업무만족도는 일종의 다중구인이다. 왜냐하면 직장상사, 동료, 업무환경, 연봉, 업무성질 등에 대한 만족도를 포함한 다중의 의미를 포함하고 있기 때문이다. 구조방정식은 고차요인(higher-order factor) 분석을 통해 이러한 상황을 적절하게 처리할 수 있다.

15.3 측정기본개념

위에서 언급했던 것처럼 우리가 연구 중에 추상적이라고 부르는 것, 즉 직접적인 관찰을 통해 변수를 측정할 수 없는 것을 잠재변수(latent variable)라고 한다. 인간의 성격이 대표적인 예이다. 또한 일련의 관찰변수(observed variables)를 통해 간접적으로 구현되는 것이 있는데, 인간의 행위 등을 예로 들 수 있다. 개괄적으로 말하면, 구조방정식은 관찰변수로 어떻게 잠재변수를 측정할 것인가를 설명하고 있으며, 또 다른 한편으로는 각 잠재변수 간의 관계를 나타내고 있다.

구인은 사람들이 소통을 할 때 표현하는 일종의 추상적인 개념이다. 가령 어느 레스토랑에 대한 만족도를 예로 들어 보자. 이는 구체적이며 쉽게 관찰할 수 있는 변수로 구성되어 있다. 예컨대 음식 맛, 가격, 서비스 품질, 환경 요소 등이다. 통상적으로 편리한 소통을 고려하여 선별된 구인으로 모든 관찰변수를 대표하게 한다. 물론 시간과 환경의 변화에 따라 하나의 구인으로 다수의 관찰변수를 대표하는 것에도 변화가 발생한다. 그렇다면 이제 우리는 마땅히 어떤 새로운 관찰변수로 이러한 잠재변수를 측정해야 하는가의 문제를 생각해볼 필요가 있다. 그래서 여기에서는 두 가지 방면의 문제를 다루고 있다. 하나는 각기 다른 관찰변수로 어떤 구인을 대표하는가 이고, 또 하나는 구인은 어떤 관찰변수로 이루어졌는가이다.

15.4 측정오차

고전적 참점수모형(classical true score model)은 참점수 및 오차점수의 관점에서 신뢰도를 해석한다. 즉 개인의 관찰점수(observed scores)는 참점수와 오차점수 두 부분으로 구성되어 있다. 이들 간의 관계는 다음의 공식으로 표시할 수 있다.

$$X = T + E$$

여기서 X는 관찰점수이고, T는 참점수, E는 오차점수이다.

사실상 이상적이고 완벽한 측정 조건 아래에서만이 측정 중 오차가 없는 불변의 부분을 대표하는 참점수를 얻을 수 있다. 하지만 이러한 경우는 매우 드물다. 측정된 관찰점수는 모두가 부분적인 오차 요소를 포함하고 있다. 이 오차는 계통오차(systematic error)와 임의오차(random error)로 구성되어 있다. 그 가운데 계통오차는 일부 특정 연구 설계 중에서만이 측정될 수 있다. 때문에 일반적으로 우리는 계통오차의 값을 '0'으로 간주하지만 실상 참점수 중에 포함되어 나타난다.

이 가운데 임의 오차는 다음 세 가지 특성을 갖고 있다.

1. 오차가 완전히 우연적으로 발생한다. 그래서 하나의 개체군 오차점수의 평균값은 0이다.
2. 하나의 개체군의 참점수와 오차점수 간의 상관성은 0이다.
3. 그 어떤 임의의 오차도 서로 간의 상관성은 0이다.

우리는 구조방정식에도 위의 첫 번째와 두 번째 항의 가정을 유지한다. 반면에 세 번째 항의 가정을 반드시 차용할 필요는 없다. 그렇다면 세 번째 항의 가정이 존재하기 부적합한 경우는 어떤 상황일까? 일반적으로 동일한 문항이 동일한 구조방정식에서 출현하는 횟수가 한 번 이상일 때 오차 간에 상관성이 존재할 가능성이 있다. 간단히 설명하면 다음과 같은 상황이다.

(1) 동일한 설문 문항의 구절이 각기 다른 피험자에게 오차를 야기시켰을 때이다. 즉 각기 다른 피험자들이 동일한 문항을 사용하여 동일한 측정대상을 측정할 시, 문항 구절에 대해 발생하는 오차는 그 오차결과 간의 상관성을 발생시킨다. 가령 360도 업무실적 평가를 실시할 때 각기 다른 사람들이 동일한 측정도구를 사용했을 경우, 즉 동일한 설문지로 지정된 대상을 상대로 업무실적 평가를 진행했을 경우이다. 이때 우리는 각기 다른 피험자, 즉 조사 대상 본인과 그 상사의 평가결과 오차 간에 일정한 상관성이 있다고 가정할 수 있다. 이는 구조방정식으로 측정할 수 있지만 일반 회귀방정식으로는 측정할 수 없다.

(2) 동일한 문항이 서로 다른 시간에 동일한 피험자에게 오차를 야기 시켰을 때이다. 이때는 문항이 야기시킨 오차 이외에도 동일 피험자가 시간에 따라 이 오차를 지속적으로 반복하는 것을 포함하고 있다. 때문에 동일한 문항은 각기 다른 시간에 동일한 측정대상에 대해 야기시킨 오차 간에는 상관성이 발생할 수 있다. 가령 종적 시간계열 연구(longitudinal time series study)에 응용할 경우 전통적인 방법으로는 쉽게 처리할 수 없는 상황이지만, 구조방정식으로는 쉽게 처리할 수 있다.

전술한 것처럼, 우리는 그 어떤 상황에서도 임의의 오차 간의 상관성이 '0'이라고 가정할 수 없다. 그러나 동시에 다음 두 가지 영향력을 주의할 필요가 있다. 첫째, 오차 간의 상관성은 임의로 추가할 수 없으며, 강력한 이론적 근거가 전제되어야 한다. 둘째, 이론적인 뒷받침 아래 만일 오차간에 정말로 상관성이 존재하지만 우리가 그 상관성의 존재를 소홀히 했을 경우, 우리의 측정결과는 기타 매개변수 추정에 크나큰 영향을 미칠 수 있다.

15.5 구조방정식 모형이론 및 논리

이어서 우리는 구정방정식의 개념을 구체적으로 소개하고자 한다. 〈그림 15-1〉과 같이, 점선 위에 있는 부분은 집단 전체(population)의 정보이고 허구인 것이며, 점선 밑에 있는 부분은 표본(sample)에서 얻어온 참된 정보이다.

먼저 점선 이상의 개체군의 정보에 대해 소개하고자 한다. 상단 왼쪽에서부터 보면, 이것은 개체군 데이터의 일부 변수이다. 비록 그들 간의 상관관계를 알 수 없지만 이 변수 간의 관계를 상관행렬을 이용하여 표시할 수 있다. 즉 공분산 행렬 Σ_0를 내놓을 수 있다. 오른쪽은 각기 다른 가정을 토대로 각 변수 간의 관계를 설명한 서로 다른 모형 즉, 모형 $k-1$, k, $k+1$이다. 각기 다른 가정을 근거로 한 모형으로 각 모형의 근사 공분산 행렬 즉, Σ_k를 추정할 수 있다. 여기서 Σ_0와 Σ_k의 차이점을 비교하여 전체 불일치한 부분(population discrepancy)인 Δ_{pop}를 얻을 수 있다. Δ_{pop}가 작을수록 Σ_0와 Σ_k가 더욱 가까워지는 것을 의미하며, 이는 또한 앞서 가정했던 변수 간의 관계 모형 k가 개체군 변수에 가까워지는 상호관계, 즉 맨 처음의 조작모형을

〈그림 15-1〉 구조방정식 모형 이론

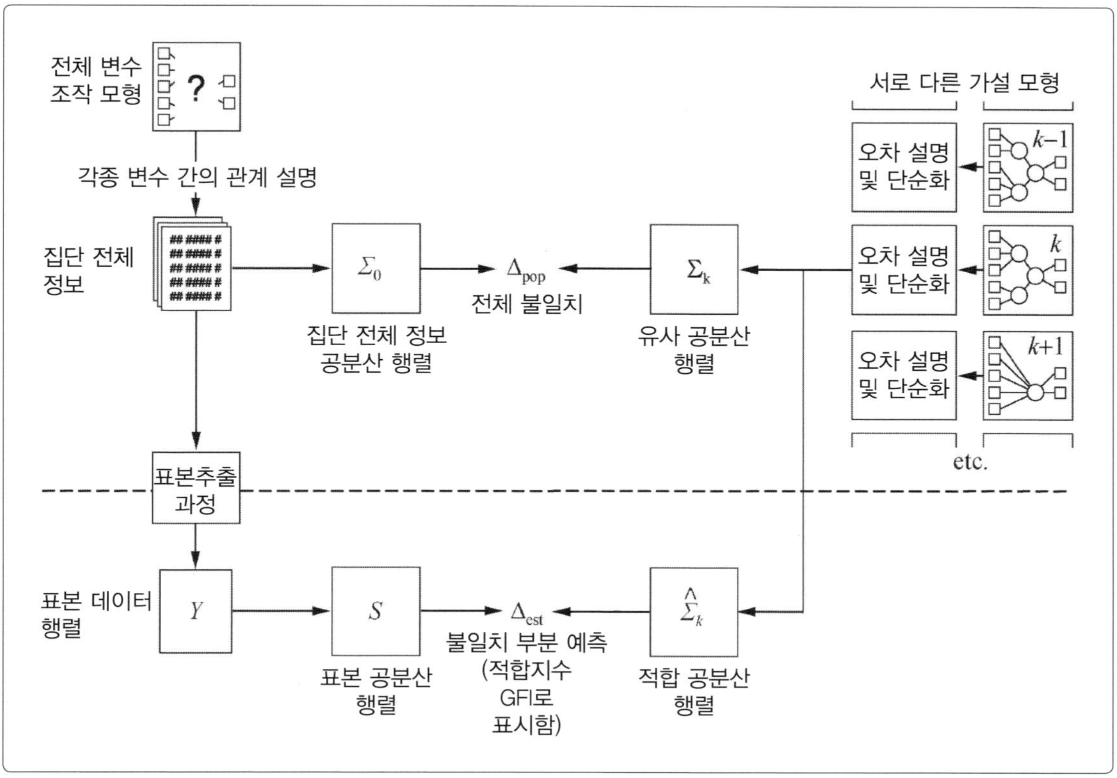

의미한다.

다음은 점선 이하의 표본에서 얻은 정보에 대해 이야기해보자. 그림1의 오른쪽에 표시된 대로, 개체군에서 표본까지 추출의 과정을 거쳐야 하며, 오차의 발생이 자연히 뒤따른다. 즉 '개체군 데이터(population data)+표본 오차(sampling error)=표본 데이터 행렬(Y)'이다. 우리는 Y에서 표본의 공분산 행렬 S를 계산해낼 수 있다. 또한 그에 상응하여 가정을 토대로 한 모형은 적합 공분산 행렬 $\hat{\Sigma}_k$를 만들어낼 수 있다. 개체군 중의 Σ_0, Σ_k 및 Δ_{pop}는 모두 허구이기 때문에 실제적으로 우리가 수행해야 하는 것은 표본 중의 S와 $\hat{\Sigma}_k$의 크기를 비교하는 것 즉, Δ_{est}이다. 구조방정식에서 각기 다른 적합지수(fit index)를 이용하여 Δ_{est}의 크기를 표시하며, 그 가운데 가장 많이 사용하는 적합지수는 χ^2(Chi-square)이다. χ^2의 비교를 통해 즉, Δ_{est}가 작을수록 적합 공분산 행렬 $\hat{\Sigma}_k$가 표본 공분산 행렬 S에 가까워지는 것을 의미한다. 이는 곧 우리가 앞서 제시한 모형과 데이터의 적합도가 매우 높다는 것을 의미한다.

15.6 구조방정식의 기본 유형

간단히 말해서, 구조방정식 모형은 크게 다음 네 가지 종류로 나눌 수 있다. 측정모형, 경로모형, 전체모형, 평균 구조모형이다.

15.6.1 측정모형

〈그림 15-2〉는 측정모형의 기본적인 모습이다. 여기서 우리는 8개 관찰변수를 이용해 2개의 잠재변수를 측정했다. 그중에 전반부의 4개 관찰변수는 첫 번째 잠재변수를 측정하고, 후반부의 4개 관찰변수는 두 번째 잠재변수를 측정했다. 그림 2에서 표시된 바와 같이, 이 두 개의 잠재변수는 상관성이 있으며, 잠재변수와 관찰변수의 관계는 요인부하(factor loading), 즉 λ로 표시할 수 있다. 또한 각 관찰변수의 측정오차는 δ로 표시한다. 그밖에 구조방정식 모형은 통상 도표 표시법에서 원형 혹은 타원형으로 잠재변수 혹은 요인을 표시하고, 사각형 혹은 직사각형으로 관찰변수를 표시한다. 사실 측정모형의 주된 용도는 검증성 요인 분석으로 마음 속의 가정을 검증하는 것이다. 〈그림 15-2〉에 표시된 바와 같이 요인모형이 데이터와 일치하는지의 여부에 따라 좋은 모형인지 결정된다. 동시에 각 요인간의 매개변수를 합리적으로 추정할 수 있다. 이는 우리가 앞에서 언급했던 구인타당도의 검측과 대응된다.

〈그림 15-2〉 측정모형

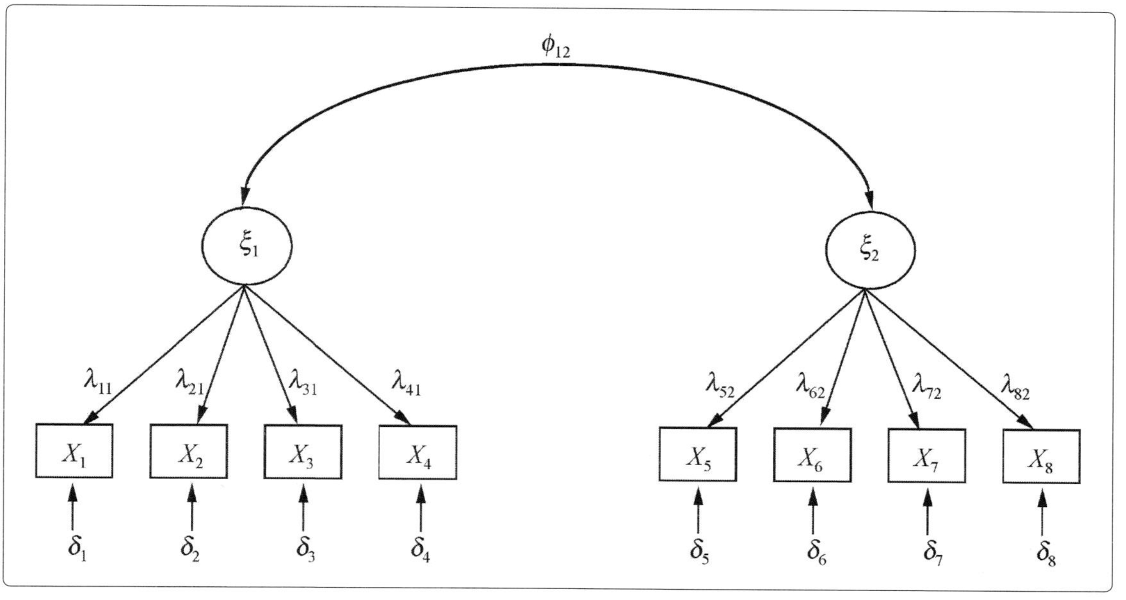

15.6.2 경로모형

〈그림 15-3〉은 3개의 독립변수와 2개의 종속변수를 포함하고 있는데, 이들 간에는 복잡한 상호관계가 있다. 간단히 말하면, 구조방정식 모형은 이러한 모든 관계를 한꺼번에 동시에 추정할 수 있다. 이로써 1개의 종속변수를 고려할 때 기타 종속변수의 존재 및 그 영향을 소홀히 하게 되는 상황을 피할 수 있다. 경로분석은 주로 각 변수 간의 관계를 파악하고 싶을 때 사용한다. 이러한 관계는 크게 직접적 관계와 간접적 관계로 나눌 수 있다. 직접적 관계(direct effect)는 어느 변수가 또 다른 변수에 직접적인 영향을 미치는 것을 가리킨다. 〈그림 15-3〉에서 변수 X_1에서 변수 Y_1까지, 혹은 변수 X_3에서 변수 Y_2까지이다. 간접적 관계(indirect effect)는 어느 변수가 또 다른 변수에 영향을 미치는데, 단 이러한 영향이 기타 변수를 통해 이루어지는 것을 가리킨다. 여기서 중간 역할을 하는 변수를 간섭변수(intervening variables)라고 부른다. 〈그림 15-3〉에서 보면, X_1이 Y_1을 통해 Y_2에 영향을 미치는 것을 볼 수 있다.

종합적으로 말하면, 총효과(total effect)는 어느 변수가 또 다른 변수에 대해 직접적 효과와 간접적 효과를 미치는 것을 통틀어 가리킨다. 가령 X_3과 Y_2 사이에는 γ_{21}이라는 직접적 관계가 존재하는 동시에, Y_1을 통한 간접적 관계 $\gamma_{13}\beta_{21}$이 존재한다. 그러면 X_3과 Y_2의 총효과는 위의 직접적 효과와 간접적 효과의 합($\gamma_{13}\beta_{21}+\gamma_{23}$)이

〈그림 15-3〉 경로모형

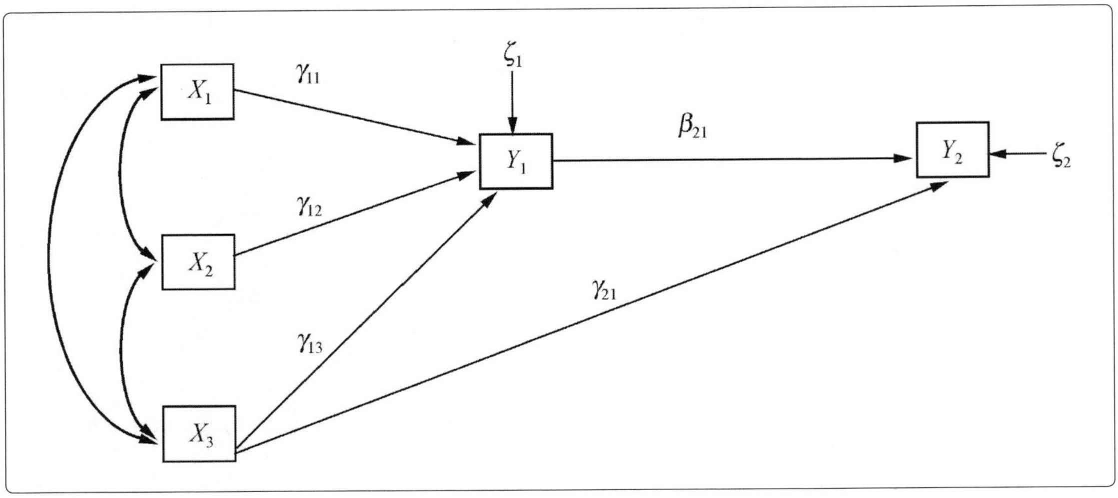

된다. 물론 전통적인 회귀분석으로도 변수 간의 복잡한 관계를 직접적 관계와 간접적 관계로 분석할 수 있다. 하지만 구조방정식은 매우 간단한 방법으로 각종 변수 간의 관계를 동시에 분석함으로써 분석 작업의 번거로움을 덜어준다.

15.6.3 전체모형

〈그림 15-4〉에서 보듯이, 전체모형은 측정모형과 경로모형을 합친 것으로 외생변수와 내생변수의 모형을 동시에 포함하고 있어서 완전모형(complete model)이라고도 부른다. 완전모형은 8개 기본적인 매개변수행렬을 포함하고 있다. 요인부하행렬 Λ_x와 Λ_y, 경로계수행렬 β와 Γ, 외생잠재변수 ξ의 분산 공분산 행렬 ϕ, 잔차 ζ의 분산 공분산 행렬 ψ 및 관찰오차 δ와 ε의 분산 공분산 행렬 θ_δ와 θ_ε 등이다. 우리는 구조방정식 모형의 4개 기본행렬방정식을 근거로 8개 기초매개변수행렬의 구체적 관계를 써내려 갈 수 있다.

$$x = \Lambda_x \xi + \delta$$
$$\Sigma = \Lambda_x \Phi \Lambda_x' + \Theta_\delta$$
$$y = \Lambda_y \eta + \varepsilon$$
$$\eta = \mathrm{B}\eta + \Gamma\xi + \zeta$$

〈그림 15-4〉 전체모형

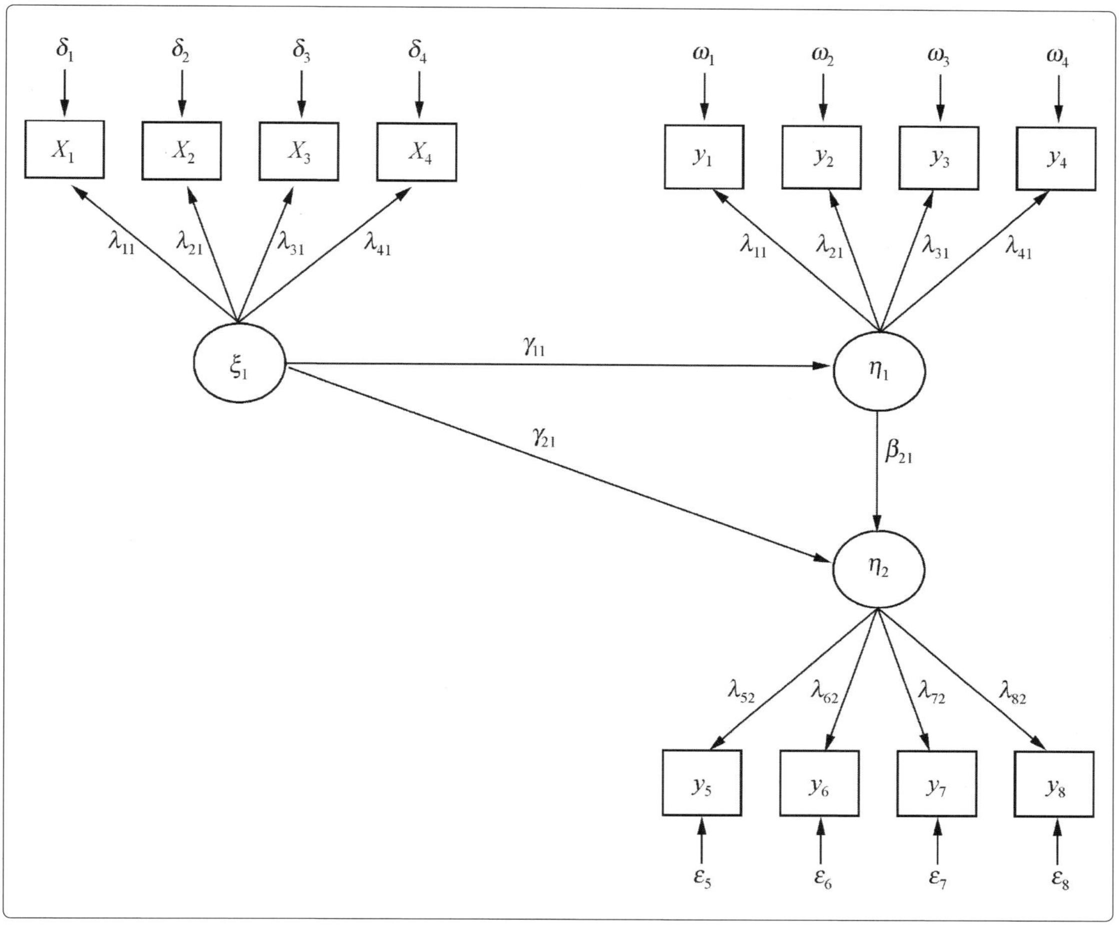

15.6.4 평균 구조모형

20여 년 전만 해도 구조방정식에 대한 학자들의 인식은 공분산 행렬 형식에만 국한되어 있었다. 그러나 현재의 연구는 잠재변수의 평균값 분석에까지 확대되었다. 평균 구조모형은 2개의 기초매개변수행렬이 추가된다. 거리 τ와 잠재변수 평균값 κ로써 이들 간의 관계는 다음에 설명하는 행렬방정식으로 대표된다.

$$\mu_x = \tau_x + \Lambda_x \kappa$$

단일 그룹별 구조모형에 대해 말하자면, 잠재변수의 측정단위(scale) 및 그 거리(intercept) 모두 임의로 설정하는 것이다. 때문에 변수의 평균값에 별다른 의미가 없다. 하지만 교차 그룹(cross-group)의 비교연구에서는 평균 구조모형으로 각 그룹별 잠재변수의 평균값 크기를 비교할 수 있다.

15.7 LISREL프로그램 쓰기

현재 구조방정식 모형을 분석하는 데는 다양한 소프트웨어를 활용할 수 있다. 본 장에서 자세히 소개하려고 하는 것은 LISREL 소프트웨어이다. 그밖에 유행하고 있는 소프트웨어로 AMOS, EQS, Mplus가 있다. 먼저 잠재변수의 측정단위를 살펴보자. 앞에서 언급했던 것처럼, 잠재변수는 허구적인 개념이다. 우리가 인지, 태도 등의 요인을 측정하고자 할 때 기존의 거리를 측정하거나 혹은 무게를 측정하는 공인된 측정도구로는 이를 측정할 수가 없다. 그러나 구조방정식 모형에서는 요인마다 단위를 갖고 있어서 계산이 가능하다. 때문에 우리는 통상 다음 두 가지 방법 가운데 하나를 사용한다. (1) 고정부하법. 즉 임의로 관찰변수($X1$) 1개를 참고지표로 삼고, 동시에 그 거리(intercept) τ_1을 0으로, 요인부하s λ_{11}을 1로 각각 설정한다. 이렇게 하면 잠재변수 1개의 단위변화에 상응하는 관찰변수 1개 단위를 변화시킬 수 있다. 또한 잠재변수 평균값도 그에 상응하는 참고지표의 관찰평균값과 똑같은 값이 된다. (2) 고정요인분산법. 즉 잠재변수의 표준화로써 그 분산(ϕ_{11})을 1로 설정한다.

비록 〈그림 15-5〉에서 두 가지 방법의 숫자가 서로 다르게 표시되어 있지만, 본질적으로는 똑같다. 〈그림 15-5〉에서 나오는 것과 같이, 모형 1은 고정요인분산법을 채택하여 요인을 표준화한 뒤에 4개 관찰변수 모두 그에 상응하는 요인부하를 갖게 되었다. 모형2는 고정부하법을 채택하여 $X1$을 참고지표로 삼고 그 요인부하 λ_{11}을 1로 설정했다. 각도를 바꿔서 분석해보면, 모형 2는 모형 1의 모든 요인부하수에서 첫 번째 지표(즉 참조지표)의 요인부하수(즉, 0.4)를 빼서 모형 2의 각 요인부하수값을 얻었다. 이에 상응하여 모형 2 요인의 분산도 0.4의 제곱인 0.16으로 변화했다. 종합적으로 말하면, 우리가 어떤 방법으로 잠재변수 단위를 설정하든 간에 추정하려는 목표매개변수의 수량은 불변하다는 것이다. 구체적으로 설명하면, 모형 1과 모형 2는 똑같이 8개 매개변수의 추정 결과를 필요로 한다는 점은 결코 변함이 없다. 여기서 특히 강조하고 싶은 것은 우리가 전체 그룹 비교연구를 진행할 때 특히 다국적 문화(cross culture) 비교연구를 진행할 때는 반드시 고정부하법으로 잠재변수 단위의 표준화를 완성해야 한다. 왜냐하면 고정분산법 중에서는 두 그룹 구인의 분산(ϕ_{11})을 동등하다고 가정한다. 이러한 가정은 특히 다국적문화 비교연구에는 적절하지 못하다. 그래서 우리는 이러한 가정이 없는 고정부하법을 선택한다.

구체적으로 설명하기 전에, 다음의 개념을 명확히 짚고 넘어갈 필요가 있다. 모

〈그림 15-5〉
잠재변수 단위를 설정하는 방법

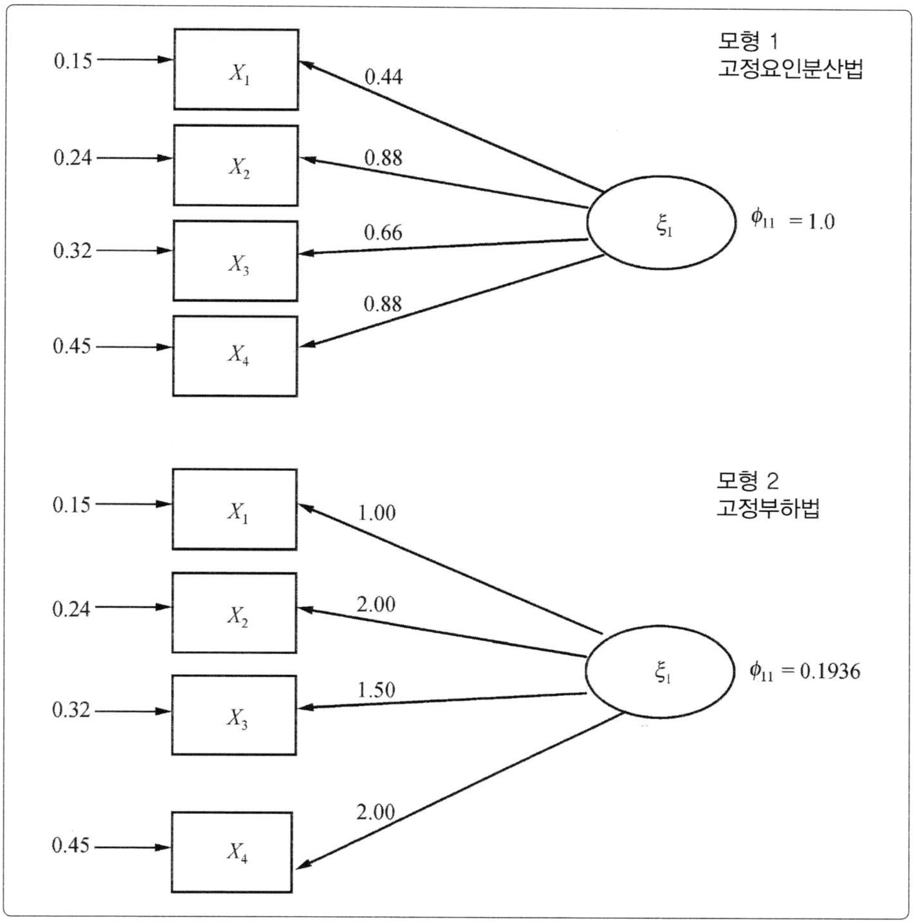

형식별(model identification)은 추정하고자 하는 매개변수를 해결할 수 있는 방정식이 있는가를 가늠하는 것이다. 설문문항은 k개의 관찰변수와 관련되어 있다. 즉 공분산 행렬은 k계승의 대칭방정식이고, 총 $p=k(k+1)/2$개의 비중복 원소를 갖고 있다. q는 추정에 필요한 매개변수의 개수를 대표한다. 모형의 자유도는(degree of freedom, df) '$p-q$'이다. 〈그림 15-2〉의 사례에서 본 모형은 요인부하 6개, 요인간 상관계수 3개, 변수의 오차분산 8개 등 총 $q=17$개의 매개변수 추정이 필요하다. 왜냐하면 8개 변수가 있기 때문에 $p=8(8+1)/2=36$이다. 이렇게 해서 본 모형의 자유도는 '$36-17=19$'이다. 만일 1개 모형의 자유도가 0이라면, 즉 비중복 원소의 개수가 p라면 필요한 매개변수 추정도 q개가 된다. 우리는 이러한 모형을 식별모형(just-identified model)에만 국한시킨다. 그것의 카이제곱(chi-square)는 0으로 하여 완전히 일치모형이라고 하며, 이는 곧 우리가 이 가정의 모형과 원시 데이터의 일치정도를 측정할 수 없다는 것을 의미한다. 다른 각도에서 설명하면 다음과 같다. 만일 임의로

2개의 구조모형 방정식의 자유도가 0이라고 하자. 이럴 경우 이들의 일치도는 완전히 부합하며, 동시에 이론상 각기 다른 모형이 동일한 일치지수를 얻을 수 있다는 것을 증명한다. 반대로 이는 우리가 줄곧 강조했던 것처럼 가정모형이 견실한 이론적 근거를 제공해준다는 사실을 의미한다. 만일 자유도가 0보다 작다면 그 모형은 미식별 모형(under-identified model)이라고 부른다. 이럴 경우 우리의 추정은 그 어떤 결과도 얻을 수 없다.

단위설정과 모형식별에 대한 소개에 이어서, 구조방정식 모형을 구축하는 절차를 다음 여섯 단계로 간단히 설명하고자 한다.

- 첫 번째 단계: 앞에서 언급했던 것처럼, 구조방정식 중의 분석은 대개 검증분석이라고 부른다. 가정모형에 대한 일종의 검증이기 때문에 우리는 먼저 이론에 기초한 가정모형을 세운다.
- 두 번째 단계: 이론적으로 표현된 각 변수 간의 상호관계를 근거로 전체 모형을 경로도(path diagram) 방식을 이용해 나타낸다.
- 세 번째 단계: 1개의 구조방정식을 이용해 경로도를 상세히 설명하고, 동시에 측정방정식에 대해 구체적으로 설명한다.
- 네 번째 단계: 앞에서 설명한 관계를 LISREL 프로그램 언어로 만들어 그 결과를 수행한다. 물론 LISREL 이외에도 AMOS, EQS와 같은 기타 소프트웨어도 똑같은 기능을 수행할 수 있다.
- 다섯 번째 단계: 결과가 나온다. 여기서 우리는 여러 가지 방면에서 요인을 자세히 관찰한다. (1) 매개변수 추정의 운행가능성, (2) 가정모형과 실험데이터의 적합 정도, (3) 매개변수 추정이 뚜렷하게 나타났는가의 여부.
- 여섯 번째 단계: 결과를 해석한다.

다음은 검증형 요인분석을 사례로, 위의 절차를 자세히 설명해 보기로 한다.

이론의 토대 위에 구축한 가정모형은 구조방정식 모형 구축의 첫 단계로서 매우 중요한 단계이다. 구조방정식 모형을 구축하려면 먼저 이론적인 근거로 각 구인간의 관계에 대한 가정을 세워야 한다. 그 다음에는 표식 중의 각 관찰변수와 잠재변수 간의 관계를 설정한다. 구조방정식 모형은 검증샘플 데이터와 가정모형의 적합도를 이용한 일종의 통계방법이다. 각기 다른 모형이 동일한 적합 공분산 행렬을 얻을 수 있기 때문에 샘플데이터에도 동일한 적합도를 갖게 된다. 이러한 상황에서 구조방정식 모형으로는 어떤 가정모형이 비교적 좋은지 판별할 수가 없다. 반드시 이론적 근거를 통해 적절한 모형을 선택해야 한다.

가정은 첫 번째 단계에서 이론적 틀을 통해 2개의 잠재변수 간에 상관성이 존재하게 된다. 그렇다면 두 번째 단계에서는 경로도의 형식을 통해 이론을 상세히 설명한다. 즉 〈그림 15-2〉에서 도시된 것처럼, 8개의 지표를 이용해 그 2개의 잠재변수 간의 관계를 측정한다. 그중 x는 ξ의 관찰변수를 대표하고, λ는 x의 ξ에 대한 요인부하를 대표하며, ξ는 잠재변수를 대표하고, δ는 x의 측정오차를 대표한다.

다음 세 번째 단계로는 구조관계를 설정하는 것으로 즉, 행렬방식으로 나타내는 것이다. 여기서 X모형은 4개의 문항과 2개의 잠재변수로 이루어져 있다. 1, 2, 3, 4 문항으로 첫 번째 잠재변수를 측정하고, 5, 6, 7, 8 문항으로 두 번째 잠재변수를 측정한다. 그밖에 우리는 공분산 행렬을 이용해 위의 2개 잠재변수 간의 관계를 설정하는데, 다시 말해서 서로 상관성이 있는지 여부를 살피는 것으로 〈그림 15-6〉에 표시된 바와 같다.

위의 준비과정을 마쳤으면, 네 번째 단계인 LISREL 프로그램 작업을 시작할 수 있다. LISREL은 다음 네 가지 명령으로 나누어지는데, 순서대로 나열하면 다음과 같다.

〈그림 15-16〉
행렬방식으로 표시되는 구조 관계

$$\begin{bmatrix} x_1 \\ x_2 \\ x_3 \\ x_4 \\ x_5 \\ x_6 \\ x_7 \\ x_8 \end{bmatrix} = \begin{bmatrix} \lambda_{11} & 0 \\ \lambda_{21} & 0 \\ \lambda_{31} & 0 \\ \lambda_{41} & 0 \\ 0 & \lambda_{52} \\ 0 & \lambda_{62} \\ 0 & \lambda_{72} \\ 0 & \lambda_{82} \end{bmatrix} \begin{bmatrix} \xi_1 \\ \xi_2 \end{bmatrix} + \begin{bmatrix} \delta_1 \\ \delta_2 \\ \delta_3 \\ \delta_4 \\ \delta_5 \\ \delta_6 \\ \delta_7 \\ \delta_8 \end{bmatrix}$$

$$\boldsymbol{\Phi} = \begin{bmatrix} \Phi_{11} & \\ \Phi_{21} & \Phi_{22} \end{bmatrix}$$

x: ξ의 관찰변수, λ: x의 ξ에 대한 요인부하, ξ: 잠재변수, δ: x의 측정오차

1. 표제명령문(TITLE LINE)은 이 프로그램에 대한 자체 설명으로, 1줄을 초과해도 된다.
2. 입력양식(INPUT SPECIFICATION), 전체 프로그램이 시작되는 지점으로, 앞의 2개의 자모 DA(DATA를 대표함)가 시작을 알린다.
3. 모형양식(MODEL SPECIFICATION)
4. 출력양식(OUTPUT SPECIFICATION)

그 다음에는 두 번째 양식부터 시작해서 각각에 대해 상세히 설명하고자 한다.

입력양식(INPUT SPECIFICATION)
DA NI = k [number of indicators] NO = number of cases
LA [labels for the observed variables]
V1 V2 V3 V4 V5 V6 V7 V8
RA FI = filename [of raw data]
CM FI = filename [of covariance matrix]
KM FI = filename [of correlation matrix]
SD FI = filename [of standard deviations]
ME FI = filename [of observed means]

입력양식의 시작점으로서, 같은 줄에 데이터를 설정하여 입력한다. NI는 변수의 숫자 즉, 데이터 입력 문서중의 관찰변수 개수를 나타내며, NO는 표본의 숫자를 나타낸다.

두 번째 줄의 LA(Label)는 데이터 입력 문서 중에 변수의 명칭이다. 가령 본 사례에는 8개의 변수가 있는데 각각 V1, V2, V3, V4, V5, V6, V7, V8이라고 부른다.

우리는 각기 다른 입력 방법을 채택할 수 있다. 가장 기본적인 것은 RA(RAW DATA) 원시데이터부터 시작하는 것으로, 그 뒤의 FI은 문서의 명칭으로 데이터를 저장하는 곳이다. 물론 원시데이터 입력 방법 이외에도 여러 가지 방법을 선택할 수 있다. 가령 CM(COVARIANCE MATRIX)공분산 행렬 혹은 KM(CORRELATION MATRIX)상관행렬, SD(STANDARD DEVIATIONS)표준차 등이 있다. LISREL은 이 두 가지 행렬을 공분산 행렬 형식으로 인식할 수 있다. 평균값 구조분석도 고려한다면 ME(OBSERVED MEAN)를 입력하여 평균값을 대표하게 한다.

```
모형양식(MODEL SPECIFICATION)
MO NX =8 NK =2 LX = FI TD = DI PH= SY
LK
ksi labels
VA LX(1,1) LX(5,2)
FR LX(2,1) LX(3,1) LX(4,1)
FR LX(6,2) LX(7,2) LX(8,2)
```

우선 LISREL 어법의 행렬 및 가장 기본적인 기호 설정에 대해 소개하도록 한다.

LX는 Lamda $x(\Lambda x)$를 대표하는 것으로 FU(FULL, 완전행렬, ξ상에 놓인 x의 부하행렬)이다.

TD는 Theta-Delta($\theta\delta$)를 대표하는 것으로 DI(DIAGONAL, 대각선행렬)이다. 즉 X관찰변수의 오차공분산을 가리키며, 오차간의 상관성을 0(무상관)으로 설정한다.

PH는 Phi(Φ)를 대표하는 것으로 SY(SYMMETRIC, 대칭행렬)이다. 즉 ξ의 평균값 분산행렬을 가리키며, 일반적으로 역삼각형(low triangle) 데이터를 채택한다.

다음으로는 모형양식의 서술에 대해 정식으로 소개하기로 한다. 본 양식은 MO(MODEL)모형 명령으로 시작한다. 본 줄에서는 NX=8이 8개 관찰변수가 있는 것을 가리킨다. NK=2는 잠재변수 개수가 2개인 것을 가리킨다. LX=FI은 모든 lamda-x행렬을 0으로 설정하는 것을 가리킨다. TD=DI는 오차간 공분산 행렬 대각선 원소의 자유를 설명하고 있다. 반면에 비대각선 원소는 0으로 고정한다. PH=SY는 요인간의 공분산 대칭 행렬형식을 가리킨다. 다음 줄의 LK(LABLE ksi)는 ξ의 표시로서 잠재변수의 이름이다.

그밖에 우리는 기타 일련의 기호가 의미하는 뜻을 살펴 볼 필요가 있다. 예를 들어 FR은 지정된 자유추정치의 매개변수를 가리키며, FI는 지정된 고정매개변수를 가리킨다. 만일 특정수치가 주어지지 않을 경우 매개변수는 대개 결손값인 0을 채택한다. VA는 매개변수가 어떤 수치(VALUE)로 고정되어 있는 것을 의미한다.

```
출력양식
Path Diagram
OU ND = 4
```

이 가운데 OU는 출력명령을 가리키고, ND는 출력결과가 소수 자릿수(decimal)라는 것을 가리킨다. 여기서 우리는 소수 넷째 자리까지 선택할 수 있다.

그렇다면 지금부터 간단한 예를 들어 분석해보기로 한다. 먼저 앞에서 설명했던 LISREL 프로그램의 명령이 실제적으로 어떻게 운영되는지 살펴보자.

사례 1

(가) 연구 및 모형은 우리가 8개 설문항목으로 서비스 품질에 대한 고객의 만족도를 파악한다는 가정을 설명한다. 고려하는 모형은 〈그림 15-2〉 참조.

(나) LISREL 프로그램 분석과 설명

〈그림 15-7〉에서 우리는 명령문구 이후 DA로부터 데이터 입력 명령이 시작되고, MO로부터 모형구조 명령이, OU로부터 결과출력 명령이 시작되는 것을 알 수 있다.

1. DA NI = 8 NO = 200

   DA는 데이터 입력 명령이다. NI=8은 데이터에 총 8개의 변수가 있다는 것을 가리키며, NO=200은 측정대상이 200명이라는 것을 가리킨다.

2. LA

   V1 V2 V3 V4 V5 V6 V7 V8

   LA 는 명령문을 표시하는 것으로 방금 입력한 8개 변수의 명칭이다. 이들은 순서에 따라 다음과 같이 부른다: V1, V2, V3, V4, V5, V6, V7, V8.

3. CM은 공분산 행렬을 의미한다. 여기서 분석할 행렬을 입력하는데 즉, 200부의 설문지를 통해 얻은 상관행렬이다.

4. MO NX = 8 NK = 2 LX = FI

   MO부터는 모형매개변수 설정에 대한 명령이 시작된다. NX=8는 관찰변수(즉, 지표)의 개수가 8개라는 것을 가리키며, NK=2는 잠재변수(즉 ξ의 요인)의 개수가 2라는 것을 가리킨다. LX=FI는 lamda-x 행렬설정이 고정된 행렬이라는 것을 의미한다. 그 다음 FR LX 명령 중에서 LX의 양식을 설정하고, 하나씩 나열되는 설정은 자유원소 즉 LX(2,1), LX(7,2) 등이다. 또한 VA명령으로 이미 고정된 LX(1,1)와 LX(5,2)의 고정값은 1이다. 여기서 우리는 고정부하법을 이용해 요인을 측정하는 것을 이해할 수 있다. LK는 ξ의 표시(LABLE ksi)로서 즉, 2개로 나눠진 잠재변수의 명칭을 직원, 고객으로 한다. PD는 경로도이다.

5. OU ND = 4

   OU부터 시작된 출력명령 가운데 ND는 출력결과가 소수 자릿수라는 것을 가리

〈그림 15-7〉
LISREL 프로그램 사례

```
Title line: Exercise
DA NI = 8 NO = 200
LA
V1 V2 V3 V4 V5 V6 V7 V8
CM
1.65
0.45  1.14
0.35  0.30  1.01
0.51  0.49  0.43  1.58
0.07  0.20  0.20  0.23  0.75
0.17  0.14  0.17  0.27  0.23  0.65
0.41  0.20  0.07  0.21  0.11  0.25  0.85
0.22  0.23  0.26  0.36  0.24  0.25  0.16  0.75
MO  NX = 8  NK = 2  LX = FI
LK
Staff Customer
VA 1  LX (1,1)  LX (5,2)
FR  LX (2,1)  LX (3,1)  LX (4,1)
FR  LX (6,2)  LX (7,2)  LX (8,2)
PD
OU ND = 4
```

킨다. 본 사례에서 우리는 소수 넷째자리까지 선택할 수 있다.

LISREL 결과 출력 및 해석. 입력한 LISREL 프로그램을 작동한 후 우리는 측정모형에 대한 일련의 출력 결과를 얻을 수 있다. 그렇다면 어떻게 해야 합리적이고 효과적으로 분석할 수 있을까? 일반적으로 다음 네 가지 측면을 기준으로 처리하면 된다.

(1) 매개변수 추정의 타당성. 구조방정식 모형은 본질적으로 반복(iterative) 측정하는 일련의 과정이다. 즉 중간 단계에서 지속적으로 각 매개변수 추정을 바꾸면서 이를 통해 Δ_{est}, 즉 S와 $\hat{\Sigma}_k$ 간의 차이를 최소화시킬 수 있다.

매개변수의 크기를 변화시킬 때 불합리한 수치가 나타날 수 있다. 가령 X 관찰변수 간의 공분산과 요인 간의 공분산은 각각 0보다 커야 한다. 만일 임의로 어느 한 쪽을 0보다 작은 수치로 할 경우 불합리한 수치가 나타나 본 구조모형을 부정하게 된다.

(2) 가정모형과 실험데이터의 적합 정도. 우리는 각기 다른 적합지수를 선택하여 비교할 수 있는데, 일반적으로 chi-square, RMSEA, TLI, CFI, Standardized RMR 등을 포함하는데, 자세한 설명은 다음 장에서 하기로 한다.

(3) 매개변수 추정이 뚜렷한가의 여부. 출력한 결과에서 각 매개변수의 추정값 외에 표준오차와 t값의 추정이 있다. 만일 제1종 오류(Type I error)값 0.05를 선택했다면 우리가 요구하는 합리적인 t값은 1.96보다 커야 한다.

(4) X의 다중상관계수(multiple correlations). 구조방정식 모형에서 각각의 관찰변수 X는 모두 다중상관계수를 갖는다. 회귀방정식에서 R-square와 마찬가지로 우리는 이 다중상관계수가 클수록 좋다. 왜냐하면 다중상관계수가 작다는 것은 관찰변수와 잠재변수 간의 관계가 약해지는 것을 의미하기 때문이다.

다음은 사례 1의 LISREL 출력결과(그림 15-8)에서 새로운 발견이 있는지 살펴보자. 먼저 이 가운데 불합리한 매개변수의 출현이 없는지 판단한다. 그 다음에는 Lambda-X 표에서 각 매개변수와 대응하는 3개 수치를 검사한다. 매개변수 추정값, 표준 오차값, t값 가운데 모든 t값은 1.96보다 크다. 이는 요인부하 상관계수(혹은 공분산)가 뚜렷하다는 것을 의미한다.

15.8 적합지수

구조방정식에서 적합도를 언급한다는 것은 실상 각 매개변수 값의 크기를 어떻게 바꾸느냐 하는 것을 의미한다. 이로써 적합공분산 행렬이 표본의 공분산 행렬에 가깝도록 만드는데, 즉 Δ_{est}가 더욱 작아지게 된다. 일반적으로 우리는 적합함수 F로 Δ_{est}의 크기를 가늠할 수 있다. 값이 작을수록 두 행렬 간의 적합도가 훨씬 좋아지는 것을 의미한다. 추정방식은 각각 다른데, 우리가 일반적으로 사용하는 방법은 최대우도(maximum likelihood, ML)이다. 그 적합함수(fit function) F의 최소값의 계산공식은 다음과 같다.

$$f_{ML} = \log|\Sigma^{(g)}| + tr(S^{(g)}\Sigma^{(g)^{-1}}) - \log|S^{(g)}| - p^{(g)} + (\bar{x}^{(g)} - \mu^{(g)})'\Sigma^{(g)^{-1}}(\bar{x}^{(g)} - \mu^{(g)})$$

전체에 적합한 가장 기본적인 측정지표, 즉 χ^2의 공식은 다음과 같다.

$$\chi^2 = (N - 1)F$$

〈그림 15-8〉
LISREL 추출 결과

```
CFA Exercise 1
Number of Iterations = 10
LISREL Estimates (Maximum Likelihood)
        LAMBDA X
                 Staff        Customer
                 -----        --------
   V1          1.0000           —
   V2          0.9176           —
              (0.1855)
               4.9457
   V3          0.8087           —
              (0.1692)
               4.7806
   V4          1.2376           —
              (0.2372)
               5.2173
   V5            —            1.0000
   V6            —            1.1584
                             (0.2392)
                              4.8438
   V7            —            0.9265
                             (0.2298)
                              4.0315
   V8            —            1.2553
                             (0.2584)
                              4.8572
        PHI
                 Staff        Customer
                 -----        --------
   Staff       0.4311
              (0.1352)
               3.1891
Customer       0.1952         0.1797
              (0.0518)       (0.0600)
               3.7697         2.9958
THETA DELTA
     V1         V2         V3         V4         V5         V6
   -----      -----      -----      -----      -----      -----
   1.2189     0.7770     0.7280     0.9196     0.5703     0.4089
  (0.1441)   (0.0977)   (0.0876)   (0.1341)   (0.0669)   (0.0567)
   8.4559     7.9534     8.3076     6.8589     8.5197     7.2063
THETA—DELTA
     V7         V8
   -----      -----
   0.6958     0.4669
  (0.0777)   (0.0655)
   8.9586     7.1276
```

〈그림 15-8〉
LISREL 추출 결과 〈계속〉

```
Squared Multiple Correlations for X Variables
   V1       V2       V3       V4       V5       V6
 ------   ------   ------   ------   ------   ------
 0.2613   0.3184   0.2792   0.4180   0.2395   0.3709
Squared Multiple Correlations for X Variables
   V7       V8
 ------   ------
 0.1814   0.3775
Goodness of Fit Statistics
                                        Degrees of Freedom  19
                          Minimum Fit Function Chi Square = 32.4778 (P = 0.02759)
          Normal Theory Weighted Least Squares Chi Square = 32.6897 (P = 0.02610)
                         Estimated Non centrality Parameter (NCP)  13.6897
                    90 Percent Confidence Interval for NCP = (1.6329; 33.5893)
                                 Minimum Fit Function Value = 0.1632
                         Population Discrepancy Function Value (F0) = 0.06879
                    90 Percent Confidence Interval for F0  (0.008206; 0.1688)
                  Root Mean Square Error of Approximation (RMSEA)  0.06017
                 90 Percent Confidence Interval for RMSEA = (0.02078; 0.09425)
                     P Value for Test of Close Fit (RMSEA < 0.05) = 0.2878
                        Expected Cross Validation Index (ECVI) = 0.3351
                    90 Percent Confidence Interval for ECVI = (0.2745; 0.4351)
                                ECVI for Saturated Model = 0.3618
                              ECVI for Independence Model = 2.0159
 Chi Square for Independence Model with 28 Degrees of Freedom  385.1658
                                    Independence AIC  401.1658
                                        Model AIC  66.6897
                                      Saturated AIC = 72.0000
                                  Independence CAIC = 435.5523
                                       Model CAIC  139.7611
                                    Saturated CAIC = 226.7394
                               Normed Fit Index (NFI) = 0.9157
                            Non Normed Fit Index (NNFI)  0.9444
                         Parsimony Normed Fit Index (PNFI)  0.6214
                            Comparative Fit Index (CFI)  0.9623
                            Incremental Fit Index (IFI) = 0.9632
                              Relative Fit Index (RFI) = 0.8757
                                   Critical N (CN) = 222.7513
                          Root Mean Square Residual (RMR)  0.05450
                                 Standardized RMR = 0.05200
                            Goodness of Fit Index (GFI) = 0.9606
                      Adjusted Goodness of Fit Index (AGFI)  0.9253
                      Parsimony Goodness of Fit Index (PGFI)  0.5070
```

여기서 N은 표본의 크기이며, F는 적합함수의 최소값이다.

여러 각기 다른 적합지수 중에서, χ^2는 그 가운데 이미 분포현황을 알고 있는 소수이다. 그 외에도 root mean square error of approximation(RMSEA) 부합지수가 있다. 분포 현황을 이미 알고 있기 때문에 우리는 χ^2, 즉 Δ_{est}가 뚜렷한가를 검측할 수 있다. 각각의 χ^2 및 자유도(df) 값에 대해 우리는 뚜렷한 p-value를 찾을 수 있다. χ^2가 작을수록 p-value는 커진다. 즉 적합공분산 행렬과 표본공분산 행렬의 차이가 더욱 작아진다. 반면에 χ^2가 클수록 p-value는 작아지는데 즉, 적합공분산 행렬과 표본공분산 행렬의 차이가 더욱 커지는 것을 의미한다. 이때는 최초에 가정한 모형을 뒤집어야 한다.

그런데 상당수 학자들은 χ^2의 값이 표본수량에 상당히 민감하여 표본이 클수록 χ^2의 값이 더욱 뚜렷해진다는 사실에 특히 주목한다. 이로써 가정모형이 거절당하게 할 수 있다. 사실 우리는 공식에서 χ^2 값이 표본의 크기에 크게 의존하는 것을 알 수 있다. 왜냐하면 계산할 때 표본숫자에 F값을 곱하기 때문이다. 일반적으로 구조방정식 실험에서 우리는 많은 수량의 표본을 필요로 한다. 이때는 적합공분산 행렬과 표본공분산 행렬의 차이가 뚜렷하지 않게 되고, 모형이 수 차례 기각당하는 상황이 발생한다. 이러한 모순은 학자들이 좀더 알맞은 적합지수를 지속적으로 찾는 이유이다. 현재 일반적인 소프트웨어로는 30개 이상의 적합지수를 동시에 지원한다. 다음은 그중 몇 가지를 간단히 소개해보기로 한다.

Relative chi-square

$$\chi^2/df$$

이는 주로 χ^2와 자유도 간은 비선형관계라는 것에 기초하고 있다. 이 둘을 서로 없애면 선형관계로 변한다. 일반적인 규율은 2:1 혹은 3:1이 적합도 표지를 받을 수 있다.

Root Mean Square Error of Approximation

$$\text{Estimated RMSEA} = \sqrt{\frac{\chi^2}{(N-1)(df-1)}}$$

이 개념은 Steiger와 Lind(1980)가 최초로 제시했다. 그러나 개념에 이름을 명명한 것은 Browne 과 Cudeck(1993)이다. RMSEA가 0.05와 같거나 혹은 작을 때는 가정모형의 적합도가 좋다는 것을 의미한다. 0.05에서 0.08 사이일 경우에는 적합도가 받아들일만하고, 0.08에서 0.10 사이일 때는 적합도가 보통이며, 0.1을 초과할 때는 모형과 데이터가 그다지 적합하지 않다는 것을 의미한다. 종합적으로 말하면, RMSEA가 작을수록 적합도가 높은 것을 의미한다. 그밖에 p-close의 판단기준도 제공되는데, p-value를 이용하여 H_0: RMSEA≤0.05라는 가정을 측정하는 것이다. p-value가 크면 가정모형이 거절되지 않고, p-value가 작으면 가정모형을 거절해야 한다.

TLI와 CFI 또한 자주 사용하는 대표적인 적합지수이다. 이들의 공통특징은 한계모형 χ^2와 가정이론모형 χ^2를 비교하는 것이다.

TLI와 CFI 공식에서 χ_b^2는 한계모형 중의 χ^2를 가리키며, df_b는 한계모형 중의 자유도를 가리킨다. 여기서 말하는 한계모형은 관찰변수와 오차항목을 포함하는 대신 잠재변수와 요인부하 간의 모든 관계를 외면한 일종의 모형이다. TLI와 CFI가 얻은 값이 클수록 적합도가 좋다는 것을 의미한다. 일반적인 규율은 0.9보다 높은 값을 얻는데, 만일 0.95보다 더 클 경우 가정이론모형과 데이터의 적합도가 대단히 좋다는 것을 의미한다.

그밖에 과거 자주 사용하던 goodness of fit index(GFI)와 adjusted goodness of fit index(AGFI)와 같은 적합지수는 많은 모의연구를 통해 표본의 크기에 대한 의존도가 높다는 등의 결함이 발견되어 지금은 거의 사용하지 않고 있다.

Root Mean Square Residual(RMR)는 적합잔차행렬의 평균잔차이다.

$$\mathrm{RMR} = \sqrt{\sum_{g=1}^{G} \{ \sum_{i=1}^{p_g} \sum_{j=1}^{j \le i} (\hat{s}_{ij}^{(g)} - \sigma_{ij}^{(g)}) \} \, / \, \sum_{g=1}^{G} p^{*(g)}}$$

RMR은 비록 단위의 영향을 받지만 만일 두 모형이 동일한 데이터 행렬을 이용했을 경우 이 지표로 그 우열을 비교할 수 있다. 그중 RMR 값이 작은 쪽이 적합도가 비교적 좋은 모형이다. RMR이 단위의 영향을 잘 받는 까닭에 표준화 이후에는 Standardized RMR로 변한다.

다음으로는 앞서 제시했던 사례에서 적합도의 결과를 다시 살펴보자. 〈그림 15-8〉에서 보듯이, 자유도(Degrees of Freedom)=19, Minimum Fit Function Chi-Square=32.4778 (p=0.028), RMSEA=0.06017, p close = 0.2878, TLI=NNFI=0.9444, CFI=0.9623, SRMR=0.052. 그중 비록 χ^2의 p-value가 <0.05이지만 p-close는 >0.05이다. 또한 기타 지표도 비교적 높은 적합도를 가리키고 있다. 때문에 종합적으로 살펴보면, 이 사례의 가정모형과 표본데이터가 부합된다고 판단할 수 있다.

15.9 구조방정식 모형 발전의 새로운 추세

1. 가장 큰 새로운 추세는 측정대등성(measurement equivalence/invariance, ME/1) 개념의 발전과 확장이다.

과거 전체 그룹 비교연구를 진행할 때, 가령 비교변수의 평균값 혹은 변수 간의 관계가 각 그룹별 간에 차이가 있는지 살펴보는 경우이다. 일반적으로는 다수의 설문지 답안의 평균값을 변수로 삼는다. 그 다음에는 분산분석 혹은 회귀방정식을 이용해 전체 그룹의 차이를 계산한다. 이러한 방법의 가장 큰 단점은 관찰변수와 잠재변수 간의 관계가 각 그룹 사이에서 차이가 없다고 가정하는 것이다. 하지만 실제적으로는 특히 다국적문화 연구에서는 관찰변수와 잠재변수 간의 관계가 때로는 서로 다르다. 때문에 대등성 측정을 통해 구조방정식 모형 중의 각각의 매개변수값(가령 λ, δ, 혹은 τ) 등을 비교해야 한다.

전체 그룹의 차이가 존재하는지 여부는 각 그룹 간에 변수의 평균값 혹은 변수 간의 관계에 차이가 있는지 비교하여 확정하는 것으로써, 그 차이를 측정하여 확정하는 것이 아니다. 이러한 비교연구는 각기 다른 그룹 간의 평균 구조모형의 평균값을 더욱 심도있게 비교할 수 있다. 특히 우리는 대등성 측정이 실제 운영하는 과정에서 다음과 같이 구체적으로 응용할 수 있다는 점을 주목해야 한다.

1. 구조방정식 모형은 각기 다른 문화그룹 간에 비교연구를 진행함으로써 다국적 문화 연구 업무에 큰 도움이 된다.
2. 교육학 분야에서 구조방정식 모형은 각기 다른 학술수준 혹은 전공 범위를 갖고 있는 연구대상 간의 차이점을 비교하는 데 도움이 된다.
3. 통합 성별연구, 남성과 여성은 특정문제에 대해 견해차이가 있다. 가령 여성과 남성은 '바겐세일'에 대해 큰 이견을 갖고 있다.
4. 심리학 연구 분야에서, 구조방정식은 실험그룹과 대조그룹이 동일한 설문조사에 대해 갖는 서로 다른 견해를 측정하는데 도움이 된다.
5. 360도 업무실적평가 연구는 업무 담당자와 상사 간에 본인의 업무태도에 대한 평가가 다소 차이가 날 수 있다. 이로 말미암아 일련의 문제가 발생할 가능성이 크다는 것을 보여주고 있다. 경험에 따르면 구조방정식 모형은 이상의 연구분석 방면에서는 대단히 탁월한 이점을 갖고 있다는 사실이 증명되었다.

대등성 측정의 자세한 설명은 Vandenberg 와 Lance(2000)를 참고하면 된다. 다층구인의 측정대등성 검측은 고차원 요인분석을 진행할 수 있다. 자세한 설명은

Cheung(2008)을 참고하면 된다.

2. 두 번째 새로운 추세는 잠재성장모형(latent growth model)의 발전이다.

상당수의 연구는 연구대상이 시간축의 변화에 따라 그 정도가 달라지는 것을 연구한다. 가령 인간의 인지와 태도의 발전변화이다. 구체적인 사례를 들면, 직원이 회사에 입사하기 전에는 미래의 직장에 대한 일정한 꿈과 기대를 갖는다. 그러나 막상 입사를 하고 2주일이 지나면 직장에 대한 새로운 인식이 생기기 마련이다. 동시에 그의 꿈이나 기대가 좀더 현실적으로 변하고, 직장에 대한 관념에도 변화가 생긴다. 6개월이 지난 뒤에는 그 변화가 점차 안정된다. 때문에 한 개인, 혹은 한 기관에 대한 인식이나 관념은 시간에 따라 변화가 생긴다고 말할 수 있다. 마찬가지로 상당수 비슷한 개념이나 이론도 모두 발전에 관한 것이다. 가령 상사와 부하직원의 관계, 연수훈련의 효과 등이 있다. 잠재성장모형은 고차원(higher-order) 구조방정식 모형으로 구인의 성장모식을 추산한다. 더욱 중요한 사실은 이를 통해 성장모식에 대한 특정변수의 영향력을 검측할 수 있다는 점이다. 잠재성장모형의 자세한 설명은 Chan(1998)을 참조하면 된다.

3. 세 번째 새로운 추세는 다차원 요인모형(multilevel factor model)의 발전이다.

다차원 요인모형과 고차원 요인모형의 가장 큰 차이점은, 고차원 요인모형이 비독립적인 구인을 검측하는데 사용된다는 데 있다. 〈그림 15-9〉는 다차원 요인모형으로 4개의 표본(subject)을 포함하고 있다. 각 표본은 3개 문항(item)으로 측정한다. 이 4개 표본은 동시에 1개의 대그룹 *i*에 속한다. 이 사례는 우리가 수집한 데이터가 상호 독립적인 것이 아니라는 사실을 설명하고 있다. 설령 4개 표본으로 나눈다고 해도 사실은 서로 간에 일정한 관계가 존재하는 것이다. 왜냐하면 이들 표본은 1개의 대그룹 *i*에 속해있고, 1개 그룹 책임자의 영향을 받기 때문이다. 그러므로 표본은 서로 상관되어 있다. 이러한 상황은 분석할 때 특별한 부분이 존재하기 마련이다.

최근 다차원 요인분석은 회귀분석의 HLM을 기본으로 하고 있다. 자세한 설명은 Hofmann(1997)과 Klein과 Kozlowsik(2000)을 참조하면 된다. 구조방정식에서 우리는 관찰해서 얻은 변수 간의 공분산 행렬을 두 가지 수준의 연구로 나눌 수 있다. 즉 그룹별 공분산 행렬(between-group covariance matrix)과 그룹 내 공분산 행렬(with-in-group covariance matrix)이다. 이로써 그룹 간, 그리고 그룹 내의 모형에 대해 각각 측정할 수 있다. 또 더 나아가서는 이 두 수준간의 차이점과 같은점을 비교할 수 있다. Mplus은 간단하고 쉬운 방법으로 다차원 요인분석을 진행할 수 있도록 도와준다.

〈그림 15-9〉
다차원 요인모형

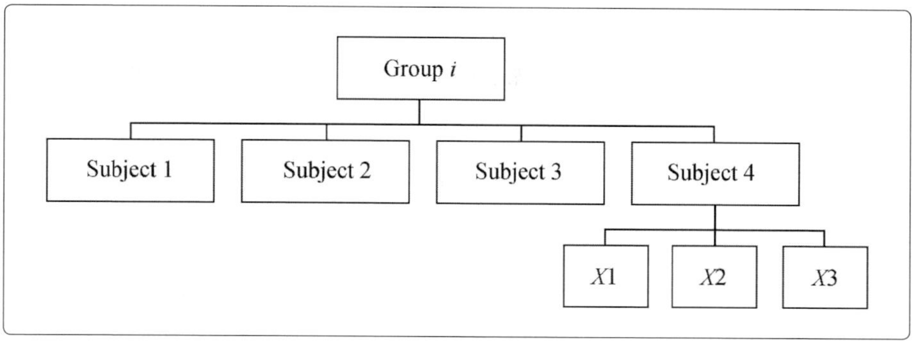

4. 네 번째 새로운 추세는 구조방정식 모형을 통한 매개효능(mediating effect) 분석의 발전이다.

과거의 매개효능분석은 Baron과 Kenny(1981)를 기초로 하여 독립변수에서 매개변수까지의 매개변수 추정값과 또한 매개변수에서부터 종속변수까지의 매개변수 추정값이 뚜렷한가를 검측했다. 모든 구조방정식 모형으로 매개효능값의 표준오차를 계산할 수 있다. 그러나 MacKinnon 등 회귀분석을 기초로 하여 매개효능이 부적편포라는 것을 가리켜야 하기 때문에 일반적인 표준오차는 적절하지 않다. 그들은 부트스트랩(bootstrap method)으로 매개효능값의 표준오차를 추산하여 그것으로 매개변수가 뚜렷한가를 추정하라고 제안하고 있다. Cheung 과 Lau(2008)는 MacKinnon(2004) 등은 마땅히 구조방정식 모형에 응용해야 한다고 제안하고 있다. 최근 Lau와 Cheung(2012)은 그들이 건의한 방법을 특정 매개효능값 추산과 두 개의 특정 매개효능값의 차이를 비교하는 데까지 확대하여 응용할 것을 제안하고 있다.

5. 다섯 번째 새로운 추세는 구조방정식 모형을 통한 비선형효능(non-linear effect) 분석의 발전이다.

비선형효능은 일반적으로 상호작용(interaction effect)과 2차 방정식 작용(quadratic effect)을 포함하고 있다. 그중 상호작용으로 조절효과(moderating effect)를 분석하는 것이 가장 중요하다. 회귀분석으로 조절효과를 분석할 때는 2개의 관찰 변수값의 곱(product term)을 회귀방정식상의 1개 독립변수로 삼을 수 있다. 또한 그 매개변수 추정값으로 조절효과가 뚜렷한가를 검측할 수 있다. 그러나 구조방정식 모형으로 조절효과를 검측할 때는 잠재변수값의 범위를 쉽게 계산할 수가 없다. 맨 처음 Hayduk(1989)이 여러 개의 방정식으로 잠재변수값의 범위를 확정했고, 그 후 여러 학자들이 다양한 방법으로 Hayduk의 방정식의 방법을 간략화했다(Cortina 등

(2001)이 이러한 방법에 매우 좋은 요점과 비교를 제공함). 하지만 이러한 방법은 매우 복잡하거나 혹은 추산하는데 문제가 있었다. 최근에 들어서야 Mplus가 간단하고 쉽게 잠재변수값의 범위를 확정하는 방법을 제공함으로써 그 문제가 해결될 수 있었다. 최근 학자들이 조절되는 매개효능(moderated mediation)과 매개된 조절효능(mediated moderation)을 제시하고 있으며, Preacher 등(2007)이 자세한 설명을 제공하고 있다. 이러한 것들은 모두 Mplus를 이용하여 분석할 수 있으며, 그 방법은 Lau와 Cheung(2012)을 참조하면 된다.

종합적으로 말하면, 최근 수년 동안 구조방정식의 응용은 나날이 확대되고 있다. 하지만 구조방정식에 대한 사람들의 기본적인 개념에는 여전히 적지 않은 오해가 남아있다. 간단히 말하면, 구조방정식은 가정모형을 토대로 하여 적합공분산 행렬과 관찰공분산 행렬을 비교한다. 이때 양자 간의 차이가 적으면 가정모형과 원시데이터가 비슷하다는 것을 의미하는데, 즉 가정모형이 토대로 하는 이론이 지지를 얻게 된다. 때문에 우리는 구조방정식의 의미를 명확하게 이해해야만 우리가 연구하고 탐색하는 데 한층 유용한 도구로 사용할 수 있다.

참 고 문 헌

Arbuckle, J. L. & Wothke, W. (1999). *AMOS 4.0 User's Guide*. Chicago: Smallwaters.

Baron, R. M. & Kenny, D. A. (1986). The moderator-mediator variable distinction in social psychological research: Conceptual, strategic, and statistical considerations. *Journal of Personality and Social Psychology*, 51, 1173-1182.

Bollen, K. A. (1989). *Structural Equations with Latent Variables*. New York: John Wiley & Sons.

Browne, M. W. & Cudeck, R. (1993). Alternative ways of assessing model fit. In: Bollen, K. A. & Long, J. S. (Eds.), *Testing Structural Equation Models*. pp. 136-162. Bevery Hills, CA: Sage.

Chan, D. (1998). The conceptualization and analysis of change over time: An integrative approach incorporating longitudinal mean and covariance structures analysis (LMACS) and multiple indicator latent growth modeling (MLGM). *Organizational Research Methods*, 1, 421-183.

Cheung, G. W. (1999). Multifaceted conceptions of self-other ratings disagreement. *Personnel Psychology*, 52, 1-36.

Cheung, G. W. (2008). Testing equivalence in the structure, means, and variances of higher-order constructs with structural equation modeling. *Organizational Research Methods*, 11, 593-613.

Cheung, G. W. & Lau, R. S. (2008). Testing mediation and suppression effects of latent variables. *Organizational Research Methods*, 11, 296-325.

Cheung, G. W. & Rensvold, R. B. (1999). Testing factorial invariance across groups: A reconceptualization and proposed new method. *Journal of Management*, 25, 1-27.

Cheung, G. W. & Rensvold, R. B. (2000). Assessing extreme and acquiescence response sets in cross-cultural research using structural equations modeling. *Journal of Cross-Cultural Psychology*, 31 (2), March, 187-212.

Cheung, G. W. & Rensvold, R. B. (2001). The effects

of model parsimony and sampling error on the fit of structural equation models. *Organizational Research Methods*, 4, 235-263.

Cortina, J. M., Chen, G. & Djnlap, W. P. (2001). Testing interaction effects in LISREL: Examination and illustration of available procedures. *Organizational Research Methods*, 4, 324-360.

Hayduk, L. A. (1987). *Structural Equation Modeling with LISREL: Essentials and Advances*. Maryland: Johns Hopkins University Press.

Hofmann, D. A. (1997). An overview of the logic and rationale of hierarchical linear models. *Journal of Management*, 23, 723-744.

Joreskog, K. G., Sorbom, D. (1996). *LISREL8: User's Reference Guide*. Chicago: Scientific Software International, Inc.

Klein, K. J. & Kozlowski, S. W. J. (2000). *Multilevel Theory, Research, and Methods in Organizations: Foundations, Extensions, and New Directions*. San Francisco: Jossey-Bass.

Lau, R. S. & Cheung, G. W. (2012). Estimating and comparing specific mediation effects in complex latent variable models. *Organizational Research Methods*, 15, 3-16.

MacKinnon, D. P., Lockwood, C. M. & Williams, J. (2004). Confidence limits for the indirect effect: Distribution of the product and resampling methods. *Multivariate Behavioral Research*, 39, 99-128.

Preacher, K. J., Rucker, D. D. & Hayes, A. F. (2007). Addressing moderated mediation hypotheses. Theory, methods and preacriptions. *Multivariate Behavioral Research*, 42, 185-227.

Steiger, J. H. & Lind, J. M. (1980). *Statistically-Based tests for the number of factors*. Paper presented at the Psychometrika Society Meeting, Iowa City, IA.

Vandenberg, R. J. & Lance, C. E. (2000). A review and synthesis of the measurement invariance literature: Suggestions, practices, and recommendations for organizational research. *Organizational Research Method*, 3, 4-70.

侯杰泰、温忠麟、成子娟 (2004),《结构方程模型及其应用》, 北京: 教育科学出版社。

저 자 소 개

장웨이슝(張偉雄, Gordon Cheung) 홍콩중문대학교(Chinese University of Hong Kong) 경영학과 교수이다. 주요 연구 분야는 구조방정식 모형 및 그 응용, 특별히 모델의 적합도 지수, 측정의 대등성, 및 2차원 개념을 포함한 모형에 있다.

왕츠앙(王暢, Linda Wang) 홍콩중문대학교 경영학 학사 및 석사를 받았다 현재 미시건대학교(Michigan State University) 박사 수료 중이다. 주요 연구 분야는 조직행동학과 구조방정식 모형이다.

16장

조절변수와 매개변수

Kenneth Law (홍콩중문대학)
Jiang Yan Jane (남경대학)

16.1 연구에서 조절변수와 매개변수의 역할

과학연구의 목적 중 하나는 이론을 발전시켜 사물들 사이의 관계를 기술하고 해석하는 것이기 때문에 당연히 무엇이 원인이고 무엇인 결과인지 설명해야 한다. 독립변수와 종속변수의 개념에 대하여 설명하였는데, 왜 연구자가 또 조절변수와 매개변수를 도입하는가? 이러한 변수의 도입이 연구에 도대체 어떤 도움이 되는가? 모든 모형에서 다 조절변수와 매개변수를 사용해야 하는가? 조절변수와 매개변수를 어떻게 검증할 것인가? 이 장의 설명을 통하여 독자들이 이런 문제를 사고하는데 참고로 제공하고자 한다. 먼저 첫 부분은 연구에서 이 두 가지 변수의 이론적 의의를 논의한다. 둘째 부분에서는 조절변수의 원리를 소개하고 혼동하기 쉬운 조절 역할(효과)과 상호작용에 대하여 구분한다. 그리고 조절 역할을 검증하는 구체적 절차를 소개하고 또한 조절 역할을 검증함에 있어서 통계적 검증력 문제를 다루고 마지막에 조절 역할을 검증하는 다른 몇 가지 방법을 간략하게 소개한다. 셋째 부분은 매개변수의 원리와 검증절차에 대하여 소개하고 매개변수를 검증하는 과정에 보편적으로 존재하는 문제점에 대하여 논의한다.

매개변수와 조절변수의 원리 및 분석 방법을 소개하기에 앞서 먼저, 연구에 있어서 이런 변수들이 도대체 어떤 의의가 있는지 토론한다. 많은 지식은 변수 간의 상관관계 혹은 인과관계를 토대로 구축되었으며 연구를 더 깊이 함에 따라 일부 간단한 관계가 충분한 정보를 제공할 수 없고 여러 가지 복잡한 상황을 요약하기 어렵다는 것을 인식하게 된다. 따라서 연구자들은 조절변수와 매개변수에 대한 연구를 통하여 더 많은 정보와 심도있는 지식를 도출하는 방법을 제기하였다. 비록 사회과학연구에서 조절 역할(효과)과 매개 역할(효과)은 얼마간 역사를 가지고 있지만 연구자들이 가끔 이들을 혼동하는 경우가 있다. 예를 들면, Findley와 Cooper(1983)는 원래는 조절 역할로 해석하려고 했던 성별, 연령, 인종과 사회경제 수준을, 통제소재(locus of control)와 학술성과 관계의 매개변수로 잘 못 해석했다. 1980년대에 이르러 마침내 조절변수와 매개변수와 구분하여, 연구방법의 한 가지 문제로서 정식 제기한 연구자(Baron & Kenny, 1986)들이 나타났다.

1920년대에 벌써 일부 심리학자들이 매개변수의 중요성을 인식하기 시작하고 매개변수를 이용하여 관계 배후의 원리(underlying mechanism)와 내부 체제(intervening system)를 해석하고자 했다. Woodworth(1928)는 '자극-반응(S-R)'이론을 토대로 '자극-체제-반응(S-O-R)'모형을 제기하여, 인간 행동이란 자극이 유기체 내부의 전환과정을 통하여 발생하는 반응이라고 설명하였으며 이 모델의 핵심은 활동적인 유기체가 자극과 반응 사이의 작용과정에 개입(매개)한다는 점을 인식한 것인데 이는 아마 최초의 비교적 엄격한 매개 역할관련 가설일 것이다.

조절변수가 해석하는 것은 관계내부의 체제가 아니라 어떤 두 변수 간의 관계가 다른 조건에서의 관계의 크기 및 방향의 측면에서 어떻게 변화하는지를 연구대상으로 한다. 조절 역할을 생활언어로 바꾸면 아주 쉽게 이해할 수 있다. 즉 조절변수는 바로 '상황에 따라 다름', '사람에 따라 다름'이다. 예를 들면, 똑같이 실패를 한 번 경험했지만 그 실패가 사람들에게 미치는 영향은 각 사람마다 다르다. 자기효능감이 높은 사람은 실패원인을 노력 부족으로 여기고 전보다 더 노력하고 유지해나갈 가능성이 높다. 반면, 자기 효능감이 낮은 사람은 실패원인을 능력부족으로 생각하고 자신의 능력을 의심하여 해이해지거나 완전히 포기하는 경우가 많다. 여기에서 한 번의 실패(독립변수)가 사람의 행동(종속변수)에 미치는 영향이 자기효능감(조절변수)의 차이로 인하여 다르게 나타나는데, 이때 자기 효능감이 실패와 이후 행동 간의 관계를 조절했다고 말할 수 있다.

위에서 왜 매개변수와 조절변수를 연구에 도입해야 하는지 그 필요성에 대해서 간단히 소개했고 아래는 우리가 이론을 발전하는 데 있어서 이 두 가지 변수가 어떤 역할을 하는지 살펴보도록 한다.

16.1.1 조절변수의 이론적 의의

조절변수의 주요한 역할은 기존의 이론의 제약조건과 적용범위를 제시해준다. 모든 이롤ㄴ이 그렇지만 연구자의 한정된 인지능력으로 구축된 이론은 종종 일정한 한계가 있다. 특히 이론 개발 초기에 모든 제약조건과 적용범위를 두루 고려하기 어렵다. 예를 들면, 뉴턴의 고전역학의 확립이 되었을 때, 많은 사람들은 물리학은 이제 완성되었고 기껏해야 다소간의 수정만 있을 뿐이라고 생각하였다. 하지만 나중에 특수 상대성 이론과 일반 상대성 이론이 발표됨으로써, 사람들은 원래 이론의 적용범위가 한정적이고 특수한 상황에서만 진실이라는 것을 알게 되었다.
이론의 적용조건과 범위를 찾아내는 것은 원래 이론을 발전시키는 한 가지 방식이다. 지금 과학연구는 보통 Popper의 반증주의를 원칙으로 지식을 축적하고 이론의 반증 가능성여부에 따라 과학과 비과학을 판단하는 근거로 한다. 우리는 자신의 인지범위 내에서 결론을 도출하고 그것이 보편적으로 적용가능하기를 희망하지만 연구의 진전에 따라 잘못을 발견하면 부정하고 잘못이 없는 부분들은 보류한다. 이런 방법을 사용하면 한 가지 문제점이 있는데 바로 일단 반례가 나타나면 원래 이론을 완전히 번복한다. 그러나 때론 이론 자체가 잘못된 것이 아니라 이론 이면의 가설 혹은 경계조건(boundary conditions)을 규정하지 않았기 때문이다. 나중에 Lakatos(1970, 1978)는 Popper의 이론을 수정하여 보다 정교한 반증주의를 제기하였다. 그는 이론에 핵심이 있고 그 뒤에는 보조적 가설이 있으며 외부에는 경계조건이 있다고 한다. 실증검증을 통하여 이것이 잘 못된 생각이라는 것을 확인했다고 이론핵심을 쉽게 포기해서는 안 되며 보조가설을 변경하거나 제약조건을 추가할 수 있다. 정말 가망이 없으면 마지막에 이론핵심을 포기할 수 있다.

조절변수를 연구함에 있어서 우리는 일련의 관계가 상이한 조건을 배경으로 할 때 나타나는 변화 및 배후의 원인에 대한 연구를 통하여 원래의 연구를 보다 풍성하게 한다. 여기서 '다른 조건'이란 바로 이론의 적용범위와 가설을 의미한다. 따라서 조절변수는 우리가 원래의 이론을 발전시키는 데 도움이 되며 변수관계에 대한 이론의 해석을 더 세밀하게끔 한다.

이와 비슷하게 매개변수도 우리가 기존 이론을 발전시키는 데 도움이 된다. 그러나 매개변수는 다른 측면에서 이런 기능을 실현하는데, 즉 변수들 사이에 왜 관계가 존재하는지, 그 배후의 원인을 규명하고 이런 관계가 어떻게 발생하는지 해석할 수 있게 도와준다.

16.1.2 매개변수의 이론적 의의

일반적으로 한 변수가 독립변수와 종속변수의 사이의 인과관계를 해석하는데 도움을 줄 때, 이 변수가 매개 역할을 발휘한다고 본다. 따라서 매개 역할을 연구하는 목적은 우리가 이미 알고 있는 관계를 토대로 그 관계가 발생하는 내부 작용 메커니즘을 탐색하는 것이다. 이 과정을 통해 관련 연구를 통합하고, 기존의 이론을 보다 체계적으로 만든다. 그밖에 사물간의 영향관계를 하나의 인과고리(causal chain)로 보면 매개변수를 연구하는 것은 독립변수와 종속변수 간의 관계 사슬을 보다 뚜렷하게 하고 보완할 수 있어서 독립변수 변화와 종속변수 변화 사이에 어떤 변화가 있는지 해석할 수 있다. 그래서 이론적으로 매개변수는 아래 두 가지 중요한 의의를 가진다. (1) 매개변수는 기존의 연구나 이론을 통합한다. (2) 매개변수는 관계 배후의 작용 메커니즘을 해석한다. 다음은 매개변수의 이 두 가지 의의에 대하여 구체적으로 논의한다.

1. 매개변수는 기존의 연구나 이론을 통합한다.

매개변수로 원래 유사현상을 해석하는 이론들을 통합시킬 수 있다. Wang,

Law, Hackett, Wang & Chen(2005)의 연구를 예로 설명한다. 과거의 변혁적 리더십에 관한 많은 연구들은 한 가지 결론을 보편적으로 지탱한다. 즉 변혁적 리더십은 부하의 직무성과(Lowe, Kroeck & Sivasubramaniam, 1996)와 조직시민행동(Podsakoff et al., 1990)을 향상시킬 수 있다는 것이다. 그러나 실증연구로 그 원인이 무엇인지 설명하는 사람은 아주 드물다. 아울러 상사-부하 교환 관계(leader-member exchange)도 직원의 직무성과와 조직시민행동에 영향이 된다고 주장하는 연구도 적지 않다. Wang 등(ㅅ05)의 연구가 바로 이를 출발점으로 변혁적 리더십이 어떻게 부하의 직무행위에 영향이 되는지 분석한 결과 상사-부하교환 관계가 바로 이 과정에서 매개 역할을 하는 핵심 변수라는 것을 밝혔다. 주의해야 할 점은 그들이 매개변수를 선정할 때 무작위로 선택한 것이 아니라 아주 강한 이론적 근거가 있다. 변혁적 리더십과 상사-부하교환 관계는 리더십관련 연구에서 잇따라 제기한 두 가지 병행하는 연구사고방식이다. 비록 부하의 행위에 미치는 영향이 유사하지만 사람들은 줄곧 다른 각도에서 동일한 문제를 해석할 뿐이라고 여기고 아무도 이 두 이론 사이에 어떤 관계가 있는지, 통합할 수 있는지 이와 같은 생각에는 미치지 못했다. Wong 등 (2005)의 연구는 상사-부하교환을 통하여 변혁적 리더십이 부하에게 미치는 영향에 대하여 해석하고 아울러 두 가지 주요 이론을 통합하여 우리의 지식이 훨씬 체계적이게 되었다.

2. 매개변수는 관계 배후의 작용 메커니즘을 해석한다.

우리가 사물에 대하여 이해할 때 보통 개요에서 세밀한 부분으로, 표면적인 것에서 본질적으로 순차적 발전하는 과정이기에 한 가지 연구를 통하여 모든 방면의 문제를 설명하고 모든 원리를 해석할 수는 없다. 예를 들어 최초 학습 조직 개념의 제기는 1970년대 미국의 하버드대학 Argyris와 Schon(1978) 연구로 거슬러 갈 수 있다. 그러나 지금까지 아직 조직에 대한 조직학습의 영향 메커니즘을 해석할 수 있는 완벽한 이론이 없다. 1977년 Argyris가 「하버드 비즈니스평론」에 발표한 "이중순환 학습"에서 '조직학습' 개념을 제기하였으며 1978년 Schon과 「조직학습: 한 가지 행위관점 이론」을 공동 편찬하여 '조직학습'을 적응 학습, 단일순환 학습 및 창의적 학습 세 가지 유형으로 분류하였다. 1980년대부터 기업계에서는 학습조직을 보급하고 연구하는 열풍이 일어 점차 전 세계를 휩쓸었다. 미국의 듀폰, 인텔, 애플, 페덱스 등 세계 일류기업들이 앞 다투어 학습조직을 만들었다. 2001년 학습조직이론이 전 세계적으로 선풍을 일으켜 많은 세계 500대 기업의 기업들이 장기적인 학습구조를 구축하고자 했다. 중국에서는 많은 기업에서 '학습조직' 구축이 유행했을 뿐만 아니라, '학습정부', '학습사회', '학습단지' 등 구축을 도처에서 볼 수 있었다. 하지만 많은 기업이 떠들썩하게 학습조직을 가동하긴 했지만 이를 지속적으로 추진하는데 난항을 겪어 점점 곤경에 빠졌고, 결국 이념으로만 남게 되었다. 그 원인은 무엇일까? '조직학습'이 확실히 조직의 발전에 유익하다는 것을 잘 알고 일부 성공한 기업의 사례도 배웠지만 그 작용 메커니즘을 파악하지 못했기에 경영실천에서 그 장점을 제대로 발휘시키지 못했다. 조직에서 조직학습역할의 전반적 원리를 파악해야만 진정한 조직학습 이론을 구축했다고 볼 수 있다. 이 과정에서 매개 역할의 연구가 필수적이다.

여기까지의 내용을 토대로, 독자들은 우리가 연구에 매개변수와 조절변수를 도입하는 것은 이론을 발전시키기 위한 것이라는 점을 아마 잘 이해했을 것이다. 매개변수와 조절변수 모두 기존의 두 가지 변수 간의 관계를 토대로 하는 심층 연구이며, 두 가지 변수 간의 관계가 존재할 때 매개변수를 통하여 그 관계 사이의 메커니즘을 논의할 수 있고, 혹은 조절변수로 그 관계의 경계(제약)조건을 논의할 수 있다.

다음에서는 각각 조절변수와 매개변수의 원리 및 검증방법에 대하여 소개한다.

16.2 조절변수의 원리 및 검증방법

16.2.1 조절 역할의 원리

무엇이 조절변수인가? 간단히 말해서 변수 X와 변수 Y가 서로 관련이 있고 X와 Y가 제3의 변수 Z의 영향을 받는다면 변수 Z를 조절변수라고 한다. 조절변수가 하는 역할을 조절 역할이라고 한다.

조절변수를 포함한 문제는 보통 이렇게 진술한다. '어떤 경우에 혹은 어떤 상황에서' 혹은 '어떤 사람들에게서' X가 Y를 더 제대로 예측할 수 있는가, 혹은 Y에 대한 X의 영향(효과)이 더 큰가? Kikrman, Rosen, Tesluk & Gibson, Cristina(2004)의 집단 권한 부여에 관한 연구를 예로 한다. 그들은 가설 4(H_4)에서, 과거의 연구에서 보면 집단 권한 부여와 집단 성과는 긍정적 관계를 보이지만, 가상 집단(virtual group)의 등장으로 이런 관계가 항상 동일한 강도로 성립되는 것이 아니라고 제기했다. 이 관계는 아마 어떤 조절변수 즉 일대일 면담 횟수의 영향을 받을 것이다. 따라서 다음과 같은 가설을 제기한다. '집단에서 일대일 면담 횟수는 집단 권한 부여와 집단 성과(고객 만족도) 사이의 관계를 조절할 것이다'. 면담 횟수가 비교적 적

〈그림 16-1〉
집단 권한 부여와 가상 집단 성과의 관계에 대한 면담 횟수의 조절 역할

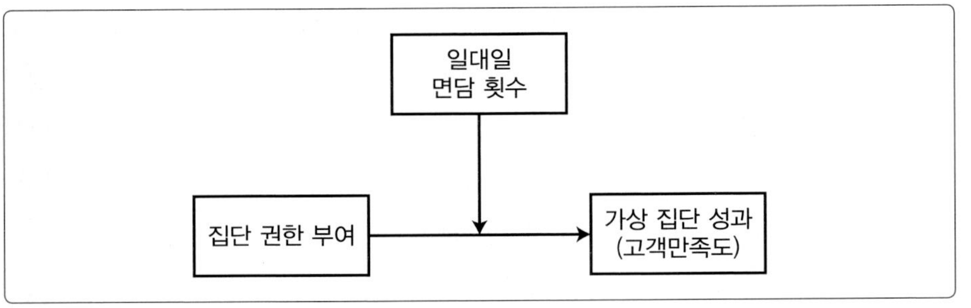

은(가상 정도가 높다) 집단에서 집단 권한 부여와 고객만족도 사이의 관계는 비교적 강하다. 반면, 면담 횟수가 비교적 많은(가상 정도가 낮다) 집단에서 집단 권한 부여와 고객만족도 사이의 관계는 상대적으로 약하다.

〈그림 16-1〉에서 '일대일 면담 횟수'의 화살표가 '집단 권한 부여'가 '가상 집단 성과'에 영향을 주는 화살방향으로 향하는데(주: 이 조절변수는 '집단 권한 부여' 혹은 '가상 집단 성과'를 향하는 것이 아니라 양자의 관계를 향하고 있다), 이것이 바로 조절변수의 일반 도표 표현방식이다. 조절변수는 독립변수와 종속변수의 관계에 영향을 주는데 관계방향에 대한 영향일 수 있고 또한 관계강도에 영향이 될 수도 있다. 수학적 언어로 이렇게 묘사할 수 있다. 즉 변수 Y과 변수 X의 관계는 변수 Z의 함수이며 Z를 X와 Y 관계의 조절변수라고 지칭한다. 조직연구에서 조절변수는 분류변수(예: 성별, 인종, 교육수준)일 수 있고 또 연속변수(예: 월급수준, 지력 등)일 수 있다.

한 가지 예를 들면, 과거의 한 연구에서 조직 몰입(organizational commitment) 형식 중 하나인 정서적 몰입(affective commitment)이 직원의 이직(turnover)에 영향이 되며 정서적 몰입이 높을 사람일수록 이직 가능성이 낮다고 밝혔다. 그러나 이런 관계는 외부 환경의 영향을 받는데 예를 들어 취업시장에 다른 일자리가 없으면 다시 일자리를 찾을 수 없기에 몰입이 아무리 낮은 사람도 이직하지 않을 것이다. 그렇기 때문에 일자리가 바로 조절분수이다. 〈그림 16-2〉에서 표시한 것처럼 밖에서 일자리를 구하기 쉬우면 정서적 몰입(변수 X)과 직원 이직(Y) 사이의 관계는 음의 관계이며 $Y=a+bX$(b는 음수, 그리고 통계적으로도 뚜렷하다). 만약 밖에서 일자리를 구하기 어렵거나 전혀 기회가 없으면 X와 Y는 아무런 관계도 없이 $Y=c+dX$(d는 통계적으로 유의미하지 않다).

그렇다면 아래 사례에 조절 역할이 있는지 살펴보자. 여성이 물건을 구입할 때 전문매점에서 가서 구입하는 것을 선호한다. 예를 들면, 신을 사려면 신발 가게에 가고 옷을 사려면 옷 가게에 간다. 그러나 남성들은 그렇지 않다. 그들은 '원스톱'

〈그림 16-2〉
정서적 몰입과 직원이직 간의 관계에 대한 실업률의 조절 역할

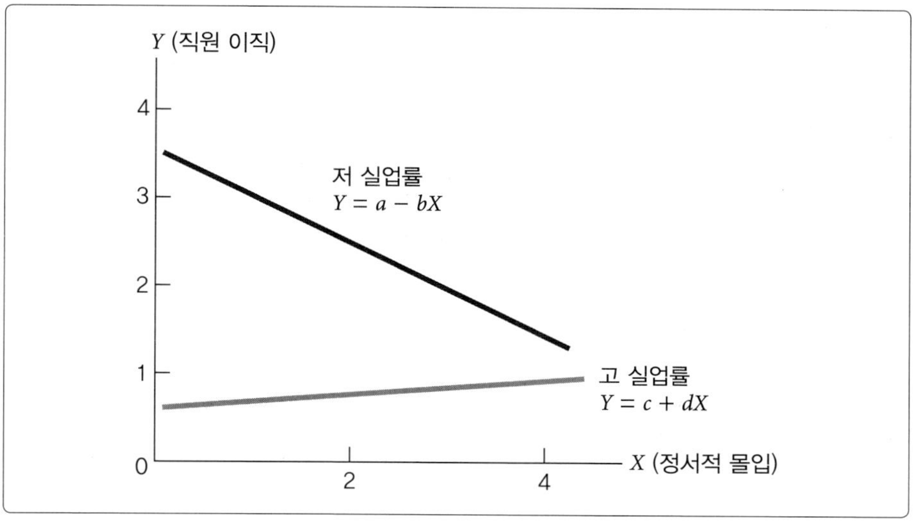

으로 구매하는 것을 더 선호하여 한 곳에서 모든 물건을 사고자 한다. 여기서 성별이 조절변수인가? 독자들이 앞에서 소개한 원리를 잘 이해했다면 여기에 조절변수가 없다는 것을 알 수 있다. 이 사례에서 성별은 직접적으로 구매방식에 영향이 되므로 '주요 효과'이며 전혀 상호작용이 존재하지 않는다. 또한 조절변수의 개념은 다른 두 가지 변수의 관계를 전제로 구축된다는 것을 엿볼 수 있다. 두 가지 변수 간의 관계를 전제로 하지 않으면 제3 변수인 조절변수를 거론할 필요도 없다.

한 가지 주의할 점은 연구에 조절변수가 존재할 때 연구가설에서 반드시 그 조절변수의 작용이 무엇인지 구체적으로 두 변수 간의 관계에 영향을 어떻게 미치는지 분명하게 설명해야 한다. 연구가설의 제기는 응당 최대한 정확해야 하며 막연하게 '*Z*는 *Y*와 *Y*의 관계에서 조절 역할을 한다'고 가설할 것이 아니라 *Z*가 어떻게 $X \rightarrow Y$의 관계를 조절하는지 구체적으로 설명해야 한다. 예를 들어 '*Z*가 높을 때 *X*는 *Y*에 긍정적 영향을 주고, *Z*가 낮을 때 *X*는 *Y*에 부정적 영향을 준다'고 하는 것이 바람직하다.

예를 들면, Martins, Eddleston과 Veiga(2002)은 일-가정충돌과 직무만족도관계에서의 조절변수에 대하여 연구했다(그림 16-3 참조). 과거의 연구는 일-가정충돌이 클수록 직무만족도는 더 낮을 것이라고 본다. 그러나 Martins 등의 발견에 의하면 여성에 있어서 이런 관계가 모든 연령대에서 뚜렷하지만 남성에게 있어서 이런 관계는 직장경력 후기에만 성립된다. 즉 남성이 젊었을 때 일-가정충돌이 직무만족도에 영향이 되지 않는다. 이 연구에서 성별이 다른 집단(조절변수)에게 있어서 일-가정충돌(독립변수)과 직무만족도(종속변수) 사이의 관계가 다르기 때문에 성

〈그림 16-3〉
일-가정충돌과 직무만족도 관계에 대한 성별의 조절 역할

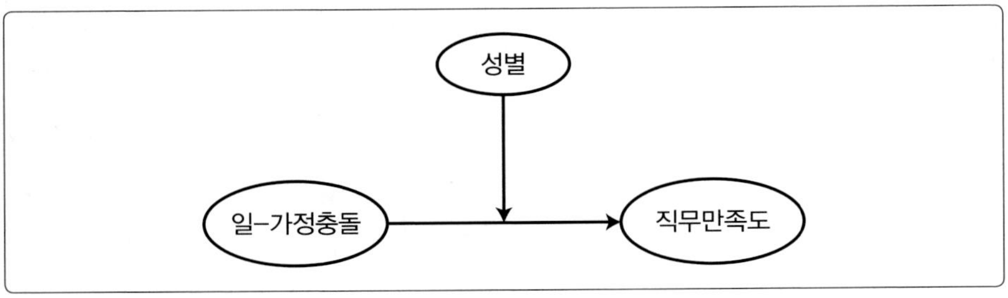

별이 바로 한 가지 조절변수가 된다.

원리상으로 봤을 때 조절변수는 아주 간단하지만 응용에 있어서 조절변수의 이론적 의미 그리고 조절변수, 독립변수와 종속변수 사이의 관계에 각별히 주의해야 한다. 다음은 조절 역할과 상호작용의 구분에 대하여 논의할 텐데 비록 통계적으로 검증방법은 같지만 개념적으로 이 두 가지가 서로 다르다는 것을 확인하게 될 것이다.

16.2.2 조절 역할 및 상호작용

상호작용은 두 변수(X_1과 X_2)가 공동으로 작용할 때 Y에 미치는 영향과 각각 Y에 작용할 때 단순히 두 영향을 합한 것이 동등하지 않다는 것을 의미한다. 조절 역할은 한 변수(X_1)가 Y에 대한 다른 변수(X_2)의 영향에 영향이 되는 것을 의미한다.

상호작용 분석에서 두 독립변수의 영향력이 대칭일 수 있고 그중 임의로 하나를 조절변수로 해석할 수 있다. 그리고 그들의 영향력이 비대칭일 수도 있는데 둘 중에 하나는 조절변수작용을 하고 상호작용이 존재한다(Aiken & West, 1991). 그러나 조절 역할에서 어느 것이 독립변수이고 어느 것이 종속변수인지 아주 명확하다. 이는 이론적 근거에 따라 결정되는데 확실한 모형에서 양자는 서로 호환할 수 없다.

예를 들면, Colella와 Varma(2001)의 연구에 의하면 직원의 직무태도는 상사-부하의 관계에 영향을 미치며, 직원의 장애여부도 상사-부하의 관계에 영향을 미친다. 다만, 이 두 변수가 상사-부하의 관계에 미치는 상호작용 효과는 각각의 변수가 갖는 효과의 합보다 크다. 즉 신체적 장애도 있고 직무태도도 안 좋은 직원은 상사와 양호한 관계를 형성하는 것이 아주 어렵다고 보는데 이를 상호작용이라고 한다.

반대로, 조절 역할은 불완전 대칭일 수 있다. 예를 들면, 직원의 성별이 직원의 직무태도가 상사-부하관계에 미치는 영향의 조절변수가 될 수 있다. 이때 성별과

직원의 직무태도를 호환할 수 없다. 따라서 직원의 직무태도도 상사-부하관계에 미치는 성별의 영향을 조절하였다고 말 할 수 있다. '성별이 태도 → 관계를 조절하는' 이론은 '태도가 성별 → 관계를 조절하는' 이론과 꼭 같은 것은 아니다. 성별이 상사-부하관계에 전혀 영향이 없을 수 있다.

통계학적으로 두 변수의 상호작용과 조절변수의 작용은 이 두 변수의 곱으로 표시한다.

$$Y = \beta_0 + \beta_1 X_1 + \beta_2 X_2 + \beta_3 X_1 X_2 \tag{1}$$

Y에 대한 X_1의 영향은 β_1, Y에 대한 X_2의 영향은 β_2, β_2는 주요 효과의 정도를 반영한다. β_3($X_1 \times X_2$의 계수)은 상호작용과 조절 역할의 크기를 반영한다. 왜 상호작용과 조절 역할을 X_1과 X_2의 곱으로 나타낼 수 있는가? 식 (1)에서 Y에 대하여 X_2 편도함수를 구하면 다음과 같다.

$$\frac{\partial Y}{\partial X_2} = \beta_2 + \beta_3 X_1 \tag{2}$$

즉 Y에 대한 X_2의 영향은 X_1의 값에 의하여 결정되며 이것이 바로 조절 역할과 상호작용에 대한 정의다. 그렇기 때문에 조절 역할과 상호작용의 통계학적 검증방법은 동일하다. 만약 곱하기 항의 계수 β_3이 뚜렷하면 조절 역할이나 상호작용의 존재를 의미한다. 이 방법에 대하여 뒤에서 구체적으로 토론한다.

통상적으로 상호작용을 강화형 상호작용(reinforcement interaction effect)과 간섭형 상호작용(interference interaction effect) 두 부류로 나눌 수 있다. 〈그림 16-4〉는 이런 두 가지

〈그림 16-4〉
강화 상호작용과 간섭 상호작용

자료: Kutner et al., 2005:307.

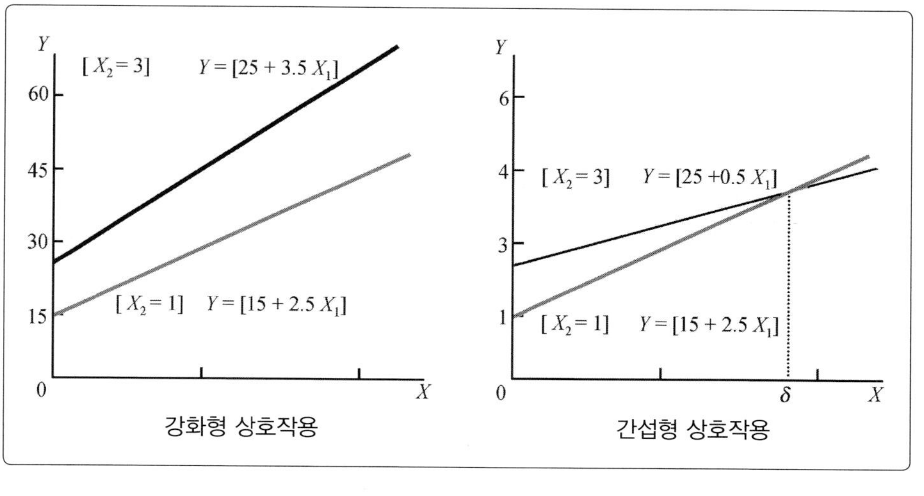

작용을 표시한다.

강화형 상호작용은 X_2가 커짐에 따라 Y에 대한 X_1의 긍정적 영향이 강해진다. 간섭형 상호작용은 X_2가 커짐에 따라 Y에 대한 X_1의 긍정적 영향이 약해진다. 동일하게 X_2와 Y의 관계에 대한 X_1의 영향도 유사한 방법으로 분석할 수 있다.

식(2) 으로부터 X_2와 Y의 선형관계의 기울기가 이라는 것을 알 수 있다. 따라서 와 의 크기와 플러스마이너스로 상호작용이 강화형인지 간섭형인지 결정한다.

조직경영연구에서 조절 역할은 상호작용보다 더 많이 사용되며 아래는 조절 역할을 검증하는 구체적 절차에 대하여 상세하게 소개한다.

16.2.3 조절 역할의 검증방법

먼저 한 사례를 통하여 조절 역할의 분석문제에 대하여 논의하고자 한다. '직원의 전공배경과 조직업무 적합여부'가 '직원의 조직 동일시'에 영향이 된다고 밝힌 연구가 있다(Johnson, Morgeson, Ilgen, Meyer & Lloyd, 2006). '적합(fit)'은 꽤 복잡한 변수이기에 토론을 간소화하기 위하여 우선 연구자에게 아주 좋은 '적합'한 척도를 가지고 있다고 가정한다. 그리고 해당 이론에 의거하여 아래 가설을 제기한다. 전공적합과 조직 동일시 사이의 관계는 성별의 영향도 받으며 남성들의 이런 관계가 더 강하고 여성들 중에서 별로 뚜렷하지 않다. 이때 독립변수는 '직원 전공배경과 조직업무 적합'(X) 정도이고 종속변수는 직원의 조직 동일시(Y)이며 조절변수는 성별(남 혹은 여)이다.

이런 문제를 연구함에 있어서 많은 연구자들은 보통 표본을 두 그룹으로 나누어서 남성표본을 가지고 회귀분석하고 여성표본을 가지고 다른 회귀분석을 한다.

남성표본: $Y = 2.5 + 0.15X$ (표본수 $N_1 = 128$)

여성표본: $Y = 1.3 + 0.09X$ (표본수 $N_2 = 96$)

연구자는 이 자료로 조절 역할로서의 성별에 대하여 이미 검증했다고 가설할 것이다. 그러나 여기에는 두 가지 문제점이 존재한다. 첫째, 남성표본에서 '조직 동일시'에 대한 '적합'의 영향(b_1=0.15)이 통계적으로 정말 여성표본의 계수(b_2=0.09)보다 높은지 어떻게 아는가? 엄격히 말해서 우리는 통계적으로 b_1-b_2(0.15−0.09)로 H_0: $\beta_1-\beta_2=0$이라는 것을 검증하려고 한다. 둘째, 이상 조별 검증으로 원래 표본 N=224를 두 개 표본으로 해체한다. 그리고 여성표본의 수는 N_2=96뿐이다. 여러분도 알다시피 이렇게 적은 표본으로 말하자면 통계학적 효력(statistical power)이 아주 낮을 것이다. 이 두 가지 원인으로 말미암아 조절 역할을 검정할 때 가장 보편적으로 사용하는 방법은 중다조절회귀분석(moderate multiple regression, MMR)이다. 비록 그룹을 나누는 방법으로 조절 역할을 검증하는 사람도 있겠지만 선택의 여지가 없는(예를 들어 특이한 실험설계, 반복측정설계 등) 경우를 제외하고 조절회귀분석으로 조절 역할을 검증하는 것이 그룹을 나눠서 검증하는 방법보다 항상 더 타당하다고 건의한다.

아래 회귀분석 방법으로 조절 역할을 검증하는 구체적 절차에 대하여 알아보도록 한다.

1. 더미변수로 분류변수를 나타낸다.

독립변수 혹은 조절변수 둘 중 하나가 분류변수이면 첫 단계는 먼저 그 분류변수를 더미변수(dummy variable)로 전환한다. 필요한 더미변수의 수량은 분류변수의 수평개수에서 1을 뺀다. 예를 들면, 교육효과에 관한 연구에서 피조사자를 3개 교육실험조 중 한 조에 배치하고(예: 실천조작 교육조, 소조토론 교육조와 통제조) 다른 두 더미변수를 구성하면 모든 유형을 나타낼 수 있다. 연구자는 연구문제에 따라 서로 다른 코딩방법을 선택할 수 있다. 주의할 점은 다른 코딩방법은 최종결과에 영향이 된다. West 등(1996)의 글에 코딩시스템과 실제조작에서 어떻게 사용해야 하는지 아주 상세하게 논의하였으니 독자들이 그것을 참조하기 바란다. 가장 간단한 코딩방법은 더미변수 D_1('실천조작 교육조' $D_1=1$과 '비실천조작 교육조' $D_1=0$)과 D_2('소조토론 교육조' $D_2=1$과 '비소조토론 교육조' $D_2=0$)를 사용하는 것이다. D_1과 D_2 모두 0이면 바로 '통제조'가 된다.

2. 연속변수에 대하여 중심화 혹은 표준화 처리한다.

회귀방법으로 조절변수를 검증하는 중요한 한 가지 절차는 바로 독립변수와 조절변수에 포함된 연속변수를 보다 용이하게 정리하는 것이다. 일부 통계학자는 이런 변수를 중심화(센터링), 즉 이 변수(특히 독립변수)로 측정한 각 자료 값에 그 변수의 평균치를 감하여 새로 도출한 자료의 평균치가 0이 되도록 할 것을 제안한다(Aiken & West, 1991, p.11). 이는 독립변수와 조절변수가 보통 그들의 곱 항과 상당히 상관이 높기 때문이다. 즉 중심화의 목적은 회귀방정식에서 변수 간의 다중공선성(multicollinearity) 문제를 줄이기 위함이다. 물론 연속적 독립변수와 조절변수에 대하여 표준화(예: z점수 사용)를 할 수 있는데 그 작용은 중심화와 기본적으로 동일하다.

3. 곱하기 항의 구성

곱하기(상호작용) 항 변수를 구성할 때 중심화(표준화) 처리한 독립변수와 조절변수를 서로 곱하면 된다. 물론, 중심화나 표준화하지 않은 원자료 점수를 곱해도 된다.

$$Y = b_0 + b_1X + b_2M + b_3\bar{X} \times \bar{M} \quad (\bar{X}\text{와 } \bar{M}\text{은 중심화한 값}) \tag{3}$$

더미변수를 사용하면 각 더미변수는 그에 해당하는 곱하기 항 변수가(예컨대 한 더미변수로 두 가지 수준을 포함한 한 분류변수를 나타날 때 곱 항이 하나 있다. 만약 두 더미변수로 세 가지 수준을 포함한 한 분류변수를 나타내면 곱 항이 두 개 있다) 있어야 한다.

$$Y = b_0 + b_1X + b_2D_1 + b_3D_2 + b_4\bar{X} \times \bar{D}_1 + b_5\bar{X} \times \bar{D}_2 \tag{4}$$

(D_1과 D_2 모두 더미변수이다. $D_1=1$은 '실천조작 교육조'를 나타내고 $D_1=0$은 '비실천조작 교육조'를, $D_2=1$은 '소조토론 교육조'를, $D_2=0$은 '비소조토론 교육조'를 나타낸다.)

4. 회귀방정식

곱하기 항을 구성하고 나서, 독립변수, 조절변수(더미변수들), 종속변수(보통 중심화하지 않은 독립변수와 종속변수를 사용한다)와 곱하기 항을 모두 다단계 회귀방정식에 넣어서 상호작용을 검증할 수 있다. 이때 곱하기 항의 계수가 통계적으로 유의미하게 나타나는지 아닌지에 가장 주목한다. 만약 그 곱학기 항이 유의미하게 나타나면 조절 역할이 존재한다고 볼 수 있다. 예를 들면, 방정식 (4)에서 b_4가 통계적으로 유의미하면 피조사자가 '실천조작 교육조'에서 X와 Y의 관계에 대한 영향여부를 나타낸다. 즉 '실천조작교육'이 교육효과를 조절한다고 본다.

주의할 점은 조절 역할을 검증할 때 곱하기 항에 대한 검토만 필요하다면 회귀방정식에 왜 앞에서 언급한 '주요 효과'(즉, 독립변수와 조절변수)항이 있어야 하는가? 주요 원인은 회귀방정식에서 무릇 2차 변수가 있으면 모든 1차 변수들을 포함시켜야 한다. 때론 비교적 복잡한 경우에 삼중 상호작용(three-way interaction)도 있는데 그러면 회귀방정식에 $X_1, X_2, X_3, X_1X_2, X_1X_3, X_2X_3, X_1X_2X_3$항이 모두 포함된다. 여전히 앞의 사례로 〈그림 16-5〉와 같이 단계적 회귀방법으로 조절 역할을 검증하는 절차에 대하여 설명한다.

여기서 우리가 주목하는 것은 조절 역할의 회귀계수 $b=0.23$의 통계적 유의미성 여부(b는 t분포를 따른다)이며 R^2를 통하여 검증할 수 있고 만약 ΔR^2가 유의미

〈그림 16-5〉
단계적 회귀로 조절 역할 검증

	종속변수 = 조직 동일시		
	M_1	M_2	M_3
통제변수	0.13	0.08	0.09
전공적합 (X_1)		0.16*	0.11
성별 (X_2)		0.24**	0.19*
$X_1 \times X_2$ (상호작용)			0.23** ← 유의미한 조절 역할
모형 R^2	0.07	0.35**	0.48**

ΔR^2 반드시 유의미해야 한다.

하면(ΔR^2은 F분포를 따른다) 마찬가지로 조절 역할이 존재한다는 것을 증명할 수 있다.

5. 조절 역할의 분석과 해석

검증에서 유의미한 조절 역할이 있다는 것을 확인하면 다음으로 중요한 절차는 바로 그 상호(조절) 작용패턴을 파악하는 것이다. 이때 조절변수와 독립변수가 모두 분류변수라면 조별(분류변수의 수준별)로 각각 종속변수의 평균치를 구한 다음 그 값을 가지고 표를 작성하여 조절 역할의 형식을 직관적으로 나타낼 수 있다. 두 번째 방법은 조절변수의 수준에 따라 나눈 서로 다른 그룹에서 결과변수에 대한 독립변수의 회귀 기울기를 검증한다.

그러나 조절변수가 연속변수일 때 어떻게 표본을 나눌 것인가? 일반적으로 두 가지 방법이 있다.

1. 조절변수의 중간 값을 찾고 중간 값보다 작거나 높은 두 그룹에 대하여 각각 회귀 분석하여 독립변수와 종속변수관계의 다른 작용 패턴을 관찰한다.
2. 조절변수의 평균치를 구하고 평균치를 좌우로 하여 표준편차 구역 밖에서 각각 한 그룹씩 정하고(즉 $\bar{X}+\sigma$보다 큰 자료를 한 그룹, $\bar{X}-\sigma$보다 작은 자료를 다른 그룹으로 함) 두 그룹에 대하여 각각 회귀한다.

(주) 1과 2에서의 설명은 개념적인 설명이고, 실제로는 (1) 각 조절변수의 수준에 해당하는 값(예를 들어, 여성 0, 남성 1) 혹은 (2) 조절변수 평균보다 1표준편차 큰 값과 평균보다 1표준편차 작은 값을 전체 집단에서 구해진 회귀식에 대입하여 조절변수 수준별 회귀식을 도출한다.

주의할 점은 여기서 조별로(조절변수 수준별)로 분석하는 목적은 조절 역할의

〈그림 16-6〉
조절 역할 방식의 표시

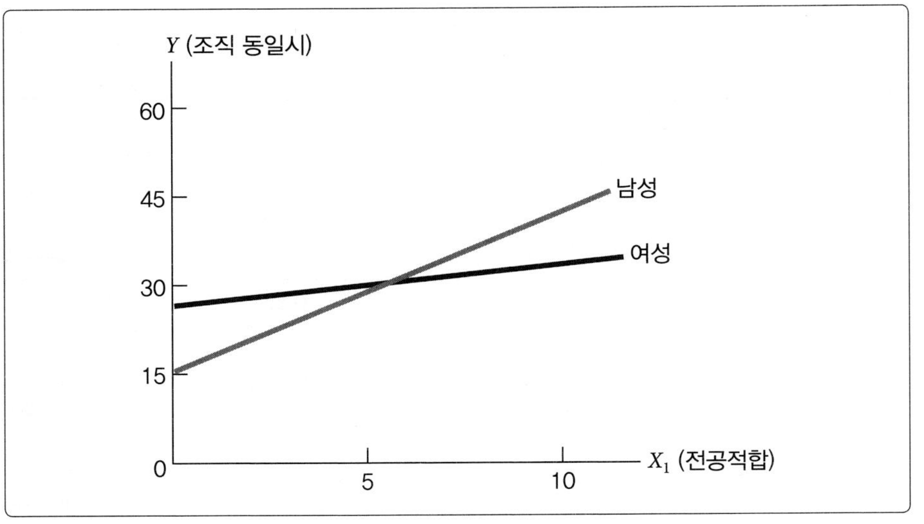

존재 여부를 '검증'하는 것이 아니라 단지 조절변수가 어떻게 작용하는지 직관적으로 나타내기 위한 것이다. 조절 역할의 검증절차는 이미 앞의 조절회귀에서 완성된다.

조절변수의 각기 다른 수준에서, 독립변수와 종속변수 간의 관계의 대략적인 작동 패턴이 어떻게 다른지 분명하게 비교하기 위하여 〈그림 16-6〉으로 표시할 수 있다.

16.2.4 중다 조절회귀에서 통계적 검증력 문제

경험이 풍부한 연구자들은 조절 역할의 효과가 보통 아주 미미하여 통계적 유의도 검증을 통해서 그 효과를 발견하기 쉽지 않기에, 조절 역할을 검증할 때 통계적 검증력(statistical power)에 대한 요구가 더 높게 된다는 것을 잘 알고 있다. Aguinis(1995)는 중다 조절회귀에서 존재할 수 있는 통계적 검증력(statistical power) 문제에 대하여 토론했었는데 통계적 검증력에 영향이 되는 요인들은 다음과 같다.

표본 크기. 표본이 적을 때 어떤 법칙을 찾아내기 힘들다는 것을 여러분도 잘 안다. 조절 역할에 관한 연구에서 필요한 표본의 수량는 조절 역할의 효과의 크기 및 전체 회귀식(독립변수, 조절변수, 곱 항)의 효과의 크기에 따라 결정된다. 일반적으로 이런 효과의 크기가 작을수록 필요한 표본 수량은 커진다. 이와 같이 자료를 수집하기 전에 연구자가 먼저 조절 역할의 크기에 대한 예측이 있어야 한다. 예를 들면, 관련 연구를 검토하여 조절효과의 크기를 추측할 수 있다. 보통 이미 주요 효과를 통제하였기에 조절 역할의 효과의 크기는 보통 아주 작으며 ΔR^2로 표현하면 보통 0.1에 달하면 아주 큰 편이다.

변수 선정. 조절변수가 분류변수일 때 집단의 표본 수량 차이가 너무 크면(즉 집단의 표본 수량이 비동등하게 될수록) 통계적 검증이 약하지게 된다. 즉 여러 집단에서 발생하는 표본오차의 큰 격차도 통계적 검증력을 감소하게 한다. 조절변수나 독립(예측)변수의 측정 신뢰도가 아주 중요하며 측정 오차가 클수록(즉 신뢰도가 낮을수록) 통계적 검증력을 떨어뜨리게 된다. 마지막으로 종속변수도 고려해야 한다. 종속변수의 측정 신뢰도가 상대적으로 낮으면 독립변수와의 상관도 약해져서 ΔR^2의 값과 통계적 검증력을 감소하게 된다(Aguinis, 1995).

상기 두 가지를 종합하면 통계적 검증력을 강화하기 위하여 연구자는 연구설계 단계에서 가능한 모든 방법을 동원하여 가급적 이런 영향을 막아야 한다. 예를 들면, 이론(필요할 때 실험도 가능)을 통하여 조절 역할의 크기를 예측하고 다른 작용과 결부하여 필요한 최소 표본수를 추정할 수 있다. 조절변수가 분류변수일 때 종류별 표본수가 같거나 비슷하도록 만들어야 한다. 만약 종속변수에 여러 가지 측정 방법이 있으면 최대한 측정 신뢰도가 높은 방법과 측정 민감도가 높은 방법을 선택해야 한다.

16.2.5 조절 역할의 기타 검증방법

위에서 언급한 분산분석과 조절회귀는 조절 역할을 검증할 때 가장 많이 사용하고 가장 간단한 방법이다. 다른 성격의 연구에서는 다른 방법으로 조절변수를 검증할 수 있다. 하지만 이런 방법을 제대로 습득하기 위하여 먼저 그들의 기본 원리부터 이해해야 한다. 지면의 제한으로 여기서 상세하게 설명하지는 못하고 간략하게 소개하는 것으로 하고 관심 있는 독자는 이 책의 관련 내용과 우리가 인용한 문헌들을 참조하기 바란다.

1. 다수준선형모형

단일 수준 연구에서 우리가 관심 갖는 것은 동일 수준에서 변수 간의 관계이다. 예를 들어 직무특징이 직원의 직무만족도에 미치는 영향이 조직이나 환경에 따라 서로 다르다면 당연히 조직과 환경의 어떤 특징이 이런 관계의 변화를 야기한다고 생각할 것이다. 이렇게 되면 연구문제는 여러 가지 수준의 변수를 포함하기 시작한다. 이런 상황에서 조절변수가 독립변수와 종속변수보다 한 단계 높은 수준

〈그림 16-7〉
다수준 교차 조절 역할의 일례

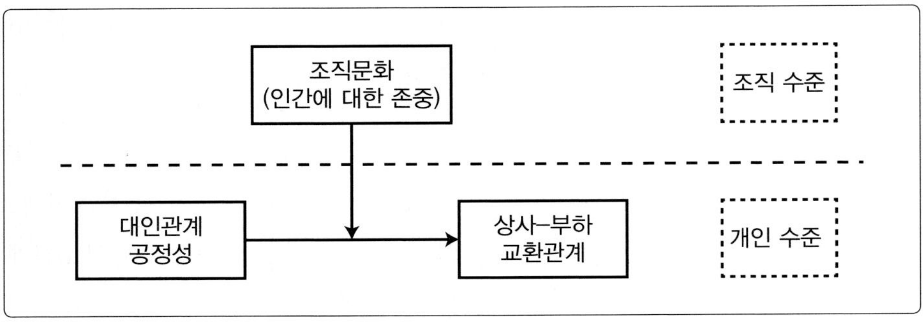

의 변수이므로 일반적인 회귀분석으로는 더 이상 확실한 해답을 도출할 수 없으며 다수준선형모형(hierarchical liner model. HLM)이 보다 적합한 선택이다. 예를 들면, Erdogan, Liden과 Kraimer(2006)의 가설에서는 '인간에 대한 존중'의 조직문화가 '대인관계 공정성'과 '상사-부하 관계' 사이의 관계를 조절하며, 구체적으로 인간 존중을 강조하는 조직문화 속에서 대인관계 공정성이 상사-부하 교환 관계에 대한 영향이 더 크다고 한다. 이것이 다수준 교차 조절 역할이다. 조직문화는 조직차원의 변수이고 대인관계 공정성과 상사-부하 교환 관계는 개인 수준의 변수이기 때문이다(그림 16-7).

여기서 관련된 원리를 간단하게 설명하자면 이 가설에서 포함된 몇 가지 변수 사이의 관계를 아래와 같이 표시할 수 있다.

$$Y_{ij} = \beta_{0j} + \beta_{1j}X_{ij} + \varepsilon_{ij} \qquad \varepsilon_{ij} \sim N(0, S^2)$$

j, i는 각각 j번째 조직의 i개 개인, ε_{ij}는 확률적 오차를 나타낸다.

앞서 언급한 조절 역할의 원리에 근거하여 조직문화(W)가 조절변수로 윗 방정식의 β_0과 β_1에 영향이 된다. 따라서 다음식이 있다.

$$\beta_{0j} = \gamma_{00} + \gamma_{01}w_j + u_{0j}$$
$$\beta_{1j} = \gamma_{10} + \gamma_{11}w_j + u_{1j} \quad (\mu_{0j}, \mu_{1j} \text{ 확률적 오차})$$

일반적인 단계적 회귀로 상기의 과정에 대하여 각각 분석하는 것은 많은 문제점이 있다(관련 장 참조). HLM은 두 가지 수준의 작용 항을 같이 두고 분석할 수 있으며 저수준 관계에 대한 고수준변수의 교차 조절 역할을 검증하게 해준다.

2. 구조방정식모형

구조방정식모형(SEM)을 사용하여 조절변수를 분석하는 과정은 비교적 복잡하다. 가장 주요한 문제점은 독립변수(X)와 조절변수(Z) 모두 측정지표(measurement indicator)가 있지만 조절변수 항($X \times Z$)은 측정지표가 없다. 하지만 SEM 분석에서 일부 변수는 지표가 있고 또 다른 일부 변수는 지표가 없으면 안 된다. 그래서 SEM으로 조절변수를 검증하는 관건은 조절변수 항($X \times Z$)의 측정지표를 구성하는 것이다. 이 과정은 여러 가지 처리방법이 있는데 관심 있는 독자는 다음 논문을 참고하기 바란다. Cortina, Chen & Dunlap(2001), Joreskog & Yang(1996), MacKinnon, Lockwood, Hoffman, West & Sheets(2002), Ping(1995, 1996a).

이상은 조절변수의 기본원리와 검증방법에 관한 간략한 소개이다. 물론, 이와 관련된 새로운 보완점들을 끊임없이 제기하는 학자들도 있다. 관심 있는 독자는 이상의 내용을 실마리로 하여 다른 조절변수관련 문제를 다룬 논문을 참고하여 이 방법과 관련된 최신 의제들을 연구하기 바란다.

16.3 매개변수의 원리 및 검증방법

16.3.1 매개 역할의 원리

간단히 말해서 X가 Y에 영향을 주고, X가 중간 변수 M을 통하여 Y에게 영향을 작용하는 것이라면 M이 바로 매개변수이다. 예를 들면, Chattopadhyay(1999)의 연구에서 인구통계학적 차이(demographic dissimilarity)가 X, 조직시민행동(OCB)이 Y이며 조직기반 자존감(organization-based self-esteem, OBSE)이 M이다. 조직 구성원들 사이에 인구통계학적 차이가 크면 그들 사이에 여러 가지 혼란과 갈등이 야기되어 구성원의 역할 외 행위(extra role behavior)가 상대적으로 적을 것인데, 이는 구성원의 OBSE 가 낮기 때문이다.

매개변수로 현상을 해석할 수 있기에 연구에서 아주 중요한 역할을 한다. 매개변수를 두 부류로 나눌 수 있다. 하나는 완전 매개(full mediation)이고 다른 하나는 부분 매개(partial mediation)이다. 완전 매개는 Y에 대한 X의 영향을 전적으로 M을 통하여 작용하며 M의 작용이 없으면 X가 Y에 영향이 될 수 없다. 부분 매개는 Y에 대한 X의 일부 영향만이 직접적이고 일부는 M을 통하여 나타난다. X, Y과 M 사이의 관계를 〈그림 16-8〉과 같이 경로도로 간단하게 표시할 수 있다. $c=0$일 때 M은 완전 매개변수이며 $c>0$일 때 M은 부분 매개변수이다.

매개변수는 현재 비교적 논란의 여지가 많은 문제로서 연구에서 부주의로 잘못 사용될 수 있다. 매개변수에 관한 연구들이 별로 엄밀하지 못한 것은 매개변수의 진정한 의미를 파악하지 못하고 매개변수의 검증방법을 제기하는 연구배경을

〈그림 16-8〉
매개 역할 모형

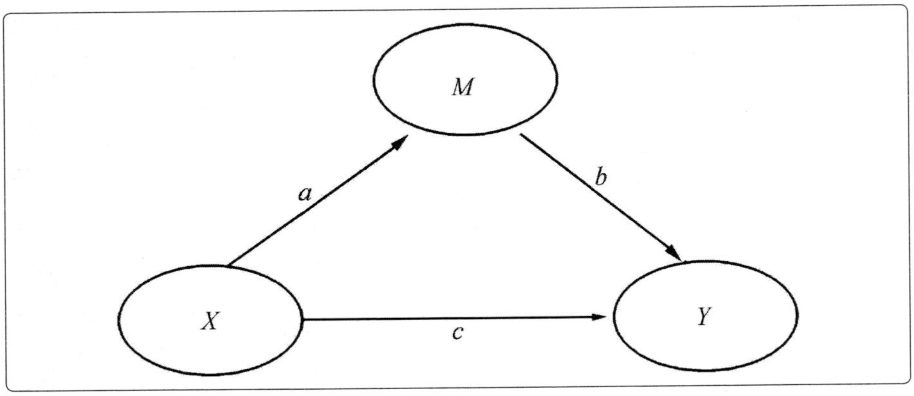

잘 이해하지 못했기 때문이다. 아래는 매개 역할에 대한 검증과 분석 과정에 대하여 구체적으로 설명하고 그중에 주의할 문제는 강조하도록 한다.

16.3.2 매개 역할의 검증 및 분석

위에서 소개한 매개 역할의 개념에서 두 가지 핵심을 살펴볼 수 있다. 첫째, X와 Y 사이에 존재하는 인과관계, 둘째, M은 이 인과관계 중간의 매개이고 M은 X의 영향을 받아서 다시 Y에 영향을 주는 것으로 X의 작용을 전달한다. 이 과정은 그다지 복잡하지 않아 기존의 매개 역할을 검증하는 방법은 바로 이와 같은 인과관계를 검증하는 것으로 이루어진다.

매개변수를 검증하는 가장 보편적이고 가장 전형적인 방법은 바로 Baron과 Kenny 방법이다. 단순히 자료관계로부터 말하면 세 단계로 이루어진다.

1. 독립변수가 종속변수에 영향을 준다.
2. 독립변수가 매개변수에 영향을 준다.
3. 매개변수를 통제하여 종속변수에 대한 독립변수의 작용이 소실되거나 현저하게 감소한다.

대부분 연구자는 이 몇 가지 절차를 기억하지만 자료관계 이면에는 어떤 중요한 전제를 필요로 한다. 따라서 원칙적으로 말하면 매개 역할을 검증하는 과정에 아래 몇 가지 절차를 포함해야 한다.

1. 인과관계 구축

매개 역할이란 한 인과고리 즉 매개변수는 독립변수에 의하여 야기되고 종속변수의 변화에 영향을 주는 것을 의미한다(Kenny, Kashy & Bolger, 1998). 인과관계는 매개 역할을 구축하는 가장 중요하지만 연구에서 종종 등한시되는 한 고리이다. 이 고리의 부재는 연구에 아주 큰 문제를 초래하기 때문에 이 절의 세 번째 부분에서 상세하게 설명한다.

인과관계를 구축하려면 먼저 일정한 조건과 표준을 충족해야 한다. 18세기의 철학자 Hume은 인과관계를 나타내는 여덟 가지 필수조건을 제기했다. 나중의 연구방법은 그중의 세 가지를 많이 인용한다. 즉 원인과 결과는 시간적 공간적으로 연속적이다. 원인과 결과는 시간적으로 선후순서가 있으며 그 사이는 항상 일정한 관계를 유지한다. 19세기의 철학자 Mill은 인과관계를 검증하는 세 가지 필수조건을 제기했다. 시간적으로 원인은 결과 앞에 발생하며 원인과 결과는 상관관계를 가진다. 결과에 있어서 기타 가능한 해석이 존재하지 않는다(Cook & Campell, 1979; Shadish et al., 2002).

이런 원칙을 연구에 적용한다. 즉 연구설계를 통하여 아래 두 가지 조건을 검증한다.

우선, 두 변수 X와 Y 사이에 인과관계가 존재한다. 만약 X와 Y 사이에 어떤 관계도 없다면 그 다음 절차도 불필요하게 된다.

다음, 이런 관계는 허위 상관이 아니다. 두 변수 사이의 상관관계가 둘 중의 하나가 다른 변수에 영향을 주는 것이 아니고 이 둘이 동시에 제3변수의 영향을 받아 생성한 것인데 이 변수를 분석에 포함시키지 않는 다면 이를 허위 상관이라고 한다. 일반적으로 엄격한 실험적 연구를 통해서만 두 변수가 허위 상관이 아닌 서로 인과관계라는 것을 증명할 수 있다. 그러나 Wegener와 Fabrigar(2000)도 비실험적 연구를 사용하더라도 다른 변수의 작용을 통제하는 방법 혹은 몇 개 시점의 자료를 수집하는 방법으로 엄격한 인과관계 연구를 달성할 수 있다고 밝혔다.

2. 매개 역할 검증

여전히 Chattopadhyay(1999)의 연구를 예로 사용한다. Baron과 Kenny(1986)의 회귀방법에 의거하여 한 변수가 아래 조건들을 충족하면 매개변수의 작용을 한다고 말할 수 있다.

1. 독립변수의 변화로 종속변수의 변화를 뚜렷하게 해석할 수 있다. 즉 〈그림 16-9〉에서 b_1이 분명 0이 아니다.
2. 독립변수 X의 변화는 매개변수 M의 변화를 뚜렷하게 해석할 수 있다. 즉 〈그림 16-9〉에서 b_2이 분명 0이 아니다.
3. 매개변수를 통제할 때 종속변수에 대한 독립변수의 영향(b_3)이 0이거나 혹은

〈그림 16-9〉
매개 역할 사례

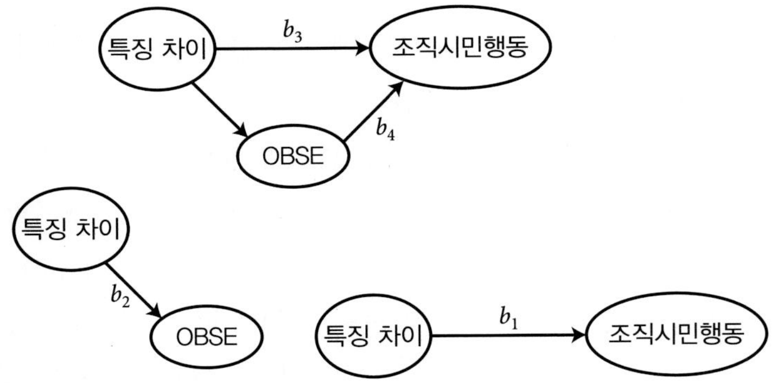

	OBSE	조직시민행동	조직시민행동
특징 차이 (X)	b_2	b_1	b_3
OBSE (M)			b_4
조절한 R_2	R_1^2	R_2^2	R_3^2

현저하게 감소해야 하며($b_3 \ll b_1$) b_4는 0이 아니다. 이 결과로부터 Y에 대한 X의 영향은 완전히 M(혹은 주로 M에 의하여)에 의한 것이라는 것을 보여준다. b_3이 0일 때 M을 완전 매개변수(full mediator)라고 한다. b_3이 0은 아니지만 b_1보다 작으면 M을 부분 매개변수(partial mediator)라고 한다. b_3이 b_1보다 작지 않는 한 M은 매개변수로서 가설은 성립되지 않는다.

이상이 바로 Baron과 Kenny(1986)의 방법이며 또한 연구자들이 가장 많이 사용하는 방법이다. 앞의 인과관계를 보지 않고 자료상으로 매개 역할을 검증하는 몇 가지 절차만 본다면 독자들은 어떤 문제점을 발견할 수 있을까? M과 Y 간의 상관계수가 X와 Y 간의 상관계수보다 크면 위에서 말한 방법으로 검증한 결과 'b_3이 0이거나 b_3이 0은 아니지만 b_1보다 훨씬 작다'는 결과를 아주 쉽게 얻을 수 있다. 이렇게 하면 자칫 잘못된 결론을 낼 수 있다.

사실 매개변수의 검증 관련하여 많은 쟁점들이 있다. 예를 들면, MacKinnon et al.(2002)이 매개변수를 검증하는 14가지 방법을 정리했다. 몬트카로식 모형을 사용하여 각 종 방법에 대하여 비교하였는데, 결론은 전통적 즉 Baron과 Kenny(1986)의 방법의 통계적 검증력이 아주 낮다는 것이다. 그들이 14가지 방법을 종합하여 제안하는 것은 직접 '독립변수와 매개변수 간의 관계'와 '매개변수와 종속변수 간의 관계'를 측정하는 것이다.

〈그림 16-10〉에서 직접 H_0: $ab=0$가설을 테스트하는 것을 나타낸다. 이 방법

〈그림 16-10〉
일반적 매개관계

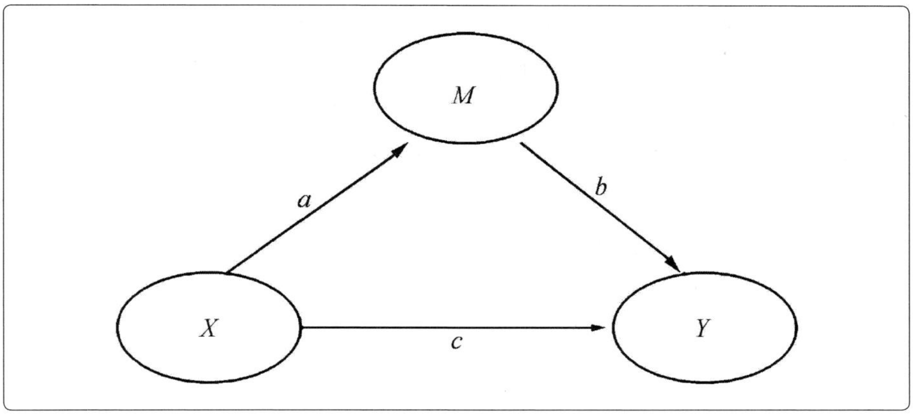

의 논리는 '독립변수에서 매개변수까지의 관계'(즉 계수 *a*)가 0이거나 '매개변수에서 종속변수까지의 관계'(즉 계수 *b*)가 0이면 *ab* 곱이 0이다. 반대로 만약 *a*와 *b*의 곱이 0이 아니면 *a*와 *b*도 모두 0이 아니다. 즉 *M*이 *X*와 *Y*의 매개변수이다. 지면의 제한으로 상세한 절차는 생략하도록 한다. 독자들께서 MacKinnon et al.(2002)의 문장을 참조하기 바란다. 이 밖에 두 전문가의 홈페이지에 매개변수에 대한 상세하게 해설되어 있다. 한 사람은 David A.Kenny(http://davidakenny.net/cm/mediate,htm)이고 다른 한 사람은 David P. MacKinnon(http://www.public.asu.edu/~davidpm/ripl/mediate,htm)이다. 관심 있는 독자는 참고하기 바란다.

16.3.3 매개 역할의 검증문제

본 절을 시작하면서 매개 역할의 검증 과정에 대하여 논쟁과 문제점이 있다고 했는데 다음은 이런 문제에 대하여 간단하게 논의하여 독자들이 매개변수 관련 연구에서 보다 타당한 연구 설계를 선택하는 데 도움이 되었으면 바란다.

앞의 토론에서 어떤 방법으로 매개변수를 검증하든 모두 동일한 문제가 존재한다. 즉 같은 통계 결과 뒤에는 여러 가지 가능한 모형이 있다. 사실 Stone-Romero와 Rosopa(2004) 및 Law, Wong과 Huang(2005)는 모두 서로 다른 모형으로 완전히 같은 상관 행렬을 생성할 수 있기 때문에 같은 분석결과를 도출할 수 있다고 제기했다. 예를 들면, 〈그림 16-11〉의 *X*, *M*과 *Y*의 네 가지 관계와 같이 *X*, *M*과 *Y*의 상관계수와 상관행렬 모두 완전히 동일하다. MacKinnon et al.(2002)의 14가지 매개변수 검증방법 중 어떤 방법을 택하든 도출한 결과는 모두 완전히 같다.

이 네 가지 모형은 수학적 의미로 보나 통계적 의미로 보나 모두 매개변수모형에서 변수 간의 수량관계에 만족한다. 가장 극단적인 '상반중개모형'사례에서 *M*이

〈그림 16-11〉 매개 역할의 수학적 관계를 만족하는 동등모형

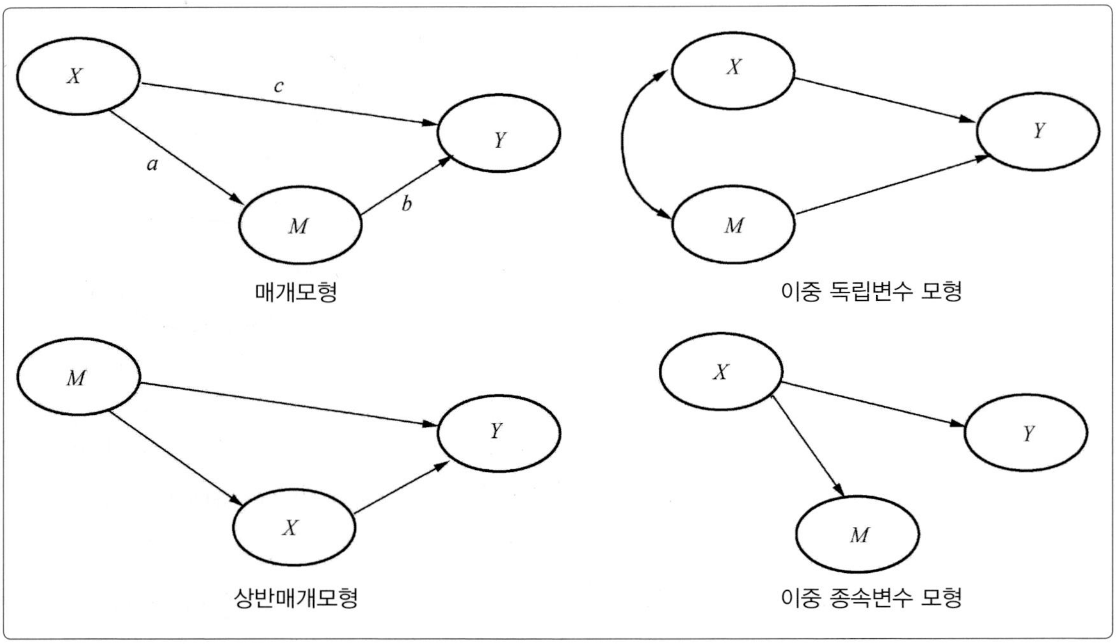

*X*와 *Y*의 매개변수가 아니라 *X*가 *M*과 *Y*의 매개변수이다. 그렇지만 '*M*이 *X*와 *Y*의 매개변수'라고 가정하고 MacKinnon et al.(2002)의 14가지 검정방법 중에서 임의로 한 가지 선택하여 검증한 결과는 모두 '매개모형'을 지탱할 것이다. 즉 *M*이 중개변수이다.

동등모형이 존재하므로 단지 자료의 통계적 관점에서만 매개 역할의 모형을 유도한다면 쉽게 자료에 속을 수 있다. 일부 연구자들이 바로 이런 착오를 범하는데 몇 가지 변수관계를 찾아서 상기의 회귀방정식의 검증요구를 만족한다고 해서 매개변수를 찾았다고 성급한 결론을 내린다. 이런 그릇된 결론은 우리가 새로운 지식을 쌓아 나가는데 아주 위험하다. 이렇게 하는 원인은 1980년대 매개 역할을 처음 제기할 당시의 배경을 잘 이해하지 못했기 때문이다. 본 장의 서론에서 언급한 Judd와 Kenny(1981)가 가장 먼저 회귀방법으로 매개 역할을 검증하는 방법을 제기할 때는, 상관 자료가 아닌 실험 자료가 사용되었다. 그들은 실험을 통하여 *X*가 *Y*를 야기하고 *X*가 *M*을 야기하는 증거를 찾았기에 그들이 통계적으로 추가 검증해야 할 것은 단지 *M*과 *Y*의 관계인데 이는 몇 단계 회귀를 통하여 검증할 수 있었다. 그렇기 때문에 재차 강조하지만 매개 역할의 의미는 '*X*가 *M*을 통하여 Y에 대한 영향을 주는'것이다. 이 또한 본 절의 첫머리에서 '인과관계'구축의 중요성을 계속 강조한 원인이기도 하다. 변수들 사이의 인과관계를 구축하는 것은 기타 동등모형

을 제거하는 유일한 방법이다.

인과관계의 조건을 만족하려면 보통 엄격한 실험을 통하여 실천할 수 있다. 비교하여 조직경영의 많은 연구는 모두 동일 시점에서 모든 자료를 수집하는 조사방법을 택하는데 이렇게 하여 찾은 관계는 단지 상관관계로서 이론가설의 인과관계만 검증할 수 있고 누가 원인이고 누가 결과인지를 지탱하는 확실한 증거가 될 수 없다. 예를 들면, 조직 몰입과 직무 만족도의 관계, 직무특징 지각과 직무 만족도의 관계가 이렇다. 어떤 방향의 인과관계를 선택하든 마치 그에 해당하는 적합한 논리적 추리를 찾을 수 있는 것 같다.

그래서 연구에서 엄격한 실험방법으로 인과관계를 검증하기 어렵다면 우선 이론적 기초가 있어야 하는데 성숙한 이론의 작용은 신빙성 있는 인과관계를 구축하는 데 도움이 된다. 이는 논리적 추리에 따라 임의로 구축한 인과관계보다 훨씬 신빙성이 있다. 그 다음 통계적 방법으로 자료와 우리가 가설한 모형이 서로 적합한지 검토해야만 착오를 범할 가능성을 줄일 수 있다. 따라서 연구는 통계적 검증결과로 이론을 추론할 것이 아니라 먼저 이론이 있고 다음에 통계적 도구로 이론을 검증해야 한다. 통계적 방법은 오직 가설한 모형을 검증하지 반대로 모형을 추론할 수 없다.

16.4 맺음말

경영이론은 날이 갈수록 복잡해지는 추세이며 과거의 경영지식은 보통 독립변수와 종속변수에 대한 단순 관계이고 최근 사용되는 많은 경영모형은 모두 매개변수와 조절변수를 포함하는 복잡한 관계를 포함한다. 최근 심지어 '매개된 조절 역할'와 '조절된 매개 역할'(Muller,Judd & Yzerbyt, 2005; Edwards & Lambert, 2007 참조)를 제기한 학자도 있다. 통계적 도구는 급속히 변화하고 있기에 연구자는 반드시 모든 통계방법은 단지 우리가 사용하는 도구일 뿐이라는 원칙을 지켜야 함을 강조하고자 한다. 보다 중요한 것은 이론적 기초와 엄밀한 과학적 사고방식이다. 이렇게 해야만 이런 도구들을 더 잘 활용하여 참신하고 실용적인 경영과학모형을 발전시킬 수 있다.

참 고 문 헌

Aguinis, H. (1995). Statistical power problems with moderated multipleregression in management research. *Journal of Management*, 21, 1141-1158.

Aiken, L. S. & West, S. G. (1991). *Multiple Regression: Testing and Interpreting Interations*. Newbury Park: Sage.

Argyris, C. & Schon, D. A. (1978). *Organizational Learning: A Theory of Action Perspective*. Reading, MA: Addison-Wesley.

Baron, R. M. & Kenny, D. A. (1986). the moderator-mediator variable distinction in socia psychological research: Conceptual, Strategic, and statistical considerations. *Journal of Personality and Social Psychology*, 51, 1173-1182.

Chattopadhyay, P. (1999). Beyond direct and symmetrical effects: The influence of demographic dissimilarity on organizational citizenship behavior. *Academy of Management Journal*, 42, 273-287.

Colella, A. & Varma, A. (2001). The impact of subordinate disability on leader-member exchange relationships. *Academy of Management Journal*, 44, 304-315.

Cook, T. D. & Campbell, D. T. (1979). *Quasi-Experimentation: Design and Analysis Issues for Field Settings*. Chicago: Rand McNally.

Cortina, J. M., Chen, G., & Dunlap, W. P. (2001). *Testing Interaction Effects in LISREL: Examination and Illustration of Available Procedures Organizational Research Methods*, 4 (4), 324-360.

Edwards, J. R. & Lambert, L. S. (2007), Methods for integrating moderation and mediation: A general analytical framework using moderated path analysis. *Psychological Bulletin*, 12 (1), 1-22.

Erdogan, B., Liden, R. G. & Kraimer, M. L. (2006). Justice and leader-member exchange: The moderating role of organization culture. *Academy of Management Journal*, 49, 395-406.

Johnson, M. D., Morgeson, F. P., Ilgen, D. R., Meyer, C. & Lloyd, J. R. (2006). Multiple professional identities: Examining Differences in identification across work-related targets. *Journal of Applied Psychology*, 91, 498-506.

Joreskog, K. G. & Yang, F. (1996). Nonlinear structural equation models: The Kenny-Judd model with interaction effects. In Marcoulides, G. A. & Schumacker, R. E. (Eds.), *Advanced Structural Equation Modeling Techniques*. Hillsdale, NJ: Lqwrence Erlbaum.

Kenny, D. A. Kashy, D. A. & Bolger, N. (1998). Data analysis in social psychology. In D. T. Gilbert & S. T. Fiske (Eds.), *The Handbook of Social Psychology* (Vol. 2, 4th ed., pp.233-265). Boston, MA: McGraw-Hill.

Kirkman, B. L., Rosen, b., Tesluk, P. E. & Gibson, C. B. (2004). The impact of team empowerment on virtual team performance: The moderating role of face-to-face interaction. *Academy of Management Journal*, 47, 175-192.

Kutner, M. H., Nachtsheim, C. J., Neter, J. & Li, W. (2005). *AppliedLinear Statistical Models* (5th ed.). Boston: McGraw Hill.

Law, K. S., Wong, C. S. & Juang, G. (2005). On the problem of testing mediators using cross-sectional correlational data. *Academy of Management Meeting*, August 5-10, Honolulu, Hiwaii, U.S.A.

Levin, J. R. (1975). Determining sample size for planned and post hoc analysis of variance comparisons. *Journal of Educational Measurement*, 12, 99-108.

Lakatos, I. (1978). Science and Pseudoscience. In J. Worrall and G. Currie (Eds.), *Philosophical Papers Volume 1: The Methodology of scientific Research Programmes*. Cambridge: Cambridge University Press, 1-7.

Lakatos, I. (1970). Falsification and the methodology of scientific research programmes. In I. Lakatos and A. Musgrave (Eds.), *Criticism and the Growth of Knowledge*. Cambridge: Cambridge University Press, 91-196.

Lowe, K. B., Kroeck, K. G. & Sivasubramaniam, N. (1996). Effectiveness correlates of transformational and transactional leadership: A meta-analytic review of the MLQ Literature. *Leadership Quarterly*, 7, 385-425.

MacKinnon, D. P., Lockwood, C. M., Hoffman, J. ., West S. G., & Sheets, V. (2002). A comparison of methods to test mediation and other intervening variable effects. *Psychological Methods*, 7, 83-104.

Martins, L. L., Eddleston, K. A., & Veiga, J. F. (2002). Moderators of the relationship between work-family conflict and career satisfaction. *Academy of Management Journal*, 45, 399-409.

Muller, D., Judd, C. M., & Yzerbyt, V. Y. (2005). When moderation is mediated and mediation is moderated. *Journal of Personality and Social Psychology*, 89 (6), 852-863.

Ping, R. A. (1995). A parsimonious estimating technique for interaction and quadratic latent variables. *Journal of Marketing Research*, 32 (August), 336-347.

Ping, R. A. (1996a), Latent variable interaction and quadratic effect estimation: A two-step technique using structural equation analysis. *The Psychological Bulletin*, 119 (January), 166-175.

Podsakoff, P. M., MacKenzie, S. B., Moorman, R. H., & Fetter, R. (1990). Transformational leader behaviors and their effects on followers trust in leader, satisfaction, and ofganizational citizenship behavior. *leadership Quarterly*, 1, 107-142.

Shadish, W., Cook, T., & Campbell, D. (2002). *Experimental and Quasi Experimental Designs for Generalized Causal Inference*. Boston, MA: Houghton-Mifflin.

Stone-Romero, E. & Rosopa, P. J. (2004). Inference problems with hierarchical multiple regression-based tests of mediating effects. *Research in Personnel and Human Resources Management*, 23, 249-290.

Wang H., Law, S. K., Hackett, R., Wang, D., & Chen, Z. (2005). Leader-Member exchange as a mediator of the relationship between transformational leadership and followers performance and organizational citizenship behavior. *Academy of Management Journal*, 48, 420-432.

Wegener, D. T. & Fabrigar, L. R. (2000). Analysis and design for nonexperimental data: Addressing causal and noncausal hypotheses. In H. T. Reis & C. M. Judd (Eds.), *Handbook of Research Methods in Social and Personality Psychology*. New York: Cambridge University Press.

Woodworth, R. S. (1928). Dynmaic psychology. In C. Murchison (Ed.), *Psychologies of 1925*. Worcester, MA: Clark University Press.

저 자 소 개

뤄썽치앙(羅勝强, Kenneth Law) 홍콩중문대학교 경영학과(Department of Management, Chinese University of Hong Kong) 명예교수, 연구 분야는 조직행동의 연구방법, 리더십 행동, 기업시민행동와 정서지능 등이 있다.

찌양옌(姜嫣, Jiang Yan Jane) 남경대학교 경영대학(School of Business, Nanjing University) 전임강사, 홍콩중문대학 박사이다. 연구 분야는 주로 새로운 직원의 조직사회화, 리더십 행동, 팀워크 및 경영학 연구방법론이 있다.

17 장

다수준이론모형의 구축 및 연구방법

Hui Liao (메릴랜드대학교)

Aichia Chuang (대만대학교)

머리글

조직은 여러 층으로 겹겹이 얽힌 복잡한 시스템이다. 예를 들어 근로자는 팀에, 팀은 부서에, 부서는 기업에, 기업은 산업부문에, 산업부문은 일정한 문화에 속해 있다. 근로자, 팀, 기업, 산업 및 문화의 특성은 여러 수준에서 상호적으로 영향을 주고 결합하면서 생산활동을 진행한다. 따라서 연구자는 반드시 조직을 하나의 통합된 시스템으로 간주하여야 한다. 하지만 전통적인 조직연구는 조직을 개인, 그룹과 조직으로 수준을 구분하여 연구해왔고 그 결과 연구자들은 거시적(macro) 관점 또는 미시적(micro) 관점 중 한쪽으로만 치우치는 경향을 보였다. 미시적 관점은 주로 심리학에 기반을 두어 개인의 심리나 행위의 차이를 강조하는 한편, 거시적 관점은 사회학을 기반으로 집단의 공통적인 심리나 행위를 강조하였다.

조직학자들은 점차 거시적 또는 미시적인 관점 중 한 가지만으로는 조직의 행위를 정확하고 포괄적으로 해석하지 못한다는 것을 발견하였다. 거시적인 관점은 개인 간의 차이를 중시하지 않고 개인의 인격, 감정, 행위 및 상호작용이 상위 수준에 영향을 일으킬 수 있는 과정을 간과하고 있다. 반대로 미시적인 관점은 개인이 처한 환경을 중시하지 않아 환경이 개인에게 일으킬 수 있는 영향을 간과할 가능성이 있다.

지난 십 년간 진행된 조직연구들을 돌이켜보면 다수준(multilevel)의 관점이 점차 발전하고 성숙된 것을 볼 수 있다. 이는 조직은 거시적인 관점과 미시적인 관점에서 모두 살펴봐야 한다는 점을 보여주고 있다. 또한 방법론 측면에서 두 가지 경우를 고려해야 한다. 첫째, 집단, 조직 및 기타 환경적인 요인이 어떻게 하향식으로(top-down) 개인 수준(individual-level)의 결과변수에 영향을 주는가, 그리고 둘째, 개인의 직감, 태도 및 행위가 어떻게 상향식으로(bottom-up) 집단, 작업단위, 및 조직에 영향을 미치는지 연구되어야 한다. 현재까지 많은 조직학자가 다수준 분석 방법의 이론과 방법론의 발전에 공헌을 하였다. Klein과 Kozlowski(2000)는 방법론 저서를 집필하기도 하였는데 다수준연구방법의 현황에 대해 매우 철저히 정리하였다.

이 장의 목적은 다수준 이론의 수립과 통계방법에서의 중요한 요소들을 설명하는 것이다. 먼저 다수준 연구를 간략하게 소개하고 단위수준(unit-level)의 구성과 집합화(aggregation)에 대해 소개한 뒤 마지막으로 실제 데이터로 예를 들어 위계선형모델(HLM)의 분석 과정을 보여줄 것이다.

17.1 다수준 이론의 수립, 모델유형 및 분석 방법

17.1.1 다수준 이론 수립에서의 중요한 문제

Klein과 Kozlowski(2000)는 다수준 조직이론의 수립에 대해 자세한 가이드라인을 제공하였으며 연구자들이 아래 몇 가지 문제들을 생각해야 한다고 주장하였다.

1. 다수준 이론의 수립과 연구에 있어서 어떤(what) 것들이 중요한가? 구체적으로 무엇이 연구의 내생적인 구성개념(endogenous construct) 혹은 종속변수인가? 종속변수는(독립변수가 아니라) 위계수준을 분석하고 독립변수를 선택하고 이론모델을 결정하는 관건적인 요소이다.
2. 어떻게(how) 상이한 수준의 현상을 서로 연계시킬 것인가? 이론은 반드시 상위수준의 요인이 하위수준의 과정과 결과에 하향식으로 어떤 직접적인 또는 조절효과를 주는지 해석하거나 하위수준의 구성개념이 어떻게 상향식으로 상위수준의 현상을 형성하는지 또는 이 두 가지를 모두 설명할 수 있어야 한다.
3. 상향식 또는 하향식의 과정은 어디서(where) 시작되고 어디서 끝나는가? 구체적으로 모델의 가장 적합한 분석수준은 무엇인가?
4. 언제(when) 상향식 또는 하향식 과정이 발생하는가? 그 효과는 언제 나타나는가?
5. 모델을 수립할 때 왜 일정한 가정을 세우거나 세우지 말아야 하는가(why and why not)? 왜 이 모델은 다수준이론을 기초로 하는가? 왜 어떤 변수 간의 관계는 상향식 또는 하향식의 관계인가? 예를 들어 왜 안전분위기(safety climate)라는 변수는 집단 수준의 변수이지 개인 수준의 변수가 아닌가? 집단 수준의 변수로 간주하려면 어떤 가정을 세워야 하는가?

Klein과 Kozlowski(2000)는 체계적인 다수준이론의 수립은 위의 물음에 대해 설명을 할 수 있어야 하며 구성개념의 이론적인 계층화, 측정, 연구설계와 데이터 분석이 서로 일치해야 함을 강조하였다.

17.1.2 다수준 모델의 종류

다음으로 다수준 연구에서 광범위하게 쓰이는 모델들을 소개하고자 한다.

(1) 교차수준 직접효과 모델(cross-level direct-effects models)은 하위수준(예: 개인 수준) 의 종속변수에 대한 상위수준(예: 단위수준) 독립변수의 주 효과(main effects)를 연구하거나 상위수준과 하위수준 독립변수의 주 효과를 동시에 연구하는 것을 일

컫는데 Klein, Dansereau과 Hall(1994)은 혼합결정요인모델(mixed-determinants models)이라고 불렀다. 예를 들어, Siebert, Silver와 Randolph(2004)는 팀 수준의 임파워먼트 분위기(team-level empowerment climate)가 조직구성원의 심리적 임파워먼트(employee-level psychological empowerment)와 서로 관련되며 심리적 임파워먼트가 팀 수준의 임파워먼트 분위기와 개인 수준의 직무만족도 및 개인 성과 간의 관계를 매개한다는 것을 발견하였다. 〈그림 17-1〉은 Siebert, Silver와 Randolph(2004)의 모델이다.

교차수준 조절모델은 두 개의 하위수준의 구성개념 간의 관계가 어떻게 상위수준의 구성개념에 의해 조절되거나 또는 상위수준의 구성개념과 하위수준의 종속변수 간의 관계가 어떻게 다른 하나의 하위수준의 구성개념에 의해 조절되는가를 보는 모델이다. Hofmann, Morgeson과 Gerras(2003)는 집단 수준의 안전분위기(safety climate)의 개인 수준의 리더-구성원 교환 관계(leader-member exchange)와 조직구성원의 안전시민역할정의(safety citizenship role definitions) 간의 관계에 대한 조절효과를 검증하였는데 안전분위기가 존재할 때 리더-구성원 교환 관계와 안전시민역할정의와의 상관관계가 더 높은 것으로 나타났다. 〈그림 17-2〉는 Hofmann, Morgeson과 Gerras(2003)의 모델이다.

교차수준 개구리-연못모델(cross-level frog-pond models)은 하위수준의 개인이 상위

〈그림 17-1〉
교차수준 직접효과 모델

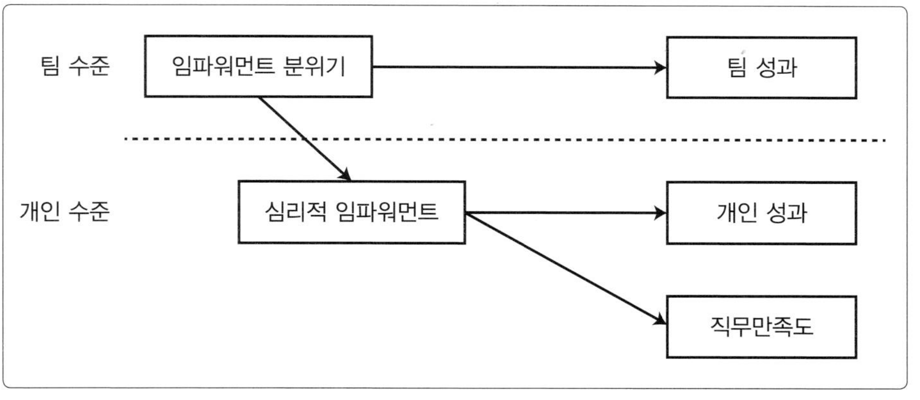

〈그림 17-2〉
교차수준 조절모델

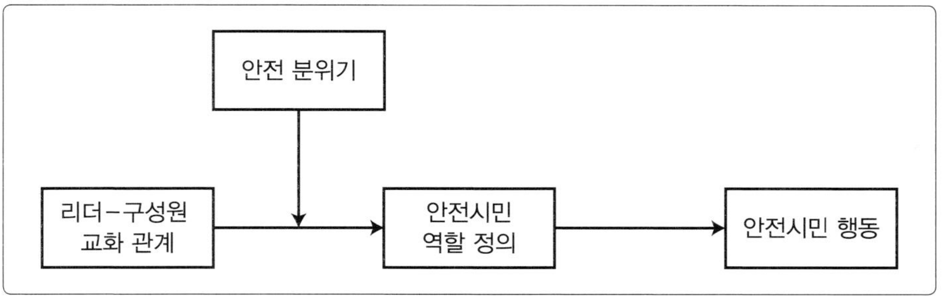

수준에서 차지하는 상대적인 위치가 하위수준에서의 종속변수에 어떤 영향을 미치는지를 설명해준다. 같은 개구리더라도 연못이 크면 이 개구리는 아주 작아 보일 수 있고 연못이 작으면 이 개구리는 아주 커 보일 수 있다. 예를 들어 임금과 직무만족도간의 관계를 연구한다고 하자. 이때 개인의 직무만족도는 그 개인이 속한 집단의 평균적인 임금수준에 의해 결정될 가능성이 높은 것이다. 〈그림 17-3〉은 이 모델을 개념화한 것이다.

상동다수준모델(homologous multilevel models)은 구성개념 및 구성개념 간의 관계를 서로 다른 수준으로 일반화 시킬 수 있는 모델이다. 이런 모델에서는 두 개 혹은 두 개 이상의 변수 간의 관계가 개인, 집단, 및 조직 등 여러 계층에 동시에 존재할 수 있다. DeShon, Kozlowski, Schmidt, Milner와 Wiechmann(2004)는 다중목표성과 모델의 개인과 집단 수준에서의 일관성을 검증하였는데 79%의 가설이 개인과 집단 수준에서 모두 성립됨을 발견하였고 그들이 주장했던 관계가 서로 다른 수준의 다수준모델에서 동시에 존재한다는 것을 증명하였다. 〈그림 17-4〉는 DeShon, Kozlowski, Schmidt, Milner와 Wiechmann(2004)의 모델이다.

〈그림 17-3〉 교차수준 개구리-연못모델

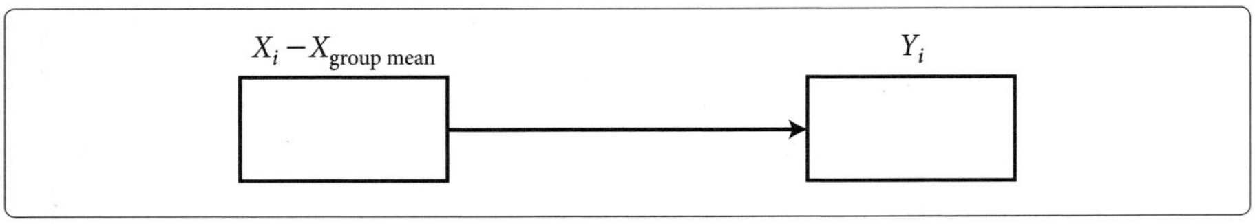

〈그림 17-4〉 상동다수준모델

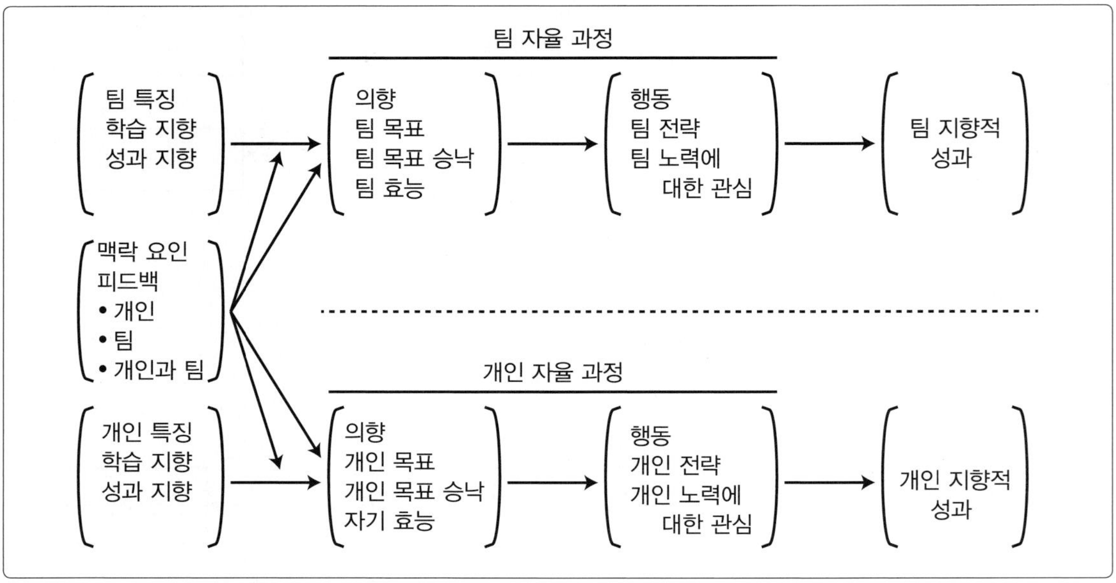

17.1.3 다수준 모델의 분석전략

현재 다수준 분석 방법은 공분산, OLS (Jamse & Williams, 2000), 집단 내 집단 간 분석(WABA)(Dansereau, Alutto & Yammarino, 1984; Dansereau & Yammarino, 2000), HLM을 이용한 임의계수모델(Bryk & Raudenbush, 1992), 및 다수준공분산구조모형(multilevel covariance structure analysis)(Muthen, 1994) 등 여러 기법으로 활용되고 있으며 계속 발전하고 있다. 분량제한으로 하여 모든 유형의 다수준모델과 분석기법을 소개할 수는 없지만 본 장에서는 주로 데이터의 집합화(data aggregation)와 HLM에 대해 중점적으로 소개하고자 한다. 전자는 혼합결정요인모델에서 하위수준구성개념의 데이터를 집합화하는 것에 관한 주제이고 후자는 많은 학자가 널리 사용하고 있는 다수준모델을 분석하는 방법이다.

17.2 다수준 분석에서의 구성개념과 단위수준 구성개념의 데이터집합화

Kozlowski와 Klein(2000)은 연구자들이 다수준이론모델을 사용함에 있어서 구성개념이 속해 있는 수준과 계층을 명확히 설명하는 것이 바람직하다고 하였다. 일반적으로 다수준모델은 개인 수준(individual-level)과 단위수준(unit-level)에서의 구성개념이 포함된다. 예를 들어 개인의 인격, 인지, 감정과 행동은 전형적인 개인 수준에서의 구성개념이고 조직분위기, 조직문화와 집단성과 등은 전형적인 단위수준의 구성개념이다. 하지만 같은 변수라도 어떤 이론모델에서는 개인 수준의 구성개념인 반면 다른 모델에서는 단위수준의 구성개념이 될 수도 있다. 긍정적인 정서(positive affect)를 예로 들어보자. 긍정적인 정서는 개인 수준의 구성개념으로 여겨져 왔는데 개인의 낙관주의, 다른 사람으로부터 환영 받는 정도, 사교능력, 주도적이고 활력이 있는 특성들과 연관된다. George(1990)는 Schneider(1987)의 유인-선발-이탈(attraction-selection-attrition)모델과 집단사회화의 프로세스를 통하여 동일한 집단에 있는 구성원들이 비슷한 감정반응을 보일 수 있기 때문에 긍정적인 정서풍토(positive affective tone)를 집단 수준에서의 구성개념으로 간주하고 이를 동일한 집단 내 일치한 긍정적인 정서반응으로 정의하였으며 이 구성개념과 집단 수준에서의 결근행위가 부의 상관관계가 있음을 발견하였다. 따라서 연구자들은 반드시 하나하나의 구성개념이 왜 해당 수준에 속하는지 이론적인 근거를 명확히 제시하여야 한다.

개인 수준에서의 구성개념은 개인 수준에서 측정되며 분석이 비교적 직관적이고 간단하다. 하지만 단위수준에서의 구성개념은 그 측정과 분석이 비교적 복잡하다. 일부 학자들(Chan, 1998; Kozlowski & Klein, 2000)은 단위수준에서의 구성개념의 유형에 대해 자세하게 설명하고 변수를 측정할 때 서로 다른 점들을 설명하였는데 공유단위특성(shared unit properties), 전체단위특성(global unit properties)과 형태단위특성(configural unit properties) 등 세 가지로 구분하였다. 아래 이 세 가지 유형의 구성개념을 간단하게 살펴보고 집합화(개인 수준에서 단위특성으로)의 합리성을 증명하는 통계방법을 소개하고자 한다.

17.2.1 단위수준 구성개념의 유형

1. 공유단위특성

이런 유형의 구성개념은 조직 내 구성원의 경험, 태도, 지각, 가치관, 인지 및 행위 등으로부터 기인될 뿐만 아니라 유인-선발-이탈과 사회화 등 기타 심리적인 작용하에 하나의 단위수준의 구성개념으로 체현되기도 한다. 예를 들어 조직분위기는 조직구성원들이 조직내의 관례, 정책 및 프로세스 등을 나누고 공유하는 것을 가리킨다. 때문에 이런 구성개념을 다룰 때 관건은 동일한 단위에 포함된 개별 구성원들의 점수를 집합화하여 그 단위의 평균점수를 산출하는 것인데 집합화 할 때의 방법은 이론 및 실증적인 근거가 있어야 한다. 연구자는 이론적으로 그 단위 내 질문에 대한 답의 일관성이 어떻게 개인 수준의 특성으로부터 드러나는지를 설명하여야 하고 실증적인 면에서는 집합화가 통계적인 전제를 만족시킨다는 것을 증명하여야 한다. 집합화에 대해서는 다음 절에서 상세하게 다룰 것이다. 이 밖에 연구자는 공유의 구성개념을 조작하기 위해 대표성이 있는 표본을 확보하여 그 구성개념에 대한 정보를 얻어야 한다. 참조대상(referent)이 다름에 따라 공유단위특성은 또 두 가지 유형으로 나눌 수 있다.

직접적 콘센서스의 구성개념(direct consensus constructs)은 공유단위특성과 마찬가지로 개별적인 집단 내 구성원으로부터 기인되었으며 개인들의 점수로부터 얻어진 것이다. 이러한 구성개념은 인지능력,인격, 지력 및 행위 등의 변수처럼(Chan, 1998) 집단구성원이 그들 개별적인 지각이나 특징을 공유하면서 나타나는 것이다. 앞서 언급했던 것과 같이 George(1990)는 팀의 정서풍토를 개개인의 정서를 측정하여 팀 수준으로 집합화하여 얻어냈는데 집단 내 정서의 일치성을 두 개의 변수 즉 긍정적인 집단정서풍토와 부정적인 집단정서풍토로 만들었다. 이 구성개념은 그룹의 속성(group attribute)을 묘사한 것이지 개인의 심리적 속성(individual psychological attribute)을 묘사한 것이 아니다.

지칭대상전환 콘센서스의 구성개념(referent-shift consensus constructs)도 직접적 콘센서스의 구성개념과 마찬가지로 개별적인 집단 내 구성원으로부터 기인되었으며 개인들의 점수로부터 얻어진 것이다. 하지만 직접적 콘센서스와의 다른 점은 지칭대상전환 콘센서스의 구성개념이 의미가 있으려면 구성원들이 집단속성을 공유한다고 지각하고 있어야 한다는 점이다. 이러한 구성개념과 관련된 문항은 "나는 우리 팀이 이 일을 잘 할 수 있다고 자신한다."와 같은 것이다. 이는 그룹의 집단적의 속성(group collective attribute)이지 그룹의 속성이나 개인의 심리적 속성이 아닌 것이다. 다른 예를 들어보자. Ehrhart(2004)는 지칭대상전환 콘센서스모델을 절차공정성 풍토(procedural justice climate)에 응용하였는데 조직구성원들로 하여금 일하고 있는 부서에서 포상을 받는 절차에 대해 사고하게 한 후 " 이러한 절차는 당신이 일하고 있는 부서에서 항상 일관되게 실시되었습니까?" 와 같은 질문을 한다. 이 예제에서 참조대상은 부서이며 그 그룹의 집단 절차공정성 풍토를 측정하기 위함이다.

2. 전체단위특성

이 유형의 구성개념은 객관적이고, 묘사가능하고, 쉽게 관찰되는 단위특성이다. 전체적인 구성개념은 공유단위특성과는 달리 개인 수준이 아니라 직접적으로 그 단위수준에서 기인된다. 예를 들면 기업의 나이, 규모, 위치, 전략 등 같은 것들이다. 전체적인 구성개념은 단위의 구조와 기능에 의해 결정되지 개인의 지각, 경험, 태도 등에 의해 결정되지 않는다. 이러한 구성개념을 측정하고 분석할 때에는 가능한 주제별 전문가(subject matter experts, SME)로부터 정확한 정보나 문서데이터를 확보하는 것이 관건인데 이는 전체단위의 특성을 평가할 때 주제별 전문가들의 풍부한 지식이 측정오차를 감소할 수 있기 때문이다. 여기서 전문가들 간의 공통된 인식과 응답에서의 일치성은 나중에 소개하게 되는 집합화를 검증하는 통계적 방법으로 처리 가능하다.

3. 형태단위특성

이 유형의 구성개념은 단위 내 개인특징의 형태를 가리킨다. 공유의 구성개념과 마찬가지로 형태의 구성개념도 개인 수준에서 기인되었지만 단위구성원들간의 일치성은 가정하지 않는다. 예를 들어 나이의 다양화와 성별의 다양화는 두 가지 형태단위의 구성개념인데 각각 단위구성원의 나이와 성별의 분포를 나타낸다. 하지만 구성원은 동일한 나이와 성별을 가질 필요는 없는 것이다. 가장 이상적인 경우는 연구자들이 형태의 구성개념을 다룰 때 단위 중의 모든 구성원들로부터 그 구성개념에 대한 정보(예: 나이)를 획득하는 것이다. 만약에 이상적인 응답률(response rate)에 도달하지 못한다면 연구자는 반드시 응답을 한 표본이 충분한 대표성을 띤다는 것을 증명하여야 한다. 또한 연구자는 개별 구성원들 간의 일치성을 평가할 필요는 없다. 이는 형태의 구성개념의 점수는 개별 구성원들의 점수의 최소치, 최대치, 분산, 표준편차 등으로부터 계산할 수 있기 때문이다. Lindell과 Brandt(2000)는 조직분위기를 리더, 팀, 역할 및 일의 특성에 바탕해서 측정하였는데 그중 분위기의 일치성을 조직분위기의 분산으로 추정하였다. 여기서 분산은 그 집단의 포괄적인 특징과 형태를 나타내는 것이다.

앞서 소개한 단위수준의 구성개념의 유형 중 공유단위특성(직접적 콘센서스의 구성개념 또는 지칭대상전환 콘센서스의 구성개념이든 막론하고)과 주제별 전문가가 평가하는 전체단위특성에 대해서는 개인 수준의 응답들을 집합화하는 것이 필수적이다. 때문에 다음 세션에서는 개인 수준을 집합화하여 단위수준으로 평가 가능한지를 판단하는데 자주 쓰이는 통계적 검증방법을 소개하고자 한다.

17.2.2 집합화의 통계적 검증방법

개인의 응답을 단위수준으로 집합화하기 전에 연구자는 반드시 이론적 및 실증적 근거가 있는지 확인하여야 한다. 실증적인 검증에 있어서 일부 문헌에서 이미 논의된 바가 있다(George & James, 1993; Yammarino & Markham, 1992). Bliese(2000)는 집합화에 관련된 높은 찬성도와 신뢰지표를 자세히 설명한 바가 있다. 본 장에서는 그중에서 자주 쓰이는 세 가지의 지표를 소개하려고 한다. 집단 내 일치성(within-group agreement), 집단 내 상관계수(1) 혹은 ICC(1) [intra class correlation(1) or ICC(1)], 집단 내 상관계수(2) 혹은 ICC(2) [intra class correlation(2) or ICC(2)].

1. 집단 내 일치성

우선, 연구자는 반드시 먼저 높은 수준의 집단 내 일치성(within-group agreement)이 존재하는지 확인하여야 한다. 집단 내 일치성은 응답자(같은 단위에 속한 개별 구성원)들의 이 구성개념에 대해 동일한 응답을 하는 정도를 가리킨다(Kozlowski & Hattrup, 1992). Bliese(2000)가 언급했던 것처럼 조직 관련 문헌 중에서 집단 내 일치성을 가늠하는데 가장 흔히 쓰이는 방법은 단일 문항으로 측정하는 $r_{wg(1)}$과 다항 문항으로 측정하는 $r_{wg(j)}$가 있다(James, Demaree & Wolf, 1984; 1993).

James 등(1984)은 집단 내 일치성을 관찰된 집단의 분산과 기대값을 비교하여 얻어낸 값으로 계산하였다. 단일 문항으로 측정하는 공식은 다음과 같다.

$$r_{wg(1)} = 1 - (s_x^2 / \sigma_{\mathrm{EU}}^2)$$

위 공식에서 $r_{wg(1)}$은 집단 중에서 k명의 응답자가 단일 문항인 X에 대한 집단 내 일치성이고 s_x^2은 관찰된 X의 분산이며 σ_{EU}^2는 모든 응답자에게 랜덤 측정오차만 존재한다는 가정하에서의 X분산의 기대값이다.

다항 문항으로 특정하는 공식은 다음과 같다.

$$r_{wg(j)} = \frac{J[1 - \bar{s}_{xj}^2 / \sigma_{\mathrm{EU}}^2]}{J[1 - (\bar{s}_{xj}^2 / \sigma_{\mathrm{EU}}^2)] + (\bar{s}_{xj}^2 / \sigma_{\mathrm{EU}}^2)}$$

위 공식에서 $r_{wg(j)}$는 J개의 문항에 대한 모든 응답자들의 집단 내 일치성이고 $\bar{s}_{xj}^2$는 J개의 문항에서 관찰된 분산의 평균값이며 σ_{EU}^2은 모든 응답자에게 랜덤 측정오차만 존재한다는 가정하에서의 분산의 기대값이다.

이러한 공식으로 구성개념집단 내 일치성을 계산해낼 수 있다. 조직 관련 문헌들을 살펴보면 모집단의 r_{wg}의 중앙값이나 평균값이 0.70 이상일 경우 충분한 일치성이 있다고 일반적으로 간주한다. 하지만 일부 경우 r_{wg} 값이 0.70을 초과하나 집단 내 일치성이 아주 떨어지는 상황도 존재한다. 이러한 경우 연구자는 회귀분석이나 HLM 등 방식으로 그러한 집단이 있을 때와 없을 때 결과가 유의미하게 다른지를 살펴고, 만약에 결과가 유의미하게 다르다면 집단 내 일치성이 높은 집단과 낮은 집단의 표본을 결합하는 것이 적합한지를 심층적으로 연구해야 한다. 하지만 r_{wg} 값이 낮은 집단을 표본에서 제거하는 것은 집단 내에 존재할 수 있는 현상을 간과할 수 있다. 예를 들면 서브 분위기(subclimates)가 존재할 경우 서비스 분위기의 rwg 값은 아주 낮을 가능성이 있다. 하지만 이는 일치성이 아예 존재하지 않는다는 것을 의미하지 않는다(Lindell & Brandt, 2000). 이 예제에서 연구자는 이 집단을 제거하는 것이 아니라 서브집단 간에 개인 수준 혹은 집단 수준의 변수에 차이성이 있는지를 탐구해 볼 수 있다.

James 등(1984)은 σ_{EU}^2, 즉 임의분산의 기대값(expected random variance)은 집단 구성원의 응답이 균등분포(uniform distribution)를 가진다는 가정하에서 분산을 산출할 수 있다고 제기하였다. 균등분포라는 것은 집단 내 구성원이 각 문항에 응답할 때 각 선택항목별로 모두 동일한 응답수가 있게 되는 분포상태를 말한다. 10명의 구성원이 하나의 5점 척도의 구성개념에 대한 문항에 응답한다고 하자. 이때 2명이 1, 2명이 2, 2명이 3, 2명이 4, 2명이 5를 선택한 경우를 말한다. 균등분포의 상황에서, $\sigma^2_{EU}=(C^2-1)/12$, C는 답의 개수 있다. 리커트 척도(Likert scale)로 할 때 5점, 7점, 9점 척도일 경우 σ^2_{EU}의 값은 각각 2, 4, 6.67이다.

하지만 균등분포는 실제분포의 기대값을 대표하지 못할 수가 있다. 그 원인은 다수의 개인들에게 응답편이가 발생할 수 있기 때문이다. 정의 응답편이(positive response bias)가 존재할 때, 응답자는 긍정적인 선택 항(3, 4 또는 5)을 고를 가능성이 높아지며 응답범위의 제한으로 하여 집단 내 분산(균등분포일 경우보다 상대적으로)이 작아져 집단 내 구성원들 간에 아주 높은 일치성을 가지고 있다는 착각을 줄 수도 있다. James et al.(1984)는 기대되는 분포에 대한 일부 해결방안을 제시하였다. 예를 들어 연구자는 비대칭분포(skewed distribution)를 이용하여 r_{wg} 값을 계산할 수 있는데 정적 비대칭(positive skew)을 선택할 것인가 아니면 부적 비대칭(negative skew)를 선택할지는 측정하려는 변수에 의해 결정된다. 하지만 Bliese(2000)는 무한 개의 비대칭분포를 선택할 수가 있기 때문에 비대칭의 정도를 선택 할 때 연구자의 주관적인 판단에 의해 결정되므로 주의가 필요하다고 하였다. 그럼에도 불구하고 응답편의를 고려한 r_{wg} 값은 집단 내 일치성을 측정하는 좀 더 신중한 방법이라 할 수 있다. James et al.은 세 가지의 부적 비대칭 기대분포를 제시하여 서로 다른 비대칭 정도를 나타내기도 했다. 예를 들어 낮은 정도의 비대칭 상황일 때 5점 리커트 척도의 각 선택 항을 응답할 확률을 1=0.05, 2=0.15, 3=0.20, 4=0.35, 5=0.25로 설정하는 식이다. 이 예제에서 $\sigma^2_{EU}=1.34$이며 이 값을 공식에 대입하여 r_{wg} 값을 계산해낼 수 있다.

Kozlowski와 Hults(1987)은 분산의 기대값을 구하는 다른 방식을 제안하기도 했다. 먼저 독립적으로 추출된 표본의 분산을 집단 내 일치성의 하한 값으로 설정하고 다음으로 균등 분포를 가정하여 계산된 분산의 값을 상한 값으로 설정하여 실제 일치성은 이 두 개 값 사이에 있다고 여기는 것이다.

Bliese 등 학자들은 랜덤그룹재표집(random group resampling, RGR)의 방식을 사용하여 분포의 기대값을 추정할 것을 건의하였다(Bliese & Halverson, 1996; Bliese, Halverson & Rothberg, 1994). RGR은 개인을 임의로 실제집단의 크기와 같은 유사그룹(Pseudo group)에 할당하는 방식인데 유사그룹에서 산출된 분산을 실제그룹에서의 분산과 비교하여 실제 분산의 값이 유사그룹의 분산보다 현저하게 작거나 큰지를 판단한다. 만약 실제그룹의 분산이 유사그룹의 분산보다 현저히 작다면 그룹 내 일치성이 있다고 여기는 것이다. 그 외 Bliese(2000)는 유사그룹의 분산의 평균

값을 rwg 을 계산할 때 분산의 기대값으로 하여야 한다고 제안하기도 하였다. RGR를 이용하여 일치성을 계산하는 S-PLUS(Statistical Sciences, 1997)방법은 Bliese(연도필요)를 참고하기 바란다.

2. 집단 내 상관계수(1) 혹은 ICC(1)

개별 응답에 있어서 집단 내 충분한 일치성이 있는지 검증하는 것 외에도 연구자는 개별 응답을 집단 수준으로 집합화하기 전에 집단 간에 충분한 차이가 있는지를 검증하여야 한다. 집단 간 분산의 존재는 집단 수준에서의 구성개념과 기타 구성개념 간의 관계를 검증하는데 있어서 중요한 요소이다. 서비스분위기(개별 점원의 응답으로부터 평균값을 계산하여 그 매장 수준의 구성개념을 측정)와 매출간의 관계를 검증한다고 하자. 우리는 반드시 점원이 서비스 분위기에 대해 인식하고 있는 정도가 매장 간에 현저한 차이가 있는지 알아야 한다. 만약 매장간에 서비스 분위기에 차이가 없다면(매출상의 차이는 있을 때) 서비스분위기와 매출 간에는 아무런 관계가 존재하지 않을 수 있다.

한 가지 변수에 대한 개인 수준에서의 응답(예: 서비스분위기)은 HLM분석 방법을 통하여 분산을 집단 간 분산과 집단 내 분산으로 나눌 수 있다. 개인 수준의 서비스분위기에 대한 응답의 총 분산은 집단 간 분산+집단 내 분산으로 표시할 수 있으며 아래 공식으로 ICC(1) 또는 매장과 매장간 서비스분위기에 있어서 차이가 나는 정도를 계산할 수 있다.

ICC(1)=집단 간 분산 / (집단 간 분산 + 집단 내 분산)

HLM은 또한 카이제곱검정(chi-square test)으로 집단 간 분산이 통계적으로 유의미한지 검증할 수 있다. 만약 서비스분위기의 집단 간 분산이 현저하고 ICC(1)가 유의미하다면 우리는 개인 수준의 응답들을 매장수준으로 집합화하는 것이 가능하다는 다른 한 가지 증거를 확보할 수 있는 것이다. James(1982)는 선행연구들을 돌이켜보면서 ICC(1)의 범위가 0에서 0.50 사이에 있으며 중앙값이 0.12라고 하였다. 하지만 Bliese(2000)는 이 범위가 과대평가되었다고 하였는데 이는 James가 eta-squared[1]와 ICC(1)을 동등하다고 간주하였기 때문이라고 하였다. 표본크기가 아주

1 eta-squared(η^2)=집단 간 제곱 합 / 총 제곱 합, 이는 ANOVA의 값으로 계산한 것이다. *F* 테스트를 진행하여 유의성을 판단하여 집단 간에 차이가 있는지 검증할 수 있다. 즉 개별점수의 변이가 집단 간 변이로부터 얼만큼 왔는지 알 수 있다. 하지만 *F* 테스트는 집단표본크기의 영향을 쉽게 받기에 표본크기가 비교적 클 때 eta-squared가 유의수준에 도달하기 쉽고 표본크기가 작을 때는 과대 추정하는 경향이 있다.

클 때 eta-squared의 값이 ICC(1)와 같지만 표본 크기가 아주 작을 때는 eta-squared 값이 ICC(1)에 비해 현저하게 과대평가되기 때문이다. 따라서 실제 분석할 때 연구자는 집단 간 분산이 현저한 수준에 도달하였는지 살펴볼 필요성이 있지만 0.12를 집합화를 판단하는 표준으로 삼을 필요는 없다.

3. 집단 내 상관계수(2) 혹은 ICC(2)

두 번째로 고려해야 할 집단 내 상관계수는 ICC(2)이다. ICC(2)는 집단 평균의 신뢰도(reliability)를 가리키는데 (Bartko, 1976), 즉 개인 수준의 변수를 집단 수준의 변수로 집합화 했을 때 그 변수의 신뢰도를 말한다. ICC(2)는 ICC(1)과 집단의 크기와 관계가 있는데 계산공식은 다음과 같다.

$$\mathrm{ICC}(2) = \frac{k(\mathrm{ICC}(1))}{1 + (k-1)\mathrm{ICC}(1)}$$

위 공식에서 k는 집단의 크기를 나타내는 표본의 크기이다. Bliese(2000)가 언급했듯이 ICC(1), ICC(2)와 집단의 크기 삼자간의 관계는 다음과 같다. ICC(1)은 신뢰도의 측정치로 간주할 수 있는데 이 측정치는 단일 집단의 평균값과 관련된다(James, 1982). ICC(1)이 매우 클 때 단일 집단의 구성원의 응답은 안정된 집단의 평균값을 제공할 가능성이 높아지지만 ICC(1)가 매우 작을 때는 여러 집단의 구성원들의 응답으로부터 추측하여야 한다. Bliese(1998)은 집단 수준의 구성개념과 기타 구성개념 간의 관계를 검증할 때는 신뢰할 만한 집단의 평균값 또는 높은 ICC(2)값이 필요하다고 하였다. ICC(2)값이 높을 때 비록 종속변수와 독립변수의 ICC(1)값이 0.01라 하더라도 즉 하위 수준의 응답 중 1%만이 집단 간 분산으로 설명 될지라도 집단 수준에서 종속변수와 독립변수와의 관계를 검증할 수 있다는 것이다.

높은 ICC(2)값을 얻으려면 집단의 표본수가 커야 한다. 마치 비슷한 의미를 가지는 여러 개 문항으로 측정하여 신뢰도를 높이는 것과 흡사하다. 따라서 신뢰할 만한 집단평균값을 얻으려면 더욱 많은 표본을 확보하여야 한다. ICC(1)이 고정되어 있을 때 집단의 표본 수가 클수록 ICC(2)값이 더 크다. ICC(2)가 0.70에 도달하면 가장 좋지만 소집단연구에서는 일반적으로 비교적 큰 집단 수를 얻을 수 없기 때문에 다수준 조직연구에서 ICC(2)값은 보통 0.70보다 작다. 이 이슈에 대해 일부 학자들은 ICC(2)값이 상대적으로 낮더라도 집합화에 대한 이론적인 근거가 있거나 rwg 값이 비교적 높으며 집단 간 분산이 현저할 때 집합화가 가능하다고 하였다(Chen & Bliese, 2002; Kozlowski & Hattrup, 1992). 하지만 ICC(2)값이 낮을 때 연구자는 집단평균에 대한 낮은 신뢰도가 집합화로 산출된 변수의 효과를 검증하는데 저해하는 작용을 할 수 있다는 것을 인식하여야 한다. 또한 상대적으로 높은 ICC(2)값에 비해 낮은 ICC(2)값일 때 관찰된 변수의 효과가 과소평가 될 가능성도 있다.

17.3 위계선형모델(HLM)

이어서 우리는 교차수준모델의 통계분석절차를 소개하고자 한다. 여기서 결과변수(종속변수)는 개인 수준에서의 변수이고 독립변수는 개인 수준과 집단 수준에서의 변수를 모두 포함한다. 사용되는 분석 방법과 프로그램은 HLM이다. Bryk와 Raudenbush(1992)는 HLM에 대해 아주 자세히 기술하였고 Hofmann을 비롯한 다른 학자들도 조직연구를 하는 학자들이 어떻게 HLM을 사용하는지 조리 있게 소개하였다 (Hofmann, 1997; Hofmann & Gavin, 1998; Hofmann, Griffin & Gavin, 2000). 이 책에서는 간단하게만 소개하기에 관심이 있는 독자들은 위에 언급한 참고문헌을 참고하기 바란다.

HLM을 사용할 때 독립변수는 하위 수준의 구성개념, 예를 들어 개인 수준(1수준 변수)일수도 있고 상위 수준의 구성개념, 예를 들어 집단 수준(2수준 변수) 일수도 있다. 변수들 간의 관계는 다음과 같은 모델로부터 얻어낼 수 있다.

$$\text{Level-1 Model: } Y_{ij} = \beta_{0j} + \beta_{1j}X_{ij} + r_{ij}$$
$$\text{Level-s Model: } \beta_{0j} = \gamma_{00} + \gamma_{01}G_j + \mathrm{U}_{0j}$$
$$\beta_{1j} = \gamma_{10} + \gamma_{11}G_j + \mathrm{U}_{1j}$$

Y_{ij}는 개인 i가 j집단일 때의 결과변수이고 X_{ij}는 개인 i가 j집단일 때의 설명변수의 값이다. β_{0j}와 b_{1j}는 j집단의 추정된 절편과 기울기이며 r_{ij}는 잔차항이다. G_j는 집단 수준의 설명변수이고 γ_{00}과 γ_{10}은 Level-2의 절편이다. γ_{01}과 γ_{11}은 G_j와 Level-1 식에서의 절편과 기울기를 이어주는 기울기이다. U_{0j}와 U_{1j}는 Level-2의 잔차항이다. 보다시피 Level-1 Model에서 Level-1변수와 Level-1변수의 관계를 검증할 수 있고 Level-2 Model에서는 Level-2 변수와 Level-1변수 간의 관계 및 두 개의 Level-1 변수 간의 관계에 대한 Level-2변수의 조절작용을 검증할 수 있다.

17.3.1 HLM의 장점

많은 학자가 OLS 회귀분석 진행 시 같은 단위 내 계층성이 있는 데이터의 상호의존성을 간과한다고 주장하였다. OLS 회귀분석은 편이를 발생시키거나 표준오차를 정확하게 추정하지 못할 뿐만 아니라(Bryk & Raudenbush, 1992; Hofmann, 1997) 제1종 오류(Type 1 error)와 제2종 오류(Type 2 error)를 증가시킬 수 있다(Bliese & Hanges, 2004). 때문에 OLS 회귀분석에 비해 HLM 은 계층성을 가진 데이터를 분석하는데 있어서 많은 장점이 있다.

첫째, HLM은 데이터가 계층적인(nested) 특성을 가진 경우 더 정확하게 분석할 수 있다. (예를 들어 개인은 팀에 포함되어 있으며, 팀은 부서에, 부서는 회사에 포함되어 있다.) HLM은 동시에 서로 다른 수준의 요인들이 개인 수준의 결과변수에 어떤 영향을 미치는지 볼 수 있을 뿐만 아니라 이러한 요인들을 적합한 분석수준에 포함시킬 수 있다(Bryk & Raudenbush, 1992). HLM은 또한 다수준이론의 발전에도 도움이 되는데(Kozlowski & Klein, 2000) 이는 HLM을 사용할 때 연구자가 반드시 하나하나의 구성개념의 분석수준을 명확하게 밝혀야 하며(Level-1 또는 Level-2 중 어디에 포함시킬 것인지) 각 수준의 구성개념 간의 관계도 분명히 밝혀야 한다(Level-1, Level-2 또는 교차수준의 관계).

둘째, HLM은 Level-1 또는 개인 수준의 효과에 대해 보다 효과적으로 추정할 수 있다. Bryk & Raudenbush(1992)와 Raudenbush, Bryk, Cheong & Congdon(2004)가 언급했듯이 HLM은 Level-1 에서의 임의계수(random coefficient)에 대해 경험적 베이지안(Empirical Bayes, EB) 추정값을 산출한다. 경험적 베이지안 추정 값은 전체 데이터를 기반으로 추정한 파라미터 값이다. Raudenbush 등은 "매 단위 *j*의 Level-1에서의 계수의 경험적 베이지안 추정 값은 두 가지 최적의 조합으로부터 온 것인데 그 중 하나는 그 단위의 데이터로부터 추정해낸 값이며 다른 하나는 기타 유사한 단위의 데이터로부터 계산된 추정 값이다. 직관적으로 볼 때 우리는 전체 데이터가 가지고 있는 우위로부터 매 단위 *j*의 Level-1에서의 계수의 추정치를 개선할 수 있다. "고 여겼다(p.9). 그러므로 Level-1의 계수 값은 매 단위 j에서 독립적으로 계산되는 것이 아니라 전체 데이터가 제공하는 정보를 기반하여 추정된다. Level-1계수는 Level-2의 고정효과(fixed effects)를 추정할 때 쓰이므로 Level-1계수의 추정방식의 개선은 매우 중요하다.

셋째, HLM은 Level-2의 고정효과를 추정할 때 GLS(generalized least squares)를 사용한다. 고정효과는 교차집단 Level-1계수의 가중평균으로 볼 수 있으며 일반적으로 설명변수와 결과변수 간의 관계의 추정치로 여긴다(Hofmann, 1997). GLS가 OLS보다 우월한 점은 매개 집단이 제공하는 정보의 정확도가 서로 다르다는 점을 반영할 수 있다는 점인데 상대적으로 신뢰도와 정확성이 높은 Level-1 계수를 가지고 있는 집단에게 더 높은 가중치를 주게 된다.

넷째, HLM은 강건한(robust) 표준오차의 추정값을 제공할 수 있다. HLM의 가정이 위배되더라도(작은 정도의 위배에만 한함) 표준오차의 추정 값이 일관성을 띤다는 것이다. 때문에 이러한 표준오차의 추정 값으로 진행된 가설검정과 통계적 추론은 Level-2의 표본 수가 아주 클 때 신뢰할 수 있다(Bryk & Raudenbush, 1992).

다섯째, HLM은 불균형 데이터(unbalanced data)(즉 매 집단의 구성원의 수가 다를 때)의 상호작용 컴퓨팅(interactive computing) 기술로 분산공분산성분(variance-covariance components)의 유효한 추정값을 제공해주는데 이는 전통적인 분석 방법(예: ANCOVA)으로 이룰 수 없는 것이다(Bryk & Raudenbush, 1992).

17.3.2 연구문제와 데이터

*AMJ*에 등재된 논문 중 HLM을 이용한 논문(Liao & Chuang, 2004)의 예를 들어 설명하려고 한다. 이 논문은 서비스산업에서 고객만족도와 조직의 성과는 밀접히 연관되며 서비스제공자가 서비스를 하는 과정 중 고객과 발생하는 상호작용이 고객이 느끼는 서비스품질에 영향을 준다고 주장하면서 어떤 요인들이 조직구성원의 서비스성과에 영향을 주며 어떻게 조직의 성과와 고객만족도를 제고할 것인가에 대한 진일보의 연구가 필요하다고 하였다. Liao & Chuang은 다수준 연구모델을 세워 개인 수준에서의 요인과 매장수준에서의 요인이 각각 매장직원의 서비스성과에 일으키는 영향을 검증하고자 하였으며 동시에 매장수준에서의 요인이 개인 수준의 요인과 매장직원의 서비스성과 간의 관계에 대한 조절효과도 검증하고자 하였다. 또한 개인 수준의 매장직원의 서비스성과를 매장수준의 서비스성과로 집합화하여 매장수준의 서비스성과와 고객관련 결과변수와의 관계를 분석하였다. 이 장에서는 본 논문에서 사용했던 일부분 데이터를 사용하여 Hofmann(1997)이 제기한 HLM분석 방법에 근거하여 실제로 분석하는과정을 보여주려고 한다. 원 논문의 연구모델이 비교적 복잡하고 변수도 많기 때문에 이 책에서 분석한 결과와 원 논문의 분석결과가 다를 수 있다는 점을 먼저 명시하는 바이다. 〈그림 17-5〉는 분석예제의 연구모델이다.

〈그림 17-5〉
연구 프레임워크

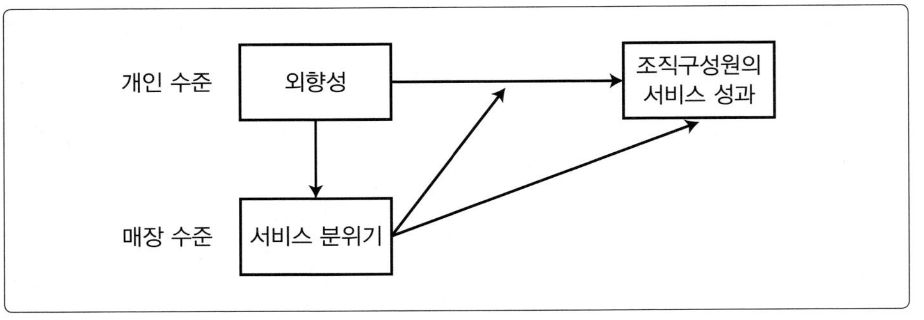

이 예제에서 우리가 검증하려고 하는 것은 직원의 서비스 성과(employee service performance)에 영향을 미치는 독립변수들의 효과이다. 여기서 말하는 서비스 성과는 매장직원이 고객에게 서비스를 제공하는 과정 중에서 고객의 수요를 만족시키는 행위가 표현된 것이므로 종속변수는 개인 수준에서의 서비스 성과이다. 개념적으로 직원의 서비스 성과는 직원 개인의 차이와 환경적인 요인에 의해 결정되는데 이 예제에서 개인 수준의 요인은 외향성이고 환경적인 요인은 서비스분위기이다. 외향성(extraversion)은 인격을 구성하는 다섯 가지 요인 중 하나인데 개인이 사교적이고 사람들과 잘 어울리고 말을 잘하는 등 적극적인 특징과 연관이 있다(Barrick & Mount, 1991). 반면에 서비스 분위기(service climate)는 직원들이 전략, 관례 및 포상, 지지와 기대되는 고객서비스프로세스에 대한 직원들의 공유된 지각을 일컫는데(Schneider, White & Paul, 1998) 직원들 "공동의" 지각이므로 집단 수준의 구성개념으로 설정하며 동일집단 내 개별 직원들의 지각을 집합화하여 얻어내야 한다. 여기서 우리는 분석하게 될 데이터가 높은 집단 내 일치성을 가지고 직원이 분위기에 대한 지각이 집단 간에 현저한 차이를 나타낸다고 가정한다. 따라서 집합화는 이론적인 근거를 가지게 된다.

인격과 서비스관리에 관한 기존 연구들에 따르면 개인 수준에서의 외향성과 집단 수준에서의 서비스분위기가 직원의 서비스성과에 긍정적인 영향을 준다는 가설을 세울 수 있다. 이미 일부 학자들은 인격과 성과 간의 관계가 모든 상황에 처한 모든 직원에게 동일하게 나타나는 것은 아니라고 주장한바 있다. 직원이 처한 상황이나 환경의 강도가 인격과 직원행위간의 관계를 조절할 것이라고 이미 주장된 적도 있다. 즉 강한 환경(strong situations)에 처했을 때 어떻게 하면 직원이 만족할만한 행위를 할 것인가에 대해 비교적 일관된 그리고 명확한 규범이 존재한다. 반면에 약한 환경(weak situations)에 처했을 때는 일관되고 명확한 규범이 부족하다. 때문에 강한 환경에 처한 직원들에 비해 약한 환경에 처한 직원들이 개인이 가지는 인격 면에서의 차이성이 그들의 행동에 영향을 미칠 가능성이 높아지게 된다. 그 밖에 긍정적인 서비스 분위기는 관리자가 일상적인 경영을 하면서 서비스품질에 대해 중시한다는 것을 끊임없이 보여줌으로써 서비스를 고무하는 분위기를 만들어 줄 수 있다. 그러므로 강한 환경에서 개인의 인격적인 표출은 제한을 받게 된다. 위 논의에 근거하여 우리는 서비스분위기가 외향성과 서비스성과 간의 양의 관계를 조절할 것이라고 가설을 세울 수 있다. 즉 서비스분위기가 긍정적일수록 양의 상관관계가 더 줄어들 것이다. 세 가지 가설을 종합하면 다음과 같다.

가설 1: 개인 수준에서의 외향성은 직원의 서비스 성과와 양의 상관관계를 가진다.

가설 2: 집단 수준에서의 서비스분위기는 직원의 서비스 성과와 양의 상관관계를 가진다.

가설 3: 집단 수준에서의 서비스분위기는 외향성과 직원의 서비스 성과와의 관계를 조절하는데 서비스분위기가 긍정적일수록 양의 상관관계가 줄어들 것이다.

아래 우리는 미국 중서부 25개의 체인 레스토랑에서 수집한 257명 직원의 표본을 가지고 어떻게 HLM으로 가설검증을 하는지 그 분석 과정을 살펴보고자 한다.

17.3.3 HLM의 분석절차

1단계: 무제약모델(영모델)(null model)

개인 수준의 서비스 성과가 개인 수준과 집단 수준의 변수로 예측될 수 있다고 가설을 세웠기 때문에 서비스 성과가 개인 수준 그리고 집단 수준에서 모두 차이가 존재하여야 한다. 때문에 첫 번째 절차로 우리는 분산분석(ANOVA)을 진행하여 서비스 성과의 분산을 집단 내 분산과 집단 간 분산으로 나눈다. 여기서 사용하는 HLM 무제약모델은 설명변수가 없는 모델이며 다음과 같이 나타낼 수 있다.

Level-1 Model: $\text{서비스 성과}_{ij} = \beta_{0j} + r_{ij}$

Level-2 Model: $\beta_{0j} = \gamma_{00} + U_{0j}$

여기서, $\beta_{0j} = j$번째 집단의 서비스성과의 평균

γ_{00} = 서비스 성과의 표본 전체 평균

r_{ij}의 분산 $= \sigma^2$ = 서비스 성과의 집단 내 분산

$$U_{0j}\text{의 분산} = \tau_{00} = \text{서비스 성과의 집단 간 분산}$$

서비스 성과의 총 분산 $= \sigma^2 + \tau_{00}$이기에 우리는 이 식에 근거하여 ICC(1)을 계산해낼 수 있다. 즉 서비스 성과의 집단 간 분산이 총 분산에서 차지하는 비율은 다음과 같다.

$$\text{ICC (1)} = \tau_{00} / (\sigma^2 + \tau_{00})$$

이 절차에서의 분석결과를 보면 τ_{00}=0.35, 카이제곱검정 결과 집단 간 분산은 유의한 것으로 나타났다. $\chi^2(24)=58.45$, $p<0.001$. 또한 $\sigma^2=2.52$, ICC(1)=0.12이므로 직원의 서비스 성과의 분산의 12%는 집단 간 분산에 의해 설명되며 88%가 집단 내 분산에 의해 설명됨을 알 수 있다.

서비스 성과의 집단 간 분산이 통계적으로 유의미한 차이를 보이므로 우리는 계속하여 가설검증을 진행할 수 있다.

2단계: 가설 1 또는 Level-1의 주 효과 검증

가설 1을 검증하기 위해 외향성이라는 변수를 Level-1 모델에 추가하여 다음 모델을 추정한다.

$$\text{Level-1 Model: 서비스 성과}_{ij} = \beta_{0j} + \beta_{1j}(\text{외향성}_{ij}) + r_{ij}$$

$$\text{Level-2 Model: } \beta_{0j} = \gamma_{00} + U_{0j}$$

$$\beta_{1j} = \gamma_{10} + U_{1j}$$

여기서, γ_{00} = 교차집단 절편의 평균

γ_{10} = 교차집단 기울기의 평균(가설 1 검증에 사용)

r_{ij}의 분산 $= \sigma^2$ = Level-1 오차항의 분산

U_{0j}의 분산 $= \tau_{00}$ = 절편의 분산

U_{1j}의 분산 $= \tau_{11}$ = 기울기의 분산

위 모델에서 γ_{00}과 γ_{10}은 각각 Level-1에서 계수(즉 β_{0j}와 β_{1j})의 교차집단평균을 나타내며 γ_{10}은 외향성과 서비스 성과와의 교차집단관계를 나타내는 값으로써 가설 1을 검증할 수 있다. HLM은 γ_{00}과 γ_{10}에 대해 t 테스트를 진행하여 이 두 개 파라미터가 통계적으로 유의미한지 검증한다. 이 절차의 분석결과를 보면 γ_{10}=0.58, t-value(24)=43.68, $p<0.001$, 때문에 가설 1은 지지되었다.

Level-1 모델에 외향성이라는 변수가 추가된 후 집단 내 분산이 감소된 정도로 R^2값(여기서는 Pseudo R^2이다)을 계산해낼 수 있는데 무제약모델의 집단 내 분산

이 외향성이라는 변수에 의해 분산의 어느정도 비율을 설명할 수 있는지 계산할 수 있다.

$$R^2 \text{ for Level-1 Model} = (\sigma^2 \text{ from Step I} - \sigma^2 \text{ from Step II}) / \sigma^2 \text{ from Step I}$$

이 예제에서 Level-1 모델의 $R^2=(2.52-2.23)/2.52=0.12$인데 이는 서비스 성과의 집단 내 분산에서(총 분산이 아님) 12%가 외향성에 의해 설명된다는 것을 알 수 있다.

외향성이라는 변수를 투입한 후 $\tau_{00}=4.52$, 카이제곱검정 결과 집단 간 분산은 통계적으로 유의미하다고 나타났다. $\chi^2(24)=33.24$, $p<0.10$. 이는 Level-1 모델에서 집단 수준의 요인이 존재할 수 있다는 가능성을 말해주기에 우리는 계속하여 가설 2에 대한 검증을 진행할 수 있다.

3단계: Level-2의 주효과 검증

가설 2에 대한 검증을 하기 위해 Level-2 모델에 서비스 분위기라는 변수를 투입하여 절편을 결과변수로 하는(intercepts-as-outcomes) 다음 모델을 추정한다.

$$\text{Level-1 Model: } \text{서비스 성과}ij = \beta_{0j} + \beta_{1j}\ (\text{외향성}_{ij}) + r_{ij}$$
$$\text{Level-2 Model: } \beta_{0j} = \gamma_{00} + \gamma_{01}\ (\text{서비스 분위기}_j) + U_{0j}$$
$$\beta_{1j} = \gamma_{10} + U_{1j}$$

여기서, γ_{00} = Level-2의 절편

γ_{01} = 외향성을 투입한 후 서비스 분위기가 서비스 성과에 대한 효과 (가설2 검증에 사용)

γ_{10} = 외향성이 서비스 성과에 대한 효과(가설 1 검증에 사용)

r_{ij}의 분산 = σ^2 = Level-1 오차항의 분산

U_{0j}의 분산 = τ_{00} = 절편의 오차항의 분산

U_{1j}의 분산 = τ_{11} = 기울기의 분산

위 모델에서 γ_{01}은 Level-1의 외향성을 통제한 후 서비스 분위기가 서비스 성과에 대한 영향을 추정한 값이므로 γ_{01}에 대해 t 테스트를 진행하여 가설 2를 검증할 수 있다. 이 절차의 분석결과를 보면 $\gamma_{01}=0.74$, t-value(23)=0.74, $p=0.012$. 때문에 가설 2는 지지되었다.

2단계와 마찬가지로 우리는 서비스 분위기가 서비스 성과의 집단 간 분산의 얼마만큼의 비율을 설명하는지 계산해낼 수 있다.

$$R^2 \text{ for Level-2 main effect Model}$$
$$= (\tau_{00} \text{ from Step II} - \tau_{00} \text{ from Step III}) / \tau_{00} \text{ from Step II}$$
$$= (4.52 - 4.09) / 4.52 = 0.10$$

결과 서비스 성과의 집단 간 분산(총 분산이 아님)의 10%가 서비스 분위기에 의해 설명이 됨을 볼 수 있다.

HLM은 기울기의 분산(τ_{11})도 추정하는데 카이제곱검정을 통하여 통계적으로 유의미한지 알아낼 수 있다. 결과 τ_{11}=0.19, $\chi^2(24)$=22.23, p>0.10이므로 외향성이 서비스 성과에 대한 영향이 각 집단 간에 유의미한 차이를 보이지 않는 것으로 나타났다. 다시 말하면 가설 3을 검증하기 위해 기울기의 분산이 통계적으로 유의미한 차이를 보여야 하는지 그렇지 못하기에 가설3은 지지되지 못하는 것이다. 하지만 전반적인 검증절차의 예를 보여주기 위해 계속하여 조절효과의 검증을 진행해보자.

4단계: 가설3 또는 조절효과의 검증

일반적으로 Level-1의 변수와 Level-2의 변수의 상호작용을 검증하기 위해 기울기를 결과변수로 하는 모델을 추정하는 방식으로 진행할 수 있다. 다시 말하면 Level-2의 변수를 기울기(β_{1j})의 설명변수로 설정하여 Level-2의 변수가 기울기의 차이를 설명할 수 있는지 알아내는 것이다. 모델은 다음과 같다.

$$\text{Level-1 Model: } \text{서비스 성과}_{ij} = \beta_{0j} + \beta_{1j}\,(\text{외향성}_{ij}) + r_{ij}$$
$$\text{Level-2 Model: } \beta_{0j} = \gamma_{00} + \gamma_{01}\,(\text{서비스 분위기}_j) + U_{0j}$$
$$\beta_{1j} = \gamma_{10} + \gamma_{11}\,(\text{서비스 분위기}_j) + U_{1j}$$

여기서, γ_{00} = Level-2의 절편 (Level-1 Model의 절편을 종속변수로 함)

γ_{01} = Level-2의 기울기

γ_{10} = Level-2의 절편 (Level-1 Model의 기울기를 종속변수로 함)

γ_{11} = Level-2의 기울기, 즉 서비스 분위기가 외향성과 서비스 성과와의 관계에 대한 조절효과(가설3 검증에 사용)

r_{ij}의 분산 = σ^2 = Level-1 오차항의 분산

U_{0j}의 분산 = τ_{00} = 절편의 오차항의 분산

U_{1j}의 분산 = τ_{11} = 기울기의 오차항의 분산

가설 3은 서비스 분위기와 외향성간에 부적인 상호작용이 존재하는지 검증하는 것인데 높은 수준의 서비스 분위기가 존재할 때 외향성과 서비스 성과 간의 양

의 상관관계가 감소한다는 것을 검증하는 것이다. 위 모델에서 γ_{11}은 서비스 분위기와 외향성의 상호작용항의 추정 값이므로 γ_{11}에 대해 t 테스트를 진행하면 가설 3을 검증할 수 있다. 이 절차의 분석결과를 보면 $\gamma_{11}=-0.25$, t-value(23)$=-0.864$, $p>0.10$이므로 상호작용항의 효과가 가설 3이 예측한 방향과 일치하지만(부적인 상호작용) 통계적으로 유의미한 수준에 도달하지 못했기에 가설 3은 지지되지 않았다.

만약 기울기의 분산이 서비스 분위기에 의해 설명되는 정도를 계산하려면 4단계와 3단계의 기울기의 오차항 분산을 비교하여 다음 공식으로부터 계산할 수 있다.

R^2 for Level-2 Moderating Model
$= (\tau_{11}$ from Step III $-$ τ_{11} from Step IV) / τ_{11} from Step III
$= (0.19 - 0.19) / 0.19 = 0$

결과 조절효과의 R^2 값은 0으로 나타났다. 이는 상호작용효과가 통계적으로 유의미하지 않기 때문이며 의외의 결과가 아니다.

이상의 HLM분석결과에 따르면 가설 1과 가설 2는 성립되지만 가설 3은 성립되지 않는다는 것을 알 수 있다(표 17-1).

17.3.4 HLM에서의 중심보정

HLM에서 Level-1의 설명변수에 대해 세 가지 방법으로 중심보정(centering)을 진행할 수 있다.

원시척도(raw metric), 즉 Level-1의 설명변수는 원래의 점수를 사용한 것을 일컫는다. Level-1의 절편은 Level-1의 모든 설명변수의 값이 0인 경우 기대되는 종속변수의 값을 말한다. 절편의 분산(τ_{00}) 즉 Level-1의 설명변수의 효과를 통제한 전제하에서 조정된(adjusted) 종속변수의 집단 간 분산이다.

전체평균 중심보정(grand mean centering)은 각 표본의 값에서 Level-1 설명변수들의 전체 평균을 빼는 방법이다. 모든 Level-1의 설명변수에서 전체 평균을 빼면 Level-1의 절편은 Level-1의 설명변수가 전체평균 중심보정을 했을 때의 종속변수의 기대값이 된다. 이때 절편의 분산(τ_{00})은 Level-1의 설명변수의 효과를 통제한 전제하에서 조정된(adjusted) 종속변수의 집단 간 분산이다.

집단평균 중심보정(group-mean centering)은 각 관측치에서 집단별 평균을 빼주는 것이다. 모든 Level-1의 설명변수에서 각각의 집단별 평균을 빼면 Level-1의 절편은

〈표 17-1〉 HLM 분석 결과

변수	절차 I	절차 II	절차 III	절차 IV
절편항	9.33	7.32	4.36	1.77
Level-1 예측요인				
외향성		0.58	0.59	1.40
Level-2 예측요인				
서비스 분위기			0.74	1.68
상호작용항				
외향성×서비스 분위기				0.25
분산				
σ^2	2.52	2.23	2.22	2.23
τ_{00}	0.53	4.52	4.09	4.22
τ_{11}		0.20	0.19	0.19
R^2				
$R^2_{\text{Level-1}}$		0.12		
$R^2_{\text{Level-2절편식}}$			0.10	
$R^2_{\text{Level-2상호작용효과}}$				0

N(조직구성원)=257, *N*(매장)=25.
예측변수의 수치는 견고한 표준 오차에서 고정효과에 대한 예측값이다.

Level-1의 설명변수가 집단평균 중심보정을 했을 때의 종속변수의 기대값이 된다. 이때 절편의 분산(τ_{00})은 Level-1의 설명변수의 효과를 통제하지 않은 전제하에서 조정되지 않은(unadjusted) 종속변수의 집단 간 분산이다.

HLM의 중심 보정은 비교적 복잡한 이슈이고 많은 학자들이 중심보정이 HLM의 통계적 추정과 결과해석에 어떤 영향을 미치는지에 대해 탐구하였다(Bryk & Raudenbush, 1992; Enders & Tofighi, 2007; Hofmann & Gavin, 1998). 예를 들어 Hofmann & Gavin 그리고 Enders & Tofighi는 세 가지 중심 보정 방법의 함의에 대해 자세히 설명하였는데 관심이 있는 독자들은 원문을 참고하기 바란다. 아래는 Hofmann & Gavin과 Enders & Tofighi의 연구에 근거하여 Level-1 설명변수에 대한 중심 보정방법의 기초지식 및 몇 가지 제안사항을 제시하고자 한다.

원시척도와 전체평균 중심보정 이 두 가지 방식은 동일한 모델을 산출하지만 집단평균 중심보정방법은 위의 두 가지 방식과는 다른 결과를 나타낸다.

만약 Level-1의 설명변수의 주효과를 검증하고 싶다면 Level-1 설명변수에 대해 원시척도를 사용하거나 전체평균 중심보정을 진행하는 방식은 모두 적절한 방법이다. 예제에서 가설 1을 검증하기 위해 우리는 원시척도를 사용하거나 Level-1의 외향성이라는 변수에 전체평균 중심보정을 하여 외향성이 서비스 성과에 미치는 영향을 추정할 수 있다. 만약 Level-1의 설명변수의 주효과를 검증할 때 개인과 집단 내 다른 사람과 비교하고 싶다면, 즉 소위 개구리-연못효과(frog pond effect)를 보고 싶다면 Enders & Tofighi(2007)은 집단평균 중심보정을 진행할 것을 권유했다. 집단평균 중심보정을 하면 설명변수의 집단 간 차이가 완전히 사라져 순수한 집단 내 회귀계수(즉 Level-1)를 추정하게 된다. 전체평균 중심보정을 했을 경우에는 집단 내 효과와 집단 간 효과를 동시에 추정하게 된다.

Level-1의 설명변수의 효과를 통제한 후 Level-2의 설명변수의 주효과를 검증하려고 한다면 Level-1의 설명변수에 대해 원시척도를 사용하거나 전체평균 중심보정을 진행하는 것이 적절하다. 예제에서 가설2를 검증하기 위해 우리는 원시척도를 사용하거나 Level-1의 외향성이라는 변수에 전체평균 중심보정을 하여 외향성의 영향력을 통제했을 때의 서비스 분위기가 서비스 성과에 미치는 영향을 추정할 수 있다.

Level-2의 설명변수의 주효과를 검증하려고 할 때 Level-1의 설명변수를 집단평균 중심보정 하였다면 HLM은 Level-1의 설명변수의 효과를 통제할 수 없게 된다. 그러므로 Level-1의 설명변수의 효과를 통제하기 위해 Level-1의 설명변수의 집단별 평균도 Level-2 모델에 투입하여 통제변수로 설정하여야 한다. 예제에서 Level-1의 외향성을 집단평균 중심보정으로 하였다면 외향성의 집단별 평균과 Level-2의 서비스분위기를 Level-2 모델에 함께 투입하여 통제변수로 하여야 한다. 이렇게 해야만 외향성의 영향력을 통제한 후의 서비스 분위기가 서비스 성과에 대한 영향을 볼 수 있게 된다. 만약 Level-1의 변수를 통제변수로만 설정하고 Level-2의 변수가 관심을 가지는 요인이라면 Enders Tofighi(2007)는 전체평균 중심보정을 사용할 것을 권장했다. 전체평균 중심보정을 사용했을 때 Level-1의 변수의 효과를 통제할 수 있기 때문이다. 반면 집단평균 중심보정을 사용했을 경우 Level-1과 Level-2의 변수들이 서로 통제할 수 없게 되며 Level-2 변수의 추정된 계수 값이 정확하지 않게 된다(Hofmann & Gavin, 1998). 때문에 집단평균 중심보정을 할 때에는 Level-1 변수의 병균을 Level-2에 투입하여야 β_0를 추정할 수 있다.

Level-1의 설명변수와 Level-2의 설명변수의 상호작용효과를 검증하려고 할 때는 원시척도를 사용하거나 혹은 Level-1변수에 대해 전체평균 중심보정을 하면 된다. 하지만 이 두 가지 방법으로 산출된 Level-1의 기울기는 집단 내와 집단 간의 관계도 포함이 되므로 교차수준 상호작용(cross-level interaction)의 효과가 거짓된(spurious) 일 수 있다. 그러므로 실제 교차수준 상호작용의 효과를 검증하기 위해 Hofmann & Gavin(1998)는 다음과 같은 모델을 추정하는 것이 비교적 적절한 방식이라고 하였다. 아래 모델에서 Level-1의 설명변수는 집단평균 중심보정을 하였으며 집단별 평균을 Level-2 모델에 투입하여 통제변수로 사용하였다. 또한 우리는 집단 간 상호작용의 효과를 명확하게 통제하였다. 예제에서 "외향성의 집단별 평균 × 서비스 분위기"를 Level-2의 통제변수로 사용하여 집단 간 상호작용의 효과를 통제하였다. 예제의 모델은 다음과 같다.

Level-1: 서비스 성과$_{ij} = \beta_{0j} + \beta_{1j}$ (외향성집단평균 중심보정$_{ij}$) $+ r_{ij}$

Level-2: $\beta_{0j} = \gamma_{00} + \gamma_{01}$ (외향성의 집단별 평균j) $+ \gamma_{02}$ (서비스 분위기j)

$+ \gamma_{03}$ (외향성의 집단별 평균 × 서비스 분위기)$_j + U_{0j}$

$\beta_{1j} = \gamma_{10} + \gamma_{11}$ (서비스 분위기$_j$)$+U_{1j}$

여기서, β_{1j}는 외향성과 서비스 성과 간의 집단 내 관계의 추정 값이다. γ_{11}은 외향성과 서비스 분위기의 주효과가 설명된 전제하에서 두 수준 간의 상호작용효과에 대한 실제 추정 값이다.

Hoffmann & Gavin(1998)은 실제 조작할 때 교차수준 상호작용효과를 검증할 경우 먼저 Level-1의 설명변수에 대해 원시척도를 사용하거나 전체평균 중심보정을 하며 다음 집단평균 중심보정을 하여 다시 1차모델(집단별 평균이 Level-2의 통제변수로 투입)을 추정하여 두 개의 모델에서 추정된 γ_{11} 값이 같은지 확인할 것을 권장했다. 만약 γ_{11} 값이 같다면 연구자는 원시척도를 사용하거나 전체평균 중심보정을 하여 진행한 분석결과를 보여주고 집단평균 중심보정을 진행하여 다시 한 번 확인하였음을 명시함으로써 분석결과가 거짓된 것이 아님을 증명할 수 있다고 한다. 하지만 우리는 Level-2에서 "외향성의 집단별 평균"과 "외향성의 집단별 평균 × 서비스 분위기"를 통제한다면 Level-1의 설명변수에 전체평균 중심보정을 했다 하더라도 추정된 γ_{11} 값이 교차수준 상호작용의 진실된 추정 값이라고 생각한다. 모델은 다음과 같다.

Level-1: 서비스 성과$_{ij} = \beta_{0j} + \beta_{1j}$ (외향성전체평균 중심보정$_{ij}$) $+ r_{ij}$

Level-2: $\beta_{0j} = \gamma_{00} + \gamma_{01}$ (외향성의 집단별 평균$_j$) $+ \gamma_{02}$ (서비스 분위기$_j$) $+$

γ_{03} (외향성의 집단별 평균 × 서비스 분위기)$_j + U_{0j}$

$\beta_{1j} = \gamma_{10} + \gamma_{11}$ (서비스 분위기j) $+ U_{1j}$

위 모델에서 집단 간 상호작용(γ_{03})이 이미 명확하게 통제되었기에 추정된 γ_{11} 값은 교차수준 상호작용을 정확히 추정하게 된다. Hofmann & Gavin(1998)이 언급했던 것처럼 이와 같은 방법이 가지는 장점은 우리가 일반적으로 원시척도를 사용하거나 전체평균 중심보정을 진행하여 주효과를 검증하기에 같은 방식으로 상호작용항의 효과를 검증한다면 독자의 입장에서 더 쉽게 이해가 된다는 점이다. Liao & Chuang(1998)도 이와 같은 방식으로 개인이 체험한 변혁형 리더십과 매장수준의 서비스 분위기의 교차수준 상호작용이 매장직원의 서비스 성과에 주는 효과를 검증하였다. 그들의 예제에서 Level-1의 설명변수, 즉 리더십의 유형은 전체평균 중심보정을 사용하였으며 Level-2에서 리더십 유형의 집단별 평균과 "리더십 유형의 집단별 평균 × 서비스 분위기"를 모두 통제하였다.

Ebders & Tofighi(2007)은 전제평균 중심보정의 방법은 집간 간 상호작용에만 적용되고 교차수준 상호작용을 검증할 때에는 집단평균 중심보정 방법을 사용할 것을 권장하였다. 왜냐하면 교차수준 상호작용을 검증할 때 비록 모델에 교차수준과 집단 간 상호작용을 모두 포함하고 있을 경우 전체평균 중심보정 또는 집단평균 중심보정을 사용하여 얻은 통계검증결과가 동일하더라도(equivalent parameter estimate) 파라미터 자체의(두 가지 중심보정 방법에서의 γ_{01}) 값은 다를 수 있기 때문이다. 집단평균 중심보정을 했을 경우 Level-1의 파라미터 추정 값은 정확하며 집단 내 효과만 포함(Level-1의 파라미터가 조절되기 때문에 이는 매우 중요함)한다. 또한 이때 교차수준과 집단 간 상호작용은 서로 독립적이다. 때문에 Enders & Tofight(2007)는 교차수준의 상호작용을 검증할 때 여전히 집단평균 중심보정을 사용할 것을 추천하고 있다.

전체평균 중심보정 또는 집단평균 중심보정 중 어떤 것을 선택할지는 이론적인 근거가 있어야 한다(Kreft, de Leeuw & Aiken, 1995).

그 밖에 HLM의 Level-2 설명변수에 대해서도 두 가지 중심보정 방법이 있다.

1. 원시척도, 즉 Level-2 설명변수의 원래 점수를 그래도 사용하는 것이다.
2. 전체평균 중심보정은 각 집단의 평균에서 Level-2 설명변수의 전체평균을 빼는 것이다.

Level-2의 중심보정의 추정과 해석함의에 대해서는 더 많은 논의가 필요하다. Bryk & Raudenbush(1992)는 Level-2의 설명변수의 중심보정은 Level-1 설명변수처럼 중요하지 않다고 하였으며 동시에 "Level-2의 모든 설명변수에 대해 전체평균 중심보정을 하는 것도 실용적이며 간편한 방법"이라 하기도 하였다(p.29). 이 밖에

Enders & Tofighi(2007)은 Level-2 설명변수의 중심보정문제에 대해 다음과 같은 의견을 내놓았다.

1. Level-2의 중심보정이 Level-1보다 간단하고 Level-2의 변수의 점수가 각 집단 내에서 고정된 값이므로 원시척도사용과 전체평균 중심보정만 고려하면 된다.
2. Level-2의 방정식에 1차항만 포함하고 있다면 원시척도와 전체평균 중심보정을 한 유일한 차이는 $\gamma 00$ 이다.
3. Level-2에 고차항을 포함하고 있다면, 예를 들어 Level-2 변수 간에 상호작용항 또는 2차항이 있는 모델(quadratic effect model)이라면 전체평균 중심보정을 사용할 것을 추천한다.
4. 전체평균 중심보정을 사용할 경우 일부 변수는 원시척도를 사용할 수도 있다. 예를 들어 더미변수, effect coded variable 등이다.

17.3.5 HLM의 가정

Bryk & Raudenbush(1992)는 전형적인 두 개 수준의 HLM모델은 다음과 같은 가정을 만족시켜야 한다고 하였다.

1. Level-2 단위에 포함된 각각의 Level-1단위에서, Level-1의 잔차들은 독립적이어야 하며 정규분포해야 한다. 여기서 잔차의 평균은 0이며 분산은 σ^2이다.
2. Level-1의 설명변수들은 Level-1의 잔차와 독립적이어야 한다.
3. Level-2의 오차항은 다변량 정규분포해야 한다. 여기서 오차항의 평균은 0이며 분산은 τ_{qq}, 이며 공분산은 τ_{qq}이다.
4. Level-2의 설명변수들은 Level-2의 잔차와 독립적이어야 한다.
5. Level-1의 잔차와 Level-2의 잔차는 독립적이어야 한다.

Bryk & Raudenbush(1992)은 위의 기본가정과 가정이 위배되었을 때의 영향에 대해 논의를 하였다. HLM은 계속 발전하고 있는 분석 방법이므로 HLM분석 방법이 위의 가정의 영향을 얼마나 받고 있는지에 대해 우리는 아직 명확히 알지 못하고 있다.

17.3.6 HLM 이용에 필요한 표본크기

HLM은 기타 통계분석 방법과 마찬가지로 표본크기가 클수록 추정한 값이 더 정확하고 통계검증력도 더 높다. 2개 수준의 HLM분석을 하려면 집단의 표본수가 커야 할 뿐만 아니라 각 집단 내에 충분한 개인의 표본 수가 있어야 한다. 하지만 무조건 표본크기를 늘리려고 하면 시간과 에너지를 소모할 뿐이다. 따라서 우리는 HLM분석을 진행하기 위해 필요한 표본크기를 알아야 한다. Hofmann 등(2000)은 표본크기가 어느 정도 되어야만 적당한 통계 검증력에 도달하고 편이가 없는 분석결과를 가져올지에 대해서는 심도깊은 연구가 필요하다고 했다. Hofmann 등, Bassiri(1998)과 Van der Leeden & Busing(1994)은 교차수준 상호작용을 검증할 때 0.90수준의 통계 검증력에 도달하기 위해서는 집단의 수가 30개 이상이어야 하며 각 집단 내에 속한 개인의 표본수도 30개 이상이어야 한다고 하였다. 하지만 전형적인 조직관리연구에서 집단의 수는 일반적으로 적다. 반대로 Level-2의 표본크기는 비교적 커서 Level-1의 작은 표본크기를 보완하여 신뢰도를 높일 수 있다. 예를 들어 150개의 집단 표본이 있을 때 같은 통계 검증력을 가진다는 전제 하에서 매개 집단에 필요한 개인의 표본 수는 적어도 되는 것이다.

Mass & Hox(2005)는 시뮬레이션의 방식으로 Level-2와 Level-1이 서로 다른 표본크기를 가질 때 다수준 분석에서의 추정치(회귀계수와 분산) 및 표준오차에 미치는 영향을 연구하였다. 결과 Level-2의 표본크기가 작을 때(50보다 작거나 같을 때)에만 2수준에서의 표준오차에 편이가 발생할 수 있으며 다른 상황에서는 (Level-1의 표본크기가 작을 때) 회귀계수, 분산 및 표준오차에 편이가 없으며 정확하다고 나타났다.

17.3.7 HLM 모델의 확장과 응용

다음으로 HLM의 다섯 가지 확장된 모델에 대해 토론하고자 한다.

확장모델 1: 피험자 내 실험

HLM은 다수준 자료에 사용할 수 있다. 매장의 서비스 분위기가 직원의 서비스 성과에 어떻게 영향을 주는가가 하나의 전형적인 예인데 여기서 직원은 매장에 포함되어 있다. 다른 한 가지 유형의 다수준 자료는 흔하지는 않지만 점차 그 중요성이 인식되고 있다. 바로 피험자에 대한 반복측정(repeated measure)인데 반복측정은 피험자 내부에 포함되어 있는 형태를 띄므로 피험자 내 실험설계(within subject design)라고 한다. 피험자 내 실험설계를 하는 자료는 일정한 기간에 추적하여 종단(longitudinal)의 특성을 나타내거나 반복측정을 하는 형태를 띤다. 따라서 피험자 개개인은 반드시 두 차례 혹은 그 이상 측정을 받아야 하는데 이는 피험자가 한 번만 측정되는 피험자 간 실험설계와 구분되는 점이다. 만약 피험자의 정서, 심리상태, 태도, 행위 등 변수가 서로 다른 환경에서 어떻게 달리 표현되는가, 다른 기타 요인의 영향을 받아 일정한 기간 동안 어떤 다른 변화가 일어나는가, 또는 시간의 변화가 기타 변수에 어떤 영향을 미치는가 등이 연구목적이라면 피험자 내 실험설계를 사용할 수 있다. 예를 들어 개인은 매일 정서적 표현과 느끼는 스트레스가 다르게 나타난다. 따라서 매일 일에 대한 만족도가 다르게 나타내게 된다. 때문에 연구자는 매일 피험자의 정서, 일로 인한 스트레스 및 일에 대한 만족도 등을 측정하여야 이런 세 가지 변수가 일정한 기간에 나타내는 동태적인 변화에 관련된 데이터를 수집할 수 있다. 이러한 연구설계가 바로 피험자 내 설계이다.

다른 예를 들어 설명해보자. Ilies, Scott & Judge(2006)는 긍정적 정서, 직무만족도와 조직시민행위 간의 관계가 인격특성(친화력, 근면신중)에 의해 조절되는지 연구해보고자 하였다. 그중, 긍정적 정서는 당연히 시간에 따라 변화할 것이다. 직무만족도도 다른 연구들에서는 시간에 따라 변화하는 변수로 간주되었다. 또한 Locke(1976)는 직무만족도를 긍정적 정서의 한 가지 상태로 정의하기도 하였다. 그 밖에 Weiss & Cropanzano(1996)에 따르면 만약 설명변수가 시간에 따라 변화하는지가 연구의 초점이라면 종속변수도 동태적으로 보아야 한다고 했다. 그리하여 Ilies 등은 피험자 내 설계의 방식으로 긍정적 정서, 직무만족도와 조직시민행위를 측정하였다. 이 연구는 교육, 정보과학 및 행정 등 직업에 속하는 샐러리맨을 표본대상으로 하고 두 개 단계로 나누어 자료수집을 했다. 첫 번째 단계는 시간간격 경험표집(interval-contingent experience sampling)의 방법을 사용하였는데 피험자는 연속으로 15일간 동안 매일(weekday) 아침 열 시 반에 인터넷으로 긍정적 정서, 직무만족도와 조직시민행위와 관련된 설문을 작성하여야 한다. 만약 출근시간에 설문지를 작성하지 않은 경우는 샘플에서 제외되는데 결과 모두 63명이 모든 설문에 응답하였다. 두 번째 단계는 피험자가 인격특성에 관련된 설문을 작성하는 것인데 모두 62개의 유효샘플이 얻어졌다. 데이터가 다수준 형태를 나타내고 있기에 즉 개인 수준의 경험표집과 교차수준의 상호작용 두 가지 데이터를 포함하고 있기에 HLM을 사용하여 분석할 필요성이 있다. 결과 개인 내 수준의 긍정적 정서와 직무만족도는 현저하게 조직시민행위에 영향을 주는 것으로 나타났다. 또한 친화력은 개인 내 수준의 긍정적 정서와 조직시민행위간의 관계를 조절하는 것으로 나타났는데 높은 친화력을 가진 사람은 낮은 친화력을 가진 사람보다 더 쉽게 조직시민행위를 보이며 시간의 변화에 따라 긍정적 정서의 영향을 덜 받는 것으로 나타났다.

확장모델 2: 다수준 매개효과

Baron & Kenny(1986)의 매개효과검증 방식에 따르면 매개변수(M)가 통제된 상황에서 원래 설명변수(X)와 종속변수(Y) 간의 유의미한 상관관계가 더 이상 유의미하지 않을 때 완전매개라고 하고 X와 Y 간의 유의미한 상관관계가 약해지지만 여전히 유의미할 때는 부분매개라고 했다. Mathieu & Taylor(2007)와 Zhang, Zyphur & Preacher(2009)는 이러한 매개효과분석 방법을 다수준 모델에 응용하여 다수준 매개효과모델을 만들었는데 각각 살펴보자.

첫째, Mathieu & Taylor(2007)는 다섯 가지 매개효과모델(meso-mediation)을 제시하였는데 부분매개의 관계도 포함하였다. (1) 개인 수준 매개모델: $x \rightarrow m \rightarrow y$. (2) 단체수준 매개모델: $X \rightarrow M \rightarrow Y$. (3) 교차수준 매개효과 집단 수준 매개변수모델(cross-level mediation-upper mediator): $X \rightarrow M \rightarrow y$. (4) 교차수준 매개효과 개인 수준 매개변수모델(cross-level mediation-lower mediator): $X \rightarrow m \rightarrow y$. (5) 교차수준 매개효과 복잡모델(cross-level mediation-complex): $X \rightarrow M_1 \rightarrow m_2 \rightarrow y, X \rightarrow M_1 \rightarrow M_2 \rightarrow y, X \rightarrow M_1 \rightarrow m_3 \rightarrow y$. 이러한 매개효과모델로 가설검증을 할 때 그 절차는 다음과 같다.

(1) 일반절차

절차1: 서로 다른 수준에 대해 적절한 분석 방법을 사용한다. 즉 개인 수준(Level-1)과 교차수준분석에는 임의계수모델(random coefficient model, RCM)을 사용하고 집단 수준(Level-2)에는 OLS 회귀분석을 진행한다.

절차2: Level-1의 매개변수와 종속변수 간의 ICC를 계산한다.

절차3: 수준 내(within level) 매개효과를 검증한다. 교차수준의 매개효과는 (2) 또는 (3)을 절차를 참고하라.

(2) 부분매개 검증절차

절차4a: X와 M을 동시에 Y를 설명하는 모델에 투입하였을 때 두 변수 모두 유의미하여야 한다.

절차4b: $X \rightarrow M$을 검증, X가 유의미하여야 한다.

(3) 완전매개 검증절차

절차5a: $X \rightarrow Y$를 검증, X가 유의미하여야 한다.

절차5b: $X \rightarrow M$을 검증, X가 유의미하여야 한다.

절차5c: $M \rightarrow Y$를 검증, M이 유의미하여야 한다.

절차5d: X와 M을 동시에 Y를 설명하는 모델에 투입한다. X가 유의미하지 않아야 한다.

둘째, Zhang 등(2009)은 세 가지 다수준 매개효과 모델을 제시하였다. (1) 2-1-1모델, X가 Level-2의 변수, M과 Y가 Level-1의 변수. (2) 2-2-1모델, X와 M이 Level-2의 변수, Y가 Level-1의 변수. (3) 1-1-1모델, X, M, Y 모두 Level-1의 변수. 다수준 매개효과를 검증하는 절차는 다음과 같다. 아래 2-1-1모델을 예를 들어 설명하자. 이 예제에서는 집단평균 중심보정 또는 CWC(M)(centered within context with reintroduction of the subtracted means)을 사용하였고 집단별 평균을 Level-2모델에 투입하였다.

절차 1: $X \rightarrow Y$를 검증

Level-1 Model: $Y_{ij} = \beta_{0j} + r_{ij}$

Level-2 Model: $\beta_{0j} = \gamma_{00} + \gamma_{00}X_j + U_{0j} \rightarrow \gamma_{01} = c$

절차 2: $X \rightarrow M$을 검증

Level-1 Model: $M_{ij} = \beta_{0j} + r_{ij}$

Level-2 Model: $\beta_{0j} = \gamma_{00} + \gamma_{01}X_j + U_{0j} \rightarrow \gamma_{01} = a$

절차 3: X를 통제하고 $M \rightarrow Y$를 검증

Level-1 Model: $Y_{ij} = \beta_{0j} + \beta_{1j}(M_{ij} - M_{.j}) + r_{ij}$, 여기서 $M_{.j}$ = 집단별 평균

Level-2 Model: $\beta_{0j} = \gamma_{00} + \gamma_{01}X_j + \gamma_{02}M_{.j} + U_{0j} \rightarrow \gamma_{01} = c', \gamma_{02} = b$

$\beta_{1j} = \gamma_{10}$

다음 두 가지 방법 중 하나가 유의미하다면, 매개효과가 성립된다고 본다.

1. 계수승법(product-of coefficients method) $(X \rightarrow M) \times (M \rightarrow Y)$, 즉 $a \times b$.
2. 계수차이법(difference-in-coefficients method), 즉 $c - c'$.

확장모델 3: 다수준 조절식 매개효과

앞에서 HLM이 매개효과와 조절효과의 분석에 어떻게 응용되는지는 각각 살펴보았다. 여기서는 매개와 조절의 조합효과 중 한 가지 유형인 조절식 매개효과를 소개하고자 한다. 조절식 매개효과는 매개효과가 다른 변수에 의해 조절되는 경우를 가리킨다. Bauer, Preacher & Gil(2006)은 〈그림 17-6〉과 같은 다수준 조절식 매개효과모델을 제시하였는데 여기서 W가 조절변수이다. 조절식 매개효과는 임의의 직접 또는 간접적인 매개효과에 모두 일어날수 있다.

다수준 조절식 매개효과를 검증하기에 앞서 다수준 매개효과가 존재하는지에

〈그림 17-6〉
다수준 조절식 매개효과모델

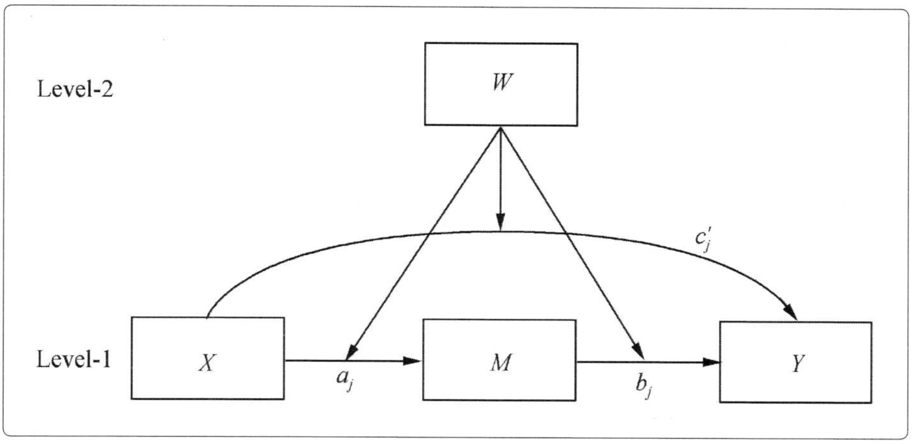

대한 검증을 먼저 해야 한다. 이미 많은 학자가 다수준 매개효과의 검증절차를 제시하였는데 모두 인과적인 효과를 임의효과가 아닌 고정효과로 가정하였다. 그리하여 Bauer등 (2006)은 임의효과모델을 다수준 조절식 매개효과를 검증하는 데 응용하였으며 다음과 같은 다수준 모델을 세웠다.

$$\text{Level-1 Model:}\quad M_{ij} = \_d_{Mj} + a_j X_{ij} + e_{Mij}$$
$$Y_{ij} = d_{Yj} + b_j M_{ij} + c'_j X_{ij} + e_{Yij}$$
$$\text{Level-1 Model:}\quad d_{Mj} = \gamma_{dM0} + \gamma_{dM1} W_j + U_{dMj}$$
$$a_j = \gamma_{a0} + \gamma_{a1} W_j + U_{aj}$$
$$d_{Yj} = \gamma_{dy0} + \gamma_{dy1} W_j + U_{dyj}$$
$$b_j = \gamma_{b0} + \gamma_{b1} W_j + U_{bj}$$
$$c'_j = \gamma_{c'0} + \gamma_{c'1} W_j + U_{c'j}$$

간접효과의 조건부기대값은 다음과 같은데 간접효과의 조절효과를 검증하려면 γ_{a1}과 γ_{b1}의 유의성을 각각 또는 동시에 검증하여야 한다.

$$E(a_j b_j \mid W_j = w) = (\gamma_{a0} + \gamma_{a1} w)(\gamma_{b0} + \gamma_{b1} w) + \sigma_{Uaj,Ubj}$$

직접효과의 조건부기대값은 다음과 같은데 직접효과의 조절효과를 검증하려면 $\hat{\gamma}_{c'1}$의 유의성을 검증하여야 한다.

$$E(c'_j \mid W_j = w) = (\gamma_{c'0} + \gamma_{c'1} w)$$

Bauer 등(2006)의 방법으로 연구가설을 검증한 논문은 아직 많지 않으나 아래 그 예를 하나 들자. Mueller & Kamdar(2011)연구모델에서 다수준 조절식 매개효과와 연관된 가설은 다음과 같다. 내적 동기와 개인 수준의 창의력간의 관계는 도움요청행위(즉 그룹구성원에게 창의적 문제를 해결하는 방법에 대해 도움요청)에 의해 매개되며 도움을 주는 행위는 내적 동기와 창의력간의 간접적인 양의 관계를 조절한다. 즉 그룹이 구성원에게 주는 도움의 정도가 높을수록 도움을 요청하는 행위의 간접적인 매개효과가 작을 것이라는 것이다. 이 연구에서 표본은 인도의 다국적 정제소의 엔지니어를 대상으로 한 291명의 직원, 55개의 그룹에 대한 자료이다. 이 자료에는 성별, 임금수준, 교육수준, 창조적인격, 사회지위 및 도움을 받는 정도 등 통제변수도 포함되어 있다. 비록 연구하려는 변수가 모두 개인 수준의 변수이지만 수집한 자료가 포섭된 특징을 띠므로 독립성의 가정이 위배된다. 때문에 분석을 진행할 때 다수준 모델에 따라 집단 간(그룹수준) 임의변화량을 통제해야 한다. 분석 결과, 도움 요청 행위는 창조력에 긍정적인 영향을 미치며 내적 동기와 창조력간의 관계를 매개하는 것으로 나타났으며 도움을 주는 행위도 이 매개관계를 조절하는 것으로 나타났다.

확장모델 4: 3수준 HLM 분석

앞서 우리는 2개 수준의 모델을 분석하였는데 2수준 모델을 확장하는 한 가지 방법이 바로 수준을 하나 더 추가하는 것이다. 예를 들어 수집한 자료가 개인이 그룹에, 그룹이 조직에 포함되어 있는 형태라면 3개 계층을 가진 구조이다. HLM 프로그램은 3수준의 분석도 진행할 수 있다.

예를 들어 설명하자. Joshi, Liao & Jackson(2006)은 “Fortune 500”에 속하는 한 개 기업 중 46개의 사업부, 나아가 46개 사업부의 437개 팀과 3318명의 구성원의 데이터를 수집하여 3수준의 HLM분석을 진행하였다. 그들은 팀의 인구통계학적 특징의 구성과 사업부의 관리층 구성이 개인의 인구통계학적 특징(성별과 인종)과 임금수준간의 관계를 어떻게 조절하는지 검증하고자 하였다. 결과 팀에 유색인종의 비율이 높을수록 인종으로부터 파생된 임금 수준 불평등 현상이 적어지며 사업부의 관리층에 여성과 유색인종의 비율이 높을수록 성별과 인종으로부터 파생된 임금수준불평등현상이 적어지는 것으로 나타났다. 그 밖에도 개인의 인구통계학적 특성, 팀의 인구구성 및 사업부 관리층의 인구구성과 임금수준과의 관계가 성과에 의해 부분적으로 매개됨을 발견하기도 하였다.

다른 예를 들어보자. Ilies, Wagner & Morgeson(2007)은 개인의 정서상태가 집단구성원의 정서상태의 영향을 받는지(개인 내 수준) 또한 이 두 가지 변수의 관계가 개인의 정서가 쉽게 감염되는 특성과 개인주의-집단주의 성향에 의해 조절되는지(개인 수준) 연구하고자 하였다. 집단의 성과가 집단과 개인 사이의 정서적인 연결에 영향을 주므로 연구모델에 통제변수로 투입하였다(집단 수준). 이 연구는 미국 중서부의 한 대학의 강의에서 진행되었는데 201명의 학부학생들이 참여하였고 43개 팀으로 나뉘어졌다. 한 팀에는 4~6명의 팀원이 포함되어 있었으며 팀마다 다른 팀과 컴퓨터 시뮬레이션으로 게임을 진행하여 시합하게 하였다. 데이터는 다음과 같이 수집하였다. 첫째 주 수업에서 피험자들은 정서가 쉽게 감염되는 특성과 개인주의-집단주의 성향에 관련된 설문을 작성하였다. 정서상태에 관련된 설문지는 3번의 시뮬레이션게임에 나누어서 진행하였는데 연구가 시작된 제8, 10, 13주에 응답하도록 하였다. 이 설문에서 응답한 점수로 개인의 정서상태를 측정하며 팀 구성원의 정서상태는 같은 시뮬레이션게임을 했을 때 기타 구성원들의 평균 점수로 대체한다. 마지막으로 팀 별 성과는 시뮬레이션게임을 하나씩 진행할 때마다 컴퓨터가 산출한 점수로 측정한다. 표본자료가 수준이 3개인 특성(팀, 개인, 개인내)을 가지므로 3수준 HLM분석을 진행했다. 결과 팀 성과를 통제한 후에도 개인내 수준에서의 개인정서상태가 기타 팀원들의 정서상태의 영향을 받는 것으로 나타났고 시간에 따라서 변화를 보였다. 또한 개인정서상태와 팀 정서상태간의 관계가 개인이 높은 수준의 정서적으로 쉽게 감염되는 특성을 가졌을 때 그리고 집단주의 성향을 가졌을 때 더 강하게 나타났다.

확장모델 5: 광의의 다수준 선형모델

앞서 소개한 2수준 그리고 3수준 HLM분석 방법은 매 수준마다 임의효과가 정규분포를 가질 때의 계층성을 가진 자료에 적용된다. 하지만 어떤 경우 정규분포의 가정은 만족되지 않으며 변수의 변환을 통해서도 쉽게 만족되지 않을 때가 있다. 아래 네 가지 경우가 정규분포의 가정을 위배하는 전형적인 예이다.

1. 종속변수가 2항 변수(binary variable)일 경우: 예를 들어 직원의 이직 여부를 2항변수로 측정할 수 있는데(1=이직, 0=재직) 직원의 유동률을 연구할 때 쓰는 전형적인 종속변수이다. 이 예제에서 Level-1의 잔차항은 두 개 값 중 하나만을 가지기에 정규분포의 형태를 띨 수 없다. 따라서 Level-1의 잔차항은 동분산성(homogeneous variance) 가정을 만족시킬 수도 없다. 또한 표준모델에서 Level-1 결과의 예측 값은 범위의 제한이 없기에 우리는 1보다 크거나 0보다 작은 값을 얻을 수가 있다. 하지만 Y는 [0, 1]의 범위를 벗어날 수 없기에 실제에 부합되지 않는다.
2. 종속변수가 빈도자료(count data) 또는 음이 아닌 정수(non-negative integers), 즉 0, 1, 2

… 및 자료에 많은 0의 값이 있는 경우다. 예를 들어 공장의 안전에 관련된 연구를 할 때 전형적인 종속변수는 직업상해를 입은 노동자수이다. 이 예제에서 많은 0의 값이 존재하기에(즉 많은 노동자들이 직업상해를 입지 않았기에) 변수를 변환하더라도 정규분포의 형태를 가지기 힘들며 Level-1의 잔차항이 동분산성가정을 만족하지 못한다. 이럴 경우 분산은 예측한 값에 따라 서로 다른데(예측한 값이 높으면 분산이 높고) 예측한 값이 범위를 초과할 수도 있다(즉 예측 값이 음수일 수 있다).

3. 종속변수가 다항변수(multinomial variable) 또는 여러 개(>2) 유형을 포함하고 있는 경우다. 예를 들어 종업원들이 여러 개 서로 다른 임금계획을 선택할 수 있는 경우: 1=순수한 시급제, 2=순수한 연봉제, 3=시급과 연봉을 결합. 앞서 2항 결과변수모델에서 논의했던 것과 마찬가지로 HLM의 표준적인 분석 방법은 다항변수를 포함한 모델을 분석하기에는 적합하지 않다.
4. 종속변수가 서열변수(ordinal variable) 혹은 순서를 나타내는 변수를 포함한 경우다. 예를 들어 고객의 재구매의사는 1= 재구매를 하지 않을 것이다. 2=불확실하다. 3=재구매 할 것이다. 이렇게 측정할 수 있다. 이 예제에서 고객의 재구매의사는 부의 관계, 중립, 양이 관계로 나뉘기에 순서가 있다. 그러므로 2항결과변수모델에서 논의했던 것과 마찬가지로 HLM의 표준적인 분석 방법은 서열변수를 포함한 모델을 분석하기에는 적합하지 않다.

HLM프로그램을 사용할 때 사용자는 비선형분석 또는 광의의 다수준 선형모델(HGLM)를 설정하여 앞서 나열한 네 가지 형태의 데이터를 분석할 수 있다. 이러한 모델은 다수준분석이 아닌 logit 모델, Poisson 모델, multinomial 모델 및 ordinal 모델에서 소개했던 분석과 비슷하다. 구체적인 방법을 소개하는 건 본 장의 범위를 벗어나는 부분이기에 관심 있는 독자는 HLM 핸드북(Raudenbush, Bryk, Cheong & Congdon, 2004)의 HGLM의 개념, 통계적 배경 및 분석예제 등 설명을 참고하기 바란다.

17.3.8 HLM의 한계

비록 HLM이 다수준 자료를 분석함에 있어서 이미 보편화되고 또한 장점들이 많지만 다른 통계분석방식과 마찬가지로 한계점을 가지고 있다. Bryk & Raudenbush(1992), Hofmann등 (2000) 및 James & Williams(2000) 등 학자들이 HLM의 한계에 대해 토론한 바가 있다. James & Williams은 표본이 아주 크고 방정식이 정확하게 설정되고 변수의 신뢰도가 보장되었을 때 HLM이 전통적인 회귀분석보다 더 효과적으로 파라미터를 추정할 수 있다고 하였다. 하지만 앞서 언급한 조건들 중에서 하나 혹은 여러 개가 만족되지 않는다면 추정에 문제가 생겨 분석 결과가 일반화하기 어려우며 한 개 방정식의 지정오차(specification errors)가 전체 모델에 영향을 줄 수 있다. 때문에 HLM의 추정 값이 얼마나 안정된 결과를 보이는지에 대해서는 추후 더 많은 연구가 필요하다. 그 밖에 James & Williams은 "어떤 경우에는 덜 복잡한 분석 방법(OLS 등)을 사용하는 것이 더 좋을 때가 있는데 이는 이러한 분석 방법이 비교적 더 안정된 결과를 나타내며 한 개 방정식의 지정오차가 기타 방정식에 영향을 미치지 않게 할 수 있기 때문"이라고 주장하였다.

결론적으로 HLM은 설명변수가 여러 수준에 걸쳐있는 경우의 모델을 검증하는데 가장 적합하다. HLM프로그램은 최대 3개 수준을 분석할 수 있고 Mln같은 프로그램(Rasbash & Woodhouse, 1995)은 3개 수준 이상도 분석할 수 있지만 이때 종속변수는 낮은 수준에 포함된 변수이다. Hofmann 등(2000)은 HLM이 하위 수준의 설명변수가 상위 수준의 결과변수에 대한 영향은 효과적으로 검증할 수 없다고 언급하였다.

17.4 결론

최근 경영과 조직행위에 관한 연구들이 이론과 방법론에서 모두 진전을 보이면서 점점 더 많은 연구들이 미시적 관점과 거시적 관점을 종합하여 다수준의 요인들이 서로 다른 계층에 포함되어 있을 때 어떻게 서로 영향을 주거나 결합하여 종속변수에 영향을 주는지 검증한다는 것을 알 수 있다. 이런 유형의 다수준 연구들은 "조직생명에 대해 더 심오하고 풍부한 묘사를 제공하였는데 다시 말하면 조직이라는 환경이 개인의 행위와 지각에 영향 주고 개인의 행위와 지각도 조직이라는 환경에 영향을 준다는 뜻이다"(Klein et al., 1999; 243). 본 장에서 우리는 먼저 다수준이론의 수립, 다수준모델의 여러 유형 및 분석기법에 대해 간략하게 소개하였고 좀 더 구체적으로 다수준분석을 할 때 데이터의 집합화 문제를 다루었으며 HLM를 예로 교차수준모델분석을 진행하였다. 몇 년간 다수준분석에 대한 연구와 수업을 진행하면서 쌓인 경험을 바탕으로 우리는 마지막으로 독자들께 아래 몇 가지 참고사항을 말씀 드리고자 한다. 우선, 학자들은 어떤 경우에 HLM을 사용하여야 하는지에 대해 의문을 가진다. 이는 이론주도형과 데이터주도형 두 가지 경우로 나뉠

수 있다. 이론주도형은 연구의 모델이 교차수준모델일 경우를 말하는데 즉 연구의 목적이 상위 수준의 구성개념이 하위 수준의 구성개념에 대한 영향을 연구하는 것인데 이때 HLM을 사용할 수 있다. 반면 데이터주도형은 이론적 모델은 단일수준(즉 설명변수와 결과변수가 모두 낮은 수준에 속하고 높은 수준의 구성개념이 없을 때)인데 데이터의 구조가 다수준 형태(직원이 조직에 포함)를 나타낸다면 이런 경우에도 HLM을 사용하여 OLS회귀분석에서의 독립성가정(independence assumption)의 문제를 해결할 수 있다. 다수준 연구에 관심을 가지는 학자들은 HLM이 복잡한 분석 방법으로 여겨진다고 하여도 포기하지 말았으면 하는 바램이다. 사실 HLM은 회귀분석의 확장일 뿐이다. 하지만 일부 학자들이 최근에 HLM이 주목 받고 있어서 원래 단일수준의 연구모델과 데이터구조를 다수준의 수법으로 처리하는 경우가 존재하는데 이러한 수법으로는 원래 관심을 가졌던 연구현상에 대한 해답을 얻어낼 수 없게 된다. 그러므로 우리는 자료를 분석할 때 가장 적합한 도구를 쓸 것을 권장하지 가장 유행인 도구를 사용하는 건 권장하지 않는다. 또한 다수준연구의 이론과 모델은 조직경영분야에만 응용되는 것이 아니라 교육, 의학 등 분야에서 이미 오래 전부터 응용되어 왔다. 비록 기타 경영분야에서는 흔히 쓰이지 않지만 마케팅, 전략경영 등 많은 연구문제들이 다수준 분석 방법으로 탐구할 수 있으며 이런 분야에 몸담고 있는 학자들도 이런 분석도구에 관심을 가지고 있다. 우리는 다수준 이론과 방법이 중국에서도 경영연구에 널리 응용되기를 바라며 이 장의 내용이 다수준 이론과 방법의 보급에 조금이나마 도움이 되기 기원하는 바이다.

참 고 문 헌

Baron, R. M. & Kenny, D. A. (1986). The moderator-mediator variable distinction in social psychological research: Conceptual, strategic, and statistical considerations. *Journal of Personality and Social Psychology*, 51, 1173—1182.

Barrick, M. R. & Mount, M. K. (1991).The Big Five personality dimensions and job performance: A meta-analysis. *Personnel Psychology*, 44, 1—26.

Barrick, M. R. & Mount, M. K. (1993). Autonomy as a moderator of the relationships between the Big Five personality dimensions and job performance. *Journal of Applied Psychology*, 78, 111—118.

Bartko, J. J. (1976). On various intraclass correlation reliability coefficients. *Psychological Bulletin*, 83, 762—765.

Bassiri, D. (1988). *Large and Small Sample Properties of Maximum Likelihood Estimates for the Hierarchical Linear Model*. Unpublished doctoral dissertation, Michigan State University.

Bauer, D. J., Preacher, K. J. & Gil, K. M. (2006). Conceptualizing and testing random indirect effects and moderated mediation in multilevel models: New procedures and recommendations. *Psychological Methods*, 11, 142—163.

Bliese, P. D. (1998). Group size, ICC values, and group-level correlations: A simulation. *Oranizational Research Methods*, 1, 355—373.

Bliese, P. D. (2000). Within-Group agreement, non-independence, and reliability: Implications for data aggregation and analysis. In K. J. Klein & S. W. J. Kozlowski (Eds.), *Multilevel Theory, Research, and Methods in Organizations: Foundations, Extensions, and New Directions*. San Francisco: Jpssey-Bass.

Bliese, P. D. & Halverson, R. R. (1996). Individual and nomothetic models of job stress: An examination of work hours, cohesion, and well-being. *Journal of Applied Social Psychology*, 26, 1171—1189.

Bliese, P. D., & Halverson, R. R. & Rothberg, J. M. (1994). Within-Group agreement scores: Using resampling procedures to estimate expected variance. In D.P.Moore (Ed.), *Academy of Management Best Paper Proceedings*, 303—307.

Bliese, P. D. & Hanges, P. J. (2004). Being both too liberal and too conservative: The perils of treating grouped data as though they were independent. *Organizational Research Methods*, 7, 400—417.

Bryk, A. S. & Raudenbush, S. W. (1992). *Hierarchical Linear Models: Applications and Data Analysis Methods*. California: Sage publication.

Chan, D. (1998). Functional relations among constructs in the same content domain at different levels of analysis: A typology of composition models. *Journal of Applied Psychology*, 83, 234—246.

Chen, G. & Bliese, P. D. (2002). The role of different levels of leadership in predicting self-and collective efficacy: Evidence for discontinuity. *Journal of Applied Psychology*, 87, 549—556.

Dansereau, F., Alutto, J. & Yammarino, F. (1984). *Theory Testing in Organizational Behavior: The Varient Approach*. Englewood Cliffs, NJ: Prentice Hall.

Dansereau, F. & Yammarino, F. J. (2000). Within and between analysis: The variant paradigm as an underlying approach to theory building and testing. In K. J. Klein & S. W. J. Kozlowski (Eds.), *Multilevel Theory, Research, and Methods in Orgniazations: Foundations, Extensions, and New Directions*. San Francisco: Jossey-Bass.

DeShon, R. P., Kozlowski, S. W., Schmidt, A. M., Milner, K. R. & Wiechmann, D. (2004). A multiple-goal, multilevel model of feedback effects on the regulation of individual and team performance. *Journal of Applied Psychology*, 89,1035—1056.

Ehrhart, M. G. (2004). Leadership and procedural justice climate as antecedents of unit—level organizational citizenship behavior. *Personnel Psychology*, 57, 61—94.

Enders, C. & Tofighi, D. (2007). Centering predictor variables in cross-sectional multilevel models: A new look at an old issue. *Psycholoical Methods*, 12, 121—138.

George, J. M. (1990). Personality, affect, and behavior in groups. *Journal of Applied Psychology*, 75, 107—116

George, J. M. & James, L. R. (1993). Personality, affect, and behavior in groups revisited: Comment on aggregation, levels of analysis, and a recent application of within and between analysis. *Journal of Applied Psychology*, 78, 798—804.

Hofmann, D. A. (1997). An overview of the logic and rationale of hierarchical linear models. *Journal of Management*, 23, 723—744.

Hofmann, D. A. & Gavin, M. B. (1998). Centering decisions in hierarchical linear models: Implications for research in organizations. *Journal of Management*, 24, 623—641.

Hofmann, D. A., Griffin, M. A. & Gavin, M. B. (2000). The application of hierarchical linear modeling to organizational research. In K. J. Kein & S. W. J. Kozlowski (Eds.), *Multilevel Theory, Research, and Methods in Organizations: Foundations, Extensions, and New Directions*. San Francisco: Jossey-Bass.

Hofmann, D. A., Morgeson, F. P. & Gerras, S. J. (2003). Climate as a moderator of the relationship between leader-member exchange and content specific citizenship: Safety climate as an exemplar. *Journal of Applied Psychology*, 88, 170—178.

Ilies, R., Scott, B. A. & Judge, T. A. (2006). The interactive effects of personal traits and experienced states on intraindividual patterns of citizenships behavior. *Academy of Management Journal*, 49, 561—575.

Ilies, R., Wagner, D. T. & Morgeson, F. P. (2007). Explaining affective linkages in teams: Individual differences in susceptibility to contagion and individualism-collectivism. *Journal of Applied Psychology*, 92, 1140—1148.

James, L. R. (1982). Aggregation bias in estimates of perceptual agreement. *Journal of Applied Psychology*, 92, 1140—1148.

James, L. R., Demaree, R. G. & Wolf, G. (1984). Estimating within-group interrater reliability with and without response bias. *Journal of Applied Psychology*, 69, 85—98.

James, L. R., Demaree, R.G. & Wolf, G. (1993). An assessment of within-group interrater agreement. *Journal of Applied Psychology*, 78, 306—309.

James, L.R. & Williams, L. J. (2000). The cross-level operator in regression, ANCOVA, and contextual analysis. In K. J. Klein & S. W. J. Kozlowski (Eds.), *Multilevel Theory, Research, and Methods in Orgnizations: Foundations, Extensions, and New Directions*. San Francisco: Jossey-Bass.

Joshi, A., Liao, H. & Jackson, S. E. (2006). Cross-Level effects of workplace diversity on sales performance and pay. *Academy of Management Journal*, 49, 1—23.

Klein, K. J., Dansereau, F. & Hall, R. J. (1994). Levels issues in theory development, data collection, and analysis. *Academy of Management Review*, 19, 195—229.

Klein, K.J. & Kozlowski, S. W. J. (2000). *Multilevel Theory, Research, and Methods in Organizations: Foundations, Extensions, and New Directions*. San Francisco: Jossey-Bass.

Kozlowski, S. W. J. & Hattrup, K. (1992). A disagreement about within-group agreement: Disentangling issues of consistency versus consensus. *Journal of Applied Psychology*, 77, 161—167.

Kozlowski, S. W. J. & Hults, B. M. (1987). An exploration of climates for technical updating and performance. *Personnel Psychology*, 40, 539—562.

Kozlowski, S. W. J. & Klein, K. J. (2000). A multilevel approach to theory and research in organizations: Contextual, temporal, and emergent processes. In K. J. Klein & S. W. J. Kozlowski (Eds.), *Multilevel theory, Research, and Methods in Organizations: Foundations, Extensions, and New Directions*. San Francisco: Jossey-Bass.

Kreft, I. G. G., de Leeuw, J. & Aiken, L. S. (1995). The effect of different forms of centering in hierarchical Linear models. *Multivariate Behavioral Research*, 30, 1—21.

Liao, H. & Chuang, A. (2004). A multilevel investigation of factors influencing employee service performance and customer outcomes. *Academy of Management Journal*, 47, 41—58.

Liao, H. & Chuang, A. (2007). Transforming service employees and climate: A multi-level multi-source examination of transformational leadership in building long-term service relationships. *Journal of Applied Psychology*, 92, 1006—1019.

Lindell, M. K & Brandt, C. J. (2000). Climate quality and climate consensus as mediators of the relationship between organizational antecedents and outcoms. *Journal of Applied Psychology*, 85, 331—348.

Maas, C. J. M. & Hox, J. J. (2005). Sufficient sample sizes for multilevel modeling. *European Journal of Research Mothods for the Behavioral and Social Science*, 1, 86—92.

Mathieu, J. E. & Taylor, S. (2007). A framework for testing meso-mediational relationship on orgniazatonal behavior. *Journal of Orgnizational Behavior*, 28, 142—172.

Mischel, W. (1977). The interaction of person and situation. In D. Magnusson & N. S. Endle (Eds.), *Personality at the Crossroads: Current Issues interactional Psychilogy*. Hillsdale, NJ: Erlbaum.

Mueller, J. S. & Kamdar, D. (2011). Why seeking help from teammates is a blessing and a curse: A theory of help seeking and individual creativity in team contexts. *Journal of Applied Psychology*, 96, 263—276.

Muthen, B. (1994). Multilevel covariance structure analysis. *Sociological Methods and Research*, 22, 376—398.

Rasbash, J. & Woodlhouse, G. (1995). *Mln Command Reference*. London: University of London, Institute of Education.

Raudenbush, S. W., Bryk, A. S., Cheong, Y. F. & Congdon, Jr., R. T. (2004). *HLM6: Hierarchical Linear and Nonlinear Modeling*. IL: SSI.

Schneider, B. (1987). The people make the place. *Personnel Psychology*, 40, 437—453.

Schneider, B., White, S. S & Paul, M. C. (1998). Linking service climate and customer perceptions of service quality: Test of a causal model. *Journal of Applied Psychology*, 83, 150—163.

Siebert, S. E., Silver, S. R. & Randolph, W. A. (2004). Taking empowerment to the next level: A multiple-level model of empowerment, performance, and satisfaction. *Academy of Management Journal*, 47, 332—349.

Statistical Scienceces (1997). *S-PLUS 4.0 Guide to Statistics*. Seattle: Mathsoft.

Van der Leeden, R. & Busing, F. M. T. A. (1994). First iteration versus igls/rigls estimates in two-level models: A Monte Carlo study with ML3. *Psychometrics and Research Methodology*, Preprint PRM.

Yammarino, F. J. & Markham, S. E. (1992). On the application of within and between analysis: Are absence and affect really group-based phenomena? *Journal of Applied Psychology*, 77, 168—176.

Zhang, Z., Zyphur, M. J. & Preacher, K. J. (2009). Testing multilevel mediation using hierarchical linear models: Problems and solutions. *Organizational Research Methods*, 12, 695—719.

推荐阅读

Bauer, D. J., Preacher, K. J. & Gil, K. M. (2006). Conceptualizing and testing random indirect effects and moderated mediation in multilevel models: New procedures and recommendations. *Psychological Methods*, 11, 142—163.

Chan, D. (1998). Functional relations among constructs in the same content domain at different levels of analysis: A typology of composition models. *Journal of Applied Psychology*, 83, 234—246.

Enders, C. & Tofighi, D. (2007). Centering predictor variables in cross-sectional multilevel models: A new look at an old issue. *Psychological Methods*, 12, 121—138.

Hofmann, D. A. (1997). An overview of the logic and rationale of hierarchical linear models. *Journal of Management*, 23, 723—744.

Kozlowski, S. W. J. & Klein, K. J. (2000). A multilevel approach to theory and research in organization: Contextual, temporal, and emergent processes. In K. J. Klein & S. W. J. Kozlowski (Eds.), *Multilevel Theory, Research, and Methods in Organization: Foundations, Extensions, and New Directions*. San Francisco: Jossey-Bass.

Mathieu, J. E. & Taylor, S. (2007). A framework for testing meso-mediational relationship in organizational behavior. *Journal of Organizational Behavior*, 28, 142—172.

Zhang, Z., Zyphur, M. J. & Preacher, K. J. (2009). Testing multilevel mediation using hierarchical linear model: Problems and solutions. *Organizational Research Methods*, 12, 695—719.

저 자 소 개

랴오후이(廖卉, Hui Liao) 미국 미네소타대학교에서 인적 자원 및 공업관계학 박사학위를 받았다. 현재 미국 매릴랜드대학교(University of Maryland) 스미스 경영대학 경영학 부교수로 재직 중이며 Center for Excellence in Service의 연구주임이다. 연구 분야는 주로 조직경영과 서비스 품질, 리더십, 높은 성과 작업 시스템, 작업 그룹 다양화 등이다. 논문은 *Academy of Management Journal*, *Journal of Applied Psychology*, *Organizational Behavior and Human Decision Processes*

저 자 소 개

등 탑 저널에 게재되었다. 여러 차례에 걸쳐 우수논문상을 수상하였고 Society for Industrial and Organization Psychology(SIOP)'s Distinguished Early Career Contributions Award도 받았다. 현재 *Personnel Psychology*의 부편집장 그리고 *Research in Personnel and Human Resources Management*의 편집장을 담당하고 있다.

주앙아이지아(**庄璦嘉**, Aichia Chuang) 미국 미네소타대학교에서 인적 자원 및 공업관계학 박사 학위를 받았고 현재 대만대학교 경영대학 조직행동 및 인적 자원 학과의 교수이다. 연구 분야는 직원과 조직 및 작업의 적합도, 조직서비스 분위기와 직원의 성과 및 고객의 만족도, 리더십, 다층이론 및 연구방법, 직원의 다양화 등이 있다. 연구 논문은 *Academy of Management Journal*, *Journal of Applied Psychology*, *Personnel Psychology*와 *Organizational Behavior and Human Decision Processes* 등 탑 저널에 게재되었다. 2007년에는 대만 "국가위원회"의 吳大猷 선생 기념상을, 2010-2011년 대만대학교 우수 교직원상을 받았다. 현재 미국경영학회의 인적 자원 분과의 대만대표이고 *Human Relations*의 편집위원과 "대만대학교경영논총"의 분과 편집장이다.

18장

조직의 사회적 자본에 대한 분석 및 측정

Jar-Der Luo (청화대학교)

18.1 사회적 자본의 수준과 차원

자본에 대한 연구는 처음 시작부터 경제학의 연구 범주에 속해 왔다. 아담 스미스로부터 시작하여 고전주의와 신 고전주의의 경제학자들은 모두 자본을 제품을 생산할 수 있는 자원으로 정의를 내렸다. 그리고 자본을 토지 및 노동 등과 함께 가장 기본적인 생산 요소로 나란히 하게 되었다. 그 때 그들이 이해하는 자본의 개념은 단지 물질 자본에만 국한되었다. 20세기 50-60년 대에 들어오면서 경제학자 Schultz(1963)와 Becker(1964) 등은 가장 먼저 물질 자본의 한계에서 벗어나 "인적 자본(human capital)"이라는 개념을 제시하였다. 그들은 개인이 교육, 직업 교육훈련, 보건 및 이사 등에 대한 투입은 모두 투자라고 할 수 있으며, 이런 투자 결과 인적 자본이 형성하게 되었다. 인적 자본은 이를 가진 자에게 경제적 보상을 가져다 줄 수 있을 뿐만 아니라 사회 경제성장의 중요한 동력이 될 수 있을 것이다(Schultz, 1963; Becker, 1975, 1964). 인적 자본이라는 개념과 대응되는 개념을 제시하기 위하여 경제학자들과의 대화를 시도하려는 일부 사회학자들은 사람들 간의 사회 상호작용과 연계를 자본의 범주에 넣기 시작 함과 동시에 "사회적 자본"이라는 개념을 제시하였다(Bourdieu, 1977).

프랑스 사회학자 Bourdieu(1977)는 최초로 사회적 자본의 개념을 제시하였고, 그가 정의한 사회 자본은 사회 시스템의 전체적 측면을 중요시하며, 사회적 자본을 개인 또는 그룹이 보유하고 있는 사회 관계의 총합이라고 생각하는데, 사회적 자본을 취득하기 위해서는 관계의 구축과 유지를 필요로 한다. 예를 들어, 보자 사교 활동에 종사하거나, 공동의 취미 생활을 찾아 유지하는 등이다. Bourdieu(1986: 248)는 사회적 자본의 함의를 해석하기 위하여 두 개의 핵심 개념을 제시하였다. 즉 (1) 사회적 자본은 개인 또는 그룹 사회 관계의 총합이고, (2) 사회적 자본은 관계의 구축과 유지 및 자원의 교환으로부터 유래한다.

그 후, 경제학자 Loury(1977)도 사회적 자본의 개념을 사용하여 사회 자본을 가정 내 또는 지역 사회 내의 특수한 자원이며, 이런 자원은 어린이들뿐만 아니라 젊은이들의 인적 자본의 형성에 있어서 매우 중요한 역할이 된다라고 생각했다. 이 때까지의 사회적 자본에 대한 정의는 여전히 자원을 가져올 수 있는 사회 관계에만 국한되었다. 그때부터 사회적 자본이라는 개념을 보편적으로 받아들이기 시작하였고, 심지어 Burt(1992)는 어떤 사람이 직장에 들어갈 때 세 가지 자원을 동시에 가갖고 입사한다고 하였다. 즉 재무적 자본과 인적 자본, 그리고 사회적 자본이다.

본 장은 사회적 자본이라는 개념이 어디서부터 유래했는지, 사회적 자본에 관한 개념을 어떻게 명확히 설명할 수 있을 지에 대해 규명함으로써 방대한 개념체계를 분류하기 위하여 유용한 방법을 제공하고, 이에 대한 측정 방법을 소개하는 동시에 수 많은 차원 간에 존재할 수 있는 가능한 인과관계에 관하여 이론적으로 해명하고자 하였다.

하지만 오늘 날 "사회적 자본"이 이처럼 강력한 설명력을 갖게 된 일부 이유는 바로 사회적 자본에 대한 개념을 상대적으로 광범위하게 정의했기 때문이다. 다시 말하자면 다양한 연구에서 사회적 자본에 대해 다양한 정의를 내리고 있기 때문이다. 대부분의 연구자들은 Coleman의 "사회이론의 기초(Foundations of Social Theory)"에서 제시한 "사회적 자본"에 대한 정의를 많이 인용한다. 이 책에서 정의된 사회적 자본의 개념은 앞에서 언급한 정의 범위를 확대시켰으며, 비공식적 제도와 관련된 내용들을 추가시켰다. 예를 들어, 규범이나 제도화된 사회 관계, 즉 조직 등이다. Coleman이 제시한 사회적 자본에 관한 정의는 다음과 같다.

> 사회적 자본은 역할과 기능에 의하여 정의될 수 있다. 이는 단독적인 실체가 아니라 다양한 실체로서 두 가지 특징을 가지고 있다. 이런 실체들은 사회적 구조의 어떤 측면으로 구성되었고, 뿐만 아니라 이런 실체들은 이런 구조에 속해 있는 개인의 특정 활동에 유익하게 작동한다(Coleman, 1990: 302). … 사람들 사이에 존재하고 있는 관계가 행동에 유익한 변화가 발생함에 따라 사회적 자본이 형성되는 것이다(Coleman, 1990: 304).

앞서 언급한 정의에 의하면, 우선, 사회적 자본은 사회 구조(social structure)의 "일부 측면(some aspects)"이며, "특정 활동"의 사회 관계에 도움이 된다. 다음은 사회 자본dms 일종의 사회 관계 또는 관계의 구조로부터 만들어진다. 마지막으로 사회적 자본은 행동을 발생시키고, 이런 행동들이 자원을 가져오게 한다.

사회적 자본은 원래 사회학 개념이었고, 사회학에서 기원하였다. 사회 연결망을 연구하는 학자들이 이 개념을 주로 발전시켰고 이 후 정치학자와 경제학자들에 의해 사용되기 시작하였다.하지만, 1990년 대부터 시작하여 사회적 자본이 조직행위 연구와 및 전략 연구의 중요한 개념이 되어 그 응용 범위는 매우 광범위 해졌고 설명력 또한 굳이 다시 설명하지 않아도 되기 때문에 본 장에서는 사회적 자본이라는 개념에 대한 분류와 측정에 대해 집중 논의하고자 한다.

18.1.1 사회적 자본의 수준

Brown(1997)은 사회적 자본에 대한 설명은 매우 적절한 분류체계를 제시하였다. 그는 미시적, 중위적 및 거시적 세 가지 수준에 대한 분석을 사회적 자본을 관찰할 수 있는 좋은 방식으로 삼았다. 그중에 미시적 수준에서 관심 있는 주제는 사회적 실체(개체/조직/단체)가 어떻게 사회 연결망을 통하여 자원을 동원하는지에 관한 문제이다. 중위적 수준에서는 사회 연결망에서 사회적 실체 간의 연결 유형 및 구조적 위치가 어떻게 자원을 가져오는 지에 대하여 탐구하였다. 하지만 거시적 수준에서는 거대한 사회 연결망(larger network, 예를 들어 집단, 사회, 국가, 민족 또는 경제체제)에서 문화, 제도 및 규범 등 요인이 사회 연결망 중의 연결 성격에 미치는 영향에 대해 주로 관심을 보였다. Brown(1997)이 제시한 프레임워크는 그 이후에 연구자들에게 비교적 분명한 윤곽을 제공하였다. 그는 이 세 수준에 대한 분석은 서로 배타적이지 않고 서로 간에 상호 작용하는 바 한 수준에서의 요인은 또 다른 분석 수준에 대해 영향을 미친다고 주장했다.

미시적 수준의 사회적 자본(micro-level social capital)은 개체가 사회적 관계의 대외적 연결을 통해 외부에서 정서적 지지와 정보 교환 및 거래 기회 등을 추구하는 것이다. 따라서 이 수준에서의 연구는 주로 개체가 사회적 연결망을 통해 자원을 동원할 수 있는 잠재력에 대해 분석한다. 네트워크에서 약한 연결의 관점에서 볼 때, 연결은 정보의 교환과 지식 전달 및 취직 기회 유통 등 효과를 얻을 수 있게 해주는 반면에 강한 연결은 정서적 지지와 사회적 영향력을 가져다 준다. 이런 연결들은 모두 개인들에게 자원을 가져다 준다.

중위적 수준의 사회적 자본(meso-level social capital)은 연결망의 구조 즉 개체의 구조적 위치와 집단(일반적으로 비교적 작은 사회적 연결망에서 네트워크 구성원들은 직접 혹은 간접적으로 서로 아는 사이)의 구조적 형태 및 구조적 특질이 가져올 수 있는 자원에 관하여 주로 연구한다. Burt(1992)의 구조적 공백 이론(structural holes theory)은 중위적 분석 수준과 잘 부합한다. 따라서, Brown(1997)이 중간적 차원의 사회 자본에 대한 연구함에 있어서 주로 구조적 관점의 분석으로서 개인과 타인 간의 관계 유형이 개인으로 하여금 어떤 종류의 자원을 활용할 수 있는지, 네트워크 구조에서 개인의 구조적 위치가 개인에게 얼마나 많은 자원 이익과 무리를 지배할 수 있는 잠재적 영향력에 대해 관심을 두고 있다. 작은 단체에게 있어 네트워크 중의 구조적 형태가 어떠한 협력 행위를 초래하는가, 그리고 이런 협력은 단체에게 1 더하기 1은 2보다 큰 시너지 효과를 가져다 줄 것이다.

Brown(1997)이 생각하는 거시적 수준의 사회적 자본(macro-level social capital)의 주 관심 대상은 거대한 네트워크 또는 사회 시스템 중의 문화, 규범, 리더십, 조직 및 정치와 경제 제도 등에 있으며, 이런 요인들이 어떻게 서로 연관성 있는 사회적 실체에 영향을 미치는지, 어떻게 그들의 연결의 방식과 네트워크에서의 자원 창조에 영향을 주는지에 대해 관찰하였다. Adler과 Kwon(2002)은 거시적 수준의 사회적 자본 이론은 무리 내부의 네트워크 연결(network ties), 규범(norms), 신뢰(trust), 사회 신념(social belief) 및 규칙(rules) 등에 대한 논의의 필요성을 제기하였다. 따라서 거시적 수준의 사회적 자본은 주로 한 체계에 속한 인간 관계의 상태, 그리고 이런 상태가 사회적 실체 내부의 상호 신뢰와 협력에 미치는 영향에 대해 주로 관찰한다.

Bian(2002)은 방법론의 관점에서 출발하여 분류하였는데, 각각 네트워크 배태적 자원 방법(network-embedded resource approach), 네트워크 구조 방법(network structure approach), 네트워크 구성원 방법(network membership approach)이다. 이 세 가지 분류체계는 각각 미시적, 중위적 및 거시적 분류에 대응할 수 있는데, 하나는 방법론적 측면에서, 하나는 이론적 측면에서 출발했지만 매우 비슷한 분류 결과가 얻어졌다.

Brown의 세개 수준의 분류 방법과는 달리, Adler과 Kwon(2002)은 이분법을 택하였다. 그들이 미시적 수준과 일부 중위적 수준의 사회적 자본을 통합하여 "외부 사회적 자본"이라고 분류하였다. 왜냐 하면 외부 사회적 자본은 한 행동자의 외적 사회 관계에 의해 형성되고, 그 기능은 행동자가 외부 자원을 획득하는 데 도움이 되는 것이다. 반면에 거시적 및 일부 중위적 수준의 사회적 자본을 "내부 사회적 자본"이라고 불렀다. 왜냐 하면 내부 사회적 자본은 행동 자(혹은 한 무리)의 내적 연결에 의해 형성되며, 그 기능은 무리(群體)의 집단 행동 수준을 제고하는 것이다.

Leana와 Van Buren(1999)도 이와 매우 비슷한 관점을 제시하였는데 아래와 같다. 외부 사회적 자본은 어느 한 행동자(개인 혹은 하나의 단체)에 속하는 동시에 개인 이익을 위해 존재하기 때문에 외부 사회적 자본을 "사적 물품(private goods)"으로 분류하였다.외부 사회적 자본과 정반대로 내부 사회적 자본은 "공적 물품(public goods)"으로 분류하는데 이는 내부 사회적 자본이 어느 한 무리에 속하면서 그 무리의 공적 이익을 위해 서비스하기 때문이다.

지금부터 본문은 이와 같은 두 가지 종류의 분류 방법을 사용하여 조직의 사회적 자본에 대해 자세히 논하자고 한다. 우선, 본문은 조직의 사회적 자본을 내부와 외부로 나누었고, 다음으로는 사유-공공 개념을 사용하여 조직 내부 사회적 자본을 개체와 집단으로 분류하였다. 본문에서 사유, 공공의 명칭을 계속하여 사용하지 않은 이유는 재산권에서의 개념들과 헛갈리게 할 수 있기 때문이며, 사유라는 개념은 사람들로 하여금 조직이 갖고 있는 "자본"을 개인의 전유물로 전환하는 것으로 생각하게 하기 때문이다. 개체 사회적 자본은 조직 내 개인의 인간 관계 및 차지한 네트워크 위치를 말하는데 그것은 이런 구조적 특징으로 인해 자원을 취득할 수 있기 때문이다. 집단 사회적 자본은 전체 조직의 비공식적 관계 네트워크 형태 및 조직 내 구성원 간의 상호 신뢰와 선의이며, 이를 통해 협력과 나눔정신을 촉진시킴으로써 전체 조직에게 이익을 창출하는 것을 말한다. 조직 외부 사회적 자본은 한 조직을 거대한 사회 연결망에 속한 한 구성원으로서 보유하고 있는 네트워크 구조적 위치 및 그 조직과 타 조직 간의 관계를 말한다. 그것은 이런 구조적 위치와 관계는 조직에게 자원을 가져다 주기때문이다.

18.1.2 사회적 자본의 차원

Coleman(1990)은 사회 구조의 "일부 측면"이 행위자의 특정한 행동을 초래함으로써 행위자에게 자원을 창조해준다고 말했다. 그는 또 여섯 개의 "일부 측면"들을 사회적 자본의 주용한 형식(forms of social capital)으로 사회적 자본의 함의, 즉 (1) 개체의 의무와 타인에 대한 기대(obligations and expectations), (2) 정보를 얻을 수 있는 잠재력(information potential), (3) 권한 관계(authority relations)를 설명하였다. 이상 언급한 세 가지 의미는 개체 수준과 관련 있는 내용으로서, 사회적 자본은 행위자들 간의 일대일 연결 관계에 의해 형성된다. 그리고 다음 세 개는 그룹(群體) 수준에 관련된 항목으로서 내부 구조로 인해 한 그룹의 행위자들에게 나타난 특정 행동, 특히 내부 협력 행위 및 이를 통한 자원창조 행위를 말한다. 이와 같은 유형의 사회적 자본은 아래 세 가지 항목을 포함한다. (1) 그룹의 규범과 처벌(norms and effective sanctions), (2) 그룹 내부 자발적 사회 조직(appropriate social organization), (3) 업무 목표가 있는 의도적 조직 구조(intentional organization).

경영학계에서 사회적 자본에 대한 측정을 말할 때 가장 많이 인용하는 것은 Nahapiet과 Ghoshal(1998)이 제시한 개념이다. 그들은 사회적 자본은 주로 그룹 내 인간 관계 네트워크에서 발전된 신뢰와 협력, 더 나아가 행위자에게 자원을 가져다 주는 것을 말하며 그 의미를 주로 아래의 세 가지 차원으로 설명할 수 있다고 하였다.

1. 구조적 차원(structural dimension): 네트워크 연결(네트워크를 구성하는 사회 관계), 네트워크 구성(network configuration)(네트워크 구조를 말함), 유용할 수 있는 조직(appropriable organization).

2. 인지적 차원(cognitive dimension): 공유 코드(shared codes), 공유 언어(shared languages), 공유 이야기(shared narratives).
3. 관계적 차원(relational dimension): 신뢰(trust), 규범(norms), 동일시(identification), 의무(obligations).

이상 분류의 방식을 보면, Nahapiet과 Ghoshal(1998)은 사회적 자본의 정의를 확대시켰고, 그들은 전체 조직의 공통한 심리적 동일시(인지적 차원)와 조직 내 여러 가지 연결 네트워크(구조적 차원) 및 네트워크와 규범 및 동일시를 통해 구축된 신뢰(관계 차원)를 모두 사회적 자본의 연구 범위에 포함시켰는데. 이는 매우 완성도가 높은 사회적 자본에 대한 정의라고 할 수 있다. 그러나 우리는 부득이 아래와 같은 질문들을 하지 않을 수 없다. 앞에서 소개한 차원들의 각각의 개념을 어떻게 측정해야 하는가? 이렇게 방대하고 복잡한 시스템을 조작 가능한 개념으로 정리할 수 있는가? 그리고 연구 대상이 될 각 차원의 개념들이 서로 다른 영역에 속해있는 것은 아닌지?

Leana와 Van Buren(1999)의 연구에서도 비슷한 상황이 나타났다. 그중에 두 지표인 신뢰와 연계성(associability)은 사회적 자본의 두 가지 큰 차원으로 보고 있다. 여기서 정의하고 있는 연계성은 사회적 연계성(social associations)을 말하는 것이 아니라 일종의 "개인의 그룹의 목표를 정의하고 그룹 행동을 촉진할 수 있는 의지와 능력"을 말한다. 명확한 것은, 연계성이란 공동의 비전과 목표를 구축할 수 있는 일종의 공동 인지이며, 그룹 행동을 촉진시켜 조직에게 자원을 가져다 주는 것을 말하는데 사실 인지적 차원의 사회적 자본이라고 볼 수 있다.

Nahapiet과 Ghoshal이 말하는 인지적 차원의 사회적 자본의 근원을 찾으면 Bourdieu까지 거슬러 올라갈 수 있다. 그는 'Distinction'(1984)이라는 책에서 문화 산업의 소비에 대해 연구할 때 한 그룹의 사람들이 공유하는 생활 경험과 공유하는 언어 표현은 이 사람들의 품위(taste)를 만들어낼 수 있다고 제기했다. 품위라는 것은 매우 복잡한 사회화 과정을 통해 생겨나고 이는 어떤 사회 자원들에 대한 전문 소유와 일부 지식에 대한 독점을 포함하며, 한 그룹의 사람들이 공유하는 기질, 교육 및 생활 상태가 그들의 문화 품위에서 나타나는 것을 포함하며, 이는 이 그룹의 사람들이 품위의 다른 표현 형식을 통해 다른 그룹의 사람들과 구별하게 한다. 품위의 형성은 일반적으로 역사성과 사회성 요인의 영향을 받는데 한 사람의 품위는 그의 사회화 과정으로부터 형성되며 가정 교육, 학교 교육, 일상 생활에서의 끊임없는 영향과 변화, 주변 가족과 친구들이 주는 정반 제약을 통해 품위는 한 사람이 자아 및 어떤 사회 그룹(social groups)과 동일시하는 형태로 깊이 체화된다. 이와 같은 동일시를 통해 자기 긍정을 나타나기 때문에 내포된 사회 구조는 사람들이 잠재의식적으로 표현하는 품위를 통해 나타낸다. 간단히 말하자면, 품위는 한 사람이 사회 구조에 대한 감각이며, 사회 구조의 외재적 표현 방식이기도 하다. 한 사회 그룹은 사회화 과정을 통해 그들만의 문화 부호, 즉 품위를 다른 구성원에게 전달한다. 때문에 서로 다른 사회 그룹들이 사회 자원 내지 지배 지위를 위해 경쟁할 때 품위는 각 그룹이 강조하고 중요시하는 깃발이 되며 구성원들이 서로 동일시하는 중요한 기준이 되기에 품위가 전달하는 정보를 통해 사람들은 쉽게 자신 속한 있는 그룹을 찾아낼 수 있는 반면에 다른 타 그룹과도 동시에 구별할 수 있다는 것이다. 왜냐 하면 품위가 같은 사람들 사이에 나타나는 끌어 당김과 품위가 같지 않은 자와 생기는 배타적 현상으로 더 한층 같은 조직에 대한 동일시 정도를 강화할 수 있기 때문이다.

그러나 Bourdieu는 이러한 상호 간의 동일시를 통해 형성되는 자원 통로를 "문화적 자본(cultural capital)"이라고 보고 사회적 자본이 아니라고 주장하였다. 하지만 경영 분야에서 문화적 자본이라는 개념은 보편적으로 받아들이지 못했다. 그럼에도 불구하고 공동 비전은 조직이 직원들의 마음을 응집시키고 직원들의 조직에 대한 충성도를 불러 일으키는 중요한 요인으로 조직에게 더 많은 협력 행위를 발생하게 함으로써 자원을 창조하게 된다(Senge, 1990). 따라서 공유 코드와 공동 언어 및 공유 이야기 등 공동 '품위'를 나타 나게 하는 요인들도 사회적 자본의 범주에 속한다고 했다(Nahapiet and Ghoshal, 1998; Tsai and Sumantra, 1998). 이와 같은 정의 또한 Uphoff(1996)까지 거슬러 올라갈 수 있다. 그는 집단 수준의 사회적 자본을 "구조적(structural) 사회적 자본"과 "인지적(cognitive) 사화적 자본"으로 나눴다. 구조적 사회적 자본은 규칙, 절차 및 선례를 통해 구축된 역할과 사회 연결망에서 기원하며 이는 집단 행동을 통해 집단의 이익을 창출한다. 이와 같은 과정은 상대적으로 개관적이며, 일종의 보일 수 있는 형식으로 표현되기 때문에 그룹(群體)의 의식적인 행동을 통해 설계하고 개진할 수 있다. 구조적 사회적 자본이 외재적 표현 방식을 취하기 때문에 직접 관찰할 수 있기 대문에 용이하게 변경하거나 수정할 수 있다. 인지적 사회적 자본은 공동의 규범, 가치관, 태도 및 신앙에 근거하여 사람들로 하여금 공동한 이익을 추구하는 집단 행동을 하도록 유도한다. 인지적 사회적 자본은 사람들의 생각과 감각을 반영하기 때문에 보다 더 주관적이고 사람들 마음 속에 깊이 남아 있기 때문에 쉽게 바꿀 수 있는 대상이 아니다.

이 밖에 업무 목표가 있는 의도적 조직구조(intentional organization)(이는 공식 구조,

즉 조직 구조에서 규정하는 공식적인 업무 관계)와 권한 관계가 사회적 자본에 포함되는지 여부도 논의의 초점이 되었다. Nahapiet, Ghoshal과 Coleman은 모두 사용 가능한 조직을 사회적 자본의 일부분으로 생각하였는데, Coleman과 정치학자인 Putnam은 오히려 자발적인 조직도 사회적 자본이라 점을 더욱 강조하였다. 후자는 커뮤니티에서의 "수평적 사회연결(horizontal assocations)"을 사회적 자본으로 보고 나아가 이와 같은 연결의 가장 주요한 표현이 바로 자발적 조직에 참여하는 것이다. 그는 직접적으로 사회적 자본을 시민조직에 참여하는 것과 동일시 참여를 동일시하였다. 그리고 이탈리아 민주 정치에 대한 연구에서 시민행위가 발달한 지역에서 민주 정치는 공공 정책의 효율을 제고시킬 수 있는 반면에 시민행위가 발달하지 않는 지역에서는 민주정치가 오히려 질서의 혼란 및 정치의 쇠퇴를 쉽게 초래할 것이라는 연구 결과를 얻어 냈다. 이 외에 그는 미국 사회적 자본의 쇠퇴를 설명할 때, 두 가지 측면에서 미국 전체 사회의 사회적 자본을 측정하였다. 하나는 미국인의 정치 참여 정도인데, 투표율과 정부에 대한 신뢰정도를 표시하고; 다른 하나는 미국인이 공공 사무에 참여하는 정도인데, 각종 사회 조직에 참가한 인수로 표시하였다. 그는 이와 같은 측정 방식을 통해 미국의 사회적 자본이 쇠퇴하고 있다는 결론을 내렸다(Putnam, 1995). 그러나 이러한 측정 방식은 많은 비판을 받기도 했다. 예를 들어, Paxton은 시민행위는 사회적 자본의 결과이지 구성 요인이 아니라는 것이다(1999: 101)라고 주장하였다. 시민조직에 참여하는 것과 자발적 조직의 수의 많고 적음이 사회적 자본인지 아닌지에 대해서는 역시 논쟁의 여지가 많다. 왜냐 하면 사람들은 보편적으로 행위를 사회적 자본의 일종의 형식이 아닌 사회적 자본의 결과물로 생각하기 때문이다(Portes, 1998). 이와 같은 논쟁을 잠간 옆에 두면, 우리는 대다수의 이와 비슷한 토론들은 전체 경제 혹은 사회에 대한 분석에 집중하고 있다. 한 사회의 영리 혹은 비영리 조직의 많고 적음은 대중들의 협력적 행위에 영향을 미치는 것은 사실이지만, 본 장에서는 조직의 사회적 자본에 집중하면서 조직에 대한 분석에 초점을 두고자 한다. 조직구조와 조직규칙은 펼연적으로 존재하지만 오로지 경영의 좋고 나쁨의 구별이 있지 조직의 많고 적음의 차이는 존재하지 않는다. 따라서 본 장에서 이런 형태의 사회적 자본에 대해서는 논의하지 않을 것이다.

광의의 개념에서의 사회적 자본에는 인지적 차원 사회적 자본, 조직구조와 권한 관계를 포함하고 있는 반면에 협의의 사회적 자본에 대한 정의, 특히 Bourdieu의 정의에 의하면 사회적 자본을 문화적 자본과 나란히 하고 있기 때문에 인지적 차원의 내용은 포함되지 않고 있다. 지금부터 본 장에서의 분석들은 협의의 정의를 계속 사용할 것이고, 앞서 언급한 것처럼 조직 구조 및 공식적 권력의 관계에 관한 논의는 이 장에서 배제하기로 한다. 따라서 이와 같은 정의는 자원을 취득하는 사회관계와 네트워크 구조 및 관계의 내용뿐 아니라 관계에 내포하고 있는 의무, 규범과 신뢰 등 개념도 포함하고 있다.

18.2 조직 내 개체의 사회적 자본

Leana와 Van Buren은 조직 사회적 자본(organizational social capital, OSC)이라는 개념을 제시하고 다음과 같이 정의하였다. "하나의 조직 내부관계를 반영하는 자원으로서 조직에 속한 구성원들의 그룹 목적의 지향 정도 및 신뢰 공유정도를 통해 성공적인 그룹 행동을 일어나게 하여 가치를 창출할 것을 말한다"(1999: 538). 하지만 이 정의는 조직 내 거시적 사회적 자본에만 국한하는데, 조직의 외부 사회적 자본을 포함하기에는 역부족이다. 따라서 본 글에서는 Coleman의 정의에 근거하여 조직의 사회자본을 "조직이 지닌 일부 관계 및 구조적 특성으로서 특정 행동 혹은 자원을 가져다 줄 수 있으며 최종적으로 조직에게 전체적인 이익을 가져다 주는 것을 말한다."

앞서 언급한 것처럼, 조직 사회적 자본은 서로 다른 학자들이 제시한 다양한 차원과 핵심 개념 중에서 세 가지 중점을 귀납할 수 있는데 각각 사회 관계, 사회 연결망 구조와 관계 내용이다. 특히 관계 내용에 있어서 본 장에서는 관계 사이에 존재하는 신뢰에 대해 집중적으로 토론하자고 한다.[1]

위에서 설명한 바와 같이 조직 내부는 개체와 집체의 사회적 자본으로 나눌 수 있다. 개체 사회적 자본은 글자 그대로 조직 내 개인이 사회의 구조적 요인으로 인해 자원을 획득하는 것을 말한다. 본 장에서는 어떤 사회 관계 및 네트워크 구조적 위치가 개인에게 자원을 가져올 것인가에 관하여 토론하자고 한다. 수익자는 조직이 아니라 개인이기 때문에 개체 사회적 자본이 조직 사회적 자본에 속하지 않고 조직 내에 소속된 개인이 보유하고 있는 사회적 자본이다.

1 규범, 의무와 기대 및 이런 기대를 유지하는 신뢰 환경은 거시적 수준의 요인들이기에 공공재 사회적 자본에만 적용할 수 있고 모든 사회적 자본의 측정에 적용할 수는 없다. 그리고, 규범과 신뢰할 수 있는 환경은 일반적인 신뢰를 형성할 수 있는 바 신뢰의 전제 조건이 될 수 있다. 단독적으로 측정해야 하는 여부, 그리고 어떻게 측정해야 할지 등에 대해서도 고려해야 하는데 이런 질문들은 뒷부분에서 자세히 논의하고자 한다.

18.2.1 개체관계 차원의 사회적 자본 – 상호 신뢰

Nahapiet과 Ghoshal이 말하는 관계 차원에는 신뢰와 의무를 포함하고 있다. 그 가운데 의무와 기대는 Coleman이 가장 많은 설명을 해 준 부분인데(1990: 306-310), 이 개념은 사회학자인 Blau의 사회교환이론에서 기원하였다(1964). Blau는 사회 교환은 경제 교환과 달리 바로 즉시 보답을 발생할 수 있는 것이 아니라 일종의 지연된 보답의 과정으로서 한 사람이 다른 사람으로부터 얻을 수 있는 보답에 대한 기대가 다른 사람으로 하여금 항상 마음에 둬야 할 의무가 되는 것을 말한다. 이와 같은 의무를 수행하게 될 때 비로소 그 기대는 만족되고 거래 당사자들 사이에는 신뢰가 형성된다. Hardin(2001)이 제시한 상호 이익이 될 수 있는 신뢰라는 개념은 위 개념과 매우 비슷하다. 여기서 Hardin은 두 거래 당사자들 사이에는 서로 간의 이익에 대해 영향력을 행사할 수 있기 때문에 서로를 의존하는 관계하에 가능한 서로에게 신뢰를 줄 수 있는 행동(trustworthy)을 한다는 점을 강조하였다. 상대방의 행동에 대해 항상 신뢰할 수 있기 때문에 거래하는 두 사람 사이에는 점차 서로 간의 이원적 신뢰 관계(dyadic trust) 혹은 관계 신뢰(relational trust)가 형성된다 따라서, 의무를 책임지고 기대를 만족시키는 과정에서 거래 당사자들 사이에는 상호 간의 이원적 신뢰 관계가 발생한다.

신뢰는 처음부터 계속 사회적 자본의 핵심적 개념이었고, 사람들로부터 신뢰를 받는 사람에게는 자연적으로 보다 많은 협력 기회가 생길 것이고, 사람들도 그런 사람에게 자원을 제공하기 원하는 동시에 보답을 얻을 수 있을 것으로 기대한다. 신뢰에 대해 어떻게 정의할까? 조직행위학자의 관점에서 보면, "신뢰는 사람이 개인 또는 그룹의 행위 혹은 의도에 대해 확신을 가지고, 상대방이 윤리적이고 공정한 선의적 행동을 할 것을 기대하는 것을 말한다, 이 밖에 타인의 권리도 함께 고려해 준다. 이런 조건에서 본인이 발생 가능한 손해를 감내할 뿐만 아니라 자신의 복지를 타인의 행위에 따라 결정되는 것을 감수하는 것을 말한다(Carnevale and Wechsler, 1992)." "신뢰는 거래적 연결 또는 다른 상호 작용적 연결 행위 과정에서 한측(개인, 집단 혹은 기업)이 다른 한측에게 윤리와 도덕의 일반 행위 준칙에서 행동하는 것을 기대한다. 다시 말하자면, 상대방이 윤리 기준을 기반으로 의사 결정 행위를 하는 것을 말한다(Hosmer, 1995)". "신뢰는 한 집단이 상대방이 자기의 이익과 일치하는 행동을 예상한다는 전제하에 상대방의 행위를 감독하거나 통제할 수 있는지 여부를 떠나서 발생 가능한 위험을 감수하기를 원하는 것을 말한다(Mayer and Schoorman, 1995)."

앞에서의 정의들을 바탕으로 본 장은 신뢰를 정의할 때 두 가지 의미를 가지고 있다. (1) 신뢰는 일종 기대적 신념이다. 즉 거래 상대는 우리에게 믿을 만한(trustworthiness) 일종의 기대임, (2) 신뢰는 본인에게 나타난 행위 의도 혹은 실제 행위를 통해 자신의 이익이 거래 상대의 미래 행위에 의해 결정되는 것을 말한다. 신뢰할 만한 행위와 신뢰는 모두 쌍방향의 공동 행위이고, 한쪽에서 신뢰할 만한 행위를 보여줌으로써 다른 한쪽도 비로소 신뢰를 보여 줄 것이다.

학자들은 한걸음 더 나아가 신뢰성은 다 차원의 개념(Butler, 1991; Mishra, 1996)이고, 이 개념에는 어떤 차원들이 포함되어 있는가? Butler(1991)는 신뢰성에 대해 다섯 가지 차원이 있다고 정의하였다. 각각은 역량(competence), 정직함(integrity), 일관성(consistency), 충성심(loyalty), 솔직함(openness)이다. Mayer 등(Mayer et al., 1995; Mayer and Noorman, 2004)은 세 가지 차원이라는 관점을 제시하였는데 각각 능력(ability), 호혜(benevolence), 정직함(integrity)이다. 비슷한 맥락에서 Mishra(1996)는 신뢰성을 네 가지 차원으로 정의하였는데, 신뢰의 개념은 마치 한 사람이 자신의 약점을 다른 사람에게 자발적으로 노출하는 것을 말하는데 이는 후 자에게 능력있고 개방적이며 일치하며 호혜적이라는 믿음이 있기 때문이다. 본인은 연구의 과정에서 Mishra의 네 가지차원 관점을 받아들이고 종합적 질문을 설계하여 다섯 개 질문을 추가한 측정지표를 만들었다. 〈표 18-1〉에서 제시된 전체 네트워크에 대한 설문지 중의 13항목부터 17항목까지 참조하면 된다(Luo, 2011).

18.2.2 개체구조 차원의 사회적 자본 — 네트워크 연결

구조적 차원의 사회적 자본에 대해 Nahapiet과 Ghoshal이 논의했던 네트워크 연결과 네트워크 구조가 바로 이 분류에 해당한다. Coleman의 연구에서도 두 가지 네트워크 연결에 대해 언급하였다. 하나는 권위적 연결, 다른 하나는 정보를 얻을 수 있는 잠재력이다. 권위적 연결에 대해서는 Coleman이 그의 책 제4장에서 자세히 설명하였고, 동시에 권위적 관계를 한 사람이 자신의 행동을 스스로 결정할 수 있는 권리가 없는 반면에 이 권리가 다른 사람에게 있는 상황을 말한다(1990: 67-68). 그 후 그가 사회적 자본에 대해 정의를 내릴 때도 역시 이 개념을 도입하였지만 정반대로 권력은 일반적으로 불신뢰를 가져다줄 것이라고 주장하였다(Granovetter, 2002). 만약에 신뢰가 대다수 학자들이 생각하는 사회적 자본의 주요한 의미라면, 권력 관계를 사회적 자본에 귀속시킬 수 있는지 여부는 큰 논쟁을 일어나게 할 수 있다.

〈표 18-1〉 하나의 전체적 네트워크의 설문조사의 예

질문 \ 동료	갑	을	병	정	…	…	기타
1. 근무시간 외에 당신은 어떤 사람과 교제활동을 하는가(쇼핑, KTV, 운동 등)?							
2. 업무 중에서 좌절을 당한 경우, 당신은 누구에게 하소연을 하는가?							
3. 이직 후 나는 계속 그 사람과 연락을 유지한다.							
4. 당신은 어떤 사람과 이야기를 나눌 때 개인적인 일을 언급하게 되는가?							
5 업무 중에서 어려움에 직면했을 때, 당신은 어느 동료에게 가르침을 요청하는가?							
6. 일상적인 업무처리에 있어 당신은 자주 어느 동료들과 관련 문제를 논의하는가?							
7. 업무 중에서 어려움에 직면했을 때, 어느 동료들이 당신을 주동적으로 지도하는가?							
8. 나는 업무 상 새로운 지식을 취득하는 즉시 그 사람과 공유를 한다.							
9. 만일 그가 나에게 한 달의 월급을 빌려 달라고 한다면 나는 그에게 빌려 줄 것이다.							
10. 나는 업무 중에서 새로운 아이디어가 나오면 그 사람과 공유한다.							
11. 그 사람이 중개인이 되어 나에게 그 사람의 친구를 도와달라고 한다면 나는 도와줄 것이다.							
12. 나는 그 사람을 나의 친구에게 소개해 주고 싶다.							
13. 나는 그 사람이 나에 대해 성실하고 솔직하다고 생각한다.							
14. 나는 그 사람의 행위가 안정적이고 믿음직하다고 생각한다.							
15. 나는 그가 나에 대한 약속을 지킬 것이라고 생각한다.							
16. 나는 그 사람이 나로부터 이득을 보려고 한다고 생각하지 않고, 나의 이익을 위해 고려한다고 생각한다.							
17. 전체적으로 볼 때, 나는 그 사람을 믿는다고 생각한다.							

정보 잠재력은 Granovetter의 "약한 연결 우위"이론으로 거슬러 올라갈 수 있다. Granovetter는 강한 연결과 비교할 때 약한 연결은 더 넓은 범위까지 영향을 미칠 수 있으며, 다양한 사회 계층의 벽을 뚫어 상대적으로 다원적이고 다양한 사람들의 그룹에 도달할 수 있음으로써 한 행동 자에게 광범위한 정보를 수집할 수 있도록 도움을 줄 것이며, 동시에 상대적으로 다차원의 소리도 들을 수 있음으로 구직의 과정에서 상대적으로 좋은 기회를 만날 것이라고 하였다(Granovetter, 1992). 이 연구가 제시된 이후로, 약한 연결의 가치가 사람들의 관심을 끌어당기기 시작하였다. 약한 연결은 정보의 유통, 새로운 지식의 전파 및 구직 기회 또는 비즈니스 기회의 획득과 밀접한 연관이 있다. 약한 연결은 정보를 통해 행동 자에게 자원을 가져옴으로써 사회적 자본의 일부분이 된 것이다.

강한 연결과 약한 연결의 개념이 제기된 이래, 네트워크 연결에 있어서도 강한 연결과 약한 연결을 분류하기 시작하였다. 조직에 있어서 Krackhardt(1992)는 조직 내 네트워크를 우정 네트워크, 자문 네트워크 및 정보 네트워크로 나누는 동시에 전체 네트워크 조사의 방식으로 자료를 수집하였다(자세한 조사방법은 Wasserman and Faust, 1994; Luo, 2010를 참조하길 바람). 통상적으로 강한 연결은 약한 연결보다 시간이 보다 오래 지속되고 상호 작용의 빈도도 높다. 더 중요한 것은 강한 연결에서는 항상 친밀한 대화와 행위가 포함되어 있다(Marsden and Campbell, 1984). 우정 연결과 대응하는 또 다른 연결이 바로 조언 연결이다. Krackhardt(1992)은 조직의 상황에 있어서 조언 연결은 일종 작업장소 내 주요한 약한 연결이다. 자세한 설명은 다음과 같다.

1. 우정 연결(friendship ties): Krackhardt가 제시한 강한 연결의 힘의 명제는 한 정감 네트워크의 중심 위치는 비공식적 권력을 가질 수 있게 한다. 즉 한 사람이 많은 정감 관계를 보유하고 있으면 그는 다른 사람으로 하여금 자기의 개인 목표를 완성하게 하는 영향력이 있음으로써 비공식적 권력을 가져 그에게 자원을 가져올 것이다. 본인은 중국의 조직에 대해 연구할 때 Krackhardt의 설문지를 수정하여 중국 내의 조직 환경에 적용할 수 있도록 하였다(Luo and zhu,, 2004). 〈표 18-1〉에서 제시된 1~4 항목은 정감 관계를 위주로 설계된 우정 연결과 관련된 내용이니 참고하길 바란다(Luo, 2011).
2. 조언 연결(advice ties): 조언 연결은는 일종의 도구적 관계이고, 이런 연결 내에 비록 정감의 지지가 포함되어 있지 않지만 일상적인 작업을 완성하는데 필요한 일부분의 자원을 제공할 것이다. 따라서 많은 조언 연결를 가지고 있는 사람이

항상 작업에 필요한 더 많은 자원을 얻을 수 있을 것이다(Krackhardt, 1992). 그런데 만약에 많은 동료들이 한 사람에게서만 조언을 구한다면 이 사람은 일반적으로 권력을 가지게 될 것이다. 즉 일종의 관료제의 공식적 권위 혹은 지식을 바탕으로 형성된 권력일 수도 있다(Krackhardt, 1992). 이런 권력도 역시 조언 네트워크의 관건적 위치에 있는 사람에게 자원을 가져올 것이다. 역시 본인의 연구에서 이 부분과 관련 있는 3개 질문의 신뢰도가 좋게 나타났다(Luo and Zhu, 2004). 상세한 내용은 〈표 18-1〉 중에 5~7 항목을 참조하기 바란다(Luo, 2011).

3. 친한 유대 관계(familiar ties): 도구적 관계와 감정적 관계 가운에 또 다른 하나의 혼합성관계가 존재한데(Guangguo Huang, 1988; Hwang, 1987), 즉 도구적과 정감적 두 관계를 혼합한 것으로서 친한 사람이라고도 한다(Guoshu Yang, 1993). 중국의 경우, 이는 더욱 중요한 관계로 나타나는데 그것은 사회 관계에 있어서 중국 사람들이 더 깊고 많고 넓은 도구적 교환을 진행할 때 단순히 도구적 관계의 단계에만 멈추지 않고 더 한층 나아가 감정적 요소를 주입하는 경향(Hwang, 1987)을 가지고 있기 때문에 이런 친한 유대 관계가 어떤 측면에서는 특히 더욱 중요한 것이다. 따라서 이런 친한 유대 관계는 중국인들이 관계를 운영하는 핵심적인 요인이라고 할 수 있다(Chen and Chen, 2004). 본 장의 뒷부분에 "사회적 자본의 본토 특징"에 대해 설명할 때 이 내용에 관련된 설명이 이루어질 것이다. 심지어 어떤 학자가 관계(꽌씨guanxi)에 대해 정의를 좁게 내릴 때 바로 이런 친한 유대관계라고 보는 경우가 많다. 이와 같은 장기적이고 친밀한 관계를 바탕으로 중국 사람들은 중대한 지식 자산 및 재무 자산, 그리고 관건적 시각에 서로에게 친구를 소개하여 관건적 시간에서의 인맥을 포함된 중요한 자원들을 얻을 수 있다. Luo(2011)가 이를 기반으로 친한 유대 관계를 측정할 수 있게끔 측정 도표를 설계하였다. 〈표 18-1〉에서 제시된 8~12항목을 참조하기 바란다.

이 데이터들을 사용하여 사회연결망 분석(social network analysis)을 진행해야 하기 때문에 모두 전체 네트워크 설문을 사용하여 자료를 수집한다. 전체 연결망 데이터(whole network data)를 수집할 때 사용하는 방법은 〈표 18-1〉을 참조하면 된다. 전체 연결망 데이터는 경계가 있는 집단 내에서 네트워크를 조사하여 얻어진 데이터이고, 한 기업이나 한 부문 혹은 한 팀 그 대상이 될 수 있고 설문지의 형식은 〈표 18-1〉의 예와 같다. 첫 번째 열에는 설문 항목을 적고 첫 번째 행에는 이 단체에 소속된 모든 구성원들의 이름을 적는다. 그 다음에 각 구성원들이 모든 질문에 대해 자기와 관계가 있는 다른 구성원들의 이름을 체크하는 것이다(보다 자세한 설문조사 방법은 Burt, 1984; Krackhardt, 1992; Luo, 2010 P121-134 등을 참조하기 바란다). 앞서 언급한 각종 관계들인, 우정, 자문, 친숙한 유대 관계 및 신뢰에 대해 전체 연결망 데이터를 수집할 수 있으며 동시에 지금부터 소개하게 될 각종 사회연결망 분석 방법을 통해 분석을 진행할 수 있다.

18.2.3 개체구조 차원의 사회적 자본 - 네트워크 구조 위치

Nahapiet과 Ghoshal이 제시했던 구조차원에서의 네트워크 구조 형식에 대한 연구는 사회연결망 이론에서 가장 많이 하는 사회연결망 구조 연구이다. 사회연결망 분석 방법으로 사회적 자본에 대해 연구하는 대표 연구자인 Burt(1992)는 에고 네트워크(ego-centered network)의 각도에서 네트워크 구조가 어떻게 사회적 자본을 구성하는지에 대해 분석하여 개인이 다양한 종류의 네트워크 구조적 위치에서 서로 다른 정보에 대한 취득과 통제력, 그리고 자원을 축적하여 개인의 역량 혹은 기회로 전환하는 능력 등을 논의한다. 그는 한 사람이 어떤 네트워크에 관건적 위치를 차지하고 있으면, 예를 들어 정보 교환 통로의 매개점(betweeness), 더 많은 정보를 접근하거나 정보 흐름의 방향을 통제할 수 있는 기회를 보유하게 된다. 따라서 갑 지역에는 있고 을 지역에는 없으며 누군가에는 있고 누군가에는 없기에 상업 기회가 발생하는데 이것이 바로 Burt가 주장하는 상업적 기회 논리이다(Burt, 1992).

개체가 전체 네트워크, 즉 신뢰, 도구적(조직에서의 자문 관계망과 같은), 감정적(조직 내 우정관계망과 같은) 및 혼합적(조직 내 친숙한 유대 관계와 같은) 네트워크에서 차지고 있는 구조적 위치도 역시 자원을 얻을 수 있는 능력을 갖게 되는데. 이하 설명하게 될구조적 위치 유형들이 더욱 중요하다.

1. 개인 간 두 사람들 사이의 구조적 관계

이는 사실상 관계적 차원의 사회적 자본으로서, 한 부문, 팀 또는 작은 회사(전체 네트워크 자료 수집은 설문의 길이의 한계로 인하여 100명 이상의 사회연결망을 조사하기 어려움)에서 두 구성원이 구조에서 어떤 관계를 가지고 있는가에 따라 관계 수준(dyadic level)(사회연결망 분석에서는 두 개인 간 수준이라고 함)의 변수에 대해 예측할 수 있다. 예를 들면 두 사람 관계의 특징, 관계의 친밀 정도와 관계의 호혜적 내용 및 관계의 동태적 변화 등이다. 한 사람이 자원을 보유하고 있는 사람과 관계를 유지하는 건 바로 사회적 자본의 주요 근원이라고 할 수 있다(Lin, 2001). 이런 관계적 수준의 구조적 지표는 아래와 같다.

연결성(connectivity). 이 지표는 한 행동자와 다른 행동자 간에 직접적인 관계가 존재한다는 것을 말한다.

도달 가능성(reachability). 이 지표는 한 행동자와 다른 행동자 간에 간접적인 관계를 통해 연결할 수 있다는 것을 말한다. 이 내용에 관련된 자세한 정의 및 수학 식은 Wasserman과 Faust(1994, P107)의 책을 참조하고 어떻게 UCINET 소프트웨어를 사용하여 지표를 얻는 방법에 관련된 내용은 Jar-Der Luo(2010, p.163)을 참조하길 바란다.

거리(distance). 이 지표는 한 행동자와 다른 행동자 간에 몇 단계를 거치면 연결할 수 있는지, 만약에 직접 연결의 경우에는 한 단계이고 거리는 1, 만약에 중간에 다른 중개자를 거칠 경우에는 두 단계이고 만약 두 명의 매개를 거칠 경우에 세 단계이다. 이처럼 거리가 길어지면 길어질수록 두 사람이 서로 연락하고, 정보을 교환하며 및 만날 수 있는 기회는 적어질 것이다. 자세한 정의 및 수학 식은 Wasserman과 Faust(1994, P110)를 참조하고 어떻게 UCINET 소프트웨어를 사용하여 이 지표를 얻는 방법에 관련된 내용은 Jar-Der Luo(2010, P165) 참조하길 바란다.

공동 연결. 즉 두 행동자에게 얼마나 많은 공동한 관계가 있는지를 보여주는 지표이다. 이 연결은 나아가 외향적 공동 연결과 내향적 공동 연결로 나누어진다. 외향적 공동 연결은 두 사람에게 공동으로 인정할 수 있는 친구가 몇 명이 있는지를 보여는 반면에 내향적 공동 연결은 동시에 두 사람을 친구로 인정하는 사람이 몇 명이 있는 지를 보여준다. 관련된 정의 및 수학 식은 Jar-Der Luo(2010, P159-160)를 참조할 수 있다.

구조적 등위성(structural equivalence). 두 행동자가 거의 똑같은 사람들을 알고 있다는 것을 말한다. Burt가 정보 중복성에 대해 논의할 때 정보의 중복은 주로 두 종류의 상황 때문에 발생하게 된다고 제시하였다. 하나는 밀도로 인한 중복으로서, 즉 한 행동자가 알고 있는 사람들 사이에도 서로 아는 사이기 때문에 그들이 알고 있는 정보들은 서로 비슷한 정보로서 이 네트워크의 사람들을 더 만나도 결국 예전과 비슷한 정보들을 얻게 된다. 다른 하나는 한 행동자가 아는 사람에게 구조적 등위성이 존재하기 때문이다. 구조적 등위성 중복(structural equivalent redundancy)이라는 것은 한 행동자가 어떤 두 사람을 만났는데 이 두 사람은 거의 똑같은 다른 부류의 사람들을 동시에 알고 있기 때문에 두 사람이 알고 있는 정보 역시 다르지 않다고 볼 수 있다. 따라서 동시에 만나는 이 두 사람이 같은 집단에 속하지 않거나또는 서로 알지 못 하더라도 두 사람이 갖고 있는 정보가 완전히 같기 때문에 이런 만남도 일종의 낭비라고 할 수 있다. 구조적 등위성에 관련된 정의 및 수학 식은 Wasserman과 Faust(1994, P356-357)를 참조하고 어떻게 UCINET 소프트웨어를 사용하여 지표를 얻는 방법에 관련된 내용은 Jar-Der Luo(2010: p.284-291)를 참조할 수 있다.

2. 개인의 구조적 위치

외향 중앙성(outdegree centrality). 이 지표는 한 행동자가 주관적으로 몇 사람이 본인과관계가 맺고 있는가를 측정하는 것을 말한다. 예를 들어, 신뢰 네트워크에서 외향 중앙성은 한 사람이 신뢰하는 사람의 수가 전부 네트워크 인수의 차지하고 있는 비율을 말하는데, 만약 비율이 높으면 그 사람이 주관적으로 비교적 많은 동료들을 믿을 수 있다는 것을 의미한다. 따라서 그 사람의 조직에 대한 신뢰에 영향을 미칠 것이다(Luo, 2005a). 뿐만 아니라 일부 태도, 즉 조직 충성도와 직무 만족도 등에도 영향을 미칠 것이다. 자세한 정의 및 수학 식은 Wasserman과 Faust(1994: p.178-179)를 참조하고 어떻게 UCINET 소프트웨어를 사용하여 지표를 얻는 방법에 관련된 내용은 Jar-Der Luo(2010: p.189)를 참조할 수 있다.

내향 중앙성(indegree centrality). 이는 한 사람이 보유하고 있는 비 공식적 권력을 측정하는 중요한 지표이다. 어떤 사람이 네트워크 중심 위치에 있으면 있을수록 그 사람에게는 집단 내의 다른 구성원과 비교적 좋은 관계를 형성할 수 있는 가능성을 제공할 것이다. 중앙성은 비 공식적 사회적 영향을 전달함(Brass and Burkhardt, 1992)으로써 중앙성은 명성과 비 공식적 권력을 측정하는 지표 중 하나로 간주된다. 이 중앙성 위치는 바로 한 사람이 가진 네트워크의 많고 적음을 측정할 수 있는 지표이다. 자세한 정의 및 수학 식은 Wasserman과 Faust(1994: p.178-179)를 참조하고 어떻게 UCINET 소프트웨어를 사용하여 지표를 얻는 방법에 관련된 내용은 Jar-Der Luo(2010: p.189)를 참조할 수 있다.

매개 중앙성(betweenness centrality). 이는 한 사람을 사람들 사이를 연결하는 "다리(橋)"로 생각하고 측정하는 지표이다. "다리"에게는 정보 및 매개의 이익을 갖고 있게 되었는데, 예를 들어 자문 연결에는 일반적으로 정보의 흐름과 지식의 전파를 포함하고 있다(Nahapiet and Ghoshal, 1998). "다리"는 업무 교류를 하는 양측에게 유용한 정보를 동시에 제공할 수 있기 때문에 한 자문 네트워크에 있어서 매개 중앙성을갖고 있는 개체가 중요한 정보와 지식을 적시에 획득할 수 있을 것이다(Luo, 2005a). 이 관점은 "약한 연결 우위"이론과 대응되는데, "다리"의 위치가 정보의 흐름을 통제하는 데 매우 중요하다고 할 수 있다(Granovetter, 1973; Burt,

1992). 자세한 정의 및 수학 식은 Wasserman과 Faust(1994: p.190)를 참조하고 어떻게 UCINET 소프트웨어를 사용하여 지표를 얻는 방법에 관련된 내용은 Jar-Der Luo(2010: p.196)를 참조할 수 있다.

작은 집단(small group)**에 속한 내부자 또는 외부자**. 중국에서는 "패거리 문화"가 매우 보편적이고 중국의 작은 "우리 圈子"를 만들기를 좋아하고 작은 우리를 배타적인 폐쇄적 패거리로 발전하기도 하는데 이는 계속 경영자들이 해결하고자 하는 중요한 문제로 존재해 왔다(Luo, 2011). 따라서 한 행동자가 "우리"에 속하고 있는지 아니면 이 "우리" 밖에 있는지 또는 자원이 풍부한 "우리"에 속해 있는지 아니면 상대적을 약한 "우리"에 속해 있는지 따라 그가 자원, 정보 및 지위를 취득하는 능력에 영향을 미치고 나아가 그 행동자의 태도와 행동에도 영향을 미치게 된다. 작은 "우리"에 대해 어떻게 측정할지는 다음 부분에서 다시 설명하기로 한다.

역할(role/position). 역할 분석, 또는 위치 분석(position analysis)이라고도 부른데, 그 목적은 네트워크 중의 모든 구성원 간의 관계를 통해 여러 개의 구조적 위치(역할)를 분석해내고 모든 구성원을 분류하여 그 위치를 파악한 후다시 위치들 간의 상호 관계를 찾아내는데 있다. 예를 들면, A, B, C 세 위치가 있는데, A가 B에게 보고하고, B가 다시 C에게 보고한다. … 다음 우리는 그들의 행위를 다시 관찰하여 이 위치들을 정의한다. 예를 들어 B위치는 전문 병을 치료하는 역할로서 우리는 의사라고 부른다. A위치는 전문적으로 의사를 보좌하는 역할을 행사하는데 우리는 간호사라고 부른다. C위치는 전문적으로 경영을 하는 사람으로서 우리는 관리자라고 부른다. 즉 각각의 위치에 역할정의를 부여하기 때문에 역할 분석은 같은 역할을 하는 사람들의 무리와 다른 역할 간의 관계를 분석하는데 초점을 맞춰 있다. 자세한 정의 및 수학 식은 Wasserman과 Faust(1994: p.361-384)를 참조하고 어떻게 UCINET 소프트웨어를 사용하여 지표를 얻는 방법에 관련된 내용은 Jar-Der Luo(2010: p.284-291)를 참조할 수 있다.

3. 구조적 공백

Burt는 오스트리아 학파와 Granovetter의 이론을 결합시켜 "구조적 공백(structural hole)"이론을 제시하였다(Burt, 1992). 그는 기업가에게 상업 경쟁을 함에 있어서 세 가지 종류의 자본을 가지고 있다고 주장했다. 즉 재무적 자본, 인적 자본과 사회적 자본이다. 사회적 자본을 어떻게 효율적으로 창조할 수 있는가? 중요한 원칙은 바로 중복된 관계를 감소하고 가능한 많은 구조적 공백을 창조해야 한다. 간단히 말하면, 구조적 공백은 바로 두 집단 간에 연결이 부족하기 때문에 네트워크 구조에 큰 구멍이 형성되는 것을 말한다. 만약에 어떤 행동자가 이 사이를 연결하는 "다리"역할을 할 수 있다면 그는 두 집단 간에서 상업적 기회가 발견할 수 있을 것이고, 양측에 있는 것과 없는 것을 찾아 서로 거래를 성사시킴으로 인하여 두 집단 간의 거래를 매개할 수 있다. Burt의 이론은 Granovetter의 "약한 연결 우위"이론을 더 한층 확대시켜 약한 연결이 사회적 자본과 비즈니스 기회의 창조에 중요한에 가치를 갖고 있다고 하였다. 이 이론은 한 걸음 더 나아가 실리콘밸리에 왜 많은 창업 투자의 기회가 존재하고 있는가를 설명하였고, 다양한 R&D 분야, 다양한 시장 내지 다양한 산업 간에 존재하는 구조적 공백 때문에 실리콘밸리에서는 빈번한 다른 산업과의 상호작용에서 "다리"를 찾아냄으로써 더 많은 비즈니스 기회와 창업 투자를 초래하게 되었다. 따라서 Burt는 구조적 공백을 기회의 논리라고 부르기도 한다. 그리고 공백 효과(hole effects)가 높은 행동자에게 두 가지 사회적 자본을 가지고 있는데, 하나는 즉시, 정시 및 정확하게 관건적인 정보를 획득하는 것이고, 다른 하나는 두 집단 사이에서 매개 이익을 취득할 수 있다는 것이다.

공백 효과를 측정하기 위해서는 에고 네트워크 자료를 수집해야 한다. 에고 네트워크 관련된 설문지는 〈표 18-2〉를 통해 알아볼 수 있다. 이 설문지는 1984년에 Burt가 미국 GSS(general social survey)(Burt, 1984) 관련 문항들을 정리하여 만들어진 것이다.

공백 효과에 관한 정의 및 측정 방식은 Burt(1992, 2장)의 책을 참조하기 바란다.

개체 사회적 자본은 미시적 수준에 대한 연구이기 때문에 겨우 네트워크 연결, 네트워크 구조와 둘 간의 상호신뢰만 포함하고 있고 기타 규범과 신뢰 가능한 환경과 같은 거시적 변수들은 결여되어 있다. 이러한 연결 및 구조적 위치는 조직 내 개인들에게 더 많고 좋은 업무 자원을 가져다 주지만 조직 내 개체 사회적 자본을 개인이 보유하고 있기 때문에 이를 사용할 때 꼭 조직에게 이익을 가져온다는 보장은 없다. 따라서 정의에 의하면, 개체 사회적 자본은 조직 집단의 사회적 자본이 아니고, 단지 조직 내의 개인에게 속해 있는 사회적 자본이다.

18.3 조직 내 집단의 사회적 자본

18.3.1 집단관계 차원에서의 사회적 자본에 대한 측정

Nahapiet와 Ghoshal은 관계 차원에서 열거한 신뢰, 규범과 인정을 이런 종류에 적용할 수 있다.

〈표 18-2〉 에고 네트워크에 관한 설문지 예

1. 사람들은 가끔 다른 사람에게 중요한 사적인 이야기를 털어놓는다. 지난 6개월 동안 당신은 어떤 사람들과 사적인 이야기를 나누었나?
그들의 성이나 이름 중 한 글자만 쓰면 된다. (밑에 있는 도표에 이름을 기재하시오. 모든 사람의 수를 인수에 관련된 칸에 기재하시오. "다섯 명이 부족한 경우에는 다른 사람 또 있습니까?"에 대해 응답하시오.)

응답

EC Var1	첫 번째 이름				
EC Var2	S EC Var3	두 번째 이름			
EC Var4	S EC Var5	S EC Var6	세 번째 이름		
EC Var7	S EC Var8	S EC Var9	S EC Var10	네 번째 이름	
EC Var11	S EC Var12	S EC Var13	S EC Var14	S EC Var15	다섯번째 이름

만약 하나의 이름만 생각나면 Var1 EC를 체크하고, 문제 5로 바로 이동하길 바란다.

……

……

신뢰는 규범과 인정의 결과변수이자 관계와 행동 간의 매개변수이다(Granovetter, 1995). 그러므로 신뢰는 집단 사회적 자본에 대한 연구에 있어서 중요한 가운데서도 가장 중요한 주제이다. 많은 학자는 사회적 자본을 바로 신뢰와 동일시하였다. 예를 들어 Fukuyama(1995)의 「신뢰」라는 책은 바로 상호 신뢰의 측면에서 사회적 자본을 논의했는데 사회적 자본을 가치관 혹은 규범 중에 존재하는 것으로 보았다. 그는 나아가 신뢰는 "사람으로 하여금 그룹이나 조직 중에서 공동의 목표를 위해 협력하게 하는" 중요한 요인이라고 제기하였다며(1995: 10). 또한 신뢰는 개체가 타인에게 보여주는 일종의 선의로써 개체로 하여금 양 측이 공동의 목표를 위해 자발적으로 자원 교환을 원하게 한다고 제시하였다. 따라서, 신뢰는 실제로 개체 간 또는 집단 간에 서로 협력하는 기회를 증가시킬 뿐만 아니라 동시에 전체의 복지를 제고시킬 것이다. Fukuyama는 영국, 미국, 독일 등 국가의 문화에서 신뢰는 주로 제도와 규범에서 오는 반면에 중국과 이탈리아 등 나라의 문화에서의 신뢰는 일반적으로 항상 둘 간의 관계를 기반으로 구축되었다. 다시 말하

면, 왜 현대화된 대형 기업이 서유럽, 북미에서 먼저 나타났는가라는질문에 답해보자면 이 지역들의 문화가 대형 기업에 속한 많은 낯선 구성원들에게 필요한 사회적 자본을 결합한 반면에 이탈리아, 중국 경우에는 가족기업 위주로 규모에 있어서 성장하기 어려운 한계점을 안고 있기 때문이다.

신뢰가 사회적 자본에 포함되어 있다는 것은 경영학자들에게 보편적으로 받아들여지는 사실이다. 예를 들어 Adler과 Kwon(2002)은 동정, 신뢰와 관용 등 내용을 포함되어 있는 선의(good will)를 긍정적인 사회 관계를 구성하는 중요한 요인으로 보았다(2002: 18). 그들이 말했듯이 "사회적 자본은 개인 혹은 조직이 얻을 수 있는 선의(2002: 23)"이며, 선의는 "인간 관계의 연결이 행동에 유익한 전환을 발생하게 할 수 있다고 하였다."

규범은 한 그룹에서 신뢰가 발생할 수 있는 전제 조건으로 간주될 수 있다. Barber(1983)은 일반적 신뢰를 타인에게 규범에 따라 행동하는 것에 대한 기대로 정의하였다. 다시 말하면, 일반적 신뢰는 친숙하지 않은 사람에게나 심지어 낯선 사람에게 주는 신뢰인데, 두 사람이 공존하는 환경에서의 규범, 도덕과 제도에 대한 확신을 기반으로 상대방의 행위에 대한 예측 가능성을 말한다. 규범은 일반적으로 풍속(folks)이나 도덕(mores), 그리고 전문성 윤리(professional ethics)를 말하는 것이고 사회화의 과정에서 규범은 사람들에게 일정한 행위 규칙을 발생하게 하며 공일한 규범의 제약을 받는 거래 당사자들은 상대방의 행위에 대해 예측 가능하게 한다. 법률이나 제도와는 달리, 규범에 있어서 구체적인 처벌 조치가 꼭 존재하지 않기 때문에 상대방의 도덕 관념의 강/약은 일종의 불확실한 요인이 된다. 만약에 입소문이나 직접적으로 거래한 경험을 통하지 않으면 상대방이 규범을 따르는지 여부에 대해 역시 알 수 없기에 불확실성과 취약성은 역시 존재한다. 그러나 비교적 폐쇄적인 집단에서의 상호 간의 감독과 여론 비난의 파워는 매우 강함으로써 이때 강한 규범은 매우 큰 강제력을 갖고 있는 통제력이 되어 확신 혹은 보증 관계를 창조한다(assurance or commitment relationship)(Yamagishi and Yamagishi, 1994).

Coleman(1990)도 사회적 자본은 개체와 타인의 교환 과정에서 발생하는 의무와 기대를 바탕으로 구축되는 것이라고 생각하였으며 나아가 이런 교환이 신뢰성이 있는 환경에서 발생했는지 여부, 즉 매우 강한 규범의 환경에서 발생했는지 여부에 따라 교환의 양측으로 하여금 불이행한 의무에 대해 책임지게 할 수 있다. 따라서, Coleman(1988)의 개념에서는 개체와 타인 간에 보상을 기대하는 관계에 대해 논의한 것 이외에도 어떻게 이런 신뢰성(trustworthiness) 있는 환경을 만들어낼수 있을지에 대해서도 논의하였다.

마찬가지로 인정도 그룹의 구성원들이 그룹에 대해 신뢰를 발생하게 하는 선행 요인이다. Shapiro 등(1992)과 Lewicki와 Bunker(1996)은 모두 인정 기반 신뢰(identification-based trust)에 대해 논의하였다. 이와 같은 신뢰는 사회적 자본에 포함되어 있는데 예를 들어 Whiteley(1990)가 국가 사회적 자본의 기원에 대해 연구할 때 사회적 자본을 신뢰와 동일시 하였다. 선의를 포함한 사회 관계를 통해서만 협력 행동이 발생할 수 있다는 점을 감안하면 그는 두 종류의 신뢰만을 통해 사회적 자본, 즉 개인에 대한 신뢰 및 국가에 대한 신뢰 및 국가에 대한 신뢰를 형성할 수 있다고 하였다. 그리고 그의 연구에서는 국가에 대한 인정 또한 국가에 대한 신뢰를 발생하게 한다고 주장하였다.

다른 예를 들어보면, Paxton이 말하는 사회적 자본이라는 개념에 대한 구성은 두개 부분으로 구성되었다. 하나는 네트워크 연결, 즉 개인 간의 사회 연결이고 다른 하나는 긍정적 감정이 포함된 상호 주관적(inter-subjective) 연결(Paxton, 1999: 93), 즉 신뢰를 말한다. 사회적 연결은 개인과 이웃, 친구 및 자발적 조직에 참가한 구성원들의 공동의 사회 활동에서 발생하는 것이다. 긍정적인 감정은 두 가지 종류의 속성을 초래할 수 있는데, 즉 타인에 대한 신뢰와 제도에 대한 신뢰이다. Paxton은 미국 전국적 종합 사회 조사 중의 세 개의 문항에 대한 결과를 사용하여 동료 대한 신뢰를 반영하였다(이 세 개의 문항은 각각 조사 대상자가 타인의 선량(善良), 공정(公正)과 성실에 대한 신뢰 정도에 관하여 조사를 하였다). 이와 동시에 사람들의 종교 조직에 대한 신뢰, 교육 체제에 대한 신뢰 및 정부에 대한 신뢰를 통해 사람들이 제도에 대한 신뢰를 반영하였다. 연결과 신뢰는 Paxton이 구축한 사회적 자본 개념의 두 가지 중요한 차원인데 그중에 타인에게 주는 신뢰 외에도 그룹에 대한 신뢰도 포함되어 있다.

따라서 본 장은 집단관계 차원의 사회적 자본을 그룹 구성원에 대한 신뢰로 간단히 전환하였고, 그중에는 그룹 내 다른 사람에 대한 신뢰와 그룹에 대한 신뢰도 포함하였다.

(1) 일반적 신뢰에 대한 측정. 조직행위 연구에서 조직 신뢰가 바로 일반적 신뢰인데 여기에는 동료에 대한 신뢰, 상사에 대한 신뢰와 전체 회사에 대한 신뢰가 포함되어 있고, 나아가 낯선 사람에 대한 신뢰 및 집단에 대한 신뢰도 포함시켰다. 이들은 측정 과정에서 실명을 사용하지 않고 매우 모호한 대상들을 사용하여 측정하였다. 조직 신뢰에 대해 상당히 완성된 측정지표가 만들어졌는데, 예를 들면 신뢰 저장량 측정 도구이다(Cummings and Bromiley, 1996). 이 측정도구에서 Cummings와 Bromiley는 62 개 문항이 포함된 설문지를 설계하여 조직 내의 신

뢰 저장량을 측정하였다. 본인은 이 설문지를 번역하고 문항을 9개 질문으로 줄였는데 역시 세 개의 차원을 포함하고 리커트(Likert) 7점 측도를 사용하여 측정하였다. 이 연구에서 사용한 설문지에 포함되어 있는 질문 문항은 우리 부문의 동료들은 할 말이 있으면 바로 한다, 우리 부문은 개방적이고 솔직하게 대화하는 것을 경려한다, 우리 부문의 동료들은 업무 내용이 변화될 때 미리 나에게 알려준다, 나는 부문의 책임자가 결정에 대한 설명에 만족한다, 내는 부문 동료 간에 솔직하게 서로 대하고 있다는 것을 믿는다, 각자의 일상 업무에 대한 결정에 대해 우리의 의견을 받아들이고 고려해준다, 부문 책임자 우리의 의견을 진지하게 고려한다, 등이다.

둘 간의 상호 신뢰 네트워크에 대한 측정. 일반적 신뢰 이외에, 앞서 언급하였듯이 대상이 매우 확실하고 이름을 말할 수 있는 둘 간의 상호 신뢰도 존재한다. 대다수의 화인에 대한 심리학 연구 결과 중국인들은 일반 지향이 아닌 특별 지향이라는 보여주고 있다(XiaoTong Fei, 1998; Ho and Chiu, 1994). 중국인에게 있어 둘 간의 상호 신뢰가 더 중요하기 때문에 신뢰는 상대적으로 인정 또는 제도에서 나타나는 것보다 사람과 사람 사이의 혈통, 지연 관계 및 인정 교환에서 주로 나타나(Hwang, 1987)기 때문에 신뢰의 구축에 있어서도 특별 지향이고, 본인은 특별 신뢰(particularistic trust)라고 불렀다(Luo, 2005a). 중국인 사회에서 모든 사람들은 자신을 중심으로 차이와 순서 패턴이 있는 개인 신뢰 네트워크를 구축한다(XiaoTong Fei, 1998). 안과 밖이 다르기 때문에 신뢰는 특별 대상이 존재한다. 이와 같은 특별한 신뢰 네트워크는 각 사람이 모두 자신을 중심으로 형성하는 인맥 네트워크를 말한다. 이는 중국인이 자원을 획득하고 지지를 구할 때 가장 중요한 근거가 되는 바 친밀 정도의 차이와 신뢰 정도의 차이가 존재함으로써 구할 수 있는 자원 혹은 지지도 달리진다. 특별한 신뢰는 중국인 사회에서 가장 중요한 신뢰이자 중국인이 일반적 신뢰를 구축하는 기초가 된다(Luo, 2005a).

한 그룹에서 가장 중요한 것은 전체 신뢰 네트워크의 밀도이다. 둘 간의 상호 신뢰에 대한 측정에 관련된 설명은 〈표 18-1〉 전체 네트워크 설문지의 13~17 관련 문항을 참조하기 바란다(Luo, 2011). 밀도가 높으면 한 그룹 내에 둘 간의 상호 신뢰의 연결이 평균적으로 비교적 많고 반대의 경우 그룹 내의 구성원 간에 특별 신뢰가 부족하다는 것을 의미한다. 밀도를 측정하는 자세한 정의 및 수학 식은 Wasserman과 Faust(1994, P102)를 참조하고 어떻게 UCINET 소프트웨어를 사용하여 지표를 얻는 방법에 관련된 내용은 Jar-Der Luo(2010, P229)를 참조하길 바란다.

18.3.2 집단구조 차원에서의 사회적 자본 – 그룹의 네트워크 구조적 형태

개체 수준에서의 네트워크 구조 형태는 개인의 구조적 위치를 말해준다. 그룹 수준에서의 네트워크 구조적 형태는 한 그룹의 내부의 사회연결망 구조적 형태를 나타 낸다. 어떤 형태가 조직에 건강한 것이며, 1 더하기 1은 2보다 크다는 시너지 효과를 발생하게 하는가? 어떤 형태가 유해한 것이며, 집단의 힘을 발휘하지 못하면서 1더하기 1은 2보다 작은 효과를 발생하게 하는가? 이와 같은 질문은 가장 도전성이 있는 주제이자 비교적 어려운 연구이기도 하다. 일반적으로 어떤 구조적 형태가 거시적 사회적 자본인가 구별하기 매우 어려운데 그것은 다양한 산업, 다양한 활동에 따라 다양한 결과가 나타나기 때문이다. 예를 들어 혁신의 활동 과정에서 비 공식적 권력이 집중하면 할수록 일반적으로 혁신에 불리하다고 생각한다(Baker, 1992; Sparrowe et al., 2001; Reagans and Zuckerman, 2001). 이와 달리 Ibarra(1993)는 비연구기관의 경영 프로세스 개선 과정에 있어서 적당한 권력의 집중은 혁신에 유리하다고 보았다. 또한 다양한 연구 주제에 따라 다양한 결론을 얻을 수 있다. 예를 들어 계층적 구조적 형태(hierarchical structure)가 정보의 피드백과 새로운 지식의 전파에는 불리하지만(Baker, 1992) 군대 또는 공장과 같은 조직에서 명령을 실행하는 데는 유리하다.

그러나 많은 시간을 걸쳐 이와 같은 연구들은 상당히 훌륭한 성과들을 보여주고 있다. 지식 관리 분야를 예로 들어보면 연구자는 구조에 있어서 다 차원의 조합이면 일수록 외부에서 지식을 더 용이하게 얻을 수 있다는 것을 밝혀냈다(Cummings, 2004). 그리고 기존의 약한 연결을 많이 가진 조직일수록 정보를 빨리 전파함으로써 지식의 창조에 유리하다는이론과는 달리, 최근의 연구에 의하면 강한 연결을 많이 가진 구조일수록 지식의 창조에 더욱더 유리한다(Levin and Cross, 2004; Suarez, 2005)는 연구 결과를 보여주고 있다. 지금부터 지식의 전파라는 주제로 네트워크 구조적 형태에 대해 논의하자고 한다.

1. 네트워크 밀도

기존의 네트워크 밀도(network density)가 그룹의 지식 창조의 성과에 구체적인 영향을 미치는 여부에 대한 연구에 있어서 다양한 결론들이 나타났다. Sparrowe, Linden과 Kraimen(2001)의 관련 연구에서는 네트워크 밀도의 영향이 사실 유의하게 나타나지 않았다. 하지만 Reagans와 Zuckerman(2001)이 2차적 자료를 통해 224개 그룹에 대한 연구에서는 그룹의 밀도가 지식 그룹의 생산력에 확실히 영향을 미치는 것으로 나타났고 동시에 네트워크 밀도는 그룹 내 구성원 간에 서로 상호 작용 정도를 측정하는 구체적인 지표라고 보았다. 이와 같은 연구 결론의 차이는 사람들의 뜻밖의 일이지만 연구자들로 하여금 네트워크 밀도의 정의에 대해 반드시 탐구하도록 한다.

네트워크 밀도의 정의에서 볼 때, 그룹의 네트워크 밀도가 크면 클수록 지식 창조의 성과가 좋아질 것이라는 것은 쉽게 발견될 수 있다. 그러나 왜 그룹 밀도의 영향이 유의하지 않는 현상이 발생하는가? Krackhardt(1996)는 조직 점도(organizational viscosity)라는 개념을 제시하였는데, 점도가 있긴 한데 강하지 않은 조직 즉 네트워크 밀도가 낮지도 않고 높지도 않은 조직의 창조력이 가장 좋게 나타났다. 왜냐 하면 밀도가 높은 구조에서 새로운 지식을 창조하는 과정에서 혁신자에게 독립적인 환경을 제공하지 못하고 주위 환경이 주는 영향이 매우 커서 새로운 아이디어가 쉽게 말살될 수 있기 때문이다. 반면에, 밀도가 낮은 환경에서는 새로운 아이디어를 확산하기에 쉽지 않아 이와 같은 밀도가 낮은 네트워크 형태 또한 최선이 상황이 아니다. 밀도 공식과 관련 있는 내용은 이미 앞서 소개한바 있기에 여기서는 다시 언급하지 않기로 한다.

2. 그룹 중심성

(1) 집단연계정도중심성(group degree-centrality)이 내포하고 있는 개념은 네트워크 밀도와 정반대로서, 집단연계정도중심성은 그룹의 중앙집권의 정도를 반영하고 있는데 즉, 상호작용이 소수인에게 집중되어 있는 상황을 말한다. Wasserman과 Faust(1994)는 그룹 중심성은 그룹 내 각각의 구성원 사이의 인적 상호작용의 변이 정도와 비슷하다고 주장하는데 그룹 내 인간 관계가 소수인에게 집중되었는지 아니면 모든 사람에게 평균적으로 배분되어 있는지를 말한다. 다시 말해서, 만약 그룹의 중심성이 높으면 이 그룹의 상호작용은 사실상 매우 집권적이라는 것을 보여주는 바, 몇 명의 관건적인 인물이 전체 그룹의 상호 작용을 대표하게 된다.

그룹 집중성이 지식 창조에 대한 영향의 관점으로부터 볼 때, Sparrow, Liden과 Kraimer(2001)와 Shaw(1964)의 그룹 네트워크 구조가 성과에 대한 영향을 연구한 논문에서 발견한 바와 같이, 그룹 집중성과 그룹 성과 사이에는 부(−)의 상관관계가 존재한다. 그룹 집중성이 높다는 것은 그룹 내의 사람들이 주로 소수 몇 명의 핵심 인물과 상호 작용을 진행하는 것을 의미하는 바, 기타 구성원과의 수평적인 상호작용은 오히려 감소하게 된다. 이러한 구조는 자원의 전달과 교환의 순조로운 진행을 방애한다. 조직 혁신을 연구하는 학자들도 그룹 중심성이 높을수록 조직을 집권적으로 변하게 하고 상호작용을 감소하게 하여 실제로 연구개발형 혁신에 불리한 영향을 미친다(Ibarra, 1993)는 결론을 도출하게 되었다.

그렇다고 과도하게 낮은 그룹 중심성은 과연 좋은 것일까? 그룹 중심성이 낮다는 것은 동시에 이러한 조직이 너무 분권이 되어 있다는 것을 의미하는 바, 명령이 흐지부지하게 되고 행동이 일사분란하지 않게 되어 그룹의 지식 성과와 공유에도 자연히 좋지 않은 상황이 된다. Ibarra(1993)도 경영상의 개선은 여전히 일정한 정도의 권력 집중을 필요로 하고 그래야 더 좋은 효과가 있을 수 있다고 지적한바 있다. Luo(2005b)는 기업 내 업무 프로세스의 개선을 담당하는 팀에 대한 연구에서 아래와 같은 가설을 설정하였다. 중심성이 높지도 않고 낮지도 않으며 과도하게 집권적이지도 않고 과도하게 분권적이지도 아니한 그룹은 사실상 프로세스 개선의 혁신에 좋다인데 이 가설은 연구에서 채택 되었다. 과도한 집권 또는 분권이 아닌 그룹은 상호작용이 소수 몇 명에만 집중되는 것을 방지할 수 있는 한편 과도한 분권에 의한 그룹 상호작용의 비효율을 방지할 수 있다. 비록 그룹중심성의 그룹 성과에 대한 영향은 진일보 연구의 검증을 받아야 하겠지만, 집단 사회적 자본을 측정함에 있어 그룹 집중성은 무시할 수 없는 측정 지표의 하나라는 것에는 의문의 여지가 없을 것이다. 자세한 정의 및 수학공식은 Wasserman과 Faust(1994, 180)를 참조하고, 어떻게 UCINET 프로그램을 통해 해당 지표를 얻을 수 있는지는 Jar-Der Luo(2010, 192)를 참조하기 바란다.

(2) 그룹 매개중심성(group betweenness centrality)은 집단이나 조직 내 네트워크 집권 정도를 반영하는 또 하나의 지표이다. 다만 그룹 매개중심성이 측정하는 대상은 정보를 장악하고 있는 권력의 불균등으로서 그룹 매개중심성이 높다는 것은 한 명이나 두 명의 행동자가 다수 개인이나 소그룹 사이 정보의 다리 역할을 함으로써 모든 사람은 반드시 이 다리를 통해서만 서로 의사를 소통할 수 있고 정보의 전파는 고도로 독점되어 있다. 자세한 정의 및 수학공식은 Wasserman and Faust(1994, 191)를 참조하고 어떻게 UCINET 프로그램을 통해 해당 지표를 얻을 수 있는지는 Jar-Der Luo(2010, 196)를 참조하기 바란다.

3. 소그룹(small group)

그룹에는 자주 "작은 우리"가 나타나는 상황이 발생하게 된다. 즉 구성원들은 자신이 익숙하거나 좋아하는 사람과 함께 일을 하고 생활하기를 원하게 된다. 소르룹의 출현은 그룹 내에 내부 그룹이 나타났다는 것, 즉 멀고 가까운 차별이 나타났다는 것을 의미하는데 만약 소그룹들 사이에 서로 연결이 있다면 괜찮지만 연결이 없다면 소그룹의 출현은 사실상 그룹에 대해 작지 않은 영향을 주게 된다.

Burt(1992)의 "구조적 공백(structural hole)"의 개념은 실제로 "작은 우리"의 또 다른 이름으로서 그는 "구조적 홀"을 두 명의 접촉자 사이의 비중복성 연결로 정의하였다. 이 공백은 마치 하나의 완충 장치(Buffer)나 절연체와 같아서 이는 어떤 해위자가 이를 통해 이익을 얻을 수 있는 공간이고 네트워크 간의 "좋은 위치"라고 볼 수 있다. 그렇다면 구조적 공백 이론은 그룹 내부의 지식창조에 대해 어떠한 영향을 미칠가? Burt의 관점에 의하면, 그룹 내의 구조적 공백의 출현은 정보와 자원 교류에 단절이 발생했다는 것을 의미하는 바, 양쪽의 정보는 서로 소통하지 않음으로 인해 정보의 연결이 중단되었음을 의미한다.

Cook 등(Cook 2004; Cook et al. 2004)은 신뢰 네트워크(trust network)의 개념을 제기하였는데, 그들의 관점에 따르면, 일부 경제체, 예컨대 동유럽과 러시아의 경우 협력 행위는 일반적 신뢰에서 오는 것이라 아니라 하나의 폐쇄된 네트워크에서 오는 것으로 나타나고 네트워크 내의 사람들은 서로 신뢰하지만 네트워크 외의 사람에게는 영향을 미치지 않는다. 따라서, 만약 둘 간의 신뢰 네트워크에 "작은 우리"가 생기게 되면 자원 교환이 소그룹 안에서만 이루어지게 되고 외부와의 교환은 진행하지 않게 된다. 신뢰 네트워크는 둘 간의 서로 신임하는 소그룹에 대한 분석을 사용하여 분석 및 측정할 수 있다.

공백의 존재는 서로 연결되어 있지 않는 소그룹들에 대해 정보 전달이나 상호 자문을 저애하는 역할을 한다면 사회 네트워크에는 또 다른 하나의 역할인 "다리(橋)"가 나타난다. 즉 지식 흐름과 공유를 자극하는 메커니즘이다. 다리는 정보를 전파할 수 있고, 정보로 하여금 다리를 통해 본래 서로 단절되었던 개인과 그룹 사이에서 흐르게 한다. Granovetter는 두 개의 단절된 소그룹을 위해 다리를 만드는 것은 모두 약한 연결이라고 지적하였고, Hansen(1999)의 연구에서도 조직 내의 약한 연결은 프로젝트 팀이 회사의 다른 팀으로부터 유용한 지식을 찾도록 도와준다는 것을 발견하였다. 이는 복잡한 지식의 교환에는 적합하지 않을 수 있겠지만 조직 내의 지식 전달에 있어서는 좋은 효과가 있다. 소그룹 분석은 아래와 같은 몇 가지 방식을 포함한다.

불완전하게 연결된 소그룹을 측정하는 가장 엄격한 지표가 바로 컴퍼넌트(component)이다. 그것은 전혀 대외적 연결이 없는 소그룹이다. 만약 그룹에 소그룹이 나타났고 이 때 약한 연결로서의 다리도 없다면 그룹의 지식 공유는 아주 쉽게 단절이 발생하게 되고 이는 그룹의 지식 창조에 부정적인 영향을 주게 된다. 자세한 정의 및 수학공식은 Wasserman과 Faust(1994, 109)를 참조하고 어떻게 UCINET 프로그램을 통해 해당 지표를 얻을 수 있는지는 Jar-Der Luo(2010, 166)를 참조하기 바란다.

K-plex는 매개 네트워크 구성원이 기타 구성원들과의 연결 수량으로 소그룹을 계산하는 방법이다. K-plex는 하나의 소그룹에 g명의 사람이 있고 그중 각각의 사람들은 적어도 소그룹의 기타 구성원과 g−k개의 관계를 유지하고 있는 것으로 표시한다. 자세한 정의 및 수학공식은 Wasserman과 Faust(1994, 265)를 참조하고 어떻게 UCINET프로그램을 통해 해당 지표를 얻을 수 있는지는 Jar-Der Luo(2010, 231)를 참조하기 바란다.

N-cliques는 매개 네트워크 구성원과 기타 구성원과의 거리로 소그룹을 계산하는 방법이다. N-cliques에 의하면 소그룹 내의 두 사람 사이의 거리는 n보다 작거나 n과 같다. 자세한 정의 및 수학공식은 Wasserman과 Faust(1994, 258)를 참조하고 어떻게 UCINET프로그램을 통해 해당 지표를 얻을 수 있는지는 Jar-Der Luo(2010, 234)를 참조하기 바란다.

Lambda set의 개념은 비교적 복잡한데 먼저 두 연결 노드 사이의 선연결성(line connectivity of nodes)이 무엇인지를 정의해야 한다. 선연결성이란 만일 두 연결 노드 사이의 마지막 하나의 경로마저 삭제하는 경우, 즉 두 연결 노드사이에 더 이상 연결되지 않았을 경우 삭제해야 할 선의 수량으로 코드는 $\lambda(i, j)$이다. 선연결성이 높을수록 두 연결점 사이의 연결경로가 더 많다는 것을 의미하고 관건적인 다리가 없기 때문에 반드시 많은 선을 삭제해야 이들로 하여금 연결되지 않도록 할 수 있다. Lambda set의 내부 임의의 두 연결 노드 사이의 선연결성은 내부의 한 개 점과 외부 한 개점 사이의 선연결성보다 높다. 이것의 현실적인 의미는 소그룹의 정의는 내부의 관계가 쉽게 단절되지 않는 정도가 내부 사람과 외부 사람의 긴밀 정도보다 높다는 것이다. 자세한 정의 및 수학공식은 Wasserman과 Faust(1994, 269-270)를 참조하기 바란다.

E-I index는 소그룹의 내부 밀도와 전체 그룹의 밀도를 나누기 한 것으로서 이 지표가 높다는 것은 그 소그룹의 내부가 고도로 긴밀하다는 것을 의미하며 일반적으로 내부는 비교적 폐쇄적이지만 외부와는 상당히 느슨해서 소그룹은 아주 쉽게 자신의 이익을 위해 전체 조직의 이익을 침해한다(LUOJIADE, 2010). 이는 조직 계파화와 계파투쟁을 연구하는 중요한 지표가 된다. 이는 조직의 사회적 자본에 대해서는 하나의 부정적인 지표이다. 자세한 정의 및 수학공식은 Jar-Der Luo(2010, 239)를 참조하기 바란다.

고리(cycle)는 정보 흐름의 과정에서 어느 연결 노드로부터 출발해서 다시 같은 연결 노드로 돌아오는 하나의 경로이다. 이 개념은 조직의 정보 흐름이 진실성을 잃어버릴 수 있는지를 검증하는 주제에 있어 아주 중요하다. 고리는 하나의 정보 피드백 시스템이 될 수 있어 고리가 없는 결과는 바로 정보가 밖으로 전달되지 못하고 중복 검증을 할 수 없으므로 아주 쉽게 위와 아래를 속일 수 있고 정보의 매개자는 정보를 조종할 수 있음으로 인해 많은 것을 적게 전파하고 적은 것을 많게 전파하거나 심지어 거짓을 전파할 수도 있다. 때문에 이는 정보 피드백과 루머 문제를 연구하는 중요한 지표이기도 하다. 계층적 조직의 사회 연결망은 나무와 같은 구조가 많아 고리가 아주 적고 폐쇄된 소그룹은 대개 고리수를 줄이게 된다. 상세한 정의 및 수학공식은 Wasserman 과 Faust(1994, 107)를 참조하기 바란다.

18.4 조직 외 사회적 자본

연구자들이 사회적 자본의 개념에 대해 서로 다른 이해를 가지고 있기 때문에 경험적인 연구에서 연구자들이 사회적 자본을 측정하는 방법 또한 각양각색이다. 일반적으로 두 가지 종류의 사회적 자본이 학자들의 관심을 모으고 있다. 하나는 한 개는 조직과 다른 한 조직 사이의 연결이고, 다른 하나는 조직 중 개인(주로는 리더)의 에고 사회연결망다. 양자 모두 조직을 위해 외부로부터 자원을 가져다 줌으로써 조직이 전체적으로 이득을 볼 수 있게 한다.

18.4.1 조직 간 사회적 자본

전자에 대해 설명하기 위해 Tsai와 Ghoshal(1998)의 논문을 예로 들고자 한다. 이들은 두 그룹 사이의 사회적 자본을 측정함에 있어(이 논문에서 그들이 측정한 것은 상업적 그룹 간 사회적 자본으로서 조직 간 사회적 자본은 아니다) 세 가지 지표를 사용하였다.

(1) 사회적 상호작용. 즉 구조 차원에서의 사회적 자본과 관련하여, "어느 상업적 그룹이 당신으로 하여금 더 많은 교제 시간을 투입하도록 하였는가?"와 "당신의 업체는 어느 업체와 비교적 양호한 사회적 관계를 유지하고 있는가?"라는 두 개 질문을 각 업체의 세 명의 리더에게 질문을 하였다. 그 다음, 이 두 개 질문으로질문에 응답한 15개 업체 중에서 해당 업체의구조적 위치를 계산해내고, 매개중앙성(betweenness centrality)을 이 업체의 구조 차원에서의 사회적 자본으로 하였다.

(2) 신뢰와 신뢰 가능성. 즉 관계 차원에서의 사회적 자본과 관련하여, 제시한 두 개의 질문은 각각 "어느 업체를 당신은 신뢰할 수 있고 기회를 틈타 당신으로부

터 사적인 이득을 챙기려고 하지 않는가"와 "일반적으로 볼 때, 어느 업체의 직원이 항상 당산과의 약속을 지키는가"이다. 그리고 똑같은 방법으로 세 명의 리더에게 응답을 요청한 다음 내향 중앙성(in-degree centrality)을 계산하고 이에 따라 관계 차원에서의 사회적 자본을 측정해냈다.

(3) 비전 공유. 즉 인지 차원에서의 사회적 자본은 자체평가식 Likert 7점 척도로"우리 사업 부문은 업무 중에서 기타 부문과 아주 비슷한 목표와 비전을 공유하였다"와 "우리 사업 부문의 인원은 전체 조직의 그룹 목표 및 공동 사명을 추구함에 있어 열정으로 가득 차 있다"라는 두 가지 문항에 대한 응답을 요청하였다. 이러한 인지적 설문 문항은 합계 후 평균하여 최종 지표를 얻어 낸다.

이러한 논의는 당연히 조직 간 사회적 자본의 간단한 평가 방식에 불과하다. 그 외, Cummings와 Bromiley(1996)의 "신임 보존량 척도"가 있는데 이는 조직 간 신뢰와 관련하여 감정적, 인지적 및 의지적 행위라는 세 개 차원에 대해 각각 "약속 유지", "성실 협상" 및 "부당 이득 추구하지 않음" 등 세 개 유형의 신뢰로 3×3인 9개 차원의 81개 문항을 설계하였는다. 이는 관계 자원에서의 사회적 자본에 대한 복잡한 측정 방식이라고 할 수 있다. 다만, 이러한 설문은 모두 양측 회사의 고위급 관리자의 응답을 필요로 하기에 자료 취득이 상당히 쉽지 않다. 자료 취득의 어려움 때문에 대다수의 이러한 연구는 모두 아주 간단한 방식으로 측정하게 된다. 예컨대, Fortune 1000 회사들 사이에 어느 정도의 전략적 동맹관계(Florin et al., 2003)가 있는지, 또는 얼마나 많은 회사와 이사회 연결이 있는지 등이 있다.

18.4.2 조직 내 최고 경영자의 개인적 대외적 연결

조직 내 개인이 인맥 관계를 통해 취득하는 외부 자원과 관련하여 Lin은 이러한 주제를 연구하는 대표적 인물이라 할 수 있다. 개인 수준에서의 사회적 자본을 조사하기 위하여, Lin 등(Lin and Dumin, 1986; Lin, 2001)은 직위 생성법(position-generator) 설문지를 개발하여, 응답자의 사회적 자원이 어디서부터 오는지를 밝히려고 했다. 이는 미시적 사회적 자본을 측정하는 방법으로 에고 네트워크 사회연결망 조사방법(ego-centered network)에서 유래된 것이다. 이름 그대로 개인의 연결은 어떻게 자원을 취득하는 것인지를 가늠하는 것이고, 이는 또 먼저 자원이 어디서부터 오는지에 의해 결정되고, 다음으로 이러한 연결이 충분히 강하고 안정적이어서 진정으로 원하는 자원을 얻게 하는지를 평가해야 한다. 앞서 언급한 조직 내 전체 네트워크의 조사방법은 구조 분석보다는 우월하지만, 폐쇄된 그룹에 대해 패턴매칭

조사를 해야 하기 때문, 조직 내 조사에 적합하고, 지금 소개한 이러한 방법은 조직외 연결의 조사에 더 적합하다.

기본적으로 이는 개인 네트워크의 규모와 네트워크에 배태(embedded)된 자원의 수량이라는 두 개 측면으로부터 착수하여 진행된다. 먼저, 네트워크의 구조를 보여주는 지표인데, 예를 들어 네트워크 규모(네트워크 구성원이 얼마인지), 네트워크 컴퍼넌트(어떠한 유형의 구성원으로 구성되었는지) 및 네트워크의 밀도(네트워크 구성원 사이의 연계의 긴밀한 정도) 등이 있다. 연구자들은 이에 근거하여 일부 가설들을 제기하였는데, 예를 들면 네트워크 규모가 크거나, 네트워크 중 약한 연결이 차지하는 비중이 클수록 또는 네트워크밀도가 높은 사회 연결망이 갖고 있는 사회적 자본이 더 풍부하다(Montgomery, 1991; Montgomery, 1992; Lin, 1999; BIAN YAN JIE, LI YU, 2001; BIAN YAN JIE, ZHANG Wen-hong, 2001; ZHAO Yan-dong, 2002; ZHAO Yan-dong, 2003)는 것인데, 이러한 가설들은 앞으로의 연구들에 의해 계속 검증될 필요가 있다. 그 다음으로 네트워크에 배태된 자원을 반영하는 지표들인데, 이 문제에 관해 직위 생성법은 특유한 우위를 가지고 있는 바, 이를 통해 사회연결망 중에 배태된 자원의 수량이 얼마인지를 효과적으로 측정할 수 있다.

이러한 연구 방법의 기본적인 가설은 아래와 같다. 사회자원은 균일하게 사회에 분포되어 있는 것이 아니라 사회적 지위의 고하에 따라 피라미드형으로 분포되어 있으며, 매개 네트워크의 구성원이 보유하고 있는 사회자원은 주로 그가 처한 사회적 지위에 의해 결정된다는 것이다. 현대 사회에서, 개인의 사회적 지위는 그가 종사하는 직업과 그가 소속된 업체를 통해 반영될 수 있다. 따라서, 연구 대상인 네트워크 구성원 중에 나타난 직업 유형과 업체 유형에 대한 조사를 통해, 그가 보유한 사회자원의 량에 대해 상대적으로 정확한 측정을 할 수 있다. 구체적인 방법은 이렇다. 설문지에 한 개 또는 여러 개의 측정도구를 열거하고, 표에는 여러 특정 자원의 직업 유형 또는 근무업체 유형 등을 포함한다. 조사 시 먼저 응답자로 하여금 그의 사회연결망 구성원 중 표에 기술된 특징과 일치한 사람이 있는지를 대답하게 한 다음, 이 지표를 통해 개인의 사회연결망에 내포된 자원의 상황을 반영하는 것이다. 그러나 이러한 방식의 주된 결함은 네트워크 연결만을 측정할 수 있을 뿐, 응답자의 네트워크 구조의 구조형태를 더 깊이 파악할 수 없다는 것이다. 예컨대, 에고 네트워크 내의 구성원 간의 연결 구조는 당사자의 주관적 판단에만 의거해야 하고 객관적인 방법으로 측정할 수 없다. 그러므로, 만약 우리가 사회연결망의 구조 자체(가령 네트워크의 규모, 그룹 중앙성, 개체의 네트워크 위치 등)가 사회적 자본의 하나의 중요한 구성부분이고 그에 대해 측정해야 한다고 생각된다면(Montgomery, 1991, 1992), "직위생성법"을 사용하여 얻어낸 자료만으로는 부족할 수 있다. 〈표 18-3〉은 간단한 설문지의 양식이다.

직위생성법이 해결하고자 하는 문제는 두 개다. 하나는 자원이 어디서부터 오는가의 문제이고 다른 하나는 자원이 효과적으로 연결에 의해 취득할 수 있는지에 관한 문제이다. 예를 들어 보자. 모 중소기업 사장에 대해 가장 필요한 자원은 어떠한 것이 있을까? 외주 업체가 있는지, 화물의 공급원이 안정적인지, 시장이 있는지, 거래처인 대기업이 안정적인지, 정치와 상업 관계를 통해 많은 법률과 규제 문제를 해결할 필요가 있는지, 전략적 동맹자가 있어 전략적 자원을 취득할 수 있는지 등, 이러한 질문들은 모두 중요한 자원을 나타내는데, 누가 이러한 자원을 보유하고 있을까? 예를 들어 중형 전자부품 공장이 조사 대상이라고 할 때, 대형전자 조립공장의 CTO, 공장의 사장, 구매 담당이 바로 이러한 자원들을 보유한 "직함"들이고, 당신이 몇 명을 알고 있는지는 아주 중요한 시장 자원이 된다. 이유는 이러한 직위는 전자부품 공장의 "시장자원"을 보유하고 있기 때문이다. 규모가 비슷하거나 조금 더 큰 조립공장이라면 특히 더 중요할 것이다. 대형전자 공장은 "자기의 위상에 걸맞는" 수준을 중요시하기 때문에 일반적으로 소형회사로부터 부품을 조달하지 않으려고 하기 때문이다. 그래서 시장자원에 관해서 응답자에 대해 매출액이 상당한 전자회사의 사장, 오너 또는 구매 담당을 알고 있는지를 물어볼 수 있다. 한편, 응답자가 알고 있는 사람의 관계 강도가 얼마나 강한지도 물어볼 수 있다. 관계 강도가 아주 강하다면 해당 자원을 취득할 수 있는 확률이 높아지는 것이고, 그렇지 않다면 여전히 고도의 불 확실성이 있는 것이다.

Lin(2001)은 에고 네트워크의 관점에서 사회적 자본을 해석하고 개인 수준에 중심을 두고 사회자원이론(Lin, 1998)을 제시하였다. 이에 따르면, 사회적 자본은 에고 사회네트워크에 배태된 취득이 가능한 자원이므로, 개인의 사회적 자본은 사회 관계를 통해 얻을 수 있다고 본다. 그는 몇 개 측면의 문제로 사회적 자본의 많고 적음을 반영하였다.

1. 자원을 취득할 수 있는 사회관계가 얼마나 넓은지, 즉 사회관계의 폭(range).
2. 사회관계가 도달할 수 있는 최고 사회지위, 즉 관계의 고도(upper reachibility).
3. 관계의 다양성(extensity).
4. 관계의 규모(scale).
5. 관계 내에 내포된 자원의 수량, 이는 그가 종사하고 있는 직업으로 평가한다.

〈표 18-3〉 직위생성법의 설문지 양식

아래에 일련의 직함이 있는데, 당신은 아래 직함을 가진 사람을 알고 있는가?								
직함	1. 당신은 아래 직함을 가진 사람을 알고 있는가?	2. 당신은 이 사람을 안지 몇 년이 되었는가?	3. 당신과 이 사람의 연대는 무엇인가?	4. 당신과 이 사람과 얼마나 친밀한가?	5. 이 사람의 성별은?	6. 이 사람의 직업은?	7. 당신은 다른 사람(갑)을 통해 이 사람을 알 수 있다고 생각하는가?	8. 다른 사람(갑)과의 연대를 생각하고 당신과 갑2–6의 문제를 다시 응답해 주세요.
직함 A								
직함 B								
직함 C								
…								

이러한 것들은 이미 네트워크 연결에만 국한되는 것이 아니라 이러한 연결이 에고사회네트워크에서 갖고 있는 구조적 특성도 포함하고 있다. 다시 말해서, 에고 사회네트워크의 구조적 형태도 그에 배태된 자원의 함량을 결정하고 있다. 상기 지표의 정의는 Lin(2001, 7장 및 10장)을 참조하기 바란다.

18.5 관계 차원과 구조 차원의 사회적 자본 간의 인과관계

위에서 사회적 자본 개념의 기원과 발전에 관한 연구 성과의 종합 및 평가로부터 알 수 있듯이, 관계 차원의 사회적 자본과 구조 차원의 사회적 자본은 각기 상당히 다른 학술 전통에 기반한 것이다. 전자의 신뢰, 규범과 규범에 대한 존중 및 의무와 의무에 대한 책임은 모두 심리상의 태도 변수이고, 구조 차원의 네트워크 연결은 직접 교환의 행위인 제안, 만찬 회동과 개인적 사담 등을 측정한다. 저자의 관점에 볼 때, 전자의 대표적 인물은 Granovetter로서 그의 배태이론(1995)에서, 신뢰은 네트워크 연결과 경제행동 사이의 매개변수라는 것을 지적함으로써 이로부터 사회학계와 경영학계의 신뢰에 대한 일련의 연구의 물꼬를 터주었다. 후자의 대표적 인물은 Lin으로서 그의 구조적으로 배태된 자원 관점(structurally embedded resources)(Lin, 2001)이 주목하는 초점은 바로 자원의 교환 행위 및 그 형성의 교환 네트워크이다.

이 두 가지 방향은 좋고 나쁘거나 옳고 그름의 차이는 없으며 모두 오늘날 사회적 자본 정의의 중요한 구성부분으로서 단지 하나는 심리적 차원의 평가이고 다른 하나는 교환 관계의 평가일 뿐이다. 전자의 강점이라면, 신뢰는 경제행동을 보다 직접적으로 해석하여(Granovetter, 1985) 해석력이 강하다는 것이다. 후자의 우세라면, 설문지에 물어본 것은 교환 행위이기 때문에 응답자에게 있어 알기 쉽다는 것이고, 사적인 관계와 같은 민감한 문제를 응답할 때에도 애매모호한 공간을 좁힐 수 있기에 전체적 네트워크 설문지의 응답에 특히 적합하다고 할 수 있다. 그러나, 양자 간에는 하나의 단일화된 지표를 형성하기 어렵다는 문제가 존재한다. 예를 들어, 일반적 신뢰에 사용되는 것은 Likert 7 점척도인 반면에, 우정 네트워크 밀도는 구조 변수로서 조작화에 있어 어떻게 공동으로 하나의 개념으로 매칭할 것인지는 상당히 어려운 문제이다. 다시 말해서 사회적 자본은 이미 더 이상 조작화가 가능한 개념이 아닌 정도로 복잡해져서 이를 세분화 하여야만 비로소 측정이 가능한데, 관계 차원과 구조 차원의 구분, 개체와 그룹의 분류는 모두 우리에게 사회적 자본을 조작화하는 데 중요한 기초를 제공하고 있다.

한층 더 깊이 분석해 본다면, 신뢰와 기타 사회적 자본은 서로 인과관계에 놓여 있는 바, Granovetter(1985)의 배태이론은 이러한 인과관계를 설명하기에 가장 충분하다. 이 이론은 거시적 사회구조가 미시적 경제행동으로 전환하는 과정을 해석하였다. 즉 사회연결망 구조 및 구조 중의 관계는 인간관계의 신뢰를 초래하고, 인간관계의 신뢰는 거래를 활성화하는 기본요건을 구성하며, 나아가 거래에서의 거래비용을 감소시킴으로써 거래의 거버넌스 구조에 영향을 주는 동시에 그로 인해 제도와 계약을 과도하게 의존하는 거래 행위를 변화시켜 개체의 경제행동에 영향을 준다고 지적하였다. 여기에서 신뢰는 결과이고 네트워크 연결 및 사회연결망 구조는 원인이다(Luo Jia-de, Ye Yong-zhu, 2007).

거시적 수준에서, Coleman(1990)이 말하는 규범과 징벌은 이론적으로 일반적 신뢰의 선행요인으로 된다. Barber의 정의에 따르면, 일반적 신뢰는 "자연 질서와 도덕 질서에 대한 기대와 견지"이다(Barber, 1983; 9). 이 정의 자체가 설명하듯이 사회 규범에 대한 보편적 준수는 사회 구성원 사이에 그들이 알고 있든 알고 있지 않든 간에 서로 신뢰하는 기초가 된다. 징벌 능력을 가진 규범은 Williamson(1996)이 말하는 "계산적 신뢰(calculative trust)"를 가져다 줄 수 있다. 비록 계산적 신뢰는 진정한 신뢰(real trust)(Granovetter, 2002)와는 다르지만, 교환 양측의 행위가 가능한 징벌에 국한되어 어떠한 불확실성이 없기 때문에 어느 한 측도 위험을 부담할 필요가 없는 반면에, 진정한 신뢰의 전제는 위험이 있으나 이러한 위험을 무시하는 심리상태인 것이다. 그러나, 계산적 신뢰는 신뢰할만한 행위를 가져다 줄 수 있기 때문에 우리가 신뢰 가능성을 분석함에 있어서, 예컨대 상기 개체의 사회적 자본 중의 신뢰와 그룹의 사회적 자본 중의 신뢰 네트워크를 평가함에 있어서도 이는 여전히 신뢰 가능성에 영향을 주는 중요한 요인이 된다.

비록 본 장에서는 상대적으로 협의의 정의를 채용하여 인지 차원의 사회적 자본을 망라하지 않았으나 이러한 유형의 변수에 대한 논의는 사실상 모두 일반적 신뢰로 귀결된다. 비전공유(shared vision)는 기타 동료와 동일한 이념, 공유된 조직 목표를 공유하는 것으로서, 이러한 조직에 대한 인정은 서로가 인정하는 "우리 그룹(we-group)"이라는 느낌을 창조함으로써 "인정을 바탕으로 하는 신뢰(identification-based trust)(Sheppard and Tuchinsky, 1992)을 가져다 준다. 공동언어(shared languages), 공유서술(shared narratives)은 조직 구성원의 공동된 생활 경험에서 비롯된 것인바, 이는 다수의 유사성을 조성하고 유사함으로써 친근해지게 되고 유사함으로써 서로 이해하게 됨으로써 개체 유사성을 바탕으로 하는 신뢰(characteristics-based trust)

(Zucker, 1986)를 구성한다. 이는 모두 조직 구성원에 대한 일반적 신뢰를 가져다 준다.

미시적 차원에서, Wellman 등(Wellman, 1992; Wellman and Frank, 2001)에 의하면, 개인의 감정적 네트워크 중심에서의 위치는 사람들에게 긍정적인 인상을 가져다 줌으로써 그가 얻을 수 있는 신뢰도 더 많게 된다. 따라서 상대적으로 그 또한 큰 신임을 베풀기도 한다. Krackhardt와 Hanson(1993)이 발견한 바와 같이 조직 내에서 가장 환영을 받은 인물은 친구 네트워크(philos networkd)에서 중심 위치를 가지고 있고 한편으로는 우정 연결 자체가 선의를 내포하고 있어 선의는 친구로 하여금 사기 및 기회를 틈탄 이득행위, 즉 기회주의 행동을 하지 않게 한다. 화교(華僑)사회에서 친구의 의리는 더욱이 오륜(五倫) 중의 하나로서 신뢰할 만한 행위들(trustworthy behaviors)의 과시는 친구 의리가 강력히 요구하는 사회적 규범인데, 친구가 많은 사람은 자연히 믿을 만한 사람도 많고 특수 신뢰도 비교적 높다. 그 외, Krachhardt(1992)에 의하면, 감정 네트워크 중심자는 타인에 영향을 주는 방법으로 상대적으로 높은 비공식적 권력을 가질 수 있고, 이러한 권력은 친구들에 대해 감시적 작용을 한다는 것이다. 특히, 그룹에서 가장 환영을 받은 사람이 사기를 당했을 경우 그룹의 제재를 받기 더 쉬움으로, 그 주변 사람의 행위는 감독을 받아 도를 넘지 않게 되며 개인적 신뢰 관계도 이로 인해 더 많아지게 된다. 개인의 우정연결의 증가는 개인의 동료와 조직에 대한 신뢰를 확대한다는 것은 이미 실증 자료를 통해 검증된 바가 있다(Luo, 2005a).

동시에 사회자원의 교환은 교환하는 쌍방 간에 신뢰를 생기게 한다. Blau(1964)가 지적한 바와 같이, 사회교환에서 개인은 실시간 보상을 기대하면 안되기 때문에 그는 반드시 상대방의 선의에 희망을 갖고 장래에 보상을 얻을 것이라고 기대해야 한다. 일련의 성공적인 사회교환 과정에서 교환 쌍방은 최종적으로 Granovetter(2002)가 말하는 "진정한 신뢰"를 이루게 된다. Burt(1992)의 구조적 공백 이론 중에서도 지적했듯이, 매개 위치에서 얻을 수 있는 자원교환 기회가 더 많다. 그룹 중에서 지식의 교환은 경제 교환과 달리 즉각 대가의 보상이 이루어지는 것이 아니라 하나의 "인정 빚"을 구성하게 되고 오늘의 도움은 향후에 보상을 받도록 남겨두는 것이다. 이 또한 일종의 사회교환이다. Blau(1964)의 사회교환 이론에 의하면, 사회교환에 있어 보상이 실시간으로 이루어지지 않기 때문에 쌍방은 반드시 상대방에 대해 선의적인 기대를 해야 하고 아무런 제약이 없는 상황에서 상대방이 "인정 빚"을 기억하기를 기대해야 한다. 만일 이러한 기대가 실현되면 신뢰감도 강해지게 되고 여러 번의 사회교환이 모두 성공한 후에는 신뢰 관계가 자연스럽게 만들어지는 것이다. 따라서, Burt(1992)와 Blau(1964)의 개념을 종합하면, 네트워크의 매개 위치에 처해 자주 교환을 진행하는 사람은 상대적으로 많은 상호 신뢰 관계를 가지게 된다.

위에서 살펴보듯이, 신뢰와 기타 네트워크 연결, 구조, 의무 및 규범은 인과관계가 있고 Granovetter에 의해 경제행동으로 통하는 매개변수로 인식되고 있다. 물론, 신뢰 관계는 일정한 시간 후에 네트워크 연결의 성격을 변화시킬 수도 있다. 가령 도구적 관계로부터 감정적 관계로 전환할 수 있다(Granovetter, forthcoming). 심지어 구조를 개변하거나 규범을 개변할 수도 있다. 한 그룹의 사람들이 상호작용하고, 신뢰하고 감독하다 보면 자체적으로 자기관리의 규정제도를 발전해 내어 자기구속의 질서를 형성할 수 있다. 즉 자기조직화(self-organization)와 자치(self-governance)(Ostrom, 2008)이다. 반대로, 한 그룹의 사람들이 서로 믿지 않으면 나중에 거시적인 규범과 제도에도 영향을 주게 된다. 예컨대 제도 통제의 역량이 강화되고 법이 다스리는 밀도가 더 강해지며 법이 집에까지 들어오는 상황이 발생한다(Fei Xiao-tong, 1998). 이 방면에 관해서는 더 심도 깊은 연구가 필요하다. 종합해 본다면, 신뢰의 심리적 변수와 기타 네트워크 연결, 구조적 변수는 서로 원인과 결과에 해당한다는 점은 이미 많은 이론에 의해 검증되었으며, 이들 간에는 하나의 단일화된 조작화가 가능한 변수를 구성할 수 없다는 것에는 의문이 여지가 없다. 사회적 자본 내의 여러 수준 사이에 어떠한 인과 구조를 갖고 있는지를 밝혀 내는 것은 또 하나의 도전적인 연구과제이다.

18.6 사회적 자본의 현지 특징

관계 차원 및 구조 차원에서의 사회적 자본은 모두 행동자의 연결인 사회연결(social ties)에 기반을 두고 있는데, 중국에서는 바로 관계(꽌씨, guanxi)이다. 중국 현지화(indigenous) 경영학은 중국경제의 궐기와 더불어 이미 오늘날 중대한 경영학 연구 주제로 부상되었고, guanxi(관계)라는 단어는 Tsui 등(Tsui and Frah, 1997)의 추진하에 서방 경영학에서 중국특색 경영학의 키워드가 되었으며, guanxi와 그중의 신뢰는 바로 관계 차원에서의 사회적 자본의 주요 내용이고, guanxi로 형성된 사회연결망은 그것이 에고사회네트워크든 전제적 네트워크이든 간에 구조 차원에서의 사회적 자본의 주요 내용으로서, guanxi에 대한 논의는 중국 조직의 사회적 자본 현지연구의 출발점이라 할 수 있다.

Guanxi연구는 이로서 한때 전성기를 구가하여 이미 풍성한 연구 성과를 취득하였으나 대부분은 guanxi의 수준에 대한 분석에 집중되어 있고, guanxi의 성격(Bond and Hwang, 1986; Chua et al., 2009), guanxi의 품질(Bian, 1997; Chen and Chen, 2004; Law et al., 2000) 및 guanxi의 책략(Peng and Luo, 2000; Park and Luo, 2001) 등을 포함한다. guanxi 자체 외에, 많은 연구는 또한 그 선행변수(Xin and Pearce, 1996; Chen and Tjosvold, 2006; Chen and Peng, 2008; Zhu et al., 2009), 매개변수(Gu et al., 2008; Zhuang et al., 2010), guanxi실천의 결과(Bian, 1997; Luo, 1997; Hui et al., 1999) 및 조직 내와 조직 간의 guanxi에 대해서도 논의를 하였다. 하지만 극소수(Xiao and Tsui, 2007)를 제외하고 대다수의 이러한 guanxi 연구는 그의 구조 차원을 언급하지 않았으며 학자들도 이를 심도 있게 논의하지 않았다.

중국인의 관계의 특성 및 구조의 특성을 이해하는 것은 중국인 관계 차원과 구조 차원에서의 사회적 자본을 심도 있게 분석하는 토대가 된다.

18.6.1 중국에서 관계의 차이와 순서 패턴의 특징

중국어의 "guanxi"라는 단어는 서방의 사회연결의 개념과 과연 차별이 있는지는, 약한 연결(Granovetter, 1973)과 강한 연결(Krackhardt, 1992) 우위에 관한 반복적인 논쟁에서 그 실마리를 찾을 수 있다. Granovetter의 권위 있는 논술에 의하면, 강한 연결은 유사한 혈연(혈연 관계가 있는 친족) 또는 친밀한(친밀한 친구) 사람을 함께 연결해 준다. 강한 연결은 친밀하고 감정이 강렬한 것이며 그들 간에는 고도의 반복적인 상호 작용을 한다. 이러한 특징은 강한 연결을 가진 사람이 쓸데 없이 많은 정보를 공유하는 확률을 증가시킨다. 강한 연결은 상호 작용의 기회를 효과적으로 증가시키고 상호 작용의 파트너를 우호적으로 대하게 한다. 이러한 것들은 한 사람이 강한 연결을 손상시키는 확률 또는 위기나 변혁기에 배반할 가능성을 감소시킨다. 다시 말해 강한 연결은 신뢰의 발생(Krackhardt, 1992; Uzzi, 1997)에 도움이 되고 배반, 불의 행위 및 불공정감 생성의 확률을 저하시킬 수 있다.

반대로, 약한 연결은 이와 상반된 우세와 열세가 있다. 약한 연결은 본래 고립된 사람들이나 서로 연결되지 않은 두 그룹의 사람들을 연결시킨다. 이것이 바로 구조적 공백 이론의 도리이다(Burt, 1992). 정보는 쓸모 없이 잔여의 상태로 있을 가능성이 적기 때문에 이들은 풍부한 그리고 상이한 그룹을 넘나 드는 정보를 제공함으로써 매개를 통해 이익을 취득할 기회를 얻게 되고 이에 따라 조직의 변혁과 혁신의 기회를 가지게 된다. 그러나, 이러한 기회 생성의 전제는, (1) 협력 행위가 감정적 요인에 기인한 것이 아니고, (2) 파트너를 고려할 필요 없이 이기적으로 행동할 수 있어야 한다. 그러므로 비록 약한 연결은 개인에게 더 많은 기회와 정보를 제공할 수 있다는 것이 이미 증명된 바와 같이, 가령 한 사람이 다리인 경우 그는 조직 간, 그룹 간의 연락 담당자 역할을 할 수 있다. 그러나, 그들은 위기나 격변이 발생할 때 협력 행위나 신뢰를 생성할 가능성은 그다지 크지 않다.

그렇다면 guanxi는 어떠한 면에서 사회연결과 구별될 가? 기존의 일부 연구는 이미 상당히 가치가 있는 성과를 얻었다. 중국인 사이의 guanxi는 일반적으로 업무 관계와 감정 관계가 불가분적이다(Chai and Rhee, 2010). Guanxi는 가정 윤리의 토대 위에서 이루어진 것으로 가정 관계의 대외적인 연장으로 간주된다(Liang Shu-ming, 1982; Yeung, 2000; Chua dt al., 2008; Chua et al., 2009). 중국 guanxi의 형성은 일반적으로 구동 관계(九同: 同病, 同學, 同鄉, 同事, 同宗, 同行, 同袍, 同修, 同好와 같은 혈연, 지연 및 개인 상호작용 경험으로 형성된다(Zhai Xue-wei, 2005). 이에 비해 서양은 더 많이 성별, 연령, 종족, 계층 등 사회 유형을 기반으로 형성된다(Fei Xiao-tong, 1998; Ibarra, 1997). 서양 사람들이 약한 연결을 사용하여 더 많은 정보 및 구조적 공백의 이익을 취득하는 것에 비해(Granovetter, 1973; Burt, 1992), 중국 사람은 강한 연결을 사용하여 매개 및 폐쇄된(closure) 이익을 취득하는 경향이 있다(Bian, 1997; Xiao and Tsui, 2007).

저자가 보건대, 중국인의 guanxi에서 세 개의 개념이 가장 특수하고 특별히 중요하다. 첫째, 사회연결의 개념과 상이한 점은 guanxi는 차이와 순서 패턴이 있어 멀고 가까움에 따라 서로 다른 교제 방식이 있다(Fei Xiao-tong, 1998). 그래서 중국 사람에게 있어 guanxi는 획일적인 개념이 아니다(Hwang, 1987, 1988; Luo, 2005a; Fu, Tsui and Dess, 2006). 적어도 세 가지 guanxi 유형인 가족, 친한 사람과 지인(Luo, 2011; 또는 Yang Guo-shu의 용어로 가족, 친한 사람과 모르는 사람(家人, 熟人与生人), Yang Guo-shu, 1993; Fu, Tsui and Dess, 2006)이 존재한다. 둘째, 하나의 특수한 guanxi로서 “친한 사람(熟人)”(Yang Guo-shu, 1993; Luo, 2005a)이라는 것이 있는데, 앞서 언급했던 Huang(1988)이 말한 “혼합형 관계”와 비슷한데, 중국인의 에고 네트워크의 가장 중요한 부분을 구성한다. 셋째, 친한 사람의 존재 및 음양적 사유방식(Li, 1998, 2008; Chen, 2008)은 중국인으로 하여금 관계 중의 도구적 동기와 감정적 동기를 동태적으로 조화시키는 것과 서로 다른 관계 사이의 이익을 조화시키는 것에 능하게 함으로써 관계 운영 중의 고도의 유연성을 가져다 준다는 것이다.

〈그림 18-1〉
중국인 guanxi의 차이와 순서 패턴

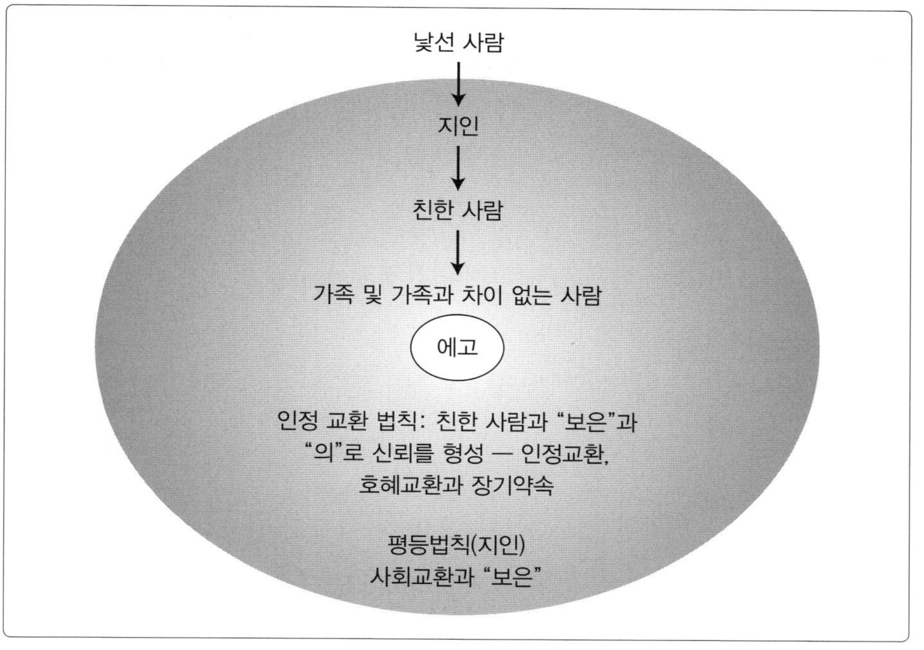

Fei Xiao-tong(1998)의 "차이와 순서 패턴"의 프레임과 Yang Guo-shu(1999)의 중국 guanxi의 세 개 유형에 따라, 저자는 하나의 에고 네트워크 "우리" 분층과 그에 상응한 행위 법칙의 기본 프레임을 도출했다(표 18-1 참조).

중국은 그 사회관계를 몇 개의 "우리"로 나누고 서로 다른 "우리"에 대해서 서로 다른 도덕 기준을 적용한다. 현지 심리학자 Yang Guo-shu(1993)는 에고 네트워크의 가장 안쪽의 그룹을 "가족"으로 부르고 진정한 가족 및 가족과 차이가 없는 사람들을 포함하는데, 전자는 혈연이나 결혼으로 형성되고 후자는 가족 구성원 이외의 특수한 친밀 관계, 예컨대 입양, 의형제, 동종인정 등 행위에 의해 비 혈연적인 관계를 가족과 차이가 없는 관계로 만드는 것이다(Chen Jie-xuan, 1994; Luo, 2005a). 그 다음의 "우리"는 친한 사람 "우리"인데, 좋은 친구와 관계가 아주 가까운 연결을 포함하는데 이들은 "인정 교환 법칙"에 따르고 그 특수한 신뢰는 빈번한 인정 교환을 통해 형성된다(Hwang, 1987; Tsui and Frah, 1997). "평등 법칙"하에서 아는 사람은 "우리"의 가장 바깥 쪽에 위치해 있고, 개체 간의 신뢰관계는 평등의 일반적 도덕 원칙 및 반복적인 사회교환 과정의 토대 위에서 형성된다. 중국의 현지 심리학자와 경영학자들이 guanxi를 세 개 유형으로 나누는 것은 아주 흔한 일이다. Yang Guo-shu의 분류 외에, 감정적 성분과 도구적 성분 사이의 연속체(continuum)를 기반으로 guanxi는 감정적 guanxi, 혼합형 guanxi 및 도구적 guanxi(Hwang, 1987, 1988)로 나누거나, 책임 정도에 따라 guanxi를 강제적인 것, 호혜적인 것 및 공리적인 것으로 나눌 수 있다(Zhang and Zhang, 2006).

대다수의 관계 연구자는 도구적 교환 관계를 관계 연속체의 한 끝으로 삼고 가족을 다른 한 끝으로 삼아, 감정적 성분(Hwang, 1987, Luo, 2005a), 감정적 느낌(Law et al., 2000; Chen and Peng, 2008) 또는 친근성(Chen and Chen, 2004; Fu et al., 2006)으로 가족의 특성을 표시한다. 감정적 의존을 이러한 관계의 중심으로 삼은 것은 이해된다. 그러나 감정적 성분과 도구적 성분은 서로 독립된 것이라고 증명되었는데(Yang, 1995), 도구적과 감정적에 기반한 분류 체계는 하나의 연속체가 아니다. 반대로 이차원으로 중국인의 관계를 분석한다면, 이는 서로 다른 감정과 도구적 성분을 결합한 각 유형 관계가 분산되어 있는 이차원 시스템이다(Luo, 2011).

이러한 연구는 한걸음 더 나아가 가정 윤리가 중국 관계의 기반이라는 것을 인식하게 된다(Bond and Hwang, 1986; Yang Guo-shu, 1993; Chua et al., 2009; Chua, Ingram and Morris, 2008). 가정 윤리는 관계의 가장 안쪽 "우리"인 가족에게 완전히 적용되지만, 관계 연속체의 다른 한 끝으로 가정 윤리는 낯선 사람에게는 아무런 의미가 없다. Granovetter(forthcoming)가 말하는 "완성적(consummatory)" 행위동기는 가족 윤리의 개념을 더욱 잘 해석할 수 있을지도 모른다. 그 주제는 감정적 느낌, 사회신분 인정 및 불가피한 책임을 융합한 혼합체이기 때문이다.

"완성적" 행위동기는 관계 유지의 동기로서 관계 자체를 위한 것이지 다른 기타를 위한 것이 아니다. Granovetter는 Hardin의 신뢰의 "상호이익이론"(Harlin, 2001)을 논의함에 있어 강조했 듯이, 만약 관계의 연속이 단순히 그로부터 금전, 위망, 명예 및 자원과 같은 이익을 얻기 위한 것이라면 진정한 신뢰는 거의 형성이 불가능하다. 진정한 "상호이익"은 완성적 동기, 예컨대 관계의 연속은 사랑, 열정, 우정 및 신분 인정 등과 같은 감정을 표현하기 위한 것으로부터 기인되어야 한다. 자기가 사랑하는 사람을 해치는 행위는 곧바로 자신을 해치기 때문에 쌍방이 모두 이러한 관계를 배신한다는 것은 상상이 불가능한 것이며때문에 진정한 신뢰를 형성할 수 있게 되는 것이다. 바로 Granovetter가 말했듯이,

> 그러므로 문제는 관계를 중시하는 것이 그 자체를 위한 것 때문인지 여부, 예를 들어, 사랑이나 친밀한 우정 관계가 그러한 것이다. 또는 이를 중시하는 원인이 관계 자체 이외의 무언가를 얻기 위해서일 수도 있다. 당신이 관계에 대한 관심이 이처럼 도구적인 것이 아니라 완성적 관계로서 상호 이익이 진정한 원인이라면 타인의 이익에 대한 그 어떤 손해는 그것이 발각되

는지를 불문하고 자신의 이익에도 손해가 된다(Granovetter, forthcoming, chapter 3:6).

가족이라는 안쪽 작은 "우리" 내에서 중국인은 집단주의가 요구되기 때문에 윤(倫)의 원칙이 적용된다. 이기적 행위는 이러한 환경에서 부도덕한 것으로 취급된다. 한 사람으로서 이러한 관계를 배신한다는 것은 거의 불가능하다. 그래서 Hwang(1988)은 이와 같은 유형의 관계의 교환 원칙을 "수요 법칙"이라고 명명하였다. 이것이 바로 중국인들이 왜 이러한 관계를 그들이 가장 신뢰할 만한 관계로 취급하는 원인이다(Wang and Liu, 2003). 중국의 가정에는 감정 느낌과 감정 의존 있을 뿐만 아니라 교육, 자기방위로부터 협력적 경제행위에 이르기까지의 각종 사회적 책임도 뒤따른다(Fei Xiao-tong, 1998). 견고한 관계는 사실상 중국 가족관계의 특징이다. 따라서, 가족은 사람과 사람 사이의 감정과 신분인정을 의존할 뿐만 아니라 불가피한 책임과 파괴할 수 없는 관계도 함께 포함되어 있는 것이다.

중국개념인 "윤(倫)"(또는 가정 관계의 도덕 기준)은 가장 안쪽 그룹 내의 행위와 도덕 기준에 가장 적합하다. 하나의 폐쇄적이고 인수가 적으며 네트워크 밀도가 극대한 그룹에서 만일 "윤"과 같이 강한 규범이 있다면 강력한 상호 감독을 야기시켜 규범은 이러한 소그룹 내에서 종종 강제적으로 집행된다. 해방이론(emancipation theory)(Yamagishi and Yamagishi, 1994)이 강조하듯이, 이와 같은 비자발적인 관계가 가지는 것은 꼭 신뢰가 아닐 수도 있다는 것이다. 신뢰는 선택성이 있다는 것에 바탕을 두고 있다. 즉 한 그룹의 사람들 중에서 협력 상대를 선택하는 것으로서 만일 내가 갑을 선택했다면 이는 바로 나의 갑에 대한 신뢰가 다른 사람에 비해 강하다는 것을 의미한다. 그러나 내가 반드시 하나의 폐쇄된 소그룹 내에서 선택을 해야 하는 경우, 내가 비록 갑을 그다지 믿지는 못하지만 사실 불가피적으로 갑과 협력하게 되는데, 이를 보증(assurance)(Yamagishi and Yamagishi, 1994; Yamagishi, Cook and Watabe, 1998)이라고 한다. 신뢰의 해방이론은 가족 사이에 발생되는 "보증"을 아주 잘 해석하고 있다. 신뢰와 약속 관계(committed relations)의 가장 주요한 구별 특징은 타인에 의해 이용될 리스크가 있는지 여부이다(Yamagishi et al., 1998). 가족이라는 범위는 상당히 작고 폐쇄적인 것이어서 범위 내의 규범은 강유력하여 이러한 리스크는 극히 낮아진다.

"윤"은 일종의 아주 강력한 규범으로서 이 규범을 파괴하는 어떠한 사람도 전체 가족과 사회의 견책을 받기 마련이다. "윤"은 집단주의 행위를 요구하는데, 이러한 의미에서 가족 구성원들은 아무런 대가에 대한 요구가 없이 기타 구성원의 요구를 만족시켜야 한다. 감독 규제의 존재는 이런 폐쇄된 그룹으로 하여금 뚜렷한 특징을 갖게 하는데, 이러한 그룹 내에서의 사회 거래에 있어 행위는 예측이 가능한 것이고 약속은 믿을 만한 것이어서 이는 Yamagishi와 Yamagishi(1994)에 의해 약속 관계로 정의된다. "믿을 만하다"는 강력한 규범의 감독 규제와 징벌에 의한 것으로서, 이용 당할 리스크는 아주 낮아 진다. 심지어 관계 중의 감정 성분이 이미 존재하지 않더라도 "윤"은 한 사람이 그의 가족을 배신하는 것을 막을 수 있다.

가장 바깥 쪽은 지인이다. 또는 Yang(1993)의 관점에 따라 낯선 사람이데, 이를 생면 부지의 사람과 구별하기 위하여 나는 "면목을 아는 사람"(낯선 사람은 no tie이고 weak tie가 아님)이라고 칭한다. 이는 도구적 교환 관계 혹은 사회 교환 혹은 경제 교환이다. 이러한 관계는 도구적 성분이 표시하는 관계 연속체의 다른 한 끝을 구성한다(Hwang, 1987; Luo, 2011; Law et al., 2000; Chen and Peng, 2008; Chen and Chen, 2004; Fu et al., 2006). 지인과 거래함에 있어 중국인은 개인주의적인 것으로서, 자기 이익의 이성적인 계산과 적정한 대가를 위한 협상은 허용된다(Hwang, 1988). 평등 교환의 원칙은 이런 관계에 상당히 적용된다. Hwang은 이를 "평등법칙"이라고 칭하는데, 이는 지인과의 거래에서의 행위 기준이다.

중국의 본토 개념인 "보(報)"(은혜를 보답하다)는 중국에서 고도로 높게 평가 받는 도덕적 기초이다. 이는 Coleman(1990)이 제기한 사회적 자본 유형 중의 "책임과 기대감"의 의미와 근접한 것인데, 그 이유는 그것이 과정을 기초로 하는(process-based) 사회 거래에 뿌리를 내린 호혜적 신뢰를 형성했기 때문이다(Creed and Miles, 1996; Zucker, 1986). 사회 교환과 관련된 관계에서 상대방이 좋은 보답 의향을 갖기를 기대하는 것은 필요한 것이다. 그 이유는 사회 교환에서 즉시적인 보답을 요구할 수는 없기 때문이다(Blau, 1964). 과정을 기반으로 하는 신뢰는 특정된 사회관계에 배태되어, "보"는 중국인 사이의 이러한 신뢰를 보여주는 관건적인 메커니즘을 제공한다. 호혜적 과정은 이로 인해 필요한 경우에 잠재적인 사회적 자본(latent social capital)을 동원된 사회적 자본(mobilized social capital)으로 변화시키는 데 필요한 상호 신뢰를 제공한다(Lin, 2001).

"보"는 한 사람이 그가 아는 사람을 배신하지 않을 것을 권장한다. 비록 그러한 배반이 그의 단기적인 이익을 실현할 수 있더라도. 규범은 통상적으로 관계의 운영에서 아주 중요한 역할을 하게 되는데, 이는 중국인의 장기지향적 사유 방식에 의한 것이다(Leung and Bond, 1989). 관계 쌍방은 그들이 마치 많은 불확실성이 존재하고 또한 영원히 끝이 없는 게임에 가담하였다고 보고 있어, 개개인 모두가 관계를 손상시키지 않기 위해 규범을 더 잘 준수하게 된다. 그 외, 중국인은

"30년 하동(河東), 30년 하서(河西)"라는 말을 믿고 있어, 어느 한 사람이 불운을 겪을 때 결국 타인의 도움이 필요하다고 본다. 규범을 준수함으로써 관계를 유보하는 것은 미래의 불확실성에 대처하는 효과적인 전략이다(Luo and Yeh, 2008). 이것이 바로 관계의 운영이 통상적으로 불확실성에서 중요한 역할을 하는 원인이다. 예컨대, 강력한 제도적 지지가 없는 상업 환경 중에서나(Peng and Luo, 2000), 규모가 작고 새로 성립된 또는 비 국유의 기업 중에서는 더욱 그렇다(Park and Luo, 2001).

"약한 연결의 우위"이론(Granovetter, 1973)이 제시한 바와 같이 아는 사람들로 구성된 그룹은 "다리"가 무수히 많은 느슨한 네트워크이다. 따라서, 개인은 이 네트워크 중의 구조적 공백을 발견하고 그 다음 기회를 창조할 수 있게 된다(Burt, 1992). 이와 반대로, 가족 그룹은 밀집되고 폐쇄된 단체이다. 폐쇄는 동원된 사회적 자본을 가져다 주고(Lin 2001; Cook, 2004; Cook et al., 2004), 이 기초 위에서 중국인은 자원 창고를 만들어 기회를 잡는다. 그러나, 가족 및 가족과 차이가 없는 가장 안 쪽의 그룹이 너무 작은 경우 충분한 자원을 동원하여 개인의 목표를 실현할 수 없으므로, 그들은 가정 윤리를 그룹 외의 단체에 운용하는 것을 통해 그 내용을 확장시킨다(Yeung, 2000; Chua et al., 2008). 그래서 중국인은 친한 사람관계가 있게 되는데, 이는 강한 연결이지만, 가족처럼 그렇게 폐쇄적이지 않고, 또한 그렇게 "무한책임"이 적용되지 않으며, 그렇게 파괴 불가능한 것이 아니다.

가정은 중구인 사회 생활 중의 가중 중요한 구성 단위이다. 이 이유는 가정이 귀속감과 안전감을 제공할 뿐만 아니라 또한 자원 창고이기도 하다(Liang, 1982; Yang, 1993). 비록 가족은 감정과 신분에 대한 공동 인정을 기초로 하지만, 협력의 경제 행위 중에서는 마찬가지로 회피할 수 없는 책임을 부담해야 한다. 따라서 완성적 동기적인 파괴가 불가능한 관계는 관계 연속체의 한쪽 끝을 표시하고 다른 한쪽 끝은 이기적 동기이고 단기적인 관계이다. 연속체에서 파괴가 불가능한 관계와 단기적인 관계 사이에 제3의 관계 유형인 친한 사람관계가 생기게 되는데, 이는 중국인의 장기적 사유방식과 완성적 동기 및 도구적 동기가 혼합되어 생성된 것이다.

직장에서 가족이 동시에 하나의 조직에 존재하여 소그룹을 형성하는 경우는 아주 드물며(가족기업의 경우는 예외), 가령 있다 하더라도 인수가 매우 적다. 그래서 중국인은 직장에서 준 가정을 만드는 경향이 있는데. 이것이 바로 "울타리 현상(圈子现象)"인 바, 속어로 "뭉치기(抱团)"라고 한다.

18.6.2. 중국에서 관계로부터 나타난 구조적 특징 – "울타리" 현상

직장에서의 울타리, 또는 더 정확히 말해서 작은 "우리"는, 일반적으로 에고 네트워크로부터 발전된 것으로서, 왕왕 하나의 중심 인물(또는 몇 개의 중심인물들, 예컨대 한 쌍의 부부, 한 쌍의 형제 등)이 있게 되고, 단지 그(또는 그들)의 가족(진정한 가족과 준 가족을 포함)과 친한 사람과 같은 강한 연결만 포함한다. 이것이 바로 울타리가 어느 개인의 이름으로 명명될 수 있는 원인이다. 예컨대, 장사장의 울타리, 왕이사의 울타리 또는 임회장의 울타리 등이다. 이 개념은 행동의 집합(action sets)(Mayer, 1966)과 흡사하고 폐쇄된 단체(closed group)나 협회(association)가 아니다. 하나의 울타리가 폐쇄적인 그룹이 아닌 이유는 그것이 자기를 중심으로 한 것이어서 조직이 엄밀하지 않고 구성원도 확정적이지 아니하며 고정된 회원 자격을 갖고 있지 않기 때문이다. 집합의 개념이란 울타리 중심 인물이 공동으로 연계되는 한 그룹의 사람이 있다는 것을 의미한다(Branes, 1954). 행동의 집합은 한 울타리의 중심 인물이 의도적으로 동원한 각종 사회 연계로 구성된 것이다. 울타리의 중심 인물의 목적은 일련의 개인 또는 집단 목표를 실현하기 위한 행동을 하는 것이다. 울타리는 행동 집합의 한 유형으로 간주될 수 있는데, 그 특징은 장기적으로 존재하는 것이고 단기적인 조합이 아니라는 것이며, 친한 사람 또는 준 가족으로 구성되어 아는 사람과 같은 유형의 약한 연결을 배제하는 것이다. 그 목적은 반드시 일련의 개인 또는 조직의 목표를 완성하는 것이고 이러한 목표를 실현하기 위해서 중심 인물은 부단히 새로운 구성원을 흡수하고 그들이 일련의 행동을 하도록 동원하며 더 많은 자원을 얻기 위해 노력한다.

인류학자 Hsu(1981)의 "상황 중심"이론에 의하면 중국인의 가정 윤리가 적용되는 대상은 상황에 따라 다르다. 바꿔 말해서, 중국인은 직장에서 울타리 내의 구성원과만 교환을 진행할 때에야 가정 윤리를 적용한다. 그래서 본인은 직장에서의 울타리(실제로는 소그룹)를 아래와 같이 정의하고자 한다. "하나의 상대적으로 폐쇄된 소규모의 행동 집합으로서, 그 내부 구성원은 강렬한 감정 교환과 도구 교환을 진행한다. 이는 하나의 에고 네트워크로부터 발전된 비공식 단체이다."

비록 하나의 울타리는 어느 한 지도자의 에고 네트워크를 비롯해서 건립된 것이지만, 울타리 내의 구성원은 자신의 친한 관계를 흡수하여 울타리에 가입하게 할 수 있다. 울타리의 운영 과정에서 모든 구성원은 대부분 서로 친한 관계로 발전하게 된다. 따라서 울타리는 일반적으로 긴밀하고 장기 지속적인 네트워크 구조를 가지고 있고, 그중에서 단체의 압력에 의해 강력한 호혜규범이 집행된다. 하나의 울타리는 이로서 개인에게 각종 불확실적 상황을 방어할 수 있는 안전한 환경을 제공해 준다.

하나의 울타리에는 주로 하나의 중심 인물이 있다. 바로 이 중심 인물이 그의 가족(진정한 가족과 준 가족을 포함)과 친한 사람을 동원하여 하나의 울타리를 형성한다. 울타리 중심 인물의 가족 및 준 가족은 위에서 언급한 바와 같이 파괴가 불가능한 관계 및 감정 또는 충성의 동기를 바탕으로 한 울타리의 가장 중심의 핵심을 형성하는데, 이것을 "핵심 팀"(陈介玄, 1998) 또는 "측근"(戚树诚等, 1994)이라고 칭할 수 있다. 핵심의 바깥 쪽은 친한 사람관계인바, 그들이 울타리에 가입하는 것은 감정적인 원인에 의해서일 뿐만 아니라 장기적인 인정 교환을 하여 그들이 자기의 에고 네트워크를 발전시켜 사회적 자본을 축적하기 위해서이기도 하다.

관계의 운영에서 장기적인 인정 교환에 의해 상호 모순된 역량이 형성되는데 이는 친한 사람의 특징을 반영한다. 중국의 친한 관계의 특징은 도구 동기와 완성적 동기를 혼합했다는 것이다. 이러한 관계는 서양 문화에서의 교제 울타리가 아닌 "가정 윤리"를 기반으로 하는 호혜 울타리의 확대를 위해 아주 좋은 기회를 창조해준다(梁漱溟, 1982 ; Bond and Hwang, 1986; Boisot and Child, 1996; Chua et al., 2009). 인정 교환 법칙을 통해서도 강력한 개인적 신뢰를 형성하여 개인이 친한 관계 울타리에서 빈번한 인정교환을 진행할 수 있도록 기회를 창조해 줄 수 있다(Hwang, 1987; Tsui and Farh, 1997).

중국 사회의 친한 관계는 일종의 강한 연결이지만 서양 사회의 것과 완전히 다르다. 우리는 네 개 방면으로부터 서양 사회의 강한 연결과 약한 연결을 구분할 수 있다. 즉 관계의 영구성과 잠시성, 상호 소통의 빈도, 멀고 가까운 정도 및 호혜의 내용이다(Granovetter, 1973; Marsden and Campbell, 1984). 사회연결이 이 네 개 방면에서의 득점이 높을 수록 그것이 더 강하다는 것을 보여준다. 이러한 의미에서 친한 관계는 친밀성과 감정적 지지만을 포함하는 것이 아니라 강한 호혜적 교환도 포함하고 있기 때문에 강한 연결과 같다.

중국 사회에서 "인정 교환 법칙"은 친한 관계를 갖고 있는 사람이 준 집단주의 행위를 도입하도록 유도하지만, 이러한 관계는 현실에서 여전히 도구 교환 관계이기 때문에 자기 이익과 이성적 계산은 이러한 관계의 핵심 요소이다. 도구 교환의 지도 원칙은 이러한 관계에 똑같이 적용된다. 한편으로, 이러한 관계는 강력한 규범 요소인 "의"를 가지고 있어 한 사람이 대가에 대한 기대 없이 파트너에게 도움(중요하면서 개인을 상대로 하는 도움 행위)을 제공하도록 요구한다. 그러나 이러한 인정은 갚아야 한다. 이러한 관계에서 친구의 인정을 갚는 것은 기대된 책임이다. 인정을 받았으나 갚지 않는 행위는 견책을 받게 되고(오는 것만 있고 가는 것이 없으면 예의가 아니다.), 개인의 교환에서의 압력을 증가시킨다. 이는 "보"의 원칙과 일치하며, 장기적인 인정 교환과정에서 관계 중의 모든 당사자들의 상호 신뢰의 가능성을 증가시킨다. "보"와 "의"는 동시에 친한 관계에 있는 사람들 행위의 도덕 기준이기도 하다.

친한 관계도 도구 교환을 하지만, 순 이성 선택의 이론은 이러한 관계의 행위를 잘 해석하지는 못한다. 한 행동자의 동기는 혼합적인 것인데(Granovetter, 2002), 역사, 문화와 규범요소 및 자기이익 계산이 혼재해 있다(Granovetter, 1999). 가족은 감정과 규범 동기를 강조하고, 지인은 규범과 도구이익 동기에 관심이 있으며, 친한 관계는 이 세 가지 서로 다른 동기의 균형을 맞춰야 한다. 균형시키는 과정에서 인정은 인정장부에 기입하여 지급을 지연할 수 있는 것이어서 긴급한 경우에 친한 관계 네트워크 중에서 내포된 사회적 자본을 동원할 수 있으나, 긴급한 상황이 종료되고 비교적 느슨한 상황에서는 이를 갚아야 한다. 또한 인정 교환의 범위가 극히 크기 때문에 갑 유형의 자원을 취득하고 대신에 자신이 상대적으로 풍부한 을 유형의 자원으로 교환할 수 있어서, 이는 교환의 유연성을 증가시킨다.

친한 관계의 존재는 직장에서의 울타리가 핵심 외에도 외연을 포함하게 하는데, 외연은 인정 교환 법칙으로 인해 핵심처럼 그렇게 폐쇄적이고 파괴가 불가능하며 "무한책임"적이지 아니하고 반대로 그것은 제한적인 교환이며 지급을 지연할 수도 있다. 동시에, 관계의 멀고 가까움은 탄력적으로 조정할 수 있어 이런 관계의 존재는 중국인의 울타리가 상당한 유연성을 갖게 한다. 더 중요한 것은, 이런 관계는 가족으로 발전하여 핵심으로 들어갈 수도 있고, 외연의 사람을 숙인으로 만들어 울타리 내에 들어오게 할 수도 있으므로, 울타리는 크거나 작을 수 있고, 들어가거나 나올 수 있어, 울타리의 유연성을 증가시킨다.

상기의 논의를 종합해보건대, 우리는 중국인의 울타리가 아래와 같은 몇 개의 특징을 갖고 있음을 알 수 있다. (1) 그것은 하나의 에고 네트워크이고 주로 강한 연결로서 가족(진정한 가족과 준 가족 포함)과 친한 관계로 구성된다. (2) 그것은 차이와 순서 패턴을 갖고 있어 "측근", "핵심 팀"과 같은 가장 안 쪽의 핵심이 있는가 하면 친한 관계를 위주로 하는 외연도 있다. (3) 인정 교환은 이 외연으로 하여금 비교적 높은 유연성을 갖도록 하여 울타리가 폐쇄적이지 아니하고 제한적인 교환을 유지할 수 있게 한다. (4) 그것은 한계는 모호한 것이어서 크거나 작을 수 있고 관계는 진퇴가 가능하다. 친한 관계의 존재 및 음양사유방식은 중국인의 관계와 울타리로 하여금 동태적 변화로 충만되게 한다. 중국인은 수시로 관계 중의 도

구성과 감정성의 모순을 균형시킬 수 있으며, 울타리 내외의 한계선을 수시로 넘나들 수도 있다. 이는 중국인의 관계 연구에 있어 특히 동적 네트워크의 분석에 주의를 기울일 것을 요구한다.

18.7 토론 및 미래 연구 방향

먼저, 새롭게 발전되고 또한 매우 높은 해석력을 지닌 개념으로서, 사회적 자본의 원인과 결과에 대한 연구는 이미 상당한 성과를 거두었지만, 사회적 자본 자체의 정의와 측정에 있어서는 여전히 상당한 의견 차이가 존재한다. 상기의 논의에서 알 수 있듯이, 사회적 자본은 결코 단일적이고 조작화가 가능한 개념이 아니라 그것은 반드시 더 세분화된 분류를 해야 만이 측정이 가능한 것이다. 예를 들어, 개인 관계차원에서의 사회적 자본, 개인 구조차원에서의 사회적 자본, 집단관계차원에서의 사회적 자본 또는 집단 구조차원에서의 사회적 자본은 이들의 분석의 수준이 다르다. 개인에 관해 논의할 것은 한 사람 또는 한 회사의 대외적인 연결과 구조적 위치로 개인에게 유익한 자원을 취득하는 것이고, 집단에 대한 분석에서 논의할 것은 전체 내부의 신뢰와 구조가 더 많은 협력 행위를 촉진하여 모든 구성원이 이익을 얻게 하는 것이다. 사회적 자본은 서로 다른 수준, 서로 다른 유형의 변수를 포함하고 있으므로 절대 하나의 변수로 표시할 수 없다. 그래서 어떻게 더 세부적으로 "연결 보호를 갖고 있는 사회적 자본(hyphenated social capital)"(즉, 세분화된 사회적 자본, Williamson이 말한 연결 부호를 갖고 있는 신뢰: hyphenated trust, 1996 참조)을 분류하여 진정으로 측정이 가능한 개념으로 세분화하는 것이 우리 앞에 놓여진 첫 도전 과제이다.

다음으로, 사회적 자본의 각 차원 사이에는 단일한 변수로 통합할 수 없으며 일반적으로 서로 인과관계를 갖고 있다. 구조차원이 관계차원의 사회적 자본에 영향을 줄 뿐만 아니라 관계차원 또한 일정한 시간이 경과한 후 구조차원의 사회적 자본을 변화시킬 수도 있다. 그렇다면 과연 어느 것이 원인이고 어느 것이 결과인가? 상호 인과관계에 있는 상황에서, 우리는 시계열 자료에 의한 직접적 원인과 간접적 원인에 대한 명확한 구분이 필요하며 그들이 공동으로 진화하는 궤적을 찾아야 한다. 특히 후자와 관련하여, 관계 차원에서의 사회적 자본에서 신뢰는 기타 변수(예컨대 규범과 의무가 보상받는 신뢰가능한 환경)의 결과이기도 하지만, 장기적 집단 상호신뢰는 새로운 규범의 형성에 영향을 줄 수도 있고, 사회차원 내에서도 서로 인과관계가 되는 과제가 있을 수 있다. 어떻게 인과관계를 더 세부적으로 구분 및 명확히 하는 것은 우리가 더 심층적으로 연구를 함에 있어 주의할 만한 문제들이다.

마지막으로, 어떻게 사회적 자본 이론을 현지화시키는지는 중국의 경영학 연구에 있어 가장 도전적인 연구 과제이다. 주지하는 바와 같이, 중국은 "인정 사회"로서, 관계(꽌씨)가 중국인들의 경영 행위에 광범위하게 포진되어 있지만(Tsui and Farh, 1997; Farh, Tsui, Xin and Cheng, 1998), 우리들의 꽌시 또한 현재 사회적 자본에서 논의하고 있는 네트워크 연결 또는 사회연결과 어떻게 다른가? 더 깊게 들어가서, 사회연결의 강약의 분류는 중국에 적용되는 것인가? 자원교환 관계를 측적함에 있어, 이는 각기 감정교환과 자문, 정보 등과 같은 도구자원과 대응되는데, 중국 조직 내의 교환행위를 측정함에 있어 이것으로 충분한 것인지, 수정이 필요 없는지? 과거 상당한 연구는 이미 현지화의 필요성을 지적하였는 바, Fei Xiaotong(1998)dms 중국이 "차이와 순서 패턴사회"이지 "단체구조사회"가 아니라고 지적했듯이, 이는 이미 중국에서 관계, 구조가 그룹, 공동 인식보다 더 중요하다는 것을 설명하고 있으며, 최근의 중국 심리학 연구는 더욱이 이 차이와 순서 패턴은 적어도 가족, 친한 관계와 낯선 사람으로 나눌 수 있으며 서로 다른 "차이와 순서"는 서로 다른 교환 법칙이 적용된다고 지적하기도 한다(Hwang, 1987, 黄国光, 1988 ; Luo, 2005a; Fu, Tsui and Dess, 2006). 따라서 새로운 관계 분류 및 그중의 교환 내용은 중국 경영학 연구가 더 심도 있게 분석할 대상이다.

관계 차원의 특징은 반드시 구조 차원의 사회적 자본에 영향을 준다. 직장에서 서양의 "단체 구조"(费孝通, 1998)가 가져다 주는 폐쇄그룹(closed group) 또는 "클럽(association or club)"(Hsu, 1963)에 비해, 중국인의 차이와 순서 패턴은 행동 집합에 유사한 개념인 울타리를 더 쉽게 형성하는데, 단지 중국인의 울타리는 행동 집합의 수시로 된 조직과 해산에 비해 더 안정적인 구조 및 더 긴 수명을 가질 뿐이다. 양자는 모두 개인을 중심으로 한 자원동원에 의해 얻은 것으로서 중국인 관계 중의 동원 과정은 하나의 중요한 연구 대상인바, 일찍이 Lin에 의해 주목을 받았고(Lin, 1999), Bian(2011)에 의해 더욱 강조되기도 하였으며, 향후 관련 연구자가 심도 있게 연구할만한 영역이다.

동원과 차이와 순서 패턴의 특징을 바탕으로 울타리는 개인의 중심 네트워크이고 어느 한 사람 또는 한 무리의 사람들이 그의 강한 연결을 동원하는 것이며 가족(진정한 가족과 준가족 포함)과 친한 관계로 구성된다. 공동의 목표와 이익을 기반으로, 울타리는 일련의 행동을 일으켜 한편으로는 자원의 취득에 노력하여 울타리 구성원의 이익요구를 만족시키고 다른 한편으로 울타리가 발전 및 확장하여 그룹의 목표를 완성함으로써 울타리 내의 사람들이 자신의 목표를 실현하게 한다. 동시에, 음양사유는 중국인으로 하여금 항상 울타리 운영 중의 도구성과 "완성적" 동기를 균형시키게 하고 탄력적인 운영 중에서 가급적 인정을 상하지 않으면서 서로 이용하게 할 뿐만 아니라, 더욱이 울타리 내의 사람과 더 큰 사회 네트워크 간의 이익을 균형시킴으로써 울타리가 이익의 취득에 노력하여 자신을 발전시키는 동시에 기타 울타리의 반발을 야기시키지 않도록 하여 울타리 내외의 조화를 유지하고 울타리의 계속적인 확장 가능성도 유지하게 한다. 세 번째 균형은 관계의 원근의 균형인데, 아는 사람은 친한 관계로 발전할 수 있고, 친한 관계는 준 가족으로 발전할 수 있으며, 친한 관계는 또한 잠시 "냉각"할 수도 있다. 그러므로 행동 집합과 같이 울타리는 커지거나 작아질 수 있어 한계는 고정적이지 않다. 이는 한편으로 울타리 운영 중의 긴장성을 증가하여 항상 균형을 잃어 관계가 단열되고 그룹이 해체되는 위험에 처해 있도록 하지만, 한편으로 중국인의 울타리가 상당한 탄력성을 갖게 하는데, 유연성과 빠른 반응은 바로 중국인 관계 관리능력의 일대 특징이다.

이러한 중국인 사회연결망 구조 상의 특징이 개인의 사회적 자본의 대한 영향은 아주 명확하다. 이것이 중국인이 상호 간의 신뢰를 형성하게 하는 메커니즘으로 어떠한 서로 다른 점을 갖도록 하는가? 관계의 유형은 이로 인해 더 풍부해지는가? 더 중요한 것은, 중국인의 동원 능력은 그의 구조적 위치가 변하게 할 수 있는데, 정적인 네트워크 구조위치의 분석은 현저히 부족한 것이고 어떻게 동태적인 네트워크 분석을 하는지가 오늘날 최대의 도전으로 다가오게 된다.

이러한 특징이 조직 내 집단 사회적 자본의 연구에 주는 도전은 더 크다. 예를 들어, 왜 어떤 울타리는 개방을 유지할 수 있고 어떤 울타리는 중첩이 가능하며, 어떤 울타리는 "바늘로 찍을 수 없고 물도 스며들지 않는" 폐쇄적인 계파로 되는지? 심지어 이로 인해 뭉친 무리들끼리의 내부 투쟁은 줄곧 중국 조직에서 가장 관리가 어려운 주제이다. 서로 다른 사회연결망 형태는 조직 관리에 있어 어떻게 다른 효과를 생성하는지는, 서로 다른 조직에 따라 다르며 원래 복잡하고 결론을 내기 어려운 연구 영역이기도 하다. 그러나 중국인의 사회연결망의 복잡성과 쉽게 변하는 특성, 탄력성은 더욱이 복잡한 네트워크(Watts, 1999; Barabasi, 2005) 및 복잡성(Stacey et al., 2000)에 대한 심층연구를 필요로 하며, 이와 같은 방법을 통해야만 이러한 네트워크 중에서의 비선형 인과관계를 더 한층 이해할 수 있게 될 것이다.

그 외, 중국의 제도환경 또한 다르다. 예를 들어 가족 연결은 이사회 연결보다 중국에서 더 큰 영향력이 있을 수 있다(Hamilton, 1989; Luo, 1997). 그리고 정경유

작은 기업의 외부 사회적 자본에서 이례적인 중요한 역할을 한다(边燕杰, 丘海雄, 2000). 어떻게 중국 본토에 적합한 사회적 자본이론과 측정 방법을 발전해내는 지는 중국 경영학 특색을 설명할 수 있는 하나의 열쇠이기도 하거니와 중국의 경영학자들 앞에 놓이 가장 도전성이 있는 사명이기도 하다.

참 고 문 헌

Adler, Paul and Seok-Woo Kwon (2002). Social capital: Prospects for a new concepts. *The Academy of Management Review*, 27, 17—40.

Barabasi, Albert-Laszlo (2005).Taming complexity. *Nature Physics*, 1, 68—70.

Barber, B. (1983). *The Logic and Limits Trusts. New Brusnswick*, NJ: Rutgers University Press.

Barnes, J. A. (1954). Class and committees in a Norwegian island parish. *Human Ralations*, 39—58.

Baker, Wayne E. (1992). The network organization in theory and practice. In *Network and Organizations*, edited by Nitin Nohria and Robert G. Eccles. Cambridge: Harvard Business School Press.

Becker, Gary (1975). *Human Capital* (2nd ed.) NY: Columbia U. Press.

Bian, Yanjie (1997). Bringing strong ties back in: Indirect ties, network bridges, and job searches in China. *American Socialogical Review*, 62, 266—285.

Bian, Yanjie(2002). Network resources and job mobility in China's transitional economy. Paper presented at a forum at Stanford University, April 18 th.

Blau, Peter(1964). *Exchange and Power in Social Life*. New York: Wiley.

Boisot, Max and John Child(1996). From fiefs to clans and network capitalism: Explaining China's emerging economic order. *Administrative Science Quarterly*, 41 (4), 600—628.

Bond, M. H. and K. K. Hwang(1986). The social psychology of Chinese people. In *The Psychology of the Chinese People*, edited by M. H. Bond. Hong Kong: Oxford University Press.

Bourdieu, Pierre (1977). *Outline of A Theory of Practice*. Cambridge, England: Cambridge University Press.

Bourdieu, Pierre (1984). *Distinction: A Social Critique of the Judgment of Taste*. Cambridge: Harvard University Press.

Bourdieu, Pierre (1986). *The Forms of Social Capital: Handbook of Theory and Research for The Sociology of Education*. Westport, CT: Greewood Press.

Brass, Daniel and Marlene Burkhardt (1992). Centrality and power in organizations. In *Networks and Organizations*, Edited by Nitin Nohria and Robert G. Eccles. Cambridge: Harvard Business School Press.

Butler, John (1991). Toward understanding and measuring conditions of trust: Evolution of a conditions of trust inventory. *Journal of Management*, 17, 643—664.

Brown, Thomas Ford (1997). Theoretical perspectives on social capital. Working paper located in http://hal.lamar.edu/~BROENTE/SOCCAP.HTML

Burt, R. (1984). Network items and the general social survey. *Social Networks*, 6, 293—339.

Burt, Ronald (1992). *Structural Holes: The Social Structure of Competition*. Cambridge: Harvard University Press

Carnevale, D. G., and B. Wechsler (1992). Trust in the public sector-individual and organizational determinants. *Administration and Society*, 23, 471—494.

Chai, Sun-ki and Mooweon Rhee (2010). Confucian capitalism and paradox of closure and structural holes in East Asian firms. *Management and Organization Review*, 6 (1), 5-29.

Chen, X. P. and C. C. Chen (2004). On the intricacies of the Chinese guanxi: A process model of guanxi development. *Asia Pacific Journal of Management*, 21 (3), 305—324.

Chen, X. P. and S. Peng (2008). Guangxi dynamics: Shifts in the closeness of ties between Chinese coworkers. *Management and Organization Review*, 4 (1), 63—80.

Chen, Y. and D. Tjosvold (2006). Participative leadership by American and Chinese managers in China: The role of relationships. *Journal of Management Studies*, 43 (8), 1727—1752.

Chen, Ming-Jer (2008). Reconceptualizing the competition-cooperation relationship: A transparadox perspective. *Journal of Management Inquiry*, 17, 288—304.

Cheng, Mun-Yu and Luo, Jar-Der (2011), The downside of organizational social capital in group knowledge creation—A study of Chinese Hjgh-Tech Organizations. *African Journal of Business Management*, 5 (30), 12114—12125.

Chin, Shu-Cheng and Hsing-Yi Lin (1994). An investigation on the chin-chin relationships of business top executives. *Chinese Management Association Journal of Management Science*, 11 (2), 281—312.

Chua, R., P. Ingram and M. Morris (2008). From the head and the heart: Locating cognition and affectbased trust in manager's professional networks. *Academy of Management Journal*, 51, 436—452.

Chua, R., M. Morris and P. Ingram (2009). Guanxi vs networking: Distinctive configurations of affect and congnition-based trust in the networks of Chinese vs American managers. *Journal of International Business Studies*, 40, 490—508.

Coleman, J. (1988). Social capital in the creation of human capital. *American Journal of Sociology*, 94, 95—120.

Coleman, J. (1990). *Foundations of Social Theory*. Cambridge: Harvard University Press.

Cook, K. S. (2004). Network, norms and trust: The social psychology of social capital. Keynote Speech in Cooley Mead Award.

Cook, K. S., Eric R. R., and Alexndra G. (2004). The emergence of trust networks under uncertainty: The case of transitional economies-insight from social psychological research. In S. R. Ackerman, B. Rothsten and J. Kornai (Eds.), *Creating Social Trust in Post Socialist Transition*. New York: Palgrave Macmillan.

Creed, W. E. D. and Raymond E. Miles (1996). Trust in Organizations. In *Trust in Organizations: Frontiers of Theory and Research*, Edited by Roderick Moreland and Tom R. Tyler. London: Sage Publication Inc.

Cummings, J. N. (2004). Work groups, structural diversity, and knowledge sharing in a global organization. *Management Scinece*, 50, 352—364.

Cummings, L. L. and Philip Bromiley (1996). The organizational trust inventory: Development and validation. In *Trust in Organizations*, Edited by Roderick Moreland Kramer and Tom R. Tyler. London: Sage Publication Inc.

Farth, J. L., A. S. Tsui, K. Xin and B. S. Cheng (1998). The influence of relational demography and guanxi: The Chinese case. *Organization Science*, 9, 471—488.

Florin, Juan, Michael Lubatkin and William Schulze (2003). A social capital model of high-growth ventures. *Academy of Management Review*, 46, 374-384.

Fu, P. P., A. S. Tsui and G. G. Dess (2006). The dynamics of guanxi in Chinese high-tech firms: Implications for knowledge management and decision-making. *Management International Review*, 46 (3), 1—29.

Fukuyama, Francis (1995). *Trust: The Social Virtues and The Creation of Prosperity*. NY: Free Press.

Granovetter, Mark S. (1973). The strength of weak ties. *American Journal of Sociology*, 78, 1360—1380.

Granovetter, Mark S. (1975). Economic action and social structure: The problem of embededness. *American Journal of Sociology*, 91, 481—510.

Granovetter, Mark S. (1992).The sociological and economic approach to studing labor market. In *Networks and Organizations*, Edited by Nitin Nohria and Robert G.Eccles. Cambridge: Harvard Business School Press.

Granovetter, Mark S. (1999). Coase encounters and formal models: Taking gibbons seriously. *Administrative Science Quarterly*, 44, 158—162.

Granovetter, Mark. S. (2002). A theoretical agenda for economic sociology. In The New Economic Sociology: Development in *an Emerging Field*. Edited by R. C. Mauro F. Guillen, Paula England and Marshall Meyer. NY: Russell Sage Foundation.

Granovetter, Mark S. forthcoming. Trust. The third chapter in *Society and Economy*. Draft paper.

Gu, F. F., K. Hung and D. K. Tse (2008). When does guanxi matter? Issues of capitalization and its dark sides. *Journal of Marketing*, 72 (4), 12—28.

Hamilton, Gary G. (1989). Patterns of Asian capitalism: The case of Taiwan and South Korea. The paper presented in Program in East Asian Culture and Development Research.

Hansen, Morten T. (1999). The search-transfer problem: The role of weak ties in sharing knowledge across organization subunits. *Administrative Science Quarterly*, 44, 82—111.

Hardin, Russell (2011). Conceptions and explanations of trust. In *Trust in Society*, Edited by Karen S. Cook. NY: Russel Sage Foundation.

Ho, D. Y. F. and C. Y. Chiu (1994). Components of individualism, collectivism, and social organization: An application in the study of Chinese culture. In *Individualism and Collectivism: Theory, Method, and Applications*, Edited by Uichol Kim, Harry C. Triandis, Ciqdem Kaqitcibasi, Sang-Chin Choi and Gene Yoon. London: Sage.

Hosmer, L. T. (1995). Trust: The connecting link between organizational theory and philosophical ethics. *Academy of Management Review*, 20, 379—403.

Hsu, F. (1963). *Chan, Caste and Club*. NY: Van Nostrand Reinhold Co.

Hsu, F. (1981). *Americans and Chinese: Passage to Differences*. Honolulu: University of Hawaii Press.

Hui, C., K. S. Law and Z. X. Chen (1999). A structural equation model of the effects of negative affectivity, leader-member exchange, and perceived job mobility on In-role and extra-role performance: A Chinese case. *Organizational Behavior and Human Decision Processes*, 77 (1), 3—21.

Hwang, K. K. (1987). Face and favor: The Chinese power game. *American Journal of Sociology*, 92, 944—974.

Ibarra, Herminia (1993). Network centrality, power, and innovation involvement: Determinants of technical and administrative roles. *Academy of Management Journal*, 36, 471—501.

Ibarra, H. (1997). Paving an alternative route: Gender differences in managerial networks. *Social Psychology Quarterly*, 60, 91—102.

Krackhardt, David (1992).The strength of strong ties: The importance of philos in organizations. In *Networks and Organization: Stucture, Form, and Action*, Edited by Nitin Nohria and Robert G. Eccles. Cambridge :Harvard Business School Press.

Krackhardt, David (1996). Organizational viscosity and the diffusion of controversial innovations. *Journal of Mathematical Sociology*, 22, 177—199.

Krackhardt, David and Jeffrey Hanson (1993). Informal networks: The company behind the chart. *Harvard Business Review*. 7—8, 104—111.

Law, K. S., C. Wong, D. Wang and L. Wang (2000).Effect of supervisor-subordinate guanxi on supervisory decisions in China: An empirical investigation. *International Journal of Human Resource Management*, 11 (4), 751—765.

Leana, Carrie and Harry J. Van Buren 3 (1999). Organizational social capital and employment practices. *The Academy of Management Review*, 24, 538—555.

Leung, K. and M. H. Bond (1989).On the empirical identification of dimensions for cross-cultural comparisons. *Journal of Cross-Cultural Psychology*, 20, 133—151.

Levin, D. Z. and R. Cross (2004).The strength of weak ties you can trust: The mediating role of trust in effective knowledge rransfer. *Management Science*, 50,1477—1490.

Lewicki, Roy J. and Barbara B. Bunker (1996).

Developing and maintaining trust in work relationships. In *Trust in Organization*, Edited by Roderick Moreland Kramer and Tom R. Tyler. London: Sage Publication Inc.

Li, Peter Ping (1998). Towards a geocentric framework of organizational form: A holistic, dynamic and paradoxical approach. *Organization Studies*, 19, 829—861.

Li, Peter Ping (2008). Towards a geocentric framework of trust: An application to organizational trust. *Management and Organization Review*, 4 (3), 413—439.

Lin, Nan (1998). *Social Resources and Social Action*. NY: Cambridge University Press.

Lin, Nan (1999). Social networks and status attainment. *Annual Review of Sociology*, 25, 467—487.

Lin, Nan (1999). *Social Capital: A Theory of Social Structure and Action*. NY: Cambridge University Press.

Lin, Nan and Mary Dumin (1986). Access to occupations through social ties. *Social Networks*, 8, 365—386.

Loury, Glenn Cartman (1977). A dynamic theory of racial income differences. In *Women, Minorities and Employment Discrimination*, Edited by P. Wallace. Lexington Books.

Luo, Jar-Der (1997). The significance of network in the initiation of small businesses in Taiwan. *Sociological Forum*, 12 (2), 297—319.

Luo, Jar-Der (2005a). Particularistic trust and general trust—A network analysis in Chinese organizations. *Management and Organizational Review*, 3, 437—458.

Luo, Jar-Der (2005b). Social network structure and performance of improvement teams. International *Journal of Business Performance Management*, 7 (2), 208—223.

Luo, Jar-Der (2011). Guanxi revisited—An exploratory study of familiar ties in a Chinese workplace. *Management and Organizational Review*, 7 (2), 329—351.

Luo, Jar-Der, and Kevin Yeh (2008). The transaction cost—Embeddedness approach to study Chinese subcontracting. In *Contexts of Social Capital: Social Networks in Communities, Markets and Organizations*, Edited by Ray-May Husing, Nan Lin and Ronald Breiger. New York: Routledge.

Marsden, Peter and Karen Campbell (1984). Measuring tie strength. *Social Forces*, 63, 483—501.

Mayer, Adrian C. (1966). The significance of quasi-groups in the study of complex society. In *The Anthropology of Complex Societies*, Edited by Michael Banton. NY: Frederick A Praeger, Publishers.

Mayer, Roger C. and Patricia M. Norman (2004). Exploring Attributes of trustworthiness: A classroom exercise. *Journal of Management Education*, 28, 224—249.

Mayer, R. C., J. H. Davis, and F. D. Schoorman (1995). An integrative model of organizational trust. *Academy of Management Review*, 20, 709—734.

Mishra, Aneil K. (1996). Organizational responses to crisis: The centrality of trust. In *Trust in organizations*, Edited by Roderick M. Kramer and Tom R. Tyler. Thousand Oaks, CA: SAGE Publications.

Montgomery, James (1991). Social networks and labor-market outcomes: Toward an economic analysis. *American Economic Review*, 81, 1408—1418.

Montgomery, James (1992). Job search and network composition: Implications of the strength-of-weak-ties hypothesis. *American Sociological Review*, 5, 586—596.

Nahapiet, J. and S. Ghoshal (1998). Social capital, intellectual capital and the organizational advantage. *The Academy of Management Review*, 23, 242—266.

Ostrom (2008). Building trust to solve commons dilemmas: Taking small steps to test an evolving theory of collective action. In *Games, Groups, and the Global Good*, edited by Simon Levin, NY: Springer.

Park, S. H. and Y. Luo (2001). Guanxi and organizational dynamics: Organizational networking in Chinese firms. *Strategic Management Journal*, 22 (5), 455.

Paxton, Pamela (1999). Is social capital declining in the united states? A multiple indicator assessment. *American Journal of Sociology*, 105, 88—127.

Peng, M. W. and Y. Luo (2000). Managerial ties and firm performance in a transition economy: The nature of a micro-macro link. *Academy of Management Journal*, 43 (3), 486—501.

Portes, Alejandro (1998). Social capital: ITS origins and applications in modern sociology. *Annual Review of Sociology*, 24, 1—24.

Putman, Robert D. (1993). *Making Democracy Work: Civic Traditions in Modern Italy*. Princeton: Princeton University Press.

Putman, Robert D. (1995). Bowling alone: America's declining social capital. *Journal of Democracy*, 6, 65—78.

Reagans, R. and E. W. Zuckerman (2001). Networks, diversity, and productivity: The social Capital of Corporate R&D Teams. *Organization Science*, 12, 502—517.

Schultz, Theodore (1963). *The Economic Value of Education*. NY: Columbia University Press.

Senge, P. (1990). *The Fifth Discipline: The Art and Practice of the Learning Organization*. Bantam Doubleday Dell Publishing Group.

Shaw, M. E. (1964). Communication Networks. In *Advances in Experimental Social Psychology*, Edited by L. Berkowitz. NY: Academic Press.

Shapiro, D., B. H. Sheppard and L. Cheraskin (1992). Business on a handshake. Negotiation Journal, 8 (4), 365—377.

Sheppard, Blair H. and Marla Tuchinsky (1992). Micro-OB and the network organization. In Trust in Organizations, Edited by Roderick Moreland Kraimer and Tom R. Tyler. London: Sage Publication Inc.

Sparrowe, Raymond, Robert Liden and Maria Kraimer (2001). Social networks and the performance of individuals and groups. Academy of Management Journal, 44, 193—201.

Stacey, Ralph D., Gfiffin, Douglas and Shaw, Patricia (2000). Complexity and Management. NY: Routledge.

Suarez, F. F. (2005). Network effects revisited: The role of strong ties in technology selection. Academy of Management Journal, 48, 710—720.

Tsai, Wenpin and Sumantra Ghoshal (1998). Social capital and value creation: The role of intrafirm networks. The Academy of Management Journal, 41, 464—478.

Tsui, Anne S. and Jing-Lih Farh (1997). Where guanxi matters—Relational demography and guanxi and technology. Work and Occupations, 24, 57—79.

Uphoff, Norman T. (1996). Learning from Gal Oya: Possibilities for Participatory Development and Post-New-Tonian Social Science. London: Intermediate Technology Publications.

Uzzi, B. (1997). Social structure and competition in interfirm network: The paradox of embeddedness. Administrative Science Quarterly, 42, 35—67.

Xiao, Z. and A. S. Tsui. (2007). When brokers may not work: The cultural contingency of social capital in Chinese high-tech firms. *Administrative Scinece Quarterly*, 52 (1), 1—31.

Xin, K. K. and J. L. Pearce (1996). Guanxi: Connections as substitutes for formal institutional support. *Academy of Management Journal*, 39 (6), 1641—1658.

Wang, S. G. and X. Liu (2003). The foundation of trust: An explanation of rationality. In *Trust in Chinese Society*, Edited by Y. F. Zhang and S. C. Peng. Beijing: Chinese City Press.

Wasserman, Stanley and Katherine Faust (1994). *Social Network Analysis: Methods and Applications*. Cambridge: Cambridge University Press.

Watts, Duncan (1999). Dynamics and the small-world phenomenon. *American Journal of Sociology*, 105 (2), 493—527.

Wellman, Barry (1992). Which Types of Ties And Network Give What Kinds of Social Support? *Advances in Group Process*, 9, 207—235.

Wellman, Barry and Kenneth A. Frank (2001). Network capital In a multilevel world: Getting support from personal communities. In *Social Capital: Theory and Research*, Edited by Nan Lin, Karen Cook and Ronald Burt. NY: Aldine De Gruyter.

Whiteley, Paul F. (1999). The origins of social capital. In *Social Capital and European Democracy*, Edited by Jan W. Van Deth, Kenneth Newton, and Paul Whiteley. NY: Routledge.

Williamson, Oilver (1996). *The Mechanisms of Governance*. New York: Oxford University Press.

Yang, Y. Y. (1995). Analyzing guanxi and its categories: Discussing with Hwang, Kuan Kuo. *Sociological Studies*, 5, 18—23.

Yamagishi, Toshio, Karen Cook and Motoki Watabe (1998). Uncertainty, trust, and commitment formation in the United States and Japan. *American Journal of Sociology*, 104, 165—195.

Yamagishi, Toshio and Midori Yamagishi (1994). Trust and commitment in the United States and Japan. *Motivation and Emotion*, 18 (2), 129—166.

Yeung, H. W. C. (2000). Limits to the growth of family-owned business? The case of Chinese transnational corporations from Hong Kong. *Family Business Review*, 14 (1), 55—70.

Zhang, Y. and Z. Zhang (2006). Guanxi and organizational dynamics in China: A link between individual and organizational levels. *Journal of Business Ethics*. 67 (4), 375—392.

Zhu, H., C. C. Chen, X. C. Li and Y. H. Zhou (2009). Psychological ownership and the importance of manager-owner relationship in family businesses. *Academy of Management Meetings*, Montreal, Canada.

Zhuang, G., Y. Xi and A. S. L. Tsang (2010). Power, conflict, and cooperation: The impact of guanxi in Chinese marketing channels. *Industrial Marketing Management*, 39 (1), 137—149.

Zucker, L. G. (1986). Production of trust: Institutional sources of economic structure, 1840—1920. *Research in Organizational Behavior*, 8, 53—111.

王绍光、刘欣 (2002),《信任的基础: 一种理性的解释》,《社会学研究》第3期。

边海燕、丘海雄 (2000),《企业的社会资本及其功效》,《中国社会科学》第2期。

边海燕、李煜 (2001),《中国城市家庭的社会网络资本》,《清华社会学评论》第2期。

边海燕、张文宏 (2001),《经济体制、社会网络与职业流动》,《中国社会科学》第2期。

边海燕 (2011),《导言: 关系社会学及其学科地位》, 边海燕主编,《关系社会学: 理论与研究》, 北京: 社会科学文献出版社。

陈介玄 (1994),《协力网络与生活结构—台湾中小企业的社会经济分析》, 台北: 联经出版社。

陈介玄 (1998),《台湾产业的社会学研究: 转型中的中小企业》, 台北: 联经出版社。

黄光国 (1988),《中国人的权力游戏》, 台北: 巨流图书公司。

梁漱溟 (1982),《中国文化要义》, 台北: 里仁书局。

罗佳德 (2010),《社会网分析讲义》(第二版), 北京: 中国社会科学文献出版社。

罗佳德 (2012),《关系与圈子—中国人工作场域中的圈子现象》,《管理学报》9 (2), 1—8。

罗佳德、朱庆忠 (2004),《人际网络结构因素对工作满足之影响》,《中山管理评论》第4期。

罗佳德、赵延东 (2005),《社会资本的层次及其测量方法》, 李培林、覃方明主编,《社会学: 理论与经验》, 北京: 社会科学文献出版社。

罗佳德、郑孟育、谢智棋 (2007),《实践性社群内社会资本对知识分享之影响》,《江苏社会科学》第232期。

罗佳德、叶勇助 (2007),《中国人的新人游戏》, 北京: 社会科学文献出版社。

杨国枢 (1993),《中国人的社会取向—社会互动的观点》, 杨国枢、余安邦主编,《中国人的心理与行为—理论与方法篇》, 台北: 桂冠图书公司。

费孝通 (1998),《乡土中国》, 北京: 北京大学出版社。

翟学伟 (2005),《人情、面子与权力的再生产》, 北京: 北京大学出版社。

赵延东 (2002),《再就业中的社会资本: 效用与局限》,《社会学研究》第4期。

赵延东 (2003),《求职者的社会网络与就业保留工资: 以下岗职工再就业过程为例》,《社会学研究》第4期。

저 자 소 개

뤄지아더(羅家德, Jar-Der Luo) 청화대학교 사회학과 교수, 박사지도교수, 중국인민대학교 겸임교수, 중국사회학회 사회연결망 및 사회적 자본 연구전문위원회 주임이다. 학술 분야는 중국사회의 “관계”, “인맥”, “연줄” 등 특징을 중국 현지화 경영연구에 연결하였다. 저서로 “중국상도”, “중국인의 신뢰게임”, “사회연결망분석” 등이 있다. 동시에 청화대학교와 신의커뮤니티조성연구센터를 조직하였고 재난지구 향과 촌에서 지속가능성 발전의 실험을 진행하였으며 관련 교육훈련도 조직하였다.

19 장

문화 간 비교연구방법

Kwok Leung (홍콩도시대학교)
Fan Zhou (절강대학교)

머리글

글로벌화는 이미 현대 비지니스 활동의 중요한 특징이 되었다. 서양 기업들은 발전도상에 있는 국가와 지역에 대량 투자를 진행하고 있으며 일부 신흥시장 국가의 기업 또한 해외시장에서 경영활동을 활발하게 진행하고 있다. 최근 몇년간 본사가 신흥경제국가에 있는 기업들이 선진국에 투자하여 경영활동을 하는 현상, 예를 들어 레노보가 IBM의 PC 부문을 인수하고 Huawei가 미국기업을 인수하는 일련의 경영활동 등은 더욱 사람들의 주목을 끌고 있다. 비지니스의 글로벌화가 가져온 변화는 비지니스 혹은 생산 프로세스의 모든 영역에서 발생하고 있다. 예를 들어, 어떤 하이테크 제품은 미국 캘리포니아에서 디자인하고 한국에서 주요 부품(예: 마이크로칩)을 생산하고 중국에서 조립한 후 전 세계적으로 판매되고 있다.

글로벌화의 충격은 기업 내부의 경영실천에서도 나타난다. 예를 들어, 인적 자원관리에 있어 글로벌화가 가져온 하나의 변화는 서로 다른 문화적 배경을 갖고 있는 직원들이 동일한 사무실에서 혹은 가상 그룹의 방식으로 업무를 실행하고 있는데 관련된 소통, 조정과 충돌관리 문제들은 경영자가 직면해야 할 중요한 문제 중 하나가 되었다. 경제의 글로벌 물결은 문화 간의 교류문제를 더욱 활발하게 하고 있기에 문화적 차이가 기업경영에미치는 영향에 대한 이해는 매우 중요해졌다. 서로 다른 문화 간의 공통성과 차이성을 연구하고 토론하여 진정한 문화적 차이와 표면인상을 구분하고 경영에서 문화적 차이로 인하여 생길 수 있는 오해와 충돌을 어떻게 면할 수 있는지를 분석하며 다원화된 문화적 자원을 충분히 활용하여 조직내와 조직간의 혁신 및 협력을 추진하는 등의 문제들은 충분히 관심할만한 가치가 있다. 문화 간 연구는 이런 문제를 토론하는 시각을 제공하는데 본 장에서는 문화 간 연구에서 자주 사용되는 바업 및 주의해야 할 문제들에 대해 전면적으로 논의하고자 한다.

19.1 문화 간 연구의 특징과 문화효과에 대한 해석

19.1.1 문화의 정의 및 문화 간 연구의 특징

"문화"라는 개념은 함의가 매우 광범위하다. 비교문화연구에서 연구자들이 서로 다른 관점에서 "문화"를 기술하거나 정의를 하기 때문에 이러한 기술과 정의 간에 상이한 점과 공통점이 존재한다. 많은 문화의 정의와 기술을 살펴본 뒤 Triandis(1996)는 대부분 연구자들은 문화의 내포에 대한 공통된 인식이 존재한다고 보았다. 즉 문화는 여러 개 공동한 요소로 구성되었다. 이러한 요소들이 개별 지리적인 구역 내에서, 특정한 기간에서 동일한 언어를 사용하는 집단 내의 개인이 직감, 신앙, 평가, 의사소통과 행위과정에서 나타난 공통적인 특징들이다.

비교분화연구는 문화를 비교하는 의미를 갖고 있다(Van de Vijver & Leung, 1997). 일반적으로 두 개 이상의 문화에서 개별 변수의 수준 혹은 변수 간의 관계를 비교할 때 문화는 하나 독립변수로 사용하여 문화효과를 분석한다. 한 가지 보편적인 방법은 다른 나라를 서로 다른 문화로 간주하는 것이다. 예를 들면 미국과 중국에서 샘플을 구해 서양문화와 동양문화를 대표한다. Schaffer & Riordan(2003)의 연구에 의하면 관리학 및 심리학 영역의 문헌연구에서 약 79%의 연구가 국가로 문화를 구분하는 표지변수(flag variable)로 사용했다. 많은 상황에서 국가는 문화를 구분하였다. 그러나 비교문화연구에서 국가를 문화를 대표하는 표준으로 설정하면 한 국가 국경 내의 거대한 문화차이를 소홀히 할 가능성이 있다(예: 미국, 캐나다 등 국가의 내부의 문화차이). 혹은 일반적인 경제, 제도 등 영역의 차이를 문화차이로 착각할 가능성이 있다. 그래서 연구자는 국가차이를 직접 문화차이로 간주하는 것은 적절치 않고, 선행이론에서 출발하여 문화차이가 존재 할 가능성이 있는 대상에게 샘플을 추출하고 분석해야 한다.

19.1.2 문화차이 해석의 이론 구조

비교문화연구에서 연구자는 문화차이에 대한 분석을 할 필요가 있다. 분석을 통해 비문화적인 해석의 가능성을 제거하여 관측된 문화차이가 초래 된 원인을 찾아내야 한다. 문화개념의 범위는 매우 넓기 때문에 비교문화연구에서 관측된 차이를 문화차이로 해석하는 것은 바람직하지 않다. 왜냐하면 이러한 해석은 지나치게 두루뭉술하고 명확한 지향성이 부족하다. 따라서 연구자는 문화의 구조를 분석할 필요가 있다. 즉 연구에서 얻은 차이현상을 단순한 문화차이로 해석하면 바람직하지 않고 개별 구체적인 문화 특징상의 차이를 이용해서 연구 결과를 해석해야 한다(Whiting, 1976). 연구 설계 단계에서 연구자는 이론구조에서 출발해야 하고 결과에 영향을 줄 수 있는 가능한 모든 원인을 탐구해야 한다. 한 가지 실현 가능한 방법은 결과와 관련 가능성 있는 문화특징을 맥락변수(contextual variable)로 설정하여 비교문화연구에 포함시키는 것이다. 데이터 분석에서 이러한 변수를 조절변수(moderator) 혹은 매개변수(mediator)로 사용하며 분석을 진행한다. 예를 들면, Brockner 등(2000)의 연구를 의거하면 만약에 실험자의 자아성향을 통제(self-construal)하면("독립적 자기(independent self)" 및 "상호의존적 자기(interdependent self)"을 포함함), 즉 자아성향을 조절변수로 사용하면 절차 공정성에 있어 중국과 미국 문화 간의 차이가 사라진다. 그래서 자아성향의 문화적 차이가 절차 공정성의 문화차이를 조성한 원인으로 판단할 수 있다.

비교문화연구를 설계할 때 연구자는 일부 이론구조를 참조할 수 있고 문화효과의 해석에도 사용 할 수 있다. 예를 들어, Hofstede(1980)가 글로벌기업 IBM의 직원들 대상으로 연구를 진행했는데 이 연구에서는 네 가지 차원의 주요한 영향을 끼치는 문화 가치관을 발견했다. (1) 권력거리, 즉 특정 문화에서 상대적인 낮은 위치에 있는 개인이 권력분포의 불평등성을 받아들일 수 있는 정도를 의미한다. (2) 개인주의-집단주의, 개인과 집단의 지향정도를 의미한다. (3) 남성성(masculinity)-여성성(femininity), 남성성 경향이 높은 사회에서 개인인이 경쟁, 자신, 권위, 남에게 관심이 가지지 않는 성향이 더 강하다. (4) 불확실성 회피성향(uncertainty avoidance), 즉 그 사회의 불확실성에 대해 용인하는 정도를 의미한다. 이후 연구(Hofstede & Bond, 1988)에서는 장기-단기지향(long-term vs. short-term orientation), 장기지향은 절약과 인내를 포함하고 단기지향은 전통과 체면을 중시를 추가하였다.

Triandis(1996)는 문화특징군의 개념을 제기했다. 이 관점을 따르면 특정 집단이 공통적으로 내포하고 있는 태도, 신념, 분류방식, 자아개념, 규범, 역할정의 및 가치관(즉, 문화특징군)으로 문화효과를 해석한다. 여기서 제기한 문화특징들은 아래내용을 포함한다. (1) 문화의 긴밀성(cultural tightness), 즉 해당 문화에서 상대적인 강한 개인의 행위를 규제하는 사회적 규범이 존재하는가. (2) 문화의 복잡성(cultural complexity), 해당문화에서 매우 많은, 복잡한 요소가 존재하는가. (3) 능동성-수동성(active-passive), 적응할 때 개인이 능동적인지 혹은 수동적인지를 의미한다. (4) 명예감(honor), 개인이 자기 명예를 보호(중시)하는 정도. (5) 집단주의. (6)개인주의. (7) 수직적 관계-수평적 관계(vertical and horizontal relationships), 해당 문화에서 계급의 중요성 및 집단의 권위가 사회행위에 미치는 영향 정도를 의미한다.

Leung and Bond(2004)가 사회공리(social axiom) 구조라는 개념을 제시했다. 사회공리는 일반적인, 구체적인 상황과는 독립적으로 개인의 사회화된 경험으로 형성된 신념(belief)을 말한다. 40개 국가의 데이터의 분석을 통해서 5개 차원의 사회공리구조(객체 수준)를 획득했다. (1) 사회에 대한 냉소주의(social cynicism), 개인의 타인 및 사회에 대한 부정적인 태도의 강도를 의미한다. 어떤 특정 집단 특히 사회에서 권력을 갖고 있는 집단에게 편견을 보유하고 믿지 않는다. (2) 사회의 복잡성(social complexity), 이 차원에서 개인은 세상에서 고정적인 법칙은 없다고 생각하고 목적을 달성하기 위한 다양한 방법이 있으며 인류의 행위는 높은 불일치성을 갖고 있는 가능성이 있을 것이라고 생각한다. (3) 보상의 관점(reward for application), 개인의 노력과 좋은 결과간의 관계를 기대하는 정도. (4) 종교적 관점(religiosity), 초자연주의의 존재와 종교 영향의 관점. (5)운명통제 관점(fate control), 개인의 모든 것이 운명으로 정해져있다고 생각거나 또는 개인이 여러 방법을 통해서 운명을 바꿀 수 있다고 생각하는 것을 의미한다.

House et al.(2004)은 62개 국가에서 GLOBE 프로젝트를 통해서 9개 문화차원을 추출했다. 이 중에서 불확실성 회피성향(uncertainty avoidance), 권력거리, 자기주장(assertiveness), 조직측면의 집단주의(institutional collectivism), 즉 그 사회에서 조직 혹은 기구가 집단단위로 자원 분배와 집단행동의 격려를 의미한다. 내집단 집단주의(in-group collectivism), 즉 개인의 조직과 가정에 대한 영예감, 충성도와 조직과 가정에 대한 긴밀한 정도를 의미한다. 성평등(gender egalitarianism), 미래지향(future orientation), 즉 개인이 미래를 위해 현재행동을 조절하는 경향이다. 여기서 계획, 투자와 현재의 만족을 지연하는 행위를 포함한다. 성과지향(performance orientation), 즉 조직 혹은 사회에서 개인의 성과제고와 탁월한 행실을 격려하는 정도를 의미한다. 인도적인 지향(humane orientation), 개인이 남에게 좋은 일을 할 때 이 사회에서 이러한 행위에 대한 격려와 장려하는 것을 의미한다. 이중에서 공정, 이타적, 우호적, 후하게 대하는, 배려하는, 친절한 행위를 포함한다.

Gelfand 등(2011)는 사회규범의 강도와 탈선행위의 용인 정도로 출발하여 문화의 긴밀성(tightness)-헐거성(looseness)의 개념을 제시했다. 긴밀성의 높은 문화에서 사회 법규가 개인에 미치는 영향이 상대적으로 강하다. 연구자는 33개국에서 설문조사를 실시하고 이차 자료와 결합하여 많은 매우 재미있는 결과를 얻었다. 예를 들면, 인구와 자원의 긴장 상태(상대적인 높은 인구 밀도, 자연자원의 부족한 정도, 자연재해, 식물의 부족한 정도) 및 독단적인 정도, 대중매체에 대한 통제한 정도와 법률의 가혹한 정도가 모두 문화긴밀성과 양의 상관관계를 갖고 있고 문화의 긴밀성은 자기가 지각한 상호제약과 자기통제 등 변수와도 양의 상관관계가 있다.

위에서 서술한 바와 같이 Hofstede의 문화 가치관 이론을 포함된 이론들이 통상적으로는 문화를 상대적으로 "정(靜)태"로 보고 기술하고 분석해왔다. Hofstede(2001)는 문화변화는 일반적으로 매우 느리다는 관점을 제시했다. 문화는 한 사회에서 상대적으로 안정적으로 공유된 지식구조로 볼 수 있다. 문화는 이 사회에서 사는 개인의 가치, 신념과 행위가 다른 사람과 다르게 나타날 수 있는 가능성을 감소시킨다(Erez and Earley, 1993). 동태적 시각에서 문화이론을 해석하는 것이 아직까지 많지 않다. 예를 들면 Berry 등(2002) 제시한 환경-문화 모형(ecocultural model)에서는 문화를 발전과 진화의 적응메커니즘으로 보고 문화를 이용해서 환경, 사회와 정치가 객체에 미치는 영향에 대해 대응한다. Hong and Chiu 등은 문화의 동태구성관점(dynamic constructivist approach)을 제시했다. 문화는 개인이 환경을 이해하는 지식구조이고 개인이 서로 다른 구조에서 전환(frame switching)할 수 있다는 것이다. 문화는 하나의 고정된 집단(예: 국가/지역)으로 범위를 정하는 것이 아니라 하나의 동태적인 선택 과정이다(Hong, Morris, Chiu & Benet-Martinez, 2000). 연구자들이 다문화 경험을 갖고 있는 개인에게 다양한 문화상징을 보여주는 "문화 제시" 실험을 실시하였다. 실험 결과는 실험자가 제시된 문화와 일치한 행위를 선택하는 경향이 있다는 것을 밝혔다(예: Zou, Tam, Morris, Lee, Lau & Chiu, 2009).

19.2 비교문화연구의 유형

19.2.1 상관관계적 연구와 실험연구

비교문화 관리학 연구는 질적(qualitative) 연구와 양적(quantitative) 연구 두 가지 유형이 있다. 비교문화 질적 연구는 주로 사례 분석, 민족지(ethnography)을 포함한다. 민족지 연구방법은 연구자가 "참여한 관찰자(participant-observer)"로 일정 기간 동안 직접 관심 있는 문화집단에서 생활하고 이 문화집단의 각각 측면의 특성을 구체적으로 기술하고 분석한다. 질적 연구방법은 매우 풍부한 자료를 수집할 수 있으며 의미 있는 연구문제를 발견할 수 있다. 그러나 연구결론은 한계점과 불안정한 특성을 갖고 있다. 그리고 더 광범한 상황에서 유추하는 데에는 어려움이 있다(Greswell, 1994).

양적 비교문화연구는 대체로 상관관계연구와 실험연구 두 가지로 구분할 수 있다. 상관관계적 연구에서 연구자는 관심 있는 개념을 수량적으로 측정하여 통계기법을 통해서 이러한 개념(변수) 간의 관계를 탐구한다. 통상적으로 연구자는 설문조사를 통해서 측정한다. 예를 들어 응답자에게 "사회의 각종제도는 돈 있는 사람에 유리하다"(Leung & Bond, 2004)라는 관점에 대해 확신 정도를 답하라고 요구한다. 물론 상관관계적 연구에서도 이차자료의 수집을 통해서 실시할 수 있다. 이는 상업 데이터 및 통계기구가 발표한 지표(예: UN 상관기관, 각국의 통계청, 특허청 및 국제조직)를 포함한다. 설문조사연구방법은 실시하는데 상대적으로 쉽고 그리고 데이터를 대량으로 얻을 수 있다. 게다가 현대 통계기술은 많은 유력한 데이터 분석도구를 제공하기 때문에 이 방법이 비교문화연구에서 매우 광범위하게 사용되고 있다. 예를 들어 Hofstede(1980)의 문화 가치관 연구(결과)는 설문조사방법을 이용해 IBM 회사의 40개 국가의 지사에서 수집된 데이터를 이용해 획득했다. 일부 연구는 이차 데이터자료와 일차 설문조사데이터를 결합했다. 예를 들어 Hofstede의 연구 결과의 각각 차원의 결과치를 이용해서 문화 가치관이 종속변수에 미치는 영향을 분석한다.

실험연구방법은 실험을 통해 독립변수의 변화를 조작하여 변수 간의 관계를 탐구한다. 상관관계적 연구에 비해서 실험연구방법은 장점도 있지만 약점도 존재한다. 실험연구의 매우 중요한 장점은 변수 간의 인과관계를 설명에 대해 더욱더 강력한 지지를 제공한다(Leung & Su, 2004). 인과관계의 설명력을 강화하기 위해서 실험연구의 매우 중요한 점은 관측된 종속변수의 변이는 다른 요소가 아닌 독립변수의 다른 수준으로 인해 나타난 것을 설명해야 한다. 그래서 교란변수에 대한 통제가 매우 중요하다. 비교문화연구에서 문화는 통상적으로 제어할 수 없다. 연구자의 제어 없이 다른 문화의 속한 실험대상자는 자연적으로 다른 변수수준으로 구분한다. 이러한 특성으로 비교문화실험연구는 "유사실험연구(quasi-experimental research)"로 본다. 이런 이유로 인과관계의 설명력이 부족하게 된다. 따라서 연구자는 일련의 방법을 통해서 인과관계의 해석효력을 강화해야 한다(Leung & Van de Vijver, 2008). 이러한 방법은 뒷부분에서 자세히 설명할 것이다.

19.2.2 구조 지향 및 수평 지향의 비교문화연구

통상적으로 비교문화연구는 두 개 혹은 두 개 이상의 문화집단에서 자료를 수집하고 비교한다. 그렇지만 일부 연구에서는 단지 한 문화집단을 사용하여 과거 이 문화집단의 연구 결과와 비교하는 경우를 종종 볼 수 있다. 어떤 방법을 사용함과는 관계없이 비교문화연구를 진행 할 때 구조 지향 및 수평 지향 두 가지 유형으로 구분할 수 있다. 구조 지향의 연구는 변수 간의 관계에 관심을 갖는다. 연구자는 이러한 관계를 통해 다른 문화와의 유사성과 차이성을 확인하고자 한다. 예를 들어, Schwartz 등(Schwartz, 1992; Schwartz et al., 2001)은 열 가지 가치관의 비교문화연구를 진행해왔고 그의 결과에서 가치관 간의 관계패턴이 서로 다른 문화에서도 유사성을 갖고 있다는 점을 발견했다. Leung and Bond(2004)는 여러 문화집단에서 일반적인 신념체계(사회공리)의 구조를 확인하였다. 이 연구도 구조 지향 유형의 비교문화연구에 속한다. 수평 지향 비교문화연구는 변수가 서로 다른 문화 간의 양적 차이에 관심을 갖고 있다. 예를 들어, Gelfand(2001)등은 자유회상, 상황측정과 실험 세 가지 방법을 이용해서 일본과 미국 실험대상자가 충돌과 협상상황에서의 공정성에 대한 판단의 차이성을 비교했다. 연구 결과 미국문화에서의 실험 대상자는 더 많이 자기 자신을 감싸는 성향이 있었다. 즉 자신이 더욱더 공정하고 상대방은 공정하지 않다고 생각하는 경향이 있다.

19.2.3 네 가지 흔한 비교문화연구 유형

연구가 탐색적 연구 또는 가설검증 연구인지에 따라 그리고 연구에서 상황과 문화요인변수를 고려하느냐에 따라 비교문화연구를 네 가지로 구분할 수 있다(Van de Vijver & Leung, 1997, p.20). 각각 유형에서도 구조 지향과 수형 지향 두 개 차원으로 구분할 수 있다(표 19-1).

가설 검증이 존재하는 비교문화연구에서 상황 변수를 도입 하느냐에 따라 두 가지로 구분 할 수 있다. 하나는 "보편성 연구(generalizability)", 즉 기존에 특정 문화 샘플을 통해 연구된 결과가 다른 문화 샘플에서도 성립 가능한지를 검증하는 비교문화연구이다. 예를 들어, Schwartz(1992)은 여러 국가에서 데이터를 수집하여 인류 가치관 구조의 공통성을 검증하는 연구, Leung and Bond(2004)는 40개가 넘는 문화 샘플을 통해 사회통칙의 구조를 고찰 하는 연구가 이 방법에 속한다.

또 하나 가설검증의 비교문화연구는 "상황이론연구(contextual theory studies)"이다. 이러한 연구에서 연구자는 일부문화요소/연수를 도입하여 비교문화차이의 이론구조로 본다. Leung(1987)는 집단주의와 서로 다른 문화에서의 충돌 해결과정에서 조정자 활용의 경향이 문화차이와 관계가 있다고 가정하면 집단주의가 이 연구의 상황 변수가 된다. 중국 홍콩지역과 미국에서 샘플을 구해 집단주의의 두 가지 수준으로 본 이 연구에서 조정자를 활용해서 충돌을 해결하는 경향에서 확실한 차이가 있다는 점을 발견했다.

탐색적 비교문화연구는 상황변수를 도입 하느냐에 따라 "문화차이연구(cultural difference studies)"와 "환경관련연구(ecological linkage studies)" 두 가지 유형으로 구분할 수 있다. 문화차이연구는 여러 개 문화 샘플에서 실험하고 이 샘플의 평균치, 표준편차, 신뢰성 및 기타 심리측정지표 사이의 문화차이를 비교한다. Peterson(1972)은

〈표 19-1〉 네 가지 흔한 비교분화연구 유형

		연구 방향
상황변수 고려 여부	가설 검증 연구	탐색적 연구
고려 안 함	보편성 연구	문화차이 탐색적 연구
고려 함	상황이론 추진 연구	외부효과 연구

북미, 서유럽, 라틴아메리카, 아시아 및 영연방간의 고급관리자의 여러 경영관 차이를 비교하였다. 연구자는 사전에 문화차이의 크기와 방향을 가정하지 않고 통상적으로 사후 해석하는 방법으로 관찰된 문화차이를 분석한다. 환경 관련 연구는 사전가설을 설정하지 않았지만 상황변수를 설정하여 비교문화차의 효용 혹은 가능한 원인을 탐구한다. Leung and Bond(2004)의 연구에서 사회통칙의 각각 차원과 일련의 사회/경제 변수 간의 관계를 측정하여 사회통칙의 효과를 확증한다. 이 연구에서 국민 총생산, 지역온도, 인구증가율 등을 사용하여 사회통칙에서 각각 차원의 효과를 검증한다.

19.3 비교문화연구에서의 개념과 측정의 동등성 문제

19.3.1 에믹과 에틱 연구 지향

에믹(emic)과 에틱(etic)은 문화연구 영역의 중요한 개념이다. 에믹 지향은 연구자가 문화의미체계 시각에서 이 문화에 속한 개인 또는 집단의 행위를 분석하고 자세히 해석하는 것을 의미한다. 에틱 지향은 연구자가 인식한 문화보편성의 시각에서 이 문화 외의 의미와 기호체계로 분석과 자세히 해석하는 것을 의미한다. 비교문화연구는 다른 문화 간의 비교를 필요하기 때문에 통상적으로 에틱 지향을 사용한다. 예를 들어, Hofstede의 집단주의(collectivism) 차원이 에틱 지향 연구의 한 예다. 연구자는 우선 특정 개념 또는 이론구조가 어떤 정도의 문화 공동성을 갖고 있다는 것을 가정하여 검증한다. 그리고 이러한 “공동기호체계”를 의거하여 관심을 갖고 있는 개념과 이론이 문화 간의 유사성과 차이성을 분석하여 비교한다.

관리학 및 더 광범한 행동과학에서 토착연구(indigenous research)는 에믹 연구 지향이다. 이러한 연구는 고유문화와 현지의 독특한 문제에 관심을 갖고 그에 상응하는 개념과 이론을 제시한다. 예를 들어, 중국의 온정주의적 관리방식에 대한연구(郑伯埙, 周立芳, 樊景立, 2000), 정과 체면의 연구(1987), 중국인 인격구조의 연구(王登峰, 2003) 등은 모두 현지연구의 시각에서 독창적인 개념과 이론을 제시하였다. 그러나 에믹 지향의 연구는 문화 간의 비교실시하는 데 어려움을 준다. 그래서 현지연구를 어떻게 전 세계 학계로 추진할 것인가는 주목할 만한 문제이다. 일부 연구자들은 문화의 특유한 현상에만 과도한 관심을 가질 것이 아니라 현지의 시각으로 보편성 있는 문제를 탐구해야 한다는 관점을 제시했다(梁觉, 吴培冠, 1997).

에틱 지향의 연구방법이 문화 간의 비교연구를 상대적으로 쉽게 하게했다. 연구자는 공동의 개념체계에서 분석과 비교하여 "비교문화"의 결론과 이론을 형성한다. 그러나 주목해야 하는 점은 분석 없이 다른 문화 간의 개념을 차이를 존재할 수 있는 가능성을 무시하고 특정 문화에서 형성된 개념을 직접 다른 문화에서 사용해서 연구를 하게 되면 잘못된 연구 결과를 얻을 수 있다. 즉 이른바 "강제적 에틱" (imposed etic)(Berry, 1990)이라는 것이다. 그러나 연구자들이 이 문제의 중요성을 충분히 인식하지 못하는 경우가 있다. Schaffer and Riordan(2003)의 연구에 의하면 과반수의 관리학 및 상관영역의 비교문화연구에서 강제적 에틱 문제가 있을 수 있다. 이러한 문제를 피하기 위해 연구자는 "파생 에틱(derived etic)" 방식을 사용하는 것이 적절하다. 우선 다른 문화에서 에믹 지향 시각을 통해서 이러한 문화의 충분한 정보를 획득한 다음 존재 가능한 공동적인 특성과 차이점을 분석한다. 분석결과에 의거하여 후속의 문화 간의 비교와 대조연구를 실시한다.

에믹과 에틱의 관점에서 볼 때 한 가지 깊이 생각할 필요가 있는 문제는 당대 대부분 조직과 관리연구는 미국에서 진행되어져 왔다는 점이다. 다수연구에서 제시한 연구문제, 개념은 단지 미국문화 시각에서 분석되어졌으며 다른 문화시각에서의 해석은 부족한 실정이다. 이런 면에서, 이러한 연구는 에믹 지향 연구로 볼 수 있다. 연구자들이 고민해야 할 내용은 미국문화를 바탕으로 제시된 개념과 이론이 다른 문화에서도 적용할 수 있을까하는 점이다. 예를 들어, 변혁적 리더십 스타일이 중국문화에서도 같은 의미를 갖고 있느냐. 미국과 유럽의 연구에서 발견된 조직시민행동(organizational citizenship behavior)의 내용이 중국에서 적용 되어질 수 있느냐 (Farh, Zhong & Organ, 2004)의 문제이다. 비교문화연구 시작하기 전에 연구자가 선입관을 가지고 있으면 안 된다. 연구자가 연구하고자 하는 개념 및 측정 방법(혹은 제어방법)을 구체적, 전반적, 균형있게 분석해야 한다. 예를 들어, 개방식 질문을 통해 해당개념과 연관성 있는 정보를 전면적으로 수집해야 한다.

19.3.2 개념의 동등성

구조 지향이나 수평 지향이나 비교문화연구에서 관련된 해당 개념 및 측정 도구(혹은 실험제어방법)의 동등성 문제를 탐구해야 한다. 예를 들어, "효(孝)"의 내포된 뜻이 중국과 서양 간에 큰 차이가 있다. 효는 중국의 전통적인 윤리적 개념이고 효는 자녀가 부모 혹은 조상의 부양, 존경, 순종과 잘 보살피는 행위 준칙이다. 그러나 서양사상에서 사람들이 효에 대한 인식의 폭이 상대적으로 좁다. 그 외에, 같은 측정항목이 다른 문화에서 상이한 의미를 가질 수 있다. 예를 들어, 자전거를 타는 행동이 미국에서는 레저스포츠로 볼 수 있지만 중국에서는 교통수단으로 볼 수 있다. 따라서 '자전거를 탄다'라는 항목이 레저스포츠의 측정 문항으로 비교문화연구에서 사용하는 것이 타당하지 않다. 비교문화연구에서 일부 분석 방법과 통계수단을 이용하여 해당 연구개념의 개념 및 측정(혹은 제어방법)의 동등성을 검증해야 한다.

내포와 지향이 상대적으로 간단한 개념, 예를 들어, 업무만족정도, 업무과적 등 통상적으로 다른 문화에서도 유사하거나 동등한 개념으로 가정된다. 그러나 일부 상대적으로 복잡한 개념, 예컨대 인격(Wang, Cui & Zhou, 2005), 성과동기(Yu, 1996) 등은 다른 문화에서 차이가 큰 편이다. Farh, Zhong and Organ(2004)은 중국문화에서 조직시민행동의 구조에 대한 탐구했다. 연구 결과는 중국문화에서 나타난 일부 조직시민행동 차원이 서양문화에서 나타난 조직시민행동의 일부 차원과 비슷하지만 일부 차원은 중국문화에서만 나타났다. 이 때문에 만약에 중국문화에서 직접적으로 서양의 조직시민행동의 측정도구를 사용하면 중국문화에 있는 조직시민행동 중의 중요한 내용을 소홀시 하게 된다는 문제점이 있다.

개념 동등성은 비교문화연구의 매우 중요한 부분일 뿐만 아니라 상대적으로 복잡한 문제이다. 연구자는 아래 몇 개 측면에서 시작 할 수 있다. 우선, 개념의 구조를 탐구한다. 만약에 개념이 다차원적인 구조를 갖고 있다면 다른 문화에서 차원구조가 일치 하느냐를 비교할 수 있다. 그 다음으로 해당개념이 다른 상관개념 간의 관계(예: 상관계수)가 다른 문화에서 유의한 차이를 있느냐를 살펴본다. 만약에 유의한 차이가 있다면 해당개념이 다른 문화 간 차이가 있을 수 있다. 마지막으로 해당개념과 기타 상관-종속변수 간의 관계를 살펴본다. 만약에 이러한 관계간의 문화 간 차이가 존재하면 그리고 연구자가 기타 상황변수의 영향을 제거 할 수 있다면 해당개념이 다른 문화에서 동등하지 않은 것을 설명할 수 있다. 그 외에도, 연구를 설계할 때 한 가지 분산적 접근방법(decentered approach)을 사용할 수 있다. 즉 한 가지 주도적인 문화기반으로 개념을 분석하고 설계 연구하는 것이 아니라 동시에 여러 문화의 관점에서 개념을 분석하고 설계한다는 것이다. 예를 들어, 전 세계에서 리더십 행동을 대상으로 한 연구(House et al., 2004)에서 연구자는 단지 한 특정문화를 분석하여 개념의 함의와 측정방식을 확정하는 것이 아니라 여러 개 문화에서 개념의 함의와 측정항목을 취한다. Leung and Bond(2004)가 진행한 사회공리의 연구에서도 다른 문화에서 측정항목을 취했다.

19.3.3 측정 동등성

수평 지향의 연구에서 개념의 동등성을 검토할 뿐만 아니라 측정의 동등성도 살펴볼 필요가 있다. 비록 목표변수가 다른 문화에서 개념의 동등성을 확인했어도 우리가 이러한 문화에서 측정된 점수를 직접비교 할 수 없다. 왜냐하면 다른 문화에서 측정(도구)의 단위가 일치한지를 확실히 증명 할 수 없기 때문이다. 우리가 길이를 측정 할 때 단위 없이 100이 무조건 90보다 크다고 판단 할 수 없는 것과 같다. 그 이유는 앞 수치의 단위는 밀리미터 일 수도, 뒤 수치의 단위는 마일 일 수도 있기 때문이다. 목표변수를 비교문화적 수준을 비교하기 전에 우리가 이변수의 "측정 동등성(measurement equivalence)"을 살펴봐야 한다.

측정 동등성 문제는 항목편차로 초래될 수 있다. 항목편차는 비교문화연구에서 흔히 마주치는 문제다. 비록 연구의 개념이 다른 문화에서 개념 동등성을 갖고 있어도 이러한 개념을 측정하는 문항이 다른 문화에서 차이가 있을 수 있다. 만약에 다른 문화의 피실험자도 특정 개념의 이해에 있어 같은 수준을 갖고 있지만 이 개념을 측정하는 개별 항목에서 상이한 기대점수가 존재하면 이 항목은 문화편차를 갖고 있다고 볼 수 있다. 만약에 연구개념을 측정하는 측정도구에서 문화편차를 갖고 있는 항목이 있으면 이 도구를 통해서 획득한 연구 결과는 신뢰성이 떨어지게 된다. 따라서 통상적으로 비교문화연구에서 사용하고자 하는 측정도구는 동등성분석을 실시한다.

측정도구의 동등성을 분석 하기 위해 많은 방법을 사용 할 수 있다. 예컨대 분산분석(Van de Vijver & Leung, 2000), 문항반응이론(item response theory)(예: Maurer, Raju & Collins, 1998), 확인적 요인분석(confirmatory factor analysis) 등을 포함한다. 상대적으로 간단한 방법은 분산분석 방법이다. 즉 측정된 항목의 값을 종속변수로 사용하고 합을 구한 문화척도의 총 값을(여러 조로 나눔) 독립변수로 사용하여 분산분석을 실시한다. 만약에 합한 문화척도의 값이 교호작용이 유의하게 나타나면 다른 문화에서 항목의 값과 합한 문화척도의 값 간의 관계가 일치하지 않다고 판단할 수 있다. 즉 이 항목이 편차가 존재한다.

비교문화연구에서 통상적으로 측정 동등성을 검증할 때 많이 사용하는 방법은 확인적요인분석이다. 이 방법이 측정 동등성문제를 여러 샘플 비교문제로 전환하였다. 즉 다른 문화에서 구한 샘플 간의 관계있는 계수가 동등하느냐를 비교한다. 확인적 요인분석에서 가령 잠재 변수구조가 존재한 다음에 잠재적 변수와 관측변수 및 잔차간의 각종의 관계를 추측한다. 멀티 샘플 확인적 요인분석에서 관측변수와 잠재변수, 절편과 잔차 간에는 아래와 같은 관계가 존재한다.

$$X_k^g = \tau_k^g + \Lambda_k^g \xi^g + \delta_k^g \tag{1}$$

등식 (1)에서 X_g^k는 표본 g에서 k번째 관측변수를 의미한다. ξ는 관측변수와 대응한 잠재변수다. τ는 절편을 의미하고 Λ는 잠재변수 ξ가 관측변수 X의 회귀 기울기를 의미하고 δ는 잔차를 의미한다. 이 등식은 가령 잠재변수와 잔차는 독립적이다. 상술등식(1)은 아래등식으로 전환 할 수 있다.

$$\Sigma^g = \Lambda_X^g \Psi^g \Lambda_X^{g'} + \Theta_\delta^g \tag{2}$$

등식 (2)에서 Σ는 관측변수의 분산공분산 행렬을 의미하고 Φ는 잠재변수의 분산공분산 행렬을 의미한다. Λ는 잠재변수에서 관측변수로 전환할 수 있는 계수행렬이다. Θ는 잔차분산 행렬을 의미한다. 여러 샘플에서 확인적 요인분석 방법을 이용해서 비교문화연구의 측정 동등성 문제를 연구하는 것이 사실상 다른 문화 샘플 간의 상관계수행렬이 대등하느냐를 탐구하는 것이다. 만약에 귀무가설을 기각 할 수 없다면 비교문화 샘플 간에 어떤 측면에서 측정 동등성이 있다고 생각할 수 있다.

Vandenberg와 Lance(2000)는 많은 확인적 요인분석을 사용하여 측정 동등성을 분석하는 연구를 총괄하여 측정 동등성 연구에 대한 제안을 귀납했다. 비교문화연구에서 사용할 때는 여러 단계를 거쳐야 하는데 자세한 내용은 다음과 같다.

1. 다른 문화 샘플 간의 관측변수의 분산공분산 행렬이 동등한가를 분석한다. 만약에 비교하는 양자가 동등하면 이 측정이 완전한 비교문화 일치성을 갖고 있다고 판단할 수 있고 뒷 단계는 할 필요가 없다. 매우 적은 경우에서 동등한 상황이 발생하기 때문에 많은 연구에서 이 검증 과정을 실시하지 않았다. 그러나 일단 전체 동등성이 확인되면 측정의 동등성을 확인 할 수 있다. 그래서 연구 초기에 동등성 검증하는 것이 명쾌한 방법라고 할 수 있다.
2. 다른 문화 샘플 간의 "구조 동등성(configural equivalence)"을 있느냐를 탐구한다. 구조 동등성은 다른 문화 샘플 간이 유사한 요인구조(factor structure)를 갖고 있느냐를 의미한다. 만약에 구조 동등성을 확인할 수 없다면 동등성에 대한 탐구는 할 수 없다.
3. 다른 문화 샘플 간 "계량 동등성(metric equivalence)"을 갖고 있느냐를 검증한다. 즉 다른 문화 샘플 간 Λ(잠재변수에서 관적변수로 전환하는 계수행렬)이 동등하

느냐를 검증한다.

4. "절편 동등성(scalar equivalence)"을 검증한다. 즉 다른 문화 샘플 간 τ(절편)이 동등하느냐를 검증한다.
5. 다른 문화 샘플 간의 잔차 Θ가 동등하느냐를 검증한다.
6. 다른 문화 샘플 간의 잠재변수(요인)의 분산과 공분산(Φ)이 동등하느냐를 검증한다. 후자는 잠재변수 간의 상관이 동등하느냐를 탐구한다.
7. 다른 문화 샘플 간에 잠재변수의 평균치가 상등하느냐를 검증한다. 즉 문화 샘플 간의 잠재변수 수준의 차이를 검증한다.

확인적 요인분석 방법을 사용하여 동등성을 검증할 때 통상적으로 모형비교 방법을 통해서 상술 동등성을 성립하느냐를 확인한다. 구제적인 방법은 동등성 설정한 모형(즉 해당 패러미터을 상등하게 설정함)과 동등성을 설정하지 않은 모형을 비교한다. 동등성을 설정으로 인해 계수추정의 수량이 감소한다. 때문에 자유도가 증가한다. 그래서 카이제곱 테스트 검증결과가 유의하지 않게 나타나면 해당 동등성 가설을 채택할 수 있다. 카이제곱 테스트 외에 또 모형비교 할 때 비교부합지수(comparative fit index, CFI)를 사용할 수 있다. 만약에 CFI가 0.01 이하로 나타나면 동등성 가성을 채택할 수 있다(Cheung & Rensvold, 2000).

문항반응이론(item response theory, IRT)은 실험항목의 반응확률의 모형에 대해 분석하고 문항특성곡선(item characteristic curve)을 형성한 뒤 이 문항의 판단 수준(discrimination level), 난의도 수준(difficulty level)과 추측계수로 결정한다. 그것들의 관계는 다음과 같다.

$$P_i(\theta) = c_i + (1 - c_i)\ \frac{\exp\,[Da_i(\theta - b_i)]}{1 + \exp\,[Da_i(\theta - b_i)]} \tag{3}$$

등식 (3)에서 S형 문항특징곡선이 나타났다. 상하 양족은 각각 1과 0(확률)에 다가가는 곡선이다. 여기서, θ는 해당 문항이 측정한 개념(능력, 태도 등)상의 크기를 의미하고, $P(\theta)$는 해당문항이 측정한 개념의 θ가 될 수 있는 확률을 의미한다. D는 상수이고 통상적으로 1혹인 1.7을 취한다. a는 해당문항의 판단수준을 의미하고 b는 난이도 수준을 의미한다. c는 추측계수를 의미하고 실험대상자가 답할 때 추측한 정도를 뜻한다.

태도, 신념 등 관리학에서 흔한 개념들이 Rasch 모델을 단순화하여 사용할 수 있다(Fischer & Molenaar, 1995). 즉 실험대상자의 추측을 배제하고 문항의 판단수준을 1로 고정한다.

$$P_i(\theta) = \frac{\exp(\theta - b_i)}{1 + \exp(\theta - b_i)} \tag{4}$$

문항반응이론을 사용하여 문항의 비교문화차이를 분석하는 이유는 만약에 문항의 판단수준 혹은 난이도가 다른 문화 간의 유의한 차이가 나타나면 해당 문항에 문화적 차이가 있다고 판단한다. 문항반응이론을 이용해 문화차이를 검증할 때 두 가지 방법을 사용할 수 있다. 즉 계수비교방법과 모형비교방법이다(Van de Vijgver & Leung, 1997). 계수비교방법은 각각 문화에서 계수를 추측한다(판단수준과 난의도 수준). 그리고 판단 수준과 난이도 수준이 서로 다른 문화에서의 차이를 비교한다. 모형비교방법은 비교문화 간 설정된 계수가 상등한 모형과 설정된 계수가 각각 추측해야 한 모형 간의 비교부합지수의 차이를 검증한다.

동등성은 비교문화연구에서 매우 중요한 문제다. 연구자가 문제제기, 개념도출, 측정 혹은 제어방법을 선택 할 때 존재 가능성있는 개념과 측정 동등성 문제에 대해 자세히 분석해야 한다. 이를통해 연구결론의 오류가 발생하는 가능성을 감소한다. 통상적으로 비교문화연구에서 모든 항목의 동등성을 확보해야 한다. 만약에 일부 항목인 동등성을 확보 하자 못한 경우에는 해당문항을 제거하고 동등성 있는 항목을 보유한다. 그러나 대부분의 문항이 동등성을 없는 경우 연구방안을 재검토할 필요가 있다.

19.4 비교문화연구의 설계

19.4.1 비교문화연구 설계에서 주의해야 할 점

상관관계연구나 실험연구이든 간에 비교문화연구 설계의 핵심문제는 가설에 대한 설명력을 높이고 옳지 않은 가설을 제거하는 것이다. 다른 문화의 집단이 많은 측면에서 차이가 있기 때문이다. 따라서 많은 비문화적인 차이가 연구자가 관심을 갖고 있는 비교문화차이 현상을 설명할 수 있는 원인으로 볼 수 있다. 그래서 비교문화연구의 설계의 핵심은 연구가설 외의 연구 결과를 해석할 수 있는 원인을 제거하는 것이다. 예를 들어 연구 설계에서 연구자가 "공변인"을 도입해 연구 결과에 대한 설명력을 강화할 수 있다. 공변인은 연구에 관심을 갖고 있지 않으나 연구 결과에 영향을 줄 수 있는 변수를 의미한다. 공변인을 도입하면 연구 결과에 영향을 미칠 수 있는 다른 해석을 제거 할 수 있느냐를 검증한다. 예를 들어, 성별, 연령, 교육수준, 수입수준, 국가재정수준 등 변수는 흔히 사용하는 공변인이다.

그 외에도 앞서 언급했듯이 연구자는 연구문제와 개념의 문화적 특성에 탐구해야 한다. 연구자는 데이터를 수집한 뒤에 문화차이 문제를 고려하는 것이 아니라 연구설계를 시작 할 때부터 고려해야 한다. Leung and Zhang(1996)가 밝힌 것과 같이 미국과 유럽에서 진행해왔던 연구들이 다른 문화에서 연구되면 연구들의 일부는 다른 문화에서 연구 할 수 없다. 이러한 연구를 통해 얻은 결과는 서양문화배경과 관련이 있을 수 있는 가능성이 매우 높기 때문이다. 만약에 다른 문화배경의 시각에서 이러한 연구를 진행하면 다른 결과가 나타날 수 있다. 두 가지 방법을 이용해 어떤 문화가 연구문제를 주도하는 것과 문화의 영향을 받아 나타난 잘못된 결과를 도출하는 것을 피할 수 있다. 첫 번째 방법은 "분산적 접근방법(decentered approach)"라고 한다. 어떤 개념에 대해서 탐구 하는 것과 연구설계 과정에서 문화다양성 시각을 취하는 것을 앞에 비교문화 동등성 부분에서 설명하였다. 또 다른 방법은 "수렴적 접근방법(covergent approach)"라고 할 수 있는데 이는 서로 다른 문화에서 어떤 이론의 구조가 일치하느냐를 탐구한다. 예를 Bond 등이 중국문화에서 가치관을 연구할 결과에 의하면 일부 문화적 차원이 Hofstede가 연구된 문화적 차원과 매우 유사했으나 새로운 문화적 차원 한 가지를 발견했다. 즉 장기적 지향-단기적 지향(Chinese culture Connection, 1987)이다.

관리학의 비교문화실험연구는 일반실험연구와 달리 또 다른 특성을 갖고 있다(Leung & Su, 2004). 예를 들어 관리학에서 비교문화실험연구는 대부분이 실제 상황에서 진행하는 것이 아니라 설문지를 통해 가상의 상황에서 진행한다. 실제 상황에서 제어와 통제가 어려운 변수들을 가상적 상황에서 통제 할 수 있기 때문이다. 연구자는 가상적 상황에서 상대적으로 쉽게 대량적 데이터를 획득할 수 있고 동시에 다른 문화 간의 동등성을 예측하는 것과 제어하는 것이 쉽다.

19.4.2 부합 접근법

연구자는 부합 접근법(consilience approach)을 통해서 비교문화연구의 인과관계 설명력을 향상시킬 수 있다(Leung & Van de Vijver, 2006). "부합(consilience)"의 개념은 철학가 Whewell(1840)이 제시했다. 만약에 "어떤 종류의 사실에 대한 귀납한 결과가 또 다른 사실의 귀납한 결과와 일치하면" 이러한 귀납이 부합한다고 판단한다. 이것이 이론을 검증하는 한 가지 방법이다. 비교문화연구에서 "부합"을 통해 각 측면에서 얻은 증거가 연구 결과의 설명력을 향상시키고 비교문화연구 그 자체가 가지는 부족한 점을 보완할 수 있다. 예를 들면 일반적인 실험방법은 독립변수를 제어하면 비교적 강한 인과관계를 설명할 수 있다. 그러나 독립변수를 제어해도 인과관계를 설명할 수 없는 경우에는 부합 접근법을 사용하는 것이 적당하다.

인과관계를 확증하기 어려운 것이 비교문화연구에서 존재할 뿐만 아니라 다른 분야에서, 심지어 일부 자연과학 영역에서도, 인과관계를 확증할 수 있는 완벽한 실험방법은 존재하지 않을 수 있다. 예를 들어 생물진화론에 관한 연구는 실험을 통해 연구할 수 없을 뿐만 아니라 자연 선택이라는 가설을 지지하는 단일한 증거도 거의 존재하지 않는다. 그러나 여러 측면과 방법을 통해서 얻은 증거를 부합하면 진화론의 설명력은 훨씬 높아진다. 유사하게 비교문화 연구설계에서 여러 측면의 내용을 부합하여 인과관계에 대한 설명력을 향상시킬 수 있다. 부합 접근법은 네 가지로 구분한다. (1) 다중상황적 부합(contextual consilience)은 만약에 여러 개 다른 문화의 상황 혹은 문화집단에서 수집된 데이터를 이용해 얻은 결과가 기대이론과 완전히 부합하면 논증하고 있는 관계를 강력하게 지지한다. (2) 다중방법적 부합(methodological consilience)은 많은 방법을 사용한다. 예를 들어 조사법, 실험법, 종단적 조사 등 방법을 이용해 어떤 가설을 검증할 때 이 모든 방법이 같은 결론은 얻을 수 있는지를 고찰한다. (3) 다중기대 부합(predictive consilience)은 만약에 해당 인과관계 이론에서 도출된 일부 기대가설이 모두 검증된다면 이 인과관계에 대한 확신 정도를 향상시킨다. (4) 배타적 부합(exclusive consilience)은 연구자가 논증한 인과관계 가설 이외에 연구자가 관측한 결과로 설명 가능한 대립가설을 제거하는 데 증거로 사용한다(표 19-2).

〈표 19-2〉 부합구조적인 비교문화연구전략

	체계비교전략	공동변량 전략	다중방법전략
부합목표	기대와 상황적 부합	배타적 부합	방법적과 기대부합
연구유형	상관관계연구	상관관계연구	상관관계연구/실험연구
상관개념	다문화비교, 문화차이	상황변수, 교락변수, 편차, 민감성변수	다질다법분석, 실험민족지 연구, 실험인류학연구
분석차원	개인 혹은 무화수준	개인 수준	개인 수준
문화(독립변수)	범주형 변수, 다른 문화 집단	문화가 연속 변수로 사용됨, 문화 차원	문화집단을 범주형 변수로사용하거나 문화차원이 연속변수를 사용하여 측정 혹은 제어 함
대립가설	통상적으로 명확히 제기하지 안함	연구설계에서 대립가설을 어떻게 제거할 것인지를 강조함	통상적으로 명확히 제기하자 안함
인과관계의 강도	낮음	중	중 혹은 높음
생태영향	높음	높음	낮음(실험실 연구), 높음(민족지 연구)

부합방법은 다른 전략을 포함한다. 첫 번째 전략은 체계비교 전략이다. (1) 다중비교 전략은 연구자라 연구가설의 어떤 차원에서 얻은 값을 크기순으로 세 개 이상의 문화 샘플을 구해 연구를 진행한다. 예를 들어 연구자가 "집단주의-개인주의"차원에서 가능한 연구 결과를 해석 하다면 이 차원에서 세 개 문화 샘플을 취한다. 예를 들어 일본, 프랑스, 미국 샘플을 취하고 만약에 연구 결과가 합리적으로 나타나면 본 연구결론의 확신 정도가 두 개 문화 샘플을 구해 연구한 결론의 확신 정도 보다 높다. 그 외에도 연구자가 샘플을 추출할 때 다른 대립가설의 영향을 제거해야 한다. 예를 들어 두 문화 샘플을 선택하여 연구자가 관심을 갖고 있는 연구 문제의 한 차원에서 차이가 있고 대립가설과 상관한 차원에서는 차이가 없게 나타난다. (2) 종단적 비교전략은 어떤 문화차원의 변화가 종속변수의 변화와 관계 있는지를 고찰한다. 그러나 통상적으로 문화의 변화는 완만하고 알아차리기 어렵다. 그래서 연구자의 대부분이 이주민의 시각에서 문화변화의 영향을 고찰 한다. 예를 들어 이민한 시점을 다른 집단을 비교한다. 신이주민과 이주민의 후예가 주목한 종속변수 간의 차이를 고찰한다.

두 번째 전략은 공동변량 전략이다. (1) 단일 공동변량 전략은 관심을 갖고 있는 문화차원 변수를 공동변수로 도입한다. 도입한 뒤 만약에 이변수를 통제하고 문화효과가 유의 하지 않게 나타나면 이변수가 문화효과의 가능한 원인으로 될 수 있다. 멀티공동변량 전략은 연구자 여러 개 가능한 문화차원변수를 포함시키고 문화효과의 원인 혹은 대립가설을 제거하여 설명력을 향상시킨다. 예를 들어 개인주의-집단주의 차원의 여러 개 측면을 공동변량으로 여기고 어떤 측면이 내집단편애(in-group favoritism) 간에 영향을 주는지 그 관계를 탐구한다(Chen, Brockner & Katz, 1998). (3) '한 문화 내의 발전'은 문화효과의 가능한 원인을 고찰할 때 연구자가 하나 문화 샘플에서 문화차원과 종속변수 간의 관계를 탐구하는 것이다. 예를 들어 Brockner 등(2000)은 중국과 미국 간의 절차공정성 효과의 차이를 비교한 후 미국 샘플에서 독립적 자아-상호의존적 자아 차원에서 강도가 다른 집단에서 공정성 효과가 문화 샘플 간의 차이와 비슷한 결과가 나타났다. 그래서 이 결과가 구성개념인 자아가 절차 공정성효과의 문화적 해석을 지지하였다.

셋 번째 전략은 다중방법 전략이다. (1) 여러 개의 종속변수 지표를 사용한다. 서로 다른 종속변수지표가 다른 교락변수와 관계가 있을 수 있다. 만약에 다른 종속변수지표를 사용해도 유사한 결과를 얻을 수 있으면 이 문화효과가 상관없는 변수가 될 가능성을 낮춘다. (2) 다양한 실험 전략. 비록 비교문화연구에서 완전한 실험을 진행 할 수 없지만 최근에 일부 유사시험방법에 의거하여 "실험인류학(experimental anthropology)" 방법을 제기했다(Cohen, Nisbett, Bowdle & Schwarz, 1996). 즉 일부변수를 제어하여 문화효과를 조절하고 이에 따라 인과관계를 추정한다. 우선 특정 문화효과가 어떤 변수로 인해 초래하는 것을 가정하고 이 변수의 수준을 제어하여 종속변수가 기대한 변화를 나타나는지를 관찰한다. 실험 방법은 두 가지로 구분할 수 있다. 생태학적 실험(ecological experiments)은 연구자가 외부 상황변수를 제어하여 기대효과를 탐구한다. 예를 들어 일부 환경요소를 변화시키고 피실험자의 방응과 제어된 요소간의 관계를 관찰한다. 개인의 문화차원에서의 "제어(idiographic experiments)"는 연구자는 개인 수준에서 문화를 "제어"한다. 예를 들어 "문화 프라이밍(culture priming)" 방법은 피실험자에게 다른 문화를 대표하는 자극물을 보여준다. 예를 들어 국기, 문화의 명인 등(Hong et al., 2000)이나 구체적인 문화차원변수에서 시작할 수 있다. 예를 들어 피실험자와 가족 구성원간의 공통점과 차이점의 답을 통해 독립적 자아-상호의존적 자아 차원을 제어한다(Trafimow, Triandis & Goto, 1991).

19.4.3 비교문화연구의 다수준 설계

비교문화연구에서 연구자가 데이터의 계층구조 문제를 직면할 가능성이 있다. 비교문화연구에서 통상적으로 두 가지 데이터 수준을 포함한다. 예를 들어 피실험자의 태도, 관점 혹은 일부 개인차변수로 개인 수준 측면의 데이터를 구성한다. 그러나 다른 문화 간의 평균수준의 차이는 문화수준 측면의 데이터를 구성한다. 연구자가 연구설계를 진행할 때 개인측면에서 개인 수준의 평균치 혹은 변수 간의 관계로 문화적인 비교와 분석을 실시한다. 또는 연구자가 문화 측면에서 연구설계를 진행할 수 있다. 예를 들어 기온과 역할과다 간의 관계한 연구가 있다(Van de Vliert & Yperen, 1996).

주목해야 하는 점은 한 수준에서 얻은 결과는 반드시 또 다른 수준으로 유추할 수 없다는 것이다(Klein & Kozlowski, 2000). 상위 수준에서 얻은 결과를 직접 하위 수준으로 유추하면 이른바 "생태적 오류(ecological fallacy)"를 나타날 수 있다. 그와 마찬가지로 수준단위 수준에서 얻은 결과를 직접 수준상위 수준으로 유추하면 이른바 "원자론적 오류(atomistic fallacy)"를 나타날 수 있다. 다른 데이터 수준에서 같은 개념이라도 다른 의미를 가질 수 있다. 예를 들어 Triandis(1996)는 개인주의-집단주의 차원이 개인과 국가 측면에서 서로 다른 의미를 가질 수 있다고 주장하며 국가 측면에서는 "개인주의-집단주의(individualism-collectivism)" 개념을 사요하고 개인 측면에서는 "개인중심주의-전체중심주의(idiocentrism-alloocentrism)" 개념을 사용했다.

대부분 비교문화연구는 단일 수준에서 설계한다. 즉 문화 혹은 개인/기업 측면에서 집중적으로 연구해왔다(Leung & Bond, 1989; Tsui, 2007). 그러나 단일 수준의 연구설계를 하면 일부 중요한 체계적 변이를 소홀히 할 우려가 있다. 단지 문화 측면에서 볼 때 개인/기업 수준의 변화가 종속변수에 어떠한 영향을 주는지를 분석할 수 없다. 개인 수준에서 진행한 연구는 개인이 속한 문화적인 배경이 팀 간 차이를 초래할 수 있다는 점을 무시했다. 통계기술의 발전에 따라 비교문화연구에서 일부 다수준 데이터구조 문제를 해결할 수 있는 새로운 방법을 제공한다. 이중에서 위계선형모형은 비교문화에서 다수준 데이터를 분석하는데 유력한 분석도구이다(Schaffer & Riordan, 2003). 단일 수준 연구설계에서 해결 할 수 없는 문제, 예를 들어 문화수준의 변수가 개인/기업 측면의 종속변수에게 영향을 미치는지? 문화 차이가 개인/기업 측면서 독립변수와 종속변수 간의 관계모형을 영향을 주는지를 다수준설계와 위계선형모형 분석기술을 통해 해결할 수 있다. 원리와 분석 방법은 아래와 위계선형모형과 관련 있는 장에서 구체적으로 설명할 것이다.

예를 들어 Van der Vegt, Van der Vliert & Huang(2005)이 인구통계적 다양성(demographic diversity)과 혁신적 분위기(innovative climate) 간의 비교문화적 차이를 탐구할 때 위계선형모형방법을 사용했다. 권력거리라는 상위 수준 변수가 구성원의 다양성과 혁신적 분위기간의 관계를 수준어떻게 조절하는지를 고찰하였다. 연구자가 한 다국적 기업 24개 나라 248개 지점에서 데이터를 수집하였다. 이 데이터에서는 지점의 수준과 문화수준 두 가지 수준이 존재한다. 다수준 모형 분석에서 연구자는 지점 데이터의 회귀방정식의 기울기를 종속변수로 여기고 문화수준에서 권력거리를 독립변수로 여겨 회귀분석을 한다. 연구 결과 문화적 한 가지 차원인 권력거리가 구성원 다양성과 혁신적 분위기간의 관계를 조절하는 점을 밝혔다. 권력거리가 높은 문화에서 조직구성원의 다양성이 높을수록 혁신적 분위기가 낮아지는 반면 권력거리가 낮은 문화에서 조직구성의 다양성이 높을수록 혁신적 분위가 높아진 것이다.

통상적으로 비교문화연구의 연구데이터가 여러 수준과 관련되다면 또한 문화 간의 차이와 문화 내 개인/조직 간 차이가 모두 무시할 수 없다면 연구자가 다수준 설계과 위계선형모형 등의 방법을 사용해서 데이터를 분석할 수 있다. 일반적으로, 연구자가 충분한 문화 간 차이가 있을 때에만 다수준분석이 의미 있다고 여겨진다. 하지만 일부학자가 비록 독립변수의 그룹간의 변이가 확연히 드러나지 않는다고 해도 변수 간의 관계, 그룹간의 차이가 없다고 판단 할 수 없다(Nezlek, 2008). 그래서 다수준 연구설계를 할 수 있고 수준교차 상호작용의 가설을 검증할 수 있다.

다수준 연구설계에서 연구자가 특별히 주의해야 하는 세 가지 이슈가 있다. 우선 개인 수준에서 측정한 변수가 어떤 방법을 통해 문화 수준의 변수로 모이는 문제다. (1) 해당 변수의 변이가 문화그룹별로 해석하는 비율을 충분히 갖고 있다. (2) 그룹 평균치 차이가 충분한 신뢰성을 갖고 있다. (3) 그룹 내 개인 간의 값이 충분한 일치성을 갖고 있다. 따라서 연구자는 ICC(1), ICC(2) 및 $r_{wg}(j)$ 세 개 지표를 측정한다. 일반적으로 ICC(1)은 0.20 이상으로 나타나거나 혹은 0.20에 가까워야 한다(Bliese, 2000). ICC(2)은 0.60보다 높게 나타나야 한다(Klein & Kozlowski, 2000). $r_{wg}(j)$는 0.7 이상으로 나타나야 한다(Chen, Mathieu & Bliese, 2004). 그다음에는 샘플 문제이다. 여러 개 문화에서 샘플을 취할 때 극복할 수 없는 현실적인 어려움이 있을 수 있다. 대부분 연구자가 제한된 국가에서 샘플을 구하고 각각의 샘플에서 포함된 개인/기업의 개수는 많다. 아직까지 연구자가 대수준 설계에서 구체적으로 몇 개 국가의 샘플을 사용해야 하는지에 대해 일치한 표준이 없다. Snijder과 Bosker(1999)는 최소 25개 이상의 샘플이 필요하다고 제안했다. 그러고 Nezlek(2008)는 매우 적은 샘플 수는 적당하지 않고 최소는 10개 이상의 샘플을 사용해야 한다고 제안했다. 적은 국가 샘플 수는 다수준 선형모형의 최대 공산성을 불안정한 추정으로 초래할 수 있고 정확한 결과를 얻을 수 없다(Bower & Drake, 2005). 동시에 연구설계가 문화차이에 충분한 통계적 설명력이 없는 문제를 초래하고 유형 2와 같은 오류를 초래할 수 있는 가능성도 있다(Parboteeah et al., 2008; Snijders & Bosker, 1999). 비록 국가샘플 수를 추가해서 이러한 주제를 감소할 수 있지만 실제 연구에서 쉽지 않다.

문화 샘플 수가 적은 경우에서 연구자는 아래와 같은 두 가지 데이터 분석 방법을 사용할 수 있다. 첫 번째 방법은 전체 모형을 여러 개 논리적인 부속모형으로 나눈다. 그리고 이렇게 나뉜 부속모형을 개별적으로 데이터 분석을 실시한다. 예를 들어 Parboteeah 등(2008)의 연구에서 연구모형을 부속모형으로 나누고 19개와 14개 국가샘플에서 검증했다. 두 번째 방법은 국가 수준에서 실행한 분석은 단계적 회귀모델(stepwise regression model)을 사용한다. 우선 국가 수준의 독립변수를 모두 분석에 도입한 다음에 통계적으로 유의수준이 가장 낮은 변수로부터 차례로 제거한다. 마지막으로 통계적으로 유의한 변수만 보유하고 모형에서 사용한다. 물론 이러한 방법을 사용해도 문제점은 있다. 만약에 국가 수준의 변수가 많을 때 동시에 회귀방정식에 들어가는 변수가 많기 때문에 불안정한 계수추산을 초래할 수 있다는 것이다(Nezlek, 2008).

마지막으로 단일 문화배경에서 문화와 관련된 연구할 때 만약에 데이터가 다수준 구조를 갖고 있다면 다수준 설계와 데이터 분석을 사용할 수 있다. 한 가지 흔히 볼 수 있은 상황은 개인 혹은 팀이 기업 수준에 내포되어있고 두 개 수준의 데이터를 구성한다. 문화는 기업 측면에서 나타날 수 있다. 예를 들어 Li 등(2011)은 중국(단일문화)에서 외국 공동소유자가 다른 합작기업의 8000개 넘은 데이터를 수집하여 쌍방의 문화특성이 기업 레버리지 비율과 단기대출에 미치는 영향을 분석했다.

19.5 비교문화연구의 실시

19.5.1 분화샘플의 추출, 피실험자 추출 및 데이터 수집

어떤 문화 샘플을 선택할 것이지는 비교문화연구에 매우 중요한 문제다. 시스템적인 샘플링(systematic sampling)은 이론적 적응의 샘플을 추출하는 방법이고 매우 많이 사용하고 있는 방법이다. 최근에 많은 연구가 "개인주의-집단주의" 측면에서 진행했다. 개인주의와 집단주의 문화를 구분해서 데이터를 수집하여 비교분석한다(Chirkov, Ryan, Kim & Kaplan, 2003). 또 한 가지 샘플을 추출한 방법은 무작위적 샘플을 추출하는 방법이다. 즉 임의적으로 대량적인 문화 샘플을 추출한다. 통상적으로 비교문화 공동성의 구조 또는 보편적 문화(universal culture) 이론을 탐색할 때 사용한다. 일반적으로 문화 샘플을 완전히 임의적으로 추출하는 것은 불가능하다. 그러나 여러 개 문화에서 대형연구는 통상적으로 임의적 샘플을 추출하는 것과 비슷하다고 생각한다. 예를 들어 Schwartz(1992)가 인류의 가치관에 대해 연구를 시작할 때 20개 문화 샘플을 추출했고 그 후에 샘플수를 60개로 늘었다(Schwartz, et al., 2001); Leung과 Bond(2004)는 40개 문화에서 샘플을 추출하여 사회통칙의 구조를 연구했다. 앞에서 언급한 바와 같이 국가별로 문화를 구분하는 문제를 주의를 기울여 처리해야 한다. 한 국가 내에서도 문화적 차이가 있는지를 주목해야 한다.

피실험자를 선택하는 데에서도 다른 문화에서 선택한 피실험자 집단의 비슷한 인구통계학적 특징을 갖고 있어야 한다. 만약에 그렇지 않으면 수집된 데이터 간의 차이가 문화요인 혹은 샘플이 고유한 특성으로 초래한지를 구분할 수 없다. 예를 들어 만약에 우리가 선택한 피실험자 샘플에서 하나는 문맹 샘플이고 하나는 교육수준이 높은 샘플이면 결과가 교육수준에 영향 받는지 아니면 문화차원에서의 차이로 인해 나타나는지를 판단할 수 없다.

이 문제를 해결하는 방법 중 하나는 다른 샘플 간의 피실험자 연구통계적 차이의 균형을 맞추는 것이다. 많은 연구자가 대학생을 상대로 연구한다. 그리고 대학생 피실험자가 간에 비슷한 인구통계학적인 특징을 갖고 있다고 가정한다. 같은 맥락에서 Hofstede(1980)가 한 다국적기업의 직원들을 피실험자로 선정해 가치관구조에 대해 연구하는 것도 같은 맥락에서 피실험자와 조직의 배경변수의 영향을 제거하려고 하는 것이다. 여기서 주의해야 할 점은 어떤 경우에는 인구통계적 특성이 겉으로 볼 때 비슷하지만 본질적인 차이가 있을 수도 있다는 것이다. 샘플 선택과정에서 연구자가 다른 문화 간의 잠재적 시스템적 차이가 있는 가능성을 고려해야 한다. 그 외에도 불가피한 원인으로 혹은 문화 샘플 자체 간의 거대한 인구통계적 차이가 있기 때문에 서로 다른 문화 샘플을 맞추는 것이 거의 불가능할 수도 있다. 예를 들어 미국과 중국의 교육수준이 거대한 차이를 갖고 있다. 그래서 이러한 문제를 해결하는 한 가지 방법은 인구통계학 변수를 공변량으로 여기고 처리한다.

19.5.2 연구실행과정에서 기타 관련 문제

비교문화연구에서 연구자는 이종언어로 된 측정도구를 변역할 필요할 때가 있다. 역변역(back translation)이 흔히 사용하는 방법이다. 우선 측정도구를 원어(original language)에서 외국어로 번역한다. 그리고 변역된 외국어를 원어로 번역한다. 연구자는 동시에 원문과 역문을 조절하여 원문과 역문이 내포된 뜻을 동등하게 만든다. 연구자가 다른 언어로 만들어진 측정도구를 그대로 변역하는 것이 아니라 다른 문화 샘플에서 최대한 일치성과 가독성을 확보하도록 해야 한다(Van de Vijver & Leung, 1997).

비교문화연구에서 연구자는 피실험자, 제어방법, 실험절차, 실험상황에 있더 다른 문화 간의 동등성 문제를 철저히 고찰해야 한다. 우선 연구자가 제어하고 있는 개념과 제어방법이 다른 문화에서도 동등한지를 철저히 고찰해야 한다. 예를 들어 연구자가 실험제어에서 금전적 보상이 동기를 제어하는 방식으로 사용했다면 화폐의 금액이 같아도 다른 문화에서 다른 의미를 가질 수 있다는 점을 무시할 가능성이 있다. 베트남에서 50달러가 피실험자의 동기부여효과(Motivation effect)에 미치는 영향이 미국에서 같은 금액이 피실험자의 동기부여효과에 미치는 영향과는 그 차이가 클 것이다. 그 외에도 실험 과정에서 연구자가 실험자 혹은 인터뷰어의 개인적 특성을 주의해야 한다. 실험자 혹은 인터뷰어가 실험대상자의 응답경향에 영향을 줄 수 있다. 예를 들어 실험 대상자는 실험자와 인터뷰어가 기대한 결과를 응답한 경향이 있을 수 있다. 특히 실험자 혹은 인터뷰어가 다른 문화배경을 갖고 있다면 이 문제에 대해 더욱 유의해야 한다.

19.6 비교문화연구의 데이터 분석

비교문화 연구분야의 데이터 분석에서만 나타나는 특징과 주목할 만한 문제가 있다. 일부 방법은 관리학 다른 분야에서는 적게 사용된다. 예를 들어 데이터의 표준화, targeted procrustes rotation 요인분석 방법, 다수준분석 방법 등이 있다. 아래에서 우리는 구조 지향과 수평 지향 연구에서 일부 데이터 분석 방법과 관련문제를 살펴볼 것이다.

19.6.1 수평 지향 연구에서의 일부 데이터 분석 방법과 주의해야 할 문제

수평 지향의 연구에 대해 연구자는 통상적으로 t검증, 분산분석 혹은 회귀분석을 이용해 문화 간의 비교를 진행한다. 앞서 설명한 것과 같이 연구자가 비교하기 전에 우선 측정 동등성을 검증해야 한다. 그 다음에 다른 문화 간 비교를 진행한다. 분산분석에서 연구자는 요인설계의 방법을 사용하여 문화의 주효과(main effect) 및 문화와 다른 독립변수의 교호작용을 고찰한다. 그러나 분산분석을 실시하는 전제조건은 독립변수가 연속변수가 아닌 경우에 사용한다. 따라서 일부 문화차원변수, 예를 들어 개인주의-집단주의 차원으로 그룹을 나눠서 처리하는 것이 통상적이다. 그러나 이렇게 할 경우에 일부 정보가 손실될 가능성이 있다. 이때는 회귀분석을 사용하는 것이 적절하다. 지적할 필요가 있는 것이 회귀분석을 연속변수를 처리할 수 있는 것뿐만 아니라 범주변수의 경우에도 처리할 수 있다(통상적으로 범주변수를 더미변수(dummy variables)으로 전환한다). 예를 들어 Brockner(2003)가 문화(범주변수), 절차공정성과 결과 유의성 세 가지 변수 간의 교호작용을 분석했다. 절차공정성의 완충효과가 중국과 미국문화 간의 차이를 분석했다.

19.6.2 구조 지향 연구의 일부 데이터 분석 방법과 주의해야 할 문제

구조 지향 연구에서 연구자는 데이터를 표준화를 시켜야 하느냐에 대해 고민한다. 표준화는 제트 스코어(즉 원점수과 평균점수의 편차와 표준편차의 비율)를 사용하여 데이터를 분석한다. 표준화의 장점은 일부 연구에서 관심 없는 문화 간의 체계적 편차을 제거 할 수 있다. 예를 들어 문화 샘플이 일반반응경향, 사회적 바람직성(social desirability) 등의 차이를 제거 할 수 있지만 표준화하면 샘플 간 진정한 차이를 무시할 가능성이 있다. 만약 분석하기 전에 이론적으로 문화 샘플 간의 체계적 차이가 없는 것을 지지하면 연구자가 데이터를 표준화시키고 분석한다. 예를 들어

Schwartz(1992)가 가치관 조사연구에서 우선 데이터를 표준화시켰는데 이것은 해당조사에서 모든 중요한 가치관을 포함했고 이론적으로 피실험자가 모든 항목에서의 전체적인 평균이 같았기 때문이다. 만약에 평균수의 동등성을 지지하는 이론이 없으면 연구자가 데이터의 표준화된 데이터를 사용하는 것에 대해 신중히 고려해야 한다(Van de Vijver & Leung, 1997).

구조 지향의 연구에서는 통상적으로 개념의 구조가 다른 문화에서 다른 점과 같은 점을 주목한다. 예를 들어 보편성연구는 어떤 개념의 구조가 다른 문화배경에서 일치하느냐을 밝혀야 한다. 이와 같은 문제의 데이터 분석 과정에서 연구자는 탐색적 요인분석, 확인적 요인분석, 다차원분석과 聚类分析 등과 같은 방법을 사용할 수 있다. 탐색적 요인분석과 확인적 요인분석은 흔히 사용하는 방법이다. 탐색적 요인분석에서 (개념의) 구조를 다른 문화에서 비교하기 위해서 통상적으로 하나 문화 샘플을 대상 샘플으로 정하고 나서 각각샘플에서 요인분석을 한다. 그리고 요인적제회전과 대상샘플과 겹치고 일련의 지표를 통해서 요인의 일치성(factorial agreement)을 검증한다. 이러한 지표는 Tucker's phi 등을 포함한다. targeted procrustes rotation 요인분석 방법은 비교문화연구에서 흔히 사용하지만 많이 사용하고 있는 통계 소프트웨어인 SPSS, SAS에서 직접 사용할 수 없다. 연구자는 관련 공식을 찾아서 스스로 프로그램을 작성하여 분석을 진행할 수 있다(Van de Vijver &Leung, 1997)

연구자는 확인적 요인분석과 구조방정식모델(structural equation modeling) 방식으로 통해 관심 개념의 구조 및 변수 간의 관계를 다른 문화 간의 유사성과 차이성으로 고찰한다(侯杰泰, 2004). 구조방정식모델은 측정 부분(확인적 요인분석)과 경로분석을 포함한 잠재변수 모형이다. 앞서 소개했던 측정 동등성을 검증하는 것과 같이 데이터 분석에서 모형 비교하는 방법을 사용하여 설정된 관련 차원 혹은 경로상등과 자유식으로 설정된 두 모형간의 적합도와 차이를 추산하여 비교하고 이에 따라 상응한 귀무가설을 채택 혹은 기각한다. 연구자는 전문적인 통계 소프트웨어(예: LISREL, AMOS, EQS, MPLUS등)를 이용해서 모형을 비교하고 분석한다.

그 외에도 연구자는 다차원척도법(multidimensional scaling) 및 클러스터 분석(cluster analysis) 방법을 이용해서 구조 지향의 비교 문화적 데이터를 분석한다. 다차원분석은 비교문화연구에서 통상적으로 측면 이론(facet theory)에 의거하여 이론, 척도와 데이터 분석을 결합시킨다. Schwartz(1992)이 가치관에 대한 연구에서 다차원 분석 방법을 이용해서 두 개의 차원에서 열 가지 유형의 가치관 구조를 밝혔다. 다차원분석을 요인분석을 통해 얻은 결과가 일부상황에서는 다르다. 통상적으로 사용하는 다차원분석을 이용해서 발견된 차원의 개수가 요인분석을 이용해서 얻은 요인 개수보다 적다. 그 외에도 부합분석 방법은 다른 문화가 어떤 이론기반으로 형성된" 문화지도"를 기술하고 문화 간의 차이를 밝힌다. 예를 들어 Leung 과 Bond(2004)는 사회통칙구조에서 40개 문화를 분류하였다. 클러스터 분석은 각각 문화에서 얻은 구조를 통계적으로 비교할 수 없기 때문에 변수 수준에서 클러스터 분석을 통해 요인구조를 탐색하는 것이 많지 않다.

19.6.3 비교문화연구에서의 다수준 선형모델의 분석과 주의해야 할 문제

앞에서 살펴본 것과 같이 비교문화연구에서 데이터가 다수준적 문제와 관련되기 때문에 다수준 분석도구를 이용해서 데이터를 분석해야 한다. 다수준 선행모형은 일련의 다수준 회귀방정식으로 구성된다. 우선 비교적 낮은 수준(1수준)의 데이터를 이용해 회귀방정식을 만든다. 그리고 이 방정식의 계수(절편 혹은 기울기)를 종속변수로 삼고 비교적 높은 수준의 변수를 독립변수로 여기고 중간 수준(2수준)의 회귀방정식을 구성한다. 다수준 선형모델에서 동시에 세 가지 수준의 데이터를 분석하여 문화효과가 다른 수준에서의 영향과 여러 수준 간의 교호작용을 고찰한다. 비교문화연구에서 매우 많이 사용하는 것이 각각 국가 내의 개인/기업 수준(1수준)에서의 독립연구와 종속변수 간에 회귀방정식을 구성하고 국가 수준(2수준)에서의 변수를 이용해 일수준 회귀방정식의 계수와 회귀방정식을 구성한다. 아래에 제시된 방정식과 같다.

개인/기업 수준(1수준):

$$Y_{ij} = \beta_{0j} + \beta_{1j}X_{ij} + e_{ij}$$

국가 수준(2수준):

$$\beta_{0j} = \gamma_{00} + \gamma_{01}Z_j + u_{0j}$$
$$\beta_{1j} = \gamma_{10} + \gamma_{11}Z_j + u_{1j}$$

이 중에서 Y_{ij}과 X_{ij}는 개인/기업 수준에서의 종속변수와 독립변수를 의미한다. Z_j는 국가 수준에서의 독립변수를 의미하고 β_{0j}와 β_{1j}은 개인/기업 수준의 절편과 기울기를 의미한다. γ_{00}와 γ_{01}는 국가 수준에서 독립변수인 Z_j가 계수 β_{0j}와 회귀방정식을 만들 때의 절편과 기울기를 의미한다. γ_{10}와 γ_{11}는 국가 수준에서 독립변수인 Z_j가 계수 β_{1j}와 회귀방정식을 만들 때의 절편과 기울기를 의미한다. e_{ij}는 개인/기업 수준의 잔차를 의미하고 u_{0j}와 u_{1j}는 국가 수준에서의 잔차를 의미한다. 추산할 때 고정효과(fixed effects), 임의적 계수(random coefficients), 분산성분(variance components)

을 구분할 필요가 있다. 고정효과는 값을 취할 때 국가에 따라 변동하지 않는 계수를 의미한다. 예컨대 $\gamma_{00}, \gamma_{01}, \gamma_{10}$와 γ_{11}. 임의적 계수는 국가에 따라 변화하는 계수를 의미한다. 예컨대 β_{0j}와 β_{1j}. 변이는 개인 수준에서의 변이는 $\sigma^2 = Var(e_{ij})$와 국가 수준에서의 변이 두 개 부분을 포함한다. 국가 수준의 변이는 절편과 기울기 $\tau_{00} = Var(u_{0j})$와 $\tau_{11} = Var(u_{1j})$의 변이와 양자 간의 공분산 $Cov(u_{0j}, u_{1j})$으로 나눌 수 있다. 다수준 선형모형에서 t검증을 통해 고정효과(예: $\gamma_{00}, \gamma_{01}, \gamma_{10}, \gamma_{11}$)의 유의성을 분석하고 카이 제곱검정을 통해서 변이의 유의성을 분석한다. 구체적인 절차는 Hofmann(1997), Snigders과 Boskers(1999) 및 Raudenbush과 Bryk(2002)의 연구를 참조할 수 있다. 본 교재의 다른 장에서도 소개했다. 다수준 선형모형을 이용해서 비교문화연구의 데이터를 분석할 때 연구자가 연구가설에 따라 서로 다른 모형을 선택해서 데이터를 분석한다(표 19-3). 일반적으로 "널 모델"에서 시작한다. 예를 들어 두 개 수준 모형에서 널 모델은 1 수준(통상적으로는 개인/기업을 의미함)과 이 2수준(국가 수준)에서 모두 독립변수를 도입하지 않고 단지 잔차를 포함한다. 널 모델에서 카이 제곱을 통해서 절편 잔차의 변이 τ_{00}의 유의성을 검증한다. 만약에 유의한 잔차변이가 없으면 문화 간에 차이가 없는 것으로 판단할 수 있고 따라서 후속 데이터 분석은 하지 않는다. 그 외에도 절편 잔차의 변이가 총 잔차 변이에서 차지한 비율이 급내상관이다. 만약에 이 값이 매우 낮으면 문화 간의 차이 분석의 필요성은 거의 없다고 판단할 수 있다(Van de Vliert, Huang & Levine, 2004).

〈표 19-3〉 비교문화연구에서 다중선형모형의 유형

모형	회귀방정식	관련된 연구문제
널 모델	개체/기업 수준: $Y_{ij} = \beta_{0j} + e_{ij}$ 국가수준: $\beta_{0j} = \gamma_{00} + u_{0j}$	종속변수가 문화 간의 차이가 있을까?
임의적 계수 회귀 모델	개체/기업 수준: $Y_{ij} = \beta_{0j} + \beta_{1j}X_{ij} + e_{ij}$ 국가수준: $\beta_{0j} = \gamma_{00} + u_{0j}$ $\beta_{1j} = \gamma_{10} + u_{1j}$	개체/기업 수준에서 변수 간의 관계를 문화적 차이가 있을까?
철편예측모형 (계층 교차 주효과)	개체/기업 수준: $Y_{ij} = \beta_{0j} + \beta_{1j}X_{ij} + e_{ij}$ 국가수준: $\beta_{0j} = \gamma_{00} + \gamma_{01}Z_j + u_{0j}$ $\beta_{1j} = \gamma_{10} + u_{1j}$	국가 수준에서 변수가 종속변수가 국가 간의 차이를 설명할 수 있을까?
기울기예측모형 (계층 교차 조절효과)	개체/기업 수준: $Y_{ij} = \beta_{0j} + \beta_{1j}X_{ij} + e_{ij}$ 국가수준: $\beta_{0j} = \gamma_{00} + \gamma_{01}Z_j + u_{0j}$ $\beta_{1j} = \gamma_{10} + \gamma_{11}Z_j + u_{1j}$	국가 수준에서 변수가 개체/기업 수준의 독립변수와 종속변수 간의 문화적 차이를 설명할 수 있을까?

연구설계에 의거하여 만약에 연구자가 단지 개인/기업 수준의 독립변수와 종속변수에 관심을 갖고 있다면 문화차이가 변수 간의 관계에 영향을 미치는 것을 통제하면 된다. 따라서 임의적 계수회귀분석 모형(random coefficient regression model)을 사용할 수 있다. 이 회귀분석모형은 1수준 회귀분석방정식에서 개인/기업 측면의 독립변수를 도입하여 1수준 회귀분석방정식의 기울기와 절편을 2수준 회구분석방정식의 두개 종속변수로 여기고 국가측면 독립변수를 고려하지 않을 수 있으나 모두 잔차를 포함해야 한다. 즉 문화적 차이가 평균치와 1수준 변수 간의 관계에 미치는 영향을 통제한다. Fu 등(2004)이 12개 국가의 연구에서 임의적 계수회귀모형을 사용하여 사회의 문화적 가치와 영향방법간의 관계를 분석했다. 임의적 계수회귀모형에서 절편과 기울기의 잔차변이의 유의성을 검증(카이제곱검증)하여 영향방법의 평균치 및 사회의 문화적 가치와 영향방법간의 문화적 차이가 존재하느냐를 설명할 수 있지만 이 차이에 대한 가설을 제의하거나 검증할 수 없다.

절편과 기울기의 자찬변이가 유의하게 나타날 때 연구자는 "절편예측모형(intercepts as outcomes model)" 혹은 "기울기예측모형(slopes as outcomes model)"을 이용해서 데이터를 분석한다. 절편예측모형은 2수준(국가 수준)의 변수들을 독립변수로 여기고 일수준 회귀방정식의 절편에 대해 회귀한다. 절편예측모형을 이용해서 국가수준의 변수가 개인/기업 측면의 종속변수가 수준교차 주효과(cross-level main effect)가 있는지를 확인할 수 있다. 예를 들어 Peretz과 Fried(2008)는 21개국의 5,991 조직의 데이터를 수집하여 문화 가치관(2수준변수)이 성과평가시스템 사용(1수준변수)에 미치는 영향을 분석한다. 기울기예측모형을 이용해서 2수준에 속한 변수가 일수준 변수 간의 관계를 조절하는 수준교차조절효과(cross-level moderating effect)를 검증한다. Hui 등(2004)는 기울기예측모형을 사용해서 문화측면의 변수인 권력거리(2수준 변수)가 권력부여과 작업만족도(1수준 변수) 간 관계의 수준교차조절효과를 검증하였다.

다수준 선형모형방법을 사용해서 비교문화연구 데이터를 분석할 때 특별히 유의해야 하는 세 가지 문제가 있다(Li, Lai & Leung, in press). 첫 번째는 문제는 변수를 어떻게 중심화(centering)할 것인지에 대한 문제이다. 중심화 하는데 세 가지 방법을 이용할 수 있다. (1) 미가공 데이터(un-centered), (2) 각 그룹의 평균치를 중심점으로 정하고 중심화한 데이터. 즉 그룹중심화(group-mean centered), (3) 전체 샘플의 평균치를 중심점으로 정하고 중심화한 데이터. 즉 전체샘플중심화(grand-mean centered). 어떤 중심화 방법을 사용에 따라 데이터 분석검증과 결과에 대한 해석에 영향을 주기 때문에(Kreft 등, 1995) 연구자들은 다수준 선형모형에서 데이터 중심화 문제에 대해 특별한 관심을 갖고 광범위한 토론을 했다(예: Enders & Tofighi, 2007; Hofmann & Gavin, 1998; Kreft, 1995; Longford, 1989; Paccagnella, 2006; Wu & Wooldridge, 2005). 1수준(개인/기업)변수의 데이터 중심화 문제에 대해 Enders과 Tofighi(2007)는 아래와 같은 방법을 제시했다. 만약에 연구자가 문화 내의 개인/기업 수준에서의 변수 간의 관계에 대해 관심을 갖고 있다면 그룹 중심화를 사용해야 한다. 만약에 문화차이 변수가 개인/기업 수준의 종속변수에 직접 미치는 영향에 관심을 갖고 있다면 전체 샘플중심화를 사용해야 한다. 만약에 연구자가 문화차이 변수가 개인/기업 수준에서 변수 간 관계의 수준교차 조절효과에 관심을 갖고 있다면 그룹 중심화방법을 사용해야 한다. 그 외에도 만약에 1수준 변수 간에 교호작용효과가 존재하면 이 데이터 중심화문제는 Nezlek(2010)가 제시한 세 가지 철차를 참고하여 진행한다. 2수준(국가)변수의 데이터 중심화문제는 일반적으로 미가공 데이터 혹은 전체샘플 중심화방법을 사용한다. 그러나 만약에 2수준 변수 간의 교호작용효과가 회귀방정식에 들어갈 필요가 있다면 전체샘플 중심화방법을 사용한다(Enders과 Tofighi, 2007).

두 번째 주의해야 하는 문제는 계수와 오차항을 어떻게 설정할 것인가에 대한 것이다. 다수준 선형모형의 데이터 분석에서 1수준의 계수는 세 가지 방법을 통해서 추산할 수 있다. (1) 임의적 변화, 무작위적 변동. 즉 대당계수의 회귀에서 그룹 간 무작위적 오차항 u_{ij}를 포함한다. (2) 공정. 즉 그룹 간 무작위적 오차항 u_{ij} 포함하지 않고 모든 그룹의 계수는 같다. (3) 비무작위적 변수. 즉 이수준의 변수로 설명하지만 그룹 간 무작위적 오차항 u_{ij}를 포함하지 않다(Nezlek, 2008). 모형에서 오차항을 포함하느냐에 따라 계수의 유의성검증에 영향을 미칠 수 있다(Nezlek, 2008, 2010). 일반적으로 데이터 분석을 할 때 우선 계수가 무작위적으로 변화한다는 것을 가정한다. 즉 추산할 때 오차항을 포함하여 계산하지만 오차항을 검증할 수 있다. 만약에 검증결과가 유의하지 않게 나타나면 혹은 무작위적(랜덤) 변화계수 때문에 모형추산결과를 수렴 할 수 없다면 오차항을 포함하지 않는다. 즉 고정계수을 사용한다. 일부 연구자들은 검증과정에서 상대적으로 느슨한 유의 수준(최소 0.10 이상의 수준)을 사용할 수 있다(Nezlek, 2008, 2010). 세 번째 문제는 다수준 분석에서 조절효과와 매개효과를 어떻게 검증할 것인지에 대한 문제이다. 다수준 모형에서 조절효과와 매개효과의 의미는 단일수준과 유사하다. 세 가지 다수준 매개효과를 정리했다. (1) 2수준에 속한 (독립)변수가 어떤 이수준 (매개)변수를 거쳐서 일수준에 속한 (종속)변수에 영향을 미친다. 즉 "2→2→1모형"이다. (2) 이 수준에 속한 (독립)변수가 어떤 일수준 (매개)변수를 거쳐서 일수준에 속한 (종속)변수에 영향을 미친다. 즉" 2→1→1모형"이다. (3) 일 수준에 속한 (독립)변수가 어떤 일수준 (매개)변수를 거쳐서 또 다른 일수준에 속한 (종속)변수에 영향을 미친다. 즉" 1→1→1모형"이다. 매개효과에 대한 검증은 연구자가 회귀분석과 경로분석 등 많은 분석 방법을 제시했다(예: Baron & Kenny, 1986; MacKinnon, Warsi & Dwyer, 1995; Shrout & Bolger, 2002). 그러나 Bauer 등(2006)은 이러한 방법은 다수준 데이터 분석에서 적합하지 않다고 지적했다. 그리고 다수준 데이터 분석에서 매개효과를 검증하는 방법을 제시했지만 아직까지는 비교문화연구 영역에서 이 방법을 통해 연구한 실증연구는 매우 미미한 상황이다. 그 외에도 다수준 데이터 분석에서 매개효과와 조절효과를 통합하여 데이터를 분석하는 추세도 있다. Chen등(2010)의 연구에서 31개 해외지사에 긍정적인 영향을 미치고 이러한 영향은 556명의 매니저를 대상으로 데이터를 수집하고 비교문화동기가 작업성과에 긍정적인 영향을 마치고 이러한 영향은 영향은 현지법인의 지원(subsidiary support)와 문화거리(cultural distance)에 의해 조절된다는 것을 보여주었다. 매개효과와 다수준 데이터 조절효과의 검증에 관심 있는 독자는 최근의 논문을 참조하기 바란다. 예를 들어 Krull과 MacKinnon(2001), Bauer 등(2006), Mathieu과 Taylor(2007), Mathieu, Deshon과 Bergh(2008) 및 Zhang, Zyphur과 Preacher(2009).

19.7 이 장의 요약과 시사점

현재 국제 비즈니스의 여러 활동에는 광범위한 문화적 영향을 받고 있다. 조직과 관리연구 영역에서 비교문화연구는 현존한 개념과 이론을 검증하고 발전시켜야 할 뿐만 아니라 더 많은 새로운 개념과 이론을 제시하고 현존한 이론체계를 확장시키고 풍부하게 만들어야 한다. 과거 수 십년 동안 비교문화연구는 많이 발전하고 있다. 연구자는 새로운 이론을 제시하고 다수준 선형모형을 포함한 더욱더 정확한 데이터 분석 방법을 이용해서 데이터를 분석해야 한다. 또한 새로운 연구모형을 제시해야 한다(예: "문화실험"). 관리학의 비교문화연구는 대체적으로 아래와 같은 추세로 나타난다. (1) 새로운 이론을 지속적으로 나타난다. (2) 각종 실험방법(이지반응, EPR, fMRI 등 뇌 영상 실험기술)이 비교문화연구에서 사용하여 연구 결과에 대한 설명력을 제시한다. (3) 연구자는 더 많은 부합방법을 이용해서 이론가설이 연구 결과에 대한설명력을 향상시킨다. 이러한 방법은 다중 독립변수지표의 사용, 여러 개 공변량을 도입, 여러 개 연구방법을 상용 등을 포함한다.(4) 다수준 데이터 분석 방법인 다수준 성형모형, 다수준 구조방정식모형 등이 비교문화연구에서 수집된 데이터에 적합하기 때문에 비교문화연구에서 더욱 많이 사용되고 있다.

참 고 문 헌

Baron, R. M. & Kenny, D. A. (1986). The moderator-mediator distinction in social psychological research: Conceptual, strategic, and statistical considerations. *Journal of Personality and Social Psychology*, 51, 1173—1182.

Bauer, D. J., Preacher, K. J. & Gil, K. M. (2006). Conceptualizaing and testing random indirect effects and moderated mediation in multilevel models: New procedures and recommendations. *Psychological Methods*, 11, 142—163.

Berry, J. W. (1990). Imposed etics, emics and derived etics: Their conceptual and operational status in cross-cultural psychology. In T. N. Headland, K, L, Pike & M. Harris (Eds.), *Emics and Etics: Insider/Outside Debate*. Newbury Park, CA: Sage.

Berry, J. W., Pooringa, Y. H., Segall, M. H. & Dasen, P. R. (2002). *Cross-Cultural Psychology: Research and Applications* (2nd ed.). Cambridge UK: University.

Bliese, P. D. (2000). Within-group agreement, non-independence, and reliability: Implications for data aggregation and analysis. In K. Klein & S. W. Kozlowski (Eds.), *Multilevel Theory, Research, and Methods in Organizations*. San Francisco: Jossey-Bass.

Brockner, J., Chen, Y. R., Mannix, E. A., Leung, K. & Skarlicki D. P. (2000). Culture and procedural fairness: When the effects of what you do depend on how you do it. *Administrative Science Quarterly*, 45,138—159.

Bowers, J. & Drake, K. (2005). EDA for HLM: Visualization when probabilistic inference fails. *Political Analysis*, 13, 301—326.

Chen, G., Kirkman, B. L., Kim, K., Farh, C. I. C. & Tangirala, S. (2010). When does cross-cultural motivation enhance expatriate effectiveness? A multilevel investigation of the moderating roles of subsidiary support and cultural distance. *Academy of Management Journal*, 53, 1110—1130.

Chen, G., Mathieu, J. E. & Bliese, P. D. (2004). A framework for conducting multi-level construct validation. In F. J. Yammarino & F. Dansereau(Eds.), *Research in Multi-Level Issues:Multi-Level Issues in Organizational Behavior and Processes*. Oxford, UK: Elsevier.

Chen, Y. R., Brockner, J. & Katz, T. (1998). Toward an explanation of cultural differences in in-group favoritism: The role of individual versus collective primacy. *Journal of Personality and Social Psychology*, 75, 1490—1502.

Cheung, G. W. & Rensvold, R. B. (2000). Testing measurement invariance using critical values of fit indices: A Monte Carlo study. Academy of Management Research Methods Forum, 5. Accessed January 11, 2005.http://www.aom.pace.edu/rmd/cheung files/cheung.htm

Chinese Culture Connection (1987). Chinese values and the search for culturefree dimensions of culture. *Journal of Crosscultural Psychology*, 18, 143—164.

Chirkov, V., Kim, Y., Ryan, R. & Kaplan, U. (2003). Differentiating autonomy from individualism and independence: A self-determination theory perspective on internalization of cultural orientations and well being. *Journal of Personality and Social Psychology*, 84, 97—110.

Cohen, D., Nisbett, R. E., Bowdle, B. F. & Schwarz, N. (1996). Insult, aggression, and the southern culture of honor: An "experimental ethnography". *Journal of Personality and Social Psychology*, 70, 945—960.

Creswell, J. W. (1994). *Research Design: Qualitative and Quantitative Approaches*. Thousand Oaks, CA: Sage.

Enders, C. K. & Tofighi, D. (2007). Centering predictor variable in cross-sectional multilevel models: A new look at an old issue. *Psychological Methods*, 12, 121—138.

Farh, J. L., Zhong, C. B. & Organ, D. W. (2004). Organizational citizenship behavior in the People's Republic of China. *Organization Science*, 15, 241—253.

Fischer, G. H. & Molenaar, J. W. (1995). *Rash*

Models: Foundation, Recent Developments and Applications. New York: Springer.

Fu, P. P., Kennedy, J., Yukl, G., Bond, M. H. et al. (2004). The impact of societal cultural values and individual social beliefs on the perceived effectiveness of managerial influence strategies: A meso approach. *Journal of International Business Studies*, 35, 284—305.

Gelfand, M. J., Higgins, M., Nishii, L. H. et al. (2002). Culture and egocentric perceptions of fairness in conflict and negotiation. *Journal of Applied Psychology*, 87, 833—845.

Gelfand, M.J., Nishii, L. H., Holcombe, K. M., Dyer, N., Ohbuchi, K. & Fukuno, M. (2001). Cultural influences on congnitive representations of conflict: Interpretations of conflict episodes in the United States and Japan. *Journal of Applied Psychology*, 86, 1059—1074.

Gelfand, M. J. et al. (2011). Differences between tight and loose cultures: A 33-nation study. *Science*, 332, 1100—1104.

Guttman, L. A. (1955). An outline of some new methodology for social research. *Public Opinion Quarterly*, 19, 395—404.

Hofmann, D. A. (1997). An overview of the logic and rationale of hierarchical linear models. *Journal of Management*, 23, 723—744.

Hofmann, D. A. & Gavin, M. B. (1998). Centering decisions in hierarchical linear models: Implications for research in organizations. *Journal of Management*, 24, 623—641.

Hofstede, G. (1980). *Culture's Consequences: International Differences in Work-Related Values*. Beverly Hills, CA: Sage.

Hofstede, G. (2001). Culture's recent consequences: Using dimension scores in theory and research. *International Journal of Cross-Culture Management*, 1, 11—17.

Hong, Y. Y., Morris, M. W., Chiu, C. Y. & Benet-Martinez, V. (2000). Multicultural minds: A dynamic constructivist approach to culture and cognition. *American Psychologist*, 55, 709—720.

House, R. J. & Javidan, M. (2004). Overview of GLOBE. In R. J. House, P. J., Paul, M. Javidan, P. W. Dorfman & V. Gupta(Eds.), *Culture, Leadership and Organizations: The GLOBE Study of 62 Societies*. Thousand Oaks, CA: Sage.

Hui, M. K., Au, K. & Fock, H. (2004). Empowerment effects across cultures. *Journal of International Business Studies*, 35, 46—60.

Klein, K. J. & Kozlowski, S. W. J. (2000). From micro to meso: Critical steps in conceptualizaing and conducting multilevel research. *Organizational Research Method*, 3, 211—236.

Kreft, I. (1995). The effects of centering in multilevel analysis: Is the public school the loser or the winner? A new analysis of an old question. *Multilevel Modelling Newsletter*, 7, 5—8.

Krull, J. L. & MacKinnon, D. P. (2001). Multilevel modeling of individual and group level mediated effects. *Multivariate Behavioral Research*, 36, 249—277.

Leung, K. (1987). Some determinants of reactions to procedural models for conflict resoluation. *Journal of Personlity and Social Psychology*, 53, 898—908.

Leung, K.& Bond, M. H. (1989). On the empirical identification of dimensions for cross-cultural comparisons. *Journal of Cross-Cultural Psychology*, 20, 133—151.

Leung, K.& Bond, M. H. (2004). Social axioms: A model for social beliefs in multicultural perspective. *Advances in Experimental Social Psychology*. 36, 119—197.

Leung, K. & Su, S. K. (2004). Experimental methods for research on culture and management. In B. J. Punnett & O., Shenkar(Eds.), *Handbook for International Management Research* (2nd ed.). Ann Arbor: the University of Michigan Press.

Leung, K. & Van de Vijver, F. J. R. (2008). Strategies for strengthening causal inferences in cross-culture research: The consilience approach. *International Journal of Cross Cultural Management*, 8, 145—169.

Leung, K. & Van de Vijver, F. J.R. (2006). Cross-cultural research methodology. In F. Leong & J. Austin(Eds.), *Psychology Research Handbook: A Guide for Graduate Students and Research Assistants* (2nd ed.). Thousand Oaks, CA: Sage.

Leung, K. & Zhang, J. X. (1995). Systemic considerations: Factors facilitating and impeding the development of psychology in developing countries. International Journal of Psychology, 30,693—706.

Li, F., Lai, X. & Leung, K (in press). Multi-Level modeling for international management research.

In C. L. Wang, D. J. Ketchen & D. D. Bergh (Eds.), *Research Methodology in Strategy and Management*.

Li, K., Griffin, D., Yue, H. & Zhao, L. (2011). National culture and capital structure decisions: Evidence from foreign joint ventures in China. *Journal of International Business Studies*, 42, 477—503.

Longford, N. (1989b). To center or not to center. *Multilevel Modelling Newsletter*, 1, 7—11.

MacKinnon, D. P., Warsi, G. & Dwyer. J. H. (1995). A simulation study of mediated effect measure. *Multivariate Behavioral Research*, 30, 41—62.

Mathieu, J. E., DeShon, R. P. & Bergh, D. D. (2008). Mediational inferences in organizational research:Then, now and beyond. *Organizational Research Methods*, 11, 203—223.

Mathieu, J. E. & Taylor, S. R. (2007). A framework for testing meso-mediational relationships in organizational behavior. *Journal of Organizational Behavior*, 28, 141—172.

Maurer, T. J., Raju, N. S. & Collins, W. C. (1998). Peer and subordinate performance appraisal measurement equivalence. *Journal of Applied Psychology*, 83, 693—702.

Nezlek, J. B. (2008). An introduction to multilevel modeling for social and personality psychology. *Social and Personality Psychology Compass*, 2, 842—860.

Nezlek, J. B. (2010). Multilevel modeling and cross-cultural research. In D.Matsumoto & A. J. R. Van de Vijver(Eds.), *Cross-Cultural Research Methods in Psychology*. Oxford: Oxford University Press.

Paccagnella, O. (2006). Centering or not centering in multilevel models? The role of the group mean and the assessment of group effects. *Evaluation Review*, 30, 66—85.

Parboteeah, K. P., Hoegl, M. & Cullen, J. B. (2008). Manager' gender role attitudes: A country institutional profile approach. *Journal of International Business Studies*, 39, 795—813.

Peretz, H. & Fried, Y. (August, 2008). National values, performance appraisal practices and organizational performance: A study across 21 countries. Best Paper Proceedings, *Academy of Management*.

Peterson, R. R. (1972). A cross-cultural perspective of supervisory values. *Academy of Management Journal*, 15, 105—117.

Raudenbush, S. W. & Bryk, A. S. (2002). *Hierarchical Linear Models: Applications and Data Analysis methods*. Thousand Oaks, CA: Sage Publications.

Schaffer, B. S. & Riordan, C. M. (2003). A review of cross-culture methodologies for organizational research: A best practice approach. *Organizational Research Method*, 6, 169—215.

Schwartz, S. H. (1992). Universals in the content and structure of values: Theoretical advances and empirical tests in 20 countries. In M. Zanna(Ed.), *Advances in Experimental Social Psychology*. Orlando, FL: Academic Press.

Schwartz, S. H., Melech, G., Lehmann, A., Burgess, S., Harris, M. & Owens, V. (2001). Extending the cross-cultural validity of the theory of basic human values with a different method of measurement. *Journal of Cross-Cultural Psychology*, 32, 519—542.

Shrout, P. E. & Bolger (2002). Mediation in experimental and nonexperimental studies: New procedures and recommendations. *Psychological Methods*, 7, 422—445.

Snijiders, T. A. B. & Bosker, R. J. (1999). *Multilevel Analysis: An introduction to Basic and Advanced Multilevel Modeling*. London: Sage Publication.

Trafimow, D., Triandis, H. C. & Goto, S. G. (1991). Some tests of the distinction between private self and the collective self. *Journal of Personality and Social Psychology*, 60, 649—655.

Triandis, H. C. (1972). *The Analysis of Subjective Culture*. New York: Wiley.

Triandis, H. C. (1996). The psychological measurement of cultural syndromes. *American Psychologist*, 51, 407—415.

Tsui, A. S. (2007). From homogenization to pluralism: International research in the academy and beyond. *Academy of Management Journal*, 50, 1353—1364.

Van de Vliert, E., Huang, X. & Levine, R. V. (2004). National wealth and thermal climate as predictors of motives for volunteer work. *Journal of Cross-Cultural Psychology*, 35, 62—73.

Van de Vlient, E. & Yperen, N. W. V. (1996). Why cross-national differences in role overload? Don't over-look ambient temperature! *Academy of*

Management Journal, 39, 986—1004.

Van de Vijver, F. J. R & Leung, K. (1997). *Methods and Data-Analysis for Cross-Cultural Research*. Thousand Oaks, CA: Sage.

Van de Vijiver, F. J. R & Leung, K. (2000). Methodological issues in psychological research on cultures. *Journal of Cross-Cultural Psychology*, 31, 33-51.

Van der Vegt, G. S., Van der Vliert, E. & Huang, X. (2005). Location-Level links between diversity and innovative climate depend on national power distance. *Academy of Management Journal*, 48, 1171—1182.

Vandenberg, R. J. & Lance, C. E. (2000). A review and synthesis of measurement invariance literature: Suggestions, practices, and recommendations for organizational research. *Organizational Research Methods*, 3, 4—70.

Wu, Y. W. B. & Wooldridge, P. J. (2005). The impact of centering first-level predictors on individual and contextual effects in multilevel data analysis. *Nursing Research*, 54, 212—216.

Wang, D., Cui, H. & Zhou, F. (2005). Measuring Chinese personality: QZPS versus NEO PI-R. *Asian Journal of Social Psychology*, 8, 97—122.

Whiting, B. B. (1976). The problem of the packaged variables. In K. Riegel & J.Meacham(Eds.), *The Developing Individual in a Changing World*. The Hague: Mouton.

Yu, A. B. (1996). Ultimate life concerns, self, and Chinese achievement motivation. In M. H. Bond(Ed.), *Handbook of Chinese Psychology*. Hong Kong: Oxford University Press.

Zhang, Z., Zyphur, M. J. & Preacher, K. J. (2009). Testing multilevel mediation using hierarchical linear models: Problems and solutions. *Organizational Research Methods*, 12, 695—719.

Zou, X., Tam, K., Morris, M. W., Lee, S., Lau, I. Y. & Chiu, C. Y. (2009). Culture as common sense: Perceived consensus versus personal beliefs as mechanisms of cultural influence. *Journal of Personality and Social Psychology*, 97, 579—597.

黄光国 (2005),《华人社会中的脸面观》, 杨国枢、黄光国、杨中芳主编,《华人本土心理学》, 台北: 远流出版社。

梁觉、吴培冠 (1997),《本土心理学的国际化》,《本土心理学研究》, 8, 173—186.

王登峰、崔红 (2003),《中国人人格量表(QZPS)的编制过程和初步结果》,《心理学报》, 35, 127—136。

郑伯埙、周丽芳、樊景立 (2000),《家长式领导行为》,《本土心理学研究》, 14, 3—64。

저자소개

량줴(梁覺, Kwok Leung) 미국 일리노이스대학교 심리학 박사이고 현재 홍콩시티대학교 경영학과(Department of Management, City University of Hong Kong) 명예교수이고 연구 분야는 문화와 경영, 문화 간 연구방법, 공평 및 혁신이다. 현재 *Management and Organization Review*의 부편집장, International Association for Cross-Cultural Psychology 회장 및 Academy of International Business와 Association for Psychological Science의 회사(会士)를 담당하고 있다.

저우판(周帆, Fan Zhou) 박사, 부교수이고 현재 절강대학교 경영대학(School of Management, Zhejiang University), 국제국내 학술지에 여러 편의 논문을 게재하였고 국가급 연구과제를 여러 개 책임진행하였다. 강의 과목은 조직행동학, 경영연구방법 등이 있고 현재 연구 분야는 직업안전과 문화경영이 있다.

20장

조절된 매개효과와 매개된 조절효과: 이론 구축 및 모형 검증

Dong Liu (조지아공과대학) Zhen Zhang (애리조나주립대학)
Mo Wang (플로리다대학) 중문 번역: Zhonghua Gao (중국인민대학)

머리말

단일수준 및 다수준 연구에서 매개변수와 조절변수 모두 널리 주목 받고 있으며, 연구자는 이를 기반으로 기존 연구를 확장하고 변수들 사이의 관계에 잠재하는 매개 메커니즘 및 맥락적 제약(경계 요인)에 대하여 탐색한다. 한편 매개변수는 독립변수의 영향을 종속변수에 전달한다(Baron & Kenny, 1986). 예를 들면, 적극적 성격(proactive personality)과 개인-환경 적합(person-environment fit) 측면에 대한 연구를 확대하기 위하여 Zhang, Wang과 Shi(2012)는 상사-부하 교환관계의 질(leader-member exchange quality)을 매개변수로 하여 상사-부하간 적극적 성격의 적합성/부적합성이 부하의 직무만족도, 정서적 몰입과 업무성과에 미치는 영향을 해석하였다. 다른 한편, 조절변수는 독립변수와 종속변수 사이의 관계강도 또는/혹은 방향을 변화시킨다(Baron & Kenny, 1986). 예를 들면, Hitt, Hoskisson과 Kim(1997)은 제품 다양화(product diversification)가 글로벌 다양화(international diversification)와 기업성과 간의 관계에서 작용하는 조절효과에 대하여 검증하였다. 제품이 다양하지 않은 기업에서 글로벌 다양화는 기업성과에 대하여 유의미한 부정적 영향이 있지만, 제품이 다양한 기업에서 글로벌 다양화는 기업성과에 대하여 유의미한 긍정적 영향이 있다. 제품 다양화 수준이 중간 정도인 기업은 글로벌 다양화와 기업성과가 서로 곡선관계를 이룬다. Whetten(1989)이 언급한 바와 같이 매개변수는 어떤 관계 혹은 과정이 '어떻게' 그리고 '왜' 발생하는지 설명하고 조절변수는 어떤 관계가 '언제' 그리고 '누구를 위하여' 강화하거나 감소하는 것을 보여주며 이것이 바로 이런 변수들을 연구하는 주된 이론적 공헌이다. 따라서 대부분 심리학 이론 및 경영이론은 이러한 매개 과정이나 조절맥락에 대하여 묘사하고자 한다. 예를 들면, 정서 사건 이론(affective event theory)(Weiss & Cropanzano, 1996), 기업자원관점 이론(the resource view of firms)(Barney, 1991)이 있다. 매개변수와 조절변수의 원리 및 검증방법에 대하여 보다 자세한 논술을 이해하려면 이 책의 16장 '조절변수와 매개변수'를 참고하기 바란다.

많은 연구는 독립적으로 조절효과와 매개효과를 구축하거나 검증하려는 경향이 있다(예: Chen & Aryee, 2007; Liu, Liu, Kwan & Mao, 2009). 예를 들면, 다수준 연구에서 Liu 등(2009)은 가장 먼저 지도교수의 개인적 학습(mentors' personal learning)이 자신의 학생에게 제공하는 멘토링(provision of mentoring functions)과 연구성과 사이에서 매개 역할을 한다는 것을 발견하였으며 또한 지도교수의 사회적 교류(mentors' social interaction)가 학생에게 제공하는 멘토링과 지도교수 자신의 사회적 지위(mentor's social status) 사이에 매개 역할을 하는지 검증하였다. 그런 다음 집단 수준의 개념인 집단

응집력(team cohesiveness)이 개인 수준의 멘토링과 연구성과 사이의 관계 그리고 멘토링과 사회적 교류관계에서 어떻게 조절작용을 하는지 분석하였다. 그러나 연구자들이 이런 점진적으로 하나하나씩 검증하는 방식(piece-meal approach)으로는 조직현상에 존재하는 잠재적 메커니즘과 맥락적 요인을 명료하게 묘사할 수 없기 때문에(예를 들어 매개관계가 어떤 조절변수에 따라서 변화하는지 혹은 조절관계가 어떤 매개변수에 의하여 해석되는지), 결국 연구의 잠재적 기여를 제약한다.

따라서 경영을 연구하는 학자들은 근래 보다 종합적인 방식으로 연구모형을 개발하고 검증하기 시작하여 일련의 매개효과와 조절효과로 구성된 조합 형식을 제기했다. 많은 단일수준과 다수준 연구에서 학자들이 매개된 조절효과(mediated moderation)와 조절된 매개효과(moderated mediation)를 개발하고 검증하였다(예를 들면, Liao, Liu & Loi, 2010; Tepper, Henle, Lambert, Giacalone & Duffy, 2008; Zhou, Wang, Chen & Shi, in press). 그렇지만 현존하는 문헌은 매개된 조절효과와 조절된 매개효과의 차이점에 관한 이론적 의의를 아주 명확하게 구분하지 못하며 관련된 검증방식을 적절하게 제공하지 못하고 있다. 따라서, 연구자가 효과적으로 매개와 조절을 포함한 이론모형을 제대로 개발할 수 없으며 또한 제대로 통계적 검증을 하는 것도 불가능하다. 현재, 주류를 이루는 몇 가지 검증방식도 각자 단점이 있어, 연구자들이 관련된 결과를 해석하는 데 곤혹스러워 하고 있다(Edward & Lambert, 2007).

이 장은 매개된 조절효과와 조절된 매개효과에 관심을 갖는 경영연구자들을 위하여 적절한 유용한 지침을 제공한다. 구체적으로 이 장은 다음 네 가지 목적이 있다. 첫째, 문헌조사를 통하여 두 가지 매개된 조절효과 형식에 대하여 정의하고 이론적 틀을 개발하는데 필요한 추천사항을 제공한다. 둘째, 이미 발표된 논문을 실례로 세 가지 형식의 조절된 매개효과에 대해서 설명하고 해당 이론모형을 구축하는데 필요한 지침을 제공한다. 셋째, 단일수준과 다수준 맥락에서 각각 그에 적합한 통계방법에 대하여 논의하고 매개된 조절효과를 검증한다. 넷째, 단일수준과 다수준 맥락에서 세 가지 적합한 통계방법을 소개하여 조절된 매개효과를 검증한다. 이 장을 통하여 매개된 조절효과와 조절된 매개효과의 본질에 대하여 규명하고 그들의 이론적 정의와 통계적 검증과 관련된 문제에 대하여 명료하게 분석하여 연구자들이 구체적 연구에서 이 두 가지 모형을 응용하는데 유용한 정보를 제공하고자 한다. 이 장에서 X로 독립변수, M으로 매개변수, W로 조절변수, Y로 종속변수를 나타낸다.

20.1 매개된 조절효과의 정의

Edward와 Lambert(2007: 7)는 매개된 조절효과를 '독립변수와 조절변수가 상호작용하여 매개변수에 영향을 주고 나아가 매개변수는 결과변수에 영향을 미치는 모형'으로 정의한다. 마찬가지로 Baron과 Kenny(1986)는 조절효과를 독립변수와 조절변수의 상호작용으로 나타내고 이 상호작용이 매개변수를 통하여 결과변수에 영향을 야기할 때 매개된 조절효과가 발생한다고 본다. 이런 정의는 첫째 유형의 매개된 조절효과(뒤에서 유형 I로 지칭)를 제시한다.

이상의 정의 외에 일부 학자들이 최근 다른 어떤 매개된 조절효과를 제기했다. Grant와 Berry(2011)은 매개된 조절효과는 어떤 조절관계(즉 독립변수와 종속변수 사이의 관계에 대한 조절변수의 영향력)에서 시작된다고 지적했다. 이 조절변수의 조절 역할은 매개변수를 통하여 전달될 때 매개된 조절효과가 발생한다. 바꾸어 말하자면 매개변수가 원래의 조절변수를 대체하여 독립변수와 종속변수의 관계를 변경한다. 아래는 이에 대하여 상세하게 분석할텐데 이 정의는 다른 어떤 매개된 조절효과의 이론적 틀을 묘사한다(뒤에서 유형 II로 지칭).

20.1.1 유형 I: 매개된 조절효과

〈그림 20-1〉의 a와 b는 매개된 조절효과의 첫째 유형이다. 이런 매개된 조절효과를 보통 〈그림 20-1〉의 a로 표시하지만 〈그림 20-1〉의 b가 오히려 그 이론적 의의를 보다 정확하게 나타낸다. 이런 유형은 매개된 조절효과의 전통적 정의에 잘 부합한다(Baron & Kenny, 1986; Edward & Lambert, 2007; Muller, Judd & Yzerbyt, 2005). 연구자들은 단일수준과 다수준 연구에서 이런 매개된 조절모형을 광범위하게 응용했다. 예를 들면, Lam, Huang과 Snape(2007)가 직원 피드백 탐색행위(feedback seeking behavior)의 단일수준 연구를 수행할 때 세 가지 절차를 채택하여 유형 I 매개된 조절효과를 구축했다. 첫 단계, 부하의 피드백 탐색행위(X)와 상사-부하 교환관계의 질(M)은 긍정적 관계라고 가설한다. 다음 단계, 상사에 귀인된 피드백 탐색동기(supervisor-attributed motives for feedback seeking, W)가 부하의 피드백 탐색행위(X)와 상사-부하 교환관계 질(M) 사이의 긍정적 관계에 대한 조절변수라고 가설한다. 마지막 단계, 부하의 피드백 탐색행위(X)와 부하의 업무성과(Y) 사이의 긍정적 관계, 상사-부하교환 질(M)의 매개 역할, 피드백 탐색행위(X)-업무성과(Y) 사이에서 상사에 귀인된 피드백 탐색동기(W)의 조절작용에 근거하여 유형 I 매개된 조절모

〈그림 20-1〉
유형 I : 매개된 조절효과

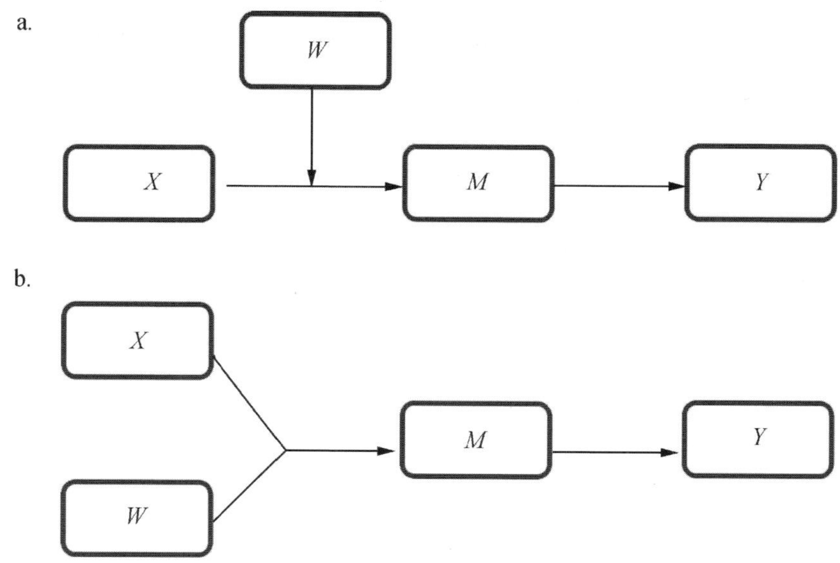

X: 독립변수, W: 조절변수, M: 매개변수, Y: 종속변수. 비록 이런 매개된 조절효과를 보통 〈그림 20-1〉 a로 표시하지만 〈그림 20-1〉 b가 그 이론적 관계를 더 정확하게 나타낸다는 사실에 유의바람.

형을 설정한다.

다수준 연구에서 매개된 조절효과에 관한 연구의 일례로 Liu와 Fu(2011)은 네 가지 절차를 통하여 그들의 연구모형을 개발하였다. 첫째, 지도교수의 자율성에 대한 지지(mentors' autonomy support)(개인 수준의 독립변수 X_1), 학생의 자율성 경향(proteges' autonomy orientation)(개인 수준의 독립변수 X_2) 및 자율성을 지지하는 집단적 분위기(autonomy-supportive team climate)(집단 수준의 조절변수 W)와 학생 개인학습(proteges' personal learning)(개인 수준의 매개변수 M) 사이의 관계에 대하여 가설한다. 둘째, 자율성을 지지하는 집단적 분위기(W)가 지도교수의 자율성에 대한 지지(X_1)과 학생 자율성 경향(X_2)이 학생 개인학습(M)에 미치는 영향을 조절한다고 설정한다. 셋째, 학생 개인학습(M)이 두 가지 결과변수, 즉 학생 조직시민행동(Y_1)과 직무관여(Y_2)에 긍정적 영향을 미친다고 가정한다. 넷째, 자율성을 지지하는 집단적 분위기(W)와 지도교수의 자율성 지지(X_1) 및 학생 자주성 경향(X_2)과의 두 가지 상호작용이 학생의 조직시민행동(Y_1)과 직무관여(Y_2)에 유의미한 영향을 미친다고 설정한다. 이상의 추정에 근거하여 연구자가 한층 나아가 이런 상호작용에 대한 학생의 개인학습(M)의 매개 메커니즘을 가설한다. 즉 자주성을 지지하는 집단 분위기는 지도교수의 자주성 지지, 학생 자주성 경향과 상호작용하고, 그 상호작용 효과를 학생 개인 학습의 매개를 통해서 각각 후속학습 결과변수 (조직시민 행동과 직무 관여)에 전달한다.

유형 I 매개된 조절효과의 의미와 실례에 근거하여 단일수준과 다수준 연구에서 매개된 조절모형을 구축할 때 세 가지 핵심적 문제를 고려해야 한다. 첫째, 조절변수가 왜 그리고 어떻게 독립변수와 매개변수 간의 관계를 변경하는지(강화 혹은 약화) 해석해야 한다. 주의할 점은 상호작용이 매개변수에 교차효과를 야기할 때 (즉 조절변수가 비교적 높은 수준일 때 독립변수와 매개변수는 양의 관계를 나타내고 조절변수가 상대적으로 낮은 수준일 때 독립변수와 매개변수는 음의 관계를 나타낸다) 독립변수-매개변수 사이의 관계는 더 이상 유의하지 않게 된다. 이 경우에는 매개된 조절모형을 구축하는데 독립변수-매개변수 간의 관계에 대하여 가설을 설정할 필요가 없으며 상호작용에 대한 가설만 확립하면 된다. 연구자의 연구가설이 두 변수의 상호작용만 강조하고 매개변수에 공동으로 영향을 미치면 이런 이론적 모형을 개발하는 과정에서 독립변수와 조절변수를 구분할 필요가 없다. 또한 통계적 검증과정에서 기울기 검증(slope test)을 하지 않아도 된다. 둘째, 연구자는 매개변수와 결과변수 사이에 왜 유의미한 관계가 존재하는지 규명해야 한다. 독립변수와 결과변수의 직접적 관계가 어떻게 조절변수의 수준에 따라 변화하는지 이론적으로 해석이 필요할 때도 있다. 그러나 통계적 측면에서 봤을 때 이 절차가 첫 번째 유형의 매개된 조절모형을 구축하는데 반드시 필수적인 것은 아니다(매개된 조절효과의 검증부분, 유형 I 매개된 조절모형의 검증방법 및 토론 부분에서 고려한 첫째 이론적 문제 참조). 셋째, 연구자가 상기 두 가지를 종합하여 왜 독립변수와 조절변수의 상호효과가 매개변수를 통해서 결과변수에 전달되는지를 논의해야 한다. 비록 통상적으로 세 번째 단계(예를 들면, 유형 I 매개된 조절효과 가설 제기)가 마지막에 완성되어야 하지만 앞의 두 절차의 순서는 고정된 것이 아니며 연구하는 이론적 사고방식에 따라 결정한다. 물론 이 세 절차를 통하여 이론 모형을 구축하기 위하여 연구자가 신빙성 있는 이론적 틀을 확립하고 충분히 설득력이 있는 증거를 제공하여 독립변수, 조절변수, 매개변수, 종속변수 및 상호간의 관계 합리성을 입증해야 한다.

20.1.2 유형 II: 매개된 조절효과

〈그림 20-2〉는 매개된 조절효과의 두 번째 유형을 나타낸다. 즉 독립변수와 종속변수의 관계에 대한 조절작용에 있어서 조절변수는 직접적으로 혹은 매개변수

〈그림 20-2〉
유형 II: 매개된 조절효과

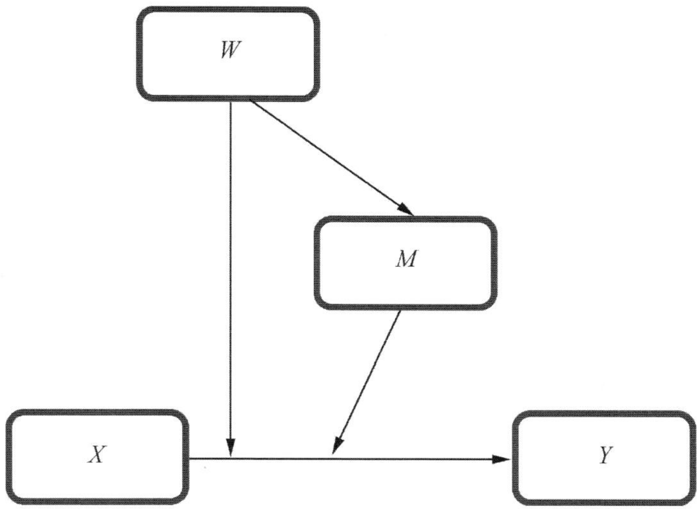

X: 독립변수, W: 조절변수, M: 매개변수, Y: 종속변수.

를 통해서 간접적으로 조절 역할을 한다. 연구목적이 조직의 친사회적 동기(prosocial motivation)가 직무성과에 대한 영향으로 방향을 맞출 때 Grant와 Sumanth(2009)는 그에 상응하는 매개된 조절모형을 구축했다. 첫째, 경영자 진실성(manager trustworthiness)(W)과 직원의 과제 중요도 인식(employees' perceptions of task significance(M) 사이의 관계를 설정한다. 둘째, 경영자의 진실성(W)이 직원의 친사회적 동기(X)와 성과(Y) 사이의 관계를 조절한다고 가설한다. 셋째, 직원 과제 중요도 인식(M)이 직원의 친사회적 동기(X)와 성과(Y) 사이의 관계를 조절한다고 설정한다. 넷째, 상기 서술한 가설과 논리에 근거하여 매개된 조절모형을 설정한다. 즉 경영자의 진실성(W)은 과제 중요도 인식(M)을 통해서 직원의 친사회적 동기(X)와 성과(Y) 사이의 관계를 조절한다.

이상 이론 구축의 절차에 근거하여 단일수준과 다수준 연구맥락에서 연구자는 다음 네 가지 절차에 따라 매개된 조절모형을 구축할 수 있다. 첫째, 연구자는 구체적 이론으로 독립변수와 종속변수 사이에 존재하는 조절변수의 조절작용을 입증해야 한다. 비록 Grant와 Sumanth(2009)가 두 번째 유형의 매개된 조절모형을 구축할 때 이 절차를 포함시켰지만 통계적 분석에서 이 절차가 반드시 필수적인 것은 아니다(매개된 조절효과의 검증 부분, 유형 II 매개된 조절모형에 대한 통계적 설명 및 토론부분에서 고려한 첫 번째 이론문제 참조). 두 번째, 설득력이 있는 증거를 제시하여 조절변수가 매개변수에 미치는 영향을 입증해야 한다. 셋째, 연구자는 왜 매개변수가 독립변수와 종속변수 사이의 관계를 조절변수와 동일하게 조절하고 또한 원래 조절변수의 조절작용을 전달하는지 자세하게 규명해야 한다. 넷째, 앞의 가설과 논리를 종합하여 연구자가 최종 매개된 조절모형을 구축할 수 있다. 연구의 주요 관심사와 이론적 줄거리에 근거하여 연구자가 앞의 세 절차 순서를 변경할 수 있지만 네 번째 절차는 마지막에 두고 앞의 몇 가지 이론발전 단계를 통합해야 한다.

20.2 조절된 매개모형 구축

매개변수로 독립변수와 결과변수 간의 관계를 연결하는 매개 과정에서 조절변수의 영향을 받을 때 조절된 매개효과가 존재하게 된다(Baron & Kenny, 1986; Edwards & Lambert, 2007; Muller et al., 2005). 주의할 것은 독립변수와 결과변수 사이에 직접적 효과가 있는 조절작용이 존재하거나, 직접적 효과와 매개효과의 합과 동등한 전체적 효과의 조절작용이 있다고 해서 조절된 매개효과가 있는 것은 아니란 것이다. 매개 역할의 존재가 조절변수의 변화에 따라 변한다는 것을 증명하는 것이야말로 관건이다(Preacher, Rucker & Hayes, 2007). 다시 말하자면 연구자가 조절변수의 값이 높을 때와 낮을 때를 비교하여(구체적으로 높고 낮은 값의 선택방법은 이 장의 토론부분에서 고려하는 두 번째 통계적 문제 참조) 매개 역할이 그에 맞게 변화해야 한다. 매개 과정에 영향을 주는 조절변수의 위치에 근거하여 문헌에는 크게 세 가지 조절된 매개 역할 형식이 있다.

20.2.1 첫 단계 조절된 매개효과

첫 단계 조절된 매개효과(first-stage moderated mediation)는 매개 과정에 있어, 조절변수가 독립변수와 매개변수 사이의 관계를 강화 또는 약화함으로써 기인된다(그림 20-3 참조). 주의할 점은 유형 I 매개된 조절효과(그림 20-1 a)와 첫 단계 조절된 매개효과(그림 20-3)의 도해가 기본적으로 같지만 분명히 서로 다른 이론적 의미를 가지고 있다. 앞서 논의한 바와 같이 유형 I 매개된 조절효과는 결과변수에 대한 두 가지 변수의 상호영향을 전달하는 매개변수의 매개 역할을 강조한다(예: Lam et al., 2007). 이에 비하여 첫 단계 조절된 매개효과는 매개 역할이 어떻게 조절변수에 따라 변화하는지 강조한다. 즉 이 조절변수가 독립변수와 매개변수 사이의 관계 강도를 변화시킨다(예: Van Dick, Van Knippenberg, Hagele, Guillaume &

〈그림 20-3〉 첫 단계 조절된 매개효과

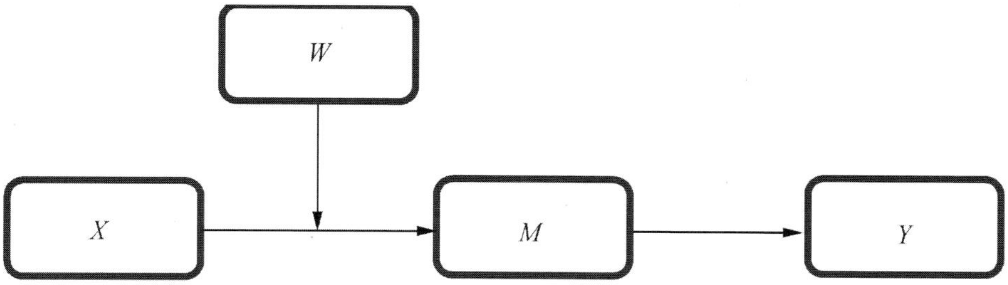

X: 독립변수, W: 조절변수, M: 매개변수, Y: 종속변수.

Brodbeck, 2008; Zhou et al., in press).

첫 단계 조절된 매개효과의 매개 역할을 규명하기 위하여 Van Dick 등(2008)의 집단구성의 다양성(group diversity)과 집단 정체성(group identification)에 관한 연구를 인용한다. 그들은 먼저 개인의 다양성 신념(individuals' diversity beliefs)(W)이 주관적 다양성(subjective diversity)(X)과 집단 정체성(M)의 관계에 대한 조절 역할을 예측하는데, 친유사성/반다양성 신념(pro-similarity beliefs)과 비교하여 친다양성 신념(pro-diversity beliefs)의 맥락에서 이런 관계가 더 강해진다고 가설한다. 또한 집단 정체성(M)이 정보 명확화(information elaboration)(Y_1), 집단 구성원 직무유지 의도(desire to stay in their groups)(Y_2) 각각과 서로 긍정적 관계를 형성한다고 가설한다. 마지막으로, 첫 단계 조절된 매개모형을 제안하여 상기 관계를 확장시킨다. 즉 집단 구성원의 주관적 다양성(X)은 집단 정체성(M)을 통하여 집단 구성원에 대한 정보 명확화와 직무유지 의도(Y_1, Y_2)에 간접적 효과를 미치는데, 그 간접효과는 집단 구성원의 다양성 신념(W)에 의해서 조절된다. 상세하게 말하자면 상기 관계는 집단 구성원의 친다양성 신념이 강할수록 이런 매개효과(간접효과)도 더 강하다는 것을 입증한다.

위에서 논의한 첫 단계 조절된 매개효과의 이론적 의미와 실례에 따르면 연구자가 단일수준 및 다수준 연구에서 첫 단계 조절된 매개모형을 구축할 때 세 가지 요점에 유의해야 한다. 첫째, 연구자는 왜 독립변수와 매개변수의 관계가 조절변수 수준에 따라 변화가 일어나는지 상세하게 설명해야 한다. 둘째, 매개변수와 결과변수 사이에 유의미한 관계가 존재한다는 것을 증명해야 한다. 비록 일부 연구자들이 독립변수와 결과변수 사이에서 매개변수의 매개 역할에 대하여 이론적으로 논의할 필요가 있다고 하지만 통계 자체에 있어서는 매개 역할을 검증할 필요성이 없다고 한다. 이는 조절변수의 잠재로 인하여 이런 평균적인 매개 역할이 유의미하지 않을 수 있기 때문이다(조절된 매개효과 검증부분, 첫 단계 조절된 매개효과에 대한 통계적 분석 그리고 토론부분에서 고려하는 두 번째 이론문제 참조). 셋째, 연구자는 이상 두 가지 요점을 토대로 왜 조절변수의 값이 높거나 낮을 때 이런 매개 역할이 강화되거나 약해지며 심지어 방향이 변하는지 입증해야 한다.

20.2.2 둘째 단계 조절된 매개효과

둘째 단계 조절된 매개효과(second-stage moderated mediation)는 매개 과정에서 조절 작용을 받는 것을 뜻하며, 그 작용은 조절변수가 매개변수가 결과변수에 미치는 영향을 강화하거나 약화함으로써 기인한다(그림 20-4 참조).

둘째 단계 조절된 매개효과를 규명하기 위하여 Menges, Walter, Vogel과 Bruch(2011)의 성과연계(performance linkages), 메커니즘(mechanism) 및 조직 수준의 변혁적 리더십 분위기(boundary conditions of transformational leadership climate)의 경계조건에 관한 최신 연구를 인용했다. 우선, 조직 수준의 변혁적 리더십 분위기(X)와 긍정적 정서 분위기(positive affective climate)(M)의 관계를 입증했다. 둘째, 조직 수준의 긍정적 정서 분위기(M)와 전체 직원의 생산성(overall employee productivity)(Y_1), 전체 과업성과행동(aggregate task performance behavior)(Y_2) 및 전체 조직시민행동(aggregate organizational citizenship behavior)(Y_3) 사이에 유의미한 관계가 존재한다고 제기했다. 셋째, 조직 수준의 신뢰 분위기(organizations' trust climate)(W)가 조직 수준의 긍정적 정서 분위기(X)와 전체 직원의 생산성(Y_1), 전체 과업성과행동(Y_2) 및 전체 조직시민행동(Y_3) 각각 간의 관계를 조절한다고 밝혔다. 넷째, 상술한 조건들은 둘째 단계 조절된매개모형을 구성하고 변혁적 리더십 분위기(X)는 긍정적 정서 분위기(M)를 통하여 세

〈그림 20-4〉 둘째 단계 조절된 매개효과

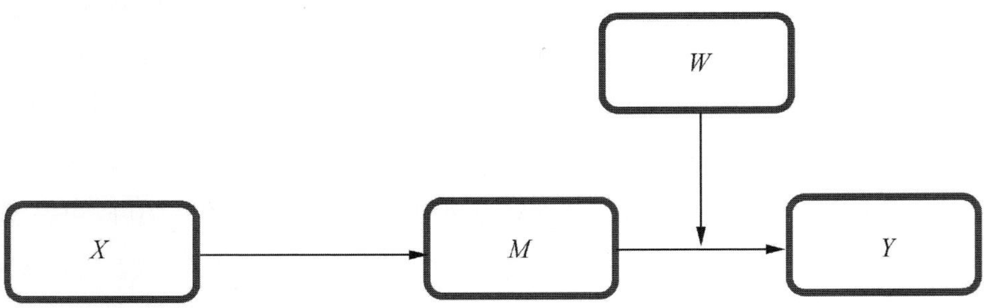

X: 독립변수, W: 조절변수, M: 매개변수, Y: 종속변수.

가지 종속변수(전체 직원의 생산성 Y_1, 전체 과제성과행위 Y_2 및 전체 조직시민행동 Y_3)에 대하여 간접적으로 영향을 미치며 이런 간접적 관계의 강약은 조직신임 분위기(W)의 정도에 의존한다. 상세하게 말하자면 Menges 등(2011)은 비교적 높은 신임 분위기를 바탕으로 긍정적 정서 분위기가 이런 관계들 속에서 매개 역할을 하겠지만 비교적 낮은 신임 분위기 속에서 이와 같은 매개 역할이 없을 것이라고 가정한다.

단일수준 및 다수준 연구에서 둘째 단계 조절된매개모형을 구축함에 있어서 세 가지 요점을 포함시켜야 한다. 첫째, 독립변수가 매개변수를 통하여 결과변수에 간접적 영향을 작용한다는 것을 입증해야 한다. 주의할 점은 연구자가 매개 역할이 포괄하는 모든 관계(독립변수와 매개변수의 관계, 매개변수와 결과변수의 관계)에 대하여 상세하게 설명해야 한다. 이밖에 연구의 이론적 필요에 따라 독립변수와 결과변수 사이에서 매개변수가 매개 역할을 하는지 판단해야 한다. 통계적으로 봤을 때 이 절차가 필수적인 것은 아니다(조절된 매개효과의 검증부분, 둘째 단계 조절된 매개효과의 통계적 설명 및 토론부분에서 두 번째 이론문제에 대한 검토 참조). 둘째, 매개변수와 결과변수의 관계가 어떻게 조절변수의 수준에 따라 변하는지 해석한다. 셋째, 위의 두 절차를 통하여 둘째 단계 조절된매개모형을 증명해야 한다. 즉 종속변수에 대한 독립변수의 간접적 효과가 매개-결과변수 사이의 관계에 대한 조절변수의 조절에 따라 변화한다.

20.2.3 양단계 조절된 매개효과

양단계 조절된 매개효과(dual-stage moderated mediation)는 조절변수가 독립변수와 매개변수의 관계를 강화하거나 약화시키며 또한 매개변수와 결과변수의 관계를 강화하거나 약화하여 매개효과가 조절변수의 변화에 따라 변하는 것을 의미한다.

Liu, Liao과 Loi's(in press)의 모욕적 상사행동(abusive supervision)가 창의력(creativity)에 미치는 '물 흐름 효과(trickle-down effect)'에 관한 다수준 연구를 인용하여 양단계 조절된 매개모형을 설명한다. 첫째, 그들은 이론적 증거를 제시하여 팀 리더의 모욕적 상사행동(M)과 팀 구성원의 창의력(Y) 간의 부정적 관계를 입증하였다. 둘째, 매개효과 가설을 설정한다. 즉 부서 상사의 모욕적 상사행동(X)이 팀 리더의 모욕적 상사행동(M)을 유발시키고, 결국 팀 구성원의 창의력(Y)에 대하여 부정적 영향력을 가진다. 셋째, 첫 단계 조절된 매개효과 가설을 설정한다. 즉 팀 리더에 귀인한 동기(team leader-attributed motives)(1단계 W)가 부서 상사의 모욕적 상사행동(X)

〈그림 20-5〉 양 단계 조절된 매개효과

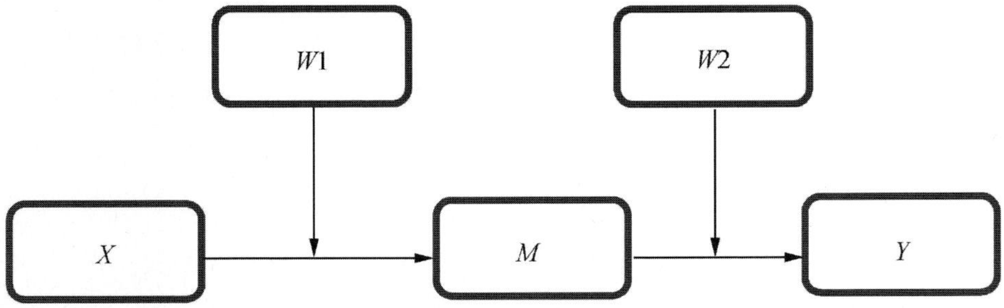

X: 독립변수, W_1: 1단계 조절변수, W_2: 2단계 조절변수, M: 매개변수, Y: 종속변수.

과 팀 리더의 모욕적 상사행동(M) 사이의 긍정적 관계에 대하여 조절효과를 일으킨다. 넷째, 둘째 단계 조절효과 가설을 설정한다. 즉 팀 구성원에 귀인한 동기(team member-attributed motives)(2단계 W)가 팀 리더의 모욕적 상사행동(M)과 팀 구성원의 창의력(Y) 사이의 부정적 관계에 대하여 조절효과를 갖는다. 다섯째, 상기 이론적 근거를 총괄하여 양단계 조절된 매개효과 모형을 구축한다. 다시 말해, 팀 리더에 귀인한 동기(team leader-attributed motives)(1단계 W)가 부서 리더의 모욕적 상사행동(X)과 팀 리더의 모욕적 상사행동(M) 간의 관계를 변화시키며 또한 팀 리더의 모욕적 상사행동(M)를 통하여 부서 리더의 모욕적 상사행동(X)이 팀 구성원의 창의력(Y)에 유발하는 간접적 효과를 조절하는 역할을 한다. 그밖에 팀 구성원에 귀인한 동기(team members' causal motive attributions)(2단계 W)가 팀 리더의 모욕적 상사행동(M)과 팀 구성원의 창의력(Y) 간의 관계에 대하여 조절작용을 함과 동시에 팀 리더의 모욕적 상사행동(M)을 통하여 부서 리더의 모욕적 상사행동(X)가 팀 구성원의 창의력(Y)에 미치는 간접적 효과에 대하여 조절작용을 한다.

요약하면 학자들이 단일수준과 다수준 연구에서 양단계 조절된 매개모형을 구축할 때 세 가지 핵심 측면에 유의해야 한다. 첫째, 독립변수와 매개변수의 관계에 대한 첫째 단계 조절변수의 조절작용을 규명해야 한다. 둘째, 매개변수와 종속변수의 관계에 대한 둘째 단계 조절변수의 조절작용을 규명해야 한다. 연구자들이 때론 매개효과 가설(독립변수가 매개변수를 통하여 종속변수에 영향을 일으킴)을 제기할 필요가 있다고 하지만 통계적 각도에서 보면 꼭 필수적인 것은 아니다(조절된 매개변수의 검증부분, 양단계 조절된 매개효과의 통계적 해석 및 토론부분의 두 번째 이론문제 참조). 셋째, 연구자는 상기 분석에 의거하여 양단계 조절된 매개모형을 제기할 수 있다(결과변수에 대한 독립변수의 간접적 효과는 독립변수-매개변수 관계와 매개변수-결과변수 관계에 대한 조절변수의 조절효과에 의해서 영향을 받는다).

20.3 매개된 조절효과의 검증

이 절에서 매개된 조절효과의 검증방법에 대하여 소개하고 앞에서 언급한 두 가지 유형의 매개된 조절효과를 검증한다. 구체적으로 말하자면 회귀방법(regression based approach)과 구조방정식모형/경로모형방법(structural equation modeling, SEM/path modeling-based approach)에 대하여 소개하여 단일수준 매개된 조절효과를 검증한다. 마찬가지로 다수준 구조방정식모형/경로모형을 소개하고 다수준 매개된 조절효과도 검증할 것이다. 주의할 점은 회귀방법과 비교하여 구조방정식모형/경로모형이 더 정확하게 매개된 조절효과를 검증할 수 있다(MacKinnon, 2008; Preacher, Zhang & Zyphur, 2011; Preacher, Zyphur & Zhang, 2010). 이는 다음 몇 가지 이유 때문이다. 첫째, 구정방정식모형 혹은 경로모형으로 동시에 다중관계를 검증하고 전체 모형의 적합도를 나타낼 수 있다. 이와 같이 모형비교를 통하여 검증가설모형과 기타 옵션모형을 제공한다. 둘째, 동일 모형에서 다중관계를 검증하면 모형계수와 표준오차 추측의 편차를 줄일 수 있다. 복잡한 다수준 관계를 평가할 때 이런 경우가 더 돋보인다(Preacher et al., 2011). 셋째, 한 개 또는 여러 변수 중에 결측치가 있을 경우 다중관계를 동시에 추측하는 것이 결측치에 대한 추측에 유익하며 모형 구축을 촉진한다. 넷째, 모형을 추측할 때 구조방정식모형(즉 잠재변수모형)은 측정오차를 고려하기에 보다 정확하게 변수 간의 관계를 추측할 수 있다.

20.3.1 단일수준 유형 I 매개된 조절효과

회귀검증: 연구자가 회귀방법을 통하여 검증할 때 앞서 서술한 절차에 따라 다음 몇 개 방정식을 검증해야 한다.

$$Y = b_0^1 + b_1^1 X + b_2^1 W + b_3^1 XW \quad (1)$$

$$W = b_0^2 + b_1^2 X + b_2^2 W + b_3^2 XW \quad (2)$$

$$Y = b_0^3 + b_1^3 X + b_2^3 M + b_3^3 W + b_4^3 XW \quad (3)$$

위의 방정식에서 X는 독립변수, W는 조절변수, M은 매개변수, Y는 종속변수이다. 윗첨자는 방정식차수를 나타낸다. 방정식 (2)로 방정식 (3)의 M을 대체하면 아래 확산 방정식이 얻어진다.

$$Y = (b_0^3 + b_2^3 b_0^2) + (b_1^3 + b_2^3 b_1^2)X + (b_3^3 + b_2^3 b_2^2)W + (b_4^3 + b_2^3 b_3^2)XW \qquad (3')$$

유형 I 매개된 조절효과를 지탱하기 위하여 간접효과($b_3^2 b_2^3$)는 분명히 0이 아니어야 하거나 상호 효과의 감소량이 분명히 0이 아니어야 한다. 방정식 (1)은 독립변수와 결과변수의 직접적 관계에 대한 조절변수의 조절효과를 검증한다. 그렇지만 연구자가 간접효과($b_3^2 b_2^3$)를 직접 검증할 때 방정식 (1) 절차가 반드시 필수적인 것은 아니다. 즉 이론을 구축할 때 직접 가설을 제기하여 독립변수와 조절변수가 어떻게 종속변수에 상호효과를 발생하는지 설명할 필요가 없다.

간접효과($b_3^2 b_2^3$)와 상호효과의 감소는 일반적으로 정규 분포를 따르지 않기에 모수기반 부트스트래핑(parameter-based bootstrapping)을 사용하여 두 통계적 수량의 신뢰구간을 만드는 것이 더 바람직하다. Preacher 등(http://quantphy.org)은 *R* 프로그램 패키지를 이용하여 몬테카를로 기반의 계산방법을 제공하여 모수기반 부트스트래핑의 추출분포와 신뢰구간을 구축하고 회귀계수와 표준오차를 기초로 단일수준 간접적 효과를 검증했다. 간접적 효과의 95% 되는 신뢰구간에서 0이 포함되지 않으면 연구자는 유형 I 매개된 조절효과가 통계적으로 유의미하다고 확인할 수 있다.

구조방정식모형 혹은 경로모형 검증: 연구자가 구조방정식모형 혹은 경로모형을 이용할 때 방정식 (2)와 (3)을 토대로 모형을 설정한다(구조방정식 모형에서 잠재변수의 측정오차구조에 대하여 설정한다). 간접효과($b_3^2 b_2^3$)가 분명히 0이 아닐 때 유형 I 매개된 조절효과가 비로소 뒷받침된다. 이 장의 부록 A에서 프로그램 실례를 제공하여 Mplus 소프트웨어에서 어떻게 재표집기반(표본재추출) 부트스트래핑(re-sampling-based bootstrapping)을 활용하여 단일수준 유형 I 매개된 조절변수를 검정하는지 보여준다.

20.3.2 단일수준 유형 II 매개된 조절효과

회귀검증: 방정식 (1)이 필수적인 것은 아니지만 여전히 회귀점증의 첫 단계로 할 수 있다.

$$M = b_0^4 + b_1^4 W + b_2^4 X \qquad (4)$$

$$Y = b_0^5 + b_1^5 M + b_2^5 M + b_3^5 W + b_4^5 XW + b_5^5 XM \qquad (5)$$

방정식 (4)로 방정식 (5)의 M을 대체하면 아래 확산방정식을 얻게 된다.

$$Y = (b_0^5 + b_2^5 b_0^4) + (b_1^5 + b_2^5 b_2^4)X + (b_3^5 + b_2^5 b_1^4)W + b_4^5 XW + b_5^5 b_0^4 X + b_5^5 b_1^4 XW + b_5^5 b_2^4 XX \quad (5')$$

방정식 (5′)에서 계수 b_4^5은 X와 Y 사이의 관계에 대한 W의 직접 조절작용을 나타내고 계수 $b_5^5 b_1^4$은 X와 Y 관계에 대한 M을 통한 W의 간접적 조절작용을 나타낸다. 이렇게 이런 유형의 매개된 조절작용을 지지하기 위하여 간접효과($b_5^5 b_1^4$)가 분명 0이 아니어야 한다. 혹은 방정식 (1)~(5)에서 W의 조절작용 감소량이 확연히 0이 아니다. 그밖에 방정식 (1)로 X와 Y의 직접관계에 대한 조절변수의 조절 역할을 나타낸다. 연구자가 간접효과를 직접 검증할 때 방정식 (1) 절차는 불필요하게 된다. 유형 I 매개된 조절효과와 유사하게 연구자가 계수 부트스트래핑을 이용하여 간접효과의 추출분포와 신뢰구간을 생성할 수 있다.

구조방정식모형 혹은 경로모형 검증: 유형 I 매개된 조절효과와 유사하듯이 연구자들은 구조방정식모형이나 경로모형을 이용하여 방정식 (4)와 (5)를 동시에 검증하고 재표집기반 부트스트래핑(re-sampling-based bootstrapping)으로 간접효과의 신뢰구간을 검증할 수 있다. 이 장의 부록 B에 단일수준 유형 II 매개된 조절효과에 대한 검증실례를 제공한다.

20.3.3 다수준 매개된 조절효과

유형 I 다수준 매개된 조절효과: 이론과 분석 프로그램의 한계로 인하여 이 장의 다수준 모형은 오직 2수준 모형에 한한다. 단일수준 모형을 다수준으로 확장하는 맥락에서 〈그림 20-6〉과 같이 다음 유형 I 다수준 매개된 조절모형의 몇 가지 형식을 소개한다. 만약 연구자가 분석에서 그 어떤 위에서 아래로의 관계를 제거하면(저수준 변수가 고수준 변수에 영향을 미친다) 다(2)수준 맥락에서 유형 I 매개된 조절작용은 아래 세 가지 종류가 있다. 첫 번째 유형은 Level-1(비교적 낮은 수준)의 매개변수가 Level-2(비교적 높은 수준)의 두 가지 변수들 사이에서 매개효과로서 이 매개변수는 Level-1에서 측정하지만 동시에 Level-2에서도 집단 간 분산을 갖춘다. 엄격히 말하면 이런 경우 '진실'한 매개변수는 이 매개변수의 집단 간 분산 부분이다. 두 번째 유형은 첫 번째와 유사한데 단지 매개변수가 Level-2에서 측정할 뿐이다. 세 번째 유형은 모든 변수는 Level-1에서 측정하지만 모두 Level-2에서 집단 간 분산을 갖는다. 예를 들면, 집단 구성원 자료를 활용하여 가설을 검증할

〈그림 20-6〉 2수준 유형 I 매개된 조절효과

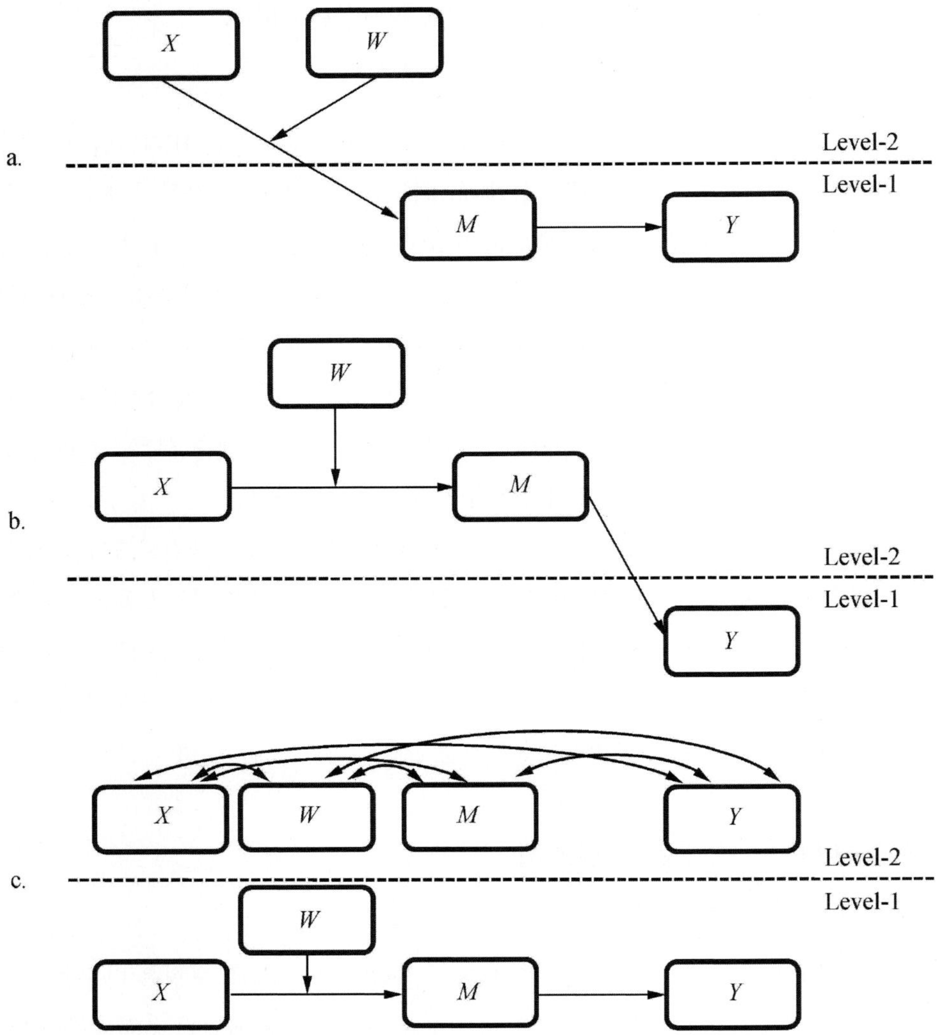

X: 독립변수, W: 조절변수, M: 매개변수, Y: 종속변수.

때 비록 모든 변수를 개인 수준(집단 구성원)에서 구축하고 측정하지만 여전히 자료는 다른 집단에 내포(nested)된다. 때문에 변수의 집단 간 분산을 모두 고려해야 한다. 구체적으로 말하면 연구자가 집단 내부에서 유형 I 매개된 조절작용(group-mean centering 사용)을 검증하고 또한 변수가 Level-2 부분에서 서로 자유롭게 상관되는 것을 허용한다. 이 장의 부록 C에 〈그림 20-6〉 a를 검증하는 Mplus 프로그램 실례를 제공한다. 이런 프로그램을 비교적 손쉽게 수정하여 〈그림 20-6〉 b와 〈그림 20-6〉 c를 검증할 수 있다.

여기서 주의할 점은 이어서 서술할 모형은 유형 I 매개된 조절변수에 속하지 않는다. 즉 이 모형에서 Level-2의 변수와 Level-1의 변수가 서로 Level-1의 매개변수를 예측하고 나아가 Level-1의 결과변수를 예측한다. 이 모형은 유형 I 다수준 매개된 조절이 아니다. 그 이유는 Level-2의 변수와 Level-1의 변수가 서로 작용할 때 자료의 내포화 특성을 감안하여 Level-2 변수는 반드시 수준을 뛰어넘는 조절변수가 되어 Level-1의 변수의 예측작용을 조절해야 한다. 또한 이런 경우 Level-1의 예측효과는 고정 기울기형식(고정 기울기는 Level-2의 모든 단위구간에서 동일한 기울기를 유지하고 Level-2의 변수에 따라 변화가 발생하지 않는다)으로 나타낼 수 없고 불규칙 기울기(기울기가 Level-2의 단위변화에 따라 변한다). 이론적으로 이런 모형을 구축하기 위하여 연구자는 Level-2 변수의 다수준 조절작용을 가설해야 한다. 하지만 앞서 언급했듯이 Level-1 불규칙 기울기에서 다수준 조절작용을 가설한다는 것은 사실 1단계 다수준 조절된 매개모형을 구축하는 절차 중 하나이다. 따라서 이런 유형의 모형은 본질적으로 1단계 다수준 조절된 매개모형의 어떤 형식이다. 이 시점에서 문제의 핵심은 Level-2 변수와 Level 1 변수 사이의 상호작용에 체계적으로 대칭을 이루지 않는다. 구체적으로 통계적 각도에서 보면 Level-1 변수의 효과는 Level-2 변수에 따라 변화(즉 다수준 조절작용)하지만 반대일 경우는 성립되지 않는다. Level-2변 수의 작용은 오직 Level-1 변수가 Level-2에서의 차이에 따라가 변한다.

유형 II 다수준 매개된 조절작용. 〈그림 20-7〉 a와 b는 다수준 맥락에서 유형 II 매개된 조절효과에 두 가지 가능한 형식이 있다는 것을 표명한다. 이 장의 부록 D에 〈그림 20-7〉 a를 검증하는 프로그램 언어를 제공한다. 이런 프로그램은 쉽게 조정이 가능하여 〈그림 20-7〉 a 중의 모형을 검증할 수 있다. 독립변수, 조절변수, 매개변수가 모두 Level-2이고 종속변수가 Level-1이라면 이 모형은 사실상 Level-1 변수의 집단 간 분산성분을 예측한다. 바꾸어 말하면 이 모형은 Level-2의 단일수준 연구로 볼 수 있다(Preacher et al., 2010, 2011). R의 공개출처 프로그램 코드를 제공하였고 부록 D의 Mplus 프로그램으로 생성한 파라미터를 사용하여 모수기반 부트스트래핑(parameter-based bootstrapping)을 통하여 복합계수(compound coefficient)의 신뢰구간을 생성하며 이로써 통계적으로 매개된 조절효과를 검증한다. 마찬가지로 이런 R 코드는 모두 쉽게 조정할 수 있어 다른 유형의 다수준 매개된 조절효과를 검증하는데 사용할 수 있다. 다수준 모형의 검증에서 소프트웨어와 방법의 제약으로 현 단계에서는 표본중복추출 부르스트래핑으로 신뢰구간을 생성할 수 없다.

〈그림 20-7〉 2수준 유형 II 매개된 조절효과

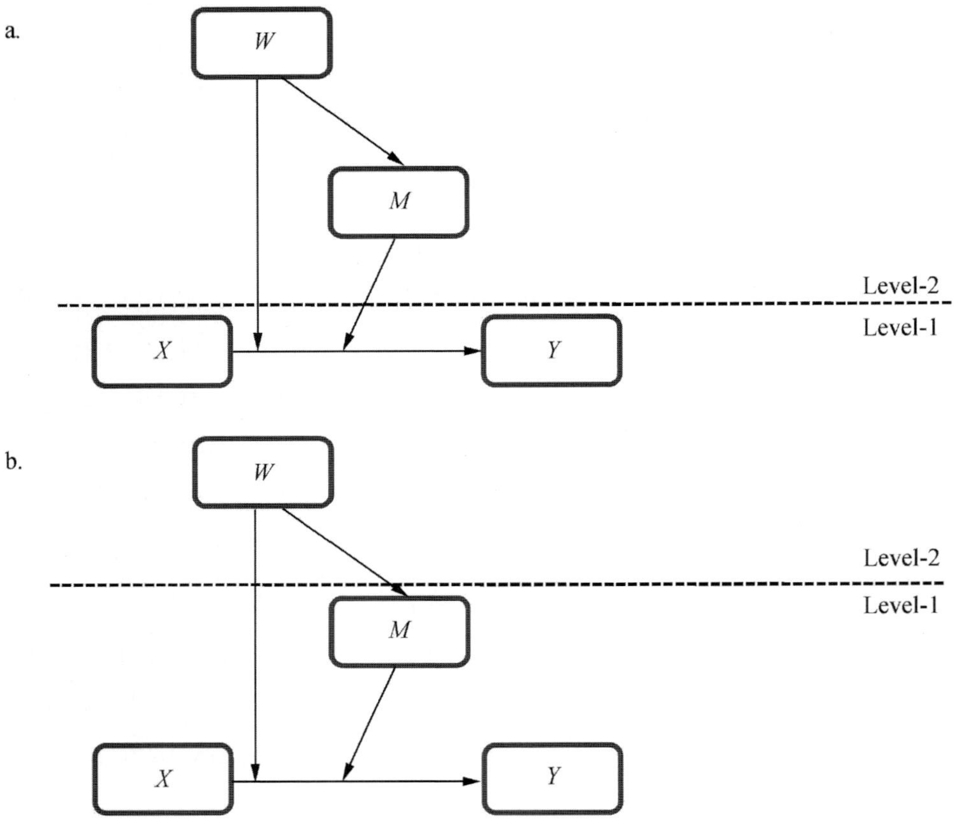

X: 독립변수, W: 조절변수, M: 매개변수, Y: 종속변수.

20.4 조절된 매개효과의 검증

20.4.1 단일수준 조절된 매개효과

Edwards와 Lambert(2007)의 제안에 따라 단일수준 조절된 매개효과는 회귀방법과 구조방정식모형/경로분석 방법으로 검증을 수행할 수 있다.

단일수준 첫 단계 조절된매개(mono-level first stage moderated mediation): 회귀방법을 사용하여 아래 방정식을 제공하고 첫 단계 조절된 매개효과를 검증한다. 유형 I 매개된 조절효과와 첫 단계 조절된 매개효과는 일정한 유사성이 있기에 아래 방정식은 사실 방정식 (2)와 방정식 (3)을 반복한 것이다.

$$M = b_0^2 + b_1^2 X + b_2^2 W_1 + b_3^2 XW_1 = b_0^2 + (b_1^2 + b_3^2 W_1)X + b_2^2 W_1 \quad (2')$$
$$Y = b_0^3 + b_1^3 X + b_2^3 M + b_3^3 W_1 + b_4^3 XW_1 \quad (3)$$

W_1은 1단계 관계의 조절변수를 나타낸다. 방정식 (2′)로 방정식 (3)의 M을 대체하면 아래 방정식을 얻을 수 있다.

$$Y = (b_0^3 + b_2^3 b_0^2) + [b_1^3 + b_2^3(b_1^2 + b_3^2 W_1)]X + (b_3^3 + b_2^3 b_2^2)W_1 + b_4^3 XW_1 \quad (3'')$$

전반적 매개 역할(W_1에 의존)의 효과크기(effect size)는 이다. 만약 W_1의 값이 비교적 높거나 낮을 때 두 경우의 간접효과의 차이는 바로 로서 분명 0이 아니다. 그렇게 되면 첫 단계 조절된 매개효과는 뒷받침 받게 된다. Edwards와 Lambert(2007)의 문장과 그들이 제공한 보조문서는 아주 좋은 실례를 제공하여 이런 차이가 유의미한 특징이 있는지를 검증하는 방법에 대하여 소개한다(http://public, kenan-flagler.unc.edu/faulty/edwardsj/downloads.htm).

연구자는 구조방정식모형을 사용하는 방법으로 방정식 (2′)와 방정식 (3)을 토대로 구조방정식모형과 경로모형을 구축할 수 있으며 중복추출 부트스트래핑으로 직접 의 신뢰구간을 검증할 수 있다. 이 장의 부록 E는 양단계 조절된매개모형을 검증하는 실례를 제공하였다. W_2 관련 문구를 삭제하면 이 프로그램으로 첫 단계 조절된 매개효과모형을 검증할 수 있다.

단일수준 둘째 단계 조절된매개(mono-level second stage moderated mediation): 다음 방정식은 회귀방식으로 둘째 단계 조절된 매개효과 모형을 검증한다.

$$M = b_0^6 + b_1^6 X + b_2^6 W_2 \quad (6)$$
$$Y = b_0^7 + b_1^7 X + b_2^7 M + b_3^7 W_2 + b_4^7 MW_2$$
$$= b_0^7 X + b_1^7 X + (b_2^7 + b_4^7 W_2)M + b_3^7 W_2 \quad (7)$$

W_2는 2단계 관계의 조절변수이다. 방정식 (6)으로 방정식 (7)의 M을 대체하면 아래 방정식을 얻는다.

$$Y = [b_0^7 + b_0^6(b_2^7 + b_4^7 W_2)] + [b_1^7 + b_1^6(b_2^7 + b_4^7 W_2)]X$$
$$+ [b_3^7 + b_2^6(b_2^7 + b_4^7 W_2)]W_2 \quad (7')$$

전반적 매개 역할(W_2에 의존)의 효과크기는 $[b_1^6(b_2^7 + b_4^7 W_{2H})\ b_1^6(b_2^7 + b_4^7 W_{2L})]$이다. 그 값이 낮을 때 보다 W_2가 상대적으로 높을 때 두 가지 조건의 간접효과는 유의미한 차이가 있어야 하며 즉 0이 아니고 둘째 단계 조절된 매개효과가 지지된다. 마찬가지로 연구자가 Edwards와 Lambert(2007)의 문장과 제공한 보조문서(표본 중복 추출 부트스트래핑 사용)에 따라 이런 차이의 유의성을 검증할 수 있다.

한편 연구자가 구조방정식모형을 사용할 수도 있다. 방정식 (6)과 (7)를 토대로 구조방정식모형 혹은 경로모형을 구축하여 중복 추출 부트스트래핑으로 직접 의 신뢰구간을 검증할 수 있다. 이 장의 부록 E는 양단계 조절된매개모형의 실례를 제공한다. W_1 관련 문구를 삭제하면 이 프로그램으로 바로 첫 단계 조절된 매개효과 모형을 검증할 수 있다.

단일수준 양단계 조절된매개(mono-level dual-stage moderated mediation): 회귀방법을 사용하고 아래 방정식을 제공하여 양단계 조절된 매개효과를 검증한다.

$$M = b_0^8 + b_1^8X + b_2^8W_1 + b_3^8XW_1 = b_0^8 + (b_1^8 + b_3^8W_1)X + b_2^8W_1 \tag{8}$$

$$Y = b_0^9 + (b_1^9 + b_3^9W_2)M + b_2^9W_2 + b_4^9X + b_5^9W_1 + b_6^9XW_1 \tag{9}$$

방정식이 매우 복잡하여 여기서 확산방정식을 제공하지 않았다. 방정식 (8)과 (9)에 근거하여 전반적 매개 역할의 효과크기는 W_1과 W_2의 값이 다를 때 그들의 간접효과의 차이가 유의미하게 0이 아니면 양단계 조절된 매개효과가 성립된다. 예를 들면, W_1의 값이 크고 W_2의 값이 작을 때(이와 반대로 W_1의 값이 작고 W_2의 값이 클 때) 간접효과의 차이는 분명 0이 아니다.

연구자는 구조방정식모형방법을 사용하여 방정식 (8)과 (9)를 토대로 구조방정식모형 혹은 경로모형을 구축하고 중복 추출 부트스트래핑으로 직접 신뢰구간을 검증할 수 있다. 예를 들어 $[(b_1^8 + b_3^8W_{1H})(b_1^9 + b_3^9W_{2L})(b_1^8 + b_3^8W_{1L})(b_1^9 + b_3^9W_{2H})]$이다. 이 장의 부록 E에 이단 모형의 프로그램 실례를 제공한다.

20.4.2 다수준 조절된 매개효과

다수준 조절된 매개모형은 여러 가지 유형이 있는데 아래는 가장 일반적인 몇 가지 형식을 소개하도록 한다. 첫째, 조절변수(1단계, 2단계 혹은 이단)가 Level-2이고 독립변수, 매개변수와 종속변수가 Level-1이다. 둘째, 조절변수가 Level-2이고 독립변수 혹은 독립변수와 매개변수가 Level-2이지만 종속변수는 Level-1이다. 셋째, 두 조절변수가 다른 수준일 수 있는데 예를 들어 독립변수와 1단계 조절변수가 Level-2이지만 매개변수, 2단계 조절변수와 종속변수는 Level-1이다. Preacher 등(2010) 및 Zhang, Zyphur과 Preacher (2009)가 주장한 바와 같이 둘째, 셋째 유형에 있어서 매개관계는 사실 Level-2에만 존재한다. 그래서 둘째, 셋째 유형의 다수준 조절된 매개효과에서 조절변수가 다른 값을 취할 때 간접효과는 Level-2에서 계산해야 한다. 조절변수가 Level-1에서 측정되면(예: 셋째 유형) 그 조절변수의 집단 간 분산 즉 조절변수가 Level-2에서의 잠재 평균치가 바로 사용하고자 하는 진정한 조절변수이다.

첫째 유형의 다수준 조절된 매개효과에 대하여 Bauer, Preacher와 Gil(2006)는 상세한 설명을 제공하여 저수준 매개관계에 대한 Level-2 조절변수의 조절작용을 검증하였다. Bauer 등(2006)은 HLM을 근거로 하는 방법을 사용했다. 하지만 Preacher 등(2010)에서 밝힌 것처럼 HLM과 비교하여 다수준 구조방정식모형 혹은 경로분석 방법으로 편차를 줄일 수 있다. 이 장의 부록 F에서 Mplus 프로그램 실례를 제공하는데 Level-1 독립변수와 매개변수 사이의 1단계 관계에 대한 Level-2 조절변수의 조절작용을 검증한다. 이런 프로그램은 아주 쉽게 조정할 수 있어 조절변수가 Level-2일 때 형성된 2단계 혹은 양단계 조절된매개모형을 검증할 수 있다. 조절변수가 Level-2일 때 연구자가 주목하는 것은 상대적으로 낮은 수준의 집단 내부의 매개관계에 대한 Level-2 조절변수의 영향이다. 그래서 집단 평균치를 이용한 중심화 독립변수(group-mean centering)를 둘러싸고 조절변수, 매개변수 및 결과변수의 집단 간 분산부분이 자유롭게 상관되는 것을 허용해야 한다(Preacher et al., 2010). *R* 공개출처 프로그램 코드를 제공하고 부록 F의 조절변수가 두 가지 조건의 값으로 Mplus 프로그램에서 생성된 파라미터를 사용하며 모수기반 부트스트래핑 중복추출을 거쳐 복합계수(compound coefficient)의 신뢰구간을 생성함으로써 통계적으로 조절된 매개효과를 검증한다. 마찬가지로 이런 프로그램들은 모두 조정할 수 있어 다른 유형의 다수준 조절된 매개효과를 검증할 수 있다.

20.5 토론

이 장에서 우리는 여러 유형의 매개된 조절모형과 조절된 매개모형을 검증할 때 사용되는 이론 구축 절차와 통계적 분석 방법에 대하여 종합적으로 서술했다. 앞서 언급했듯이 서로 다른 모형은 다른 절차를 통하여 이론을 구축하고 마찬가지로 다른 통계적 방법을 사용하여 검증과정을 수행해야 한다. 더 복잡한 것은 매개된 조절모형과 조절된 매개모형이 모두 단일수준과 다수준 연구모형으로 나타날 수 있기에 연구자로 하여금 이론과 통계적 방면의 어려움을 겪게 한다. 따라서 토론 부분에서 연구자가 이런 모형을 사용할 때 직면하게 될 이론과 통계적 문제점에 초점을 맞춰 심층적으로 토론하고 이런 문제점을 해결하는 방안을 제시하고자 한다.

20.5.1 이론적 문제

우선, 매개된 조절효과모형을 검증할 때 연구자들이 종종 이론적 가설을 제기하여 결과변수 *Y*에 대해서 *X*와 *W*가 미치는 상호작용효과를 기술하는 이론가설을 제기하여 매개된 조절모형을 구축하는 전제조건으로 할 필요성 여부를 두고 논쟁이 분분하다(그림 20-1과 그림 20-2 참조). 통계적으로 보면 이런 가설이 꼭 필요한 것은 아니다. 간접효과를 직접효과의 감소로 검증하는 경우를 제외하고 방정식 (1)이 필수적인 것이 아니다. 이 문제의 발생은 Baron과 Kenny's(1986)가 초기 제기한 매개모형을 검증하는데 사용되는 인과절차경로(causal step approach) 때문이라고 해야 하는데 이 경로는 독립변수가 종속변수에 대하여 유의미하게 영향이 될 것을 요구한다. 이 절차를 검증할 필요성이 있는지에 대하여 많은 학자가 이의를 제기하였다(예: MacKinnon, Fairchild & Fritz, 2007; MacKinnon, Lockwood, Hoffman, West & Sheets, 2002; Shrout & Bolger, 2002). 그들은 이 절차를 검증하는 것은 통계적 검증력(statistical power)을 유의미하게 떨어뜨린다고 본다. 그래서 최근 학자들의 일반적인 공통의견은 매개효과를 검증할 때 종속변수에 대한 독립변수의 유의미한 영향을 다시 고려할 필요가 없다는 것이다(MacKinnon et al., 2007). 따라서 유형 I 매개된 조절효과를 제기할 때 연구자들이 M에 대해서 X와 가 미치는 상호영향을 나타내는 한 개 가설과 Y에 대한 M의 효과를 표현하는 추가 가설을 가지고, 유형 I 매개된 조절효과를 추론하고 연역한다. 마찬가지로 유형 II 매개된 조절효과를 제기할 때 M에 대한 W의 영향을 나타내는 한 개 가설과 X와 Y에 대한 M의 영향력을 표현하는 추가 가설을 가지고, 유형 II 매개된 조절효과를 추론하여 연역한다.

그러나 아래 몇 가지 상황이 존재하면 연구자가 이론적으로 *Y*에 대한 *X*와 *W*의 상호작용가설을 요구할 수 도 있다. 첫째, 유형 I 매개된 조절효과를 검증할 때 연구자가 아마 *M*의 부분적인 매개 역할에 대하여 예측할 것이다. 다시 말하자면 연구자가 아주 훌륭한 이론적 근거가 있어서 *X*와 *W*가 *Y*에 대한 상호작용을 온전히 *M*을 통하여 전달이 불가능하다고 확신할 수 있다. 매개된 조절효과 가설을 제외하고 *Y*에 대한 *X*와 *W*의 직접적 상호효과도 아주 중요하다는 것을 규명하는 가설을 제기할 수 있다. 하지만 직접적 상호작용 가설을 제기할 때 연구자는 M과 관련된 이론적 메커니즘의 사용을 회피해야 하는데 이는 매개된 조절효과 가설에서 이미 이런 메커니즘을 포괄했기 때문이다. 둘째, 유형 II 매개된 조절효과를 검증할 때 연구자가 역시 훌륭한 이론이 있어 X와 Y의 관계에 대한 W의 조절효과가 온전히 M을 통하여 전달하지 못한다고 확신할 수 있다. 이렇게 매개된 조절효과가설을 제외하고 X와 Y의 관계에 대한 W의 직접적 조절효과도 매우 중요하다는 것을 규명하는 가설을 설정한다. 마찬가지 논리로 이런 직접적 조절효과 가설을 제기할 때 연구자는 M과 관련된 이론적 메커니즘의 사용을 회피해야 하는데 이는 매개된 조절효과 가설에서 이미 이런 메커니즘을 포괄했기 때문이다. 셋째, 가끔 매개된 조절효과 가설을 구축하기 전에 Y에 대한 X와 W의 직접적 상호작용 혹은 조절효과 가설을 제기하는 것은 어느 정도 이론적 논리가 있다. 예를 들면, 직접적 상호작용 혹은 조절효과가 예전에는 발견되지 않았기에 중요한 이론적 기여가 있다. 그래서 연구자가 직접적 상호작용 혹은 조절효과를 먼저 확립하고 나중에 매개변수를 통하여 이 효과를 해석하고자 한다. 이런 경우 우리는 연구자가 간단하게 직접적 상호작용/조절효과를 검증할 것이 아니라 매개변수를 고려하지 말아야 한다. 물론 전체적 상호작용/조절효과(직접적 그리고 간접적 상호작용/조절효과의 총합)가 검증되어 전반적 효과 가설을 위하여 정확한 뒷받침을 제공해야 한다. 연구자는 또한 그들이 얻은 조절효과가 온전히 혹은 부분적으로 전달되었는지를 어떻게 판단할 것인가 고심할 것이다. 만약 직접적 상호작용과 간접적 상호작용이 모두 유의하면 부분적으로 매개된 조절이라고 볼 수 있으며 직접적 상호작용은 유의하지 않지만 간접적 상호작용이 유의하면 완전히 매개된 조절효과라고 본다.

다음은 조절된 매개모형을 구축하는 방법과 연관된다. 조절된 매개효과를 주목하는 연구자는 종종 부득이 하게 X가 M을 통하여 Y에 매개효과를 작용한다는 것을 묘사하는 이론가설을 제기할 필요가 있는지 판단하지 않으면 안 된다. 통계적 각도에서 보면 이런 가설이 꼭 필수는 아니다. 잠재 조절변수(W)가 존재하기에 평균적인 매개효과가 그다지 유의미하지 않을 수 있다(그림 20-3, 그림 20-4, 그림 20-5 참조). 이렇게 하여 조절된 매개모형을 검증할 때 연구자는 세 개 가설만 구축하면 된다. 첫째 가설은 W의 조절효과를 규명한다(즉 X에서 M까지 1단계 조절되고 M에서 Y까지 2단계 조절되거나 이단 모두 조절된다). 둘째 가설은 M과 Y 사이에 유의미한 관계가 있는지 확인한다. 셋째 가설은 상기 두 가지 가설을 종합하여 1단계, 2단계 혹은 양단계 조절된매개모형을 설정한다. 조절된 매개가설을 제기함에 있어서 이 세 가지 가설은 이론적으로 모두 충족한 기반을 제공한다. 하지만 어떤 상황에서 연구자가 여전히 독립적인 매개효과 가설을 제기하고자 한다. 예를 들면, 연구자는 단지 조절변수가 간접효과를 강화하거나 약화하기를 기대할 뿐이며 간접효과의 방향을 변경하는 것은 아니다. 그러나 이런 상황에서 매개효과는 여전히 조절된 매개를 검증하는 필수 전제조건으로 하지 않아도 된다. *Y*에 대한 *X*의 직접효과를 매개효과 검증의 전제조건으로 하지 않는 것과 동일하다.

조절된 매개효과를 검증할 때 다른 어떤 가능한 이론은 연구자들이 때론 *X*와 *Y* 사이의 직접효과(*Y*에 대한 *X*의 영향이 *M*을 통하지 않는다)가 *W*의 조절영향을 받는지 여부를 검증하는데 관심을 둘 수 있다. 이런 경우, 조절된 매개가설 외에 다른 가설을 제기하여 *X*와 *Y*의 직접효과에 대한 *W*의 조절작용을 규명해야 한다. 이 가설을 제시할 때 조절된 매개효과 가설이 이미 이런 메커니즘을 포함하기에 연구자는 *M*과 관련된 이론적 메커니즘의 사용을 회피해야 한다.

그 다음, 단일수준과 다수준 모형에서 매개된 조절효과와 조절된 매개효과 이론을 개발할 때 동일한 이론 구축 절차를 준수해야 하지만 다수준 모형으로 유발하는 통계처리는 또 다른 문제를 야기할 것이다. 어떤 전형적인 사례는 Preacher 등(2010, 2011)이 언급한 것처럼 다수준 모형의 매개효과를 검증할 때 만약 *X*, *M*과 *Y* 중에서 어느 하나라도 Level-2에 속하면 매개효과는 단지 Level-2에만 존재할 것이다. 예를 들면, X가 Level-2이고 *M*과 *Y*가 Level-1이면 매개효과는 사실상 *X*가 *M*의 집단평균치를 통하여 *Y*에 영향을 끼친다는 것을 나타낸다. 따라서 이런 경우, 연구자가 *M*과 *Y* 사이의 관계에 대한 가설제기와 통계적 검증이 불일치한 오류를 범할 수 있다. 구체적으로 말하자면 Level-2의 이론적 메커니즘이 Level-1의 메커니즘과 완전히 다른데도 불구하고 연구자가 Level-1에서 *M*과 *Y* 관계를 구축하고 그들이 Level-2에서의 집단 평균치의 이론적 의의를 고려하지 않을 수 있다. 매개효과가 Level-2에만 존재할 때 이론 개발과 통계적 검증의 일관성을 유지하기 위하여 연구자가 Chan(1998)이 제기한 직접적 일치 성분 모형(direct consensus composition model)에 근거하여 Level-1 변수의 집단 평균치의 이론적 의의를 명확하게 설명해야 한다.

마지막으로 유의할 점은 연구자가 현존 문헌에 대한 심층 조사와 엄격한 이론 설계를 바탕으로 다른 유형의 매개된 조절모형 및 조절된 매개모형을 선택하고 발전시켜야 하는 건 맞지만, 통계적 분석결과를 통하여 모형을 개발시킬 수 없는 건 아니다. 예를 들면, 연구자가 가끔 이론적으로 첫째 단계 혹은 둘째 단계 조절된 매개효과에만 주목하는데 통계결과는 양단계 조절된 매개효과도 지지한다는 것을 발견할 수도 있다. 예를 들면, Liao 등(2010)은 상사-부하교환(LMX)과 팀 구성원 교환(TMX) 질(quality) 및 차별화(differentiation)의 다수준 연구에서 사회적 인식을 기반으로 첫 단계 조절된 매개효과를 증명했다. 즉 상사-부하 교환(LMX, X_1)과 팀 구성원 교환(TMX, X_2)의 질이 일반적 자기 효능감(general self-efficacy)(M)을 통하여 창의력(Y)에 대하여 미치는 간접영향은 상사-부하 교환 차별화(W_1)와 팀 구성원 교환 차별화(W_2)의 조절영향을 받는다. 이 두 가지 차별화(W_1과 W_2)가 각각 자기 효능감(M)에 대한 상사-부하 교환(X_1)과 팀 구성원 교환 질(X_2)의 영향을 강화하기 때문이다. 그러나 모수기반 부트스트래핑을 사용하여 통계적 검증을 하면 양단계 조절된 매개효과를 지지한다. 상사-부하 교환 차별화(W_1)와 팀 구성원교환 차별화(W_2)는 상사-부하 교환 질(X_1)과 팀 구성원 교환 질(X_2)이 각자 일반적 효능감(M)과의 관계에 조절작용을 할 뿐만 아니라 일반적 효능감과 창의력(Y) 사이의 관계에도 조절작용을 한다.

20.5.2 통계적 문제

여기서 해결해야 할 첫 번째 통계적 문제는 매개된 조절효과와 조절된 매개효과를 검증하는 기본적 통계방법에 관한 것이다. 이 장에서 두 가지 재추출 방법으로 비대칭 신뢰구간(asymmetric confidence intervals)을 구축하고 검증을 완료할 때 명확하게 곱 항의 편향 분포(skew of product distributions)를 고려할 수 있는 것에 대하여 중점적으로 논의한다(Van der Leeden, Meijer & Busing, 2008). 단일수준 모형을 검증할 때 표본 부트스트래핑(cases bootstrapping method)에 의존하여 재추출 관측변수(observed variables)의 전체 '표본'을 통하여 새 자료(동시에 X, M, W과 Y에 대하여 재추출, Van der Leeden et al. 2008)를 생성한다. 중복표본의 대량 표본에 대하여 반복적으로 파라미터 추측을 통하여(예를 들어 부록 프로그램 중에서 사용한 2,000회 재추출 추측) 복합계수(compound coefficient)의 분포구역을 나타내고 신뢰구간을 구축한다. Edwards와 Lambert(2007)가 동일한 표본 부트스트래핑을 사용하여 회귀구조에서 조절된 매개를 검증했다. 이 장에서 사용한 Mplus 표본 부트스트래핑은 조작이 더 용이하고 측정모형과 이론모형을 동시에 측정하여 Edwards와 Lambert(2007)가 사용한 방법에서 존재하는 어떤 중요한 결점 즉 이론모형검증에 대한 측정오차(measurement error)의 영향을 고려할 수 없는 문제점을 해결한다. 다수준 모형을 검증할 때 표본 부트스트래핑을 다수준 모형을 구축하는데 적용할 수 없기에 파라미터 재추출 방법(parameter-based resampling method)에 의존한다(Hox, 2002; Pituch, Stapleton & Kang, 2006; Van der Leeden et al., 2008). 구체적으로 말하면 정규 분포에서 평균치를 모수 추정치(parameter estimates)로 하고 표준오차(standard errors)를 파마미터 추측치의 표준편차(standard deviation)로 하며 다수준 모형에서 추측한 파라미터에 대하여 재추출한다.

간접효과를 검증할 때 효과적이고 정확하게 복합계수의 분포를 제공하는 것을 통하여 매개된 조절효과와 조절된 매개효과를 묘사한다. 따라서 이 두 가지 중복 추출 방법은 정규 분포의 유의성 검증보다 우월하다(Shrout & Bolger, 2002). 복합계수가 나타내는 효과는 정규 분포에 속하지 않고 또한 그런 분포의 통계형식을 판단하기도 어렵다(Shrout & Bolger, 2002). 그래서 중복 추출 방법과 비교하여 기타 통계검증방법(예를 들면 Sobel 검증)은 단지 특정한 복합계수를 검증하는데 제한된다. 그것은 이런 방법들이 통상적으로 계수가 정규 분포에 속한다고 잘 못된 가설을 바탕으로 하기 때문이다. 그래서 연구자가 상기 중복 추출 방법을 사용하여 매개된 조절효과와 조절된 매개효과를 검증할 것을 권장한다.

두 번째 통계문제는 조절된 매개효과 크기(effect size)와 연관된다. 주의할 점은 모든 유형의 조절된 매개효과는 모두 조절변수 W의 조건 값(conditional values)을 기초로 한다. 연구에서 비교적 일반적인 방법은 +1SD와 −1SD를 선택하여 각각 *W*의 높은 값과 낮은 값으로 하고 이 두 조건에서 매개효과간의 차이를 검증한다. 만약 이 두 조건에서 매개효과 차이의 신뢰구간에 0이 포함되지 않으면 일반적으로 조절된 매개효과가 유의미하다고 본다. 그러나 유의성 검증결과는 분명히 각기 다른 조건에서 매개효과를 계산하는 매개 값에 의존한다. *W*를 극단적으로 높거나 낮은 값을 선택할 때(예를 들어 +2SD와 −2SD) 각 조건에서 매개효과의 차이는 더 유의미할 것이다. 첫 단계 조절된 매개효과를 검증할 때 *W*가 확연하게 *X*와 *M*의 관계를 조절하고 *M*과 *Y*의 효과도 유의미하면 조절된 매개효과가 강한지는 단지 효과크기(effect size) 문제가 된다. 만약 이 조절효과의 크기가 충분히 크면 작은 조건 값일 경우(예를 들어 +1SD와 −1SD) 각 조건의 매개효과 사이의 유의미한 차이를 확인할 수 있을 것이다. 하지만 조절의 효과 값이 작으면(0은 아니다) 상대적으로 극단적인 값을 이용하여 조절된 매개효과 검증의 통계적 검증력(statistical power)을 높여야 할 것이다.

2단계 및 양단계 조절된 매개효과를 검증하는 것도 마찬가지 논리이다. 따라서 +1SD와 −1SD를 통상 값(conventional values)으로 하고 효과크기가 작은 조절된 매개효과의 유효성을 검증하는 것은 문제점이 있다. 그래서 +1SD와 −1SD를 조건 값으로 사용하는 대신에 연구자가 조절변수 *W*의 최대 그리고 최소 관측치(observed values)를 사용하여 조절된 매개효과를 검증할 것을 추천한다(Grace & Bollen,

2005). 물론 여기서 최대 관측치와 최소 관측치에 표본의 극단치(outliers)를 포함시키지 말아야 한다. 표본의 표준편차와 비교하여 변수관측치의 구간은 보다 현실적이고 이론적 의의가 있는 값 선택범위를 제공한다. 조절변수의 최대 관측치와 최소 관측치가 조건 값으로 사용될 때 조절된 매개효과가 여전히 유의미하지 않으면 이 효과의 크기가 너무 작아서 현실적 의의가 없다고 판단할 수 있다. 전통적으로 연구자들은 +1SD와 −1SD를 통상 값으로 하여 상호작용을 검증하는데 이는 주로 Aiken과 West(1991)의 영향을 받았기 때문이다. 이 책에서 저자는 +1SD와 −1SD를 통상 값으로 하여 회귀모형에서 어떻게 단순 기울기 검증(simple slope tests) 기법으로 연속적 조절변수의 조절작용을 검증하는지 시범을 보여준다. 그러나 단순 기울기 검증은 오직 종별변수의 조절효과를 검증할 때만 확실한 이론적 해석이 가능한데 이는 종별변수의 값이 확정적이기 때문이다(Pedhazur, 1997). 따라서 단순 기울기 검증은 각 특정 종별 값에서(예를 들어 남녀 성별) 독립변수와 종속변수의 관계가 어떠한지 그리고 유의미한지 여부를 보여준다. 조절변수가 연속변수일 경우 단순 기울기 검증으로 단지 조절변수의 어떤 특정 값에서 독립변수와 종속변수의 관계만 확인할 수 있다. 그렇기 때문에 통상 값으로 연속변수의 조절효과를 검증하게 되면 부분으로 전체를 판단하는 착오를 범할 수 있다. 그밖에 변수의 측정에 있어서 흔히 범위축소(restriction of range)와 왜곡된 분포(skewed distribution)의 영향을 받기 때문에 분포중심에 접근하는 통상 값(예: +1SD와 −1SD)만 사용하여 단순 기울기 측정하는 것은 전체 조절효과를 전면적으로 나타내지 못한다.

20.6 맺음말

비록 일부 연구에서 매개된 조절효과와 조절된 매개효과에 대한 정의를 하고 경영과학의 발전을 추진하는데 가치가 있다고 증명되었지만(예: Baron & Kenny, 1986; Edwards & Lamberts, 2007; Muller et al., 2005) 모든 연구자가 매개와 조절이 어떤 조합으로 나타나는지와, 또한 이론을 어떻게 구축하고 조합을 검증하는지를 명백하게 파악하고 있는 것이 아니다. 이는 아마 사람들이 간결하게 통합된 분석 구조를 제기하고자 하지만 이런 구조는 단일수준이나 다수준 맥락에서 각 종 매개와 조절의 조합형식으로 인한 문제를 효과적으로 해결하지 못하기 때문일 것이다. 예를 들면, Edwards와 Lambert(2007)에서 제시된 다양한 매개변수와 조절변수를 포함한 경로모형은 매우 시사적이지만, 매개된 조절과 조절된 매개모형을 구축하는데 근거로 해야 하는 구체적 절차에 대하여 명확한 제시가 없다. SPSS Macro를 바탕으로 간접효과를 검증하는 표본추출기반 부트스트래핑도 다수준 맥락에 적용할 수 없다. 매개된 조절효과와 조절된 매개모형으로 인한 혼란을 해결하기 위하여 이 장에서 매개와 조절의 조합에 대하여 보다 세밀한 고찰을 통하여 단일수준과 다수준 배경에서 매개된 조절과 조절된 매개의 가능한 형식을 소개하고 해당 이론을 발전시키는 기본 절차에 대하여 상세하게 서술했다. 또한 각 형식에 대응하는 통계검증방법도 비교적 상세히 제시했다. 그리고 더 많은 유익한 정보를 제공하기 위하여 이런 모형을 검증할 때 직면하는 몇 가지 비교적 중요한 이론적 문제와 통계적 문제도 분명하게 밝혔다. 총괄하면 이 장은 매개된 조절효과와 조절된 매개효과에 대한 상세한 진술을 통하여 연구자들이 더 명백하고 정확하게 단일수준과 다수준 조직현상의 잠재적 심리기제(psychological mechanism)(매개)와 상황적 요인(contingent factors)(조절)을 풀 수 있도록 도움을 제공하는 데 주력했다.

부록 A. 단일수준 유형 I 매개된 조절효과

```
TITLE: A mono level Type I mediated moderation
path analytical model;
DEFINE:
xw = ( x   3.0 ) * ( w   4.0 ) ; ! interactive term between grand mean centered x and w
                                 ! assume the grand mean is 3.0 and 4.0 for x and w, respectively
DATA: FILE IS example. txt; ! insert data file here
VARIABLE: NAMES ARE x m w y; ! all observed variables
USEVARIABLES ARE x m w y xw; ! indicates variables to use in the model
                             ! newly defined variables should appear at the end of the list
CENTERING IS GRANDMEAN( x m w ) ; ! grand mean centering the observed variables
ANALYSIS: BOOTSTRAP = 2000; ! specifies number of bootstraps
MODEL: ! the portion where model is specified
m ON   x w
       xw ( a ) ; ! regresses m on x, w, xw and label the coefficient of xw as "a"
y ON   m ( b )
```

```
        x w xw; ! label the coefficient of m as "b", controls for x, w, and xw
MODEL CONSTRAINT: ! portion of the model where labeled parameters may be used
NEW (ind); ! name the newly generated parameters, "ind" refer to indirect effect
ind = a * b;
! alternatively, the above MODEL CONSTRAINT: syntax can be replaced by
!             MODEL INDIRECT:
!             y IND m xw;
OUTPUT:
SAMPSTAT;
CINTERVAL(BCBOOTSTRAP); ! reports bias corrected bootstrapped confidence intervals
```

부록 B. 단일수준 유형 II 매개된 조절효과

```
TITLE: A mono level Type II mediated moderation
        path analytical model;
DEFINE:
xw = (x   3.0) * (w   4.0);   ! interactive term between x and w after grand mean centering
xm = (x   3.0) * (m   2.5);   ! interactive term between x and m after grand mean centering
DATA: FILE IS example.txt; ! insert data file here
VARIABLE: NAMES ARE x m w y; ! all observed variables
USEVARIABLES ARE x m w y xw xm; ! indicates variables to use in the model
                                ! newly defined variables should appear at the end of the list
CENTERING IS GRANDMEAN(x m w); ! grand mean centering the observed variables
ANALYSIS: BOOTSTRAP = 2000; ! specifies number of bootstraps
MODEL: ! the portion where model is specified
m ON   w (a)
        x; ! regresses m on x and w and label the coefficient of w as "a"
y ON   xm (b)
        m x w xw; ! controls for m, x, w, and xw
MODEL CONSTRAINT: ! portion of the model where labeled parameters may be used
```

```
NEW (ind); ! name the newly generated parameters, "ind" refer to indirect effect
ind  a * b;
OUTPUT:
SAMPSTAT;
CINTERVAL(BCBOOTSTRAP); ! reports bias corrected bootstrapped confidence intervals
```

부록 C. 2수준 유형 I 매개된 조절효과

```
TITLE: A two level Type I mediated moderation path analytical model,
       x and w are Level 2, m and y are Level 1,
       both m and y have between group variance;
DATA: FILE IS example.txt; ! insert data file here
DEFINE:
xw = (x  3.0) * (w  4.0); ! interactive term between x and w after grand mean centering
VARIABLE: NAMES ARE x m w y cluster; ! all observed variables
USEVARIABLES ARE x m w y xw; ! indicates variables to use in the model
CENTERING IS GRANDMEAN(x w); ! grand mean centering the Level 2 moderator
CLUSTER = cluster; ! defines variable indicating group membership
BETWEEN = x w xw; ! indicates variables at the higher level of analysis
ANALYSIS: TYPE  TWOLEVEL; ! indicates multilevel model without random slope
MODEL: ! portion where model is specified
%WITHIN% ! lower level of the model
y on m (bw) ! bw denotes the within group relationship which is not relevant
            ! for calculating an effect size in the current model
%BETWEEN% ! higher level of the model
m on  x w
       xw (a); ! the interaction effect to be mediated, labeled as "a"
y on  m (bb) ! bb denotes the between group relationship
       x w xw; ! controls for x w xw
MODEL CONSTRAINT: ! portion of the model where labeled parameters may be used
```

```
NEW (ind); ! name the newly generated parameters, "ind" refer to indirect effects
ind  a * bb;
OUTPUT: ! multilevel analysis in current version of Mplus does not report bootstrapping
SAMPSTAT;
CINTERVAL; ! reports normal distribution assumption based confidence intervals
```

부록 D. 2수준 유형 II 매개된 조절효과

```
TITLE: A two level Type II mediated moderation
       path analytical model, w and m are Level 2, x and y are Level 1;
DATA: FILE IS example. txt; ! insert data file here
VARIABLE: NAMES ARE x m w y cluster; ! all observed variables
USEVARIABLES ARE x m w y; ! indicates variables to use in the model
CENTERING IS GRANDMEAN(w m); ! grand mean centering the Level 2 moderator
CENTERING IS GROUPMEAN(x); ! group mean centering the Level 1 predictor & mediator
CLUSTER = cluster; ! defines variable indicating group membership
WITHIN = x; ! indicates variables at the lower level of analysis
BETWEEN  w m; ! indicates variables at the higher level of analysis
ANALYSIS: TYPE  TWOLEVEL RANDOM; ! indicates multilevel model with random slope
MODEL: ! portion where model is specified
%WITHIN% ! lower level of the model
S | y on x; ! defines regression of y on x as a random slope, which is the linear slope factor
%BETWEEN% ! higher level of the model
m on w (a); ! specifies the effect of w on m
S on m (b)
        w;
y on m w; ! controls for main effect of m and w
y with S; ! allows the between level portion of y to correlate with S
MODEL CONSTRAINT: ! portion of the model where labeled parameters may be used
NEW (ind); ! name the newly generated parameters, "ind" refer to indirect effects
```

```
ind  a * b;
OUTPUT: ! multilevel analysis in current version of Mplus does not report bootstrapping
SAMPSTAT;
CINTERVAL; ! reports normal distribution assumption based confidence intervals
R code for deriving the empirical distribution of the mediated moderation effect:
###################################################
# a is the Level 2 predictive effect of W on M                  #
# astd is the standard error of a                                #
# b is the Level 2 predictive effect of M on the random          #
# slope between X and Y                                          #
# bstd is the standard error of b                                #
# "rep  20000" defines the number of resampling is 20000 #
# "conf =95" defines that 95% CI will be used.                   #
###################################################
a  0.979
b  0.540
astd =0.058
bstd =0.029
rep =20000
conf  95
avec = rnorm(rep) * astd + a
bvec = rnorm(rep) * bstd + b
ab = avec * bvec
low  (1  conf/100)/2
upp = ((1  conf/100)/2) + (conf/100)
LL = quantile(ab,low)
UL  quantile(ab,upp)
LL4  format(LL,digits  5)
UL4 = format(UL,digits =5)
hist(ab,breaks = 'FD',col = 'skyblue',xlab = paste(conf,'% Confidence Interval','LL',LL4,'UL',
UL4), main  'Distribution of Indirect Effect')
```

부록 E. 단일수준 양단계 조절된 매개효과

```
TITLE: A mono level dual stage moderated mediation
       path analytical model;
DEFINE:
xw1  (x  3.0) * (w1  4.0); ! interactive term between grand mean centered x and w1
mw2  (m  2.5) * (w2  3.5); ! interactive term between grand mean centered m and w2
DATA: FILE IS example.txt; ! insert data file here
VARIABLE: NAMES ARE x m w1 w2 y; ! all observed variables
USEVARIABLES ARE x m w1 w2 y xw1 mw2; ! indicates variables to use in the model
! newly defined variables should appear at the end of the list
CENTERING IS GRANDMEAN(x m w1 w2); ! grand mean centering the observed variables
ANALYSIS: BOOTSTRAP = 2000; ! specifies number of bootstraps
MODEL: ! portion where model is specified
m ON  x (b1) ! first stage, regresses m on x, w1, xw1 and label coefficients as b1, b2 and b3
      w1
      xw1 (b2);
y ON  m (b3)
      w2
      mw2 (b4)
      x (b5)
      w1
      xw1(b6); ! controls for x, w1, and xw1 at the second stage
MODEL CONSTRAINT: ! portion of the model where labeled parameters may be used
NEW (slope_ah slope_al slope_ad); ! name the newly generated parameters,
                                  ! "a/b" refer to the first/second stage, and "d" refers to difference,
                                  ! "h/l" refer to when moderator
                                  ! takes high/low values, e.g., 1 SD above and below the mean
slope_ah = b1 + b2 * 1.06; ! 1st stage for hi group ( +1SD = +1.06)
slope_al  b1 + b2 * (  1.06); ! 1st stage for low group (  1SD   1.06)
slope_ad  slope_ah slope_al; ! diff in 1st stage slopes b/w hi and low groups
```

```
NEW (slope_bh slope_bl slope_bd); ! 2nd stage: simple slopes for hi/low grp and diff
slope_bh   b3 + b4 * .85; ! 2nd stage for hi group ( +1SD    +0.85)
slope_bl = b3 + b4 * (    0.85); ! 2nd stage for low group (    1SD =    0.85)
slope_bd   slope_bh slope_bl; ! diff in 2nd stage slopes b/w hi and low groups
NEW (ind_hh ind_ll ind_d); ! assume researchers wish to compare the a_hi b_hi group
! with the a_low b_low group
ind_hh   slope_ah * slope_bh; ! indirect effect for a_hi and b_hi group
ind_ll = slope_al * slope_bl; ! indirect effect for a_low and b_low group
ind_d = ind_hh ind_ll; ! diff in indirect eff b/w these two groups
! significant value indicates moderated mediation
NEW (dir_ah dir_al dir_ad);
dir_ah   b5 + b6 * (1.06); ! direct effect for a_hi group
dir_al = b5 + b6 * (    1.06); ! direct effect for a_low group
dir_ad   dir_ah dir_al; ! diff in direct effect b/w hi and low groups
NEW(tot_hh tot_ll tot_d); ! name the total effect
tot_hh   dir_ah + ind_hh; ! total effect for hi_hi group
tot_ll   dir_al + ind_ll; ! total effect for low_low group
tot_d = tot_hh tot_ll; ! diff in total effect b/w two groups
OUTPUT:
SAMPSTAT;
CINTERVAL(BCBOOTSTRAP); ! reports bias corrected bootstrapped confidence intervals
```

부록 F. 2수준 첫 단계 조절된 매개효과

```
TITLE: A two level first stage moderated mediation
       path analytical model, w is Level 2, x, m, y are Level 1,
       m and y both have between group variance;
DATA: FILE IS example.txt; ! insert data file here
VARIABLE: NAMES ARE x m w y cluster; ! all observed variables
```

```
USEVARIABLES ARE x m w y; ! indicates variables to use in the model
CENTERING IS GRANDMEAN(w); ! grand mean centering the Level 2 moderator
CENTERING IS GROUPMEAN(x); ! group mean centering the Level 1 predictor & mediator
CLUSTER = cluster; ! defines variable indicating group membership
WITHIN   x; ! indicates variables at the lower level of analysis
BETWEEN = w; ! indicates variables at the higher level of analysis
ANALYSIS: TYPE   TWOLEVEL RANDOM; ! indicates multilevel model with random slope
MODEL: ! portion where model is specified
%WITHIN% ! lower level of the model
S | m on x; ! defines regression of m on x as a random slope, which is the linear slope factor
y on m (b)
        x;
%BETWEEN% ! higher level of the model
S on w (a1); ! specifies cross level interaction
[S] (a0);    ! the conditional mean of the random slope
m on w;      ! the random intercept of m is regressed on w
m with S;    ! allows the random intercept of m to correlate with random slope
```

참 고 문 헌

Bacharach, S. B., Bamberger, P. A. & Doveh, E. (2008). Firefighters, critical incidents, and drinking to cope: The adequacy of unit-level performance resources as a source of vulnerability and protection. *Journal of Applied Psychology*, 93, 155-169.

Bandura, A. (2002). Social cognitive theory in cultural context. *Applied Psychology: An International Review*, 151, 269-290.

Barney, J. (1991). Firm resources and sustained competitive advantage. *Journal of Management*, 17, 99-120.

Baron, R. M. & Kenny, D. A. (1986). Moderator-Mediator variables Distinction in social psychological research: Concepual, Strategic, and statistical considerations. *Journal of Personality and Social Psychology*, 51, 1173-1182.

Bauer, D. J., Preacher, K. J. & Gil, K. M. (2006). Conceptualizing and testing random indirect effects and moderated mediation in multilevel models: New procedures and recommendations. *Psychological Methods*, 11, 142-163.

Chan, D. (1998). Functional relations among constructs in the same content domain at different levels of analysis: Atypology of composition models. *Journal of Applied Psychology*, 83, 234-246.

Chen, Z. X. & Aryee, S. (2007). Delegation and employee work outcomes: An examination of the cultural context of mediating processes in China.

Academy of Management Journal, 50, 226-238.

Chen, G., Kirkman, B. L., Kim, K., Farh, C. I. C., & Tangirala, S. (2010). When does cross-cultural motivation enhance expatriate effectiveness? A multilevel investigation of the moderating roles of subsidiary support and cultural distance. *Academy of Management Journal*, 53, 1110-1130.

Chen, G., Sharma, P. N., Edinger, S., Shapiro, D. L., & Farh, J. L. (2011). Motivating and de-motivating forces in teams: Cross-Level influences of empowering leadership and relationship conflict. *Journal of Applied Psychology*, 96, 541-557.

Edwards, J. R. & Lambert, L. S. (2007). Methods for integrating moderation and mediation: A general analytical framework using moderated path analysis. *Psychological Methods*, 12, 1-22.

Grace, J. B. & Bollen, K. A. (2005). Interpreting the results from multilevel regression and structural equation models. *Bulletin of the Ecological Society of America*, 86, 283-295.

Grant, A. M. & Berry, J. W. (2011). The necessity of others is the mother of invention: Intrinsic and prosocial motivations, perspective-taking, and creativity. *Academy of Management Journal*, 54, 73-96.

Grant, A. M. & Sumanth, J. J. (2009). Mission possible? The performance of prosocially motivated employees depends on manager trustworthiness. *Journal of Applied Psychology*, 94, 927-944.

Hitt, M. A., Hoskisson, R. E. & Kim, H. (1997). International diversification: Effects on innovation and firm performance in product-diversified. *Academy of Management Journal*, 40, 767-799.

Hox, J. (2002). *Multilevel Analysis: Techniques and Applications*. Mahwah, MJ: Lawrence Erlbaum Associations.

Lam, W., Huang, X. & Snape, E. (2007). Feedback-Seeking behavior and leader-member exchange: Do supervisor-attributed motives matter? *Academy of Management Journal*, 50, 348-363.

Liao, H., Liu, D. & Loi, R. (2010). Looking at both sides of the social exchange coin: A social cognitive perspective on the joint effects of relationship quality and differentiation on creativity. *Academy of Management Journal*, 53, 1090-1109.

Liu, D. & Fu, P. (2011). Motivating Proteges personal learning in teams: Amultilevel investigation of autonomy support and autonomy orientation. *Journal of Applied Psychology*, 96, 1195-1208.

Liu, D., Liao, H. & Loi, R. (In press). The dark side of leadership: A three-level investigation of the cascading effect of abusive supervision on creativity. *Academy of Management Journal*.

Liu, D., Liu, J., Kwan, H. K., & Mao, Y. N. (2009). What can I gain as a mentor? The effect of mentoring on the job performance and social status of mentors in China. *Journal of Occupational and Organizational Psychology*, 82, 871-895.

MacKinnon, D. P. (2008). *Introduction to Statistical Mediation Analysis*. Mahwah, NJ: Lawrence Erlbaum Associates, Inc.

MacKinnon, D. P., Fairchild, A. J., & Fritz, M. S. (2007). Mdeiation analysis. *Annual Review of Psychology*, 58, 593-614.

MacKinnon, D. P., Fritz, M. S., Williams, J., & Lockwood, C. M. (2007). Distribution of the Product confidence limits for the indirect effect: Program PRODCLIN. *Behavior Research Methods*, 39, 384-389.

MacKinnon, D. P., Lockwood, C. M., Hoffman, J. M., West, S. G., & Sheets, V. (2002). A comparison of methods to test mediation and other intervening variable effects. *Psychological Methods*, &, 83-104.

Menges, J., Walter, F. H., Vogel, B., & Bruch, H. (2011). Transformational leadership climate: Performance Linkages, Mechanisms, and boundary conditions at the organizational level. *The Leadership Quarterly*, 22, 893-909.

Muller, D., Judd, C. M., & Yzerbyt, V. Y. (2005). When moderation is mediated and mediation is moderated. *Journal of Personality and Social Psychology*, 89, 852-863.

Pedhazur, E. J. (1997). *Multiple Regression in Behavioral Research: Explanation and Prediction*. Fort Worth, TX: Harcourt Brace College Publisher.

Pituch, K. A., Stapleton, L. M., & Kang, J. Y. (2006). A comparison of single sample and bootstrap methods to assess mediation in cluster randomized trials. *Multivariate Behavioral Research*, 41, 367-400.

Preacher, K. J., Rucker, D. D., & Hayes, A. F. (2007). Addressing moderated mediation hypotheses: Theory, methods, and prescriptions. *Multivariate Behavioral Research*, 42, 185-227.

Preacher, K. J., Zhang, Z., & Zyphur, M. J. (2011). Alternative methods for assessing mediation in multi-level data: The advantages of multilevel SEM. *Structural Equation Modeling*, 18, 161-182.

Preacher, K. J., Zyphur, M. J., & Zhang, Z. (2010). A general multilevel SEM framework for assessing multilevel mediation. *Psychological Methods*, 15, 209-233.

Shrout, P. E. & Bolger, N. (2002). Mediation in experimental and nonexperimental studies: New procedures and recommendations. *Psychological Methods*, 7, 422-445.

Sobel, M. E. (1982). Asymptotic confidence intervals for indirect effects in structural equation models. In S. Leinhardt (Ed.), *Socialolgical Methodology*. Washington DC: American Sociological Association.

Tepper, B. J., Henle, C. A., Lambert, L. S., Giacalone, R. A., & Duffy, M. K. (2008). Abusive supervision and subordinates ofganization deviance. *Journal of Applied Psychology*, 93, 721-732.

Van der Leeden, R., Meijer, E., and Busing, F. M. T. A. (2008). Resampling multilevel models. In J. de Leeuw (Ed.), *Handbook of Multilevel Analysis*. New Your: Springer.

Van Dick, R., Van Knippenberg, D., Hagele, S., Guillaume, Y. R. F., & Brodbeck, F. (2008). Group diversity and group identification: The moderating role of diversity beliefs. *Human Relations*, 61, 1463-1492.

Weiss, H. M. & Cropanzano, R. (1996). An affective events approach to job satisfaction. In B. M. Staw & L. L. Cummings (Eds.), *Research in Organizational Behavior*. Greenwich, CT: JAI Press.

Whetten, D. A. (1989). What constitutes a theoretical contribution? *Academy of Management Review*, 14, 490-495.

Zhang, Z., Wang, M., & Shi, J. (2012). Leader-Follower congruence in proacive personality and work outcomes: The mediating role of LMX. *Academy of Management Journal*, 55, 111-130.

Zhang, Z., Zyphur, M. J. & Preacher, K. J. (2009). Testing multilevel mediation using hierarchical linear models: Problems and solutions. *Organizational Research Methods*, 12, 695-719.

Zhou, L., Wang, M., Chen, G., & Shi, J. (in press). Effects of supervisors upward exchange relationships on subordinates: Testing the multilevel mediation role of empowerment. *Journal of Applied Psychology*.

저 자 소 개

리우뚱(劉東, Dong Liu) 현재 미국 조지아이공대학교(Georgia Institute of Technology) 경영대학 조교수로 재직 중이다. 워싱톤대학교 Foster경영대학에서 경영학 박사학위를 취득하였다. 주요 연구 분야는 직원의 창조력, 직원의 이직, 팀 구축, 창업, 문화 간 경영, 리더십 등이 있다. 연구 성과는 주로 *Academy of Management Journal*, *Journal of Applied Psychology* 등 세계 탑 경영학 저널에 게재하였다. 또한 여러 차례에 걸쳐 연구 및 강의 대상을 수상하였다.

장전(張震, Zhen Zhang) 현재 미국 애리조나대학교(Arizona State University) W. P. Carey 경영대학 경영학과 조교수로 재직 중이다. 미네소타대학교에서 인적 자원 및 공업관계학 박사학위를 취득

저 자 소 개

하였다. 연구 방향은 리더십 과정과 리더십 개발, 조책행동의 생리학기초, 창업자 성격과 행동 그리고 정량적 연구방법이다. 연구성과는 *Academy of Management Journal*, *Journal of Applied Psychology*, *Organizational Behavior and Human Decision Processes* 등 세계 탑 경영학 저널에 게재하였다. 현재 *Journal of Organizational Behavior*와 *Leadership Quarterly*의 편집위원으로 봉사하고 있다.

왕무어(汪默, Mo Wang) 현재 미국 플로리다대학교(University of Florida) Warrington 경영대학 경영학과 부교수로 재직 중이다. Bowling Green주립대학교에서 공업-조직심리학과 발전심리학의 공동박사학위를 취득하였다. 연구 분야는 퇴직관리, 직업건강심리학, 문화 간 인적 자원 관리, 리더십 및 고급통계방법 등이 있다. 연구에서 중요한 상을 여러 번 수상한 경험이 있다. 현재 *Journal of Applied Psychology*의 부편집장, *Personnel Psychology*, *Journal of Management*, *Organizational Research Methods*, *Journal of Occupational Health Psychology*와 *Journal of Business and Psychology*의 편집위원으로 봉사하고 있다.

4부
연구논문 게재의 과정

第四部分
研究发表的旅程

21장 – 연구 논문의 투고 준비 및 심사 과정

第21章
准备投稿和管理审稿过程

22장 – 한 편의 논문이 걸어야 할 길: 문제 제기로부터 최종 게재 확정까지

第22章
一篇论文的经历: 从问题的提出到文章的发表

21 장

연구논문의 투고 준비 및 심사 과정

Anne Tsui (애리조나주립대학교, 북경대학교, 복단대학교, 상해교통대학교)
Anthea Yan Zhang (라이스대학교)

머리글

연구자는 연구 프로젝트와 데이터 분석을 통해 어느 정도 의미 있는 결과를 얻어냈다. 지금부터는 연구자가 선택한 학술저널이 요구하는 형식에 따라 논문을 작성하고 투고준비를 해야 한다. 많은 연구자들에게 있어 논문을 작성하는 것이 가장 어려운 부분일 것이다. 왜냐하면 제한된 글의 길이에서 일관성 있는 글을 통해 독자에게 연구자가 무엇을 했는지를 효과적으로 전달해야 하기 때문이다. 여기서 독자에게 충분한 정보를 알려주어야 함과 동시에 이해할 수 있도록 써야 한다. 그래서 설명력과 재미를 동시에 갖추고 있는 논문을 작성하는 것은 쉬운 일이 아니다. 본 장에서는 우리가 어떻게 하면 연구 과정의 마지막 부분에서의 "고통"을 줄이고 심지어 재미를 느낄 수 있게 논문을 쓸 수 있는지에 대한 방법을 알려드린다.

본 장은 모두 다섯 절을 포함한다. 1절에서 우리가 연역법을 통해 검증한 가설을 어떻게 논문으로 작성할 것인지에 대해 소개한다. 2절에서 우리가 귀납법을 통해 이론을 세우는 과정을 어떻게 논문으로 작성할 것인지에 대해 소개한다. 3절에서 일반적인 저널에서의 논문 작성 규칙에 대해 설명한다. 4절에서 대부분 국제 저널의 심사절차를 소개한다. 마지막 절에서 논문 수정법과 게재 가능성을 높이는 것에 대한 방법을 제안한다.

21.1 연역적 가설검증 연구논문의 작성법

21.1.1 논문의 구조

연역적 방법을 통해 사실을 검증하는 대부분의 논문은 대부분 비슷한 구조를 갖고 있다. 이러한 논문에서는 먼저 연구현상과 연구문제를 소개한 다음, 지금까지 이 현상과 문제에 대한 지식, 논쟁을 기술한다. 이어서 그 다음부분은 통상적으로 이론에 대한 배경과 가설, 혹은 이론과 가설, 혹은 문헌리뷰, 이론 및 가설을 구성한다. 이것이 연구 과정에서 논리적인 추론의 일부이다(그림 1-1). 세 번째 부분은 연구방법이다. 여기에서는 연구설계를 의미한다. 이 부분에서 샘플 추출, 데이터 수집절차, 척도 및 분석을 포함한다. 네 번째는 분석의 결과이다. 기술통계 분석결과와 가설 검증결과를 포함한다. 이어서 논의 부분이다. 이 부분은 가설을 지지하는 결과와 예측하지 못한 결과에 대한 논의, 본 연구의 한계점과 시사점을 포함하고 특히 실용적인 측면의 의미를 기술한다. 논문의 마지막 부분에서는 결론을 정리하고 본 연구에서 밝힌 중요한 연구 결과와 기여한 점을 기술해야 한다. 우수한 논의 부분은 연구 결과에 대한 논의를 통해 독자에게 궁금증을 조성하거나 중요하고 새로운 연구 방향을 제시한다. 아래에서 각 부분에 대해 더 자세히 살펴보고자 한다.

비록 우리가 순서대로 논문의 구조에 대해 설명했지만 실제로 논문 작성 과정에서 반드시 이 순서에 따라 논문을 작성해야 할 필요는 없다. 많은 연구자는 우선 연구방법과 결과 부분을 작성한다. 왜냐하면 이 부분의 내용은 그대로 기술하면 되고 상대적으로 창의력을 필요로 하는 부분은 매우 적다. 만약에 연구 결과가 당초의 가설을 지지하지 못하거나 애초의 가설과 정반대의 결과가 나타나면 당초의 가설을 바꾸어야 될까? 이렇게 하면 윤리적인 문제가 없을까? 실증연구의 결과가 당초의 가설과 다른 경우는 많은 원인으로 초래 될 수 있다. 한 가지 가능한 원인은 연구초기의 사고방식이 완벽하지 않거나 부족함 점이 있었기 때문이다. 연구자가 아마 한 가지 이론만 고려하고 다른 이론은 고려하지 않았을 확률이 크다. 연구 과정은 반복적인 연역과정과 귀납과정을 거친다. 가설검증과정에도 이와 비슷하다. 그래서 연구자는 이론 도출과정과 실증연구 결과 간의 관계를 여러 번 생각하고 수정해야 한다. 그리고 독자에게 다듬어진 이론을 제시해야 한다. 그러나 연구자는 본인의 제시한 이론의 개발과정에서 겪은 어려움과 문제해결과정을 설명할 필요는 없다. 우리는 Bem의 의견을 동의한다. 즉 "저널에 기재된 문장은 난산(難產)한 개인생각의 변화과정을 기술해서는 안 된다."(1986:173); 더 나아가 "저널논문은 아이디어를 생산하는 과정을 기록하는 것이 아니다"(1986; 188). Huff(2002)의 의견은 더 명확하다. 즉 학술적 논문 작성은 학술적인 대화를 진행하는 것과 같다. 연구자의 역할은 설명력이 있는 이론적 해석을 논술하고 연구자의 데이터의 결과가 해당이론을 지지하거나 지지하지 않는 것을 설명한다.

21.1.2 서론 부분

서론 부분의 첫 번째 문단은 매우 중요하다. 여기서 독자에게 무엇에 대해 연구했는지 그리고 이 현상을 연구하는 중요성 혹은 흥미로운 부분에 대해 설명해야 한다. *Administrative Science Quarterly*과 *Academy of Management Journal*에 기재된 논문에서 연도별 최우수 논문의 첫 번째 문단을 참고하시길 바란다. 연구자가 어떻게 연구현상을 소개하고 독자의 시선을 어떻게 연구문제로 끌어오는지에 대해 배워야 한다. 예를 들어 Tsui, Pearce, Porter과 Tripoli(1997)의 문장의 서론 부분에서 이 연구는 조직 내부노동시장 구조에서 고용관계가 직면하는 경쟁에 대한 연구인 것을 밝히고 있다. Zahra, Irelan과 Hitt(2000)의 논문의 서론을 통해서 국제창업 회사의 학습능력에 영향을 미치는 요인들을 탐구했다. Zhang(2008)이 논문서론에서 우선 일부 CEO가 취임 뒤 곧 해고를 당하는 새로운 현상을 기술했다. 그리고 연구문제를 제기했다. 즉 왜 이들이 해고를 당했을까? 첫 문단 혹은 두 번째 문단까지 독자에게 논문 전체적인 구조를 명확히 알려주고 핵심적인 구성개념(예: 고용관계 혹은 학습)과 구성개념과 관련된 문제를 제시했다. 예를 들어 Zhang(2008)이 서론에서 논문의 주요이론관점을 제시했다. 즉 선발과정에서 정보불일치로 인해 이사회가 잘못된 선택을 초래할 수 있다는 것을 주지하고 있다. 저자들은 통상적으로 비범하거나 어려운 문제를 제시한다. 예를 들어 Tsui 등이 고용주에게 "유형이 서로 다른 고용관계에서 유연성의 장점을 느꼈습니까?"라고 물었다. 이것이 우리가 흔히 얘기하는 "후크(hook)"이고 이로 인해 독자에게 흥미 유발하게 하는 것이다. 서론의 마지막 부분에서 연구문제 혹은 연구하고자 하는 문제를 제시하고 논문의 기여도를 강조한다. 서론을 본질적으로 얘기하면서 매우 간략한 방식으로 독자에게 연구자가 어떤 문제의 토론(논쟁, 현존의 지식, 미해결문제 혹인 예상치 못한 실증연구)은 참여한다는 점을 알려주고 이 연구가 해당문제에 대한 토론과 지식에 어떠한 기여도를 갖고 있는지에 대해 설명한다. 서론에서는 연구의 범위를 명확히 규정해야 한다. 즉 연구대상과 연구대상이 아닌 것을 분명히 구분하여 독자에게 알려준다. 다음 부분에서 이러한 요점에 대해 구체적으로 설명할 것이다.

위에서 열거한 두 예시를 통해서 "후크"는 결과 혹은 종속변수의 현상(Zahra et al., 2000)으로 여길 수 있는 것뿐만 아니라 원인 혹은 독립변수의 현상(Tsui et al., 1997)으로 여길 수도 있다. 연구자는 이러한 현상을 연구하는 중요성에 대해 설명해야 한다. 그리고 이 현상에 대한 어려운 문제를 찾아내야 한다(예를 들어 초창기 창업회사가 국제화 과정에서 조직학습을 어떻게 진행하는지 이어서 연구를 제시하고 이 어려운 문제에 대해 한 가지 가능한 방법을 제시할 수 있다는 힌트를 준다.

만약에 국제적인 영어 저널에 투고하고 싶으면 연구자가 우선 왜 이 연구는 특정 국가에서 연구되어야 하는지 혹은 필요한지에 대해 설명해야 한다. 연구자는 편집자 혹은 심사자가 당연히 자기랑 똑같이 원인을 알고 있다고 가정해서는 안된다. 1장에서 설명한 바와 같이 맥락이 중요한 연구는 두 가지가 있다. 즉 맥락에 배태되어 있는 연구(context-embeded research)와 특정-맥락에 관한 연구(context-specific research)가 있다. 첫 번째 연구에서 특정 국가의 상황 혹은 문화는 비교연구의 독립변수 혹은 조절변수로 여길 수 있다. 두 번째 연구에서 특정 국가의 맥락이란 그 나라에서만 존재하는 이론의 창조와 검증하는 배경이나 혹은 수정된 서양이론이 해당국가에 적합한지를 검증하는 배경이다. 이러한 설명은 서론의 마지막 부분에 기술해도 되고 이론과 가설 부분의 마지막 부분에서 기술해도 된다. 그러나 통상적으로 서론 부분의 마지막 부분에서 작성한다. 이러한 구조를 갖고 있으면 독자가 특정 국가의 상황을 고려하여 문장을 읽고 이론가설의 이해에 도움을 준다. 연구 한계점에서도 특정 국가의 상황과 관련한 연구 결과에 대한 한계점과 특정 국가 상황을 기반으로 연구된 결과가 다른 국가에 적용될 때의 한계점을 살펴본다.

21.1.3 이론과 가설 부분

이 부분에서 문헌연구, 연구문제를 설명할 수 있는 이론 및 연구문제를 해결할 수 있는 연구가설을 포함한다. 이 부분의 작문방식은 다양하다. 일부 연구는 종속변수부터 시작하고 그 뒤에 각각의 독립변수를 소개한다. 일부 연구는 독립변수의 소개 및 독립변수를 선택하는 근거와 논리적인 해석이론부터 시작한다. 매번 구성개념 도입과 구성개념과 관련된 연구문헌을 열거할 때 우선 해당 구성개념에 대해서 정의해야 한다. 관련성이 낮은 영역에서 문헌연구를 진행하는 것을 피해야 하고 선택할 수 있게 진행해야 한다. 구성개념을 분명히 설명하는 것이 독자가 연구자의 논리적인 논증과정을 따라가는 데에 도움을 준다.

이 부분의 주요목적은 연구문제에 합리적인 분석을 제공하고 여러 개의 이론을 소개하기 위함이다. 일부 논문은 하나의 이론에 의거한다(예: 대리인 이론, 사회적 교환이론 혹은 공정성 이론). 다른 논문에서는 여러 개의 논문과 관련되기도 한다(예: 대리이론(agency theory)과 청지기이론(stewardship theory) 비교함, 전략관리 이론(Strategic Management Theory)과 자원의존 이론(Resource Dependence Theory) 비교함). 후자는 상호성과 경쟁성의 가설과 관련된다. 하나의 논문에서 구체적으로 몇 개의 가설이 있어야 하는지에 대한 엄격한 표준은 없다. 이것은 논문의 단순 혹은 복잡 정도와 연구에서 구성개념의 수량에 따라 결정된다. 어떠한 연구에서는 가설이 하나만 존재할 수도 있다(예: Cote & Miner, 2006). 물론 이러한 연구는 매우 적다. 통상적으로 가설이 너무 많은 것은 바람직하지않다. 왜냐하면 가설이 많으면 연구가 매우 복잡해지기 때문이다. 가설을 작성할 때 사용된 단어애 대해 꼼꼼히 살펴봐야 한다. 일부에서 현재 시제를 사용하고 일부에서 미래 시제(과거형은 절대로 사용안함)를 사용한다. 한 가설은 여러 개 구성개념 간에 관계를 맺기 위해 설정한다.

통상적으로 한 가설과 관련된 구성개념은 세 개를 초과하지 않는다. 가끔씩 매개변수 혹은 조절변수와 관련된 가설이 있다. 만약에 한 가설에서 매개된 조절 효과(mediated moderation) 혹은 조절된 매개 효과(moderated mediation)(Baron & Kenny, 1984)를 네 개 구성개념과 연관성을 가질 수 있다.

사각형과 화살표를 이용해 본인의 연구모델을 그리는 것은 매우 좋은 방법이다. 연구자는 서론의 마지막 부분 혹은 이론과 가설의 마지막 부분에서 이 모형을 제시한다. 중요하는 것은 연구자가 이 그림의 방향을 따라서 이론을 토론할 수 있다는 것이다. 우선 구성개념을 정의한다. 그리고 관련된 선행연구를 열거한다. 그 다음 구성개념이 모형에서 종속변수와 어떻게 관련되어 있는지 관련된 이유를 설명하고 가설을 설정한다. 통상적으로 모형은 왼쪽부터 오른쪽으로 본다. 따라서 토론하는 순서도 왼쪽부터 오른쪽까지 순서대로 토론을 전개한다. 일부 저자는 우선 종속변수를 정의한 다음에 각각 독립변수를 왼쪽부터 오른쪽으로 토론한다. 매개효과와 조절효과와 관련된 가설은 마지막 부분에서 토론한다.

여기서 알아야 되는 것이 사각형과 화살표는 이론과 동등하지 않다는 것이다. Sutton과 Staw(1955)는 무엇이 이론인지와 무엇이 이론이 아닌지에 대해 매우 좋은 토론을 했다. 이론은 모형 내부의 논리이다. 특정 구성개념을 도입한 이유를 설명하고 구성개념 간의 관계와 이러한 관계를 갖고 있는 이유를 설명한다. 연구자가 각 가설을 통해 직접적으로 혹은 간접적으로 연구문제에 대한 가능한 설명을 함으로써 연구의 연관성을 확보한다. 더 많은 분석을 통해서 연구 결과가 연구문제에 대해 유용하면 새로운 구성개념을 이론에 포함시켜 관련된 가설을 제시한다. 일부 발견은 매우 좋지만 본인의 연구와 직접적인 관련성이 없으면 논문에 기술하지 않는것이 좋다. 연구자는 이러한 새로운 아이디어와 연구성과를 포함해서 또 다른 새로운 논문을 작성하기도 한다. Sutton과 Staw(1995)의 연구를 바탕으로 DiMaggio(1995)와 Weick(1995)은 적절한 이론화 과정을 통해 새로운 이론을 만드는 과정을 설명했으니 참고하기 바란다.

21.1.4 방법 부분

이 부분은 가설을 검증하는 방법에 대해 설명한다. 여기서 샘플정보, 데이터 수집과정, 변수척도, 구성개념의 타당성 검증과 가설 검증을 포함한 분석 과정을 설명할 것이다. 이 부분을 작성할 때 매우 간단한 방법은 본인의 연구방법과 매우 유사한 논문을 찾아서(예: Zahra et al., 2000) 그 양식을 따라가는 것이다. 주의해야 할 점은 참고할 논문의 글을 완전히 복사해서 사용하면 안 된다는 것이다. 표절 의혹을 받을 수 있기 때문이다.

샘플 수집과 관련한 충분한 세부정보를 제공하는 것도 중요하다. 독자가 연구자가 사용한 데이터가 적합한지를 판단할 수 있고 연구자의 연구 결과가 어느 구성원 전체로 추론할 수 있는지 확인할 수 있어야 한다. 만약 설문조사를 사용한다면 최대한 비응답 편향(non-response bias)이 존재하는 지를 검사해야 한다. 만약에 공문서형 데이터(상장회사의 재무제표)를 사용하면 연구자는 샘플 추출과정을 최대한 설명해야 한다. 통상적으로 우리는 표를 하나 만들고 인구통계적 특성을 총괄한다. 측정에서 우선 종속변수로부터 기술하고 순서대로 독립변수, 매개변수와 조절변수를 묘사한다. 독립변수를 소개한 순서는 가설 부분에서 변수를 도입하는 순서와 같아야 한다. 마지막으로 연구에서 어떤 통제변수가 있는지와 어떻게 측정하는지에 대한 방법을 소개한다. 통제변수는 연구 결과에 영향을 줄 수 있는 다른 변수를 제거하여 연구의 내적 타당성을 향상시키는 중요한 수단이다. 연구자는 측정의 신뢰성을 보고해야 한다. 측정 과정에서 중요한 문제는 구성개념의 신뢰성과 타당성을 확보하는 것이다. 그 다음에 분석 과정에서 연구자가 어떻게 측정의 신뢰성과 타당성을 확립하는지에 대해 설명해야 한다. 연구자는 기존 연구에서 이러한 측정의 신뢰성과 타당성을 설명할 수 있다. Cote과 Miner(2006)는 측정 방법을 엄밀히 식별하는 방법과 측정 방법 선택에 대해 합리성을 증명하였다. 결론적으로 말하면 데이터수집에 대한 설명은 충분해야 하고 다른 연구자가 쉽게 이 연구를 재현할 수 있게끔 편의를 제공해야 한다.

분석의 내용은 두 개 부분으로 구성되었다. 첫 번째 부분은 구성개념의 타당성 분석이다. 통상적으로 요인분석 혹은 데이터가 개인 수준에서 집단 수준으로 모였을 때에는 일치성(agreement) 지수가 필요하다. 특히 모든 측정 변수를 한 데이터 소스에서 수집할 때는 방법적인 오차가 존재하는지 검증할 필요가 있다. 두 번째 부분은 가설검증 분석인데 이 부분은 연구자가 사용하고 있는 분석 방법과 유사한 문장의 양식을 따라할 것이 좋다. 이것이 방법 부분의 마지막이고 이 후에는 결과 부분을 작성한다.

21.1.5 결과 부분

우선 가설검증 결과를 보고해야 한다. 표와 그림을 삽입하는 곳에 표시해야 한다. 표와 그림을 편집하는 것이 연구자가 투고하고자 하는 학술저널이 요구하는 양식에 적합해야 한다. 표와 그림을 기술하는 제목을 사용해야 한다. 주의해야 하는 점은 표, 그림과 참고문헌에 대한 요구사항이 저널에 따라 다를 수 있다. 변수 명칭은 약자를 쓰면 안 된다. 만약에 꼭 약자를 사용하고 싶다면 표 혹은 그림 아래에 내포된 뜻을 표시해야 한다. 무엇보다 중요한 것은 독자가 논문을 읽을 필요없이 표와 그림의 정보를 이해할 수 있도록 해주어야 한다. 통계 결과를 제공하기 전에 우선 전체적인 결과를 기술해야 한다. 예를 들어 주요한 변수의 분포 및 변수 간의 상관계수를 소개한다. 비록 도표에 이미 결과를 나타내고 있더라도 연구자가 논문에서 주요한 통계량을 설명하고 독자가 이해하기 쉽게 나타내야 한다. 가설검증결과를 기술한 뒤에 연구자는 통제변수의 결과를 소개하거나 예상하지 못한 결과에 대해 추가적인 분석을 진행하고 한 단계 더 깊은 인식을 제공한다.

만약에 논문에서 두 가지 연구를 포함하면 동시에 두 가지 연구를 한 논문에 기술하지 말고 각 연구를 단독적으로 논문을 작성해야 한다. 즉 한 논문에서 하나의 연구에 대해서만 기술하는 것이 옳다. Audia, Locke 과 Smith(2000)의 논문은 매우 좋은 예다. 이 논문을 통해서 연구자가 어떻게 한 논문에서 두 개 연구를 작성하는가에 대한 방법을 알 수 있다. 만일 질적 데이터가 있으면 질적 연구의 목적에 따라 논문의 결과 부분 혹은 논의부분에서 작성한다. 만약에 일부가설을 검증하고 싶다면 연구 결과에서 작성한다. 만약에 연구 결과에 대해 더 깊은 설명을 하고 싶으면 논의부분에서 작성한다. 결과 부분에서 요약이 있어야 한다. 어떤 가설이 지지를 받았는지와 다른 중요한 결과를 설명한다. 이 부분에서 결과에 대한 논의를 하지 않고 연구 결과만 기술하면 된다.

21.1.6 결과에 대한 논의 및 결론

마지막으로 결과에 대한 논의, 본 연구의 이론적인 기여도와 미래연구에 대한 방향제시, 연구의 한계점, 실무적 시사점과 결론이다. 이 부분의 키워드는 "논의"이다. 그래서 단순히 연구 결과를 다시 기술하는 것이 아니라 연구문제에 대한 시사점을 논의한다. 이 연구에서 어떤 방식을 통해 연구문제에 관련한 흥미로운 점과 통찰을 제공했는지, 문장시작 부분에서 제시한 난제를 어떻게 해결했는지, 어떤 예상치 못한 결과를 얻었는지, 이 연구 결과가 다른 관련연구와 어떠한 관련성을 갖고 있는지 등을 논의 한다.

그 다음 내용은 본 연구에서의 발견이 관련 이론에 대해 얼마나 기여했는지와 미래연구에 대한 시사점을 논의한다. 어떤 문제를 아직 해결 못했는지. 본 연구와 결과로 인해 어떤 새로운 문제를 더 연구할 필요가 있는지. 미래의 학자가 어떻게 본 연구 결과를 기반으로 한 걸음 더 나아가 이 현상에 대해 탐구하여 해석을 하는 것이 좋을지에 대해 논의한다.

완벽한 연구는 없다. 모든 발표된 연구는 한계가 있다. 최대한 성실하게 본인의 연구에서 부족한 점을 지적해야 한다. 물론 이러한 한계는 치명적인 결함이 되어서는 안 된다. 예를 들어 비록 연구자는 최대한 노력을 해도 이상적인 샘플의 크기를 취하지 못한다. 연구자가 이 방법 외에 더 이상적인 방법이 없기 때문에 할 수 없이 완벽하지 않은 측정 방법을 사용할 수밖에 없다. 또한 연구 한계에 대해 연구자는 이 부족한 점을 극복하기 위해 어떤 일을 했는지에 대해 최대한 설명해야 한다. 그러나 만약 부족한 점이 매우 심각한 오류이면 연구의 가치가 매우 낮아진다. 만약에 이것을 피할 수 있으면 연구 시작하기 전에 바로잡아야 한다.

중국에서 어떤 이론 개발과 이를 검증하는 것에는 두 가지 한계가 있다. 첫 번째는 통상적으로 영어로 작성된 것을 바탕으로 중국어로 변역해야 한다. 중국어와 영어간의 언어배경의 차이가 번역에서의 문제를 초래한다. 그래서 척도의 타당성이 매우 낮다. 두 번째는 중국샘플에서 얻은 결과가 다른 나라에서도 추론 될 수 있는지에 대해 검토할 필요가 있다. 그래서 연구한계부분에서 연구자는 이 결과가 다른 문화배경에서 교차검증 할 필요가 있다는 한계점을 제시해야 한다.

원고의 마지막 부분에서는 적극적인 태도와 낙관적인 태도로 끝나야 한다. 연구자는 본인의 연구 결과가 실무에 미치는 영향을 논의할 수 있다. 본 연구 결과에 의거하여 관리자에게 어떤 시사점을 제공하는지? 연구 결과의 실무에 대한 영향을 과대하거나 왜곡하는 것은 절대 안 된다. Ghoshal(2005)이 이미 잘못 설계된 이론이 실무에 부정적인 양향을 줄 수 있다는 경고를 했다. 마지막 문단에서는 본인 논문의 기여도를 강조해야 한다. 예를 들어 과거의 이 연구형상과 비교할 때 어떤 새로운 내용을 밝혀냈는지? 혹은 본 연구에서 어떤 새로운 방법론을 사용했는지? 만약에 가능하면 향후의 연구 방향을 제시한다. Bem가 제기하는 것과 같이 "문장의 끝부분이 설득력 있어야 하고 부족하거나 과장한 내용은 없어야 한다."(1986: 188)

21.2 귀납적 이론 구축의 연구논문

21.2.1 논문의 구조

*AMJ*과 *ASQ* 등의 최우수 저널에서는 귀납법을 사용해서 가설을 세우는 연구

가 매우 많다. Baker(1993), Dukerich 과 Harquail(1994) 및 Zbaracki(1998)의 연구를 예로 들 수 있으며, Lee, Mitchell과 Sablynski(1999)을 참고하고 질적 연구의 가이드로 사용하는 것도 좋은 방법이다. 귀납법을 이용해 가설을 설정하는 연구논문과 연역법을 이용해 가설을 검증하는 연구논문의 논문구조가 약간 다르다. 서론 부분은 동일하다. 연구자는 논문을 시작할 때 풀기 어려운 문제와 흥미로운 연구 질문을 통해 독자의 호기심을 유발할 필요가 있다. 간략한 선행연구를 통해 연구 주제와 배경지식을 제공한다. 이어서 질적 귀납법을 사용하는 이유를 설명한다. 통상적인 이유는 해당문제가 명확한 정의와 구조를 갖고 있지 않고 완전히 새로운 연구현상 혹은 연구의 상황이 예전과 다르기 때문이다. 따라서 기존 이론의 적합성에 대한 의문이 생긴다. 그 다음에 이론과 가설을 설립할 필요가 있기 때문에 논문은 직접 방법론 부분으로 들어간다.

21.2.2 방법 부분

이 부분의 내용은 샘플, 데이터 수집과 데이터 분석 방법을 포함한다. 측정에 대한 토론을 할 필요는 없다. 왜냐하면 이론 구성개념에 대한 조작화도 귀납연구의 목적 중에 하나이기 때문이다. 질적 연구의 논문은 데이터 수집과 데이터 분석 부분에서 제공하는 제목이 약간 다르다. 일반적으로 사람들이 데이터 분석의 구체적인 내용에 대한 설명에 관심이 많다. 그 이유는 정보의 코딩과 관련이 있기 때문이다. 어떤 절차를 통해서 코딩 결과의 신뢰성을 확보하는가에 대해 집중적으로 설명한다. Yan과 Gray(1994)는 하나의 표를 이용해서 샘플을 묘사하고 또 다른 표를 이용해서 각종 데이터의 출처를 묘사함으로써 질적 데이터 분석 과정의 작성방법에 대해 좋은 예시를 제공했다. 방법론 부분에서 흔히 아래와 같은 전문용어를 사용한다. 인터뷰 계획서, 이론적 표본추출(theoretical sampling), 코딩 분류, 평가자 간 신뢰성(interjudge reliability), 다중검증과 이론적 포화도(theoretical saturation) 등이 포함한다. 편집자와 심사위원은 일부 신뢰성, 구성개념과 내적 타당성과 관련된 문제에 대한 토론 내용을 원한다.

21.2.3 결과 부분: 개념과 가설

이 부분은 질적 연구이론을 구성하는 논문의 핵심이다. 이 부분은 연구문제에 대해 새로운 의견을 제공할 수 있다. 주제, 새로운 구성개념 및 구성개념 간의 관계를 포함한다. 구성개념의 내포된 뜻과 구성개념관의 관계를 명확히 구분해야 한다. 연구자는 질적 자료를 인용해야 한다. 예를 들어 면담 혹은 기타 문서의 자료를 인용한다. 또는 양적 정보가 구성개념의 타당성과 구성개념관의 관계를 지지할 수 있고 의미가 있는 상황에서 인용할 수 있다. 한 그림으로 전체적인 논리구조를 설명한다. 구성개념 간의 관계는 명제의 형식으로 표현해야 하고 향후 연구의 가이드로 여겨진다. *AMJ*과 *ASQ*에서 상을 받은 질적 연구를 참조하는 것도 좋다. 이러한 논문을 논문 작성 양식으로 여기고 논문에서 어떻게 연구 결과를 서술하는지, 다른 이론을 적용하거나 발전시켜 연구현상 간의 관계를 설명하는지 참조하길 바란다.

21.2.4 토론 및 결론 부분

이 부분에서는 네 가지 내용을 포함한다. 우선 연구를 통해 얻은 결과와 지금까지의 기존 연구들을 연결시켜야 한다. 즉 본 연구에서 발견된 내용이 지금까지 존재하는 구성개념 혹은 이론들과 비교하며 어떤 유사점과 다른 점이 있는지를 밝혀야 한다. 그 다음 본인의 연구 결과가 어떤 독특한, 새로운 의견을 제공했는지를 기술한다. 즉 본인의 연구가 이론문헌에 어떤 중요한 기여도를 갖고 있는지를 설명해야 한다. 세 번째, 연구자는 자신의 연구에 대한 한계점을 솔직히 토론해야 한다. 마지막으로 문장의 결론 부분에 적극적인 태도와 앞으로의 연구 방향을 제시한다.

21.3 두 가지 유형의 논문의 일반적 글쓰기 준칙

21.3.1 요약, 문헌인용, 자기인용

전체 논문을 완성했다면 이때부터는 요약을 작성해야 한다(연구자는 우선 요약을 작성한 뒤 논문을 작성한다. 그리고 요약문을 다시 수정하는 방법도 있다). 요약에서 해결하고자 하는 중요한 문제, 주요 가설에 대한 간결한 설명과 연구에서 사용한 연구방법과 주요 연구 결과를 포함해야 한다. 대부분 저널에서 요약의 길이는 100자 이내로 요구한다. 일단 요약문을 완성하면 논문의 제목을 다시 확인해야 한다. 논문제목이 과연 독자의 주의를 끌어낼 수 있는지와 본 논문에서 흥미로운 내용을 담아냈는지를 확인해야 한다. 제목과 요약은 간략해야 하며 꼭 필요한 단어만 들어가야 한다. EBSCO과 PROQUEST 같은 컴퓨터 데이터베이스에서 제목과 요약을 사용하여 논문의 인덱스를 만든다. 연구자는 이론에서의 핵심 구성개념으로 문장 내용을 정확히 파악해야 한다.

우리는 스스로의 논문에서 다른 논문을 인용하는 것에 대해 설명할 것이다. 연구자가 논문에서 기술된 문장이 자기 독창적인 생각이 아닌 경우에는 꼭 출처를 밝혀야 한다. 그러나 과도한 참고문헌을 인용하는 것은 주의하여 피해야 한다. 논문에서 관련성이 높은 참고문헌을 열거하면 된다. 연구자가 읽지도 못한 문장을 절대적으로 인용하지 말아야 한다. 종종 저자가 문헌을 읽지도 않은 상태에서 다른 문장의 참고문헌을 직접 복사하는 경우가 있다. 모든 다른 논문에서 인용하는 문장은 따옴표를 사용해서 원래의 출처의 구제적인 쪽 번호까지 제공해야 한다.

대부분 저널은 논문 심사 과정에서 더블 블라인드 심사(double blind review)라는 절차를 거친다. 연구자는 명백한 자기논문을 인용할 때도 주의를 기울여야 한다. 예를 들어 "제가 발표한 논문에서(저자의 이름, 년도), 제가 발견한 … "과 같은 문장을 피해야 하며, 만약에 자기 논문을 인용하고 싶다면 "Zhou(년도)가 발견한 … " 형식으로 얘기할 수 있다. 이렇게 하면 독자들이 연구자가 인용한 논문의 저가 Zhou가 연구자인지를 알 수 없다. 논문의 감사의 말에서 연구자의 대학 혹은 직장의 이름을 언급하지 말아야 한다. 연구자는 편집자에게 보내는 편지에서 감사해야 하는 사람 혹은 집단을 알릴 수는 있으나 논문에서는 절대 언급하지 말아야 한다.

21.3.2 동료의 피드백 구하기

단 한 번의 작업만으로 완벽한 논문을 쓸 수 있는 사람은 한 명도 없다. 대부분 많은 수정을 필요로 한다. 일단 연구자는 다른 사람의 피드백 없이 스스로 논문을 수정할 수 없을 때까지 계속 논문을 수정해야 한다. 그 다음 동료들에게 피드백을 구한다. 동료의 피드백을 구하기 전까지 논문의 오타, 형식, 참고문헌 및 데이터 등 다방면의 분명한 결함이 없도록 노력해야 한다. 만약 이러한 과정이 선행되지 않는다면 연구자는 직업정신이 부족하고, 진지하지 않고, 동료를 존중하지 않았다는 것으로 오해받을 수 있다. 많은 시니어 학자가 젊은 연구자의 연구를 도와 줄 의향을 가지고 있다. 그러나 그들에게는 꼼꼼히 수정하고, 문법적인 오류가 없고, 참고문헌을 빠짐없이 쓴 정제된 문장으로 구성된 논문을 보여야 한다. 이것은 연구자가 스스로에게 매우 엄격하고 꼼꼼한 자기 작업에 대한 태도를 표명한다. 좋은 논문은 여러 번 고된 작문 과정과 수정을 필요로 하며 지름길은 없다.

글의 구성과 구조는 우수 논문의 작성을 좌지우지하는 키포인트다. 좋은 논문은 일부 특수한 단체를 위해 작성되는 문장이 아니라 광범위한 독자들을 위해 쓰인 문장이다. 그래서 심오한 전문 용어와 복잡한 문장은 최대한 피해야 한다. 좋은 저자는 후속 수정 과정에서 거의 모든 문장을 수정한다. Bem이 강조하는 것과 같이 "전반적인 내용과 세세한 부분을 중시하는 것은 필수적인 미덕이다"(1986: 191). 원고 전체에서 일관성 있는 전문용어를 사용해야 하며 반복구조와 평행구조를 이용해서 문장전체의 연관성을 향상시키고 독자가 연구 결과를 이해하는 데에 도움을 주어야 한다. 결론적으로 말하면 문장을 창의적으로 쓰는 것보다는 알기 쉽게 쓰는 것이 더 중요하다. 어떻게 간단하고 우아하면서도 효율적으로 글을 쓸 것인지에 대한 방법과 관련해서 Strunk과 White(1979)가 쓴 The Elements of Style을 참조하길 바란다.

21.3.3 글쓰기 습관 양성하기

본 장의 처음 부분에서 우리가 결과를 얻은 뒤 논문 작성을 시작한다고 언급했다. 그런데 사실은 그게 아니다. 좋은 문장은 꼭 데이터 수집과 분석 후 시작하는 것이 아니다. 사실상 연구자가 해당 연구 항목을 연구한다는 결정을 내린 후부터 글쓰기를 시작할 수 있다. 우리는 모든 연구를 시작하기 전에 연구 계획서를 작성하고 모든 연구 프로젝트를 박사 논문으로 여기고 완성하는 것을 바란다. 데이터를 수집하기 전에 우선 본 연구의 잠재적 기여, 연구 설계 및 모든 타당성 문제를 자세히 생각해야 한다. 연구 과정에서 모든 활동과 결정에 대한 사항들을 기록한다. 연구와 관련된 문장을 보면 내용을 간략하게 총괄해서 저장하여 나중에 문장을 작성할 때 자료로 사용한다. Huff(2002: 72)는 "글 쓰는 것은 한 가지 사고형식이고 따라서 연구 프로젝트가 시작할 때부터 이용해야 하는 도구이다." 마지막으로 연구자는 서면형식으로 본인이 갖고 있는 생각과 연구 결과를 학계와 교류한다. 좋은 글쓰기 습관과 기술을 향상시키는 것은 성공적인 연구 생활을 이루어지게 하는 전제 조건이다.

21.3.4 연구 영역에 대한 기여

모든 연구의 목적은 어떤 주제 혹은 관련 주제의 지식 영역에 기여하기 위함이다. 학술 활동은 학술적인 대화와 비슷하다(Huff, 2002). 연구자의 연구는 지금까지 어떤 과제에 대한 사상과 지혜를 증가, 보충 혹은 수정하기 위해서 하는 것이다. 그래서 연구자는 어떤 학자가 이러한 과제와 관련 문제에 대해 어떤 문장을 발표했는지 그리고 어떤 이론 관점과 실증 결과를 제시했는지를 고려해야 한다. 이러한 사람들은 이번 학술 대화의 목표 청중이다. 만약에 청중 중 일부가 (심사위원으로) 연구자의 문장을 심사하고 이 문장이 관련 지식 분야에 대해 기여 정도를 판단하다면 연구자는 좋은 기회를 잡은 셈이다. 연구자는 해당 영역에서 누구의 관점이 매우 영향력이 있는지를 알아야 한다. 어떻게 해서 본인의 생각과 이 관점을 연결시키고 독자가 연구자가 제공한 정보에 대해 어떠한 반응이 있었는지를 알아야 한다. 독자들은 이 연구가 "재미있다"라고 판단할 것인가 아니면 "새로운 점이 뭐야?"라고 물어볼 것인지에 대한 관심을 갖고 있다. 알다시피 연구자는 첫 번째 평가를 듣고 싶다. 실제로 한 연구를 구상할 때 연구 계획 단계부터 이러한 문제를 고민해야 한다. 박사 논문을 쓰는 것처럼 연구 계획서 초안을 작성하고 피드백을 구한다. 많은 성공적인 연구자의 얘기를 들어보면 그들은 모든 연구 프로젝트를 박사 논문을 작성하는 것과 같이 연구한다. 연구 경비 계획서를 작성하고 일부 전부가의 의견을 듣고 나서 연구를 시작한다는 것이다.

결론적으로 말하면 연구자는 연구 프로젝트를 학술적인 대화를 시작하는 것으로 생각해야 한다. 이것이 연구자는 현재 해당 과제와 관련된 토론, 논쟁(연구자의 문헌연구)을 알아야 하고 재미있는 방식을 찾아서 이 대화에 참여해야 한다(연구자의 연구문제를 구상함). 그리고 연구자가 최신의, 독특한, 흥미로운 정보를 제공하는 것을 확보한 뒤에 명확하게 본인의 입장을 표명한다(이론과 가설). 또한 신뢰할 수 있는 증거(좋은 연구 설계)를 제공한다. 마지막으로 문장을 분명하게, 간략하게, 힘 있게 (많은 수정) 작성한다. 위의 내용을 모두 완성하면 다른 학자도 이 연구에 관심을 가질 것이고 그리고 탄복할 것이다(자기가 왜 이 생각을 미리 못했는지를 감탄한다).

21.4 국제 우수 저널의 심사 과정

21.4.1 원고를 투고하는 방법

지금부터 연구자가 쓴 문장을 미리 선택한 저널에 투고 준비를 한다. 문장의 형식은 해당 저널에서 요구하는 사항과 부합해야 한다. 만약에 저자가 저널의 요구형식을 준수하지 않으면 편집자와 심사위원들의 심기를 불편하게 할 수 있다. 심지어 무시당했다고 느낄지도 모른다. 이것은 연구자가 해당 저널을 존중하지 않고, 전문적인 소양이 없거나 혹은 작업에 대해 진지한 태도가 없다는 것을 표명한다. 그래서 많은 시간을 투자해서 문장, 구조, 표, 그림, 참고문헌 등 여러 방면에서 해당 저널의 형식 가이드에 맞게 수정하는 것은 매우 중요하다.

지금 많은 저널이 인터넷 투고 시스템을 도입하여 예전에 이메일을 이용해 편집자에게 투고하는 방식을 대체했다. 연구자는 저널 최신호에서 저자 혹은 투고인에게 주는 정보를 읽거나 저널 사이트를 방문해서 올바른 투고 절차를 인지하고 이용한다. 우리가 앞에서 언급한 바와 같이 대부분 저널은 더블 블라인드 심사(double blind review) 절차를 사용한다. 그래서 연구자가 제출한 문장(이 부분은 익명 심사위원에게 배포함)에서 연구자 및 직장과 관련된 모든 정보를 노출해서는 안된다. 연구자는 편집위원에게 따로 편지를 보낼 수 있다. 이 편지에서 관련된 인원 혹은 기관이나 단체 및 이 문장을 읽고 피드백을 줬던 동료에게 감사하는 내용을 포함한다.

그 외에도 한 가지 숙지할 것이 있다. 많은 저널들 중 저자가 문장에서 사용된 데이터가 다른 문장에서 사용했는지를 확인하는 것이다. 연구자는 성실하게 해당 정보를 밝혀야 한다. Kirkman과 Chen(2011)은 이 문제에 대해 매우 좋은 설명을 했다. 그들이 어떻게 하나의 데이터를 이용해서 여러 개 논문을 작성하는지 각각 논문이 어떻게 문헌에 대해 독특한 기여를 확보하는 지에 대해 설명했다. 연구자는 그들의 논문에서 작성된 표와 비슷한 표를 준비하여 편집자에게 제출한다. 이렇게 하면 편집자가 연구자의 문장과 다른 문장의 차이를 명확하게 볼 수 있다. 이 방법은 어떻게 데이터를 한 번에 수집하는지 또한 여러 개 논문을 쓸 수 있는 것에 대해 도움을 준다.

21.4.2 투고된 원고에 대한 심사 과정

대부분 저널이 편집장과 여러 명의 편집위원(어떤 경우에서는 시니어 편집위원 혹은 편집위원)을 두고 있다. 그중에서 한 명은 연구자가 투고한 논문의 편집 담당 중역을 담당한다. 이분이 두세 명 심사위원을 지정하여 논문을 심사한다. 통상적으로 심사위원을 선택 하는 표준은 논문의 주제, 방법 혹은 이론이 심사위원의 전공과 적합한가의 여부로 결정한다. 그들은 문장의 질 혹은 잠재적 가치에 대해 서로 다른 결론을 내릴 수 있다. 통상적으로 최고 수준 저널을 심사하는데 있어서 심사위원에게 4주 정도의 심사시간을 준다. 그래서 연구자는 대략 두 개월에서 6개월 내로 편집위원장의 결정을 알 수 있게 된다. 대부분 저널의 심사시간은 3~4개월 이내로 심사를 끝낸다.

가끔씩 편집자는 정식적인 심사를 거치지 않는 경우에 원고를 직접 저자에게 돌려준다. 이것이 “심사 전 거절”이라고 한다. 통상적인 이유는 연구자의 논문 주제가 해당 저널과 부적합한 경우, 원고의 질이 매우 낮은 경우 혹은 작문 수준이 매우 낮기 때문이다. 많은 최우수 저널이 30~35%의 투고한 논문을 정식심사를 받지 못하고 직접 퇴고한다. 이것은 심사위원의 시간과 정력을 낭비를 피하기 위함이며, 투고인의 시간을 절약하기 위해 심사 전에 직접 퇴고를 실시한다. 연구자가 투고하기 전에 목표 저널이 투고인에게 제공하는 정보를 정확히 숙지해야 하며 본인의 논문을 해당 저널과 비교했을 때 적합한지를 확인해야 한다.

21.4.3 심사 평가서

편집위원장이 원고에 대해 갖고 있는 생각을 다른 심사위원의 의견과 종합하여 판단을 내린 후 심사 결과서를 작성한다. 심사를 받는 원고는 세 가지 결과가 있을 수 있다. 즉 게재 불가, 수정 후 재심(편집자가 일부 내용에 “높은 위험”을 표시하고 경고한다) 및 수정 후 게재(이러한 경우는 매우 적다).

원고를 거절당하는 이유에는 주로 두 가지가 있다. 첫 번째 원인은 “기술적” 문제와 관련된다. 예를 들어 샘플이 부적합, 데이터에 문제가 있거나 사용하는 방법이 적당하지 않거나 하는 경우가 모두 여기에 속한다. 두 번째 원인은 “이론적” 문제와 관련된다. 이 중에서 구성개념이 명확하지 않고 이론 개발이 부족하거나 혹은 이론이 아예 없음 등을 포함한다. 이 두 가지 원인은 이론과 방법이 부적합한 문제와 관련된다. 예를 들어 단일 측면의 연구 설계를 이용해서 다계층의 연구 구상을 검증하거나 구성개념을 효과적인 측정을 못한다면, 편집자는 이러한 문제의 수정 가능성에 대해 추측해야 한다. 만약에 데이터 자체가 완전히 적합하지 않으면 편집자가 해당 원고를 거절할 것이다. 그 이유는 데이터 자체에 문제가 있기 때문에 아무리 수정해도 결과는 바뀌지 않기 때문이다. 만약에 해당 연구의 데이터가 적합하고 결과도 흥미롭다고 여겨지고 어떤 이론을 이용해서 해당결과를 설명할 수 있으면 혹은 가설을 지지할 수 있다고 생각되면, 편집위원장은 투고자에게 수정 후 재심 요청을 보낸다. 대부분 최우수 저널이 25~30%의 원고에게 수정 후 재심을 요청한다. 이것은 30~45%의 원고가 일차 심사가 끝나고 거절 당하는 것을 의미한다.

어떤 경우는 편집자가 “위험이 매우 높은 수정”이라고 표시할 수 있다. 이것이 연구자가 문장을 주장하지 말라는 것이 아니다. 만약에 편집자가 연구자의 논문 수정 후 게재될 가능성이 없다고 판단하면 연구자에게 수정 요청을 보내지 않는다. 위험이 높은 표시는 이 부분에 대한 수정 작업은 절대 대수롭게 여기지 말라는 것이다. 연구자는 이론이나 실증연구방법에 대해 매우 많은 작업을 해야 한다. 데이터를 다시 수집하거나 혹은 매우 심각한 문제를 수정하기 위해 또 다른 연구를 실행한다. 일반적으로 연구자는 수정기회를 포기하지 말아야 한다. 수정 후 게재 확률이 50%를 넘는다. 연구자는 이미 매우 어려운 관문인 일차 심사를 통과했기 때문이다. 수정 후 다시 이 저널에서 게재하는 가능성이 또 다른 같은 수준의 저널에서 게재하는 가능성 보다 훨씬 높다.

우수 저널의 심사 기준은 매우 높다. 따라서 통상적으로 그들의 심사 과정에서 얻은 피드백도 매우 가치가 있다. 어떤 저자는 본인의 논문의 질이 분명히 이러한 최우수 저널의 요구사항에 못 미쳐도 투고한다. 그 이유는 바로 가치 있는 피드백을 얻을 수 있기 때문이다. 그러나 이것은 좋은 방법이 아니니다. 이러한 상황에서는 심사위원 자원을 적절히 활용하지 못하기 때문이다. 만약에 동료의 피드백을 얻고 싶으면 원고를 동료에게 보내야 한다.

대부분의 저널이 저자에게 삼에서 육 개월 정도 수정 시간을 준다. 이러한 기한은 통상적으로 저자가 신속히 수정 작업을 할 것을 격려하기 때문이다. 만약에 더 많은 시간을 필요로 한다면 편집자에게 연락하여 이유를 설명해야 한다. 대부분의 편집자는 최종기한을 연장해준다.

21.5 "수정 후 재심"의 요청에 대한 처리방법

수정 후 재심이라는 요청을 받으면 통상적으로 심경이 복잡해진다. 한편으로는 연구자가 원고를 수정하는 기회를 얻어서 매우 기쁠 수도 있겠지만 다른 한편으로는 비록 협박이 아니지만 이것은 매우 거대한 작업이다. 특히 편집자가 "높은 위험"이라는 표시를 할 때 어려움을 더욱더 느끼게 된다. 통상적으로 심사 결정서는 10쪽을 넘는다. 심사위원의 심사 내용은 부드러운 말투부터 매우 까다로운 말투까지 모두 나타날 수 있다. 어떤 경우에서 두 심사위원이 상이한 수정의견을 제공한다. 그래서 우선 마음의 안정을 취하고 이미 매우 어려운 관문인 1차 심사를 통과한 것에 대해 축하해야 한다. 며칠 뒤 혹인 일주일 후에 마음의 평정을 되찾으면 이때부터 수정작업을 시작한다.

21.5.1 편집위원의 편지와 심사 의견을 자세히 읽고 분석

연구자는 심사 평가서(決定函)와 심사 의견의 각 문장과 각 요점을 자세히 읽어야 하고 편집자와 심사위원의 관심과 비판 사항을 확실히 이해해야 한다. 편집자가 결정서에서 인용한 심사위원의 의견을 특별히 주의해야 한다. 이것이 편집자가 이러한 의견을 통일하고 이러한 문제를 해결할 수 있느냐가 수정 과정의 핵심이다. 우리는 전자원고(예: word)에서 직접 수정하는 것을 바란다. 여기서 연구자는 각 문제에 대한 이해와 연구자가 어떤 필수적인 작업을 통해 문제를 해결하는지를 작성한다. 전체 문서를 읽은 다음에 원고에 존재하고 있는 중요한 문제와 부차적인 문제를 찾고 이론과 실증 문제를 구분해야 한다. 그리고 모든 심사위원과 편집자가 지적한 공통적인 문제를 통합 조정 등 이러한 문제는 연구자가 꼭 해결해야 되는 결정적인 문제다. 이 문제를 바탕으로 수정 계획서를 작성한다. 만약에 한 논문에 여러 명의 저자가 있다면 가장 좋은 것은 각 저자가 단독적으로 사고한 후 같이 토론하는 것이다. 이렇게 하면 심사 의견에 대한 이해도를 높일 수 있다.

만약에 일부 평가 혹은 비판에 대해 잘못 이해하게 된다면 우선 경험 많은 동료에게 물어봐야 한다. 만약에 이해할 사람이 한명도 없다면 편집자에게 편지를 써서 설명을 요구한다. 연구자가 명심해야 하는 점은 편집자는 저자가 성공적인 수정을 할 수 있도록 최선을 다해 돕는다. 편집자 역할은 발표할 수 있는 논문을 찾는 것이지 논문을 거절하기 위해 일하는 것이 아니다.

21.5.2 원고에 대한 수정

수정 계획에 따라 연구자는 일부 필수적인 작업을 완성했다. 예를 들어 새로운 데이터의 수집 혹은 새로운 데이터 분석을 실시했다면 원고의 수정작업을 시작할 수 있다. 대부분 최우수 저널(예: *AMJ* 혹은 *ASQ*)에서 편집위원장의 역할은 모든 심사위원의 의견을 통합하여 구체적인 제안을 제시하고 연구자의 논문 수정 방향을 제시해주는 것이다. 우리는 편집위원장이 제공한 제안에 대해 많은 관심을 갖고 있어야 한다. 편집자의 편지로 원고의 주요 문제에 답변을 제공하면 심사위원이 구체적인 제안을 자세히 읽는다. 이 과정에서 연구자의 생각과 방법을 기록 하는 것이 좋다. 이렇게 하면 연구자가 무엇을 했는지와 이렇게 하는 이유를 기억해 둘 수 있다. 마지막으로 연구자는 심사위원과 편집자의 각각 의견에 대해 대답을 해야 한다. 이러한 답을 통합하면 매우 중요한 문서가 된다. 즉 "심사위원에 회신"이라는 문서가 완성된다.

만약에 두 심사위원이 서로 상이한 의견을 제공하면 연구자는 어떤 의견이 본인 문장에 더 적합하는지에 대해 판단해야 한다. 연구자는 모든 심사위원의 의견을 따라갈 필요는 없으나 각각의견에 대해 신중히 고려해야 한다. 만약에 어떤 심사위원이 일부 의견을 동의하지 않더라도 심사위원에게 정중하게 이유를 설명해야 한다. 그리고 애초에 본인이 선택한 이론 혹은 방법이 논문에 더 적합한지에 대한 이유에 대해 설명해야 한다. 만약에 연구자가 심사위원이 요구한 어떤 특별한 분석을 적당하지 않은 것으로 판단될 때에도 연구자는 우선 이 분석을 실시하고 심사위원에게 보내는 '회신서(Response Letter)'에서 보고한다. 그 다음에 본인의 연구에서 이러한 연구 결과를 활용 하지 않는 이유를 설명해야 한다. 통상적으로 심사위원은 연구자의 선택을 존중한다. 그러나 연구자들이 자신이 제공하는 의견을 꼼꼼히 고려해주기를 원한다. 만약에 심사위원의 의견을 무시하거나 합리적인 설명을 제공할 수 없다면 심사위원이 연구자에게 유리한 평가를 낼 수 없다.

연구자가 원고의 수정 과정에 대해 중시하는 정도와 노력 정도는 원고 작성 과정과 동등해야 한다. 연구자는 심사위원이 제시한 모든 문제를 수정할 때까지 지속적으로 작업을 진행해야 한다. 최종적으로 문장은 더 명확한 핵심내용, 더 분명한 구성개념, 더 강한 이론으로 지지된 가설, 더 엄격한 연구방법과 더 충실한 논의 내용을 갖고 있어야 한다. 수정 후 논문은 원고와 다른 해석구조를 가질 수 있다. 잊지 말아야 할 것은 심사위원과 편집자의 노력은 투고자의 원고를 개선하기 위해 하는 것이다. 그들은 졸업논문 심사위원회의 구성원과 같이 연구자에게 피드백을 주고 어떻게 하면 연구를 더 좋게 다듬어지게 할 것인지에 대한 방법을 알려주는 것이다. 그래서 편집위원장에 대한 회신 편지를 작성할 때에는 좋아하는 것과 감사하다는 마음을 표현해야 하고 그들의 준 의견에 대해 심중히 고려했다는 점을 표현해야 한다.

21.5.3 다시 투고를 준비하기

이때에는 연구자가 두 개의 문서를 제출해야 한다. 즉 수정 후 논문과 심사위원에 회신이다. 편집자의 회신을 다시 읽고 모든 의견에 대해 고려하여 응답을 했다는 것을 확인한다. 어떤 의견을 완전히 무시하거나 심지어 아무런 이유 없이 언급하지 않는 것보다 더 화내게 하는 일이 없다. 그래서 심사 결과서를 대조해서 본인의 회신문서를 자세히 검사하고 연구자가 각 심사위원의 의견에 대해 응했느냐를 확인한다.

일부 저자는 본인의 대답을 각 편집자와 심사위원의 의견 바로 다음에 직접 기록한다. 또 다른 저자는 각각의 의견을 종합한 뒤 응답을 기록하는 것을 선호한다.

만약에 편집자가 회신 문장길이에 대한 특정한 제한이 있으면 연구자가 평가를 축소해서 쓴 뒤 본인의 응답을 간략히 작성한다. 편집자와 심사위원을 읽을 때 편리를 제공하기 위해 연구자가 회신에서 사용하는 글자체가 평가에서 이용하는 글자체와 다른 것이 좋다. 편집자와 심사위원에게 원고의 어떤 부분을 수정했는지를 알려주기 위해 쪽 번호를 표시해야 한다. 이 문서의 주요성은 원고와 같다. 따라서 명확하고, 간략하게, 그리고 전문성 있게 작성해야 되고 문법적인 실수가 없어야 한다. 우리가 다시 한 번 강조하고 싶은 것은 학술적 글쓰기는 학술적인 대화를 하는 것과 비슷하다(Huff, 2002). 연구자는 편집자와 심사위원들을 어떻게 설득할 것인가를 생각하면서 회신을 작성한다.

우리는 영어권 원어민 편집자를 모시고 도움을 받아서 연구자의 작문 수준을 향상시키는 것을 추천한다. 연구자가 얻은 이익이 비용보다 훨씬 많다. 만약에 이 50%의 게재 비율을 향상시키고 싶다면 각 사소한 부분을 주의해야 한다. 수정 후 원고와 '심사위원에 회신' 모두 동료의 피드백을 얻어야 한다. 참고문헌과 양식을 자세히 대조 확인하고 해당 저널 가이드의 요구에 따라 작성해야 한다. 이 두 문서를 다시 투고할 때 별도로 편집자에게 간략한 설명을 첨부하여 원고를 수정할 수 있는 기회를 주는 것을 감사하다는 말씀을 드려야 한다.

21.6 맺음말

우리는 이 장에서 투고 준비, 심사 과정과 수정 과정에 대한 설명을 통해 연구의 한 여정을 설명하였다. 연구자는 연구 과정의 마지막 단계와 최소의 연구 구상, 설계 및 실시 과정을 엄격하고 진지하게 대할 필요가 있다. 이것은 황제의 예복을 만드는 과정과 같다고 볼 수 있다. 꼼꼼한 마름질과 아주 세밀한 바느질이 선행되어있지 않다면 좋은 원단과 창의적인 설계가 준비되어있다 하더라도 좋은 옷을 만들 수 없다.

참 고 문 헌

Audia, P. G., Locke, E. A. & Smith, K. G., (2000). The paradox of success: An archival and a laboratory Study of strategic persistence following radical environmental change. *Academy of Management Journal*, 43,837—853.

Barker, J. R. (1993). Tightening the iron cage: Concertive control in self-managing teams. *Administrative Scinece Quarterly*, 38, 408—437.

Baron, R. M. & Kenny, D. A. (1986). The moderator-mediator variable distinction in social psychological research: Conceptual, strategic, and statistical considerations. *Journal of Personality and Social Psychology*, 51, 1173—1182.

Bem, D. J. (1987). Writing the empirical journal article. In M. P. Zanna and J. M. Darley. (Eds.) *The Compleat Academic: A Practical Guide for the Beginning Social Scientist*, Chapter 8. New York: Random House.

Cote, S. & Miners, C. T. H. (2006). Emotional intelligence, cognitive intelligence, and job performance. *Administrative Science Quarterly*, 51, 1—28.

Davis, M. S. (1971). That's interesting! *Philosophy of the Social Science*, 1, 309—344.

DiMaggio, P, J. (1995). What Theory Is Not-Comments. *Administrative Science Quarterly*, 40, 391—397.

Dutton J. E., Dukerich, J. M. & Harquail, C. V. (1994). Organizational images and member identification. *Administrative Science Quarterly*, 39, 239—263.

Ghoshal, S, (2005). Bad management theories are destroying good management practices. *Academy of Management Learning and education*, 4, 75—91.

Huff, A. (2002). Learning to be a successful writer. In Partington, David(Ed.) *Essential Skills for Management Research*. London, UK: Sage, 72—83.

Kirkman, B. L. & Chen, G. (2011). Maximizing your data or data slicing? Recommendatings for managing multiple submissions from the same dataset. *Management and Organization Review*, 7 (3), 433—446.

Lee, T. W., Mitchell, T. R. & Sablynski, C. J. (1999). Qualitative research in organizational and vocational psychology, 1979—1999. *Journal of Vocational Behavior*, 55, 161—187.

Leung, K. (2011). Presenting post hoc hypotheses as a priori: Ethical and theoretical issues. *Management and Organization Review*, 7 (3), 471—480.

Sutton, R. I. & Staw, B. M. (1995). What theory is not? *Administrative Science Quarterly*, 40, 371—384.

Strunk, W. Jr. & White, E. B. (1979). *The Elements of Style* (3rd ed.). New York: Macmillan.

Tsui, A. S. & Galaskiewicz, J. (2011). Commitment to excellence: Upholding research integrity at Management and Organization Review. *Management and Organization Review*, 7 (3), 389—395.

Tsui, A. S., Pearce, J. L., Porter, L. W. & Tripoli, A. M. (1997). Alternative approaches to the employee-organization relationship: Does investment in employees pay off? *Academy of Management Journal*, 40, 1089—1121.

Tsui, A. S. and Zhang, W. Y. (2006). *Chinese Translations of Selected AMJ award Winning Papers*. Beijing, China: Peking University Press.

Tsui, A. S. and Zhang, W. Y. (2005). *Chinese Translations of the ASQ Award Winning Papers*. Beijing, China: Peking Univesity Press.

Weick, K. (1995). What theory is not, theorizing is. *Administrative Science Quarterly*, 40, 385—390.

Yan, A. M. & Gray, B. (1994). Bargaining power, management control, and performance in the United States-China joint ventures: A comparative case study. *Academy of Management Journal*, 37, 1478—1517.

Zahra, S., Ireland, D. & Hitt, M. A. (2000). International expansion by new venture firms: International diversity, mode of market entry, technological learning, and performance. *Academy of Management Journal*, 43, 925—950.

Zbaracki, M. J. (1998). The rhetoric and reality of total quality management. *Administrative Science Quarterly*, 43, 602—636.

Zhang, Y. (2008). Information asymmetry and the dismissal of newly appointed CEOs: An empirical investigation. *Strategic Management Journal*, 29, 859—872.

저 자 소 개

쉬쑤잉(徐淑英, Anne Tsui) 애리조나주립대학교(Arizona State University) 모토롤라 국제경영 명예퇴직교수(2003-2011), 북경대학, 복단대학과 상해교통대학 특별객좌교수, 남경대학 명예교수이다. *Academy of Management Journal*의 제14기 편집장을 역임하였고 미국 경영학회 및 제74기 학회 회장(2011~2012)으로서 중국경영연구국제학회(IACMR)의 창회 회장인 동시에 *Management and Organization Review*의 창간 편집장이기도 하다. 연구분야는 성과평가, 조직인구학, 고용 관계와 조직문화, 그리고 특별히 중국 상황에서의 경영학 연구에 대해 흥미를 갖고 있다. 탑 저널에 수십편의 논문을 게재하였고 그중 두 편은 각각 *Academy of Management Journal*의 최우수 논문과 *Administrative Science Quarterly*의 학술 공헌상을 받았다. 또한 국제경영 연구분야에서 피인용율이 상위 50명의 학자 중 한 사람이기도 하다.

장옌(張燕, Anthea Yan Zhang) 라이스대학교 제세 H. 존스경영대학원(Jess H. Jones Graduate School of Business at Rice University) 전략 경영학과 교수로 재직 중이다. 국제 탑 학술지, 예를 들어 *Academy of Management Journal, Strategic Management Journal*에 여러 편의 논문을 게재하였다. 연구 분야는 주로 최고 경영자의 리더십, 특히 기업에서 최고 경영자의 이직 혹은 퇴직 문제를 연구하고 있다. 신흥시장 특히 중국에 관한 연구에 있어 해외직접투자, 혁신과 창업 등 영역에서 매우 중요한 기여를 하였다. 현재 *Academy of Management Journal*의 부편집장과 *Management and Organization*의 고문편집위원으로 봉사 중이다. 이 외에 2010년 전략경영학회(Strategic Management Society)의 Emerging Scholar Award도 수상한 바 있다.

22 장

한 편의 논문이 걸어야 할 길: 문제 제기로부터 최종 게재 확정까지

Xiao-Ping Chen (워싱톤대학교)

路曼曼其修遠兮(노만만기수원혜)

吾將上下而求索(오장상하이구색)

– 屈原

배움의 길은 까마득히 멀지만

나는 장차 아래 · 위로 그것을 구하리라.

– 굴원

본 장에서 필자는 이야기 방식으로 논문 집필 여정과 그 과정에서 느꼈던 희비에 대해 독자들에게 들려주려고 한다. 다음과 같은 서로 다른 유형의 네 편의 논문을 선택하여 논문의 게재에 이르기까지 연구의 전반 과정에 대해 자세히 설명하고자 한다.

논문 1: Chen, X.P. & Komorita, S.S.(1994). The effects of communication and commitment in a public goods dilemma. *Organizational Behavior and Human Decision Processes*, 60, 367-386.

이 논문은 필자의 석사 학위 논문이었으며, 전공 학술지에 발표했던 처녀작이기도 하다. 본 논문은 주제 선정으로부터 발표에 이르기까지 근 3년의 시간이 흘렀는 바 논문 발표에 필요한 모든 기본 과정(기한)을 겪은 것이라 할 수 있다.

제목이 보여주다시피 이 글은 사회적 딜레마와 관련된 논문이다. 사회적 딜레마란 특정된 의사 결정 상황(决策情境)으로, 그 속에서 하나의 군체(群体)에 귀속된 개체(个体)가 타 군체 성원과 이익 추구를 목적으로 상호 의존 관계에 있을 경우에 직면한 딜레마를 가리킨다. 이 경우 의존 관계에 있는 개체들은 최대 이익 창출(利益最大化)을 목적으로 한 파트너 선정에서 어려움에 봉착하게 된다. 가령 다섯 명으로 구성된 팀이 납기일을 맞추기 위해 주말에 자원하여 특근(加班)을 해야 되는 경우에 봉착했다고 하자. 이때 특근을 해야 할지 말아야 할지, 하게 된다면 몇 시간을 해야 적당한지 등 문제가 구성원들 앞에 놓인 딜레마가 되는 것이다. 다섯 구성원 중 한 명만 특근에 임하여 기일을 맞추지 못하면 그 노력은 헛수고에 지나지 않는다. 반대로, 다섯 구성원 중 네 명만 특근에 임하여 기일을 맞추게 된다면, 이로 인해 받는 팀의 포상에 일하지 않은 남은 구성원도 함께 포함되는 것이다. 후자의 경우, 홀로 특근에 임하지 않고 포상을 받는다면 구성원의 이익은 최대화될 수 있으나, 전자의 경우, 네 구성원이 특근에 임하지 않는다면 기일을 맞출 수 없게 되며 포상도 불가능하게 된다. 반대로 모든 구성원이 일정한 시간의 특근을 하게 된다면 팀 이익을 최대화할 수도 있으며, 기한 내에 임무를 완성할 수도 있게 된다. 따라서 구성원 모두가 상응한 포상을 받을 수 있게 된다. 이것이 바로 팀 또는 군체의 측면에서 본 사회적 딜레마인 바 필자가 오랜 시간 동안 관심을 가지고 연구해온 딜레마 현상이다.

사회적 딜레마에 있어 소통의 역할이 중요함은 많은 학자에 의해 이미 밝혀진 바 있다. 즉 팀 구성원들이 특근을 결정하기 앞서 약 5~10분 정도의 서로 만나 소통할 수 있는 기회를 가질 수 있다면, 특근 의향을 보일 확률이 소통이 이루어지 않았을 때의 30%에서 소통이 이루어진 뒤에는 70%로 대폭 확대될 수 있다는 것이다. 이러한 현상에 흥미를 느끼게 된 필자는 계속하여 서로 만나지 않은 상태에서 만약 소통이 이루어진다면 위와 비슷한 효과를 얻을 수 있을지 여부에 대해 생각해보게 되었다. 만약 이것이 가능할 경우 시간 또는 지역 등 여러 가지 요인으로 인해 만날 수 없게 되더라도 다른 방식으로라도 소통만 가능하다면 군체의 협력성을 향상할 수 있지 않을까라는 가정을 하게 되었고, 이 문제의 답을 찾기 위해 석사 학위 논문을 시작하게 되었다.

실제 생활에는 여러 가지 소통 방식이 존재한다. 예하면 전화(소리를 통한 소통), 이메일(문자를 통한 소통) 등이 그것이다. 필자는 서로 얼굴을 맞대고 소통하게 될 경우, 집단 구성원들 사이에 어떤 중요한 정보가 교류되고 있는지를 관찰해 보았다. 결과 사회적 딜레마의 복잡성에 대한 논의가 위주였으며, 각자의 행위 태도 표시가 그 뒤를 잇고 있음을 발견하였다. 여기서 밝혀두고 싶은 것은 구성원의 행위 태도 표시는 행위 승낙과는 다른 내용으로서 꼭 지키지 않아도 된다는 것이다. 모든 실험에서 보여주듯이 개체의 최후 결정은 항상 단독적으로나 또는 익명으로 이루어지며 이렇게 되면 그 누구도 상대의 선택에 대해서 알 수 없게 되는 것이다. 이러한 현상에 근거하여 필자는 실험상대가 문자를 통한 소통만으로 자신의 행위 의사(pledge)를 표현할 경우, 합작 가능(愿意合作)한 행위의 증가 여부에 영향을 미치는지에 대해 분석해보기로 하였다.

기존의 실험에서는 팀 구성원들의 의사 표시와 행위 이행 사이에 어떤 관계가 존재하는지에 대한 명확한 해석이 없었다. 따라서 필자는 이 요소를 변수(变量)로 정하였으며, 실험 과정에서 다음과 같은 세 가지 경우를 가정사실로 확정하였다. (1) 비구속적인 행위의 의향/약속(non-binding pledge), (2) 최저 기준에만 도달하는 행위의 의향/약속(minimum binding pledge), (3) 통제 팀은 행위의 의향/약속에 대해 밝히지 않는 경우(no pledge)가 그것이다. 승낙에 관한 기존 연구에 따르면, 일반적으로 행위는 항상 승낙과 밀접한 관계를 가지는 바, 공식적인 승낙의 경우에는 더욱 그러하다. 소통에 관한 기존 연구에 따르면, 모든 일을 결정하기 전에 군체 중 어느 정도의 소통이 이루어진 팀이 형성되었을 경우, 이 팀의 합작량(合作量)은 항상 소통이 전혀 이루어지지 않은 팀에 비해 많아진다. 이에 근거하여 필자는 팀 구성원들이 경우 (1)과 경우(2)일 때 경우(3)보다 합작량이 필연적으로 많아진다는 것을 실험의 기본가설로 설정했다.

다시 말하면, 비구속적인 행위의 의향/약속의 경우, 피실험자가 사전에 행위 의향을 밝히도록 하며, 행위의 비구속성 및 마지막에 받게 되는 보수와 행위 의향의 내용 사이에 관계가 없음을 피실험자에게 통보한다. 그리고, 최저 기준에만 도달하는 행위의 의향/약속의 경우에도 마찬가지로 피실험자가 사전에 행위 의향을 밝히도록 한다. 또한 최저 기준에 한하는 행위 약속은 전반 팀 행위의 최저 기준으로 된다는 사실과 실험에 임할 경우, 최저 기준의 행위 약속은 필수적임도 함께 통보한다.

실험 과정에 대한 설계가 끝난 후, 도움말, 테스트 내용, 메모지, 녹음 테이프 등 실험에 필요한 재료 준비와 실험실 배치 작업을 시작하였다. 다음 피실험자를 확보해야 하는데, 만약 피실험자 팀을 보유한 학교는 이 문제를 쉽게 해결하지만 그렇지 못하면 실험 상대를 모집하는 광고를 내야 하고, 약속 시간을 잡아 면접을 봐야 한다. 뿐만 아니라 피실험자가 한 명이라도 빠지면 실험을 시작할 수 없기 때문에 제시간에 도착한 피실험자도 실험에 임할 수 없는 어려움도 존재한다. 예를 들면, 필자의 실험이 5명의 피실험자를 필요로 하는데 4명만 제시간에 도착했다면 이 실험은 불가능하게 된다. 그러므로 정상적인 실험을 위해서는 필요 이상의 피실험자를 모집해야 하기에, 5명이 필요할 때는 7명과 약속을 잡아야 한다. 만약에 7명이 다 오더라도 초과된 두 명은 개체를 상대로 설문조사를 하는 등 다른 일을 하거나 또는 그냥 돌려보낼 수도 있다. 지금도 실험실 앞에서 피실험자를 기다리며 마음을 졸이던 때가 기억에 생생하다. 아무리 기다려도 필요한 한 명이 나타나지 않을 때면, 그냥 지나가던 사람을 끌어들여서라도 실험을 하고 싶은 심정이었다.

몇 주 동안의 노력 끝에 실험이 드디어 끝났다. 불안한 마음으로 컴퓨터에 데이터를 입력한 다음 분산분석(方差分析)으로 초보적 통계를 해 보았다. 하지만 결과는 필자의 가설과 잘 맞아떨어지지 않았다. 상황 (1)과 (2)의 평균 공헌 데이터(4.60)와 상황 (3)의 평균 공헌 데이터(3.81)가 별 차이가 없었던 것이다. 하지만 분석을 통해 상황(2)의 평균 공헌 데이터(6.14)가 상황 (1)과 상황 (3)의 평균 공헌 데이터(3.06, 3.81)에 비해 훨씬 높게 나왔고, 대신 상황 (1)과 상황 (3)은 결과가 비슷하게 나왔다. 이 결과는 전혀 예상치 못한 것이라 순간 어쩔 줄 몰랐다.

필자는 관련 데이터를 반복적으로 검토해 봤다. 그다지 복잡한 실험이 아니었기 때문에 평균 공헌 데이터 외에 필자의 주의를 끌 수 있었던 것은 평균 승낙 데이터였다. 이 데이터에 대해 분산분석을 해 봤더니 결과는 예상과 일치하게 나왔다. 즉 상황 (1)과 상황 (2)에서 피실험자의 평균 승낙 데이터(6.11, 7.30)는 큰 차이를 보이지 않고 있었다. 비구속적인 행위의 의향/약속의 경우 피실험자는 자신이 승낙한 만큼의 공헌을 하지 않은 반면, 최저 기준에만 도달하는 행위의 의향/약속의 경우 피실험자는 자신의 약속을 기본적으로 이행하였던 것이다. 따라서 필자는 승낙량과 기여량의 상관계수에 대해 분석해 보았는데, 결과는 전자는 r=0.52, 후자는 r=0.83로 현저한 차이를 보이고 있었다.

이어서 필자는 이 결과에 대해 다시 분석해 보기로 하였다. 우선 피실험자의 입장에서 이 실험 내용에 임해보기로 했는데, 굳이 지키지 않아도 될 승낙을 했다면, 자신의 이익을 최대화하기 위해 승낙이라는 허울을 쓰고 다른 성원들을 기만하는 "속임수"를 쓸 가능성이 충분했다. 나의 승낙을 믿었을 경우, 다른 성원들도 나의 영향을 받아 더 열심히 공헌하게 되며, 따라서 나는 최소의 댓가로 최고의 이익을 창출할 수 있는 가능성이 충분했다. 이를 입증하기 위해 피실험자가 결정을 내리게 된 이유와 타 구성원들의 전략에 대해 다시 통계분석을 해 보았다. 그 결과 비구속적인 행위의 의향/약속의 경우, 32%에 달하는 피실험상대가 '승낙은 많이, 기여는 적게'의 전략을, 그리고 74%에 달하는 성원들은 공헌과 승낙에 대응되는 노력을 하지 않았음을 승인하였다. 동시에 49%에 달하는 피실험상대가 다른 팀 성원들이 '승낙은 많이, 기여는 적게'의 전략을 썼을 것이라 생각하고 있었고, 94%에 달하는 성원들은 다른 팀 성원들이 공헌과 승낙에 대응되는 노력을 하지 않았을 것이라 생각하고 있었다. 이를 통해 알 수 있는 바 이 부류의 피실험 상대들은 승낙을 자신의 이익 최대화를 위한 수단으로 생각하고 있었다.

하지만 재미있는 사실은, 최저 기준에만 도달하는 행위의 의향/약속의 경우에는 이런 현상이 생길 수 있는 확률이 훨씬 낮다는 것이다. 이들 중, '승낙은 많이, 기여는 적게'의 전략을 썼다고 응답한 수는 18%에 불과했고, 다른 팀원들이 이 전략을 썼다고 믿는 사람 역시 18%밖에 안 되었다. 도대체 그 이유가 무엇일까?

이 상황에서 피실험자가 어떤 생각을 할 것인지 자세히 생각해 보자. 사실 그들의 승낙은 자신을 위한 것일 뿐만이 아니라 팀원들을 위한 것이라고도 할 수 있다. 만약 자신이 승낙한 양이 최저라면 그 양은 팀 전원의 최저 기준이 될 것이다. 즉 개인의 승낙은 다른 사람들의 기여량에 영향을 줄 수 있다는 말이다. 반대로 팀원들이 승낙한 양이 자신이 지켜야 할 최저 기여량이 될 수 있기 때문에 그들은 무엇보다도 팀 구성원의 승낙에 관심을 가지게 된다. 따라서 그들은 승낙하는 동시에 임무수행 의향도 더욱 강해지게 되고, 승낙은 자연스럽게 '소통'의 역할을 하게 된다. 이에 따르면, 모든 승낙이 팀 구성원의 협력의욕을 강화시킬 수 있는 것이 아니며, 오직 그 승낙이 어느 정도의 '소통' 역할을 할 때에만 효과를 발휘할 수 있다.

자신의 가설을 증명할 수 있다는 것은 당연히 기쁜 일이다. 나는 지도 교수인 Sam Komorita의 사무실로 뛰어들어가 상황을 설명하고 지도를 청했다. 실험 결과에 실망을 느끼셨던 그는 내 이야기를 듣고 일리가 있다고 하면서 지속적인 실험을 통해 이 가설을 검증해 보라고 격려하였다.

그리하여 2차 실험에서는 다시 세 가지 상황을 설정했는데, (1) 군체의 최저 승낙 기준을 지키는 것(minimum binding)(이는 전에 했던 실험 결과를 중복하여 확인하기 위한 것), (2) 군체의 평균 승낙 기준을 지키는 것(mean-binding), (3) 자신과의 승낙 약속을 지키는 것(binding pledge)이다. 이상의 설정에는 모두 승낙은 약속에 대한 신용이 포함되어있기 때문에 "소통"의 효과를 지니게 된다. 하지만 승낙의 정도는 서로 다르게 되는 바, 상황 (1)에서 지켜야 될 승낙의 기준이 제일 낮고, 다음 상황 (2), 상황 (3)의 순으로 이어지게 된다. 만약 실제 기여 정도를 승낙의 이행 정도로 가늠할 수 있다면 상황 (3)의 경우 피실험자의 기여도가 제일 높을 것이고, 다음은 상황 (2)와 상황 (1)의 순으로 이어질 것이다. 이것이 두 번째 실험 결과에 대한 기본 가설이다.

몇 주간의 실험을 마치고 데이터를 다시 분석했다. 이번에도 결과가 예상 밖이었다. 평균기여량을 보면 최고치(6.8)는 상황 (2)의 경우에서, 다음 상황 (1)의 경우(5.10)와 상황 (3)의 경우(3.61)의 순으로 나타났으며, 드러난 데이터 간의 차이는 통계적으로 유의미하였다. 이로부터, 실제 기여량은 승낙의 이행 정도와 직접적인 관계가 없으며, 여러 가지 요인이 복합적으로 작용한 결과임을 알 수 있다.

다음 평균 승낙 상황을 보도록 하자. 최저치(2.77)를 기록한 것은 상황 (3)의 경우였고, 상황 (1)과 상황 (2)의 경우에는 각각 6.48과 6.39를 기록함으로써 별 차이가 없었다. 이상 데이터를 통해 보면, 피실험자에게 승낙을 지킬 것을 요구할 경우 이들은 신중하게 이 문제를 고려하면서 이행 시의 유연성을 위해 보수적인 승낙을 선택하였음을 알 수 있다. 그 이유는, 일단 승낙을 했을 경우에는 되돌릴 수 없기 때문에 최저한의 승낙을 하게 되면 나중에 승낙에 관한 약속의 정도를 증가하는 데 불편이 없기 때문이다. 피실험자가 지켜야 할 것은 팀 전원이 지켜야 할 최저의 승낙 또는 팀의 평균 승낙이기 때문에 이들의 걱정도 크게 줄어들 수밖에 없다.

더욱 흥미로운 것은, 실험 과정에서 피실험자는 총 10회의 익명으로 된 결정을 해야 되는 바, 필자는 데이터를 두 단계로 나눠 피실험자의 승낙량과 기여량의 변화에 대해 분석하였다. 결과, '자신과의 승낙 약속을 지켜야 한다'는 전제하에서 두 데이터 간에는 큰 차이가 없었다. 반면에 상황 (1)과 (2)의 경우를 보면, 2단계의 승낙량과 기여량은 1단계의 경우에 비해 많이 높아졌다. 이는 시간이 흐를수록 두 팀의 피실험자들이 협력과 기여를 더욱 원하고 있음을 말해준다. 그 이유가 무엇일까?

나는 또 다시 문제의 답을 열심히 찾기 시작했다. 두 가지 실험 조건하에서 승낙의 정도는 비록 서로 다르지만, 피실험자의 승낙이 다른 구성원의 기여도에 영향을 미친다는 점에서는 일치하였다. 뿐만 아니라 '최저 승낙량' 또는 '평균 승낙량'을 설정하였기 때문에 다른 팀원들이 기여하지 않을 것이라는 '우려'를 덜어주고 있다. 또한 이 "최저"의 조건은 팀원을 하나로 묶어 '한 배를 탄' 듯한 느낌이 들게 하였다. 하지만 '자신과의 승낙 약속을 지켜야 할' 경우에는 피실험자가 한 승낙이 구속력을 갖기 때문에 다른 구성원들에 아무런 영향도 미치지 못했다. 바로 이러한 '우려가 없다', '한 배를 탄 처지이다', '자신이 타인에게 영향을 미친다'는 등의 생각이 서로의 협력에 영향을 미칠 수 있는 것이다.

다른 시각에서 보면, '자신과의 승낙 약속을 지켜야 하는' 경우에 피실험자들은 한 번의 의사 결정 기회가 있게 되는 바 본인의 승낙과 공헌은 대등하게 된다. 따라서 승낙 단계와 공헌 단계가 기본적으로 일치할 수밖에 없다. 하지만 다른 경우에는 이 두 단계가 서로 다를 수밖에 없으므로 승낙 단계에서는 군체 성원들 사이에 소통의 기회가 있게 되고, 공헌 단계에서는 서로 상대방에 보답할 수 있는 기회가 있게 된다.

결과적으로 이 모든 것이 우연히 나타난 것이 아니며, 분명히 이론적인 근거가 있을 것이라는 생각이 들었다. 두 차례의 실험 결과를 하나의 시각에서 보면 서로 통하는 면이 분명히 존재하며 가설이 충분히 설립된다는 생각에 필자는 석사 학위 논문을 작성하기 시작했다. 첫 실험에서의 가설과 예상 밖의 실험 결과와 그에 대한 해석 및 둘째 실험의 진행 과정과 결과 등에 대해 하나씩 써내려가기 시작했다. 논문 집필을 끝낸 후, 지도 교수님은 논문을 수정하여 학술저널에 발표할 것을 주문하였고, 나는 그 이유를 확실하게 몰랐지만 열심히 수정하였다. 논문을 더는 보기 싫을 정도로 8~9번이나 수정한 뒤에야 지도 교수님은 논문을 인정해 주었고 투고할 것을 허락했다. 그때 나는 정말로 마음을 놓을 수 있었다.

투고하고 나서 나는 이 일을 잊고 잊었다. 당시 OBHDP의 원고 심사 시간이 꽤나 길었는 바 적어도 6개월은 지나야 되었다. 반년이 지난 뒤 편집부로부터 연락을 받았을 때 나는 거의 감각이 없었다(항상 결과를 손꼽아 기다리고, 편집장의 메일을 받으면 항상 숨이 막히도록 긴장하는 지금과는 너무나 달랐다.). 메일을 열자, 편집장으로부터 논문이 심사에 통과했다는 소식을 받고는 정말 기뻤다. 심사위원들의 심사 의견도 아주 간단했는데, 데이터를 다시 분석하고 설명을 붙였으면 한다는 것뿐이었다. 나는 통지문을 지도 교수님에게 보였고 교수님도 함께 기뻐해 주셨다. 교수님과 나는 심사 의견에 대해 상의했는데, 쉽게 해결할 수 있다고 생각했다. 그래서 데이터를 분석하고 해석을 붙인 후 편집장에게 답신을 보냈으며, 어디를 수정했는지를 자세히 설명해 주었다. 결과 전반 수정 과정(수정부터 다시 제출하기까지)을 불과 2주만에 마쳤던 것이다!

뜻밖에도 나의 첫 논문은 집필 과정에서 우여곡절을 겪었으나, 심사와 발표 과정은 가장 순조로웠다. 주니어 학자임에도 불구하고 정말 운이 좋았는데, 그 뒤로는 상황이 점점 더 어려워졌다. 이 이야기는 나중에 차차 하기로 한다.

논문 2: Chen, C.C., Chen, X.P. & Meindl, J.R. (1998). How can cooperation be fostered? The cultural effects of individualism-collectivism. *Academy of Management Review*, 23 (2), 285-304.

이 논문의 작성 및 발표는 '뜻밖의 만남(serendipity)'에서 비롯되었다고 할 수 있다. 시작은 Chao C. Chen과의 만남에서였고, 다음은 본 논제에 대한 관심이었으며, 그 다음은 우리의 지식구조와 일 처리 방식이 상호보완적이었던 것이다. 우리는 1996년 미국경영학회 연례회의에서 처음 만났다. 당시 회의 참석자 중 중국학자들은 얼마되지 않았다. 그래서 서로 알게 된 것을 기쁘게 생각하였고 이때 참석한 10여 명의 학자는 앞으로 매년 연례회의 때마다 함께 모여 식사하기로 하였다. 그중에는 거시적 전략을 연구하는 학자가 대부분이었고, OB/HR 분야를 연구하는 사람은 나와 Chao C. Chen뿐이었다. 하여 우리는 바로 의기투합하였고 서로 친구가 되었다.

1997년 연례회의 때 우리는 다시 만날 수 있다. 회의에서 Chao C. Chen은 협력과 경쟁, 개인주의-집단주의에 관한 논문을 발표하면서 일부 가설을 제기하였으나 자세한 설명과 관련 데이터를 붙이지 않고 있었다. 경쟁과 협력에 관한 연구 중에 있던 나는 이 논제에 관심을 가지게 되었고, Harry Triandis를 스승으로 모시고 개인주의-집단주의에 관해 많은 사고를 거쳤기 때문에 회의가 끝날 무렵 Chao C. Chen을 찾았다. 나는 그를 향해 현유의 기초에서 협력과 경쟁, 개인주의와 집단주의에 대한 이론적 논술을 한층 더 심화시켜 이론성 논문으로 만들어 볼 생각이 있는지에 대해 건의하였다. 그는 흔쾌히 나의 제안을 받아들였고 우리는 바로 새롭게 작성할 논문의 구조와 내용에 대해 검토하였다. 회의가 끝난 후 학교로 돌아간 Chao C. Chen은 논문파일을 바로 나에게 보내왔으며, 나는 즉시 수정작업에 들어갔다. 사회적 딜레마에서 협력을 이루는 행위 요인과 기제를 일일이 전개하면서, 서로 다른 문화배경에서 어떤 상이한 변화를 일으키는지에 대해 생각하기 시작하였다. 이렇게 논문의 기본 구조와 내용이 명확해지자 한 주일 뒤 나는 다시 Chao C. Chen에게 논문을 보내며 계속적인 수정을 요청했다. 우리는 미국에서 생활하는 중국인으로서 미국문화에 대해 어느 정도 이해하고 있으나 미국문화의 일부 특징에 대해서는 별로 파악하지 못하고 있었다. 하여 Chao C. Chen의 지도교수인 James Meindl에게 도움을 요청하고 논문의 전반적인 구조, 논리와 세부적인 논술에 대한 엄격한 심사를 부탁드렸다. Meindl교수는 조직행동학 분야의 저명한 학자로서, 리더십에 관한 연구 분야에서 영향력 있는 논문을 많이 발표한 분이다. 뿐만 아니라 문화에 대한 관심도 많아 돌아가시기 몇 해 전 까지만 해도 중국의 리더십에 관한 저서를 집필하셨었다. 당시 교수님께서는 우리의 부탁을 선뜻 들어주셨고, 바로 우리와의 협력이 시작되었다.

이 논문에서는 우선 기존연구들에서 개인주의-집단주의에 대한 연구가 집단주의 문화에 속한 개체가 집단 속에서 일하는 것에 '즐거움'을 느낄 뿐만 아니라 '자발적으로' 협력을 원한다는 착각이 있다고 보면서, 현실은 그렇지 않을 수도 있다는 것을 밝히고 있다. 집단주의 문화에 속한 개체는 '내집단(内群体)'에서는 강한 협력의식을 나타내지만 '외집단(外群体)'을 대할 때에는 비협조적인 경우가 많게 된다. 때문에 협력 유발이 집단주의 문화에서 일으키는 역할 역시 연구가치가 충분하다. 동시에 개인주의문화는 개체의 이익을 강조하는 가치이념을 강조하고 있으나, 실제 상황에서 보면 개인주의문화에서도 협력 유발 행위가 이루어지는 경우를 주목할 수 있다. 따라서 본 논문의 기본주제는, 개체의 협력행위는 개인주의 문화에서나 집단주의 문화에서나 모두 유발될 수 있지만 문화적 가치이념, 개체 협력의 동기와 목적의 차이에 따라 유발방식이나 자극방식도 상이해야 한다는 것이다.

이 주제를 둘러싼 개인주의-집단주의 이론에는 두 가지 문화차이가 포함되어 있다. 그중에서 가장 큰 차이를 보인 다섯 가지 차원에 대한 논술(Triandis, 1995)과 '협력'에 관한 기존 연구 중 협력행위를 촉진할 수 있는 행위기제에 대한 총괄논의(Messick & Brewer, 1983; Komorita & Parks, 1995)를 결합하여 다음과 같은 여섯 개 방면으로 나누어 논술을 전개하고자 한다.

문화 가치의 이념에 따르면, 개인주의 문화에 속해 있는 개인의 경우 그들의 협력동기 및 목적은 '도구적 동기(instrumental motive)' 영향을 받아 개체의 이성이 사유과정에서 우위를 점하게 된다. 즉 협력으로 개체의 이익을 크게 하여 개인 이익의 극대화를 추구할 수 있다. 반대로 집단주의문화 속에서 개체는 표현적 동기(expressive motive)를 협력의 근거로 하며, 이는 개인 이익과 집단 이익이 통합되었을 경우의 표현형식으로 된다. 그들에게 있어 개인의 이익보다 집단의 이익이 우선이기 때문이다. 이로부터 구체적 협력 행위 유발기제에 대한 토론은 합리성을 띠고 있음을 알 수 있다.

방법 1. 상위목표(superordinate goal)를 설정함으로써 협력 행위를 유발한다. 상위목표 설정은 모든 개체의 협력 행위를 어느 정도 촉진할 수 있으며, 이런 적극적인 행위는 문화차이에서 비롯된 것이라고 볼 수 있다. 개인주의자들은 자신의 이익이 다른 사람들의 이익과 상호의존의 관계(goal inter-dependence)에 있음을 확인한 후에라야 협력을 원한다. 즉 자신의 협력 행위와 최종 이익이 밀접히 연결되어 있을 경우에만 개인주의자들은 협력을 선택하게 된다는 것이다. 반대로, 집단주의자들은 협력의 유발요인을 목표의 공유(goal sharing)에서 찾고 있다고 보았는 바, 상위목표가 그들로 하여금 집단의 존재, 그리고 자기가 집단의 일원인 것을 의식하게 함으로써 협력과 기여의지를 강화시킬 수 있기 때문이다.

방법 2. 집단 정체성(group identity)을 구축함으로써 협력 행위를 유발한다. 팀워크에 대한 연구에서 집단 정체성은 협력을 자극하고 이끄는 효과적인 요인으로 간주되어 왔다. 그 이유에 대해 분석해 본 결과 개인주의자와 집단주의자가 생각하는 중요성에 대한 인식은 서로 다름을 발견하였다. 집단의 정체성이 개인주의자의 협력을 자극할 수 있었던 것은 개인의 존엄과 가치가 집단 정체성의 형성을 통해서 향상될 수 있었기 때문이다(self-enhancement). 한편, 집단주의자들은 집단의 정체성을 통해서 개인과 집단 간의 상호 '보완'과 '조화(group complementarity)'를 느낄 수 있기 때문에 협력을 원하게 되었던 것이다.

방법 3. 집단 구성원들 간의 신뢰감(trust)을 구축함으로써 협력 행위를 유발한다. 사람들이 집단 속에서 '협력'에 대해 다소 소극적인 자세를 취하는 데 그 이유는 '탐욕(greed)'과 '두려움(fear)'에 있다. '탐욕'은 집단 구성원들이 협력하고 기여하는 가운데 아무 노력 없이 집단목표 달성만 기다리고 남이 거둔 성과를 누리는 것을 가리킨다. '두려움'은 본인이 협력하고 기여하느라 많이 고생했는데 남이 일을 하지 않음으로 인해 자신의 노력과 팀 전체의 목표가 물거품이 되어 버릴까봐 두려워하는 마음을 가리킨다. 따라서 팀 구성원들이 서로에 대한 신뢰감을 느끼고 모든 사람들이 집단의 목표를 위해 노력할 것이라 믿으면 이러한 두려움은 최대한 줄어들 것이다. 뿐만 아니라 개인이 주변사람들로부터 신뢰받고 있다고 느껴지면 그 믿음을 저버리지 않도록 탐욕을 극복할 것이며, 신뢰감 구축은 협력을 위한 중요한 수단으로 된다.

하지만 여기서 개인주의자와 집단주의자가 추구하는 신뢰는 서로 다르다. 신뢰는 '인지기반신뢰(cognition-based trust)'와 '감정기반신뢰(affect-based trust)'로 나눌 수 있는바 보통 개인주의자는 '인지기반신뢰'를, 집단주의자는 '감정기반신뢰'를 추구하게 된다. 조직적인 차원에서 말하면 '인지기반신뢰'는 근무능력, 지식수준과 업무성에 근거한 신뢰이며, '감정기반신뢰'는 사적 호감과 공감에 기반한 신뢰이다. 전자는 상대적으로 이성적인 것이고 후자는 상대적으로 감성적인 것이라고 할 수 있다. 좀 더 세부적으로 말하면, '인지기반신뢰'는 항상 사적 이익에 대한 관심과 연계되어 있고, '감정기반신뢰'는 인간관계를 유지하려는 마음을 주요동력으로 한다. 따라서 협력여부를 결정할 때 개인주의자는 '감정기반신뢰'보다는 '인지기반신뢰를, 집단주의자는 '인지기반신뢰'보다 '감정기반신뢰'를 추구하게 된다.

방법 4. 책임감을 증가함으로써 협력 행위를 유발한다. 여기서 책임감은 '개인에 대한 책임감(individual based accountability)'과 '소속 집단에 대한 책임감(group based accountability)'으로 나눠질 수 있다. 개인주의자들에게 '개인에 대한 책임감'을 심어주는 것은 스스로에 대한 관심을 강화할 수 있을 뿐만 아니라 '자신의 행위에 책임을 가진다'는 이념에 따라 이미지를 향상시키고 협력에 힘을 쏟게 할 수 있다. 그리고 집단주의자들에게 있어 '개인은 집단의 일원이다'는 의식을 강화하고 집단의 중요성을 느끼게 함으로써 자발적으로 기여와 협력을 위해 노력하도록 할 것이다.

방법 5. 의사소통(communication)을 통해 협력 의욕을 불러일으킨다. 의사소통의 막대한 효과에 대하여 이미 앞부분에서 서술한 바 있다. 본 논문에서는 효과적인 소통 방식 선택이 문화 환경의 영향을 받는다고 전제한다. 개인주의문화에서 사람들의 교류는 직접적이고 솔직한 편이다. 대신 조직 내에서의 교류는 문자를 주로 사용하며, 이메일이 성행하는 요즘에는 이메일을 통한 교류가 위주로 되고 있다. 얼굴을 서로 모르는 사람들끼리 이메일을 통해 좋은 협력관계를 맺을 수 있는 것이다. 그러나 집단주의문화에서 의사소통은 상대적으로 간접적이고 함축적이어서 비언어적인 표현(예컨대 눈빛, 표정, 음성과 어조, 그리고 동작 등)을 통해 소통이 이루어지는 경우가 많다. 따라서 소통을 문자에만 한정시킨다면, 미세한 부분에 대한 정확한 이해는 불가능해질 수 있다. 또한 집단주의문화에서는 직접 만나는 형식이 협력관계를 맺는 데 필수적인 수단으로 되며 만난 적 없는 사람끼리는 협력관계를 맺기 어려워 진다. 따라서 '비대면적 의사소통(partial channel communication)'은 개인주의자들의 협력의욕을 자극하는 데 효과적인 반면, '대면적 의사소통(full channel communication)'은 집단주의자들의 협력의욕을 자극하는 데 효과적이라는 것을 알게 되었다.

방법 6. '적절한 보상배분방식(reward distribution)'을 통해 협력 의욕을 불러일으킨다. 보상배분에 관한 기존연구에 따르면 개인주의자는 '공정(equity)' 원칙에 기초한 보상배분방식을 선호하는 데 비해 집단주의자는 '평등' 원칙에 기초를 둔 보상배분방식을 선호한다. 뿐만 아니라 집단주의자가 어떠한 배분원칙를 선호하는지는 다른 두 가지 요인의 영향도 받는 다고 밝혀졌는 바, 하나는 '집단의 속성'으로, 내집단의 경우 평등원칙을 원하고 외집단의 경우 공평원칙을 원하며, 다른 하나는 집단의 '급선무(혹은 당기목표)'인데 '성과'를 지향할 경우 '공정' 원칙이 최우선이고, '통합'을 지향할 때는 '평등' 원칙이 최우선이 된다. 이러한 연구에 기초하여 우리는 '맞춤형 인센티브 제도'를 제시했다. 개인주의자의 협력의욕을 유발하는 데 있어 공정한 보상배분이 더 효과적이나 집단주의자의 경우에는 단기적으로 볼 때 공정한 보상배분이 효과적이나 장기적으로 보면 평등적 보상배분이 더 더 효과적으로 나타난다.

협력행동의 유발기제를 검토한 다음, 문화 가치관에 따른 인센티브 제도를 해석하기 위한, 보다 일관성 있는 이론적 틀 제시에 대해 그 필요성을 검토해 보았다.

반복적인 검토를 거쳐, 개인-집단주의 이론의 기본 가설에 입각한 이론적 틀을 다음과 같이 구축하기로 했다. 즉 개인 이익을 우선시하는 개인주의자들에게는 협력이 개인이익을 위한 수단이 될 때에만 격려 효과를 발휘하는 데에 반해 집단 이익을 우선시하는 집단주의자들에게는 협력이 집단목표 달성에 도움이 되면 격려효과를 발휘한다. 우리는 이 가설에 기초하여 논문에서 제기된 모든 가설을 뒤받침해주는 개인주의자의 '도구적 동기(instrumental motive)' 개념과 집단주의자의 '표현적 동기(expressive motive)' 개념을 확립했다.

이 논문은 5번 이상 토론하고 수정한 뒤에 비로소 AMR에 투고했다. 두 달이 지나서 편집자로부터 답장을 받았는데, 전체적으로 괜찮고 이론도 튼튼하다는 평가와 심사의견대로 수정해서 다시 보내달라는 내용이었다. 심사의견은 다음과 같았다: 첫째, '사회적 딜레마'의 상황에만 한하지 말고 일반적인 조직 상황에 적용되도록 토론 범위를 확대, 둘째, 논문에서 정의한 '협력행위'에 대해 조직행동학에서 많이 거론되는 '조직시민행동'이란 개념과의 관계 속에서 논의할 것, 셋째, 논문에서 제시한 이론의 실증 방법과 실용적 함의에 대해 보다 자세히 설명해야 한다. 우리는 심사위원들의 의견을 충분히 고려한 다음 논문을 다시 수정하고, 심사의견에 일일이 답하기 시작했다. 거의 한 달이란 시간을 거쳐 논문수정을 마친 다음 다시 투고했는데 이듬해에 발표된다는 긍정적인 회답을 얻었다. 불과 일년여만에 작성하고 발표된 이 논문은 지금까지 작성한 논문 중에서 제일 짧은 시간 내에 발표된 것으로, 기적이라고 해도 과언이 아니다.

논문3: Chen, X.P. & Li, S. (2005). Cross-national differences in cooperative decision making in mixed-motive business contexts: The mediating and moderating effects of vertical and horizontal individualism. *Journal of International Business Studies*, 36, 622-636.

이 논문은 게재하기까지 겪은 시련은 앞서 제시한 논문 보다 훨씬 많았다. 문제의 제기부터 논문게재까지 걸린 시간은 7년이 넘었으며, 우리의 인내심은 극한에 달했다. 그럼에도 불구하고 우리는 이 과정에서 심사위원들의 의견을 경청하는 법을 배웠고, 논문 수준을 높이며, 연구의 이론적, 실천적 가치를 높이는 방법을 배울 수 있었다.

논문의 공동저자인 Shu Li는 필자가 항주대학교(지금의 절강대학교)에서 함께 석사과정을 다녔던 동기로서, 나중에 호주에서 박사학위를 취득한 후 시드니에 있는 뉴사우스웨일스(新南威尔士)대학교 연구원으로 취직하였다. 그는 주로 개인의 의사 결정과 관련된 연구에 종사하였으며, 사회적 딜레마에 대해서도 많은 관심을 가지고 있었다. 1997년 여름 회의차 가족들과 함께 호주에 가게 되었는데, 그때 Shu Li의 친절한 대접을 받게 되었다. 우리는 공원 산책로를 거닐며 이런저런 얘기를 나누게 되었다. 문화적인 차이에 대해 이야기 하였는 바, 이방인의 이국생활에 대한 심경을 담론하였고, 객지 생활에 대한 적응에 대해 서로 의견을 나누었으며, 현지인들의 이방인에 대한 태도에 대해서 서로의 의견을 교환하였다. 예를 들면, 외국에서 동포나 고향사람을 만나면 더 반갑게 느껴지는지, 서로 협력할 욕구가 강하게 느껴지는지, 낯선 사람의 등장이 현지인들을 보다 더 단결하고 협력하게 만드는지, 배타적인 정서는 없는지 등이 우리가 나눈 이야기 내용이었다. 뿐만 아니라 우리는 호주사람들은 보편적으로 우호적이고 착하며 협력의식이 강한 데 비해, 중국사람들은 경쟁의식이 더 강하고 외부인들과의 협력 의향은 적어 보인다고 느꼈다.

이렇게 이야기를 나누던 중에 공동연구를 해 보고 싶은 욕망이 들었다. 우리는 함께 실증연구를 통해 이런 현상이 어떤 상황에서 일어나는지, 그리고 개인의 협력행위에 영향을 미치는 개인적 또는 문화적 요인은 무엇인지를 밝혀보고 싶었다.

회의 후 우리 가족은 홍콩으로 들어갔고(그때 나는 홍콩과학기술대학교에서 교편을 잡고 있었다.), 홍콩사람들의 행위를 관찰해 보았는데 과연 이들의 '경쟁' 의식이 호주사람보다 강하다는 느낌이 들었다. 문화 간 이론(跨文化理论)을 도입하여 이러한 현상을 해결해 보려 하였으나 아무리 찾아봐도 기존연구에는 '중국사람들은 집단주의자, 호주사람들은 개인주의자'이며, 집단주의자의 협력의향이 개인주의자보다 강하다는 주장뿐이었다. 이와 동시에 Shu Li는 호주에서 '영역행위(territory behavior)'와 관련된 자료수집과 상황설정에 필요한 자료집필 작업을 시작하였다.

한동안 사색을 거친 후, 개인주의-집단주의 연구영역에서 새롭게 제기된 개념이 머리속에 떠올랐는 바, 그것은 바로 '수평적-수직적인 개인주의-집단주의 학설(horizontal – vertical individualism – collectivism)'이었다. 이 학설에 따르면 개인주의와 집단주의는 여러 종류로 나눠진다. 예를 들어, Hofsetede(1980)의 연구에 의하면 미국, 캐나다, 호주 등이 개인주의가 강한 나라인데도 불구하고 미국의 개인주의와 호주의 개인주의는 다르다고 했다. 미국식 개인주의에는 경쟁의식이 많이 포함되었다. 즉 개인은 이익최대화를 도모하는 데 그치지 않고, 남들보다 더 많이 가지고 싶은 욕심까지도 가지고 있다. 이것이 바로 수직적 개인주의이다. 반면에 호주의 개인주의는 개인이익의 최대화를 추구할 뿐, 남보다 많은 소득을 강조하지 않는다. 이것이 바로 수평적 개인주의이다. 수직적인 집단주의는 집단이익의 최대화를 강조하는 동시에 소속 집단의 이익이 다른 집단보다 더 많아야 한다는 욕구가 있다. 반면에 수평적인 집단주의는 집단주의 최대화를 강조함에 있어 소속 집단의 이익이 다른집단에 비해 많거나 적거나 상관하지 않는다. 이로부터 알 수 있는 바 이 이론은 개인-집단의 중요성은 물론이고 '경쟁'의 측면까지 포함되어 있어 기존의 개인주의-집단주의 이론에 대한 세부적인 연구라고 할 수 있으며, 따라서 이에 근거하여 논문에 필요한 가설을 제기하기로 했다.

한편, 개인주의자에 비하면 집단주의자는 '내집단(内群体)'과 '외집단(外群体)'에 민감한 편이다. 그러나 '내집단'이란 개념은 탄력성(elasticity)이 강하며, 명확하고 고정된 범위가 없다. 예를 들어, 가족이 내집단일 수 있는가 하면, 자신이 속한 작업팀, 동아리도 내집단이 될 수 있다. 때로는 같은 민족끼리도 '내집단'일 수 있는 것이다. 이렇게 '내집단'은 시간, 장소, 환경에 따라 그 범위가 다를 수 있다. 우리는 타국에서 생활하는 중국 '동포'들을 서로가 '내집단' 구성원으로 보고 있다고 인정함과 동시에 '비동포'를 '외집단' 구성원으로 간주할 가능성이 크다고 규정했다. 따라서 중국인들이 동포들과 무역을 할 때 협력할 가능성이 크고 '비동포'들과 무역 할 때 서로 경쟁하는 경향이 있다고 보았다. 반면에 국내에서 생활하는 중국인들의 '내집단' 의식은 외국에서 생활하는 동포들에 비하여 약하다고 보았으며, 중국에서 생활하는 중국인들의 경우, 현지인들이 외지인들과 무역을 할 때면 고향사람들과 무역할 때보다 경쟁의식이 강하다고 보았다. 하지만 호주인들은 '개인주의'에 속하는 만큼 '내집단'인지 그렇지 않은지를 따지지 않기 때문에 호주에 있든 어디에 있든 관계없이 '동포'와 '비동포'를 대함에 있어 별 차이가 없다고 보았다. 이는 본 연구에서 중국인들과 호주인들의 경쟁행위 차이에 대한 기본 예측으로 된다.

우리는 첫 번째 실험설계를 통해 이 가설에 대한 검증을 실시해 보았다. 동시에 실험을 통해 중국인과 호주인들의 전체적인 협력 경향에 대해 검증해보려고 하였다. 실험에는 '죄수딜레마(囚徒困境)'의 이론인 '병기계 상황(Boole& Ockenfels, 1990)'을 도입하였다. 그리고 피실험대상은 모두 외국에서 생활하는 '이방인'들로 선정하였다. 실험 중에 네 가지 상황을 설정하였는 바, 소속된 나라(호주 혹은 중국), 무역활동 파트너(동포 비동포), 이 파트너는 '팀내 설계(组内设计)'의 변량으로서, 한 명의 피실험상대는 '동포'의 문제뿐 아니라 '비동포'의 문제도 해답해야 한다. 이들이 대답해야 할 문제들은 어떤 상황에서 이들이 '큰병기계' 구매를 선택할 수 있을까 하는 것이며, 척도는 리커트9점으로, 점수가 높을수록 경쟁의식이 더 강함을 나타낼 수 있다.

실험은 호주과 중국에서 동시에 진행되었고, 실험에 참가한 인원수는 총184명에 달했다. 실험 결과에 따르면, 중국사람들의 경쟁 의식(7.07)은 호주사람(5.09)에 비해 높았고, 호주에서 생활하는 중국사람들의 경우, 무역파트너가 동포일때,

경쟁 의식(6.63)이 무역파트너가 호주사람(7.51)일 때 보다 낮게 나왔다. 하지만 중국에서 생활하는 호주사람들의 경우에는 무역파트너가 동포든 아니든 관계없이 경쟁 의식(6.05, 5.93)에는 별 차이가 없어 보인다. 실험 결과가 우리의 예측과 기본적으로 일치하므로 우리는 무척 기뻤다.

중국사람의 경쟁 의식이 호주사람보다 높다는 것은 우리의 예측과 비슷하였으나, 기존 연구 결과와는 큰 차이가 있었다. 그 이유를 밝히기 위해 우리는 두 번째 실험을 진행하기로 하였으며, 실험에서 모든 피실험 대상의 수직, 수평적 개인주의 문화 취향에 대한 실체 측정도 함께 진행하기로 함으로써, 국가를 문화 취향의 근사치로 보지 않기로 하였다. 이를 통해 새로운 학설의 예측 능력을 검토해보기로 하였다.

두 번째 실험에서는 실험 상황을 바꾸었는데, 두 사람의 '죄수딜레마'를 네 사람의 '사회적 딜레마'로 대체하였을 뿐만 아니라, 개인이 모국에서의 생활을 실험 상황에 추가하였다. 따라서 이 실험은 2(나라: 중국 혹은 호주)×2(지역: 모국 혹은 외국)×2(무역 파트너:동포 혹은 비동포)의 구조로 이루어지며, 실험은 호주와 중국 홍콩에서 동시에 진행되었다. 실험에 참가한 인원 수는 총 273명에 달했다. 설문문항 척도는 리커트 9점으로 되어있고, 협력과 경쟁 의식에 대해 선택한 후 수평적, 수직적 개인주의-집단주의의 설문지(Singelis, Triandis, Bhawuk& Gelfand, 1995)를 응답하도록 하였다.

실험 결과를 분석한 결과 재미있는 현상을 발견하게 되었다. 우선, 수직적인 개인주의 실험에서 중국의 피실험대상의 점수(5.82)가 호주사람(4.68)보다 높게 나왔으나, 수평적인 개인주의 실험에서는 호주의 피실험대상의 점수(7.54)가 중국사람(6.63)보다 높게 나왔다. 다음, 수평적-수직적 집단주의 실험에서는 두 나라가 별 차이를 보이지 않았다. 그리고 모든 실험 결과에 근거하면, 중국의 피실험대상의 경쟁 의식(5.70)이 호주(4.46)보다 높게 나왔다. 그 다음, 중국의 피실험대상이 호주에서 중국동포와 무역활동을 할 경우에만 낮은 경쟁의식(5.03 vs. 5.90; 5.78 vs. 6.08)을 보인 반면, 외국 사람들과 무역활동을 진행할 경우에는 높은 경쟁의식(5.90,6.08)을 보이고 있다.

실험 결과에 따르면, 호주인들은 조국에서 외국인 파트너를 만났을 경우 가장 쉽게 협력할 수 있었고(3.85), 반대로 외국에서는 쉽게 협력하지 않는 것(5.11)으로 나타났으나 동포들끼리는 조국에서든 외국에서든 상대적으로 잘 협력하는 것(4.68, 4.18)으로 나타났다.

재미있는 것은 중국의 피실험대상의 경우에도 호주인들과 비슷한 데가 있다는 것이다. 중국 사람이든 호주사람이든 타향에서 외국인 무역파트너와 만났을 경우 경쟁의식이 제일 강했는 바 이는 인류의 보편적인 법칙이라고 볼 수 있다. 왜냐하면 타향에서의 생활은 본능적인 방어행위가 필요하기 때문이며, 이는 외국생활에서 겪는 '문화 충격(culture shock)'에 대한 일종의 자연적인 반응이라고 할 수 있다.

그 다음 '3단계 회귀 방법(Baron & Kenny, 1986)'을 통해 개체의 문화취향이 국가와 개체 행위에 미치는 영향에 대해 검토해 보았다. 실험 결과에 근거하면, 수평적 개인주의와 수직적 개인주의 취향은 국가와 개체 행위에 동시에 영향을 미치고 있었는 바 다시 말하면 국가적인 문화행위가 개인행위에 미치는 영향은 개인의 문화취향에 미치는 영향을 통해 드러나며, 개인의 문화 취향이야말로 개인 행위를 결정하는 직접적인 요인이라고 할 수 있다. 〈그림 22-1〉을 보기로 하자.

분석에 따르면, 개인의 협력행위는 개인의 문화 유도방향과 직접적인 관계가 있으며, 수평적 개인주의가 강할수록 협력 선택할 수 있는 가능성이 크며, 반대로 수직적 개인주의가 강할수록 경쟁을 선택할 수 있는 가능성이 크다. 중국의 피실험대상의 행위는 호주인들보다 강한 경쟁의식을 가지고 있기 때문에 수직적 개인주의의 설문조사에서 그들의 점수가 호주인들보다 훨씬 높게 나올 수 있었다.

이상의 결과를 종합하여 우리는 논문을 집필하기 시작했고, 논문의 사유방식과 맥락은 위에서 서술한 그대로 였다. 논문이 완성된 후 우리는 논문을 *Journal of International Business Studies*(*JIBS*)에 투고했다.

좌절은 그때부터 시작되었다. 편집장과 심사위원회의 의견을 기다리는 과정은 길고도 지루한 고통의 시간이었다. 당시 *JIBS*은 새로운 편집장과 편집위원팀으로 바뀐지 얼마되지 않았을 뿐만 아니라 원고심사 절차도 조절되고 있는 한마디로 혼란한 과도기였다. 투고한 지 5, 6개월이 지났으나 아무런 답장도 없었다. *JIBS* 측에는 감히 문의도 못하고 우리는 애간장만 태우고 있다가 겨우 편집장으로부터 회답을 받을 수 있었다. 편집장은 원고를 수정 후 다시 투고(revise and resubmit)하라고 했고, 그제서야 우리는 마음을 놓을 수 있었다. 하지만 편집장과 심사위원들의 의견을 꼼꼼히 검토한 후 우리는 수정 과정이 얼마나 긴 시간인지를 느낄 수 있었다.

〈그림 22-1〉
개인주의 취향이 국가문화와 개인 협력 경향 관계간의 매개모형

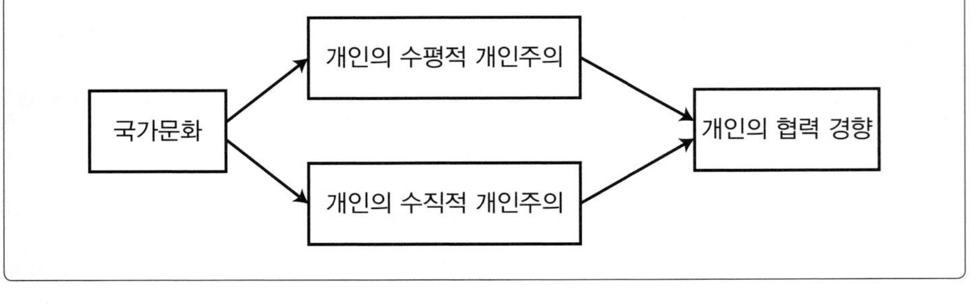

우선, 그들은 우리가 사용한 이론 구조에 대해 의문을 제기했으며, 실험 결과를 해석하는데 가장 적절한 이론은 결코 개인주의-집단주의가 아니라고 생각하고 있었다. 하지만 아무도 그 적절한 이론이 무엇인지를 알지 못하고 있었다. 심사위원들은 다만 우리에게 Yamagishi의 연구를 한 번 보라고 제안했는데, Yamagishi의 연구는 미국과 일본의 피실험대상들이 '사회딜레마' 상황 중에서의 행위표현을 비교한 글이었으며, 그의 연구 결과는 우리가 발견한 연구 결과와 비슷했다. 하지만Yamagishi는 개인주의-집단주의 이론을 이용하지 않았고, 대신 'Institutional View of Culture' (Yamagishi, 2003)를 제출했다. 이 관점에 따르면 일본 사람들이 잘 아는 집단에서 다른 사람들과 협력하는 것은 이들이 마음 속에서 원해서가 아니라 '사회 감독시스탬(social monitoring system)'이 있기 때문이라고 했으며, 이 감독시스탬이 없다면, 낯선 사람들과 접촉할 경우에는 일본 사람들은 미국 사람보다 더 힘들어 한다고 했다.

그 외에, 심사위원들은 연구에서 사용된 샘플의 비교성에 대해 의문을 제기했다. 실험 대상이 모두 대학생인 것은 이미 논문에서 밝혀진 바 있지만 이들은 보다 자세한 자료를 제공할 것을 요구하였다. 예를들면, 대학교 브랜드의 비교 가능성, 학생의 나이와 성별 비례, 그리고 학과, 직업 경력 등에 대한 설명을 요구했으며, 테스트를 받은 두 팀이 수평적-수직적인 개인주의-집단주의에 관한 설문지에 대한 답변의 비교 관련 데이터를 제공할 것을 요구하였다. 바꾸어 말하면 두 팀의 테스트 결과에 나타난 신뢰도(reliability) 계수만으로는 설득력이 부족하므로 학생마다 설문지에 대한 답변의 패턴이 일치하다는 것을 입증해야 한다는 것이다. 마지막으로 논문의 한계성에 대한 깊이 있는 분석을 요구하였는 바 이 연구는 실험을 통한 것으로서, 연구 결과의 보편적 의미와 그 응용 가치를 잘 설명해야 한다는 것이다.

이러한 평가는 우리들로 하여금 깊은 생각에 잠기게 했다. 그 때, 나는 거의 매일같이 개인주의- 집단주의 이론과 Yamagushi의 Institutional View of Culture를 결합하는 방법에 대해 생각하고 있었고 이들의 요점, 실질, 공통점, 그리고 차이점을 분석해 보았다. 과연 이 두 가지 이론들 중 어떤 것이 우리의 연구 결과를 직접적으로 설명할 수 있을까? 그리고 이 양자는 서로 보충하고 보완할 수 있는 관계가 설립될 수 있을까? 이 모든 것에 대해 나는 무척 궁금했다. 몇 달 후, 나는 그동안 생각들을 하나로 종합하여 논리적으로 부합되는 두 가지 이론을 융합할 수 있는 이론을 추론하게 되었는데, 그것이 바로 지금 발표한 논문에서 독자들에게 보여준 명제들이며, 우리가 처음 개인-집단주의 이론 한 가지만 이용한 것보다 더 근거가 있고 이치에 맞을 뿐만 아니라 설득력이 있으며, 이론적인 면에서도 충실하고 타당성이 높았다.

두 이론의 결합은 집단주의자의 '내부 집단'과 '외부 집단'에 대한 확연히 다른 태도와 행위를 보여준 것이다. 이런 '내외유별(内外有别)'은 수많은 연구에서 중복하여 사용해 왔으며, Triandis는 「개인주의, 집단주의」라는 책에서도 이러한 현상에 대해 자세히 서술하였다(Triandis, 1995). 하지만 자세히 읽어보면, 개인주의와 집단주의 영역에 관한 논의가 깊이 있게 진행되지 못했다. 실제로 Yamagushi의 Institutional View of Culture는 현상에 대한 해석일 뿐, 현상의 본질에 대한 논의는 하지 못한 것이다. 이러한 연결점에 대해 알게 되자, 사람들의 행위에 대해 좀 더 깊이 예측할 수 있게 되었다. 바꾸어 말하면 중국인과 일본인은 '내집단' 구성원과의 협력을 원하게 되는 것은 내부 집단 구성원들 간에 비정식적(非正式的)인 사회 감독 관계가 존재하기 때문이다. 이들은 서로 연락하고 만나서 무형의 감독 체계를 형성한다. 즉 사람의 명성은 해당 집단 내에서 빠르게 유포된다. 이런 상황에서 사람들은 협력을 더 원하게 되며, 상대방이 외국인이나 낯선 사람일 경우 이런 무형의 사회 감독 체계는 더 이상 존재하지 않게 된다. 따라서 더는 자신의 행위를 고려하지 않고, 개인의 이익을 보호하기 위한 노력을 나타내게 되는 것이다. 이렇게 해석해 놓고 보니 두 가지 이론은 그 관계가 분명해졌고 유기적 결합도 가능하게 되었다.

다음으로, 연구 대상의 비교성에 관한 문제는 해답하기가 상대적으로 쉬웠다. 우리는 다시 관련 데이터를 찾아내서 피 실험자들의 평균 나이, 전공, 성별 비례와 직업 경력을 비교해 보았다. 그 결과 직업경력 외, 다른 실험 내용에서 두 팀이 높은 상사성을 가지고 있음을 발견했다. 직업경력의 차이를 보이게 된 것은, 중국 대학생들은 대학에 입학하기 전에 그리고 대학생활을 하는 동안 거의 직업 경험이 없는 대신, 호주의 대학생들은 어느 정도 아르바이트를 한 경력이 있기 때문이다. 또한 피 실험대학교의 순위를 봤을 때, 첫 번째 실험에 참여한 중국 학생들은 중국의 top 10 대학교인 저장(浙江)대학교 재학생들이였고, 호주 학생들 역시 호주의 top 10 대학교인 뉴사우스웨일스대학교 재학생들이었다. 그리고, 두 번째 실험에 참여한 중국 학생들은 홍콩과학기술대학교 재학생들로서, 홍콩의 명문대를 다니고 있는 이들 역시 호주 뉴사우스웨일스대학교 재학생과 비교할만 했다. 우리는 이런 내용에 대해 자세한 설명을 진행하였다.

가장 골치 아프게 한 것은 두 팀이 수평적-수직적, 개인주의-집단주의에 관한 설문지 답변의 패턴을 비교하여 검증하는 작업이었다. 다행히도 편집장은 우리에게 Van de Vijver와 양각(梁觉)의 공저 「문화적 연구의 방법 및 데이터 분석(*Methods and Data Analysis for Cross-Cultural Reseach*)」을 추천해 주었는데, 책에는 전문적으로 문화적 비교연구를 진행하는데 필요한 방법론들이 소개되어 있었다, 우리는 도서관에서 이 책을 빌렸고, 깊이 파고들면서 문화적 샘플의 답변 패턴의 비교성을 검증하는 통계 방법과 절차를 알게 되었다. 이 난제가 풀리자 우리는 비로소 한숨을 쉴 수 있다.

다음으로 해결해야 문제는 원작을 수정하고 편집장과 심사위원들의 의견에 하나씩 답변하는 것이었다. 이 과정은 사람의 인내심을 테스트하는 힘든 과정이었다. 직장 동료 중에는 이 과정이 두려워 편집장이 보낸 "revise and resubmit"을 무시하고 잠재력 있는 논문을 포기한 사람도 꽤나 있었다. 그 결과 이들은 자신의 승진에 큰 영향을 받게 되었다. 개인적으로는 이럴 때 응당 자신의 심리상태를 조절하고 항상 평온하고 겸손한 태도를 가져야 한다고 본다. 또한 심사위원들의 의견을 제대로 파악하고 그들의 의견을 겸허히 받아들여야 하지만, 그렇다고 해서 맹목적으로 순종할 필요는 없다고 본다. 왜냐하면 때로는 그들이 논점과 완전히 상반되는 의견을 내놓을 수도 있기 때문이다. 보통 이런 경우에는 편집장이 모든 심사위원들의 의견을 정리한 후, 필요한 판단과 결정을 우리에게 알려줄 것이다. 그렇게 되면 우리는 가장 효과적인 해결 방법으로 우선, 편집장의 의견을 중심으로 모든 심사 위원들의 의견을 참고한 뒤 논문 수정에 필요한 가장 도움이 되는 관점을 받아들이고, 완곡한 방법으로 다른 의견을 가진 심사위원들을 설득하는 것이다.

이상 모든 문제를 해결 한 뒤 우리는 다시 논문을 JIBS에 보냈다. 또 다시 5, 6개월이 지났고, 우리는 비로소 편집장과 심사위원들의 답장을 받게 되었다. 그들은 우리가 수정한 논문이 '환골탈태'의 느낌이 있다고 극찬을 했다. 물론 논문 중 몇 군데를 좀 더 완벽하게 하라는 건의도 함께 했다. 예를 들면, 두 팀의 답변 패턴에 관한 비교성을 검증한 때, 확인 요인 분석(Confirmatory Factor Analysis)의 적합한 지수(Fit Indices)가 이상적이지 않다는 것과 비교 내용에 대해 더 깊이 따져봄으로써 검증의 가능성을 보다 향상시킬것 등이었다. 이는 첫 번에 비해 엄청 쉬운 수정의견이었다. 하지만 우리는 다시 마음을 다잡고 문제의 실마리를 찾아 해결하고 데이터를 분석하는 작업을 시작하였는 바 이 과정 역시 결코 쉽지 않았다. 그렇다고 희망을 눈 앞에 두고 포기할 우리가 아니였다. 약 한 달 동안의 수정을 거친 후 우리는 제2차 수정작업을 드디어 마치게 되었고, 다시 몇 달이 지나서 우리는 JIBS로 부터 논문이 '채택'되었다는 소식을 듣게 되었다.

논문4: Chen, X. P., Yao, X. & Kotha, S. (2009). Passion and preparedness in entrepreneurs' business plan presentations: A persuasion analysis of venture capitalists' funding decisions. *Academy of Management Journal*, 52(1), 199-214.

이 논문은 여러 가지 원인으로 인해 시작부터 발표까지 오랜 시간을 거치게 되었다. 이렇게 늦어진데는 편집부의 일처리가 늦어서가 아니라 연구 방향를 설정하고 연구 방법을 선택하며, 데이터를 수집하는데 많은 시간이 걸렸기 때문이다. 뿐만 아니라 가설을 증명하기 위해 세 차례 연구를 진행하는 데 3년이 걸렸다. 거기에 논문의 작성과 수정 단계도 2년이라는 긴 시간이 걸렸다.

창업자 '열정'에 관심을 가지게 된 계기는 직장동료인 Suresh Kotha와 나눈 무의식적인 대화였다. 지난 십여 년간 우리 학과에서는 거의 매년 새로운 교수를 초빙했는데, 채용 기준은 면접자의 Job Talk 과정에서의 표현에 두었다. Job Talk 과정에서 면접자의 연구 깊이와 사고가 엄밀하고 방향이 뚜렷한지 여부를 판단하였으며, 본인의 연구 분야에 대한 열정에 대해 판단하였다. 비록 당시에 '열정' 현상을 하나의 변수로 보지 않았지만 많든 적든 면접자를 평가하는 데 영향을 끼친 것은 확실하였다. 그 날도 Job Talk가 끝난 후, 동료들과 면접자의 집중력과 열정에 대해 담론하고 있었는데, Suresh가 갑자기 "이 문제에 대한 연구가 필요하지 않을까?"라는 질문을 나에게 던졌다. Suresh의 연구 방향은 주로 기업의 전략과 창업학에 관한 것이었는데, 조직행동론의 개념에 대해서는 생소한 편이라 관련된 분야를 연구하는 학자가 있는지도 잘 몰랐다. 나 역시 '열정'에 대한 체험은 있으나, 이를 연구대상으로 생각해본 적이 없었던 터라 그의 질문에 당황했고, 적절한 답변을 할 수 없었다.

그 뒤로 나는 이 문제에 대해 사색하기 시작했고, 어느 정도의 문헌 검색 작업도 진행했다. 그 결과 '열정'이라는 어휘가 전문용어로서는 아직까지 체계적인 연구가 이루어지지 않았음을 알게 되었다. 하지만 다년간의 연구에서 얻은 경험과 나의 동료들, 특히 이미 성과를 내고 있던 동료들에 대한 관찰을 통해 보이지도 만져지지도 않는 '열정'이 아주 중요한 요인이라는 것을 알 수 있었다. 연구할 가치가 있다고 판단되자 나는 바로 Suresh과 Xin Yao(박사 과정생)를 사무실에 초청하여 연구에 참여할 것을 요청하였다. 우리는 우선, 어떤 영역에서 '열정'에 관한 연구를 진행할지를 토론했다. 당시 시애틀 지역은 창업 문화가 아주 활발했으며, 우리 세 명은 모두 창업자들에 대해 관심을 가지고 있었기 때문에 '열정'에 대한 연구가 아주 적절하다고 판단하였으며, Suresh가 우리 대학교 창업 센터의 과장을 맡고 있었기 때문에 우리는 연구중점을 '창업자 열정'에 두기로 했다.

이 연구는 몇 가지 도전에 직면하게 되었는데, 첫째는 '열정'이란 새로운 개념에 대한 문헌해석이 별로 없다는 것이다. 그래서 우리는 개념에 대한 정의와 측정부터 다시 시작해야 했다. 둘째는 개념에 대한 분석이 두 가지 측면에서 진행될 수 있다는 것이다. 즉 창업자의 내재적인 열정과 남의 눈에 보여주기 위한 열정인 것이다.

이 가운데서 어떤 것을 연구할지를 잘 고려해야 했다. 셋째는 종속변수의 선택 문제이다. 즉 우리가 관심을 가지고 있는 '열정'의 효과는 무엇인가 하는 것이다. 창업은 단계성이 있기 때문에 승패에 한해서는 상이한 단계에서 상이한 결과에 따라 판단하게 된다. 따라서 우리는 연구할 창업단계를 선택한 후 결과변수를 확정지을 수 있게 된다. 끈질한 토론 끝에 우리는 다음과 같은 결정을 내렸다. 즉 창업 전 단계 – 자금 모집 단계를 주시하면서, 벤처투자자들이 창업자가 자신의 창업계획에 대한 프리젠테이션을 진행할 때 보여준 '열정'에서 받은 영향에 대해 연구하는 것이었다.

'보여주는 창업자의 열정'을 연구하려면 '열정'에 대한 정확한 개념 해석이 필요할뿐만 아니라 측정기준도 정해야 할 것이다. 그래서 기존연구에서 '열정'에 대한 정의롤 종합한 다음 나름대로 개념에 대한 정의를 내렸다. 즉 '열정'이란 '창업자가 설립할 회사나 만들어낼 제품에 대한 깊은 인지도와 감정적 체험'이라는 것이다. 그렇다면 창업 계획서를 발표할 때 창업자들은 어떻게 해야 투자자들로 하여금 이러한 판단을 내리게 할 수 있을까? 이 문제를 해결하기 위해 우리는 Hinkin(1995, 1998)이 제시한 척도(量表)개발의 절차에 따라 '지각된 열정(感觉到的激情)' 척도를 개발하였고, 9개 항목으로 이 개념의 두 가지 척도인 '인지열정(cognitive passion)'과 '감정열정(affective passion)'을 밝혀내게 되었다. 그리고 세 개의 독립적인 샘플을 선정하여, '탐색적 요인분석(exploratory factor analysis)'방법과 '확인적 요인분석(confirmatory analysis)' 방법을 이용하여 '수렴타당도와 판별타당도(convergent and divergent validity)'를 분석한 결과 비교적 좋은 결과를 얻게 되었다. 이에 힘입어 우리는 자체로 개발한 양식을 계속하여 연구에 이용하게 되었다.

이 연구는 창업자의 '열정'에 관한 것이다. 그래서 연구에 사용된 가설은 아주 간단하고 직접적이었으며, 다음과 같은 두 가지로 나누어 볼 수 있다. 첫째는 창업자의 '인지열정'이 벤처투자 결정에 긍정적인 효과를 일으킨다는 것이고, 둘째는 창업자의 '감정열정'이 벤처투자 의사 결정에 긍정적인 효과를 준다는 것이다. 이 두 가지 가설에 대해 엄격한 검증을 진행하기 위해 우리는 두 가지 연구방법을 도입하였는 바, 인과관계 검증을 위한 실험 연구방법과 외부 효과를 증가하기 위한 현장에서의 연구방법이다.

이번 연구에서 가장 재미있는 부분은 바로 이상 두 가지 실증연구라고 할 수 있다. 실험연구는 실험 조건을 정확하게 조정하는 동시에 실험에서 설정된 상황이 현실성을 띠고 있어야 한다. 이를 위해 우선 실험 변수를 조절해야 하며, 이에 입각하여 '인지열정'과 '감정열정'이라는 두 가지 변수가 있다는 것을 제기하였다. '인지열정'은 창업에 대한 사고의 깊이 및 넓이와 관련되기 때문에 창업계획서에서 충분히 설명되어야 한다. 따라서 창업계획서의 내용에서 '인지열정'을 찾아볼 수 있다. '감정열정'은 창업자가 창업계획을 발표할 때의 표정, 손동작, 몸동작, 말소리와 억양 등 신체 언어에서 찾아볼 수 있다. 때문에 감정열정을 검증할 때에는 신체언어 표현에 능한 사람을 구해야 한다. 따라서 '2(인지열정: 높다/낮다)×2(감정열정: 높다/낮다)실험'이 이루어 질 수 있는데, 창업계획서 발표 계획 들 중에서 가장 우수한(가장 질 좋은) 작품과 등수가 8등인(내용의 질이 별로인) 작품을 샘플로 골랐다.

창업 계획서 선택은 어려운 일이 아니었다. 대신 연구에 적합한 '배우(演员)'를 선택하는 데는 오랜 시간이 걸렸는데, 현지 기업의 아마추어 배우 사이트에 광고를 내고, 출현 임무와 받게 될 보수 등 정보를 실었다. 생각 외로 한 주일도 못 되어 신청자가 80명을 넘었고, 모든 신청자는 자신의 전문 분야의 이력서와 아마추어 배우 경력을 보여줄 수 있는 이력서를 제출하였다. 시애틀에 관련 분야의 아마추어 배우가 이렇게 많을 줄은 상상도 못했다. 면접하기 전 우리는 먼저 창업계획서 1부(1쪽 정도로 요약된 내용)를 신청자들에게 보내면서, '열정'이 넘치는 방법과 전혀 '열정'이 없는 방법으로 각각 준비하도록 하였으며, 면접 당일 원고를 보지 않고 외울 수 있게 하였다. 하지만 7~8명이나 면접을 봤으나 마음에 드는 '배우'를 선택하지 못하고 있었는데, 신청자들은 면접에서 원고를 외우지 못했거나 아니면 '열정'이 넘치는 표현과 그렇지 않은 표현의 차이가 명확하지 않았다. 면접과 관련된 작업을 맡고 있었던 Xin Yao는 아주 상심한 표정이었는데, 결국 아홉 번째 신청자를 면접하면서 우리의 걱정은 사라지게 되었으며, 우리는 그를 채용하기로 결정했다.

채용된 '배우'는 창업계획서 2부(수준 높은 것과 그렇지 않은 것)와 상이한 표현 방법(열정에 넘치는 것과 그렇지 않은 것) 두 가지를 준비하게 하였고, 우리는 그의 표현을 촬영한 다음 8분 분량의 비디오 테입 4개(네 가지 부동한 실험대로)를 만들었다. 다음 창업수업을 선택한 MBA 학생들로 하여금 임의로 선택하게 하고, 자신이 투자자일 경우를 가정하고, 영상을 보면서 "느낄 수 있는 창업자의 열정'에 관한 설문지에 답하도록 하였으며, 투자자로서 투자에 임할지 여부를 결정하도록 하였다. 이렇게 팀별로 실험을 진행하였는 바, 매 상황마다 30개 이상의 피실험자의 데이터가 수집되었고 우리는 이에 근거하여 데이터를 분석하기 시작했다.

실험연구에서 데이터에 대한 분석은 비교적 간단한 작업으로서, 분산분석(analysis of variance)을 적용하여 주효과와 상호작용에 대해 살펴보았다. 실험연구의 데이터에 대한 분석를 통해, 창업계획서의 질(인지격정을 나타냄)의 주효과가 유의미하게 나타난 반면, 몸동작(감정격정을 나타냄)의 주효과는 잘 나타나지 않았음을 발견하였다. 분산분석 이외, 회귀분석 방법을 이용하여, 나이, 성별과 공공 연설 과정을 선택하거나 또는 하지 않은 것 등 변수가 고려된 상황에서 주관적으로 인식된 인지열정과 감정열정에 대해서도 측정해 보았다. 동시에 계획서의 질과 '열정'의 여부 등 두 가지 변수를 파악하여 인지된 '열정'이 투자의사 결정에 미치는 영향에 대해서도 분석하였다. 또한 회귀분석방법을 통해 인지된 '열정'이 투자의사 결정에 큰 영향을 주는 반면 감정 '열정'에는 영향을 크게 미치지 못한다는 것도 밝혀내게 되었는 바 이러한 결과는 앞에서 언급한 가정 중의 첫 번째 경우만 검증된 것이다.

그리하여 우리는 어느 정도의 걱정을 지니고 다음 단계인 현장 연구에 착수하기 시작하였다. 워싱턴대학교 경영대학(Foster School of Business, University of Washington)에는 혁신창업센터(Center for Innovation and Entrepreneurship)가 설립되어 있어, 1990년대 말부터 워싱턴주에서는 해마다 대학생(MBA학생과 대학원생 포함)을 대상으로 하는 창업계획서 발표대회(Business Plan Competition)가 개최된다. 이 경연은 역사가 길고 규모가 커 많은 현지 투자자들을 심사위원으로 위촉하고, 선정된 계획서에는 실질적인 자금투자도 가능하였다. 대회는 4단계로 진행되는데, 첫단계는 적격심사(screening round)로서 8~10명으로 이루어진 심사위원들은 제출된 수백 부의 창업계획서 중에서 50부 정도를 선정하게 된다. 다음 단계는, 투자심사(investment round)로 선정된 계획서에 필요한 제품이나 서비스 양식(prototype)을 구체화 하고 샘플을 전시하도록 한다. 그리고 300여 명의 심사위원들이 전시장에 모여 샘플을 살펴보고 창업자(창업팀)와 교류한 뒤 16부의 우수 계획서를 선정한다. 이 16부의 계획서는 다음 단계로 진출하게 되며 이를 보통 달콤한 16(Sweet 16)라고 한다. 그 다음 단계는, 선정된 16부의 계획서를 4팀으로 나누고, 팀마다 7 명의 심사위원들이 순서대로 창업팀의 30분 동안의 발표를 들은 다음 논의를 거쳐 가장 우수한 팀 한 팀씩 선정한다. 마지막으로, 7명으로 구성된 심사위원들 앞에서 결승에 진출한 4개 팀은 각각 자신들의 계획서를 발표하게 되고, 심사위원들은 우수상(1위, 2위, 3위)과 최고 창의상, 최고 아이디어상, 최고 서비스/제품상, 최고 기술제품상, 최고 그린기술상 등 상을 수상한다. 수상자마다 5,000~25,000달러에 이르는 장려금을 받게 된다. 우리는 프로젝트의 특성상 Sweet16 단계에서 연구를 진행하는 것이 가장 적절하다고 판단하였다. 왜냐 하면 이 단계에는 샘플 수량이 제일 많고, 매 팀마다 심사위원들을 상대로 계획서 발표를 진행하게 되기 때문이다. 우리는 매 창업팀의 발표가 끝날 때 마다 심사위원들로 하여금 그들의 '열정'에 대해 바로 점수를 매기도록 함으로써 심사위원들이 느낀 '열정'이 투자 결과에 영향을 미쳤는지 여부를 알아보기로 했다.

우리 연구팀은 계획서 발표 현장인 4개 방에 각각 관찰자 1명씩 배치하였는데, 심사위원들이 점수를 매기는 시간의 정확성을 확보하기 위해 우리 학교의 대학원생들을 동원하기로 하였다. 한 해에 측정할 수 있는 계획서는 16부에 불과하기 때문에 2년 연속 같은 작업을 진행함으로써 30개 이상의 샘플을 확보하여 충분한 측정이 가능하게 하였다. 연구팀의 피나는 노력으로 인류학적인 변수 외에도 심사위원들의 투자경험과 이들이 공공강연에 참가여부 등도 변수로 설정하여 측정하기로 하였다. 그 결과, 앞에서 예측한 대로, 몸동작에 관한 감정 '열정'이 벤처투자의 의사 결정에는 작은 영향을 미쳤으나 인지된 감정에는 큰 영향을 미쳤음이 밝혀졌다.

이 결과는 우리로 하여금 희비가 교체하게 만들었다. 두 차례의 실험 결과가 일치했고, 연구 방법과 연구 상황, 연구 참여자 등 방면에서 설득력을 띠고 있었다는 것은 기쁜 일이다. 하지만 보통 실험 결과는 가정에 부합하지 않는 점을 설득력 있게 설명하고 보완할 수 있어야 한다는 데는 아쉬움이 있었다. 아무튼 연구 결과가 재미있고 실무적 함의가 크다는 생각에 우리는 *AMJ*에 논문을 투고하였다. 당시 *AMJ* 편집장인 Duane Ireland은 창업에 대한 연구에 전력하고 있었으므로 우리의 연구에 많은 관심을 가지고 있었다. 그리고 두 명의 논문심사위원들도 친절하게 수정의견을 제기해 주었고, 연구성과를 보완해서 다시 투고하라고 했고, 우리는 이 결과에 흡족해 했다.

이들이 제기한 수정의견은 대부분 우리에게 도움이 되었지만, 언어습관에 의해 '인지열정'을 '준비성(preparedness)'으로, '감정열정'을 '열정(passion)'으로 고치라는 의견에는 동의할 수 없었다. 거듭된 논의와 고려(考慮) 끝에 그 제안을 받아들이기는 했지만 지금도 마음에 내키지는 않는다. 나는 이를 교훈삼아 앞으로 자신을 연구에 더 매진할 수 있도록 하였다.

이상 4편의 논문을 발표하게 된 경위를 자세히 설명하면서, 매 한 편의 논문이 발표되기까지 저자와 편집인 그리고 심사위원들이 얼마나 많은 노력을 해 왔는지를 다시 한 번 말하고 싶다. 세계 일류의 경영학 저널에 투고할 경우, 원고 채용율이 10%에 불과한 상황에서 나는 자신이 엄청 운 좋은 사람이라고 생각한다. 최근 몇 년 동안 'reject' 당한 논문이 거의 없었기 때문이다. 논문을 수정 후 다시 제출하라는 의견도 엄청 다행스러운 일이라 할 수 있다. 때문에 수정 작업이 아무리 어렵고 시간이 많이 걸린다고 해도 나는 이를 감수해야 한다고 본다. 왜냐하면 논문의 주제를 선정할 때는 기발한 아이디어와 지식축적이 중요하며, 논문의 관점을 실증할 때에는 방법론에 대한 확실한 기본실력이 필요하지만, 논문을 투고한 뒤에는 인내와 참을성, 그리고 끈기가 가장 중요하기 때문이다.

참 고 문 헌

Baron, R. M. & Kenny, D. A. (1986). The moderator-mediator variable distinction in social psychological research: Conceptual, strategic, and statistical consideration. *Journal of Personality and Social Psychology*, 51 (6), 1173—1182.

Bolle, F. & Ockenfels, P. (1990). Prisoners's dilemma as a game with incomplete information. *Journal of Economic Psychology*, 11, 69—84.

Chen, C. C., Chen, X. P. & Meindl, J. R. (1998). How can cooperation be fostered? The cultural effects of individualism-collectivism. *Academy of Management Review*, 23 (2), 285—304.

Chen, X. P. & Komorita, S. S. (1994). The effects of communication and commitment in public goods dilemma. *Organizational Behavior and Human Decision Processes*, 60, 367—386.

Chen, X. P. & Li, S. (2005). Cross-National differences in cooperative decision making in mixed-motive business context: The mediating and moderating effects of vertical and horizontal individualism. *Journal of International Business Studies*, 36, 622—636.

Chen, X. P., Yao, X. & Kotha, S. (2009). Passion and preparedness in entrepreneur's business plan presentations: A persuasion analysis of venture capitalists' funding decisions. *Academy of Management Journal*, 52 (1), 199—214.

Hofstede, G. (1980). *Culture's Consequences*. Sage: Beverly Hills, CA.

Komorita, S. S. & Parks, C. D. (1995). Interpersonal relations: Mixed-Motive interaction. *Annual Review of Psychology*, 46,183—207.

Messick, D. M. & Brewer, M. B. (1983). Solving social dilemmas: A review. *Review of Personality and Social Psychology*, 4, 11—44.

Singelis, T., Triandis, H. C., Bhawuk, D. & Gelfand, M. (1995). Horizontal and vertical dimensions of individualism and collectivism: A theoretical and measurement refinement. *Cross-Cultural Research*, 29, 240—275.

Triandis, H. C. (1995). *Individualism and Collectivism*. Boulder, CO: Westview Press.

Van de Vijver, F. & Leung, K. (1997). *Methods and Data Analysis for Cross-Cultural Research*. Sage: Thousand Oaks, CA.

Yamagishi, T. (2003). Cross-Societal experimentation on trust: A comparison of the United States and Japan. In E. Ostrom and J. Walker(Eds.), *Trust and Reciprocity*. Russell Sage Foundation: New York.

저 자 소 개

천샤오핑(陳曉萍, Xiao-Ping Chen) 워싱톤대학교 포스터 경영학부(Michael G. Foster School of Business, University of Washington) 경영학 교수 및 학과장, *Organizational Behavior and Human Decision Processes* 편집장, 중영 두 가지 언어로 동시 발행되는 저널 "중국경영인사이트(Chinese Management Insights)"의 집행 편집위원이다. 중국경영학연구국제학회(IACMR)의 두 번째 회장을 역임하였고 연구 분야는 주로 협력과 경쟁, 문화 간 경영, 보답 행위, 창업자의 열정 및 중국인의 꽌씨(guanxi) 등이다. 저서로 "문화 간 경영학", "인정의 단순화", "행복의 결정 요소" 등이 있다.

역 자 소 개

황명호(黃明浩, Minghao Huang)

• 중국 산동성표준화연구원 중한자유무역구연구센터 센터장 **(huangmh@sdis.cn)**

중국 북경대학 광화관리학원에서 마케팅 전공으로 경영학 학사, 서울대학교 경영대학에서 경영학 석사, 경영학 박사 학위를 취득하였다. 2010년부터 건국대학교 상경대학과 경희대학교 국제대학에서 교수를 역임하였다. 현재 주요 연구와 실천분야는 제도적 기업가정신, 제도적 혁신, 표준과 혁신의 관계, 문화 간 경영 비교연구 및 농식품 정보기술융합 등이다.

문정훈(文正薰, Junghoon Moon)

• 서울대학교 농경제사회학부 부교수 **(moonj@snu.ac.kr)**

서울대에서 학,석사를 마치고, State University of New York at Buffalo에서 경영과학 박사를 받았다. 2006년 KAIST 경영과학과 교수로 부임하였으며 2010년부터는 서울대학교 농경제사회학부로 옮겨 식품분야 마케팅, 정보경영 전략 등을 연구하고 있다. 최근 주요 관심 분야는 식품 소비자 행동, 식품 산업 전략, 농식품 분야 ICT융복합 전략, 음식 마케팅 등이다.

이정연(李政衍, Jeong-Yeon (Jay) Lee)

• 서울대학교 경영대학 교수 **(jaytalks@snu.ac.kr)**

연세대학교 경영대학에서 경영학학사, 미국 인디애나 대학교에서 경영학석사, 경영학 박사 학위를 받았다. 미국 캔자스 대 경영대학에서 10년간 부임하였며 현재 서울대학교 경영대학(원)의 인사조직 분야에서 인사관리와 관련한 강의 및 연구를 하고 있다. 최근 연구분야는 관리자의 보상 및 커리어와 관련된 이슈, 인사관리가 회사의 성과에 미치는 영향, 그리고 지적 자본의 역할 등이다.

오인수(吳仁洙, In-Sue Oh)

• 미국 Temple University 경영대학 교수 **(insue.oh@temple.edu)**

성균관대학교에서 산업및조직심리학으로 학사와 석사학위를 취득한 후, 미국 아이오와 대학교에서 인사관리/조직행동으로 박사학위를 취득하였다. 캐나다 알버타 대학교와 미국 버지니아 코먼웰스 대학교에서 경영학과 교수를 역임하였다. 미국 경영학회, 미국 산업및조직심리학회, 국제인사평가학회, 한국 갤럽 등에서 여러 논문상을 수상하였다. 현재는 템플대학교 경영대학에서 인사관리 교수로 재임하고 있으며, 국내/외 학술지에 다수의 논문 게재 및 [사람 경영], [최고의 팀을 만드는 사람관리의 모든 것], [채용과 선발의 심리학] 등의 번역서를 출간하였다.

역 자 소 개

노현탁 (盧鉉倬, Hyuntak Roh)

• 연세대학교 경영학과 교수 **(hroh@yonsei.ac.kr)**

연세대학교에서 심리학 전공으로 학사, 미국 일리노이 주립대학교에서 인사/노사관계학 석사 및 박사학위를 취득하였다. 현재 연세대학교 경영대학에서 인적 자원 관리 분야를 담당하고 있다. 국내외 주요 학술지에 다수의 논문을 게재한 바 있으며 우수 강의상 또한 여러 차례 수상한 바 있다. 주요 관심분야는 기업 내 다양성 관리, 팀 효과성 관리, 인적 자원 관리 등이다.

김광현 (金桄賢, Kwanghyun Kim)

• 고려대학교 경영대학 교수 **(kimk@korea.ac.kr)**

Texas A&M대학에서 경영학 박사학위를 취득한 뒤 캘리포니아주립대 교수를 거쳐 2010년부터 고려대학교 경영대학 교수로 재직 중이다. 주요 연구관심사는 글로벌 인사조직, 성과관리와 리더십 개발, 기업문화 등이다.

한주훈 (韓宙勳, Joo Hun Han)

• 미국 Rutgers University 조교수 **(jhan@smlr.rutgers.edu)**

서울대학교에서 경영학/경제학사 및 경영학석사를, 미국 메릴랜드 주립대학교 스미스경영대학원에서 경영학 박사학위를 취득하였다. 주요 관심분야는 전략적 인적 자원 관리, 보상제도, 리더십, 감정, 조직시민행동 등이다.